中英双语版

汉字通

TIMES ENCYCLOPEDIA OF WRITTEN CHINESE

顾建平 著

中国出版集团
東方出版中心

总目录
Contents

作者序 Foreword by Mr Gu Jianping 1

顾问序 Foreword by Dr Julian K. Wheatley 7

凡例 User's Guide 9

拼音检字表 Pinyin Index 13

笔画检字表 Stroke Index 38

字典正文 The Dictionary 1–887

附录1 字形构造 Different Forms of Chinese Character Structures 889

附录2 字体演变 The Evolution of Chinese Characters 893

前言

汉字是现今世上仅存的象形性表意文字，是名副其实的老寿星。它既是文化的载体，亦是文化的结晶。每个汉字都是惟妙惟肖的图画，蕴含着饶有趣味的故事，寄寓着别出心裁的匠心！一个个字形宛如一扇扇窗，让人观取字义，窥知中华文化的方方面面。

近四千年来，汉字几经演变，依然秉持商代甲骨文所开创的象形、会意的特质。今日3500个常用字，与当初4000个甲骨文字数相近，然而承载的信息量却已激增不下万倍。由此印证：汉字具有超强的生命力，绝佳的承载量、延展性、可塑性和包容度。《汉字通》的编撰目的之一，就是要充分、具体地展现汉字的独特性、优越性和趣味性。

象形、会意的汉字迥然不同于英文等表音文字，因而学习汉字与中文的方法应有独特性和针对性。

掌握中文的关键在于字而非词。本字典3500个常用字占现代汉语用字量高达99.5%以上，若掌握了这3500个字，那么由这些字所构成的数万个常用词就迎刃而解，无须大费周章了。这是以少胜多地学好中文的一条捷径，《汉字通》的特色之一就是特别注重剖析字形、介绍字义。

掌握汉字的关键在于字形而非字音。汉字作为象形性表意文字，无需经过字音的切换迂回表达字义，而是直接以字形展现字义。本字典着重分析字形，还创造性地为每个字头绘制文字图。严谨对应字形的文字图，活生生地呈现出或部分或全部的字义，使人巧学活记，过目难忘。

时下，文字学家对汉字构造的解析，大多沿用东汉许慎《说文解字》中的说法。窃以为，由古及今，汉字形体已产生颇大变化，尤其简体字的某些变化更是颠覆性、根本性的，文字研究者应该追踪汉字的演变，直面汉字的现状，与时并进地编撰出切合当下实用的字典。

就事理而言，先产生汉字，而后才能对其进行分析，进而概括出字形构造法，更何况汉字形体几经变化。因而，汉字具有被持续“再发现”的特性。《汉字通》对字形意涵的种种再发现，进一步确认汉字是象形性表意文字，在3500个汉字中，象形字、指事字、会意字共占73.9%，形声字仅占26.1%。合情合理的、突破性的再发现，既增添汉字形体的合理性，又有利于汉字的教与学，还填补了汉字研究中的某些空白。

作为象形性表意文字，汉字的声旁亦或多或少起着表意作用，这一特性没有受到人们、甚至专家的应有重视。有鉴于此，《汉字通》逐一挖掘形声字声旁的表意功能，这对全面深入解开汉字形体之谜是至关重要的。

相对于汉字形体的变化，汉字读音的变化更大。将那些声旁已失去表音功能，但仍起表意作用的形声字归入会意字，自认为是明智的抉择。

必须承认，汉字形体是世上最复杂的。它的构成形式有独体、上下、左右、内外四大类，包含六十多种小类，其复杂程度远远超过时下人们把玩的魔方。掌握汉字的确不易，但切莫气馁，难度与回报率是成正比的。学习汉字的同时，不知不觉地培养着优异的空间想象能力，如诗如画的人文情趣，以及智商与情商。

《汉字通》追求创意、形象、趣味、准确、简洁、实用，进而产生减少学习投入，扩大学习回报的理想效果。它既是学习汉字、中文的实用性字典，又是揭示汉字奥妙的趣味性读物。它担当两种角色，具备双重功能。

有幸请到曾任职美国麻省理工学院与康奈尔大学中文课程的负责人，并于近期任教新加坡国立教育学院中文系客座副教授的语言学家魏久安博士（Dr Julian K. Wheatley）担任《汉字通》英译学术顾问，提升了字典的品质。殊感荣幸！

《汉字通》是我编撰的第五部字典，将这五部字典比作儿女的话，她是我最疼爱的小女儿。她容貌端秀，思维活跃，个性鲜明。付梓之际，即婚嫁之时。我期待她得到读者的垂爱与肯定，更期待她为读者掌握汉字，学好中文，了解中华文化，奉献心力。

顾建平

2010年8月于新加坡

Foreword by Mr Gu Jianping

Chinese characters form the only pictographic writing system still in wide use, a testament of their extraordinary endurance. Characters are not only an expression of Chinese culture, they are its quintessence. Every character originates in a picture that evokes a scene with originality and ingenuity; each character provides a glimpse of Chinese culture and civilization, as if through a window, that allows the viewer to extract a kernel of meaning.

Despite 4000 years of evolution, characters still retain the pictorial qualities of the early bone inscriptions that date from the Shang Dynasty. The 3500 characters now in common use are comparable in number to the 4000 characters of the bone inscriptions. However the information load that they carry has risen exponentially, which demonstrates the vitality of the system and the degree to which it can develop, adapt, and absorb new material. One of the reasons for writing *Times Encyclopedia of Written Chinese* is to demonstrate, amply and concretely, the unique qualities of Chinese characters, their vigor and expressiveness, and the interest and the fascination they evoke.

Given the fact that Chinese characters have preserved their pictographic origins much more than the symbols of alphabetic languages such as English, it is no surprise to find that learning them effectively requires different methods, and a different orientation. A thorough comprehension of written Chinese depends on understanding the core meanings of characters, as well as of the compounds formed by characters. The 3500 characters cited in this dictionary make up 99.5% of words in common use today. If one can grasp the core meanings of these 3500 characters, then one will be able to infer the meanings of the numerous, commonly encountered compound words with relative ease. Since there are far more compounds than single characters, learning the core meanings of characters involves minimal effort for maximum gain, and provides a short-cut to learning to read. *Times Encyclopedia of Written Chinese* places particular emphasis on disassembling characters and revealing the meanings of their constituent parts.

Knowledge of the structure of individual characters is just as important as knowledge of pronunciation in learning to read Chinese. In their pictographic aspect, Chinese characters do not always depend on sound to transmit meaning; rather, they evoke meaning through symbols. *Times Encyclopedia of Written Chinese* focuses on the analysis of characters, and provides large, clear illustrations of the pictorial features of each of them. These illustrations, in fact, provide a visual aid for learning characters that will greatly reduce the burden of rote memorization.

Philologists have long relied on the 2nd century dictionary called the Shuowen Jiezi, compiled by Xu Shen (circa 58-147 CE), for an analysis of Chinese characters. However, the characters have undergone significant changes since the time of the Shuowen Jiezi; in particular, the simplified set has been standardized, resulting in radical changes in the form of many characters. A dictionary suitable for modern users needs to take into account the current linguistic situation, and present all the changes that have taken place from earliest times to the present day.

Logically, characters come before analysis; analysis then reveals general trends, particularly since characters have undergone such extensive changes over the time since they were created. Characters are unique among written symbols in that they can be continuously reanalyzed, and thereby, rediscovered. This rediscovery of the relationship between form and meaning, as set out in *Times Encyclopedia of Written Chinese* attests to the fact that the writing system remains, in essence, pictographic. Of the 3500 characters analyzed in the dictionary, 73.9% are either pictorial, indicative, or associative (the three iconic types), while pictophonetic characters make up only 26.1%. New discoveries and revelations about the logic of form and meaning of characters are not only useful for teaching and learning the language, but also help to fill gaps in linguistic research.

Characters are primarily pictographic representations of meaning; and that turns out to be true even for phonetic components, whose primary function may be to represent sound, but which are also selected for semantic appropriateness. This is a feature of characters that has not always been recognized, even by experts in the field. So *Times Encyclopedia of Written Chinese* also endeavors to supply the semantic rationale behind the selection of phonetic components in pictophonetic characters. This is another aspect of analysis that can shed light on the enigmatic forms of Chinese characters.

The consequences of change in the pronunciation of Chinese over the ages have had even more drastic consequences than change in meaning; for sound change has often altered the value of phonetic components beyond recognition. In *Times Encyclopedia of Written Chinese,* the decision has been made to categorize characters that were originally pictophonetic in structure but whose phonetic component has lost its phonetic significance through sound change, as associative characters (i.e. as the synthesis of two semantic components rather than a semantic plus phonetic).

There is no doubt that the structure of characters is among the most complex of written symbols in current use. There are four main types of character: those with only a single component; those with a top and bottom; those with left and right; those with interior and exterior; which includes more than sixty other minor combinations of components. The total of possibilities exceeds even those of the Rubik's Cube. It is no easy feat to grasp all the possibilities. But that is no reason to feel discouraged. The greater the challenge the greater the rewards. Learning characters inspires the imagination, promotes an aesthetic sense, and even improves IQ and emotional intelligence (EI).

Times Encyclopedia of Written Chinese promotes creativity, imagination, delight, precision, succinctness and good sense, qualities that have the beneficial effects of maximizing the return on time and effort applied to learning the language. It performs two roles: it is a practical dictionary for learning the language; and it is a fascinating guide to the subtleties of Chinese characters.

I am honoured that the linguist, Dr Julian K. Wheatley, who was formerly director of the Chinese Language programs at the Massachusetts Institute of Technology and Cornell University, and who, more recently, was a visiting Associate Professor in the Asian Language Group at the National Institute of Education here in Singapore, agreed to serve as the English consultant for the dictionary. His involvement has definitely enhanced the quality of the work.

Times Encyclopedia of Written Chinese is the fifth dictionary that I have compiled. If dictionaries were children, this would be the youngest daughter – the apple of my eye. She has refined looks, but is intellectually lively, with a distinctive personality. The immanent publication of the book is like being on the verge of marriage for her. It is my fervent hope that she can look forward to a warm welcome from her readers and even more so, that she will prove a dedicated guide to mastery of Chinese characters, to success in learning the language, and to a deeper understanding of Chinese culture.

Jianping Gu
August, 2010
Singapore

Foreword by Dr Julian K. Wheatley

The Chinese writing system is revered for its longevity and exalted for its aesthetic qualities; but equally, it inspires trepidation for the time needed to learn it. Even students who already speak standard Chinese, and who can exploit the powerful linguistic intuitions that one's first language brings to the process of learning to read, require considerable time before they can learn to read the script. For students learning the language from scratch, the task is even more arduous; for they are learning to speak and read at the same time. Given the number of characters, and the difficulty of recognizing them quickly enough to be able to read with fluency, anything that can assist the learner is bound to be greatly appreciated. That is why Jianping Gu's 汉字通 is of such interest. It eases the task of character recognition – the first step in the reading process – by providing a link between the form of characters and their meaning. In many cases, it does this by tracing characters back to their earliest appearance in bone and bronze inscriptions, when the pictorial origins of character components were more discernible, and the creative ingenuity of the early scribes who first transformed Chinese speech into writing is easier to infer. In effect, the 汉字通 provides a set of mnemonics – aids to memory – for each of the 3500 graphs that constitute about 99% of the characters encountered in modern texts.

Different terms are often applied to the Chinese writing system in an attempt to characterize it with a single comprehensive label. These include: pictographic (characters representing words pictorially); ideographic (characters representing ideas); and logographic (characters representing words). Such neat characterizations, however, can be deceptive. A more apt approach would take in to account how the language is being viewed[1]: historically, in terms of how it was created; pedagogically, in terms of how people learn it; functionally, in terms of how it functions in the reading process; or aesthetically, in terms of how it is written or displayed; and so on.

Pictorial features of characters, for example, become more relevant when characters are examined in isolation, or when they are being learned for the first time. In fact, if beginning students are not provided with stories or narratives to help account for the form of characters, they often create their own. However, as the 汉字通 makes clear, pictorial features are only part of the picture. The early scribes often assigned characters created for one word to other words of the same sound, relying on context to disambiguate: thus, 云 (pronounced yún in the modern language), originally looking like a representation of clouds or vapor, was also 'borrowed' to write the unrelated word 'say', which was pronounced in the same way. As Jianping Gu notes, the extension of one character to a new meaning ('cloud' to 'say') may also have been guided by semantic considerations (cloud, vapor > whisps > whispers > say?) as well as phonetic identity, or near identity. At other times, where context alone might have been insufficient to distinguish homophones represented by a single character (云 meaning 'cloud'

[1] This point is discussed and elaborated in a fine article by Mark Hansell, "Functional Answers to Structural Problems in Thinking About Writing", in Mary S. Erbaugh, ed., Difficult Characters (Pathways to Advanced Skills Series, Vol. VI), Columbus, Ohio: National East Asian Language Resource Center, the Ohio State University, 2002, pp. 124-76.

and 'say'), scribes would add a semantic indicator – a hint. Thus 云 'clouds' was differentiated from 云 'say' by the addition of 雨 'rain' to the former, giving 雲 (a graph now only used in the traditional character set). Again, as Jianping Gu points out, change in pronunciation may have obscured or completely obliterated the original phonetic function of a character component: 方 fāng may have originally been phonetic in both 房子 fángzi 'house' and 旁 páng 'near', but the phonetic inspiration in the latter case is now only apparent to historical linguists.

Once the writing system has been learned and the reader can move relatively seamlessly from character to meaning, then the pictorial aspects of characters fade, and the writing system operates functionally, as a medium of written communication. The task of the reader becomes one of grouping characters into words, phrases and clauses so as to be able to access the meaning of the text. In this function, the writing system is often characterized as logographic, with characters representing morphemes or words: 云 = cloud. There is disagreement, however, about whether word identification proceeds by way of sound (云 = yún = cloud), or not; if it does (云 = yún = cloud), then the characters would be functioning syllabo-graphically (云 = yún, a syllable, but not yet a word). This is certainly the case with the transcription of foreign names, such as 意大利 yìdàlì 'Italy', where the meanings of the individual characters ('meaning-big-profit') are completely suppressed. It is also likely to be the case when the meaning of the phrase is not obviously related to the characters that compose it. So when a reader encounters a compound like 东西, s/he is likely to make reference not to 东 'east' + 西 'west', but first to the sounds dōng + xī, then to the compound dōngxi and the meaning 'thing'. Or to cite a slightly more complex example, someone reading the phrase离开学的时间 lí-kāi-xué-de-shí-jiān is likely to make reference to sound before meaning in order to recognize that the first two characters (离开) do not form the word líkāi 'leave', but that the correct parsing is lí kāixué de shíjiān '(from begin-term de time-space) from the time that school begins'. In such cases reference to sound seems to be the most efficient way to do the reading; but that does not necessarily mean that characters in text are always processed in this way. These are issues that linguists or reading experts try to resolve through experimentation. But regardless of how they are resolved, they do not alter Jianping Gu's general concept that envisioning the characters pictorially helps learners to retain their core meanings, and knowing their core meanings is invaluable in reading Chinese texts, particularly those texts whose styles tend towards the more formal and classical, rather than the colloquial.

I would like to thank Jianping Gu for inviting me to participate in his project as a consultant. I would also like to thank him and Cong Yue, the editor, for showing generosity and patience as I (along with the preliminary translators) struggled, under relatively tight time constraints, to cast his succinct Chinese style into English that is both accurate and concise.

Julian K. Wheatley (魏久安)
New Orleans, July 2010.

凡例

《汉字通》是一部汉英双语字典，收常用及次常用汉字3500个。特别适合中小学生、中小学教师及自学中文的成人使用。

本字典既是学习汉字、中文的特效字典，又是揭示汉字奥秘、解说汉字演变的趣味性读物。

字头按汉语拼音序列编排，每页四个字头。

字头用大号字，字头上标注汉语拼音。

每个字头配有作者独创自绘的文字图，并着重分析字形义涵，以此化解汉字难学的困境。

文字图严谨对应字形，助人从字形上掌握字义，具有巧学活记，过目难忘的功效。

对甲骨文、金文、篆书、楷书（繁体字、简体字）进行分析。隶书因与楷书几无差别而省略。

文字图右侧罗列甲骨文、金文、篆书，若无文献为证则阙如；左侧罗列楷书（简、繁体）。

分析字义以现代汉语常用义为主，一般不列古义。义项和释文力求简明。

多音字用❶、❷、❸分列音项。多义字用①、②、③分列义项。

义项后面酌加例词例语。例词例语中不重出字头，每个字头以“～”号表示。例词或例语之间用竖线隔开。

无法单独释义，或在某一义项中不能单独释义的字头，用［ ］列出复音词后再释义。

多音字的音序若不在同一页，在另一音所在页码底部注明该字头页码以方便检索。

提供拼音、笔画两种检字表。检字表只列正体字，不列繁体字、异体字。

正文后附有《字形构造》和《字体演变》。

User's Guide

《汉字通》provides explanations for 3500 commonly used characters in English and Chinese. It is especially suitable for elementary and junior high students, teachers, as well as adults who self-study Chinese.

This informative and engaging character dictionary is an effective tool to increase one's knowledge of both the language itself and also Chinese characters by unraveling profundities related to Chinese through explanations on the evolution of characters.

The characters are arranged by Hanyu pinyin, which is essentially a romanization system for Mandarin, in alphabetical order. On every page are explanations of four characters, in larger fonts with Hanyu pinyin above them.

Each character is accompanied by original illustrations drawn by the author. They depict clearly every stage of the evolution of the character, thereby enhancing the learning experience.

The illustrations corresponding to every stage of the evolution help readers to grasp the meanings of the characters in a pictorial approach. This approach deepens readers' impression of what is being explained. This will prove to be more desirable than mere rote learning.

Bone and bronze inscriptions as well as seal and regular scripts (including both traditional and simplified forms) are analyzed. Official scripts, as they are similar to regular scripts, are not included.

On the right of the illustrations are bone and bronze inscriptions as well as seal scripts. In the absence of textual evidence, certain forms of the characters are excluded; on the left of the illustrations are regular scripts, both simplified and traditional forms.

In most cases, only the more commonly used meanings of the characters are being analyzed, using concise explanations. Archaïc meanings are usually excluded unless they have relevance to modern meanings.

㊀, ㊁, ㊂ denote the various pronunciations of a character whereas ①, ②, ③ separate the different meanings of the character.

Each meaning is accompanied by functional examples on how it can be used. In this example, " ~ " represents the character being analyzed. Vertical lines separate the different examples.

In cases where a character renders no meaning on its own, [ ] is used to contain a meaningful term made up by the character and the term will then be explained.

For a character with more than one pronunciation, the page number with its primary pronunciation and explanation is indicated at the bottom page(s) of its other pronunciation(s).

Two tables containing Hanyu pinyin and writing strokes are included with the latter listing only the simplified and standardized forms of Chinese characters.

Following the main text are two articles titled "Different Forms of Chinese Character Structures" and "The Evolution of Chinese Characters".

拼音检字表

A

ā
阿 1
啊 1

á
啊 1

ǎ
啊 1

à
啊 1

a
啊 1

āi
哎 1
哀 1
埃 2
唉 2
挨 2

ái
挨 2
癌 2

ǎi
矮 3
蔼 3

ài
唉 2
艾 3
爱 3
隘 4
碍 4

ān
安 4
氨 4
庵 5
鞍 5

ǎn
俺 5

àn
岸 5
按 6
案 6
暗 6

āng
肮 6

áng
昂 7

āo
凹 7
熬 7

áo
遨 7
熬 7
翱 8

ǎo
拗 8
袄 8

ào
拗 8
傲 8
奥 9
骜 9
澳 9
懊 9

B

bā
八 10
巴 10
扒 10
叭 10
芭 11
吧 11
疤 11
捌 11
笆 12

bá
拔 12
跋 12

bǎ
把 12
靶 13

bà
把 12
坝 13
爸 13
耙 13
罢 14
霸 14

ba
吧 11

bāi
掰 14

bái
白 14

bǎi
百 15
柏 15
摆 15
伯 49

bài
败 15
拜 16

bān
扳 16
班 16
般 16
颁 17
斑 17
搬 17

bǎn
板 17
版 18

bàn
办 18
半 18
扮 18
伴 19
拌 19
绊 19
瓣 19

bāng
邦 20
帮 20
梆 20

bǎng
绑 20
榜 21
膀 483

bàng
蚌 21
棒 21
傍 21
谤 22
磅 483

bāo
包 22
苞 22
胞 22
煲 23
褒 23
剥 48
炮 485

báo
雹 23
薄 23

bǎo
饱 24
宝 24
保 24
堡 24

bào
报 25
抱 25
豹 25
暴 25
爆 26
刨 484

bēi
杯 26
卑 26
悲 26
碑 27
背 28

běi
北 27

bèi
贝 27
狈 27
备 28
背 28
倍 28
被 28
辈 29
惫 29
焙 29
蓓 29

bei
臂 38

bēn
奔 30

běn
本 30

bèn
奔 30
笨 30

bēng
崩 30
绷 31

běng
绷 31

bèng
蚌 21
泵 31
迸 31
蹦 31

bī
逼 32

bí
荸 32
鼻 32

bǐ
匕 32
比 33
彼 33
秕 33
笔 33
鄙 34

bì
币 34
必 34
毕 34
闭 35
庇 35
毙 35
敝 35
蓖 36
痹 36
辟 36
碧 36
蔽 37
弊 37
壁 37
避 37
臂 38
璧 38
泌 438
秘 438

biān
边 38
编 38
蝙 39
鞭 39

biǎn
贬 39
扁 39
匾 40

biàn
变 40
便 40
遍 40
辨 41
辩 41
辫 41

biāo
标 41
彪 42
膘 42

biǎo
表 42

biē
憋 42
鳖 43
瘪 43

bié
别 43

biě
瘪 43

biè
别 43

bīn
宾 43
彬 44
滨 44
缤 44
濒 44

bìn
鬓 45

bīng
冰 45
兵 45

bǐng
丙 45
秉 46
柄 46
饼 46
禀 46
屏 500

bìng
并 47
病 47

bō
拨 47
波 47
玻 48
剥 48
菠 48
播 48

bó
柏 15
薄 23
伯 49
驳 49
帛 49
泊 49
勃 50
舶 50
脖 50
博 50
渤 51
搏 51
膊 51

bǒ
跛 51
簸 52

bò
簸 52

bo
卜 52

bǔ
堡 24
卜 52
补 52
捕 52
哺 53

bù
不 53
布 53
步 53
怖 54
部 54
埠 54
簿 54

C

cā
擦 55

cāi
猜 55

cái
才 55
材 55
财 56
裁 56

cǎi
采 56
彩 56
睬 57
踩 57

cài
菜 57

cān
餐 57
参 576

cán
残 58
蚕 58
惭 58

cǎn
惨 58

càn
灿 59

cāng
仓 59
沧 59
苍 59
舱 60

cáng
藏 60

cāo
操 60
糙 60

cáo
曹 61
槽 61

cǎo
草 61

cè
册 61
厕 62
侧 62
测 62
策 62

cēn
参 576

céng
层 63
曾 822

cèng
蹭 63

chā
叉 63
差 63
插 64
杈 66
喳 824

chá
碴 64
茬 64
茶 64
查 65

察 65

chǎ

叉 63
衩 65

chà

差 63
岔 65
衩 65
杈 66
刹 563

chāi

差 63
拆 66

chái

柴 66
豺 66

chān

掺 67
搀 67

chán

馋 67
缠 67
蝉 68
禅 567

chǎn

产 68
铲 68
阐 68

chàn

忏 69
颤 831

chāng

昌 69
猖 69

cháng

长 69
场 70
肠 70
尝 70
常 70
裳 71
偿 71

chǎng

场 70
厂 71
敞 71

chàng

畅 72
倡 72
唱 72

chāo

抄 72
钞 73
超 73

cháo

巢 73
嘲 73
潮 74
朝 835

chǎo

吵 74
炒 74

chē

车 74

chě

扯 75

chè

彻 75
撤 75
澈 75

chén

臣 76
尘 76
辰 76
沉 76
忱 77
陈 77
晨 77

chèn

衬 77
趁 78
称 78

chēng

称 78
撑 78
铛 117

chéng

成 78
呈 79
诚 79
承 79
城 79
乘 80
盛 80
程 80
惩 80
澄 81
橙 81

chěng

逞 81

chèng

秤 81

chī

吃 82
嗤 82
痴 82

chí

池 82
弛 83
驰 83
迟 83
持 83
匙 84

chǐ

尺 84
齿 84
侈 84
耻 85

chì

斥 85
赤 85
翅 85

chōng

充 86
冲 86

chóng

虫 86
崇 86
重 859

chǒng

宠 87

chòng

冲 86

chōu

抽 87

chóu

仇 87
绸 87
畴 88
酬 88
稠 88
愁 88
筹 89

chǒu

丑 89

chòu

臭 730

chū

出 89
初 89

chú

除 90
厨 90
锄 90
雏 90
橱 91

chǔ

处 91
础 91
储 91
楚 92

chù

处 91
畜 92
触 92
矗 92

chuāi

揣 93

chuǎi

揣 93

chuān

川 93
穿 93

chuán

传 93
船 94

chuǎn

喘 94

chuàn

串 94

chuāng

创 94
疮 95
窗 95

chuáng

床 95
幢 95

chuǎng

闯 96

chuàng

创 94

chuī

吹 96
炊 96

chuí

垂 96
捶 97
椎 97
锤 97

chūn

春 97
椿 98

chún

纯 98
唇 98
淳 98

醇 99

chǔn
蠢 99

chuō
戳 99

chuò
绰 99

cī
差 63

cí
词 100
祠 100
瓷 100
辞 100
慈 101
磁 101
雌 101

cǐ
此 101

cì
次 102
刺 102
赐 102
伺 612

cōng
匆 102
囱 103
葱 103
聪 103

cóng
从 103
丛 104

còu
凑 104

cū
粗 104

cù
促 104
醋 105
簇 105

cuán
攒 816

cuàn
窜 105
篡 105

cuī
崔 106
催 106
摧 106

cuì
脆 106
悴 107
粹 107
翠 107

cūn
村 107

cún
存 108

cùn
寸 108

cuō
搓 108
撮 108

cuò
挫 109
措 109
锉 109
错 109

D

dā
搭 110
答 110

dá
达 110
答 110
瘩 110
打 111

dǎ
打 111

dà
大 111

da
瘩 110

dāi
呆 111
待 112

dǎi
歹 111
逮 113

dài
大 111
代 112
带 112
贷 112
待 112
怠 113
袋 113
逮 113
戴 113

dān
丹 114
担 114
单 114
耽 114

dǎn
胆 115
掸 115

dàn
担 114
旦 115
但 115
诞 116
淡 116
弹 116
蛋 116
氮 117
石 584

dāng
当 117
铛 117
裆 117

dǎng
党 118
挡 118
档 118

dàng
当 117
荡 118

dāo
刀 119
叨 635

dǎo
导 119
岛 119
捣 119
倒 120
祷 120
蹈 120

dào
到 120
倒 120
盗 121
悼 121
道 121
稻 121

dé
德 122
得 122

de
得 122
地 126
的 127

děi
得 122

dēng
灯 122
登 122

děng
等 123

dèng
澄 81
邓 123
凳 123
瞪 123

dī
低 124
堤 124
滴 124
嘀 125
提 640

dí
敌 124
涤 125
笛 125
嘀 125
嫡 125
的 127

dǐ
抵 126
底 126

dì
地 126
弟 126
的 127
帝 127
递 127
第 127
蒂 128
缔 128

diān
掂 128
颠 128

diǎn
典 129
点 129
碘 129

diàn
电 129
甸 130
佃 130
店 130
玷 130
垫 131

淀 131
惦 131
奠 131
殿 132

diāo
刁 132
叼 132
凋 132
碉 133
雕 133

diào
吊 133
钓 133
掉 134
调 645

diē
爹 134
跌 134

dié
谍 134
叠 135
碟 135
蝶 135

dīng
丁 135
叮 136
盯 136
钉 136

dǐng
顶 136
鼎 137

dìng
钉 136
订 137
定 137
锭 137

diū
丢 138

dōng
东 138
冬 138

dǒng
董 138
懂 139

dòng
动 139
冻 139
栋 139
洞 140

dōu
兜 140
都 142

dǒu
斗 140
抖 140
陡 141
蚪 141

dòu
斗 140
豆 141
逗 141
痘 142
读 143

dū
都 142
督 142

dú
毒 142
独 143
读 143
犊 143

dǔ
堵 143
赌 144
睹 144
肚 144

dù
杜 144
肚 144
妒 145
度 145
渡 145
镀 145

duān
端 146

duǎn
短 146

duàn
段 146
断 146
缎 147
锻 147

duī
堆 147

duì
队 147
对 148
兑 148

dūn
吨 148
敦 148
墩 149
蹲 149

dǔn
盹 149

dùn
囤 149
炖 150
钝 150
盾 150
顿 150

duō
多 151
哆 151

duó
度 145
夺 151
踱 151

duǒ
朵 152
躲 152
垛 152

duò
垛 152
剁 152
舵 153
堕 153
惰 153
跺 153
驮 659

E

ē
阿 1

é
讹 154
俄 154
鹅 154
蛾 154
额 155

ě
恶 155

è
扼 155
恶 155
饿 155
遏 156
愕 156
噩 156
鳄 156

ēn
恩 157

ér
儿 157

ěr
而 157
尔 157
耳 158
饵 158

èr
二 158
贰 158

F

fā
发 159

fá
乏 159
伐 159
罚 159
阀 160
筏 160

fǎ
法 160

fà
发 159

fān
帆 160
番 161
翻 161

fán
凡 161
矾 161
烦 162
樊 162
繁 162

fǎn
反 162
返 163

fàn
犯 163
饭 163
泛 163
范 164
贩 164

fāng
方 164
坊 164
芳 165

fáng
坊 164
防 165
妨 165
肪 165
房 166

fǎng
仿 166
访 166
纺 166

拼音检字表

fàng
放 167

fēi
飞 167
非 167
菲 167
啡 168

féi
肥 168

fěi
菲 167
匪 168
诽 168

fèi
吠 169
肺 169
废 169
沸 169
费 170

fēn
分 170
芬 170
纷 170
吩 171
氛 171

fén
坟 171
焚 171

fěn
粉 172

fèn
分 170
份 172
奋 172
忿 172
粪 173
愤 173

fēng
丰 173
风 173
枫 174
封 174
疯 174
峰 174
锋 175
蜂 175

féng
冯 175
逢 175
缝 176

fěng
讽 176

fèng
缝 176
凤 176
奉 176

fó
佛 179

fǒu
否 177

fū
夫 177
肤 177
麸 177
孵 178
敷 178

fú
伏 178
凫 178
芙 179
扶 179
佛 179
俘 179
拂 180
服 180
浮 180
符 180
袱 181
幅 181
辐 181
福 181
蝠 182

fǔ
甫 182
抚 182
斧 182
府 183
俯 183
辅 183
脯 183
腐 184

fù
服 180
父 184
付 184
负 184
妇 185
附 185
咐 185
赴 185
复 186
副 186
赋 186
傅 186
富 187
腹 187
缚 187
覆 187

G

gā
咖 337

gāi
该 188

gǎi
改 188

gài
丐 188
钙 188
盖 189
溉 189
概 189
芥 309

gān
干 189
甘 190
杆 190
肝 190
柑 190
竿 191

gǎn
杆 190
秆 191
赶 191
敢 191
感 192
橄 192

gàn
干 189

gāng
冈 192
刚 192
肛 193
纲 193
钢 193
缸 193

gǎng
岗 194
港 194

gàng
杠 194

gāo
高 194
羔 195
膏 195
篙 195
糕 195

gǎo
搞 196
稿 196
镐 234

gào
膏 195
告 196

gē
戈 196
疙 197
哥 197
胳 197
鸽 197
搁 198
割 198
歌 198

gé
搁 198
革 198
阁 199
格 199
蛤 199
隔 199
葛 200

gě
葛 200
个 200

gè
个 200
各 200

gěi
给 275

gēn
根 200
跟 201

gēng
更 201
耕 201
羹 201

gěng
埂 202
耿 202
梗 202

gèng
更 201

gōng
工 202
弓 203
公 203
功 203
攻 203
供 204
宫 204
恭 204
蚣 204
躬 205

拼音检字表

gǒng
巩 205
汞 205
拱 205

gòng
供 204
共 206
贡 206

gōu
勾 206
沟 206
钩 207

gǒu
苟 207
狗 207

gòu
勾 206
构 207
购 208
垢 208
够 208

gū
估 208
咕 209
沽 209
姑 209
孤 209
菇 210
辜 210
箍 210
骨 211

gǔ
古 210
谷 211
股 211
骨 211
贾 211
鼓 212

gù
固 212
故 212
顾 212
雇 213

guā
瓜 213
刮 213

guǎ
剐 213
寡 214

guà
卦 214
挂 214
褂 214

guāi
乖 215

guǎi
拐 215

guài
怪 215

guān
关 215
观 216
官 216
冠 216
棺 216

guǎn
馆 217
管 217

guàn
观 216
冠 216
贯 217
惯 217
灌 218
罐 218

guāng
光 218

guǎng
广 218
犷 219

guàng
逛 219

guī
归 219
龟 219
规 220
闺 220
硅 220
瑰 220

guǐ
轨 221
诡 221
鬼 221

guì
柜 221
刽 222
贵 222
桂 222
跪 222

gǔn
滚 223

gùn
棍 223

guō
郭 223
锅 223
涡 681

guó
国 224

guǒ
果 224
裹 224

guò
过 224

H

hā
哈 225

há
蛤 199

hāi
咳 344

hái
孩 225
还 253

hǎi
海 225

hài
亥 225
骇 226
害 226

hān
酣 226
憨 226

hán
含 227
函 227
涵 227
韩 227
寒 228
汗 229

hǎn
罕 228
喊 228

hàn
汉 228
汗 229
旱 229
捍 229
悍 229
焊 230
翰 230
撼 230
憾 230

hāng
夯 231

háng
吭 231
杭 231
航 231
行 725

hāo
蒿 232

háo
号 232
毫 232
豪 232
壕 233
嚎 233

hǎo
好 233

hào
号 232
好 233
耗 233
浩 234
镐 234

hē
呵 234
喝 237

hé
禾 234
合 235
何 235
和 235
河 235
荷 236
核 236
盒 236

hè
和 235
荷 236
吓 236
贺 237
喝 237
赫 237
褐 237
鹤 238

hēi
黑 238
嘿 238

hén
痕 238

hěn
很 239

狠 239

hèn

恨 239

hēng

哼 239

héng

恒 240
横 240
衡 240

hèng

横 240

hōng

轰 240
哄 241
烘 241

hóng

弘 241
红 241
宏 242
虹 242
洪 242
鸿 242

hǒng

哄 241

hòng

哄 241

hóu

喉 243
猴 243
侯 243

hǒu

吼 243

hòu

后 244
厚 244
候 244

hū

乎 244
呼 245
忽 245

hú

核 236
狐 245
弧 245
胡 246
壶 246
葫 246
湖 246
蝴 247
糊 247

hǔ

虎 247
唬 247

hù

糊 247
互 248
户 248
护 248
沪 248

huā

花 249
哗 249

huá

划 249
华 249
哗 249
猾 250
滑 250

huà

划 249
华 249
化 250
画 250
话 251
桦 251

huái

怀 251
徊 251
淮 252
槐 252

huài

坏 252

huān

欢 252

huán

还 253
环 253

huǎn

缓 253

huàn

幻 253
宦 254
换 254
唤 254
涣 254
患 255
焕 255
痪 255

huāng

荒 255
慌 256

huáng

皇 256
黄 256
凰 256
惶 257
煌 257
蝗 257
磺 257

huǎng

恍 258
晃 258
谎 258
幌 258

huàng

晃 258

huī

灰 259
挥 259
恢 259
辉 259
徽 260

huí

回 260
茴 260
蛔 260

huǐ

悔 261
毁 261

huì

汇 261
会 261
讳 262
诲 262
绘 262
贿 262
晦 263
秽 263
惠 263
慧 263

hūn

昏 264
荤 264
婚 264

hún

浑 264
魂 265
混 265

hùn

混 265

huō

豁 267

huó

和 235
活 265

huǒ

火 265
伙 266

huò

和 235
或 266
货 266
获 266
祸 267
惑 267
霍 267
豁 267

J

jī

几 268
讥 268
击 268
叽 268
饥 269
圾 269
机 269
肌 269
鸡 270
唧 270
积 270
基 270
缉 271
畸 271
箕 271
稽 271
激 272
奇 509

jí

及 272
吉 272
级 272
极 273
即 273
急 273
疾 273
棘 274
集 274
辑 274
嫉 274
籍 275

jǐ

几 268
己 275
挤 275
给 275
脊 276
纪 276
济 279

jì

计 276
记 276
纪 276
技 277
际 277
忌 277

妓 277
季 278
剂 278
荠 278
迹 278
济 279
既 279
继 279
祭 279
寄 280
寂 280
绩 280
鲫 280
冀 281
系 697

jiā

加 281
夹 281
茄 281
佳 282
枷 282
家 282
嘉 282

jiá

夹 281
荚 283
颊 283

jiǎ

贾 211
甲 283
钾 283
假 284

jià

假 284
价 284
驾 284
架 284
嫁 285
稼 285

jiān

尖 285
奸 285
歼 286
坚 286
肩 286
艰 286
监 287
兼 287
煎 287
间 290
渐 292

jiǎn

拣 287
茧 288
柬 288
俭 288
捡 288
检 289
减 289
剪 289
简 289
碱 290

jiàn

监 287
见 290
件 290
间 290
建 291
荐 291
贱 291
剑 291
健 292
舰 292
涧 292
渐 292
谏 293
践 293
溅 293
鉴 293
键 294
箭 294

jiāng

江 294
姜 294
浆 295
僵 295
缰 295
疆 295
将 297

jiǎng

讲 296
奖 296
桨 296
蒋 296

jiàng

匠 297
降 297
将 297
酱 297
强 521

jiāo

交 298
郊 298
浇 298
娇 298
骄 299
胶 299
椒 299
焦 299
蕉 300
礁 300
教 303

jiáo

嚼 300

jiǎo

角 300
狡 301
饺 301
绞 301
矫 301
脚 302
搅 302
剿 302
缴 302
侥 761

jiào

嚼 300
叫 303
教 303
校 303
轿 303
较 304
窖 304
酵 304
觉 333

jiē

阶 304
皆 305
接 305
秸 305
揭 305
街 306
节 306
结 307

jié

节 306
劫 306
杰 306
洁 307
结 307
捷 307
截 307
竭 308

jiě

姐 308
解 308

jiè

解 308
介 308
芥 309
戒 309
届 309
界 309
诫 310
借 310

jīn

巾 310
斤 310
今 311
金 311
津 311
筋 311
襟 312
禁 314

jǐn

仅 312
紧 312
锦 312
谨 313
尽 313

jìn

尽 313
进 313
近 313
劲 314
晋 314
浸 314
禁 314

jīng

茎 315
京 315
经 315
荆 315
惊 316
晶 316
睛 316
兢 316
精 317
鲸 317

jǐng

井 317
阱 317
颈 318
景 318
警 318

jìng

劲 314
径 318
净 319
竞 319
竟 319
敬 319
靖 320
静 320
境 320
镜 320

jiǒng

窘 321

jiū

纠 321
鸠 321
究 321
揪 322

jiǔ

九 322
久 322
玖 322
灸 323
韭 323
酒 323

jiù

旧 323

臼 324
疚 324
救 324
就 324
舅 325

jū
车 74
拘 325
居 325
驹 325
鞠 326
据 329

jú
局 326
菊 326
橘 326

jǔ
矩 327
举 327
沮 327

jù
巨 327
句 328
拒 328
具 328
炬 328
俱 329
剧 329
据 329
距 329
惧 330
锯 330
聚 330

juān
捐 330
鹃 331
圈 332

juǎn
卷 331

juàn
卷 331
倦 331
绢 331
圈 332
眷 332

jué
嚼 300
角 300
决 332
诀 332
觉 333
绝 333
倔 333
掘 333
崛 334
爵 334

juè
倔 333

jūn
龟 219
军 334
均 334
君 335
钧 335
菌 335

jùn
菌 335
俊 335
峻 336
骏 336
竣 336
郡 336

K

kā
咖 337

kǎ
卡 515

kāi
开 337
揩 337

kǎi
凯 337
慨 338
楷 338

kān
刊 338
勘 338
堪 339
看 339

kǎn
坎 339
砍 339

kàn
看 339
瞰 340

kāng
康 340
慷 340
糠 340

káng
扛 341

kàng
抗 341
炕 341

kǎo
考 341
拷 342
烤 342

kào
铐 342
靠 342

kē
苛 343
科 343
棵 343
颗 343
磕 344
蝌 344
坷 345

ké
壳 344
咳 344

kě
可 345
坷 345
渴 345

kè
克 345
刻 346
客 346
课 346

kěn
肯 346
垦 347
恳 347
啃 347

kēng
吭 231
坑 347
铿 348

kōng
空 348

kǒng
孔 348
恐 348

kòng
空 348
控 349

kōu
抠 349

kǒu
口 349

kòu
扣 349
寇 350

kū
枯 350
哭 350
窟 350

kǔ
苦 351

kù
库 351
裤 351
酷 351

kuā
夸 352

kuǎ
垮 352

kuà
挎 352
胯 352
跨 353

kuài
会 261
块 353
快 353
筷 353

kuān
宽 354

kuǎn
款 354

kuāng
筐 354

kuáng
狂 354

kuàng
旷 355
况 355
矿 355
框 355
眶 356

kuī
亏 356
盔 356
窥 356

kuí
葵 357
魁 357

kuì
溃 357
愧 357

kūn
坤 358
昆 358

拼音检字表

kǔn
捆 358

kùn
困 358

kuò
扩 359
括 359
阔 359
廓 359

L

lā
垃 360
拉 360
啦 360

lǎ
喇 360

là
腊 361
蜡 361
辣 361
落 418

la
啦 360

lái
来 361
莱 362

lài
赖 362
癞 362

lán
兰 362
拦 363
栏 363
蓝 363
澜 363
篮 364

lǎn
览 364
揽 364
缆 364
榄 365
懒 365

làn
烂 365
滥 365

láng
郎 366
狼 366
琅 366
廊 366
榔 367

lǎng
朗 367

làng
浪 367

lāo
捞 367

láo
劳 368
牢 368
唠 368

lǎo
老 368
姥 454

lào
涝 369
酪 369
烙 418
落 418

lè
勒 369
乐 809

le
了 390

lēi
勒 369

léi
雷 369
擂 370
累 370

lěi
垒 370
累 370
蕾 370
儡 371

lèi
累 370
擂 370
肋 371
泪 371
类 371

léng
棱 372
楞 372

lěng
冷 372

lī
哩 380

lí
厘 372
狸 373
离 373
梨 373
犁 373
漓 374
黎 374
篱 374
丽 377

lǐ
礼 374
李 375
里 375
理 375
鲤 375

lì
力 376
历 376
厉 376
立 376
吏 377
丽 377
励 377
利 377
沥 378
例 378
隶 378
荔 378
俐 379
莉 379
栗 379
砾 379
粒 380
雳 380
痢 380

li
哩 380
璃 381

liǎ
俩 381

lián
连 381
怜 381
帘 382
莲 382
联 382
廉 382
镰 383

liǎn
敛 383
脸 383

liàn
练 383
炼 384
恋 384
链 384

liáng
良 384
凉 385
梁 385
量 385
粮 385
粱 386

liǎng
俩 381
两 386

liàng
凉 385
量 385
亮 386
谅 386
辆 387
晾 387

liāo
撩 387

liáo
撩 387
辽 387
疗 388
聊 388
僚 388
嘹 388
潦 389
缭 389
燎 389
寥 389

liǎo
燎 389
了 390

liào
料 390
瞭 390
镣 390

liě
咧 391

liè
列 391
劣 391
烈 391
猎 392
裂 392

lín
邻 392
林 392
临 393
淋 393
琳 393
磷 393
鳞 394

lǐn
凛 394
檩 394

拼音检字表

lìn
吝 394
赁 395
躏 395

líng
伶 395
灵 395
玲 396
铃 396
凌 396
陵 396
菱 397
蛉 397
翎 397
零 397
龄 398

lǐng
岭 398
领 398

lìng
另 398
令 399

liū
溜 401

liú
刘 399
留 399
流 399
琉 400
硫 400
榴 400
瘤 400
馏 401

liǔ
柳 401

liù
六 401
馏 401
溜 401
陆 407

lóng
龙 402
咙 402
胧 402
聋 402
笼 403
隆 403
窿 403

lǒng
笼 403
垄 403
拢 404

lòng
弄 472

lōu
搂 404

lóu
娄 404
楼 404

lǒu
搂 404
篓 405

lòu
陋 405
漏 405
露 409

lú
卢 405
芦 406
庐 406
炉 406
颅 406

lǔ
卤 407
虏 407
鲁 407

lù
陆 407
录 408
赂 408
鹿 408
碌 408
路 409
露 409
绿 412

lǘ
驴 409

lǚ
吕 409
侣 410
旅 410
铝 410
屡 410
缕 411
履 411

lǜ
律 411
虑 411
绿 412
氯 412
滤 412
率 604

luán
峦 412

luǎn
卵 413

luàn
乱 413

lüè
掠 413
略 413

lūn
抡 414

lún
仑 414
伦 414
沦 414
轮 415
论 415

lùn
论 415

luō
啰 415

luó
罗 415
萝 416
逻 416
锣 416
箩 416
骡 417
螺 417

luǒ
裸 417

luò
洛 417
骆 418
络 418
烙 418
落 418

M

mā
妈 419
抹 449

má
吗 419
麻 419

mǎ
马 419
吗 419
玛 420
码 420
蚂 420

mà
骂 420
蚂 420

ma
吗 419
蟆 421

mái
埋 421

mǎi
买 421

mài
迈 421
麦 422
卖 422
脉 422

mán
埋 421
蛮 422
馒 423
谩 423
瞒 423

mǎn
满 423

màn
漫 423
曼 424
蔓 424
幔 424
谩 424
慢 425

máng
芒 425
忙 425
盲 425
茫 426
氓 433

mǎng
莽 426

māo
猫 426

máo
毛 426
矛 427
茅 427
锚 427

mǎo
铆 427

mào
茂 428
冒 428
贸 428
帽 428
貌 429

me
么 429

拼音检字表

méi
玫 429
枚 429
眉 430
梅 430
媒 430
楣 430
煤 431
霉 431
没 449

měi
每 431
美 431

mèi
妹 432
昧 432
寐 432
媚 432

mēn
闷 433

mén
门 433

mèn
闷 433

men
们 433

mēng
蒙 434

méng
氓 433
蒙 434
萌 434
盟 434
檬 434
朦 435

měng
蒙 434
猛 435
锰 435

mèng
孟 435
梦 436

mī
咪 436
眯 437

mí
弥 436
迷 436
眯 437
谜 437
糜 437
靡 437

mǐ
靡 437
米 438

mì
觅 438
泌 438
秘 438
密 439
蜜 439

mián
眠 439
绵 439
棉 440

miǎn
免 440
勉 440
娩 440
冕 441
缅 441

miàn
面 441

miáo
苗 441
描 442
瞄 442

miǎo
秒 442
渺 442
藐 443

miào
妙 443
庙 443

miè
灭 443
蔑 444

mín
民 444

mǐn
皿 444
闽 444
悯 445
敏 445

míng
名 445
明 445
鸣 446
铭 446
螟 446

mìng
命 446

miù
谬 447

mō
摸 447

mó
馍 447
摹 447
膜 448
摩 448
磨 448
蘑 448
魔 449
模 452

mǒ
抹 449

mò
脉 422
磨 448
抹 449
末 449
没 449
茉 450
沫 450
陌 450
莫 450
漠 451
寞 451
墨 451
默 451

móu
谋 452

mǒu
某 452

mú
模 452

mǔ
母 452
牡 453
亩 453
拇 453
姆 453
姥 454

mù
木 454
目 454
沐 454
牧 455
募 455
墓 455
幕 455
睦 456
暮 456
慕 456
穆 456

N

ná
拿 457

nǎ
哪 457

nà
那 457
呐 457
纳 458
钠 458
捺 458

na
哪 457

nǎi
乃 458
奶 459

nài
奈 459
耐 459

nán
男 459
南 460
难 460

nàn
难 460

náng
囊 460

náo
挠 460

nǎo
恼 461
脑 461

nào
闹 461

né
哪 457

ne
呢 461

něi
馁 462

nèi
内 462

nèn
嫩 462

néng
能 462

ní
呢 461
尼 463
泥 463

nǐ
拟 463
你 463

nì
泥 463
昵 464
逆 464
匿 464
腻 464
溺 465

niān
拈 465
蔫 465

nián
年 465
粘 828

niǎn
捻 466
碾 466
撵 466

niàn
念 466

niáng
娘 467

niàng
酿 467

niǎo
鸟 467
袅 467

niào
溺 465
尿 468

niē
捏 468

niè
聂 468
镊 468
孽 469

nín
您 469

níng
拧 469
狞 469
柠 470
凝 470
宁 470

nǐng
拧 469

nìng
宁 470
泞 470

niú
牛 471

niǔ
扭 471
纽 471
钮 471

niù
拗 8

nóng
农 472
浓 472
脓 472

nòng
弄 472

nú
奴 473

nǔ
努 473

nù
怒 473

nǚ
女 473

nuǎn
暖 474

nüè
疟 474
虐 474

nuó
挪 474
娜 475

nuò
诺 475
懦 475
糯 475

O

ōu
讴 476
欧 476
殴 476
鸥 476
区 534

ǒu
呕 477
偶 477
藕 477

òu
沤 477

P

pā
趴 478
啪 478

pá
扒 10
耙 13
爬 478

pà
帕 478
怕 479

pāi
拍 479

pái
排 479
徘 479
牌 480

pǎi
迫 502

pài
派 480
湃 480

pān
番 161
潘 480
攀 481

pán
盘 481
胖 484

pàn
判 481
盼 481
叛 482
畔 482

pāng
乓 482

páng
庞 482
旁 483
膀 483
磅 483
螃 483

pàng
胖 484

pāo
抛 484
泡 485

páo
刨 484
咆 484
炮 485
袍 485

pǎo
跑 485

pào
泡 485
炮 485

pēi
胚 486

péi
陪 486
培 486
赔 486

pèi
沛 487
佩 487
配 487

pēn
喷 487

pén
盆 488

pèn
喷 487

pēng
砰 488
烹 488

péng
朋 488
彭 489
棚 489
蓬 489
硼 489
鹏 490
澎 490
篷 490
膨 490

pěng
捧 491

pèng
碰 491

pī
批 491
坯 491

披 492
劈 492
霹 492

pí

皮 492
疲 493
啤 493
脾 493

pǐ

劈 492
匹 493

pì

辟 36
屁 494
僻 494
譬 494

piān

扁 39
偏 494
篇 495
翩 495
片 495

pián

便 40

piàn

片 495
骗 495

piāo

漂 496
飘 496

piáo

瓢 496
朴 504

piǎo

漂 496

piào

漂 496
票 496

piē

撇 497
瞥 497

piě

撇 497

pīn

拼 497

pín

贫 497
频 498

pǐn

品 498

pìn

聘 498

pīng

乒 498

píng

平 499
评 499
坪 499
苹 499
凭 500
屏 500
瓶 500
萍 500

pō

泊 49
坡 501
泼 501
颇 501
朴 504

pó

婆 501

pò

迫 502
破 502
魄 502
朴 504

pōu

剖 502

pū

扑 503
铺 503
仆 503

pú

脯 183
仆 503
菩 503
葡 504
蒲 504

pǔ

朴 504
圃 504
浦 505
普 505
谱 505

pù

堡 24
铺 503
瀑 505

Q

qī

缉 271
七 506
妻 506
柒 506
栖 506
凄 507
戚 507
期 507
欺 507
喊 508
漆 508

qí

芥 278
齐 508
其 508
奇 509
歧 509
祈 509
脐 509
畦 510
崎 510
骑 510
棋 510
旗 511
鳍 511

qǐ

稽 271
乞 511
岂 511
企 512
启 512
起 512

qì

气 512
迄 513
弃 513
汽 513
泣 513
契 514
砌 514
器 514

qi

荠 278

qiā

掐 514

qiǎ

卡 515

qià

洽 515
恰 515

qiān

千 515
迁 516
牵 516
铅 516
谦 516
签 517
纤 701

qián

前 517
钱 517
钳 517
乾 518
潜 518
黔 518

qiǎn

浅 518
遣 519
谴 519

qiàn

欠 519
嵌 519
歉 520

qiāng

呛 520
枪 520
腔 520
抢 521

qiáng

强 521
墙 521

qiǎng

抢 521
强 521

qiàng

呛 520

qiāo

跷 521
锹 522
敲 522
悄 524

qiáo

乔 522
侨 522
荞 523
桥 523
憔 523
瞧 523
翘 525

qiǎo

巧 524
悄 524

qiào

壳 344
俏 524
峭 524
窍 525

翘 525
撬 525

qiē
切 525

qié
茄 281

qiě
且 526

qiè
切 525
怯 526
窃 526

qīn
钦 526
侵 527
亲 527

qín
芹 527
秦 527
琴 528
禽 528
勤 528
擒 528

qǐn
寝 529

qīng
青 529
轻 529
氢 529
倾 530
卿 530
清 530
蜻 530

qíng
情 531
晴 531
擎 531

qǐng
顷 531
请 532

qìng
亲 527
庆 532

qióng
穷 532
穹 532
琼 533

qiū
丘 533
秋 533
蚯 533

qiú
仇 87
囚 534
求 534
球 534

qū
区 534
曲 535
岖 535
驱 535
屈 535
蛆 536
躯 536
趋 536

qú
渠 536

qǔ
曲 535
取 537
娶 537

qù
去 537
趣 537

quān
圈 332

quán
权 538
全 538
泉 538
拳 538
痊 539

quǎn
犬 539

quàn
劝 539
券 539

quē
缺 540

qué
瘸 540

què
却 540
雀 540
确 541
鹊 541

qún
裙 541
群 541

R

rán
然 542
燃 542

rǎn
染 542

rāng
嚷 543

ráng
瓤 542

rǎng
壤 543
攘 543
嚷 543

ràng
让 543

ráo
饶 544

rǎo
扰 544

rào
绕 544

rě
惹 544

rè
热 545

rén
人 545
仁 545
任 546

rěn
忍 545

rèn
刃 546
认 546
任 546
纫 546
韧 547
饪 547

rēng
扔 547

réng
仍 547

rì
日 548

róng
茸 548
荣 548
绒 548
容 549
蓉 549
溶 549
榕 549
熔 550
融 550

rǒng
冗 550

róu
柔 550
揉 551
蹂 551

ròu
肉 551

rú
如 551
茹 552
儒 552
濡 552
蠕 552

rǔ
乳 553
辱 553

rù
入 553
褥 553

ruǎn
软 554

ruǐ
蕊 554

ruì
锐 554
瑞 554

rùn
闰 555
润 555

ruò
若 555
弱 555

S

sā
撒 556

sǎ
撒 556
洒 556

sà
飒 556
萨 556

sāi
腮 557
塞 557

sài
塞 557
赛 557

sān
三 557
叁 558

sǎn
伞 558
散 558

sàn
散 558

sāng
丧 558
桑 559

sǎng
嗓 559

sàng
丧 558

sāo
搔 559
骚 559
臊 560

sǎo
扫 560
嫂 560

sào
臊 560
扫 560

sè
塞 557
色 560
涩 561
瑟 561

sēn
森 561

sēng
僧 561

shā
杀 562
沙 562
纱 562
砂 562
刹 563
煞 563
鲨 563
杉 565

shá
啥 563

shǎ
傻 564

shà
煞 563
厦 564
霎 564

shāi
筛 564

shài
晒 565

shān
山 565
杉 565
删 565
苫 566
衫 566
珊 566
煽 566
扇 567

shǎn
闪 567
陕 567

shàn
单 114
苫 566
禅 567
扇 567
善 568
擅 568
膳 568
赡 568

shāng
伤 569
商 569

shǎng
晌 569
赏 569

shàng
上 570
尚 570

shang
裳 71

shāo
捎 570
烧 570
梢 571
稍 571

sháo
勺 571
芍 571

shǎo
少 572

shào
稍 571
少 572
绍 572
哨 572

shē
奢 572
赊 573

shé
舌 573
蛇 573
折 838

shě
舍 574

shè
设 573
社 574
舍 574
射 574
涉 574
赦 575
摄 575

shéi
谁 606

shēn
申 575
伸 575
身 576
呻 576
参 576
绅 576
深 577

shén
神 577
甚 578
什 584

shěn
沈 577
审 577
婶 578

shèn
肾 578
甚 578
渗 578
慎 579

shēng
升 579
生 579
声 579
牲 580
笙 580
甥 580

shéng
绳 580

shěng
省 726

shèng
盛 80
圣 581
胜 581
剩 581

shī
尸 581
失 582
师 582
诗 582
虱 582
狮 583
施 583
湿 583

shí
十 583
什 584
石 584
时 584
识 584
实 585
拾 585
食 585
蚀 585

shǐ
史 586
矢 586
使 586
始 586
驶 587
屎 587

shì
十 587
氏 587
示 588
世 588
市 588
式 588
事 589
势 589
侍 589
饰 589
试 590
视 590
柿 590
拭 590
是 591

适 591
恃 591
室 591
逝 592
释 592
嗜 592
誓 592
似 611

shi

匙 84

shōu

收 593

shǒu

手 593
守 593
首 593

shòu

寿 594
受 594
授 594
售 594
兽 595
瘦 595

shū

书 595
抒 595
枢 596
叔 596
殊 596
梳 596
淑 597
舒 597
疏 597
输 597
蔬 598

shú

秫 598
赎 598
熟 598

shǔ

暑 599
黍 599
署 599
蜀 599
鼠 600
数 600
薯 600
曙 600
属 866

shù

数 600
术 601
束 601
述 601
树 601
竖 602
恕 602
庶 602
墅 602
漱 603

shuā

刷 603

shuǎ

耍 603

shuāi

衰 603
摔 604

shuǎi

甩 604

shuài

帅 604
率 604
蟀 605

shuān

拴 605
栓 605

shuàn

涮 605

shuāng

双 606
霜 606

shuǎng

爽 606

shuí

谁 606

shuǐ

水 607

shuì

税 607
睡 607
说 608

shǔn

吮 607

shùn

顺 608
瞬 608

shuō

说 608

shuò

烁 608
硕 609

sī

司 609
丝 609
私 609
思 610
斯 610
撕 610
嘶 610

sǐ

死 611

sì

四 611
寺 611
似 611
伺 612
祀 612
饲 612
肆 612

sōng

松 613

sǒng

耸 613

sòng

讼 613
宋 613
送 614
诵 614
颂 614

sōu

搜 614
艘 615

sòu

嗽 615

sū

苏 615
酥 615

sú

俗 616

sù

诉 616
肃 616
素 616
速 617
宿 617
粟 617
塑 617
溯 618

suān

酸 618

suàn

蒜 618
算 618

suī

虽 619

suí

随 619
遂 620

suǐ

髓 619

suì

岁 619
祟 620
遂 620
碎 620
隧 620
穗 621

sūn

孙 621

sǔn

损 621
笋 621

suō

唆 622
梭 622
嗦 622
缩 622

suǒ

所 623
索 623
琐 623
锁 623

T

tā

他 624
它 624
她 624
塌 624
踏 625

tǎ

塔 625

tà

踏 625
蹋 625
拓 660

tāi

胎 625
台 626
苔 626

tái

台 626
苔 626
抬 626

tài

太 626
汰 627
态 627

泰 627

tān
坍 627
贪 628
摊 628
滩 628
瘫 628

tán
弹 116
坛 629
昙 629
谈 629
痰 629
谭 630
潭 630
檀 630

tǎn
坦 630
袒 631
毯 631

tàn
叹 631
炭 631
探 632
碳 632

tāng
汤 632

táng
唐 632
堂 633
棠 633
塘 633
搪 633
膛 634
糖 634

tǎng
倘 634
淌 634
躺 635

tàng
烫 635
趟 635

tāo
叨 635
涛 636
掏 636
滔 636

táo
逃 636
桃 637
陶 637
萄 637
淘 637

tǎo
讨 638

tào
套 638

tè
特 638

téng
疼 638
腾 639
誊 639
藤 639

tī
剔 639
梯 640
踢 640

tí
提 640
啼 640
题 641
蹄 641

tǐ
体 641

tì
屉 641
剃 642
涕 642
惕 642
替 642

tiān
天 643
添 643

tián
田 643
恬 643
甜 644
填 644

tiǎn
舔 644

tiāo
挑 644

tiáo
条 645
调 645
笤 645

tiǎo
挑 644

tiào
眺 645
跳 646

tiē
贴 646
帖 646

tiě
铁 646
帖 646

tiè
帖 646

tīng
厅 647
听 647

tíng
廷 647
亭 647
庭 648
停 648
蜓 648

tǐng
挺 648
艇 649

tōng
通 649

tóng
同 649
彤 649
桐 650
铜 650
童 650
瞳 650

tǒng
统 651
捅 651
桶 651
筒 651

tòng
同 649
痛 652

tōu
偷 652

tóu
头 652
投 652

tòu
透 653

tou
头 652

tū
凸 653
秃 653
突 653

tú
图 654
徒 654
途 654
涂 654
屠 655

tǔ
土 655
吐 655

tù
吐 655
兔 655

tuán
团 656

tuī
推 656

tuí
颓 656

tuǐ
腿 656

tuì
退 657
蜕 657
褪 658

tūn
吞 657

tún
囤 149
屯 657
臀 658

tùn
褪 658

tuō
托 658
拖 658
脱 659

tuó
驮 659
驼 659
鸵 659

tuǒ
妥 660
椭 660

tuò
拓 660
唾 660

拼音检字表

W

wā
挖 661
哇 661
洼 661
蛙 661

wá
娃 662

wǎ
瓦 662

wà
袜 662
瓦 662

wa
哇 661

wāi
歪 662

wài
外 663

wān
弯 663
湾 663
蜿 663
豌 664

wán
丸 664
完 664
玩 664
顽 665

wǎn
宛 665
挽 665
晚 665
惋 666
婉 666
碗 666

wàn
蔓 424
万 666
腕 667

wāng
汪 667

wáng
亡 667
王 667

wǎng
网 668
枉 668
往 668

wàng
王 667
妄 668
忘 669
旺 669
望 669

wēi
危 669
威 670
偎 670
微 670
薇 670
巍 671

wéi
为 671
违 671
围 671
桅 672
维 672
唯 674

wěi
伟 672
伪 672
苇 673
尾 673
纬 673
委 673
娓 674
萎 674
唯 674

wèi
为 671
卫 674
未 675
位 675
味 675
畏 675
胃 676
谓 676
尉 676
喂 676
猬 677
蔚 677
慰 677
魏 677

wēn
温 678
瘟 678

wén
文 678
纹 678
闻 679
蚊 679

wěn
吻 679
紊 679
稳 680

wèn
问 680

wēng
翁 680
嗡 680

wèng
瓮 681

wō
涡 681
窝 681
蜗 681

wǒ
我 682

wò
沃 682
卧 682
握 682

wū
乌 683
污 683
巫 683
呜 683
诬 684
屋 684

wú
无 684
芜 684
吴 685
梧 685
蜈 685

wǔ
五 685
午 686
伍 686
妩 686
武 686
侮 687
捂 687
鹉 687
舞 687

wù
恶 155
勿 688
务 688
坞 688
物 688
误 689
悟 689
晤 689
雾 689

X

xī
夕 690
西 690
吸 690
希 690
昔 691
析 691
牺 691
息 691
悉 692
惜 692
晰 692
稀 692
犀 693
锡 693
溪 693
熙 693
熄 694
膝 694
嬉 694
蟋 694

xí
习 695
席 695
袭 695
媳 695

xǐ
洗 696
徙 696
喜 696
铣 704

xì
戏 696
系 697
细 697
隙 697

xiā
虾 697
瞎 698

xiá
匣 698
侠 698
峡 698
狭 699
暇 699
辖 699
霞 699

xià
吓 236
厦 564
下 700
夏 700

xiān
仙 700
先 700
纤 701
掀 701
锨 701
鲜 701

xián
闲 702
贤 702
弦 702
咸 702
涎 703
衔 703
舷 703
嫌 703

xiǎn
洗 696
鲜 701
显 704
险 704
铣 704

xiàn
见 290
县 704
现 705
限 705
线 705
宪 705
陷 706
馅 706
羡 706
献 706
腺 707

xiāng
乡 707
香 707
厢 707
湘 708
箱 708
镶 708
相 711

xiáng
降 297
详 708
祥 709
翔 709

xiǎng
享 709
响 709
想 710

xiàng
向 710
项 710
巷 710
相 711
象 711
像 711
橡 711

xiāo
逍 712
消 712
削 712
宵 712
萧 713
硝 713
销 713
箫 713
嚣 714
肖 715

xiáo
淆 714

xiǎo
小 714
晓 714

xiào
校 303
肖 715
孝 715
哮 715
笑 715
效 716
啸 716

xiē
些 716
楔 716
歇 717
蝎 717

xié
协 717
邪 717
胁 718
挟 718
斜 718
谐 718
携 719
鞋 719

xiě
写 719
血 740

xiè
泄 719
泻 720
卸 720
屑 720
械 720
谢 721
懈 721
蟹 721

xīn
心 721
芯 722
辛 722
欣 722
锌 722
新 723
薪 723

xìn
芯 722
信 723
衅 723

xīng
兴 724
星 724
猩 724
腥 724

xíng
刑 725
邢 725
行 725
形 725
型 726

xǐng
省 726
醒 726

xìng
兴 724
杏 726
幸 727
性 727
姓 727

xiōng
凶 727
兄 728
匈 728
汹 728
胸 728

xióng
雄 729
熊 729

xiū
休 729
修 729
羞 730

xiǔ
宿 617
朽 730

xiù
宿 617
秀 730
臭 730
袖 731
绣 731
锈 731
嗅 731

xū
吁 732
须 732
虚 732
需 732

xú
徐 733

xǔ
许 733

xù
畜 92
旭 733
序 733
叙 734
恤 734
酗 734
绪 734
续 735
絮 735
婿 735
蓄 735

xuān
轩 736
宣 736
喧 736

xuán
玄 736
悬 737
旋 737
漩 737

xuǎn
选 737
癣 738

xuàn
旋 737
炫 738
绚 738
眩 738

xuē
削 712
靴 739
薛 739

xué
穴 739
学 739

xuě
雪 740

xuè
血 740

xūn
勋 740
熏 740

xún
旬 741
寻 741
巡 741
询 741
循 742

xùn
训 742
讯 742
汛 742
迅 743

驯 743
逊 743
殉 743

Y

yā

压 744
呀 744
押 744
鸦 744
鸭 745
哑 746

yá

牙 745
芽 745
蚜 745
崖 746
涯 746
衙 746

yǎ

哑 746
雅 747

yà

轧 747
亚 747
讶 747

ya

呀 744

yān

咽 748
烟 748
淹 748
腌 748
燕 755
殷 780

yán

铅 516
延 749
严 749
言 749
岩 749
炎 750
沿 750
研 750
盐 750
阎 751
蜒 751
颜 751
檐 751

yǎn

奄 752
衍 752
掩 752
眼 752
演 753

yàn

咽 748
厌 753
砚 753
艳 753
唁 754
宴 754
验 754
谚 754
堰 755
雁 755
焰 755
燕 755

yāng

央 756
殃 756
鸯 756
秧 756

yáng

扬 757
羊 757
阳 757
杨 757
洋 758

yǎng

仰 758
养 758
氧 758
痒 759

yàng

样 759
漾 759

yāo

夭 759
吆 760
妖 760
要 760
腰 760
邀 761

yáo

侥 761
肴 761
姚 761
窑 762
谣 762
摇 762
遥 762

yǎo

咬 763
舀 763

yào

要 760
药 763
钥 763
耀 764

yē

椰 764
掖 766

yé

爷 764

yě

也 764
冶 765
野 765

yè

咽 748
业 765
叶 765
页 766
夜 766
掖 766
液 766
谒 767
腋 767

yī

一 767
伊 767
衣 768
医 768
依 768
壹 768
揖 769

yí

仪 769
夷 769
怡 769
宜 770
姨 770
胰 770
移 770
遗 771
疑 771

yǐ

乙 771
已 771
以 772
蚁 772
倚 772
椅 772

yì

艾 3
亿 773
义 773
艺 773
忆 773
议 774
屹 774
亦 774
异 774
抑 775
邑 775
役 775
译 775
易 776
绎 776
疫 776
弈 776
奕 777
益 777
谊 777
逸 777
肄 778
意 778
溢 778
毅 778
翼 779

yīn

因 779
阴 779
茵 779
音 780
姻 780
殷 780

yín

吟 780
银 781
淫 781

yǐn

引 781
饮 781
蚓 782
隐 782
瘾 782

yìn

饮 781
印 782

yīng

应 783
英 783
莺 783
婴 783
缨 784
樱 784
鹦 784
鹰 784

yíng

迎 785
荧 785
盈 785
莹 785
萤 786
营 786
蝇 786
赢 786

yǐng

颖 787
影 787

yìng

应 783
映 787

硬 787

yō
哟 788

yo
哟 788

yōng
佣 788
拥 788
庸 788

yǒng
永 789
咏 789
泳 789
勇 789
涌 790
蛹 790
踊 790

yòng
佣 788
用 790

yōu
优 791
忧 791
幽 791
悠 791

yóu
尤 792
由 792
邮 792
犹 792
油 793
游 793

yǒu
友 793
有 793

yòu
又 794
右 794
幼 794
佑 794
诱 795

yū
迂 795
淤 795

yú
于 795
余 796
鱼 796
娱 796
渔 796
隅 797
逾 797
愉 797
榆 797
愚 798
舆 798
予 798

yǔ
与 798
予 798
屿 799
宇 799
羽 799
雨 799
语 800

yù
尉 676
蔚 677
吁 732
与 798
玉 800
芋 800
郁 800
育 801
狱 801
浴 801
预 801
域 802
欲 802
遇 802
喻 802
御 803
寓 803
裕 803
愈 803
誉 804
豫 804

yuān
鸳 804
冤 804
渊 805

yuán
元 805
园 805
员 805
袁 806
原 806
圆 806
援 806
缘 807
猿 807
源 807
辕 807

yuǎn
远 808

yuàn
怨 808
院 808
愿 808

yuē
约 809

yuè
月 809
乐 809
岳 809
阅 810
悦 810
跃 810
越 810
粤 811

yūn
晕 813

yún
云 811
匀 811
耘 811

yǔn
允 812
陨 812

yùn
孕 812
运 812
晕 813
酝 813
韵 813
蕴 813

Z

zā
扎 823

zá
杂 814
砸 814

zāi
灾 814
栽 814

zǎi
宰 815
载 815
仔 878

zài
再 815
在 815
载 815

zán
咱 816

zǎn
攒 816

zàn
暂 816
赞 816

zāng
赃 817
脏 817

zàng
藏 60
脏 817
葬 817

zāo
遭 817
糟 818

záo
凿 818

zǎo
早 818
枣 818
蚤 819
澡 819
藻 819

zào
皂 819
灶 820
造 820
噪 820
燥 820
躁 821

zé
则 821
责 821
择 821
泽 822

zéi
贼 822

zěn
怎 822

zēng
曾 822
增 823
憎 823

zèng
赠 823

zhā
查 65
扎 823
喳 824
渣 824

zhá
轧 747
扎 823
闸 824
铡 824
炸 826

zhǎ
眨 825

拼音检字表

zhà
乍 825
诈 825
栅 825
炸 826
榨 826

zhāi
斋 826
摘 826

zhái
宅 827

zhǎi
窄 827

zhài
债 827
寨 827

zhān
占 828
沾 828
毡 828
粘 828
瞻 829

zhǎn
斩 829
盏 829
展 829
崭 830

zhàn
占 828
栈 830
战 830
站 830
绽 831
颤 831
蘸 831

zhāng
张 831
章 832
彰 832
樟 832

zhǎng
长 69
涨 832
掌 833

zhàng
涨 832
丈 833
仗 833
杖 833
帐 834
账 834
胀 834
障 834

zhāo
招 835
昭 835
朝 835
着 876

zháo
着 876

zhǎo
爪 835
找 836
沼 836

zhào
召 836
兆 836
赵 837
照 837
罩 837

zhē
遮 837
折 838

zhé
折 838
哲 838
辙 838

zhě
者 838

zhè
这 839
浙 839
蔗 839

zhe
着 876

zhēn
贞 839
针 840
侦 840
珍 840
真 840
斟 841
榛 841

zhěn
诊 841
枕 841
疹 842

zhèn
阵 842
振 842
震 842
镇 843

zhēng
争 843
征 843
怔 843
挣 844
狰 844
睁 844
筝 844
蒸 845
正 845
症 846

zhěng
拯 845
整 845

zhèng
挣 844
正 845
证 846
郑 846
政 846
症 846

zhī
之 847
支 847
只 847
汁 847
芝 848
吱 848
枝 848
知 848
肢 849
织 849
脂 849
蜘 849

zhí
执 850
直 850
侄 850
值 850
职 851
植 851
殖 851

zhǐ
只 847
止 851
旨 852
址 852
纸 852
指 852
趾 853

zhì
识 584
至 853
志 853
帜 853
制 854
质 854
治 854
挚 854
致 855
秩 855
掷 855
窒 855
智 856
滞 856
置 856
稚 856

zhōng
中 857
忠 857
终 857
盅 857
钟 858
衷 858

zhǒng
肿 858
种 859

zhòng
中 857
仲 858
种 859
众 859
重 859

zhōu
舟 859
州 860
周 860
洲 860
粥 860

zhóu
轴 861

zhǒu
肘 861
帚 861

zhòu
咒 861
宙 862
昼 862
皱 862
骤 862

zhū
朱 863
珠 863
株 863
诸 863
猪 864
蛛 864

zhú
术 601
竹 864
逐 864
烛 865

zhǔ
主 865
拄 865
煮 865
属 866

嘱 866
瞩 866

zhù

助 866
住 867
贮 867
注 867
驻 867
柱 868
祝 868
著 868
蛀 868
铸 869
筑 869

zhuā

抓 869

zhuǎ

爪 835

zhuān

专 869
砖 870

zhuǎn

转 870

zhuàn

传 93
转 870
赚 870
撰 870

zhuāng

妆 871
庄 871
桩 871
装 871

zhuàng

幢 95
壮 872
状 872
撞 872

zhuī

椎 97
追 872
锥 873

zhuì

坠 873
缀 873
赘 873

zhūn

谆 874

zhǔn

准 874

zhuō

拙 874
捉 874
桌 875

zhuó

灼 875
茁 875
卓 875
浊 876
酌 876
啄 876
着 876
琢 877

zī

吱 848
咨 877
姿 877
资 877
滋 878

zǐ

子 878
仔 878
姊 878
籽 879
紫 879
滓 879

zì

自 879
字 880

zi

子 878

zōng

宗 880
综 880
棕 880
踪 881

zǒng

总 881

zòng

纵 881
粽 881

zǒu

走 882

zòu

奏 882
揍 882

zū

租 882

zú

足 883
卒 883
族 883

zǔ

诅 883
阻 884
组 884
祖 884

zuān

钻 884

zuàn

钻 884

zuǐ

嘴 885

zuì

最 885
罪 885
醉 885

zūn

尊 886
遵 886

zuō

作 887

zuó

昨 886

zuǒ

撮 108
左 886

zuò

作 887
坐 887
座 887
做 887

笔画检字表

一画

一 767
乙 771

二画

二 158
十 583
厂 71
丁 135
七 506
卜 52
八 10
人 545
入 553
几 268
儿 157
九 322
匕 32
刁 132
刀 119
力 376
乃 458
又 794
了 390

三画

〔一〕

三 557
干 189
于 795
亏 356
工 202
土 655
士 587
下 700
大 111
丈 833
与 798
万 666
才 55
寸 108

〔丨〕

上 570
口 349
巾 310
山 565

〔丿〕

千 515
乞 511
川 93
亿 773
个 200
夕 690
勺 571
凡 161
丸 664
么 429
久 322
及 272

〔丶〕

广 218
亡 667
门 433
义 773
之 847

〔乛〕

尸 581
己 275
已 771
弓 203
卫 674
也 764
女 423
刃 546
飞 167
小 714
习 695
叉 63
子 878
马 419
乡 707

四画

〔一〕

丰 173
王 667
开 337
井 317
天 643
夫 177
元 805
无 684
云 811
专 869
丐 188
艺 773
木 454
五 685
支 847
厅 647
不 53
犬 539
太 626
区 534
历 376
歹 111
尤 792
友 393
匹 493
车 74
巨 327
扎 823
屯 657
戈 196
比 33
互 248
切 525
牙 745
瓦 662

〔丨〕

止 851
少 572
日 548
中 857
贝 27
冈 192
内 462
见 290

〔丿〕

午 686
牛 471
气 512
手 593
毛 426
升 579
夭 759
长 69
仁 545
什 584
片 495
仆 503
仇 87
化 250
币 34
仍 547
仅 312
斤 310
爪 835
反 162
介 308
父 184
从 103
仑 414
今 311
凶 727
分 170
公 203
乏 159
仓 59
月 809
氏 587
勿 688
风 173
欠 519
丹 114
匀 811
乌 683
凤 176
勾 206

〔丶〕

六 401
文 678
方 164
火 265
为 671
斗 140
忆 773
计 276
户 248
订 137
认 546
冗 550
讥 268
心 721

〔乛〕

尺 84
引 781
丑 89
巴 10
队 147
办 18
以 772
允 812
邓 123
劝 539
双 606
予 798
孔 348
书 595
水 607
幻 253

五画

〔一〕

玉 800
刊 338
未 675
末 449
击 268
示 588
巧 524
正 845
功 203
去 537
甘 190
世 588
艾 3
古 210
节 306
本 30
术 601
可 345

丙 45
左 886
厉 376
石 584
右 794
布 53
夯 231
龙 402
平 499
灭 443
打 111
扑 503
扒 10
扔 547
轧 747
东 138

〔丨〕
卡 515
北 27
占 828
凸 653
卢 405
业 765
旧 323
帅 604
归 219
旦 115
目 454
且 526
叶 765
甲 283
申 757
叮 136
电 129
号 232
田 643
由 792
叭 10
只 847
央 756
史 586
叽 163
兄 728
叼 132
叫 303
叨 635
另 398
叹 631
皿 444
凹 7
囚 534
四 611

〔丿〕
生 579
矢 586
失 582
乍 825
禾 234
丘 533
仗 833
付 184
代 112
仙 700
们 433
仪 769
白 14
他 624
仔 878
斥 85
瓜 213
乎 244
丛 104
令 399
用 790
甩 604
印 782
句 328
匆 102
册 61
犯 163
外 663
处 91
冬 138
鸟 467
务 688
包 22
尔 157
乐 809
饥 269

〔丶〕
主 865
市 588
立 376
冯 175
玄 736
闪 567
兰 362
半 18
汁 847
汇 261
头 652
汉 86
宁 470
穴 739
它 624
写 719
讨 638
让 543
礼 374
训 742
必 34
议 774
讯 742
记 276
永 789

〔→〕
司 609
尼 463
民 444
弘 241
出 89
奶 459
奴 473
加 281
召 836
皮 492
边 38
发 159
孕 812
圣 581
对 148
台 626
矛 427
纠 321
母 452
幼 794
辽 387
丝 609

六画

〔一一〕
邦 20
式 588
刑 725
邢 725
动 139
迂 795

〔一丨〕
寺 611
吉 272
考 341
老 368
巩 205
圾 269
地 126
场 70
耳 158
芋 800
共 206
芍 571
芒 425
亚 747
芝 848
朽 730
朴 504
机 269
权 538
臣 76
吏 377
再 815
协 717
西 690

〔一丿〕
压 744
厌 753
在 815
百 15
有 793
而 157
页 766
存 108
匠 297
夸 352
夺 151
灰 259
达 110
列 391
死 611
成 78

〔一丶〕
夹 281

〔一→〕
扛 341
扣 349
托 658
执 850
扩 359
扫 560
扬 757
夷 769
轨 221
划 249
迈 421
毕 34
至 853
过 224
邪 717

〔丨一〕
此 101
贞 839

〔丨丿〕
师 852
尘 76
尖 285
劣 391

〔丨丶〕
光 218
当 117

〔丨→〕
早 818
吁 732
吐 655
吓 236
虫 86
曲 535
同 649
吕 409
吊 133
吃 82
因 779
吸 690
吗 419
团 656
吆 760
屿 799
屹 774
岁 619
帆 160
回 260
岂 511
则 821
刚 192
网 668
肉 551

〔丿一〕
年 465
朱 863
先 700
丢 138
廷 647
舌 573
竹 864
迁 516
乔 522
迄 513

〔丿丨〕
伟 672
传 93
乒 498
乓 482
休 729
伍 686
伏 178
优 791
臼 324
伐 159
延 749
仲 859
件 290
任 546
伤 569
价 284
伦 414
份 172
华 249
仰 758
仿 166
伙 266
伪 672
自 879
伊 767
血 740
向 710
似 611

〔丿丿〕
后 244
行 725
舟 859

〔丿丶〕
全 538
会 261
合 235
兆 836
杀 562
企 512
众 859
爷 764
伞 558
创 94

〔丿乛〕
肌 269
肋 371
朵 152
危 669
杂 814
旬 741
旭 733
旨 852
负 184
犷 219
匈 728
名 445
各 200
多 151
凫 178
争 843
色 560

〔丶一〕
壮 872
冲 86
妆 871
庄 871
庆 532
刘 399
齐 508
交 298
亦 774
衣 768
次 102
产 68
决 332
亥 225
充 86
妄 668
冰 45

〔丶丨〕
闭 35
问 680
闯 96

〔丶丿〕
羊 757
并 47
关 215
米 438
灯 122
州 860

〔丶丶〕
汗 229
污 683
江 294
汛 742
池 82
汤 632
忏 69
忙 425
兴 724
宇 799
守 593
宅 827
安 4
字 880

〔丶乛〕
讲 296
讳 262
讴 476
军 334
讶 747
许 733
讹 154
论 415
讼 613
讽 176
农 472
设 573
访 166
诀 332

〔乛一〕
寻 741
那 457
迅 743
尽 313
导 119
异 774
弛 83

〔乛丨〕
阱 317
阵 842
阳 757
收 593
阶 304
阴 779
防 165

〔乛丿〕
奸 285
如 551
妇 185
她 624
好 233
妈 419

〔乛丶〕
戏 696
羽 799
观 216
欢 252
买 421

〔乛乛〕
红 241
驮 659
纤 701
驯 743
约 809
级 272
纪 276
驰 83
孙 621
纫 546
巡 741

七画

〔一一〕
寿 594
弄 472
麦 422
玖 322
玛 420
形 725
进 313
戒 309
吞 657
远 808
违 671
韧 547
运 812

〔一丨〕
坛 629
坏 252
址 852
走 882
坝 13
贡 206
攻 203
坎 339
赤 85
坍 627
均 334
孝 715
坞 688
坟 171
坑 347
坊 164
壳 344
志 853
块 353
声 579
却 540
劫 306
汞 205
芙 179
芜 684
苇 673
芽 745
花 249
芹 527
芥 309
芬 170
苍 59
芳 165
严 749
芦 406
芯 722
劳 368
克 345
芭 11
苏 615
杆 190
杠 194
杜 144
杖 833
材 55
村 107
杏 726
杉 565
巫 683
极 273
杨 757
杈 66
李 375
甫 182
匣 698
更 201
束 601
豆 141
两 386
丽 377

〔一丿〕
医 768
辰 76
励 377
否 177
还 253
歼 286

〔一丶〕
来 361

〔一乛〕
连 381
扶 179
抚 182
技 277
抠 349

抚 544
扼 155
拒 328
找 836
批 491
扯 75
抄 72
折 838
抓 869
扳 16
抡 414
扮 18
抢 521
抑 775
抛 484
投 652
抗 341
抖 140
护 248
扭 471
把 12
报 25
拟 463
抒 595
轩 736
求 534

〔丨一〕
步 53
卤 407

〔丨丨〕
坚 286

〔丨丶〕
肖 715

〔丨→〕
旱 229
盯 136
呈 79
吴 685
助 866
时 584
县 704
里 375
呆 111
吱 848
吠 169
呕 477
园 805
旷 355
围 671
吨 148
呀 744
足 883
邮 792
男 459
困 358
吵 74
串 94
员 805
呐 457
听 647
吟 780
吩 171
呛 520
吻 679
吹 96
呜 683
吭 231
吧 11
邑 775
囤 149
别 43
吮 607
吼 243
岖 535
岗 194
帐 834
财 56

〔丿一〕
针 840
钉 136
牡 453
告 196
乱 413
利 377
秃 653
秀 730
私 609
我 682
每 431

〔丿丨〕
兵 45
估 208
体 641
何 235
佑 794
但 115
伸 575
佃 130
作 887
伯 49
伶 395
佣 788
低 124
你 463
住 867
位 675
伴 19
身 576
皂 819
伺 612
佛 179
囱 103

〔丿丿〕
近 313
彻 75
役 775
返 163

〔丿丶〕
余 796
希 690
坐 887
谷 211
妥 660
含 227
邻 392
岔 65

〔丿→〕
肝 190
肛 193
肚 144
肘 861
肠 70
龟 219
甸 130
免 440
狂 354
犹 792
狈 27
角 300
删 565
鸠 321
彤 649
条 645
卵 413
灸 323
岛 119
刨 484
迎 785
饪 547
饭 163
饮 781
系 697

〔丶一〕
言 749
冻 139
状 872
亩 453
况 355
床 95
库 351
庇 35
疗 388
吝 394
应 783
冷 372
这 839
庐 406
序 733
辛 722
弃 513
冶 765
忘 669

〔丶丨〕
闰 555
闲 702
间 290
闷 433

〔丶丿〕
判 481
兑 148
灶 820
灿 59
灼 875
弟 126

〔丶丶〕
汪 667
沐 454
沛 487
汰 627
沤 477
沥 378
沙 562
汽 513
沃 682
沦 414
汹 728
泛 163
沧 59
沟 206
没 449
沪 248
沉 76
沈 577
怀 251
忧 791
忱 77
快 353
完 664
宋 613
宏 242
牢 368
穷 532
究 321
灾 814

〔丶→〕
良 384
证 846
启 512
评 499
补 52
初 89
社 574
祀 612
诅 883
识 584
诈 825
诉 616
罕 228
诊 841
词 100
译 775

〔→一〕
君 335
灵 395
即 273
层 63
屁 494
尾 673
迟 83
局 326
尿 468
改 188
张 831
忌 277

〔→丨〕
陆 407
际 277
阿 1
陈 77
阻 884
附 185
坠 873

〔→丿〕
妖 686

妓 277
妙 443
妖 760
姊 878
妨 165
妒 145
努 473
忍 545

〔乛丶〕
劲 314
鸡 270

〔乛乛〕
纬 673
驱 535
纯 98
纱 562
纲 193
纳 458
纵 881
驳 49
纷 170
纸 852
纹 678
纺 166
驴 409
纽 471

八画

〔一一〕
奉 176
玩 664
环 253
武 686
青 529
责 821
现 705
玫 429
表 42
规 220

〔一丨〕
卦 214
坷 345
坯 491
坪 499
坦 630
坤 358
者 838
垃 360
幸 727
坡 501
其 508
取 537
茉 450
苦 351
昔 691
苛 343
若 555
茂 428
苹 499
苫 566
苗 441
英 783
苟 207
苞 22
范 164
直 850
茁 875
茄 281
茎 315
苔 626
茅 427
枉 668
林 392
枝 848
杯 26
枢 596
柜 221
枚 429
析 691
板 17
松 613
枪 520
枫 174
构 207
杭 231
杰 306
述 601
枕 841
丧 558
或 266
画 250
卧 682
事 589
刺 102
枣 818
雨 799
卖 422

〔一丿〕
郁 800
矾 161
矿 355
码 420
厕 62
奈 459
奔 30
奇 509
奄 752
奋 172
态 627
欧 476
殴 476
垄 403

〔一乛〕
抹 449
妻 506
拓 660
拢 404
拔 12
拣 287
拈 465
担 114
押 744
抽 87
拐 215
轰 240
拖 658
拍 479
顶 136
顷 531
拆 66
拥 788
抵 126
拘 325
势 589
抱 25
拄 865
拉 360
拦 363
拌 19
拧 469
拂 180
拙 874
招 835
披 492
拨 47
择 821
抬 626
拇 453
拗 8
转 870
斩 829
轮 415
软 554
到 120

〔丨一〕
非 167
叔 596
歧 509
肯 346
齿 84
些 716
卓 875
虎 247
虏 407

〔丨丨〕
肾 578
贤 702

〔丨丶〕
尚 570

〔丨乛〕
旺 669
具 328
昙 629
味 675
果 224
昆 358
国 224
哎 1
咕 209
昌 69
呵 234
畅 72
明 445
易 776
咙 402
昂 7
典 129
固 212
忠 857
呻 575
咒 861
咐 185
呼 245
鸣 446
咆 484
咏 789
呢 461
咖 337
岸 5
岩 749
帖 646
罗 415
帜 853
帕 478
岭 398
凯 337
败 15
账 834
贩 164
贬 39
购 208
贮 867
图 654

〔丿一〕
钓 133
制 854
知 848
氛 171
垂 96
牧 455
物 688
乖 215
刮 213
秆 191
和 235
委 673
季 278
秉 46

〔丿丨〕
佳 282
侍 589
岳 809
供 204
使 586
例 378
侠 698
侥 761
版 18
侄 850
侦 840
侣 410
侧 62
凭 500
侨 522
佩 487
货 266
侈 84
依 768
帛 49
卑 26
的 127
迫 502

〔丿丿〕
质 854
欣 722
征 843

往 668
爬 478
彼 33
径 318
所 623

〔丿丶〕
舍 574
金 311
剑 222
命 446
肴 761
刹 563
斧 182
爸 13
采 56
觅 438
受 594
乳 553
贪 628
念 466
贫 497
忿 172
瓮 681

〔丿乛〕
肤 177
肺 169
肢 849
肿 858
胀 834
朋 488
股 211
肮 6
肪 165
肥 168
服 180
胁 718
周 860
剁 152
昏 264
鱼 796
兔 655
狐 245
忽 245
狗 207
狞 469
备 28
饰 589
饱 24
饲 612

〔丶一〕
变 40
京 315
享 709
庞 482
店 130
夜 766
庙 443
府 183
底 126
卒 883
疟 474
疙 197
疚 324
剂 278
郊 298
废 169
净 319
盲 425
放 167
刻 346
育 801
氓 433

〔丶丨〕
闸 824
闹 461

〔丶丿〕
郑 846
券 539
卷 331
单 114
炬 328
炖 150
炒 74
炊 96
炕 341
炎 750
炉 406

〔丶丶〕
沫 450
浅 518
法 160
泄 719
沽 209
河 235
沾 828
泪 371
沮 327
油 793
泊 49
沿 750
泡 485
注 867
泣 513
泞 470
泻 720
泌 438
泳 789
泥 463
沸 169
沼 836
波 47
泼 501
泽 822
治 854
怔 843
怯 526
怖 54
性 727
怕 479
怜 381
怪 215
怡 769
学 739
宝 24
宗 880
定 137
宠 87
宜 770
审 577
宙 862
官 216
空 348
帘 382
穹 532
宛 665
实 585

〔丶乛〕
试 590
郎 366
诗 582
肩 286
房 166
诚 79
衬 77
衫 566
衩 65
视 590
祈 509
话 251
诞 116
诡 221
询 741
该 188
详 708

〔乛一〕
建 291
肃 616
帚 861
录 408
隶 378
屉 641
居 325
届 309
刷 603
屈 535
弧 245
弥 436
弦 702

〔乛丨〕
陋 405
陌 450
陕 567
降 297
限 705

〔乛丿〕
妹 432
姑 209
姐 308
姓 727
始 586
姆 453
虱 582
驾 284

〔乛丶〕
叁 558
参 576
艰 286

〔乛乛〕
线 705
承 79
孟 435
练 383
组 884
绅 576
细 697
织 849
驶 587
孤 209
驹 325
终 857
驻 867
绊 19
驼 659
绍 572
绎 776
经 315
贯 217
函 227

九画

〔一一〕
契 514
贰 158
奏 882
春 97
帮 20
玷 130
珍 840
玲 396
珊 566
玻 48
毒 142
型 726

〔一丨〕
封 174
项 710
垮 352
城 79
政 846
赴 185
赵 837
垢 208
垛 152
某 452
甚 578
荆 315
茸 548
革 198
茬 64
荐 291
巷 710
荚 283
带 112
草 61
茧 288
茵 779
茴 260
荞 523
茶 64
荠 278
荒 255
茫 426
荡 118
荣 548
荤 264
荧 785
故 212
胡 246

茹 552
荔 378
南 460
药 763
标 41
栈 830
柑 190
枯 350
柄 46
栋 139
相 711
查 65
柏 15
栅 825
柳 401
柱 868
柿 590
栏 363
柠 470
枷 282
树 601
勃 50
要 760
柬 288

〔一丿〕
咸 702
威 670
歪 662
研 750
砖 870
厘 372
厚 244
砌 514
砂 562
砚 753
砍 339
泵 31
面 441
耐 459
耍 603
牵 516
鸥 476
残 58
殃 756

〔一→〕
拭 590
挂 214
持 83
拷 342
拱 205
挎 352
挟 718
挠 460
挡 118
挺 648
括 359
拴 605
拾 585
挑 644
指 852
垫 131
挣 844
挤 275
拼 497
挖 661
按 6
挥 259
挪 474
拯 845
轴 861
轻 529
皆 305
鸦 744

〔丨一〕
韭 323
背 28
战 830
点 129
虐 474

〔丨丨〕
临 393
览 364
竖 602

〔丨丶〕
省 726
削 712
尝 70

〔丨→〕
昧 432
盹 149
是 591
盼 481
眨 825
哇 661
哄 241
哑 746
显 704
冒 428
映 787
星 724
昨 886
咧 391
昵 464
昭 835
畏 675
趴 478
胃 676
贵 222
界 309
虹 242
虾 697
蚁 772
思 610
蚂 420
盅 857
虽 619
品 498
咽 748
骂 420
剐 213
勋 740
哗 249
咱 816
响 709
哈 225
哆 151
咬 763
咳 344
咪 436
哪 457
哟 788
炭 631
峡 698
罚 159
贱 291
贴 646
骨 211
幽 791

〔丿一〕
钙 188
钝 150
钞 73
钟 858
钢 193
钠 458
钥 763
钦 526
钧 335
钩 207
钮 471
卸 720
缸 193
拜 16
看 339
矩 327
毡 828
氢 529
怎 822
牲 580
选 737
适 591
秕 33
秒 442
香 707
种 859
秋 533
科 343
重 859
复 186
竿 191

〔丿丨〕
段 146
便 40
俩 381
贷 112
顺 608
修 729
俏 524
保 24
促 104
俐 379
俄 154
侮 687
俭 288
俗 616
俘 179
信 723
皇 256
鬼 221
侵 527
泉 538
侯 243
追 872
俊 335

〔丿丿〕
盾 150
待 112
徊 251
衍 752
律 411
很 239
须 732

〔丿丶〕
叙 734
剑 291
逃 636
食 585
盆 488

〔丿→〕
胚 486
胧 402
胆 115
胜 581
胞 22
胖 484
脉 422
胎 625
勉 440
狭 699
狮 583
独 143
狰 844
狡 301
狱 801
狠 239
贸 428
怨 808
急 273
饵 158
饶 544
蚀 585
饺 301
饼 46

〔丶一〕
峦 412
弯 663
奖 296
将 297
哀 1
亭 647
亮 386
度 145
庭 648
疮 95
疯 174
疫 776
疤 11
弈 776
奕 777
咨 877
迹 278
姿 877
亲 527
音 780
飒 556
帝 127
施 583

〔丶丨〕
闺 220
闻 679

闽 444
阀 160
阁 199

〔丶丿〕

差 64
养 758
美 431
姜 294
迸 31
叛 482
送 614
类 371
迷 436
娄 404
籽 879
前 517
首 593
逆 464
总 881
炼 384
炸 826
炮 485
烁 608
炫 738
烂 365
剃 642

〔丶丶〕

洼 661
洁 307
洪 242
洒 556
柒 506
浇 298
浊 876
洞 140
测 62
洗 696
活 265
涎 703
派 480
洽 515
染 542
洛 417
济 279
洋 758
洲 860
浑 264
浓 472
津 311
恃 591
恒 240
恢 259
恍 258
恬 643
恤 734
恰 515
恼 461
恨 239
举 327
觉 333
宣 736
宦 254
室 591
宫 204
宪 705
突 653
窃 526
穿 93
客 346

〔丶乛〕

诫 310
冠 216
诬 684
语 800
扁 39
袄 8
祖 884
神 577
祝 868
祠 100
误 689
诱 795
诲 262
说 608
诵 614

〔乛一〕

郡 336
垦 347
退 657
既 279
屋 684
昼 862
屏 500
屎 587
费 170

〔乛丨〕

陡 141
眉 430
陨 812
除 90
险 704
院 808

〔乛丿〕

娃 662
姥 454
姨 770
姻 780
娇 298
姚 761
娜 475
怒 473
架 284
贺 237
盈 785

〔乛丶〕

勇 789
怠 113
蚤 819
垒 370
柔 550

〔乛乛〕

绑 20
绒 548
结 307
绕 544
骄 299
绘 262
给 275
绚 738
络 418
骆 418
绝 333
绞 301
孩 225
骇 226
统 651
逊 743

十画

〔一一〕

耕 201
耘 811
耗 233
耙 13
艳 753
秦 527
泰 627
珠 863
班 16
素 616
匿 464
蚕 58
顽 665
盏 829

〔一丨〕

匪 168
栽 814
埂 202
载 815
赶 191
起 512
盐 750
埋 421
袁 806
都 142
恐 348
壶 246
埃 2
耻 85
耿 202
耽 114
聂 468
莘 32
莽 426
恭 204
莱 362
莲 382
莫 450
莉 379
荷 236
获 266
晋 314
恶 155
莹 785
莺 783
真 840
框 355
梆 20
桂 222
栖 506
档 118
桐 650
株 863
桥 523
桦 251
栓 605
桃 637
桅 672
格 199
桩 871
校 303
核 236
样 759
根 200
索 623
哥 197
速 617
逗 141
栗 379
贾 211
酌 876
配 487
翅 85

〔一丿〕

辱 553
唇 98
夏 700
砸 814
砰 488
砾 379
础 91
破 502
原 806
套 638
逐 864
烈 391
殊 596
殉 743
顾 212

〔一乛〕

捞 367
捕 52
捂 687
振 842
捎 570
捍 229
捏 468
捉 874
捆 358
捐 330
损 621
捌 11
哲 838
逝 592
捡 288
挫 109
换 254
挽 665
挚 854
热 545
捣 119
捅 651
挨 2
轿 303
较 304
顿 150
毙 35

致 855

〔丨一〕
柴 66
桌 875
虑 411

〔丨丨〕
监 287
紧 312

〔丨丶〕
逍 712
党 118

〔丨→〕
逞 81
晒 565
眩 738
眠 439
晓 714
哮 715
唠 368
鸭 745
晃 258
哺 53
晌 569
剔 639
晕 813
蚌 21
蚜 745
畔 482
蚣 204
蚊 679
蚪 141
蚓 782
哨 572
哩 380
圃 504
哭 350
恩 157
鸯 756
唤 254
唁 754
哼 239
唧 270
啊 1
唉 2
唆 622
罢 14
峭 524
峰 174
圆 806
峻 336
贼 822
贿 262
赂 408
赃 817

〔丿一〕
钱 517
钳 517
钻 884
钾 283
铁 646
铃 396
铅 516
铆 427
缺 540
氧 758
氨 4
特 638
牺 691
造 820
乘 80
敌 124
秣 598
秤 81
租 882
积 270
秧 756
秩 855
称 78
秘 438
透 653
笔 33
笑 715
笋 621
笆 12

〔丿丨〕
债 827
借 310
值 850
倚 772
俺 5
倾 530
倒 120
俳 479
倘 634
俱 329
倡 72
候 244
赁 395
俯 183
倍 28
倦 331
健 292
臭 730
射 574
躬 205
息 691
倔 333

〔丿丿〕
徒 654
徐 733
殷 780
舰 292
舱 60
般 16
航 231

〔丿丶〕
途 654
拿 457
耸 613
爹 134
舀 763
爱 3
豺 66
豹 25
颁 17
颂 614
翁 680

〔丿→〕
胯 352
胰 770
脆 106
脂 849
胸 728
胳 197
脏 817
脐 509
胶 299
脑 461
脓 472
逛 219
狸 373
狼 366
卿 530
逢 175
鸵 659
留 399
袅 467
鸳 804
皱 862
饿 155
馁 462

〔丶一〕
凌 396
凄 507
恋 384
桨 296
浆 295
衰 603
衷 858
高 194
郭 223
席 695
准 874
座 887
脊 276
症 846
病 47
疾 273
斋 826
疹 842
疼 638
疲 493
效 716
离 373
紊 679
唐 632
凋 132
瓷 100
资 877
凉 385
站 830
剖 502
竞 319
部 54
旁 483
旅 410
畜 92

〔丶丨〕
阅 810

〔丶丿〕
羞 730
羔 195
瓶 500
拳 538
粉 172
料 390
益 777
兼 287
烤 342
烘 241
烦 162
烧 570
烛 865
烟 748
烙 418
递 127

〔丶丶〕
涛 636
涝 369
浦 505
酒 323
浙 839
涉 574
消 712
涡 681
浩 234
海 225
涂 654
浴 801
浮 180
涣 254
涤 125
流 399
润 555
涧 292
涕 642
浪 367
浸 314
涨 832
烫 635
涩 561
涌 790
悟 689
悄 524
悍 229
悔 261
悯 445
悦 810
害 226
宽 354
家 282
宵 712
宴 754
宾 43
窍 525
窄 827
容 549
宰 815
案 6

〔丶→〕
请 532
朗 367
诸 863
诺 475
读 143
扇 567
诽 168

袜 662
袒 631
袖 731
袍 485
被 28
祥 708
课 346
谁 606
调 645
冤 804
谅 386
谆 874
谈 629
谊 777

〔→一〕
恳 347
剥 48
展 829
剧 329
屑 720
弱 555

〔→丨〕
陵 396
祟 620
陶 637
陷 706
陪 486

〔→丿〕
娱 796
恕 602
娩 440
娘 467
娓 674

〔→丶〕
通 649
能 462
难 460
桑 559
预 801

〔→→〕
绢 331
绣 731
验 754
继 279
骏 336

十一画

〔一一〕
球 534
琐 623
理 375
麸 177
琉 400
琅 366

〔一丨〕
堵 143
域 802
堆 147
埠 54
赦 575
教 303
培 486
职 851
基 270
勘 338
聊 388
娶 537
著 868
菱 397
萁 271
勒 369
黄 256
菲 167
萌 434
萝 416
菌 335
萎 674
菜 57
萄 637
菊 326
菩 503
萍 500
菠 48
萤 786
营 786
乾 518
萧 713
萨 556
菇 210
械 720
彬 44
梦 436
梗 202
梧 685
梢 571
梅 430
梳 596
梯 640
桶 651
梭 622
检 289
曹 61
副 186
票 496
酝 813
酗 734

〔一丿〕
厢 707
戚 507
硅 220
硕 609
奢 572
盔 356
爽 606
聋 402
袭 695
盛 80

〔一丶〕
匾 40
雪 740

〔一→〕
捧 491
措 109
描 442
捺 458
掩 752
捷 307
排 479
掉 134
捶 97
推 656
掀 701
授 594
捻 466
掏 636
掐 514
掠 413
掂 128
掖 766
接 305
掷 855
掸 115
控 349
探 632
据 329
掘 333
掺 67
辅 183
辆 387
救 324

〔丨一〕
颅 406
虚 732
彪 42

〔丨丿〕
雀 540

〔丨丶〕
敞 71
堂 633
常 70

〔丨→〕
眶 356
匙 84
晤 689
晨 77
眺 645
睁 844
眯 437
眼 752
悬 737
野 765
曼 424
晦 263
晚 665
冕 441
啄 876
啪 478
啦 360
啡 168
畦 510
距 329
趾 853
啃 347
跃 810
略 413
蛆 536
蚯 533
蛉 397
蛀 868
蛇 573
唬 247
累 370
唱 72
患 255
啰 415
唾 660
唯 674
啤 493
啥 563
崖 746
崎 510
崭 830
逻 416
崔 106
崩 30
崇 86
崛 334
婴 783
赊 573
圈 332

〔丿一〕
铐 342
铛 117
铜 650
铝 410
铡 824
铣 704
铭 446
铲 68
银 781
矫 301
甜 644
秸 305
梨 373
犁 373
秽 263
移 770
笨 30
笼 403
笛 125
笙 580
符 180
第 127
笤 645
敏 445

〔丿丨〕
做 887
袋 113
悠 791
偿 71
偶 477
偎 670
偷 652
您 469
售 594
停 648
偏 494
躯 536
兜 140
假 284
衅 723

〔丿丿〕
徘 479
徙 696

得 122
衔 703
盘 481
舶 50
船 94
舷 703
舵 153

〔丿丶〕
斜 718
盒 236
鸽 197
敛 383
悉 692
欲 802
彩 56
领 398
翎 397

〔丿→〕
脚 302
脖 50
脯 183
脸 383
脱 659
象 711
够 208
逸 777
猜 55
猪 864
猎 392
猫 426
凰 256
猖 69
猛 435
祭 279
馅 706
馆 217

〔丶一〕
凑 104
减 289
毫 232
烹 488
庶 602
麻 419
庵 5
痊 539
痒 759
痕 238
廊 366
庸 788
康 340
鹿 408
盗 121
章 832
竟 319
商 569
族 883
旋 737
望 669
率 604

〔丶丨〕
阎 751
阐 68

〔丶丿〕
着 876
盖 189
眷 332
粘 828
粗 104
粒 380
断 146
剪 289
兽 595
焊 230
焕 255

〔丶丶〕
清 530
添 643
鸿 242
淋 393
涯 746
淹 748
渠 536
渐 292
淑 597
淌 634
混 265
淮 252
淆 714
渊 805
淫 781
渔 796
淘 637
淳 98
液 766
淤 795
淡 116
淀 131
深 577
涮 605
婆 501
梁 385
渗 578
涵 227
情 531
惜 692
惭 58
悼 121
惧 330
惕 642
惊 316
惦 131
悴 107
惋 666
惨 58
惯 217
寇 350
寄 280
寂 280
宿 617
窒 855
窑 762
密 439

〔丶→〕
谋 452
谍 134
谎 258
谏 293
谐 718
裆 117
袱 181
祷 120
祸 267
谒 767
谓 676
谚 754
谜 437

〔→一〕
逮 113
敢 191
尉 676
屠 655
弹 116

〔→丨〕
堕 153
随 619
蛋 116
隅 797
隆 403
隐 782

〔→丿〕
婚 264
婶 578
婉 666
颇 501

〔→丶〕
颈 318

〔→→〕
绩 280
绪 734
续 735
骑 510
绰 99
绳 580
维 672
绵 439
绷 31
绸 87
综 880
绽 831
绿 412
缀 873
巢 73

十二画

〔一一〕
琴 528
琳 393
琢 877
琼 533
斑 17
替 642

〔一丨〕
款 354
堪 339
塔 625
堰 755
越 810
趁 78
趋 536
超 73
堤 124
博 50
喜 696
彭 489
煮 865
裁 56
壹 768
斯 610
期 507
欺 507
联 382
葫 246
散 558
惹 544
葬 817
募 455
葛 200
董 138
葡 504
敬 319
葱 103
蒋 296
蒂 128
落 418
韩 227
朝 835
辜 210
葵 357
棒 21
棱 372
棋 510
椰 764
植 851
森 561
焚 171
椅 772
椒 299
棵 343
棍 223
椎 97
棉 440
棚 489
棕 880
棺 216
榔 367
椭 660
惠 263
惑 267
逼 32
粟 617
棘 274
酣 226
酥 615

〔一丿〕
厨 90
厦 564
硬 787
硝 713
确 541
硫 400
雁 755
殖 851
裂 392
雄 729

〔一丶〕
颊 283

雳 380

〔一→〕
揍 882
搭 110
揩 337
揽 364
提 640
揖 769
揭 305
揣 93
插 64
揪 322
搜 614
援 806
搀 67
搁 198
搓 108
搂 404
搅 302
握 682
搔 559
揉 551
暂 816
翘 525
雅 747

〔丨一〕
辈 28
悲 26
紫 879

〔丨丨〕
凿 818

〔丨丶〕
辉 259
敞 71
棠 633
赏 569
掌 832

〔丨→〕
晴 531
暑 599
最 885
晰 692
量 385
鼎 137
喷 487
喳 824
晶 316
喇 360
遇 802
喊 228
景 318
晾 387
畴 88
践 293
跋 12
跌 134
跑 485
跛 51
遗 771
蛙 661
蛔 260
蛛 864
蜓 648
蜒 751
蛤 199
喝 237
鹃 331
喂 676
喘 94
喉 243
喻 802
啼 640
喧 736
嵌 519
幅 181
帽 428
赋 186
赌 144
赎 598
赐 102
赔 486
黑 238
遏 156

〔丿一〕
铸 869
铺 503
链 384
铿 348
销 713
锁 623
锄 90
锅 223
锈 731
锉 109
锋 175
锌 722
锐 554
甥 580
掰 14
短 146
智 856
氮 117
毯 631
氯 412
剩 581
稍 571
程 80
稀 692
黍 599
税 607
筐 354
等 123
筑 869
策 62
筛 564
筒 651
筏 160
答 110
筋 311
筝 844
鹅 154

〔丿丨〕
傲 8
傅 186
牍 143
牌 480
堡 24
集 274
焦 300
傍 21
储 91
粤 811
奥 9

〔丿丿〕
街 306
惩 80
御 803
循 742
艇 649

〔丿丶〕
舒 597
逾 797
番 161
释 592
禽 528

〔丿→〕
腊 361
腌 748
脾 493
腋 767
腔 520
腕 667
鲁 407
猩 724
猬 677
猾 250
猴 243
惫 29
然 542
馋 67

〔丶一〕
装 871
蛮 422
就 324
敦 148
痘 142
痢 380
痪 255
痛 652
童 650
竣 336

〔丶丨〕
阔 359

〔丶丿〕
善 568
翔 709
羡 706
普 505
粪 173
奠 131
尊 886
道 121
遂 620
孳 469
曾 822
焰 755
焙 29

〔丶丶〕
港 194
滞 856
湖 246
湘 708
渣 824
渤 51
渺 442
湿 583
温 678
渴 345
溃 357
溅 293
滑 250
湃 480
湾 663
渡 145
游 793
滋 878
愤 173
慌 256
惰 153
惶 257
愕 156
愧 357
愉 797
慨 338
割 198
寒 228
富 187
寓 803
窜 105
窝 681
窖 304
窗 95
窘 321
寐 432

〔丶→〕
遍 40
雇 213
裕 803
裤 351
裙 541
禅 567
谢 721
谣 762
谤 22
谦 516

〔→一〕
犀 693
属 866
屡 410
强 521
粥 860

〔→丨〕
疏 597
隔 199
隙 697

〔→丿〕
媒 430
絮 735
嫂 560
媚 432
婿 735

〔→丶〕
登 122

〔乛乛〕
缅 441
缆 364
缈 442
缉 271
缎 147
缓 253
缔 128
缕 411
骗 495
编 38
骚 559
缘 807

十三画

〔一一〕
瑟 561
鹉 687
瑞 554
瑰 220
遨 7
骜 9
魂 265

〔一丨〕
肆 612
填 644
塌 624
鼓 212
塘 633
聘 498
斟 841
蒜 618
勤 528
靴 739
靶 13
鹊 541
蓝 363
墓 455
幕 455
蓓 29
蓖 9
蓬 489
蒿 232
蓄 735
蒲 504
蓉 549
蒙 434
献 706
蒸 845
楔 716
椿 98
禁 314
楚 92
楷 338
榄 365
想 710
楞 372
槐 252
榆 797
楼 404
概 189
楣 430
赖 362
酪 369
酬 88

〔一丿〕
感 192
碍 4
碘 129
碑 27
硼 489
碉 133
碎 620
碰 491
碗 666
碌 408

〔一丶〕
雷 369
零 397
雾 689
雹 23

〔一乛〕
摄 575
摸 447
搏 51
摆 15
携 719
搬 17
摇 762
搞 196
搪 633
摊 628
辐 181
辑 274
输 597

〔丨一〕
督 142
频 498
龄 398

〔丨丨〕
鉴 293

〔丨乛〕
睛 316
睹 144
睦 456
瞄 442
睡 607
睬 57
嗜 592
鄙 34
嗦 622
愚 798
暖 474
盟 434
歇 717
暗 6
暇 699
照 837
畸 271
跨 353
跷 521
跳 646
跺 153
跪 222
路 409
跟 201
遣 519
蜈 685
蜗 681
蛾 154
蜂 175
蜕 657
蛹 790
嗅 731
嗡 680
嗤 82
嗓 559
署 599
置 856
罪 885
罩 837
蜀 599
幌 258
畸 271

〔丿一〕
错 109
锚 427
锡 693
锣 416
锤 97
锥 873
锦 312
锨 701
锭 137
键 294
锯 330
锰 435
矮 3
辞 100
稚 856
稠 88
颓 656
愁 88
筹 89
签 517
简 289
筷 353

〔丿丨〕
毁 261
舅 325
鼠 600
煲 23
催 106
傻 564
像 711
躲 152
魁 357

〔丿丿〕
衙 746
微 670

〔丿丶〕
愈 803
遥 762

〔丿乛〕
腻 464
腰 760
腥 724
腮 557
腹 187
腺 707
鹏 490
腾 639
腿 656
肄 778
猿 807
颖 787
触 92
解 308
煞 563
雏 90
馍 447
馏 401

〔丶一〕
酱 297
禀 46
痹 36
廓 359
痴 82
痰 629
廉 382
靖 320
新 723
韵 813
意 778

〔丶丿〕
誊 639
粮 385
数 600
煎 287
塑 617
慈 101
煤 431
煌 257

〔丶丶〕
满 423
漠 451
源 807
滤 412
滥 365
滔 636
溪 693
溜 401
漓 374
滚 223
溢 778
溯 618
滨 44
溶 549
滓 879
溺 465
粱 385
滩 628
慎 579
誉 804
塞 557
寞 451
窥 356
窟 350
寝 529

〔丶乛〕
谨 313
褂 214
裸 417
福 181

谩 423
谬 447

〔→一〕
群 541
殿 132
辟 36

〔→丨〕
障 834

〔→丿〕
媳 695
嫉 274
嫌 703
嫁 285
叠 135
缚 187
缝 176
缠 67
缤 44
剿 302

十四画

〔一一〕
静 320
碧 36
璃 381
赘 873
熬 7

〔一丨〕
墙 521
嘉 282
截 307
赫 237
境 320
聚 330
蔫 465
蔽 37
暮 456
摹 447
慕 456
蔓 424
蔑 444
蔗 839
蔼 3
熙 693
蔚 677
兢 316
榛 841
模 452
榴 400
榜 21
榨 826
榕 549
歌 198
遭 817
酵 304
酷 351
酿 467
酸 618

〔一丿〕
碟 135
碴 64
碱 290
碳 632
磁 101
愿 808

〔一丶〕
需 732

〔一→〕
撇 497
摧 106
誓 592
摘 826
摔 604
辕 807
辖 699

〔丨一〕
雌 101

〔丨丶〕
弊 37
裳 71

〔丨→〕
颗 343
墅 602
嗽 615
嘁 508
踊 790
蜻 530
蜡 361
蝇 786
蜘 849
蝉 68
蜿 663
嘀 125
幔 424
赚 870

〔丿一〕
锹 522
锻 147
镀 145
舞 687
舔 644
稳 680
熏 740
箕 271
箍 210
算 618
箩 416
管 217
箫 713

〔丿丨〕
舆 798
僚 388
僧 561
鼻 32
魄 502

〔丿丶〕
貌 429

〔丿→〕
膜 448
膊 51
膀 483
鲜 701
疑 771
孵 178
馒 423

〔丶一〕
裹 224
敲 522
豪 232
膏 195
遮 837
腐 184
瘩 110
瘟 678
瘦 595
辣 361
彰 832
竭 308
端 146
旗 511

〔丶丿〕
精 317
粹 107
粽 881
歉 520
熄 694
熔 550
煽 566

〔丶丶〕
漆 508
漱 603
漂 496
漫 424
漩 737
滴 124
漾 759
演 753
漏 405
慢 425
慷 340
寨 827
赛 557
寡 214
察 65
蜜 439
寥 389

〔丶→〕
谭 630
褐 237
褪 658
谱 505

〔→丨〕
隧 620

〔→丿〕
嫩 462
嫡 125

〔→丶〕
翠 107
熊 729
凳 123

〔→→〕
骡 417
缨 784
缩 622

十五画

〔一一〕
慧 263

〔一丨〕
趣 537
趟 635
墩 149
增 823
聪 103
鞋 719
鞍 5
蕉 300
蕊 554
蔬 598
蕴 813
横 240
槽 61
樱 784
樊 162
橡 711
樟 832
橄 192
敷 178
豌 664
飘 496
醋 105
醇 99
醉 885

〔一丿〕
磕 344
磅 483
碾 466

〔一丶〕
震 842
霉 431

〔一→〕
撵 466
撕 610
撒 556
撩 387
撑 78
撮 108
撬 525
播 48
擒 528
撞 872
撤 75
撰 870

〔丨丶〕
憋 42

〔丨→〕
瞒 423
题 641
暴 25
瞎 698
嘶 610

嘲 73
嘹 388
影 787
踢 640
踩 57
踪 881
踏 625
蝶 135
蝴 247
蝠 182
蝎 717
蝌 344
蝗 257
蝙 39
嘿 238
嘱 866
幢 95
墨 451

〔丿一〕
镊 468
镇 843
镐 234
靠 342
稽 271
稻 121
黎 374
稿 196
稼 285
箱 708
篓 405
箭 294
篇 495

〔丿丨〕
僵 295
躺 635
僻 494

〔丿丿〕
德 122
艘 615

〔丿→〕
膝 694
膘 42
膛 634
鲤 375
鲫 280

〔丶一〕
熟 598
摩 448
褒 23
瘪 43
瘤 400
瘫 628
凛 394
颜 751
毅 778

〔丶丶〕
糊 247
遵 886
潜 518
澎 490
潮 74
潭 630
潦 389
鲨 563
澳 9
潘 480
澈 75
澜 363
澄 81
懂 139
憔 523
懊 9
憎 823
额 155
翩 495
褥 553
谴 519
鹤 238

〔→一〕
憨 226
慰 677
劈 492
履 411

〔→丿〕
嬉 694

〔→丶〕
豫 804

〔→→〕
缭 389

十六画

〔一丨〕
燕 755
蕾 370
薯 600
薛 739
薇 670
擎 531
薪 723
薄 23
颠 128
翰 230
噩 156
橱 91
橙 81
橘 326
整 845
融 550
瓢 496
醒 726

〔一丿〕
磺 257

〔一丶〕
霍 267
霎 564

〔一→〕
撼 230
擂 370
操 60
擅 568
辙 838

〔丨一〕
冀 281
餐 57
瞥 663

〔丨→〕
瞰 340
嘴 885
踱 151
蹄 641
蹂 551
蟆 421
螃 483
螟 446
器 514
噪 820
鹦 784
赠 823
默 451
黔 518

〔丿一〕
镜 320
赞 816
穆 456
篮 364
篡 105
篷 490
篙 195
篱 374

〔丿丨〕
儒 552
翱 8
邀 761

〔丿丿〕
衡 240

〔丿→〕
膨 490
膳 568
雕 133
鲸 317

〔丶一〕
磨 448
瘾 782
瘸 540
凝 470
辨 41
辩 41

〔丶丿〕
糙 60
糖 634
糕 195
燎 389
燃 542

〔丶丶〕
濒 44
澡 819
激 272
懒 365
憾 230
懈 721
窿 403

〔→一〕
壁 37
避 37

〔→→〕
缰 295
缴 302

十七画

〔一〕
戴 113
壕 233
鞠 326
藏 60
藐 443
檬 434
檐 751
檩 394
檀 630
礁 300
磷 393
霜 606
霞 699
擦 55

〔丨〕
瞭 390
瞧 523
瞬 608
瞳 600
瞩 866
瞪 123
曙 600
蹋 625
蹈 120
螺 417
蟋 694
蟀 605
嚎 233
赡 568

〔丿〕
镣 390
穗 621
魏 677
簇 105
繁 162
儡 371
徽 260
爵 334
朦 435
臊 560
鳄 156

〔丶〕
癌 2
糜 437
辫 41
赢 786
糟 818
糠 340
燥 820
濡 552
懦 475

豁 267

〔→〕

臀 658
臂 38
翼 779
骤 862

十八画

〔一〕

藕 477
鞭 39
藤 639
覆 187

〔丨〕

瞻 829
蹦 31
嚣 714

〔丿〕

镰 383
翻 161
鳍 511

〔丶〕

鹰 784
癞 362
瀑 505
襟 312

〔→〕

璧 38
戳 99

十九画

〔一〕

孽 469
警 318
蘑 448
藻 819
攀 481
攒 816

〔丨〕

鳖 43
蹲 149
蹭 63

〔丿〕

簸 52
簿 54
蟹 721

〔丶〕

颤 831
靡 437
癣 738
瓣 19
羹 201
爆 26

〔→〕

疆 295

二十画

〔一〕

鬓 45
壤 543
攘 543

〔丨〕

耀 764
躁 821
蠕 552
嚼 300
嚷 543
巍 671

〔丿〕

籍 275
鳞 394

〔丶〕

魔 449
糯 475
灌 218

〔→〕

譬 494

二十一画

蠢 99
霸 14
露 409
霹 492
躏 395
髓 619

二十二画

蘸 831
囊 460
镶 708
瓤 542

二十三画

罐 218

二十四画

矗 92

ā/ē

阿

会意字。“阝”像山坡，表示大山；“可”像斧和口，人们砍伐时常哼歌减轻劳累，表示高山壮美，可歌、可赞。本义是大山。

阿 originally meant tall, lofty mountains. The character consists of 阝, mountain slope, in this case, tall mountains, and 可, an axe and a mouth. When people fell trees, they often sing to distract from the hardship; felling trees recalls the magnificence of tall mountains, which stirs us to sing praises.

❶ ā 前缀，用在称呼的前面 prefix, used before names and kinship terms：～宝 Ah-Bao｜～爹 Daddy ❷ ē 迎合；偏袒 cater to：～谀 fawn over｜刚直不～ upright and does not curry favor

ā/á/ǎ/à/a

啊

形声字。口表意，像张开的口；阿（ā）表声，本指大山，表示人见到大山不免发出惊异的赞叹。啊是叹词。

啊 is used as an interjection. It consists of 口, an open mouth, and 阿（ā）, which is phonetic and denotes tall mountains, i.e. sound made by sb in awe of the beauty of majestic mountains.

❶ ā 表示惊异或赞叹 surprise or admiration：～，长城真雄伟！Wow! The Great Wall of China is so majestic! ❷ á 表示疑问、追问 indicates doubt or questioning：～，你说什么？Huh? What did you say? ❸ ǎ 表示惊疑 indicates surprise and bewilderment：～，此话当真？Really? Is this the truth? ❹ à 表示答应或醒悟 indicates acceptance or realization：～，好吧。Oh, all right then. ❺ a 用在句末，表示语气 interjection：快些来～！Come quickly!

āi

哎

形声字。口表意，像张开的口，表示张口长叹；艾（ài）表声。哎是叹词。

哎 is used as an interjection. It is composed of 口, an open mouth, i.e. sigh deeply, and 艾（ài）, which indicates the pronunciation.

叹词，表示惊讶、不满或提醒 an interjection to express surprise, dissatisfaction or as a reminder to sb：～呀 Ah!; Oh, my!｜～哟 Oh, dear!; Ouch!｜～，该你上场了。Hey, it's your turn to go onto the stage.

āi

哀

会意字。“口”像张开的口，“衣”像上衣，表示人悲伤时多张口号哭，并用衣袖或衣襟抹泪。本义是悲伤。

哀 means sorrow, heart-broken. It is composed of 口, an open mouth, and 衣, a top garment. Hence, 哀 represents sb using the sleeves or the front part of a top to dry tears.

① 悲痛；伤心 sorrow; heart-broken：～伤 grief｜～号 wail ② 悼念 mourn：默～ mourn in silence ③ 苦苦地 earnestly; desperately：～求 plead earnestly

A

āi

埃

会意字。“土”本像地上有堆土，表示细小的泥土；“矣”像箭（矢）及射箭声（厶），表示尘埃会随风而去。本义是尘埃。

埃 means dust. It consists of 土, a mound of earth, i.e. fine soil, and 矣, a whizzing arrow（矢）and the sound made（厶）, i.e. dust so fine that it can be blown away by the wind.

灰尘：尘～ dirt and dust

āi/ài

唉

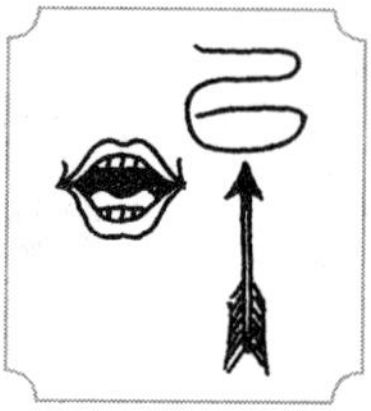

会意字。“口”像张开的口，表示开口应答声；“矣”像声音和箭，表示快速应答。本义是应答的声音。引申为叹息声。

唉 originally signified the sound of assent, later extended to mean sighing. It comprises 口, an open mouth, expressing assent, and 矣, an arrow and a whizzing sound, i.e. a quick response.

㊀ āi ① 叹词，应答或叹息声 an interjection indicating acknowledgment; a sigh：～，我就去。Yes, I am going. | ～声叹气 heave and sigh ㊁ ài 叹词，表示伤感或惋惜 interjection indicating sadness or regret：～，太可惜了。Sigh, what a shame.

āi/ái

挨

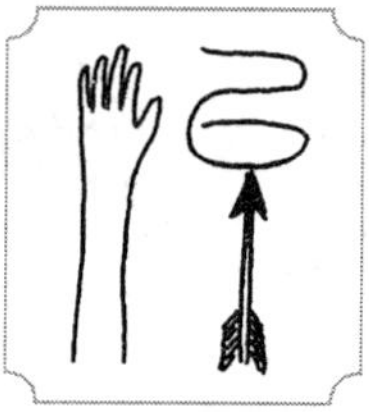

会意字。“扌”像手，表示用手击背；“矣”像声音和箭，表示快速击打会发出声音。本义是击背。引申为靠近。

挨 originally meant to slap the back, then later, near, close. It consists of 扌, a hand, i.e. hit the back of sth with one’s hand, and 矣, a whizzing arrow, suggesting speed, i.e. slapping sound produced by hitting sth quickly.

㊀ āi ① 靠近 near：～近 get close to ② 顺着次序 follow a sequence：～次 take turn | ～个 one by one ㊁ ái ① 遭受 suffer (from)：～打 suffer a (physical) blow | ～饿 be hungry ② 拖延 delay：～日子 suffer day after day

ái

癌

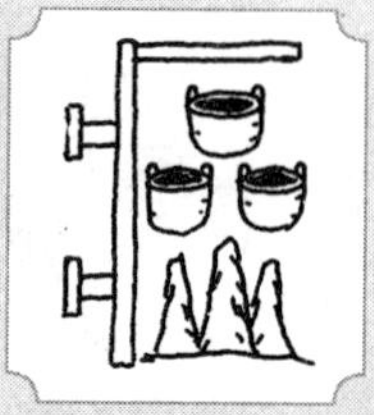

形声字。疒表意，像病床，表示癌是恶性肿瘤；嵒（yán）表声，嵒指山岩，表示癌似山岩，凹凸不平、相连而硬固。癌指恶性肿瘤。

癌 means cancer. It consists of 疒, a sickbed, i.e. cancer is a malignant tumor, and 嵒（yán）, which is phonetic and denotes mountain rocks, i.e. cancerous cells like rocks, are hard, uneven and connected.

恶性肿瘤 cancer：肝～ liver cancer | 胃～ gastric cancer | 食道～ esophageal cancer ǎi

矮

会意字。“矢”像箭，“委”像跪着的女子和垂穗的禾，表示人身材不高。本义是身材短。泛指上下距离短。

The root meaning of 矮 is short stature; its general meaning is short in distance. It is composed of 矢, an arrow, and 委, a kneeling woman and hanging stalks of grain, i.e. a short person.

由底至顶距离短 short：～小 short and small | ～凳 small stool | ～墙 low wall

ǎi

蔼

（藹）

会意字。“艹”像草，表示草木繁茂；“謁”（谒）有禀告、陈说义，以禀告、陈说的言辞必多而详，表示藹是草木多而繁茂。藹简化为蔼。本义是繁茂。现用来表示和气。

蔼 originally meant lush, then later, amicable. It consists of 艹, grass, and 謁（谒）, to report (to a superior) or to give an account. The idea is a report or an account needs to be filled with words or details, so 藹 means lush or abundant. It has been simplified into 蔼.

和气 tranquil：和～可亲 amiable

ài/yì

艾

会意字。“艹”像草，表示艾蒿是草本植物；“乂”像剪草的大剪刀，有割草义，表示割取艾蒿入药或用于针灸。本义是艾蒿，植物名。

艾 is Chinese mugwort, the name of a plant. It comprises 艹, grass, i.e. 艾 is a kind of plant, and 乂, shears, evoking the idea of trimming grass, i.e. the process of obtaining mugwort from the plant to be used in medicinal concoctions or acupuncture.

㊀ ài ① 草本植物，叶子有香气，可入药，供针灸用。Chinese mugwort, a kind of fragrant plant, used in medicine and acupuncture：～绒 artemisia princeps (scientific name) ② 停止 cease：方兴未～ in the ascendant ㊁ yì 治理 manage：自怨自～ dwell in self-pity

ài

爱

（愛）

会意字。金文像人手捂着心回过头来表示爱。篆书加“夂”（像脚）表示爱是来到并占据心头的深厚感情。楷书以手（爫）、足（夂）、行为（冖），表达内心（心）的爱。简体字以爫、冖、友，表示爱是占据心头的亲善、友爱之情。本义是有深厚的感情。

爱 means love. Bronze inscriptions depict a man with his hands on his heart and head turned back, i.e. affection. In seal script, 夂, feet, is added to imply a deep affection that has befallen and occupied one's heart. Regular script uses hand（爫）, feet（夂）and action（冖）to express love from within someone. The simplified form has 爫, 夂, and 友, i.e. love is friendship from the heart.

① 对人或事物有深厚的感情 love：～国 patriotic | 心～ beloved ② 喜欢 like：～好 hobby | 喜～ fond of ③ 容易 easy：～哭 cry easily | ～笑 laugh easily ④ 爱护 care and protect：～惜 cherish | 珍～ treasure

A

ài 隘

会意字。“阝”像山坡，表示山的狭窄处；“益”像水从器皿中漫出来，表示山隘狭窄，路过的人多了就会造成交通阻塞。本义是狭窄。

隘 means narrow. It consists of 阝, a slope, i.e. a narrow passage in a mountain, and 益, overflow of water, evoking the image of congested human traffic along a narrow mountain passage.

① 狭窄 narrow：狭～ narrow and limited ② 险要的地方 strategic place which is difficult to access：关～ mountain pass | 要～ strategic pass

ài 碍（礙）

会意字。“石”像山崖下有块大石头，“疑”有疑惑观望义，表示疑惑不前是因为受到阻碍。简体字“石”表示石头阻碍交通；“㝵”义同碍，表示阻碍；㝵（ài）兼表声。本义是阻碍。

碍 means obstacles. 石 resembles a huge rock at the foot of a cliff. 疑 means looking at something with perplexity, so 礙 means advancing uncertainly because of obstacles. 石 in simplified graph suggests stones obstructing traffic. The meaning of 碍 is similar to 㝵, which refers to obstacles. 㝵 (ài) serves a phonetic function in pronunciation of 碍.

阻碍；妨害；obstruct; prevent：障～ barrier | ～事 to be in the way; be a hindrance

ān 安

会意字。“女”像女子，“宀”像屋子，表示女子在屋中最安全。本义是平安。

安 means to be safe. It comprises 女, a woman, and 宀, a house, i.e. a woman is safe in a house.

① 安定 stable：～宁 tranquility | 平～ safe ② 使安定 to make safe：～慰 to comfort | ～民 reassure the populace ③ 安置 find a suitable place (for sth)；安装 install：～家 settle down | ～排 arrange | ～上 be securely in position ④ 姓 a family name

ān 氨

形声字。气表意，像云气或水气，表示氨是气体；安（ān）表声。氨是氮和氢的化合物，是种无色气体，有剧臭，易溶于水，可作冷冻剂和化肥。

氨 is ammonia. It is composed of a sematic element, 气, vapor, suggesting 氨 is gas, and 安（ān）, which represents the pronunciation. Ammonia is the chemical compound of nitrogen and hydrogen. It is colorless, pungent and dissolves readily in water. It can be used as a refrigerant and a fertilizer.

ān

庵

会意字。“广”像简易的房屋，表示小草屋；“奄”像巨大（大）闪电（电），表示草舍的顶大覆盖住建筑。本义指小草屋。引申指尼姑住的寺庙。

The root meaning of **庵** is a small thatched hut; its extended meaning is nunnery. The character consists of 广, a shoddy house, and **奄**, a large（**大**）thunderbolt（**电**）. Together, they evoke the image of a thatched hut covered by a roof.

尼姑住的寺庙 place where nuns reside：尼姑～ nunnery

ān

鞍

会意字。“革”像摊开的兽皮，表示马鞍用皮革制成；“安”像女子在屋中，有安全义，表示人坐在马鞍上便安稳；安（ān）兼表声。本义是马鞍。

鞍 means a saddle. It consists of **革**, animal skin, i.e. saddles are made of animal skins, and **安**（ān）, which is phonetic and denotes safe and secure, i.e. sb sitting safely on a saddle.

放在骡马等背上驮东西或供人骑坐的器具 seat for rider put on the back of a donkey or horse, which can also be used to carry goods：～子 saddle｜马～ saddle

ǎn

俺

形声字。亻表意，像站立的人，表示第一人称代词；奄（yǎn）表声，奄像张开四肢的人和闪电，有大的意思，第一人称也有大的意思。俺是第一人称代词，表示我。

俺 is a first person pronoun, meaning "I". It consists of 亻, man standing up, i.e. the first person, and **奄**（yǎn）, which is phonetic and resembles a man with limbs akimbo and a flash of lightning, implying big. The first person also suggests greatness.

我；我们 I; we：～家 my home｜～们 us; we

àn

岸

会意字。“山”像山峰矗立，“厂”像山崖，“干”像树干，表示岸是水边高地。本义是水边高地。

岸 means a high raised area at the edge of a body of water. It consists of **山**, tall mountain, **厂**, cliff, and **干**, tree trunk, i.e. a high raised area at the edge of a body of water.

江河湖海水边的陆地 the land at the edge of rivers, lakes, seas etc：～边 along the shore｜海～ seaside

àn 按

形声字。扌表意，像手，表示用手往下压；安（ān）表声，像女子在屋内，有安稳义，用手压也有安稳意。本义是用手往下压。

按 means to press, push down. It consists of 扌, hand, i.e. push down with hands, and 安（ān）, which is phonetic and denotes safe and secure, i.e. press things down to keep them stable.

① 用手往下压 press with hands：～脉 take one's pulse｜～铃 press the door bell ② 抑制；压住 suppress：～捺 restrain｜～兵不动 take no action ③ 依照 follow suit；根据 do according to：～时 on time｜～理 do things rationally ④ 按语 author's remark：编者～ editor's note

àn 案

形声字。木表意，像树，表示案用树木制成；安（ān）表声，像女子在屋中，有安稳义，表示案宜摆放安稳。本义是狭长的桌子。

案 means a long, narrow table. It comprises 木, tree, i.e. 案 is made of wood, and 安（ān）, which is phonetic and denotes safe, stable, i.e. a table should be steady, stable.

① 狭长的桌子 long, narrow table.：书～ study table｜伏～ bend over and lie on table ② 官府的文书 official documents：～卷 document scrolls｜档～ document files ③ 案件 criminal case：报～ report a case｜破～ crack a case ④ 提出计划、建议、办法的文件 proposal：提～ draft｜方～ scheme

àn 暗

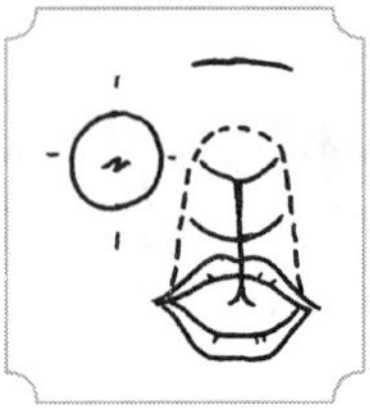

会意字。"日"像太阳，"音"像张口伸舌发出声音，表示光线很弱，要凭声音来传递信息和判断情况。本义是光线不足。

暗 means dark. It consists of 日, sun, and 音, an open mouth producing sound, with the tongue sticking out, i.e. a place so dim that sound is needed to convey messages and make judgments.

① 光线很弱；昏黑 having little light; dim and dark：～室 a dark room｜昏～ dusky ② 秘密的；不显露的 secretive and elusive：～藏 conceal｜～喜 being secretly happy ③ 不明白；糊涂 (one) does not understand; muddle-headed：偏信则～ one will be misled if one listens to one-sided views

āng 肮（骯）

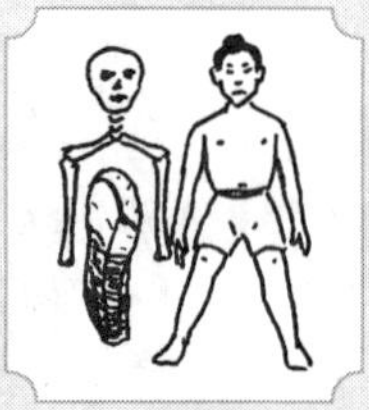

形声字。骨表意，像骨骸和肉；亢（kàng）表声，有高义，表示骯是骨骼高大、肌肉肥满。简体字月（肉）表意、亢表声，表示肌体高大、肌肉丰满。本义是骨骼高大，肌肉肥满。基本义是肮脏、不清洁。

The original meaning of 肮 is well-built, with toned-up body. Its core meaning is dirty. The character consists of 骨, bones and flesh, and 亢（kàng）, which is phonetic and means tall, i.e. a well-built frame with toned-up muscles.

肮脏；不清洁 dirty

áng
昂

会意字。“日”像太阳，“卬”像跪着的人抬头仰望站着的人，表示仰面向上看。本义是仰、抬起。

昂 means to lift up sth. It is composed of 日, sun, and 卬, which resembles a kneeling person looking up at sb standing tall, i.e. to look up at sth.

① 仰；抬起 lift up：～首 lift up one's head ② 高涨 increase sharply：～贵 very expensive｜激～ excited

āo
凹

象形字。像物体中间凹下去的样子。凹指四周高、中间低。

凹 signifies a dent. The character shows an object with the central part indented and the sides protruding.

低于周围，与“凸”相反 concave as oppose to convex：～地 indented ground｜～凸不平 uneven; bumpy

áo
遨

会意字。“辶”像路和脚，表示行走；“敖”是遨的本字，表示出游、闲游；敖（áo）兼表声。本义是漫游、游玩。

遨 means travel, roam. The character consists of 辶, a road and a foot, i.e. walking, and 敖, the original form of 遨, travel or roam. 敖（áo）also represents pronunciation.

漫游；游玩 travel; roam：～游世界 travel the world

áo/āo
熬

形声字。灬（火）表意，像火焰或一排火苗；敖（áo）表声，有仓房义，东西放在仓房中通常时间较久，表示熬是食物放入锅中久煮。本义是用小火慢煮。

熬 means to simmer over a small flame. It comprises 灬, flames, and 敖（áo）, which is phonetic and denotes a warehouse, i.e. food cooked for a long time, just as goods are generally stored in warehouses for a long period.

㊀ áo ① 慢煮；久煮 cook over prolonged period of time：～粥 cook porridge by simmering｜～药 brew medicine ② 忍受 withstand：～夜 stay up late all night｜苦～ endure bitterly ㊁ āo 把菜放在水里煮 cook vegetables by putting them in water：～菜 poach vegetables áo

翱

形声字。羽表意，像鸟的羽毛，表示和翅膀有关；皋（gāo）表声，皋指水边高地，鸟需拍动翅膀才能飞上高地。本义是鸟扇动翅膀飞翔。

翱 means (a bird) taking flight. The character consists of a semantic element, 羽, feathers of birds, i.e. 翱 is related to wings, and 皋（gāo）, which is phonetic and denotes highland by a waterside, i.e. a bird needs to flap its wings to fly to a higher ground.

展开翅膀飞 take wing：～翔 soar in the sky

ǎo/ào/niù

拗

会意字。“扌”像手，表示用手把物折断；“幼”像丝缕（幺）和农具（力），有幼小义，表示幼小的细枝易折断。本义是用手折断。

拗 means to snap an object with the hands. It consists of 扌, a hand, i.e. break an object by twisting, and 幼, which resembles silk（幺）and farming tools（力）, signifying “small, fine”, i.e. fine branches can be broken easily.

❶ ǎo 折断 break：～断 snap｜～花 pluck a flower ❷ ào 不顺 (an event) not unfolding smoothly；不顺从 going against (rules, orders etc)：～口 tongue-twisting｜违～ defy superior or orders ❸ niù 固执 stubborn：执～ obstinate｜脾气很～ willful temper

ǎo

袄

（襖）

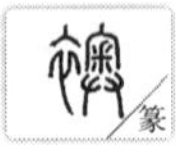

形声字。衤表意，像上衣；奥（ào）表声，有幽深义，表示襖（袄）是有衬里或夹层的上衣。简体字以夭（yāo）为声旁，夭有塞入义，表示袄的面料和夹里之间大多塞有棉花或皮毛以御寒。本义是有衬里的上衣。

袄 means a padded upper garment. It consists of 衤, an upper garment, and 奥（ào）, which is phonetic and denotes profundity, i.e. 襖（袄）is a multi-layered top. The simplified graph has 夭（yāo）as the phonetic component; it means to stuff in, i.e. an upper garment is made by stuffing cotton or animal hairs into pieces of cloth sew together, for insulation.

有衬里的上衣 padded upper garment：夹～ Chinese jacket｜皮～ Chinese leather jacket｜棉～ Chinese woolen jacket

ào

傲

形声字。亻表意，像站着的人，表示人骄傲；敖（áo）表声，有放肆意，表示骄傲的人言行较放肆，看不起人。本义是骄傲。

傲 means proud. It consists of 亻, man, i.e. a haughty man, and 敖（áo）, which is phonetic and denotes imprudent, i.e. a haughty person who looks down on others.

自高自大；看不起人 think too highly of oneself and look down on others：～慢 be haughty and be cold｜骄～ proud ào

奥

会意字。“宀”像房屋，“釆”像兽爪（有辨别意），“廾”像双手，以辨别神灵而供奉在屋内，表示神灵居住的地方。本义是神灵居住的地方。引申为含义深、难理解。

奥 originally meant a place where the gods reside, then later, profound, difficult to understand. It consists of 宀, a house, 釆, animal claws, and 廾, a pair of hands worshipping deities in a house, i.e. a place where deities reside.

含义深；难理解 profound and difficult to understand：～秘 profound mystery | ～妙 profound and intriguing | 深～ profound and intricate

ào

骜

（驁）

形声字。馬（马）表意，楷书形体仍有些像马，表示骏马；敖（áo）表声，本指出游，表示骏马便于出游远行。驁简化为骜。本义是骏马。

骜 means a fine horse, steed. It consists of a semantic element, **馬（马）**, horse, and a phonetic element, **敖（áo）**, travel, i.e. a steed should be chosen for long-distance journeys. **驁** has been simplified to **骜**.

① 骏马 fine horse; steed ② 马不驯良，比喻傲慢 an untamed horse, implying arrogance：桀～不驯 obstinate and unruly

ào

澳

会意字。“氵”像水流、水珠，“奥”有幽深义，表示澳是江海边凹进去的地方，奥（ào）兼表声。本义是江海边凹进去可停船的地方。

澳 means a sea bay or protected regions of water where boats anchor. It consists of 氵, water, and **奥（ào）**, which is phonetic and denotes profound, i.e. regions where riverbanks and seashores are concave.

① 江海边凹进去可以停船的地方 protected regions of water where boats anchor ② 澳门 Macau：港～ Hong Kong and Macau ③ 澳洲 Australia：～毛 wool

ào

懊

形声字。忄表意，古文字像心脏，表示心中悔恨；奥（ào）表声，有幽深义，表示悔恨产生于心灵深处。本义是烦恼、后悔。

懊 means troubled and regretful. It consists of 忄, heart, i.e. a heart full of remorse, and **奥（ào）**, which is phonetic and denotes profound, i.e. remorse and regrets stem from deep within the heart.

烦恼；后悔 troubled and regretful：～恼 vexed | ～悔 remorseful and regretful

B

bā

八

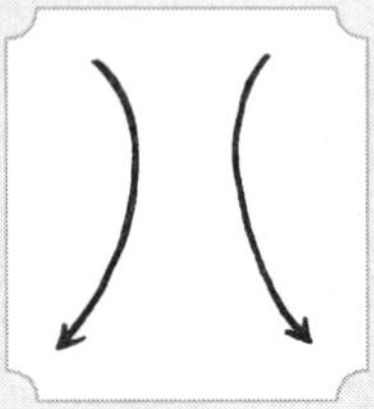

指事字。像东西分为两半。本义是分开，此义后写作“分”。基本义是数目字。

八 means the number eight. The character resembles an object which is halved, with the back of the left and right portions positioned to face each other. The character originally meant “to separate”, a meaning now represented by **分**. 八 has been phonetically loaned for the number eight.

数目字 numeral：～月 August｜～岁 eight years old｜四面～方 from all directions

bā

巴

象形字。像一条大蛇。本义是大蛇。

The root meaning of 巴 is snake. The character resembles a big serpent.

① 盼望 hope earnestly：～望 look forward to｜～不得 be very anxious (to do sth) ② 靠近；挨着 be close to or next to：～着窗户看 look while leaning against the window sill ③ 粘结着东西 stick to：锅～ rice crust｜泥～ mud

bā/pá

扒

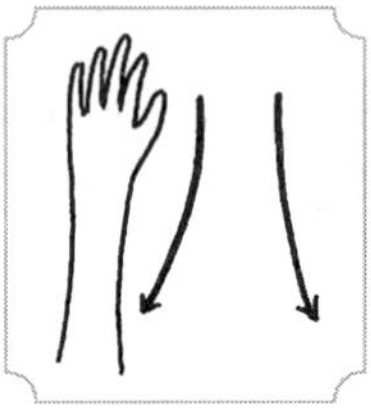

会意字。“扌”像手，“八”像分开的样子，表示刨开、扒开，八（bā）兼表声。本义是刨挖。

扒 means to dig. It consists of 扌, a hand, and 八（bā）, which is phonetic and resembles an object that is halved or separated, i.e. separate sth by force with the hands.

㊀ bā ① 刨；挖 dig up; rake：～沟 dig a canal｜～土 dig the ground ② 剥下；脱掉 remove by force：～皮 strip off skin｜～衣服 rip off clothes ③ 抓住；把着 hold on to; cling on to：～着墙头 hold on to the wall ㊁ pá 偷东西 steal：～窃 to steal; to pickpocket｜～手 thief; pickpocket

bā

叭

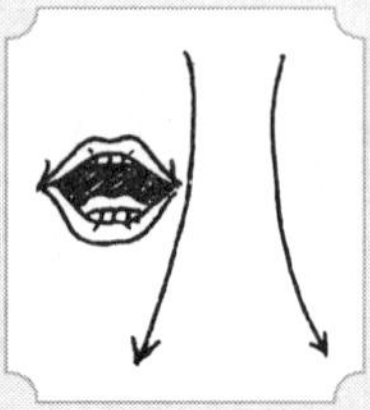

形声字。口表意，像张开的口，表示音从口出；八（bā）表声，八像分开状，表示口张开则声音散发出来，又表示发出的声音像“八”的读音。叭是象声词。

叭 is onomatopoeia. It consists of 口, an open mouth, i.e. sound is produced from the mouth, and 八（bā）, which is phonetic and resembles an object which is halved, i.e. open the mouth to produce the sound “bā”.

象声词 onomatopoeia：～的一声，琴弦断了。The musical chord broke with a snap.

bā

芭

形声字。艹表意，像草；巴（bā）表声。巴本指大蛇，表示芭是古代巫师娱神时舞动的一种较大的香草。本义是古书上说的一种香草。

芭 refers to a type of fragrant plant mentioned in ancient texts. It consists of 艹, grass, and 巴（bā）, which is phonetic and represents a huge serpent, i.e. 芭 is a type of luxuriant fragrant plant used by shamans in the past to perform rituals.

① [芭蕉] 多年生草本植物，叶宽大，果实像香蕉 plantain; banana tree ② [芭蕾] 用足尖点地的一种舞蹈 ballet

bā/ba

吧

形声字。口表意，像张开的口，表示口特别大；巴（bā）表声，巴本指大蛇，其口也大。本义指口特别大的样子。

吧 originally represented a wide open mouth. It consists of 口, an open mouth, and 巴（bā）, which is phonetic and depicts a large serpent with a huge mouth.

⊖ bā 象声词：～嗒 onomatopoeia: sound made when sb shuts the door or smacks the lips. ⊜ ba ① 助词，用在句中，表示可以、推测、命令、请求等语气 auxiliary word; particle: used at the foot of a sentence to express assent, deduction, command or plea etc：你也来～。Would you please come?｜会议结束了～? I suppose the conference has ended?｜快吃～! Eat it, quick! ② 用在句中，表示停顿 used within a sentence as a pause particle：去～，不好；不去～，也不好。If I go, it's not good; if I don't, it's not good either.

bā

疤

会意字。"疒"像病床，"巴"像大蛇，被大蛇咬会留下伤口和疤痕，巴（bā）兼表声。本义指伤口或疮长好后留下的痕迹。

疤 means scar. It consists of 疒, a hospital bed, and 巴（bā）, which is phonetic and denotes a large serpent. A bite from a snake causes puncture wounds and scars on the body. Thus, 疤 refers to the scar or mark left behind when injured tissue heals.

① 疮口或伤口长好后留下的痕迹 scar left behind when injured tissue heals：疮～ wound｜伤～ scar ② 器物上像疤的痕迹 marks on objects that resemble scars：瓷杯上有个～。There is a blemish on the porcelain cup.

bā

捌

会意字。"扌"像手，"别"像用刀分解骨架，表示用手分开。本义是用手分开。现仅用作"八"的大写。

The original meaning of 捌 was to separate sth with the hands; it is now only used in traditional Chinese as an alternative for the numeral 八 (eight). The character comprises 扌, hand, and 别, dissecting a skeleton with a knife, i.e. separating sth with the hands.

数目字"八"的大写 formal version of 八 (eight)

B

bā

笆

形声字。竹表意，像竹叶，表示带刺的竹子；巴（bā）表声，本指大蛇，表示竹的根系特别发达，盘根错节如盘曲的大蛇。本义指一种有刺的竹子。

笆 refers to a type of bamboo with thorns. It consists of **竹**, bamboo leaves, here refers to thorny bamboo, and **巴（bā）**, which is phonetic and means a huge serpent, i.e. the well developed and intricate root structure of a bamboo plant, similar to a huge coiled serpent.

用竹片、柳条等编成的片状物 utensils made of pieces or strips of bamboo：～斗 bamboo basket｜篱～ fence

bá

拔

形声字。扌表意，像手；犮（bá）表声，指犬跑的样子，犬跑迅速，表示拔是迅速往外拉。本义是往外抽、拉。

拔 means tug or pull. It consists of **扌**, hand, and **犮（bá）**, which is phonetic and resembles the way a dog runs, suggesting speed, i.e. the action of pulling sth out, vigorously and quickly.

① 往外抽、拉 tug or pull sth out：～草 weed (a garden)｜～牙 extract (a tooth) ② 吸出 suck：～毒 draw out pus｜～火罐 cupping (Chinese medical treatment) ③ 选取；提升 select or elevate：选～ select; choose (talented people)｜提～ promote ④ 高出；超出 exceed：海～ height above sea level｜出类～萃 cream of the crop

bá

跋

形声字。足表意，像膝和脚；犮（bá）表声，指犬跑的样子，表示犬扑向人使人失足跌倒。本义是跌倒。常用义是翻山越岭。

跋 originally meant fall down; now, commonly used to mean tramp over hill and dale. It consists of **足**, a knee and a foot, and **犮（bá）**, which is phonetic and depicts a dog jumping up, i.e. a man losing his balance after being knocked down by a dog.

① 翻山越岭 tramp over hill and dale：～涉 trek｜～山涉水 scale mountains and ford streams ② 一种文体，写在书或文后的介绍、说明文字 postscript：～文 postscript｜题～ prologue; epilogue

bǎ/bà

把

形声字。扌表意，像手，表示用手抓住；巴（bā）表声，本指大蛇，捕蛇必须抓住蛇颈。本义是握着、抓住。

把 means grip, catch. It consists of **扌**, hand, i.e. gripping with hands, and **巴（bā）**, which is phonetic and represents a huge serpent. One has to hold on to the head of a serpent tightly in order to catch it; hence **把** means to grip or catch.

㊀ bǎ ① 握着；抓住 hold; catch：～握 seize (opportunity)｜～持 dominate ② 看守 stand guard over：～门 guard the door｜～关 guard a pass ③ 车柄：车～ car railing ④ 捆成长条形的东西 bundle of items：火～ fire torch ⑤ 量词 measure word：一～刀 a knife ⑥ 表示约数 quantitative estimation：百～人 around hundred people ⑦ 将 perform (an action)：～手一抬 raise the hand ⑧ 结拜的关系 sworn brotherhood：～兄 sworn brothers
㊁ bà 器物上便于手拿的部分 handle：锄～ handle of a hoe｜刀～ knife handle

bǎ

靶

形声字。革表意，像兽皮；巴（bā）表声，巴本指长大的蛇，表示靶是用皮革制成长而结实的缰绳。本义是骑马的缰绳。后用来指靶子。

靶 originally meant the reins of a horse, then later, target (for shooting). It consists of 革, animal skin, and 巴（bā）, which is phonetic and denotes a full grown serpent, i.e. a kind of long, firm rein made of leather.

练习射箭或射击用的目标 target used for shooting practice：～场 shooting ground｜打～ shooting practice

bà

坝

（壩）

会意字。“土”本像地上有堆土，“霸”有强占义，表示用土石筑成强占河道截住水流的建筑；霸（bà）兼表声。简体字“土”表示垒土成坝，“贝”生于水中，表示坝是拦截水流的建筑。本义是水坝。

坝 means a dam or dyke. It consists of 土, a mound of soil, and 霸（bà）, which is phonetic and means forceful domination, i.e. a stone barrier made to disrupt water flow. The simplified form has 土, earth for constructing a water dam, and 贝, marine mollusks, i.e. a water dam.

拦水建筑 barrier to obstruct water flow：水～ dam｜堤～ dam

bà

爸

形声字。父表意，像手握石斧，表示干体力活的是父亲；巴（bā）表声，巴本指大蛇，表示爸是大人，巴有期待义，表示在家中爸的作用最重要，全家都对他有所期待。本义是父亲。

爸 means father. It comprises 父, a hand holding an axe, depicting the father as the one who does the manual work, and 巴（bā）, which is phonetic and signifies a huge serpent, suggesting 爸 is an adult; 巴 is also associated with anticipation, i.e. 爸 is the main person in a family, the one on whom the family rests its hopes.

父亲 father：～妈 parents｜～～ father

bà/pá

耙

形声字。耒表意，像木上刻有耙齿的农具；巴（bā）表声，巴本指大蛇，大蛇出没于荒野，表示将荒野变为田地后用耙来平整田地。本义是一种农具。

耙 is a harrow, a type of farming tool. It consists of a semantic element, 耒, a wooden farming tool with spikes, and 巴（bā）, which is phonetic and suggests wild land where serpents can be found, i.e. the use of harrows and other implements to level a plot of wild land and transform it into arable land.

㊀bà ①平整土地和弄碎土块的农具 harrow, an agricultural tool with spike-like teeth used to level land ②用耙碎土、平地 to break up clods or level the ground：～地 to harrow ㊁pá 耙子，聚散柴草、谷物的农具 harrow, an agricultural tool used to break up and even off ploughed land

B

bà
罢
（罷）

篆

会意字。“罒”像网，表示法网，“能”指贤能的人，表示贤能者偶然犯法，可赦免。简体字表示对落入法网（罒）者免去（去）惩罚。本义是免去、解除。

罢 means to remit or to nullify (an order). It consists of 罒, a net, i.e. the net of justice, and 能, capable i.e. though capable people do sometimes commit crimes, they can be pardoned. The simplified graph, 罢, suggests those caught by justice（罒）can be remitted（去）.

① 免去；解除 remit; nullify (an order)：～免 recall｜～官 dismiss or to be dismissed from office ② 停止 come to a halt：～休 to give up｜～工 go on strike ③ 完了；完毕 come to an end：～了 be done with it｜说～ finish talking and leave

bà
霸

金

篆

会意字。“雨”像天下雨，“革”像兽皮，“月”像月亮，以雨天皮革潮湿浮起变形，表示带有阴影的月亮。本义指阴历每月初始见的月亮。

霸 was originally used to refer to the new moon, when it is in shadow at the beginning of every lunar month. It consists of 雨, rain, 革, animal skin, and 月, moon, i.e. animal skin losing its shape due to humidity during rainy days.

① 强横无理，以势压人的人 one who is unreasonable and bullies by flaunting powerful connections：恶～ tyrant ② 古代诸侯联盟的首领 the leader of feudal lords in ancient times；春秋五～ the five leaders during the Spring and Autumn period ③ 强占 to occupy by force：～占 to forcibly seize｜独～ to seize for oneself

bāi
掰

会意字。两旁是手，中间是分，表示用双手把东西分开。本义是用手把东西分开。

掰 is to pry open with the hands. The left and right components represent hands and the middle component means separation. Together they make up 掰, which means to separate sth with the hands.

用手把东西分开 separate sth with hands：～开 to pry open｜～玉米 to break off an ear of corn; break corn in two

bái
白

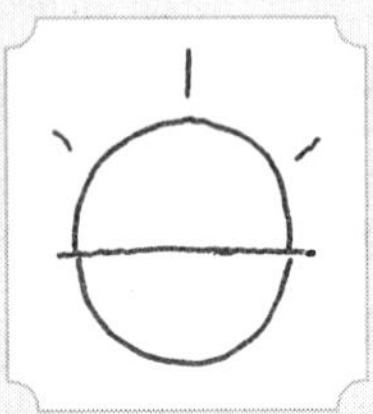

甲

金

篆

象形字。像太阳初升放光，表示色白如日光。本义是白色。

白 means white. The character resembles the first rays of light emitted by the rising sun.

① 像霜、雪的颜色 the color of frost or snow：～纸 a white piece of paper｜洁～ clean and white ② 空无所有 empty and unfruitful：～忙 unproductive｜空～ empty (used to describe space) ③ 清楚 clear：明～ understand｜真相大～ bring the truth to light ④ 无代价；无效果 reap nothing; ineffective：～给 give for nothing｜～干 futile effort ⑤ 陈述；说明 elucidate：表～ to express｜独～ soliloquy ⑥ 错误 mistake：～字 an incorrect Chinese character ⑦ 白话 modern written Chinese (used after the May-Fourth Movement in China)：半文半～ a mixture of classical and modern Chinese ⑧ 姓 a family name

吧 11页

bǎi

百

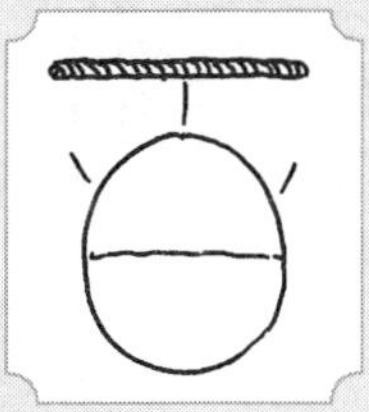

会意字。上面是表示数字的“一”，下面像太阳放出光芒的“白”（白通百），合起来表示一百。本义是十个十。

百 means a hundred. Upper component (一) represents the numeral one; the lower component (白) resembles the first rays of sunlight. The components together represent ten tens or a hundred.

① 十个十 ten tens：～分 percent; 100 marks｜～年 one hundred years (symbolizes a long time) ② 很多 a lot (of)：～货 general merchandise｜～花盛开 a sight full of blossoming flowers

bǎi/bó

柏

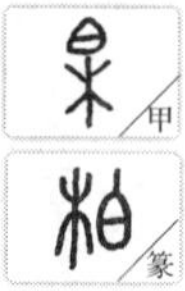

形声字。木表意，像树；白（bái）表声，白像太阳放出光芒，有显扬义，柏树挺拔常青，亦有显扬意。本义指一种常绿乔木。

柏 means cypress tree. It comprises 木, tree, and 白 (bái), which is phonetic and denotes the rays emitted from the sun, i.e. standing tall in glory. The components describe 柏 as towering and evergreen.

㊀ bǎi ① 常绿乔木，木质坚硬，可做建筑材料 cypress：～树 cypress trees｜松～常青 pines and cypress are evergreens ② 姓 a family name ㊁ bó［柏林］德国城市名 Berlin

bǎi

摆

（①②③擺 ④襬）

会意字。“扌”像手，“罷”（罢）有解除义，表示拨开、排除。擺简化为摆。本义是拨开、排除。常用义是陈列、放置。擺、襬今归并简化为摆。

摆 originally meant to dispel or exclude; now it is commonly used to mean to exhibit or lay aside. It consists of 扌, hand, and 罷 (罢), to remove or relieve. 擺 has been simplified to 摆. 擺 and 襬 are also simplified and grouped into 摆.

① 陈列；安放 showcase; lay aside：～设 exhibit｜～摊 set up a (temporary) stall ② 显示；炫耀 exhibit; flaunt：～阔 to be ostentatious｜～威风 boast of (one's ability) ③ 摇动 to sway：～手 to swing one's hand｜摇～ to swing and sway ④ 衣裙的下边 the hem of garments：下～ hem

bài

败

（敗）

会意字。甲骨文像手持棍棒将鼎打坏。金篆楷以手持棍棒击贝，表示财富被毁坏。敗简化为败。本义是毁坏。

败 means destroy. Bone inscriptions depict a hand with a baton, hitting a tripod. Bronze inscriptions, seal and regular scripts depict a hand hitting a seashell with a baton, i.e. fortune, represented by the seashell, is being destroyed. 敗 has been simplified to 败.

① 毁坏；败坏 destroy：～坏 destroy｜伤风～俗 offend public decency ② 失败 failure：惨～ major defeat｜反～为胜 turn the tide (from loss to victory) ③ 打败；使失败 defeat：击～ defeat｜大～敌军 deal the enemy a heavy defeat ④ 解除；消除 get rid of; eliminate：～火 diminish bodily heat｜～毒 detoxication ⑤ 衰落 deteriorate：～落 decline｜衰～ deteriorate bài

拜

会意字。金文像草和手，表示拔草。篆书表示用手快速（夲）拔草（卉）。楷书左边像手，右边像草。本义是拔。引申为跪拜。

拜 originally meant to uproot, later extended to mean worship on bended knees. In bronze inscriptions, the character depicts a hand and grass, i.e. uprooting grass. In seal script, the character shows a hand moving quickly (夲) to remove grass (卉), i.e. weeding in haste. In regular script, the left component resembles a hand and the right resembles grass.

① 一种礼节 a kind of ceremony：～堂 perform the formal wedding ceremony | 跪～ prostrate ② 敬佩 admire：～服 revere | 崇～ idolize ③ 以礼会见 meet (sb) with the proper ceremony：～访 call on sb | ～会 pay an official call ④ 敬词 used in formal, polite expressions：～托 please; may I ask a favour | ～读 have the pleasure of reading (an essay, a book etc)

bān

扳

会意字。“扌”像手，“反”像手和山崖，表示用手抓住东西往上爬。本义是抓住东西往上爬。引申为拉、拨动。

The root meaning of 扳 is ascend while gripping sth, extended to mean pull or tug. The character contains 扌, a hand, and 反, a hand and a cliff, i.e. trying to climb while holding on to sth.

① 拉；拨动 pull; tug：～倒 pull and cause sth or sb to tumble | ～闸 pull a switch ② 扭转 turn over (a situation)：挽救 salvage：～本 recoup losses | ～回一局 win a set (in games) after having lost one

bān

班

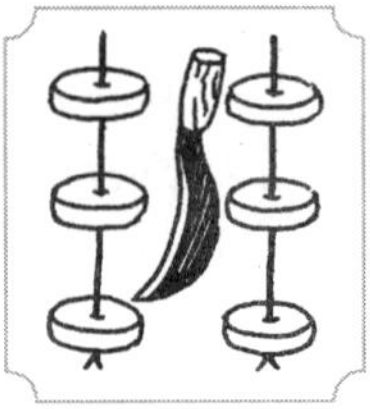

会意字。“刂”像刀，“珏”像两串玉，表示用刀分割玉。本义是分割玉。

班 originally meant to cut up a piece of jade. It consists of 刂, a knife, and 珏, two strings of pearls, i.e. using a knife to separate two strings of pearls.

① 班组 class (in sch)：～级 grade (class) | ～长 class monitor ② 班次 frequency of buses, trains, flights etc：～车 regular bus (service) | 航～ flight ③ 按时间分成的工作段落 working shifts：日～ day shift | 夜～ night shift ④ 返回 return：～师 returning to one's country after a victorious battle ⑤ 军队编制的最小单位 army squad ⑥ 量词 measure word：一～人马 a group of staff, troops

bān

般

会意字。“攴”、“殳”指手持篙，“舟”像船，表示撑船搬运。本义是搬运，此义现写作搬。引申为种、样。

般 originally meant transportation (of goods), a meaning that is now represented by 搬. 般 is loaned to mean type (for classification purpose). The components 攴 and 殳 resemble a hand holding a punt-pole, while 舟 depicts a boat. Together, they suggest transportation (of goods) by boat.

种；样 kind; type：百～照顾 with utmost care and concern | 如此这～ to be (such and such) bān

颁

（頒）

会意字。“頁”（页）像夸大了头部的人，指头大；“分”像用刀剖分物体，物大则可分，分有异、区别义，表示大头则异于一般。頒简化为颁。本义是头大。基本义是发布、颁发。

颁 originally depicted a huge head; its basic meaning is announce (information) or present (prize). It consists of **页**, an enlarged head, and **分**, separating sth (usu big in size) with a knife, thereby differentiating between one thing and another. Together, they suggest an enlarged head standing out from the crowd. **頒** has been simplified to **颁**.

发布；颁发 to announce; to present：～布 promulgate ｜～发 issue ｜～奖 present prizes

bān

斑

会意字。篆书“文”像正面的人，“辡”像两把刀，表示驳杂如文身。楷书“文”像正面的人，“玨”像两串玉，表示驳杂如玉的斑纹。本义是杂色的斑点、花纹。

The character refers to colorful spots or decorative patterns. **文** in seal script shows the front view of a man; **辡** represents two knives, suggesting mottling, like tattoos. In regular script, **文** resembles the front view of a man, while **玨** resembles two bunches of jade, i.e. a mottled pattern like jade.

杂色的点子或条纹 colorful spots or decorative patterns：～点 spots ｜～痕 trace ｜～马 zebra

bān

搬

会意字。“扌”像手，表示用手移动物品；“般”，像手持竹篙撑船搬运；般（bān）兼表声。本义是移动、迁移。

搬 means to move sth. It consists of **扌**, a hand, thus indicating to move sth by hand, and **般**, a hand grasping a punt-pole, paddling a boat transporting goods. **般**（**bān**）also represents pronunciation.

① 移动 move sth；迁移 move (from pl to pl)：～运 transport (goods) ｜～家 move house ② 移用 extricate (ideas, meanings etc) and use：照～ to copy; imitate ｜生～硬套 copy inappropriately and mechanically

bǎn

板

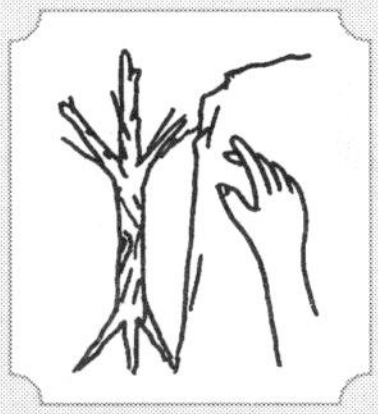

会意字。“木”像树，表示木板；“反”指反转、反面，表示木板的反面也能使用。本义是木板。闆今归并简化为板。

板 means a wooden plank. It is composed of **木**, tree, i.e. a wooden plank, and **反**, the reverse side of things, i.e. the reverse side of a plank can be of use too. **闆** is now simplified and grouped into **板**.

① 较硬的片状物体 hard board-like item：木～ plank ｜钢～ steel board ② 音乐的节拍 music beat：快～ fast beat ｜慢～ slow beat ③ 不灵活；少变化 inflexible：呆～ rigid; inflexible ｜古～ old-fashioned and inflexible bǎn

版

会意字。“片”像劈开的木片，“反”指反转、反面，表示版反面也能用。本义是木板。

版 originally meant a wooden plank. It is composed of 片, planks that have been split by chopping, and 反, the reverse side, i.e. the reverse side of the planks can also be of use.

①供印刷用的底子 stencil：排～typeset ②书籍排印的次数 number of publication times：初～ first printing | 再～ second printing ③报纸的分页 pages (of newspaper)：头～ front page

bàn

办（辦）

会意字。“力”像木犁，表示致力；“辡”有争辩、周遍义，表示尽全力处理好事情。简体字在“力”两旁加点，表示着力办事并左右兼顾。本义是治理、办理。

办 means to handle (an affair). It consists of 力, a wooden plough, suggesting effort, and 辡, to debate or surround, i.e. doing one's utmost. In the simplified graph, a dot stroke has been added to both sides of 力, suggesting doing one's utmost and dealing with both sides of the matter.

① 处理 manage：～事 handle an affair | 主～ host (an event) ② 处罚 punish：查～ investigate and deal with accordingly | 惩～ punish ③ 设立；经营 establish; manage：～厂 set up factory | 创～ create ④ 购买 purchase：～货 buy goods

bàn

半

会意字。“八”像一物被分为两半，“牛”像牛，表示牛大可分为两半。本义是一半。

The character means half of sth. It consists of 八, an object cut into half, and 牛, an ox or cattle, i.e. the possibility of dividing an ox in two.

① 二分之一 half：～年 half a year | ～价 half-price ② 在中间 in the middle：～路 midway | ～夜 middle of the night ③ 不完全 incomplete：～自动 semi-automatic | ～透明 translucent

bàn

扮

会意字。“扌”像手，表示用手化妆、打扮；“分”像刀分割物体，有分别、分辨义，表示不同身份的人打扮有所分别，且化妆要不露痕迹使人难以分辨。本义是化妆、修饰。

扮 means to put on make-up or dress up. It consists of 扌, hand, suggesting using hands to dress up, and 分, division with a knife, or being able to differentiate between one thing and another, i.e. people dress differently according to their status, and their make-up should not mask distinctions.

化妆 put on make-up：～演 act | 打～ to dress up | 男～女装 cross-dress bàn

伴

形声字。亻表意，像人，表示同在一起的人；半（bàn）表声，半像把牛剖分为两半，表示要完整则需合二为一，伴侣亦然。本义是伴侣。

伴 means partner. It is composed of 亻, man, suggesting partners, and 半（bàn）, which is phonetic and resembles a cow divided in two, i.e. a whole made up of two halves, like partners made up of two people.

① 同在一起的人 partner：～侣 companion｜同～ company ② 陪着；配合 accompany; cooperate：～随 accompany｜～奏 accompany with musical instrument

bàn

拌

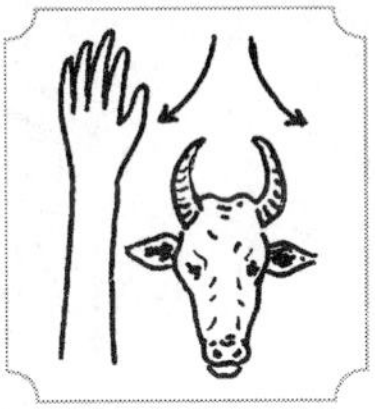

形声字。扌表意，像手；半（bàn）表声，半的古文字像将牛分为两半，表示拌是将各一半的东西搅和在一起。本义是搅和。

拌 means to mix. The character comprises 扌, a hand, and 半（bàn）, which is phonetic and resembles a cow divided in two, i.e. the mixing of things together.

搅和 mix：搅～ mix and blend｜～匀 blend well｜～面 mixed noodles (a Chinese noodle dish)

bàn

绊

（絆）

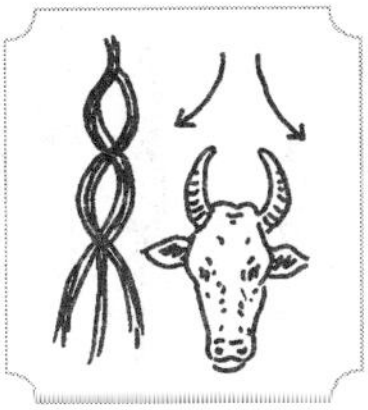

形声字。糸（纟）表意，像线或绳，表示捆绑马的绳子；半（bàn）表声，像剖分牛，有分别义，表示用绳子分别捆绑马的前后足。絆简化为绊。本义是捆马足的绳子。

The original meaning of 絆 was a rope for tying horses. It consists of 糸（纟）, string or rope, i.e. a rope used to tie horses, and 半（bàn）, which is phonetic and depicts a cow split in two, suggesting separation. Together, they suggest tying fore and hind legs of a horse. 絆 has been simplified to 绊.

行走时腿脚被缠住或挡住 legs entangled in rope when walking：～马索 rope used on horses｜～脚石 obstacle

bàn

瓣

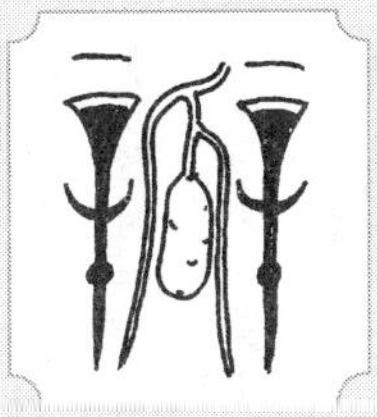

会意字。“瓜”像瓜蔓上结了瓜，“辡”像两把刀，表示瓜子可用刀剔除，“辡”有遍义，表示瓜子遍布瓜内。本义是瓜类的子实。

瓣 means the seeds of melons. It consists of 瓜, melons growing on vines, and 辡, two knives, indicating seeds can be removed from melons by knives; it also means widespread, i.e. seeds are found all through melons.

① 植物的种子、果实或球茎可以分开的片状小块 petals or slices (of sth)：橘～ orange slices｜蒜～ garlic cloves ② 花的分片 petals：花～ flower petals

B

bāng

邦

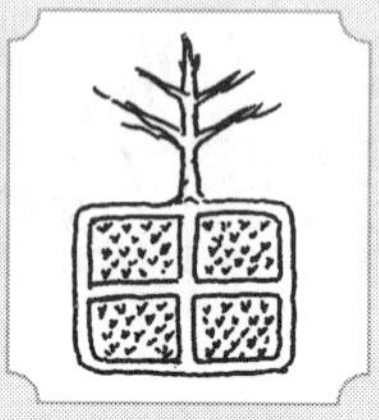

会意字。甲骨文像树和田地，古代诸侯在封地边界栽树作标志。金篆楷“丰”像树，表示栽树为界；“邑”（阝）像地域和人，或山地，表示栽树为界处大多在山区。本义指古代诸侯封国，泛指国家。

邦 originally meant feudal states, then later a country. In bone inscriptions, it depicts a tree and a piece of land; in the past, the boundaries of feudal states were marked by trees. Bronze inscriptions, seal and regular scripts have 丰, tree, suggesting trees delineate boundaries, and 邑（阝）, mountainous lands, i.e. boundaries are usually located in mountainous areas.

国家 country：～交 relationship between nations｜友～ alliance｜治国安～ run a country well

bāng

帮

（幫）

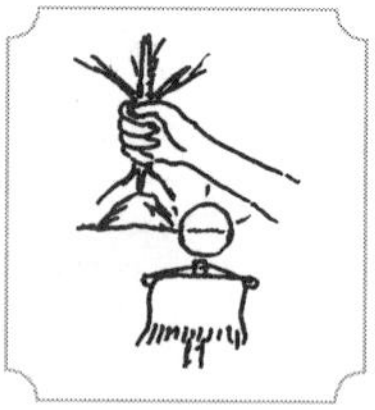

会意字—形声字。“帛”表示鞋帮用布帛制成，“封”像用手培土，有封闭义，表示鞋帮可封住脚脖子。简体字巾表意，表示鞋帮大多用布制成；邦（bāng）表声，古代栽树围绕封地，表示鞋帮围住脚脖子。本义是鞋帮。

帮 originally meant the upper part of a shoe. It consists of 帛, silk, i.e. a shoe's upper is made of silk, and 封, to seal sth, i.e. the upper part of shoes covering the foot. The simplified graph has a semantic component, 巾, cloth, i.e. a shoe's upper made of cloth, and 邦（bāng）, territory, as phonetic, i.e. the upper part of a shoe covers the entire foot.

① 物体的周围部分 surrounding area of object：鞋～a shoe's 'upper' ② 协助 assist：～忙 help｜～助 help ③ 成群结伙的 group of people：～派 gang｜匪～ bandit gang

bāng

梆

形声字。木表意，像树，表示梆子用树木制成；邦（bāng）表声，表示敲击梆时发出的声音。本义是梆子。

梆 means watchman's clappers. The character is composed of 木, a tree, i.e. 梆 is made of wood, and 邦（bāng）, which represents pronunciation, i.e. the sound produced when hitting clappers.

旧时打更用的响器 watchman's clappers：～子 watchman's clappers

bǎng

绑

（綁）

形声字。糸（纟）表意，像丝或绳；邦（bāng）表声，像树和山，古代诸侯栽树围绕封地，绑取其围绕意，表示绑是用线绳围绕捆扎物体。綁简化为绑。本义是用绳索捆扎。

绑 means to tie. It consists of 糸（纟）, silk or string, and 邦（bāng）, which is phonetic and resembles a tree and a mountain, suggesting in the ancient times, feudal lords delineated their territories by planting trees around them. 绑 has a similar meaning, it means to coil sth using a string or rope. 綁 has been simplified to 绑.

捆；缚 tie：捆～ bind up; tie up｜松～ untie

bǎng

榜

会意字。“木”像树，“旁”指旁边、侧面，表示将形状不正的弓弩绑在其旁，用强力矫正的木制器具。本义是校正弓弩的工具，也指木板。引申为张贴的文告或名单。

The core meaning of 榜 is a tool used to right warped bows; it also refers to a wooden board, and later extended to mean a notice, an announcement. It consists of 木, a tree, and 旁, side, side-view, i.e. a crooked bow tied to the side of a wooden tool used to right bows which are warped.

张贴出来的文告或名单 notice; announcement：发～ release (exam) results｜光荣～honor roll

bàng/bèng

蚌

会意字。“虫”像虫，表示蚌的软体似虫；“丰”有丰满义，表示蚌壳形体饱满。蚌是一种软体动物。

蚌 refers to a kind of freshwater mussel, a clam. It consists of 虫, a worm, i.e. clams have soft bodies like worms, and 丰, plump or graceful, i.e. the shells of clams are full and rounded.

❶ bàng 生活在水里的一种软体动物，有两片椭圆形的壳，肉可以吃，有的能产珍珠 freshwater mollusk with two elongated shells; its meat is edible and it produces pearls：河～ clam｜蛤～ clams ❷ bèng［蚌埠］市名，在安徽省 name of a city in Anhui

bàng

棒

会意字。“木”像树，表示木棍；“奉”像三只手托举一棵植物，有合持意，表示双手合持木棍。本义是棍子。

棒 means a baton. It consists of 木, tree, i.e. a baton is made of wood, and 奉, hands lifting a plant, i.e. to raise a baton with two hands.

① 棍子 baton：木～ wooden stick｜～球 baseball ② 体力强，能力高，成绩好 good; excellent：真～ That's great!｜挺～ very good

bàng

傍

会意字。“亻”像人，“旁”指旁边，表示人与人靠得近，旁（páng）兼表声。本义是靠近。

傍 means close to. It consists of 亻, man, and 旁（páng）, which is phonetic and denotes sides, i.e. close to one another.

临近；依靠 close by：～晚 evening｜依～ depend on｜依山～水 at the foot of mountains and near the water bodies

B

bàng

谤

(謗)

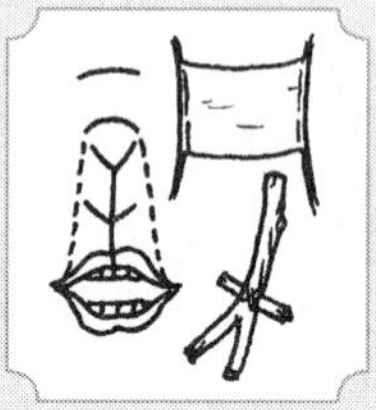

形声字。言（讠）表意，像张口说话；旁（páng）表声，有偏、邪义，表示谤是片面夸大别人缺点，肆意诋毁。謗简化为谤。本义是毁谤。

谤 means slander. It comprises 言（讠）, speech, and 旁（páng）, which is phonetic and means evil, i.e. exaggerating the flaws of others and marring sb's reputation. 謗 has been simplified to 谤.

恶毒地攻击别人 defame; slander：诽～ slander | 毁～ ruin sb's reputation

bāo

包

象形字。像胎衣包裹着胎儿，表示胎衣。本义是胎衣，此义现写作胞。引申为裹。

包 originally meant embryonic membrane, a meaning now replaced by 胞. The meaning of 包 has been specialized to mean wrap up. 包 resembles an embryonic membrane which protects the fetus.

① 裹 wrap：～扎 bandage | ～装 package ② 裹起来的东西 things being wrapped up：～袱 bundle | 邮～ mail parcel ③ 容纳 contain：～含 embody | ～括 include ④ 袋子 bag：书～ school bag | 皮～ handbag ⑤ 鼓起的疙瘩 bumps on body：脓～ pus | 山～ small hill ⑥ 负责；担保 be responsible; guarantee：～销 have exclusive selling rights | 承～ (commerce) consign ⑦ 量词 measure word：两～米 two sacks of rice ⑧ 姓 a family name

bāo

苞

会意字。“艹”像草，表示花大多属草类植物；“包”像胎衣包裹胎儿，有包裹义，表示苞是包裹花朵的小叶片；包（bāo）兼表声。本义是花苞。

苞 means a flower bud. 艹 resembles grass, a semantic element that signifies plants. 包（bāo）represents pronunciation; it resembles an embryonic membrane protecting the fetus, suggesting wrapping sth up. The components suggest the calyx of small leaves that surround flowers.

花未开时包着花朵的小叶片 buds：花～ bud | 含～欲放 like a bud ready to blossom, used to describe young women

bāo

胞

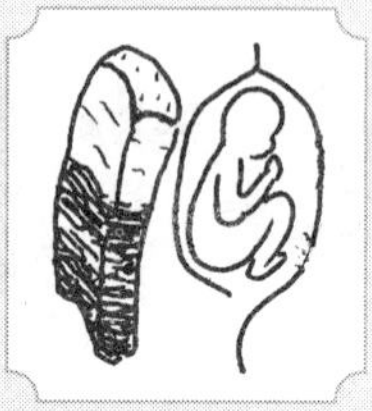

会意字。“月”（肉）像肉，“包”像胎衣包裹胎儿，表示胞是胎衣；包（bāo）兼表声。本义是胞衣、胎衣。

胞 refers to the embryonic membrane. It consists of 月（肉）, flesh, and 包（bāo）, which represents pronunciation and resembles an embryonic membrane that protects the fetus.

① 胞衣，包着胎儿的膜和胎盘 embryonic membrance ② 同父母所生的 siblings born of the same parents：～兄 brother | ～妹 sister ③ 同一国家或民族的人 people of same nationality：同～ countryman | 侨～ countrymen residing abroad

剥 48页 磅 483页

bāo

煲

形声字。火表意，像火焰迸出火星，表示放在火上烧的一种锅，保（bǎo）表声，兼表煲的保温性较好。本义指锅壁较陡直的锅。

煲 refers to a deep pot. It consists of 火, fire, suggesting a kind of pot that cooks on a fire, and 保（bǎo）, which is phonetic and denotes maintain, retain, i.e. 煲 has good heat retention.

① 壁较陡直的锅 deep pot：沙～ clay pot｜电饭～ electric rice cooker ② 用煲煮或熬 cook in this kind of pot：～粥 make gruel｜～饭 simmer rice

bāo

褒

会意字。“衣”古文字像上衣，表示衣襟宽大的袍服；“保”像大人用手护着孩子，表示袍服衣襟宽大，可遮风御寒保护怀中的儿女；保（bǎo）兼表声。本义是衣襟宽大。基本义是赞扬、夸奖。

褒 originally meant baggy (outfit); its basic meaning is praise. It consists of 衣, an upper garment, i.e. baggy outfit, and 保（bǎo）, which is phonetic and resembles an adult protecting a child with his hand, i.e. a child held on the chest, protected from the cold by a loose garment.

赞扬；夸奖 praise：～贬 good and bad remarks｜～奖 praise

báo

雹

会意字。“雨”像天下雨，表示冰雹随雨降落；“包”像胎衣包裹胎儿，有疙瘩义，表示雹是冰疙瘩；包（bāo）兼表声。本义是冰雹。

雹 means hailstones. It is composed of 雨, rain, that often accompanies hailstones, and 包（bāo）, which is phonetic and resembles an embryonic membrane which protects the fetus, with an extended meaning of packet or lump, i.e. hailstones as lumps of rain.

随暴雨降落的冰粒或冰块 hailstones：冰～ hailstone｜～灾 hailstorm

báo/bó

薄

会意字。“艹”像草，“溥”有广大、丰厚义，表示草木丛生。本义是草木丛生。

薄 means lush vegetation. It consists of 艹, grass, and 溥, vast and rich, i.e. lush vegetation.

㊀ báo ① 不厚 thin：～板 thin plank｜～片 thin slice (of sth) ② 冷淡 devoid of human warmth：～情 heartless ③ 土地不肥沃 infertile soil：～田 infertile field ㊁ bó ① 厚度小；数量少；程度浅 thin; few; shallow：单～ scantily dressed｜浅～ shallow ② 不厚道；不庄重 dishonest; informal：刻～ unkind ③ 轻～ frivolous ④ 轻视；看不起 look down on (sb)：厚此～彼 favor one and be prejudiced against the other ⑤ 姓 a family name

B

bǎo

饱

（飽）

会意字。“食”像食器，“包”有容纳、疙瘩义，表示肚子容纳了食物就饱，而且会隆起似包，包（bāo）兼表声。飽简化为饱。本义是吃足了。

饱 means feeling full after eating. It comprises 食, a food container, and 包（bāo）, which is phonetic and denotes containment and lumps, i.e. a stomach, full and bloated after eating. 飽 has been simplified to 饱.

① 吃够了 full：半～ half-full｜温～ food and clothing ② 充满；丰富 full and rich：～和 saturate｜～学 knowledgeable ③ 满足 satisfied：大～眼福 having seen many captivating things

bǎo

宝

（寶）

会意字。甲骨文“宀”像房子，“贝”像贝壳（货币），“玉”像玉器，表示贝和玉都是家中的珍宝。金篆楷增“缶”（陶器），表示生活必需品也是宝。简体字像屋（宀）中有玉。本义是珍宝。

宝 means precious. In bone inscriptions, 宀 represents a house, 贝 depicts seashells (used as currency in the past), 玉 means jade, i.e. seashells and jade as treasures of the home. Bronze, seal and regular scripts add 缶 (pottery) to the original graph, indicating that daily necessities are also precious items. In simplified form, 宝 depicts jade（玉）in a house（宀）.

① 珍贵的东西 precious items：珍～ precious item｜国～ national treasure ② 珍贵的 precious and dear：～物 treasure｜～石 gems

bǎo

保

会意字。像大人背负孩子，表示大人抚养、保护孩子。本义是抚养、保护。

保 means to nurture and protect. The character depicts an adult piggybacking a child, i.e. an adult raising and protecting children.

① 护卫 defend：～护 protect｜～卫 safeguard ② 负责 be responsible：～证 guarantee｜～管 safeguard ③ 维持 sustain：～持 maintain｜～密 keep secret

bǎo/ bǔ/pù

堡

会意字。“土”本像地上有堆土，“保”像大人背负和保护幼儿，表示对居民起保护作用的用土石筑成的小城；保（bǎo）兼表声。本义是小城。

堡 means town. It consists of 土, earth, and 保（bǎo）, which is phonetic and depicts an adult piggybacking and protecting his child, i.e. a fortified town built to protect civilians.

㊀ bǎo 军事上防御用的坚固建筑物 fort：碉～ pillbox｜暗～ underground fort ㊁ bǔ 村镇，多用于地名 towns and cities, mainly used in place names：柴沟～ Chai Gou Bu, place in Hebei province ㊂ pù 地名用字 used in place names：十里～ ten-mile fort bào

报

（報）

会意字。像手按住戴手铐的罪犯。简体字像两只手（扌、又）按住罪犯（卩）。本义是审判罪人并报告上级。

报 originally meant putting a suspect on trial and reporting it to a superior. The character resembles a hand holding down a criminal in handcuffs. Its simplified character resembles two hands（扌、又）pinning down a criminal（卩）.

① 告知 report：～案 lodge a case｜～告 report ② 告知的文件或信号 notification：简～ bulletin｜电～ telegram ③ 回报 requite：～酬 remuneration｜～答 repay kindness ④ 报刊 newspaper：日～ daily newspaper｜画～ pictorial

bào

抱

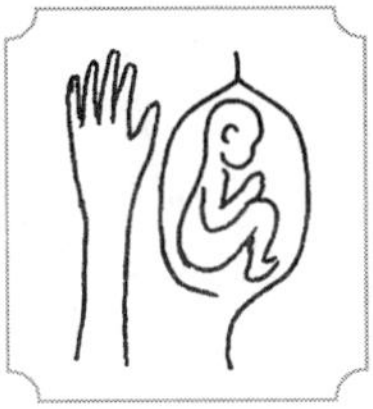

会意字。"扌"像手，表示用手臂围住；"包"像胎衣包裹胎儿，有围绕、裹住义；包（bāo）兼表声。本义是用手臂围住。

抱 means embrace, surround with arms. It consists of 扌, hand, supporting the notion of surrounding with arms, and 包（bāo）, which represents pronunciation and resembles a fetus in an embryonic membrane, suggesting surround, wrap.

① 用手臂围住 surround with arms：拥～ hug｜～孩子 carry baby ② 围绕 surround：环～ encircle｜山环水～ encircled by mountains and rivers ③ 心存 inner thoughts：～负 ambition｜～歉 apology

bào

豹

会意字。"豸"像猛兽，"勺"像勺子，表示豹身上分布着小勺般大的黑斑。豹是像虎而比虎小的一种野兽。

豹 means a leopard. The character is composed of 豸, a wild beast, and 勺, a ladle, i.e. leopards have black patches as big as ladles all over their bodies.

哺乳动物，身上有黑斑，性凶残，是猛兽，会伤害人和牲畜 leopard

bào

暴

会意字。篆书像双手捧米拿去太阳下晒。楷书以太阳（日）、急流（氺）和双手，表示显露、急骤、猛烈。本义是晒，此义今写作曝。

The root meaning of 暴 is to expose to sunlight, a meaning now represented by 曝. Its seal script version resembles two hands holding rice under the sun to dry. In the regular script it consists of the sun (日), gushing water（氺）and hands to represent speed and vigor.

① 显露 exhibit：～露 expose｜～光 expose to light ② 急骤；猛烈 rapid and vigorous：～雨 storm｜～病 epidemic ③ 凶狠；残酷 cruel：～行 barbarous action｜残～ brutal ④ 急躁 impetuous：～躁 irritable｜粗～ brutality

刨 484页

bào

爆

会意字。“火”像火焰，“暴”指突然、猛烈，表示爆炸时火花迸射，暴（bào）兼表声。本义是猛然破裂或迸出。

爆 means explode. The character contains 火, flames, and 暴（bào）, which represents pronunciation and means sudden and vigorous, i.e. flames and sparks produced from an explosion.

① 猛然炸裂 sudden explosion：~炸 explode | ~破 blow up ② 突然发生 occur suddenly：~冷门 unexpected victory

bēi

杯

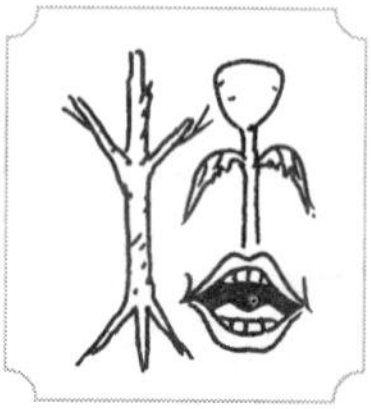

会意字。“木”像树，古时有些杯是木制的；篆书“否”、楷书“不”，表示杯不是盛食物而是盛饮料的饮器。本义指盛羹或注酒的器皿。泛指盛液体的器皿。

杯 originally signfied a receptacle for soup or wine; it now generally refers to a container for fluids. Its left component 木, tree, indicates cups in the ancient times were made of wood. Its right component in seal and regular scripts is written as 否 and 不 respectively, indicating that cups are meant to contain drinks, not food.

① 盛饮料的器皿 cup：酒~ wine cup | 茶~ tea cup ② 杯状的奖品 trophy：奖~ trophy | 金~ golden trophy

bēi

卑

象形字。金文像手持扁圆的酒器，表示为主人持酒器的人地位卑微。篆书上面是甲（盔甲），下面是又（右手），表示为主人手持盔甲的人地位卑微。本义是低下、低贱。

卑 means inferior, lowly. In bronze inscriptions, it depicts a hand holding a flat, round wine cup, i.e. a person of low status, holding a cup for his master. Its seal script shows 甲 (armor) on top and 又 (right hand) below, i.e. a person of low status, carrying armor for his master.

① 低下；低贱 inferior; lowly：自~ self-abased | 尊~ hierarchy ② 品行低劣 low morality：~劣 no morals | ~鄙 despicable

bēi

悲

会意字。“心”像心脏，表示心中悲伤；“非”像张开的翅膀，有相背的意思，表示人因事实与愿望相背而悲伤。本义是哀痛、伤心。

悲 means sad, grief. It consists of 心, a heart, indicating grieved heart, and 非, a pair of wide spread wings, symbolizing going in opposite directions, i.e. a person becomes sad when desires are not realized.

① 哀痛；伤心 melancholy：~伤 sad | ~哀 sorrow ② 怜悯 pity：慈~ pity (for sb) | ~天悯人 bemoan the state of things

背 28页

bēi

碑

形声字。石表意，像山崖下有块石头，表示碑是竖立的石头；卑（bēi）表声，指低下、卑微，表示最初的碑较低矮。本义是竖立的石头，特指刻有纪念性文字的石块。

The root meaning of 碑 is an upright stone, then later, a stone tablet engraved with characters, used as monuments or marks. It contains 石, rock, i.e. 碑 is a stone set upright, and 卑（bēi）, which represents pronunciation and suggests inferiority, i.e. 碑 as a small, short tablet.

刻有文字或图画用作纪念或标记的石块 stele：墓～ tomb stele｜～文 stone inscription

běi

北

会意字。像两个人背对背，表示相背。本义是背离、相背，此义现写作背。基本义是南北的北。

北 means north. The character resembles two people standing back-to-back. Its root meaning is to deviate from; this meaning is expressed now by 背.

① 方向，清晨面对太阳时左手的一边 North：～面 north-side｜～极 North Pole ② 打败仗 lose a battle：败～ defeated and run away｜连战皆～ successive defeats

bèi

贝

（貝）

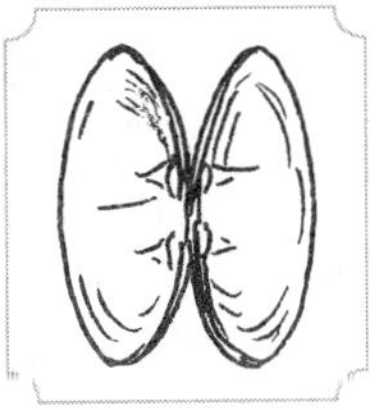

象形字。甲骨文像贝壳。金、篆、楷、简像贝的软体伸出壳外。本义是水中介壳类动物的总称。

贝 signifies mollusks. Its bone inscriptions resemble a seashell. Its bronze inscriptions, seal and regular scripts depict the soft body of a mollusk sticking out of a shell.

① 蚌、螺等有硬壳的软体动物的统称 mollusks：～壳 seashell｜扇～ scallop ② 姓 a family name

bèi

狈

（狽）

形声字。犭（犬）表意，像犬，表示狈的外形像犬；貝（贝 bèi）表声，兼以贝的两壳相连表示狈与狼互相依存。狽简化为狈。狈是传说中的一种兽。

狈 means a legendary beast. It consists of 犭（犬）, a dog, indicating 狈 looks like a dog, and 貝（贝 bèi）, which is phonetic and means a kind of beast（狈）that has a mutually dependent relationship with wolves（狼）, just like the mutual relationship of two shells of a mollusk. 狽 has been simplified to 狈.

传说中的一种兽，前腿短，行动时趴在狼身上 a legendary beast with short forelegs that walked by supporting itself on the back of a wolf：狼～为奸 in conspiracy

bèi 备（備）

会意字。"亻"像人，"𤰈"像箭袋中有箭，表示人已准备齐全，𤰈（bèi）兼表声。简体字"夂"像脚，"田"像农田，表示到田里耕作必已备妥农具。本义是完备。

备 means ready. It consists of 亻, man, and 𤰈 (bèi), which is phonetic and depicts an arrow in a bag, i.e. a person who is fully prepared. In the simplified graph, 夂 resembles a leg, 田 is field, suggesting getting tools ready before going to fields.

① 具有 includes：具～ have the properties (of sth) | 德才兼～ equipped with both morals and talent ② 事先安排好 prepare in advance：～用 backup; keep in reserve | 自～ self-prepared ③ 设备 facilities：装～ gear (outfit) | 配～ needed tools ④ 完全 entire：齐～ well-equipped | 完～ complete

bèi/bēi 背

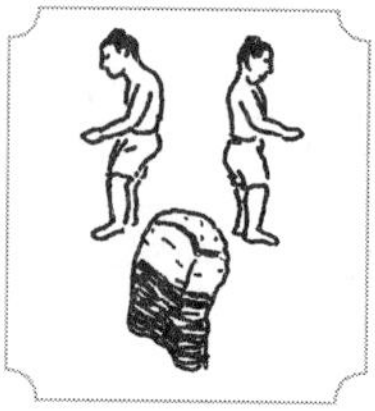

会意字。"月"（肉）像肉，"北"像两人背靠背，表示背部；北（běi）兼表声。本义是脊背。

背 means the back of a body. It consists of 月（肉）, flesh, and 北（běi）, which represents pronunciation and depicts two people standing back-to-back, i.e. the back or reverse side of sth.

㊀ bèi ① 脊背 body back：～部 back | 驼～ hunchbacked ② 物体的反面或后面 reverse side of sth：～后 behind | 刀～ knife back ③ 背对着 back-to-back：～光 (facing) against the light | ～水一战 fight to the death ④ 离开 depart：～井离乡 leave one's hometown ⑤ 违反 against (rules)：违～ defy ⑥ 凭记忆读出 recite：～诵 recite ㊁ bēi ① 用脊背驮 carry on the back：～带 string strapped across back and shoulders | ～书包 carry a haversack ② 负担 burden：～债 in debt

bèi 倍

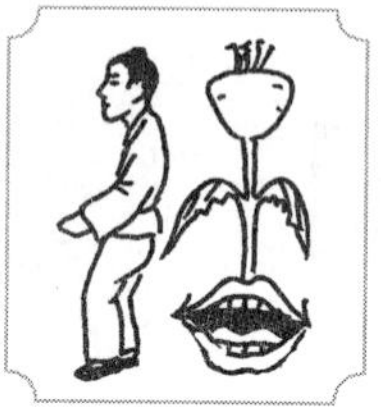

会意字。"亻"像人，"咅"有违背意，表示背向、背着。本义是背向、背着。引申为跟原数相等的增加数。

The root meaning of 倍 is stand facing backwards, extended to mean multiple (of). It consists of 亻, a man, and 咅, to defy, i.e. standing back-to-back.

① 把原来的数目翻番 multiply：～数 multiple (of) | 十～ ten times (more or less etc) ② 加倍；愈加 increase by multiples：干劲～增 work doubly hard | 事半功～ reap more than what is sowed

bèi 被

会意字。"衤"像衣服，表示被服和床上用品；"皮"像手持剥皮的铲子，皮包裹全身，表示睡觉时被子包裹全身。本义是被子。

被's root meaning is blanket. The character consists of 衤, clothes, here, referring to blankets and other bedding accessories, and 皮, a hand holding a skin peeler, suggesting the skin which covers the body, i.e. a blanket covering the entire body.

① 被子 blanket：～套 blanket cover | 棉～ cotton blanket ② 表示被动 passive, functions like "by"：～骂 scolded | ～压迫 repressed

B

bèi

辈

（輩）

会意字。“車”（车）像战车，“非”像展开的翅膀，表示排开的战车。輩简化为辈。本义是分列成行的兵车。引申为辈分。

The root meaning of 辈 was chariots arranged in parallel, later extended to mean seniority. It consists of 車（车）, a chariot, and 非, a pair of wide-spread wings, i.e. a spread of chariots. 輩 has been simplified to 辈.

① 辈分；代 seniority; generation：长～ elders | 同～ of same generation ② 同一类人 same kind of people：我～ my generation | 无能之～ worthless generation ③ 一生 entire life：半～子 most of sb's life | 一～子 entire lifetime

bèi

惫

（憊）

会意字。“心”像心脏，“備”（备）有周到、细致义，人做事过分周到、细致易心疲力竭，備（备 bèi）兼表声。简体字“备、心”，表示样样备齐心感疲惫。本义是疲倦。

惫 means exhaustion. It consists of 心, heart, and 備（备 bèi）, which represents pronunciation and means meticulous, taking painstaking effort, i.e. excess effort causes weariness. The simplified graph has 备 and 心 which suggest tedious preparation leads to exhaustion.

非常疲倦 weary：疲～ tired

bèi

焙

会意字。“火”像火苗迸出火星，“音”有拒绝意，表示焙是拒用旺火只用微火烘烤。本义是微火烘烤。

焙 means to bake over a low fire. The character is composed of 火, fire, and 音, refusal, i.e. baking requires a small fire, not a big fire .

用微火烘烤 bake：～干 dry over a fire | ～茶叶 roast tea leaves

bèi

蓓

形声字。艹表意，像草，表示花以草本植物为多；倍（bèi）表声，有成倍义，表示蓓蕾绽放，颜色与花香较前倍增。本义是蓓蕾，指没有开的花。

蓓 signifies flower bud. It consists of 艹, grass, i.e. most flowers grow from herbaceous plants, and 倍（bèi）, which is phonetic and means multiple (of), i.e. the colors and fragrance of flowers multiply as flowers blossom.

［蓓蕾］花骨朵，没有开的花 flower bud：～初绽 the opening of flower buds

臂 38页

bēn/bèn 奔

会意字。金文像摆动双臂在奔跑的人和三只脚，表示跑得很快。篆、楷书三只脚变成三棵草，像人在草地上奔跑。本义是快跑。
奔 means to sprint. In bronze inscriptions, the top part depicts a man sprinting with his arms swinging and the bottom part shows three feet, i.e. running at top speed. In seal and regular scripts, the feet are replaced by three blades of grass, i.e. sb running on a field.

㊀ bēn ① 跑；急走 run; walk fast：～跑 sprint | 飞～ run at top speed ② 逃跑 escape：～窜 run helter-skelter | 私～ elope ㊁ bèn 直往；投向 go straight; seek sb's help：投～ seek shelter (from sb) | 各～前程 go in separate ways

běn 本

指事字。像在树根部位作了记号。本义是树根。
The core meaning of 本 is the roots of a tree. It resembles a tree with markings on its roots.

① 草木的根茎 roots of plant：无～之木 rootless ② 根源 source：～源 origins | 忘～ ungrateful ③ 原来 actually：～想 actual desire | ～意 intention ④ 主要的；中心的 main; central：～部 headquarters ⑤ 本钱 capital (monetary)：亏～ losses ⑥ 自己方面的 refer to own self：～人 me | ～国 my country ⑦ 现今的 contemporary：～月 this month ⑧ 册子 book：账～ account book ⑨ 按照；根据 according：～着 according (to sth) ⑩ 量词 measure word：两～书 two books

bèn 笨

形声字。竹表意，像竹叶；本（běn）表声，有植物茎干义，表示竹子茎干的内膜。本义是竹子的内膜。基本义是不聪明。
Originally, 笨 meant the inner membrane of bamboo; its basic meaning is stupid. It consists of 竹, bamboo leaves, and 本 (běn), which represents pronunciation and denotes the stems of plants, i.e. the inner membrane of bamboo stems.

① 不聪明 stupid：～拙 clumsy | 愚～ foolish ② 不灵巧 clumsy：～嘴～舌 clumsy with words | ～手～脚 clumsy in actions ③ 粗重，费力气的 heavy and bulky：～重 bulky | ～活 mundane job

bēng 崩

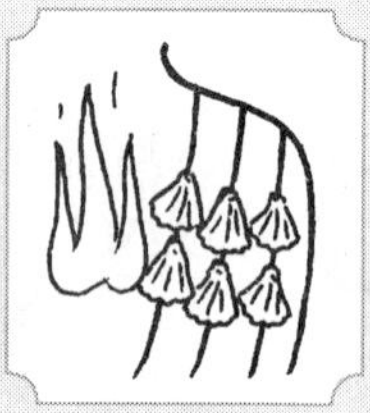

会意字。"山"像山，"朋"篆书像一串串贝壳，楷书像两块肉，表示山倒塌如贝壳散落、肉体分解。本义是山倒塌。泛指倒塌。
The root meaning of 崩 is collapse of a mountain, later it generally means collapse. It consists of 山, a mountain, and 朋, which is depicted as strings of shells in seal script and two pieces of meat in regular script, i.e. a mountain caving in, like shells or meat coming off a string.

① 倒塌 collapse：～塌 collapse | 雪～ avalanche ② 破裂 rupture：谈～了 break down in conversation ③ 枪毙 execute by shooting：把他～了 put him to death by shooting ④ 古称帝王死 decease (of emperor)：驾～ death of an emperor

bēng/
běng

绷

（綳）

会意字。“糸”（纟）像丝线；篆书“崩”有毁坏、分裂义，表示绷是用线绳捆绑以防毁坏、分裂；楷书“朋”以朋友关系牢固，表示用线绳绑牢固。綳简化为绷。本义是捆绑。引申为拉紧。

The root meaning of 绷 is tie up; it was extended to mean taut. 糸（纟）resembles a silk thread. 崩 in seal script indicates damage and rupture. So 绷 indicates using a thread to tie sth up to prevent damage or rupture. 朋 in regular script indicates a strong bond between friends, comparable to securing and tightening sth with a thread. 綳 has been simplified to 绷.

❶ bēng 拉紧 tightly drawn：～紧 tense | ～直 fully stretched ❷ běng 板着 frown：～着脸 look serious

bèng

泵

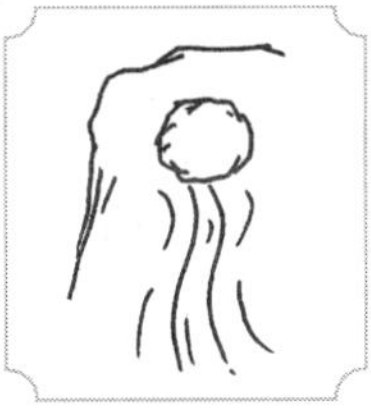

会意字。“石”像山崖下有块石头，“水”像流水溅起水花，表示水冲击石头。本义是水冲击石头。现指一种机械装置。

泵 originally signified water hitting rocks, then later, a pump. The character consists of 石, a rock, and 水, ripples caused by flowing water, i.e. water hitting rocks.

用来抽出、压入液体或气体的机械装置 machine used to draw up or pump out liquid or gas：水～ water pump | 油～ oil pump | 气～ gas pump

bèng

迸

会意字。“辶”（辵）像路和脚，表示奔散、逃散；“并”有一起义，表示一起奔散或逃散。本义是奔散、逃散。引申为溅出、喷射。

The original meaning of 迸 is flee, run away in disorder, later by extension, spurt, burst forth. It consists of 辶（辵）, a path and a foot, i.e. fleeing in all directions, and 并, together, i.e. fleeing or running away together.

向外溅出或喷射 spurt; burst forth：～发 burst out | ～裂 split; burst open | 火星乱～ sparks flying in all directions

bèng

蹦

形声字。足表意，像膝盖和脚板；崩（bēng）表声，兼表山崩则土石离山坠地，蹦则双足跃起后落地。本义是跳。

蹦 means jump. The character consists of 足, a knee and a foot, and 崩（bēng）, which is phonetic and denotes soil and stones become detached from a mountain slope during a landslide. The components suggest the action of jumping up and landing on both feet.

跳 jump：～～跳跳 lively and vivacious | 欢～乱跳 jump for joy

蚌 21页

bī 逼

会意字。“辶”（辵）像脚和路，表示迫近、接近；“畐”像容器，东西装入容器便挤在一起，有逼近意；畐（bí）兼表声。本义是迫近。

逼 means get close to. It consists of 辶（辵）, a foot and a path, indicating near or close to, and 畐（bí）, which represents pronunciation and resembles a container, i.e. things being squeezed into a container, suggesting the meaning of close to.

① 迫近 getting close：～近 close in on | ～真 appear almost real ② 强迫；威胁 force; threaten：～迫 coerce | 威～利诱 compel by authority and entice with benefits

bí 荸

会意字。“艹”像草，“孛”像婴儿如植物茁壮成长，表示荸荠是形体圆滚、粗壮的草本植物。本义是荸荠。

荸 means water chestnut. The character is composed of 艹, grass, and 孛, a healthy baby growing well, like a flourishing plant. The components depict the water chestnut as a round, stout herbaceous plant.

[荸荠] 草本植物，生长在水里，地下球茎可以吃，也可以作淀粉 water-chestnut

bí 鼻

形声字。自表意，像鼻子；畀（bì）表声，畀像一包东西放在架子上，有给予义，表示鼻子给予人或动物氧气。本义是鼻子。

鼻 means nose. It consists of 自, a nose, and 畀（bì）, which is phonetic and depicts a bundle on a shelf, and means to give, i.e. the nose provides people or animals with oxygen.

① 呼吸和嗅觉器官 nose：～孔 nostril | ～音 nasal sound ② 器物上带孔的部分 holes found on things：印～ handle of seal | 针～ eye of a needle ③ 开创 create：～祖 originator (of school of thought)

bǐ 匕

象形字。像勺子。本义是饭勺。引申为短剑或短刀。

The root meaning of 匕 is rice ladle, it has been extended to mean a dagger. The character resembles a ladle.

短剑或短刀 dagger：图穷～见 hidden intentions are revealed in the end

bǐ

比

会意字。像两人并列，表示并列、挨着。本义是并列、挨着。

比 means being side by side. It resembles two people standing side by side.

① 靠近 close to：～肩 side by side｜～邻 neighbor ② 比较；较量 compare：对～ contrast｜评～ compare and evaluate ③ 譬如；模仿 example; imitate：～方 analogy｜～拟 draw a parallel ④ 对比 contrast：～值 ratio｜～分 score

bǐ

彼

会意字。“彳”像路口，有行走义，表示此近彼远需行走；“皮”包裹在外，表示往外走。本义是前往另一处。

彼 means moving to another location. It consists of 彳, a junction; it means walking, suggesting that to get from here to there, you have to walk, and 皮, an outer cover, i.e. walking in an outward direction.

① 那；那个 that; those：～此 each other; one another｜此起～伏 unsettling ② 他；对方 he; she; the other party：～进我退 the enemy advances while I retreat｜知己知～ to know the enemy and oneself well

bǐ

秕

形声字。禾表意，像谷类植物，表示谷类植物子实不饱满；比（bǐ）表声，比像两人并列，有比较义，表示秕谷与饱谷外形相似但内质不同，两者相比，虚实立辨。本义是子实不饱满。

秕 means grain that is not plump. It consists of 禾, grain, indicating immature grain, and 比（bǐ）, which represents pronunciation and resembles two people side-by-side, for comparison, i.e. immature and fully developed grains that may look alike but exhibit clear difference in quality.

子实不饱满 (of grains) not plump：～谷 grains that are not plump｜～粒 seed and grain that are not plump

bǐ

笔

（筆）

会意字。“竹”像竹叶，表示笔杆用竹制成；“聿”像手执毛笔。简体字表示笔用竹和毛制成。本义是毛笔。

笔 means writing brush. It consists of 竹, leaves of bamboo, i.e. writing brushes are made of bamboo, and 聿, a brush in a hand. The simplified form depicts a brush made from bamboo and fine animal hair.

① 写字、画图的工具 Chinese brush：毛～ writing brush｜铅～ pencil ② 写 write：代～ to write for sb｜亲～ in one’s own writing; autograph ③ 笔画 strokes of Chinese characters：～顺 stroke sequence ④ 量词 measure word：两～账 two accounts｜一～生意 a business deal bǐ

鄙

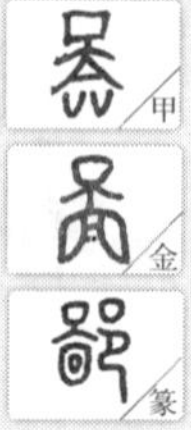

会意字。甲、金文像住地和粮仓。篆、楷书增“阝”（邑），表示郊野收藏谷物之地。本义是郊野收藏谷物的地方。引申为粗俗、低劣。

鄙 originally signified a place situated outside a city for storing grain, later extended to mean despicable, inferior. Bone and bronze inscriptions resemble a place of residence and a warehouse. 阝(邑) is added in seal and regular scripts.

① 粗俗；低劣 of inferior quality：～俗 banal | 卑～ despicable ② 轻视；看不起 look down at; scorn：～视 belittle | ～弃 scoff at ③ 自谦 humbleness：～人 your humble servant; I | ～意 my humble opinion

bì

币

（幣）

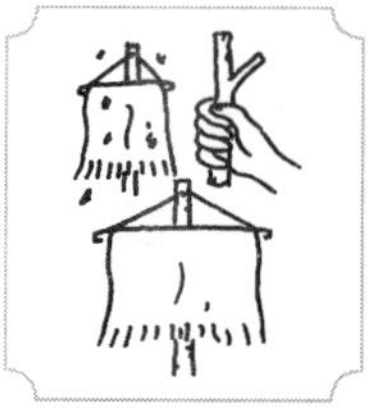

会意字。“巾”像布，“敝”指破旧，表示送新的布帛取代破旧的，敝（bì）兼表声。简体字“巾”表示赠送新布帛，“丿”表示取代破旧的。本义是送礼的布帛。引申为货币。

币 originally meant bolts of silk used as gifts, later by extension, currency. It consists of 巾, cloth, and 敝(bì), which is phonetic and means old, i.e. replace old silk with new. The simplified form has 巾, a gift of new silk, and 丿, which suggests replacing the old.

钱；货币 currency：纸～ bill | 硬～ coins

bì

必

会意字。金文、篆书“弋”像插在地上的木桩，“八”像分开，表示分界的木桩。楷书“心”表示与思维有关；“丿”代表辨别，表示心必须对事物加以辨别和判断。本义是界桩。引申为一定。

The root meaning of 必 is boundary marker; it was extended to mean must. In bronze inscriptions and seal script, 弋 resembles a wooden stake stuck in the ground; 八 indicates separation, i.e. a wooden stake used for purposes of delineation. 心, heart, also suggests intellectual activity. 丿 indicates making distinctions. Together, they mean the heart must be able to differentiate.

一定；一定要 must：～定 compulsory | ～须 necessary | 务～ obligatory

bì

毕

（畢）

会意字。像农田和长柄的网，表示田猎用的网。简体字“十”指完整，“比”指类似，以类似十表示完结，比（bǐ）兼表声。本义指田猎用的网。基本义是完结。

毕 originally meant a net used in farming and hunting; its basic meaning is to complete. The character depicts a field and a net with long handle, i.e. a net used for cultivation and hunting. In simplified form, 十 implies complete; 比(bǐ) represents pronunciation and also connotes similarity, i.e. completeness, just like numeral 10.

① 完结；完成 complete：～业 graduation | 完～ to end; be over ② 全 whole：～生 entire life | 锋芒～露 exhibit one's abilities ③ 姓 a family name bì

闭

（閉）

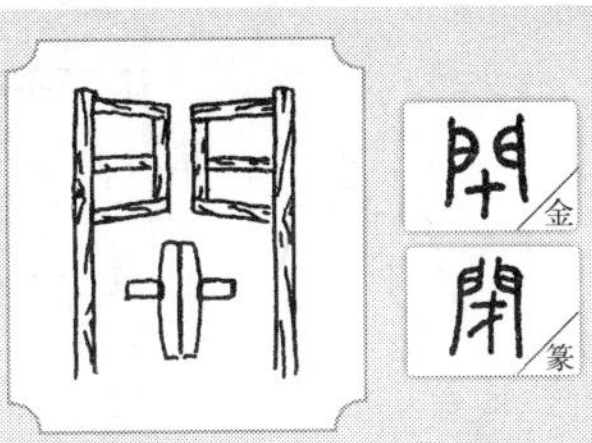

会意字。金文像插上门闩的大门，表示关闭。篆、楷书表示才一根门闩就可关闭大门。简体字的“门”省去门扇仅剩下门框。本义是关闭。

闭 means close or shut. In bronze inscriptions, the character resembles a door with a bolt, suggesting closed. 闭 in seal and regular scripts shows just one bolt is needed to close a big door. In simplified form, the door flaps are removed, leaving behind just a door frame (门).

① 关；合上 close; shut：～门 close the door | 关～ shut ② 堵塞；不通 jam：～塞 blocked | ～气 hold one's breath ③ 结束 end：～会 meeting ended | 倒～ (business) close down; go bankrupt

bì

庇

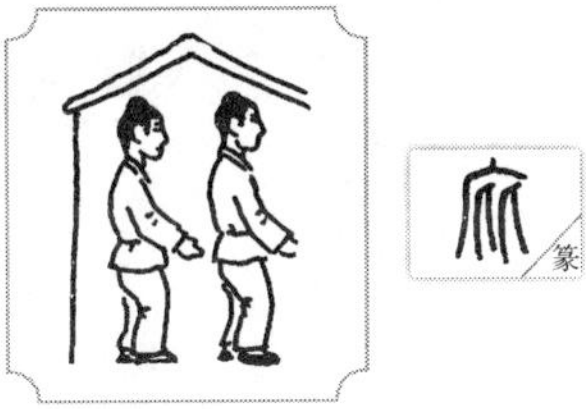

形声字。广表意，像能遮蔽风雨的棚子；比（bǐ）表声，比像靠得很近的两个人，有亲密意，表示关系亲近才能给以或得到庇护。本义是遮蔽。

庇 means shelter. It consists of 广, a tent that provides shelter, and 比（bǐ）, which indicates pronunciation and resembles two people standing close to each other, implying intimacy, i.e. the closeness between people gives a sense of security and makes one feels protected.

遮蔽；保护 shelter; protect：～护 protect | 包～ cover up (wrong doings)

bì

毙

（斃）

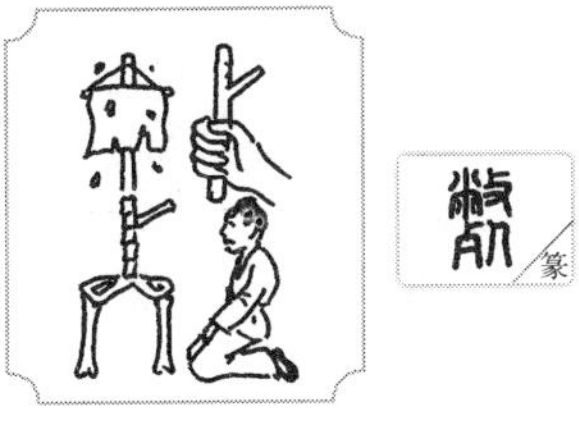

形声字。死表意，像人趴在尸骨旁，表示倒下去；敝（bì）表声，敝有衰义，表示力衰才会倒下。简体字死表意、比（bǐ）表声，比有相似意，表示倒下去的样子与死的样子相似。本义是倒下去。引申为死亡。

The root meaning of 毙 is collapse, later extended to mean death. It consists of 死, sb bending over human bones, implying collapse, and 敝（bì）, which represents pronunciation and means collapsing from exhaustion. In simplified form, 死 is semantic, while 比（bǐ）represents pronunciation and means similar, i.e. dying as sb collapsing.

死亡 death：～命 cost one's life | 击～ shoot sb dead

bì

敝

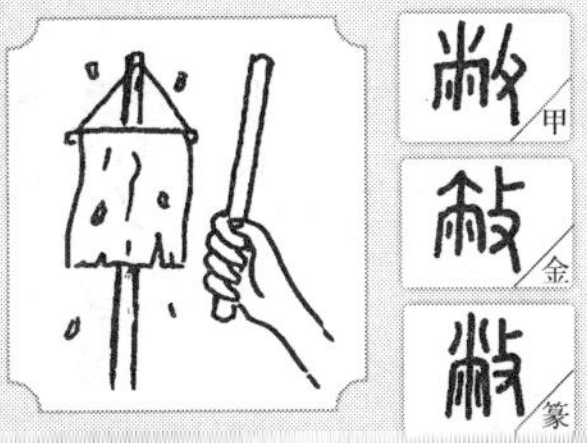

会意字。像手持棒在拍打一块布，四个点儿像布被打破后掉下来的布屑，以破布表示破旧。本义是破旧。

敝 means old and tattered. The character depicts sb hitting a piece of cloth with a stick, the four dots show scraps flying off. Tattered cloth denotes old.

① 破旧 old：～衣 old clothes | ～帚自珍 value sth that others despise ② 谦词 express humbleness：～姓 my family name | ～校 my school

bì 蓖

形声字。艹表意，像草，表示蓖麻是草本植物；毘（bì）表声。本义是蓖麻。

蓖 means castor-oil plant. It consists of 艹, grass, indicating that 蓖 is a type of herbaceous plant, and 毘（bì）, which represents pronunciation.

蓖麻，草本植物，种子可榨油，蓖麻油用途广泛。Castor-oil plant is a type of herb. Castor seeds produce castor oil which has a wide variety of uses.

bì 痹

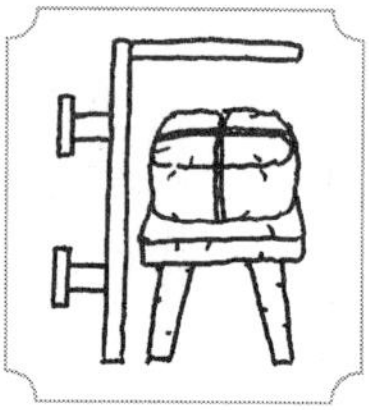

形声字。疒表意，像病床；畀（bì）表声，畀有给义，表示给肢体造成麻木的病。痹是一种肢体麻木的病。

痹 refers to a disease that causes numbness. It is composed of 疒, a hospital bed, and 畀（bì）, which represents pronunciation and means give, i.e. a sickness that causes the body to feel numb.

中医指由风、寒、湿等引起的肢体疼痛或麻木的病 disease that causes numbness：手脚麻～ feel numb in the limbs

bì/pì 辟

（㊀①②闢）

会意字。“卩”像屈膝跪着的人，“辛”像刑刀，“口”指伤口，表示施加刑罚。本义是刑罚。闢今简化为辟。

辟 means punishment. It consists of 卩, sb kneeling, 辛, a sword used for the execution of criminals, and 口, wound, i.e. carry out punishment. 闢 has been simplified to 辟.

㊀ bì ① 君主 lord：复～ restore dethroned monarch ㊁ pì ① 开拓；开发 develop; open up：开～ develop | 开天～地 epoch-making ② 透彻 thorough：精～ succinct and penetrating | 透～ thorough; incisive ③ 排除；驳斥 exclude; refute：～谣 refute rumor

bì 碧

会意字。“王”（玉）像一串玉，“白”像日放光，“石”像山崖下有块石头，表示明亮有光泽的青玉。本义是青玉。

碧 means jade. It consists of 王（玉）, jade on a string, 白, white, i.e. daylight, and 石, rock, i.e. jade is a dazzling precious stone.

① 青绿色的玉 jade ② 青绿色 turquoise：～波 turquoise waves | ～空 clear, blue sky bì

蔽

会意字。“艹”（艸）像草，“敝”指破旧、衰败，表示衰败之地被杂草遮蔽，敝（bì）兼表声。本义是遮盖、遮挡。

蔽 means cover or block. 艹（艸）resembles grass. 敝（bì）represents pronunciation; it also means worn-out, in a state of deterioration. Together, they depict vacant land covered in weeds.

遮盖；遮挡 cover; block：遮～ cover up｜衣不～体 dressed in rags

bì

弊

形声字。篆书犬表意，像狗，表示遭狗咬而倒下；敝（bì）表声，敝有破义，表示衣服被狗咬破。楷书廾表意，像双手，表示人倒下必双手着地；敝（bì）表声，兼表倒地时摔破衣服。本义是倒下。引申为害处。

The root meaning of 弊 is fall down, with extended meaning of harmful. In seal script, 犬, resembling a dog, is semantic; it suggests sb falling down after being attacked by a dog. 敝(bì) represents sound; it means shabbiness and depicts clothes torn by a dog. In regular script, 廾 is semantic; it depicts two hands, and here, suggests using hands to break one's fall. 敝 (bì) represents pronunciation; it depicts clothes damaged from a fall.

① 害处；毛病 harm; fault：～端 harmful effects｜～病 ailment ② 欺骗；弄虚作假 deceit; pretentious：作～ cheat｜营私舞～ practice graft

bì

壁

会意字。“土”本像地上有堆土，表示墙壁多用土筑成；“辟”有开义，表示墙有隔开内外的作用；辟（bì）兼表声。本义是墙。

壁 means wall. 土 represents accumulated earth on the ground, suggesting that walls are usually made with mud. 辟（bì）represents pronunciation and also means open, suggesting that walls are used to separate interior from exterior.

① 墙 wall：墙～ wall｜～画 wall painting ② 陡峭的山崖 steep cliff：峭～ steep cliff ③ 营垒 barracks; enclosing walls：～垒森严 heavy security in barracks

bì

避

会意字。“辶”（辵）像路和脚；“辟”像用刑刀（辛）在人体（卩）上割出伤口（口），表示刑罚令人恐惧而欲躲避；辟（bì）兼表声。本义是躲开。

避 means to shun. 辶（辵）resembles a path and a foot. 辟（bì）represents pronunciation; it depicts slitting a human body（卩）with a knife（辛）as punishment. Together, the components suggest that punishment creates fear and people want to avoid it.

① 躲开 shun：逃～ avoid｜～雨 seek shelter from rain ② 防止 deter：～免 prevent｜～孕 contraception

B

bì/bei 臂

会意字。“月”（肉）像肉，表示手臂；“辟”像用刑刀（辛）在人体（卩）上割出伤口（口），而施刑与手臂的动作有关；辟（bì）兼表声。本义是手臂。

臂 means arm. It is composed of 月（肉）, flesh, here, it refers to the arms, and 辟（bì）, which is phonetic and depicts slitting a body（卩）with a knife（辛）as punishment.

㊀ bì 从肩到腕的部分 arm：～膀 arm and shoulder | 手～ arm ㊁ bei［胳臂］胳膊 arm

bì 璧

会意字，“玉”像一串玉，表示璧是玉器；“辟”有排除义，表示璧有排除凶邪的作用；辟（bì）兼表声。本义是一种玉器。

璧 means a kind of jade ware. It consists of 玉, jade on a string, and 辟（bì）, which represents pronunciation and denotes to exclude, i.e. 璧 can ward off evil.

古代的一种玉器，圆形、扁平、中间有孔 round jade with hole in middle：白～无瑕 flawless piece of jade | 完～归赵 return thing to rightful owner

biān 边（邊）

会意字。“辶”（辵）像路和脚，“臱”有不见义，表示走到看不见的远处就是边。简体字“辶”像路和脚，“力”像犁，表示走到边远之地像用犁耕地般费力。本义是边缘。

边 means boundary. It consists of 辶（辵）, a path and a leg, and 臱, unforeseeable i.e. the boundary is reached when one can see nothing beyond. In simplified form, 辶, a path and a leg, and 力, a plough, combine to mean the effort needed to walk long distance is akin to that needed to plough land.

① 边缘 boundary：～境 frontier | 岸～ river bank ② 近旁 close：身～ next to sb | 耳～ near to sb's ear ③ 方面 side：双～ both sides

biān 编（編）

会意字。“糸”像丝绳，甲骨文“册”像简册，篆、楷书“扁”像门扇和简册，表示串联竹简使之可卷拢展开的绳子。編简化为编。本义是串联竹简的绳子。引申为编织。

The root meaning of 编 is thread that binds slips. It was extended to mean weave. Bone inscriptions has 糸, silk thread, and 册, bamboo slips used for writing in ancient times. In seal and regular scripts, 扁 resembles a door and a bamboo slip. The components combine to mean thread that binds slips of bamboo. 編 has been simplified to 编.

① 编织 weave：～草席 weave straw mat ② 顺次排列 sequence：～号 serial number | ～组 organize by grouping ③ 编辑；创作 edit; create (literary works)：～写 compose | ～剧 script writer ④ 成本的书 compilation：续～ series (books) ⑤ 捏造 fabricate：～造 spin a tale biān

蝙

形声字。虫表意，像虫，表示蝙蝠是一种小动物；扁（biǎn）表声，扁像扁薄的门扇和简册，表示蝙蝠张开四肢形体扁平。本义是蝙蝠。

蝙 is bats. It is composed of **虫**, worm, implying the bat is a small mammal, and **扁（biǎn）**, which represents pronunciation and resembles a thin door and bamboo slips, i.e. a bat with wings spread out as flat and thin.

［蝙蝠］会飞的哺乳动物，头部像老鼠。四肢和尾巴之间有薄膜相接，夜间飞行，捕食蚊、蛾等 bats

biān

鞭

会意字。金文像手持皮鞭抽打马屁股。篆、楷书“革”像皮革，表示鞭子用皮革制成；“便”表示鞭子便于控制牲口；便（biàn）兼表声。本义是鞭子。

鞭 means whip. In bronze inscriptions, it resembles sb whipping a horse. Seal and regular scripts have **革**, leather, implying that a whip is made of leather, and **便（biàn）**, which is phonetic and denotes convenience, i.e. a whip gives people easier control of animals.

① 鞭子 whip：皮～ leather whip｜马～ whip used on horses ② 用鞭子抽打 to whip：～尸 whip a corpse ③ 古代一种兵器 weapon used in ancient times：钢～ steel whip｜竹节～ baton used in Chinese martial arts ④ 成串的小爆竹 firecrackers：～炮 firecrackers

biǎn

贬

（貶）

会意字。“貝”（贝）像贝壳，古代曾用作货币，“乏”篆书是“正”的反写，表示乏是负面的，指钱财减少。楷书“乏”表示丢（丿）之则缺乏。貶简化为贬。本义是减少。

贬 means decrease. **貝（贝）** resembles a seashell, used as currency in the past. In seal script, **乏** is **正** written backwards to mean negative. The components mean a dwindling amount of money. In regular script, **乏** denotes lack as a result of loss（**丿**）. **贬** is the simplified form of **貶**.

①降低 make inferior：～值 depreciate｜～官 demote ② 给予不好的评价 give negative comments：～词 negative comments｜褒～ praise and criticize

biǎn/
piān

扁

会意字。“户”像门扇，“册”像简册，表示在门户上题字。本义是写在门框上方的字，此义后写作匾。引申为物体平而薄。

扁 originally signified commemorative words written on a door frame, a meaning later replaced by **匾**. **扁** was extended to mean flat, thin (objects). It consists of **户**, a door, and **册**, bamboo slips, i.e. objects that are flat and thin.

㊀ biǎn 物体平而薄 flat; thin：～平 flat and thin｜～豆 lentil ㊁ piān 狭小 small; narrow：～舟 small Chinese boat

biǎn 匾

会意字。篆书像门扇和简册，表示挂在门或墙上的牌子。楷书添加“匚”，表示匾又指容器；扁（biǎn）兼表声。本义是匾额。

匾 represents a horizontal board hung over the door. In seal script, the character resembles a door and bamboo slips, representing a sign hung on door or wall. 匚 is added in regular script, representing the additional meaning of container or basket. 扁 (biǎn) also represents pronunciation.

① 长方形的题字木牌 rectangular board hung over the door：～额 horizontal inscribed board | 横～ horizontal board hung over the door ② 圆形浅边竹制盛器 round, shallow bamboo basket：竹～ bamboo basket | 蚕～ basket used to rear silkworms

biàn 变（變）

会意字。“攴”像手持棒促使改变，“䜌”像开口说话、两缕丝，表示言、丝的紊乱可以改变。简体字“亦”表示也、又，“又”表示动作、行为，指又使之改变。本义是改变。

变 means change. It consists of 攴, a hand grasping a stick, urging others to make changes, and 䜌, a man talking, with two silk threads, suggesting that words, like threads, can be disentangled or changed. In simplified form, 亦 means “also” and “once again” (也、又), i.e. actions and behavior are “also” subjected to change.

① 更改；变化 alteration; changes：～更 alter | ～动 change ② 突然发生的非常事件 unanticipated extraordinary event：～故 changes | 政～ coup

biàn/pián 便

会意字。“亻”像人，“更”指变更，表示往好的方面变更使人方便。本义是方便。

便 means to make things easier or more convenient. It consists of 亻, a person, and 更, change, i.e. changing for the better to make life easier for others.

㊀ biàn ① 顺利；容易 smooth-sailing; easy：～利 convenient | 方～ convenient ② 适宜的时候 timely：顺～ do sth in passing or on the way ③ 简单的；平常的 simple; normal：～条 short note | ～餐 simple meal ④ 大、小便 bodily discharge：粪～ human waste ⑤ 就 then：说了～做 say it and then do it ㊁ pián ① 价格低 low price：～宜 cheap ② 好处 advantage：占～宜 take advantage of

biàn 遍

形声字。篆书彳表意，像路口；扁（biǎn）表声，扁像可开合的门和可卷起来的简册，表示遍是绕一圈。楷书辶表意，像脚和路；扁表声。本义为走遍。引申为普遍、到处。

遍 originally meant well-traveled, from which is derived the meaning of common and everywhere. Seal script 彳, a road junction, and 扁（biǎn）, which is phonetic and resembles a door and bamboo slips that can be opened and closed or rolled up, i.e. to encircle sth once. Regular script has 辶, legs and a path, and 扁, which represents the sound.

① 普遍；到处 common; everywhere：～布 can be seen everywhere | ～地 can be found everywhere (on the ground) ② 量词，表示次数 measure word, means number of times：念一～ recite once | 看几～ see a few times biàn

辨

形声字。刀表意，像刀，表示剖析、辨别；辛（biàn）表声，辛像两把刑刀，代表两个罪人，表示两个罪人互相争执，需要作出辨别和判断。本义是辨别。

辨 means analyze and judge. It consists of 刀, a knife, implying to analyze and differentiate, and 辛（biàn）, which is phonetic and resembles two swords used for execution, signifying two criminals, i.e. deliberation is needed when two suspects claim innocence.

区别 differentiate；分析 analyze：～别 judge and differentiate｜～析 analyze｜明～是非 able to judge right from wrong

biàn

辩

（辯）

会意字。“言”像开口说话，表示用言语辩论；“辛”像两把刑刀，代表两个罪人在争辩；辛（biàn）兼表声。辯简化为辩。本义是辩论。

辯 means debate. It consists of 言, talking, i.e. debating with words, and 辛（biàn）, which represents pronunciation and depicts two swords used for executions, or two criminals. So the components represent two criminals, arguing. 辩 is the simplified form of 辯.

争论是非、真假 debating over right and wrong, truth and falsity：～论 debate｜～驳 argue｜～护 speak in defense of

biàn

辫

（辮）

形声字。糸（纟）表意，像一束丝线，表示丝相交织；辛（biàn）表声，辛本指两个罪人互相争执、纠缠，表示丝相交织纠结。辮简化为辫。本义是交织、编织。引申指辫子。

The root meaning of 辮 is intertwine and weave, extended to mean a plait. It consists of 糸（纟）, a braid of silk thread, with the threads intertwined, and 辛（biàn）, which is phonetic and denotes two offenders quarrelling, as if entangled. 辮 has been simplified to 辫.

成股编起来的头发 plait：～子 plait｜发～ plait

biāo

标

（標）

会意字。“木”像树，“票”本指火升腾，表示标是树的顶端。简体字“木”像树，“示”指显示，表示标突显在树的顶端。本义是树梢。引申为标志。

The original meaning of 标 is crown of a tree; its extended meaning is a sign or mark. It consists of 木, tree, and 票, flames rising, i.e. the crown of a tree. In simplified form, 木 is tree, 示, display, suggesting the crown is what is displayed at the top of the tree.

① 标志；记号 sign; indication：～记 mark｜路～ roadsign ② 表明 express：～价 displayed price｜～题 title ③ 奖旗；奖杯 trophy; victory banner：锦～ trophy; medal｜夺～ emerge a winner

B

biāo 彪

会意字。“虎”像老虎，“彡”像斑纹，表示虎身上的斑纹。本义是虎身上的斑纹。引申为小老虎。

彪 originally depicted the spots on a tiger; its meaning was extended to mean tiger cub. The character comprises 虎, a tiger, and 彡, spots, hence, spots on tiger.

① 小老虎 cub ② 比喻身材高大 well-built：～形大汉 strong, muscular fellow

biāo 膘

会意字。“月”（肉）像肉；“票”本指火升腾，有上意，表示膘是附在瘦肉之上的肥肉。膘是肥肉。

膘 means fat. The character is composed of 月, flesh, and 票, flames rising in an upward direction, i.e. 膘 is the part of flesh found covering lean tissue.

牲畜的肥肉 fat of domestic animals：长～ get fat｜掉～ become thin｜～满肉肥 plenty of fat and flesh

biǎo 表

会意字。“衣”像上衣，“毛”像动物的毛，表示皮毛衣服。本义是皮袄。引申为外面、外表。

表 originally depicted a jacket made of fur, then later, exterior or appearance. It consists of 衣, a top garment, and 毛, fur, i.e. a garment made of fur.

① 外面；外表 exterior; appearance：～面 surface｜～里 interior and exterior ② 显示；表示 display; show：～明 express｜发～ share (one's findings etc) ③ 表格 form：图～ data chart｜报～ report forms ④ 榜样 example：～率 good example (other can learn from) ⑤ 计时或计量器仪器 meter (mechanism)：手～ watch｜电～ meter (measure electricity) ⑥ 表亲 affinal relative：～叔 uncle (father's side)｜～妹 younger female cousin

biē 憋

会意字。“心”古文字像心脏，表示有事闷在心中；“敝”像手持木棒击破布巾，有损害意，表示有事憋在心里会损害身心健康。本义是闷在心中。

憋 means repress feelings. It consists of 心, heart, it also means sth weighing on the mind, and 敝, hitting a rag with a wooden bat, denotes causing damage, i.e. bottling up worries within oneself affects the mind and health.

① 闷；不痛快 bottle up (feelings)：～闷 feel dejected ② 忍住 endure：～了一肚子气 have pent-up rage biē

鳖

（鱉）

会意字。“敝”有破旧难看意，篆书“黽”（黾）像蛙，楷书“魚”（鱼）像鱼，表示鳖是样貌丑陋的水陆两栖动物。鱉简化为鳖。鳖也称甲鱼或团鱼。

鳖 means soft-shelled turtle; it is also known as 甲鱼 or 团鱼. It consists of 敝, old and unsightly, and 黽（黾）, a frog. In regular script, 魚（鱼）resembles a fish. Together, they depict 鳖 as a hideous looking amphibian. 鳖 is the simplified form of 鱉.

爬行动物，生活在水中，形状像龟，肉可食用，甲可入药。也叫甲鱼、团鱼。Soft-shelled turtle is a type of reptile that lives in water. Its meat can be eaten and its shell has medicinal value.

bié/biè

别

（㊁彆）

会意字。甲骨文、篆书像用刀分解骨骸。楷书刂、另，表示用刀分解出另外部分。本义是分解，引申为分离。彆今归并简化为别。

The root meaning of 别 is dissect, extended to mean separation. In bone inscriptions and seal script, the character resembles dissecting bones of the dead with knife. In regular script, 刂、另 mean using knife to separate things. 彆 has been simplified and grouped into 别.

㊀ bié ① 分离 separation：告～ bid farewell ｜ 离～ separation ② 区分；分类 differentiate; categorize：辨～distinguish ｜ 区～ difference ③ 不同 different from：差～ difference ④ 另外的 alternative：～名 alternative title, name etc ⑤ 插着；夹住 insert; pin：～徽章 pin a badge on ⑥ 不要 do not：～去 don't go ｜ ～管 don't bother, meddle etc ㊁ biè 不顺 not smooth-sailing：

biě/biē

瘪

（癟）

会意字。“疒”像病床，“自”像鼻子，“侖”指聚集简册，表示干瘦是一种病态，其鼻子周围的皱褶多如简册的缝隙。癟简化为瘪。本义是干瘦。

瘪 means overly thin. It consists of 疒, a hospital bed, 自, nose, and 侖, an assemblage of bamboo slips, i.e. thin to the point of having wrinkled skin around the nose, a kind of ailment. 癟 has been simplified to 瘪.

㊀ biě 干瘦；凹陷；不饱满 overly thin; dented; not plump：干～ dry and thin ㊁ biē［瘪三］城市中无正当职业靠讨饭或偷窃为生的游民 pest of society

bīn

宾

（賓）

会意字—形声字。甲骨文下部的脚代表宾客，上部像主人从屋内出来迎接。金文像主人在室内迎接携带贝（礼币）的客人。简体字宀表意，表示在屋中接待宾客；兵（bīng）表声。本义是宾客。

宾 means guest. In bone inscriptions, the bottom part of the character refers to the guest while the upper part describes the host going out of the house to receive the guest. In bronze inscriptions, it depicts the host receiving a guest in the house with presents, usually seashells which were a form of currency. In simplified form, 宀 is semantic, and also means receiving a guest in the house, 兵（bīng）represents pronunciation, i.e. 宾 means guest.

客人 guest：～客 guest; visitor ｜ 来～ guest; visitor

bīn 彬

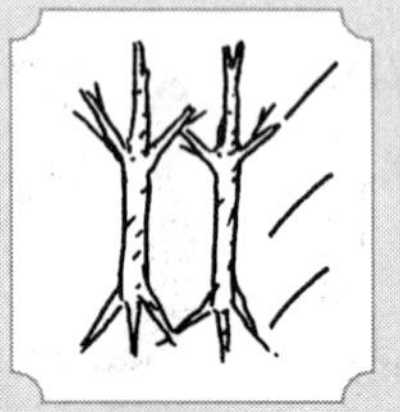

会意字。“彡”像文彩，“林”像两棵树，有众多意，表示文采、实质都兼备。本义是文雅的样子。

彬 means demure, fine and well-mannered. The character consists of 彡, colors, and 林, two trees, or large quantities, i.e. endowed externally and internally.

［彬彬］形容文雅 demure; fine; well-mannered：~~有礼 having good manners; urbane

bīn 滨（濱）

形声字。氵表意，本像河水，现像水珠，表示水边；賓（宾bīn）表声，兼以宾主相见表示濱（滨）是水陆相接处。濱简化为滨。本义是水边。

滨 means shore. It consists of 氵, water, i.e. shore or bank, and 賓（宾bīn）, which represents pronunciation and means guest. The meeting of host and guest is akin to the meeting of water and land. **濱** has been simplified to **滨**.

① 水边 bank; shore：海~ coast｜湖~ lakeside ② 靠近水边 near water bodies：~海 coastal region｜~江 riverside

bīn 缤（繽）

形声字。糸（纟）表意，像丝，表示纷乱如丝；賓（宾bīn）表声，兼表事物纷乱如宾客众多。繽简化为缤。本义是繁多而凌乱。

缤 means riotous profusion. It consists of 糸（纟）, silk, implying as numerous and tangled as a bunch of silk thread, and 賓（宾bīn）, which represents pronunciation and means guests, i.e. as disorderly as a crowd of guests. **繽** has been simplified to **缤**.

繁多而凌乱 in riotous profusion：~纷 colorful; dazzling

bīn 濒（瀕）

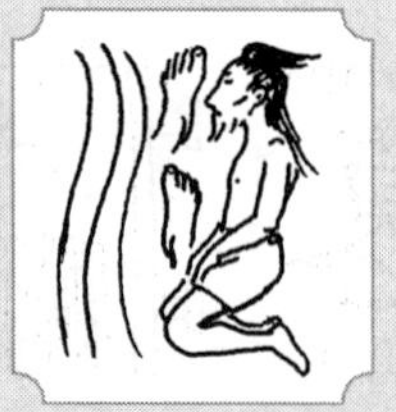

会意字。“涉”像流水、两脚，“頁”（页）像夸大了头部的人，表示人来到水边。瀕简化为濒。本义是水边。引申为临近、靠近。

The root meaning of **濒** is waterfront, with extended meaning of close or near (to sea, river). It consists of **涉**, flowing water and two legs, and **頁（页）**, an exceptionally big head, i.e. people arriving at the waterfront. **瀕** has been simplified to **濒**.

临近；靠近 close; nearby：~危 imminent danger｜~临绝种 near to extinction bìn

鬓
（鬢）

形声字。髟表意，镸像人有长发，彡像毛发；賓（宾 bīn）表声，宾有僚友义，指主人左右的辅佐者，表示鬓是脸两旁靠近耳朵的头发。鬢简化为鬓。本义是鬓发。

鬓 means sideburns. **髟** is semantic; **镸** resembles sb with long hair, and **彡** resembles hair. **賓**（**宾** bīn）represents pronunciation and means colleagues, or a host's assistants. **鬢** has been simplified to **鬓**.

脸旁靠近耳朵的头发 sideburns：～发 sideburns｜两～ sideburns

bīng

冰

象形字—会意字。甲、金文像水结冰后表面拱起的样子。篆、楷书"冫"像两层冰或两块冰，"水"像水流，表示冰是水凝结成的。本义是水冻结成的固体。

冰 means ice. In bone and bronze inscriptions, it resembles lumps formed when liquid freezes. In seal and regular scripts, **冫** depicts two layers or pieces of ice, and **水** resembles flowing water, i.e. ice is frozen water.

① 水在摄氏零度以下凝结成的固体 ice：～块 ice cube｜～雹 hailstone ② 使人感到寒冷 make one feel chilly：～凉 chilly｜～冷 icy-cold ③ 用冰使东西变冷 cool sth with ice：～汽水 cold fizzy drinks

bīng

兵

会意字。古文字像双手持斧（斤），表示武器。本义是武器。

兵 means weapon. In ancient Chinese, the character resembles two hands holding an axe (斤), hence weapons.

① 武器 weapon：～器 weapons used by soldiers｜短～相接 fight at close quarters ② 战士；军队 warriors; army：步～ infantryman｜按～不动 take no action ③ 军事；战争 warfare; battle：～书 war manual｜纸上谈～ empty talk

bǐng

丙

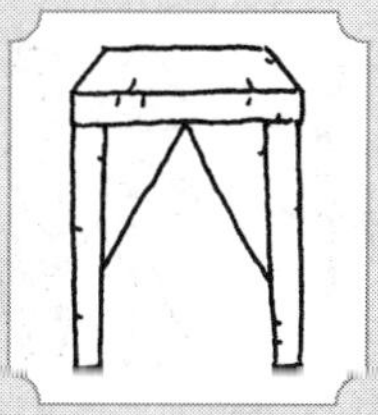

象形字。像安放锅盆的底座，底座下可以生火。本义是安放锅盆的底座。基本义是天干第三位或用作顺序的第三。

丙 originally signified a pedastal for pots and pans, later, it symbolized the third Heavenly Stem used in the Chinese calendar, or third in a sequence. The character resembles a stand placed over a fire, used for supporting pots and pans, hence the root meaning of a stand.

天干的第三位，也指第三 the third Heavenly Stem used in the Chinese calendar or third in sequence：甲乙～丁 A, B, C, D

bǐng 秉

会意字。“禾”像谷类植物，“又”像手，以手执禾表示拿着。本义是拿着。

秉 means hold. The character is made up of 禾, grain, and 又, a hand, i.e. a hand holding stalks of grain, or to hold.

①拿着；握着hold;grasp：～烛夜游conduct a night tour with candles as torches | ～笔直书 write an accurate account ② 主持；按照 chair (meeting); according to：～公处理 settle sth without taking sides

bǐng 柄

形声字。木表意，像树，表示柄大多是木质的；丙（bǐng）表声，丙像安放锅盆的底座，有尾部意，表示柄是器物的尾部。本义是斧头的把，泛指器物的把。

The root meaning of 柄 is the handle of an axe, later extended to mean handles in general. It consists of 木, a tree, signifying that 柄 is usually made of wood, and 丙（bǐng）, which is phonetic and resembles a base for supporting pots and pans, or last part, end, i.e. 柄 is the end of an implement.

①器物的把儿handle：刀～knife handle | 枪～ gun handle ② 植物花、叶、果与枝茎相连部分 stem of plants：花～ flower stem | 叶～ leaf stem ③ 把柄 handle：话～ topic of ridicule | 笑～ laughingstock

bǐng 饼（餅）

形声字。食（饣）表意，像食器，表示饼是一种面食；并（bìng）表声，并有合在一起义，表示饼通常好多个放在一起蒸或烤。餅简化为饼。本义是一种扁圆形的面食。

饼 means a round, flat wheat cake, or Chinese pancake. It comprises 食（饣）, a food container, i.e. 饼 is made with flour, and 并（bìng）, which is phonetic and means coming together, i.e. 饼 is cooked in large batches. 餅 has been simplified to 饼.

① 一种扁圆形的面食 flat, round wheat cake; Chinese pancake：月～ mooncake | 馅～ pancake with filling ② 形状像饼的东西 thing that resembles Chinese pancake：铁～ iron disc | 柿～ dried persimmon

bǐng 禀

会意字。金文像稻米和谷仓，篆书像谷仓和谷类植物，表示开仓赐人谷物。楷书“亩”像谷仓，“示”有显示义，表示开仓赐谷以示官府关怀。本义是赐谷。

禀 means granting grain (to the people). In bronze inscriptions, it resembles paddy with a warehouse. In seal script, it resembles a warehouse with crops, i.e. grain can be obtained when the warehouse opens. Regular script has 亩, warehouse, and 示, exhibit, so opening the warehouse and distributing grain demonstrates the concern of the authorities.

① 领受 receive：～承 inherit | ～命 receive order ② 向上报告 report to superior：～报 report (to sb of higher authority) | ～告 report (archaic, report to sb of higher authority)

bìng 并

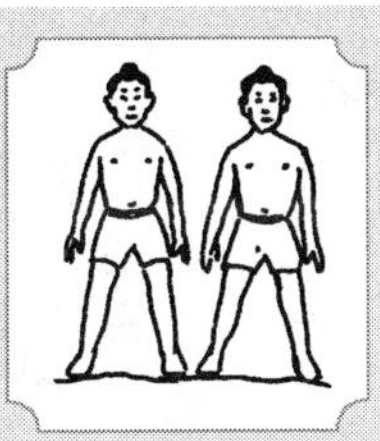

会意字。古文字像两人并肩站着。楷书像绑在一起的两个人。本义是并列。

并 means display side-by-side. The ancient Chinese form resembles two people side-by-side. In regular script, the character resembles two people tied together.

① 一起；相挨着 close together：～排 arrange in an orderly way｜～列 display side-by-side ② 合在一起 combine：合～ combine｜～吞 annex ③ 加强否定语气 intensifies negation：～非如此 It is not as such! ④ 表示进一层 going further, deeper, add more information：～且 in addition｜同意～拥护 agree and support

bìng 病

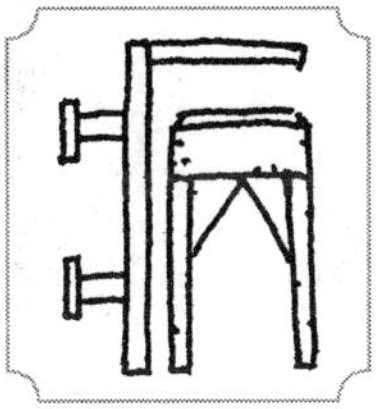

形声字。疒表意，像病床，表示生病；丙（bǐng）表声，丙指火，像可生火的放锅盆的底座，表示人重病通常会发烧。本义是疾病。

病 means ailment. It consists of 疒, a sickbed, and 丙 (bǐng), which represents pronunciation and depicts a stand for supporting cooking pots and pans over a fire, i.e. an illness is usually accompanied by fever.

① 不健康的状态 unhealthy condition：生～ fall sick｜疾～ ailment ② 缺点；坏处 negative point：弊～ negative aspect｜通～ common fault

bō 拨（撥）

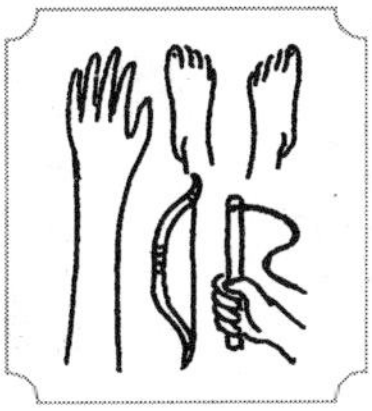

会意字。“扌”像手，表示着手治理；“發”指开弓射箭，表示治理如射箭要达到目的。简体字像两手发射弹丸，表示治理如发射弹丸要达到目的。本义是治理。常用义是拨开。

拨 means manage, or commonly, to stir or move things aside. It consists of 扌, a hand, it means put one's hand to the job, and 發, shoot an arrow, i.e. to determine the objective before starting, just as one aims before shooting. In simplified form, 拨 resembles two hands managing a catapult, implying having an objective before starting a job.

① 用手指或棍棒等挑动 dispel; fiddle with finger or baton：～开 dispel｜～刺 remove bones, pricks, etc ② 分给；调配 distribute; appropriate：～付 appropriate (money)｜～款 set aside (a sum of money) ③ 量词，用于人的分组 measure word, used for groups of people：一～人 a group of people

bō 波

会意字。“氵”像流水、水珠，表示水面起伏；“皮”像手持剥皮的铲子，皮有表层义，表示波是水的表层。本义是波浪。

波 means waves. It consists of 氵, water, symbolizing the rise and fall of waves, and 皮, layers, i.e. the surface of the water.

① 水面的起伏 ripples on the surface of water：～浪 waves｜水～ ripple ② 振动在物体中的传播 waves (physics)：～长 wavelength｜声～ sound wave ③ 变故；曲折 changes; hiccups：～折 ups and downs｜风～ disturbance

B

bō

玻

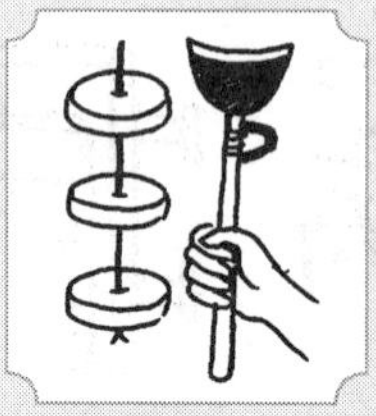

会意字。“王”像一串玉，表示水晶美如玉；“皮”像手持剥皮铲，皮革表面光滑，表示水晶表面光润。本义是天然水晶。后指玻璃。

The root meaning of 玻 is natural crystal, later by extension, glass. It is composed of 王, a string of jade suggesting that crystal is as beautiful as jade, and 皮, a hand holding a hide peeler; hence, crystal is as smooth and shiny as leather (hide).

［玻璃］① 一种质地硬而脆的透明物体，主要成分是二氧化硅、氧化钠和氧化钙 glass ② 像玻璃那样透明的东西 glass-like objects：有机～ organic glass

bō/bāo

剥

会意字。“刂”像刀，甲骨文“卜”像裂纹，篆、楷书“录”有割义，表示剥是用刀割。本义是割裂。

剥 means slit, peel. In bone inscriptions, 刂 resembles a knife and 卜 resembles a crack. In seal and regular scripts, 录 means slitting with a knife.

㊀ bō ① 脱落 fall off (from surface of sth)：～落 peel off ② 夺去 take by force：～夺 deprive｜～削 exploit ㊁ bāo 去掉皮壳；去掉外层 remove outer layer：～皮 peel the skin｜～花生 shell peanuts

bō

菠

形声字。艹表意，像草，表示菠菜属草本植物；波（bō）表声，波指水面起伏不平，表示菠菜叶子表面凹凸不平。本义是菠菜。

菠 means spinach. It consists of 艹, grass, symbolizing plant, and 波（bō）, which represents pronunciation and indicates an uneven water surface, i.e. the uneven surface of spinach.

菠菜，草本植物，根带红色，茎和叶可食 spinach, an herbaceous plant with red colored roots and edible stem and leaves

bō

播

会意字。“扌”像手，表示用手播种；“番”像兽爪和农田，表示田里为播种而掘的小坑似兽足印。本义是撒种。

播 means to sow (seeds). It comprises 扌, hand, i.e. sowing seeds with the hand, and 番, claws of a beast and a field, i.e. furrows in fields resemble claw prints.

① 撒种 disperse seeds：～种 sow seeds｜春～ spring sowing ② 传扬 spread：～音 transmit sound; broadcast｜广～ broadcast

B

bó/bǎi

伯

会意字。“亻”像人，“白”像日放光，有明亮、显扬义，表示伯在兄弟排行中居首位。本义是父亲的哥哥。

伯 is father's elder brother. It consists of 亻, man, and 白, daylight, implying bright and prominent, i.e. the eldest among brothers.

⊖ bó ① 父亲的哥哥 father's elder brother：～父 uncle | 大～ eldest uncle ② 尊称年龄大、辈分高的人 respectful address for sb of seniority：老～ uncle | 世～ respectful address for male friend of father ⊜ bǎi ［大伯子］丈夫的哥哥 husband's elder brother

bó

驳

（駁）

会意字。“馬”（马）像马，“爻”像交错的道道，表示马的颜色杂。駁简化为驳。本义是马毛色不纯。泛指颜色不纯。

驳 originally meant shades of colors of horse hair; the meaning was extended to mixture of colors in general. It comprises 馬（马）, a horse, and 爻, crisscrossing lines, i.e. mélange of colors of horses.

① 颜色不纯 uneven color tones：斑～ mottled ② 争辩是非；否定别人的意见 argument; reject other's opinion：反～ argue against | 批～ denounce ③ 用小船分载转运 transport goods with small boats：～船 barge | ～运 transport by barge

bó

帛

会意字。“巾”像布巾，表示帛是纺织品；“白”有素白义，表示帛是没有纹彩的丝织品。本义是未染色的丝织品。引申为丝织品的总称。

帛 originally meant silk which is not dyed; it is now extended to be a general term for silk fabrics. It is composed of 巾, cloth, indicating 帛 is a type of fabric, and 白, white, i.e. 帛 means a fabric with no designs.

丝织品的总称 general term for silk fabrics：～画 painting done on silk | 布～ cloth and silks | 化干戈为玉～ bury the hatchet and work for peace

bó/pō

泊

会意字。“氵”像水流、水珠，“白”像日放光，有清楚义，表示能看清水底之物的是浅水。本义是浅水。引申为停泊或船靠岸。

泊 originally meant shallow water, later extended to mean 'anchor. It comprises 氵, water, and 白, daylight, signifying clear, i.e. shallow water that allows one to see the bottom clearly.

⊖ bó 停船靠岸 anchoring (ship, boat)：停～ anchor | ～位 berth (ship) ⊜ pō 湖泽 lake：湖～ lake | 血～ pool of blood

柏 15页

bó

勃

篆

会意字。“力”像耕地的农具，表示气力充沛；“孛”像婴儿、植物苗长，有旺盛意；孛（bó）兼表声。本义是气力旺盛的样子。泛指旺盛。

勃 means vigorousness or vivacity. It consists of 力, tools used for cultivating, symbolizing energetic, and 孛（bó）, which represents pronunciation and resembles a healthy child or plant, i.e. vigorousness or vivacity.

旺盛 full of energy：蓬～ prosperous; flourishing｜生气～～ full of life and vigor

bó

舶

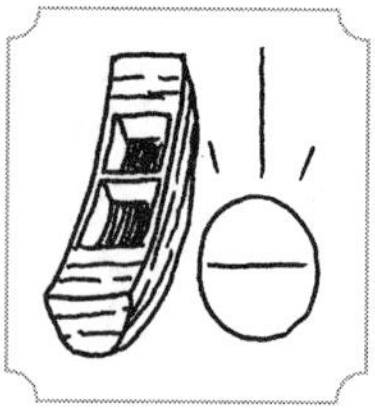

会意字。“舟”像船，“白”像日放光，有显扬义，表示航海的大船比一般的船显眼气派。本义是大船。

舶 means big boat or ship. The character is made up of 舟, a boat, and 白, daylight, i.e. ships as being more prominent than boats.

航海的大船 ships：船～ boats and ships｜巨～ big ships

bó

脖

形声字。月（肉）表意，像肉，表示肚脐；孛（bó）表声，孛像婴儿、植物苗长，有茁壮意，表示肚脐处在凸起的肚子上。本义是肚脐。现指颈项。

The root meaning of 脖 was the navel. Now it refers to the neck. It consists of 月（肉）, flesh, and referring to the navel, and 孛（bó）, which represents pronunciation and depicts a healthy baby and plant, i.e. the navel located on a protruding stomach.

脖子；颈项 neck

bó

博

金

篆

会意字。“十”像绳上打个结，有齐备义，“尃”像手（寸）及田里有植物（甫），有分布义，表示分布的范围大。本义是范围大。

博 means wide ranging. It consists of 十, a knot on a rope, denoting readiness, and 尃, plants in the hand（寸）and also in the field（甫）, that is, dispersed. Together, they mean the area of distribution is big.

① 广；多 wide; many：～大 broad｜～学 knowledgeable ② 取得 achieve：～取 obtain｜～得 gain; win ③ 赌钱 gamble：赌～ gamble

B

bó 渤

形声字。氵表意，本像水流、现像水珠，表示渤海水域很大；勃（bó）表声，字有猛力、旺盛义，表示渤海的波浪比江河湖泊的波浪大。本义是渤海。

渤 refers to the Bohai Sea. It consists of 氵, water, here referring to the vastness of the Bohai Sea, and 勃（bó）, which represents pronunciation and denotes vigor and vivacious, i.e. waves of the Bohai Sea are bigger than those of most seas and rivers.

渤海，在山东半岛与辽东半岛之间。Bohai Sea, also known as the Bohai Gulf, situated in the innermost gulf of the Yellow Sea on the coast of northeastern China.

bó 搏

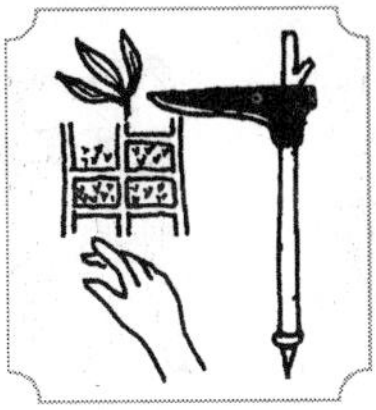

会意字。金文“戈”像兵器，“尃”有散布、普遍义，表示大范围地捕捉。篆、楷书改“戈”为“扌”，表示动手捕捉。本义捕捉。引申为对打。

搏 means capture, seize, extended to mean combat. In bronze inscriptions, **戈** resembles weapons. **尃** means to disperse, be common. Together, they depict carrying out seizures on a large scale. **戈** is modified to **扌** in seal and regular scripts depicting the use of the hands to seize sth or sb.

① 激烈地对打 fierce battle：～斗 struggle｜肉～ fight with bare hands ② 跳动 pulsate：～动 throb｜脉～ pulse

bó 膊

会意字。“月”（肉）像肉，表示胳膊；“尃”像手（寸）、农田和植物（甫），有散布义，表示散播农作物是胳膊的动作。本义是上臂。

膊 means arm. **月**（**肉**）resembles flesh, indicating arm. **尃** depicts a hand (寸), a field and plants (甫); it suggests dispersal. Together, they indicate that sowing seeds involves movement of the arms.

上臂 upper arm：胳～ arm

bǒ 跛

形声字。足表意，像膝和脚；波（bō）表声，波指波浪，有起伏不平义，表示跛者走路身体起伏不平。跛指腿脚有毛病，走路不稳。

跛 means lame, crippled, walking unsteadily. **足** is semantic; it resembles a knee and a foot. **波**（bō）represents pronunciation and means waves, that is undulating. Together, they depict a lame person walking unsteadily.

腿脚有毛病，走起路来一瘸一拐的 lame; crippled; walking unsteadily：～脚 crippled; lame person

薄 23页

bǒ/bò
簸

会意字。"箕"像竹叶和放在架子上的簸箕，表示簸箕用竹制成；"皮"有表皮义，表示用簸箕扬去稻谷、麦子的表皮。本义是扬米去糠。

簸 means using a sieve to remove rice husks. It consists of 箕, bamboo leaves and a sieve placed on a shelf implying that 簸 is made of bamboo, and 皮, skin, i.e. a sieve is used to remove the skin (husks) of grain.

㊀ bǒ ① 用簸箕颠动米粮，扬去糠秕和尘土 remove husks with a sieve：～谷 sieving grain ② 摇晃；颤动 trembling; rocking：颠～ bumpy ㊁ bò［簸箕］扬糠、清除垃圾的器具 dustpan

bǔ/bo
卜
（㊁蔔）

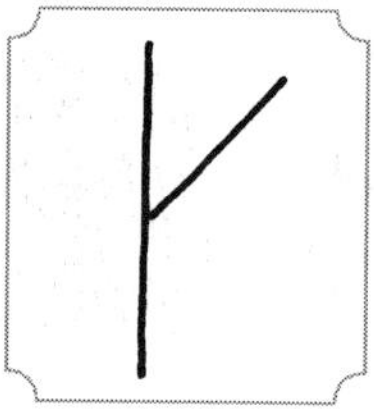

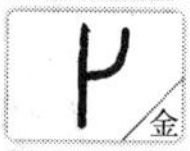

象形字。像龟甲经烘烤后产生的裂纹，表示占卜。本义是占卜。蔔今归并简化为卜。

卜 means divination, to predict. The character resembles cracks on a tortoise shell after it has been baked. 蔔 is now simplified and grouped into 卜.

㊀ bǔ ① 占卜，预测吉凶的活动 fortune-telling：～卦 oracle｜～辞 oracle inscriptions ② 预料；估计 foretell; estimate：前途未～ uncertain of the future ③ 姓 a family name ㊁ bo［萝卜］一种主根为圆柱形或球形的蔬菜 radish

bǔ
补
（補）

会意字。"衤"像上衣，"甫"指美好，表示缝补衣服使完好。简体字衤、卜，卜像开裂形，表示衣服开裂需缝补，卜（bǔ）兼表声。本义是缝补衣服。

补 means to sew or mend clothes. It consists of 衤, an upper garment, and 甫, good, perfect, i.e. make old clothes good. The simplified graph has 衤 and 卜（bǔ）, which is phonetic and resembles splits or tears, i.e. torn clothes need to be mended.

①把破损的东西修理好 repair：缝～sew｜修～ mend ② 补充；填补 supplement：～课 remedial lessons｜弥～ remedy; make it up (to sb) ③ 补养 nourish：～品 tonics｜滋～ nutritious ④ 益处；用处 benefits; uses：于事无～ it is not helpful to anything

bǔ
捕

会意字。"扌"像手，表示动手捉拿逃亡者；"甫"有美好义，表示捕捉住动物或罪犯都是好事。本义是捕捉。

捕 means capture. It consists of 扌, a hand, i.e. arresting fugitives, and 甫, good, perfect, i.e. it is good to capture animals or criminals.

捉；逮 catch：～捉 capture｜逮～ arrest (criminal)

bǔ

哺

会意字。“口”像张开的口，表示用口喂食物；“甫”像田里长出植物，有美好义，表示以口喂食物体现出美好的亲情。本义是鸟喂养幼鸟。泛指喂食。

The core meaning of 哺 is to feed from the mouth, as birds feed their young, extended to feeding in general. It consists of 口, an open-mouth, that is, feeding with the mouth, and 甫, crops in the field, i.e. feeding by mouth evokes warm emotions.

喂 feed：～育 feed and nourish │ ～乳 breast-feed

bù

不

象形字。像花托。本义是花托。后用作否定词。

不 originally meant a receptacle for flowers; later it was adopted to express negation.

表示否定 negation：～好 It's no good. │ ～会 don't know how to (do sth); will not │ ～妥 inappropriate

bù

布

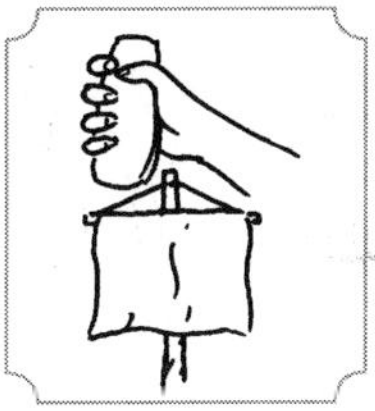

会意字。“巾”像布，“父”像手握石斧，表示父亲，父是一家之主，表示布是衣料之主。楷书像手持布。本义是棉、麻织物。

布 refers to material woven from cotton, hemp etc. It consists of 巾, cloth, and 父, a hand holding a stone axe, i.e. the head of the family, father; implying that cloth is the main material in making clothes. In regular script, 布 resembles a hand holding a cloth.

① 棉、麻等纺织品 material woven from cotton, hemp etc：～匹 bolts of cloth │ 棉～ cotton ② 宣告；宣布 announce：～告 notice │ 公～ announce publicly ③ 分布；散布 disperse; scatter：遍～ widely available; disperse │ 密～ dense ④ 布置 arrange; decorate：～局 layout; trap │ ～防 organize military defense

bù

步

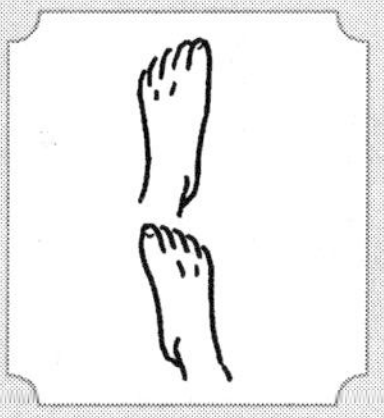

会意字。像一前一后两只脚，表示行走。本义是行走。

步 means to walk. The character resembles two feet, one in front and one behind, suggesting a person walking.

① 行走 walk：～行 go on foot │ 散～ stroll
② 脚步 foot step：～伐 pace │ 迈～ march
③ 阶段 stage or step；地步 condition：～骤 step │ 初～ primary stage

bù

怖

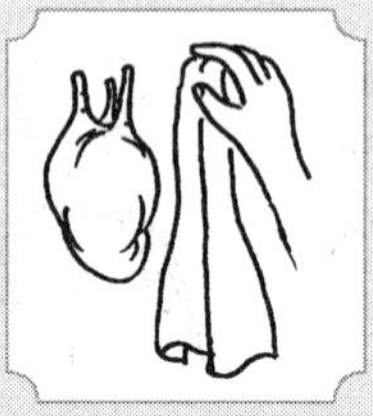

会意字。“忄”像心脏，表示心中惧怕；“布”像手持一块布，有铺开、传播义，表示恐怖的感觉笼罩心头，还会传布开来；布（bù）兼表声。本义是恐惧、害怕。

怖 means fear, frighten or scary. **忄** resembles the heart and denotes dread. **布** (bù) represents pronunciation ; it resembles a hand holding a piece of cloth and denotes to spread sth out or to disperse. Together, they suggest growing fear engulfing the heart.

惧怕；害怕 fear; frighten; scary：恐～scary | 可～frightening

bù

部

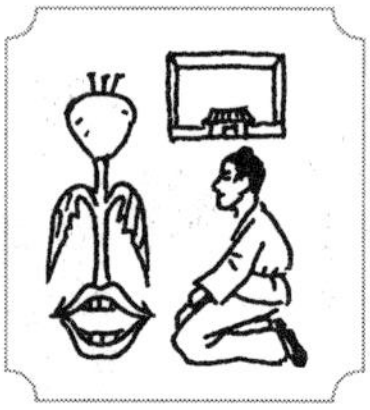

形声字。阝（邑）表意，篆书像住地和人，楷书像山地，表示与地名有关；咅（pǒu）表声。本义是地名，在今甘肃天水。

部 originally referred to the name of a place: Tianshui, in Gansu, China. 阝(邑) is semantic; in seal script, it resembles a place of residence and a man; in regular script, it resembles a mountainous region, suggesting **部** is related to the name of a place. 咅(pǒu) is the phonetic element.

① 部分 part, portion (of sth)：局～partly | 内～internal department, organization etc ② 部门 department：本～our department | 总～headquarter ③ 统率 command：率～lead the troop | 所～ troops under command ④ 量词 measure word：三～车 three cars | 两～书 two volumes (books)

bù

埠

会意字。“土”本像地面有堆土，“阜”有土山、丰盛义，表示码头高于水面，及有码头的城镇较昌盛。本义是水边码头，又表示市镇。

埠 refers to quays, it also means towns or cities. It consists of **土**, accumulated soil on the ground, and **阜**, a hill, signifying bountiful, i.e. quays above the level of the water, implying towns, cities that have quays enjoy prosperity.

① 停船的码头 quay：～头 wharf | 船～boat ② 城市；通商口岸 city; entrepot：商～ commercial centre | 开～ establish commercial centre

bù

簿

会意字。“竹”像竹叶，表示古代记事、记账的簿用竹简编成；“溥”有大义，表示簿比书本大一些。本义是记事、记账的竹简。现指本子。

The root meaning of **簿** is bamboo slips, used as diaries or for keeping accounts. Now it refers to books. It consists of **竹**, bamboo leaves, i.e. in ancient times, account books were made of bamboo slips, and **溥**, vastness, i.e. **簿** is bigger than **书** (book).

本子 book：账～ account book | 练习～ exercise book | 点名～attendance book cā

擦

形声字。扌表意，像手，表示用手摩擦；察（chá）表声，指细看，表示看准部位摩擦。本义是摩擦。

擦 means rub. It consists of **扌**, a hand, i.e. rubbing with the hands, and **察（chá）**, which is phonetic and denotes scrutinize, i.e. rubbing at a precise spot.

① 摩擦 rub：～火柴 strike a match | 摩拳～掌 be all ready for battle or a task ② 揩；抹 wipe：～脸 wipe the face | ～桌子 wipe the table ③ 涂；敷 rub; apply：～油 rub oil | ～粉 apply powder (on face etc) ④ 贴近 get close to：～肩而过 brush past (sb) ⑤ 擦东西的器具 duster：黑板～ blackboard duster

cāi

猜

会意字。“犭”像狗，表示像狗或狐狸那样疑心大；“青”有黑色义，表示猜疑他人暗地里怀有不可告人的秘密。本义是怀疑、不信任。

猜 originally meant suspicious, doubtful. It consists of **犭**, a dog, i.e. suspicious as a dog or fox, and **青**, greenish black or dark, i.e. sb with a secret.

① 怀疑；不信任 suspect：～疑 be suspicious | ～忌 be suspicious and jealous ② 推想；推测 deduce：～谜 guess a riddle | ～测 guess; surmise

cái

才

（①②纔）

象形字。像草木初生破土而出。本义是草木初生。引申指刚刚。纔今简化为才。

才 originally depicted plants in initial growth stage; later, it was used for only, just. The character resembles plants breaking out of soil. **纔** has been simplified to **才**.

① 刚刚 just ② 仅仅 only：他～三岁。He is only three years old. ③ 能力 ability：～能 talent | ～干 capability ④ 有才能的人 a talent：奇～ genius | 将～ sb with military talent

cái

材

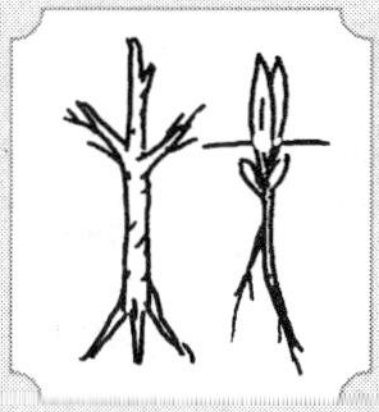

会意字。“木”像树，“才”有才干、有用义，表示有用的木料，才（cái）兼表声。本义是木料。泛指材料。

材 refers to ingredients, materials (used for cooking, building etc). It consists of **木**, a tree, and **才（cái）**, which is phonetic and means capability, i.e. wood that can be of practical use.

① 材料 ingredients; materials：木～ wood | 药～ herbal ingredients | 教～ teaching materials ② 能力 ability：～干 capability | 人～ man of talent

cái 财 （財）

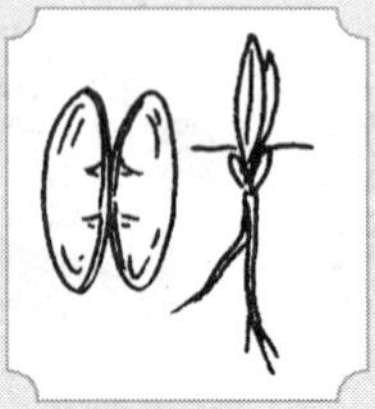

形声字。貝（贝）表意，像贝壳，古代曾用作货币；才（cái）表声，有才干、有用义，表示钱财是有用的。財简化为财。本义为财物。

財 means wealth, assets. It consists of 貝（贝）, seashells, which were used as currency in ancient times, and 才（cái）, which represents pronunciation and denotes capable, useful, i.e. money is useful. 財 has been simplified to 财.

金钱、物资的总称 generic term for cash and assets：～产 property ｜～富 wealth ｜发～ to strike it rich

cái 裁

会意字。“衣”像上衣，“𢦏”像戈砍植物，表示用刀剪裁衣料。本义是裁衣。

裁 means to tailor or cut out garments. It is composed of 衣, an upper garment, and 𢦏, the felling of trees. They depict using a knife to cut out garments.

① 裁剪；割开 cut; slit：～缝 tailor ｜～纸 trim paper ② 削减 cut down：～减 reduce ｜～员 retrench ③ 安排；设计 plan; design：别出心～ original and unique ④ 判断；决定 judge; decide：～判 referee ｜～决 reach a verdict ⑤ 控制 control：制～ sanction ｜独～ autocratic rule ⑥ 样式 pattern; style; format：体～ literary genres

cǎi 采

会意字。像手（爪）在树（木）上摘果子。本义是采摘。

采 means pluck. It depicts a hand（爪）plucking fruits from a tree（木）.

① 采摘 pluck：～茶 pluck tea leaves ｜～莲 pluck lotus ② 选取；收集 select; collect：～用 adopt after deliberation ｜～访 interview ③ 挖掘；开发 discover; develop：～矿 mining ｜开～ extract ④ 情态 state of mind：神～ mental outlook ｜兴高～烈 exhilarated

cǎi 彩

会意字。“彡”像彩纹，“采”像采摘果子，果子熟了会变色，采有颜色意，采（cǎi）兼表声。本义是色彩。

彩 means colorful. It consists of 彡, colorful stripes, and 采（cǎi）, which is phonetic and depicts plucking fruit. The color of a fruit changes when it ripens, hence 采 also indicates color.

① 颜色 color：～色 colorful ｜～虹 rainbow ② 彩色丝绸 colorful silk：剪～ ribbon cutting ceremony ｜张灯结～ decorate with lanterns and colorful silk ribbons ③ 称赞声 sound of cheering：喝～ cheer ④ 鲜明；出色 eye-catching; outstanding：光～夺目 dazzling ⑤ 凭运气得来的财物 things won by sheer luck：摸～ to bet ｜中～ win the lottery cǎi

睬

形声字。目表意，像眼睛，表示观注；采（cǎi）表声，采像手在果木上采摘，有选取义，表示被选取才会理会、答理。本义是理会、答理。

睬 means to acknowledge (sb), notice. It consists of 目, an eye, signifying paying attention, and 采（cǎi）, which is phonetic and resembles a hand 'selecting' fruit from a tree, i.e. selecting sb is acknowledging or noticing him.

理会；答理 to bother (oneself with); respond：理～ heed sb｜不理不～ ignore completely

cǎi

踩

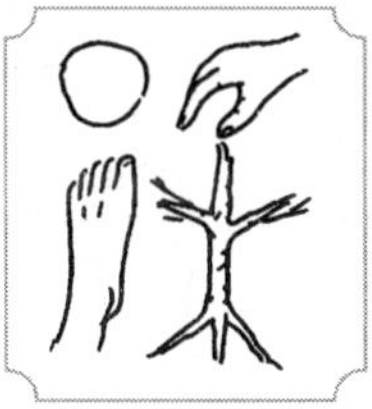

形声字。足表意，像膝和脚，表示用足踏着；采（cǎi）表声，采像手（爪）在果树（木）上采摘，有取得义，表示踩必取得可踩之处。本义是脚踏。

踩 means to step on sth. It consists of 足, a knee and a foot, or to step on sth, and 采（cǎi）, which represents pronunciation and depicts a hand（爪）plucking fruit from a tree（木）, i.e. to obtain sth. Together, they indicate the need to be on firm ground when you step forward.

脚踏 stepping on sth：～高跷 walking on stilts (a type of Chinese performing arts)｜～水过河 tread water to cross the river

cài

菜

会意字。"艹"（艸）像草，表示菜是草本植物；"采"像手（爪）在果树（木）上采摘，表示蔬菜可采来食用；采（cǎi）兼表声。本义是蔬菜。

菜 means vegetables. It consists of 艹（艸）, grass, i.e. a plant, and 采（cǎi）, which is phonetic and resembles a hand（爪）plucking fruit from a tree（木）, i.e. vegetables collected for consumption.

①蔬菜 vegetables：青～ green vegetables｜种～ grow vegetables ② 烹调好的荤素等副食品 sth cooked and fit for consumption; dish：～肴 dishes｜饭～ rice and dishes

cān

餐

会意字。"食"像食器，表示吃食物；"𣦼"像手（又）和残骨（歺），有残碎意，表示吃入口中的或吃剩的食物皆残碎不堪；𣦼（cān）兼表声。本义是吃。

餐 means eat. It consists of 食, a food container, signifying to eat, and 𣦼（cān）, which is phonetic and depicts a hand（又）and bone remains（歺）, signifying scraps, i.e. food in the mouth or scraps of food, in fragments.

① 吃 eat：～厅 canteen｜聚～ lunch or dinner party ② 饭食 meal：早～ breakfast｜西～ western cuisine ③ 量词，一顿饭叫一餐 measure word for meal：一日三～ three meals a day

参 576页

cán 残 （殘）

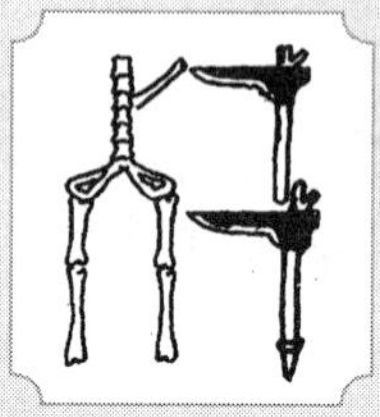

会意字。“歹”像残骨，“戋”像两把戈，表示持戈相战必有伤害；戋（戋cán）兼表声。殘简化为残。本义是伤害。

残 means to injure, destroy. It consists of 歹, bone remains, and 戋（戋cán）, which represents pronunciation and resembles two dagger-axes, i.e. fighting will result in injuries. 殘 has been simplified to 残.

① 伤害；毁坏 injure; destroy：～害 injure severely | 摧～ injure brutally ② 凶暴 inhumane：凶～ brutal; vicious | ～酷 cruel ③ 缺损；不完整 with missing parts：～缺 incomplete | ～废 handicap ④ 剩下的 leftovers：～存 remnants | ～局 the situation at the end of a lost game, battle etc.

cán 蚕 （蠶）

形声字—会意字。䖵表意，像两条虫，表示蚕；朁（cǎn）表声，兼表绾头发的饰品，样子与蚕相似。简体字天、虫，表示蚕是上天赐给人类的益虫。蚕是能吐丝结茧的昆虫。

蚕 means silkworms. It consists of 䖵, two worms i.e. silkworms, and a phonetic element, 朁（cǎn）, hair accessories which look like silkworms. The simplified components 天 and 虫 show that silkworms are bestowed by Heaven for the benefit of mankind.

一种能吐丝结茧的昆虫，茧丝是重要的纺织原料 silkworm：～丝 silk | 养～ rear silkworms

cán 惭 （慚）

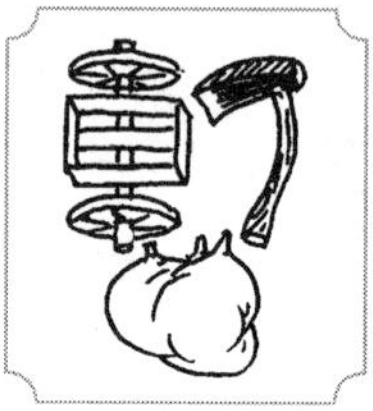

会意字。“忄”（心）像心脏，表示心中惭愧；“斬”（斩）有砍断义，表示人都想从羞愧中摆脱出来。慚简化为惭。本义是羞愧。

慚 means guilty. The character comprises 忄（心）, heart, i.e. a guilty heart, and 斬（斩）, to sever sth, i.e. people all want to be free from guilt or shame. 慚 has been simplified to 惭.

羞愧 guilty and shameful：大言不～ boast shamelessly

cǎn 惨 （慘）

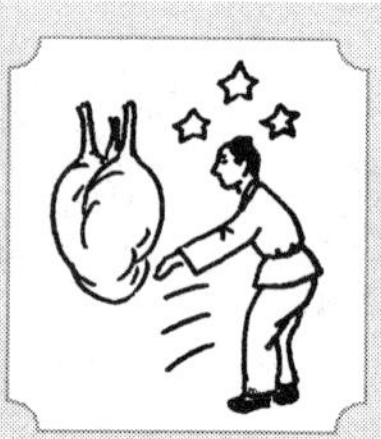

形声字。忄表意，像心脏，表示心中狠毒；参（参cān）表声，参有谋划义，表示狠毒者多工于心计。慘简化为惨。本义是狠毒。

惨 means heartless, cruel. It consists of 忄, heart, i.e. cruel at heart, and 参（参cān）, which is phonetic and denotes to conspire, i.e. cruel people often scheme. 慘 has been simplified to 惨.

① 狠毒；残酷 cruel; brutal：～无人道 inhumane ② 悲惨；凄惨 miserable; sorrowful：～不忍睹 too tragic for one to look at ③ 程度严重 to a great extent：～败 crushing defeat | ～重 disastrous

càn
灿
（燦）

会意字。“火”像火焰，“粲”有鲜明美好义，表示火光明亮，粲（càn）兼表声。简体字火、山，表示火焰高如小山必耀眼。本义是光彩耀眼。

灿 means bright, brilliant. It consists of 火, flames, and 粲（càn）, which represents pronunciation and means bright and wonderful, i.e. the brightness of a fire. The simplified components 火 (fire) and 山 (mountain) suggest flames as high as hills are sure to be brilliant.

光彩耀眼 brilliant and glaring to the eyes: ～然 bright; brilliant | 金～～ as shiny as gold

cāng
仓
（倉）

象形字。像粮仓，勾画出仓顶、仓门和仓基。倉简化为仓。本义是粮仓。泛指仓库。

仓 originally meant a granary; it now commonly refers to a warehouse. The character shows a granary, depicting the roof, door and foundation of the structure. 倉 has been simplified to 仓.

①储藏粮食或其他东西的建筑物 warehouse: 粮～ granary | 货～ warehouse (for goods)
②姓 a family name

cāng
沧
（滄）

形声字。氵表意，像水流、水珠；倉（仓 cāng）表声，仓像粮仓，粮仓里的粮食堆得高高的，表示沧是深深的水呈现出的暗绿色。滄简化为沧。本义是水暗绿色。

沧 signifies dark green color or deep waters. It consists of 氵, water, and 倉（仓 cāng）, which represents pronunciation and denotes a granary piled high with grain, i.e. deep. Together, they suggest the dark green color of deep water. 滄 has been simplified to 沧.

水深呈暗绿色 dark green of deep water: ～海 deep sea

cāng
苍
（蒼）

形声字。艹（艸）表意，像草，表示草的颜色；倉（仓 cāng）表声。蒼简化为苍。本义是青草的颜色。泛指青色。

苍 is the color of grass, or more broadly, green. It is composed of 艹（艸）, grass, i.e green, and 倉（仓 cāng）, which represents pronunciation. 蒼 has been simplified to 苍.

①深蓝色；深绿色 deep blue; deep green: ～天 deep blue sky | ～松 lush pine trees ②灰白色 grayish white: 白发～～ silver hair cāng

舱

(艙)

会意字。“舟”像船，“倉”（仓）像粮仓，表示舱是船上装货或载人的部分，倉（仓 cāng）兼表声。艙简化为舱。本义是船舱。

舱 means cabin of a ship. It consists of 舟, a boat, and 倉 (仓 cāng), which represents pronunciation and depicts a granary, i.e. 舱 is meant for transporting goods or ferrying people. 艙 has been simplified to 舱.

船或飞机的内部 cabin of ship or plane：船～ ship cabin | 机～ aircraft cabin | 客～ passenger cabin

cáng/zàng

藏

会意字。“艹”（艸）像草，表示用草覆盖使不显露；“臧”以残害（戕）眼睛（臣），表示藏是不让人看见。本义是藏匿。

藏 means to hide sth. It consists of 艹 (艸), grass, i.e. using grass to cover sth, and 臧, to hurt (戕) the eyes (臣), i.e. 藏 means to keep people from seeing.

㊀ cáng ① 隐匿 hide：隐～ hide; conceal | ～身 hide oneself ② 收存 collect and keep; save：收～ collect | ～书 collection of books

㊁ zàng ① 储存大量东西的地方 storage place：宝～ hidden treasure ② 指西藏 Tibet：～语 Tibetan language | ～医 Tibetan doctor

cāo

操

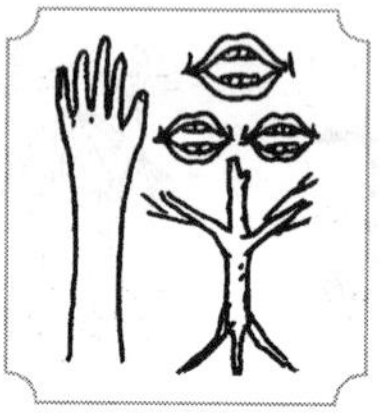

会意字。“扌”像手，“喿”指群鸟在树上尽力鸣叫，表示操是尽力抓在手里。本义是手拿着。

The core meaning of 操 is to grasp sth with the hand. It consists of 扌, a hand, and 喿, birds chirping loudly on a tree, i.e. clench sth tightly in the hand.

① 抓在手里 grasp：～刀 carry out an action ② 做；从事 do：～作 operate ③ 劳心；费力 do sth with effort：～心 worry | ～劳 work hard ④ 用某种语言或方言说话 to speak in a particular language or dialect：～吴语 speak Wu dialect ⑤ 锻炼 train：～场 training field ⑥ 品行；行为 conduct; behavior：～行 conduct

cāo

糙

会意字。“米”像稻米，“造”有加工意，表示有待加工的粗米。本义是未经精加工的粗米。引申为不精细、不光滑。

糙 originally signified unrefined rice, but was extended to mean unrefined, coarse. It is composed of 米, paddy, and 造, processed, i.e. unprocessed rice.

不精细；不光滑 unrefined; coarse：～米 coarse rice | 粗～ rough

cáo

曹

会意字。古文字二“東”（东）像日从木（树）后升起，表示东方，古时官员审案时原告、被告都站在东边；“口”或“曰”像开口说话，表示审案官员及诉讼双方皆须开口责问或答辩。本义是诉讼双方。

The original meaning of 曹 was prosecutor and defendant. Its classical form comprises two 東（东）, a character which shows the sun rising through trees（树）, i.e. from the east. In the past, the prosecutor and defendant stood on the east side of the court during a trial. 口 or 曰 resembles sb talking, indicating the questioning and cross-examination that take place in a court trial.

① 等；辈 grade; seniority：尔～(formal) you people ② 姓 a family name

cáo

槽

形声字。木表意，像树，表示槽用树木制成；曹（cáo）表声。本义是饲料槽。

槽 is a trough used to hold water or food for animals. It consists of 木, tree, indicating 槽 is made of wood, and 曹（cáo）, which functions as a phonetic element.

① 喂牲畜饲料的器具 (animal) trough：马～ trough for horses ② 盛饮料或贮水的器具 (in general) trough：酒～ wine trough｜水～ water trough ③ 像槽的东西 sth that resembles a trough：河～ river bed｜牙～ tooth socket (alveolus)

cǎo

草

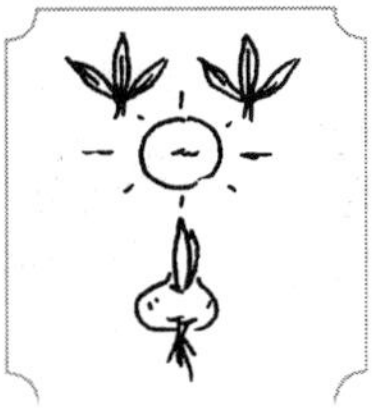

会意字。“艹”（艸）像草，“早”像种子在太阳下生根发芽。本义是草本植物。

草 means grass. It consists of 艹（艸）, grass, and 早, which depicts seeds sprouting under the sun.

① 草本植物的总称 grass：～原 grass field｜青～ green grass ② 马虎；不认真 careless; unserious：～率 doing things in a casual manner｜潦～ (writing) illegible ③ 初步的；未定的 draft; not final：～稿 draft｜～图 sketch ④ 汉字字体之一 a form of Chinese calligraphy：～书 cursive script

cè

册

象形字。像简册，竖画像竹片，横画像皮绳。本义是简册。

The root meaning of 册 is bamboo slips for writing. The character resembles vertical slips of bamboo strung together by two strings.

① 书本或簿子 book：画～ sketch book｜手～ handbook ② 量词 measure word：一～书 a copy of book cè

厕

（廁）

会意字。篆书“广”、楷书“厂”像简易的建筑，表示厕所大多简陋；“則”（则）有规则义，表示厕所的修建有其规则。廁简化为厕。本义是厕所。

厕's original meaning is outhouse. The components 广 in seal character and 厂 in regular script resemble a simple building, i.e. toilets are usually simple and crude. 則（则）means regulations, indicating toilets are built according to regulations. 廁 has been simplified to 厕.

厕所，专供大小便的地方 toilet：公～ public toilet | 男～ male toilet

cè

侧

（側）

会意字。金文像两人站在鼎的两旁，表示旁边。篆、楷书“亻”像人，“則”（则）像用刀从一侧撬开贝，表示在人的一旁。側简化为侧。本义是旁边。

侧 means side. In bronze inscriptions, it resembles two people standing to the left and right of a Chinese tripod, suggesting sides. In seal and regular scripts, 亻 resembles a man, 則（则）depicts a knife prying open a shell from one side, i.e. one side. 側 has been simplified to 侧.

① 旁边 side：～面 side-view | 两～ two sides ② 向旁边歪斜 lean to one side：～身 turn sideway | ～重 emphasize sth

cè

测

（測）

会意字。“氵”像流水、水珠，表示测量水的深浅；“則”（则）像刀和贝，用刀撬贝有一定的方法，量水深也有一定的方法。測简化为测。本义是测量水的深浅。

测 means measuring the depth of water. It consists of 氵, water or measuring the depth of water, and 則（则）, which resembles a knife and a seashell. There is a particular way to pry open a seashell and there is a particular way for measuring the depth of water. 測 has been simplified to 测.

① 度量；考察 measure; estimate：～试 test | 目～ estimate with eyes ② 猜想；估计 speculate; gauge：猜～ guess | 预～ estimate

cè

策

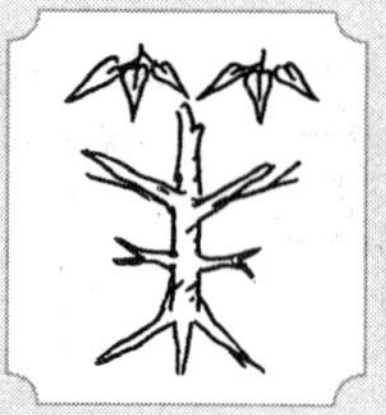

会意字。“竹”像竹叶，表示马鞭用竹制成；“朿”像有刺的树，表示竹鞭上有突起的节。本义是竹制的马鞭。引申为用马鞭打马。

策 originally signified a horse whip made of bamboo; it was extended to mean whipping a horse. It consists of 竹, bamboo leaves, i.e. a horse whip is made of bamboo, and 朿, a tree with thorns, symbolizing the fact that bamboo whips have protruding joints.

① 鞭打；督促 cane; whip; supervise：～马 horse whip | 鞭～ supervise and encourage; spur on ② 古代写字用的竹片、木片 bamboo slips used for writing on in ancient times：简～ bamboo slips ③ 计谋；办法 strategy; solution：～略 strategy | 决～ decision céng

层

（層）

会意字。“尸”像人，表示楼房是住人的；“曾”像两层的蒸具，表示两层以上的房屋。简体字尸、云，表示人住的楼房很高。本义是多层的房屋。引申为重叠、重复。

层 originally meant a multi-storey building, then later, layered, repetitive. It consists of 尸, a man, suggesting buildings are meant for people to live in, and 曾, two layers of steam cooking utensils, like multiple storey buildings. Simplified components 尸 and 云 (clouds) signify that buildings for people to live in are high-rise.

① 重叠；重复 layered; repetitive：～～叠叠 layer upon layer | ～出不穷 emerge one after the other ② 量词 measure word：三～楼 a three-storey building

cèng

蹭

形声字。足表意，像膝和脚；曾（céng）表声，曾像蒸具冒热气，蒸食物时锅盖会颤动，表示蹭蹬是走路不稳。本义是走路不稳。现表示磨、擦。

蹭 originally meant walking unsteadily; it now means to rub. It consists of 足, a knee and a foot, and 曾（céng）, which is phonetic and depicts a cooking utensil letting off steam with its lid shaking, i.e. walking unsteadily.

① 摩；擦 rub：～破了皮 skin worn due to abrasion | ～了一身油 rub oil on the entire body ② 行动慢 slow (action)：磨～ dilly dally

chā/chǎ

叉

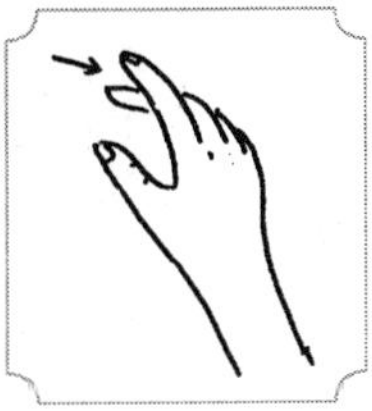

指事字。像指出手指岔开处。本义是手指交错。泛指交错。

叉 originally meant crisscrossing fingers; now it commonly means intersect. The character depicts two fingers crisscrossing each other.

㊀ chā ① 交错 crisscross：交～ intersect ② 叉子 fork：钢～ steel fork | 鱼～ fish spear | 刀～ forks and knives ③ 用叉子刺取 to spear：～鱼 spear a fish | ～稻草 to fork hay ㊁ chǎ 分开 separate：～腿 (sit, stand) with legs apart

chā/chà/chāi/cī

差

会意字。篆书像花朵下垂及左手持斧。楷书像羊胡子歪一边及斧头，表示偏差、不同。本义是不同。

差 means different. In seal script, it depicts withering flowers and a left hand holding an axe. Regular script shows a slanted goat beard and an axe, i.e. deviation, difference.

㊀ chā ① 不同 different：～别 difference ② 两数相减的余数 numerical difference：～数 numeric difference ③ 错误；失误 mistake：～错 error ㊁ chà ① 不好 sub-standard：质量～ of inferior quality ② 欠缺 lack of：～点儿 nearly; close ③ 错 wrong：记～了 remembered wrongly ㊂ chāi ① 派遣 dispatch：～遣 dispatch ② 公务；职务 work duty：出～ (go on a) business trip | 公～ official business ㊃ cī [参差] 长短不齐 of uneven length, quality etc

参 576页 曾 822页 杈 66页

C

chā 插

会意字。“扌”像手，表示手持物扎入；“臿”像杵插入臼中舂捣；臿（chā）兼表声。本义是扎入。

插 means insert. It consists of 扌, hand, i.e. a hand inserting an object, and 臿（chā）, which represents pronunciation and depicts grinding using mortar and pestle.

① 扎入 insert：~秧 plant seedlings | ~销 bolt (for door, window etc) ② 参加进去 get involved in：~手 meddle with other people's affairs | ~嘴 interrupt (conversation)

chá 碴

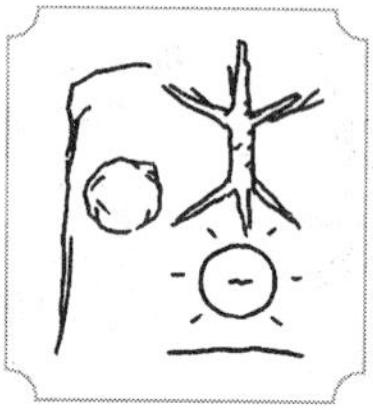

形声字。石表意，像山崖下有块石头；查（chá）表声，查指检查，碴是小碎石，通过检查才能搞清楚。本义是小碎块。

碴 means fragments of stones which can be seen only upon careful scrutiny. It consists of 石, rock, and 查（chá）, which is phonetic and denotes scrutinize.

① 小碎块 fragments of stones：冰~ fragments of ice | 玻璃~ glass fragments ② 器物上的破口 chip：碗上有个~儿。This bowl has a chip. ③ 事端；话头 incident; thread of discourse：找~儿 looking for trouble

chá 茬

会意字。“艹”（艸）像草，“在”像幼小的植物和泥土，表示农作物收割后还留在地里的茎和根。本义是庄稼收割后残留的根茎。

茬 signifies stubbles or short stumps of grain left standing after harvesting. It consists of 艹（艸）, grass, and 在, a young plant and soil, i.e. the stems and roots of grains left behind in the fields after harvesting.

①庄稼收割后留在地里的茎和根 stubble：麦~ wheat stubble | 豆~ bean stubble ② 庄稼种植和收割的次数 the sequence of planting and harvesting：头~ first harvest | 二~ second harvest

chá 茶

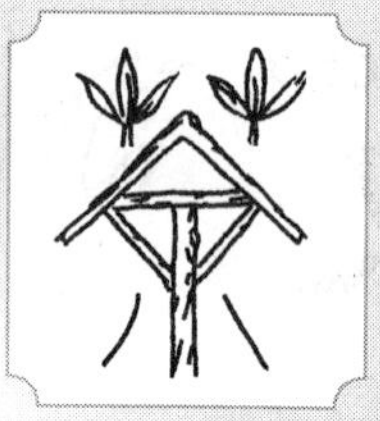

会意字。篆书“艹”（艸）像草，“余”像简陋的房屋，表示穷人吃的苦菜。楷书木表示茶树，艹表示茶叶嫩如草，人表示人喝茶水。本义是苦菜。后指茶树。

茶 originally meant ixeris chinensis, later, tea plant. In seal script, 艹（艸）resembles grass; 余 resembles a shabby house. Together, they suggest ixeris chinensis, a kind of vegetable that the poor eat. In the regular character, 木 refers to the tea plant; 艹 indicates tea leaves are as delicate as grass; 人 suggests a person drinking tea.

① 茶树 tea tree：采~ pluck tea leaves ② 用茶叶做成的饮料 tea：喝~ drink tea ③ 某些饮料的名称 generic term for some beverages：杏仁~ almond tea

喳 824页

chá/Zhā 查

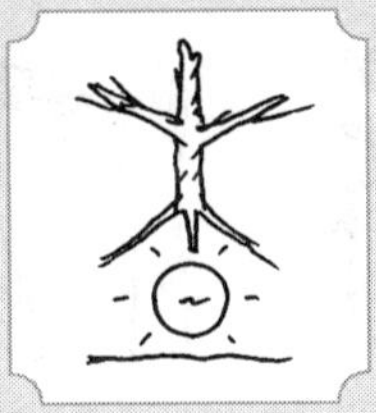

会意字。“木”像树，表示木筏用树木制成；“旦”像日从地平线上升起，表示木筏白天行于水中。本义是木筏。引申为检查。

The original meaning of 查 was raft; it was extended to mean inspect. It comprises 木, tree, indicating rafts are made of wood, and 旦, the sun rising on the horizon, i.e. a raft moving on water in the daytime.

㊀ chá 检查；调查 inspect; investigate：抽～ sampling | 追～ investigate | ～访 investigate by asking around ㊁ Zhā ① 姓 a family name

chá 察

会意字。“宀”像房屋，“祭”像手持肉放到祭桌上，表示祭祀活动是大事，应详审、细究。本义是详审、细究。引申为仔细看。

察 originally meant to examine closely, investigate, later extended to scrutinize. It consists of 宀, a house, and 祭, a hand placing a piece of meat on an altar, i.e. sacrificial rites are important events that should be carried out with care.

① 仔细看 scrutinize：～看 check | 观～ observe ② 考察；调查 examine; investigate：监～ supervise | 侦～ investigate

chà 岔

会意字。“分”像用刀剖开，“山”像山，表示山脉分歧的地方。本义是山脉分歧的地方。泛指由主干分出来的。

岔 originally signified the point at which mountain ranges diverge; it now means a bifurcation. It consists of 分, split sth open with a knife, and 山, mountain, i.e. the point at which mountains diverge.

① 由主干分出来的 branching off a trunk：～道 branch road ② 转移方向或话题 divert attention or change a topic of conversation：打～ interrupt (conversation) ③ 错开；互相让开 separate：～开 diverge ④ 差错；事故 error; incident：出～子 make a mistake

chà/chǎ 衩

会意字。“衤”古文字像衣服，“叉”像手指分叉处，表示衣服下部两旁开口处，叉（chǎ）兼表声。本义是衣服旁边开口的地方。

衩 means a vent or slit in the side of a garment. In ancient Chinese, 衤 represents clothes; 叉（chǎ）indicates the pronunciation and denotes the point at which two fingers cross, i.e. slits or openings on both sides of a garment.

㊀ chà 衣、裙的下部两旁开口的地方 slits in the side of a garment：～口 slit | 裙～ slit of a skirt | 开～ make a slit (in a garment) ㊁ chǎ［裤衩］短裤 shorts：三角～ briefs (for men)

叉 63页　　刹 563页

C

chà/chā 杈

会意字。“木”像树，“叉”像手指分岔处，表示树干或树枝的分岔，叉（chā）兼表声。本义是树木的分支或树枝的分岔。

杈 originally meant a fork in a tree. It comprises 木, tree, and 叉（chā）, which is phonetic and depicts two fingers crossed, i.e. the point at which the main trunk of a tree splits.

㊀ chà 树干的分枝或树枝的分岔 fork in a tree：树～ tree branch ㊁ chā 挑柴草的一种农具 hayfork：禾～ threshing fork

chāi 拆

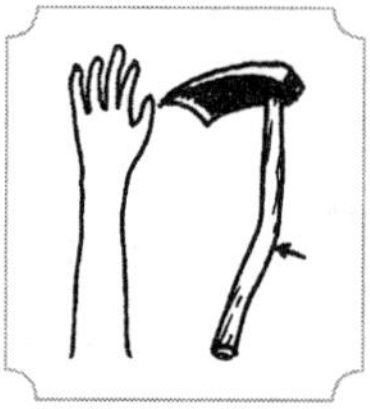

会意字。“扌”像手，“斥”有使离开、分散义，表示分解物体。本义是拆开。

拆 means to tear open, take apart sth. The character consists of 扌, hand, and 斥, separate, disperse, i.e. take sth apart.

把合在一起的东西分开、弄散 separate; disperse：～开 open (letter, present etc) | ～散 break up; dismantle | ～信 open a letter

chái 柴

会意字。“木”像树，“止”像脚，“匕”像人，表示人拾来做燃料的树木。本义是柴火。

柴 means firewood. The character comprises 木, tree, 止, leg, and 匕, man, i.e. firewood collected by people.

① 烧火用的草木 firewood：～草 firewood | ～火 firewood | 砍～ chop and gather firewood ② 姓 a family name

chái 豺

形声字。豸表意，像凶猛的野兽；才（cái）表声，才像刚生根发芽的植物，有幼小意，表示豺是较小型的食肉动物。豺俗称豺狗。

豺 (also commonly known as 豺狗) is a jackal. 豸 is semantic; it represents fierce beasts. 才（cái）is phonetic and resembles sprouts, i.e. small things. The components together suggest a jackal is a small carnivore.

哺乳类动物。形状像狼，比狼小，性凶残，会伤害人和牲畜，也叫豺狗 jackal：～狼 jackal

差 63页

chān 掺 (摻)

会意字。"扌"像手，"参"（參）指加入，表示用手把一种东西混入另一种东西。摻简化为掺。本义是搀。

摻 means mix, blend. The character is made up of 扌, hand, and 參 (参), adding sth (to another thing), i.e. use the hand to mix things together. 摻 has been simplified to 掺.

把一种东西混合到另一种东西里去 mix; blend: ～杂 mix | ～和 mix | ～假 adulteration

chān 搀 (攙)

形声字。扌表意，像手，表示用手搀杂、混合；毚（chān）表声，毚像两只兔子，有狡兔义，狡兔入草与草相混，难寻其踪，表示不同的东西掺合在一起也难分彼此。攙简化为搀。本义是搀杂、混合。

搀 means mix, mix up. It comprises 扌, hand, suggesting mixing sth with the hands, and 毚 (chān), which is phonetic and depicts two rabbits, suggesting slyness, i.e. just as rabbits hiding in grass are difficult to spot, so different things mixed together are hard to separate. 攙 has been simplified to 搀.

① 混合 mix：～杂 mix | ～假 adulterate ② 扶 support (sb by the arm)：～扶 support (sb by the arm)

chán 馋 (饞)

形声字。食（饣）表意，像食器，表示贪食；毚（chān）表声，毚像两只兔子，有狡兔义，狡兔善疾跑，表示贪吃的人善于快速地向嘴里塞食物。饞简化为馋。本义是贪食。

馋 means gluttony. It consists of 食 (饣), a food container, suggesting gluttony, and 毚 (chān), which is phonetic and depicts two rabbits, signifying slyness and speed, i.e. a glutton eats quickly. 饞 has been simplified to 馋.

① 贪吃 gluttony：～嘴 gluttony | 解～ satiate gluttony or hunger ② 贪心；羡慕 greedy; envious：眼～ eye sth covetously

chán 缠 (纏)

形声字。糸（纟）表意，像丝，表示盘绕；廛（chán）表声，廛指古代城镇平民一家所居的房地，房地围绕房子，有盘绕意。简体字廛（chán）表声，廛义同廛。本义是盘绕。

缠 means encircle, twirl around. It consists of 糸 (纟), silk, indicating twirling (sth) around, and 廛 (chán), which is phonetic and denotes the land and houses where common people in town and cities resided in ancient times. Thus, the components symbolize "encircle", like the land surrounding a house. In the simplified graph, 廛 (chán) represents pronunciation and has the same meaning as 廛.

① 绕 surround：～绕 twirl around ② 纠缠；搅扰 get involved (in an affair); disturb：病魔～身 suffer from ailments | 胡搅蛮～ make unreasonable requests; pester

禅 567页

C

chán

蝉

（蟬）

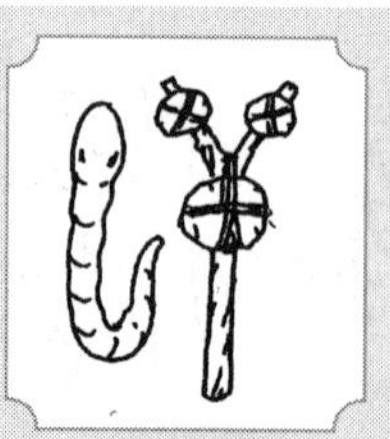

会意字。“虫”像虫，表示蝉；“單”（单）像长棍上绑有石块的原始狩猎工具，表示蝉是生活在野外树上的昆虫。蟬简化为蝉。蝉又名知了。

蝉 means cicada. It consists of 虫, worm or insect, and 單（单）, a kind of hunting tool used in the past which looked like a long branch with stones tied to it, i.e. cicada is an insect that lives on trees in the wild. 蟬 has been simplified to 蝉. 蝉 is also known as 知了.

昆虫名，也叫知了。身体黑褐色，雄的腹部有发声器，能发出很大的响声 cicada

chǎn

产

（産）

会意字。“生”像生出幼苗，表示产是子女生出；“彦”（省彡）指美貌高大、文质彬彬的男子，反映出古人对所生孩子的期待。简体字“立”像人站立，“丿”代表至，表示生下子女。本义是生育。

产 means give birth. It consists of 生, sprout, or to give birth, and 彦（without彡）, a handsome and well-mannered man, reflecting the hope of people in earlier times for their children. The simplified character has 立, a man standing and 丿, “arrive at”, symbolizing giving birth.

① 生育 give birth：～妇 woman in childbirth ② 生长出；制造出 produce; manufacture：～品 product ③ 物产；产品 product：土～ local product ④ 财物 property：房～ house property

chǎn

铲

（鏟）

会意字。“金”（钅）像箭头、斧头和矿石，表示铲用金属制成；“產”有生产义，表示铲是生产工具；產（产chǎn）兼表声。鏟简化为铲。本义是铲子。

铲 means a spade or shovel. It consists of 金（钅）, metal, i.e. 铲 is made of metal, and 產（产chǎn）, which is phonetic and denotes to produce, i.e. a spade as a tool used in production activity. 鏟 has been simplified to 铲.

① 铲子 spade：煤～ coal spade | 锅～ cooking spade ② 用铲子铲物 remove with a shovel or spade：～煤 shovel coal | 把地～平 level the ground

chǎn

阐

（闡）

会意字。“門”（门）像大门，表示开；“單”（单）像原始武器，能用来开辟生存的空间，表示阐是开、开辟。闡简化为阐。本义是开、开辟。引申为讲明白。

阐 originally meant open, open up, later extended to mean clarify. It consists of 門（门）, main door, i.e. open, and 單（单）, weapons used in ancient times to create a clearing for settlement, i.e. open up. 闡 has been simplified to 阐.

讲明白 clarify：～明 make clear | ～述 explain and clarify

chàn

忏

（懺）

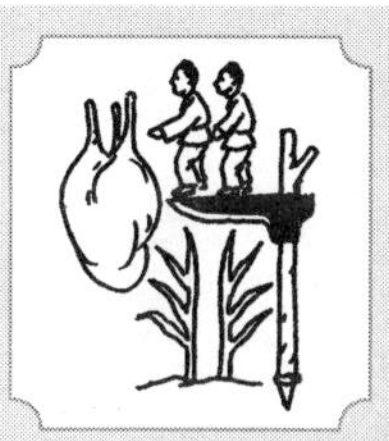

形声字。忄表意，像心脏，表示心中忏悔；韱（xiān）表声，韱本指山韭，其叶杂乱，表示人悔恨时心境杂乱。简体字忄表意，千（qiān）表声，有心中成百上千次忏悔意。本义是忏悔。

忏 means repent. It consists of 忄, heart, and 韱（xiān）, which is phonetic, and denotes garlic chives with a tangle of leaves, i.e. remorse leads to confusion. The simplified form has 忄 and 千（qián）as the phonetic element, which also means a thousand or a large number, i.e. a heart full of remorse.

① 悔过 repent：～悔 repentant ② 僧尼、道士代人忏悔时念的经文 scriptures that monks and Taoist priests read to atone for sb's sins：开～ chant scripture to atone for sb's sins

chāng

昌

会意字。“日”像太阳，“曰”像开口说话，表示光明正大的言辞。本义是光明正大的言辞。引申为兴旺、发达。

The original meaning of 昌 was to speak openly with nothing to hide, later by extension, prosperous and well-developed. It consists of 日, sun, and 曰, opening the mouth to speak, i.e. speaking openly.

兴旺；发达 prosperous; developed：繁荣～盛 thriving with prosperity

chāng

猖

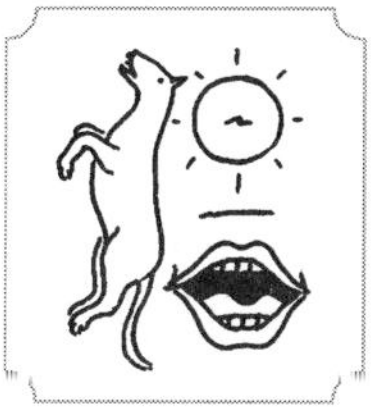

会意字。“犭”像犬，“昌”有盛大义，表示像凶横的犬性大发作，昌（chāng）兼表声。本义是凶猛、狂妄。

猖 means fierce, arrogant. It consists of 犭, dog, and 昌（chāng）, which is phonetic and denotes big or grand, i.e. the ferocity of a dog.

凶猛；狂妄 fierce; arrogant：～狂 savage | ～獗 rampant

cháng/zhǎng

长

（長）

象形字。像长发老人。長简化为长。本义指长度大。

长 means long. The character depicts an old man with long hair. 長 has been simplified to 长.

㊀ cháng ① 空间或时间的距离大 distant; long：～途 long-distance | ～远 long-term ② 长度 length：裤～三尺 the pants are 3 ft long ③ 优点；专门技能 positive points; skills：特～ specialty | 专～ special knowledge ㊁ zhǎng ① 年龄大；辈分高 seniority：～辈 elder | 年～ old ② 发育生长 grow; develop：拔苗助～ spoil things as a result of haste or excessive enthusiasm ③ 增加 add：增～ increase; grow ④ 领导人 leader：首～ cadre leader; senior official | 部～ minister

C

cháng/chǎng 场（場）

会意字。“土”本像地上有堆土，“昜”是陽（阳）的初文，表示祭神用的平地。場简化为场。本义是祭神用的平地。

场 originally meant leveled land used to perform sacrificial rites. It consists of 土, soil, and 昜, the original form of 陽（阳）, sun, i.e. a flat space where sacrifices were held. 場 has been simplified to 场.

㊀ cháng ① 平坦的空地 flat piece of land：晒～ sunning ground (for grains, seafood etc) ② 集市 market：赶～ marketing (for provisions) ③ 量词 measure word：一～误会 a misunderstanding ㊁ chǎng ① 许多人聚会或活动的地方 place where people assemble and activities are held：广～ square | 商～ shopping mall ② 舞台 stage：上～ to be on stage ③ 戏剧的分段 scene (of drama, play)

cháng 肠（腸）

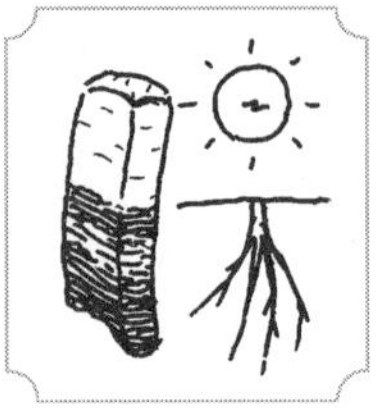

会意字。“月”（肉）像肉，表示肠是消化器官；“昜”是陽（阳）的初文，有明显意，表示肠子长而弯曲特征明显。腸简化为肠。本义是肠子。

肠 means intestines. It consists of 月（肉）, flesh, i.e. 肠 is a digestive organ, and 昜, the original form of 陽（阳）or sun, signifying overt or not hidden, i.e. the visible characteristics of intestines are that they are long and coiled. 腸 has been simplified to 肠.

人和动物的消化、吸收的器官之一 intestines：～胃 intestines and stomach | 大～ big intestines

cháng 尝（嘗）

会意字。“旨”像用勺把食物送入口中品尝，“尚”有注重义，表示品尝食物注重滋味。简体字尚（省口）、云，云指说，表示辨别并说出滋味。本义是辨别滋味。

尝 means to have a taste of. It consists of 旨, putting food into mouth with a spoon, and savoring it, and 尚, pay attention to sth. In other words, food is judged by its taste. The simplified character consists of 尚 (without 口) and 云 which means speak, thus tasting the food and expressing one's opinion.

① 辨别滋味 differentiate taste：品～ savor ② 试 try：～试 try ③ 经历；感受 experience; feel：备～艰辛 been through hardships ④ 曾经 once：未～ never

cháng 常

会意字。“巾”像布，表示裙用布缝制而成；“尚”有注重义，表示人们重视衣着。本义是裙子，此义后写作裳。

常 originally meant a dress, a meaning now represented by 裳. It comprises 巾, cloth, i.e. dresses are made by sewing pieces of cloth together, and 尚, to place emphasis on sth, i.e. people are particular about their clothes.

① 一般；普通 normally; ordinary：～人 ordinary people | ～识 general knowledge ② 固定不变的 constant：～绿 evergreen | ～态 normality ③ 时常；经常 frequently：～来～往 frequent occurrence

chánɡ/
shanɡ

裳

会意字。“衣”古文字像衣服，表示裳是下身的衣服，“尚”有注重义，表示人们重视穿着。本义是下身的衣服。泛指衣服。

裳 means clothes. 衣 in classical Chinese resembles a garment; 裳 is worn as a lower garment. 尚 means being particular about sth. The components combine to suggest people are particular about the way they dress.

㊀ chánɡ 古人穿的下衣，是裙的一种 lower garment worn in the past; skirt ㊁ shanɡ 衣服 clothes：衣～ garment

chánɡ

偿

（償）

会意字。“亻”像人，表示将钱或物还给别人；“賞”（赏）有称赞义，表示偿还财物时应称赞和感谢对方。简体字亻、尝，表示人还债时必已尝到借债的好处或坏处，尝（chánɡ）兼表声。本义是归还。

偿 means return sth. It consists of 亻, a man, i.e. returning things to the rightful owner, and 賞（赏）, praiseworthy, i.e. one should praise and show appreciation when returning things to others. In simplified form, 亻 and 尝 (experience, learn) indicate when a debt is paid, one learns the positive or negative points of borrowing money. 尝（chánɡ）also represents pronunciation.

① 归还 return：赔～ compensate ② 满足；实现 satisfy; realize：如愿以～ fulfill one's dream

chǎnɡ

厂

（廠）

会意字—象形字。“广”像房屋，“敞”指宽阔、无遮拦，表示四周敞露的简易房屋，敞（chǎnɡ）兼表声。简体字像简陋如棚的房屋。本义是没有墙壁的房屋。引申指工厂。

厂 originally meant a house with no walls, later by extension, factory. It consists of 广, a house, and 敞（chǎnɡ）, which represents pronunciation and means spacious and open (with no obstacles), i.e. a simple house that is spacious and roomy. The simplified character resembles a shack or a simple house.

工厂 factory：～长 head of a factory | 船～ shipyard

chǎnɡ

敞

会意字。“攵”（攴）像手持棒击打，“尚”有高义，表示治理高地要敲碎土、石块使之平坦。本义是治理高地使之平坦。引申为宽阔、无遮拦。

The original meaning of 敞 was level high land, later extended to mean spacious and unobstructed. It comprises 攵（攴）, hit sth with a stick, and 尚, high i.e. to level high ground, it is necessary to break up the soil and rocks.

① 宽阔；没遮拦 spacious; unobstructed：～亮 bright and roomy | 宽～ spacious ② 张开；打开 extend; open：～开 open up | ～篷车 convertible

场 70页

chàng

畅
（暢）

会意字。“申”像阴电、阳电相遇闪电，闪电划破天空，有通达、无阻碍意；“昜”有开阔、光明义，表示畅通处大多开阔光明。暢简化为畅。本义是无阻碍。

暢 means without restriction. It consists of 申, lightning, suggesting free passage, without restriction, just the way lightning flashes across the sky, and 昜, right and spacious, i.e. the roomy and bright characteristics of passages, openings. 暢 has been simplified to 畅.

① 无阻碍 without restriction：～通 unimpeded｜流～fluent ② 尽情；痛快 to the fullest：～谈 talk to one's heart content｜～饮 drink to one's heart content

chàng

倡

形声字。亻表意，像人，表示歌舞艺人；昌（chāng）表声，昌有美好、美言义，表示歌舞艺人的歌舞美好。本义是歌舞艺人。基本义是首先提出、发起。

倡 originally signified entertainers; its basic meaning is to initiate, advocate. It consists of 亻, man, suggesting entertainers, and 昌（chāng）, which is phonetic and denotes fair and appropriate, i.e. the performance of entertainers.

首先提出；带头发起 initiate; advocate：～议 propose｜提～ advocate; promote

chàng

唱

会意字。“口”像张开的口，表示开口歌唱；“昌”像太阳（日）、开口说话（曰），有善、美义，表示歌唱声悦耳动听；昌（chāng）兼表声。本义是歌唱。

唱 means sing. It consists of 口, singing with mouth wide open, and 昌（chāng）, which represents pronunciation and depicts the sun（日）and a mouth open（曰）, ready to say something nice, i.e. singing that is soothing to the ears.

① 歌唱：～歌 sing｜演～ sing (in concert performance etc) ② 高声念出 read aloud：～票 call out the names of those voted for when counting ballots

chāo

抄

会意字。“扌”像手，表示手持叉子叉取；“少”指不多，表示以叉子取物量少，一次大多只能叉取一物。本义是叉取。基本义是抄写。

抄 originally meant to pick up sth with a fork; its basic meaning is to copy. It consists of 扌, hands holding a fork to pick things up, and 少, a small number of, i.e. a fork can only pick up a small quantity of thing each time.

① 照原文写 copy：～书 copy a book｜～录 record by copying ② 搜查并没收 search and confiscate：～家 search a house and confiscate all the property｜查～ raid and confiscate illegal property ③ 走近路 take a shortcut：～近道 take a shortcut chāo

钞

（鈔）

会意字。“金”（钅）像箭头、斧头和矿石，简体像箭头和钩子，表示手持金属兵器强取、掠夺；“少”表示钱财被夺则少。鈔简化为钞。本义是强取、掠夺。现指纸币。

The original meaning of 钞 was taking sth by force; it now refers to paper currency. It consists of 金（钅）, metal, suggesting armed with metal weapons and plundering, and 少, little, i.e. not much money is left after one is robbed. 鈔 has been simplified to 钞.

纸币 bills：～票 bills | 现～cash | 外～foreign currency

chāo

超

会意字。“走”像跑步的人和脚，“召”像刀和口，有快速呼唤意，表示超是快速越过。本义是越过。

超's basic meaning is exceed, surpass. It is composed of 走, a man running and a leg, and 召, a knife and a mouth, i.e. to summon sb quickly. In other words, 超 is cross over quickly.

① 越过；高出 surpass; beyond：～过 more than ② 突出的；不平常的 outstanding; extraordinary：～级 superior | ～群 preeminent

cháo

巢

象形字。古文字像树上有鸟窝。楷书像三只鸟栖息在果树上。本义是鸟窝。

巢 means nest. In early Chinese, the character depicts a bird nest on a tree. In regular script, it resembles three birds resting on a fruit tree.

① 鸟或蜂、蚁等的窝 nest：鸟～ bird nest | 蜂～ beehive | 蚁～ ant-hole ② 坏人盘踞的地方 hideout：～穴 den | 匪～ bandit's lair

cháo

嘲

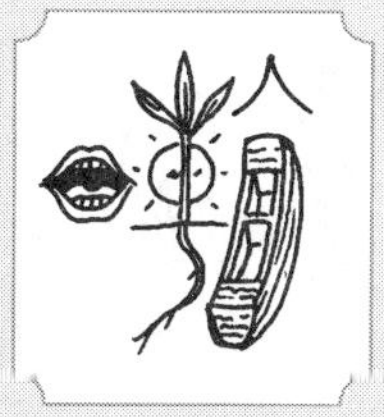

形声字。口表意，像张开的口，表示开口嘲笑；朝（cháo）表声，有向、面对义，表示向着某些人嘲笑。本义是嘲笑、嘲讽。

嘲 means ridicule, jeer. The character consists of 口, a mouth wide open, as in laughing, and 朝（cháo）, which represents pronunciation and denotes facing (a certain direction). Thus facing sb and laughing at them.

嘲笑；讽刺 mock; ridicule：～讽 laugh at | 冷～热讽 mock

朝 835页

cháo 潮

会意字。古文字像水流及日从草间升起，表示早晨的海潮。楷书“氵”像一串水珠，“朝”像草、日、月，表示潮水产生在清晨日刚升起、月尚未落下之时。本义是海水的涨落。

潮 refers to tidal actions. In ancient Chinese, the character portrayed flowing water and the sun rising over a meadow, indicating the morning high tide. In regular script, 氵 depicts a string of water droplets; 朝 depicts grass, sun and moon, i.e. the ebb and flow of tides at sunrise and sunset.

① 海水定时涨落的现象 tidal actions：～水 tides ② 像潮水一样起伏的 moving like tides：思～mental activity ③ 湿气；潮湿 dampness; humidity：受～ affected by humidity

chǎo 吵

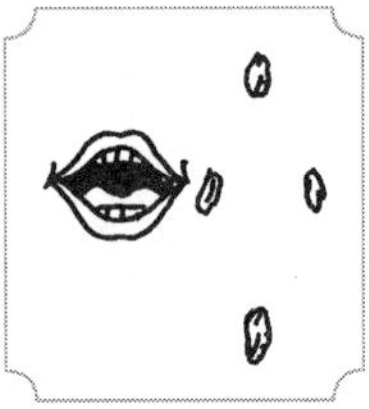

会意字。“口”像张开的口，表示开口叫嚷；“少”指数量不多，表示人们通常较少叫嚷。本义是叫嚷。

吵 means make a racket, clamor. It consists of 口, an open mouth, shouting, and 少, a small quantity, i.e. people do not usually make noise.

① 声音杂乱扰人 disturbance：～闹 noisy ② 争吵；口角 quarrel; disagreement：～架 quarrel | ～嘴 bicker

chǎo 炒

会意字。“火”表意，像火焰，“少”指时间不多，表示炒食物应火猛、时间短。本义是煎炒。

炒 means stir-fry, saute. The character contains 火, flames, and 少, a short amount of time. So, a short period over a good flame.

① 把食物放在锅里加热并不断翻动使熟 stir-fry：～菜 stir-fry vegetables | ～鸡蛋 omelet ② 指倒买倒卖 speculate：～汇 currency speculation | ～股票 play the stockmarket

chē/jū 车（車）

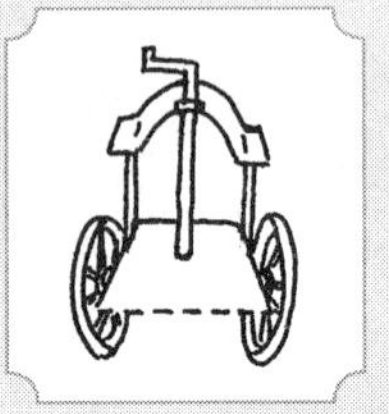
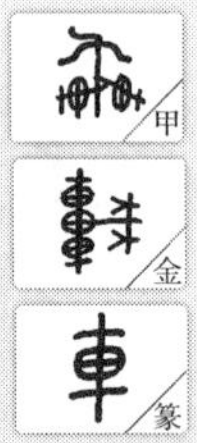

象形字。像古代的车子。車简化为车。本义是车子。

车 means vehicle. The character resembles a chariot used in ancient times. 車 has been simplified to 车.

㊀ chē ① 陆地上有轮子的交通工具 vehicle：～轮 wheels | 汽～ car ② 用轮轴转动的器械 wheel：纺～ spinning wheel | 风～ windmill ③ 用车床切削东西 to lathe：～零件 to lathe components or parts ㊁ jū 象棋棋子之一 one of the pieces used in Chinese chess chě

扯

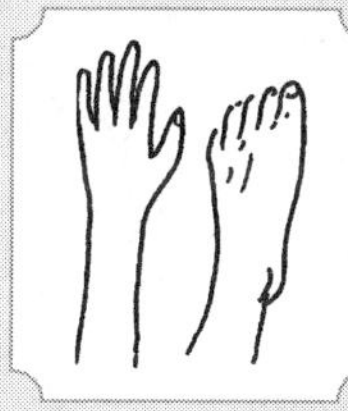

会意字。"扌"像手，表示用手撕物；"止"古文字像脚，脚在底端，表示从头撕到尾。本义是撕裂。

扯 means tear, tear off. It consists of 扌, hand, suggesting tearing sth with the hands, and 止, a leg. Since the leg is located at the bottom part of the body, 扯 implies tearing sth from end to end.

① 撕；拉 tear; pull：~布 buy cloth | 拉~ tug, pull ② 随便闲谈 causal talk：闲~ chat | 东拉西~ ramble (in speech)

chè

彻

（徹）

会意字。甲骨文像手（又）持鬲，表示餐后撤下食器。金文"攴"表示撤除。篆、楷书增"彳"，像路，有通、透意。简体字"彳"像路，"切"像用刀断物，表示通、透。本义为撤除。基本义是通、透。

彻 originally meant remove; its basic meaning is thorough or through. In bone inscriptions, it resembles a hand（又）putting down a food container at the end of a meal. In bronze inscriptions, 攴 means withdraw or remove. 彳 is added in seal and regular scripts; it resembles a road, indicating open or clear. In simplified form, 彳 is road, 切 is cut, i.e. unobstructed.

通；透 through：贯~ carry through | 透~ thorough

chè

撤

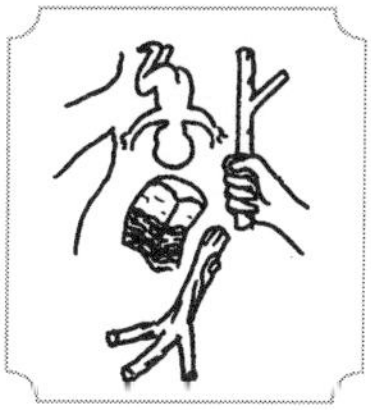

会意字。篆书"力"像农具，表示用力除去；"徹"有除去义；徹（chè）兼表声。楷书"扌"像手，表示动手除去；"育"指生育，即婴儿脱离母体，撤也有脱离意；"攵"像手持棍棒，有强逼除去意。本义是除去。

撤 means remove. In seal script, 力 depicts farming tools, i.e. removing sth by force; 徹（chè）represents sound, and means remove (sth). In regular script, 扌 represents a hand, thus, removing sth with hands; 育 means giving birth to a baby, thus, detach or separate (from the mother's body); 攵 resembles a hand holding a stick, thus, removing by force.

① 除去 remove：~职 dismiss sb from a post | ~消 revoke ② 退离；收回 withdraw：~兵 withdraw troops | ~离 evacuate

chè

澈

形声字。氵表意，本像流水，现像水珠，表示水清澄；徹（chè）表声，徹有通透到底义，表示水清澄则可见底。本义是水清。

澈 refers to the clarity of water. It consists of 氵, water, i.e. clear water, and 徹（chè）, which represents pronunciation and means through, i.e. water is so clear that light can penetrate right through it.

水清 clarity of water：清~ clean and clear | 澄~ crystal clear

chén 臣

象形字。像竖着的眼睛，人在低头时眼睛竖立，指俯首屈服的男性奴隶。本义是男性奴隶。引申为官吏。

臣 originally meant male servant; it was extended to refer to subjects, ministers. The character depicts an eye in a vertical position, i.e. the eyes of a person with his head lowered, symbolizing a male servant submitting himself to the rule of his master.

君主时代的官吏 officials (of ancient times)：君～ emperor and servants | 大～ senior official

chén 尘（塵）

会意字。篆书像三头鹿奔跑扬起尘土。楷书像一头鹿奔跑扬起尘土。简体字表示尘是细小的灰土。本义是飞扬的灰土。

尘 means dust flying up from the ground. In seal script, the character depicts three deer galloping, causing dust to fly up from the ground. In regular script, it resembles a deer galloping, kicking up dust. Its simplified form, 尘, suggests small（小）dust particles（土）.

细小的灰土 small dust particles：～埃 dust; dirt | 灰～ dust

chén 辰

象形字。甲骨文像用蚌壳制成的农具。本义是蚌镰。

The original meaning of 辰 was a sickle used to gather clams. In bone inscriptions, the character resembles a farming tool made with seashells.

① 地支的第五位 fifth element in the Earthly Branches：丙～ third element in the Heavenly Stems and fifth element in the Earthly Braches ② 辰时，上午七时至九时 time period from 7am to 9am ③ 日、月、星的总称 generic term for Heavenly bodies：星～ celestial bodies ④ 日子；时间 day; time：生～ time of birth | 时～ time

chén 沉

会意字。甲骨文像牛沉入水中。金文、篆书"水"像水流，"冘"指进行，表示物体浸没水中。楷书表示将多余无用（冗）之物沉入水（氵）中。本义指没入水中。

沉 means submerge in water. In bone inscriptions, the character depicts a cow sinking in water. In bronze inscriptions and seal script, 水 depicts flowing water; 冘 refers to the course of an action; they suggest sth sinking. In regular script, the character depicts submerging useless and unnecessary（冗）objects in water（氵）.

① 没入水中 submerge in water：～没 sink ② 往下落；陷落 fall：～陷 sink ③ 分量重 heavy：～重 heavy; burdensome ④ 程度深 profound：～思 in deep thoughts ⑤ 稳重；镇定 stable; calm：～着 composed; steady

chén 忱

会意字。“忄”像心脏，“冘”像人出门，有出发、行进义，表示真诚从心中发出。本义是真诚、守信。引申为真诚的心意。

忱 refers to sincerity. It is composed of 忄, heart, and 冘, a man walking out of a door, i.e. setting off or moving off. Together, the components symbolize sincerity coming from within the heart.

真诚的心意 sincerity：热～ passion | 赤～ extremely sincere

chén 陈（陳）

会意字。“阝”像山坡，“土”像地上有土，“東”像日从木（树）后升起，表示日出东方山坡陈列眼前。篆、楷书省去“土”。陳简化为陈。本义是陈列。

陈 means display. It consists of 阝, a slope, 土, soil on the ground, and 東, sun rising behind trees 木（树）, i.e. a mountain slope becoming visible as the sun rises. The component 土 is omitted in seal and regular scripts. 陳 has been simplified to 陈.

① 摆放 display：～列 exhibit | ～设 display ② 叙说 narrate：～述 describe | ～说 recount ③ 时间久的；旧的 obsolete：～酒 vintage wine | ～货 old goods ④ 姓 a family name

chén 晨

会意字。甲骨文像双手和农具，表示早晨手持农具劳作。金文增“止”（脚），表示手持农具去劳作的时候是早晨。楷书表示太阳（日）升起的时辰（辰）是早晨，辰（chén）兼表声。本义是早晨。

晨 means morning. In bone inscriptions, the character depicts two hands and farming tools, indicating farmers toiling in the morning. 止（脚）is added in bronze inscriptions, suggesting work begins in the morning. In regular script, 晨 suggests morning; 辰（chén）is phonetic and refers to the time when the sun（日）rises.

早晨 morning：～光 morning rays | 清～ early morning

chèn 衬（襯）

会意字。“衤”古文字像上衣，“親”（亲）有亲近义，表示衬是贴近身体的内衣。简体字表示衬是较短小（寸）的内衣（衤）。本义是内衣。引申为衬在里面的。

衬 originally meant inner garment; later it was extended to mean to place sth underneath. In classical Chinese, 衤 represents a top garment, 親（亲）means closeness; so 衬 is an undergarment, worn close to the skin. Its simplified form suggests 衬 is a small（寸）undergarment（衤）.

① 衬在里面的 placed underneath or within：～衣 undergarment | ～纸 slip sheet ② 陪衬 serve as a contrast：～托 contrast | 映～ set off

C

chèn
趁

会意字。“走”像甩臂迈步的人和脚，表示追赶；“㐱”像人和发，有头发密集义，表示追赶是靠近、逼近。本义是追逐。

趁 means chase after. It consists of 走, sb striding with his arms swinging, i.e. running after (sth or sb), and 㐱, a man and hair, i.e dense hair, suggesting the meaning of “being close to” or “near”. The combination suggests chasing gets you close.

利用条件；抓住时机 make good use of circumstances; grasp the opportunity：～早 (do sth) while it is early｜～机 make use of an opportunity

chēng/chèn
称
（稱）

会意字。甲、金文像手提着鱼。篆、楷书增“禾”，表示用禾茎搓成绳提系。简体字“尔”像络丝架，有缠绕意。本义是提。

The root meaning of 称 is to hold up. In bone and bronze inscriptions, the character resembles a hand holding up a fish. 禾 is added in seal and regular scripts; it suggests twisting the stems of grains into ropes for tying things. 尔 in simplified form resembles silk yarn, symbolizing coiling and twisting.

㊀ chēng ① 衡量物体重量 weigh：～体重 weigh oneself ② 叫；叫做 call; to address：自～ I call myself so-and-so ③ 名字；称呼 name：名～ name ④ 说 say：人人～便 people find sth a great convenience ⑤ 赞扬 praise：～赞 praise ㊁ chèn 适合；相当 fit; suit：相～ match

chēng
撑

会意字。篆书“扌”像手，“牚”有支撑义，表示用手是向上抵住，牚（chēng）兼表声。楷书右边是“掌”，表示用手掌抵住。本义是抵住、支持。

撑 means support. In seal script, 扌 represents a hand, 牚（chēng）represents pronunciation and means to support, i.e. lifting up hands to support sth. In regular script, the component on the right hand side is 掌, signifying to support with the palm.

① 抵住；支持 support：～住 endure｜支～ bear; support; endure ② 张开 open：～伞 hold an umbrella ③ 装满；塞足 fill up; stuff：口袋～破了 pocket is stuffed (with sth)

chéng
成

会意字。甲、金文“戊”像大斧，“丨”像杵，表示有斧、杵就可完成事情。篆书“戊”像大斧，“丁”指男子，表示有了武器和男子就能办成事情。本义是完成。

成 means finish, accomplish. In bone and bronze inscriptions, 戊 resembles a big axe, 丨 resembles a pestle, i.e. axe and pestle can help one to accomplish tasks. In seal script, 戊 resembles an axe, 丁 represents a man, i.e. man can accomplish tasks with the help of tools.

① 完成；成功 accomplish; succeed：～交 deal (transaction)｜～败 success and failure, refer to outcome in general ② 成果 fruit of labor：坐享其～ idle while enjoying the fruit of others' labor ③ 变为；成为 to turn into; become：～灾 become a disaster ④ 已成的 instant：现～ instant ⑤ 整 entire：～天 entire day ⑥ 十分之一 10 percent：七～新 seventy percent new; rather new

错 117页

chéng 呈

会意字。篆书“壬”像人站在土堆上，“口”像张大口，表示显出。楷书口、王，表示口头向帝王呈报。本义是显出。引申为呈报。

呈 originally meant show, then later, to report (to a higher authority). In seal script, 壬 depicts a man standing on a pile of earth; 口 resembles a wide open mouth. Together, they mean to show. In regular script, the character, 呈, means to report verbally (口) to the emperor (王).

① 显出 show：～现 display; exhibit ② 恭敬地送上 present with sincerity：～献 present ③ 下级给上级的公文 documents presented to a superior：～文 petition; memorial | 辞～ resignation

chéng 诚（誠）

形声字。言（讠）表意，像张口说话，表示言语真诚；成（chéng）表声，兼表诚是真心成全他人。誠简化为诚。本义是真心实意。

诚 means sincere, honest. It consists of 言（讠）, to speak, express sincere words, and 成（chéng）, which is phonetic and implies 诚 means to help sb wholeheartedly. 誠 has been simplified to 诚.

① 真心实意 sincere：～实 honest | 真～ sincerity ② 实在；的确 real; certainty：～然 in fact; although

chéng 承

会意字。甲、金文像双手向上托人，表示捧着、托着。篆书增加一只手，突显向上托。本义为捧着、托着。

承 originally meant support, hold up. In bone and bronze inscriptions, the characters depict a pair of hands lifting a man up, i.e. supporting or holding up. In seal script, another hand is added, emphasizing support from below.

①接受；担当 accept, shoulder (responsibility, duty)：～受 accept, bear (responsibility etc) | ～担 shoulder (responsibility, stress etc) ② 客气话，受到 (polite form) receive：～蒙 be granted a favor ③ 继续；接续 continue：继～ succeed (office, estate etc) | ～上启下 establishing a connection between what comes before and what follows

chéng 城

会意字。金文像城墙和大斧，表示用武器保卫城池；成（chéng）兼表声。篆、楷书土、成，表示城用土石筑成。本义是城墙。

城 originally meant city walls. In bronze inscriptions, it resembles a protective wall encircling a city and a big axe, suggesting a city protected with weapons. 成（chéng）represents pronunciation. In seal and regular scripts, 土 (earth) and 成 (finish) imply city walls are built with mud and stones.

① 城墙 city walls：～门 city gate | 长～ The Great Wall of China ② 城市 city：～乡 city and countryside | ～区 city area chéng

乘

会意字。甲、金文像人（大）站在树（木）上。篆书以两只脚（舛）取代两条腿。本义是登上。引申为骑、坐。

乘 means ascend; its extended meaning is ride or sit (on horses, carts etc). In bone and bronze inscriptions, the character resembles a man（**大**）standing on a tree（**木**）. In seal script, the legs of the man are replaced by two feet（**舛**）.

① 骑；坐 ride; sit：～车 travel by car | ～客 passenger ② 趁着；利用 while; make use of：～便 at one's convenience | ～机 make use of the opportunity ③ 数学中的乘法 (mathematics) multiply

chéng/shèng

盛

会意字。"皿"像器皿，"成"有完成、实现义，表示器皿可以如愿盛放食物，成（chéng）兼表声。本义是把东西放在容器里。

盛 means putting sth in a container. It consists of **皿**, a container, and **成（chéng）**, which represents pronunciation and means accomplish, succeed, result. Thus, a container that serves successfully as a container for food.

㊀ chéng 把东西放进容器 putting sth in container：～饭 serving rice in a bowl ㊁ shèng ① 兴旺；繁茂 prosperous：～世 prosperous dynasty ② 盛大；隆重 grand; formal：～会 grand party, ball or celebration ③ 深厚 deep; profound：～情 hospitality ④ 普遍；广泛 common; popular：～行 widely available; in mode ⑤ 姓 a family name

chéng

程

形声字。禾表意，像谷类植物；呈（chéng）表声，呈有显示义，表示称谷物显示其重量。本义是计量。引申为规矩、法则。

程 means measure, extended to mean rule, regulation. It consists of **禾**, grain, and **呈（chéng）**, which is phonetic and denotes show, display, i.e. weigh grain and announce how much it weighs.

①规矩；法则 rule; regulation：～式 formula | 章～ itinerary; schedule ② 程序 sequence：议～ proceedings (meeting) | 进～ progress ③ 里程；路程 journey：行～ itinerary | 起～ embarkation ④ 姓 a family name

chéng

惩（懲）

会意字。"心"像心脏，"徵"、"征"有兆头、迹象义，表示一有不好的兆头、迹象，心中就会警戒。本义是警戒。

惩 means to be on one's guard. The character is made up of **心**, heart, and **徵**, later simplified to **征** which symbolizes a telltale sign. Thus, a bad omen will put the heart on guard.

① 警戒 be on guard：～戒 punitive | ～前毖后 learn from one's mistake and not repeat it ② 处罚 punish：～罚 punish severely | 严～ severe punishment

chéng/dèng 澄

会意字。“氵”本像水流、现像水珠，“登”指从低处到高处，表示水清澈能使水底的景物反映到水面上来。本义是水很清。

澄 means crystal clear water. It consists of 氵, water, and 登, moving from low to high, i.e. things below the surface being seen through clear water.

㊀ chéng ① 水很清 crystal clear water：～彻 crystal clear ② 把事情弄清楚 clarify sth：～清事实 clarify sth and know the truth
㊁ dèng 使液体里的杂质沉淀下去 sink (impurities in water)

chéng 橙

会意字。“木”像树，表示橙树；“登”有庄稼成熟义，表示秋天收割庄稼时橙子成熟。本义指橙树及其果实。

The root meaning of 橙 is orange tree and its fruit, the orange. It consists of 木, tree, and 登, which indicates the maturing of crops, i.e. oranges mature during the harvest season in autumn.

① 果树名，常绿乔木，果实叫橙子，可以吃 orange：～皮 orange peel | 甜～ sweet orange ② 红和黄合成的颜色 the color, orange：～色 orange

chěng 逞

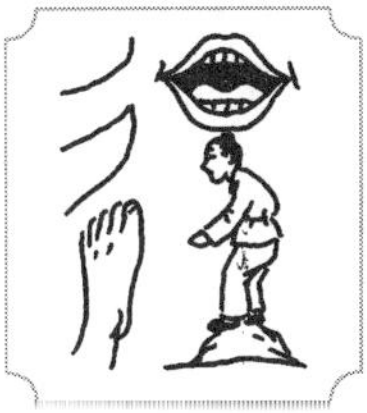

形声字。辶（辵）表意，像路和脚，表示通达；呈（chéng）表声，篆书像人站在土上张口喊叫，楷书像张口向王禀告，呈有显示义，表示显示出通畅。本义是通达。

逞 means succeed in doing sth. It consists of 辶（辵）, a path and a leg, i.e. arrival at (a place), and 呈（chéng）, which is phonetic. 呈 in seal script depicts a man shouting while standing on a pile of earth; in regular script, it depicts a man reporting to a king. The components suggest smooth going with no barriers.

① 实现 to realize：得～ to get what one wants ② 显示 to display：～能 parade one's abilities | ～强 parade one's ability in order to be outstanding ③ 放纵 indulge：～凶 act violently | ～性子 willful

chèng 秤

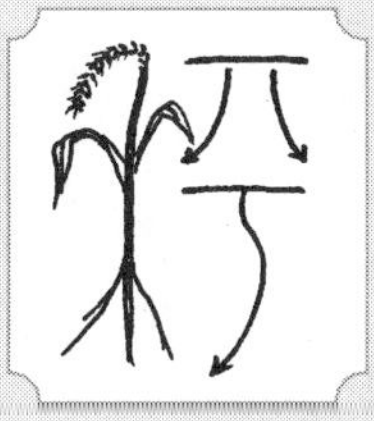

会意字。“禾”像谷类植物，表示衡量谷物轻重的器具；“平”指不倾斜，表示秤杆平称出的重量才准确。本义是衡量物体轻重的器具。

秤 means a steelyard balance. It is composed of 禾, grain, suggesting a weighing scale for grain, and 平 means balance, signifying a balanced weighing rod.

称重量的器具 steelyard balance：～杆 weighing rod (part of steelyard balance) | 磅～ weighing scale

C

chī

吃

会意字。"口"像张开的口，"气"像弯曲的气体，表示口吃者声音不能自然发出。楷书的"乞"有要求义，表示口吃者急着要把话讲出来。本义是说话结巴。引申为吃东西。

吃 originally meant stutter, later, it came to mean eat. It consists of 口, an open mouth, and 气, wisps of rising vapor. Thus, the sound of the stutterer is not clear. 乞 in regular script signifies plea, the plea of a person who stutters as he tries to speak.

① 吃东西 eat：～饭 eat; having a meal | ～药 take one's medicine ② 受；挨 experience; suffer：～惊 get a shock | ～亏 lose out ③ 消灭 destroy：～掉敌人 defeat one's enemy

chī

嗤

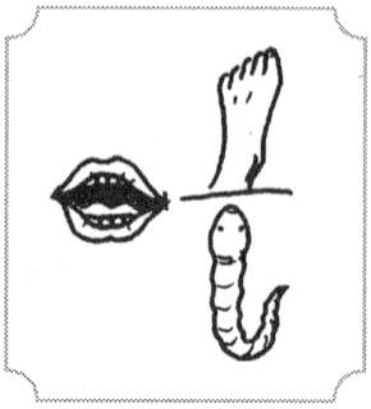

形声字。口表意，像张开的口，表示口中发出讥笑声；蚩（chī）表声，有虫蠢动义，引申为无知，表示讥笑是一种无知的表现。本义是讥笑。

嗤 means laugh at, jeer. It comprises 口, an open mouth, showing sb laughing, and 蚩（chī）, which represents pronunciation and suggests the movement of worms, by extension, ignorance, i.e. ignorance of those who jeer.

讥笑 jeer：～笑 mock at | ～之以鼻 turn up one's nose at

chī

痴

会意字。"疒"像病床，表示痴者头脑有病；"疑"像疑惑的人、婴儿和脚，有迷惑不定义，表示痴者迷惑而不明事理。楷书知、疒，表示见解、知识有毛病。本义是傻、笨。

痴 means foolish, stupid. It consists of 疒, a hospital bed, in this case, some sort of mental problem, and 疑, a man scratching his head, and a baby above a foot, i.e. someone who is confused. The idea is that a fool is someone who is muddleheaded. In simplified form, 知 (knowledge) and 疒 suggest there is a problem with one's view points and knowledge.

① 傻；笨；无知 foolish; stupid; ignorant：～呆 dumb; slow | 白～ foolish person ② 极度迷恋 obsessed with：～情 smitten | ～心妄想 building castles in the air; impracticable

chí

池

会意字。"氵"本像水流，现像水珠，表示水塘；"也"本像蛇，表示池边多蛇，本义是水塘。

池 means a pond. The character consists of 氵, water, here referring to a pond, and 也, serpents, i.e. many serpents near a pond.

① 水塘 pond：～塘 pond | 水～ pond; pool ② 像池子的 sth that resembles a pond：花～ a pond full of flowers | 乐～ orchestra ③ 护城河 city moat：城～ city moat chí

弛

会意字。“弓”像弓，“也”像蛇，表示解下的弓弦弯曲如蛇，又表示弓弦解开后多盘绕在弓背上，状如蛇盘绕在植物上。本义是解下弓弦。引申为放松。

弛 originally meant to unbend a bow; its extended meaning is relax, let down one's guard. It consists of 弓, a bow, and 也, serpent; a bow string removed from a bow resembles a coiled serpent. Moreover, when the bow string is removed, it is usually kept coiled around the back of the bow, resembling a serpent coiling itself around a plant.

放松 relax：松～ loose | 一张一～ work hard and play hard

chí

驰

（馳）

会意字。“馬”（马）像马，表示马疾奔；“也”像蛇，表示马飞跑时松弛的缰绳如弯曲的蛇身。馳简化为驰。本义是马疾奔。

The core meaning of 驰 is gallop. It comprises 馬（马）, a horse, i.e. a galloping horse, and 也, a serpent. The reins, loosened when the horse is galloping, resembles a sinuous snake. 馳 has been simplified to 驰.

① 车马等快速奔跑 (vehicle, horse) traveling at a fast speed：奔～ speed (car etc); gallop (horse) | 飞～ (move) very fast ② 传扬 famous：～名 renowned | ～誉 be famous ③ 心思向往 yearn for：心～神往 yearn for

chí

迟

（遲）

会意字。甲骨文“彳”像岔路，“尼”像两人相背，表示前进缓慢。篆、楷书“犀”表示行走缓慢如犀牛。简体字“尺”表示脚步小如尺必慢，尺（chǐ）兼表声。本义是慢慢地走。泛指缓慢。

迟 originally meant walking slowly, then later, slow (moving). In bone inscriptions, 彳 resembles a crossroad; 尼 depicts two people standing back to back, i.e. advancing slowly. In seal and regular scripts, 犀 suggests moving as slowly as a rhinoceros. In simplified form, 尺（chǐ）is phonetic and indicates walking slowly with small steps.

① 缓慢 slow：～缓 slowly | ～钝 slow to react ② 晚 late：～到 late (appointment) | 延～ postpone

chí

持

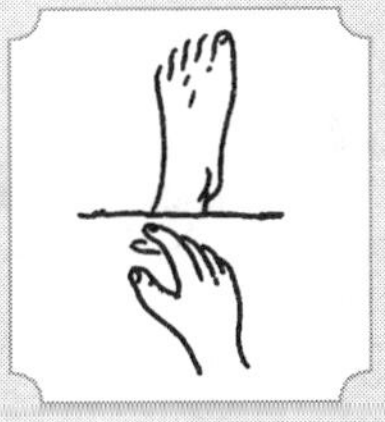

会意字。金文“寸”像手，表示用手掌握；“之”是代词，指代掌握的事物。篆、楷书“扌”像手，“寺”是持的本字，表示持是用手拿住。本义是拿、握着。

持 means hold, grasp. In bronze inscriptions, 寸 resembles a hand, i.e. supporting with a hand; 之, a pronoun, refers to the thing supported. In seal and regular scripts, 扌 represents hand; 寺 is the original written form of 持, meaning holding with the hand.

① 拿；握着 hold; grasp：～刀 hold a knife | ～枪 hold a gun ② 保持 maintain：～久 preserve | 坚～ persevere ③ 主管；治理 supervise; manage：～家 manage the family | 主～ host ④ 对抗 oppose：僵～ refuse to budge

chí/shi 匙

会意字。“匕”像勺，表示舀取食物的小勺；“是”有正意，表示舀取东西时匙应平正不倾斜。本义是舀取食物的小勺。

匙 means a spoon. The character is made up of 匕, a ladle, and 是, exact, correct, i.e. a ladle should be level not tilted when scooping soup.

㊀ chí 舀取食物的小勺 spoon：汤～ soup spoon ㊁ shi［钥匙］开锁的东西 key (for door)

chǐ 尺

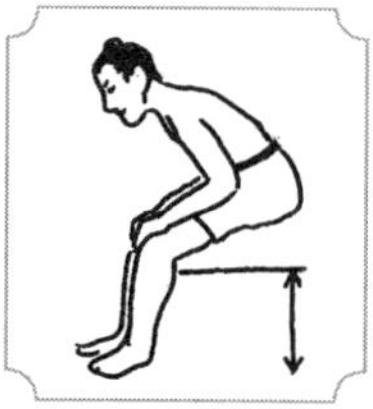

指事字。像标记出人的小腿肚到地面的长度为一尺。本义是长度单位。

尺 is a (traditional Chinese) unit of length. The character refers to the distance from the back of the knee to the ground.

① 长度单位 unit of measurement：～寸 size｜～码 size ② 量长度的器具 ruler：直～ straightedge; ruler｜卷～ measuring tape ③ 像尺的东西 sth that resembles a ruler：镇～ paperweight (in the shape of a ruler)

chǐ 齿（齒）

象形字—形声字。甲骨文像张口露出牙齿。金文加声符“止”（zhǐ）。篆、楷书在上下牙齿之间添加舌头。齒简化为齿。本义是牙齿。

齿 means teeth. In bone inscriptions, it resembles an open mouth showing teeth. In bronze inscriptions, 止 (zhǐ) is added to represent pronunciation. The component representing tongue is added between two rows of teeth in seal and regular scripts. 齒 has been simplified to 齿.

① 牙齿 teeth：～龈 gum ② 像牙齿的东西 tooth-like object：～轮 tooth (machinery)｜锯～ saw (tool)

chǐ 侈

会意字。“亻”像人，“多”像两块肉，有过分义，表示过分花费钱财。本义是浪费。

侈 means wasteful. The character consists of 亻, a man, and 多, two pieces of meat, suggesting more than necessary, i.e. overspending.

① 浪费 wasteful：奢～ extravagant｜穷奢极～ excessively extravagant ② 夸大；过分 exaggerate; more than necessary：～谈 exaggerating chǐ

耻

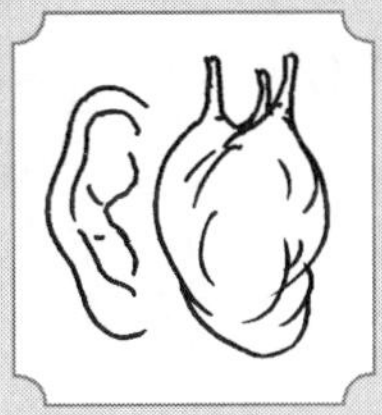

会意字。篆书"心"像心脏，"耳"像耳朵，表示听到指出过错后心中感到羞耻。楷书"耳"表示听见，"止"有止步意，表示闻过则知耻而止。本义是耻辱。

耻 means humiliation. In seal script, **心** resembles a heart and **耳** resembles an ear; the heart feels shame when errors are pointed out. In regular script, **耳** suggests audible and **止** means halt, i.e. being told of your errors, you feel shame and stop.

① 耻辱 humiliation：雪～avenge an insult | 奇～大辱 grave humiliation ② 羞愧 shame：羞～shameful | 可～embarrassing

chì

斥

会意字—指事字。篆书"广"像房屋，"屰"像倒反的人，表示房屋向外扩展。楷书"斤"是斧子，"丶"代表砍痕，表示斥责人如利斧。本义是扩展房屋。基本义是责备。

The original meaning of **斥** was to expand a house; its basic meaning is now to scold, reprimand. In seal script, **广** resembles a house, **屰** depicts a man upside down, i.e. a house expanding outwards. In regular script, **斤** means axe, with **丶** signifying a mark, i.e. a reprimand is like a sharp axe.

① 责备 reprimand：～责 reprimand | 驳～argue to oppose sb's view ② 使离开 ask sb to leave：～退 dismiss sb from his post | 排～discriminate ③ 充满 be full of：充～pervade

chì

赤

会意字。古文字像人烤火，楷书像一排火苗烘烤泥土，表示红色。本义是红色。

赤 means red. In ancient Chinese, the character depicts a man trying to start a fire. In regular script, it resembles clay baked over a row of flames, i.e. red.

① 红色 the color red：～豆 red bean | 面红耳～blush; become enraged ② 忠诚 loyal：～诚 faithful | ～胆忠心 loyalty; devotion ③ 裸露 bare：～脚 bare-footed ④ 空无所有 devoid of：～贫 destitute | ～手空拳 with empty hand (without any support)

chì

翅

会意字。"羽"像羽毛，表示翅膀；"支"指支持、支撑，表示鸟飞行时有赖翅的支持而不坠落。本义是翅膀。

翅 means wings. The character consists of **羽**, feathers, i.e. wings, and **支**, support, i.e. birds fly, supported by wings.

① 翅膀，鸟类或昆虫的飞行器官 wings：双～ a pair of wings | 插～难飞 escape is impossible ② 鱼的鳍 fins (of fish)：鱼～ fins (of fish)

chōng 充

会意字。像刚出生的婴儿和趴着的人，表示育子成人。本义是育子成人。引申为满、足。

充 originally meant to nurture a child; its meaning evolved to mean full of, enough. The character resembles a newborn and a person crouching.

① 满的；足够的 full; sufficient：~分 to the fullest | ~足 sufficient ② 填满 fill up：~饥 fill up the stomach | ~电 recharge (battery) ③ 担任 take on the responsibility (of)：~任 take on the post (of) | ~当 serve as ④ 假冒 imitate：冒~ imposter | 以次~好 substitute sth with an inferior one

chōng/chòng 冲 (㊀衝)

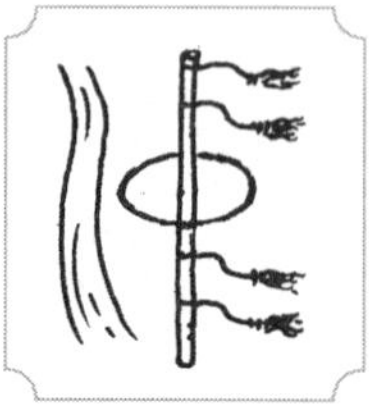

会意字。“氵”像水流、水珠，“中”指内，表示水域中水涌动。楷书“冫、中”，表示水域中冰碴涌动。本义是水涌动。

冲 refers to the movement of water. It consists of 氵, water, and 中, inside, i.e. the movement of water in a water body. 冫 (ice) and 中 in regular script describe the movement of ice.

㊀ chōng ① 用水浇 pour water over (sth)：~茶 make tea ② 洗刷 wash：~洗 wash ③ 抵消 offset：~账 achieve a balance (in accounting) ④ 猛烈碰撞 big collision：~撞 serious collision ⑤ 交通要道 main road：要~ important traffic passage ㊁ chòng ① 向；对着 face (direction)：~着我笑 smiling at me ② 力量大；气味浓 great strength; pungent：这烟太~。The smell of the smoke is overwhelming.

chóng 虫 (蟲)

象形字。像虫，勾画出虫的大头和曲身。篆、楷书像三条虫。简体字简化为一条虫。本义是昆虫。

虫 means insects. The character resembles a worm with a big head and curled up body. It resembles three worms in seal and regular scripts. In simplified form, the character is reduced to one worm.

① 昆虫 insect：害~ pests | 益~ beneficial insects | 飞~ bug that flies ② 动物 animal：羽~ winged animal | 大~ tiger

chóng 崇

会意字。“山”像高山，“宗”像屋内有祭祖的供桌，祖宗是崇高的，表示崇是山高大。本义是山高大，泛指高。

崇 originally meant tall mountains; it is now generally use to mean tall, high. It consists of 山, tall mountains, and 宗, an ancestral altar in a house. Ancestors are highly respected; hence 崇 implies mountains are tall and highly regarded.

① 高 high; tall：~高 lofty | ~山峻岭 tall mountains and lofty range ② 尊重 respect：~拜 idolize | 推~ recommend

重 859页

chǒng 宠 (寵)

会意字。“宀”像房子，“龍”（龙）像传说中的龙，龙是神兽，象征显贵，表示显贵的房子。寵简化为宠。本义是显贵的房子。引申为偏爱、溺爱。

宠 originally meant a luxurious house, then later, dote on, spoil (a child). It consists of 宀, a house, and 龍（龙）, dragon, a Chinese legendary animal which represents wealth, i.e. a lavish house. 寵 has been simplified to 宠.

① 偏爱；溺爱 dote on; spoil：～爱 dote on; spoil | 得～ in sb's good graces ② 荣耀 honour：～辱不惊 remain calm; indifferent to praises and insults

chōu 抽

会意字。“扌”像手，“由”指从，表示用手从物体中拉出。本义是拔出、抽出。

抽 means pull, take out, extract. It is composed of 扌, hand, and 由, "from", i.e. pull sth out.

① 拉出；提取 pull out; extract：～签 draw lots | ～取 extract ② 长出 grow：～芽 sprout; bud | ～穗 (cereal plants) grow ③ 吸 suck; draw (water etc)：～水 flush the toilet | ～烟 smoke ④ 收缩 contract：～筋 muscle cramp ⑤ 用条状物打 lash; whip：～打 lash; whip

chóu/Qiú 仇

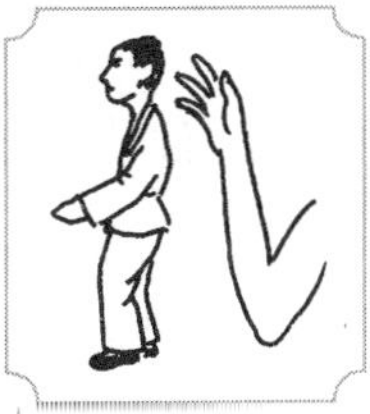

会意字。“亻”像人，“九”是最大个位数，有长久意，表示伴侣大多白头偕老。本义是伴侣。基本义是仇敌。

仇 originally meant partner; it now refers to enemies. It consists of 亻, a man, and 九, the biggest single-digit numeral, signifying everlasting, i.e. partnerships generally last a long time.

㊀ chóu ① 敌人 enemies：～人 enemies | 疾恶如～ abhor evil like an enemy ② 仇恨 hatred：结～ become enemies | 报～ take revenge ㊁ Qiú 姓 a family name

chóu 绸 (綢)

会意字。“糸”（纟）像丝线，“周”有环绕义，表示用线绳缠绕物体。綢简化为绸。本义是缠绕。基本义是绸缎。

绸 originally meant coil, twine; it now refers to silk. It consists of 糸（纟）, silk thread, and 周, encircle, i.e. use a thread, string to tie around sth. 綢 has been simplified to 绸.

薄而软的丝织品 silk products：～缎 silk; satin | 彩～ dyed silk

冲 86页

C

chóu

畴

（疇）

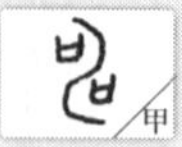

象形字—会意字。甲骨文像已开犁耕种的两块地。篆书加“田”，像农田。楷书“田”像农田，壽（寿）指岁月久，表示农田永久用于耕种。疇简化为畴。本义是已耕作的田地。

畴 means cultivated land. In bone inscriptions, it resembles two plots of cultivated land. 田 representing farmland is added in seal inscriptions. In regular script, 田 represents farmland and 壽（寿）signifies a long period of time, i.e. farmlands being cultivated over a long period of time. 疇 has been simplified to 畴.

① 田地 land：田～ cultivated land | 平～千里 level farmland that extends thousands of miles ② 种类 types; categories：范～ scope

chóu

酬

形声字。酉表意，像酒坛子，表示敬酒；州（zhōu）表声。本义表示主人再次给客人敬酒。引申为报答。

酬 originally meant a host toasting his guests with wine, later by extension, to repay kindness. It consists of 酉, a wine jar, suggesting toasting with wine, and 州（zhōu）, which represents pronunciation.

① 报答 repay kindness：～谢 thanks sb with presents | 报～ remuneration ② 交际往来 socializing：应～socialize ③ 实现 to realize：壮志未～ yet to realize one's ambition

chóu

稠

会意字。“禾”像谷类植物，“周”像阡陌纵横的农田和口，有周密义，表示禾多而密。本义是多而密。

稠 means numerous, dense, thick. It consists of 禾, grain crops, and 周, a mouth and farmland crisscrossed with footpaths, suggesting thick, dense, i.e. an abundance of grains as thick and densely packed.

① 多而密 numerous; thorough：～密 dense; thorough | 地窄人～ densely populated ② 水分少；浓度大 thick (soup, dessert etc)：～粥 thick congee | ～糊 thick paste

chóu

愁

会意字。“心”像心脏，表示心中忧虑；“秋”指谷物（禾）成熟可煮（火）来吃的季节是秋天，秋天花草树木凋零，易使人触景生愁。本义是忧虑。

愁 means sadness, worry, sorrow. It comprises 心, heart, suggesting sorrow in the heart, and 秋, autumn, the season when matured grains（禾）can be harvested and cooked（火）for eating. The components suggest autumn is a season when plants wither; this evokes sadness, and hence 愁 implies sorrow.

忧虑；担忧 worry; be anxious：发～ be worried | ～眉苦脸 worried look

C

chóu

筹

（籌）

会意字。“竹”像竹叶，表示竹签；“壽”（寿）指岁数大、经历多，表示投壶游戏以投入壶中的签多为胜。籌简化为筹。本义是古人玩投壶游戏用的竹签。引申为计数的用具。

筹 originally referred to bamboo sticks used in a traditional Chinese game; it later came to mean a tool used for counting. It consists of 竹, bamboo leaves, i.e. bamboo sticks, and 壽（寿）, old age and experienced, i.e. a traditional Chinese game in which whoever throws the most number of bamboo sticks into a pot wins. 籌 has been simplified to 筹.

① 计数的用具 tool used for counting：～码 gambling chips ② 谋划 plan; scheme：～划 plan | 统～ plan; organize

chǒu

丑

（④⑤醜）

象形字—会意字。甲、金文像手指弯曲，表示扭。篆、楷书像手扭物。本义是扭，此义现写作扭。

丑 originally meant twist, a meaning now represented by 扭. In bone and bronze inscriptions, the character resembles a bent finger, hence bend, twist. In seal and regular scripts, it depicts twisting sth with the hands.

① 地支的第二位 the second Earthly Branch：子～寅卯 the first four Earthly Branches ② 丑时，指半夜一点到三点 refers to time period between 1am and 3am ③ 戏剧里的滑稽角色 comedian; entertainer：～角 clown (in plays); comedian | 小～ clown (circus) ④ 相貌难看 ugly：～陋 unsightly | ～像 ugly, unsightly look ⑤ 令人讨厌或瞧不起 irritating：～闻 scandal | ～态 unsightly; inappropriate behaviour

chū

出

（⑦齣）

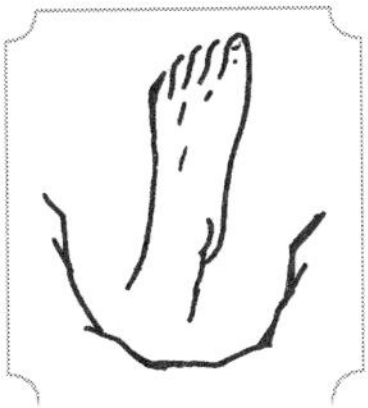

会意字。像脚跨出门洞，表示出去。楷书像“草”（屮）从凹地（凵）中长出。本义是出去。齣今简化为出。

出 means exit. It resembles a foot emerging from a cave, i.e. going out. In regular script, the character depicts grass（屮）growing out of an impression in the ground（凵）. 齣 has been simplified to 出.

① 出去 to go out：～门 leaving (home) | 进～ in and out ② 产生；发生 take place; occur：～产 produce | ～事 (for sth bad) to happen ③ 来到 to arrive：～席 turn up (for an event etc) | ～场 appearance (on stage) ④ 超过 over the limit：～界 out of bounds; beyond established limits | ～众 outstanding ⑤ 显露 display; exhibit：～名 famous | ～头 make one's mark ⑥ 拿出；支付 produce; pay：～力 contribute | 支～ expenses ⑦ 传记中的一回，戏曲的一个独立剧目。One chapter of 传记, short stories of the Tang and Song Dynasties (618-1279)

chū

初

会意字。像衣和刀，表示制衣由裁剪开始。本义是开始。

初 means begin, start. The character resembles a garment and a knife, suggesting the first step in making a garment is cutting a piece of cloth.

① 刚开始；第一次 beginning; first time：～学 first time learning (sth) | ～次 the first time ② 最低的 lowest：～级 beginner level | ～等 elementary ③ 本来的；原来的 the original：～愿 original intention | 和好如～ reconcile and be as amiable as before

臭 730页

C

chú

除

会意字。“阝”像一道道山坡，表示台阶是一层层的；“余”像房屋，房屋大多建在高处以防水淹，由低处到高处要走台阶。本义是台阶。

除 originally meant staircase, or doorsteps. It consists of 阝, a row of hillsides, i.e. like staircases, tier by tier, and 余, a house, i.e. most houses are built on higher ground to avoid floods; to get up to their houses, people take the stairs.

① 台阶 staircase：庭～ courtyard ② 去掉 remove：～掉 remove | 铲～eradicate ③ 不计算在内 exclude; not taking into account：～了 besides | ～外 except ④ 算术中的除法 division (mathematics)：～号 division sign | ～数 divisor

chú

厨

会意字。篆书“广”像房子，“尌”指操持，表示生火做饭菜的房子。楷书“厂”像简陋的厨房，“豆”像食器，“寸”指分寸，表示烹煮食物需掌握分寸。本义是厨房。

厨 means kitchen. In seal script, 广 resembles a house; 尌 means manage, i.e. a kitchen. In regular script, 厂 resembles a simple kitchen; 豆 resembles a food container; 寸 means measured or restrained, i.e. cooking requires one to have a good sense of proportion.

做饭菜的屋子 kitchen：～房 kitchen | ～师 cook chef

chú

锄

（鉏）

会意字。“金”（钅）像箭头、斧头和矿石，表示锄用金属制成；“助”表示用锄松土、除草，以助农作物生长。鉏简化为锄。本义是锄头。

锄 means a hoe. It consists of 金（钅）, metal, and 助, a hoe being used to loosen soil and uproot weeds to help crops grow. 鉏 has been simplified to 锄.

① 松土和除草用的农具 hoe：～头 hoe ② 用锄头除草、松土 to hoe：～草 hoe weeds | ～地 hoe fields ③ 去掉 eliminate：～奸 eliminate traitors and spies

chú

雏

（雛）

形声字。隹表意，像鸟；芻（刍chú）表声，指喂牲口的草，喂牲口前须把草铡得短小，因而有小意，表示雏是小鸟。雛简化为雏。本义是幼鸟，泛指幼小。

雏 refers to young birds. It consists of 隹, bird, and 芻（刍 chú）, which is phonetic and refers to the hay used to feed livestock. Hay has to be cut into shorter pieces before feeding to livestock, hence small, implying that 雏 refers to young birds. 雛 has been simplified to 雏.

幼禽；幼小的 young birds：～燕 young swallow | ～莺 young oriole

chú 橱

形声字。木表意，像树，表示橱用树木制成；厨（chú）表声。本义是放衣物的家具。

橱 means cabinet. The character consists of 木, a tree, i.e. 橱 is made of wood, and 厨（chú）, which indicates pronunciation.

放置衣物的家具 cabinet：衣～ wardrobe | 书～ bookshelf

chǔ/chù 处（處）

会意字。像头戴虎皮冠的人坐在几上，表示止息。简体字“夂”像朝下的脚，表示止息；“卜”像占卜的龟甲裂纹，占卜在室内，表示止息于居处。本义是止息。

处 means cease, take a break. It resembles sb wearing a hat made of tiger skin sitting on a side table, i.e. resting. In simplified form, 夂 resembles being on the ground, symbolizing to cease; 卜 resembles cracks on a turtle shell used for divination, which was performed indoors, i.e. resting in a house.

㊀ chǔ ① 居住 reside：久～乡间 having resided in the countryside for a long time ② 交往；在一起生活 in contact (with sb); living together：相～ get along (with sb) ③ 置身 be situated at：设身～地 be in sb's shoes ④ 办理 settle; manage：～理 handle (an affair) ⑤ 处罚 punish：～分 penalize ㊁ chù ① 地方 place; location：住～ place of residence ② 机关或部门 organization; department：办事～ agency; bureau

chǔ 础（礎）

形声字。石表意，像山崖下的石头，表示柱子下的石礅；楚（chǔ）表声。简体字石表意、出（chū）表声。本义是垫在房屋柱子下的石头。

础 means the stone base beneath a house. It comprises 石, stone, referring to the stone base at the bottom of a column, and 楚（chǔ）, which represents pronunciation. In the simplified version, 石 is the semantic element and 出（chū）is phonetic.

垫在房屋柱子下的石礅 foundation of a house：基～ foundation

chǔ 储（儲）

会意字。“亻”像人，“諸”（诸）有多义，表示财物积储成多以备人用。儲简化为储。本义是积蓄。

储 means to save. The character comprises 亻, a man, and 諸（诸）, many, i.e. people accumulating wealth for future use. 儲 has been simplified to 储.

① 积蓄；存放 save; deposit：～蓄 savings | ～备 reserve ② 姓 a family name

chǔ 楚

会意字。"林"像两棵树，表示丛生的灌木；古文字"足"像膝和脚，楷书"疋"指脚，表示灌木会阻挡脚行走。本义是灌木。引申为痛苦。

楚 originally meant shrubs, then later, pain. It consists of 林, two trees, indicating shrubs, and 足, a knee and a foot. 疋 depicts a foot in regular script. Hence, shrubs hinder walking.

① 痛苦 pain：痛～ pain | 苦～ suffering ② 清晰；整齐 clear; neat：清～ clear; vivid | 一清二～ very clear; thorough ③ 周朝国名 name of a state in Zhou Dynasty：～辞 Songs of Chu, an anthology by the historical figure, Qu Yuan

chù/xù 畜

会意字。甲、金文像牛拉犁的绳子和田地，表示耕地的牛是家畜。篆、楷书以"玄"（黑色）、"田"表示耕牛。本义是家畜。

畜 means livestock. In bone and bronze inscriptions, the characters resemble the harness tied around a buffalo to draw the plough and a plot of cultivated land, i.e. buffalo is used as livestock. In seal and regular scripts, 玄 (black) and 田 (cultivated fields) also suggest buffaloes used for ploughing.

㊀ chù 家畜 livestock：牲～ livestock | 家～ domestic animal ㊁ xù 饲养动物 rear animals：～牧 domestic animal | ～养 rear livestock

chù 触（觸）

会意字。"角"像动物的角，"蜀"像虫，表示兽以角抵物与虫一屈一伸前行的动作相似。简体字表示虫类以角或须来触物探路。本义是用角触物。

触 shows using feelers to probe sth, i.e. to touch. It consists of 角, an animal's horn, and 蜀, a worm, i.e. the way an animal uses its horns to move objects is similar to how a worm moves. In simplified form, the character depicts worms using feelers to find their way around.

① 碰到；遇到 encounter; meet：～礁 strike a reef | ～觉 sense of touch ② 感动；引起 move; arouse; stir up (an emotion)：感～ feeling; sentiment | ～怒 infuriate

chù 矗

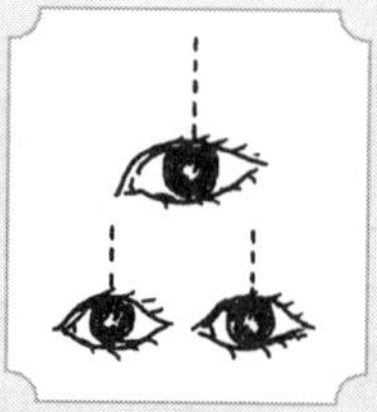

会意字。"直"甲骨文像眼睛（目）和目光（丨），有直立义，重叠的三个"直"表示高高地直立。本义是高高直立。

矗 means standing tall and upright. 直 in bone inscriptions resembles an eye (目) and seeing (丨), i.e. standing tall and upright. Three 直 on top of one another also means to stand upright, to tower over.

高高地直立 standing tall and upright：～立 standing tall and upright

处 91页

chuǎi/chuāi 揣

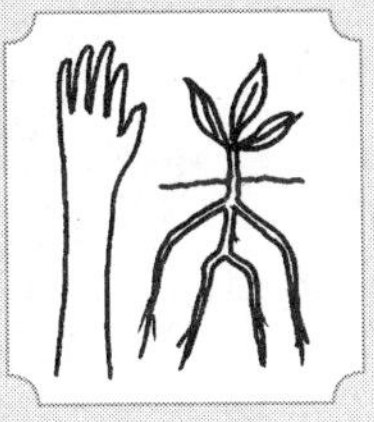

会意字。“扌”像手；篆书“耑”像植物，表示地面部分可用手量高度，地下的根须只能猜测；楷书“耑”像山和胡须，表示山或须皆可测量或估算。本义是测量。

揣 means estimate. It consists of 扌, hand, and 耑, a plant, i.e. the height of a plant from the ground can be measured by the hand whereas the length of those parts underground can only be estimated. 耑 in regular script resembles a mountain and a beard, i.e. the height of a mountain, like the number of hairs in a beard, can be measured or estimated.

㊀ chuǎi 估量；猜测 estimate：～测 guess; estimate | ～度 estimate; conjecture ㊁ chuāi 藏在衣服里 hide in the clothes：～在怀里 hide sth under one's clothes

chuān 川

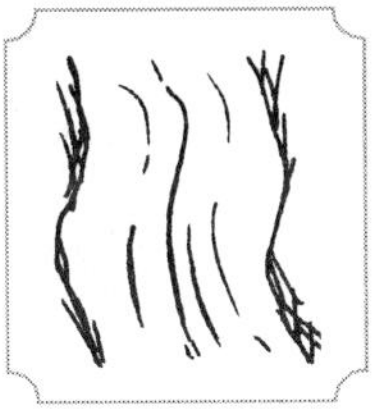

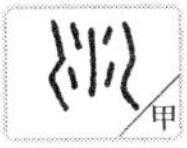

象形字。像河流，两侧是岸，中间是河水。本义是河流。

川 means river flow. The character resembles a river flowing: the two strokes at the sides represent river banks while the middle stroke represents water.

① 河流 river flow：山～ mountains and rivers | ～流不息 unceasing ② 平地；平原 plains：一马平～ wide stretch of plains ③ 四川省的简称 abbrev for Sichuan Province：～剧 Sichuan opera | ～菜 Sichuan cuisine

chuān 穿

会意字。“穴”像洞穴，“牙”像合拢的上下牙，表示咬破、穿透。本义是穿透。

穿 means pass through. It consists of 穴, a cave, and 牙, the upper and lower sets of teeth, i.e. to bite through or pass through.

① 凿孔；钻通 drill a hole：～孔 punch a hole | ～刺 puncture ② 通过 passing through：～梭 shuttle; pass through | ～山越岭 travel among mountains and hills ③ 透；破 thorough; broken：看～ see through (a lie etc) | 说～ speak the truth ④ 着衣服鞋袜 wear：～衣 get dressed | ～鞋 wear shoes

chuán/zhuàn 传（傳）

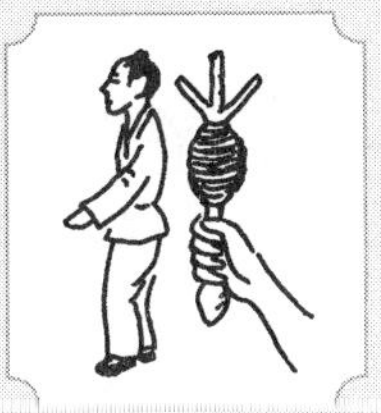

会意字。“亻”像人，“叀”（专）像手持纺专，有转动义，表示供人转换车马的驿站。傳简化为传。本义是驿站。引申为传递。

传 originally meant a stopover, then later, deliver. It consists of 亻, man, and 叀（专）, a hand holding a weaving machine, suggesting the action of turning over or exchange, i.e. a stopover for an exchange of horse and courier. 傳 has been simplified to 传.

㊀ chuán ① 传递 deliver：～达 deliver (message, intentions etc) ② 推广；扩散 promote; spread：～播 disseminate (message) ③ 表达 express：～情 express one's emotions ④ 召；叫来 summon：～讯 subpoena ㊁ zhuàn 记叙人物生平事迹或历史故事的文字 biography：自～ autobiography

chuán 船

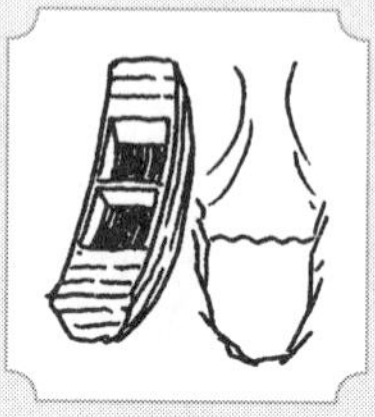

会意字。“舟”像船，“㕣”像水流入山谷，表示用于水道中航行的船。本义是水上的运输工具。

船 means boat. The character comprises 舟, a boat, and 㕣, water flowing into a valley, i.e. a boat navigating on a river.

水上的交通运输工具 boat：帆～ sailboat | 轮～ship

chuǎn 喘

会意字。“口”像张开的口，“耑”指专，表示张开口急促呼吸。本义是急促呼吸。

喘 means gasping for air. The character consists of 口, an open mouth, and 耑, same meaning as 专, signifying "in particular", i.e. breathing quickly, panting.

急促呼吸 panting：～气 pant | ～息 gasp for breath | 气～如牛 panting like a cow, means gasping for breath

chuàn 串

会意字。像一根绳贯串两个东西。本义是贯串。

串 means to string together. The character resembles a rope stringing up two items.

① 连贯 continuous; flow：贯～ continue throughout; penetrate | ～联 establish ties ② 勾结 in cahoots：～通 in conspiracy | ～供 conspire to produce statements that tally ③ 错误地连接 faulty connection：～行 cross | ～线 linked together ④ 往来走动 walking back and forth：～门 call at sb's home | ～亲戚 visit one's relatives ⑤ 量词 measure word：一～珍珠 a string of pearls

chuāng/chuàng 创（創）

会意字—形声字。金文像刀插入肉内，表示创伤。篆、楷书刂（刀）表意，表示用刀致伤；倉（仓cāng）表声。創简化为创。本义是创伤。

创 means wound. In bronze inscriptions, the character resembles a knife stabbing into flesh, indicating a wound. In seal and regular scripts, 刂（刀）is a semantic element and symbolizes hurting sb with a knife; 倉（仓cāng）is phonetic. 創 has been simplified to 创.

⊖ chuāng 伤；外伤 superficial wound：～口 wound | ～伤 wound (emotional) ⊜ chuàng 开始；首次做 start; pioneer：～办 founded | 开～ develop sth new

chuāng 疮（瘡）

形声字。疒表意，像病床，表示疮是一种病；倉（仓cāng）表声，像粮仓，仓内有粮食，表示疮内有脓血。瘡简化为疮。本义是皮肉肿烂的病。

疮 means an abscess containing pus. It consists of 疒, a hospital bed, i.e. 疮 is a disease, and 倉（仓 cāng）, which represents pronunciation and depicts a granary with grain inside just as 疮 refers to an abscess with pus inside, 瘡 has been simplified to 疮.

① 皮肉肿烂的病 abscess：～口 the open part of an abscess｜～疤 ulcer scar ② 外伤 superficial wound：刀～ scar caused by knife

chuāng 窗

会意字。“穴”像洞穴，“囱”像窗子，表示采光、透风的洞。本义是窗户。

窗 means window. The character is made up of 穴, cavern, and 囱, a window, i.e. a cavern open to the light and air.

窗户 window：～子 window｜天～ window on the top of a house｜～明儿净 speckless and clean

chuáng 床

会意字。篆书“爿”像床，“木”像树，表示床用树木制成。楷书“广”像房屋，“木”像树木，表示床是放在屋内的木制卧具。本义是卧具。

床 means bed. In seal script, 爿 resembles a bed, 木 resembles a tree, i.e. made of wood. In regular script, 广 resembles a house, 木 resembles wood, i.e. a bed is wooden furniture placed in the house.

① 睡觉的家具 bed：木～ wooden bed｜～铺 bed ② 像床的东西 sth that resembles a bed：机～ machine tool｜河～ river bed

chuáng/zhuàng 幢

会意字。“巾”像布，表示用布帛制成的一种旗帜；“童”指儿童，古时儿童不束发，表示幢的边穗有如儿童下垂的头发。本义是古时一种旗帜。现用作量词。

The original meaning of 幢 was hair. Now, it is used as a collective noun. It consists of 巾, cloth, here referring to a kind of flag made of cloth and silk, and 童, child. In ancient times, children did not tie up their hair; the ornaments on the flag resemble children's untied hair.

㊀ chuáng ① 古代作为仪仗用的一种旗帜 pennant; streamer ② 刻着佛的名字或经咒的柱子 pillar inscribed with the name of Buddha or incantations：经～ scripture wall｜石～ stone pillar ㊁ zhuàng 量词 measure word：三～房子 three houses chuǎng

闯

（闖）

会意字。像马闯入门中，表示猛冲。闖简化为闯。本义是猛冲。

The original meaning of 闯 is to charge at. The character resembles a horse charging into a house. 闖 has been simplified to 闯.

① 猛冲 charge at：～劲 pioneering spirit | ～关 to overcome hurdles ② 招惹 bring upon：～祸 get into trouble ③ 四处奔走谋生 wandering to earn a living：～江湖 wandering in order to make a living | 走南～北 travel widely

chuī

吹

会意字。像张开的口和张大嘴的人，表示人用口吹气。本义是吹气。

吹 means to blow air. The character resembles an open mouth and sb opening the mouth wide, i.e. blowing air from the mouth.

① 撮起嘴唇用力出气 blow：～口哨 whistle | ～喇叭 play the trumpet ② 空气流动 circulation of air：风～雨打 gusty wind and thunderstorm ③ 说大话 exaggerate：～牛 brag | 自～自擂 singing praises of oneself ④ 不成功 unsuccessful：这事～了。This is a failed attempt.

chuī

炊

会意字。"火"像火焰，表示用火烧饭；"欠"像人张口吹气，吹气能使火更旺。本义是烧火做饭。

炊 means cooking over a fire. The character consists of 火, flames, i.e. cooking over a fire, and 欠, sb blowing air to make the flame stronger.

烧火做饭菜 cook：～事 kitchen affairs | ～具 cooking utensils | ～烟 smoke from kitchen chimney

chuí

垂

会意字。"土"本像地面有堆土，"𠂹"像花朵低垂，表示古时垒土石或栽种植物作为边境的标志，𠂹（chuí）兼表声。本义是边陲、边疆，此义后写作"陲"。

The original meaning of 垂 was border area, frontier, a meaning that is now represented by 陲. 土 resembles dirt on the ground. 𠂹 (chuí) is phonetic and resembles flowers hanging low. Together, they symbolize stones and plants that were used in ancient times to delineate boundaries.

① 垂挂；低下来 hang low：～柳 hanging willow tree | ～头丧气 be crestfallen ② 流传 circulate：名～千古 fame and name that withstand the passing of time ③ 接近；快要 nearly：～危 critically ill; facing great peril | ～死挣扎 put up a last fight

chuí 捶

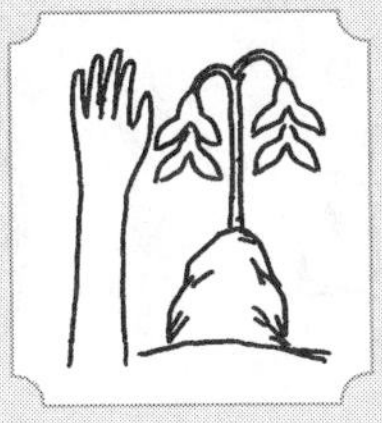

形声字。扌表意，像手，表示用拳头或棍棒捶打；垂（chuí）表声，像土上植物垂下花朵，有自上向下义，表示捶打的动作自上向下。本义是捶打。

捶 means to hammer. It consists of 扌, hand, implying hammering with the fist or a bat, and 垂（chuí）, which is phonetic and depicts a plant with flower hanging low, implying a top-down direction, i.e. the action of hitting, with the fist moving up and down.

用拳、棍敲打 to hammer：～背 back massage｜～击 to hammer

chuí/zhuī 椎

会意字。"木"像树，"隹"指短尾鸟，表示短木棒。本义指敲打用的木棒，今写作"槌"。

The original meaning of 椎 is a short stick, now represented by 槌. It comprises 木, a tree, and 隹, a bird with short tail, i.e. a short stick.

㊀ chuí ①敲东西的器具 bat：鼓～ mallet｜铁～iron rod ②同"捶"，敲打 to hammer：～胸顿足 be extremely annoyed ㊁ zhuī 椎骨 spinal cord：颈～ spinal column｜腰～ lumbar vertebra

chuí 锤（錘）

形声字。金（钅）表意，像箭头、斧头和矿石，表示锤用金属制成；垂（chuí）表声，有自上向下义，表示锤使用起来是自上向下敲打。錘简化为锤。本义是一种兵器。引申为锤子。

锤 originally meant an ancient weapon, later extended to mean hammer. It consists of 金（钅）, metal, i.e. hammers are made of metal, and 垂（chuí）, which is phonetic and denotes a top-down movement, as when using a hammer. 錘 has been simplified to 锤.

① 锤子，敲打东西的工具 hammer：铁～ hammer ② 用锤子敲打 to hammer：千～百炼 with a lot of practice ③ 像锤的东西 sth that resembles a hammer：秤～ sliding weight of a steelyard

chūn 春

会意字。甲骨文左边上、下是"屮"（草），中间是"日"（太阳），右边是"屯（像种子发芽生根），表示阳光明媚、草木发芽的季节是春天。金文、篆书"艸"像草，"屯"像种子生根发芽，"日"像太阳。楷书像植物和太阳。本义是春季。

春 means the spring season. In bone inscriptions, the top and bottom left components are 屮（grass）, the middle component is 日 (sun) and the right component is 屯 (seedling), i.e. the spring season. Bronze inscriptions and seal script have 艸 (grass), 屯 and 日. Regular script resembles plants and the sun.

① 春季 spring：～风 spring breeze ② 比喻生机 the spring of life：青～ one's youth chūn

椿

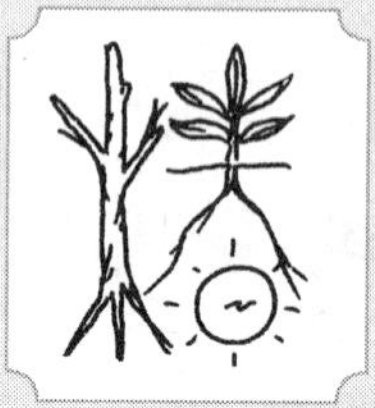

形声字。木表意，像树，表示椿树；春（chūn）表声，像植物和太阳，指春天，春天百花吐香，表示椿树香气四溢。本义是椿树。

The meaning of 椿 is the Chinese mahogany tree. It comprises 木, tree, here, the Chinese mahogany, and 春（chūn）, which represents pronunciation and depicts plants and sun as in spring when flowers bloom. Together, they symbolize the fragrance of the Chinese mahogany.

椿树，即香椿，落叶乔木，嫩叶有香味，可作菜吃。另有一种叫臭椿，叶子有臭味 Chinese mahogany

chún

纯

（純）

会意字。“糸”（纟）像丝，“屯”像种子生根发芽，有初始意，表示未染色的蚕丝。純简化为纯。本义是蚕丝。引申指单一、不混杂。

The original meaning of 纯 is silk; later it came to describe purity. It consists of 糸（纟）, silk, and 屯, seeds germinating, i.e. the beginning of life, or silk that has yet to be dyed. 純 has been simplified to 纯.

① 单一；不混杂 pure：~净 pure | ~金 pure gold ② 熟练 familiar：~熟 familiar (with a certain skill)

chún

唇

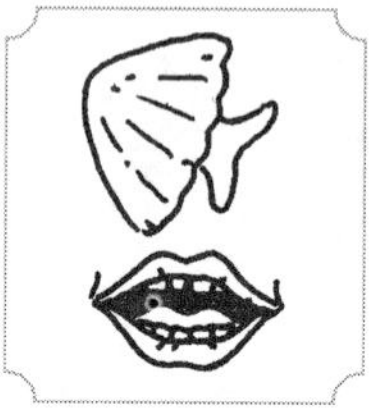

会意字。“口”像张开的口，“辰”像蚌，表示口周围的肌肉组织柔软如蚌的软体，又如蚌壳可开合。本义是嘴唇。

唇 means lips. The character is made up of 口, an open mouth, and 辰, a clam, i.e. the flesh around the mouth as being soft as the flesh of clams. In addition, the mouth can open and close like a clam.

嘴唇 lips：~膏 lipstick | ~亡齿寒 inextricably linked

chún

淳

会意字。“氵”像水流、水珠，“享”像宗庙和羊，有享用义，表示可享用的水必清。本义是水清。引申指质朴、敦厚。

淳 originally meant the clarity of water; later, it came to mean pure and honest. It consists of 氵, water, and 享, an ancestral shrine and a goat, symbolizing enjoy the use of sth, i.e. water that can be used for consumption must be clean.

质朴；敦厚 pure; innocent; honest：~朴 pure and simple | ~厚 honest

chún 醇

会意字。“酉”像酒坛子，表示酒味纯厚；“享”像宗庙和羊，有享用义，表示喝味道纯厚的酒是享受。本义是酒味纯厚。

醇 describes the purity of wine. It consists of 酉, Chinese wine jar, suggesting the mellow taste of wine, and 享, an ancestral shrine and a goat, symbolizing to enjoy the use of sth. Hence, the sense of enjoyment that comes from drinking fine, mellow wine.

① 酒味纯厚 purity of wine：～酒 fine and mellow wine｜香～可口 pleasant to the palate ② 有机化合物的一类 alcoholate

chǔn 蠢

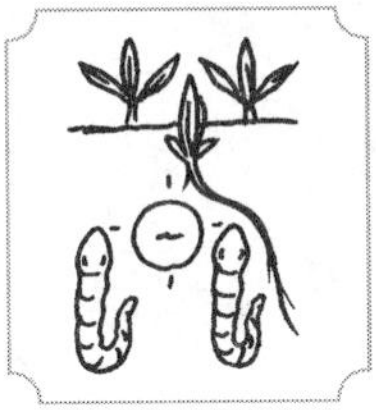

会意字。“䖵”像两条虫，“春”像太阳和生根发芽的植物，表示春天来临昆虫从冬眠中苏醒过来慢慢地爬动；春（chūn）兼表声。本义是昆虫慢慢地爬行。

The core meaning of 蠢 is wriggle. It consists of 䖵, two worms, and 春（chūn）, which is phonetic and resembles the sun and sprouts, i.e. the coming of spring, when worms emerge from hibernation, wriggling slowly.

① 虫爬动的样子 wriggle：～动 wriggle｜～～欲动 enemies ready to launch attacks ② 愚笨 stupid：～笨 dumb｜～材 useless person

chuō 戳

会意字。“戈”是兵器，“翟”像羽毛和鸟，表示用兵器尖端去戳猎物。本义是用尖的东西刺。

戳 means to poke. The character consists of 戈, a weapon, and 翟, feathers and a bird, i.e. poking at prey with a weapon.

① 用尖的东西刺 poke：～破 poke and cause damage｜～穿 poke through ② 图章 stamp; seal：盖～ seal｜邮～ postmark

chuò 绰（綽）

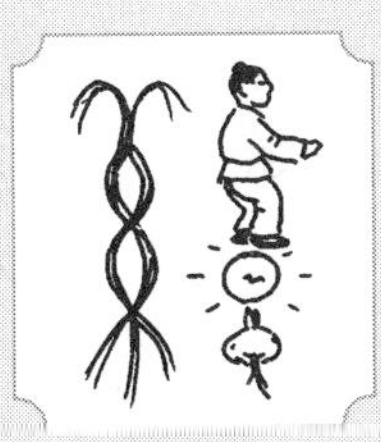

会意字。“糸”（纟）像丝，“卓”有高义，高则宽大，表示绰是衣服宽松。綽简化为绰。本义是衣物宽松。泛指宽裕。

绰 originally meant loose and baggy clothes, symbolic of affluence. The character consists of 糸（纟）, silk, and 卓（zhuō）, high and tall. When sth is tall, it is usually wide too; hence loose and baggy clothes.

宽裕 well-to-do：宽～ rich｜～～有余 ample

cí 词 (詞)

会意字。“言”（讠）像张口说话，“司”像人张口发令，表示言词。詞简化为词。本义是言词、词语。

词 means words, speech, language. It consists of 言（讠）, speech, and 司, sb giving orders, i.e. words and speech. 詞 has been simplified to 词.

① 说话或诗文中的语句 words; terms：言～ words; speech | 歌～ song lyrics ② 一种长短句押韵的文体 a style of poetry with lines of irregular length, and with rhyme：诗～poems and songs | 宋～ poetry of the Song dynasty ③ 语言中最小的、可以自由运用的单位 terms：～典 dictionary | 实～ notional word

cí 祠

会意字。“礻”像祭桌上放着供品，“司”像张口伸手发令，有掌管、主持义，表示春祭。本义是春祭。引申指祭祖先、鬼神或名人的地方。

祠 originally signified a rite performed in spring; later it came to mean places where sacrifices are performed. It consists of 礻, putting offerings on an altar, and 司, opening the mouth to give orders; it denotes presiding over a rite. Together, they refer to a rite performed in spring.

供奉祖先、鬼神或名人的地方 sacrificial places：～堂 ancestral shrine | 宗～ancestral shrine

cí 瓷

会意字。“瓦”像两片瓦，“次”有第二义，表示第一次入窑烧成的是陶器，涂上釉后第二次烧制才成瓷器；次（cì）兼表声。本义是瓷器。

瓷 means porcelain. It is composed of 瓦, two tiles, and 次（cì）, which represents pronunciation and implies second. Thus, the first firing produces earthenware, it is only the second, after the glaze is applied, that produces porcelain.

用纯净色白的黏土烧制成的器物 porcelain：～碗 porcelain bowl | ～器 china

cí 辞 (辭)

会意字。金文以双手理丝表示治理，以人张口发令表示有掌管、主持，合指辨理讼辞。篆、楷书“辛”像刑刀，有治罪意，表示辨析刑狱讼辞。简体字“舌”像张口伸舌，表示说出供词。本义是供词。

辞 means confessions. In bronze inscriptions, it resembles a pair of hands sorting silk; implies to govern. It also resembles sb giving orders; implies to lead and preside. Together, they represent handling a legal case. In seal and regular scripts, 辛 resembles an execution knife; denotes penalty, i.e. analyzing a legal case. 舌 in the simplified character resembles sb sticking out his tongue, i.e. confessing.

① 文辞；言辞 words; speeches：措～ expressions ② 告别 bid farewell：～别 bid farewell ③ 辞职 resign：～官 resign from an official post ④ 躲避；推脱 avoid; hide：推～ push the responsibility to sb else

差 63页

cí

慈

形声字。心表意，像心脏，表示慈爱发自内心；兹（zī）表声，有草木茂盛义，表示慈爱有助身心健康成长。本义是慈爱。

慈 means kindness or selflessness. It consists of 心, heart, i.e. kindness stems from the heart, and 兹（zī）, which represents pronunciation and denotes rich and profuse growth of plants, i.e. being kind and selfless is beneficial to one's health and growth.

和善；仁爱 kindness; selflessness：～祥 kind; selflessness｜～母 loving mother

cí

磁

会意字。“石”像山崖下有块石头，“兹”有产生意，表示能产生吸力的磁石。本义是磁石，又指磁性。

The original meaning of 磁 is lodestone. It also refers to magnetic force. The character is made up of 石, rocks, and 兹, production, i.e. lodestones.

能吸引铁、镍等金属的性能 lodestone：～铁 magnet｜～力 magnetic force

cí

雌

形声字。“隹”表意，像鸟，表示母鸟；“此”（cǐ）表声，有止息意，表示母鸟产卵、孵卵、育雏，止息于巢中的时间比公鸟多。本义是母鸟，泛指其他母性的动物。

雌 refers to female fowls as well as female animals in general. It consists of 隹, a female fowl, and 此（cǐ）, which represents pronunciation and denotes implies to cease. Thus, the female fowl spends more time in the nest than the male.

母的、阴性的 female：～兔 female rabbit｜～蕊 pistil

cǐ

此

会意字。“止”像脚，“匕”像人，表示人所站立的地方。本义是人停止处。

此 refers to the spot where a man stops. It consists of 止, foot, and 匕, man, i.e. the spot where a man stands.

① 这；这个 this：～人 this person｜～地 this place; a particular place ② 这里；这时 here; this time：到～一游 (sb) has been to this particular spot｜从～以后 from now on ③ 这样 this; such as：如～这般 similar to such and such｜照～办理 to do according to such and such

C

cì 次

甲

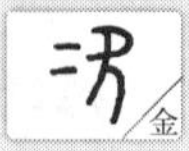
金

篆

会意字。“二”小于一，“欠”像人张口打哈欠，表示不前不精，存在不足和欠缺。本义是不前不精。

次 means being in an awkward position and not up to standard. The character comprises 二 (two), second to one, and 欠, sb yawning, i.e. sb or sth that is neither at the foremost nor the best, hence is unsatisfactory and inadequate.

① 质量差的 of poor quality：～货 inferior goods | ～品 substandard products ② 顺序；先后 sequence; position; rank：～序 sequence | 名～ rank ③ 第二 second：～日 the next day | ～子 the second son ④ 量词 measure word：屡～ time and again

cì 刺

篆

会意字。“刂”像刀，“朿”像树有刺，表示用尖利的东西扎，朿（cì）兼表声。本义是用尖利的东西扎。

刺 means to prick. It consists of 刂, a knife, and **朿 (cì)**, which represents pronunciation and resembles a thorny tree, i.e. prick with a sharp object.

① 用尖的东西扎入 prick：～伤 to hurt (sb) by pricking | ～绣 embroidery ② 像针一样尖锐的东西 needle-like object：鱼～ fish bone ③ 刺激 exciting：～耳 (sound) screeching | ～眼 dazzling to the eyes ④ 讽刺 mock：讥～ ridicule ⑤ 暗杀 assassin：行～ assassinate ⑥ 暗中打听 to make secret enquiries：～探 spy

cì 赐（賜）

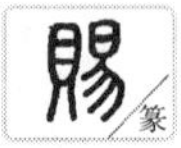
篆

会意字。“貝”（贝）像贝壳，古时用作货币，表示赏给人财物；“易”有改变义，表示财物赐给人后，财物的所有权就改变了。賜简化为赐。本义是赏赐。

賜 means to reward. It consists of **貝 (贝)**, seashells which were used as currency; it implies rewarding sb with money, and **易**, changes, i.e. ownership of an item changes after it has been rewarded or given to another person. **賜** has been simplified to **赐**.

① 赏给 reward：～予 grant | 恩～ bestow ② 敬辞 term of respect：～教 to teach | ～复 to grant a reply

cōng 匆

篆

会意字。篆书“心”像心脏，“囱”像窗，能迅速采光、排烟，表示心中急促，囱（cōng）兼表声。楷书“匆”指急促，“丶”表示不妥。本义是急促。

匆 means hastiness. In seal script, **心** resembles the heart, **囱 (cōng)** represents pronunciation and resembles a window which allows penetration of light and dispersion of smoke. Together, they depict feeling pressed, hurried. In regular script, **匆** denotes hastiness and 丶 denotes inappropriateness.

急促 in haste：～～ hasty; hurried | ～忙 in haste

伺 612页

C

cōng 囱

象形字。像屋顶天窗。本义是天窗。引申为烟囱。

The original meaning of 囱 was a window located on the roof of a house; later, it came to mean chimney. The character resembles a window at the top of a house.

［烟囱］炉灶出烟的通道 chimney

cōng 葱

形声字。“艹”（艸）表意，像草，表示葱像草；“悤”（cōng）表声，悤像窗子和心脏，有通意，表示葱叶空心通透。本义是一种可作调味品的菜。

葱 means spring onion. 艹 (艸) is semantic; it resembles grass, similar to 葱. 悤 (cōng) represents pronunciation; it consists of a window and a heart and implies open or through, symbolizing the hollow interior of spring onions.

① 草本植物，叶茎有辣味，可做调味品或当菜吃 spring onions ② 青绿色 green：～翠 lush

cōng 聪（聰）

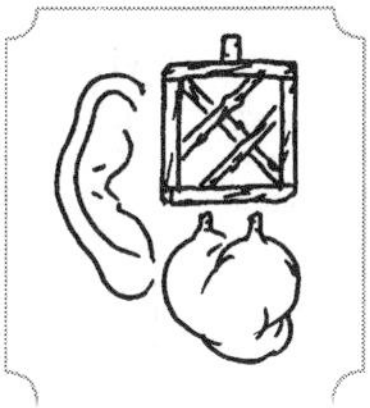

会意字。“耳”像耳朵，“悤”有迅速义，表示耳朵能迅速听到声音，悤（cōng）兼表声。简体字耳、总，总有聚合义，表示对聚合在耳中的声音产生的感觉。本义是听觉。

聪 originally meant the sense of hearing. It comprises 耳, ear, and 悤 (cōng), which is phonetic and means haste, i.e. the ear can pick up sounds quickly. In simplified version, 耳 and 总 mean consolidation, i.e. the feeling produced by sounds as they come together in the ear.

① 听觉灵敏 sharp ears：耳～目明 have good comprehension (of a particular situation) ② 智力强 intelligent：～敏 clever｜～慧 clever

cóng 从（從）

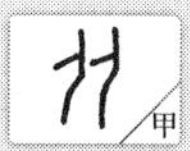

会意字。古文字、简体字像一前一后两个人，表示跟随。楷书像路上（彳）两人（从）脚步（止）相随。本义是跟随。

The original meaning of 从 is to follow. In both the classical character and the simplified form, the character resembles two people, one following the other. In regular script, the character resembles two people (从) walking on a road (彳), one walking close behind the other (止).

① 跟随；跟随的人 follow; follower：～师 follow and learn from a teacher｜随～ servant ② 依顺 abide：服～ obey ③ 做；参加 do; participate in：～事 be engaged in｜～军 to join the army ④ 自；由 from：～此 henceforth｜～今 from now on ⑤ 次要的 of secondary importance：～犯 accomplice cóng

从

(叢)

会意字。上像密集的草，下是“取”，表示聚集。简体字像地上（一）人挨着人（从），“从”（cóng）兼表声。本义是聚集。

丛 means to come together. The top component resembles luxuriant grass. The bottom component 取 implies an assembly (of sth). The simplified character resembles a man following close behind another (从), standing on the ground (一). 从 (cóng) represents pronunciation.

① 聚集 to come together：～林 forest | ～书 series of books ② 聚集在一起的草木或人群 an assembly or a collection (of man, plants)：草～ bushes | 人～ crowds

còu

凑

会意字。篆书“氵”像水流，“奏”有进献、运行义，表示水流汇合。楷书“冫”像两块冰，以水凝聚为冰表示聚集。本义是水流会合。泛指聚集。

The original meaning of 凑 was streams of water merging; its general meaning is come together. In seal script, 氵 resembles flowing water, 奏 denotes presenting sth, or to move, i.e. the merger of rivers. In regular script, 冫 resembles two pieces of ice. The congealing of water to form ice implies merger.

① 聚集 coming together：～集 gather | ～钱 pool money ② 接近 get close to：～近 get close to ③ 碰上；赶上 encounter; meet：～巧 coincidence | ～热闹 join in the fun

cū

粗

会意字。“米”像稻米，“且”像男性生殖器，有初始意，表示只经过初步加工的糙米。本义是糙米。引申为粗糙。

The original meaning of 粗 is unpolished rice, extended to mean rough. It consists of 米, paddy, and 且, the male organ, symbolizing a beginning, i.e. rice which has not been fully processed.

① 粗糙；粗大 rough：～劣 unrefined | ～细 texture (of sth) ② 疏忽；大略 negligence：～心 careless | ～具规模 rough model ③ 鲁莽 uncivilized：～鲁 (comportment) unpolished; rude | ～野 savage ④ 声音大而低沉 loud and mellow voice：～声～气 a gruff, unpolished voice

cù

促

会意字。“亻”像人，“足”像膝和脚，表示事情紧迫宜加快行动脚步。本义是紧迫，时间短。

促 means urgent, short of time. It is composed of 亻, man, and 足, a knee and a foot, implying urgency that requires haste.

① 时间紧迫 running short of time：急～ in a haste | 短～ brief; short period of time ② 催；推动 to hasten; encourage：～进 promote | 催～ to urge (sb to do sth) ③ 靠近 close to：～膝谈心 have a heart-to-heart talk

cù
醋

会意字。“酉”像酒坛子，“昔”指从前、久，表示从前的酒放久了变成醋。本义是酸味液体调料。

醋 means vinegar. It consists of 酉, Chinese wine jar, and 昔, in the past and of long duration, i.e. wine that has stood for a long time and has become vinegar.

①酸味液体调料，用粮食发酵做成 vinegar：米～ rice vinegar ② 比喻妒忌 jealous：～意 jealousy | 争风吃～ fighting for attention and affection

cù
簇

会意字。“竹”像竹叶，“族”有多意，表示众多小竹聚集在一起生长。本义是小竹丛生。引申为聚集。

簇 originally depicted many small bamboos growing in clusters; it came to mean to cluster or bunch up. It consists of 竹, bamboo leaves, and 族, many. Hence, many small bamboos growing in clusters.

①聚集；聚成一团 come together; assemble：～拥 cluster around | 花团锦～ elaborate colorful decorations ② 量词 measure word：一～鲜花 a bouquet of flowers

cuàn
窜
（竄）

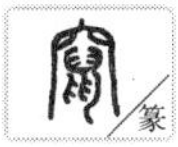

会意字。“穴”像洞穴，“鼠”像老鼠，表示像老鼠受惊后逃入洞穴中那般逃跑。简体字穴、串，表示串通后逃跑与藏匿，串（chuàn）兼表声。本义是逃跑。

窜 means to escape. It consists of 穴, cave, and 鼠, a mouse, i.e. a mouse scurrying into a cave when it gets frightened. In the simplified version, 穴 and 串 suggest going into hiding after an escape. 串（chuàn）also indicates pronunciation.

① 逃走；乱跑 escape：～逃 escape and go into hiding | 流～ to flee ② 改动文字 edit written documents without permission; distort：～改 edit illegally; distort

cuàn
篡

会意字。“算”像算筹（竹）、眼睛（目）、双手（廾），指计算、谋划；“厶”像揽物的手臂，指自私，表示出于私心谋取君权。本义是非法夺取君位。

篡 means usurp. Its component, 算, depicts bamboo （竹） tallies used for counting in ancient times, the eye（目）and the hands（廾）suggest to count and strategize. 厶 resembles an arm trying to grasp any object in sight; it denotes selfishness, implying usurping the throne in one's own interest.

夺取，用不正当的手段夺取权力或地位 usurp：～夺 usurp | ～权 usurp power | ～位 usurp the throne

攒 816页

C

cuī 崔

会意字。“山”像山，“隹”像鸟，以鸟能飞上天表示山高大。本义是山高大。现只用作姓。

崔 was originally used to describe the grandeur of mountains. Now, it is only used as a family name. The character is composed of 山, mountains, and 隹, a kind of bird. A bird flying high into the sky symbolizes the magnificence of mountains.

姓 a family name

cuī 催

形声字。亻表意，像人，表示促人赶快行动；崔（cuī）表声，像山和鸟，指高山，高山有逼人之势，催促也有逼人的意味。本义是催促。

催 means to hasten. It consists of 亻, man, i.e. to hurry sb up, and 崔（cuī）, which represents pronunciation and depicts a mountain and a bird, i.e. tall mountain. Tall mountains have a menacing power, and urging sb on also requires a menacing power

促使；加快 to hasten; hurry：～促 hasten; urge｜～眠 hypnotize

cuī 摧

形声字。“扌”表意，像手，表示用手将东西折断；“崔”（cuī）表声，指高山，高山有逼人之势，表示摧指强行折断。本义是折断。

摧 means to break or destroy. It consists of 扌, hand, i.e. break sth with the hands, and 崔（cuī）, which is phonetic and denotes tall mountains. Tall mountains have a strength, just as breaking sth requires strength.

折断；破坏 break; damage：～残 ruin｜～毁 destroy｜无坚不～ overrun all fortifications

cuì 脆

会意字。“月”像肉，“危”像人在山崖上和山崖边，表示不牢固、难保全。本义是易折断、破碎。

脆 means easily breakable, crunchy. It consists of 月, flesh, and 危, sb at the edge of a cliff, i.e. unsteady, hard to preserve.

① 容易折断或破碎 fragile; easily breakable：～弱 emotionally fragile｜～性 brittleness ② 食物酥松爽口 crispy：松～ crispy ③ 声音清亮 (voice, sound, music) clear and sharp：清～ clear and melodious ④ 爽快利落 efficient; without delay：干～ efficient; prompt; without hesitation

cuì 悴

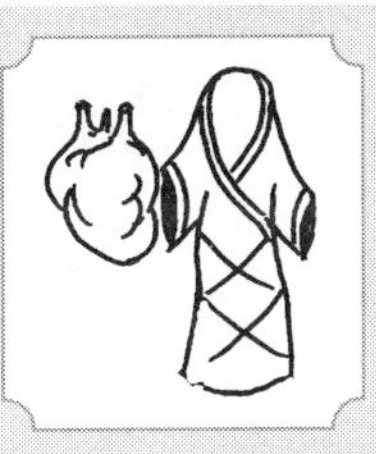

会意字。“忄”像心脏，表示心中忧伤；“卒”像役卒穿的有标记的衣服，役卒处于社会底层，他们的内心是忧伤的。本义是忧伤。引申为憔悴。

The core meaning of 悴 is downcast or worried, later extended to mean withered or wan. It consists of 忄, heart, i.e. feel sad, and 卒, the uniform that constables wear. Constables in ancient China belonged to the lower classes, so they felt distressed.

［憔悴］形容人瘦弱，面色不好 describes sb who looks spiritless and wan

cuì 粹

会意字。“米”像稻米，表示精米；“卒”像役卒穿的有标记的衣服，有特征明显意，表示精米特征明显。本义是精米。引申为纯净不杂。

The original meaning of 粹 is polished rice, later, it came to mean pure and uncontaminated. It consists of 米, paddy, i.e. polished rice, and 卒, the uniform that constables wear, which has clear features, just as polished rice has clear features.

① 纯净不杂 pure; uncontaminated：纯～ pure ② 精华 essence：精～ (writing, expression) brief and clear｜国～ essence of Chinese culture

cuì 翠

会意字。“羽”像羽毛，“卒”像役卒穿的有标识的衣服，有特征明显意，表示翠鸟羽毛为青绿色，特征非常明显。本义是翠鸟。引申为青绿色。

The original meaning of 翠 was the kingfisher, later by extension, the color green. It consists of 羽, feathers, and 卒, the uniform that constable wear, with clear features, i.e. kingfisher (翠鸟) with its conspicuous green feathers.

青绿色 green：～绿 green; jade-like colour｜～竹 lush bamboo

cūn 村

会意字。篆书“邑”像住地和人，“屯”像种子生根发芽，有固定在一处意，表示农人们的定居点。楷书“木”像树，“寸”像手，表示用树木等建成的村庄，寸（cùn）兼表声。本义是村庄。

村 means village. In seal script, 邑 resembles a man and a place of residence. 屯 resembles sprouts, symbolizing a fixed place to stay. Together, they refer to the place of residence of farmers. In regular script, 木 is tree and 寸 (cùn), hand, represents pronunciation, i.e. villages that have houses made of wood.

① 村庄；泛指人口聚居的地方 villages; populated places：乡～ countryside ② 粗俗 unrefined

cún 存

会意字。“子”像婴儿，“才”像破土而出的幼苗，表示生存、活着。本义是存在、生存。

存 means to exist or survive. It is composed of 子, a baby, and 才, a sprout emerging from the ground, i.e. existence, life.

① 还在；活着 still in existence; alive：~在 existence | 生~ survive ② 积储；放 save; put：~款 savings | 寄~ deposit ③怀着 holding; cherishing：~心 on purpose; intentionally | 心~疑虑 having doubts (about sth)

cùn 寸

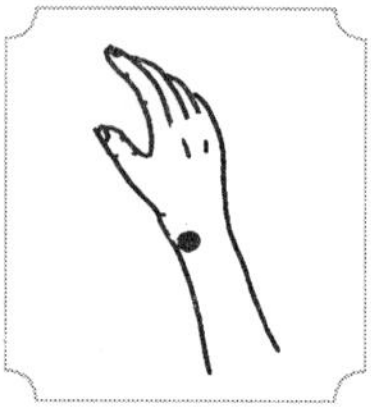

指事字。像指出手腕旁的寸口。本义是寸口。引申为长度单位。

The original meaning of 寸 is cuff. It is now used as a unit of measurement. The character resembles the cuff of a shirt.

① 长度单位，十寸为一尺 unit of measurement ② 形容极为短小 extremely short and small：~土必争 vying for even the smallest plot of land | ~步难行 to have difficulty even moving a small step

cuō 搓

会意字。“扌”像手，表示用手来回搓磨；“差”有差别义，表示搓磨时两手一前一后不断交替。本义为用手来回揉擦。

搓 means rubbing the hands together. It consists of 扌, hand, i.e. rubbing hands, and 差, differentiate, i.e. the action of moving the hands back and forth when one is rubbing one's hands together.

用手来回揉擦 rub hands：~绳 twist fibres into rope | ~洗 hand-wash (clothes)

cuō/zuǒ 撮

会意字。“扌”像手，“最”指极端，表示用手指前端取物。本义是用手指捏取。

撮 means pinching sth. It consists of 扌, hand, and 最, limit or extreme, i.e. pick sth up with the tips of the fingers.

㊀ cuō ① 用手指捏取 pinch sth：~药 to obtain medicine with a prescription ② 聚拢 gather：~合 make a match | ~拢 to act as go-between ③ 摘取 extract：~要 summarize the important points ④ 量词 measure word：一~盐 a pinch of salt ㊁ zuǒ 量词 measure word：一~毛 a ball of fur cuò

挫

会意字。“扌”像手，表示用手将东西折断；“坐”表示人坐下去力较大，物不结实则易断。本义是折断。引申为挫折。

The original meaning of 挫 was to break; later, it came to refer to setbacks. It consists of 扌, hand, i.e. breaking sth with the hands, and 坐, sit, i.e. fragile things tend to break when sb sits down hard on them.

① 不顺利；遭失败 encounter hiccups, failures：～折 setbacks｜受～ suffer setbacks ② 压下去；降低 to push sth down; lower：抑扬顿～ speak, recite etc with a melodious voice｜～敌人锐气 undermine the confidence of one's enemy

cuò

措

会意字。“扌”像手，表示用手安放；“昔”像洪水和日，指从前，表示安放重要的东西宜按照从前的方法。本义是安放。

措 means to lay or place sth down. It is composed of 扌, hand, i.e. place sth down with the hands, and 昔, with the sun and floods, indicating former times, i.e. one should follow the old ways of storing important objects.

① 安放；处置 put：不知所～ clueless; not knowing what to do ② 筹划 plan：筹～资金 amass funds

cuò

锉

（銼）

会意字。“金”（钅）像箭头、斧头和矿石，表示金属小锅；“坐”有安放义，表示锅宜安放稳妥。銼简化为锉。本义是小锅，又指磋磨工具。

锉 originally meant a small pot; now it means a file or sharpener. It consists of 金（钅）, metal, and 坐, seated or placed in position, i.e. a pot placed securely in position. 銼 has been simplified to 锉.

① 锉刀，一种磋磨工具 sharpening knife：扁～flat sharpening tool｜圆～round sharpening tool｜三角～ triangular sharpening tool ② 用锉刀打磨东西 sharpen：～平 flatten sth with a sharpening tool｜～尖 flatten sharp edge

cuò

错

（錯）

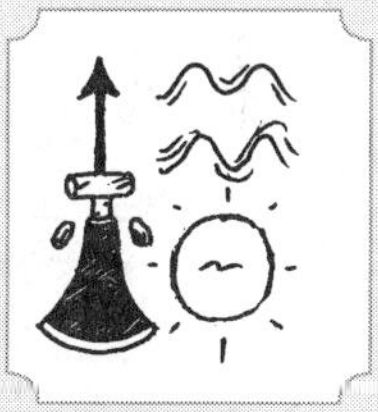

会意字。“金”（钅）像箭头、斧头和矿石，表示用金属镶嵌；“昔”像洪水和日，指从前，表示镶嵌这种工艺很久以前就有了。錯简化为错。本义是镶嵌。基本义是错误。

错's original meaning was to inlay or mount; its core meaning is now wrong or incorrect. It consists of 金（钅）, metal, i.e. framing sth in metal, and 昔, flooding and sun, i.e. former times, and the art of framing as existing from ancient times. 錯 has been simplified to 错.

① 不正确；不对 incorrect; wrong：～误 mistake｜认～ mistake sb for sb else ② 交叉 criss-cross：～落 in an disorder manner｜交～ criss-cross ③ 叉开；失去 separate; lose：～开 separate｜～过 miss; let slip dā

搭

形声字。扌表意，像手，表示用手悬挂；荅（dā）表声，指豆荚的皮相合，有相合意，表示东西与所挂处相合。本义是悬挂。

The core meaning of **搭** is to suspend. It consists of **扌**, hand, i.e. using the hands to hang sth up; and **荅（dā）**, which represents sound; it originally depicted closed bean pods, symbolizing unison. The components represent the connection between an object and the place it is hung.

① 挂；披 hang：衣服～在绳子上 hang clothes on a string ② 架设 build：～桥 build a bridge ③ 连接 connect：前言不～后语 to speak, write incoherently ④ 乘坐 ride：～车 go by car ⑤ 凑在一起 come together：配～ match

dá

达

（達）

会意字。“辵”（辶）像路和脚，甲骨文、简体字“大”像人，表示人行走通畅，大（dà）兼表声；金篆楷“羍”有美意，表示有礼让美德则路通畅，羍（dá）兼表声。本义是通畅。達简化为达。

达 means clear, unobstructed. It consists of **辵（辶）**, a road and a foot. In bone inscriptions and in the simplified form, **大（dà）** represents sound and resembles a man, i.e. a man walking on an unobstructed pathway. In bone inscriptions, seal and regular scripts, **羍（dá）** is phonetic and means goodwill, i.e. that traffic flows better when the way is clear. **達** has been simplified to **达**.

① 通；到 through; reach：四通八～ roads extend in all directions ② 通晓；明白 well-versed; understand：知书～理 educated and reasonable ③ 告诉；表示 tell; express：表～ express ④ 显达 influential：～官贵人 high officials and nobles

dá/dā

答

会意字。“竹”像竹叶，“合”像器物盖、底相合，表示用竹篾绞合成的竹索。本义是竹索。基本义是回答。

答 originally meant bamboo rope; it now means answer. It consists of **竹**, bamboo leaves, and **合**, a container capped with a cover, i.e. things fitting together, just as a bamboo rope is made up of thin bamboo strips.

㊀ dá ① 回答 answer：～复 reply | ～非所问 fail to answer the question ② 回报 repay; reciprocate：～谢 appreciate, thank sb | 报～ repay sb's kindness ㊁ dā 义同㊀①，用于答应、答理等词 same meaning as 'dá' ①, used in terms that mean reply

dá/da

瘩

形声字。疒表意，像病床，表示一种病症；荅（dā）表声，指小豆，表示痈疮突起于背部，形状似豆。本义是背部的痈疮。

瘩 means a boil on the back. It consists of **疒**, a sickbed, i.e. illness, and **荅（dā）**, which is phonetic and denotes small beans. Thus, a bean-like small boil on the back.

㊀ dá [瘩背]中医称生在背部的痈 carbuncle on the back ㊁ [疙瘩] da ① 皮肤上或肌肉上结成的小硬块 a lump on the body ② 小球形或块状的东西 object that resembles a boil ③ 不易解决的问题 a difficult problem

打 111页

D

dǎ/dá 打

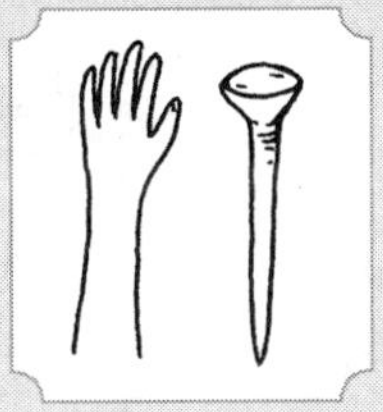

会意字。"扌"像手，"丁"像钉子，表示用手敲击。本义是敲击。

打 means hit, beat. It consists of 扌, hand, and 丁, nail, i.e. hit sth with the hand.

㊀ dǎ ① 敲；击 hit：～鼓 beat the drum | 敲～ knock; hit ② 殴打；攻打 fight; attack：～架 fight | ～仗 battle; war ③ 表示某种动作 a kind of action：～水 fetch water from the well | ～气 cheer sb on ④ 与某些动词结合成一个动词 used with other verbs：～扮 doll up | ～赌 make a bet ⑤ 自；从 from：～这天起 from that particular day on ㊁ dá 量词，十二个为一打 a measure word, a dozen

dà/dài 大

象形字。像人张开四肢表示大。本义是大小的大。

大 means big. The character resembles a man stretching out four limbs.

㊀ dà ① 跟"小"相反 big：～街 main street | 高～ tall and big ② 年长或排行第一 eldest; old：～伯 father's eldest brother; used to address an old man | ～哥 eldest brother; used to address an older man ③ 重要的；主要的 main; important：～事 big issue | ～纲 outline ④ 程度深 high degree：～红 bright red | ～惊小怪 make a fuss over nothing ⑤ 敬辞 polite usage：～名 one's name | ～作 someone's literary work ㊁ dài 用于大夫 physician

dāi 呆

会意字。"口"像张开的口，"木"像树木，表示张口结舌，呆若木头。本义是头脑迟钝，不灵敏。

呆 means silly, foolish, dull. It consists of 口, an open mouth, and 木, a tree, i.e. a person stammering and as unresponsive as a lump of wood.

① （头脑）迟钝；不灵活 obtuse：痴～ dull-witted; retarded | ～头～脑 dull-witted ② 死板；不灵活 inflexible; dull：发～ stare blankly into space | 目瞪口～ amazed or bewildered to the extent of being speechless ③ 停留 sojourn; stay for a short time：～在家中 stay at home

dǎi 歹

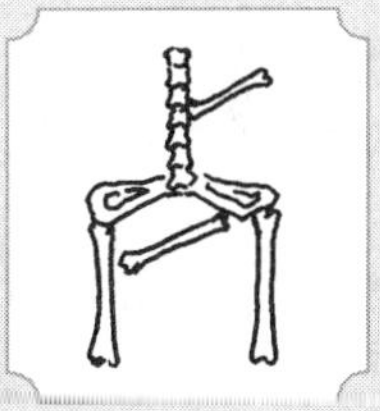

象形字。像残骨。本义是残骨。引申为坏、恶。

歹 originally meant bone remains; its meaning was extended to mean bad, evil. The character resembles animal or human remains.

坏；恶 bad; evil：～徒 lawless person, like a ruffian, robber etc | ～意 ill intent | 为非作～ do evil things

D

dài

代

会意字。“亻”像人，“弋”像木桩，表示人事如同木桩上拴的牲口时时更替。本义是更替。

代 means replace. It consists of 亻, man, and 弋, a wooden stake, i.e. one affair replaces another just as one animal tethered to a post replaces another.

① 替；代替 stand in; replace：～劳 do sth on behalf of sb｜～理 act on behalf of sb ② 历史的分期；朝代 dynasty：古～ the ancient times｜当～ contemporary era; present age｜唐～ Tang dynasty ③ 世系的辈分 generation：～沟 generation gap｜传～ hand down from one generation to another

dài

带（帶）

象形字。像腰间系着的带子，表示腰带。帶简化为带。本义是腰带。

The root meaning of 带 is belt. The character resembles a strip of cloth tied around the waist. 帶 has been simplified to 带.

① 带子 belt：腰～ belt｜鞋～ shoelace ② 像带子的长条 belt-like object：～鱼 hairtail｜录音～ tape ③ 携带 carry along：～信 deliver a massage｜佩～ wear (an accessory etc) ④ 率领 lead; guide：～队 lead a group of people｜～领 lead; guide ⑤ 地带区 region：热～ tropics ⑥ 连带 relevant：夹～ smuggle (prohibited items)｜顺～ to do in passing

dài

贷（貸）

形声字。貝（贝）表意，像贝壳，古时曾用作货币；代（dài）表声，有更替义，财物借出后主人便更替了。貸简化为贷。本义是借贷。

贷 means borrow, lend, loan. It consists of 貝（贝）, seashells, once used as currency, and 代（dài）, which is phonetic, meaning to replace. Thus, borrowing or lending is a kind of exhange. 貸 has been simplified to 贷.

① 借入或借出 borrow; loan; lend：～款 loan｜借～ borrow or lend (money) ② 推卸 shirk responsibility for：责无旁～ be duty bound ③ 宽恕 forgive：严惩不～ mete out punishment without leniency

dài/dāi

待

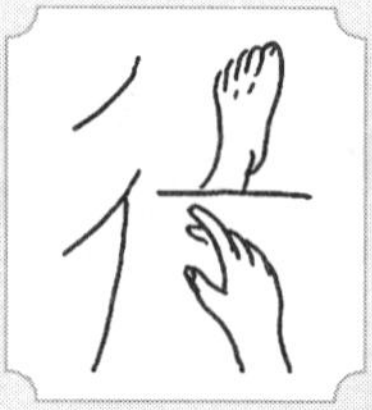

会意字。“彳”像路口，“寺”本指官署，皆是等候之处，表示等候。本义是等候。

待 means to wait. It consists of 彳, a road junction, and 寺, originally referred to government offices. Both are places where you wait.

㊀ dài ① 等候 wait：等～ wait｜期～ look forward to ② 对待；招待 treat; receive (guests)：接～ reception｜优～ discount; privilege ③ 需要 need：自不～言 be self-evident ㊁ dāi 停留 stay for a short period：～不住 not able to keep still or to remain at a particular place dài

怠

会意字。“心”像心脏，“台”像开口发出笑声，表示懒惰的人好逸恶劳，贪图享乐。本义是怠惰、松懈。

怠 means slothful, lazy. It consists of **心**, a heart, and **台**, laughter coming from the mouth. Thus, lazy people are those that hate work and seek pleasure.

懒惰；松懈 lazy; slack：～惰 lazy ｜ ～工 slow down (in production) ｜ 懈～ slack; idle

dài

袋

形声字。篆书巾表意，像布，表示袋用布制成；代（dài）表声，有代替义，表示口袋装物可代替人手提物。楷书形旁改为“衣”，表示衣服上有口袋。本义是口袋。

袋 means bag. In seal script, **巾** 'cloth' is semantic, i.e. made of cloth. **代（dài）** is phonetic; it means replace. Thus, a bag replaces the hands for holding things. In regular script, **巾** is changed to **衣** (garment) which suggests a pocket on a garment.

① 口袋 pocket; bag：布～ cloth bag ｜ 米～ rice sack ② 量词 measure word：一～米 a sack of rice ｜ 两～糖 two packets of sugar

dài/dǎi

逮

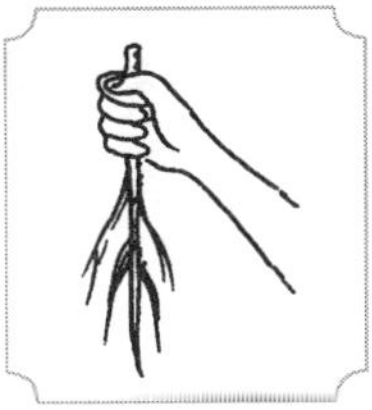

会意字。金文像手抓住尾巴，表示追上逮到。篆、楷书“辶”（辵）像路和脚，“隶”像手抓住尾巴，表示一路追赶后逮住。本义是及、到。引申为捉拿。

逮 originally meant reach, later extended to mean catch, nab. In bronze inscriptions, the character depicts a hand grabbing a tail, i.e. catching or nabbing sth. In seal and regular scripts, **辶（辵）** resembles a pathway and a foot; **隶** depicts a hand grabbing a tail; they suggest catching up with sth after chasing it for a distance.

㊀ dài 捉拿；拘捕 catch; nab：～捕 catch; nab ㊁ dǎi 捉 catch; capture：～特务 capture a spy ｜ 猫～老鼠 cat catches the mouse

dài

戴

形声字。異表意，像人头戴面具，表示加在头上或脸上；𢦏（zāi）表声。本义是加在头上或用头顶着。

戴 means wear sth on one's head or support sth with one's head. **異** is semantic; it depicts a man wearing a mask, i.e. sth put on the head or face. **𢦏（zāi）** represents pronunciation.

① 加在头或身体别的部位上 to wear：～帽 wear a hat ｜ ～眼镜 wear glasses ｜ ～手套 wear gloves ② 尊敬；拥护 respect; support：爱～ be well-liked and respected ｜ 拥～ be well-liked and respected ③ 姓 a family name

dān 丹

指事字。像井中有丹砂，外边的框框是井架，里面的点画代表丹砂。本义是丹砂。引申为红色。

丹 originally signified cinnabar; it later came to mean red. The character shows a dot of cinnabar in the middle of a well.

① 红色 red：～心 loyal heart | ～顶鹤 red-crested crane ② 颗粒状或粉末状的中成药 red pill (medicine)：灵～妙药 magic potion (describing effective medicine)

dān/dàn 担（擔）

会意字。"扌"像手，表示手扶担子；"詹"有话多意，表示人挑物时，发出哼哟声；简体字"旦"像日从地面升起，表示将物从地面挑起，旦（dàn）兼表声。本义是肩挑物。

担 means lift or carry loads on one shoulder. It consists of 扌, hand, i.e. carrying a pole with the hands, and 詹, chatter. Thus, uttering 'heave-ho' while carrying a load. In simplified form, 旦 (dàn) is phonetic; it resembles the sun on the horizon, i.e. rising from the ground.

❶ dān ① 肩挑 carry loads on the shoulder：～水 carry water in pails attached to the ends of a pole ② 承当；负责 take responsibility：承～ to shoulder responsibility ❷ dàn ① 担子 load：挑～ carry a load ② 重量单位，一百斤为一担 unit of weight, around 50 kg ③ 量词 measure word：一～米 around 50 kg of rice

dān/Shàn 单（單）

象形字。像木棍上绑着石头的原始武器。單简化为单。本义是一种武器。引申为独、一个。

单 originally meant a kind of weapon; later it was used for one, single. The character resembles a primitive weapon made with stones tied to a wooden roller. 單 has been simplified to 单.

❶ dān ① 独；一个 one; single：～独 by oneself | ～身 bachelor; spinster ② 奇数odd number：～号 odd number (of tickets, seat, etc.) ③ 不复杂 simple; not complicated：～纯 pure; innocence | ～调 dull; boring ④ 只有一层的 with only a single layer：～衣 unlined clothe ⑤ 记事用的纸片 a piece of paper for notes：～据 receipt ❷ Shàn 姓 a family name

dān 耽

会意字。"耳"像耳朵，表示耳大下垂；"冘"像人出门而行，人行走时手足不停摆动，表示耳大也会摆动。本义是耳大。

The root meaning of 耽 is 'big ear'. The character contains 耳, an ear, i.e. an oversized, sagging ear; and 冘, a man walking out of a house. Thus, when you walk, arms and legs move continuously; so do oversized ears.

① 沉溺；入迷 be fascinated：～于幻想 indulge in fantasy ② 拖延 delay：～误 delay; hold up | ～搁 delay dǎn

胆

（膽）

形声字。月（肉）表意，像肉，表示胆囊；詹（zhān）表声，有不断说话义，表示胆不断分泌胆汁；简体字旦（dàn）表声，像日升起，日是圆的，表示胆囊近似圆形。本义是胆囊。

胆 means gallbladder. It consists of 月（肉），flesh, i.e. the gallbladder; and 詹（zhān），which is phonetic and means chattering non-stop, i.e. continuous secretion from the gallbladder. In its simplified form, 旦（dàn）is phonetic; it depicts a rising sun, round like a gallbladder.

① 胆囊 gallbladder：苦～ gallbladder ② 胆量 courage; guts：～大心细 bold but conscientious ③ 装在器物内部，供充气或盛水的东西 air or water bag：瓶～ glass liner｜球～ ball bladder

dǎn

掸

（撣）

形声字。扌表意，像手，表示手拿掸子除去灰土；單（单 dān）表声。撣简化为掸。本义是拂去尘土。

掸 means to sweep up dust, to whisk. The character comprises 扌, hand, i.e. a hand holding a duster to sweep away dust; and 單（单 dān），which represents pronunciation.

撣 has been simplified to 掸

① 拂去尘土 to dust：～尘 to dust｜～灰 to dust ② 掸尘的工具 a duster：鸡毛～ feather duster

dàn

旦

会意字。像太阳（日）从地面（一）升起。本义是早晨、天亮。

旦 means morning, daybreak. The character resembles the sun（日）rising above the horizon（一）.

① 天亮；清晨 daybreak; morning：～夕 morning and evening ② 某一天 a particular day：元～ New Year's Day｜一～ once ③ 传统戏剧中扮演妇女的角色 a female role in Chinese opera：老～ role of an old woman｜花～ role of a young lady

dàn

但

形声字。亻表意，像人；旦（dàn）表声，像日从地面升起，有露出意，表示但是人露出上身。本义是脱衣露出上身。

The root meaning of 但 is to remove clothing to reveal one's upper body. It consists of 亻, a man, and 旦（dàn），which is phonetic and depicts the sun rising over the horizon, i.e. appearing. Thus, 但 means sb showing the upper part of his body.

① 只是；仅 only：～愿 wish only that｜不～ not only ② 不过；可是 but：～是 but

担 114页　　石 584页

dàn

诞

（誕）

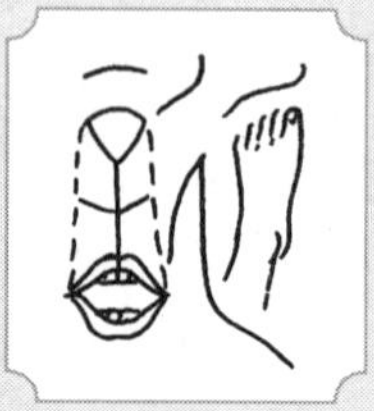

会意字。“言”（讠）像张口说话，“延”像脚和延伸的路，表示引伸夸大事实。誕简化为诞。本义是说大话。引申为虚假的、荒唐的。

诞 originally meant boast, later extended to absurd, preposterous. It consists of 言（讠）, a mouth talking, and 延, a foot and an extended pathway, i.e. exaggeration of facts. 誕 has been simplified to 诞.

① 虚假的；荒唐的 absurd; preposterous：荒～ absurd; ridiculous ｜ 怪～ odd; strange; queer ｜ ② 生日 birthday：～生 birth (of someone noble or famous) ｜ ～辰 birthday (of someone noble or famous)

dàn

淡

会意字。“氵”像流水、水珠，“炎”像两把火，表示煮的食物如水般淡而无味。本义是味薄。

淡 means light, mild taste. It consists of 氵, water, and 炎, two torches, i.e. food cooked over fire, but still as tasteless as water.

① 味道、颜色不浓 mild taste or color：～酒 light wine ｜ ～红 light red ｜ 菜太～ the dish is too mild ② 稀薄 thin：天高云～ high sky and thin clouds ③ 不热心 impassionate：～漠 cold and indifferent ｜ 冷～ cold ④ 不旺盛 off-peak; inactive：～季 off-peak season ｜ 惨～经营 poor business

dàn/tán

弹

（彈）

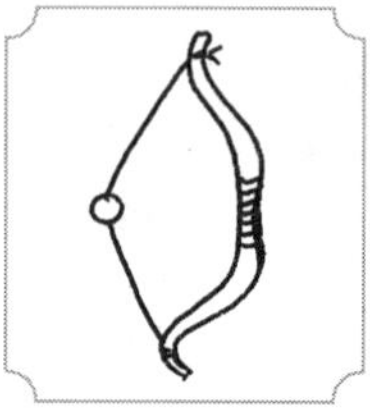

象形字—形声字。甲骨文像弹弓和弹丸。篆、楷书弓表意，表示用弹弓发射弹丸；單（单 dān）表声，兼表每次发射一个弹丸。彈简化为弹。本义是弹丸。

弹 means pellet. Bone inscriptions depict a catapult and pellet. In seal and regular scripts, 弓, bow, is semantic, i.e. using a catapult to shoot pellets; 單（单 dān）is phonetic, and its meaning of 'single' or 'odd' suggests shooting one pellet at a time. 彈 has been simplified to 弹.

㊀ dàn ① 丸 pill-like object：～丸 pellet ② 能爆炸的武器 explosives：炸～ bomb ｜ 炮～ bombs ㊁ tán ① 有弹性的 elastic：～力 elasticity ｜ ～簧 spring ② 用手指弹击 flick：～土 turn the soil ③ 拨弄或敲击 strum; pluck; beat：～琴 play the piano, guitar, zither etc

dàn

蛋

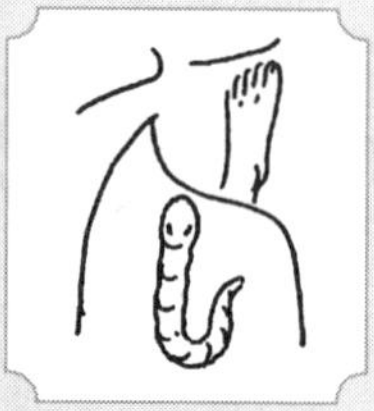

会意字。篆书“虫”像条虫，表示贬称；“延”像脚旁道路延伸，表示将生产、生活延伸到水域的居民。楷书“虫”像虫，“疋”指人脚，表示贱如虫的人。本义指东南沿海一带的水上居民。

蛋 originally meant people who lived in the southeastern coastal areas. The seal script has 虫, representing a worm, i.e. something negative; 延 shows a path stretching off, next to a foot. They suggest extending production and subsistence to people living along coastal areas. In regular script, 虫 means worm; 疋 is a foot, i.e. people who are as lowly as worms.

① 禽类或龟蛇产的卵 egg：～壳 eggshell ② 形状像蛋的 oval：脸～ cheeks

dàn 氮

形声字。气表意，像飘浮的云气或水气，表示氮气；淡（dàn）省声，因空气中五分之四是氮，人们习以为常而看得平淡。本义是氮气。

氮 means nitrogen. It consists of a semantic element, 气, clouds or water vapor, i.e. the gas, nitrogen, and 淡（dàn）, which is phonetic and denotes tasteless, ordinary. As 4/5 of the air is composed of nitrogen, people regard it as ordinary.

气体元素，符号N。无色无臭，化学性质不活泼，是植物的重要营养之一 nitrogen (N)

dāng/dàng 当（當）

会意字。“田”像农田，“尚”指注重，表示两田交换要注重价值相当。简体字“小”像沙，“彐”像手，以用手掂重误差小表示相称。本义指两块田价相等。泛指相称。

当 originally meant two fields of similar value, i.e. equal, match. It comprises 田, field, and 尚, pay attention to, i.e. when trading fields, one should look for fields of similar value. The simplified form has 小, sand, and 彐, hand, i.e. cover up minor flaws with the hands to make things compatible.

㊀ dāng ① 相称 equal：实力相～ of similar strength ② 对着；向着 facing：～面 face to face ③ 担任 take up a post：～官 be an official ④ 主持 host：～家 run a household ⑤ 应该 should：应～ ought to ⑥ 那时；那地 at that instance：～时 then｜～地 local ㊁ dàng ① 合适 suitable：适～ suitable ② 作为 substitute：安步～车 content to go on foot rather than ride in a vehicle ③ 同一时间或地点 at the same moment or place：～日 during that day｜～场 at that moment ④ 圈套 trap：上～ cheated ⑤ 用实物作抵押 pawn：典～ pawn

dāng/chēng 铛（鐺）

形声字。金（钅）表意，像箭头、斧头和矿石，表示用金属制成的锁系囚犯的铁链；當（当dāng）表声，表示铁链碰撞发出的声响。鐺简化为铛。本义是锁系囚犯的铁链。现用作象声词。

The root meaning of 铛 is fetter, but it is now used onomatopoeically. It consists of 金（钅）, metal, i.e. metal fetters used on criminals, and 當（当 dāng）, which is phonetic and depicts the clanging sound made by the metal chains. 鐺 has been simplified to 铛.

㊀ dāng 象声词，撞击金属器物所发出的声音 onomatopoeic, clank, clang ㊁ chēng 烙饼用的平底锅 griddle：饼～ pancake griddle

dāng 裆（襠）

形声字。衤表意，古文字像衣服，表示裤裆；當（当dāng）表声，有相称义，表示裤裆两侧的裤筒相称。襠简化为裆。本义是裤裆。

The core meaning of 裆 is crotch (of trousers). In classical Chinese, 衤 is semantic; it resembles a garment, here referring to the crotch (of trousers). 當（当 dāng）represents pronunciation and means symmetry, i.e. the symmetry of the left and right leg panels. 襠 has been simplified to 裆.

两条裤腿相连的地方 trouser crotch：裤～ crotch of trousers｜开～裤 split pants that children wear

D

dǎng 党（黨）

会意字。“黑”像火焰熏黑烟囱，“尚”像气从窗口冒出，表示不鲜明。简体字“儿”像人，“尚”像气从窗口向上冒出，表示向上追求共同目标的人。本义是不鲜明。现指政党。

党's original meaning was 'not distinct'; it now means political party. It consists of 黑, a chimney blackened by smoke from the fire, and 尚, gas escaping from a window, i.e. unclear, ambiguous. In simplified form, 儿 resembles a man, and 尚 depicts air rising from a window, i.e. people having a common vision.

① 政党 political party：～员 party member ② 小集团 clique：结～营私 form a clique to pursue selfish interests

dǎng 挡（擋）

会意字。“扌”像手，“當”（当）指对着、向着，表示迎面用手阻挡，當（当 dāng）兼表声。擋简化为挡。本义是阻拦。

挡 means block, keep off. It is composed of 扌, hand, and 當（当 dāng）, which represents pronunciation and means facing sth or in the direction of sth, i.e using the hands to block off. 擋 has been simplified to 挡.

① 阻拦；遮住 to block：～风 block the wind | 阻～ prevent ② 用来阻隔的东西 screen：炉～ fire screen

dǎng 档（檔）

形声字。木表意，像树，表示横档用树木制成；當（当dāng）表声，有适合义，表示横档长短适合才稳当。檔简化为档。本义是架子上的横木或框格。

档 means the crosspiece of a shelf. It consists of 木, tree, i.e. crosspieces are made of wood, and 當（当 dāng）, which is phonetic and means suitable, i.e. crosspieces have to be the right length to ensure stability. 檔 has been simplified to 档.

① 架子上的横木或框格 crosspiece of a shelf：横～ crosspiece | 窗～ window shelf ② 存放案卷的橱架 archives：存～ keep records; put in the archives ③ 档案 files：查～search files ④ 商品、产品的等级 grade of commodity：高～sophisticated; high-end

dàng 荡（蕩）

会意字。“艹”（艸）像草，“湯”（汤）指沸水，表示像草或沸水般摆动。蕩简化为荡。本义是来回摆动。

荡 means swing, sway, wave. It consists of 艹（艸）, grass, and 湯（汤）, boiling water, i.e. grass swaying and water bubbling. 蕩 has been simplified to 荡.

① 摇动；摆动 swing; tremble：动～ turbulence; upheaval | 摇～ swing; sway ② 闲逛 walk about aimlessly：游～ loiter ③ 洗涤 wash：～涤 clean; wash ④ 弄光；清除 clear thoroughly：扫～ (police) raid ⑤ 放纵；不检点 unrestrained; lack of self-respect and self-discipline：放～ unrestrained ⑥ 浅水湖泊 shallow water bodies：芦花～ reed catkins floating on shallow water

当 117页

dāo

刀

象形字。像把刀。本义是一种工具或兵器。
The core meaning of 刀 is a tool or weapon. The character resembles a knife.

① 切割用的工具 knife：～刃 blade｜菜～ chopper ② 像刀的东西 knife-like object：冰～ ice-skates｜瓦～ bricklayer's cleaver ③ 量词，纸一百张为一刀 measure word, 100 pieces of paper is known as 一刀

dǎo

导

（導）

会意字。金文"行"像十字路口，"又"像手，"首"像头，以用手给人指路表示引导。篆、楷书"道"表示道路、方向，"寸"像手，表示有分寸地引导；道（dào）兼表声。简体字"巳"像胎儿，"寸"像手，表示从胎儿出世开始着手教导。本义是引、领。
导 means guide, lead. In bronze inscriptions, 行 resembles a road junction; 又 depicts a hand; 首 depicts a head, hence, 导 is guiding others by pointing. In seal and regular scripts, 道（dào）represents pronunciation and means pathway, direction; 寸 depicts a hand; i.e. guiding with responsibility. In simplified form, 巳 means fetus; 寸 means hand; i.e. teaching a child from the moment he is born.

① 带领；指引 lead; guide：～游 tour guide｜指～ guide; teach ② 传导 conduct：～电 conduct electricity

dǎo

岛

（島）

会意字。像鸟（鳥）停在山上，表示水中高起如山可息鸟的陆地是岛。本义是海岛。泛指水中陆地。
岛's core meaning is island, i.e. a piece of land surrounded by water. The character looks like a bird resting on a mountain top, analogous to an island emerging from the sea serving as a resting place for birds simplified.

江河湖海中四面环水的陆地 island：～屿 island｜荒～ deserted island

dǎo

捣

（搗）

形声字。扌表意，像手，表示用手捶、舂；島（岛 dǎo）表声，兼表被捣之物形状像隆起的小岛。搗简化为捣。本义是捶、舂。
搗 means pound or thresh. It consists of 扌, hand, i.e. pounding by hand, and 島（岛 dǎo）'island' is phonetic, suggesting that pounding is like creating little islands. 搗 has been simplified to 捣.

① 用棍棒一端捶、舂 pound (with a pestle)：～碎 pound into very small pieces｜～米 pound rice ② 攻打；冲击 attack; a great blow：～毁 destroy｜直～敌巢 attack and destroy an enemy's base ③ 搅扰；破坏 disturb; damage：～乱 cause a disturbance｜～鬼 cause trouble dǎo/dào

倒

形声字。亻表意，像人；到（dào）表声，兼表人倒下到达地面。本义是倒下。

倒 means fall down. It consists of 亻, man, and 到（dào）, which represents pronunciation and means 'to', i.e. a man falling to the ground.

㊀ dǎo ① 竖立的东西躺下去 fall; topple：跌～ fall down｜～塌 (tower, building etc) collapse ② 失败；垮台 fail：～闭 to wind up (business) ③ 转换 change：～手 (commodity) changes hand ㊁ dào ① 上下或前后颠倒 inverted：～影 reflection ② 向后退 go backwards：～车 reverse a car ③ 倾倒 empty (sth)：～垃圾 empty garbage ④ 却；反而 however; instead

dǎo

祷

（禱）

会意字。"礻"像供桌上放着祭品，"壽"（寿）指长寿，表示向神祈祷去疾添寿。禱简化为祷。本义是向神求助。

祷 means to seek assistance from a god. The character is composed of 礻, putting offerings on an altar, and 壽（寿）, longevity, i.e. praying to the gods for good health and longevity. 禱 has been simplified to 祷.

向神求保佑 pray：～告 pray｜祈～ pray

dǎo

蹈

会意字。"足"像膝和脚，"舀"像手和舂米的石臼，表示用脚不断踩踏。本义是踏、踩。

蹈 means step, stamp the feet. It consists of 足, a knee and foot, and 舀, a hand and a stone mortar, i.e. stamping on sth repeatedly.

① 踩；踏 step; stamp on：赴汤～火 brave all difficulties and dangers ② 遵循 abide by：循规～矩 abide by all rules and regulations ③ 跳动 jump; dance：舞～ dance｜手舞足～ jump for joy

dào

到

形声字。至表意，像箭落到地面，表示到达；刂（dāo）表声，像刀，刀切物达到目的，表示到是抵达目的地。本义是到达。

到 means arrive at . It consists of a semantic element, 至, an arrow falling to the ground, i.e. to reach, arrive, and 刂（dāo）, which is phonetic and depicts a knife. Arriving at a destination is expressed as a knife completing a cut.

① 到达 arrive at：～站 arrive at the station｜～期 deadline ② 去；往 go; back and forth：～工厂去 go to the factory ③ 表示动作的结果 results of action：看～ manage to see｜做～ manage to do ④ 周全 comprehensive：周～ well-planned; well thought out dào

盗

会意字。篆书像食器和人流口水，表示因嘴馋别人的美食而起了偷窃之心。楷书“次”指质量差，“皿”像器皿，表示嫌自己的东西质量差而起偷盗之心。本义是偷。

盗 means steal, rob. In seal script, it depicts a food container and a man salivating, i.e. feel like stealing food to stave off hunger. In regular script, **次** means inferior quality; **皿** resembles a food container; i.e. feel like stealing things to offset one's inferior status.

① 偷 steal：～窃 steal | 偷～ steal ② 抢劫财物的人 robber：强～ robber | 海～ pirate

dào

悼

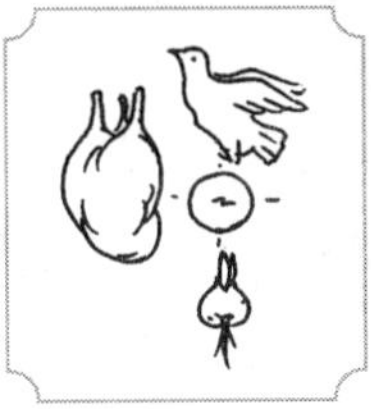

会意字。“忄”像心脏，“卓”有高、极义，表示对逝者怀着崇高的敬意和极度的悲伤。本义是悲伤。

悼 means sorrow, grief. It consists of **忄**, heart, and **卓**, high, extreme, i.e. have the utmost respect for and be deeply sorry for the deceased.

怀念死者，表示哀伤 mourning over sb's death：～念 mourn | 哀～ lament for the deceased

D

dào

道

会意字。“首”像人头，金文“行”像十字路口，篆、楷书“辵”（辶）像路和脚，表示供人行走的路。本义是路。

道 means road. **首** resembles a head. In bronze inscriptions, **行** resembles a road junction; **辵**（**辶**）in seal and regular scripts resembles a pathway and foot. So **道** is a pathway for people.

①路 road; pathway：～路 road | 铁～ railway ② 方向；方法 direction, way：背～而驰 to run counter to | 生财有～ good at making money ③ 德行；事理 moral conduct; logic; reason：～义 moral virtues | ～理 reason ④ 说 say; express：～歉 apologize | ～别 bid farewell ⑤ 道教 Taoism：～士 Taoist priest ⑥ 量词 measure word：两～题 two sets of questions

dào

稻

会意字。甲骨文像将舂好的稻米放进容器。金篆楷“禾”像稻类植物，“舀”金文像手拿禾放入臼中舂捣，篆、楷书像伸手向臼中取米。本义是稻米。

稻 means paddy. In bone inscriptions, it shows the act of putting milled rice in a container. In bronze, seal and regular scripts, **禾** resembles grain. In bronze inscriptions, **舀** depicts a hand putting grains into a mortar to be ground. In seal and regular scripts, it resembles a hand reaching into a mortar to get rice.

粮食作物的一种，去壳后即大米。有水稻、旱稻两种 paddy：～田 paddy field | ～米 rice; paddy

倒 120页

dé
德

会意字。甲骨文“彳”像路，“直”像目光，表示看得正、行得直。金文加“心”，像心脏，表示心也正直。篆、楷书加“一”，表示一心为德，始终如一。本义是道德、品行。

德 means virtue, moral conduct. In bone inscriptions, 彳 resembles a road; 直 looks like gazing or looking; hence, look correctly and walk straight. In bronze inscriptions, 心 'heart' is added to suggest honesty. In seal and regular scripts, 一 (numeral one) is added, to suggest total devotion to virtue.

① 道德；品行 moral; moral conduct：美～ virtue ② 恩惠 favor received; kindness：以～报怨 return good for evil ③ 信念 belief：同心同～ share a common goal

dé/děi/de
得

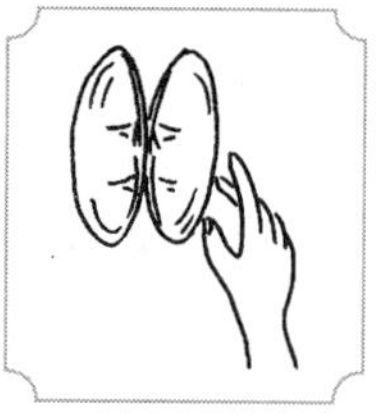

会意字。甲骨文像“手”（又）持“貝”（贝），表示得到财物。金文加“彳”，表示在路上得到财物。篆书又改为寸（仍像手）。楷书“旦”像日升起，表示白天在路上获得。本义是获得。

得 means obtain. Bone inscriptions resemble a hand (又) holding a seashell (贝), i.e. obtain valuables. 彳 is added in bronze inscriptions, i.e. obtaining valuables on the road. In seal script, 又 is changed to 寸 (also hand); 旦 in regular script, means sunrise, i.e. to obtain valuables on the road during the day.

㊀ dé ① 得到 obtain：获～ achieve ② 适合 suitable：～当 appropriate ③ 满意 satisfied：～意 pleased ④ 能 able：不～吵闹 not to make noise ㊁ děi 必须；需要 need; necessary：非～ must; have got to, ㊂ de 表示可能、结果、程度 perhaps; consequence; degree：看～见 able to see | 好～很 excellent

dēng
灯
（燈）

会意字。“火”表意，像火苗；“登”有上升义，表示灯火向上冒起照亮四周；登（dēng）兼表声。简体字火、丁，表示用一丁点儿的火来照明的是灯。本义是照明器具。

灯 means lamp. It consists of 火, flames, and 登 (dēng), which is phonetic and denotes rising, i.e. burning flame lighting up the surroundings. The simplified form suggests a lamp uses a very small (丁) flame (火) to light up a place.

发光照明的用具 lamp：油～ oil lamp | ～光 light | 电～ electric lamp or electric light

dēng
登

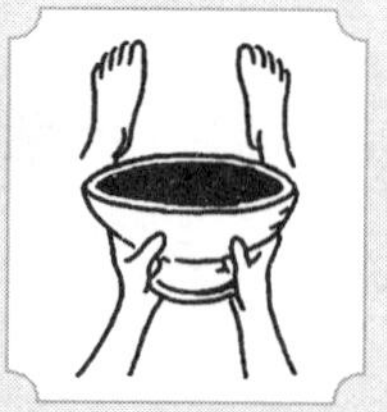

会意字。甲、金文“癶”像两脚，“廾”像双手，“豆”像食器，表示双手持食器登阶进献食物。篆、楷书省去双手。本义是由低处到高处。

登 means moving from low to high. Bone and bronze inscriptions have 癶, feet, 廾, hands, and 豆, food container, i.e. a man holding a food container walking up a flight of steps to offer food. The component, 廾, is removed in seal and regular scripts.

① 由低处往高处 move from low to high：～山 climb a mountain | ～高 get to a high location ② 记载；刊载 record; publish：～记 register | 刊～ publish ③ 成熟 mature：五谷丰～ bumper harvests

地 126页　　的 127页

děng
等

会意字。“竹”像竹叶，表示竹简用竹子制成；“寺”指官署，表示官署竹简多需顿齐而放。本义是把竹简顿齐。引申为相同。

等 originally meant to arrange bamboo slips; later it came to mean same, equal. It consists of 竹, bamboo leaves, i.e. bamboo slips (used for writing); and 寺, government offices. The character shows large numbers of bamboo slips in an office that need to be arranged.

① 相同 common; same：~同 equivalent to | 相~ same ② 等级 grade：优~ distinction; of superior quality | 分~ classify ③ 种；类 type; kind：这~事 this kind of affair | 此~人 this type of person ④ 等待 wait：~候 wait | ~车 wait for the bus ⑤ 表示列举未完 as an example：桌椅~ tables and chairs etc

dèng
邓
（鄧）

形声字—会意字。阝（邑）表意，金文、篆书像居住地和人形，楷书像山地，表示和地形、地域、国家有关；登（dēng）表声。简体字“又”像手，“阝”像山地，表示和人、地形有关。本义是古国名。现用作姓。

邓 was the name of an ancient state; it is now a family name. 阝（邑）is semantic; in bronze and seal scripts, the characters depict a man and a place of residence. In regular script, it resembles a mountainous area, suggesting 邓 is related to geography, region and state. 登（dēng）is phonetic. In the simplified form, 又 is hand; 阝 is a mountainous area, i.e. related to people and geography.

姓 a family name

dèng
凳

会意字。“几”像古人坐时倚靠的家具，表示凳形状似几；“登”指由低处到高处，凳是床凳，以登床得名；登（dēng）兼表声。本义是床凳。引申为坐具。

凳 originally a bed bench and now used for a stool or bench. 几 resembles a piece of furniture used in ancient times which could be sat on or leaned on, i.e. a small table. 登（dēng）is the phonetic element, with a meaning of ascend.

没有靠背的坐具 stool：板~ wooden stool | 长~ bench

dèng
瞪

形声字。目表意，像眼睛，表示睁大眼睛注视；登（dēng）表声，指从低处到高处，表示瞪眼时眼睛张大眼皮向上撑。本义是睁大眼睛看。

瞪 means stare (with eyes wide open). It consists of 目, eye, i.e. opening the eyes wide to gaze at sth, and 登（dēng）, which represents pronunciation and means ascend. So when you open your eyes wide, your eyelids ascend.

① 睁大眼睛 open one’s eyes wide：目~口呆 bewildered and speechless ② 睁大眼睛注视，表示不满意 stare：~他一眼 give sb a stare

澄 81页

dī

低

会意字。“亻”像人，“氐”像树根深入地下，表示人矮，氐（dǐ）兼表声。本义是低矮。

低 means short, low. It consists of 亻, man, and 氐（dǐ）, which represents pronunciation and resembles roots of a tree that extend deep into the ground, i.e. very low, short.

① 位子、程度在下的 low：～温 low temperature｜高～ tall and short｜降～ lower (sth to the ground) ② 向下垂 hang low：～头 lower the head｜～垂 hanging low

dī

堤

会意字。“土”本像地上有堆土，表示用土石筑堤；“是”像脚朝太阳升起的方向走去，有直意，表示堤一般都是直立的。本义是江河湖海边上用来挡水的高岸。

堤 means a dam of earth across a river or lake. It consists of 土, a pile of earth, i.e. dams are made with rocks and earth; and 是, legs walking towards the rising sun, i.e. “going forward” and “straight”, like dams.

江河湖海边上用来挡水的高岸 dam; breakwater：～坝 dam; breakwater｜河～ dam

dī

滴

形声字。氵表意，像水流、水珠；啇（商dí）表声，指生物的基趾部位，表示滴是水滴由高处落到低处。本义是水一点一点地落下。

滴 means drip or drop. It consists of 氵, water, and 啇（商dí）, which is phonetic and denotes feet of living things. So 滴 is water dripping down (from high to low).

① 液体一点一点地落下 drip：水～石穿 drops of water will eventually wear down rocks ② 水点 droplets：雨～ rain drop｜汗～ drops of perspiration ③ 量词 measure word：一～血 a drop of blood｜几～泪水 a few tears

dí

敌

（敵）

形声字—会意字。攴（攵）表意，像手持棒；啇（商dí）表声，有根本意，表示敌对双方根本利益冲突。简体字“舌”像张口伸舌，“攵”像手持棒，表示仇敌之间会发生口舌之争和武力冲突。本义是仇敌。

敌 means enemy. 攴（攵）is semantic, a hand holding a stick. 啇（商dí）is phonetic; it means root, basic. The components suggest rival parties (enemies) with conflicting interests. In the simplified form, 舌 shows a tongue sticking out of a mouth, 攵 depicts a hand holding a stick, i.e. enemies engaging in verbal and physical blows.

① 敌人 enemy：仇～ enemy ② 抵挡；对抗 defend; fight against：寡不～众 lose the battle as a result of being outnumbered ③ 相等；相当 match up against：势均力～ match each other in terms of strength

嘀 125页　提 640页　的 127页

dí

涤

（滌）

会意字。“氵”像流水、水珠，表示用水洗；“絛”是树的细枝，会随风摆动，表示洗衣物时将衣物浸在水中来回摆动。简体字“氵”指水，“条”指枝条，表示将衣物浸在水中晃动清洗，如同枝条在风中晃动。本义是洗。

滌 means wash. It consists of 氵, water, i.e. cleaning with water, and 絛, twigs that sway in the wind. The components describe the action of soaking and washing clothes. In the simplified form, 氵 is water; 条 is a twig. The movement of clothes being washed in water is akin to the swaying of twigs in the wind.

洗 wash：洗～ wash

dí

笛

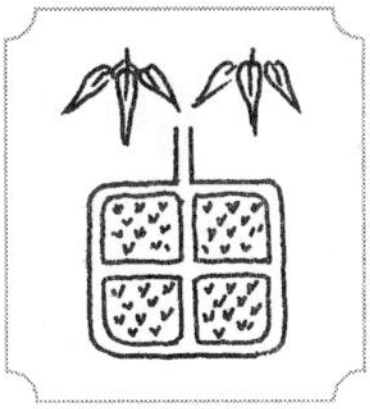

会意字。“竹”像竹叶，表示笛子用竹管制成；“由”像田埂通入农田，表示气通过笛孔进入笛管发出乐音。本义是笛子。

笛 means flute. It is composed of 竹, bamboo leaves, i.e. 笛 is made of bamboo, and 由, fields divided into sections by ridges, like a flute letting air through openings to produce music.

① 横吹的管乐器，多用竹子制成 flute：～子 flute｜竹～ bamboo flute ② 响声尖厉的发音器 whistle：汽～ car horn｜警～ police siren

dí/dī

嘀

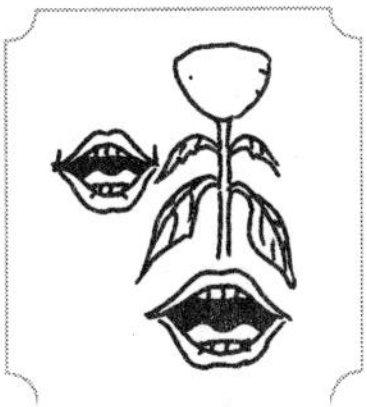

形声字。口表意，像张开的口；啇（dí）表声，指生物的基趾部位，有低下意，表示嘀是低声说话。本义是小声说话。

嘀 means to talk softly, whisper. It consists of 口, an open mouth, and 啇（dí）, which is phonetic and denotes the feet of living things, i.e. "low".

㊀ dí 小声说话 whisper; talk softly：～咕 murmur; mutter ㊁ dī 象声词 onomatopoeia：～嗒 pitter-patter, ticking of clock etc

dí

嫡

形声字。女表意，像女子；啻（啇dí）表声，指生物的基础部位，表示嫡是正妻。本义是正妻。

嫡 means the primary wife. 女 is semantic, a woman. 啻（啇dí）represents pronunciation, and means what is fundamental to living things. Thus, 嫡 is the fundamental woman.

① 家族中血统最近的 of linear descent：～亲 related by blood ② 正宗；正统 authentic; orthodox：～系 direct descent line｜～传 passed down from the master; orthodoxy dǐ

抵

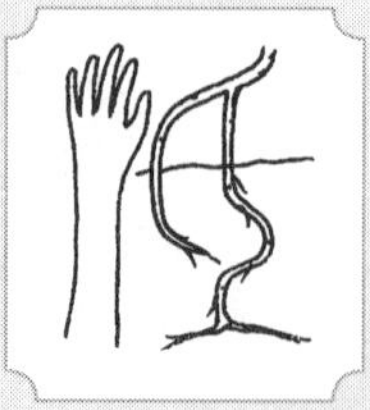

形声字。扌表意，像手，表示用手推挤；氐（dǐ）表声，有根本义，表示推挤或抵抗出自本能。本义是推挤。引申为挡、拒。

抵 originally meant shove, push; now it means resist, block. It consists of 扌, hand, i.e. push and shove with hands; and 氐（dǐ）, which is phonetic and means basic, root. Thus, the decision to push or resist stems from a basic instinct.

① 挡；拒 withstand; resist; block：～挡 withstand; resist｜～抗 resist ② 支撑 support：～着下巴 support the chin with the hand ③ 赔偿；补偿 compensate：～债 repay a debt in kind｜～命 pay with one's life ④ 到达 arrive at：～达 arrive at (a destination)

dǐ

底

会意字。“广”像屋子，“氐”像树根深入地下，表示物体最下面的部分，氐（dǐ）兼表声。本义是物体最下面的部分。

底 means bottom, base. 广 represents a house; 氐（dǐ）indicates pronunciation and depicts tree roots growing deep into the ground, i.e. the lowermost part.

① 最下面的部分 bottom; base：～层 basement｜鞋～ sole of a shoe ② 末尾 end：月～ end of the month｜年～ end of the year ③ 根源；内情 root; origin; inside information：～细 ins and outs of sb｜摸～ to sound sb out about sth ④ 可作根据的 that which constitutes the basis：～稿 manuscript

dì/de

地

会意字。“土”本像地面有堆土，“也”像蛇，表示大地。本义是大地。

地 means the earth, ground. 土 resembles a pile of earth. 也 represents a serpent.

㊀ dì ① 地球 the Earth：～面 ground ② 土地；田地 ground; earth; land; field：耕～ cultivate the land ③ 地区；地点 region; location：本～ local ④ 地步；境地 state; situation：余～ room; leeway｜设身处～ put oneself in sb's shoes ⑤ 底子 base：蓝～白花 blue base with white flowery design ㊁ de 助词 particle that appears with reduplicative or polysyllabic adverbs：慢慢～走 walk slowly

dì

弟

会意字。像围绕在木桩上的绳子，表示绳子一圈圈地围绕木桩是有序的。本义是次第。基本义是弟弟。

The root meaning of 弟 was sequence or order; now it generally means younger brother. The character resembles a rope coiled in an orderly manner around a tree stump.

同胞或同辈中年龄比自己小的男子 younger brother：兄～ brothers｜表～ maternal younger male cousin｜师～ male junior

dì/dí/de 的

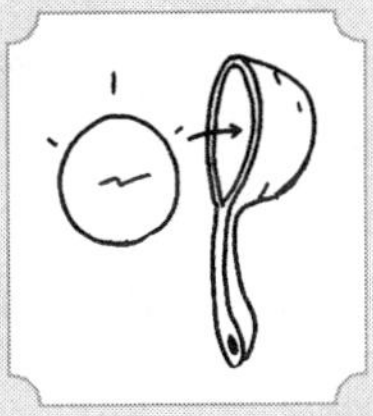

会意字。篆书"日"像太阳，楷书"白"像日放光，"勺"像勺子，表示光线明亮便于用勺子舀取东西。本义是明亮。

The root meaning of 的 was bright. In seal script, 日 resembles the sun. In regular script, 白 resembles sunlight; 勺 resembles a ladle, i.e. it is easier to scoop sth when there is light.

㊀ dì 箭靶的中心 bull's-eye：目～aim; goal｜有～放矢 have a definite goal ㊁ dí 实在；确实 indeed; no doubt：～确 indeed ㊂ de 助词 particle that indicates possession or subordination：甜～sweet ones｜我～mine

dì 帝

象形字。像花蒂。本义是花蒂，此义后写作蒂。基本义是君主。

The character resembles the base of a flower, which was the original meaning of 帝. That meaning is now represented by 蒂, with 帝 now used for lord, sovereign, emperor.

① 君主 lord; sovereign; emperor：～王 emperor; king｜皇～emperor ② 宗教或神话中称最高的天神 the highest god in religions or legends：上～ God｜玉皇大～ the Jade Emperor (the supreme Taoist deity)

dì 递（遞）

会意字。"辶"（辵）像路和脚，"虒"指能在水陆交替生活的一种兽，表示交替。简体字辶、弟，弟与第相通，有府第、宅第义，表示传递到府上，弟（dì）兼表声。本义是更替。引申指传递。

递 originally meant replace; it is now used for deliver. 辶（辵）depicts a path and foot. 虒 represents an animal that lives in both water and land, suggesting alternatively or to supercede. Its simplified form consists of 辶 and 弟; 弟 and 第 are interchangeable, both used for mansion, hence, deliver to one's mansion. 弟（dì）represents pronunciation.

① 传送 deliver; send; pass：传～deliver, pass (sth to sb) ② 顺次 in order：～增 increase

dì 第

会意字。"竹"像竹叶，表示书写竹简是有序的；"弟"像绳子绕在木桩上，有次第义，表示像书写竹简及编成简册那样有序，弟（dì）兼表声。本义是次第。

第 means order, sequence. It consists of 竹, bamboo leaves, i.e. writing on bamboo slips has to be in sequence, and 弟（dì）, which is phonetic and shows a rope coiled on a stake, suggesting order, sequence. Writing on bamboo slips and stringing them together requires attention to order and sequence.

① 次序 sequence：～一 first; firstly｜次～sequence ② 达官贵人的住宅 mansions of rich and influential people：府～ mansion｜宅～mansion dì

蒂

会意字。“艹”像草，“帝”像花蒂（dì）兼表声。蒂是花或瓜果与枝茎相连的部分。

蒂 means the base of a fruit (calyx), connecting the fruit to the stem or branch. It is composed of 艹, grass, and 帝（dì）, which represents pronunciation and resembles the shape of a calyx.

花或瓜果与枝茎相连的部分 base of a fruit：瓜熟～落 when conditions are right, events will naturally unfold｜根深～固 deeply rooted

dì

缔

（締）

形声字。糸（纟）表意，像丝线，表示用丝线将物体系结在一起；帝（dì）表声，像连接花与茎的花蒂，缔取其连接意。締简化为缔。本义是结合。

缔 means unite, connect. It consists of 糸（纟）, silk thread, i.e. tying things up with silk threads, and 帝（dì）, which represents pronunciation and refers to the calyx that joins a fruit to the stem or branch, i.e. connect, join. 締 has been simplified to 缔.

① 结合；订立 unite; set up：～结 establish｜～约 conclude a treaty ② 约束；限止 terminate; put a stop to：取～ suppress; ban

diān

掂

会意字。“扌”像手，“店”指商店，表示过去的商店常用手掂量东西的分量来报价或还价，店（diàn）兼表声。本义是用手衡量物体重量。

掂 means weigh sth in the hand. It consists of 扌, hand, and 店（diàn）, which represents pronunciation and means shops. In ancient times, shop owners usually estimated the value of their products by weighing them in their hands.

用手托着东西估量轻重 weigh sth in the hand：～量 weigh in the hand｜～～分量 weigh for an estimation

diān

颠

（顛）

会意字。“頁”（页）像夸大头部的人，“真”像目见人乘座具升天，神在天上，表示颠是头顶。顛简化为颠。本义指头顶。引申为顶部。

颠 originally meant the top of the head, then the top of sth in general. It consists of 頁（页）, a man with an enlarged head, and 真, a man witnessing another person going up into heaven. Gods are in heaven; hence 颠 refers to the top of the head. 顛 has been simplified to 颠.

① 顶部 top：山～ mountain top｜塔～ top of a tower ② 跌落；倒下来 fall; collapse：～覆 overturn; subvert ③ 晃荡；震动 swing; vibrate：～簸 jolt; bumpy

diǎn 典

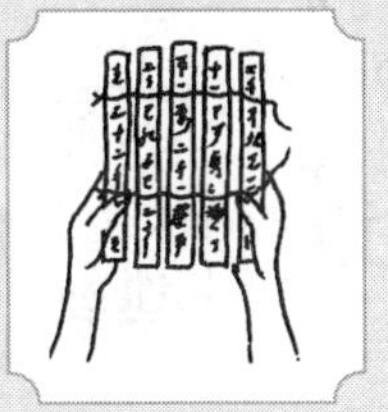

会意字。甲骨文像双手捧册，表示典范性书籍。金篆楷像册搁在架子上。本义是典范性书籍。

典 means standard work of scholarship. In bone inscriptions, the character resembles two hands lifting up a book, suggesting representative books. In bronze, seal and regular scripts, it resembles books on a shelf.

① 典范性书籍 standard work of scholarship：字～ dictionary | 经～ classics ② 标准；法则 standard; model：～范 model | ～型 typical ③ 隆重的仪式 formal celebration：庆～ celebration ④ 引自古书的故事或词句 allusion：～故 allusion ⑤ 用东西作抵押 pawn：～当 pawn

diǎn 点（點）

会意字。"黑"像被火熏黑的烟囱，"占"指占据，表示烟囱被黑点所占。简体字占、灬，表示黑点占据物体。本义是黑点。

点 means black spot. It consists of 黑, a chimney blackened by soot, and 占, occupy, i.e. a chimney covered with soot (black spots). The simplified form depicts black spots (灬) covering (占) an object.

① 水滴；斑痕 droplet; spot：雨～ raindrop ② 标点 punctuation：小数～ decimal point ③ 量词 measure word：两～意见 two suggestions ④ 小时；时间 hour; time：正～ on time; punctually ⑤ 处所；限度 place; limit：终～ finishing point ⑥ 方面或部分 characteristic：优～ advantage; good point ⑦ 食品 food：糕～ cake and pastry ⑧ 查对 verify：～名 take attendance ⑨ 挑选；指定 select; appoint：～菜 order a dish ⑩ 启发；指明 point out：指～ enlighten ⑪ 引燃 start a fire：～火 light up ⑫ 一落一起的动作 nod：～头 nod

diǎn 碘

形声字。石表意，像山崖下有块石头，表示碘多在硝石中；典（diǎn）表声，有书籍义，书上的字是黑色的，表示碘是黑色结晶体。碘是一种非金属元素。

碘 is iodine, a type of nonmetallic element. It consists of 石, rocks, since 碘 is usually found in mineral salts, and 典 (diǎn) , which is phonetic and denotes books. 碘 is a black crystal, black like words on a page.

非金属元素，符号I，呈黑紫色的结晶。有工业、医药用途 iodine (I)

diàn 电（電）

会意字—象形字。"雨"像天下雨，"电"像闪电，表示闪电发生在下雨时。简体字像阴电、阳电相触闪电。本义是闪电。

电 means lightning. It consists of 雨, rain, and 电, a flash of lightning; lightning occurs on rainy days. The simplified form resembles the collision of positive and negative ions.

① 闪电 lightning：～光 lightning | 雷～ lightning ② 一种重要的能源 electricity：～灯 light | ～器 electrical appliance ③ 电报 telegram：～信 telecommunications | 贺～ congratulatory telegram

D

diàn 甸

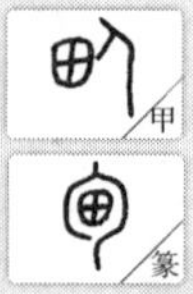

会意字。甲骨文像人和田，农田多在郊外，表示郊外，田（tián）兼表声。篆、楷书表示围绕（勹）城镇的农田（田）在郊外。本义是郊外、郊野。

甸 refers to countryside, outskirts. In bone inscriptions, the character resembles a man and farmland, i.e. countryside. 田（tián）represents pronunciation. In seal and regular scripts, the components show fields（田）that surround（勹）towns and cities, i.e. countryside.

① 郊外；郊野 countryside; outskirts ：京～ the outskirts of Beijing ② 甸子，指放牧的草地 fields for grazing

diàn 佃

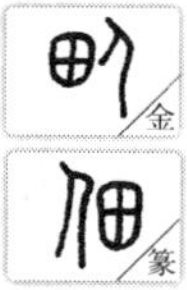

会意字。“亻”像人，“田”像农田，表示人种田。本义是种田地。引申为农民向地主租种土地。

佃 originally meant cultivated land, now it means to rent lands from land owners. It is composed of 亻, man, and 田, fields, i.e. a man working in fields.

农民向地主租种土地 rent land from land-owners：～户 farmers who are tenants | ～农 tenant farmers

diàn 店

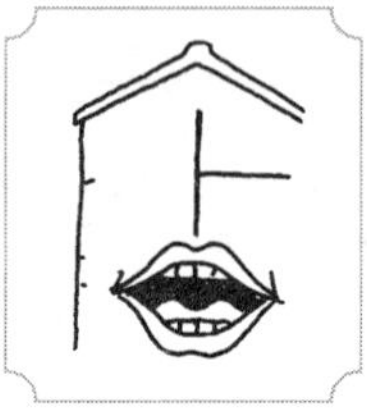

会意字。“广“像房屋，表示买卖商品的房屋；“占”像裂纹和口，表示占卜，占卜是对事情作估计，表示商店需对商品作估价。本义是商店。

店 means shop. 广 suggests a house, i.e. shop houses. 占 shows cracks and a mouth, i.e. divination. Divination is a form of prediction; shop owners predict the value of their products.

① 商店；铺子 shop; stall：～员 sales assistant; salesperson | 布～textile shop ② 旅馆 hotel：旅～hotel | 客～inn

diàn 玷

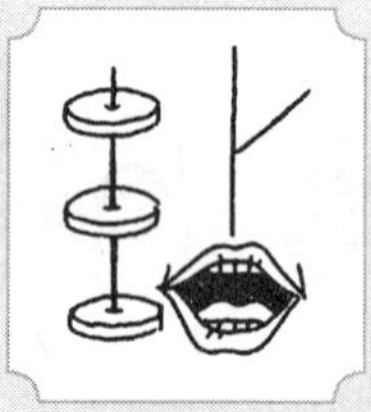

会意字。“王”像一串玉，“占”像裂纹和口，指占卜，以占卜的龟甲会产生裂缝表示玉上难免有裂纹和斑点。本义是白玉上的斑点。

玷 means flaws found in white jade. It consists of 王, a string of jade, and 占, flaws or cracks and a mouth, i.e. divination. Divination is based on cracks on tortoise shells; cracks and spots also commonly appear on jade.

① 白玉上的斑点，比喻人的缺点、过失 flaws on white jade, an allusion for sb's negative points ② 弄脏；使有污点 to make dirty：～污 stain diàn

垫

（墊）

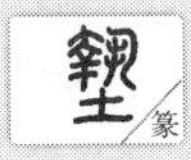

会意字。"土"本像地上有堆土，指土地下陷；"執"（执）像罪犯被手铐铐住低头屈服，墊取其低下之意。墊简化为垫。本义是土地下陷。引申指衬、铺。

垫 originally meant sinking ground; now it is used for support, prop. It consists of **土**, a pile of earth, i.e. sinking ground, and **執（执）**, a criminal handcuffed, with his head hung in submission, i.e. low. **墊** has been simplified to **垫**.

① 衬；铺 support; prop：～底 put sth at the bottom | ～平 spread evenly ② 垫子 cushion：床～ mattress | 鞋～ cushion for footwear ③ 暂时替人付钱 pay a debt for sb and expect to be repaid：～钱 advance money and expect to be repaid | ～款 advance money to sb and expect to be repaid

diàn

淀

（②澱）

会意字。"氵"本像水流、现像水珠，表示浅水湖泊；"定"指安定、宁静，表示浅水湖泊风浪不大较安全。本义是浅水湖泊。澱今简化为淀。

淀 means shallow lake. It consists of **氵**, water, i.e. a shallow lake, and **定**, tranquil, peaceful, quiet, i.e. shallow lakes, with smaller waves, are more tranquil. **澱** has been simplified to **淀**.

① 浅的湖泊 shallow lake：白洋～ Baiyang Lake, a lake in Hebei Province ② 沉积；沉积的东西 settle; sediment：积～ accumulate | ～粉 starch

diàn

惦

形声字。忄表意，古文字像心脏，表示心中挂念；店（diàn）表声，有旅店义，表示旅人对家人特别挂念，也表示对离家在外的亲人特别挂念。本义是挂念、思念。

惦 means remember with concern. It consists of **忄**, a heart, i.e. thinking of sb, and **店**（diàn）, inn, represents pronunciation. Thus, travelers thinking of their families at home, and people at home missing their loved ones who are away.

挂念；思念 remember with concern; keep thinking of：～记 always thinking of (sb) | ～念 miss

diàn

奠

会意字。甲骨文像酒坛子放在垫子上，金文像酒坛子放在座子上，表示用酒食祭祀。篆书增"八"，像酒坛子溢出酒香。楷书"酋、大"，表示用酒食大事祭奠死者。本义是设酒食祭奠死者。

奠 originally meant offer wine to the spirits of the dead. In bone inscriptions, it depicts a wine vessel on a mat; in bronze inscriptions, a vessel on a stand. In seal script, **八** is added to indicate the fragrance produced by the wine in the vessel. In regular script, **酋** and **大** suggest offering wine in a grand sacrificial rite for the dead.

① 为死者举行仪式表示悼念 mourning ceremony：祭～ mourn ② 建立；安置 build; place：～基 set a foundation diàn

殿

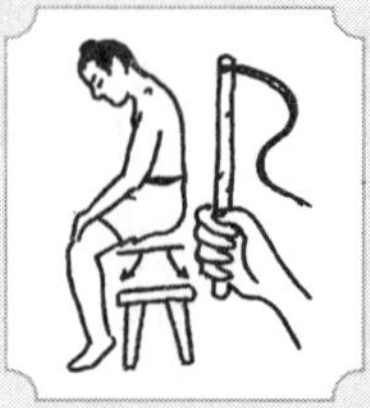

会意字。“㞜”指屁股，“殳”像手执鞭，指身后的敲击声。本义是敲击声。引申为在最后。

殿 originally referred to the sound produced from hitting sth; it now means last in place or rear. It consists of 㞜, buttocks, and 殳, a hand holding a whip, indicating the sound of a whip hitting the buttocks.

① 在最后 last; rear：~后 bring up the rear | ~军 the contestant who comes in last among the winners ② 高大的房屋，特指帝王居住的房屋或供奉神佛的房屋 palace; hall：大~ main hall | 佛~ temple hall

diāo

刁

象形字。像刁斗。本义是刁斗。基本义是狡猾。

The character resembles and refers to a time telling instrument used in ancient times by soldiers. Its basic meaning is sly, cunning.

① 狡猾 sly; cunning：~滑 cunning; crafty | ~钻 wily; cunning ② 姓 a family name

diāo

叼

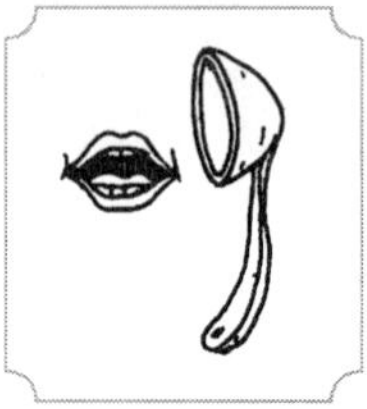

形声字。口表意，像张开的嘴，表示用嘴衔住东西；刁（diāo）表声，是有柄的小斗，可舀取东西，表示叼是嘴衔住东西。本义是用嘴衔住。

叼 means to hold in the mouth. It consists of 口, an open mouth, i.e. holding sth in the mouth; and 刁 (diāo), which represents pronunciation and denotes a small pipe with a handle which can hold things.

用嘴衔住 hold sth in the mouth：嘴里~着香烟 have a cigarette in one's mouth | 乌鸦~走一块肉。The crow flew off with a piece of meat in its mouth.

diāo

凋

会意字。“仌”（冫）像层冰、冰块，表示冰霜使草木凋零；“周”有普遍义，表示在寒冬季节植物普遍凋零。本义是草木零落。引申为衰落。

The core meaning of 凋 is to wither (of plants), extended to mean decline, go downhill. It consists of 仌 (冫), layers of ice, suggesting cold causes plants to wither, and 周, common or usual, i.e plants usually wither in winter.

衰落 decline; go downhill：~谢 wither; wilt | ~敝 (of life) hard

diāo

碉

会意字。“石”像山崖下有块石头，表示用石块砌成的石屋；“周”像农田和口，有周密义，累石成屋须密合无间才不会坍塌。本义是石屋。引申为碉堡。

碉 originally meant a house of stone, later extended to pillbox. It consists of 石, stones at the foot of a cliff, i.e. stone for houses, and 周, a field and an opening, suggesting care and thoroughness. Thus, a stable house requires the stones to be laid close together, without gaps.

碉堡，防守用的建筑物 pillbox; minor fort：炸～堡 bomb a pillbox

diāo

雕

会意字。“隹”像鸟，表示雕是大型的鸟；“周”像农田和口，有周密、细致义，表示雕眼睛敏锐，观察细密、周全。本义指鹰类猛禽。

雕 means vulture. It consists of 隹, a bird, in this case, a vulture, and 周, fields and an opening; it means thorough, detailed and fine. Vultures have sharp eyes and fine observation skills.

① 鹰类猛禽，也叫鹫 vulture：一箭双～ kill two birds with one stone ② 刻 carve：～刻 carve; sculpt｜～花 carvings on furniture, pillars etc ③ 刻成的艺术品 carving：玉～ jade carving｜牙～ ivory carving

D

diào

吊

会意字。本写作“弔”，像人背着弓去吊唁死人。楷书“口”像张开的口，“巾”像布巾，表示哀悼死者时人们大多口中发出哭声并以巾拭泪。本义是悼祭死者。

吊 means mourn the dead. It was originally written as 弔 which resembles a man carrying a bow to offer condolences to the bereaved. The regular script has 口, an open mouth, and 巾, a handkerchief, associated with mourning the dead and wiping away tears of sorrow.

① 哀悼死者或慰问死者家属 mourn：～丧 attend a mourning ceremony; pay a condolence call｜～唁 attend a mourning session ② 悬挂 hang：～灯 pendant lamp｜～桥 suspension bridge ③ 收回 withdraw; revoke：～销 revoke

diào

钓

（釣）

会意字。“金”（钅）像箭头、斧头和矿石，“勺”是舀取东西的器具，表示用金属鱼钩从水中获取鱼。釣简化为钓。本义是用鱼钩钓鱼。

钓 means fishing with a rod. It consists of 金（钅）, metal, and 勺, ladle, i.e. fishing with a metal hook. 釣 has been simplified to 钓.

① 用钓具获取 to fish：～鱼 fishing｜垂～ to fish ② 用手段谋取 obtain using devious means：沽名～誉 fish for fame and compliments

调 645页

diào

掉

会意字。“扌”像手，“卓”指高，表示高举手摇动。本义是摇动、摆动。引申为落下。

掉 originally meant wave, shake, later extended to fall, drop. It consists of 扌, a hand, and 卓, tall, i.e. waving hands in the air.

① 落下 drop：～泪 cry ② 丢失；遗漏 to lose：丢～ to lose; throw away | 失～ to lose; to miss (an opportunity) ③ 回转 turn back：～头 turn around ④ 对换 exchange：～换 swap ⑤ 落在后面 fall behind：～队 fall behind (the group) ⑥ 减少；降低 decrease; minimize：～价 devalue; degrade oneself ⑦ 用在动词后，表示动作完成 used after a verb to indicate completion of action：忘～ forget | 改～ to change

diē

爹

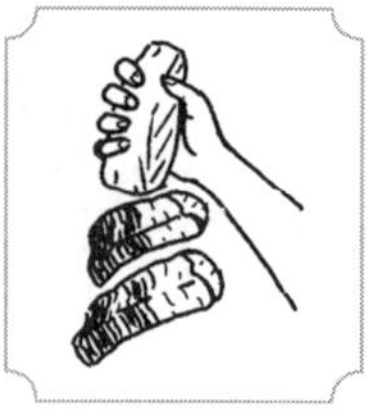

会意字。“父”像手握石斧，“多”像两块肉，表示干重活或狩猎的人是父亲。本义是父亲。

爹 means father. It is composed of 父, a hand holding an axe, and 多, two pieces of meat, i.e. the father does the manual labor and hunts for food.

① 父亲 father：～娘 father and mother; parents | ～妈 dad and mum; parents ② 对老年男子的尊称 used respectfully to address old man：老～ old man

diē

跌

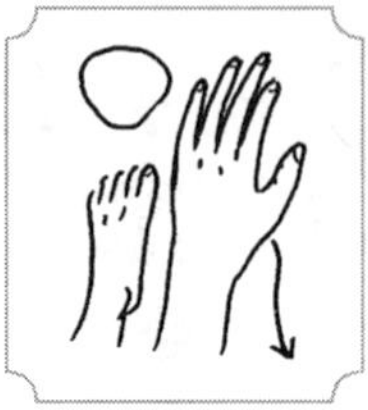

会意字。“足”像膝和脚，“失”像东西从手上掉落，表示失足跌倒。本义是摔倒。

跌 means losing one's balance and falling down. The character is composed of 足, a knee and foot, and 失, sth falling from the hand; hence, falling down.

① 摔倒 fall down：～倒 fall down | ～跤 fall down ② 下降；落下 go down; fall：～价 falling prices | 暴～ sharp fall; sharp decrease

dié

谍

（諜）

会意字。“言”（讠）像张口说话，表示用语言刺探敌军情况；“枼”像树上长满叶子，叶子多而形状相似，表示刺探情报者混在众人中难以觉察。諜简化为谍。本义是刺探。

谍 means spy, secret agent. It consists of 言 (讠) is talk, i.e. gathering information by questioning, and 枼, a tree with many leaves. Leaves blend together, just as a spy blends in. 諜 has been simplified to 谍.

① 刺探敌情 spy enemy's information：～报 intelligence report ② 刺探敌情的人 spy; secret agent：间～ spy dié

叠

会意字。篆书三“日”、表示日子重叠，“宜”像肉放在屋内砧板上，有叠加意。楷书三“又”（手）、“宜”，表示适宜用手不断往上重叠。本义是重叠。

叠 means overlap. In seal script, the character was written with three 日 on top of one another, i.e. overlapping days. 宜 shows meat on a chopping board in a house, i.e. in layers, overlapping. In regular script, the character comprises three 又（手）and 宜, i.e. hands placing things on top of one another.

① 层层相加 overlap：重～ overlap｜～罗汉 human pyramid ② 折 to fold：折～ to fold｜～衣服 fold clothes

dié

碟

会意字。“石”像山崖下有块大石，表示碟子的瓷质硬如石；“枼”古文字像树上长满叶子，表示碟子形体小而轻薄宛如叶子。本义是盛食物的小盘。

碟 means saucer. The character is composed of 石, rocks, i.e. a saucer is hard as rock; and 枼, in classical Chinese resembles a leafy tree; so a saucer is light as a leaf.

一种比盘子小的饮食器具 saucer：～子 saucer

dié

蝶

会意字。“虫”像虫，表示蝴蝶；“枼”古文字像树上长满叶子，表示蝴蝶的翅膀薄如叶。本义是蝴蝶。

蝶 means butterfly. It consists of 虫, worm, refers here to the butterfly, and 枼, in classical Chinese looks like a leafy tree; so butterfly wings are as thin as leaves.

［蝴蝶］昆虫名，种类很多，翅膀阔大，颜色美丽，腹部瘦长，吸花蜜。多数幼虫吃农作物，是害虫 butterfly

dīng

丁

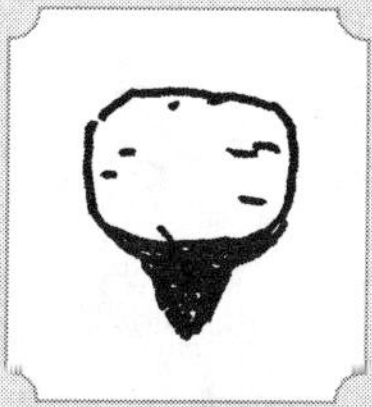

象形字。甲骨文像钉子的顶部。金篆楷像短钉。本义是钉子，此义后写作钉。

丁 originally meant a nail, a meaning now represented by 钉. In bone inscriptions, the character resembles the head of a nail. In bronze, seal and regular scripts, they resemble short nails.

① 成年男子；泛指人口 male adult; population：壮～ strong and fit man｜人～兴旺 a growing family with many descendents ② 指从事某种职业的人 job：园～ gardener ③ 天干的第四位 fourth of the Heavenly Stems：甲乙丙～ first, second, third, fourth (or A, B, C, D) ④ 小块的 morsel：肉～ a morsel of meat｜补～ patch (sewing) ⑤ 姓 a family name

D

dīng

叮

会意字。“口”像张开的口，“丁”像钉，表示希望像钉子深入物体那样，使所叮嘱的话深入他人之心，丁（dīng）兼表声。本义是叮嘱。

叮's core meaning is to ask repeatedly. It comprises 口, an open mouth, and 丁（dīng）, which is phonetic and denotes nail, i.e. words driven like a nail deep into sb else's heart.

① 反复地嘱咐 urge repeatedly：～咛 urge repeatedly | ～嘱 urge repeatedly ② 蚊子等虫类用针刺人 insect bite：蚊～虫咬 insect bite ③ 象声词 onomatopoeia：～当 jingle; ding-dang

dīng

盯

会意字。“目”像眼睛，“丁”像钉子，表示目光不偏离地看，丁（dīng）兼表声。本义是注视。

盯 means to stare. The character is composed of 目, eye, and 丁（dīng）, used for its sound, is a nail. Hence, to fix one's sight on sb or sth.

视力集中在一点上 stare：两眼紧～着他 stare hard at him

dīng/dìng

钉（釘）

会意字。“金”（钅）像箭头、斧头和矿石，“丁”像钉子，表示钉子用金属制成，丁（dīng）兼表声。釘简化为钉。本义是钉子。

钉 means (iron) nail. It comprises of 金（钅）, metal, and 丁（dīng）, which represents pronunciation and means nail or tack. 釘 has been simplified to 钉.

㊀ dīng 钉子 nail：铁～ iron nail ㊁ dìng ① 把钉子捶打进别的物体 to nail：～木箱 nail the box ② 用针线缝住 sew：～扣子 sew a button (onto the shirt etc)

dǐng

顶（頂）

形声字。頁（页）表意，像夸大了人的头部；金文鼎（dǐng）表声，鼎是顶级礼器，表示顶是人体顶端；篆、楷书丁（dīng）表声，像钉子，以钉子外露顶端表示头顶。頂简化为顶。本义是人的头顶。

顶 means the crown of the head. Bronze inscriptions depict 頁（页）, sb with an enlarged head, and 鼎（dǐng）, which is phonetic and denotes an ancient ritual vessel, i.e. the crown of the head. In seal and regular scripts, 丁（dīng）, nail, is phonetic; it likens the crown to the head of a nail. 頂 has been simplified to 顶.

① 人或物体最上端 top or highest part of sb or sth：头～ one's crown | 屋～ rooftop ② 用头支承 support with crown of head：～碗 support bowls with the head ③ 支撑 support：～住 bear; endure ④ 迎着 to face：～风 feel the breeze on one's face ⑤ 顶撞 argue (with elders, superior etc)：～嘴 talk back ⑥ 抵得上 useful; able to resolve a problem：～事 useful; serve a purpose ⑦ 最；极 most; extreme：～好 very good ⑧量词 measure word：一～帽 a hat dǐng

鼎

象形字。像鼎，上面是鼎耳，中间是鼎身，下面是鼎足。篆、楷书体省略了鼎耳。本义是古代一种炊具。

鼎 is a type of cooking utensil used in ancient times. The character resembles the Chinese tripod. The top component is the handles, the middle, the body, while the bottom is the stand. The top component is omitted in seal and regular scripts.

① 古代煮食物的器物 cooking utensil used in ancient times ② 三方对立 three rival forces：~立 three rival forces ③ 正当 at the time：~盛 at the height of prosperity ④ 大 huge：~力相助 generous and great help

dìng

订

（訂）

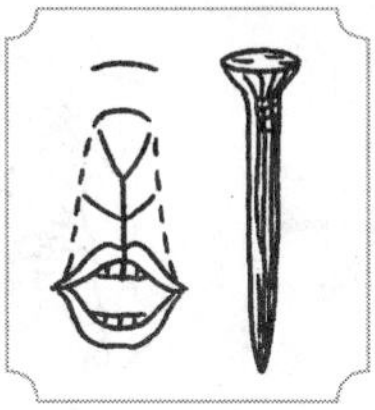

会意字。"言"（讠）像张口说话，"丁"像钉子，表示以确定不移的言语评定，丁（dīng）兼表声。訂简化为订。本义是评议、评定。

订 means to comment and evaluate. It consists of 言（讠）, and 丁（dīng）, nail, as phonetic. Hence, to assess with absolute confidence. 訂 has been simplified to 订.

① 制定 formulate：制~ formulate｜签~ conclude a treaty ② 约定 make a deal：~货 order goods｜~单 order form ③ 修改 revise; amend：~正 to correct; edit; amend｜校~ edit; check against the original script, text etc ④ 装订 staple; bind：~书机 stapler

dìng

定

会意字。"宀"像房屋，"正"像脚对着目的地，以平正不偏表示安稳。本义是安定、稳定。

定 means stability. It consists of 宀, a house, and 正, the foot facing towards one's destination, i.e. the foot pointing in the correct direction indicates stability.

① 平静；安稳 tranquility; stability：安~ peaceful and stable｜稳~ stable ② 决定 decide; decision：~价 fixed price｜商~ discuss in order to reach a decision ③ 必然 inevitable：~律 law (guiding how things work or happen)｜~理 theorem ④ 规定的 regulation：~期 fix a date; on a regular basis｜~量 fixed quantity ⑤ 约定 agreement：~婚 wedding engagement｜预~ fix in advance

dìng

锭

（錠）

形声字。金（钅）表意，像箭头、斧头和矿石，表示金属蒸锅；定（dìng）表声，有稳固义，表示蒸锅有足则稳固。錠简化为锭。本义是有足的蒸锅。

锭 is a pot that has legs and is used for steaming food. It consists of 金（钅）, metal, i.e. a metal pot used for steaming, and 定（dìng）, which is phonetic and denotes stability, i.e. a stable pot. 錠 has been simplified to 锭.

① 块状的金属或药物 tablet-shaped metal or medicine：金~ ingot｜薄荷~ peppermint lozenge ② 纺织机上绕纱的机件 spindle：纺~ spindle ③ 量词，用于块状物 noun measure for pieces：一~墨 a block of ink

钉 136页

diū

丢

会意字。“丿”表示丢失，“去”古文字像人甩臂跨步离开门洞而去，以离去表示失去。本义是丢失。

丢 means to lose sth. The character consists of 丿, lose, and 去, which in classical Chinese describes sb leaving ,or loss.

① 遗失；失去 lose sth or sb：～失 lose sth｜～脸 lose face; lose one's reputation ② 扔；放弃 throw; discard：～弃 throw away｜～盔弃甲 throw away one's helmet and armour

dōng

东

（東）

会意字。“日”像太阳，“木”像树，表示日升起的方向是东方。東简化为东。本义是东方。

东 means the east. Th character comprises 日, the sun, and 木, a tree, i.e. the sun rises in the east (through the trees) . 東 has been simplified to 东.

① 方向，太阳出来的一边 east：～方 the east｜～风 east wind ② 主人 master; host：～家 master; host; boss｜房～ landlord

dōng

冬

（②鼕）

象形字—会意字。甲、金文像绳子两端打了结，表示冬天是年终季节。篆书增“仌”，像隆起的冰，表示年尾结冰的季节是冬天。楷书“夂”像朝下的脚，“⺀”像两块冰，表示结冰的日子来到了就是冬季。本义是冬季。鼕今简化为冬。

冬 means winter. In bone and bronze inscriptions, it resembles the two ends of a knotted rope, indicating that winter is the last or extreme season of the year. 仌 is added in seal script, i.e. layers of ice, symbolizing winter. In regular script, 夂 resembles the foot with toes pointing downwards, ⺀ depicts two pieces of ice signifying the cold season. 鼕 has been simplified to 冬.

① 冬季 winter：～天 winter｜过～ spend the winter ② 象声词，形容敲鼓或敲门声 onomatopoeia that describes the sound of drums or the sound of sb knocking on the door

dǒng

董

会意字。“艹”（艸）像草；篆书“童”有细小意，表示细小的草；楷书“重”有多意，表示丛生。本义指一种草本植物。基本义是监督、管理。

董 originally referred to a kind of plant; it now means to supervise or manage. It consists of 艹（艸）, grass, and 童, which in seal script denotes fine, i.e. fine grass. In regular script, 重 signifies many, indicating lush vegetation.

① 监督；管理 supervise; manage：～事 director ② 姓 a family name

dǒng 懂

形声字。忄表意，古文字像心脏，表示心中明白、了解；堇（dǒng）表声，有监督、管理义，要监督、管理，就需要明白、了解情况。本义是明白、了解。

懂 means to understand and comprehend. It comprises 忄, heart, which in ancient Chinese indicates understanding and comprehension, and 堇（dǒng）, which is phonetic and means to supervise and manage, i.e. one has to understand the situation in order to manage it well.

明白；了解 understand; comprehend：～行 know the ropes｜似～非～ fail to understand completely

dòng 动（動）

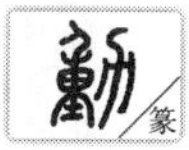

会意字。“力”像木犁，指用力，“重”像人身背重物站在土上，表示用力搬动重物。简体字“力”表示用力，“云”会飘动，表示用力移动。本义是移动。

动 means to move. It consists of 力, a wooden plough, i.e. exertion, and 重, sb carrying a heavy load on the back and standing on the ground, i.e. working hard to move heavy loads. In simplified form, 力 is strength, 云 refers to moving clouds, i.e. an effort made to move something.

① 改变原来的位置或状态 displace：变～ change｜～摇 change (of mind) ② 使用 use：～用 deploy; use｜～手 get to work; do sth ③ 开始 start; begin：～身 get moving｜～工 start work ④ 感动；触动 moving; touch (sb's heart)：～人 moving; touching; sentimental

dòng 冻（凍）

形声字。冫表意，篆书像隆起的两层冰，楷书像两块冰，表示水冻成冰；東（东 dōng）表声。凍简化为冻。本义是冰冻。

冻 means freeze, feel cold. 冫 is semantic; in seal script, it appears to be two layers of ice. In regular script, the component resembles two layers of ice, i.e. water freezing. 東（东 dōng）represents pronunciation. 凍 has been simplified to 冻.

① 水遇寒结冰 freeze：天寒地～ extremely cold ② 受冷；感到冷 feel cold：～僵 numb with cold｜挨～ suffer from freezing weather ③ 凝结的汤汁 frozen stock：鱼～ frozen fish soup｜肉～ frozen meat soup

dòng 栋（棟）

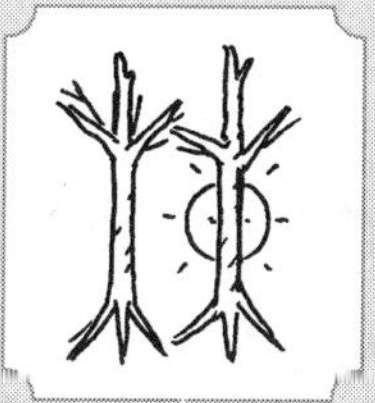

形声字。木表意，像树，表示栋用树木制成；東（东 dōng）表声，像日从“木”（树）后升起，有升高义，表示房子的其他各梁依栋而升高。棟简化为栋。本义是房屋的正梁。

栋 means ridgepole. It consists of 木, tree, 栋 is made of wood, and 东（东 dōng）, which is phonetic and depicts the sun rising through trees（木）, signifying rising, i.e. ridgepoles act to raise beams. 棟 has been simplified to 栋.

① 房屋的正梁 ridgepole：～梁 ridgepole and beam｜雕梁画～ a richly ornamented construction ② 量词，用于房屋 measure word for buildings, houses：一～大楼 a tall building; a skyscraper

dòng 洞

会意字。"氵"（水）像水流、水珠，"同"指一起、共同，表示众多水流汇聚，水流湍急。本义是水流急。引申为洞穴。

The original meaning of 洞 was rushing water; later, it was used for cave. It is composed of 氵(水), water, and 同, unity or together. Streams or rivers come together to create a strong current.

① 洞穴 cave：山～ mountain cave | 地～ cave on ground ② 透彻；清楚 thorough; clear：～悉 know thoroughly | ～察 discern carefully

dōu 兜

象形字。像人戴着头盔。本义是头盔。基本义是口袋一类的东西。

兜 originally signified a helmet; its basic meaning is sth that resembles a pocket. The character shows a man wearing a helmet.

① 口袋一类的东西 pocket：衣～ pocket on the shirt | 网～ string bag ② 绕 go round：～圈子 go round in a circle ③ 招揽 attract or draw attention：～售 peddle; hawk | ～生意 peddle for business

dǒu/dòu 斗（㊁鬥）

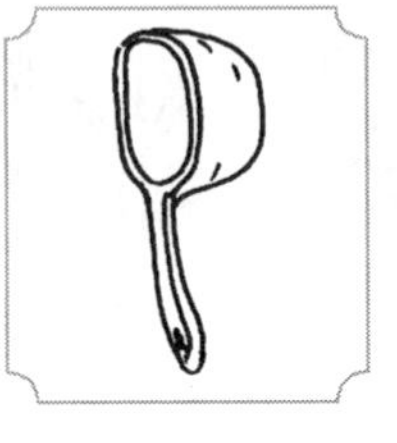

象形字。甲、金文像舀酒的勺。篆书的三撇、楷书的两点代表酒液。本义是舀酒勺。鬥今简化为斗。

斗 means wine ladle. In bone and bronze inscriptions, the character resembles a wine ladle. The three horizontal strokes in seal script and the two dots in regular script represent wine. 鬥 has been simplified to 斗.

㊀ dǒu ① 量粮食的器具 an instrument for measuring grain ② 斗形器物 pipe-like object：漏～ funnel | 烟～ smoking pipe ③ 容量单位，十升为一斗 unit of measurement, about 1 decalitre ㊁ dòu ① 对打 fight against one another：搏～ wrestle; fight | 战～ battle ② 比赛争胜 compete：～智～勇 compete with intelligence and might

dǒu 抖

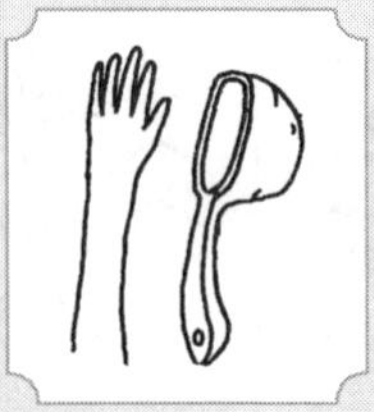

形声字。扌表意，像手；斗（dǒu）表声，斗像舀酒的小勺，有小义，表示抖是手小幅度地颤动。本义是颤动。

抖 means to tremble or shiver. It consists of 扌, hand, and 斗(dǒu), which represents pronunciation and shows a wine ladle, something small, i.e. small movements in trembling or shivering.

① 颤动；哆嗦 tremble; shiver：颤～ tremble; shiver ② 甩动；抛开 swing; shake; throw away：把身上的雪～掉 shake the snow off the body ③ 振作 brace; bestir oneself：～起精神 brace up ④ 称人有钱有势而得意 throw one's weight around：他有了几个钱就～起来了。Once he got some money, he started to throw his weight around.

都 142页

dǒu

陡

会意字。“阝”像山，表示山的坡度很大；“走”像脚走上土路，陡以土路好走突显山坡陡峭难以行走。本义是陡峭。

陡 means steep. The character is composed of 阝, a mound or hill, i.e. something steep, and 走, sb walking on a dirt track in order to contrast walking on the level with walking on a slope.

① 坡度很大 steep：~峭 steep | ~坡 steep slope ② 突然 suddenly：~然 suddenly | 天气~变 unpredictable weather

dǒu

蚪

形声字。虫表意，像虫，表示蝌蚪像虫；斗（dǒu）表声，斗是舀酒的小勺，表示蝌蚪生活在水中且形体很小，能用酒勺舀取。本义是蝌蚪。

蚪 means tadpole. The character consists of 虫, worm, and 斗（dǒu）, which represents pronunciation and depicts a wine ladle. The tadpole lives in water and is so tiny that it can be scooped up with a ladle.

［蝌蚪］青蛙或蟾蜍的幼体，头圆尾细，黑色，生活在水中 tadpole

dòu

豆

象形字。像盛食物的高脚器皿。本义是古代盛熟肉的一种器皿。基本义是豆类植物。

豆 originally depicted a utensil used to hold meat in ancient times; now it is used for peas and beans. The character resembles an eating utensil with a stand.

① 豆类植物的总称 bean：黄~ soybean | 豌~ pea ② 形状像豆粒的东西 bean-like object：绿~ green bean | 咖啡~ coffee bean

dòu

逗

形声字。辶（辵）表意，像路和脚；豆（dòu）表声，豆本指食器，食物盛于豆中即食物在豆中停留，表示逗是驻足停留。本义是停留。

逗 means to stay for a short while. It consists of 辶（辵）, a pathway and foot, and 豆（dòu）, which is phonetic and depicts an eating utensil that holds food. 豆 holds food for a while; hence, 逗 means staying for a while.

① 停留 stop：~留 stop for a short while ② 惹；招引 cause; invite (trouble)：~乐 amuse; make people happy | 挑~ provoke ③ 逗号，表示句子里较小停顿的符号 comma

斗 140页

D

dòu

痘

形声字。疒表意，像病榻，表示疱疹；豆（dòu）表声，豆本指食器，后指豆粒，表示疱疹呈豆状。痘是病名，指天花。

痘 was originally used for smallpox. It consists of 疒, a sickbed, implying blisters, and 豆（dòu）, which is phonetic and denotes beans, i.e. smallpox blisters look like beans.

① 一种全身出水疱和脓疱的传染病 pox：水～ chicken pox｜～疮 pox ② 痘苗，一种可以预防天花的疫苗 smallpox vaccine：种～ be vaccinated

dū/dōu

都

会意字。"邑"（阝）像人、住地，"者"是煮的本字，表示人们生活、工作的大城市。本义是大城市。

都 means a big city or a metropolis. It consists of 邑（阝）, a man and a place of residence, and 者, originally used for 煮 (to cook). Hence, a big city where people live and work.

㊀ dū ① 大城市 metropolis：～市 metropolis｜～会 metropolis ② 首都 capital：国～ capital of a state｜建～ found a capital ③ 姓 a family name ㊁ dōu ① 全 all; everything; everyone; entire：大家～同意。Everyone agrees. ② 加重语气 to emphasize：拉～拉不住他。No matter how hard we try, we still can't stop him.

dū

督

会意字。"目"像眼睛，"叔"像手拾豆子，以拾豆子需细看，表示仔细察看。本义是察视。

督 means to supervise. It consists of **目**, eye, and **叔**, a hand picking beans. Just as one has to look carefully when picking beans, **督** implies careful examination.

察看；监管 examine; supervise：～察 supervise; superintend; superintendent｜～战 to direct military operations｜～促 supervise and urge (sb else to better himself)

dú

毒

会意字。"屮"像草，"毐"像斧在母上，有祸害意，表示有害的毒草。本义是毒草。引申指有害的。

The original meaning of **毒** is poisonous grass, later by extension, harmful. It consists of 屮, grass, and **毐**, an axe and a mother, i.e. causing harm to sb.

①有害的 harmful：～气 poisonous gas｜～品 drugs ② 有害的东西 harmful thing; action：吸～ take drug｜中～ be poisoned ③ 用毒物杀害 kill using poison：～害 cause harm or death to sb ④ 凶狠；残暴 brutal; vicious：～打 beat sb mercilessly｜恶～ vicious; inhumane

读 143页

dú

独

（獨）

会意字。“犭”像犬，犬常为争食而斗，胜者独食，有单个、独自意；“蜀”指喜欢独处葵中的虫。简体字像一条犬、一条虫，表示独个。本义是一个。

独 means alone or single. 犭 represents a dog. Dogs compete for food, the winner taking all; hence the only one or sole. 蜀 refers to a type of worm that lives alone in sunflowers. Simplified form depicts a dog（犭）and a worm（虫）; implies alone or single.

① 一个 single：～奏 solo (in musical performance) | 单～ alone ② 唯有；只有 only：不～ not only | 惟～ only

dú/dòu

读

（讀）

会意字。“言”（讠）像张口说话，“賣”（卖）指出售东西，表示诵读如叫卖，嘴要出声。讀简化为读。本义是诵读。

读 means to recite. It consists of 言（讠）, speech, and 賣（卖）, to sell things. So selling things is like reciting in that both require speaking aloud. 讀 has been simplified to 读.

㊀ dú ① 照着文字念出声来 read aloud：朗～ recite | 宣～ to pledge ② 看；阅览 read; browse：默～ read silently | 阅～ read; browse ③ 上学 to go to school：～大学 go to college ㊁ dòu 语句中的停顿 full stop; period

dú

牍

（牘）

会意字。“片”像木片，表示写字用的木片；“賣”（卖）有售卖、炫耀义，表示古代有售卖牍，能识字、书写在当时是荣耀的事。牘简化为牍。本义为木简。

牍 means wooden tablets or slips for writing. It consists of 片, a wooden tablet, and 賣（卖）, sell. So in ancient times, wooden tablets for writing were sold and literacy was a path to success. 牘 has been simplified to 牍.

① 古代写字用的木片 wooden slips for writing used in ancient times：简～ books in general ② 文件；书信 documents; letters：文～ official document | 尺～ correspondence; letter

dǔ

堵

会意字。“土”本像地上有堆土，“者”是煮的本字，有多意，表示墙是用很多的土石垒成的。本义是墙。引申为阻塞。

The original meaning of 堵 was wall, now it is used for congested or jammed. It consists of 土, earth, and 者, originally used for 煮, to cook, implying mixing things together. So walls are built of a mix of earth.

① 墙壁 wall：观者如～ a wall of spectators ② 阻塞；拦住 congested; blocked：～住 jammed | 围～ besiege ③ 闷；憋气 suppress one's emotion：心里～得慌 feel suppressed and worried ④ 量词，用于墙 measure word, used for walls：一～墙 a wall dǔ

赌

(賭)

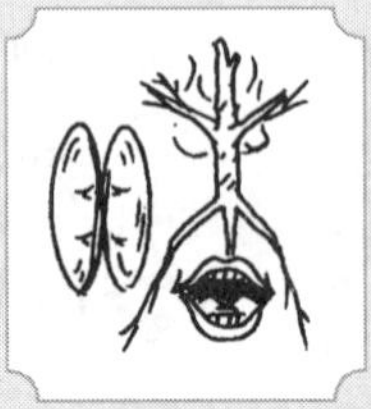

会意字。“貝”（贝）像贝壳，古代曾用作货币，表示赌钱；“者”像火烧木及口中有食物，是煮的本字，有多意，表示赌必花费众多钱财。賭简化为赌。本义是赌博。

赌 means to gamble. It consists of 貝（贝）, seashell, formerly used as a form of currency, i.e. gambling, and 者, originally used for 煮, meaning ‘all, many’. In other words, you can lose a lot of money gambling. 賭 has been simplified to 赌.

① 赌博 gamble：～钱 gamble | ～场 casino ② 争输赢 to compete：～气 feel wronged and act in a wilful manner | 打～ to bet

dǔ

睹

会意字。“目”像眼睛，表示看见；“者”像火烧木、口含物，有明显可辨意，表示看得很清楚。本义是看见。

睹 means to see or witness. It is composed of 目, eye, signifying to see, and 者, formerly used for 煮, which depicts wood burning in a fire and a mouth with food in it, distinct events, hence, to be able to see clearly.

看见 see; witness：耳闻目～ hear and see for oneself | 视若无～ ignore; pretend not to see

dù

杜

形声字。木表意，像树，表示杜树；土（tǔ）表声，兼表杜梨之色如土。本义是杜树。

杜 refers to the birch leaf pear (tree). It consists of 木, tree, here referring to the birch leaf pear (tree), and 土（tǔ）, which indicates pronunciation, and means soil the colour of the birch leaf pear tree.

① 杜树，即棠梨 birch leaf pear：～梨 birch leaf pear ② 阻塞；断绝 blocked; stop; put an end to：～绝 put an end to; cease completely | ～门谢客 shut one’s door to visitors ③ 姓 a family name

dù/dǔ

肚

形声字。月（肉）表意，像肉，表示肚子；土（tǔ）表声，土本像地上有堆土，有突起意，表示肚子大多向外突出。本义是肚子。

肚 means the stomach. It consists of 月（肉）, flesh, here implying the stomach, and 土（tǔ）, which indicates pronunciation and depicts mounds of soil on the ground, i.e. the way the stomach bulges out.

❶ dù ① 腹部 stomach; abdomen：～脐 navel | 挺胸凸～ appear proud and haughty ② 圆而突起像肚子的部分 protruding part：腿～ calf (leg) ❷ dǔ 动物的胃 tripe：猪～ pork tripe | 牛～ beef tripe dù

妒

会意字。“女”像女子，“户”是单扇的门，表示妇女心扉窄小而生妒意。本义是忌恨。

妒 means to be jealous. The character is composed of **女**, woman, and **户**, one leaf of a door, suggesting that narrow mindedness develops jealousy in a woman.

忌恨比自己强的人 jealous：～忌 jealous｜嫉贤～能 jealous of those who are better

dù/duó

度

会意字。“又”像手，表示用手丈量；“庶”指众多，表示度的标准为大家所认同。本义是计量长短的标准。

度, a unit of length. It consists of **又**, hand, i.e. measure with the hand, and **庶**, many, suggesting standardized measurements are acknowledged and accepted by all.

㊀ **dù** ① 计算长短的标准、器具 instruments for measuring length：～量衡 weights and measures ② 计量单位 unit of measure — degree, Centigrade, Fahrenheit：温～ temperature｜角～ angle ③ 程度 degree; level：高～ of a high degree ④ 法则；标准 law; standard：法～ law; moral standard ⑤ 心胸；气量 tolerance：～量 magnanimity; tolerance ⑥ 过 to spend：～假 on vacation; for holidays ⑦ 回；次 number of times：几～ several times ㊁ **duó** 推测；估计 predict; estimate：揣～ estimate; appraise

dù

渡

会意字。“氵”像河流、水珠，“度”指由此到彼，表示由此岸到彼岸，度（dù）兼表声。本义是横过水面。

渡 means to cross water. It consists of **氵**, water, and **度（dù）**, which indicates pronunciation and suggests moving from one point to another, like crossing a river or lake.

① 过河 cross a river：～江 cross a river｜～轮 ferry ② 过河的地方 dock：～口 dock ③ 通过 pass through：过～ passing phase｜共～难关 deal with difficulties together

dù

镀

（鍍）

会意字。“金”（钅）像箭头、斧头和矿石，“度”指过渡，表示将一种金属过渡到另一种金属或物体上，度（dù）兼表声。鍍简化为镀。本义是使一种金属附着到别的金属或物体表面上。

镀 means to plate. It consists of **金（钅）**, metal, and **度（dù）**, which represents pronunciation and means to transfer or pass, or in other words, plating one metal on another. **鍍** has been simplified to **镀**.

用电解或其他化学方法使一种金属附在另一种金属或物体表面上 to plate：～金 gold-plated｜电～ electroplate

D

duān 端

形声字。立表意，像人站立，指人站得正；耑（duān）表声。本义是直、正。

端 means straight and upright. It consists of 立, standing upright, and 耑（duān）, which represents pronunciation.

① 直；正 straight; upright：～坐 sit upright｜～庄 dignified; elegant ② 捧着 hold; carry：～碗 carry a bowl｜～茶 serve (sb) tea ③ 事物的一头；起头 the beginning or end of sth; to start：笔～ tip of a pen｜开～ beginning; start; outset ④ 方面 point; side; aspect：弊～ negative aspect; disadvantage ⑤ 原因 reason：无～ for no reason

duǎn 短

会意字。“矢”像箭，“豆”像食器，表示短如箭或食器。本义是不长。

短 means short. It is composed of 矢, an arrow, and 豆, an eating utensil, i.e. both are short things.

① 空间或时间的距离小 short：～小 short and small｜～期 short period of time ② 缺少；欠 lack; insufficient：～缺 shortage｜缺斤～两 to short-weight (to defraud) ③ 缺点 shortcoming：护～ cover up one's flaw｜取长补～ learn from others

duàn 段

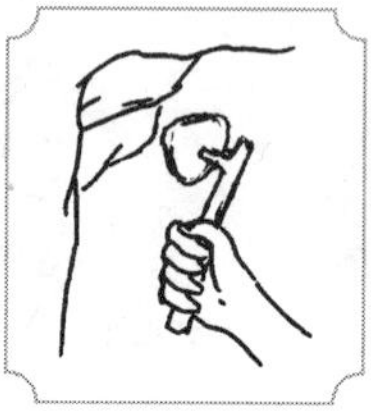

会意字。像手持器具在山崖下凿取石头。本义是凿取石头。引申为事物分成的部分。

段 originally meant the mining of stones; later, it came to be used for part, segment, phase or portion etc. The character depicts sb mining stones at the foot of a mountain with a tool.

① 事物或时间分成的部分 part, phase etc：地～ section of area｜工～ phase of construction work｜阶～ stage; phase ② 姓 a family name

duàn 断（斷）

会意字。篆、楷书“㡭”像刀割断丝，简体字像米和折断形，“斤”是斧子，表示把物切断、砍断。斷简化为断。本义是截开、割断。

断 means to sever or cut off. In seal and regular scripts, 㡭 shows a knife cutting silk. The simplified character contains grain and sth broken. 斤 depicts an axe, i.e. cutting or chopping sth. 斷 has been simplified to 断.

① 截开；不再相连 separate by cutting, sawing, chopping etc：割～ sever; cut off｜折～ break ② 隔绝；中止 cut off connections; terminate：～交 sever relations with (friendship, diplomatic ties etc)｜～水 cut off water supply ③ 判定；决定 pass judgment; decide：诊～ diagnose ④ 绝对；一定 no doubt; definitely：～无此事 definitely never happened duàn

缎

（緞）

形声字。糸（纟）表意，像丝；段（duàn）表声，段像手持器具凿取石头，有厚重意，表示缎是厚重的丝织品。緞简化为缎。本义是缎子。

缎 is satin, a thick, heavy material made of silk. It consists of 糸（纟）, silk, and 段（duàn）, which is phonetic and shows sb mining rocks with a tool, i.e. thick and heavy. 緞 has been simplified to 缎.

质地厚实，正面平滑有光泽的丝织品 satin：～子 satin｜绸～ silk and satin

duàn

锻

（鍛）

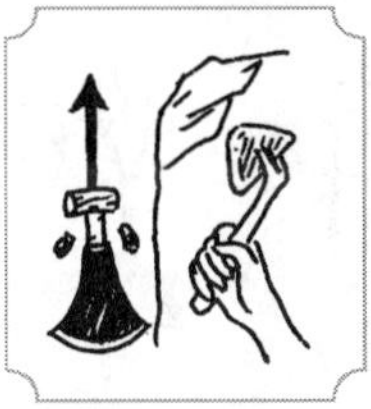

会意字。“金”（钅）像箭头、斧头和矿石，“段”有锤打义，表示把金属加热后锤打，段（duàn）兼表声。鍛简化为锻。本义是把金属烧红后锤打。

锻 means to forge. It consists of 金（钅）, metal, and 段（duàn）, which represents pronunciation and depicts the action of pounding, i.e. hot forging. 鍛 has been simplified to 锻.

把金属烧红后锤打 forge：～造 forge｜～炼 train; exercise

duī

堆

形声字。土表意，本像地上有堆土；隹（zhuī）表声，隹是短尾鸟，表示堆是高度不大的土堆。本义是土堆。

堆 means a pile. It consists of 土, earth, and 隹（zhuī）, which indicates pronunciation and depicts birds with short tails, i.e. the height of a pile of dirt is not very high.

① 垒在一起的东西 pile; lump：土～ pile of soil｜雪～ pile of snow ② 累积；聚集 accumulate; gather：～积 accumulate｜～放 accumulate; stack ③ 量词，用于成堆的东西 measure word：一～书 a pile or stack of books｜一大～事 many things to do or affairs to settle

duì

队

（隊）

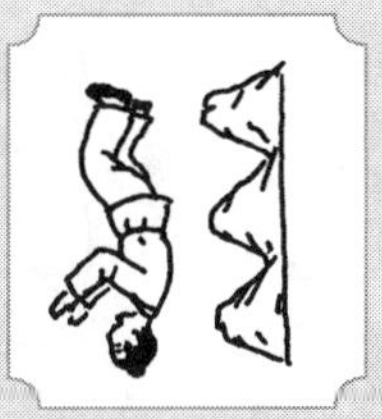

会意字。甲骨文、简体字像人从山上坠下。金文像猪（豕）从山坡（阝）坠落，被手（又）抓到。篆、楷书像猪中箭（豕）从山坡（阝）坠下。本义是从高处掉落，此义现写作坠。

队 originally meant to fall from a high point, a meaning now represented by 坠. Bone inscriptions and the simplified form show sb falling from a mountain. In bronze inscriptions, it shows a pig（豕）falling from a mountain（阝）and being caught by a hand（又）. Seal and regular scripts show a pig shot by an arrow（豕）then falling from a mountain（阝）.

① 行列 line; row：～伍 group; unit｜排～ line up; queue ② 有组织的集体 organization：军～ army｜球～ ball team duì

对

（對）

会意字。像土、植物和手，表示培植的方法对，草木生长旺盛。简体字“又”像手，“寸”指分寸，表示行动有分寸才对。本义指草木生长旺盛。基本义是正确。

对 originally meant abundant growth, then later, correct or right. The character shows soil, plant and hand, indicating that proper cultivation ensures abundant crops. The simplified form has 又, hand, and 寸, careful measure, i.e. the need for correct action.

① 正确 right; correct：不～ wrong ② 回答 answer; reply：～答 answer; reply ③ 朝着；向着 to face：面～ to face ④ 对面；敌对 opposite：作～ against ⑤ 比照；检查 used sth as a guideline; check：～比 contrast ⑥ 成双的 pair; double：配～ to pair or match ⑦ 对于 to：～人和气 be nice and polite to others

duì

兑

会意字。像人开口发出笑声，表示喜悦。本义是高兴、愉快，此义现写作“悦”。基本义是换取。

兑 now represents to change or exchange, but it used to represent happiness as well, now written 悦. The earlier meaning is reflected in the form of the character, which resembles sb laughing heartily.

换取 change; exchange：～换 convert (currencies)｜汇～ remit; remittance

dūn

吨

（噸）

形声字。口表意，像张开的口，表示和声音有关；頓（dùn）表声。简体字屯（tún）表声。“吨”是音译字，用于重量单位。

吨 is a phonetic loan for ‘ton’, the unit of measurement (equivalent to 1000 kg). The character contains 口, an open mouth, indicating that the character is to be read for its sound. 頓（dùn）and 屯（tún）in the simplified form are phonetic.

重量单位，一公吨等于一千公斤。Ton, unit of weight, 1 ton is equivalent to 1000 kg.

dūn

敦

会意字。古文字像手持棒把羊赶到宗庙，表示督促。楷书“攵”像手持棒，“享”有奉献义，表示督促人奉献。本义是督促。引申为厚道、诚恳。

The original meaning of 敦 was to urge others to better themselves, then later, honest and sincere. In early Chinese, the character depicts sb leading sheep to a temple with a stick, i.e. urging them. In regular script, 攵 represents sb holding a stick, while 享 has the meaning of offering as tribute.

厚道；诚恳 honest; sincere; upright：～厚 honest｜～请 extend a cordial invitation to (sb)｜～促 urge others to better themselves

dūn 墩

形声字。土表意，本像地上有堆土，表示土堆；敦（dūn）表声，敦有厚实、厚重义，表示土堆厚实。本义是土堆。

墩 signifies a mound of earth. It consists of **土**, earth, and **敦（dūn）**, which indicates pronunciation and means substantial and dignified, like a mound or tumulus.

① 土堆 mound of earth：土～ mound of earth ② 厚实、粗大的石头或木头 solid piece of rock or wood; a boulder：～子 large, solid piece of wood | 石～ a seat made from a block of stone

dūn 蹲

会意字。"足"像膝和脚，"尊"像手捧酒坛子，古时向尊贵的人敬献礼物要蹲下以示尊敬。本义是似坐而臀不着地。

蹲 means to squat. The character is composed of **足**, a knee and a foot, and **尊**, a pair of hands carrying a Chinese wine pot. In the ancient times, one had to squat when offering wine to show respect.

两腿弯曲，像坐的样子，但臀部不着地 squat：～下 squat down

dǔn 盹

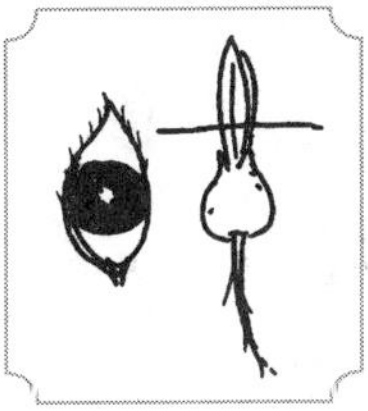

会意字。"目"像眼睛，"屯"像植物破土初生，有小意，表示闭目小睡。盹指闭目小睡。

盹 means to take a nap. The character comprises **目**, eye, and **屯**, a seedling emerging from the ground, hence sth small or short. Thus, to close the eyes to take a short nap.

瞌睡；小睡 nap：打～ take a nap

dùn/tún 囤

会意字。"口"像围绕状，"屯"指聚集、蓄积，表示储存、蓄积谷物的用具。本义是储存粮食的器物。

囤 means grain bin. It is composed of **口**, sth encircling another thing, and **屯**, to accumulate or save up.

❶ **dùn** 储存粮食的器物 a grain bin：粮～ grain reserve ❷ **tún** 储存；积存 save; accumulate：～粮 store up grain | ～货 store up goods

D

dùn

炖

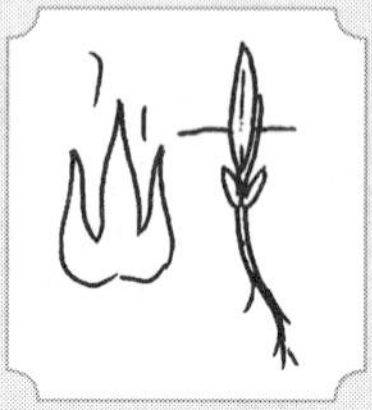

形声字。火表意，像火苗迸出火星，表示用文火久煮；屯（tún）表声。炖是一种烹饪方法。

炖, a kind of cooking method. It consists of **火**, the sparks from a fire, i.e. using mild heat to cook, and **屯（tún）**, which indicates pronunciation.

① 用文火久煮使食物烂熟 to use mild heat to cook for a long period of time：～肉 stewed meat｜～鸡 stewed chicken ② 把装有食物的容器放在水里加热 to warm food up by placing it in a container in warm water：～酒 warm up the wine｜～药 warm up (herbal) medicine

dùn

钝

（鈍）

会意字。“金”（钅）像箭头、斧头和矿石，“屯”有驻扎，不前进义，表示金属的刀、剑钝了就难以切割、穿刺。鈍简化为钝。本义是不锋利。

钝 means blunt. It consists of **金（钅）**, metal, and **屯**, quarter or station troops, i.e. blunt weapons make fighting ineffective. **鈍** has been simplified to **钝**.

① 不锋利 blunt：刀口～了。The blade is blunt. ② 笨拙；不灵活 clumsy; not agile：迟～ slow in response｜愚～ stupid

dùn

盾

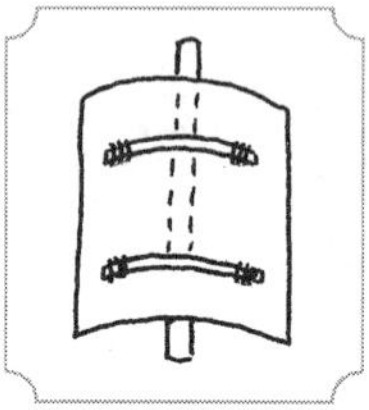

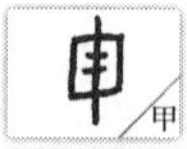

象形字。甲、金文像盾牌。篆、楷书“厂”像侧面的盾，“十”像盾握，“目”像眼睛，表示盾有遮护脸部及眼睛的重要作用。本义是盾牌。

盾 means shield. In bone and bronze inscriptions, it resembles a shield. In seal and regular scripts, **厂** indicates the side view of a shield, with **十**, the shield handle, and **目** an eye, i.e. a shield protects the face and eyes.

① 古代用来护身的武器 shield：～牌 shield ② 盾形的东西 shield-like object：银～ silver shield

dùn

顿

（頓）

会意字。“頁”（页）像夸大了头部的人，“屯”像幼苗破土而出，表示趴在地上用头叩地。頓简化为顿。本义是叩头。

顿 's core meaning is to touch the ground with the head. **頁（页）** depicts an enlarged head; **屯** shows sprouts emerging from the soil, i.e. prostrating onself. **頓** has been simplified to **顿**.

① 头叩地；脚跺地 touch one's head to the ground; stamp one's feet：～首 nod｜～足 stamp one's feet ② 短暂的停止 stop temporarily：停～pause ③ 安置；处理 settle; manage：安～settle down｜整～reorganize; consolidate ④ 疲乏 tired; fatigued：困～ tired; fatigued ⑤ 立刻 immediately：～时 at once; at that instant ⑥ 量词 measure word：三～饭 three meals

duō
多

会意字。古文字像两块肉，表示数量多。楷书以二个“夕”（夜晚）表示天数多。本义是数量大。

多 means many. In ancient Chinese, the character resembles two pieces of meat, i.e. a quantity of meat. In regular script, the character is written with two 夕 (evening), implying many.

① 数量大 many; large quantity：繁～ various | ～时 long time ② 有余 exceed slightly：三年～ a little more than three years ③不必要的excessive：～嘴blabbermouth | ～心 over-suspicious ④ 赞叹；惊异；疑问 how; so：～大 It's so big! | ～美 It's so beautiful!

duō
哆

形声字。口表意，像张开的口；多（duō）表声，多有超出寻常意，表示哆是张大口超出寻常的样子。本义是张口的样子。

哆 means to open one's mouth wide. The character is composed of 口, an open mouth, and 多 (duō), which indicates pronunciation and means more than normal, i.e. opening the mouth very wide.

［哆嗦］发抖 tremble; shiver：浑身～ trembling | 吓得直～ scare one out of one's wits

duó
夺
（奪）

会意字。金文像小鸟从裹着的衣服和人的手中挣脱。篆、楷书“大、隹、寸”，表示鸟大力从手中挣脱。简体字“大、寸”，表示大力强取。本义是失去。基本义是强取。

夺 means to fight or contend for sth. Bronze inscriptions show a small bird struggling to escape from sb. Seal and regular scripts depict a small bird (隹) trying hard (大) to escape from sb's clutches (寸). The simplified character suggests taking (寸) sth by force (大).

①抢；强取 rob：掠～ rob; take by force | 争权～利 compete for power and fame ② 争取得到 endeavour to obtain：～标 win the championship ③ 冲 rush toward：～门而出 rush out of the door ④ 作出决定 decide：定～ decide; make a final decision

duó
踱

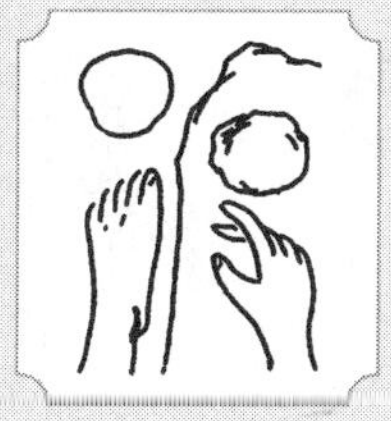

会意字。“足”像膝和脚，“度”指忖度，表示人心里忖度事情时走路往往忽进忽退，度（duó）兼表声。本义是走路忽进忽退。引申为慢走。

踱 means to pace up and down, extended to describe walking slowly. It consists of 足, a knee and foot, and 度 (duó), which indicates pronunciation and means to measure or ponder, i.e. someone preoccupied, pacing up and down.

慢步行走 stroll; walk slowly：～步 pace; walk slowly | ～来～去 pacing back and forth

度 145页

D

duǒ

朵

象形字。像树木枝叶花实下垂的样子。本义指树木枝叶花实下垂的样子，又指花朵。

朵 originally depicted branches, leaves, flowers and fruit hanging low on a tree; later, it came to be associated with flowers.

① 植物的花或苞 flower：花～ flower ② 量词，用于花或花状物 measure word for flowers or flower-like objects：一～花 a stalk of flower｜白云～～ white clouds

duǒ

躲

形声字。身表意，像怀孕女子，有身体义，表示把身体隐藏起来；朵（duǒ）表声，朵像花朵下垂，表示要隐藏起来就得低垂下身子。本义是躲藏身体。

躲 means to hide. The character comprises 身, a body, which resembles a pregnant woman, suggesting a concealed body, and 朵（duǒ）, which indicates pronunciation and suggests a bent flower, thus, to hide you need to bend low.

避开；隐藏起来 avoid; hide：～避 avoid｜～藏 hide

duǒ/duò

垛

形声字。土表意，本像地上有堆土，表示垛子由土石筑成；朵（duǒ）表声，朵像花朵下垂，表示垛子如花朵般醒目、突出。本义是建筑物突出的部分。

垛 means buttress or battlements. It consists of 土, earth, i.e. battlements built with earth, and 朵（duǒ）, which represents pronunciation and resembles a bending flower, i.e. a buttress sticks out like a flower.

㊀ duǒ 墙向上或向外突出的部分 buttress：城～ city battlement ㊁ duò 垛成堆的东西；堆积 pile; lump; accumulate：草～ haystack

duò

剁

形声字。刂表意，古文字形体像刀，表示用刀向下砍；朵（duǒ）表声，花朵因花瓣分开而含有裂开的意味，表示剁能使物裂开。本义是用刀向下砍。

剁 means to chop with a knife. The character comprises 刂, a knife, and 朵（duǒ）, which is phonetic and denotes flower. The petals of a flower spread out, suggesting split apart, i.e. chop with a knife.

用刀向下砍 to chop with a knife：～肉 chop meat｜～碎 mince｜～排骨 chop spareribs

驮 659页

duò

舵

会意字。“舟”像船，“它”古文字像蛇，表示舵摆动像蛇昂首摇尾的样子。本义是船尾用来控制船航行方向的装置。

舵 means helm. 舟 looks like a boat; in ancient Chinese, 它 resembles a snake, suggesting that boats move through the water like snakes.

船或飞机等控制方向的装置 helm or yoke：～手 helmsman｜掌～ steer a ship; be in control｜船～helm

duò

堕

（墮）

会意字。“隋”（陏）有坠落义，“土”指地面，表示东西落向地面。墮简化为堕。本义是落下。

堕 means to fall, drop. The character consists of 隋（陏）, falling down, and 土, the ground. Hence, sth dropping to the ground.

落下；掉下 drop; fall：～地 fall to the ground｜～落 degenerate

duò

惰

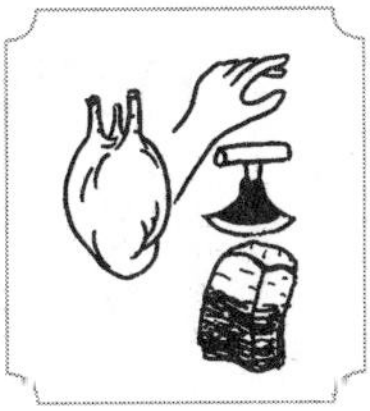

会意字。“忄”像心脏，“左”像手持斧有佐助义，“月”像肉代表肢体，表示心里嫌累不动手要依赖别人帮助。本义是懒惰。

惰 means lazy. The character consists of 忄, heart, 左, a hand holding an axe, i.e. to come to one's aid, and 月, flesh, i.e. the body. Hence, a lazy person, who lies around and requires aid from others.

懒；不勤快 lazy：懒～lazy｜～性 laziness

duò

跺

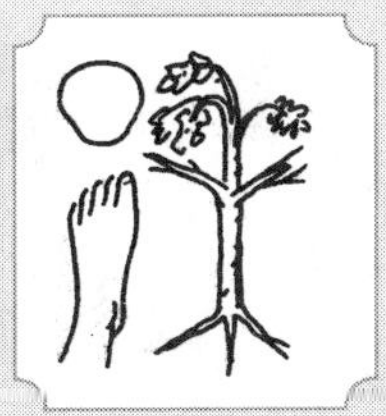

会意字。“足”像膝和脚，“朵”指花朵，表示脚用力向下踏地，朵（duǒ）兼表声。本义是用脚蹬地。

跺 means to stamp with one's foot. It consists of 足, a knee and a foot, and 朵（duǒ）, which indicates pronunciation and denotes flowers on the ground, i.e. stamping hard on the ground.

用脚蹬地 stamp：～脚 stamp one's foot

é

讹

（訛）

会意字。“言”（讠）像开口说话，“化”像一正一反两个人，表示改变事实的话。訛简化为讹。本义是谣言。引申为错误。

The core meaning of 讹 is rumor, hearsay, extended to mean incorrect, mistake. It consists of 言（讠）, talking, and 化, two people — one standing upright (representing "right") and one standing upside down (representing "wrong"), i.e. words that distort facts. 訛 has been simplified to 讹.

① 错误 incorrect; mistake：～误 error in a written document | ～传 false rumor ② 敲诈；诈骗 cheat (sb of his money)：～诈 extort money (fr sb)

é

俄

会意字。“亻”像人，“我”是自己，表示边上有人时通常头偏向一边。本义是头歪。

俄 originally meant to tilt one's head. The character consists of 亻, man, and 我, "I"; hence, tilting one's head to the side.

① 短时间 short time：～而 in a moment ② 俄罗斯的简称 abbrev for Russia：～语 Russian language

é

鹅

（鵝）

会意字。“鳥”（鸟）像鸟，表示鹅是水禽；“我”本像长柄大斧，表示鹅颈项长，一副自我自傲的样子。鵝简化为鹅。鹅是一种家禽。

鹅 means goose. It comprises 鳥（鸟）, a bird, and 我, an axe with a long handle, suggesting the long neck of the goose that gives it a haughty look. 鵝 has been simplified to 鹅.

家禽，比鸭大，颈长，额部有肉瘤，脚有蹼，能游水 goose：～毛 goose feathers | 天～ swan

é

蛾

会意字。“虫”像虫，表示蛾是一种昆虫；“我”像长柄大斧，有大的意思，表示蛾的身体比蝴蝶大而粗壮。蛾是像蝴蝶的昆虫。

蛾 means moth. It is composed of 虫, worm, i.e. 蛾 is an insect, and 我, an axe with a long handle, i.e sth big. A moth is bigger than a butterfly.

像蝴蝶的昆虫，多在夜间活动。种类很多，幼虫大都是害虫 moth：飞～ moth

é

额

（額）

形声字。頁（页）表意，像夸大了头部的人，表示额在头部；篆书各（gè）表声，楷书客（kè）表声。額简化为额。本义是额头。

额 means forehead. It consists of 頁（页）, a man with an enlarged head, indicating 额 is part of the head. 各（gè）in seal script and 客（kè）in regular script indicate pronunciation. 額 has been simplified to 额.

① 额头 forehead：前～forehead｜焦头烂～ in a sorry plight ② 规定的数目 fixed amount：名～enrollment｜超～over the quota

è

扼

形声字。扌表意，像手，表示用手掐住、抓住；厄（è）表声，厄像人受困于山崖，表示扼是掐住要害。本义是用手掐紧。

扼 means grip with force. It consists of 扌, hand, used for clutching or gripping sth, and 厄（è）, which is phonetic and depicts a man trapped on a cliff. Thus, 扼 means hold on to a crucial part or point.

① 用力掐住、抓住 strangle or grasp tightly：～杀 strangle and kill｜～腕 grip one's own wrist (due to excitement, disappointment etc) ② 把守；控制 keep a lookout for; control：～守 guard｜～制 restrain

è/wù/ě

恶

（惡）

会意字。"心"像心脏，指坏的行为出自恶的心；"亞"（亚）是次于，表示思想、品德低于正常规范。惡简化为恶。本义指很坏的行为。

恶 means evil or to dislike. It consists of 心, heart, the seat of evil, and 亞（亚）, inferior, second, i.e. inferior thought and conduct. 惡 has been simplified to 恶.

❶ è ① 犯罪的、坏的行为 criminal; nasty behavior：罪～sin｜无～不作 stop at nothing ② 凶狠 ruthless：凶～ fierce; nasty｜～战 very fierce battle ③ 坏；不好 bad：～习 bad habit｜～意 ill intention ❷ wù 讨厌；憎恨 dislike; hate：厌～ distaste｜可～ detestable ❸ ě [恶心] ① 要呕吐 feel nauseated; feel like vomiting ② 使人讨厌 disgusting

è

饿

（餓）

会意字。"食"（饣）像食器，简体像张口伸舌，表示肚中空无食物；"我"本像长柄大斧，指自己，表示肚子饿只有自己知道。餓简化为饿。本义是饥饿。

饿 means hungry. 食（饣）depicts a food container. In simplified form, it looks like a man sticking out his tongue, indicating he has nothing to eat. 我 resembles a big axe with a long handle; it refers to oneself, i.e. only you yourself know when you're hungry. 餓 has been simplified to 饿.

肚子空，想吃东西 hungry：饥～ hungry｜～虎扑食 like a hungry tiger pouncing on its prey

E

è 遏

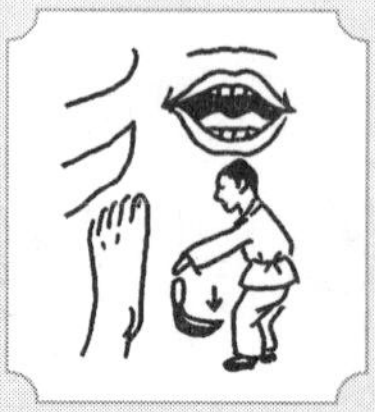

会意字。“辶”（辵）像脚和路，“曷”本指大声喝止，表示阻止。本义是阻止。

遏 means prevent. 辶（辵）resembles a foot and a path. In early texts, 曷 was used for 喝 in its meaning of shout (a command), i.e. prevent, put a stop to.

阻止；抑止 prevent; suppress：～止 restrain｜～制 to limit; control｜怒不可～ uncontrollable anger

è 愕

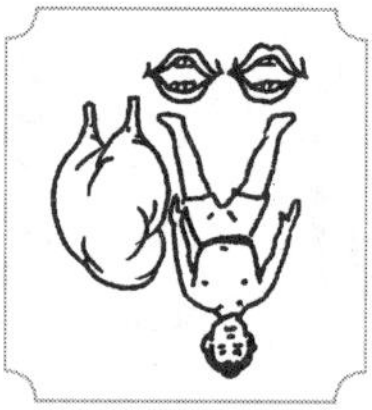

会意字。“忄”古文字像心脏，表示心中惊讶；“咢”古文字像两个口和颠倒的人，有争辩、受惊义，表示受惊；咢（è）兼表声。本义是惊讶、发愣。

愕 means dazed, stunned. 忄 in ancient Chinese represents the heart, hence a shock to the heart. 咢（è）indicates pronunciation; in ancient Chinese, it resembles two mouths and a man upside down, suggesting argument. Hence, shock or astonishment.

惊讶；发愣 surprise; in a daze：～然 astounded; astonished｜惊～ stunned

è 噩

会意字。“㗊”像四张口，“屰”像颠倒的人（有不顺、不祥意），表示与愿望相反，令众人惊恐。篆书减去二口。楷书“王”指国王、事主，“㗊”指众口喧哗，表示众人开口告知国王坏消息。本义是惊恐。

噩 means terrifying. It consists of 㗊, four mouths, and 屰, a man upside down, i.e an ill omen, suggesting unexpected events cause terror among the people. In seal script, two of the mouths（口）are omitted. In regular script, 王 indicates king and the victim of a crime, 㗊 signifies public uproar. Hence, people informing the king of the bad news.

令人惊恐的 sth that causes shock and fear：～梦 nightmare

è 鳄（鰐）

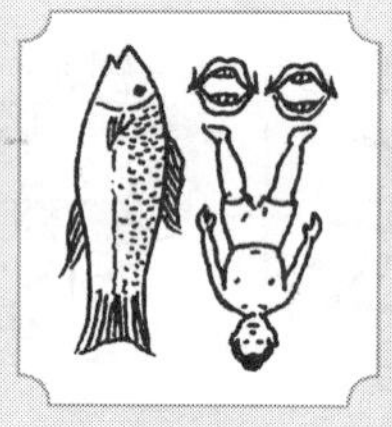

形声字。魚（鱼）表意，像鱼，表示鳄像鱼生活在水中；咢（è）表声，有受惊义，表示鳄鱼貌丑陋，性凶恶，人见了会惊惧。鰐简化为鳄。本义是鳄鱼。

鳄 means crocodile, alligator. 魚（鱼）is semantic, indicating that the crocodile lives in water, like fish. 咢（è）represents pronunciation, and means shocked, frightened, indicating that people are fearful of crocodiles. 鰐 has been simplified to 鳄.

鳄鱼，凶猛的爬行动物，全身有灰褐色硬皮，大多生活在热带江河湖泽中 crocodile; alligator

ēn

恩

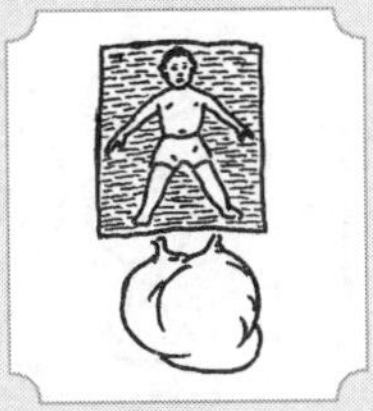

会意字。“心”像心脏，表示恩发自于心亦由心来感受；“因”像人躺在褥子上，有舒坦意，表示恩惠使人心中温暖舒坦。本义是恩惠。

恩 means kindness, grace. The character contains 心, heart, the source of gratitude or kindness, and 因, a man lying on a mattress, indicating comfort. Hence, kindness warms one's heart, and makes one feel good.

恩惠 kindness; grace：～情 gratitude｜～怨 hatred; antagonism｜忘～负义 ungrateful

ér

儿

（兒）

象形字。像头顶囟门尚未闭合的婴儿。兒简化为儿。本义是小孩。

儿 means child or children. The character resembles a baby with a soft fontanel (the soft spot on a baby's head). 兒 has been simplified to 儿.

① 小孩 children：婴～ babies｜幼～ young children ② 儿子 son：～孙 children and grandchildren｜生～育女 to have children ③ 年轻人 young people：男～young man｜健～ good athlete ④ 词尾 a noun suffix：花～ flower｜劲～energy

ěr

而

象形字。像脸颊两侧下垂的胡须。本义是胡须。后用为虚词。

而 looks like sideburns, and in fact, originally depicted a beard; later it came to be used as a function word.

① 又；并且 and; also：少～精 young and quick-witted; fewer but better｜聪明～勇敢 clever and brave ② 但是；可是 but：大～无当 unwieldy｜似是～非 seemingly right but actually wrong ③ 到；及 to：自下～上 top-down｜由浅～深 progressing from simple to difficult

ěr

尔

（爾）

象形字。像络丝架。爾简化为尔。本义是络丝架。

尔 originally resembled and referred to an implement for winding silk. 爾 has been simplified to 尔.

① 你；你的 you; yours：～辈 your generation｜出～反～break a promise ② 如此；这样 as such; this：偶～occasionally｜不过～～ mediocre; so-so ěr

耳

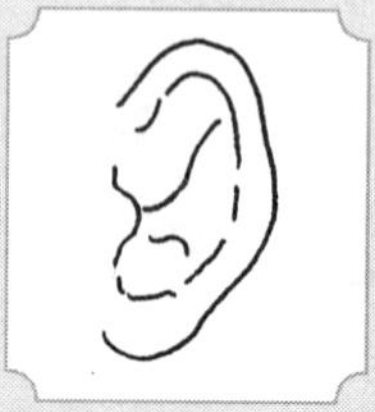

象形字。像耳朵，勾画出耳轮、耳郭、甚至耳膜。本义是耳朵。

耳 means ear. Earlier forms of the character depict the parts of the ear, the helix, auricle and the eardrum.

① 耳朵 ear：～环 earring｜～闻目睹 see and hear for oneself ② 形状像耳朵的 earlike object：木～ Chinese fungus｜银～ white fungus

ěr

饵

（餌）

形声字。食（饣）表意，像食器，表示一种糕饼食物；耳（ěr）表声，表示饵大小如耳。餌简化为饵。本义是一种糕饼。

The root meaning of 饵 is a kind of pastry. 食（饣）is semantic, indicating that 饵 is a kind of food. 耳（ěr）represents pronunciation, and suggests the pastry（饵）is like an ear. 餌 has been simplified to 饵.

① 糕饼 pastry：饼～ cakes and pastry ② 钓鱼时引鱼上钩的食物 bait：鱼～ fish bait｜钓～ bait ③ 用来引诱的东西 allurement：诱～ bait

èr

二

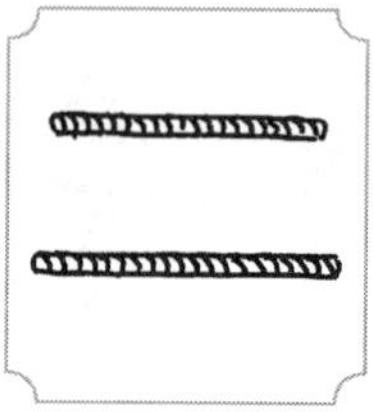

指事字。用二横表示数目二。本义是数目字。

二 means two, indicated by two horizontal strokes.

①数目字，一加一的得数numeral two：～重唱 duet｜独一无～ unique ② 第二 second：～哥 second brother｜～等品 inferior good ③ 两样 two kinds：～心 half-heartedness｜不～价 fixed price

èr

贰

（貳）

会意字。“贝”（貝）像软体伸出壳外的贝，古时曾以贝壳作货币；“弍”义同二，表示二贝价值相当；弍（èr）兼表声。貳简化为贰。本义是匹配。用作数字“二”的大写。

貳 originally meant to complement; now, it is used in traditional Chinese as an alternative for the numeral 二 (two). It consists of 貝（贝）, seashell, a form of currency in ancient times, and 弍（èr）, which is phonetic and denotes two, suggesting two seashells are of similar value. 貳 has been simplified to 贰.

① 数字“二”的大写 formal version of 二 (two) ② 背叛；有二心 betray; be disloyal：～心 half-heartedness; disloyalty

fā/fà 发 (㊀發㊁髮)

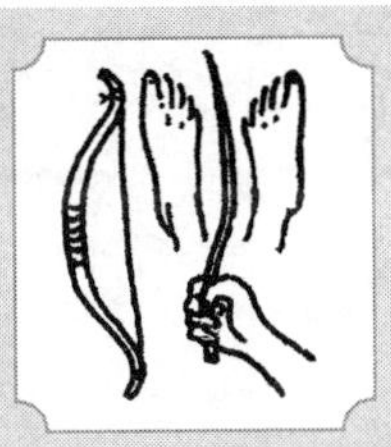

会意字。“弓”像弓，“癹”指发出，表示用弓发射。简体字像两手要发射弹丸的样子。本义是射出。

发 means shoot, emit. It consists of 弓, a bow, and 癹, to shoot, i.e. shooting with a bow. The simplified graph resembles two hands preparing to shoot pellets.

㊀ fā ① 射出 shoot：～射 shoot; launch ② 产生 produce：～芽 to sprout｜～电 produce electricity ③ 表达 express：～言 give a speech ④ 扩展 expand：～扬 glorify｜～展 develop ⑤ 放出 emit：挥～ volatilize ⑥ 起始 begin; start：～动 start; cause to begin or develop ㊁ fà 头发 hair：理～ get a haircut; go to the barber

fá 乏

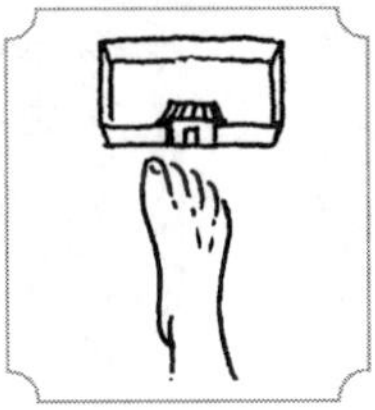

会意字。篆书“乏”是“正”的反写，表示不正。楷书“丿”表示去除，“之”指代事物，表示撇除后则缺乏。本义是不正。常用义是缺乏。

The original meaning of 乏 was not straight, skewed; now it signifies insufficient, lack of. In seal script, the character depicts an imbalance. In regular script, 丿 signifies remove and 之 is a pronoun; hence, a lack resulting from sth being removed.

① 缺少 lack of：～味 boring; dull; tasteless｜缺～ lack of; inadequate ② 疲倦 tired：疲～ tired; exhausted｜人困马～ (a group of people, team) exhausted

fá 伐

会意字。像戈砍在人的脖子上，表示砍头。本义是砍杀，泛指砍。

The original meaning of 伐 is to decapitate; it is now used for to chop. The character suggests a spear stabbing sb in the neck.

① 砍 chop; fell：～木 fell a tree｜采～ lumber; log ② 攻打；征讨 attack; launch an attack; go to war：讨～ send an army to another country for punitive reasons｜征～ punitive military expedition

fá 罚 (罰)

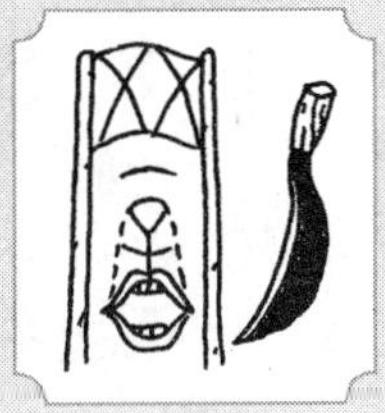

会意字。“罒”像网，“言”像张口说话，“刂”像刀，表示言语触犯法网要受处罚。罰简化为罚。本义是惩治、处分。

罚 means to punish. It is composed of 罒, a net, 言, sb talking, and 刂, a knife or sword. Thus, slander or verbal defamation result in punishment. 罰 has been simplified to 罚.

惩治；处分 punish; punishment：惩～ punish; punishment｜～款 fine｜赏～分明 be fair in meting out punishment fá

阀

（閥）

会意字。“門”（门）像门，“伐”有砍、征讨义，表示立于门外左边记征伐功绩的柱子，伐（fá）兼表声。閥简化为阀。本义是古代仕宦人家门前表彰功绩的柱子。

阀 means a pillar on which officials in the past used to record military merits. It consists of 門（门）, a door, and 伐（fá）, which represents sound and means to attack or go on a military expedition, i.e. a pillar to the left of the ‘door’, on which military merits could be recorded. 閥 has been simplified to 阀.

①权势很大，起支配作用的人或集团 powerful, instrumental figure or group：军～ warlord｜财～ tycoon; financial magnate ②机器、管道上起调节、控制作用的活门 valve：气～ air valve｜水～ water valve

fá

筏

形声字。竹表意，像竹叶，表示筏用竹木制成；伐（fá）表声，伐指砍、征讨，表示砍竹制筏用于征伐。筏本指用竹、木制成的水上交通工具。

筏 means a bamboo raft. It consists of 竹, bamboo, i.e. 筏 (a raft) is made of bamboo, and 伐（fá）, which represents sound and means to attack or go on a military expedition. Hence, bamboo rafts for military expeditions.

水上行驶的竹排或木排，也有用牛羊皮、橡胶等制造的 raft：竹～ bamboo raft｜木～ wooden raft

fǎ

法

会意字。金文、篆书“去”像人离开，“水”像水流，“廌”像传说中能断案的兽，表示“廌”会用角去触理屈的人，法律公平如水。楷书省去“廌”。本义是法律。

法 means law. Bronze inscriptions and regular script have 去, sb leaving, 水, water, and 廌 a legendary beast that symbolizes justice, i.e, a man leaving, touched by the horns of the 廌; the water component suggests that law and justice, like water, will find their level. 廌 is omitted in regular script.

① 法律 laws and rules：～规 rules and regulations｜合～ legal ② 标准 standard：～帖 model for calligraphy ③ 方法 method：用～ methods ④ 仿效 imitate：效～ follow example ⑤ 法术 magic arts：斗～ compete in magic arts ⑥ 法国的简称 abbrev for France：中～两国 China and France

fān

帆

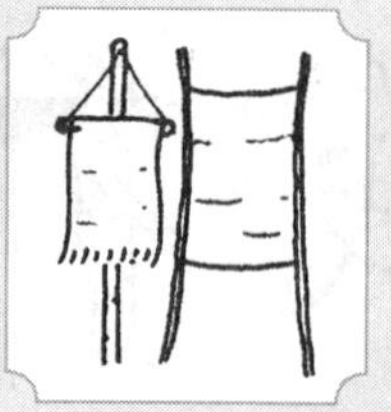

会意字。“巾”像布，“凡”像风帆，表示挂在船的桅杆上利用风力使船前进的布篷，凡（fán）兼表声。本义是船帆。

帆 means a sailing boat. The character is composed of 巾, cloth, and 凡（fán）, which represents pronunciation and resembles a sail, i.e. sailing boat.

挂在船桅上利用风力使船前进的布篷 sail：～船 sailing boat｜扬～远航 hoist the sails and go on a long voyage

发 159页

fān/pān

番

会意字。像兽爪和农田，表示农田或地面的兽足印。本义是兽足印，也指兽足。引申为为次、回。

番 originally depicted claw prints and farmland; later it was used for number of times.

㊀ fān 次；回 number of times：思考一～ think over ; deliberate | 屡次三～ time and again ㊁ pān［番禺］地名，在广东省 Panyu, a place in Guangdong Province

fān

翻

形声字。羽表意，像羽毛，表示鸟振羽飞行；番（fān）表声，兼表翅膀经过一番扇动才能飞上天。本义是鸟飞。引申为反转过来。

翻 originally depicted a bird in flight; later, it was used for turn over or translate. **羽** is semantic, showing feathers, symbolizing birds soaring in the sky. **番（fān）** represents sound and means number of times, i.e. a bird needs to vibrate its wings many times to fly.

① 反转过来 flip over; overturn ：～身 turn over the body | ～车 a car overturns ② 改变 change：～案 reverse a verdict ③ 越过 cross：～山越岭 cross mountains and hills ④ 成倍增加 increase exponentially：～番 increase by a certain number of times

fán

凡

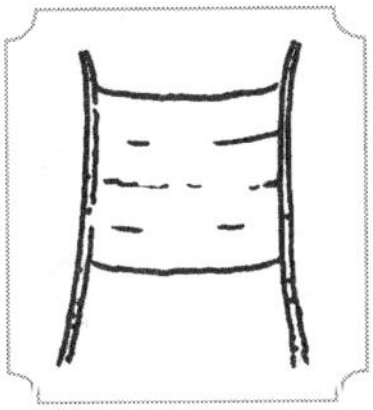

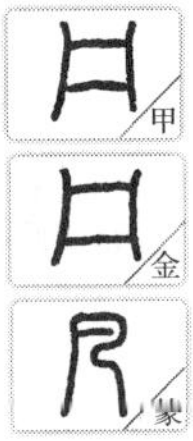

象形字。像风帆。本义是风帆，此义现写作帆。

The character depicts a sail. Its core meaning is a sail, a meaning now represented by **帆**.

① 所有的；一切 every; all; any：～事 all things, matters, affairs etc | ～是 all; every ② 大概 rough; approximate：～例 guidelines on how to use a certain book ③ 指人世间 mundane world：～间 earthly; worldly ④ 平常的；普通的 commonplace; ordinary：非～ extraordinary; unusual | 平～ common

fán

矾

（礬）

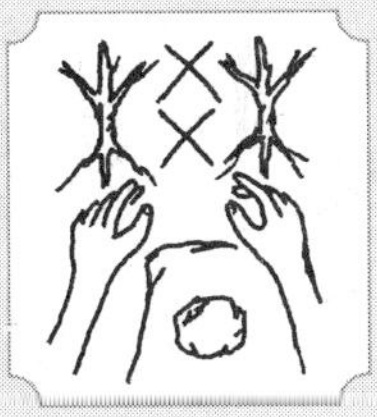

形声字。石表意，像山崖下有块石头，表示矾是结晶体；樊（fán）表声，樊指篱笆，有纷杂义，表示礬（矾）的颜色纷杂，有白、青、黄、黑、绛五种颜色。简体字石表意，凡（fán）表声，兼表凡制革、造纸、制颜料等都需要用到明矾。本义是明矾。

矾 means alum. It consists of **石**, rock, i.e. **矾** is a story element, and **樊（fán）**, which is phonetic and denotes a fence, suggesting varied, mixed. Thus, **矾** symbolizes a combination of colors, such as white, green, yellow, black and red. The simplified form has **石** as semantic and **凡（fán）** as phonetic.

某些金属硫酸盐的含水结晶 vitriol：明～ alum

fán

烦

（煩）

会意字。“火”像火苗，“頁”（页）像突显头部的人，表示发烧头痛。煩简化为烦。本义是发烧头痛。引申为苦闷、急躁。

烦 originally meant having a headache and fever; later, it came to mean depressed, worried, uneasy. **火** shows sparks; **頁（页）** shows sb with a large head, i.e. with headache and fever. **煩** has been simplified to **烦**.

① 苦闷；急躁 depressed; worried; uneasy：～躁 worried; uneasy | 心～意乱 troubled; vexed ② 多而杂 many and confusing：～杂 confusing; complex | ～琐 loaded with trivialities ③ 敬词，表示请、托 formal usage for requests: 'to mind, to trouble'：～你帮个忙。Would you mind doing me a favor?

fán

樊

会意字。金文、篆书像两手拿着灌木编筑篱笆。楷书下部改为大，像人伸展四肢表示大，意指篱笆应围得大一些。本义是篱笆。

The root meanings of **樊** is fence. The character in bronze inscriptions and seal script depicts a pair of hands making a fence with shrubs. In regular script, the pair of hands is replaced by **大**, which resembles sb extending his limbs to suggest big in size, i.e. a bigger fence.

① 篱笆 fence：～篱 fence ② 关鸟兽的笼子 cage：～笼 cage ③ 姓 a family name

fán

繁

会意字。篆书“糸”像丝，“每”像妇女头戴饰物，表示妇女头上饰物多如丝。楷书增“攵”，像手持棒，表示持棒将女子的头发拨弄得乱如丝。本义指妇女头上饰物多。引申为多、复杂。

繁 means numerous, complicated. In seal script, **糸** represents silk thread; **每** resembles a woman wearing hair accessories, i.e. accessories on the head as numerous as a skein of silk thread. In regular script, **攵** is added, a hand holding a baton to tangle a woman's hair like a skein of silk.

① 多；复杂 many; complicating：～多 many; confusing; complicated | ～忙 busy (life, traffic) ② 生殖 produce：～殖 (animals, insects) multiply

fǎn

反

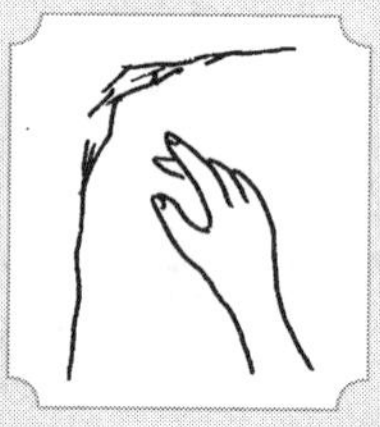

会意字。“又”像手，“厂”像山崖，表示用手翻转山崖上的石头。本义是翻转。

反 means to flip over, turn over. It consists of **又**, a hand, and **厂**, a cliff, i.e. sb turning over rocks on a cliff.

① 翻转 flip; turn over：～败为胜 turn the tide | 易如～掌 easy as ABC ② 翻转的；相背的 flip; backside; opposite：～面 reverse side | ～常 out of the norm ③ 不同意；对抗 against; disagree; oppose：～对 oppose; disagree | ～抗 oppose; opposition ④ 类推 analogize：举一～三 to draw inferences

fǎn 返

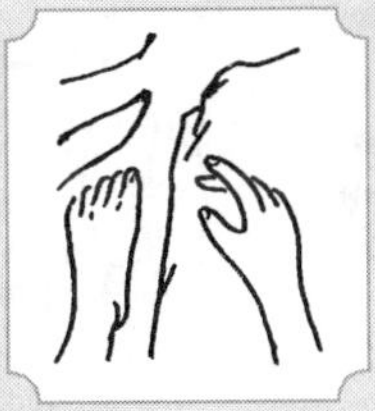

会意字。“辶”（辵）像路和脚，“反”指调转方向，表示返回，反（fǎn）兼表声。本义是返回。

返 means return or turn back. It consists of **辶（辵）**, a path and foot, and **反（fǎn）**, which represents pronunciation and indicates changing direction, i.e. turn back.

回；归 return, go back：～回 return (to a place) | 往～ going and returning | 流连忘～ enjoy oneself so much as to forget about home

fàn 犯

会意字。“犭”像狗，“㔾”像人，表示狗侵犯人。本义是狗侵犯人。引申为侵害。

犯 means violate, attach, assail. It comprises **犭**, dog, and **㔾**, man, i.e. a dog attacking a man.

① 侵害 invade; offend：侵～ invade; intrude | 进～ invade; intrude ② 违反；抵触 act against contravene：～法 act against the low | ～规 act contrary to rules; cause a foul ③ 犯罪的人 criminal：罪～ criminal | 囚～ convict; prisoner ④ 发生；发作 happen; take effect：～错 make a mistake | ～病 (illness) relapse

fàn 饭（飯）

形声字。食（饣）表意，像食器，表示吃饭；反（fǎn）表声，反有重复义，表示吃饭时不断重复着进食、咀嚼、下咽。飯简化为饭。本义是吃饭。

The root meaning of **饭** is to eat. It consists of **食（饣）**, a food container, i.e. eating, and **反（fǎn）**, which is phonetic and means repeat. Eating involves repetitive steps such as putting food in the mouth, chewing and swallowing. **飯** has been simplified to **饭**.

每天按时吃的食物；煮熟的谷类食物 eat; have one's meal：吃～ eat | 早～ breakfast | 稀～ porridge

fàn 泛

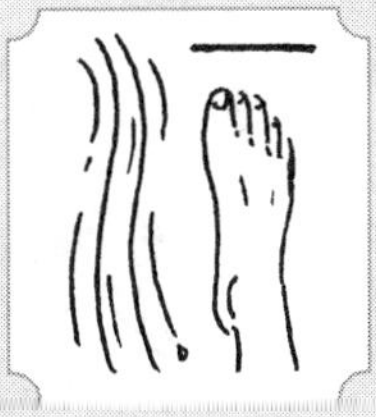

会意字。“氵”像水流、水珠，“乏”指缺乏，表示缺乏重量的物体才能漂浮水上。本义是漂浮。

泛 means to float. It comprises **氵**, water, and **乏**, lack, i.e. objects that lack weight float.

① 漂浮 float：～舟 go boating ② 露出；透出 expose：白里～红 describes sb with rosy cheeks ③ 普遍；一般地 common; normal：广～ widely | ～指 no specific indication; in general ④ 泛滥 abundance：黄～区 areas prone to floods ⑤ 浮浅；不切实际 superficial; impractical：空～ empty; superficial; lack of substance | 浮～ superficial; abstract fàn

范

（範）

形声字。車（车）表意，像车，表示古代车出行前祭路神；笵（fàn）表声，笵指模子、法则，表示祭路神有一定的规矩和形式。本义指古代出行前祭路神。常用义是榜样、标准。

Originally, 范 meant to sacrifice to the gods before embarking on a journey; then later a good example or standard. **車（车）** is semantic, a cart, symbolizing the journey that requires a ceremony of sacrifice. **笵（fàn）** indicates sound and refers to laws and principles, i.e. such ceremonies had to be done according to rules and traditions.

① 榜样；标准 good example; standard：~本 model that one can follow and learn | 典~ paradigm | ② 界限 boundary：~围 scope ③ 姓 a family name

fàn

贩

（販）

会意字。“貝”（贝）像贝壳，古代曾用作货币；“反”有相反义，表示为了卖出才买进；反（fǎn）兼表声。販简化为贩。本义是贱买贵卖。

贩 means to buy goods in order to sell them at a higher price. It consists of **貝（贝）**, seashell, formerly used as currency, and **反（fǎn）**, which represents pronunciation and means reverse or opposite, i.e. buying, then the reverse, selling. **販** has been simplified to **贩**.

① 买进货物来出卖 buy goods in order to sell them：~运 transport goods for sale; traffic | ~卖 business deals; trade ② 小商人 businessman：摊~ stall vendor | 小~ hawker; vendor; peddler

fāng

方

象形字。像掘土的农具。本义是一种农具。引申为方形。

The character resembles a hoe. The root meaning of the character is farming tool; it was extended to mean square shape.

① 方形 square：~框 square frame | ~圆 circumference; vicinity ② 方向 direction：东~ the East | 西~ the West ③ 方面 aspect; state：单~ single party | 双~ both parties ④ 地方 place：~言 dialect; regional language | 远~ faraway place ⑤ 方法 method：~案 plan; scheme, strategy | 千~百计 by hook or by crook ⑥ 刚才 just：~才 just; a moment ago ⑦ 才；正在 just, at the moment; in the process of doing sth：~兴未艾 in the ascendant ⑧ 姓 a family name

fāng/fáng

坊

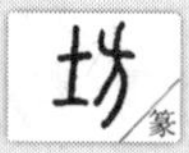

形声字。土表意，本像地上有堆土，表示街巷用土石建成；方（fāng）表声，方有面积、地方义，表示街巷占有一定的面积。本义是城中街巷的通称。

坊 is a common term for streets in a city. It consists of **土**, earth, or here, pavement or streets, and **方（fāng）**, which indicates sound and refers to surface area, i.e. streets as paved and covering a certain amount of surface area.

㊀ fāng ① 里巷；市街 alley; street：街~ street ② 像牌楼的建筑物 structures that resembles an archway：牌~ archway ㊁ fáng 小手工业的工作场所 atelier; workshop; studio：作~ workshop; studio; atelier | 染~ dye house fāng

芳

形声字。艹（艸）表意，像草，表示花草所散发出的香味；方（fāng）表声，方像掘土的农具，表示人们乐意栽种芬芳的花卉。本义是花草的香味。

芳 means the fragrance of plants. It consists of **艹（艸）**, grass, i.e. fragrance emitted by plants, and **方（fāng）**, which is phonetic and looks like a hoe, i.e. growing fragrant plants.

① 香；香味 fragrance：～香 fragrance; fragrant | 芬～ fragrance; fragrant ② 比喻好的名声或德行 good reputation; behavior：～名 good reputation | 流～百世 leave behind a good reputation for posterity

fáng

防

形声字。阝表意，像土坡，表示挡水的堤；方（fāng）表声，方像挖土的农具，表示挖土筑堤。本义是堤坝。引申为防备。

The root meaning of **防** is dike or embankment, and by extension, to defend, defense. It consists of **阝**, a slope, suggesting a dike or dam; and **方（fāng）**, which represents pronunciation and depicts a hoe, i.e. digging up earth to build dams.

①防备；戒备 defend; defense：～灾 prevent the negative impact of natural disasters | 预～ prevent ② 守备；守卫 guard; military defense：～卫 protect; guard; defend | 国～ national defense

fáng

妨

形声字。女表意，像女子，表示男女放纵性欲有损身体；方（fāng）表声，方像掘土的农具，农具掘土需插入土中，有阳具插入阴具意。本义是损害。

妨 means hinder, to cause harm. It consists of **女**, a woman, i.e. practicing casual sex is detrimental to health, and **方（fāng）**, which is phonetic and looks like a hoe, used to dig up earth. A hoe planted in the soil is parallel to the penis inserted into the vagina.

损害；阻碍 harm; prevent; hinder：～碍 hinder; become a burden | 不～ might as well; no harm in trying

fáng

肪

形声字。月（肉）表意，像肉，表示油脂；方（fāng）表声，方像农具，农具耕地掘土需插入土里，表示肪是肉体内的油脂。本义是动物的脂肪。

肪 means animal fats. It concists of **月（肉）**, flesh, i.e. fat, and **方（fāng）**, which represents pronunciation and looks like a hoe. Just as the soil is hidden and has to be exposed by the hoe, so body fat is hidden within and has to be exposed.

厚的脂膏，特指动物腰部肥厚的油 animal fats, especially fats found around the waist area

F

fáng 房

形声字。户表意，像单扇的门，表示正室两旁的房间；方（fāng）表声，方像掘土的农具，表示建房需掘地筑基。本义指正室两旁的房间。泛指房子、房间。

房 means the rooms at the sides of a main chamber; it generally means a house or a room. It consists of **户**, a door, i.e. the rooms located on both sides of the main chamber, and **方（fāng）**, which is phonetic and resembles a hoe, suggesting one has to dig the ground to build the foundation for a house.

① 房子；房间 house; room：～屋 house | 书～ study room ② 像房子的东西 object that resembles house：蜂～ beehive | 心～ heart ③ 家族的分支 branch of family tree：远～亲戚 distant relative ④ 姓 a family name

fǎng 仿

形声字。亻表意，像人，表示人所见相似；方（fāng）表声，方像掘土的农具，这类农具形状相仿。本义是相似。

仿 means look alike. It comprises **亻**, a man, and here, suggests people looking at similar things, and **方（fāng）**, which represents pronunciation and resembles a hoe; all hoes look alike, hence 'similar'.

① 类似；像 look alike; resemble：～佛 seem like; appear to be | 年龄相～ around the same age ② 模仿；效法 imitate; copy：～造 imitate; follow; replicate; duplicate | ～效 duplicate; imitate; copy

fǎng 访（訪）

形声字。言（讠）表意，像张口说话；方（fāng）表声，方像掘土的农具，以农具插入土中连续翻土，表示询问、调查要深入和连续。訪简化为访。本义是询问、调查。

访 means to investigate, inquire. It comprises **言（讠）**, sb talking, and **方（fāng）**, which is phonetic and depicts a hoe. Just as a hoe is used over and over to dig up the soil, so investigation requires questioning over and over. **訪** has been simplified to **访**.

① 询问；调查 inquire; investigate：采～ interview | 查～ investigate; inquire ② 探问；看望 visit：～问 visit; call on; interview | 拜～ pay a visit; call on

fǎng 纺（紡）

形声字。糸（纟）表意，像丝，表示丝可用于纺织；方（fāng）表声，兼表纺织成的布帛都是方正的。紡简化为纺。本义是将纤维制成纱或线。

纺 means to spin. It consists of **糸（纟）**, silk thread, i.e. spinning and weaving, and **方（fāng）**, which represents pronunciation and means square, i.e. the shape of bolts of cloth used in spinning and weaving. **紡** has been simplified to **纺**.

①把丝、麻、棉、毛等纤维制成纱或线 spin：～纱 to spin | ～织 spinning and weaving ② 比绸子稀而轻薄的丝织品 thin silk cloth fàng

放

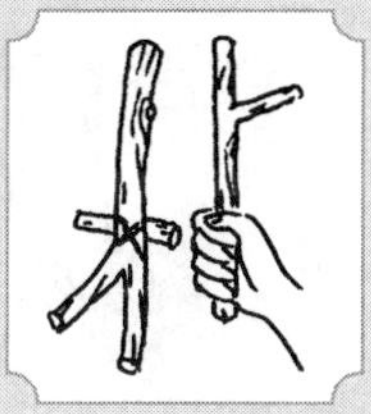

会意字。“攴”（攵）像手持棒，“方”像掘土的农具，有远方义，表示驱逐到远方，方（fāng）兼表声。本义是驱逐。

The root meaning of 放 is set free, release. It comprises 攴（攵）, a hand holding baton, and 方（fāng）, which represents pronunciation and looks like a hoe that exposes the soil, i.e. releases or sets free.

① 驱逐 exile：流～ banish; exile; expatriate ② 不约束 with no control over; give sb the freedom：～纵 let sb have his or her own way ③ 完毕；结束 to end：～学 for school to be out, over ④ 发出 emit：～光 emit light ⑤ 扩展 expand：～大 magnify｜开～ be open to the public; open up ⑥ 放牧 graze：～牛 herd the cows ⑦ 搁置 place; put：安～ put, place sth at a place ⑧ 解除约束 remove restriction：释～ to free (sb)

fēi

飞

（飛）

象形字。像鸟展翅飞翔。简体字像侧面的鸟展翅飞翔。本义是飞翔。

飞 means fly, soar. The character depicts a bird extending its wings, soaring. The simplified graph depicts the side-view of a bird spreading its wings, flying.

① 鸟、虫等扇动翅膀在空中活动 fly; soar：～翔 soar｜～虫 bug that flies ② 在空中飘或动 float; fly in the wind：～云 floating cloud｜～扬 flying in the wind ③ 极快 extremely fast：～奔 run very quickly; sprint｜～快 very fast ④ 没有根据的 with no evidence：流言～语 rumors; hearsay

fēi

非

会意字。像翅膀分张，表示相背、违背。本义是违背。

The original meaning of 非 is go against, oppose. The character depicts a pair of open wings, i.e. going against or opposing.

① 违背;不合于 against; oppose; unsuitable：～法 illegal ② 错误；不对 wrong; mistake：是～ right and wrong｜痛改前～ turn over a new leaf ③ 反对；责备 oppose; reprimand：～难 blame; reproach; find fault with｜无可厚～ give no reason for criticism; cannot be faulted ④ 不；不是 not be：～凡 extraordinary｜～常 very; extremely ⑤ 必须 necessary; must：～得 have to; must; be necessary｜～他莫属。He is no doubt the rightful owner of (sth). ⑥ 指非洲 Africa：北～ North Africa

fēi/fěi

菲

形声字。艹（艸）表意，像草，表示菲是草本植物；非（fēi）表声，非像张开的翅膀上排列着长长的羽毛，表示菲的叶子长如羽毛。本义指一种芜菁类的植物。

菲 signifies radish or red tulip. It consists of 艹（艸）, plant, and 非（fēi）, which indicates pronunciation and looks like the long feathers found on wings, i.e. the leaves of 菲 are as long as feathers.

㊀ fēi 花草芳香 fragrant plants：芳～ fragrant plant ㊁ fěi 微；薄 small amount; thin：～薄 humble; belittle｜～材 (polite usage) 'my humble ability' fēi

啡

形声字。口表意，像张开的口，表示吐唾沫的声音；非（fēi）表声，非像鸟翼分张，表示吐出的唾沫背离口而去。本义是吐唾沫的声音，此义今写作呸。现用为音译字。

啡 is now used onomatopoeically. Its original meaning was the sound of spitting, a meaning now represented by 呸. The character contains 口, an open mouth, i.e. sound, and 非（fēi）, which represents pronunciation and resembles a bird spreading its wings, like saliva flying from the mouth.

译音用字 used for its sound：咖～coffee

féi

肥

会意字。篆书“月”（肉）像肉，“卩”像人，表示人肥则肉多。楷书月（肉）、巴，巴本指大蛇，表示肥胖者形体较大。本义是人胖。

肥 means fat. In seal script, 月（肉）resembles flesh, 卩 resembles a man, i.e. a fat man. In regular script, the character consists of 月（肉）and 巴, a big serpent, i.e. a fat one.

①胖；脂肪多 fat：～胖 fat; overweight | ～肉 fatty tissue (man); fats (animal) ② 肥沃 fertile：地～ fertile land ③ 肥料 fertilizer：化～ chemical fertilizer | 施～ to fertilize (land) ④ 使田地肥沃 to fertilize land, soil：～田 fertilize land, field; fertile land, field

fěi

匪

形声字。匚表意，像筐；非（fēi）表声，非有非常义，表示筐非常实用。本义指筐类竹器，此义现已不用。

匪 originally signified bamboo ware, a meaning that was later replaced entirely. The character consists of a semantic element, 匚, bamboo basket, and a phonetic element, 非（fēi）, 'very', i.e. a bamboo ware is very useful.

① 同“非”，不，不是 same meaning as 非, means no, not：～夷所思 unimaginable; strange; queer; weird | 获益～浅 benefit a lot ② 强盗 robber：～徒 robber | 土～ bandit; robber

fěi

诽（誹）

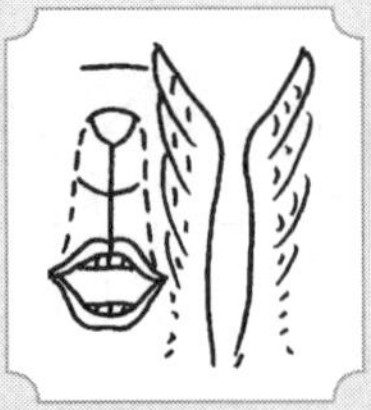

会意字。“言”（讠）像张口说话，“非”有不合、不对义，表示指责不对的言行，非（fēi）兼表声。誹简化为诽。本义是指责过失。后用于贬义，指说别人坏话。

The root meaning of 诽 is to reprimand for wrongdoing; it acquired negative connotation to mean gossip, spread rumors. 言（讠）, sb talking, and 非（fēi）, which represents pronunciation and suggests unsuitable or incompatible, i.e. sth deserving of reprimand. 誹 has been simplified to 诽.

说别人的坏话 gossip; spread rumors：～谤 slander; defame

非 167页

fèi

吠

会意字。“口”像张大口，“犬”像狗，表示狗叫。本义是狗叫。

吠 means barking of a dog. The character is composed of 口, an open mouth, and 犬, a dog.

狗叫 bark：狂～bark unceasingly | 鸡鸣犬～ the crowing of hens and the barking of dogs, pleasant sounds of the countryside

fèi

肺

会意字。“月”（肉）像肉，表示肺是体内的呼吸器官；“巿”有遮蔽意，表示肺被肌肤所遮蔽。本义是肺脏。

肺 means lungs. It is composed of 月（肉）, flesh, i.e. the lungs, and 巿, cover or conceal, i.e. the lungs are covered by flesh and skin.

① 呼吸器官 lungs：～病 tuberculosis ② 比喻内心 from the bottom of the heart; sincerity：肺腑之言 sincere words | 狼心狗～ evil; heartless; worse than a beast

fèi

废

（廢）

会意字。“广”像房屋，“發”有发射义，发射之矢必离弦而去，表示房屋倒塌，梁、柱、屋顶也必离其原位而倒下。廢简化为废。本义是房屋倒塌。引申为无用。

废 originally depicted a house collapsing, later extended to mean useless. 广 resembles a house, 發 means to emit or launch, as an arrow being launched by a bow. When a house collapses, so will its pillars, beams and roof. 廢 has been simplified to 废.

① 没用的 useless：～物 useless thing; rubbish | 残～handicapped ②不再使用；停止 defunct; stop; cease：～除 abolish | ～止 abolish; annul

fèi

沸

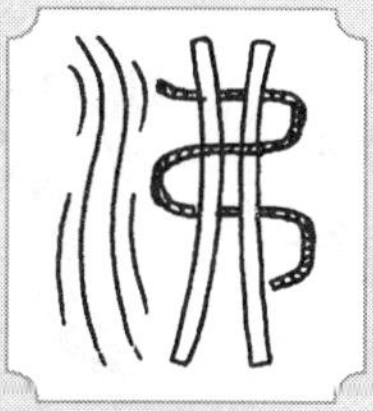

会意字。“氵”像水流、水珠，表示泉水喷涌；“弗”像用绳子绑两件形体相背的物体，有违背义，水往上喷涌与往低处流的常态是相背的。本义是泉水喷涌。

沸 originally depicted bubbling spring water. It consists of 氵, water, i.e. bubbling spring water, and 弗, two items tied back to back to indicate to go against or oppose, i.e. water gushing upwards and downwards.

液体加热到一定程度时出现的翻腾现象 boil：～水 boiling water | ～腾 boiling

fèi

费

（費）

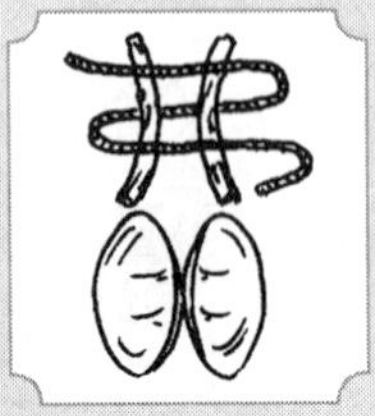

会意字。“貝”（贝）像贝壳，古代曾用作货币，表示用掉钱财；“弗”有违背义，表示用掉钱财与赚进钱财相反。費简化为费。本义是用掉钱财。引申为消耗。

The root meaning of 费 is spend, extended to use, consume. It consists of 貝（贝）, seashell, formerly used as currency, i.e. money, and 弗, against, oppose, i.e. earning and spending. 費 has been simplified to 费.

① 消耗 consume：～力 requires effort, energy | ～心 requires careful effort; painstaking ② 费用 fee; expenditure：免～ free of charge | 学～ school fees; tuition fees ③ 姓 a family name

fēn/fèn

分

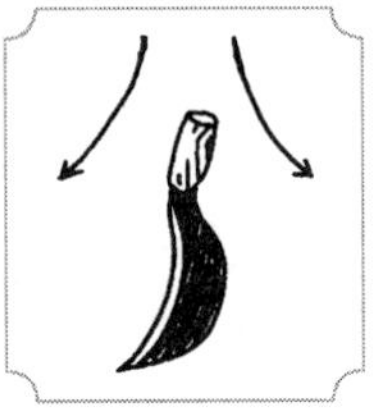

会意字。“刀”像刀，“八”像两半，表示用刀把物剖开。本义是分开。

The character means to separate. It consists of 刀, a knife, and 八, two halves, i.e. outting in half.

㊀ fēn ① 分开 separate：～割 divide | ～散 disperse ② 散发 give off：～发 give out; distribute ③ 辨别 distinguish; differentiate：区～ distinguish; differentiate ④ 分支；部分 branch; a part of：～会 branch of an association, committee etc | ～册 installments; fascicle ⑤ 长度、面积、重量、币制、时间、成绩等单位名 unit of measurement for length, surface area, weight, monies, time, points etc ㊁ fèn ① 成分 constituent：水～ moisture | 养～ nutrients ② 责任和权利的限度 responsibility and right：本～ one's duty

fēn

芬

形声字。艹（艸）表意，像草，表示花草；分（fēn）表声，分像用刀剖物，有分散、分布意，表示芬是花草散发出的香气。本义是花草的香气。

芬 means fragrance. It consists of 艹（艸）, flowers and plants, and 分（fēn）, which represents pronunciation and depicts separation, i.e. 芬 is a fragrance released from flowers and grass.

花草的香气 fragrance of flowers and grass：～芳 fragrant; fragrances | 清～ fragrant; sweet-smelling

fēn

纷

（紛）

会意字。“糸”（纟）像丝线，“分”像用刀剖物，表示束马尾以免散乱的丝麻织物，分（fēn）兼表声。紛简化为纷。本义指束马尾的丝麻织物。引申为多、杂乱。

The original meaning of 纷 is silk and hemp used for tying, later by extension, numerous and disorderly. It consists of 糸（纟）, silk thread, and 分（fēn）, which represents pronunciation and means to divide, distribute. Thus, silk and hemp used for tying things that are otherwise divided. 紛 has been simplified to 纷.

① 多；杂乱 numerous; complicated; disorderly：～繁 complicated; numerous | ～乱 chaotic; numerous ② 争执 dispute; quarrel：～争 dispute | 纠～ dispute fēn

吩

形声字。口表意，像张开的口；分（fēn）表声，有分派义，表示用口分派人任务。本义是口头指派或命令。

The root meaning of 吩 is order, instruct. The character is made up of 口, an open mouth, and 分（fēn）, which is phonetic and means to divide, distribute, i.e. distribute duties by instruction.

［吩咐］口头指派或命令 order; instruct：听候～ listen to instructions｜一一～ instruct one by one

fēn

氛

形声字。气表意，像云气；分（fēn）表声，分像用刀剖开物体，有分析、分辨义，表示氛是能预示吉凶的云气。本义是预示吉凶的云气。常用义是情景、气象。

氛 is commonly used to mean atmosphere or ambience. It consists of 气, which is semantic and resembles clouds, and a phonetic element, 分（fēn）, which depicts dividing an object with a knife or here, analyze or differentiate. Hence, clouds reflect atmospheric conditions.

情景；气象 atmosphere：～围 atmosphere｜气～ atmosphere; ambience

F

fén

坟

（墳）

会意字。“土”本像地上有堆土，“賁”（贲）像层叠的草和形体饱满的贝，有隆起、凸起义，表示坟是凸起的土堆。简体字土、文，文指装饰、制度、礼仪，表示以花草树木美化坟地，且按制度、礼仪落葬和建坟。本义是土堆，特指坟墓。

坟 means a grave. It consists of 土, earth, and 賁（贲）, tufts of grass and large seashells, i.e. lumpy, protruding things. Thus, 坟 is a protruding heep of earth. The simplified character comprises 土 and 文 (decoration), hence a mound and burial rituals.

埋葬死人筑起的土堆 grave：～墓 grave and tomb｜祖～ ancestral grave

fén

焚

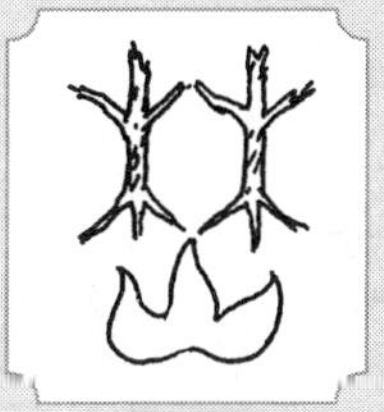

会意字。“林”像两棵树，“火”像火焰，表示为垦荒或围猎而火烧树林。本义是火烧山林来垦荒或围猎。泛指烧。

The original meaning of the character is burning forest for agricultural and hunting purposes; it is now commonly used to mean burn, set fire to. 林 shows two trees and 火 resembles flames.

烧 burn; set fire to：～烧 burn; set fire to｜～毁 set fire to destroy fěn

粉

会意字。"米"像稻米，"分"像刀剖物，表示米碾碎后分散成粉，分（fēn）兼表声。本义是米磨成的粉末，泛指粉末。

The root meaning of 粉 is ground rice; it now refers to powder in general. It consists of 米, rice, and 分（fēn）, which represents pronunciation and depicts division with a knife, i.e. grinding into powder.

① 细末 fine powder：～末 powder | 面～ flour ② 粉状化妆品 cosmetics in powder form：涂脂抹～ put on make up ③ 某些淀粉食品 starchy food：～丝 vermicelli ④ 使破碎 to break into pieces：～碎 smash; crush; break ⑤ 用涂料刷墙壁 paint; whitewash (walls)：～刷 paint; whitewall ⑥ 带白色的 whitish：～蝶 whitish butterfly

fèn

份

形声字。亻表意，像人；分（fēn）表声，分像刀将物剖为两半，表示人文质各半。本义是文质兼备，此义现写作彬。

份 originally meant a cultured person of sound personality, a meaning now represented by 彬. It is composed of 亻, man, and 分（fēn）, which indicates pronunciation and means division, i.e. between outer manners and inner qualities.

① 由整体分出的部分 part; portion：月～ months | 股～ share ② 量词 measure word：一～报纸 a newspaper | 三～礼品 three gifts

F

fèn

奋

（奮）

会意字。金文像用衣服在田间罩住鸟，鸟在衣内挣扎奋飞。篆、楷书表示鸟（隹）在田野上空张大翅膀奋飞。简体字像张开四肢的人和农田，表示人在田中奋力耕耘。本义是鸟展翅飞。引申为举起、振作。

奋 originally depicted a bird spreading its wings, soaring; it was extended to represent hold up, brace up. In bronze inscriptions, it depicts a field and a bird struggling to escape from a garment. In seal and regular scripts, it depicts a bird 隹 spreading its wings and flying above the fields. Its simplified form depicts a man with open arms and a field, i.e. working hard in the fields.

① 举起 hold up：～臂高呼 cheer with arms in the air ② 振作；鼓劲 encourage：～斗 work hard | 振～ inspire; stimulate

fèn

忿

形声字。心表意，像心脏；分（fēn）表声，兼表忿是心中有难以分散、消除的怨恨、怒气。本义是忿怒、忿恨。

The character means hatred. 心 serves as a semantic function, a heart; 分 (fēn) is a phonetic element, symbolizing division. It suggests that hatred is hard to dispel.

生气；怨恨 angry; hatred：～怒 extremely angry; anger | ～恨 hatred

分 170页

fèn
粪
（糞）

会意字。甲骨文像一手持箕，一手持帚，在清除秽物。篆书像双手捧簸箕除去杂质污秽。楷书表示吃进去的“米”排出时异（異）变为糞（粪）。简体字表示米经消化吸收后都（共）会变成粪。本义是扫除。引申为屎。

粪 originally meant to get rid of, clear away; later, it was used for excrement. In bone inscriptions, it depicts sb holding a dustpan in one hand and a broom in the other, sweeping away garbage. In seal script, it depicts two hands holding a dustpan, clearing away rubbish. In regular script, it depicts rice（**米**）becoming something other（**異**）and thereafter, waste（**糞**）. The simplified form suggests（**共**）rice digested to become waste.

排泄物，俗称屎、大便 solid excretion：～便 solid and liquid waste

fèn
愤
（憤）

形声字。忄表意，像心脏；賁（贲fēn）表声，贲像层叠的草和形体饱满的贝，有凸起义，表示愤是心中冒起不满。憤简化为愤。本义是生气、不满。

愤 refers to anger, frustration, dis-satisfaction. It consists of 忄, heart, and **賁（贲 fēn）**, which indicates pronunciation and looks like tufts of grass and large seashells, i.e. things that protruding or from. Hence, hatred rise up from the heart. **憤** has been simplified to **愤**.

生气；不满 anger; dissatisfaction：～怒 anger｜气～ anger

fēng
丰
（②③豐）

象形字。像根茎粗壮、生长丰茂的植物。本义是草木茂盛。豐今简化为丰。

The character resembles a plant with thick stem and roots growing luxuriantly. It is used to describe luxuriant, flourishing vegetation. **豐** has been simplified to **丰**.

① 容貌和姿态美好 nice, graceful looks and comportment：～姿 graceful; charming comportment｜～采 grace; charm ② 多；富足 abundant：～盛 sumptuous; bountiful｜～收 abundant; bountiful ③ 大 big：～碑 monument｜～功伟绩 significant contributions

fēng
风
（風）

会意字—象形字。甲骨文像风和帆，传说风扇动翅膀产生风，风能鼓起风帆。篆、楷书表示风动虫生。简体字以风帆表示风。本义指空气流动的现象。

风 means wind. In bone inscriptions, it depicts a phoenix and a sail. According to legends, the phoenix creates wind when it flaps its wings. In seal and regular scripts, it shows a growth of insects brought about by wind. Its simplified form depicts a sail which symbolizes wind.

① 空气流动的现象 wind current：～力 wind power｜台～ typhoon ② 风气；风俗 custom; culture; established practice：～尚 current practice｜民～ common practice of a society ③ 作风；态度 behavior; way of work; attitude：～格 style｜～度 demeanor; deportment ④ 消息 news：闻～而动 act immediately upon hearing the news ⑤ 景象 view：～景 view

F

fēng

枫
（楓）

形声字。木表意，像树，表示枫树；風（风 fēng）表声，兼表枫叶在寒风吹拂下会变红。楓简化为枫。枫树是落叶乔木。

枫 means maple tree, a type of deciduous tree. It consists of **木**, tree, here referring to maple trees, and **風（风 fēng）**, wind, which represents pronunciation. Maple leaves are supposed to turn red in cold wind. **楓** has been simplified to **枫**.

枫树，落叶乔木，叶子秋天变红 maple tree：～叶 maple leaves | ～林 maple forest

fēng

封

会意字。古文字像手给树培土。楷书像手（寸）在土上加土，表示培土。本义是给树培土。引申为封闭。

封 originally depicted earth being piled up, later used to mean close, shut out, seal. In its ancient Chinese form, the character resembled a hand piling up soil around a tree. In regular script, it resembles a hand （寸） layering soil.

① 密闭 seal：～闭 close; shut out | ～口 seal; heal ② 某些东西的外皮 outer layer：～面 cover (of a book, magazine, album etc) | 信～ envelope ③ 帝王把土地、爵位赐给臣子 bestow a title; enfeoff：～地 enfeoffment | ～侯 bestow a title to sb as a lord ④ 量词 measure word：一～信 a letter

fēng

疯
（瘋）

形声字。疒表意，像病床，表示头痛病；風（风 fēng）表声，兼表头痛病发作如起风，难以预测和消除。瘋简化为疯。本义指头痛病。引申指精神失常。

疯 originally signified an illness of the head, later generalized to neurological disorders. It consists of **疒**, illness, in this case, illness affecting the head, and **風（风 fēng）**, wind, which indicates pronunciation, and suggests illness appears like a gust of wind. **瘋** has been simplified to **疯**.

精神失常 neurological disorder：～子 insane man | 发～ to go insane | ～～癫癫 behave in an insane way

fēng

峰

形声字。山表意，像山峰矗立；夆（féng）表声，夆有相逢义，表示山峰很高与云天相逢。本义是山峰。

峰 means mountain peak. **山** is semantic, representing mountains, and **夆（féng）** represents pronunciation; it also means to meet or encounter, i.e. lofty mountains with peaks that meet with the clouds.

①山的尖顶；比喻最高处 peak：山～ mountain peak | 顶～ pinnacle; apex ② 形状像山峰的东西 peak-like object：驼～ humps of a camel | 洪～ crest of flood level fēng

锋

（鋒）

形声字。金表意，像箭头、斧头和矿石，表示金属兵器的尖端；篆书逢（féng）表声、楷书夆（féng）表声，皆有相逢义，表示与敌相逢的兵刃。鋒简化为锋。本义是兵器的尖端。

锋 means sharp. In seal script, 金 is the semantic element, representing metal, i.e. the sharp end of metallic weapons. In seal and regular scripts, 逢（féng）and 夆（féng）are phonetic; both mean encounter, i.e. the meeting of weapons. 鋒 has been simplified to 锋.

① 刀、剑等的锐利部分 blade：～利 (blade) sharp｜刀～ knife blade ② 在前面带头的 those in the lead：前～ vanguard; forward (sports)｜先～ vanguard

fēng

蜂

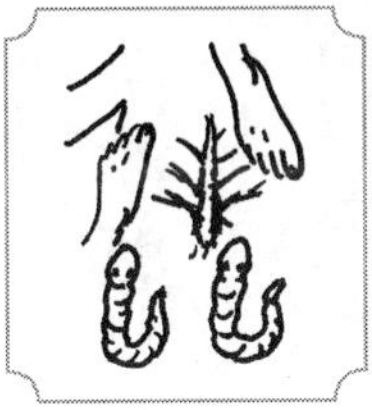

形声字。篆书二虫表意、楷书虫表意，表示蜂是群居群飞的昆虫；篆书逢（féng）表声、楷书夆（féng）表声，皆有相逢义，表示人逢蜂难躲避。蜂是昆虫名。

蜂 means bees. 虫 'insect' is the semantic element in seal and regular scripts and suggests that 蜂 (bees) are social animals. In seal and regular scripts, 逢（féng）and 夆（féng）are phonetic; both mean to meet by chance, i.e. meeting bees by chance.

① 昆虫，种类很多，有毒刺，能蜇人，群居 bees ② 特指蜜蜂 honey：～蜜 honey ③ 比喻成群地 describes in a group：～拥而上 approach as a group

féng

冯

（馮）

会意字。"馬"（马）像马，"冫"（仌）像隆起的冰或两块冰，表示马冰上飞奔。馮简化为冯。本义是马跑得快。今只用作姓。

冯 depicts a horse galloping but is now only used as a family name. 馬 (马) depicts a horse, 冫（仌）represents layers of ice, evoking a horse galloping on ice. 馮 has been simplified to 冯.

姓 a family name

féng

逢

会意字。"辶"（辵）像路和脚，"夆"有相遇义，表示在路上相逢，夆（féng）兼表声。本义是遇到。

逢 means encounter. It consists of 辶（辵）, a path and foot, and 夆（féng）, which represents pronunciation and means encounter, i.e. to encounter on the road.

① 遇到 encounter：相～ encounter; meet｜久别重～ reunite after a long separation ② 迎合 fawn over; please：～迎 fawn over｜阿谀～迎 fawn over; try to please; try to get into someone's good books

F

féng/fèng

缝

（縫）

会意字。“糸”（纟）像丝线，“逢”有相合义，表示用线使衣料相合成衣，逢（féng）兼表声。縫简化为缝。本义是用针线连接。

缝 means sew. It consists of 糸（纟）, silk thread, and 逢（féng）, which represents pronunciation and means combine or join up, i.e. use thread to sew cloth together. 縫 has been simplified to 缝.

㊀ féng 用针线连接 sew：～补 sew and mend | 裁～ tailor ㊁ fèng ① 接合处 seam：天衣无～ a seamless garment, describing sth perfect, flawless ② 窄长的空隙 small, narrow gap; seam：～隙 gap | 门～ door gap

fěng

讽

（諷）

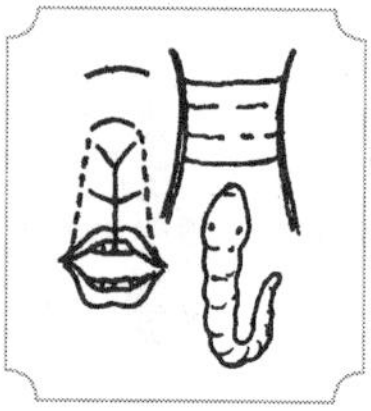

形声字。言（讠）表意，像张口说话，表示诵读；風（风 fēng）表声，风流畅而有声，表示诵读应声音流畅清晰。諷简化为讽。本义是背诵，朗读。

The original meaning of 讽 was to recite, read aloud. It consists of 言（讠）, speech, or here, to recite, and 風（风 fēng）, which represents pronunciation and means wind, i.e. reciting should be fluent and clear like the wind. 諷 has been simplified to 讽.

用含蓄的话指责或劝告 mock; satirize：～刺 mock; satirize | 嘲～ mock; satirize

fèng

凤

（鳳）

象形字—会意字。甲骨文像凤凰。篆、楷书“鳥”（鸟）像鸟，“凡”像帆，表示扇动翅膀产生风的神鸟。简体字“几”像风帆，“又”指重复、连续，表示能不断产生风的是凤。本义是凤凰。

凤 represents phoenix. In bone inscriptions, it looked like a phoenix. In seal and regular scripts, 鳥（鸟）resembles a bird; 凡 depicts a sail, an allusion to the mythical phoenix which creates wind when it flaps its wings. In simplified form, 几 depicts a sail; 又 means repetition, continuity, i.e the phoenix beats its wings ceaselessly.

凤凰，传说中的鸟王，常用来象征吉祥 phoenix：龙～呈祥 joyous occasion

fèng

奉

会意字。像三只手捧着一棵植物，表示恭敬地用手捧着。本义是捧。引申为进献。

奉 means hold up and by extension, to pay tribute. The character depicts three hands holding a plant up, symbolizing holding sth up with reverence.

① 恭敬地送给 present with reverence：～送 to present | ～献 contribute ② 信仰；推崇 believe in; promote; recommend：～行 pursue (policy, promise) etc | 信～ believe in; worship ③ 侍候 wait on; wait upon：～养 wait on; wait upon | 侍～ wait on ④ 敬词 formal usage：～告 report to; inform | ～劝 advise fǒu

否

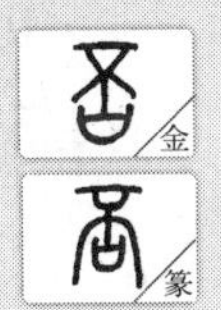

会意字。“口”像张开的口，“不”指否定，表示口头不承认、不同意。本义是不承认、不同意。

The root meaning of the character is no, disagree, disapprove. The character consists of 口, an open mouth, and 不, negation, i.e. no, disagreement.

不承认；不同意 repudiate; disagree：～定 repudiate | ～认 deny ② 不 no; not：可～ can or not; whether possible or not | 知～ know or not

fū

夫

象形字。像男子头上插簪，表示已成年。本义是成年男子。

The core meaning of 夫 is adult male. It resembles a man wearing an accessory on his hair, suggesting adulthood.

① 成年男子 adult male：匹～ commoner | 懦～ coward ② 从事体力劳动的人 those who labor：农～ farmer | 渔～ fisherman ③ 丈夫 husband：～妻 husband and wife | 姐～ brother-in-law (husband of elder sister)

fū

肤

（膚）

形声字。月（肉）表意，像肉，表示肉上的皮；盧（lú）省声。简体字月（肉）表意，夫（fū）表声，夫像头上插簪的成年男子，表示肤是人肉上的皮。本义是皮肤。

肤 means skin. It consists of 月（肉）, here referring to skin, and 盧（lú）, which is phonetic. The simplified graph has 月（肉）as semantic and 夫（fū）, adult male, as phonetic, i.e. skin on human flesh.

身体的表皮 skin：～色 skin tone | ～觉 sense of touch | 肌～ skin

fū

麸

（麩）

形声字。麦表意，像麦子和脚，表示小麦磨面后剩下的表皮和碎屑；夫（fū）表声，夫像头发上插簪的成年男子，表示麸是成熟麦粒的皮屑。麩简化为麸。麸是小麦的皮屑。

麸 means bran. 麦 is semantic, showing a stalk of wheat and a foot, i.e. the husk and crushed pieces left after the wheat has been ground. 夫 (fū) represents pronunciation; it also refers to an adult male, i.e. 麸 (wheat bran) is the husk of mature wheat. 麩 has been simplified to 麸.

小麦磨成面粉筛过后剩下的麦皮和碎屑 bran

佛 179页

fū

孵

会意字。“卵”像卵，表示孵化卵；“孚”像手（爫）抱婴儿（子），也指鸟孵卵；孚（fú）兼表声。本义是鸟类伏蛋生雏。

孵 means to hatch. The character consists of 卵, an egg, and 孚, which resembles a hand（爫）carrying a baby（子）, i.e. a bird hatching an egg. 孚（fú）also represents the pronunciation.

鸟类伏在蛋上，用体温使卵内的胚胎发育成雏鸟（也指用人工孵化）hatch; incubate：～小鸡 hatching eggs

fū

敷

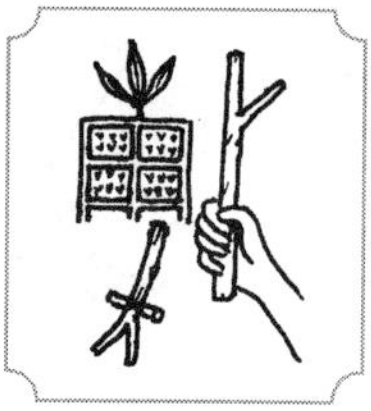

会意字。楷书“攵”像手持器械，“尃”像耕地的农具和田中长出农作物，表示用手铺开，尃（fū）兼表声。本义是铺开。

敷 means to spread on. In regular script, 攵 depicts a hand holding a weapon. 尃 (fū) is phonetic, and also depicts farming tools and agricultural produce, i.e. spreading things out with the hands.

① 铺开；摆开 spread out; lay out：～设 lay out; display | ～陈 display; exhibit ② 涂；搽 rub; apply：～药 apply medicine | ～粉 wear make-up ③ 够；足 sufficient; enough：入不～出 unable to make ends meet

fú

伏

会意字。“亻”像人，“犬”像狗，表示狗趴伏着伺机袭击人。本义是趴下。

伏 means to crouch, lie low. It consists of 亻, a man, and 犬, a dog, i.e. a crouching dog ready to attack a man.

① 趴 crouch; lie; lean：～案 putting one's head on the table; lean over one's desk ② 低下去 to lower：起～ ups and downs | 此起彼～ going up and down ③ 隐藏 hide：～兵 military ambush | 危机四～ danger lurks everywhere ④ 低头承认；屈服 yield; admit defeat：～输 admit defeat | 降龙～虎 overcome difficulties ⑤ 伏天 the hottest day of the year：入～ entering the hottest day of the year | 三～ the three hottest periods of the year

fú

凫

（鳧）

会意字。篆书像鸟从人头上飞过，楷书像鸟从桌几上飞过，表示飞得不高的野鸭。鳧简化为凫。本义是野鸭。

凫 means a wild duck. In seal script, it depicts a bird flying over a man's head. In regular script, it resembles a bird flying over a table, i.e. wild ducks are unable to fly high. 鳧 has been simplified to 凫.

① 野鸭 wild duck ② 在水里游 swim：～水 swimming

fú

芙

形声字。艹（艸）表意，像草，表示芙蓉；夫（fū）表声，夫像头上插簪的成年男子，有高大意，表示芙蓉较高大。本义是荷花。

芙 means lotus. The character is composed of 艹（艸）, vegetation, or in this case, the lotus, and 夫（fū）, which is phonetic and denotes an adult male, i.e. the lotus is relatively large.

［芙蓉］① 荷花的别称 lotus ② 一种落叶灌木，也叫木芙蓉，花色美丽 cottonrose hibiscus

fú

扶

会意字。像手（又、扌）搀扶人（夫），夫（fū）兼表声。本义是搀扶。

扶 means to support. The character resembles a hand（又、扌）supporting a man（夫）. 夫 (fū) is phonetic.

① 用手支持使不倒 support (sb to prevent him or her from falling down)：搀～support｜～老携幼 support old and the young ② 帮助 help; aid：救死～伤 to save those dying and tend to the wounded, describing the commendable spirit of medical personnel ③ 用手按着或把持着 support with hand：～墙 lean against a wall｜～栏杆 lean against a fence

fú/fó

佛

形声字。亻表意，像人；弗（fú）表声，弗像用绳子矫正变形的物体，有不正而使其正义，表示佛是看不清楚而想看清楚。本义是看不清楚。引申为仿佛。

佛 originally meant unable to see clearly, later, it was extended to mean seem like. It consists of 亻, a man, and 弗（fú）, which is phonetic and depicts a rope being used to secure sth, i.e. to rectify, or here, to rectify being unable to see clearly.

㊀ fú ［仿佛］似乎；好像 seem like; appear like ㊁ fó ① 佛教徒称修行圆满的人 Buddha：活～Living Buddha ② 佛教；佛经 Buddhism; sutra：～学 Buddhism｜诵～recite the sutra ③ 佛像 Buddha statue：玉～jade Buddha statue

fú

俘

会意字。"亻"像人，表示打仗时捉住敌人；"孚"像手（爫）和婴儿（子），表示被抓住的俘虏只能乖乖听命；孚（fú）兼表声。本义是敌人。

The character originally depicted an enemy. It consists of 亻, man, i.e. enemies captured in battle, and 孚（fú）, which is phonetic; it consists of a hand（爫）and a baby（子）, i.e. prisoners of war are completely in the power of their captors.

战争中活捉敌人；活捉到的敌人 prisoner of war：～获 capture; seize｜～虏 capture; take prisoner

F

fú

拂

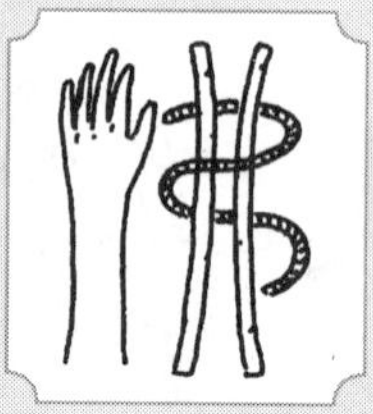

形声字。手（扌）表意，像手，表示用手掸去灰尘；弗（fú）表声，弗像用绳子矫正变形的物体，表示掸是清洁蒙尘的物体。本义是掸去、抹去。

拂 means to wipe, dust. It consists of 手（扌）, a hand, i.e. using the hands to wipe dust, and 弗（fú）, which is phonetic and looks like a rope being used to rectify sth. Hence, putting things in order by wiping away dust with the hands.

① 掸去尘垢 dust：～尘 shake off the dust of travel; a horsehair whip | ～拭 wipe ② 轻轻擦过 touch gently：～面 brush against the face gently | 吹～ (wind) brushes against ③ 甩动 flick：～袖而去 walk away in a huff

fú/fù

服

会意字。甲骨文像手按住人的头令其服从。金文、篆书加“舟”，表示令那人乖乖上船。楷书像在夜晚（月）用手（又）制服一个人（卩）。本义是降服。引申为服从。

服 means to control, subdue; extended to mean to abide by. In bone inscriptions, it depicts a hand holding down a man's head. 舟 is added in bronze and seal scripts, suggesting ordering sb to board a ship. In regular script, it depicts subduing sb（卩）in the night（月）with the hands（又）.

❶ fú ① 服从；信服 to accept completely; abide by：佩～ hold sb in reverence ② 使信服 subdue sb：以理～人 win others over with reason ③ 承担 bear; handle; manage：～务 serve; service ④ 衣服 clothe：～装 clothes; fashion ⑤ 适应 accustom to：水土不～ unable to adapt to a new environment ⑥ 吃 take; eat：～药 take medicine ❷ fù 量词，用于中药 measure word for Chinese medicine：一～药 a dose of medicine

fú

浮

形声字。氵（水）表意，像流水、水珠；孚（fú）表声，孚像手（爫）抱婴儿（子），表示浮是物体漂在水上。本义是漂浮。

浮 means floating on water. It consists of 氵（水）, water, and 孚（fú）, which represents pronunciation and shows a hand（爫）carrying a baby（子）, i.e. sth being carried by water.

① 漂在水面或飘在空中 float on water or in air：漂～ float | ～云 floating cloud ② 表面的 superficial：～雕 carving ③ 不踏实；不沉着 impractical; not pragmatic：～躁 impetuous; easily agitated; restless ④ 空虚；不实 empty; unrealistic：～夸 exaggeration; sumptuously adorned ⑤ 多余；超出 excessive：人～于事 overstaffed

fú

符

会意字。“竹”像竹叶，表示符用竹等制成；“付”像人和手，表示符需交付对方验证；付（fù）兼表声。本义是古代传达命令或调动军队用的凭证。引申为相合。

The root meaning of 符 was a kind of document or tally, used in ancient times to convey orders, mobilize the army, etc. Later it came to mean accord with. It consists of 竹, bamboo leaves, i.e. 符 is made of bamboo, and 付（fù）, which is phonetic and depicts a man and a hand, i.e. the need for inspection.

① 相合 complement：～合 complement | 相～ complement ② 标记、记号 mark; indicator; symbol：～号 symbol; sign | 音～ musical notes ③ 道士、巫婆画的驱使鬼神的图文 amulet：画～ draw an amulet ④ 姓 a family name

fú

袱

形声字。衤表意，古文字像衣服，表示袱和衣一样是布质的；伏（fú）表声，伏像犬扑在人的身上，有覆盖意，表示袱是覆盖在妇女头部的布。本义是古代妇女的包头巾。引申为包衣物用的布。

袱 originally meant a head scarf, then later, cloth used for wrapping clothes. **衤**, clothing, is semantic, i.e. **袱** (head scarf) is clothing. **伏**（fú）represents sound and resembles a dog pouncing on a man, covering him. A head scarf covers a woman's head.

包衣物用的布 cloth used for wrapping clothes：包～ burden; load

fú

幅

形声字。巾表意，像布；畐（fú）表声，畐有满义，表示布匹完整的宽度。本义是布匹的宽度。

The character originally meant the width of a bolt of textile. 巾 is semantic; it resembles textile. **畐**（fú）is phonetic, meaning full, i.e. the full width of bolts of textile.

① 布匹的宽度 width of a bolt of textile：单～ single width｜双～ double width ② 泛指宽度 width in general：～度 degree; extent｜～员 size of a country ③ 量词 measure word：一～画 a painting

fú

辐

（輻）

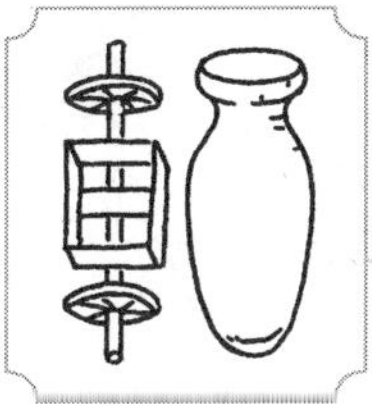

形声字。車（车）表意，像车，表示车轮的辐条；畐（fú）表声，畐像容器，有满意，表示辐有很多条，匀称地满布于车轮内。輻简化为辐。本义是车轮的辐条。

辐 means a spoke. It consists of **車（车）**, vehicles, i.e. the spokes in a cart wheel, and **畐（fú）**, which is phonetic and resembles a container, suggesting full, i.e. a cart wheel completely lined with spokes. **輻** has been simplified to **辐**.

车轮中连接车轴和轮圈的木条或金属条 spoke：～条 spoke

fú

福

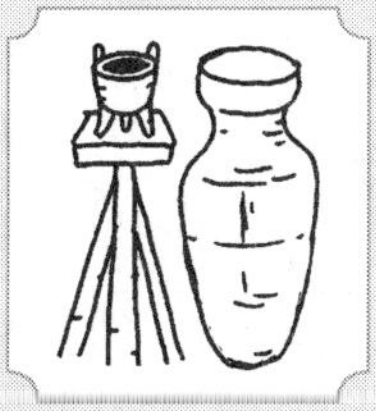

会意字。“示”像祭桌，“畐”像酒坛子，表示向神献酒求福，畐（fú）兼表声。本义是幸福、幸运。

The character means happiness, good fortune. It is composed of 示, a table used in rituals, and **畐（fú）**, which represents pronunciation and depicts a wine pot, i.e. offering wine to deities to pray for good fortune.

幸福、幸运 happiness; good fortune：享～ enjoying good fortune, life｜因祸得～ blessing in disguise

fú

蝠

形声字。虫表意，像虫，表示蝙蝠是一种小动物；畐（fú）表声，畐有满义，表示蝙蝠的飞膜将前后肢连满。本义是蝙蝠。

The character means bat. It consists of 虫, worm, indicating that a 蝙蝠 (bat) is a small animal, and 畐（fú）, which is phonetic and denotes full, i.e. the wing membrane of a bat connects all fore and rear limbs.

［蝙蝠］会飞的哺乳动物，头部像老鼠，四肢和尾巴之间有薄膜相连，张开像翅膀，常夜间活动，捕食蚊、蛾等 bat

fǔ

甫

会意字。像田中有植物。本义是菜园，此义现写作圃。基本义是刚刚、才。

The basic meaning of the character is 'just', 'a short while ago'. Originally, it depicted plants in a field, and meant vegetable garden, a meaning now represented by 圃.

刚刚；才 just; a moment ago：年～二十 just reached twenty years old｜惊魂～定 still not recovered from a trauma

fǔ

抚

（撫）

会意字。“扌”像手，“無”（无）指没有，表示不用力地抚摩。撫简化为抚。本义是轻轻地按、摸。

The character means caress, stroke gently. It consists of 扌, a hand, and 無（无）, not have anything, i.e. caress with the hand basely touching. 撫 has been simplified to 抚.

① 轻轻地按、摸 caress; stroke：～摸 caress; stroke｜～摩 caress; stroke ② 慰问；安慰 comfort; console：～慰 comfort; console｜安～comfort ③ 养育；保护 bring up (a child)：～养 care for; bring up｜～育 care for; nurture

fǔ

斧

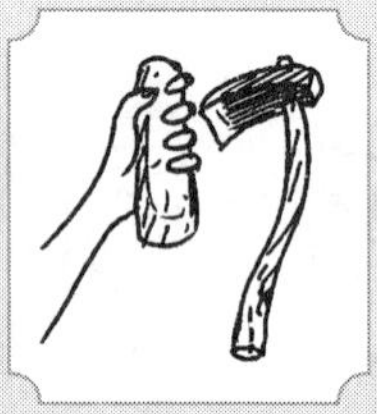

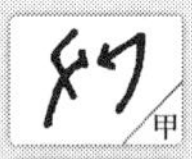

会意字。甲骨文“斤”像斧子，“父”像手握石斧，父（fù）兼表声。本义是斧子。

The character means an axe. In bone inscriptions, 斤 resembles an axe, 父（fù）represents pronunciation and depicts a hand holding a stone axe.

斧子，砍木头的工具 axe：～头 axe｜班门弄～ showing off one's skill in front of an expert fǔ

府

会意字。金文“广”像房屋，“貝”代表钱财，“付”指交付，表示储藏财物、文书的地方，付（fù）兼表声。篆、楷书省去“貝”。本义是府库。

府 means a government office. In bronze inscriptions, **广** depicts a house; **貝** means money; **付（fù）** represents sound, and means to pay. They combine to suggest a place where money, books and documents are stored. **貝** is omitted in seal and regular scripts.

① 官署；政权机关 official organization：官～ magistrate's office｜政～ governmental office ② 权贵的住宅 homes of officials or the rich：王～lord's mansion｜总统～president's residence ③ 古代行政区划 administrative unit used in the past：知～ prefect ｜开封～ Kaifeng prefecture ④ 尊称对方的住宅 polite usage someone's home：～上 your house

fǔ

俯

形声字。亻表意，像人，表示人把头低下；府（fǔ）表声，府是官员办公之地，人们见了官员常低下头表示敬意或畏惧。本义是向下低头。

俯 means to lower one's head. It consists of **亻**, a man, i.e. a man lowering his head, and **府（fǔ）**, which represents pronunciation and denotes a place where officials work, i.e. people lowering their heads out of respect and fear when they see officials.

屈身低头，脸朝下 bend one's body and lower one's head：～视 look down at｜～手贴耳 be docile and obedient

fǔ

辅

（輔）

形声字。車（车）表意，像车子，表示绑在车轮外侧加固车轮的两条直木；甫（fǔ）表声。輔简化为辅。本义是加固车轮的两条直木。引申为帮助、辅助。

辅 depicts two poles used to stabilize the wheels of a cart, symbolizing assist, help. **車（车）** is semantic, a cart; **甫** (fǔ) indicates pronunciation. **輔** has been simplified to **辅**.

帮助；从旁协助 assist; help：～助 assist; help｜～导 counsel

fǔ/pú

脯

形声字。月（肉）表意，像肉，表示肉干；甫（fǔ）表声，甫像田里有农作物，表示脯是可以吃的肉干。本义是肉干。

脯 is dried meat. It consists of **月（肉）**, flesh or meat, and **甫（fǔ）**, which represents pronunciation and depicts crops in the fields, i.e. **脯** is edible dried meat.

㊀ fǔ ① 肉干 dried meat：猪肉～dried pork｜牛肉～ dried beef ② 蜜饯果干 preserved fruits：果～ preserved fruits｜桃～ dried apricots ㊁ pú 胸脯 breast：鸡～肉 chicken breast

F

fǔ 腐

形声字。肉表意，像肉，表示肉变质；府（fǔ）表声，兼表府库不通风，肉放在这样的地方容易腐烂。本义是腐烂。

腐 means rot, turn bad. It consists of 肉, flesh or meat, here, spoiled meat, and 府（fǔ）, which is phonetic and denotes house or office, i.e. meat kept in a badly-ventilated room rots easily.

① 朽烂；变坏 rot; turn bad：～烂 rot; decay | ～朽 decay ② 陈旧 old; obsolete：迂～ inflexible; stubbornly adhering to old rules | 陈～ conventional; obsolete ③ 豆制品 soy products：～乳 fermented tofu | ～竹 bean sheet

fù 父

象形字。像手持石斧。本义是斧子。基本义是爸爸。

The character resembles a right hand holding a stone axe. Its original meaning was an axe but it is newly used for father.

① 爸爸 father：～母 parents | ～子 father and son ② 男性长辈 male elder：祖～ paternal grandfather | 伯～ uncle (father's elder brother)

fù 付

会意字。“亻”像人，“寸”像手，表示手拿东西给别人。本义是交给。

The character means to give. 亻 symbolizes man; 寸 resembles a hand, indicating giving sth to others.

交；给 give：～给 pay | 交～pay | ～之一炬 commit to the flames

fù 负（負）

会意字。“⺈”像人，“貝”（贝）像古时用作货币的贝壳，表示人有了钱财就有了依靠。負简化为负。本义是凭仗。

負 means rely, depend on. It consists of ⺈, a man, and 貝（贝）, a type of seashell that was once used as currency, i.e. man relies on money for his living. 負 has been simplified to 负.

① 凭仗 depend; reply：～隅顽抗 put up a desperate fight ② 背；承担 shoulder a burden：～重 bear a heavy burden | ～责 be responsible ③ 遭受 suffer：～伤 suffer injury ④ 享有 have a good reputation：久～盛名 reputable ⑤ 拖欠 own：～债 be in debt ⑥ 违背 break a promise：～约 breach a contract ⑦ 失败 fail：胜～ wins and loses ⑧与“正”相对 negative：～数 negative number

fù

妇

（婦）

会意字。像女子手持扫帚，以操持家务表示已婚女子。简体字像女子和手（彐），表示用手劳动的大多是已婚女子。本义是已婚的女子。

妇 refers to married woman. The character depicts a woman holding a broom, doing housework, i.e. a married woman. The simplified form resembles a woman and a hand（彐）, i.e. a married women working.

① 已婚的女子 married woman：~人 lady; woman | 少~ young lady ② 妻子 wife：夫~ couple; husband and wife ③ 女性的通称 refers to woman in general：~科 gynecology

fù

附

形声字。阝表意，像一道道坡，表示小土山；付（fù）表声，付像人和手，有给予义，表示土山给予草木生长的空间。本义是小土山。基本义是依附、靠近。

附 originally signified small hills, the meaning of the element 阝. Its basic meaning is rely on, close to. It consists of 阝, hill slopes, and 付（fù）, which is phonetic and depicts a man and a hand, symbolizing give, offer, i.e. hills offer space for growing plants.

① 依从；依托 follow; adhere to：依~ depend on ② 靠近 close to：~近 nearby | ~耳交谈 whisper ③ 附带；从属 subsidiary; subordinate：~设 subsidiary | ~属 subsidiary; affiliate

fù

咐

形声字。口表意，像张开的口；付（fù）表声，付像人和手，有寄托义，表示吩咐是寄托希望的话。本义是吩咐。

咐 is to instruct, tell. It consists of 口, an open mouth, and 付（fù）, which represents pronunciation and depicts a man and a hand, suggesting pinning hope on or relying on sth, i.e. instructions are words that one can pin hopes on.

口头指示、交待 instruct; tell：吩~ instruct | 嘱~ instruct repetitive out of concern

fù

赴

会意字。"走"像甩臂迈步的人和脚，"卜"像龟甲裂纹，以裂开速度快表示赴是快走。本义是快走。引申为前去。

赴 originally meant to walk quickly but later, it was extended to mean to go forward, attend. The character consists of 走, a man striding with arms swinging freely, and 卜, cracks on a turtle shell which appear quickly.

① 前去 attend; to go to somewhere：~会 to attend an appointment | ~宴 to attend a function

服 180页

fù

复

（①②③④ ⑤復⑥複）

会意字。甲骨文像房屋和朝下的脚。后加“彳”（道路），表示往来。本义是往来。復、複今归并简化为复。

复 means move back and forth. In bone inscriptions, it depicts a house and a foot with toes pointing downwards. 彳 which means pathway, is then added, i.e. going back and forth along a path. 復 and 複 are now simplified and grouped into 复.

① 返回 return：循环往～ cycle ② 回答 answer; respond：～信 reply to a mail｜批～ official written reply ③ 报复 revenge：～仇 revenge ④ 恢复 resume; recover：～婚 remarry after a divorce｜～苏 recover (economy) ⑤ 再；又 again：～制 clone; duplicate｜～活 resuscitate; revive ⑥ 繁多的 numerous and complex：～杂 complicated｜繁～ complicated and redundant

fù

副

形声字。刂表意，像刀，表示用刀剖物；畐（fú）表声，像容器，有满义，满则溢出分开，副取其分开意。本义是剖开。基本义是次的、辅助的。

副 originally meant cut, dissect. It consists of 刂, knife, i.e. cutting with a knife, and 畐 (fú), which indicates sound and resembles a container, suggesting full. When a container is full, the contents will overflow and disperse, i.e. be cut off.

① 次的；辅助的 subsidiary; of second importance：～职 deputy position｜～手 assistant ② 附带的 subsidiary：～本 copy; duplicate｜～作用 side effect ③ 符合 suitable：名不～实 overrated; not live up to the name of ④ 量词 measure word：一～手套 a pair of gloves

fù

赋

（賦）

会意字。“貝”（贝）像贝壳，古时曾用作货币，表示田地税；“武”像兵器（戈）和脚（止），表示有时需用武力强行征税。賦简化为赋。本义指田地税。

赋 means land tax. 貝 (贝) depicts a kind of seashell that was once used as currency; here, it refers to land tax. 武 depicts a military weapon (戈) and a foot (止), i.e. collection of taxes often involves coercion. 賦 has been simplified to 赋.

① 旧指向国家交纳的田地税 land tax：～税 tax ② 交给 give; submit：～予 entrust ③ 古代一种文体 a Chinese literary form：汉～ Han rhymea prose ④ 作诗 compose poem：～诗 compose poems ⑤ 天资 talent：天～ innate talent

fù

傅

形声字。亻表意，像人，表示辅佐人；尃（fū）表声，尃有给与意，表示傅是辅佐他人。本义是辅佐。引申为传授技艺的人。

The root meaning of 傅 is to assist, aid, as well as those who pass on such skills. It consists of 亻, man but here, suggesting assisting sb, and 尃 (fū), which represents pronunciation and also means give.

① 传授技艺的人 those who pass down skills：师～ Master ② 姓 a family name

fù

富

会意字。“宀”像房屋，表示财富藏于屋；“畐”像容器，物盛其中而有满意，表示家中充满财富；畐（fú）兼表声。本义是财产多。

The character means abundance of wealth. It consists of 宀, a house, i.e. wealth resides in a house, and 畐(fú), which indicates pronunciation and depicts a container, symbolizing full, i.e. a house is full of wealth.

① 财产多 abundance of wealth：～贵 wealthy; fortune | ～裕 rich; wealthy ② 丰裕；充足 abundance：～饶 rich; bountiful | 丰～ rich; full of

fù

腹

会意字。“月”（肉）像肉，表示肚子；“复”有往返、重复义，表示腹中的肠子回环往复；复（fù）兼表声。本义是肚子。

The character refers to the belly. It is composed of 月（肉）, flesh, i.e. the belly, and 复（fù）, which represents pronunciation and means going back and forth, or repetition like the way the small intestines are coiled in the belly.

肚子 abdomen; belly：～腔 belly | ～泻 diarrhoea

fù

缚

（縛）

形声字。糸（纟）表意，像丝线，表示用线绳捆绑；尃（fū）表声，尃有分布义，表示捆绑的线绳分布在被绑物上。縛简化为缚。本义是捆绑。

缚 means to tie. It consists of 糸（纟）, silk thread, i.e. sth to tie with, and 尃（fū）, which represents pronunciation and means disperse, distribute, i.e. string or rope dispersed over an object to hold it. 縛 has been simplified to 缚.

捆绑 tie：束～ control; bind; tie; limit | 作茧自～ set trap; restriction; limit for oneself

fù

覆

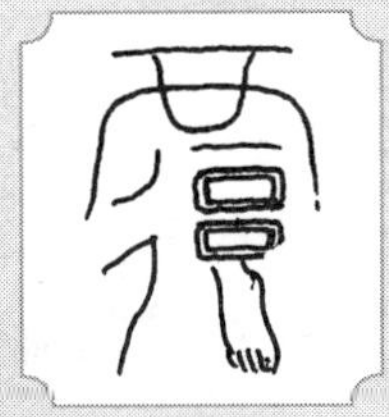

形声字。襾表意，表示上下相覆；復（fù）表声，復有恢复义，表示物体翻覆后需恢复原状。本义是翻覆。

覆 means overturn, upside-down. 襾 is the semantic element, symbolizing a topsy-turvy state. 復（fù）is the phonetic element and means to return to the original state, i.e. when an object is overturned, it needs to be returned to its original state.

① 底朝上翻过来 topsy-turvy：翻～ overturn | 翻天～地 drastic change ② 盖住；罩住 cover：～盖 cover | 天～地载 all under heaven and upon earth

G

gāi

该

(該)

形声字。言（讠）表意，像张口说话，表示军中的约法、条令用语言写成；亥（hài）表声，古时亥与戒相通，有戒律的意思。該简化为该。本义是军队中的约法、条令。

该 originally meant military regulations. It consists of 言（讠）, speech, here indicating spoken military rules and regulations, and 亥（hài）, which is phonetic. During ancient times, the meaning of 亥 and 戒 were interchangeable, both used for discipline. 該 has been simplified to 该.

① 应当 should：应～ should | 罪～万死 deserve to be punished severely ② 那个 that, pertaining to a third party：～校 his, their etc school | ～地 that piece of land

gǎi

改

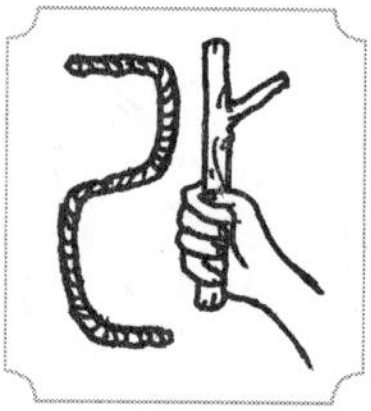

会意字。“攴”（攵）像手持棒，有击打使改正过错意，“己”像绳子，表示约束自己，合起来表示改是变更。本义是变更。

改 means change. 攴（攵）depicts a hand holding a cane, symbolizing sb being forced to acknowledge mistakes and repenting. 己 resembles a rope, here signifying self-control. Together, the components suggests change.

① 变更 change：～变 change | 更～ change; alter; amend ② 修正 amend; edit：～写 edit; adapt | ～编 adapt ③ 纠正 rectify：～过 improve oneself; change for the better | ～邪归正 turn over a new leaf; change for the better

gài

丐

会意字。篆书“亡”有逃亡义，“勹”像人，表示逃亡流浪在外之人，生活没有来源，乞讨为生。本义是乞求。引申指乞丐。

丐 originally meant to beg, later extended to mean beggar. In seal script, 亡 denotes escape, 勹 resembles a man, suggesting fugitives and wanderers survive by begging for food.

乞丐，讨饭的人，俗称叫花子 beggar

gài

钙

(鈣)

形声字。金（钅）表意，像箭头、斧头和矿石，表示钙是金属元素；丐（gài）表声。鈣简化为钙。钙是金属元素。

钙 means calcium. 金（钅）is semantic, symbolizing metal, but here, calcium, used in alloys. 丐（gài）is phonetic. 鈣 has been simplified to 钙.

金属元素，符号Ca。白色。人体缺钙会引起骨胳疏松症，影响发育。钙的化合物在工业和医药上用途很广 calcium (Ca)

咖 337页

gài

盖

（蓋）

会意字。“艹”（艸）像草；古文字“盇”像有盖器皿，楷书“盇”指器皿上可覆盖又可去掉的盖子，表示盖是用草覆盖屋顶。简体字表示羊皮可制成器皿的盖子。本义是用芦苇或茅草编的覆盖物。

盖 refers to covers made from reed or straw. 艹 (艸) symbolized plant. In classical form, **盇** resembles a container with a lid; in regular script, it refers to the lid, i.e. grass used to "cover" a house. The simplified character suggests a lid or cover made of goat's skin.

① 盖子 cover; lid：锅～ pot lid ② 遮掩；蒙上 to cover; hide：～被子 cover oneself with a blanket ③ 印上去 to stamp：～章 to stamp with a seal ④ 压倒；超过 outnumber; excessive：～世无双 unique; unparallelled ⑤ 建造 construct; build：～房 build a house

gài

溉

会意字。“氵”像水流、水珠，“既”像人和食器，有至、及义，表示灌溉就是水至农田。本义是浇灌。

溉 means to irrigate. 氵 symbolizes water; **既** depicts a man and eating utensils, symbolizing to arrive, reach, i.e. water reaching the fields during irrigation.

浇灌 irrigate; water：灌～ irrigate

gài

概

会意字。“木”像树，表示刮平斗的木板；“既”有全、都义，表示用概刮平才能使每斗谷物的分量全都一样。本义是古代量谷物时用来刮平斗的木板。

概 originally meant a wooden scraper, used in ancient times to level grains when weighing with a balance. It consists of **木**, tree, i.e. a wooden scraper, and **既**, complete or all, i.e. a scraper ensure a consistent amount of grain is weighed each time.

① 总括；大略 in general; in sum：～括 in sum; overview | 大～ about; roughly ② 一律 all：一～ all | ～不退换 all are not exchangeable ③ 气度 bearing：气～ lofty quality; sprit

gān/gàn

干

（㊀幹）

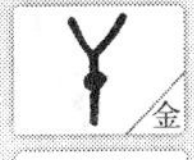

象形字。像杈形木棒，用于狩猎或作战。本义指一种原始武器。幹今简化为干。

干 depicts an ancient weapon that resembles a fork-like stick used for hunting or in warfare. **幹** has been simplified to **干**.

㊀ **gān** ① 盾 shield：大动～戈 stage a war; make a big fuss over sth ② 牵连；触犯 involve; violate：～涉 meddle with; involve oneself in sb else's affair | ～扰 trouble; bother; disturb ③ 缺少水分 dry：～燥 dry ④ 干的食品 dried edible goods：饼～ biscuits ⑤ 白白地 wasted time or effort：～等 fruitless wait ⑥ 拜认的亲属 kinfolk serving as guardian：～爹 godfather ㊁ **gàn** ① 做 do; engage in：～活 work ② 主体 main part; trunk：树～ tree trunk ③ 能干 capable; talented：才～ talent; capability

芥 309页

gān

甘

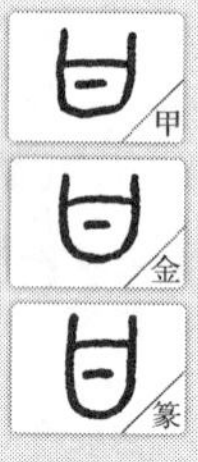

指事字。像口中含有食物，表示不舍得马上咽下去的食物一定是甜美的。本义是甜。

甘 means sweet. The character resembles food held in the mouth to savor its sweetness.

①甜；美好 sweet; pleasing：～甜 sweet｜苦尽～来 sunshine after a storm; savor sweet returns after much hard work ② 情愿；乐意 willing：～拜下风 admit defeat｜心～情愿 willing ③ 姓 a family name

gān/gǎn

杆

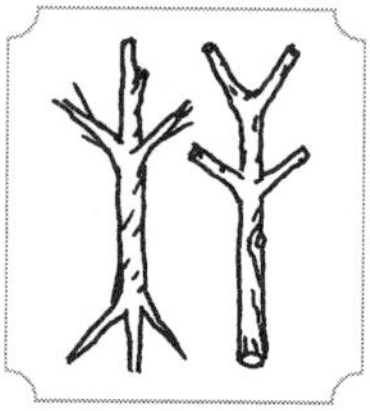

会意字。“木”像树，表示木棍；“干”像杈形木棍；干（gān）兼表声。本义是长木棍。

杆 means a long wooden pole. 木, wood, refers to the pole; 干 (gān) is phonetic; it resembles a fork-like pole.

㊀ gān 长木棍 long wooden pole：旗～ flag pole｜电线～ wire pole ㊁ gǎn ① 器物上像棍子的细长部分 pole-like object：秤～ stick that constitutes part of a balance｜枪～ barrel of a gun ② 量词 measure word：一～秤 a weighing scale｜两～枪 two guns, rifles

gān

肝

形声字。月（肉）表意，像肉，表示肝脏；干（gān）表声，干像枝干，有主体意，表示肝是主要的内脏之一。本义是肝脏。

肝 means liver. 月 (肉) is semantic, i.e. flesh, referring to liver; 干 (gān) represents sound; it resembles a tree branch, suggesting trunk, main, i.e. the liver is one of the main internal organs.

肝脏，人和高等动物的内脏之一 liver：～炎 hepatitis｜猪～ pig's liver｜～胆相照 show utter devotion to

gān

柑

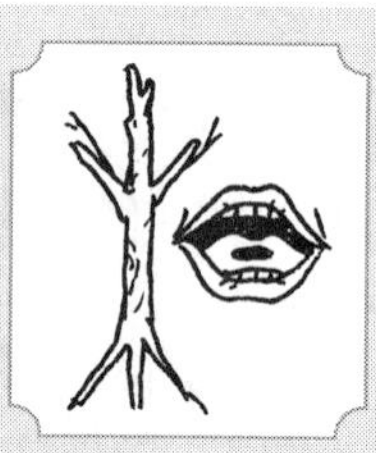

会意字。“木”像树，“甘”像口含食物，有甜义，表示柑树的果实甜美，甘（gān）兼表声。本义是柑树。

柑 means mandarin orange. 木 depicts a tree. 甘 (gān) is phonetic; it shows food held in the mouth because it is sweet, i.e. mandarin oranges are sweet.

果树，种类很多，果实像橘，汁多味甜 mandarin orange; tangerine tree：广～ Guangdong tangerine｜蜜～ sweet tangerine gān

竿

会意字。“竹”像竹叶，表示竹子的主干；“干”像杈形木棒或竹竿；干（gān）兼表声。本义是竹竿。

竿 means a bamboo pole. It is composed of 竹, bamboo, and 干（gān）, which is phonetic and denotes a forked pole.

竹子的主干 bamboo stem：竹～ bamboo pole｜钓～ fishing rod｜立～见影 produce immediate effects

gǎn

秆

会意字。“禾”像谷类植物，“干”像植物的主干，表示禾的茎干，干（gān）兼表声。本义是庄稼的茎。

秆 signifies stalks of crops. It is composed of 禾, grain, and 干（gān）, which represents pronunciation and resembles the stems of plants, i.e. grain stalks.

某些植物的茎 plant stalks：麦～ wheat stalk｜稻～ rice stalk｜高粱～ Chinese sorghum stalk

gǎn

赶

（趕）

形声字。走表意，古文字像奔跑的人和脚；旱（hàn）表声，兼表在陆地上奔跑、追赶；简体字干（gān）表声，干有冒犯义，追赶则有所冒犯。本义是奔跑、追。

The root meaning of 赶 is to run, chase. 走 is semantic; its ancient form shows a man running and legs. 旱（hàn）denotes pronunciation and means on land. In the simplified form, 干（gān）is phonetic; it means to offend against, shield, i.e. being chased for an offence.

① 追 chase：～上 catch up with ② 从速；快做 quick; with speed：～快 quickly｜～工 do sth in a rush in order to meet the deadline ③ 驱逐 chase off：～走 chase sth, sb away ④ 恰巧碰上 coincident：～巧 coincidentally

gǎn

敢

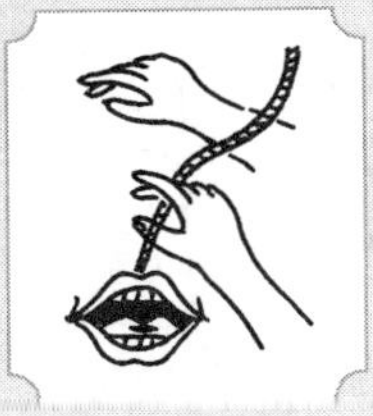

会意字。金文争、甘，表示勇敢地争夺甜美的食物，甘（gān）兼表声。篆书爪、又、古，表示古人勇于采取行动。楷书“乛”表转折、“耳”指耳朵、“攵”像手持棒，表示耳闻情况发生立即采取行动是勇敢的。本义是有胆量、有勇气。

敢 means brave, courageous. In bronze inscriptions, it consists of 争, contend, and 甘（gān）, which is phonetic and denotes sweet, i.e. put up a brave fight to get sweet food. Seal character has 爪 (claw), 又 (hand) and 古 (ancient), i.e. courageous actions of the ancients. Regular script has 乛 (unexpected change), 耳 (ear) and 攵 (weapon), i.e. a man of courage, hearing unexpected news, takes up his staff (weapon).

有胆量；有勇气 brave; courageous：勇～ brave; courageous｜果～ resolute; decisive; courageous

杆 190页

gǎn 感

会意字。“心”像心脏，“咸”指全、都，表示整个心都感动。本义是感动。

The root meaning of 感 is to touch, feel. It consists of 心, heart, and 咸, all, entire, i.e. touches the entire heart.

① 感动 touching：～人 touching; moving｜～慨 sigh; emotional ② 觉得 feel：～觉 feel; feeling｜～到 feel that ③ 情感 emotions：美～ beauty; pleasant sight｜百～交集 have all sorts of feeling; mixed feeling ④ 感谢 gratified; appreciate：～激 appreciate; gratified｜～恩 gratified; indebted

gǎn 橄

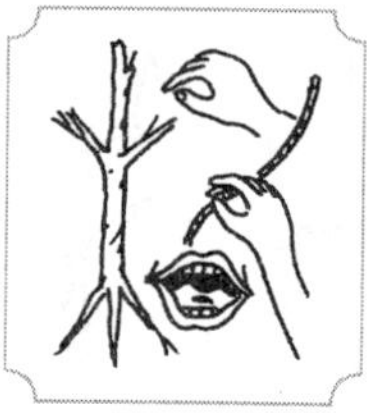

形声字。木表意，像树，表示橄榄树；敢（gǎn）表声，兼表橄榄味酸涩，回味甘甜，要敢吃才能尝到甘甜。本义是橄榄树，也指它的果实。

The root meaning of 橄 is olive tree or olive. It consists of 木, tree, and 敢（gǎn）, which is phonetic and means ‘dare’, i.e. daring to eat olives, with their slightly bitter taste.

［橄榄］① 橄榄树，常绿乔木，花白色，果实椭圆形，可以吃 olive tree ② 橄榄树的果实 olive

gāng 冈（岡）

会意字。“山”像山峰耸立，表示山脊；“网”像一张网，表示山脊如网纲。简体字“冂”指郊野，“乂”像剪草的刀具，表示山冈多在杂草丛生的郊野。本义是山脊。

The root meaning of 冈 is mountain ridge. 山, mountain, refers to mountain ridge; 网 resembles a net, i.e. ridges are like a net. In the simplified form, 冂 refers to the wild and 乂 resembles grass shears, i.e. mountain ridges tend to be areas in the wild where vegetation abounds.

山脊；不高的山岭 mountain ridges; hills：～坡 hills; slopes｜山～ hills

gāng 刚（剛）

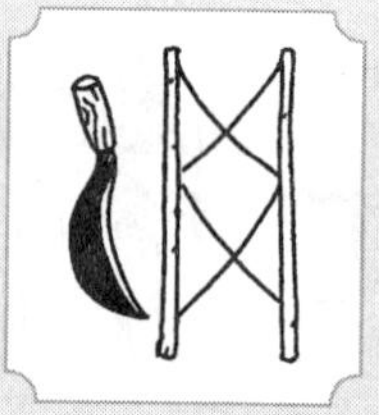

会意字。甲骨文“刂”像刀，“网”像网，表示刀坚利可断网。金篆楷表示坚利如刀（刂），坚硬如岡（冈），岡（冈 gāng）兼表声。剛简化为刚。本义是坚利、坚硬。

刚 means sharp, sturdy, rigid. In bone inscriptions, 刂 is knife, 网 is net, i.e a sharp, rigid knife can be used to cut a net. In bronze, seal and regular scripts, the characters denote sharp as a knife（刂）, rigid as ridges（岡/冈）; 岡（冈 gāng）is also phonetic. 剛 has been simplified to 刚.

① 坚硬；坚强 strong; sturdy：～劲 strong; sturdy｜～强 strong ② 才；方才 just：～到 just arrived｜～才 just now; a moment ago ③ 正巧；恰好 coincidence; just right：～巧 coincident｜～好 coincidentally

干 189页

gāng

肛

形声字。月（肉）表意，像肉，表示排泄粪便的器官；釭（gāng）省声，釭是车轴上用的金属圈，表示肛是粪便的通道。本义是肛门。

肛 means anus. 月（肉）'flesh' is semantic, here indicating a body organ. 釭（gāng）(an ancient character) is phonetic; it referred to the metal ring on an axle, i.e. the round shape of the lower intestine.

肛门，人和动物的直肠末端，粪便的出口处 anus：脱～ prolapse of the anus

gāng

纲

（綱）

会意字。“糸”（纟）像线绳，“冈”指山脊，表示网顶端的总绳，岡（冈gāng）兼表声。綱简化为纲。本义是网上的总绳。

纲 originally signified the main thread of a net. 糸（纟）depicts thread or string; 岡（冈 gāng）is phonetic and means ridges, i.e. a ridge is like the main thread of a net. 綱 has been simplified to 纲.

网上的总绳；比喻事物的主要部分 describe the main part of things：～要 main idea; theme | 大～ main idea; theme | ～举目张 address the main issue of an affair

G

gāng

钢

（鋼）

形声字。金（钅）表意，像箭头、斧头和矿石，表示钢是金属；岡（冈gāng）表声，兼表鋼（钢）硬如山岗上的岩石。鋼简化为钢。本义是精炼过的铁。

The root meaning of 钢 is steel. It consists of 金（钅）, metal, but here referring to steel, and 岡（冈 gāng）, which is phonetic and denotes ridge, i.e. steel is as strong as the boulders found on ridges. 鋼 has been simplified to 钢.

精炼而成的含碳的铁，质地坚硬而有弹性，是重要的工业材料 steel：～板 steel board | 炼～ manufacture steel

gāng

缸

会意字。“缶”像陶器，“工”像斧头，斧头体积较大，表示缸容量较大。本义是陶制容器。

The root meaning of 缸 is earthenware container. It consists of 缶, an item of pottery, and 工, which resembles an axe that has the shape and bulk of a container.

① 陶瓷、玻璃等制成的盛器，圆筒状，底小口大 tank made of porcelain, glass etc：水～ water tank | 米～ rice tank | 金鱼～ fish tank ② 像缸的器物 tank-like object：汽～ gas tank

gǎng 岗 (崗)

会意字。“山”像山，“岡”（冈）像网和山，表示山脊如网纲；岡（冈gāng）兼表声。简体字“山”像山，“冂”指郊野，“乂”像剪草的刀具，表示山岗在杂草丛生的野外。本义是山脊。

岗 means mountain ridge. It consists of 山, mountain, and 岡（冈 gāng）, which is phonetic and resembles a net and a mountain, i.e. mountain ridges form a network. The simplified form has 山, 冂 (the wild) and 乂 (sth that resembles grass shears), i.e. a mountain ridge located in the wild with lush vegetation.

① 高起的山坡 mountain ridge：山～ mountain ridge｜高～ lofty mountain ridge ② 守卫或值勤的位置 post：～哨 guard post｜站～ on sentry duty

gǎng 港

会意字。“氵”像水流、水珠，“巷”是小路，表示江河的支流。本义是江河的支流。

港 originally meant creek or tributary. 氵 symbolizes water; 巷 refers to a minor pathway, i.e. a river branch.

① 江河的支流 river branch：～汊 branching stream ② 可以停泊船只的江、海口岸 harbor; port：～口 harbor｜海～ sea port ③ 香港的简称 abbrev for Hong Kong：～币 Hong Kong currency

gàng 杠

会意字。“木”像树，表示床前的横木；“工”像斧头，表示用斧砍木制成杠。本义是床前的横木。

杠 originally meant the horizontal piece of wood at the head of a bed. 木, tree, represents the wooden bar; 工 resembles an axe, i.e. an axe used in the manufacture of the bar.

① 较粗的棍子 thick bar, rod：木～ wooden bar｜门～ door bar ② 体育运动器械 bar used in sports：～铃 barbell｜单～ pull-up bar ③ 粗直线 thick, straight line：红～ red line｜黑～ black line

gāo 高

象形字。像高大的房屋。本义是上下距离大。

高 means high. It resembles big, tall houses.

① 由下到上距离大 height：～矮 height｜～楼 skyscraper ② 高度 height：身～ one's height ③ 超出一般标准的 more; high：～温 high temperature｜～档 high-end ④ 敬辞 formal usage to show respect：～见 invaluable opinion｜～论 insightful idea ⑤ 姓 a family name

gāo
羔

会意字。像火（灬）烤羊，表示小羊。本义是小羊。

羔 means kid (baby sheep). The character resembles a lamb roasting over a fire（灬）.

小羊；也指幼小的动物 kid; fawn; animal young：羊～ kid (sheep) | 鹿～ fawn

gāo/gào
膏

形声字。月（肉）表意，像肉，表示肥肉油脂多；高（gāo）表声，高像高大的房屋，有厚、多义，表示肉肥必脂肪厚而多。本义是油脂。

膏 means fat or grease. 月（肉）is semantic, symbolizing flesh, here, indicating fatty meat. 高（gāo）is phonetic; it resembles big and tall houses, i.e. fatty meat contains many thick layers of fat.

㊀ gāo ① 脂肪；油脂 fats：脂～ fats ② 稠的糊状物 paste-like items：药～ medicine in the form of paste; ointment | 牙～ toothpaste

㊁ gào ① 往机械上加润滑油 lubricate：～油 lubricant | ～车 lubricate the car

G

gāo
篙

形声字。竹表意，像竹叶，表示撑船用的竹木杆；高（gāo）表声，高像高大的房屋，表示篙竖起来又长又高。本义是撑船用的竹竿或木杆。

篙 means oar or pole. 竹 is semantic, representing bamboo used to make oars; 高（gāo）is phonetic; resembling tall houses representing oars, which when placed vertically, are long.

撑船用的竹竿或木杆 oar：竹～ bamboo oar

gāo
糕

形声字。米表意，像稻米，表示糕用米粮制成；羔（gāo）表声，羔指小羊，小羊柔美，表示糕柔软而味美。糕是用米粉或面粉制成的食品。

糕 refers to food made with rice or flour. 米 is semantic, representing paddy, indicating that 糕 (rice cake) is made of grain; 羔（gāo）is phonetic and means a kid lamb. Rice cakes are soft and tasty (like lambs).

用米粉或面粉制成的食品 food made of rice or flour：～点 dessert | 蛋～ cake

gǎo

搞

形声字。扌表意，像手；高（gāo）表声，高像高大的房屋，表示搞是要把事情做好，把水平提高。本义是弄、做。

搞 means to do, make. 扌 is semantic, a hand. 高（gāo）is phonetic and suggesting tall or to raise, i.e. raising standards, doing things properly, improving the standard.

弄；做 do; make：～鬼 be up to some mischief; cause trouble | ～垮 make a mess; cause sth to be unsuccessful | 乱～ make a mess; do things haphazardly

gǎo

稿

会意字。“禾”像谷类植物，表示谷类植物的茎秆；“高”有长义，表示稿的形体细长；高（gāo）兼表声。本义是禾秆。

稿 originally meant stalks. 禾 resembles grain. 高（gāo）is phonetic, and means tall, i.e. grain has tall stalks.

① 谷类植物的茎 stalks of crops ② 诗文图画的草稿 draft：手～ manuscript | 书～ book draft

gào

告

会意字。像牛头和张开的口，表示以牛为牺牲向神明祭告。本义是告诉。

告 originally meant to tell, inform. The character depicts a cow's head and an open mouth; rites for informing the goats involved cow sacrifices.

① 说出来让别人知道 tell; inform：～诉 tell | 报～ report ② 揭发；提起；诉讼 reveal; mention; sue：～发 reveal | ～状 complain ③ 请求 beg：～饶 beg for forgiveness | 祷～ pray ④ 表明；宣告 express; announce：～终 come to an end | 大功～成 accomplish the aim of a task; project

gē

戈

象形字。像古代横刃长柄的兵器。本义指古代一种兵器。

戈 resembles a spear, an ancient weapon.

① 古代一种横刃长柄的兵器 spear：枕～待旦 in readiness; on the alert; vigilant ② 姓 a family name gē

疙

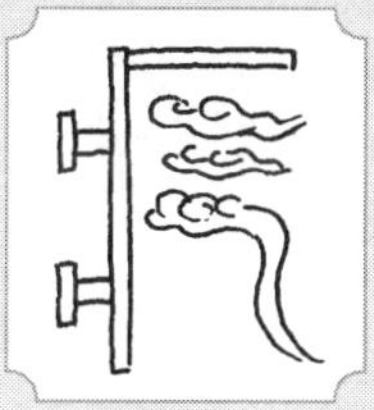

会意字。“疒”像病床，表示疙瘩是种病症；“乞”指乞求，表示患者乞求医生消除其皮肉上的疙瘩。本义是皮肉上突起的硬块。

疙 originally meant hard lumps on the skin. 疒 depicts a hospital bed, symbolizing illness; 乞 means to beg, i.e. an infected patient begging a doctor for help.

［疙瘩］① 皮肤上的小硬块 a lump; a knot ② 块状的东西 bump-like object：面～ (Chinese food) doughball | 土～ soil ball ③ 不容易解决的问题 challenging, demanding problem：思想～ knotty problem ④ 别扭；不顺 unnatural; not smooth-sailing

gē

哥

会意字。像两把斧、两张口，表示人挥斧砍伐时开口哼哟，其声相续为歌。本义是歌唱，此义后写作歌。现指哥哥。

哥 originally meant to sing, a meaning now represented by 歌; it now refers to elder brother. 哥 depicts two axes and two mouths, signifying work chants sung by laborers felling trees.

① 哥哥 elder brother：大～ eldest brother; big brother ② 亲戚中同辈而年龄比自己大的男子 older male among one's relatives：堂～ paternal elder male cousin | 表～ maternal elder male cousin ③ 称呼年龄跟自己差不多的男子 a term for addressing a male who is about the same age as oneself：～们 brothers (among friends)

gē

胳

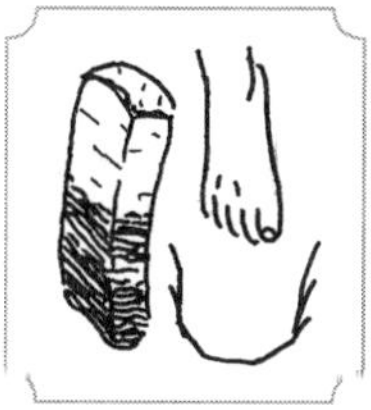

形声字。月（肉）表意，像肉，表示胳膊；各（gè）表声，兼表左右臂能各自动作。本义是胳膊，即人的上肢。

胳 originally meant the upper arm. It is composed of 月（肉）'flesh' as semantic, here referring to the upper arm; and 各（gè）'each' as phonetic, also signifying that each arm can be moved.

［胳膊］肩膀以下手腕以上部分 arm

gē

鸽

（鴿）

会意字。“鳥”（鸟）像鸟，表示鸽子；“合”像器物的盖和底，有相合意，表示鸽雌雄双配，情性相合，很少杂交。鴿简化为鸽。本义是鸽子。

鸽 originally meant pigeon, dove. It consists of 鳥（鸟）'bird' and 合, which resembles a lid and the base of a container, and means to join or to pair, symbolizing the fact that pigeons tend to raise their young together. 鴿 has been simplified to 鸽.

鸟名，有野鸽和家鸽两种 wild pigeon; domestic pigeon

gē / gé

搁

（擱）

会意字。“扌”像手，“阁”有放置义，表示用手将东西放下，閣（阁 gé）兼表声。擱简化为搁。本义是放。

搁 originally meant to place, put (sth) aside. It consists of 扌, hand, and 閣（阁 gé）, which represents pronunciation and originally signified a platform or shelf where things can be put. 擱 has been simplified to 搁.

❶ gē ① 放；摆 put; display：～置 put or leave sth at a place｜～笔 put the pen down; stop writing ② 停顿 stop; pause：～浅 run aground; be washed ashore｜耽～ delay ❷ gé 承受 bear; shoulder：～不住 unbearable; not able to withstand

gē

割

金

篆

会意字。“刂”像刀，“害”指伤害，表示被刀所伤。本义是用刀截断。

割 means to cut with a knife. 刂 resembles a knife, 害 denotes hurt, i.e. sb being hurt by a knife.

① 用刀截断 cut with a knife：～断 cut｜收～ harvest ② 划分出去 cede：～据 set up an independent regime using military might｜～让 cede (territory) ③ 舍弃 abandon; part：～爱 part with precious things｜～舍 part with

gē

歌

金

篆

会意字。金文“言”像张口发出声音，“可”像斧和口，人挥斧砍伐时往往口中哼歌。篆、楷书“欠”像人张开口，“哥”像二斧、二口，表示哼哟之声相续为歌，哥（gē）兼表声。本义是唱。

歌 originally meant to sing. In bronze inscriptions, it consists of 言, speech, and 可, an axe and a mouth, symbolizing the work chants sung when felling trees. Seal and regular scripts have 欠, sb with an open mouth, and 哥（gē）, which is phonetic and depicts two axes and two mouths, another reference to work chants.

① 唱 sing：～唱 sing a song｜～手 singer ② 歌曲 song：唱～ sing a song｜民～ folk song ③ 赞扬；颂扬 praise; laud：～颂 laud; extol

gé

革

金

篆

象形字。像摊开的兽皮。本义是去了毛的兽皮。

革 looks like hide stretched out to cure; it means leather, hide.

① 去毛加过工的兽皮 hide：皮～ hide; leather｜制～ processed hide ② 改变 to change：～新 reform; revolution｜改～ reform; revolution; improve ③ 开除；撤除 fire; layoff; get rid of：～除 abolish｜～职 to fire; layoff; dismiss from job

gé
阁
（閣）

形声字。門（门）表意，像门，表示防止门自动关合的长木橛；各（gè）表声，兼表长木橛两端各自发挥防止门关闭的作用。閣简化为阁。本义指开门后架在门扇上防止门关合的长木橛。

阁 originally referred to a long wooden board used to close a door. 門（门）'door' is semantic; 各（gè）is phonetic, and means each, i.e. each side of the door being barred. 閣 has been simplified to 阁.

① 类似楼房的建筑物 loft; attic：亭台楼～ pavilion and attic ② 女子的卧室 lady's chamber：闺～lady's chamber ③ 中央官署 governmental cabinet：内～ governmental cabinet ④ 放东西的架子 shelf; cabinet：束之高～put sth aside and neglect it

gé
格

形声字。木表意，像树，表示树的长枝条；各（gè）表声，兼表枝条各自生长而相互交错。本义是树的长枝条。引申为格子。

格 originally meant long branches, later extended to mean blank squares. 木 is semantic, tree, symbolizing long branches; 各（gè）denotes sound and resembles crisscrossing branches.

① 方形的空框或线条 blank square：方～ blank square ② 标准；式样 standard to abide by; format：～式 format｜规～ standard; specification ③ 品质；风度 quality; demeanor; comportment：品～ comportment; one's character｜风～ style ④ 限制；阻碍 limitation; hindrance：阻～ hindrance; hurdle ⑤ 打 fight：～斗 fight; wrestle

gé/há
蛤

会意字。"虫"像虫，表示蛤蜊的软体似虫；"合"像容器的盖和底，表示蛤蜊的壳能开能合。本义是蛤蜊。

蛤 means clam. The character is composed of 虫, worm, symbolizing the soft body of a clam, and 合, a container and a lid, representing the bivalve or clam.

㊀ gé 蛤蜊，软体动物，生活在近海泥沙中 clam ㊁ há 蛤蟆，青蛙和蟾蜍的统称 the generic term for tailless amphibians

gé
隔

形声字。阝表意，像一道道山坡，表示山会阻隔交通；鬲（gé）表声，鬲像三足分开的炊具，有隔开意。本义是阻隔。

隔 means to separate (places) or cut off. It comprises 阝, mountain slopes, i.e. mountains cut off communications, and 鬲（gé）, which is phonetic and depicts a cooking utensil with legs that are widely separated.

① 遮断；分开 obstruct; separate：～开 separate｜阻～ obstruct ② 分开的距离 distance or separation between objects：间～separation｜相～万里 be miles apart

搁 198页

gé/Gě

葛

形声字。艹（艸）表意，像草，表示葛麻；曷（hé）表声，曷是大声喝止，有大意，表示葛较高大。本义是葛麻。

葛 refers to vines, the kudzu vine. 艹（艸）is semantic, symbolizing vines, or the kudzu vine（葛麻）in particular. 曷（hé）is phonetic; it was also used for modern 喝 to mean shout out for sb to stop, an allusion to the fact that 葛 were large.

㊀ gé 葛麻，多年生草本植物，根可制淀粉，茎皮可制葛布 kudzu vine ㊁ Gě 姓 a family name

gè/gě

个

（個）

会意字—象形字。篆书“竹”像竹叶，“固”指坚实，表示一根竹。楷书“亻”像人，“固”有本义，表示单个的人或物本身。简体字像一枝竹叶，表示单独。本义是一根竹子。

个 originally signified a single bamboo. Seal script has 竹, bamboo leaves, and 固, sturdy, i.e. sturdy like bamboo. Regular script consists of 亻(man) and 固 (original), i.e. a single man or object. The simplified form resembles a bamboo leaf, i.e. one, single.

㊀ gè ① 单独的 one; single：~人 personal; personally | ~别 each; individual ② 量词 measure word：一~人 one person; each one | 三~月 three months ㊁ gě ［自个儿］自己 oneself

gè

各

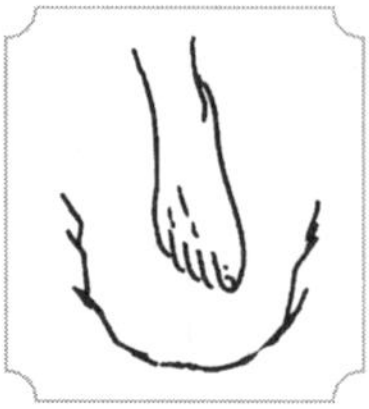

会意字。“夂”像朝下的脚，“口”代表门洞，表示来到。本义是来到。现指每个、彼此不同的。

各 originally meant to arrive; it is now used for each and every. It consists of 夂, a foot with toes pointing downward, and 口, an entry, i.e. a place of arrival.

每个；彼此不同的 each and every：~人 personal; personally | ~地 different places | ~持己见 each sticks to his own view

gēn

根

形声字。木表意，像树，表示树根；艮（gěn）表声，艮像人回头瞪目不从，表示树根各自生长互不相随。本义指草木之根。

根 originally meant roots. It consists of 木, tree, signifying roots and 艮（gěn）, which is phonetic and depicts sb turning his head away obstinately, i.e. roots spreading away from the plant.

① 植物茎干的地下部分 roots：树~ tree root ② 物体的基部 base; foundation：~基 foundation | 牙~ root of a tooth ③ 事物的本源 origin of a thing：~源 source; origin | 祸~ root cause ④ 彻底地 completely：~治 solve the root of a problem | ~除 root out; eliminate ⑤ 量词 measure word：一~棍子 a stick; a baton

给 275页

gēn

跟

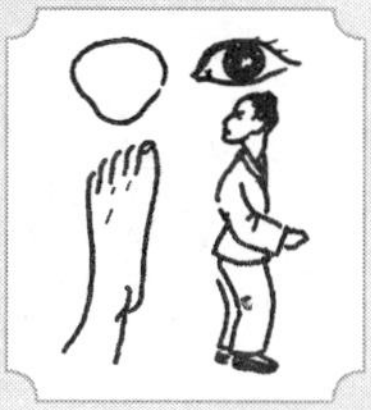

形声字。足表意，像膝和脚；艮（gěn）表声，艮是根的省文，根是树的底部，表示跟是人体底端的后部。本义是脚跟。

跟 originally meant heel. 足 is semantic, depicting a knee and leg; 艮（gěn）is phonetic and used for 根, root, i.e. 跟 is the root of the body.

① 脚或鞋袜的后部 heel (of man, shoe or sock)：脚～ heel｜鞋～ heel of a shoe ② 紧随其后 follow closely：～随 follow｜～踪 at one's heels; trail ③ 和；同 and：我～他是朋友。He and I are friends. ④ 对；向 to：已经～他说过了。I have already told him that.

gēng/gèng

更

会意字。甲金篆"攴"像手执棒或鞭；"丙"像放锅盆的底座，下面可生火，有光明意，表示使人往好的方面改变。本义是改变、变好。

更 means to improve, change. In bone, bronze inscriptions and seal script, 攴 resembles a hand holding a bat or a whip; 丙 resembles a stand for pots, that is placed over a fire, i.e. bright, suggesting change for the better.

㊀ gēng ① 改变 change：～改 change; alter｜变～ change; alternation; amendment ② 旧时一夜分成五更，每更约两小时 a time unit used in ancient times, equivalent to two hours：三～半夜 the middle of the night ㊁ gèng ① 再；又 again：～上一层楼 strive for the better ② 愈加；越发 even more：～好 even better

gēng

耕

会意字。"耒"是木制农具，"井"代表有井水浇灌的农田，表示用农具翻松田里的泥土。本义是犁田。

耕 originally meant to plow or till the soil. The character consists of 耒, a wooden farming tool, and 井, fields irrigated by water from a well.

翻松土地 plough; plow：～种 to farm｜春～ spring ploughing

gēng

羹

会意字。"羔"指小羊，"美"指美好，表示连带浓汁，味道美好的肉或菜。本义是连带浓汁的肉或菜。引申为流质食物。

羹 originally referred only to dishes that contain gravy, later the meaning was extended to soups and broths. The character is made up of 羔, lamb, and 美, good, i.e. dishes that contain gravy taste good.

浓汤或糊状食物 dishes that contain gravy：肉～ thick meat soup｜鸡蛋～ thick egg soup

G

gěng 埂

形声字。土表意，本像地上有堆土，表示田间小路；更（gēng）表声，更有经过义，表示去农田要经过田埂。本义是田间的小路。

埂 originally meant the paths between fields. It contains the semantic element, 土, an earth mound, i.e. the paths between fields, and 更（gēng）as phonetic, which also means to pass by, i.e. 埂 are the paths one has to pass over to get to the fields.

① 田间的小路 paths between fields：田～ paths between fields ② 用土筑成的堤防 earth dyke：堤～ embankment

gěng 耿

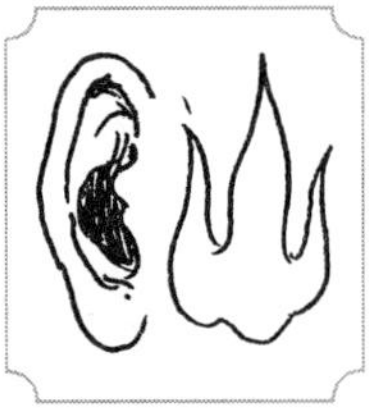

会意字。"耳"像耳朵，"火"像火焰，表示耳能听到燃烧声的火较大，火光也较亮。本义是光明、明亮。引申为正直。

耿 was originally used for bright, luminous, then later, extended to mean just, righteous. It consists of 耳, an ear, and 火, flame, i.e. if the ear can hear the wood cracking in the fire, then the fire must be bright.

① 正直 just; righteous：～直 just; fair | 忠心～～ loyal ② 姓 a family name

gěng 梗

形声字。木表意，像树，表示刺榆；更（gēng）表声，更有变化义，表示刺榆是榆树的变种。本义是刺榆。基本义是植物的枝或茎。

梗 originally meant a kind of thorny elm tree; but it's core meaning is now branch or stalk. It consists of 木, tree, and 更（gēng）, which is phonetic, meaning to change, vary, i.e. the thorny elm is a variety of elm.

① 植物的枝或茎 branch or stalk：花～ flower stalk | 菜～ vegetable stalk ② 挺直 straighten：～着脖子 straighten the neck ③ 直爽 straightforward：～直 honest and frank ④ 阻塞；妨碍 block; jam; impede; hinder：～塞 block; jam | 从中作～ preventing sb from carrying out a plan

gōng 工

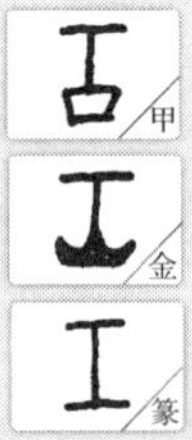

象形字。像斧头。本义是工具。引申为工人。

工 originally meant tools, later extended to laborers. The character resembles an axe.

① 工人 workers：矿～ miner; mineworker | 技～ technician; mechanic ② 劳动；工作 labor; work：～地 construction site | 做～ to work ③ 工程 project：动～ start on a project | 竣～ completion of a project ④ 工业 industrial：～厂 factory | 化～ chemical industry ⑤ 技巧 technique：唱～ singing technique | 做～ craftsmanship ⑥ 善于 be skilled at sth：～诗善画 talented in poetry and painting ⑦ 精细 delicate; fine：～整 neat and fine | ～笔画 a kind of Chinese painting characterized by precise execution and careful attention to detail

更 201页

gōng
弓

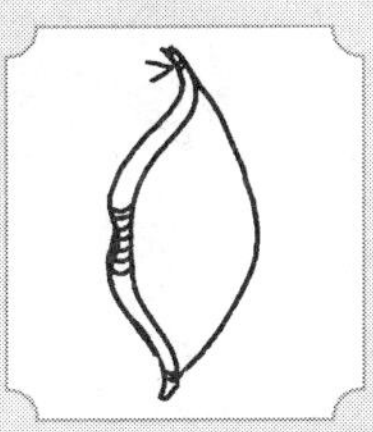

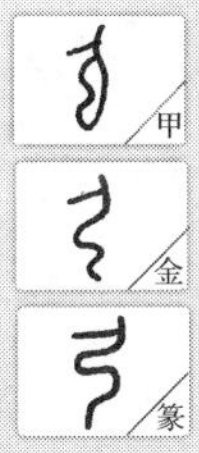

象形字。甲骨文像一张弓。金篆楷像弯曲形，表示弓身可弯曲。本义是射箭或发射弹丸的器具。

弓 means a bow or catapult. In bone inscriptions, it resembles a bow. In bronze inscriptions, seal and regular scripts, it resembles an arc, indicating that a bow can be bent.

① 射箭或发弹丸的器具 bow or catapult：～箭 bow and arrow | 弹～ catapult ② 像弓的用具 bow-shape object：琴～ plectrum ③ 弯曲 arc; bend：～背 humpback | ～着腰 bend over

gōng
公

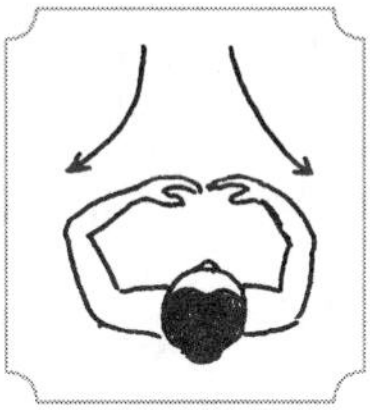

会意字。“八”像背离，“厶”像揽物的手有自私意，合起来表示背（八）私（厶）为公。本义是公正无私。

公 means just and fair. 八 symbolizes deviation. 厶 resembles a hand tying to grasp things out of selfishness, i.e. being just is opposed to being selfish.

① 国家的；集体的；大家的 collective; public：～物 public property | ～款 public fund ② 共同的；公认的 acknowledged by all：～害 social ills | ～式 formality ③ 公开 made known publicly：～布 announce ④ 公平；合理 fair; reasonable：～正 fair; just ⑤ 丈夫的父亲 father-in-law (husband's father)：～婆 parents-in-law; husband and wife ⑥ 雄性的 male：～鸡 rooster

gōng
功

会意字。“力”像农具，“工”像斧子，表示工作，工（gōng）兼表声。本义是劳动。引申为成就。

功 originally represented labor, later extended to success. It consists of 力, a farming tool, and 工（gōng）, which is phonetic and resembles an axe, i.e. to work.

① 贡献 contribution：～劳 effort; contribution | 立～ make a contribution ② 成就；成效 success; effectiveness：成～ success; successful | ～用 uses ③ 技术；本领 skill; talent：～夫 skill | 练～ practice martial arts

gōng
攻

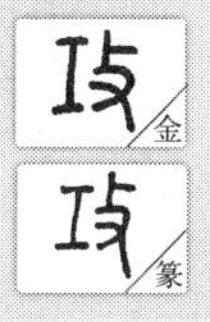

形声字。攴（攵）表意，像手持器械，表示攻打；工（gōng）表声，工像斧子，有善于义，表示善于用计进攻方可取胜。本义是攻打。

攻 means attack. It consists of 攴（攵）, a weapon in the hand, i.e. to attack, and 工（gōng）, which is phonetic and depicts an axe, signifying competence, i.e. for an attack to succeed, one has to be good at strategizing.

① 攻打 attack：～击 attack | ～占 attack and conquer ② 指责 blame：群起而～之 become a figure of public criticism ③ 研究；学习 research; study：～读 specialize in | 专～医学 specialize in medicine

G

G

gōng/gòng 供

会意字。“亻”像人，“共”像两手举物，表示提供给人，共（gòng）兼表声。本义是供给。

供 means to provide, supply. It consists of 亻, a person, and 共（gòng）, which is phonetic and depicts sb holding sth up with both hands, i.e. providing sth.

➊ gōng 供给 provide; supply：～求 supply and demand｜～应 supply ➋ gòng ① 奉献 offer：～品 sacrificial items｜～养 provide (for one's parents) ② 受审者陈述案情 statements; confession：～词 statements｜招～ confess

gōng 宫

会意字。像有两个房间的房屋，表示大型的房屋。本义是房屋，后专指帝王的住所。

宫 originally referred to a mansion, later it came to be used for palace. The character resembles a house with two chambers, i.e. a mansion.

① 帝王的住所 palace：皇～ palace｜～廷 court ② 神仙的住所 place where deities reside：天～ Heavenly Palace｜龙～ Palace of Dragon King ③ 庙宇 temple; religious precinct：雍和～ the Yonghe Lamasery｜布达拉～ the Potala Palace ④ 文化娱乐场所 culture and entertainment center：少年～ entertainment center for the youth｜文化～ cultural center ⑤ 姓 a family name

gōng 恭

形声字。⺗表意，像心脏，表示恭敬发自内心；共（gòng）表声，像两手举物，有共同义，表示大家共同恭敬。本义是恭敬。

恭 means to show respect. ⺗ 'heart' is semantic, i.e. respect is an expression of sincerity. 共（gòng）is phonetic and depicts sb holding up an object with both hands, denoting commonality. Thus, people showing respect.

有礼貌；表现出敬意 respectful：～敬 respect; respectful｜谦～ modest and courteous

gōng 蚣

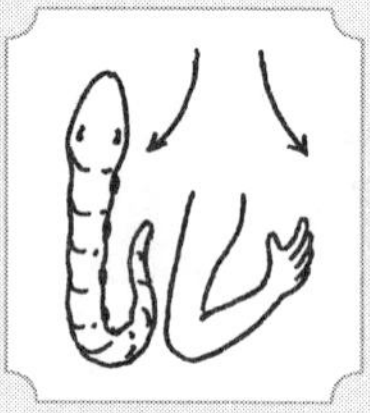

形声字。虫表意，像虫，表示蜈蚣形状似虫；公（gōng）表声。本义是蜈蚣。

蚣 means centipede. 虫 'worm' is semantic. 公（gōng）is phonetic.

［蜈蚣］节肢动物，由许多节构成，每节有一对足，头部第一对足像钩子，能分泌毒液，捕食小虫 centipede

gōng

躬

会意字。“身”像怀孕的女子，“吕”像脊椎骨，表示身体。楷书身、弓，表示弯身如弓，弓（gōng）兼表声。本义是身体。引申为弯身。

躬 was originally used for body, later to bend over, arch the body. 身 resembles a pregnant woman; 吕 resembles the spine, representing the body. In regular script, 弓（gōng）is phonetic; radicals 身 (body) and 弓 (bow) depict a bending body, looking like a bow.

① 弯下身子 bend over：～身 bend over; arc the body｜鞠～ take a bow ② 自身；亲自 self; by oneself：反～自省 self-examination｜事必～亲 attend to everything by oneself

gǒng

巩

（鞏）

会意字。金文像人双手持斧，表示抱持，工（gōng）兼表声。篆、楷书增“革”，表示以皮革裹物使牢固。简体字工、凡，表示凡是工具或工程都要牢固、坚固。本义是抱持。基本义是牢固、坚固。

巩 originally meant to hold tightly; its basic meaning is now sturdy, durable. In bronze inscriptions, 工（gōng）is phonetic; it depicts a man holding an axe with both hands, i.e. holding on to sth dearly. Radical 革 was added in seal and regular scripts, suggesting wrapping with hide to make more durable. Radicals 工 and 凡 are added in the simplified form, indicating that tools and projects need to be strong and durable.

牢固；坚固 sturdy; durable：～固 reinforce; strengthen

gǒng

汞

形声字。水表意，像水流，表示液体金属；工（gōng）表声，工有工业义，表示汞多用于工业。汞是一种金属元素，俗称水银。

汞 represents mercury. 水 'water' is semantic; here representing liquid metal. 工（gōng）is phonetic and symbolizes industry. Mercury is usually used for industrial purpose.

金属元素，符号Hg，俗称水银 mercury (Hg)

gǒng

拱

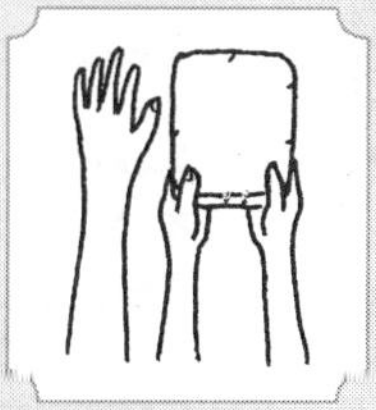

会意字。“扌”像手，“共”像两手举物，有共同、相合义，表示两手相合向人致敬，共（gòng）兼表声。本义是拱手。

拱 originally meant to clasp and raise one's hands as a symbol of respect. The character is composed of 扌 (hand) and 共（gòng）as phonetic, the latter resembling sb holding sth up with both hands, signifying commonality, unison. Together, they suggest cupping the hands together as an expression of reverence.

① 两手合拳，表示敬意 cupping both hands and position them in front of the chest to show respect：～手 cupping the hands ② 两手合围 make a loop with both hands：～抱 hug ③ 环绕 surround; circle：众星～月 gain the support of those around you ④ 建筑物成弧形的 arch：～桥 arch bridge ⑤ 顶起耸起 to cause to protrude：～土而出 emerge from the soil gòng

共

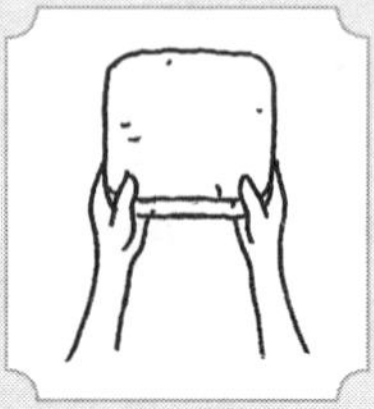

会意字。像两手举一物，表示共同。本义是共同。

共 means commonality, together. It depicts togetherness as sb holding sth up with both hands.

① 相同的 common：～识 consensus｜～性 commonality ② 一齐；一起 together：～同 together｜～事 colleague ③ 总计 total：总～ total amount｜一～ total amount

gòng

贡
（貢）

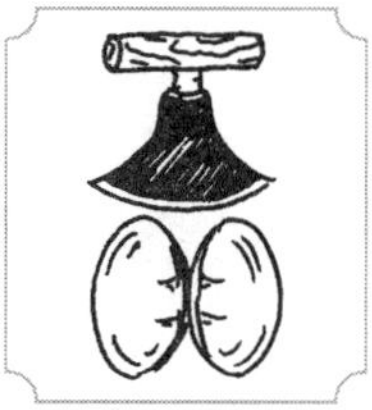

会意字。“貝”（贝）像贝壳，古代曾用作货币，表示向朝廷进献财物；“工”有精美义，表示贡品必精美；工（gōng）兼表声。貢简化为贡。本义是进献、进贡。

贡 means to pay tribute. 貝（贝）depicts a seashell, a currency in ancient times, here, suggesting the paying of tribute to the imperial court; 工（gōng）is phonetic; it denotes work or fine workmanship, as applied to tribute. 貢 has been simplified to 贡.

古代臣民或属国向帝王敬献物品；敬献的物品 pay tribute; tribute：进～ pay tribute｜～品 tribute

gōu/gòu

勾

会意字。“口”像张开的口，“丩”像线绳纠缠，表示弯曲。楷书“勹”像弯曲的身子，“厶”像弯曲的手臂。本义是弯曲。

勾 originally meant winding, crooked, curved. It is composed of 口, an open mouth, and 丩, resembling thread tangled together, i.e. winding. In regular script, 勹 resembles an arched body and 厶 resembles a bent arm.

㊀ gōu ① 画出符号表示删除或截取 tick; strike; cancel：～掉 strike off ② 描画出轮廓 sketch：～画 sketch; draw the outline of｜～勒 sketch; draw the outline of ③ 招引；串通 tout; in cahoots：～引 entice; seduce｜～结 in conspiracy ㊁ gòu ［勾当］事情，多指坏事 evil practice

gōu

沟
（溝）

会意字。“氵”像水流、水珠，表示水渠；篆楷书“冓”像两鱼相遇，有交错意，表示水渠纵横交错，冓（gòu）兼表声；简体字“勾”像人弯身曲臂，表示水渠弯曲不直，勾（gōu）兼表声。本义是田间水道。

沟 refers to the irrigation channels between fields. 氵 represents water, i.e. water channels. In seal script, 冓（gòu）is phonetic; it resembles an encounter between fish, i.e. interwine. Hence, water channels crisscross. In the simplified form, 勾（gōu）is phonetic; it depicts an arched body, suggesting meandering channels.

① 人工挖的水道 man made water channels：水～ gutter｜阴～ underground gutter ② 类似沟的 drain-like：壕～ trench; ditch｜山～ gully

供 204页

gōu 钩（鉤）

会意字。“金”（钅）像箭头、斧头和矿石，表示钩用金属制成；篆书“句”、楷书“勾”皆有弯义，表示钩体弯曲；勾（gōu）兼表声。鉤简化为钩。本义是钩子。

钩 means a hook. 金（钅）'metal', symbolizes the metal of the hook, 句 in seal script and 勾 in regular script both denote bent or curved like a hook. 勾（gōu）is also phonetic. 鉤 has been simplified to 钩.

① 钩子 hook：鱼～ fishhook ② 用钩子取物 to hook：把东西～出来 to hook sth (out from somewhere) ③ 一种编织、缝纫方法 a type of weaving：～花 flower weaving ④ 汉字的一种笔画 (in Chinese Calligraphy) the name of a bent stroke

gǒu 苟

会意字。“艹”（艸）像草，“句”有弯曲意，表示茎叶弯曲的草。本义是一种草。

苟 refers to a kind of grass. It is composed of 艹（艸）, grass, and 句, bent, curved, i.e. grass with bent stalks.

① 随便；马虎 sloppy; hasty：～同 agree without giving a serious thought｜一丝不～ meticulous; precise ② 暂且；只顾眼前 short-sighted：～且 perfunctorily; for the moment｜～安 to seek momentary comfort in life ③ 假如 if：～能如此 if this is really the case

gǒu 狗

会意字。“犭”像狗，“句”有弯曲意，表示狗的身体和尾巴呈曲线型。狗是一种家畜。

狗 means dog. It is composed of 犭, a dog, and 句, bent, curved, suggesting the curved, rounded shape formed by the body and tail of a dog.

哺乳动物，也叫犬。嗅觉、听觉都很灵敏 dog：猎～ hound｜狼～ wolfhound; German shepherd

gòu 构（構）

会意字。“木”像树，“冓”像两鱼相遇，有连接、交错意，表示用木架屋，冓（gòu）兼表声。简体字“木”像树，“勾”指连接，表示用木架屋，勾（gōu）兼表声。本义是架屋。泛指构造、组合。

构 was originally applied to stilt houses; now it represents the more general meaning of structure, combination. It is composed of 木, tree, and 冓（gòu）, which is phonetic and resembles the encounter of two fish, symbolizing connect and intertwine, i.e. the construction of a wooden house. The simplified form is composed of 木, tree, and 勾（gōu）, which is phonetic and means to link; thus constructing a wooden house.

① 构造；组合 structure; construct：～图 pictorial composition｜结～ structure ② 作品 composition; work：佳～ great piece of work

G

勾 206页

G

gòu
购
（購）

形声字。貝（贝）表意，像贝壳，古代曾用作货币，表示用钱财悬赏征求；冓（gòu）表声，冓像两鱼相遇，有相遇义，表示盼悬赏征求到。简体字贝表意、勾（gōu）表声，表示用钱财（贝）购取（勾）。本义是悬赏、征求。引申为买。

购 was originally used for reward, solicit, ask for; later it was extended to mean buy. It is composed of **貝（贝）**, seashell, used as currency in ancient times, and **冓（gòu）**, which is phonetic and resembles an encounter between fish, i.e. a meeting. Thus, to 'meet with' an anticipated reward. The simplified form has **贝** as semantic, and **勾（gōu）** as phonetic, i.e. buying **（勾）** things with money **（贝）**.

买 buy：～买 buy; purchase | ～物 shop; purchase

gòu
垢

形声字。土表意，本像地上有堆土，表示脏如尘土；后（hòu）表声。本义是污秽、肮脏。

垢 means dirty, filthy. It consists of **土**, accumulated soil on the ground, i.e. dirt; and **后（hòu）**, which is phonetic.

① 肮脏；脏东西 dirty; filthy：污～ dirt | 蓬头～面 unkempt; disheveled and dirty ② 耻辱 shame; humiliation; disgrace：含～忍辱 endure humiliations and insults

gòu
够

会意字。"多"像两块肉，表示足够；"句"指积字成句，有多而完整意。本义是多。

够 originally meant many. **多** resembles two pieces of meat, suggesting enough; **句** 'sentence', suggesting the idea of sentences being made up of an accumulation of words, i.e. many and sufficient.

① 满足；多 sufficient; many：～本 able to cover expenses | 足～ enough; sufficient | 不～ insufficient ② 达到；及 attain; reach：能～ able to | ～不着 not able to reach

gū
估

形声字。亻表意，像人，表示商人；古（gǔ）表声，古有过去义，表示商人要估量物价就得参照过去的规矩。本义是商人。引申为估量、揣测。

估 originally signified businessmen, later extended to mean estimate, speculate. It is composed of **亻** 'man' as semantic, referring to businessmen, and **古（gǔ）** as phonetic, meaning ancient. Hence, a businessman needs to refer to past records to estimate prices.

大致推算 estimate：～计 estimate | ～价 appraise | ～量 assess

gū

咕

形声字。口表意，像张开的口，表示与声音有关；古（gǔ）表声。咕是象声词。

咕 is an onomatopoeia. It is composed of **口**, an open mouth, here suggesting sound, and **古**（gǔ）as phonetic.

象声词 onomatopoeia：～咚 splash; thump; thud; flop | ～嘟 bubbling | ～隆 (of engines, trains etc) rumble, roll

gū

沽

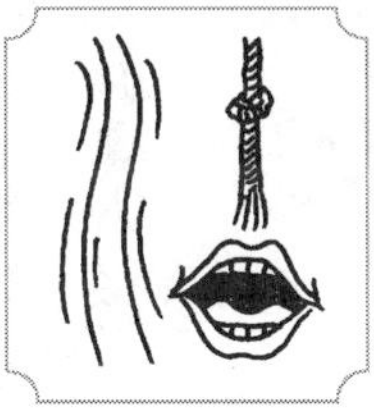

形声字。氵表意，像河水、水珠，表示沽河；古（gǔ）表声。本义指沽河，今河北省白河。现表示买或卖。

沽 originally referred to Guhe River（**沽河**）, in Hebei Province, now known as the Baihe River. Now, the character means buy or sell. It consists of 氵, water, referring to Guhe, with **古**（gǔ）as phonetic.

① 买 buy; purchase：～酒 buy wine | ～名钓誉 attempt to better one's reputation ② 卖 sell：待价而～ sell sth at a discount ③ 天津的别称 another name for Tianjin

gū

姑

形声字。女表意，像女子；古（gǔ）表声，古有时间长远义，表示姑是比自己年长的女性。本义是父亲的妹妹。

姑 refers to father's younger sister, aunt, auntie. **女** 'woman' is semantic; **古**（gǔ）is phonetic and means long ago, i.e. one's aunt is a woman older than oneself.

① 父亲的姐妹 father's sisters：～妈 aunt ② 丈夫的姐妹 husband's sister：～嫂 sister-in-law ③ 未嫁女子的通称 form of address to an unmarried woman：～娘 young woman | 尼～ nun ④ 暂且 for the time being; momentarily; temporarily：～且 for the time being

gū

孤

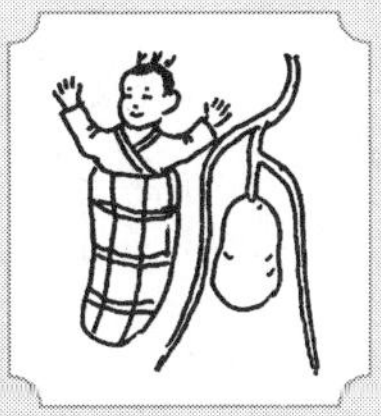

会意字。"子"像婴儿，"瓜"像孤零零的一个瓜，表示孤儿。本义是孤儿。

孤 originally meant an orphan. **子** is a baby, **瓜** resembles a solitary melon; hence, a solitary baby — an orphan.

① 幼年丧父或父母双亡的 orphan：～儿 orphan | 遗～ orphan ② 单独 alone; one：～独 lonely | ～立 alone; isolate ③ 古代帝王的自称 used by emperors to refer to themselves gū

菇

形声字。艹（艸）表意，像草，表示菇是菌类植物；姑（gū）表声，姑是女性，女性体形较矮而圆，表示菇的形体矮而圆。本义是蘑菇。

菇 means mushroom. The character consists of 艹（艸）, grass, which is semantic, and indicates that mushrooms are a kind of vegetation; and 姑（gū）, as phonetic, meaning aunt, whose female form tends to be short and round, like a mushroom.

一种菌类植物 mushrooms：蘑～ mushroom | 香～ a kind of mushroom | 冬～ dried mushroom

gū

辜

形声字。辛表意，像古代在罪犯脸上刺刻的刑刀；古（gǔ）表声，古有过去义，表示按照过去的案例定罪。本义是罪。

辜 originally meant crime, fault. 辛 is semantic; it resembles a kind of knife that in ancient times was used to tattoo criminals' faces. 古（gǔ）is phonetic; it means ancient. Hence, crimes, judged by reference to ancient court cases.

① 罪 crime; guilt; sin：无～ innocent | 死有余～ deserve more than death ② 违背 go against：～负 let down; fail to live up to

gū

箍

会意字。“扌”像手、“竹”像竹叶、“匝”指环绕，表示用手将竹篾圈缠绕束紧器物。本义是用竹篾围成圈来束紧器物。

箍 depicts strips of bamboo used to tie things. The character consists of 扌, hand, 竹, bamboo leaves, and 匝, to surround, i.e. tie sth tightly by surrounding it with bamboo strips.

① 用竹篾或金属条捆紧、勒住 tie; strangle：～木桶 tie up barrels ② 约束器物的圈 strip that can tie objects：铁～ iron strip | 竹～ bamboo strip

gǔ

古

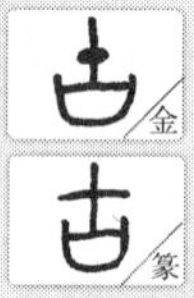

会意字。“十”像绳系结代表数字十，“口”像张开的口，表示很多代人口头流传下来的是古老的事。本义是年代久远。

古 means long ago, ancient. The character consists of 十, ten, which resembles a knot made with rope, and 口, an open mouth, i.e. ancient times are revealed by things that have been passed down through the generations.

① 年代久远的 long ago; ancient：～代 the ancient times | ～人 the ancients | ～往今来 through the ages ② 姓 a family name gǔ

谷

（②③穀）

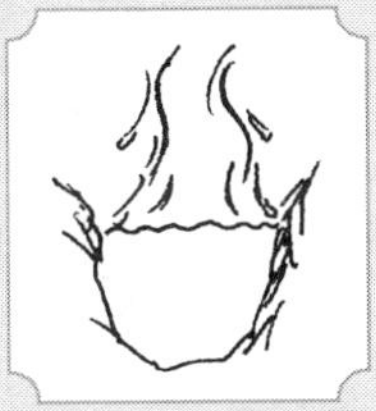

会意字。像水流入谷口，表示山谷。本义是两山之间的夹道或水道。谷、穀本是不同的字，今归并简化为谷。

谷 means a valley, a gorge. The character resembles water flowing into a gorge. 谷 and 穀 were originally different characters. 穀 was later simplified and grouped into 谷.

① 两山之间的夹道或水道 valley; gorge：～地 valley; wady | 山～ valley ② 粮食作物的总称 cereal; grain：～物 cereal; grain | 五～ five grains ③ 稻的子粒 millet：稻～ rice millet ④ 姓 a family name

gǔ

股

会意字。“月”（肉）像肉，表示腿；“殳”像手持鞭子，鞭子多抽打在腿上。本义是大腿。

股 means thigh. The character consists of 月（肉）, flesh, i.e. the thigh, and 殳, which looks like a hand holding a whip, i.e. the thighs are the target of whipping.

① 大腿 thigh：悬梁刺～ tie one's pigtail to a beam and prick one's thighs with an awl, i.e. study assiduously ② 机关、团体中的部门 organization; department：～长 section head | 人事～ human resource department ③ 资金的分额 share; stock：～份 share; stock | 分～ divide shares ④ 量词 measure word：一～寒流 a cold current

G

gǔ/gū

骨

会意字。像骨骼和肉，表示肉所依附的是骨。本义是骨头。

骨 means bones. The character depicts a skeleton and flesh, signifying that bone is where the flesh attaches.

㊀ gǔ ① 人和动物的骨骼 skeleton：～架 skeleton | ～折 bone fracture ② 比喻支撑物体的架子 scaffolding; framework：伞～ structure of an umbrella | 钢～ steel scaffolding ③ 气概；品质 spirit; lofty personality：～气 integrity | 傲～ unyielding personality; confidence; pride ㊁ gū［骨朵］尚未开放的花苞 buds that have yet to blossom

gǔ/Jiǎ

贾

（賈）

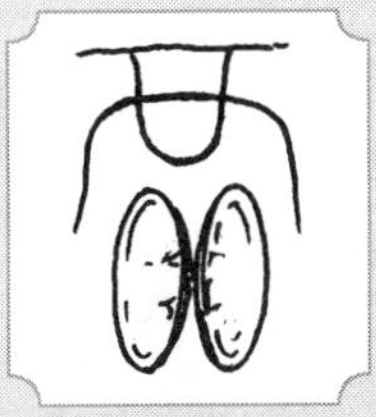

会意字。“貝”（贝）像贝壳，古代曾用作货币，表示做生意；“襾”指反复，表示买卖常反复讨价还价。賈简化为贾。本义是做生意。

贾 means to do business. The character consists of 貝（贝）, seashells used as currency in ancient times, here symbolizing doing business and 襾, repeatedly, time after time, just as business requires constant bargaining. 賈 has been simplified to 贾.

㊀ gǔ ① 做买卖 do business：多财善～ good at doing business ② 商人 businessman：商～ businessman; merchant ③ 卖 sell：余勇可～ with energy to spare ㊁ Jiǎ 姓 a family name

G

gǔ 鼓

会意字。像手持鼓槌击鼓。本义是一种打击乐器。

鼓 means drums. The character resembles hands holding sticks and beating a drum.

① 一种打击乐器 drum：锣～ drum｜擂～ to drum ② 拍；弹 beat; strum：～掌 clap｜～琴 play the zither ③ 发动；激励 start; launch; encourage：～动 arouse (public sentiments etc)｜～励 encourage ④ 凸起 protrude：～着嘴 pout

gù 固

会意字。“囗”像围合，“古”指长久，表示建筑坚固能长久，古（gǔ）兼表声。本义是坚固。

固 means sturdy, durable. It consists of 囗, an enclosure, and 古（gǔ）, a phonetic element which means ancient, old, i.e. a sturdy construction will persist until old.

① 坚实 sturdy：坚～ sturdy; durable｜稳～ stable ② 坚硬；不流动 hard; non-fluid：～体 solid｜～态 solid state ③ 坚持 preserve; persist：～执 stubborn｜～守 defend tenaciously ④ 原来；本来 origin; initially：～有 intrinsic; inborn

gù 故

会意字。“古”指久远，“攴”（攵）像手持器械，表示过去发生的事，古（gǔ）兼表声。本义是从前的。

故 originally meant a long time ago. 古（gǔ）is phonetic, meaning in the past and 攴（攵）resembles a hand holding a weapon. Together, they depict sth that happened in the past.

① 从前的；过去的 in the past：～居 former residence｜～事 stories ② 原因 reason; cause：缘～ cause; reason｜无～ for no reason ③ 意外的事 accident：事～ accident｜变～ accident ④ 有意；存心 intentionally; deliberate：～意 on purpose; deliberate ⑤ 死亡 death：病～ die due to sickness ⑥ 所以；因此 so; therefore：～能胜任 hence, he is suited for the position

gù 顾（顧）

会意字。“頁”（页）像突显头部的人，“雇”指每年会飞回来的候鸟，表示回头看，雇（gù）兼表声。简体字“厄”像山崖和跪着的人，“页”指人头，表示人来到险要处会回头转身。本义是回头看。

顾 originally meant to turn the head and look back. It consists of 頁（页）, sb with a big head, and 雇（gù）, which is phonetic and denotes migratory birds that return each year, i.e. turn back to look. The simplified form has 厄, sb kneeling under a cliff, and 页, head, i.e. head turning away from danger.

① 回头看；看 look back; see：回～ looking back (at sth that has happened) ② 照看；关心 look after; be concerned about：照～ take care of ③ 拜访 visit：三～茅庐 repeatedly invite sb to take up a post ④ 指服务对象 the one being served：～客 customer; client ⑤ 姓 a family name

gù 雇

会意字。"隹"像鸟，"户"像门，门可开合，表示雇是每年回飞的候鸟。本义是一种候鸟。

The character 雇 depicts a kind of migratory bird. It consists of 隹, bird, and 户, door, which symbolizes the back and forth movement of migratory birds.

① 出钱让人做事 hire; employ; engage the service of：～工 hire a worker | ～用 employ; engage the service of ② 租用交通工具 rent transport：～车 hire, rent a car | ～船 hire, rent a boat ③ 受雇用的 the one being employed：～员 employer | ～农 farmhand

guā 瓜

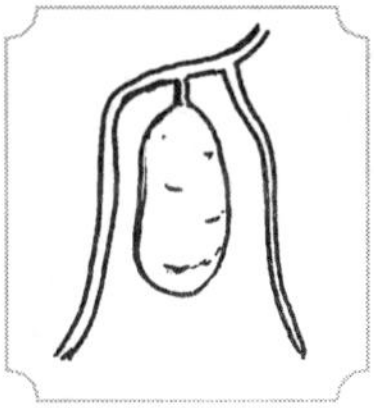

象形字。像瓜蔓上结了瓜。本义是瓜类。

The character 瓜 refers to melons in general. It resembles melons growing on vines.

蔓生植物，种类很多，果实可吃 melons：西～ watermelon | 冬～ winter melon | 黄～ cucumber

G

guā 刮（④颳）

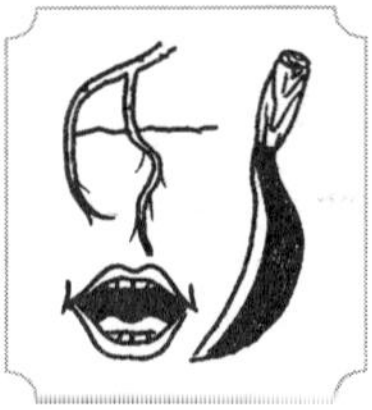

形声字—会意字。篆书刂表意，像刀，表示用刀刮；昏（guā）表声。楷书刂、舌，表示用刀刮物如用舌舔物。本义是削。颳今简化为刮。

刮 means to scrape, shave. In seal script, it contains 刂, knife, i.e. to scrape sth; and 昏（guā）as phonetic. Regular script has 刂 and 舌, tongue, i.e. licking with the tongue is similar to scraping with a knife. 颳 has been simplified to 刮.

① 用刀等将物体表面的东西去掉 shave; scrape：～胡子 shave (moustache, beard) ② 榨取 squeeze; extort：搜～ extort; expropriate ③ 涂抹 spread：～浆糊 spread glue (on sth) ④ 吹 blow：～风 the wind blows

guǎ 剐（剮）

会意字。"咼"像人的骨头，"刂"像刀，表示用刀剔骨。剮简化为剐。本义是割肉离骨。特指古代一种酷刑。

剐 means dismember a body, a form of capital punishment in ancient times. It consists of 咼, a skeleton, and 刂, a knife. 剮 has been simplified to 剐.

①割肉离骨，指封建时代的凌迟酷刑 dismember a body, a form of capital punishment in ancient times：千刀万～ cut to pieces ② 被尖锐的东西划破 cut or slit open with a sharp object：～了个口子 cut a hole in sth

guǎ
寡

会意字。金文像人（頁）独居屋（宀）中，表示人少。篆、楷书增“分”，像用刀剖开物体，表示分则少。本义是少。

寡 originally meant few, less. In bronze inscriptions, the character indicates 'few' as sb（頁）living alone（宀）. In seal and regular scripts, 分, divide with a knife, is added, i.e. divide, then less.

① 少 few; little：~不敌众 the majority wins | ~言少语 a man of few words ② 妇女死了丈夫 widow：~妇 widow | 守~ live in widowhood

guà
卦

会意字。“卜”像占卜的裂纹，“圭”指测日影的仪器，表示占卜用的符号。本义是占卜用的符号。

卦 depicts the marks used in (ancient) divination practices. 卜 represents the cracks used in divination, 圭 depicts an instrument for measuring the sun's shadow.

古代占卜用的符号 signs and symbols used in ancient divination：八~ the Eight Diagrams

guà
挂

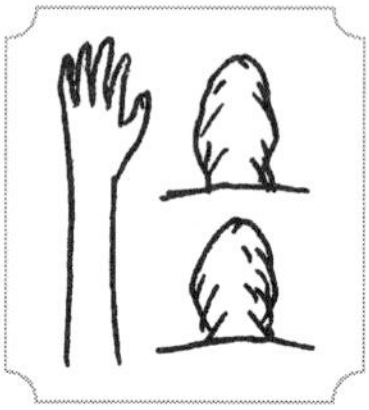

会意字。“扌”像手，表示用手悬挂东西；“圭”像土重叠，有高意，表示东西大多挂在高处。本义是悬挂。

挂 means to hang, suspend in the air. The character consists of 扌, a hand, i.e. sb hanging sth; and 圭, which resembles layers of soil, signifying the height from which things are suspended.

① 把东西吊起 hang sth up：悬~ hang up | ~图 hanging chart ② 惦记 miss; think of：~念 miss sb very much ③ 登记 register：~号 register; send sth as registered mail | ~失 report the loss of sth

guà
褂

形声字。衤表意，本像上衣，表示罩在外面的长衣；卦（guà）表声，卦是占卜符号，而占卜时多身穿长衣。本义是罩在外面的长衣，泛指中式上衣。

褂 refers to a long garment that was worn over other clothes. It consists of 衤, clothes, i.e. a robe worn on the outside; and 卦（guà）, which is phonetic and depicts symbols used in fortune telling to symbolize the long outer garments typically worn by diviners.

中式上衣 Chinese upper garment：~子 robe | 大~ robe; Chinese gown

G

G

guāi 乖

会意字。篆书像相背的羊角和弧线。楷书表示很多方面（千）不合（北）。本义是违背、不和谐。

乖 originally meant perverse, obstinate. In seal script, the character showed opposing goat horns and curved lines. Regular script shows（千）thousand, i.e. a lot, and（北）opposed, i.e. perverse in many respects.

①违背；不和谐 go against; be in disharmony：～背 go against; be in disharmony｜有～常理 against the norm ② 不闹；听话 obedient：这孩子真～。This child is well-behaved. ③ 机灵；机警 quick-witted：～巧 clever and obedient

guǎi 拐

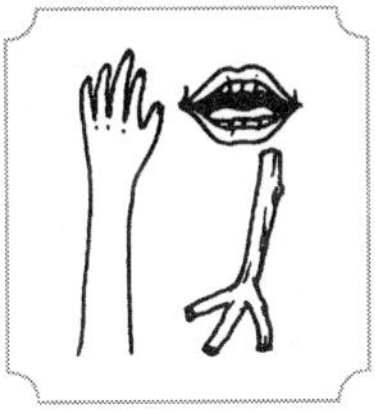

会意字。“扌”像手，“另”指另外，表示手持拐杖帮助腿行走是手另外的任务。本义是拐杖。

拐 means a walking stick. It consists of 扌, hand, and 另 'another', suggesting that to assist with walking by holding a walking stick is 'another' function of the hands.

① 走路拄的棍子 walking stick：～棍 walking stick｜～杖 walking stick ② 转向 change direction, corner：～角 corner｜～弯 make a turn at the corner ③ 跛；瘸 limp：～脚 limp｜一瘸一～ walk with a limp ④ 骗 lie; cheat：～骗 swindle｜～带 abduct; kidnap

guài 怪

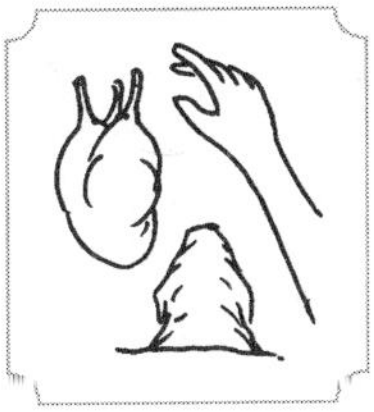

会意字。“忄”像心脏，“圣”指神奇，表示要令人感到奇异就要用心思。本义是奇异。

怪 means strange, weird. The character consists of 忄, heart, and 圣, miraculous or magical, i.e. getting people to sense the magical requires heartfelt effort.

① 奇异；不平常 strange; weird; bizarre：奇～ strange; weird｜～事 strange phenomenon ② 惊奇 strange：大惊小～ make a fuss over sth minor ③ 很 very：～可惜的 very pitiful｜～好玩的 very interesting ④ 传说中的妖魔 demon; devil：妖～ demon; devil ⑤ 责备；埋怨 reproach; blame：责～ blame｜错～ wrongly accuse (sb)

guān 关（關）

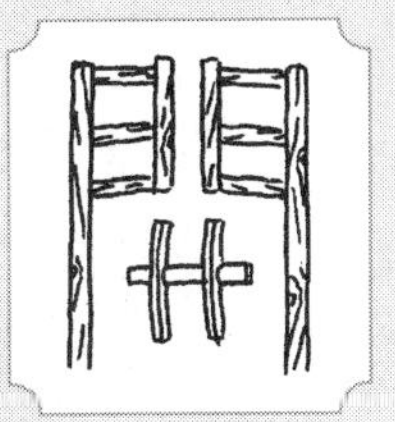

会意字。金文像门内有门闩。篆书“門”像门，“𢇇”指梭子，表示门闩像梭子，𢇇（guān）兼表声。简体字像人在上门闩。本义是门闩。引申指关闭。

关 originally signified a door bolt, extended to mean close. In bronze inscriptions, it resembles a bolt on a door. Seal script has 门, a door; and 𢇇（guān）, which is phonetic and depicts a shuttle on a loom, which is similar to a bolt on a door. The simplified character shows sb bolting a door.

①闭；合 close：～门 close a door ② 要塞；关卡 pass; check-point; clearance point：海～ customs ③ 囚禁 imprison：～押 imprison ④ 重要的时机；转折点 turning point：～键 hinge; critical point ⑤ 牵联；涉及 involve; implicate：～联 involve; relate to ⑥ 念及；重视 pay great attention to：～心 care about

guān/guàn 观（觀）

会意字。金文写作“雚”，像视觉灵敏的鸟，表示观看。篆、楷书“見”（见）像人张大眼睛看，“雚”是觀（观）的本字。简体字又、见，表示一再地看。本义是看。

观 means to look, observe. In bronze inscriptions, it is written as 雚, which resembles a bird with sharp eyes, i.e. an observant bird. In seal and regular scripts, 見（见）resembles sb with eyes wide open; 雚 is the root form of 觀（观）. In the simplified form, 又 and 见 suggest looking over and over.

❶ guān ① 看 look：～察 observe ② 景象 view; scenery：壮～ magnificent; a spectacular view ③ 看法 opinion：乐～ optimistic ❷ guàn 道教的庙宇 Daoist temple：道～ Daoist temple

guān 官

会意字。像房子和相连的土坡，表示馆舍的房间多。楷书“宀”指房子，“𠂤”有用义，表示有特殊用途的馆舍。本义是馆舍，此义后写作馆。

官 originally meant a house, hotel, residence etc, meanings that are now represented by 馆. 官 resembles a house by a slope, suggesting a large house with many rooms. In regular script, 宀 symbolizes house, 𠂤 (an alternative to 以) means take or use as, i.e. residences used for special purposes.

① 国家机构中担任一定职务的人 official：～员 official｜军～ military officer ② 属于国家的 state-owned：～办 managed by the government ③ 器官 organs：感～ sense organs｜五～ facial features

guān/guàn 冠

会意字。“冖”像覆盖、“元”指头、“寸”像手，表示用手戴到头上的是帽子。本义是帽子。

冠 originally meant a hat, cap. 冖 represents a cover, 元, a head, 寸, a hand, i.e. sth put on the head with the hand is a hat.

❶ guān ① 帽子 hat; cap：皇～ emperor's crown｜桂～ laurel (as a symbol of victory) ② 生在顶上像帽子的东西 crown：鸡～ cockscomb｜树～ crown (tree) ❷ guàn ① 戴帽子 wear a hat, cap ② 位居第一 to be the champion：～军 champion

guān 棺

形声字。木表意，像树，表示棺材用树木制成；官（guān）表声，兼表古时官员或有地位的人死后才有资格睡棺材。本义是棺材。

棺 means a coffin. It consists of 木, tree, i.e. a coffin made of wood, and 官（guān）, which is phonetic and denotes official. In ancient times, only officials or reputable people had the right to use coffins.

棺材，装殓死人的器具 coffin：～木 coffin｜盖～论定 final judgement is passed only after one's death guǎn

馆

（館）

会意字。“食”（饣）像食器，表示接待过往官员食宿的宾馆；“官”像房中有两个房间，表示馆舍的房间多；官（guān）兼表声。館简化为馆。本义是宾馆。

馆 means hotels, motels. It consists of 食（饣）, which resembles an eating utensil, symbolizing inns that cater to official; and 官（guān）, which is phonetic and looks like two rooms in a house, i.e. an inn with a lot of rooms. 館 has been simplified to 馆.

① 接待宾客的房屋 hotel; motel：宾～ hotel; motel｜旅～ hotel; inn ② 外交使节办公的地方 embassy：大使～ embassy ③ 某些服务性商店 restaurant; eatery; cafe：茶～ teahouse｜饭～ restaurant ④ 文化活动的场所 site of cultural activities：图书～library｜博物～museum

guǎn

管

形声字。竹表意，像竹叶，表示竹制乐器；官（guān）表声，有器官义，器官各有功能，表示管的各孔能发出不同的声音。本义是一种竹制的管乐器。

管 originally meant a wind instrument made of bamboo. 竹, bamboo, represents the material of construction; 官（guān）is phonetic, and in one of its senses, means organ, which performs various functions, just as a wind instrument produces different notes.

① 吹奏乐器 wind instrument：～乐 wind ensemble ② 圆筒形的东西 tube-like object：水～ pipe｜笔～ pen shaft ③ 约束 restrict：～教 discipline ④ 负责；管理 be responsible; manage：主～ supervisor｜～账 manage the accounts ⑤ 保证 guarantee：～保 guarantee; assure ⑥ 量词 measure word：一～毛笔 a Chinese brush

guàn

贯

（貫）

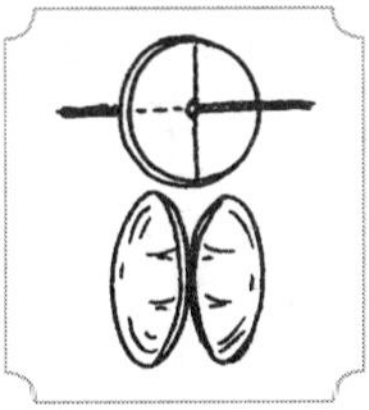

会意字。“毌”像绳穿物，“貝”（贝）像贝壳，古代曾用作钱币，表示穿钱币的绳。貫简化为贯。本义是穿钱的绳子。引申指穿通、连贯。

贯 originally signified thread, later extended to mean relate, make connections. 毌 resembles a device for threading string; 貝（贝）resembles a seashell, used as a currency in ancient times. So 贯 depicts thread for stringing currency.

① 穿通；连接 relate; connect：～穿 flow; connect; relate｜学～古今 knowledgeable ②旧时把方孔铜钱穿起来，一千个为一贯。In the past, copper coins were strung together using thread; one thousand coins were called 一贯. ③ 原籍；出生地 one's native land：籍～ native place

guàn

惯

（慣）

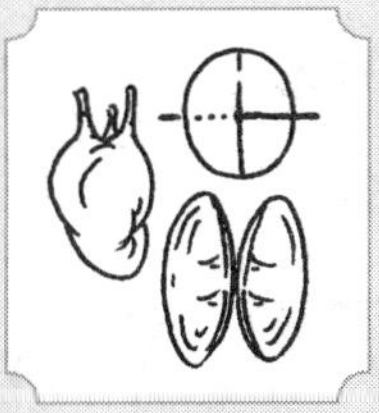

会意字。“忄”古文字像心脏，“贯”像用绳子串连钱币或贝，表示习惯是沿续相连的；貫（贯guàn）兼表声。慣简化为惯。本义是习惯。

惯 means habits. It consists of 忄, which in classical Chinese resembled the heart, and 貫（贯guàn）as phonetic, depicting shells or coins threaded on a string. Thus, 惯 depicts habits as a regular series of events like coins on a string. 慣 has been simplified to 惯.

① 习以为常；积久成性 habits：～例 usual practice; convention｜习～ habit ② 放任；纵容 complete freedom; unrestraint：娇生～养 (sb) overly pampered and protected

观 216页 冠 216页

G

guàn 灌

形声字。氵表意，像流水、水珠，表示用水浇田；雚（guān）表声，雚有观义，表示浇水的量要视情况而定。本义是浇水。

灌 means to water, irrigate. It consists of 氵 'water' as a semantic element, symbolizing irrigating fields; and **雚（guān）** as phonetic, which also means look, see, i.e. how much water to use depends on examining the situation.

① 浇水 to water：~溉 irrigate｜浇~ irrigate; water ② 注入 inject：~注 pour into｜~输 inculcate; instill

guàn 罐

形声字。缶表意，像有盖的陶器；雚（guān）表声，雚指鹳，是水禽，表示罐是汲水的陶器。本义是盛液体或盛东西的瓦器。

罐 originally meant a clay container. **缶** is semantic; it resembles a clay container with lid; **雚（guān）** is phonetic; it means crane, a kind of waterfowl. Hence, **罐** is an earthenware pot used for drawing water.

盛东西的器具 container：陶~ clay container｜盐~ container for salt｜茶叶~ container for storing tea leaves

guāng 光

会意字。像火在人头顶上方，表示光明。本义是光明。

光 means bright. The character resembles a ball of fire above one's head, indicating brightness.

① 光线；光亮 light; bright：阳~ sunlight｜~辉 radiance; bright; glorious ② 荣誉 glory：~荣 glorious; honorable｜争~ fight for honor ③ 敬词 formal usage：~临 the arrival of guests ④ 时间；景物 time; view：~阴 time｜风~ view; scenery ⑤ 平滑 smooth：~滑 smooth and silky ⑥ 露着 bare; naked：~脚 barefooted ⑦ 完了；一点不剩 finished completely：输~ lose everything ⑧ 只；单 only; one：~说不做 all talk but no action

guǎng 广（廣）

形声字—象形字。广表意，像房屋，表示四面通风透亮的大屋；黄（huáng）表声。简体字省略声旁。本义是四面通风透亮的大屋。引申为大、宽。

广 originally depicted a brightly-lit and well-ventilated house, later extended to mean big, wide. It consists of 广, a large spacious house, and **黄（huáng）**, which is phonetic. **黄** is omitted in the simplified form.

① 宽阔 wide; vast; broad：~阔 wide; vast; broad｜~场 square; mall ② 扩大；扩充 broaden; expand：推~ promote｜增~见闻 broaden one's horizon guǎng

犷

（獷）

形声字。犭表意，像犬，表示犬猛恶而不可近；廣（广guǎng）表声，广有大义，表示犬性大发时特别凶猛。獷简化为犷。本义为凶猛、强悍。

犷 means ferocious. It consists of 犭, dog, as semantic, suggesting dogs are fierce and should be avoided; and 廣（广 guǎng）as phonetic, which means immense, i.e. dogs have ferocious tendencies. 獷 has been simplified to 犷.

粗野 wild; uncouth：～悍 rough and ferocious | 粗～ rough

guàng

逛

会意字。“辶”（辵）像路和脚，“狂”有肆情无忌义，表示不受拘束地随意行走。本义是闲游。

逛 means to walk aimlessly, leisurely. It consists of 辶（辵）, which depicts a path and a foot, and 狂, which means unrestrained, i.e. walking where one pleases, without constraint.

闲游 walk leisurely：～街 shopping | 闲～ shop; walk around | ～商店 shopping

guī

归

（歸）

会意字。甲骨文像扫帚和土堆，表示女子出嫁后将持帚打扫。金文加彳（彳亍）和止（脚）。篆、楷书省去“彳”。简体字“刂”指刀，“彐”像手，表示女子出嫁后将忙于厨房切煮。本义是女子出嫁。

归 originally depicted a woman getting married. In bone inscriptions, it looks like a broom and a pile of soil, symbolizing the fact that after marriage, a woman does the cleaning. In bronze inscriptions, 彳（彳亍）and 止（脚）are added. 彳 is omitted in seal and regular scripts. The simplified form（归）has 刂, knife, and 彐, which resemble hands, i.e. a married woman busy in the kitchen preparing food.

①返回 return：～队 return to the group | ～国 return to one's country ② 还给 return：～还 return (a borrowed item etc) ③ 合并 merge：～并 incorporate; merge ④ 由；属于 from; belong to：～属 belong to; come under the jurisdiction of

guī/jūn

龟

（龜）

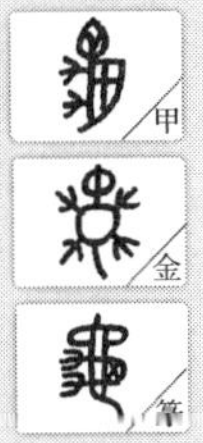

象形字。像乌龟。简体字省去了龟足。本义是乌龟。

龟 resembles a tortoise and means tortoise. The tortoise's feet are omitted in the simplified form.

㊀ guī 一种爬行动物，背、腹有甲，头、尾和四肢都能缩入甲内，多生活在水边 tortoise：乌～ tortoise ㊁ jūn 同“皲”，指皮肤因寒冷或干燥而破裂 chapping of the skin due to extreme cold or heat：～裂 (of land) to be full of cracks; (of skin) chap

guī 规（規）

会意字。“夫”像头上插簪的成年男子，“見”（见）像人睁大眼睛看，古代男尊女卑，成年男子的见解便是规则。規简化为规。本义是法度、法则。

规 means rules, regulation. 夫 resembles a mature male wearing a hairpin. 見（见）looks like sb with eyes wide open. In ancient times, man's wishes were like regulations that had to be obeyed. 規 has been simplified to 规.

① 法则；章程；条例 rules; regulations：~则 rules and regulations | 常~ norm ② 画圆形的工具 instrument for describing circles; compass：圆~ compass ③ 劝告 advice：~劝 advise ④ 谋划；设法 strategize; plan：~划 to plan

guī 闺（閨）

形声字。門（门）表意，像门，圭（guī）表声，圭是上圆下方的瑞玉，表示闺是上圆下方的小门。閨简化为闺。本义是上圆下方的小门。引申为女子的卧室。

闺 originally depicted a door that was round at the top and square at the bottom; later it came to mean a lady's chamber. The character consists of 門（门）, door, as semantic, and 圭（guī）, a jade tablet, as phonetic. The jade tablet was round at the top, square at the bottom, like a door. 閨 has been simplified to 闺.

女子的卧室 lady's chamber：~房 chamber | 大家~秀 lady from an eminent, prestigious family

guī 硅

形声字。石表意，像山崖下有块石头，表示硅坚硬如石；圭（guī）表声，圭像土上有土，表示硅是埋藏在重重土下的矿物。硅是一种固体的非金属元素。

硅 refers to a hard, non-metallic element called silicon. 石 'rock' is semantic; 圭（guī）is phonetic; it resembles layers of soil symbolizing the fact that silicon is a type of mineral that is buried under many layers of soil.

一种非金属化学元素，符号Si，旧称矽，是用来制造玻璃及半导体的重要材料 silicon (Si)

guī 瑰

形声字。王（玉）表意，像一串玉，表示美玉；鬼（guǐ）表声，兼表玉美得如有魔力。本义是美玉名。引申为珍奇。

瑰 originally refers to a piece of fine jade, extended to mean exotic, fascinating. 王（玉）is semantic; it resembles a string of jade, i.e. fine jade; 鬼（guǐ）'ghost spirit' is phonetic, i.e. fine jade also has the power to mesmerize.

珍奇；美好 exotic; fascinating：~宝 precious gem | ~丽 attractive; elegant; beautiful guǐ

轨

（軌）

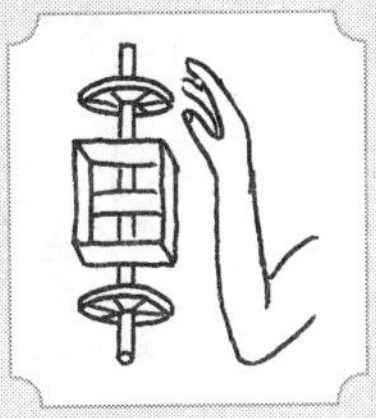

会意字。“車”（车）像车，表示车辙；“九”形体弯曲又是最大个位数，表示车辙弯曲而长。軌简化为轨。本义车辙。

轨 originally meant cart trails. It consists of 車（车）, a cart, i.e. trails; and 九 (nine), that has a curved shape and is the biggest numeral, i.e. trails are meandering and long. 軌 has been simplified to 轨.

① 车辙 trails caused by carts, cars：～迹 trails caused by carts, cars etc ② 轨道 (train) track：钢～ steel track | 铁～ iron track ③ 规则；秩序 rules; regulations; order：越～ against the rules; overboard | 步入正～ be on the right track

guǐ

诡

（詭）

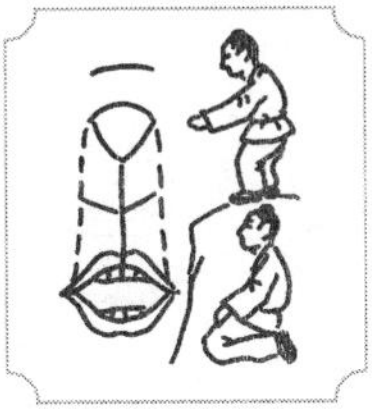

会意字。“言”（讠）像张口说话，“危”像两人在山崖边，有高、险义，表示以危言责人使之听从。詭简化为诡。本义是责成、要求。引申为欺诈。

诡 originally meant to instruct, demand, request, extended to mean cheat, trick, deceive. It consists of 言（讠）, talk, and 危, which resembles two people standing on the edge of a cliff, i.e. high, dangerous. Hence, using exaggeration to get people to obey. 詭 has been simplified to 诡.

① 欺诈；狡猾 cheat; trick; deceive; sly：～计 trick | ～辩 sophism; fallacy ② 奇异；怪异 weird; strange：～异 weird; strange; unexplainable

guǐ

鬼

象形字。像鬼怪，突显其大而吓人的头部。本义是人死后的灵魂。

鬼 originally referred to the spirits of the dead. The character resembles a demon, with a large frightening head.

① 迷信指人死后的灵魂 soul：～魂 soul; ghost | ～怪 ghost; demon ② 不光明正大 shady; in the dark; dishonest：捣～ have sth up one's sleeves | ～～祟祟 dishonorable conduct; tricky; shady ③ 恶劣 bad：～地方 desolate, lifeless place | ～天气 bad weather ④ 对人轻蔑的称呼 a disparaging term of address：酒～ drunkard | 赌～ gambler ⑤ 机灵 quick-witted; smart; sharp; intelligent：这孩子真～。This child is so intelligent.

guì

柜

（櫃）

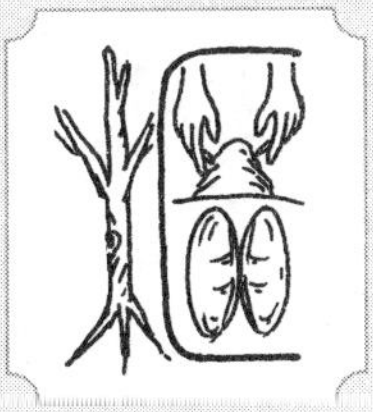

会意字。“木”像树，“匚”像盛具，“貴”（贵）指贵重，表示用树木制成的放较贵重东西的橱；貴（贵 guì）兼表声。简体字木、巨（指大），表示较大的木制家具。本义是橱。

柜 means a cabinet, wardrobe. 木 resembles a tree; 匚 resembles a container; 貴（贵 guì）is phonetic and indicates valuable, i.e. a wooden cabinet for valuables. The simplified form shows 木 (wood) and 巨 (big), i.e. a large piece of wooden furniture.

① 放东西的家具 cupboard; wardrobe：衣～ wardrobe | 书～ bookcase ② 商店中存放商品或进行交易的台子 (shop) counter; reception：～台 counter; reception desk guì

剑

（劊）

会意字。“刂”像刀，“會”（会）有相合义，表示物与刀相会则会被砍断。劊简化为剑。本义是砍断。

剑 means to chop. It consists of 刂, a knife, and 會（会）, to meet, i.e. chopping is the meeting of knife and object. 劊 has been simplified to 剑.

砍断；斩杀 chop; behead：～子手 executioner

guì

贵

（貴）

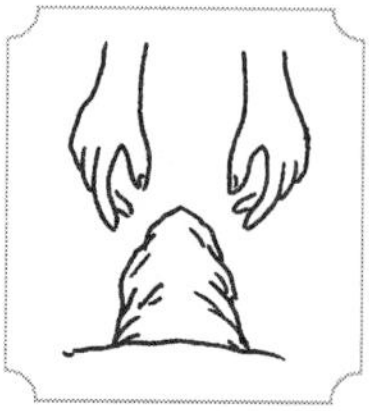

会意字。甲骨文像双手捧土，表示土地宝贵。金文增“心”，表示心中土珍贵。篆书以貝（贝）取代心，贝曾用作钱币，表示土与贝珍贵。貴简化为贵。本义是价格高。

贵 means expensive. In bone inscriptions, it resembles two hands above a mound of earth, showing the worth of land. In bronze inscriptions, 心 is added to underscore the value placed on land. In seal script, the radical 貝（贝）, which depicts a seashell, formerly used as currency, replaces 心, expressing the worth of land in terms of currency. 貴 has been simplified to 贵.

① 价格高 expensive：昂～ expensive; dear ② 价值大 valuable：～重 valuable; precious ③ 值得重视 precious; deserving：可～ precious ④ 地位高 of high status：～族 the nobles ⑤ 敬词 used to show respect：～姓 used when asking sb's name

guì

桂

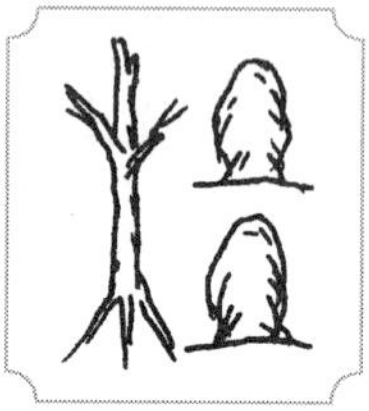

形声字。木表意，像树，表示桂树；圭（guī）表声，圭是最小的量名，六粟为一圭，用以表示桂花小如粟。本义是桂树。

桂 originally meant cassia or laurel (bay) tree. The character consists of 木 'tree' as semantic, and 圭（guī）as phonetic. One of the meanings of 圭 is a small unit of measurement for grains. So 桂 depicts a tree with flowers as small as grain.

① 桂树，常绿乔木，秋季开花，花很香，可以做香料 bay tree; sweet bay; laurel：～花 laurel flower ② 广西壮族自治区的简称 abbrev for Guangxi Autonomous Region

guì

跪

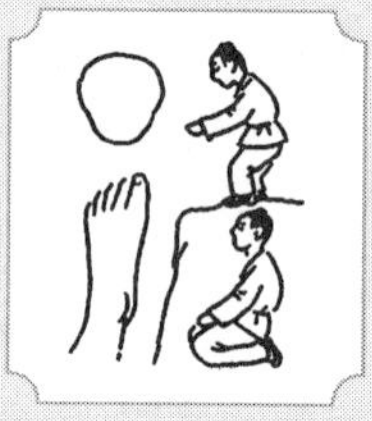

会意字。“足”像膝和脚，“危”像两人在山崖边蹲下，表示两腿弯曲膝盖着地。跪是古人向对方表示恭敬的一种姿势。

跪 means to kneel, a gesture practiced by ancients to show respect. 足 resembles the knee and foot, 危 resembles two people squatting at the edge of a cliff. Together, they depict bent legs with knees on the ground.

膝盖着地的一种姿势 kneel：～拜 kowtow | 下～ kneel down

gǔn

滚

形声字。氵表意，像水流、水珠；衮（gǔn）表声，衮是古代帝王穿的宽大的礼服，表示大水奔流水面宽广。本义是大水涌流。

滚 originally meant the gushing of liquid. The character consists of 氵 'water' as semantic, and 衮（gǔn）'emperor's robes' as phonetic, suggesting water gushing over a large area.

① 水流翻腾 (waves) roll：波涛翻～ roaring and rolling waves ② 旋转着移动 roll：～动 roll; reel | 翻～ roll; tumble ③ 液体受热沸腾 boil：～水 boiling water ④ 喝令走开 tell sb to get away：～开 Get lost! ⑤ 极；很 very; extremely：～圆 round as a ball | ～烫 boiling hot

gùn

棍

形声字。木表意，像树，表示木棒；昆（kūn）表声，昆像太阳（日）照在两人（比）头上，有高意，表示棍是长条形的。本义是棍棒。

棍 refers to a baton, pole. **木** is semantic; it resembles a tree, i.e. the pole. **昆（kūn）** is phonetic; it resembles the sun （**日**）shinning on two heads（**比**）, denoting high. So **棍** is a long pole of wood.

① 棒 baton; pole; cudgel：木～ wooden pole; baton | 铁～ iron pole; bat ② 无赖；坏人 rascal; villain：恶～ scoundrel | 赌～ professional gambler

guō

郭

会意字。篆书左像城墙，右像地域和人，表示外城。楷书"阝"像山地，"享"指享受，表示抵御侵袭让城内的人享受安宁的外城。本义是外城。古时内城称城，外城称郭。

郭 originally meant the outer region of the city wall. In the past, the inner precincts of a city were called **城** while the outer were called **郭**. In seal script, the left side of the character resembles a wall; the right resembles a precinct with people, i.e. the outer region of a city. In regular script, **阝** looks like mountains; **享** means to enjoy, i.e. defending against intruders (from the hills) so that the people can enjoy life and live in peace.

① 外城 outer region of a city：城～ inner and outer regions of a city ② 姓 a family name

guō

锅

（鍋）

会意字。篆书像炊具和脚，表示脚跨步由此及彼，锅煮食物由生变熟。楷书"金"表示锅用金属制成；"咼"（呙）义同和，表示把食物一同放进锅内煮。鍋简化为锅。本义是一种炊具。

锅 means a type of cooking utensil. In seal script, the character apparently depicts a cooking tripod and leg, depicting the change from raw food to cooked as a journey by foot. In regular script, **金** denotes metal; **咼**（**呙**）means together with, as when food is put into a container all together. **鍋** has been simplified to **锅**.

煮饭烧菜用的炊具 cooking utensil：饭～ rice cooker | 铁～ metal cooking utensil; pots

涡 681页

G

guó

国

（國）

会意字。甲骨文像用戈守城。金文加四条短线，表示用戈来守卫四周疆界。篆、楷书“口”表示国域，“或”是国的本字。简体字“口”表示国域，“玉”像一串玉，表示爱玉之国。本义是国家。

国 originally meant state. In bone inscriptions, the character depicted a spear, used to guard a city. In bronze inscriptions, the four short lines represent spears used to guard the four directions. In seal and regular scripts, 口 refers to the boundary of the state, and 或 is the original root form of the character 国. The simplified form shows 口, boundaries, and 玉, a string of jade, i.e a state that is valued like jade.

① 国家 state; nation; country：～内 in the country | 祖～ motherland ② 国家的；本国的 state owned; belonging to the state：～旗 flag | ～货 local product

guǒ

果

象形字。甲骨文像果树上结满了果实。金文果实特别大，还勾画出果瓤和果核。篆、楷书省去果核。本义是植物的果实。

果 refers to the fruits of trees. The character resembles a tree with bountiful fruit. In bronze inscriptions, the fruit is shown very large, with the pulp and seeds. In seal and regular scripts, the seeds are removed.

① 果实 fruit：水～ fruit | 干～ dried fruit ② 结局 ending：成～ result | 效～ result; effectiveness ③ 的确；确实 indeed; really：～真 indeed; really; no doubt | ～然 indeed; really; no doubt ④ 坚决 determine：～断 decisive; resolute | ～敢 courageous and resolute

guǒ

裹

形声字。衣表意，像上衣，表示衣可用来包裹东西；果（guǒ）表声，兼表包裹水果。本义是包、缠。

裹 means to wrap, bind. 衣 is semantic; it resembles an upper garment, i.e. sth that can be used as a wrap; 果（guǒ）is phonetic, and also suggests bunding fruits.

缠绕；包扎 wrap：包～ wrap | ～足不前 be indecisive

guò

过

（過）

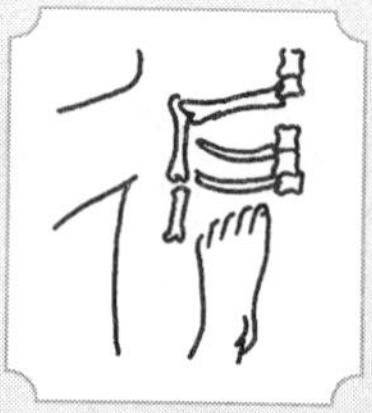

会意字。“辶”（辵）像路和脚，表示路过；“咼”是渦（涡）的省文，指水流回旋，有经过意。简体字辶、寸，表示要掌握分寸需经过实践。本义是经过。

过 means to pass by (a place). It consists of 辶（辵）, a road and leg, i.e. to pass by; and 咼, a simplified form of 渦（涡）, water circling around, or passing by. The simplified character shows 辶 (move) and 寸 (inch or measure), suggesting one needs to traverse the world of experience in order to develop proper judgment.

① 经过 pass by：路～ pass by | ～桥 cross the bridge ② 转移 transfer：～户 transfer (money) between accounts | ～账 transfer items (from a daybook to a ledger) ③ 超出 exceed：～分 be overboard | ～期 expire ④ 错误 mistake：～错 mistake | 功～ merits and demerits ⑤ 用在动词后表示经历过 used after verbs to denote a past experience：吃～饭 have eaten | 研究～ have done research (at some time)

hā 哈

会意字。“口”像张开的口，“合”像可开合的器皿，表示鱼嘴不断地开合。本义是鱼嘴不断地开合。引申为张口呼气。

哈 originally meant a fish opening and closing its mouth repeatedly; by extension, it came to mean breathing with the mouth open. It consists of **口**, an open mouth, and **合**, a container that can be opened and closed, i.e. a fish opening and closing its mouth.

① 张口呼气 breathing with an open mouth：～气 sigh; blowing air onto sth ② 形容笑声 laughter：笑～～ laugh heartily｜～～大笑 laugh heartily ③ 稍稍弯腰 bend the body slightly：点头～腰 nod and bow in agreement

hái 孩

形声字。子表意，像小孩，突显小孩头大腿软的特征；亥（hài）表声，表示孩是小孩咳咳的笑声。本义是小孩笑。引申为孩子、儿童。

孩 originally referred to a child laughing; by extension, children. It consists of **子**, child, depicting the main characteristics of a child–big head and weak legs, and **亥**（hài）, which is phonetic and represents the sound of a child's laughter.

孩子；儿童 child：小～ young child｜男～ little boy｜女～ little girl

hǎi 海

会意字。“氵”像水流、水珠，“每”像戴头饰的少妇，有多意，表示海是容纳百川的巨大水域。本义是大海。

海 means sea. It consists of **氵**, water, and **每**, which resembles a young married woman wearing hair accessories, implying "many". Thus, **海** depicts water from numerous rivers, streams.

① 大洋靠近陆地的水域 sea：～港 harbor; port｜东～ East Sea ② 大的湖泊 a big lake：青～ Qinghai, a province in China｜里～ Caspian Sea ③ 比喻大或多 big; many：～量 magnanimous; a great capacity for liquor｜林～ vast forest

hài 亥

象形字。古文字像猪。本义是猪。猪在十二生肖中最小，引申为地支末位。

亥 originally meant pig. Pig ranks the smallest among the twelve Chinese zodiac signs, thus the character is extended to refer to the last of the twelve Earthly Branches. In its early form, the character depicts a pig.

① 地支的第十二位 the last of the twelve Earthly Branches ② 亥时，指夜间九点钟到十一点钟 the period of the day from 9 to 11 in the night

蛤 199页　咳 344页　还 253页

hài

骇

（駭）

形声字。馬（马）表意，像马；亥（hài）表声，亥本指猪，猪胆小易受惊吓，表示骇是马受惊。駭简化为骇。本义是马受惊。引申为害怕、吃惊。

骇 originally depicted a horse in a frightened state, by extension, it came to mean afraid, scared, shocked. It is composed of 马, horse, and 亥（hài）, which is phonetic and depicts a pig. Pig is a timid animal, i.e. horse in fear. 駭 has been simplified to 骇.

害怕；吃惊 afraid; scared; shocked：惊～ frightening｜～人听闻 shocking; appalling

hài

害

会意字。“宀”像屋、“口”像嘴、“丰”像木棒上有刻痕，表示在家里开口乱说话造成伤害。本义是伤害。引申为祸害。

害 originally meant causing hurt, by extension, it came to mean harm, damage, calamity. 宀 resembles house, 口, mouth, and 丰, scars on a wooden stick. Hence, hurt is represented as careless speech at home causing damage.

① 祸害 harm：灾～ disaster｜公～ social ills ② 有害的 harmful：～虫 pest ③ 使受损害 to harm：～群之马 black sheep ④ 残杀 kill brutally：遇～ meet with mishap｜被～ be set up; victimized ⑤ 患病 contract an illness：～病 fall sick ⑥ 怕 scared; afraid：～怕 afraid; scared｜～羞 feel embarrassed

hān

酣

会意字。“酉”像酒坛子，“甘”像口含甜美食物，表示酒喝得很畅快。本义是酒喝得很尽兴。

酣 means to drink to one's heart's content. It consists of 酉, a wine pot, and 甘, a mouth with sweet food in it, i.e. drinking to one's heart's content.

① 饮酒畅快、尽兴 drink to one's heart's content：～饮 drink heartily｜酒～耳热 tipsy ② 舒畅；痛快 hearty state：～畅 drink heartily and merrily｜～战 hard-fought battle

hān

憨

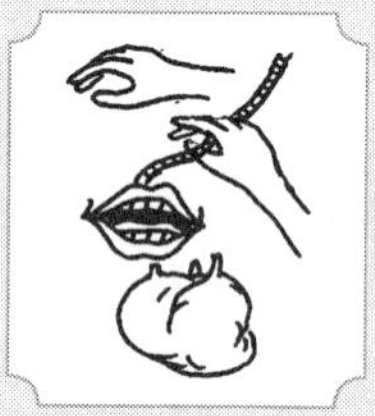

会意字。“心”古文字像心脏，表示心智低下；“敢”有冒昧、无惧义，表示憨者往往不计后果地蛮干。本义是傻、痴呆。

憨 means silly, foolish. The character contains 心, which depicted the heart, and suggests simple-minded, and 敢, which means bold and fearless. So foolish is acting without considering consequences.

① 痴呆；傻气 silly; foolish：～痴 silly; foolish｜～笑 laugh in a silly way ② 天真；忠厚 naive; honest：～厚 honest｜～直 honest; straightforward

hán 含

会意字。"口"像张开的口，"今"像口中有食物，表示衔在口中。本义是嘴里衔着东西，不吐出也不咽下。

含 means hold sth in the mouth. 口 resembles an open mouth; 今 depicts food in a mouth; hence holding sth in the mouth.

① 嘴里放着东西，不咽不吐 hold sth in the mouth：～饴弄孙 enjoying one's golden age ② 包含 contain; include：～泪 with tears in the eyes｜～意 implication; meaning ③ 带有 with; contain; connote：～羞 with embarrassment; shyness｜～笑 smilingly

hán 函

象形字。甲、金文像箭袋中有箭（矢）。篆书将袋耳移到顶部。楷书袋中装的是颗粒状的弹丸。本义是箭袋，又指匣子、封套。引申为信件。

函 originally referred to a quiver, a box, or an envelope, then by extension, letter. In bone and bronze inscriptions, the character resembles an arrow（矢）in a quiver. In seal script, the handle of the quiver is shifted to the top. In regular script, the character depicts small 'bullets' in a quiver.

信件 letter：～件 document｜信～ letter

hán 涵

会意字。"氵"像水流、水珠，"函"古文字像放箭的袋子，表示涵是汇集水流的水泽；函（hán）兼表声。本义是水泽众多。引申为包含、包容。

涵 originally meant marshland, later, it came to mean contain, include, accommodate. The character consists of 氵, water, and 函（hán）, which represents pronunciation, and in its ancient form, resembled a quiver. Thus, 涵 is marshes formed where rivers come together (as arrows in a quiver).

包含；包容 contain; include; accommodate：～义 meaning; implication｜蕴～ contain｜包～ include

hán 韩（韓）

会意字。"韋"（韦）篆书像两脚环绕城池，楷书像皮绳环绕木棒，表示围绕水井的井栏；"倝"像日从草丛中升起，有日光闪耀义，表示水井如镜能反光。韓简化为韩。本义是围绕水井的井栏。现用做姓。

韩 originally depicted a fence encircling a well; it is now used as a family name. 韋（韦）in seal script looks like two feet outside a city moat. In regular script, the character resembles a leather rope coiled around a wooden stick, suggesting a fence around a well. 倝 depicts the radiance of the sun as it rises through bushes, reflecting in the well water. 韓 has been simplified to 韩.

姓 a family name

H

hán 寒

会意字。古文字像人躲在屋内（宀）以草（茻）御寒（仌）。楷书像屋中有两块冰，双手用草塞墙缝御寒。本义是冷。

寒 means cold. In its ancient form, the character resembles a man hiding in a house (宀) and using grass (茻) to keep himself warm (仌). In regular script, it resembles two blocks of ice in a house and a pair of hands stuffing the holes between the walls with grass to keep out the cold.

①冷 cold：～风 cold wind ｜ ～冬 cold winter ② 害怕；畏惧 afraid; scared; terrified：胆～ terrified; petrified ｜ 心～ disappointed; despair ③ 贫穷 poor; destitute：家境贫～ poor family

hǎn 罕

会意字。"网"像网，"干"像枝干，表示长柄的网。楷书"冖"像覆盖，"八"像张开，"干"像枝干，表示捕鸟用的长柄小网。本义是捕鸟用的长柄小网。引申为稀少。

罕 originally depicted a small net or snare, used for catching birds; by extension, it came to mean scarce, rare. **网** resembles a net; **干** resembles a tree branch, i.e. a net with a long handle. In regular script, the snare is represented by 冖, cover or lid; 八, open; and 干, a branch.

稀少；难得 scarce：～见 scarce ｜ 人迹～至 show little trace of human habitation

hǎn 喊

会意字。"口"像张开的口，"咸"有全义，表示尽全力高声叫。本义是大声叫。

喊 means scream, shout. It consists of **口**, an open mouth, and **咸**, which means whole, complete, i.e. shouting at the top of one's voice.

大声呼叫 scream; shout out loud：呐～ cry out; shout loudly ｜ 呼～ call out; shout

hàn 汉（漢）

形声字—会意字。氵表意，像河流，表示汉水；𦰩（hàn）表声，指黏土，表示汉水色黄如土。简体字"氵"像水珠，"又"像手，表示能用手取河水的是成年男子。本义是汉水。

汉 refers to the Han River. It is represented by the semantic element 氵, water, and the phonetic element **𦰩 (hàn)**, clay, the color of the river. The simplified character has 氵 (water) and 又 (hand): adult males obtain water from the Han with their hands.

① 汉朝 the Han Dynasty：～简 bamboo slips for one to write on, produced in the Han Dynasty ② 成年男子 adult male：壮～ strong male ③ 汉族 the ethnic group, Han：～语 Chinese ④ 银河 galaxy：霄～ sky; heaven hàn/hán

汗

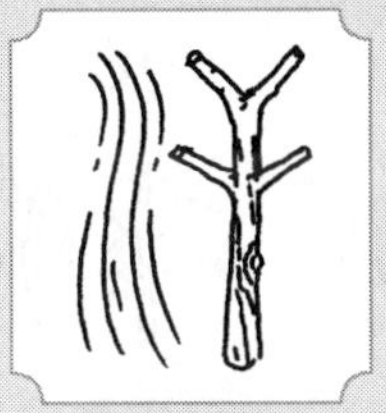

会意字。“氵”像流水、水珠，表示汗液；“干”有冒犯义，表示人受热气的影响而冒汗。本义是汗水。

汗 means sweat, perspiration. It consists of 氵, water, i.e. perspiration; and 干, which means offend, shield, i.e. people shield themselves against the heat by sweating.

㊀ hàn 从皮肤毛孔排泄出来的液体 perspiration：满头大～ sweat profusely ㊁ hán［可汗］古代鲜卑、突厥、回纥、蒙古等族最高统治者的称号 a title for the highest authority in a number of ancient tribes

hàn

旱

会意字。“日”像太阳，“干”像枝干，表示太阳暴晒无雨成旱。本义是久晴不雨。

旱 means drought, dry spell, represented by 日, sun, and 干, which looks like a dry branch.

① 缺少雨水 drought：～季 dry season｜～灾 drought ② 陆地；没有水的 dry land; without water：～田 dry land｜～桥 overpass; viaduct

hàn

捍

形声字。扌表意，像手，表示手执武器保卫；旱（hàn）表声，旱是悍的省文，表示勇敢地保卫。本义是保卫。

捍 means protect, defend. It consists of 扌, hand, i.e. holding a weapon for self-defense; and 旱 (hàn), which is phonetic and represents the simplified form of 悍, i.e. to protect sth courageously.

保卫 protect; defend：～卫国家主权 uphold a country's sovereignty

hàn

悍

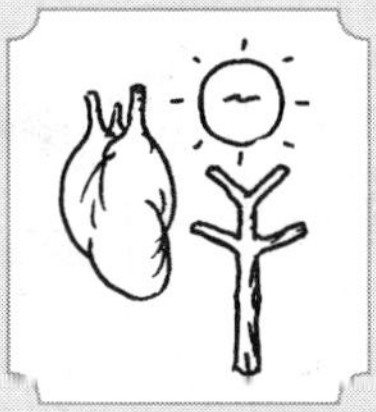

形声字。忄表意，像心脏；旱（hàn）表声，旱像日照干上，有太阳猛烈意，表示悍是性格勇猛。本义是勇猛。

悍 means bold, brave. The character consists of 忄, heart, and the phonetic element, 旱 (hàn). The latter depicts the sun shining on a tree trunk i.e. intense. Thus, sb who is bold has a heart that is intense.

① 勇猛 courageous; daring：强～ valiant ② 蛮横；凶狠 unreasonable; brutal：～妇 fierce woman｜凶～ fearsome; intimidating hàn

焊

形声字。火表意，像火焰，表示用火熔化金属来焊接；旱（hàn）表声，旱像日照杆上，有干旱义，表示熔化的金属干了东西就焊接住了。本义是焊接。

焊 means weld, solder, represented by 火, flames, required for melting soldering metal, and 旱（hàn）, which is phonetic. The latter shows the sun shining on a tree trunk, i.e. dry, drought. Thus, solder must melt then dry.

用熔化的金属连接或修补金属器物 weld; solder：~接 solder | 电~ electric welding

hàn

翰

会意字。“羽”像羽毛，“倝”指日初升，旭日为红色，表示赤羽的山鸡。本义是赤羽的山鸡。引申指长而硬的羽毛。

翰 originally referred to pheasant with red feathers, and by extension, long, stiff feathers. It consists of 羽, feathers, and 倝, sunrise. Thus, feathers that are red in the sunrise.

长而硬的羽毛；借指毛笔、文章、书信等 feathers that are long and stiff, an allusion to the Chinese paintbrush, essays, and letters etc：~墨 calligraphy; painting | 书~ essay; letter

hàn

撼

会意字。“扌”像手，“咸”有全、都义，表示手尽全力摇动。楷书扌、感，表示手摇动使人感知。本义是摇动。

撼 means shake. It consists of 扌, hand, and 咸, which means all, complete, i.e. a man shaking his hands with all his might. In regular script, 'shake' is represented by 扌 (hand) and 感 (feel), i.e. shaking so that others feel it.

摇动 shake：震~ to shock | 摇~ rock; shake violently

hàn

憾

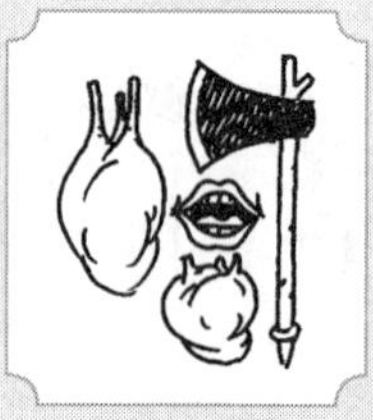

会意字。“忄”古文字像心脏，“感”有感触义，表示心中感到遗憾、悔恨。本义是遗憾、悔恨。

憾 means disappointment, regret, represented by 忄 'heart' as a semantic element, and 感, to sense, feel.

失望；感到不满足 disappointment; regret：~事 matter for regret | 遗~ regret hāng

夯

会意字。“大”像人张开四肢表示大，“力”像耕地农具表示用力，合起来表示用力扛起重物。本义是用力扛重物。引申为用夯砸。

夯 originally meant carry heavy things; by extension, it came to mean ram, pound. The character consists of 大, which resembles a man with limbs out-stretched i.e. big; and 力, which resembles a farming tool, implying putting forth one's strength. Hence, putting out effort to carry large things.

① 用力夯砸 ram; pound：～地 ram the ground ② 打地基的工具 rammer：打～ ram｜铁～ iron ram

háng/
kēng

吭

会意字。“口”像张开的口，“亢”有咽喉义，指鸟的喉咙。本义是鸟的喉咙，泛指喉咙。

吭 originally meant the throat of birds; now it refers to the throat in general. The character is formed from 口, open mouth, and 亢, throat of a bird.

⊖ háng 喉咙 throat：引～高歌 sing loudly with joy ⊜ kēng 出声；说话 make sound; talk：～声 utter a sound or a word｜一声不～ say not a word; make no response

háng

杭

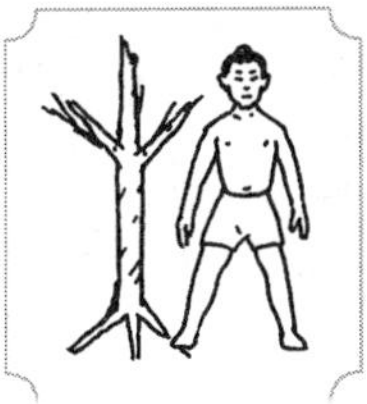

会意字。“木”像树，表示木制的渡船；“亢”有高义，表示渡船高居水面之上。本义是木制的渡船。现用为地名、姓。

杭 originally referred to a wooden ferry, but is now only used in proper names. The character is composed of 木, wood, and 亢, high, i.e. a wooden craft that floats on the water.

① 杭州市的简称 abbrev for Hangzhou ② 姓 a family name

háng

航

会意字。“舟”像船，“亢”有高义，表示来往于两岸间的船。本义是船。引申为行驶。

航 originally meant a boat, by extension, it came to mean drive, navigate. The character consists of 舟, a boat, and 亢, high, i.e. a boat ferrying between two shores.

在水上或天空行驶 navigate by water or air：～海 travel over the sea｜～空 airline｜～行 fly; navigate by water

行 725页

hāo 蒿

会意字。甲、金文“茻”像很多草，篆、楷书“艹”（艸）像草，“高”像高大的建筑，表示一种较高大的丛生的草。本义是蒿子，草名。

蒿 means wormwood, a kind of shrub. In bone and bronze inscriptions, 茻 resembles tufts of grass. In seal and regular scripts, 艹（艸）represents grass; 高 resembles tall constructions, i.e. tall, thick shrubs.

蒿子，草本植物，有特殊气味 wormwood, a kind of shrub with a particular smell：青～ wormwood｜蓬～ fleabane and wormwood

háo/hào 号（號）

会意字。“号”像张口发声，“虎”像老虎，表示如虎哮般大声喊叫。简体字省去“虎”。本义是大声呼叫。

号 originally meant shout, scream out. 号 resembles a man shouting out commands; 虎 signifies tiger. Hence, shouting as loudly as the roaring of a tiger. 虎 is omitted in the character's simplified form.

㊀ háo ① 大声喊叫 shout; scream：怒～ scream angrily ② 大声哭 wail; cry out：哀～ mournful cry ㊁ hào ① 名称 title; name：代～ code name; code number ② 标志 mark：记～ note; mark ③ 次序或等级 sequence; seniority：～码 number ④ 命令 order：～令 command ⑤ 喇叭 trumpet：军～ bugle

háo 毫

会意字。“毛”像动物的毛，“高”（省口）有长义，表示细长的毛。本义是细长的毛。

毫 means long, fine hairs. 毛 resembles hairs of animals; 高 'tall' implies long. Hence, long, fine hairs.

① 细毛 fine hairs：～毛 fine hair｜秋～ fresh plumage ② 毛笔 Chinese paint brush：挥～ to write calligraphy｜羊～ wool ③ 一点；极少 a little; very few：～无 not at all｜丝～ teeny-weeny

háo 豪

会意字。“豕”像猪，表示豪猪；“高”像高大的建筑，有长义，表示豪猪的毛很长。本义是豪猪。

豪 originally referred to the porcupine. The character is composed of 豕, which resembles a pig, and 高, tall, implying long, i.e. porcupines are pig-like creatures with long hair.

① 才智出众的人 outstanding person：～杰 outstanding person｜文～ great writer ② 直爽；有气魄 straightforward; full or vigor：～爽 forthright｜～放 bold and uninhibited ③ 感到光荣；值得骄傲 feel proud：自～ proud of oneself｜引以为～ proud of sb, sth ④ 强横 arrogant：巧取～夺 to obtain sth by force háo

壕

形声字。土表意，本像地上有堆土，表示挖土成壕；豪（háo）表声，豪指豪猪，有尖锐刚硬的长毛抵御对手，表示壕用来抵御敌人。本义是护城河。引申为壕沟。

壕 originally meant city moat and by extension, ditch, trench. It consists of 土, a pile of earth, i.e. a dug ditch; and 豪（háo）, which is phonetic and means porcupine, whose quills provide defense against enemies just as a ditch provides defense against invaders.

壕沟 ditch; trench：战～ trench｜防空～ bomb shelter

háo

嚎

会意字。“口”像张开的口，“豪”有高强义，表示大叫则声音高强，豪（háo）兼表声。本义是大声鸣叫、吼叫。引申为大声哭喊。

嚎 originally meant loud cries, roars, and by extension, loud wails. The meaning is symbolized by 口, an open mouth, and 豪（háo）, used as phonetic, and means strong, powerful.

大声哭、喊 loud wails; shout：～叫 howl; cry out loudly｜～啕痛哭 wail loudly; cry loudly

H

hǎo/hào

好

会意字。“女”像女子，“子”像孩子，表示年轻女子貌美。本义是容貌美。引申为美好。

好 originally meant beautiful, and by extension, good. It is composed of 女, woman, and 子, child, i.e. beauty and goodness represented as a young woman with child.

⊖ hǎo ① 美的、善的；使人喜爱的 good; nice：美～ good; nice; wonderful｜～事 anything that is good ② 友爱；和睦 friendly; cordial：友～ friendly; amicable ③ 容易 easy：～办 easy to handle ④ 完毕；完成 accomplished; completed：准备～了。Everything is ready. ⑤ 很 very：～冷 very cold ⑥ 能够；可以 able to：只～ having no other alternative; can only ⑦ 赞同；答应 agree with; agree to ⊜ hào 喜欢；爱 like; love：～奇 curious

hào

耗

会意字。篆书“禾”像谷类植物，楷书“耒”指耕种的农具，“毛”像兽毛，有小义，表示庄稼欠收。本义是庄稼歉收。

耗 originally meant bad harvest. The 禾 that appears in seal script represents grain; 耒 in regular script resembles farming tools. 毛 represents animals' fur or hair but signifies small or insignificant, i.e. a bad harvest.

① 消费；损失 exhaust; loss：～费 use up; waste｜损～ exhaust; waste ② 拖延 delay：～时间 delay the time ③ 坏的消息 bad news：噩～ news of death of one's family or friend hào

浩

会意字。“氵”像河流、水珠，表示水势盛大；“告”像用牛作祭品向神祭告，有告知意，大水会危害生命和财产，人们互相转告和提醒。本义是水势大。泛指大。

浩 originally meant heavy force of water, by extension, great or grand. The character consists of 氵, water, and **告**, which originally showed the head of an ox and a mouth; oxen were sacrificed to aid communication with the gods, so the primary meaning is 'inform'. Thus, **浩** represents a great flow of water as an event, involving water, that people will notify one another about.

① 大 big：～瀚 big and vast | ～大 vast ② 多 a lot; plenty：～博 plenty | ～如烟海 vast like the sea; voluminous

Hào/gǎo

镐

（鎬）

会意字。“金”（钅）像箭头、斧头和矿石，“高”有升高义，表示使食物温度升高的金属器。鎬简化为镐。本义是加热食物的金属器。

镐 originally meant metal wares used to heat food. The character consists of **金**（**钅**）, metal, and **高**, high, rise, i.e metal wares used to raise the temperature of food. **鎬** has been simplified to **镐**.

㊀ Hào 周朝国都名，在今陕西省西安市西南。Capital of early Zhou Dynasty, located southwest of modern Xi'an in Shaanxi Province

㊁ gǎo 刨土的工具 a tool to plane objects：十字～ cross-plane

H

hē

呵

形声字。口表意，像张开的口，表示张口呵斥；可（kě）表声，可像斧和口，表示呵斥声如利斧令人害怕。本义是大声斥责。

呵 originally meant to reprimand or reproach loudly. The character consists of **口** as semantic, an open mouth, i.e to reproach; and **可**（**kě**）as phonetic. The latter resembles an axe and a mouth. Thus a loud reprimand issues from the mouth and has the effect of a sharp axe.

① 大声斥责 berate：～斥 berate; reproach ② 哈气 exhale：～气 exhale | 一气～成 harmonize; fluent (used mostly to describe essays, writings) ③ 象声词 onomatopoeia：笑～～ laugh heartily | 乐～～ joyful laugh

hé

禾

象形字。像谷类植物，勾画出谷穗、秸杆、叶子、根须。本义是谷类植物的统称。

禾, resembles the stalk, leaves and root of cereals, and refers to grain in general.

① 谷类植物的统称 grains：～苗 grain sprout
② 特指稻子 refers to rice, paddy

喝 237页

hé 合

会意字。像有盖子的器皿，指闭合。本义是闭合。

合 means close, shut, and is represented by a character that resembles a container that can be closed with a lid.

① 闭；合拢 close; shut：~眼 close one's eyes | ~围 besiege; surround ② 聚集；共同 gather; assemble; consolidate：~作 co-operate | 集~ assemble | 综~ consolidate ③ 全 all; whole; entire：~家欢聚 happy family reunion ④ 相符 compatible; up to the standard：~格 qualified | 适~ suitable ⑤ 折算 convert into (used for currency)：折~ convert into

hé 何

会意字。甲、金文像人肩扛农具。篆、楷书"亻"像人，"可"指可以，表示人可扛物。本义是扛。现用作疑问词。

何 originally meant carry a load on one's shoulder; it is now used as an interrogative pronoun. In bone and bronze inscriptions, the character resembles a man carrying farming tools over his shoulders. In seal and regular scripts, 亻 represents man; 可 means able to, can, i.e. man can carry loads.

① 表疑问 express one's doubt：~事？What's the matter? | 为~？Why? ② 表反问 used in rhetorical questions：~必？Why? | ~苦？Is there a need to go to such an extent; why bother? ③ 姓 a family name

hé/hè/huó/huò 和

形声字。金文、篆书"龠"像口吹排箫，楷书"口"像张开口，禾（hé）表声，兼表音和谐宛如整齐的禾苗。本义是声音和谐。

和 means melodious, in tune. In bronze inscriptions and seal script, 龠 resembles a man blowing panpipes. In regular script, 口 depicts an open mouth; 禾（hé）is phonetic and represents sprouts arranged in order like sounds in harmony.

㊀ hé ① 谐调 harmonize：~谐 harmony ② 温和 gentle：谦~ modest and gentle ③ 平息争端 pacify：~解 reconcile (dispute etc) ④ 不分胜败 (competition) tie; draw：~局 tie; draw ⑤ 连带 and：~盘托出 to reveal everything ⑥ 跟；同 with：~他无关。This has nothing to do with him. ⑦ 表示并列 and：纸~笔 paper and pen ㊁ hè 跟着唱或说 follow suit when others say sth or sing：附~ comply ㊂ huó 粉末中加水搅拌 add water to powder：~面 knead dough ㊃ huò 搀；混和 mix; stir：~药 mix medicine

hé 河

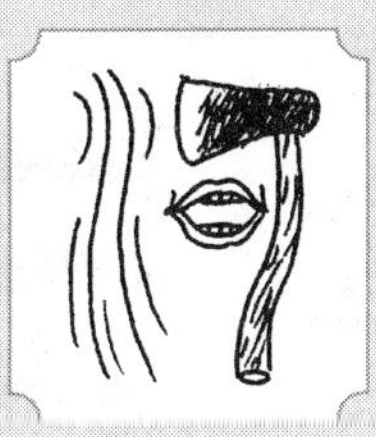

会意字。"氵"像河流、水珠，指黄河；"可"像斧和口，本指劳作时开口哼歌，表示黄河壮观可歌可颂。本义专指黄河。后泛指河流。

河 originally referred specifically to the Yellow River; it now refers to rivers in general. The character is composed of 氵, water, and 可, which depicts an axe and a mouth, symbolizing work songs, i.e. people eulogizing the magnificence of the Yellow River.

① 专指黄河 Yellow River：~西 west side of Yellow River | ~套 bend of Yellow River ② 泛指水道 water channel：~流 river flow | 运~ transport channel

hé/hè 荷

形声字。艹（艸）表意，像草，表示荷是草本植物；何（hé）表声，何是疑问词，表示荷有多种名称，不知道的人常问是何种植物。本义是莲。

荷 means lotus. It consists of 艹（艸）, grass, i.e. plant; and 何（hé）, which is phonetic and represents an interrogative pronoun, i.e. lotus is represented as a plant which people ask about – because it has so many names.

㊀ hé 水生草本植物，又称“莲” lotus：～花 water-lily | ～塘 lotus pond ㊁ hè ① 扛 carry over one's shoulder：～锄 to hoe | ～枪实弹 carry a loaded gun

hé/hú 核

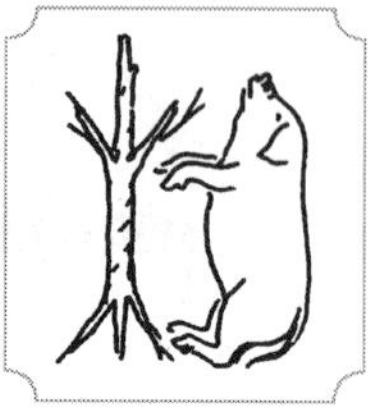

形声字。木表意，像树，表示果核；亥（hé）表声，亥指阻隔，表示核是封闭的，阻隔了果仁、果肉。本义是果核。

核 means pit, stone (of fruit). The character consists of 木 'tree' as a semantic element and 亥（hé）'barrier' as phonetic. The pit or stone is represented as acting as a barrier between the kernel (innermost part of the seed) and the fruit.

㊀ hé ① 果实中的坚硬部分 pit; stone：桃～ peach stone ② 像核的东西 pit-like object：细胞～ the nucleus of a cell | 原子～ atomic nucleus ③ 仔细对照、考查 check; ratify; validate：～查 examine and verify | ～对 double check ㊁ hú 同核一① 用于某些口语词 same meaning as 'hé' ①, used in spoken forms：杏～儿 apricot stone

hé 盒

会意字。“皿”像器皿，“合”像盖和器身，表示有底和盖的盛东西的器具，合（hé）兼表声。本义是盒子。

盒 means box or container. It is made up of 皿, a container, and 合（hé）, which is phonetic and resembles a container with a lid.

底盖相合的盛东西的器具 container：～子 box | 木～ wooden box

hè/xià 吓（嚇）

会意字。“口”像张开的口，“赫”有发怒、威吓义，赫（hè）兼表声。简体字口、下，下指退让，表示开口吓退人。本义是吓唬。

吓 means threaten, scare. It consists of 口, an open mouth, and 赫（hè）, which is phonetic and means furious, intimidating. The simplified form has 口, mouth, and 下, to fall back, i.e. threaten with words.

㊀ hè ① 威吓 intimidate; threaten：恐～ threaten | 恫～ threaten ② 叹词，表示不满 to express displeasure：～，这是怎么搞的。Tsk, tsk, what is going on here? ㊁ xià 害怕；使害怕 frightened; to frighten：～人 frightening hè

贺

（賀）

会意字。“力”像农具，表示庆贺要花精力；“口”像张开的口，表示开口祝贺；“貝”（贝）像用作钱币的贝壳，表示庆贺要花钱财。賀简化为贺。本义是送礼表示庆祝。

贺 means to present gifts with congratulations. 力 depicts a farming tool, symbolizing expenditure of effort; 口 resembles an open mouth symbolizing congratulatory words; 貝（贝）resembles a shell, an ancient form of currency, symbolizing congratulatory gifts. 賀 has been simplified to 贺.

①庆祝；庆贺 celebrate; congratulate：～喜 congratulate | ～礼 gift | 恭～ congratulate ②姓 a family name

hè/hē

喝

会意字。“口”像张开的口，“曷”指大声喝止，表示大声叫喊，曷（hé）兼表声。本义是大声叫喊。

喝 originally meant shout, scream. It is composed of 口, mouth, and 曷（hé）as phonetic. The latter also originally meant to shout at sb to stop.

㊀ hè 大声叫喊 shout; scream：～彩 cheer | 吆～ cry out; shout ㊁ hē 吸食液体或流体 drink：～水 drink water | ～酒 drink wine | ～粥 eat porridge

hè

赫

会意字。“赤”像火光将人映红，有红色义，“赫”表示非常鲜红明亮。本义是鲜红而明亮。引申为显赫、盛大。

赫 originally meant red and bright; by extension, it came to mean famous, grand. 赤 depicts people reflected in the red glow of a fire; 赫 means exceptionally red and bright.

显著；盛大 famous; grand：显～ famous; well-known | ～～有名 well-known

hè

褐

形声字。衤表意，像上衣，表示粗麻或粗毛编织成的衣服；曷（hé）表声，曷有何意，表示褐不能归入任何一类像样的衣服中。本义指粗麻或粗毛编织成的衣服。

褐 originally meant clothing made of hemp or coarse cloth. It consists of 衤, an upper garment, and 曷（hé）, which represents pronunciation and means “which' or “how”, i.e. uncertain to which category hemp cloth belongs.

① 粗布或粗布衣服 coarse cloth or clothing made of hemp ② 黄黑色 brown：～色 brown

hè 鹤（鶴）

会意字。“鳥”（鸟）像鸟，“隺”义同鹤，隺（hè）兼表声。鶴简化为鹤。本义是仙鹤。

鹤 means crane. It consists of 鳥（鸟）, bird, and 隺（hè）, which is used for its sound, and which also means crane. 鶴 has been simplified to 鹤.

鸟名，俗称仙鹤，颈、腿细长，翅膀大，善飞，常见的有白鹤、灰鹤、丹顶鹤。Crane, a bird, also called ‘the celestial crane’, with long neck and legs, large wings, adept at flight. Common species include the white crane, the grey crane and the red-crowned crane.

hēi 黑

会意字。像炉火熏黑烟囱。本义是黑色。

黑 means black. The character depicts a chimney blackened by smoke.

① 像煤或墨的颜色 black：～色 black｜乌～ black ② 暗 dark：～暗 darkness｜天～ sky turning dark ③ 秘密的；非法的 secret; illegal：～话 malicious words｜～市 black market ④ 坏；恶毒 bad; evil：～道 secret society｜～心 evil-hearted

hēi 嘿

形声字。口表意，像口；黑（hēi）表声，黑像火焰熏黑烟囱，有昏暗、秘密义，表示嘿是闭口不说出事情。本义是闭口不说话。

嘿 means keeping quiet, not saying a word. 口, mouth, is semantic; 黑（hēi）, which depicts a chimney blackened by smoke, is phonetic, and signifies dark and secretive. Thus, keeping the mouth closed and not revealing anything.

①叹词，表示赞叹、惊异或招呼等 to express amazement, surprise: “hey”：～，下雪了 Wow! It’s snowing.｜～，小心点。Hey, be careful. ②象声词，形容笑声 onomatopoeic, used to describe laughter：他～～地傻笑。He is giggling.

hén 痕

会意字。“疒”像病床，“艮”像人回头瞪视，有停止义，表示伤疤停留在皮肤上。本义是伤疤，泛指物体或事情留下来的痕迹。

痕 originally meant scar, extended to mean trace, mark. It consists of 疒, which looks like a sickbed, and 艮 which resembles a man turning his head to stare, i.e , coming to a stop. Hence, a scar is like an illness left on the skin.

痕迹 scar; trace; mark：伤～ scar｜泪～ traces of tears｜裂～ a tear

hěn 很

会意字。“彳”像道口，“艮”像人回头瞪视，表示违逆、不听从。本义是违逆、不听从。现表示非常。

很 originally meant go against, defy; it is now used for “very”. 彳 resembles a road junction; 艮 resembles a man turning his head to stare, suggesting going against, defying.

非常；表示程度高 very：～好 very good; excellent | ～热 very hot | ～美 very beautiful

hěn 狠

会意字。“犭”像犬，“艮”像人回头瞪视，有怒意，表示犬相斗时发出的声音。本义是犬斗声。引申为凶狠。

狠 originally meant the noise of dogs fighting; by extension, it came to mean ruthless, brutal, cruel. 犭 represents dog; 艮 resembles a man turning his head around to stare; it implies anger, i.e. dogs fighting in anger.

① 凶恶；残忍 ruthless; brutal; cruel：凶～ ruthless; brutal; cruel | ～毒 brutal; merciless ② 竭尽全力 use all of one’s might：～抓质量 strict quality control

hèn 恨

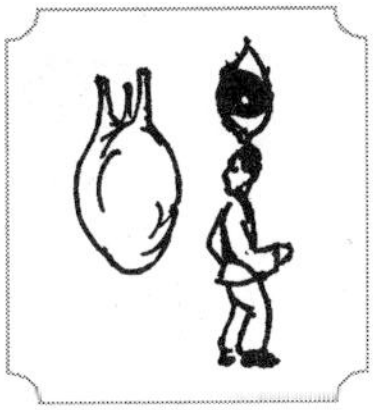

会意字。“忄”像心脏，“艮”像回头瞪眼，表示心中不满，艮（gèn）兼表声。本义是不满、遗憾。

恨 means displeasure, regret. The character is composed of 忄, heart, and 艮（gèn）, representing pronunciation and depicting a man turning his head around to stare in displeasure.

① 遗憾；懊悔 regret：悔～ regret | 相见～晚 It’s a pity we didn’t meet earlier. ② 怨恨；仇视 anger; hatred：仇～ feud | ～之入骨 hate sb to the core

hēng 哼

形声字。口表意，像张开的口，表示与声音有关；亨（hēng）表声。本义是鼻孔所发出的声音。

哼 refers to sounds made through the nostrils. It is composed of 口, the mouth, i.e. sound from the mouth, and 亨（hēng）which indicates pronunciation.

① 鼻子发出声音 sound made through the nostrils：一声不～ not to utter a single sound | 累得直～～ extremely exhausted ② 低声唱 hum：～着小曲 hum a tune

héng 恒

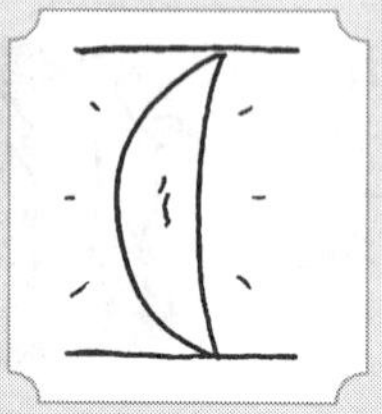

会意字。甲骨文像月亮在天地之间，表示月出有恒。金文加“心”，表示有恒心。篆书“心”像心脏，“舟”像船，“二”像两岸，表示一心行舟不断往来于两岸。楷书表示心志如日升日落那样有恒。本义是长久。

恒 originally meant lasting, persistent. In bone inscriptions, the character depicts the moon between the sky and the land, hence constant like the rising of the moon. In bronze inscriptions, **心** is added to signify perseverance. In seal script, **心**, heart, **舟**, boat, and **二**, two shores, represent the notion of persistence as travelling back and forth between two shores. In regular script, the character suggest a man with determination as lasting as the rising and setting of the sun.

长久；固定不变 everlasting; unchanging：永～ everlasting | 持之以～ perseverance

héng/hèng 横

会意字。“木”像树，指门框下的横木；“黄”为土色，表示横木处于地面。本义是门框下的横木。引申为横向。

横 originally meant a horizontal piece of wood below a door frame, or by extension, horizontal. The character consists of **木**, tree, i.e. wood, and **黄**, yellow, the color of the soil on which the horizontal piece of wood lies.

⊖ héng ① 跟地面平行的；左右向的 horizontal：～梁 horizontal beam | ～写 write horizontally ② 交错杂乱 in an haphazard manner：杂草～生 grass growing haphazardly ③ 粗暴不讲理 unreasonable：～行霸道 unreasonable ⊜ hèng ① 粗暴；凶恨 brutal; cruel：蛮～ uncivilized; savage ② 意外的 accidentally：飞来～祸 misfortune befalling on sb

héng 衡

会意字。“角”像牛角，“大”像人，“行”像十字路口，表示绑在牛角上以防牛在路上触人的横木。本义是绑在牛角上的横木。

衡 refers to the yoke of an ox. **角** resembles a cow's horn; **大** resembles a man; **行** resembles a road junction, i.e. depicting a horizontal board attached to an ox's horns to prevent it from hitting people.

① 称重量的器具 weighing apparatus：度量～ length, capacity and weight ② 称重量 weigh：～器 weighing tool | ～其轻重 weigh the pros and cons ③ 比较；斟酌 compare; consider：权～得失 weigh the pros and cons ④ 平 balance：平～ balance

hōng 轰（轟）

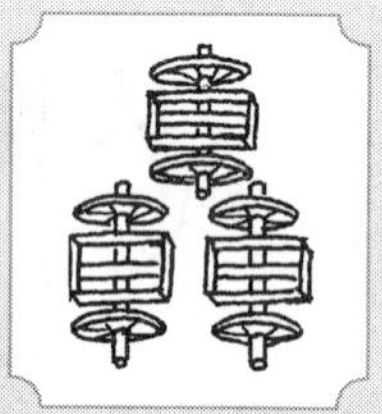

会意字。像三辆车子，表示许多车一齐行驶发出的轰然声响。简体字车、双，表示一辆又一辆车子行驶发出的声响。本义是众多车子发出的声响。泛指巨大的响声。

轰 originally referred to the noise produced by numerous carts, but now generally to a loud sound. The character depicts three carts, i.e. noise. The simplified form has **车**, cart, and **双**, pair, i.e. the noise produced by carts moving one after another.

① 形容巨大的响声 a loud sound：～隆 roar of the wheels ② 用大炮或炸弹破坏 bombard：～炸 bombard | ～击 bombard ③ 赶；驱逐 chase away; drive away：～出去 drive (sb) out

hōng/
hòng/
hǒng
哄

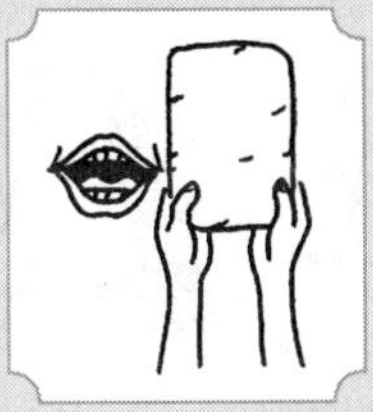

会意字。“口”像张开的口，“共”像两手举物，有共同义，表示许多人共同发出声音。本义是很多人同时发出声音。

哄 means hubbub, uproar. It is composed of 口, open mouth, and 共, which depicts lifting sth up with both arms, i.e. all together. Thus, ‘sound from the mouth all together’.

❶ hōng 很多人同时发声 many people making sound at the same time：~笑 people laughing at the same time ❷ hòng 吵闹；捣乱 stir up trouble; havoc：起~ create havoc ❸ hǒng 说假话骗人 lie：~骗 lie to (sb) ② 用语言或行动引逗 amuse：~孩子 amuse a child

hōng
烘

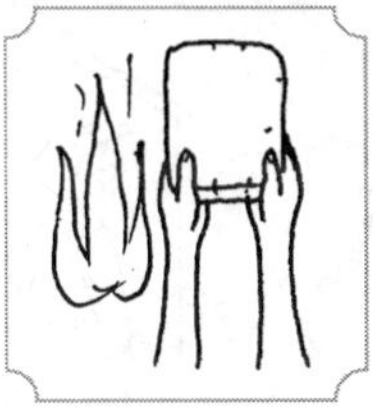

会意字。“火”像火焰，表示把物放在火上烤；“共”指共同，表示烘烤时物与火同在一起。本义是用火烤。

烘 means roast or bake. The character consists of 火, flame, i.e. roasting sth over a fire; and 共, common, same, i.e. object and fire in the same place.

① 用火烤干、烤熟或取暖 dry, cook or heat sth by the fire：~干 dry over the fire | ~手 warm one’s hand over the fire ② 渲染；衬托 accentuate; serve as a contrast：~托 accentuate | ~云托月 use clouds to set off the moon; use contrasting effects

hóng
弘

形声字。弓表意，本像一张弓，表示发弓的声音；厶（gōng）表声，厶像手臂，表示张弓射箭要用臂力。本义指发弓的声音。引申为大。

弘 originally referred to the sound of a bow being released, extended to mean big, grand. 弓 is semantic, a bow, and 厶（gōng）represents pronunciation and resembles an arm, i.e. strong arms for drawing a bow.

① 大 grand; great：~大 grand | ~图 great plan ② 扩充；光大 expand：~扬 develop ③ 姓 a family name

hóng
红
（紅）

会意字。“糸”（纟）像丝，“工”指加工，表示红色用于对丝帛染色加工。紅简化为红。本义是红色。

红 means red. The character is composed of 糸（纟）, silk, and 工, work, here signifying process, i.e. dyeing silk red. 紅 has been simplified to 红.

① 像鲜血的颜色 red：~旗 red flag | 鲜~ bright red ② 象征喜庆、发达等 symbolizes joyous occasion, prosperity etc：~榜 honor roll | ~火 with vigor; flaming ③ 盈利 profits：分~ divide the profits | 花~ bonus hóng

宏

会意字。“宀”像房屋，“厷”义同宏，表示房屋深广，厷（hóng）兼表声。本义是房屋深广。引申为宏大、广博。

宏 originally meant a very big house, extended to refer to grand and vast. 宀 resembles a house; 厷（hóng）represents pronunciation, and like 宏, also means “grand, big”.

宏大；广博 grand; vast：～图 ambitious goal｜～伟 majestic｜宽～大量 magnanimous

hóng

虹

象形字—会意字。甲骨文像双头龙，古人认为虹是神龙，在雨过天晴时现身。篆书虫表意，像虫，虫也用来指动物，表示龙是天上的巨形动物；“工”指精巧，表示虹七彩并列精美工巧。本义是彩虹。

虹 means rainbow. In bone inscriptions, the character resembles a dragon with two heads. In ancient times, people believed that the rainbow was a dragon god which would appear when the sky cleared after rain. In regular script, 虫 is semantic, worm or insect, symbolizing the dragon. 工, work, here implies exquisite, i.e. the dragon is a colorful and exquisite creature.

雨后天晴，天空中出现的彩色圆弧 rainbow：彩～ rainbow｜副～ secondary rainbow

H

hóng

洪

会意字。“氵”像水流、水珠，“共”像两手举物，有共同、一同义，表示众多的水流汇合在一起会形成洪水。本义是大水。

洪 means flood. It consists of 氵, water, and 共, a man lifting sth high up with both hands, meaning together, i.e. floods as waters coming together.

① 大水 flood：～流 torrent｜山～ mountain torrent ② 大 big：～钟 large bell ③ 姓 a family name

hóng

鸿

（鴻）

会意字。“鳥”（鸟）像鸟，表示大雁；“江”指长江，表示鸿雁是候鸟，秋分后飞往长江以南，春分后飞往长江以北。鴻简化为鸿。本义是大雁。

鸿 means wild goose. The character is composed of 鳥（鸟）, bird, and 江, which originally referred to the Yangtze River, i.e. wild geese are migratory birds which fly south of the Yangtze River in late autumn and north of the Yangtze in late spring. 鴻 has been simplified to 鸿.

① 大雁 wild goose：～雁 wild goose ② 大 big; grand：～图 ambitious plan; grand prospects｜～福 great luck; great fortune hóu

喉

形声字。口表意，像张开的口，表示喉与口相通；侯（hóu）表声，侯是箭射的箭靶，表示喉是食物、空气等通过的喉咙。本义是喉咙。

喉 means throat. The character is composed of **口**, an open mouth, which connects to the throat, and **侯（hóu）**, which is phonetic and denotes an archery target. Thus, the throat is represented as a mouth and a target for food and air.

喉头，在颈的前部、与气管相连接的部分，呼吸气管的一部分，又有发音的功能 throat：～咙 throat｜咽～ throat; strategic passage

hóu

猴

形声字。犭表意，像犬，表示猴是哺乳动物；侯（hóu）表声，侯有贵族、君主义，表示猴是高等哺乳动物。本义是猴子。

猴 means monkey. **犭** is semantic; it resembles a dog, here representing the monkey as a mammal. **侯（hóu）** is phonetic; it means nobles and lords, implying monkeys are mammals of high intelligence.

猴子，哺乳动物，种类很多，形状略像人，全身有毛，成群生活在山林里 monkey：～王 Monkey God｜耍～ make fun of others

hóu

侯

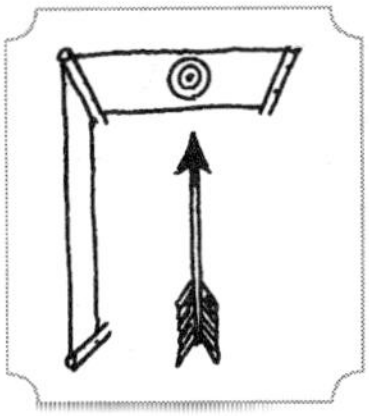

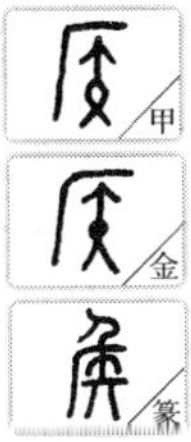

会意字。甲、金文像箭射向箭靶。篆书加“人”表示人射箭。楷书把人（亻）移到左边。本义是箭靶。引申为爵位的名称。

侯 originally meant an archery target, extended to a title of the nobility. In bone and bronze inscriptions, the characters resemble an arrow flying towards its target. In seal script, **人** is added to represent a man shooting an arrow. In the regular script, **人（亻）** is shifted to the left.

① 中国古代五等爵位的第二等 marquis：～爵 marquis ② 泛指高官贵族 nobleman; high official：～门 the arena of the officials ③ 姓 a family name

hǒu

吼

会意字。“口”像张开的口，表示口中发出吼声；“孔”像孩子吃奶，有通达义，表示吼声通达四周。本义是猛兽大声叫。

吼 means roar. **口** resembles an open mouth, representing roars; **孔** depicts a baby feeding at the breast, symbolizing ample, broad. A roar is emitted by the mouth and spreads far and wide.

猛兽大叫声；泛指大声呼叫 roar：狮～ roar of a lion｜狂风怒～ roar of a tempest

哄 241页

hòu

后

（①②後）

会意字。“彳”像道路，“幺”指小，“夊”指迟缓，表示走在后面。简体字像人指手张口发令。“後”本义是在后面。“后”本义是君主。後和后本是不同的字，今归并简化为后。

后 originally meant monarch, later, came to represent the simplified form of 後, which means behind, at the back of. 後 consists of 彳(path), 幺 (small) and 夊 (slow), i.e. walking behind sb. Its simplified form (后) shows a man signaling with open mouth, issuing commands.

① 与“前”相反 the opposite of “in front of”：～面 at the back of; behind | 前～ front and back ② 后代 later generation：～人 descendent | ～辈 junior ③ 帝王的妻子 empress：皇～ empress | 王～ empress

hòu

厚

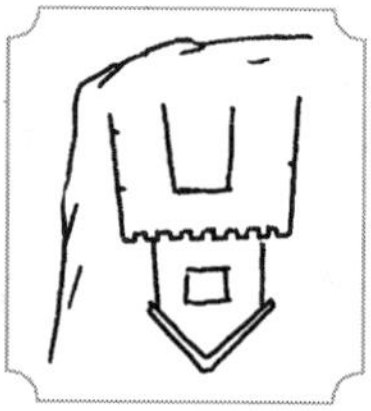

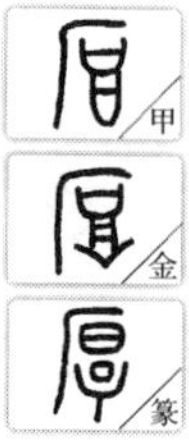

会意字。像山崖和城楼，表示物体厚度大。楷书“厂”像山崖，“日”像太阳，“子”像幼儿，表示上下两端距离大或寄予厚望。本义是上下的距离大。

厚 means thick. The character depicts a cliff and a city tower, i.e. objects with thickness. In regular script, 厂 resembles a cliff; 日 resembles the sun; 子 resembles a toddler, i.e. thickness represented as a great distance between the top and the bottom, or as great expectations in a child.

① 扁平物体上下两面距离大 thickness：～度 thickness ② 深；重 thick; important：～望 high hope | ～礼 expensive, generous gift ③ 宽厚 upright; honest：忠～upright; trustworthy ④ 注重 emphasis; attach importance to：～此薄彼 biased

hòu

候

会意字。“亻”像人，“矦”指箭靶，表示人瞄准箭靶，矦（hòu）兼表声。本义指人瞄准箭靶。引申为等待。

候 originally meant taking aim at a target, and by extension, to wait. The character is composed of 亻, man, and 矦 (hòu) ‘archery target’ as phonetic.

① 等待 wait：等～ wait | ～车 wait for a car ② 看望；问好 greet; inquire after：问～ ask sb how he or she is doing ③ 时节；时间 time：～鸟 migratory bird | 时～ time ④ 情况；程度 circumstance; degree：症～ symptom | 火～degree of heat (cooking)

hū

乎

会意字。甲骨文像舒气声扬，是呼的本字。本义是呼唤，此义后写作呼。现表示于。

乎 originally meant to call out softly (for sb), a meaning now replaced by 呼. 乎 was applied to “of, at, on”. In bone inscriptions, it shows sound spreading out, i.e. call out for sb.

于 of; at; on：在～ matters to (sb) | 合～ conform with | 出～意料 exceed one’s expectations

hū 呼

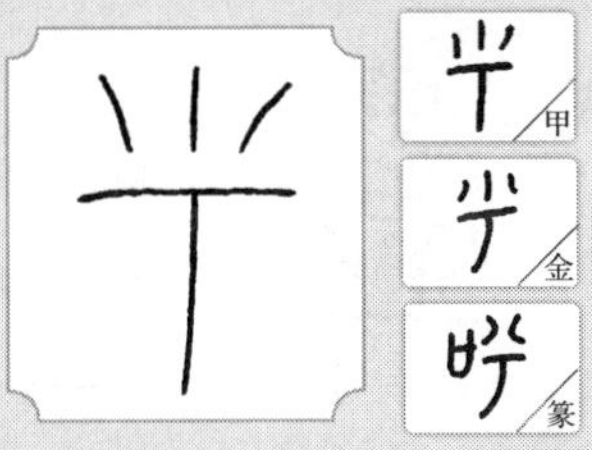

会意字。甲、金文写作乎，像舒气、声音上扬。篆、楷书“口”像张开的口，表示由口吐气或喊叫；“乎”是呼的本字；乎（hū）兼表声。本义是向外吐气。

呼 means exhale. 呼 replaced 乎, which appeared in the same meaning in bone and bronze inscriptions. The 呼 of seal and regular scripts is composed of 口, mouth, suggesting breathing, and 乎, representing pronunciation.

① 向外吐气 exhale：~吸 breathe ② 喊；叫唤 shout; call out to：~喊 shout; cry | ~救 call for help ③ 象声词 onomatopoeia：~啦 flapping sound (of a flag, banner etc)

hū 忽

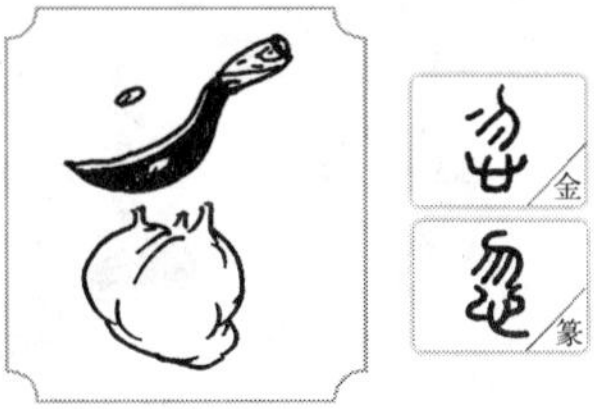

会意字。“心”像心脏，“勿”有不义，表示不放在心上。本义是不重视。

忽 means neglect, pay no attention to. It is composed of 心, heart, and 勿, “no”, indicating not worthy of attention.

① 不重视；粗心 does not pay attention to; neglect：~略 neglect; overlook | 疏~ negligence ② 突然 suddenly：~然 suddenly | ~冷~热 be nice to sb one moment but turn nasty the next

H

hú 狐

会意字。“犭”像犬，表示狐狸是犬科类动物；“瓜”像瓜蔓上只结一个瓜，表示狐狸多疑孤独不合群。本义是狐狸。

狐 means fox. The character is composed of 犭, dog, an animal similar to a fox; and 瓜, a single melon on vines, suggesting lonely, i.e. foxes are suspicious, solitary animals.

狐狸，哺乳动物，尾部能排出臭气，皮毛珍贵 fox：~疑 doubt; suspicion | ~假虎威 make use of one's powerful connections to intimidate others

hú 弧

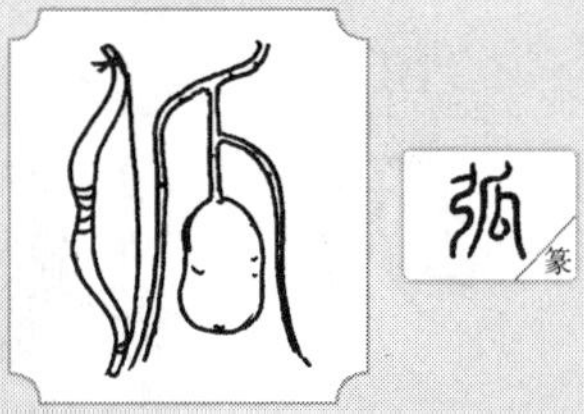

会意字。“弓”像弓，“瓜”像瓜蔓上结着瓜，表示古代用木瓜树制成的木弓。本义是木弓。引申为圆周的任意一段。

弧 originally referred to a wooden bow, and by extension, an arch. The character is formed from 弓, bow, and 瓜, melons growing on vines, suggesting that, in ancient times, wooden bows were made from papaya (melon) trees.

圆周的任何一段 arch：~形 arc; curve | ~线 arc

hú

胡

（①鬍）

形声字。月（肉）表意，像肉，表示牛颈下的垂肉；古（gǔ）表声。本义是牛颈下的垂肉。引申为胡须。鬍今简化为胡。

胡 originally meant sagging flesh hanging from the neck of a cow (dewlap), and by extension, moustache, beard, whiskers. The character is composed of **月（肉）**, flesh, i.e. the dewlap, and **古（gǔ）**, which represents pronunciation. **鬍** has been simplified to **胡**.

① 胡须；胡子 moustache; beard; whiskers ② 中国古代对北方和西方各少数民族的通称 a general term for tribes living in the northern and western parts of China in ancient times：～人 northern and western tribes｜～地 places occupied by the northern and western tribes ③ 随意；乱 haphazardly：～闹 stir up trouble｜～思乱想 let one's imagination run wild ④ 姓 a family name

hú

壶

（壺）

象形字。像水壶，勾画出壶的盖、身、耳、底。壺简化为壶。壶是盛液体的容器。

壶 means kettle, pot, flask. The character depicts a kettle, with lid, body, handle and base. **壺** has been simplified to **壶**.

一种有嘴有把用来盛液体的容器 kettle; pot; flask：茶～ teapot｜酒～ wine flask

hú

葫

形声字。艹表意，像草，表示大蒜是草本植物；胡（hú）表声，兼表大蒜产于胡地。本义是大蒜。现指葫芦。

葫 originally referred to garlic; later, it referred to the bottle gourd. It consists of **艹**, grass, i.e. garlic is a plant; and **胡（hú）**, 'foreign', which is phonetic and suggests that garlic is a foreign import.

［葫芦］一年生草本植物，茎蔓生，果实可做器皿或供玩赏 bottle gourd

hú

湖

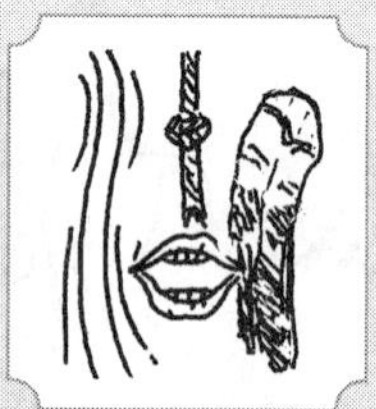

形声字。氵表意，像河水、水珠，表示湖汇聚了河水；胡（hú）表声，胡指牛颈下的垂肉，其形较宽平，表示湖面宽平。本义是湖泊。

湖 means lake. The character is composed of **氵**, water, and **胡（hú）** representing pronunciation; the latter means the fleshy 'dewlap' below an ox's neck, which like a lake, is wide and flat.

陆地上面积较大的水域 lake：～泊 lake｜～水 lake water

hú

蝴

形声字。虫表意，像虫，表示蝴蝶；胡（hú）表声，有胡须义，表示蝴蝶须美而长。本义是蝴蝶。

蝴 means butterfly. 胡 (hú) is phonetic and means whiskers, so the character represents the butterfly as wormlike (虫) with long, beautiful antennae (胡) .

［蝴蝶］会飞的昆虫，翅膀阔大，颜色美丽，吸花蜜，种类很多 butterfly

hú/hù

糊

形声字。米表意，像稻秸和米粒，表示用米煮成的稀粥；胡（hú）表声。本义是稀粥。引申为粘合。

糊 originally meant congee, and by extension to stick, glue. 米 'grain' is semantic, depicting congee as a preparation of rice; 胡 (hú) represents pronunciation.

㊀ hú 粘合 glue：裱～ to paper (wall, ceiling etc) ｜ ～信封 seal an envelope ㊁ hù 粥类食品 congee; porridge; paste：面～ paste ｜ 芝麻～ sesame paste

hǔ

虎

象形字。甲、金文像老虎。篆书像人头戴虎冠。楷书像虎皮铺在几上。本义是老虎。

虎 means tiger. In bone and bronze inscriptions, the characters resemble a tiger. In seal script, it depicts a man wearing a tiger head as a crown. In regular script, it resembles a piece of tiger skin spread on a table.

① 老虎，一种哺乳类猛兽，毛黄色，有黑色斑纹，体长力大，性凶猛，会伤害人、畜 tiger：～骨 tiger bones ｜ ～穴 tiger's den ② 比喻勇猛威武 brave; courageous; daring：～将 brave general ｜ ～劲 dauntless drive

hǔ

唬

会意字。像张开的口和老虎，表示老虎的叫声。本义是虎吼叫。引申为吓唬。

唬 originally meant the roar of a tiger and by extension to frighten, intimidate. The character depicts an open mouth and a tiger, suggesting the roar of a tiger.

虚张声势吓人或蒙骗人 frighten; intimidate：吓～ frighten; intimidate

hù

互

象形字。像绞绳子的器具，中间像绞合的绳，两端像绞绳的木棒。本义是绞绳的器具。引申为相互、彼此。

互 originally represented a tool for twisting rope; by extension, it came to mean each other, both parties. The character resembles the tool: the middle shows a twisted rope; the top and bottom depict the rope wound round two wooden sticks.

互相；彼此 mutual; both parties：～助 help each other｜～敬～爱 respect and love each other

hù

户

象形字。像单扇的门。本义是单扇的门，泛指门。

户 originally meant a single door panel; by extension, it came to stand for doors in general. The character resembles a door with a single panel.

① 门 door：门～ door｜夜不闭～ doors are not bolted at night ② 人家；门第 family; family status：住～ resident｜千家万～ many family units ③ 有财务关系的个人或单位 account：存～ depositor｜账～ (finance) account

H

hù

护

（護）

会意字。“言”像张口讲话，“蒦”像手抓住鸟，有捉住、保全义，表示救助别人就得尽力去保全。简体字“扌”像手，“户”像门，表示用手把守门户，户（hù）兼表声。本义是救助、卫护。

护 means help, protect. The character is composed of 言, speech, and 蒦, which depicts a hand catching and protecting a bird. In the simplified form, 扌 is hand; 户（hù）is phonetic and means door, i.e. guarding a door with one's hands.

① 保护；保卫 protect; defend：～卫 defend｜爱～ care for ② 掩盖；包庇 shield; cover up：～短 cover up one's shortcomings｜庇～ shelter; protect; take under one's wing

hù

沪

（滬）

形声字。氵表意，本像水流、现像水珠，表示水中捕鱼的竹栅；楷书扈（hù）表声，有随从义，随从者众，表示竹栅用许多竹制成；简体字户（hù）表声，表示水中捕捉鱼的门户。本义是捕鱼的竹栅。现用作上海的别称。

沪 originally represented fishing stakes or 'gelangs'; it is now used as a name for Shanghai. The character combines the semantic element 氵, water, with 扈（hù）, which represents pronunciation. The latter means retinue or entourage, suggesting bamboo poles lined up to form a fence (for fishing). In the simplified form, 户（hù）, door, represents pronunciation and suggests a gate that traps fish in the water.

上海市的别称 another name for the city, Shanghai：～剧 Shanghai opera

huā 花

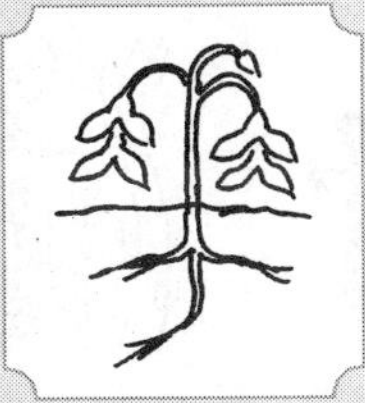

象形字—形声字。篆书像花。楷书艹表意，表示花多为草本植物；化（huà）表声，兼表花的形状、颜色千变万化，是大自然的造化。本义是花朵。

花 means flower. In seal script, the character resembles a flower. In regular script, 艹 is semantic, indicating that flowers are plants; 化（huà）, change, is phonetic, representing the variation amongst flowers that results from the workings of nature.

① 植物的繁殖器官 flower：～朵 flower ② 像花的东西 flower-like object：雪～ snowflake | 火～ sparks ③ 杂色、条纹、图案 pattern; design：～猫 cat with stripes on its body | ～布 cloth with flowery designs ④ 虚伪的；迷惑人的 falsity; misleading：～招 trick ⑤ 模糊不清 unclear：昏～ blurred vision ⑥ 用掉 spend：～钱 spend money

huá/huà 划（劃）

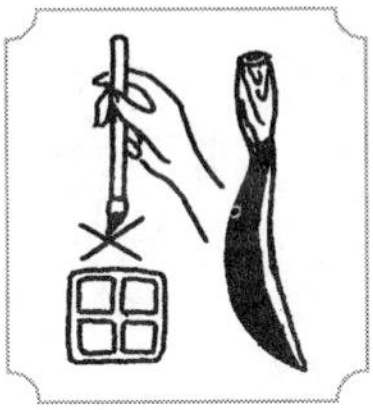

会意字。“刂”像刀，“畫”像手执笔画地界，表示刀痕如笔道，畫（huà）兼表声。简体字表示刀（刂）和戈都能割物。本义是用尖利的东西割物。

划 means scratch or cut sth with a sharp object. The character is composed of 刂, knife, and 畫（huà）, which is phonetic, and depicts a hand holding a pen marking out territorial boundaries, i.e. a knife cut looks like a line drawn by hand. The character's simplified form consists of knife（刂）and spear（戈）, both objects used for cutting.

㊀ huá ① 刻、割或擦过 carve; cut; brush across：～玻璃 cut glass ② 拨水前进 paddle：～船 paddle boat ③ 合算 worthwhile; value for money：～算 value for money ㊁ huà ① 分开 separate：～分 delineate ② 转拨 transfer：～账 transfer money ③ 计划 plan：规～ to plan

huá/Huà 华（華）

象形字—形声字。金文像花。篆、楷书加艹（艸），表示花多属草本植物。简体字十表意，表示花完美；化（huà）表声，兼表花是美的化身。本义是花。

华 means flower. In bronze inscriptions, it resembles a flower. 艹（艸）, signifying plants, is added in seal and regular scripts. In its simplified form, 十 is semantic, meaning "whole or perfect"; 化（huà）is phonetic, and means changes, signifying that flowers are a transformation of beauty.

㊀ huá ① 美丽有光彩；繁荣 magnificent; prosperous：～丽 resplendent | 繁～ prosperous; thriving ② 最好的部分 best part of sth：精～ essence ③ 中国或中华民族 China; Chinese：～人 Chinese ㊁ Huà ① 华山，山名，在陕西省 Huashan, a mountain in Shanxi Province ② 姓 a family name

huá/huā 哗（嘩）

形声字。口表意，像张开的口，表示喧哗；華（华huá）表声，华像花，有光彩四溢义，表示哗是人声四溢。嘩简化为哗。本义是喧哗。

哗 means uproar, clamor. It consists of 口, an open mouth, i.e. an uproar or a clamor; and 華（华huá）, flower, which is phonetic, i.e. splendor, radiating in all directions, like an uproar.

㊀ huá 人声嘈杂 commotion; noisy：喧～ uproar; commotion | ～然 uproar; commotion

㊁ huā 象声词 onomatopoeia：河水～～流 rushing river

huá 猾

形声字。犭表意，像犬，表示像犬一样狡诈；滑（huá）省声，滑有不老实的意思，表示狡猾就是不老实。本义是狡诈。

猾 means sly, cunning. The character is made up of 犭, dog, i.e. as sly as a dog, and **滑**（huá）, which is phonetic and means slippery or dishonest, similar to cunning.

狡诈 sly; cunning：狡～ sly; cunning | 奸～ evil and cunning; scheming | 老奸巨～ wily old fox

huá 滑

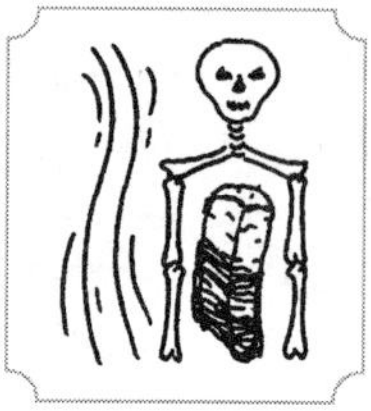

会意字。“氵”像水流、水珠，表示有水则滑润；“骨”像肉（月）所依附的骨（冎），表示光滑如骨。本义是光滑。

滑 means smooth, well-polished. It is composed of 氵, water, which has a lubricating effect, and **骨**, bones, which are smooth and polished.

① 光滑 smooth; well-polished：～溜 smooth | ～梯 (playground) slide ② 滑动 to slide：～冰 ice-skate | ～行 glide ③ 不诚实；狡诈 dishonest; cunning; scheming：～头 wily | 狡～ sly; cunning

huà 化

会意字。像一正一倒两个人，表示变化。本义是变化。

化 means change, transform. The character depicts two people, one standing upright and the other upside down, suggesting change.

① 改变；使改变 change; to change：变～ change; transform | ～装 put on make-up ② 融解；消除 resolve; get rid of：～冻 thaw | ～解 resolve ③ 化学 chemistry：～工 chemical industry | ～疗 chemotherapy

huà 画（畫）

会意字。甲骨文像手执笔画花纹。金篆楷像手执笔画田地分界线。简体字仅剩田和界线。本义是描绘。

画 means sketch, outline. In bone inscriptions, the character depicts a hand painting with a brush. In bronze and seal scripts, the characters show a hand delineating territorial boundaries with a brush. Its simplified form comprises only two components—fields（**田**）and boundaries（**界线**）.

① 描绘 sketch; outline：～图 draw; drawings | ～人 draw a person ② 画成的作品 painting; drawing; design：～面 scene; picture | 图～ painting; figure; drawing ③ 作记号或签署 mark; sign：～线 draw a line | ～押 sign ④ 汉字一笔叫一画 stroke (of a Chinese character)

huà
话
（話）

形声字—会意字。篆书言表意，像张口伸舌说话；昏（guā）表声。楷书“言”像开口说话，“舌”像口和舌脉，表示言从舌出。話简化为话。本义是话语。

话 means words, speech. In seal script, 言 is semantic; it depicts a person sticking out his tongue talking; 昏 (guā) represents pronunciation. In regular script, 言 signifies talking; 舌 resembles mouth and tongue, indicating words, spoken with the aid of the tongue. 話 has been simplified to 话.

① 话语；言语 word; speech：说～ talk; say | 对～ conversation ② 讲；谈 say; tell; talk; discuss：～题 conversation topic | ～别 bid farewell

huà
桦
（樺）

会意字。“木”像树，“華”像草和花，有亮丽、光彩义，表示桦树美观亮丽，華（华 huá）兼表声。樺简化为桦。桦树是落叶乔木。

桦 means birch, a type of deciduous tree. It is composed of 木, tree, and 華 (华 huá), which is phonetic, and depicts grass and flowers, i.e. splendor and radiance. Such is the beauty of birch trees. 樺 has been simplified to 桦.

桦树，落叶乔木，木材坚密，可制器具 birch, a type of deciduous tree, provides sturdy wood for making tools：～木 birch wood | 白～ white birch

H

huái
怀
（懷）

会意字。金文“衣”像上衣，“罘”像目垂泪，以眼泪落在衣襟上表示思念。篆、楷书“忄”像心脏，表示内心思念；“褱”是懷的本字。简体字忄、不，表示心中怀着不能消除的思念。本义是思念。

怀 means think of, yearn for. In bronze inscriptions, 衣 resembles an upper garment; 罘 resembles tears flowing from an eye, i.e. tears falling on one's garment, as one reminisces. In seal and regular scripts, 忄 represents heart, suggesting thinking deeply of; 褱 was the original form of 懷, yearn. In its simplified form, 忄 and 不 imply that the memory of sb or sth cannot be erased from the mind.

① 想念 think of; yearn for：～念 think of | ～旧 nostalgia ② 心存 harbor a feeling：～恨 harbor hatred | ～疑 suspicious ③ 心意；心胸 feeling; intention：情～ feeling ④ 胸前 chest：～表 pocket watch ⑤ 腹中有胎 pregnant：～胎 pregnant

huái
徊

会意字。“彳”像路口，“回”像旋涡，表示如水流回旋般徘徊不前。本义是回旋往返。

徊 means walking back and forth. It consists of 彳, a road junction, and 回, a whirlpool, i.e. going back and forth like water swirling.

［徘徊］来回地走 walk back and forth：在海边～ walking up and down the beach

华 249页　划 249页

huái

淮

会意字。“氵”像水流、水珠，表示淮河；“隹”像鸟，表示淮河两岸鸟多。本义是淮河。

淮 refers to the Huaihe River in Central China. It consists of **氵**, water and **隹**, bird, i.e. many birds can be found on the banks of Huaihe River.

淮河，发源于河南省，流经安徽省入江苏省 Huaihe River in Central China; the river originates in Henan Province, flows through Anhui Province and ends in Jiangsu Province.

huái

槐

会意字。“木”像树，“鬼”像鬼怪，迷信认为人死后变鬼，鬼形多变，表示槐树有青黄白黑多种。本义是槐树。

槐 refers to the pagoda tree or Chinese scholar tree. **木** represents tree. **鬼** resembles a demon. Superstitions hold that after they die, men become spirits; spirits are varied, just as the pagoda tree has many varieties, including green, yellow, white and black.

槐树，落叶乔木，木材可做器具，如蕊、果、根皮可入药。 Chinese scholar tree, a type of deciduous tree which provides sturdy wood for making tools; its flowers, fruit and roots are used as ingredients in Chinese medicine.

huài

坏
（壞）

会意字。“土”本像地上有堆土，表示土松易倒塌；“褱”像泪洒衣襟，表示建筑倒塌、毁坏人会伤心，褱（huái）兼表声。简体字土、不，表示土垒成的建筑毁坏不成原形。本义是倒塌、毁坏。引申为不好。

坏 originally meant collapse, destroy, damage, and by extension, bad. **土** resembles a pile of earth; it suggests buildings built on a poor foundation of soil collapse easily. **褱（huái）** is phonetic; it resembles tears falling on one's garment, symbolizing distress, just as damaged buildings cause distress. In the simplified form, **土** and **不** represent buildings built of mud, which cannot be restored to their original form after they are damaged.

① 不好的 bad; not good：～人 bad guy｜～事 bad news ② 受损；变质 damaged：车～了。The car has broken down. ③ 使变坏 damage; destroy：破～ damage; destroy ④ 程度深 great extent：忙～了 extremely busy

huān

欢
（歡）

会意字。“欠”像人张嘴呼气或欢笑，“雚”是一种鸟，鸟跳跃鸣叫像非常高兴的样子。简体字表示人快乐时会不断（又）开口（欠）欢笑。本义是喜乐。

欢 means joyous, jubilant. **欠** resembles a man exhaling or laughing. **雚** depicts a bird hopping and chirping for joy. In the simplified form, **欢** shows happy people 'exhaling' laughter **（欠）** continuously **（又）**.

① 快乐；高兴 happy; joyful：～乐 happiness｜～呼 jump for joy ② 起劲；活跃 with drive; active：干得～ do sth with drive｜玩得～ enjoyable

huán/hái 还（還）

会意字。“辶”（辵）像路和脚，“瞏”有返意，表示返回，瞏（huán）兼表声。简体字不、辶，以不再前行表示返回。本义是返回。

还 means return. 辶（辵）depicts a road and a foot. 瞏（huán）is phonetic; it also means return or come back. In the simplified form, 不 and 辶 signify to cease moving forward, i.e. to turn back.

㊀ huán ① 回到；回复 return：～乡 return to one's hometown | ～原 recover ② 回报；偿还 repay：～礼 exchange gifts | ～债 repay debt ㊁ hái ① 仍旧 still：～是 still ② 更加 more; to a higher degree：她比姐姐～能干。She is more capable than her sister. ③ 再；又 again：看了～看 see it again and again ④ 尚；勉强 still; quite：～好 not bad

huán 环（環）

会意字。“王”（玉）像一串玉，表示玉环；“瞏”像衣前有玉环；瞏（huán）兼表声。简体字像一串玉（王）和花托（不），表示玉环似花托为圆形。本义是玉环。泛指环形物。

环 originally meant jade bangle or ring; by extension, ring-like objects in general. 王（玉）depicts a string of jade, i.e. jade bangles or rings. 瞏（huán）is phonetic; it depicts jade rings on top of a garment. Its simplified form is represented by a string of jade（王）and a round flower receptacle（不）, signifying a jade bangle.

① 圆圈形的东西 ring-like object：花～ garland | 铁～ iron ring ② 围绕 surround：～绕 surround | ～球 global

H

huǎn 缓（緩）

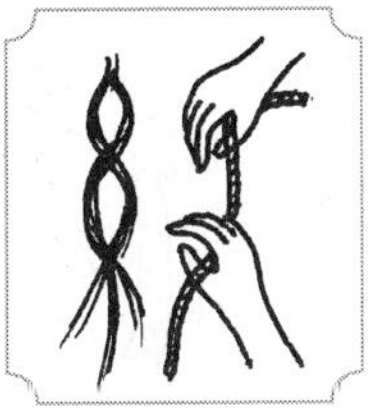

会意字。“糸”（纟）像丝，表示如丝帛般宽舒；“爰”像手握绳拉引另一手，有缓慢义，缓慢则宽舒。緩简化为缓。本义为宽松。

缓 means loose, relaxed, slow. It consists of 糸（纟）, silk, i.e. loose clothing; and 爰, two hands on a rope – one hand pulling the rope to guide the other hand along, signifying "slow", i.e. relaxed. 緩 has been simplified to 缓.

① 宽松；平和 loose; peace：～和 slow down; calm | ～冲 buffer ② 慢 slow：～慢 slow ③ 推迟；延迟 postpone; delay：～期 postpone | 延～ postpone ④ 恢复 recover：～过气来 catch one's breath

huàn 幻

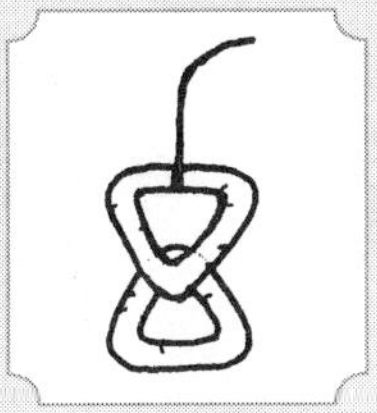

会意字。篆书是倒写的“予”，予像两个梭子交错，有给予义，颠倒的予表示欺诈。楷书“幺”像细丝，有微小、虚幻意；“𠃌”像钩子，表示一不小心就会上当。本义是欺诈。引申为虚构的、不真实的。

幻 originally meant cheat, then by extension, to fabricate, be unreal. In seal script, it is written as an upside down 予. 予 depicts loom shuttles interlocked; it means "give"; hence an inverted 予 means "cheat". In regular script, 幺 resembles fine silk, suggesting small, unreal; 𠃌 resembles a hook, or, through carelessness, being caught (i.e. being cheated).

① 不真实的；空虚的 unreal; imaginary; illusory：～想 imagination ② 奇异的变化 change that is strange：变～莫测 unpredictable huàn

宦

会意字。“宀”像房屋，表示家奴；“臣”像竖目，表示家奴身份卑微，常弯腰俯首，侧看其眼呈竖立状。本义是贵族家的奴仆。引申为在宫内侍奉的官。

宦 originally meant slaves, servants of noble families, and by extension, court officials. 宀 resembles a house, suggesting house servant. 臣 resembles an eye pointing down, as when a lowly servant bows before his master.

① 官；做官 official：～途 officialdom｜仕～ official ② 太监 eunuch

huàn

换

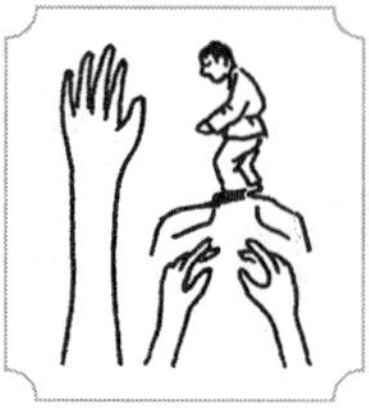

形声字。扌表意，像手，表示用手交换东西；奂（huàn）表声，奂有众多义，表示通过商品交换可得到众多所需之物。本义是交换。

换 means exchange. It is composed of 扌, hand, i.e. exchange things with the hands; and 奂（huàn）, which is phonetic and means many or numerous, i.e. exchange allows one to obtain many necessities.

① 对调 exchange：交～ exchange｜调～ exchange ② 变更 change：～衣 change one's clothe｜～牙 grow permanent teeth

huàn

唤

会意字。“口”像张开的口，“奂”有大义，表示大声呼喊，奂（huàn）兼表声。本义是呼唤。

唤 means call out, summon. It consists of 口, an open mouth; and 奂（huàn）, which is phonetic and means big, or here, in a loud voice. Hence, to summon is represented as open mouth and loud.

呼喊；呼叫 scream; call out loudly：～醒 wake sb up｜呼～ call out

huàn

涣

形声字。氵表意，像水流、水珠，表示水流散；奂（huàn）表声，奂有大、多义，水大而多则会分流。本义是水流散。

涣 means water spreading out. The character consists of 氵, water, and 奂（huàn）, which is phonetic and means big, plentiful, i.e. outflow of water from a large source.

消散；不集中 dissolve; disperse：～然冰释 (problem, trouble etc) disappear｜精神～散 unable to concentrate; slack huàn

患

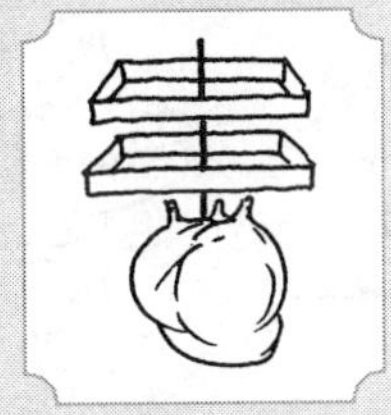

会意字。“心”像心脏，“串”像绳或棒贯穿二物，表示心中为忧思所穿。本义是忧虑。

患 means worry, trouble. 心 depicts heart. 串 depicts a rope or stick piercing two objects, i.e. a heart filled with worries.

① 忧虑 worry; trouble：～得～失 worry about gains and losses ② 生病 fall sick：～病 fall sick; get ill ③ 灾祸 disaster：祸～ meet with disaster; an accident｜有备无～ well-prepared and have nothing to fear

huàn

焕

会意字。“火”像火焰，“奂”有盛大义，表示火大光亮；奂（huàn）兼表声。本义是光明。

焕 refers to brightness. 火 resembles flames. 奂（huàn）represents pronunciation; it means big or grand. Thus, flames that are large signify bright.

光明 bright; illuminating：～然一新 take on an entirely new look｜容光～发 (sb) looks full of energy and life

huàn

痪

会意字。“疒”像病床，“奂”有大义，表示肢体大面积地麻木或失去活动能力，奂（huàn）兼表声。本义是瘫痪。

痪 means paralysis. 疒 resembles a sickbed, i.e. illness. 奂（huàn）represents pronunciation and implies large. Thus, paralysis is depicted as an illness in which a large part of the body is immobile.

［瘫痪］一种由神经机能发生障碍而引起的，肢体部分或完全丧失活动能力的疾病 paralysis

huāng

荒

形声字。艹（艸）表意，像草；巟（huāng）表声，巟有水广义，表示荒是田地大面积长野草。本义是荒芜。

荒 means barren. It consists of 艹（艸）, grass, and 巟（huāng）, which is phonetic and refers to a vast area of water, i.e. barren is represented as a vast area overgrown with wild grass.

① 荒芜 barren：～地 barren plot of land｜开～ open up wasteland ② 偏僻；冷落 remote; desolate：～野 the wild｜～凉 desolate ③ 收成不好 bad harvest：～年 a year of bad harvest ④ 严重缺乏 drought：水～ drought ⑤ 生疏 unfamiliar：～疏 neglect ⑥ 不合情理 unreasonable：～唐 absurd huāng

慌

形声字。忄表意，古文字像心脏，表示心中着急、忙乱；荒（huāng）表声，荒有杂草丛生义，表示人慌乱时心里乱如杂草丛生。本义是急迫、慌张。

慌 originally meant urgent, flustered. It consists of 忄, heart, and 荒（huāng）, which is phonetic and depicts a plot of land covered with grass, i.e. flustered is represented as a feeling (in the heart) of disorder, like wild grass.

① 心神不安；动作忙乱 flustered; worried：～乱 flustered｜恐～ worried; confused ② 难受 uneasy：闷得～ bored to death｜饿得～ extremely hungry

huáng

皇

象形字—会意字。金文像灯盏发光。篆书"自"像鼻子，"王"像大斧，表示君王。楷书"王"指君王，"白"像日升放光，象征皇恩浩大。本义是灯火辉煌，此义现写作煌。

皇 originally describes glittering and shimmering of lights, a meaning now represented by the character 煌. In bronze inscriptions, 皇 looks like a lamp emitting light. In seal script, 自 depicts the nose, and 王, a big axe, signifying a great lord. In regular script, 王 refers to the emperor, 白 resembles the light of the rising sun, symbolizing the grace of the emperor.

①帝王；君主 emperor; lord：～帝 emperor｜～宫 palace ② 盛大 grand：富丽堂～ majestic

huáng

黄

象形字。像人胸前挂着一大块玉。本义是半璧形的玉，此义现写作璜。引申为黄色。

黄 originally referred to a semi-circular piece of jade, a meaning later represented by 璜; by extension, it came to mean yellow. The character depicts sb wearing a jade pendant on his chest.

① 像蛋黄的颜色 yellow：～花 chrysanthemum｜～豆 soybean ② 姓 a family name

huáng

凰

形声字。几表意，像风帆，表示能产生风的神鸟；皇（huáng）表声，皇有帝王义，表示凤凰为百鸟之王。本义是凤凰。

凰 originally referred to the phoenix. 几 is semantic; it resembles a wind-sail; 皇（huáng）is phonetic; it denotes a king. So the phoenix is depicted as king of birds, and the wind producing bird – a reference to its legendary ability to create the winds.

凤凰，传说中的百鸟之王，常用来象征吉祥 phoenix

huáng

惶

形声字。忄表意，像心脏，表示心中恐惧；皇（huáng）表声，皇有天神、帝王义，表示人们对天神、帝王怀有敬畏、惶恐之心。本义是恐惧、惊慌。

惶 originally meant fear, terrified. 忄 is semantic; it resembles the heart, indicating the feeling of fear; **皇（huáng）**, deities, lords, is phonetic. Thus, fear and terror is represented as emotions evoked by deities and lords.

恐惧；惊慌 fear; terrified：～恐 terrified; fearful｜人心～～ everyone is on tenterhooks

huáng

煌

会意字。“火”像火焰，“皇”像灯盏发光，表示火光大，皇（huáng）兼表声。本义是明亮。

煌 originally meant bright. It consists of **火**, flames, and **皇（huáng）**, which is phonetic and depicts a lamp giving off light, i.e. bright.

明亮 bright; luminous：辉～ luminous; brilliant

huáng

蝗

形声字。虫表意，像虫，表示蝗虫；皇（huáng）表声，皇有大义，表示蝗虫形体较大，且大片地危害庄稼。本义是蝗虫。

蝗 originally referred to the locust. The locust is depicted as **虫**, worm or insect, and **皇（huáng）**. The latter is phonetic and implies big. Thus, large insects that cause great devastation.

蝗虫，一种吃庄稼的害虫，常成群飞。种类很多，有飞蝗、稻蝗、棉蝗等 locust

huáng

磺

形声字。石表意，像山崖下有块石头；黄（huáng）表声，黄像人胸前挂着一大块玉，玉是宝石，表示磺是有价值的矿石。磺本指一种矿石，后指硫磺。

磺 originally referred to a kind of mineral; now it refers specifically to sulphur. The character is composed of **石**, rock or stone, and **黄（huáng）**, which is phonetic and depicts sb wearing a large slab of jade on the chest. Thus, **磺** is a type of precious rock.

硫磺，一种非金属元素，浅黄色结晶体，多用来制硫酸、火药、火柴等 sulphur

huǎng

恍

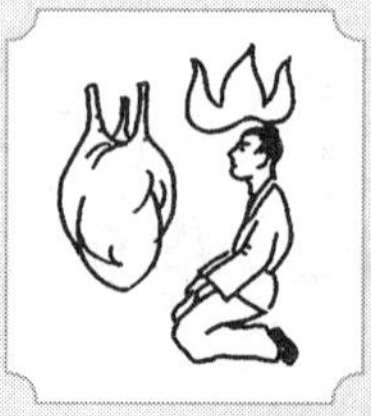

会意字。“忄”古文字像心脏，“光”像人头上有火，以火光会随风晃动，表示心中恍惚。本义是恍惚。

恍 originally meant absentminded, preoccupied. The character is composed of 忄, heart, and 光, which looks like flames over someone's head. Thus, a mind like a flickering flame - preoccupied.

① 模糊；不清楚 fuzzy; unclear：～惚 confused; preoccupied ② 好像；仿佛 as if; resemble; similar to：～若隔世 as if in another life (describe dramatic changes) | ～如梦境 as if in a dream ③ 突然 abruptly; suddenly：～然大悟 suddenly see the light

huǎng/huàng

晃

会意字。“日”像太阳，“光”像人头上有火，表示日光明亮。本义是明亮。

晃 originally meant bright, luminous. The character has 日, sun, and 光, fire over sb's head, i.e. bright.

㊀ huǎng ① 明亮；闪耀 bright; glaring：～眼 glaring to the eyes | 明～～ shinning; dazzling ② 很快地闪过 flash past：一～而过 past by like a flash of light ㊁ huàng 摇动 shake; tremble：～动 shake; tremble | 摇头～脑 exude an air of self-satisfaction

huǎng

谎

（謊）

形声字。言（讠）表意，像张口发出说话声；荒（huāng）表声，荒有虚空、迷乱义，表示谎是不合事实的言语。謊简化为谎。本义是凭空想像的话。引申指假话。

谎 originally referred to groundless or imagined talk, and by extension, lies. It consists of 言（讠）, sb talking, and 荒（huāng）, which is phonetic and means empty, misleading, i.e misleading talk. 謊 has been simplified to 谎.

假话；不真实的 lies：～话 lies | 撒～ lie

huǎng

幌

形声字。巾表意，像悬挂的布，表示帐幔、布帘；晃（huǎng）表声，晃有明亮义，表示帷幔可遮避明亮的光。本义是帐幔、布帘。引申指酒店为招揽顾客而在门口悬挂的标志。

幌 originally meant canopy, curtain, and later, by extension, signs hung at the entrances of hotels to attract guests. 巾 is semantic; it resembles a hanging cloth, i.e. a canopy, curtain; 晃（huǎng）is phonetic; it denotes bright, dazzling. Thus, a canopy against bright light.

商店门外的招牌或标志物 advertising board, banner, poster, signboard etc huī

灰

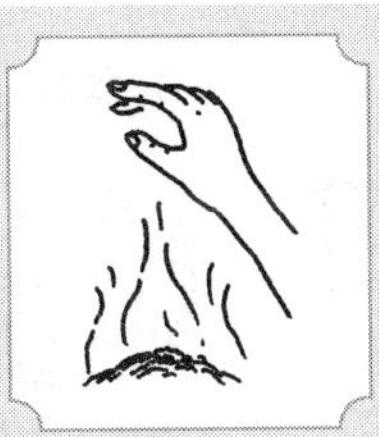

会意字。像手和火，表示火熄灭后可用手触碰的是灰。本义是灰烬。

灰 originally referred to ash. The character depicts a hand and fire, i.e. ash is what can be touched by the hand after the fire is extinguished.

① 物体燃烧后剩下的粉末 ash：炉～ ash from the furnace | 骨～ bone ash ② 尘土 dirt; dust：～尘 dirt; dust ③ 石灰 lime (used widely for construction)：～浆 mortar | 抹～ smear the mortar ④ 介于黑白之间的颜色 grey：～鼠 chinchilla | 银～ silvery-grey ⑤ 消沉；失望 depressed; disappointed：～心丧气 lose all hope; feel hopeless

huī

挥

（揮）

会意字。“扌”像手，表示挥动手臂；“軍”（军）像用战车围成的军营，表示军队服从指挥，挥臂就能前进。揮简化为挥。本义是舞动、摇动。

挥 originally meant wave, shake. It is composed of 扌, hand, and 軍（军）, which depicts carts surrounding a military camp. Thus, waving of the hand and signals from the military. 揮 has been simplified to 挥.

① 摇动；舞动 shake; wave：～动 wave | ～手 wave the hand ② 散发；甩出 emit; give out：～发 volatilize | ～汗 sweat profusely

huī

恢

形声字。忄表意，像心脏，表示人心地宏大、宽广；灰（huī）表声，灰像手取火灭后的灰烬，灰是粉末易随风扩散，恢取其扩散意。本义是大、宽广。

恢 originally meant large, broad, vast. It is composed of 忄, heart, i.e. large of heart; and 灰（huī）, ash, which is easily scattered by the wind over a large area, signifies vast. The latter also represents pronunciation.

大；宽广 vast; broad：～弘 vast; extensive | 天网～～ justice has a long arm

huī

辉

（輝）

会意字。“光”像人头上有火照明，“軍”（军）像战车围成的军营，表示光芒围绕。輝简化为辉。本义是光彩。

辉 originally referred to brilliance. The character is formed from 光, light, and 軍（军）, which depicts a military camp surrounded by carts. Thus, light that surrounds.

① 闪耀的光彩 brilliance：光～ brilliance | ～煌 luminous; brilliant ② 照耀 shine upon：～映 shine; reflect | 星月交～ describes a night where with bright stars and a luminous moon

H

huī 徽

形声字。糸表意，像线绳；微（wēi）表声，微有细小意，表示徽由三股细线合成。本义是三股线合成的绳子。引申为标志。

徽 originally depicted a rope made of three threads, symbolizing a mark, emblem, sign. 糸 is semantic; it resembles threads and strings; 微（wēi）is phonetic, and denotes small or fine. Thus, a cord composed of fine threads.

标志 mark; emblem; sign etc：～章 emblem; badge｜校～ school badge

huí 回

（①②③迴）

象形字。像漩涡。本义是漩涡。漩涡的水流呈打转环绕之形，故引申为环绕。迴今简化为回。

回 originally meant whirlpool, and by extension, surround. The character resembles a whirlpool. 迴 has been simplified to 回.

① 环绕 surround：～旋 encircle｜迂～ twists and turns; circuitous; roundabouts (in stories etc) ② 返；归来 return：～家 go home｜～国 return to one's country ③ 掉转 turn around：～头 turn one's head around｜～首往事 reminiscence about past events ④ 答复 reply：～答 reply; respond｜～信 reply to a letter ⑤ 量词 measure word：一～事 an affair; a matter

huí 茴

形声字。艹（艸）表意，像草，表示茴香；回（huí）表声，回像旋涡，有回旋意，表示茴香香气浓郁回旋不散。本义是茴香。

茴 means fennel. 艹（艸）depicts fennel as a kind of vegetation; 回（huí）is phonetic, and means encircling. Thus, fennel is a plant with a lingering aroma.

茴香，草本植物，有特别的香味，茎叶可以吃，果实可以做香料 fennel

huí 蛔

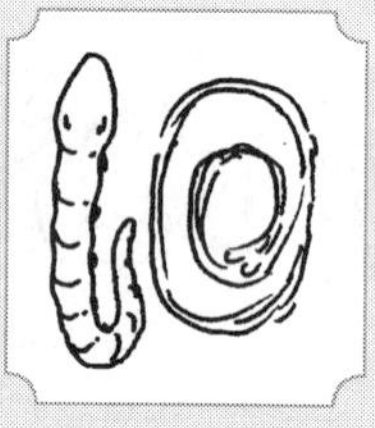

会意字。"虫"像条虫，"回"像水流回旋，表示蛔虫身体细长，寄生在人、畜曲折弯转的肠子里，回（huí）兼表声。本义是蛔虫。

蛔 originally referred to the roundworm. 虫 indicates worm; 回（huí）is phonetic, and resembles a flowing, spiraling whirlpool. Thus, roundworms are represented as long, thin worms that live in spiraling intestines.

蛔虫，寄生在人或动物肠内的寄生虫，能损害人或动物的健康 roundworm

huǐ

悔

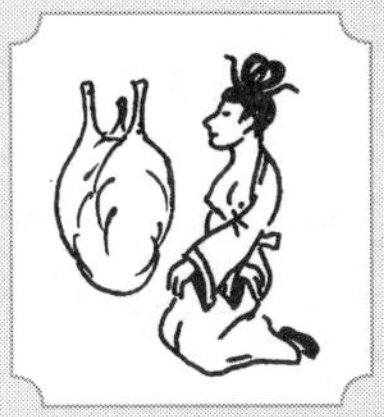

会意字。“忄”像心脏，表示心中后悔；“每”有时常义，表示悔者常常在心中自责。本义是悔恨。

悔 originally meant regret. The character is composed of 忄, heart, symbolizing feelings of regret; and 每, often. Thus regret is often self-reproach.

因做了错事而懊恼、怨恨 regret：～恨 regret｜后～regretful

huǐ

毁

会意字。“臼”像舂米的器具，“土”本像地上有堆土，“殳”像手持器械，表示土制器具不结实易被毁。楷书将土改为工（像斧头）。本义是破坏、损坏。

毁 originally meant destroy, damage, devastate. The character is composed of 臼, a container like a mortar, 土, soil on the ground, and 殳, which resembles sb holding a weapon. These depict clay objects that are easily damaged. In regular script, the radical 土 has been changed to 工 (which resembles an axe).

① 破坏；损坏 destroy; damage; devastate：～坏 damage｜拆～ destroy; tear down ② 烧掉 burn：焚～ burn｜烧～ destroy by burning ③ 诽谤：～谤 defame; slander｜诋～ defame; slander

H

huì

汇

（①③④匯 ②彙）

会意字。“匚”像器具，“淮”指淮河，表示盛水容器。简体字表示河水（氵）汇聚（匚）。本义是盛水容器。引申为河流会合。汇、彙今归并简化为汇。

汇 originally referred to a container for holding water, or by extension, the convergence of rivers. 匚 depicts a container; 淮 refers to the Huai River, i.e. a container for holding water. The simplified character shows 氵, water, and 匚, convergence. 匯 and 彙 are now simplified and grouped into 汇.

① 水流会合 the convergence of rivers：～合 converge; join ② 聚合；综合 assemble; conglomerate：～总 gather; collect｜词～ vocabulary ③ 寄钱 remit：～款 remit money｜电～ telegraphic money transfer ④ 指外国货币 foreign currency：外～ foreign exchange｜创～ make profits in the foreign exchange market

huì/kuài

会

（會）

会意字。像盖、底和蒸格，表示聚合。简体字人、云，表示会集起来的人多如云。本义是聚合。

会 originally meant to assemble, come together. The pictogram resembles a lid, a base and the different compartments of a kitchen steamer, suggesting assemble, come together. In the simplified form, radicals 人, person, and 云, cloud, symbolize an assembly of many people.

❶ huì ① 聚合 assemble; come together：～师 join forces ② 见面；会见 meet：～客 meet a client ③ 集会；会议 meeting：大～ mass meeting ④ 团体 union; society：工～ labor union ⑤ 大城市 city：省～ provincial capital ⑥ 理解；懂得 understand; know：领～ understand ⑦ 能够；可能 able to; probably：能说～道 eloquent ❷ kuài 总计 aggregate：～计 account huì

讳

（諱）

会意字。“言”（讠）像张口说话，“韋”（韦）像脚围绕城池，简体字像皮条围绕物体，有守、绑束意，表示有顾忌而不说。諱简化为讳。本义是隐讳。

讳 originally meant to avoid mention. 言（讠）depicts speech; 韋（韦）depicts feet alongside a city moat. The simplified form depicts leather strips encircling an object, symbolizing restraint. Thus restraint in speech.

① 有顾忌而不说 taboo：忌～ taboo | 直言不～ straightforward; say everything that comes to one's mind ② 忌讳的事 tabooed or avoided actions：避～ avoid; dodge; parry

huì

诲

（誨）

会意字。“言”（讠）像张口说话，“每”像母亲，表示教导。誨简化为诲。本义是教导。

诲 originally referred to teachings, instructions. The character is composed of 言（讠）, speech, and 每, mother, i.e. speech from the mother, or instructions. 誨 has been simplified to 诲.

教导 teach; instruct：教～ teachings; guides | ～人不倦 never tire of teaching others

huì

绘

（繪）

形声字。糸（纟）表意，像丝，表示彩色的丝绣；會（会huì）表声，会有会合意，表示将五彩会合在一起。繪简化为绘。本义是彩色刺绣。引申指绘画。

绘 originally referred to colored embroidery, and by extension to draw, sketch. 糸（纟）is semantic; it resembles silk, i.e. colored embroidery; 會（会 huì）is phonetic, and means meet, assemble, converge. Thus, embroidery is colors brought together on silk. 繪 has been simplified to 绘.

画图；描述 draw; sketch：～图 painting; drawing | 描～ sketch; outline

huì

贿

（賄）

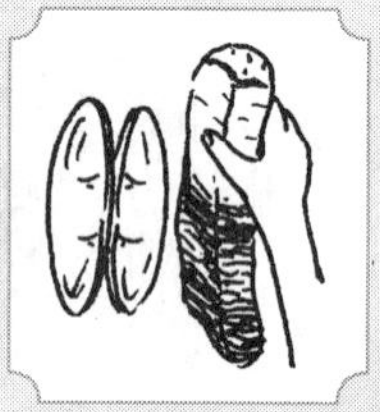

会意字。“貝”（贝）像古代用作货币的贝壳，“有”像手上提着肉，表示拥有财物。賄简化为贿。本义是财物。

贿 originally referred to money, valuables. The character is composed of 貝（贝）, seashells, formerly used as currency and 有, which depicts sb holding meat in the hands, signifying possessing valuables. 賄 has been simplified to 贿.

① 用财物买通别人 bribe：～赂 bribe; bribery | 行～ bribe ② 用来买通人的财物 bribes：受～ accept bribes huì

晦

会意字。"日"像太阳，表示日子；"每"指每个，表示每个月的最后一天。本义是夏历每月最后一天。引申为昏暗不明。

晦 originally meant the last day of each month in the lunar calendar, and by extension, dark, dim. 日 is the sun; 每 is each, every. Thus, the last day of each month.

① 昏暗；不明显 dim; dark; not obvious：~暗 dim; dark | 隐~ obscure; veiled; ambiguous ② 倒霉 unlucky：~气 bad luck

huì

秽

（穢）

会意字。篆书"艸"像草，楷书"禾"像谷类植物，"歲"（岁）即年，表示粮田中整年长满草。穢简化为秽。本义是粮田荒芜，长满野草。引申为肮脏。

秽 originally referred to fields that have gone to seed and become covered in weeds; by extension, dirty or messy. The seal script has 艸, grass; regular script has 禾, grain. 歲（岁）means an agricultural year, hence, grass growing through the year in crop fields. 穢 has been simplified to 秽.

① 肮脏 dirty：~土 polluted soil | 污~ dirty; filthy ② 丑恶 ugly behavior：~行 immoral; abominable conduct | 淫~ salacious

huì

惠

会意字。"心"像心脏，表示仁爱发自内心；"叀"是（专）的本字，表示仁爱之心始终如一。本义是仁爱。引申为施惠。

惠 originally meant benevolent, and by extension, charitable actions. The character shows 心, heart, the source of benevolence, and 叀, which is derived from 专 (sole), hence constant and from the heart.

① 给予或受到好处 to benefit sb, or to benefit from sth：恩~ favor received | 实~ practical benefit ② 敬词 used to show respect：~存 please accept (a gift, souvenir etc) | ~临 (your) gracious presence

huì

慧

形声字。心表意，像心脏，表示心里充满智慧；彗（huì）表声，彗像扫帚和手，表示扫除愚昧变聪慧。本义是聪明。

慧 originally meant clever. It is composed of 心, heart, the source of wisdom; and 彗（huì）, which is phonetic, and depicts a broom and a hand. Hence, cleverness is wisdom swept clear of foolishness.

聪明 clever; bright; intelligent：聪~ clever; bright; intelligent | 智~ wisdom; intelligence

hūn 昏

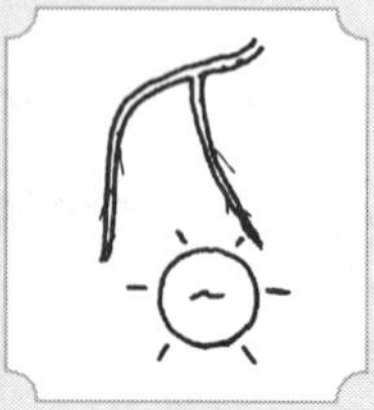

会意字。“日”像太阳，“氏”像树根，表示太阳落下之时是黄昏。本义是黄昏。

昏 originally meant evening. It is composed of 日, sun, and 氏, which resembles tree roots, i.e. evening is when the sun is low.

① 天将黑的时候 evening：黄～ evening ② 光线暗 dim：～暗 dim｜～黑 dark ③ 糊涂；神志不清 careless; absent-minded; muddle-headed：～庸 muddle-headed｜～头～脑 absent-minded; muddle-headed ④ 失去知觉 unconscious：～迷 go unconscious; fall into a coma

hūn 荤（葷）

会意字。“艹”（艸）像草，“軍”（军）像战车围成的军营，军有攻击性，表示有刺激性气味的蔬菜。葷简化为荤。本义是姜、葱、蒜等有特殊气味的菜。引申为肉食。

荤 originally referred to vegetables with a strong smell, like ginger, onions, garlic etc. Now it means non-vegetarian food. The character is composed of 艹（艸）, grass, and 軍（军）which depicts an army camp surrounded by carts, i.e. 'offensive', like strong smelling vegetables. 葷 has been simplified to 荤.

指鸡、鸭、鱼、肉等食物 chicken, duck, fish, meat etc：～腥 non-vegetarian｜～素 non-vegetarian and vegetarian

hūn 婚

会意字。“女”像女子，表示女子出嫁、男子娶女子；“昏”像树根（氏）和太阳（日），表示古代婚礼多在日落黄昏时举行；昏（hūn）兼表声。本义是结婚。

婚 originally meant marry. 女, woman, symbolizes marriage, with the woman joining the man's family; 昏（hūn）, dark, is phonetic. 昏 is composed of（氏）, which looks like the roots of a tree, and（日）, sun, symbolizing when the sun is low, i.e. dusk. In ancient times, marriages where generally held at dusk, when the sun was low.

结婚；男女结为夫妻 marry：～姻 marriage｜新～ newly-wed

hún 浑（渾）

会意字。“氵”像水流、水珠，“軍”（军）像战车围成的军营，表示巨川大河激流声如军队交战时震天动地的喊杀声。渾简化为浑。本义是大水涌流声。引申为水不清。

浑 originally referred to the sounds of gushing water, and by extension turbid, cloudy. 氵, is water; 軍（军）depicts an army camp surrounded by carts. Thus, water that sounds like an army. 渾 has been simplified to 浑.

① 水不清 turbid; cloudy：～水 turbid, cloudy water ② 糊涂 careless; muddle-headed, absent-minded：～话 nonsense ③ 天然的 natural：～朴 natural; simple ④ 全；满 all; whole：～身乏力 weary from head to foot hún

魂

会意字。“鬼”像鬼怪，“云”像天上的云朵，表示离开肉体浮在空中的灵魂。本义是灵魂。

魂 means soul, spirit. 鬼 resembles ghosts and demons, 云 resembles clouds. They suggest souls, sprits that have detached from the body and which float in the air.

① 灵魂 soul：～魄 soul; spirit | ～不附体 soul and body parted, i.e. startled out of one's wits ②精神；情绪 spirit; energy; emotion：神～颠倒 infatuated; smitten ③ 崇高的精神 exalted spirit：国～ loyalty to one's country | 民族～ nationalism

hùn/hún

混

会意字。“氵”像水流、水珠；“昆”像两人在日下，有同义，表示众水汇聚同流。本义是水势大。引申指混杂。

混 originally meant fast flowing water, and by extension, mix, impure. 氵 is water; 昆 looks like two people beneath the sun, signifying a multitude. Thus, a multitude of streams.

㊀ hùn ① 搀杂在一起 mix：～合 mix ② 冒充 pass off as：蒙～ deceive; mislead others ③ 苟且地生活 live aimlessly：～日子 live aimlessly; muddle through life ㊁ hún ① 水不清 turbid, cloudy water：～浊 turbid; clouded | ～水摸鱼 fish in troubled water ② 糊涂 muddle-headed; careless：～人 unreasonable person | ～话 nonsense

huó

活

会意字。篆书“氵”像水流，“昏”有塞口义，表示水道受阻会发出更大的水流声。楷书“氵”像水珠，“舌”像张口伸舌，表示喝水才能生存。本义是水流声。引申为生存。

活 originally meant the sound of flowing water, then, by extension, live or survive. The seal script is composed of 氵, flowing water, and 昏, blockage, which causes the water to flow faster and louder. In regular script, 氵 is water and 舌 resembles sb sticking out the tongue, i.e. to survive, you need to drink water.

① 生存；有生命 survive; live; life：～人 living person ② 使活着 sustain life：养～ support ③ 不固定的 temporary; not staying put; changing：～水 flowing or running water ④ 生动；不呆板 lively：灵～ flexible; agile ⑤ 工作 work; job：干～ do a job; work ⑥ 逼真的 great resemblance：～像 look exactly alike

huǒ

火

象形字。像火焰。本义是火焰。

火 means fire; the character depicts flames.

① 火焰 flame; fire：～苗 sparks | ～光 light emitted by fire ② 枪炮弹药 ammunition：军～ army ammunition | 开～ to open fire ③ 发怒；怒气 angry; anger：恼～ anger | 发～ be extremely angry ④ 紧急 emergency; pressing：～速 posthaste | ～急 urgent; pressing

和 235页 豁 267页

huǒ

伙

(①②③夥)

会意字。“亻”像人，“火”像火焰，古代兵制以十人为一伙食单位，同一单位的人称伙伴，火（huǒ）兼表声。本义是伙伴。夥今归并简化为伙。

伙 means partners. 亻 is man; 火(huǒ) is phonetic, and depicts flames. In the ancient military system, ten soldiers were ‘partners’ in a ‘mess’ (meal) unit. 夥 is now simplified and grouped into 伙.

① 同伴 partner：～伴 partner | 同～ partner ② 共同；联合起来 together; join forces：合～ partnership | 散～ terminate a partnership ③ 量词 collective noun：一～人 a group of people ④ 伙食 food; meals：～房 communal kitchen

huò

或

会意字。“口”指城池，“一”指疆界，“戈”指兵器，表示以戈守卫城池。本义是邦国，疆域，此义现写作国。

或 originally meant state or territory, now expressed by 国. 口 represents a city wall and moat; 一, a boundary; 戈, weapons, i.e. a territory has boundaries that are defended.

① 也许；不一定 maybe; perhaps：～有办法 there might be a solution ② 表示选择 expersssing options：～我去，～你去。I'll go or you go — either way.

huò

货

(貨)

会意字。“貝”（贝）像贝壳，古代曾用作货币；“化”像一正一反两个人，有变化、改变义，表示货物可交易。貨简化为货。本义是财物。

货 originally referred to money, assets. The character is composed of 貝(贝) seashells, formerly used as currency, and 化, change, which depicts two people facing different directions, symbolizing change or transformation. Thus goods are things that can be exchanged for money. 貨 has been simplified to 货.

① 商品 commercial goods：～物 goods | 百～ general merchandise ② 钱 money：～币 currency ③ 骂人的话 a derogatory term：蠢～ stupid | 贱～ cheap

huò

获

(①②獲③穫)

会意字。甲、金文像手（又）抓住鸟（隹），表示捕获。篆、楷书为鸟（隹）加羽冠，另加犬（犭），表示用猎犬捕获猎物。简体字像两条犬（犭、犬）钻入草丛（艹）去捕获猎物。本义是捉住。

获 originally meant capture, catch. In bone and bronze inscriptions, the character resembles a hand (又) catching a bird 鸟(隹), i.e. to catch. In seal and regular scripts, the dog radical 犭 is added, and a crest is added to 隹, bird, implying hunting with dogs. The simplified form represents ‘capture’ as two dogs (犭、犬) venturing into the bushes (艹) after prey.

① 捉住 captured; caught：捕～ captured; caught | 俘～ prisoner of war; hostage ② 得到 achieved; get; obtain：～得 get; obtain | ～救 receive help; rescued ③ 收割庄稼 harvest：收～ harvest

和 235页

huò

祸

（禍）

会意字。“礻”像祭桌，表示与鬼神、灾祸有关；“咼”（呙）像骨骸和口，有口歪、刀割义，表示祸如口歪、刀割，令人害怕。禍简化为祸。本义是灾祸。

祸 originally meant disaster, calamity, trouble. 礻 depicts a table used for sacrificial purposes, implying that disasters are connected to ghosts and spirits. 咼（呙）depicts a skeleton and mouth, signifying scraped clean and a grimace. Thus, disasters instill fear like a grimace or a paring knife. 禍 has been simplified to 祸.

① 灾难 disaster; calamity：闯～ get into trouble｜车～ road accident ② 损害 damage; ruin：～国殃民 bring disaster to the state and the people

huò

惑

形声字。心表意，像心脏；或（huò）表声，或有也许、或者义，表示心中疑惑不定。本义是疑惑。

惑 originally meant doubt, suspicion. 心 is heart; 或（huò）is phonetic, and means maybe, probably. Hence, feelings of uncertainty.

① 疑惑 doubt; suspicion：困～ puzzled; perplexed｜大～不解 beyond one's comprehension; unable to solve a problem ② 欺骗；使迷惑 cheat; mislead：诱～ tempt; seduce｜造谣～众 spread rumors to mislead the public

huò

霍

会意字。甲骨文“雨”像天下雨，“隹”像鸟，表示大雨突然来临，鸟儿奋飞，霍然有声。金文、篆书有两个隹（鸟），楷书减为一个。本义是鸟疾飞。引申为迅速。

霍 originally denoted a bird flying at a high speed, and by extension, speed. In bone inscriptions, the character contains 雨, rain, and 隹, bird, depicting birds racing away from a storm with commotion. Bronze inscriptions and seal script show two bird radicals 隹; in regular script, there is only one.

① 迅速 fast; high speed：～然 suddenly; abruptly ② 姓 a family name

huò/huō

豁

会意字。“谷”像水流入山谷，“害”像屋、口、刻痕，有通意，表示畅通的山谷。本义是畅通的山谷。引申为开阔、开通。

豁 originally referred to an accessible valley, then by extension, open, wide. 谷 resembles water flowing into a valley; 害 depicts a house, a mouth, and carved marks, symbolizing access.

㊀ huò ① 开阔；开通 wide; open：～达 open-minded; sanguine｜～然开朗 sudden enlightenment; become clear suddenly; sanguine ② 免除 be exempted from：～免 be exempted from ㊁ huō ① 残缺；裂开 slit; tear：～口 opening｜～唇 harelip ② 舍弃 sacrifice; give up：～出性命 sacrifice one's life jī/jǐ

几

（㊀①②幾）

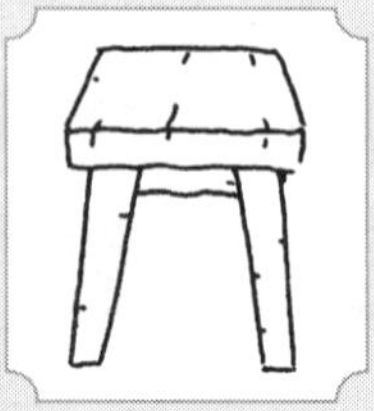

象形字。像古人席地而坐时倚靠的几案。本义是几案。幾归并简化为几。

几 refers to a small table. The character resembles a kind of furniture used in ancient times that people lean against when they sat on the floor. 幾 has been simplified and grouped into 几.

㊀ jī ① 小桌子 small table：茶～ coffee table｜窗明～净 clean and bright ② 接近；差一点 close to; nearly：～乎 nearly ㊁ jǐ ① 询问数目 how many：～个 how many｜～时 when ② 表示不定的数目 several times：～次三番 several times; many times｜相差无～ close to; approximately

jī

讥

（譏）

形声字。言（讠）表意，像张口说话；幾（jī）表声，幾有微义，表示用微言讽刺、挖苦。简体字几（jǐ）表声，几指不定的数目，表示讥是用或多或少的话讽刺、挖苦。本义是讥讽。

讥 means to mock, ridicule. It consists of 言（讠）, speech, and 幾（jī）, which is phonetic and means a small extent, i.e. to make small, mock, ridicule. The simplified character employs 几（jǐ）as phonetic; 几 (in the simplified script) means slight, or subtle, i.e. subtle words that mock.

讽刺；挖苦 ridicule; mock：～笑 mock｜～讽 ridicule

jī

击

（擊）

会意字。"手"像手，"毄"像持杖敲打车轴头，表示敲打；毄（jī）兼表声。简体字"丨"像车轴，"二"像两个车轮，"凵"像车轴头，表示车轴头须敲击才能安装上去。本义是敲打。

击 means to hit. 手 represents the hand; 毄（jī）is phonetic, and depicts sb hitting the axle of a cart with a stick. In simplified form, 丨 is axle, 二, two wheels, and 凵, the hub of the axle that has to be hit to fix it in place.

① 敲打 knock; hit; beat：～鼓 beat the drums ② 攻打 attack：袭～ attack ③ 碰；接触 touch; come into contact：撞～ hit; ram｜目～ to witness

jī

叽

（嘰）

形声字。口表意，像张开的口；幾（jī）表声，有微义，表示稍微吃一点。嘰简化为叽。本义是稍微吃一点。现作象声词。

叽 originally meant to eat a little bit; now it is used onomatopoeically, for its sound. It consists of 口, an open mouth, and 幾（jī）, which is phonetic, meaning a little, i.e. eat a little bit. 嘰 has been simplified to 叽.

象声词 onomatopoeia：～咕 mutter; whisper｜～～喳喳 talk unceasingly

奇 509页

jī 饥
（①飢②饑）

会意字。“食”像食器，表示饥饿欲食；“几”像几案，表示面对食几尤感饥饿；几（jī）兼表声。飢、饑归并简化为饥。本义是饿。

饥 means hungry. **食** resembles a food container; **几（jī）** is phonetic and depicts a long table, for dining. **飢** and **饑** are simplified and grouped into **饥**.

① 饿 hunger; hungry：～饿 hunger; hungry | ～寒 hungry and cold ② 灾荒 famine due to poor harvest：～荒 famine

jī 圾

形声字。土表意，本像地上有堆土，表示垃圾是脏土或丢弃的破烂物；及（jí）表声，及有到义，表示人所到之处必有垃圾。本义是垃圾。

圾 refers to rubbish. It is composed of **土**, soil on the ground, i.e. rubbish or dirt; and **及（jí）**, which is phonetic and means to arrive. So rubbish is depicted as the dirt that is found wherever mankind has settled.

［垃圾］指脏土或扔掉的破烂东西 rubbish

J

jī 机
（機）

形声字。木表意，像树，表示木弓上发箭的装置；幾（jī）表声，幾有精微意，表示机小而精致。機简化为机。本义是发箭的装置。引申为机械。

机 originally referred to an apparatus used to shoot arrows; later, it came to mean machinery. The character is composed of **木**, wood, the material that the apparatus was constructed out of; and **幾（jī）**, which is phonetic and denotes tiny, fine, i.e. the apparatus is delicate. **機** has been simplified to **机**.

① 机器 machines：～械 machinery ② 飞机 airplane：～场 airport ③ 事物的关键 crux (of a matter)：转～ favorable turn ④ 机会 opportunity：良～ good opportunity ⑤ 灵巧 nimble：～智 quick-witted

jī 肌

形声字。月（肉）表意，像肉；几（jī）表声，几像供人倚靠的桌儿，表示人倚靠时接触到几的是肌肉。本义是肌肉。

肌 means muscles. **月（肉）** is semantic, signifying flesh; **几（jī）** is phonetic and depicts a type of table used in ancient times, that people leaned on, thereby relaxing their muscles.

肌肉，皮肉的统称 generic term for muscles, skin and flesh：～肤 skin | 面黄～瘦 sickly and malnourished jī

鸡

（鷄）

象形字—形声字—会意字。甲、金文像公鸡。篆书隹表意、楷书鳥表意，表示鸡是禽类；奚（xī）表声。简体字“又”像手，“鸟”像鸟，表示鸡可抓来食用。鸡是一种家禽。

鸡 represents the domestic fowl, chicken. In bone and bronze inscriptions, the characters have the form of a rooster. In seal script, 隹 (bird) is semantic; in regular script, 鳥 (bird) is semantic; 奚（xī）is phonetic. The simplified form consists of 又, hand, and 鸟, bird, representing the chicken as a bird that can be caught and prepared for food with the hands.

一种家禽，雄鸡能报晓，母鸡能生蛋 chicken; rooster; hen：养～场 chicken farm

jī

唧

形声字。口表意，像张开的口，表示与声音有关；即（jí）表声。唧是象声词。

唧 is onomatopoeic. It consists of 口, an open-mouth, suggesting that the character represents sound, and 即（jí）, which is phonetic.

① 形容说话声或虫鸣声 describes sb talking or sounds made by insects or birds：～～喳喳 talking unceasingly; cacophony (made by insects or birds) ② 抽水或射水 draw or squirt liquid：用～筒～水 squirt water with a pump

jī

积

（積）

会意字。“禾”像谷类植物，表示聚积谷物；“責”（责）表示尽责地耕种、收藏，才能聚积粮食。简体字表示只聚积禾谷。本义是聚积谷物。泛指聚积。

积 originally meant to accumulate grain; now it means to accumulate in general. 禾 depicts grain; 責（责）means duty or responsibility (as in planting and harvesting crops in order to accumulate grain). The simplified form has grain（禾）and ‘only’（只）.

① 聚积 accumulate; gather：～累 accumulate｜堆～ accumulate; to snow-ball ② 长期形成的 form over a period of time：～习 old habit｜～弊 age-old malfeasance ③ 乘法的得数 product (mathematics)：乘～ product

jī

基

形声字。土表意，本像地上有堆土，表示墙基建在土地上；其（qí）表声，像簸箕放在座子上，表示房子建在基础上。本义是墙基。

基 means foundation of a wall. 土 is semantic, depicting soil on the ground, i.e. foundation built on the ground. 其（qí）is phonetic, it depicts a winnowing basket which, like a house, is placed on a foundation.

① 建筑物的地下部分 foundation：地～ foundation｜路～ roadbed ② 根本的 fundamental：～础 foundation; basic skill｜～本 basic ③ 根据 according to：～于上述理由 for the above-mentioned reasons…

奇 509页

jī/qī

缉

（緝）

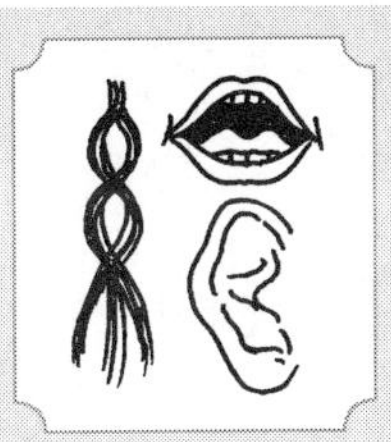

形声字。糸（纟）表意，像线绳，表示把麻搓成线；咠（jī）表声。緝简化为缉。本义是把麻搓成线。引申为搜捕、捉拿。

缉 originally meant to roll hemp into thread; it was extended to mean raid, arrest. It consists of 糸（纟）, thread, and 咠（jī）, which represents pronunciation. 緝 has been simplified to 缉.

㊀ jī 搜捕；捉拿 raid; arrest：～私 arrest smugglers | 通～ wanted by the police ㊁ qī 一种缝纫法，用相连的针脚密密地缝 stitching：～边儿 stitch a hem | ～鞋口 stitch up a hole in a shoe

jī

畸

形声字。田表意，像农田；奇（jī）表声，奇有零数义，表示零星的田地。本义指零星田地。引申指畸形。

畸 originally referred to piecemeal land; later, it came to mean abnormal. 田, field, is semantic; 奇（jī）is phonetic and means odd, i.e. an odd amount.

① 不规则的；不正常的 abnormal：～形 abnormal; deformed ② 偏 biased：～重 biased; over the limits

jī

箕

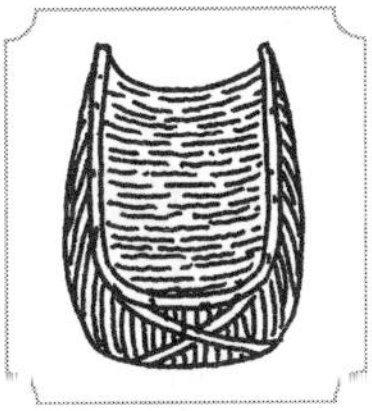

象形字—会意字。甲、金文像簸箕。篆、楷书“竹”像竹叶，表示箕用竹篾制成；“其”像簸箕。本义是簸箕，扬米去糠的器具。

箕 means a grain sieve. In bone and bronze inscriptions, the characters resemble a sieve. In seal and regular scripts, radical 竹, bamboo, indicates that sieves are made of thin bamboo strips; 其 resembles a sieve.

用竹篾或柳条编成的器具 dustpan：簸～ dustpan

jī/qǐ

稽

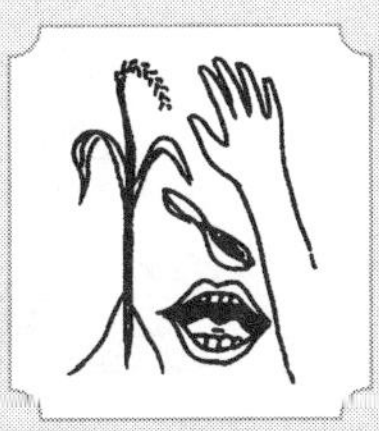

会意字。“禾”像谷类植物，“尤”有奇异义，“旨”像小勺及口含食物，表示人遇奇异的事物、甘美的食物会驻足停留。本义是停留。

稽 originally denoted to hinder or stay. 禾 is grain, 尤 denotes special, 旨 depicts a small spoon and a mouth full of food; hence, staying behind or lingering for sth special, or for nice food.

㊀ jī ① 停留 stop：～留 delay; detain ② 考核 assess：～查 check | 无～之谈 nonsense; unfounded talk ③ 争论；计较 argue; fuss about：反唇相～ retort; bicker with ㊁ qǐ 叩头至地 kowtow：～首 kowtow jī

激

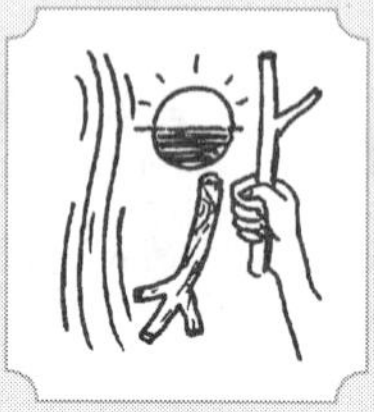

会意字。“氵”像水流、水珠，“敫”有强光（白）四射（放）义，表示水流受阻水花四溅。本义是水受阻而上涌。

激 originally denoted water gushing upwards due to obstruction. The character consists of 氵, water, and 敫, which means bright light (白) radiating (放). So 激 represents water gushing forth like bright light shining forth.

① 水流受阻后飞溅起浪花 liquid splashing in all directions due to obstruction in its flow：海水～荡 splashing of the sea ② 使感情冲动 agitate：～动 emotional; agitated | ～发 stimulate ③ 急剧；强烈 intense; strong：～烈 intensified | ～情 strong emotional arousal

jí

及

会意字。像手抓住前面的人，表示追上。本义是追上。

及 means to catch up, depicted as a hand grabbing sb in front.

① 赶上 catch up：望尘莫～ lagging far behind ② 达到 achieve; attain：～格 to pass | 普～ popularize; common; ubiquitous ③ 和；跟 and：买书～文具 buy books and stationery

jí

吉

会意字。像把兵器放进箱子里，表示吉祥。本义是幸运、顺利。

吉 means lucky, smooth-sailing. The character depicts weapons in a box, i.e. a location that is secure and peaceful.

① 幸运、顺利 lucky; smooth-sailing：～祥 fortunate; lucky | 凶多～少 bode ill rather than well ② 吉林省的简称 abbrev for Jilin Province

jí

级

（級）

形声字。糸（纟）表意，像丝；及（jí）表声，及像手抓住人，有到义，表示丝所达到的等级。級简化为级。本义是丝的等级。泛指等级。

级 originally referred to the grade of silk; it is now commonly used to refer to grade, level in general. 糸（纟）is semantic; it resembles silk. 及（jí）is phonetic, and means to arrive at. Hence, silk that has reached a particular grade. 級 has been simplified to 级.

① 等次 grade; level：～别 grade | 高～ high-end; superior grade ② 年级 level; grade：升～ promote | 班～ grade (pertaining to education) ③ 台阶 steps：梯～ steps; stairs | 石～ stone stairs; steps

jí 极（極）

形声字。木表意，像树，表示栋梁用树木制成；亟（jí）表声，亟有急、迅速义，栋梁在房子最高处，便于屋顶两侧雨水急泻。简体字及（jí）表声，及有到义，表示屋架各部分会集到栋梁上。本义是栋梁。

极 originally signified pillars. It is composed of **木**, tree, i.e. pillars made of wood; and **亟（jí）** acting as phonetic, and denoting haste, speed. Pillars reach the highest points of a house and speed up water runoff. The simplified form has **及（jí）** as phonetic; it means reach, i.e. pillars reach to the apex.

① 顶端；尽头 peak; top; end：北～ the North Pole｜登峰造～ a high level of attainment ② 最；非常 most; very：～好 very good; excellent ③ 用尽 exhaust：～力 use every effort

jí 即

会意字。像食器和跪坐的人，表示就食。本义是就食。引申为靠近。

即 originally meant to eat; later, it came to mean close, near. The character depicts a food container with sb kneeling, close by.

① 靠近 close; near：若～若离 keep sb at arm's length ② 马上；就 immediately; instantly：立～ immediately; instantly｜一触～发 on the verge of breaking out ③ 就是 must be：非此～彼 either-or ④ 当时或当地 a particular instant or place：～日起 from today on｜～席发言 make an impromptu speech

jí 急

形声字。心表意，像心脏，表示心中着急；及（jí）表声，及像手抓住人，有追上、达到义，表示急于追上、达到。本义是急躁。

急 means impatient. It consists of **心**, heart, and **及（jí）**, which is phonetic and signifies to reach, arrive, i.e. impatient to arrive.

① 焦躁 impatient：性～ impatient｜焦～ worried ② 快速；猛烈 fast：～速 very fast｜～转直下 (of an event) take a sudden turn, and then unfold rapidly ③ 紧要 important; urgent：紧～ urgent｜～事 urgency

jí 疾

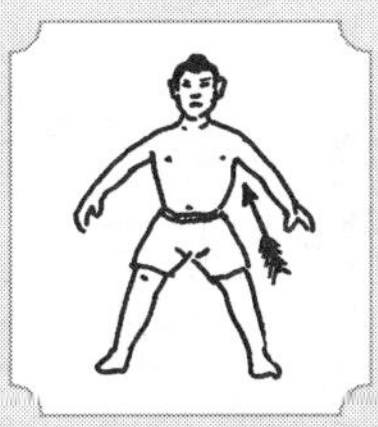

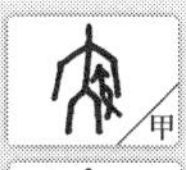

会意字。甲、金文像箭射中人体，表示受兵器所伤。篆、楷书"疒"像病床，"矢"像箭，表示箭伤。本义是病。

疾 signifies illness. In bone and bronze inscriptions, the characters resemble sb shot by an arrow, i.e. wounded. In seal and regular scripts, **疒** signifies illness, **矢** resembles an arrow, i.e. wounds made by arrows.

① 病 illness：～病 illness; disease｜积劳成～ become ill from constant overwork ② 痛苦 miserable：～苦 miserable ③ 痛恨 deep hatred：～恶如仇 hate evil like an enemy ④ 迅速 fast; rapid：～驶 (automobiles) moving very speedily｜眼～手快 quick reflexes jí

棘

象形字。像两棵有刺的酸枣树。本义是酸枣树。

棘 signifies the sour jujube tree. The character depicts two thorny sour jujube trees.

① 酸枣树，树上有刺 sour jujube tree ② 泛指有刺的灌木 refers to thorny shrubs in general：荆～ brambles | 披荆斩～ overcome hardships and obstacles

jí

集

会意字。甲金楷像鸟（隹）停在树（木）上。篆书像群鸟（雥）聚在树（木）上。本义是群鸟停在树上。引申为聚集。

集 originally meant birds flocking in trees; later, it came to mean gather, assemble. In bone, bronze and regular script, the characters depict a bird（隹）perching on a tree（木）. In seal script, the character depicts a flock of birds（雥）perching on a tree（木）.

① 聚；会合 gather; assemble：聚～ gather; assemble | ～会 an assembly; rally ② 汇编成的书 literary collection; volume：文～ literary collection | 画～ painting collection ③ 定期交易的市场 market：～市 market | 赶～ go to market; marketing

jí

辑

（輯）

形声字。車（车）表意，像车，表示车厢；咠（jī）表声，咠指贴着耳朵小声说话，有密合意，表示车厢与车子其他部件结合为一体。輯简化为辑。本义是车厢。

辑 originally signified a carriage. 車（车）is semantic, it resembles a cart or carriage; 咠（jī）is phonetic, it depicts people whispering, suggesting density. Hence, a carriage, like a cart with a dense array of parts. 輯 has been simplified to 辑.

① 搜集材料，加以整理 amass and organize information：～录 compile | 编～ edit and compile ② 整套书的一部分 parts of a literary volume

jí

嫉

形声字。女表意，像女子，表示女人善忌妒；疾（jí）表声，疾像病床（疒）和箭（矢），有病、恨义，表示忌恨是一种心病。本义是忌妒。

嫉 means jealous. It comprises 女, woman, associated with jealousy; and 疾（jí）, which is phonetic, and consists of（疒）, illness, and（矢）, arrow, i.e. depicting jealousy as an illness or an emotional imbalance.

① 忌妒 jealous：～恨 hate from jealousy | ～才 jealous of the talented ② 憎恨 hate to the core：愤世～俗 cynical | ～恶如仇 hate evil like an enemy jí

籍

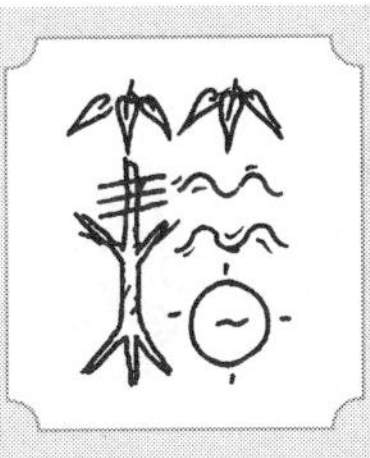

形声字。竹表意，像竹叶，表示古代曾将事项、账目记在竹简上；耤（jí）表声。本义是簿册。

籍 originally meant account book. **竹**, bamboo, is semantic; in ancient times, events and accounts were recorded on bamboo strips; **耤**（jí）is phonetic.

① 书；册 books：古～ classics｜户～ family census register ② 籍贯 native place; dialect：原～ one's place of origin｜祖～ where one's ancestors were from ③ 个人对国家或组织的隶属关系 one's relation to a nation or organization：国～ nationality｜学～ student status

jǐ

己

象形字。像弯曲的线绳，指绑丝缕使之不乱的丝绳。本义是绑丝缕的绳。

己 originally signified thread used to tie silk to prevent it from tangling. The character resembles curved thread.

① 自身 self：自～oneself｜舍～为人 sacrifice oneself for others ② 天干的第六位 the sixth of the ten Heavenly Stems

J

jǐ

挤

（擠）

会意字。“扌”像手，表示推挤；“齊”（齐）有同时、一起义，表示两手一同用力推挤。擠简化为挤。本义是推挤。

挤 means to push and squeeze. It is composed of **扌**, hand, and **齊**（**齐**）, meaning at the same time, i.e. squeezing with both hands. **擠** has been simplified to **挤**.

① 紧紧靠拢在一起 be close together：拥～ crowded｜～成一团 packed like sardines ② 用压力使排出 squeeze：～压 squeeze｜～奶 milk (a cow, etc.)

jǐ/gěi

给

（給）

会意字。“糸”（纟）像丝，丝长且可相接，表示供应相续不断；“合”像器皿和盖子，表示供给与需求相合。給简化为给。本义是供给。

给 means to supply, give. The character is composed of **糸**（**纟**）, silk, which is long and can be joined in lengths, suggesting an unceasing supply; and **合**, which depicts a container and a lid, symbolizing the relation between supply and demand. **給** has been simplified to **给**.

㊀ jǐ ① 供应 to supply：供～ to supply ② 富足 bountiful; prosperous：家～人足 every family and every person is well-provided for ㊁ gěi ① 交付；送与 give：交～ give; hand sth to sb｜献～ to present ② 替；为 for：～学生补课 give remedial lessons to students ③ 被；让 be (+ verb)：～人抢走 has been snatched by sb ④ 向 do an action to sb：～老师行礼 greet the teacher

几 268页　纪 276页　济 279页

jǐ

脊

会意字。上部像脊柱和肋骨、下部像肉，表示人或动物背部中间皮肉下的骨头。本义是脊骨。

脊 refers to the spinal cord. The top part of the character resembles the spinal column and the ribs, the lower part depicts flesh, covering the bones of the back.

① 人或动物背中间的骨柱 spinal cord：～髓 spinal cord | ～椎 vertebra ② 物体中间高起的部分 protrusion found in the middle of objects：屋～ridge of a roof | 山～mountain ridge

jì

计

（計）

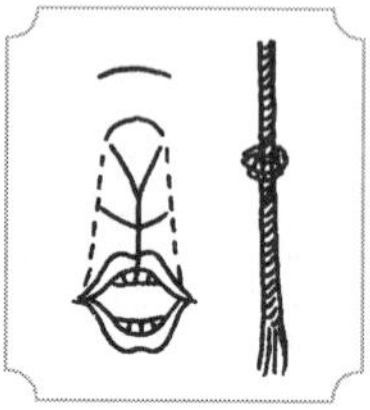

会意字。“言”（讠）像张口说话，表示人在计算时口中往往会出声；“十”表示用一至十的数字和十进位制来计算。計简化为计。本义是计算。

计 means to calculate. It is composed of 言（讠）, speech, and 十 (ten), i.e. calculating involves reciting the numbers. 計 has been simplified to 计.

① 核算 calculate：～算 calculate | ～分 count with points ② 策略；主意 strategy; plan：～策 strategy | 妙～ good strategy ③ 谋划；打算 strategize; to plan：～划 plan to do sth | 预～ anticipate ④ 测量的仪器 measuring apparatus：温度～thermometer

jì

记

（記）

会意字。“言”（讠）像张口说话，“已”像绳，物被绳绑则不易脱落，表示把言语或事情保留在自已的记忆中，已（jǐ）兼表声。記简化为记。本义是记忆。

记 signifies memory. It is composed of 言（讠）, speech, and 己（jǐ）, which is phonetic. The latter depicts a string which, like the memory, holds things fast. 記 has been simplified to 记.

①记住不忘 remember：～性 memory | ～住 remember ② 写下来 note sth down：～录 make a record | ～账 keep accounts ③ 记录事情的书或文章 diary; journal：日～ daily diary | 游～travel diary ④ 标志；符号 mark; symbol：～号 mark | 标～mark

jì/jǐ

纪

（紀）

会意字。“糸”（纟）像丝，“已”像绳，表示绑丝的绳，已（jǐ）兼表声。紀简化为纪。本义绑丝的绳。引申为纪律。

纪 originally meant thread used to tie lengths of silk; later, it came to mean discipline. It is composed of 糸（纟）, silk, and 己（jǐ）as phonetic. The latter depicts thread used to tie silk lengths. 紀 has been simplified to 纪.

㊀ jì ① 纪律 discipline：军～ army rules | 违法乱～ lawless ② 纪年单位，古代以十二年为一纪，现在以一百年为一世纪。In ancient times, twelve years are known as a 纪. Nowadays, 纪 is used to mean a century.
㊁ jǐ 姓 a family name

jì

技

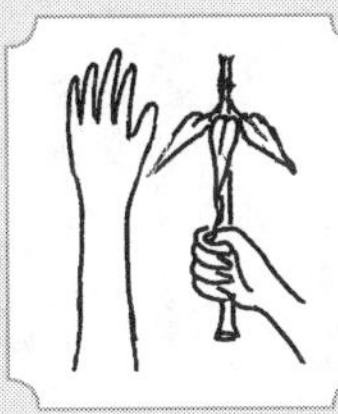

会意字。“扌”像手，表示手艺、技能；“支”是竹的细枝，含细致、精巧意。本义是技能、技巧。

技 signifies skills, techniques. It is composed of **扌**, hand, i.e. skills and craftmanship; and **支**, a thin branch of a bamboo tree, i.e. fine and exquisite.

手艺；专门的本领 professional skill：～巧 skill; technique | ～术 skill; technique

jì

际

（際）

形声字—会意字。阝表意，像山坡，表示墙直立；祭（jì）表声，祭像手持肉放到供桌上祭神灵，有遇合意，表示两墙的接缝。简体字阝、示，表示两墙接缝明显可见。本义是两墙相合的缝。

际 originally referred to the seam between two walls. It is composed of **阝**, a mountain slope, which is like a wall; and **祭**（jì）, which is phonetic. The latter depicts a hand placing meat for sacrifice to the gods, i.e. making contact, like two walls. The simplified form has 阝, mound or slope, and 示, show, suggesting that the join shows.

① 交界处；边；涯 boundary; side; end：边～ limit; boundary | 天～ horizon ② 彼此之间 between or among people：人～ interpersonal (affairs) | 国～ international (affairs) ③ 时候 on a particular occasion：重逢之～ when we meet again... ④ 机遇 opportunity; chance：～遇 opportunity; chance

jì

忌

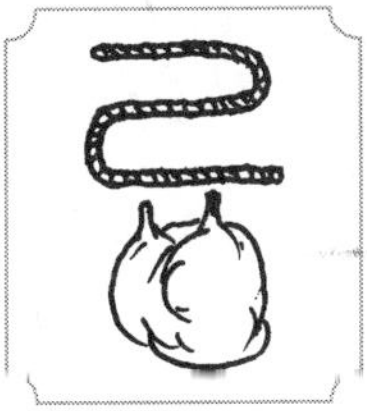

会意字。“心”像心脏，“己”指自己，表示嫉妒胜过自己的人，己（jǐ）兼表声。本义是嫉妒。

忌 means to be envious. It is composed of **心**, heart, and **己**（jǐ）as phonetic, meaning oneself, i.e. envy represented as feelings of inadequacy about the self.

① 嫉妒 jealous：～恨 hate due to jealousy | 猜～ be suspicious; distrust ② 怕；顾虑 afraid; apprehensive：畏～ be afraid and worry about | 顾～ have scruples; worry about ③ 禁戒；有意回避 taboo; parry：～讳 taboo | 禁～ taboo

jì

妓

会意字。“女”像女子，表示以歌舞为业的女子；“支”像手持细竹枝，有细柔意，表示歌舞女艺人在表演时尽显细腻柔软之态。本义是以歌舞为业的女子。引申为卖淫的女子。

妓 originally referred to female entertainers; later, it came to mean prostitutes. It is composed of **女**, woman, and **支**, which depicts a hand holding a thin branch, i.e. gentleness and elegance, qualities of female entertainers.

卖淫的女子 prostitutes：～女 prostitutes | ～院 brothel

系 697页

jì

季

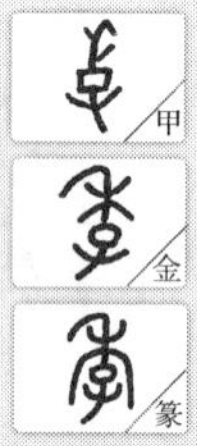

会意字。“禾”像谷类植物，“子”像婴儿，表示幼小的禾苗。本义是禾苗。引申为季度。

季 originally signified crop seedlings; later, it came to mean season. 禾 depicts crops, 子 depicts a baby, i.e. young grain.

① 三个月为一季，一年分春夏秋冬四季 seasons：～度 quarter | 春～ spring ② 具有某种特点的一段时间 season：雨～ rain season | 旺～ busy season; peak period (economic) ③ 姓 a family name

jì

剂

（劑）

会意字。“刂”像刀，“齊”（齐）指整齐，表示用刀剪断剪齐。劑简化为剂。本义是剪齐。基本义是配制成的药。

The basic meaning of 剂 is patent medicine. It originally meant a neat cut, trim. 刂 resembles a knife, 齊（齐）signifies neat and tidy. 劑 has been simplified to 剂.

① 配制成的药 medicine：药～ medicament | 针～ injection ② 量词，用于汤药 measure word, dosage：一～药 a dosage

J

jì/qi

荠

（薺）

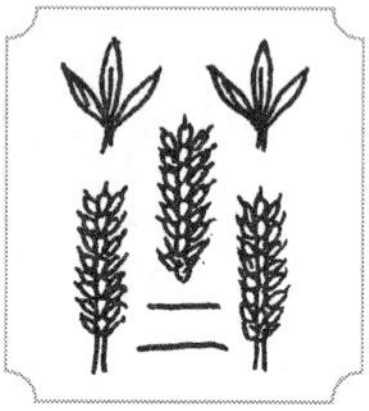

形声字。艹（艸）表意，像草，表示荠菜；齊（齐qí）表声，兼表荠菜成片生长，长短相当，较整齐。薺简化为荠。本义是荠菜。

荠 refers to shepherd's purse (a plant classified as a weed, used as a medicine). The character is composed of 艹（艸）, grass, or vegetation; and 齊（齐qí）, which is phonetic and means even or uniform, a characteristic feature of the growth of shepherd's purse. 薺 has been simplified to 荠.

㊀ jì 荠菜，草本植物，嫩茎叶可以吃 shepherd's purse ㊁ qi ［荸荠］草木植物，多种在水田里，地下茎扁圆形，可以吃 water-chestnut

jì

迹

会意字。金文“辵”像路和脚，“朿”像树有刺，人被刺会留下痕迹，表示地被踩会留下脚印。篆、楷书“辵”（辶）像路和脚，“亦”像指出人的腋部，腋部凹入，表示脚印凹陷。本义是脚印。

迹 signifies trace or footprint. In bronze inscriptions, 辵 resembles a path and a foot, and 朿, a thorny tree, i.e. the trace left by a thorn is similar to the print left by the foot. In seal and regular scripts, 辵（辶）depicts a path and a foot, and 亦, which depicts armpits, whose shape is similar to footprints.

① 脚印；印痕 footprint; stain：足～ footprint | 血～ bloodstain ② 前人留下的事物 historical site：古～ historical site jì/jǐ

济

（濟）

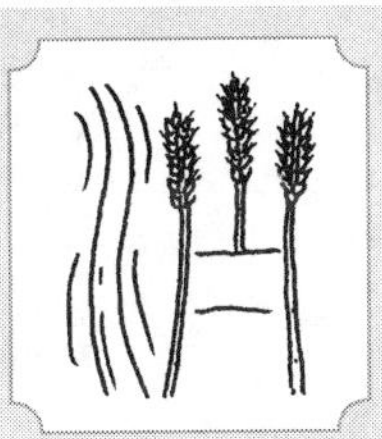

形声字。氵表意，像河流、水珠，表示济河；齊（齐 qí）表声。濟简化为济。本义是水名。

济 refers to the River Ji. It consists of 氵, water, and 齊（齐 qí）, which is phonetic. 濟 has been simplified to 济.

㊀ jì ① 渡；过河 cross a river：同舟共～ pull together in times of trouble ② 救济 aid; help; extend relief to：接～ give financial aid to｜扶危～困 help those in distress ③ 补益 salvage：无～于事 It is no use crying over spilt milk ㊁ jǐ［济南］地名，在山东省 Jinan, a place in Shandong Province.

jì

既

会意字。“皀”像食器，“旡”像人转头向后，表示已食毕。本义是吃完饭。

既 originally meant to have finished eating. 皀 depicts a food container, and 旡 resembles sb turning his head around having finished eating.

① 已经 already：～成事实 fait accompli ② 既然 since：～来之，则安之 make the best use of a given situation ③ 跟“且”、“又”连用，表示并列 and：～高且大 tall and big｜～快又好 efficient and good

jì

继

（繼）

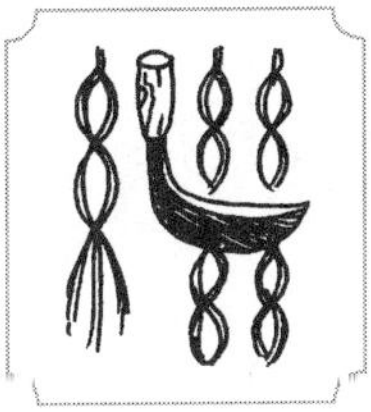

会意字。“糸”像丝，“𢇍”像刀断丝，表示把断了的丝接上。繼简化为继。本义是连续、接替。

继 means continuously, successively. 糸 depicts silk, and 𢇍 resembles a knife cutting silk, i.e. cut silk that needs to be joined into a continuous thread. 繼 has been simplified to 继.

连续；接替 continuously; successively：～续 continue｜～承 inherit｜前赴后～ advance wave upon wave

jì

祭

会意字。甲骨文像手拿着血淋淋的肉祭祀神灵。后增“示”，像手持肉放上供桌祭祀。本义是祭祀。

祭 means worship. In bone inscriptions, the character resembles sb holding bloody meat and worshipping the gods. 示, to make apparent, is added in later forms of the character, signifying placing meat on an altar.

① 供奉神佛或祖先 worship：～祀 worship｜～品 sacrificial items ② 悼念死者的仪式 memorial ceremony for the dead：～奠 sacrificial rites for the dead｜公～ public sacrificial ceremony

jì

寄

形声字。宀表意，像房子，表示房子是人们依附之处；奇（jī）表声，奇有单独义，表示单独者需依靠。本义是依附。

寄 means to depend, rely on. 宀 is semantic, signifying a house, i.e. a reliable shelter. 奇 (jī) is phonetic; it used to mean odd (later, strange), so here it signifies alone, alone and dependent.

① 依附 depend; rely on：～居 live away from｜～生 parasitic ② 托付；委托 entrust：～托 entrust｜～放 leave in the care of ③ 邮递 post：～信 post a letter｜～费 postage

jì

寂

会意字。"宀"像房屋，表示屋中寂静；篆书"尗"像豆掉落，楷书"叔"像手拾取掉落地面的豆子，表示静得连豆掉落地上都听得见。本义是静悄悄、没声音。

寂 means silently, without sound. 宀 signifies house, a quiet place; 尗, in seal script, seems to depict beans falling; in regular script, 叔, with the additional 'hand', suggests sb picking up fallen beans, symbolizing so quiet that one can hear a bean fall.

① 静；没声音 silent; quiet; virtually no sound：～静 silent; still｜沉～ quiet; silent; still ② 冷清；孤单 lifeless; lonely：～寞 lonely; lonesome｜孤～ lonely; lonesome

jì

绩

（績）

会意字。"糸"（纟）像丝线，表示搓捻线绳；"責"（责）有求义，表示力求把线绳搓捻匀细。績简化为绩。本义是用麻搓成线或绳。引申指成就、功劳。

绩 originally meant to twist hemp fibers into threads, then by extension, achievements, credits, contributions. 糸（纟）depicts silk, i.e. fibers; 責（责）signifies effort, i.e. the twisting. 績 has been simplified to 绩.

成就；功劳 achievements; credits; contributions：成～ results; achievements｜战～ military achievements｜丰功伟～ significant achievements, contributions

jì

鲫

（鯽）

形声字。魚（鱼）表意，像鱼，表示鲫鱼；即（jí）表声，即本指就食，表示鲫鱼可食用。鯽简化为鲫，本义是鲫鱼。

鲫 refers to crucian carp. The character consists of 鱼, fish, and 即 (jí), which is phonetic. The latter signifies to eat. 鯽 has been simplified to 鲫.

鲫鱼，淡水鱼，身体侧扁，背部青黑色，是常见的食用鱼 crucian carp

jì
冀

会意字。“北”像两人相背，指北方，表示冀州在北方；“異”像人头戴面具，有不同义，表示北方与南方不同。本义指冀州。

冀 originally referred to Jizhou, a place in China. **北**, north, depicts two people back to back, i.e. Jizhou is in the North. **異** resembles sb wearing a mask, i.e. distinctive, underscoring the fact that northern and southern regions are different.

① 希望 hope ② 河北省的简称 abbrev for Hebei Province ③ 姓 a family name

jiā
加

会意字。“力”像农具，“口”像张开的口，表示着力、夸大地说。本义是夸大。

加 originally signified to exaggerate. **力**, strength, resembles a farming tool; **口** resembles an open mouth, i.e. exaggerate is to speak too forcefully.

① 合起来 together; to add; in total：～法 addition｜～数 addend ② 增多；添上 add; increase：增～ increase｜～班 work overtime ③ 加以 used to complement certain disyllabic verbs：不～考虑 not giving more consideration｜严～管教 be more stern

jiā/jiá
夹
（夾）

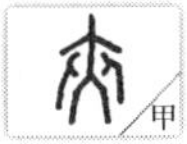

会意字。像两人夹持一人，表示左右相持。夾简化为夹。本义是左右相持。

夹 originally signified a stalemate. The character resembles sb between two others, i.e. trapped as in a stalemate. **夾** has been simplified to **夹**.

㊀ jiā ① 从两旁钳住 pinch; press from both sides：～菜 pick food up with chopsticks｜～住 pinch ② 两面一起来 an action done from both sides：～攻 attack from both sides ③ 搀杂；混杂 mix up; mingle with：～杂 mix up with ④ 夹东西的用具 clip; clamp：发～ hairclip ㊁ jiá 双层的 double-layered：～袄 Chinese-style coat with double lining

jiā/qié
茄

形声字。艹（艸）表意，像草，表示荷茎；加（jiā）表声，加有超过义，表示荷茎比一般草本植物的茎长。本义是荷茎。

茄 originally referred to the lotus stalk. The character is composed of 艹（艸）, symbolizing vegetation; and 加（jiā）, which is phonetic and means add or excessive, i.e. lotus stems are longer than stems of most plants.

㊀ jiā ［雪茄］用烟叶直接卷成的烟，一般比香烟粗长 cigar ㊁ qié 茄子，草本植物，果实是普通蔬菜 eggplant jiā

佳

会意字。“亻”像人，“圭”指美观洁白的玉，表示人样子美好。本义是美好。

佳 originally signified nice, wonderful. **亻** depicts a person, **圭** represents flawless and beautiful jade, i.e. a fine looking person.

美好 nice; wonderful：～作 good piece of literary work｜美味～肴 delicacies

jiā

枷

形声字。木表意，像树，表示枷用树木制成；加（jiā）表声，加有强压意，表示强压稻谷脱粒的农具。本义指打谷的工具。引申为套在犯人脖子上的刑具。

枷 originally signified a threshing tool, and then, by extension, the cangue. The character is composed of **木**, tree, i.e. the wooden cangue, and **加**（jiā）, which is phonetic. The latter means add and implies applying the tool to separate grain from husks.

旧时套在犯人脖子上的刑具 cangue：～锁 shackles; fetters

jiā

家

（⑤傢）

会意字。“宀”像房屋，“豕”像猪，以屋内养猪表示人家。本义是人家。傢今简化为家。

家 signifies family. It consists of **宀**, a house, and **豕**, which depicts a pig, i.e. a household where pigs are reared. **傢** has been simplified to **家**.

① 家庭；人家 family：回～ return home ② 学术流派 sect; school of thought：儒～ Confucianism｜百～争鸣 a hundred schools contend ③ 有专门知识或技能的人 professional：专～ professional｜画～ artist ④ 人工饲养的 reared by man; domestic：～畜 domestic animals｜～禽 domestic animals ⑤ 器物 objects：～具 furniture ⑥ 量词 measure word：两～商店 two shops

jiā

嘉

会意字。“壴”像鼓，“加”指增加，表示鼓声能增加欢庆气氛，加（jiā）兼表声。本义是庆贺。引申为美好。

嘉 originally meant felicitate, congratulate; then, by extension, nice, wonderful. **壴** resembles a drum, **加**（jiā）is phonetic and means to add, increase, i.e. beating drums adds to the atmosphere for joy.

① 美好 nice; wonderful：～宾 guest of honor｜～言 wise words ② 夸奖；赞许 commend; praise：～奖 commend; praise｜～勉 praise and encourage jiá

荚

（莢）

会意字。“艹”（艸）像草，表示豆角；“夾”（夹）像两人夹持一人，表示豆角的皮夹住中间的豆；夾（夹jiā）兼表声。莢简化为荚。荚即豆角。

荚 signifies pods, legumes. 艹（艸）symbolizes vegetation; 夾（夹 jiā）is phonetic and resembles sb being trapped between two others, like peas in a pod. 莢 has been … to 荚

豆类植物的果实 pods; legumes：豆～ pod; legumes | 皂～ Chinese honey locust

jiá

颊

（頰）

形声字。頁（页）表意，像夸大了头部的人，表示颊在头部；夾（夹jiá）表声，夹像两侧有人夹持，表示颊是脸的两侧。頰简化为颊。颊指脸的两侧。

颊 signifies the cheek. 頁（页）is semantic, depicting an enlarged head and indicating the location of the cheeks; 夾（夹 jiá）is phonetic and depicts sb between two others, i.e. like the cheeks. 頰 has been simplified to 颊.

脸的两侧 cheeks：面～cheeks | 两～cheeks

J

jiǎ

甲

象形字。甲、金文像种子皮开裂。篆、楷书像开裂的种子生根。本义是植物子实的外壳。引申为动物身上的硬壳。

甲 originally signified the husks of seeds, then by extension, hard outer shells of animals. In bone and bronze inscriptions, the characters resemble a seed bursting. In seal and regular scripts, the characters resemble a seed bursting and showing roots.

① 动物身上的硬壳 shells of animals：～虫 beetle | 龟～ turtle shell | 指～ nail ② 用皮革或金属做成的铠甲 armor made of leather or metal：盔～suit of armor ③ 天干的第一位 first of the ten Heavenly Stems：～子 cycle of sixty years, based on combinations of the 10 Heavenly Stems and 12 Earthly Branches ④ 位居第一的 in the first position：～等 first grade

jiǎ

钾

（鉀）

会意字。“金”（钅）像箭头和斧头，表示金属护身衣；“甲”像开裂的种子，有铠甲义；甲（jiǎ）兼表声。鉀简化为钾。本义是金属护身衣。现指一种金属元素。

钾 originally signified a suit of armor; it is now used to refer to a metallic element. The character is composed of 金（钅）, metal, i.e. a metal suit of armor; and 甲（jiǎ）, which is phonetic. The latter depicts a burst seed, which looks like a suit of armor. 鉀 has been simplified to 钾.

金属元素，符号K。钾的化合物用途很广，如钾肥是重要的肥料 potassium (K)

夹 281页　　贾 211页

jiǎ/jià

假

篆

形声字。亻表意，像人，表示人的外形与内质不一致；叚（jiǎ）表声，叚有借意，表示借来之物造成拥有的假象。本义是不真。

假 signifies false, fake. It is composed of 亻, person, in this case implying a difference between the outer and inner person; and 叚（jiǎ）, which is phonetic and means to borrow, i.e. not actual, but false ownership.

㊀ jiǎ ① 不真实的；虚伪的 false; fake：～象 false appearance | 虚～ insincere; hypocritcal ② 借用；利用 borrow; make use of：～公济私 use public office for private gain ③ 如果 if：～如 if ㊁ jià 休息日 holiday：度～ on holidays

jià

价

（價）

篆

会意字。"亻"像人，表示价格由人定；"賈"（贾）的"貝"指货币、"覀"指反复，表示作买卖常反复讨价还价。简体字亻、介，介有界限义，表示人为商品定的金额界限。本义是价格。

价 refers to price. It is composed of 亻, person, who determines price, and 貝 of 賈（贾）, which refers to currency; 覀 means repeat, i.e. doing business involves repeated price negotiation. The simplified form contains 亻, person, and 介, border. The latter implies limitations, i.e. limits on price.

商品所值的钱数 price; value：～钱 price | 物～ commodity prices

jià

驾

（駕）

篆

会意字。"馬"（马）像马，"加"指添加，表示把车套在马身上，加（jiā）兼表声。駕简化为驾。本义是把车套在马身上。

驾 originally meant to connect a carriage to a horse. 馬（马）resembles a horse; 加（jiā）is phonetic, it means to add. 駕 has been simplified to 驾.

① 用牲口拉 carriage or cart being pulled by animals：～车 drive (carriage, cart, car etc) ② 操纵 control：～御 control; master | ～驶 drive; pilot (car, airplane etc) ③ 指车辆 vehicles：并～齐驱 advance in line; be on a par with somebody

jià

架

会意字。"木"像树，"加"指相加，表示用木搭起、支撑，加（jiā）兼表声。本义是搭起、支撑。

架 originally signified to build, support. The character is composed of 木, tree, and 加（jiā）, which is phonetic and means to add on, i.e. add on or build with wood.

① 搭设；支撑 build; support：～桥 build a bridge | ～设 erect (on stilts) ② 架子 frame; stand; rack：支～ frame | 书～ bookshelf ③ 抵挡 fend off; withstand：招～ withstand; sustain ④ 搀扶 support (sb)：～着病人 support a patient (while the latter is being moved etc) ⑤ 劫持 kidnap; hijack; hold hostage：绑～ kidnap ⑥ 争吵；殴打 quarrel; fight：吵～ quarrel | 打～ fight ⑦ 量词 measure word：一～飞机 an airplane

jià 嫁

会意字。"女"像女子，"家"像屋（宀）内养猪（豕），表示女子结婚成家，家（jiā）兼表声。本义是女子结婚。

嫁 signifies a woman getting married. It is composed of 女, woman, and 家 (jiā), which is phonetic and means house (豕 pig and 宀 roof), i.e. a woman gets married into another family.

① 女子结婚 for a woman to get married：出～ for a woman to get married | ～妆 dowry ② 转移 transfer; shift：转～ transfer; marry again | ～祸于人 shift the blame to sb else

jià 稼

会意字。"禾"像谷类植物，表示种植庄稼；"家"像屋（宀）中养猪（豕），象征家庭，表示种植谷物是家中大事；家（jiā）兼表声。本义是种植谷物。引申为农作物。

稼 originally meant plant crops, and then, by extension, crops. It is composed of 禾, grain, and 家 (jiā), which is phonetic and means family (豕 pig and 宀 roof). Hence, planting crops is a family affair.

农作物 crops：庄～ crops; harvest

jiān 尖

会意字。"小"像细小的砂砾，"大"像人张开四肢，表示上小下大。本义是末端细小、锐利。

尖 means sharp. The character is composed of 小, which looks like grains of sand, i.e. small; and 大, which resembles a person with spread limbs, i.e. large. Thus a sharp edge, tapering from a thick edge to a fine blade.

① 锐利的一端；锐利 sharp edge; sharp：～锐 sharp | 针～ needle tip ② 声音高而细 high pitch：～嗓子 have a high pitch ③ 特出的 extraordinary; outstanding：顶～ top class | 拔～ top-notch

jiān 奸

会意字。"女"像女子，"干"是武器，有冒犯意，表示冒犯女人。本义是冒犯女人。

奸 means to offend women. It consists of 女, woman, and 干, which refers to a weapon, i.e. to offend a woman.

① 男女不正当的性行为 adultery：通～ commit adultery | 强～ rape ② 阴险；狡诈 scheming; sly; cunning：～计 scheme; ploy | ～笑 sinister smile ③ 私通敌方的人 spy：～细 spy; mole | 内～ traitor jiān

歼

（殲）

形声字。歹表意，像残骸；韱（jiān）表声，韱有细小义，表示杀尽敌人，一丁点也不放过。简体字歹表意，千（qiān）表声，兼表消灭数量众多的敌人。本义是消灭。

歼 means to destroy, exterminate. 歹 is semantic; it depicts wreckage, remains. 韱（jiān）is phonetic; it means small, i.e. exterminate even the smallest parts. In the simplified form, 歹 is semantic, 千（qiān）is phonetic and means thousand, i.e. destroy large numbers of the enemy.

消灭 destroy; exterminate：～灭 destroy; exterminate｜～敌 exterminate one's enemy

jiān

坚

（堅）

会意字。“土”本像地上有堆土，表示硬如干结的土；“臤”有坚固意；臤（jiān）兼表声。简体字像手（又）把两根柱子竖立在土上。本义是硬、坚实。

坚 means hard, strong, sturdy. It consists of 土, earth on the ground, i.e. hard; and 臤, which is phonetic and means sturdy. The simplified form signifies the hand（又）putting up two poles onto the ground.

① 硬；结实 hard; strong; sturdy：～果 nuts｜～固 sturdy; firm ② 牢固的东西 sturdy：无～不摧 be all-conquering ③ 不松懈；不动摇 firm; unshakable：～持 insist; preserve｜～信 strongly believe

jiān

肩

会意字。“户”像一扇门，表示肩膀宽而能动似门扇；“月”（肉）像肉，表示肩是肉体的一部分。本义是肩膀。

肩 signifies shoulder. It is composed of 户, door, which like a shoulder is broad and moves; and 月（肉）, flesh, symbolizing a body part.

① 肩膀 shoulder：两～ shoulders｜摩～接踵 crowded ② 承担 to shoulder：～负 to shoulder, bear a responsibility｜身～重任 to shoulder, bear a heavy responsibility

jiān

艰

（艱）

会意字。“堇”是黏土，早晨湿软，傍晚结成硬块，很难耕种；“艮”像人回头瞪视，有很意，表示很困难。简体字又、艮，“又”像手，有重复、连续义，表示需一再努力才能克服艰难。本义是困难。

艰 signifies difficult. It is composed of 堇, clay, which is soft and moist in the morning but hardens in the evening, making crop cultivation difficult; and 艮, fierce or intense (depicting sb turning his head to stare), i.e. intensely difficult. The simplified form has 又, hand, and 艮, hard, i.e. overcoming difficulties requires constant effort.

困难 difficult; hardship：～难 difficult｜～辛 difficult; hard; hardship

间 290页

jiān/jiàn
监
（監）

会意字。甲骨文像人张大眼睛用盛水的器皿照脸。金文、篆书眼睛与人体脱离。楷书人体不大像了。简体字将眼睛简化为两竖。本义是照视。

监 originally meant to illuminate. In bone inscriptions, it resembles sb staring at his reflection in a basin of water. In bronze and seal scripts, radicals representing the eyes and body are separated. In regular script, the 'body' is no longer like a body. In the simplified form, the eyes are represented as two vertical strokes.

㊀ jiān ① 从旁察看 look from the side：～视 supervise; surveillance｜～考 invigilate; proctor ② 牢狱 jail; prison：～狱 prison ㊁ jiàn 古代官名或官府名 used in the ancient times to designate certain ranks or buildings：太～ eunuch｜国子～ National Academy

jiān
兼

会意字。像手持二禾，表示合并。本义是合并。

兼 originally meant to combine. The character resembles a hand holding two stalks of grain, combined.

① 合并；加倍 combine; in addition：～爱 universal love｜日夜～程 travelling the entire day｜② 同时涉及或具有 involving more than one thing at a time：～职 take up more than one job｜德才～备 have both good moral conduct and talent

jiān
煎

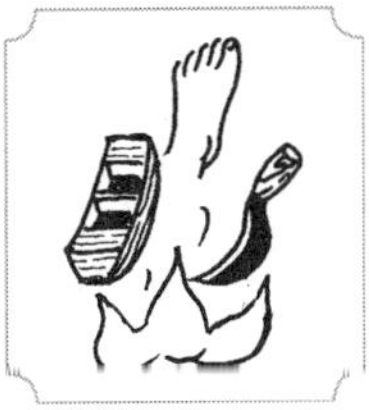

会意字。“灬”（火）像火苗，表示用火煎食物；“前”有贴近、靠近义，表示食物贴近锅底少量的油来煎。本义是一种烹饪方法。

煎 means pan-fry, sear. 灬（火）depicts flames, i.e. to cook with fire. 前, before, implies close, near, i.e. food placed right on the pan, with light oil.

① 一种烹饪方法，用少量油把食物烤熟 pan-fry; sear：～饼 pancake｜～蛋 fried egg ② 用水熬煮 boil：～药 decoct Chinese medicinal herbs

jiǎn
拣
（揀）

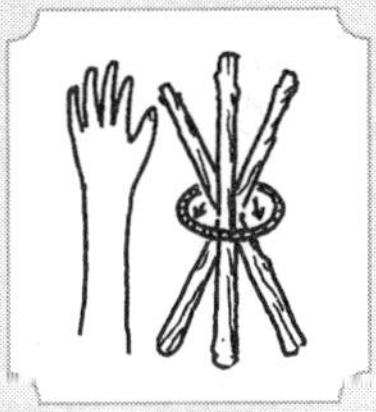

会意字。“扌”像手，表示用手挑选；“柬”像解开捆着的木材，有选择、挑选义；柬（jiǎn）兼表声。揀简化为拣。本义是挑选。

拣 means to choose, select. It is composed of 扌, hand, and 柬（jiǎn）, which is phonetic. The latter depicts untying a bundle of wood, i.e. choose, select. 揀 has been simplified to 拣.

① 挑选 choose; select：挑肥～瘦 choose only the thing that one fancies ② 拾取 pick：～柴 collect firewood｜～麦穗 harvest ears of wheat

J

渐 292页

jiǎn 茧（繭）

会意字。“糸”像丝，“虫”像虫，“芇”指相当，表示蚕茧由蚕丝绕成，大小与蚕蛹相当。简体字艹、虫，表示蚕丝裹蛹之壳，如同昆虫以草叶裹蛹之壳。本义是蚕茧。

茧 refers to silkworm cocoon. **糸** resembles silk, **虫** resembles a worm, **芇** means approximately, i.e. a cocoon is made by silk and its size is about that of the chrysalis. In simplified form, radicals **艹** and **虫** suggest the silk covering the shell of the pupa, just like how bugs use grass to cover the shells of their pupas.

① 蚕和某些昆虫成蛹前吐丝做成的壳 cocoon：蚕～ silkworm cocoon ② 手脚上因磨擦而生的硬皮 callous：老～ callous

jiǎn 柬

会意字。“柬”像绑着的木柴，“八”像分开，表示将捆绑着的东西解开，进行区分、挑选。本义是挑选，此义后写作拣。

柬 originally meant to choose, select, later represented by **拣**. **柬** depicts bundled wood; 八 implies to separate. Hence, choose by separating from a bunch.

信件、帖子的总称 generic term for letters, invitations：书～ letter | 信～ letter | 请～ invitation

jiǎn 俭（儉）

形声字。亻表意，像人，表示人节俭；僉（佥qiān）表声，佥有全、都义，表示各方面都要节约。儉简化为俭。本义是节省。

俭 means thrifty. It is composed of 亻, person, and **僉**（**佥 qiān**）, which is phonetic and used to mean completely, i.e. thrifty in all respects. **儉** has been simplified to **俭**.

节省；不浪费 thrifty; not wasting resources：节～ thrifty | ～朴 simple and thrifty | 省吃～用 lead a simple and thrifty life

jiǎn 捡（撿）

形声字。扌表意，像手；僉（佥qiān）表声，佥有会集义，表示双手合抱。撿简化为捡。本义是拱手。基本义是拾取。

捡 originally meant to make obeisance by cupping one hand on the other before the chest; its basic meaning is now to collect or pick up. The character is composed of **扌**, hand, and **僉**（**佥 qiān**）, which is phonetic, and means complete or to assemble, i.e. collect. **撿** has been simplified to **捡**.

拾取 collect; pick up：～柴 collect firewood | ～破烂 scavenge in refuse heaps jiǎn

检

（検）

篆

形声字。木表意，像树，表示木制书匣上的标签；僉（佥qiān）表声，佥义同签。檢简化为检。本义是书匣上的标签。引申为查。

检 originally referred to the seal on a book chest, then by extension, check, examine. **木** is semantic; it signifies wood, i.e. wooden, seal; **僉（佥 qiān）** is phonetic and was originally the character for seal, stamp, now written as **签**. **檢** has been simplified to **检**.

① 查看；查验 check; examine：～阅 review; inspect｜～查 check; examine ② 约束；限制 restrain; limit：行为不～ unrestrained behavior, conduct

jiǎn

减

金

篆

会意字。“氵”像水流、水珠，“咸”有都义，表示水因蒸发或渗透都会减少。楷书冫（冰）、咸（都），表示到了结冰的冬季流水会减少。本义是减少。

减 means decrease. It is composed of **氵**, water, and **咸**, which signifies all or completely, alluding to decrease resulting from evaporation or osmosis. In the regular script, radicals **冫（冰）**, ice, and **咸（都）**, all, refer to decrease in water volume caused by freezing winter.

① 去掉一部分 decrease; remove a certain portion：～少 decrease; cut down｜削～ decrease; cut down ② 降低 lower：～弱 weaken｜～速 slow down; reduce the speed

jiǎn

剪

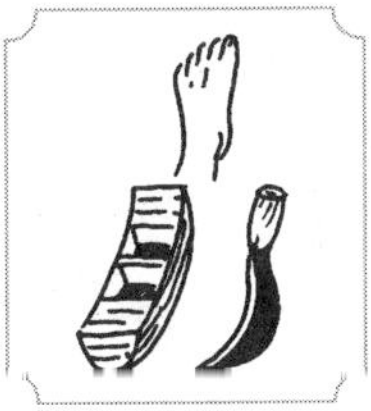

篆

会意字。“刀”像刀，篆书“歬”像脚（止）和船（舟），楷书“前”指前面，表示剪刀向前铰断物体。本义是用剪刀铰断。

剪 means cut sth with shears. **刀** resembles a knife. In seal script, the character consists of **歬**, which depicts a foot（**止**）and a boat（**舟**）; in regular script, **前** means front, forward, i.e. moving forward as one cuts.

① 用剪刀断开 cut with scissors：～纸 paper-cut｜～裁 to tailor; prune ② 剪刀 scissors ③ 除掉 remove; get rid of：～除 annihilate; exterminate

jiǎn

简

（簡）

篆

形声字。竹表意，像竹叶，表示写字用的竹片；間（间jiān）表声，间像日光照进门缝，有缝隙义，表示简册的竹片之间有缝隙。簡简化为简。本义是古代用来写字的狭长竹片。

简 refers to bamboo slips used as a writing surfaces in ancient times. It is composed of **竹**, bamboo, and **間（间 jiān）**, which is phonetic. The latter depicts light passing through a door and means seam or gap, reference to the gap between bamboo slips. **簡** has been simplified to **简**.

① 古代写字用的竹片 bamboo slips that people used to write on：竹～ bamboo slips ② 不复杂；不繁琐 simple; not complicated：～单 simple; easy｜～便 easy and convenient ③ 信件 letters：书～ letters

jiǎn 碱

会意字。“石”像山崖下有石头，表示纯碱像石头；“咸”有普遍义，表示古时普遍用碱洗衣服及中和发面中的酸。碱指碳酸钠。

碱 means alkali; it is composed of 石, stone, and 咸, which denotes all or common, i.e. in ancient times alkali was in common use for washing and fermenting.

指碳酸钠，一种化合物。纯碱可用来洗衣服，中和发面中的酸；烧碱是工业原料。alkali

jiàn/xiàn 见 (見)

会意字。像人睁大眼睛，表示看见。見简化为见。本义是看到。

见 means to see. The character depicts sb with eyes wide-open. 見 has been simplified to 见.

㊀ jiàn ① 看到 see：罕～ rarely seen｜所～所闻 what one sees and hears ② 会面 meet：～面 meet｜接～ receive (guest) ③ 显现 reveal; become apparent：～效 show effectiveness ④ 看法 opinion：远～ foresight ⑤ 表示被动 used to denote an action done onto sb else：～笑 to laugh at ㊁ xiàn 显露 become apparent：图穷匕～ hidden intentions are revealed in the end

jiàn 件

会意字。“亻”像人，“牛”像牛，表示人分解牛。本义是分解、分割。引申为量词。

件 originally meant disintegrate, separate; later it was used as a collective noun. It is composed of 亻, person, and 牛, ox, i.e. sb cutting up an ox.

① 量词 measure word：两～事 two affairs｜一～衣服 a piece of clothing ② 可以一一计算的事物 things that can be counted：零～ (machinery) parts｜信～ letters ③ 文件 documents：密～ confidential documents｜附～attachments

jiàn/jiān 间 (間)

会意字。金文、篆书像月光照进门缝，表示缝隙。楷书像日光从门缝中照进来。間简化为间。本义是缝隙。

间 refers to gap, seam. In bronze inscriptions and seal script, the characters depict a door with moonlight passing through it, i.e. through the gap, seam. Regular script shows a gap with sunlight passing through it. 間 has been simplified to 间.

㊀ jiàn ① 空隙 gap; seam：～隙 gap; seam｜亲密无～be close; be on intimate terms ② 隔开；不连接 separate; discontinue：～隔 separate; divide｜～断 discontinuity ③ 使隔开；使不和 sow discord：挑拨离～ sow discord ㊁ jiān ① 当中 within; among：中～ middle ② 一定的范围内 within a certain scope：民～ among the people; popular ③ 房子 house：房～ room ④ 量词 measure word：一～屋 a house

jiàn

建

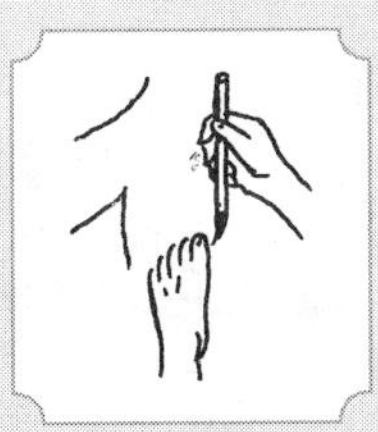

会意字。“聿”像手持毛笔，“廴”金文像路和脚，篆、楷书像道路延伸，表示建立典章法度。本义是为朝廷立法。引申为创设、成立。

建 originally meant to legislate on behalf of the court, then by extension, to establish, set up. 聿 resembles a hand holding a writing brush. In bronze inscriptions, 廴 depicts a path and a foot; in seal and regular scripts, it depicts a road stretching in the distance, symbolizing the establishment of laws that apply into the future.

① 创设；成立 establish; set up：～立 establish; set up｜～军 establish an army ② 建筑 building; construction：兴～ build; construct｜～桥 build a bridge ③ 提出 suggest; voice：～议 suggestion; voice an opinion

jiàn

荐

（薦）

会意字。“艹”（艸）像草，“存”像幼苗和婴儿，有存在义，表示双层草席的表层下还存在一层。本义是双层的草席。薦今归并简化为荐。

荐 signifies a double-layer straw mat. It is composed of 艹（艸）, grass, and 存, which depicts young plants and a baby, i.e. things in existence, like a second layer under the first. 薦 has been simplified and grouped into 荐.

推举；介绍 recommend; introduce：推～ recommend｜举～ recommend

jiàn

贱

（賤）

会意字。“貝”（贝）像贝壳，曾用作货币；“戋”有小义，表示贱是价值小；戔（戋jiān）兼表声。賤简化为贱。本义是价钱低。

贱 means cheap, low price. It is composed of 貝（贝）, seashells, used as currency in ancient times; and 戋（戋 jiān）, which is phonetic and denotes small, insignificant, i.e. cheap. 賤 has been simplified to 贱.

① 价格低 cheap; low price：～卖 selling at low prices｜～价 cheap; low price ② 地位低 of lowly status：贫～ of lowly status; poor｜低～ of lowly status ③ 下贱；卑鄙 despicable：～人 despicable person｜～货 goods of inferior quality

jiàn

剑

（劍）

会意字。篆书“刃”像一把锋刃，楷书“刂”指刀，“僉”（佥）指全、都，表示剑是古代王公将相、平民百姓皆可佩带的兵器。劍简化为剑。剑是一种武器。

剑 refers to sword. In seal script, 刃 depicts the blade of a sword. Regular script shows 刂（刀）, knife, and 僉（佥）, complete, all, i.e. swords were weapons that everyone from lords to commoners could use. 劍 has been simplified to 剑.

一种兵器，长条形，两面有刃 sword：宝～ precious sword｜舞～ perform a sword-dance

jiàn

健

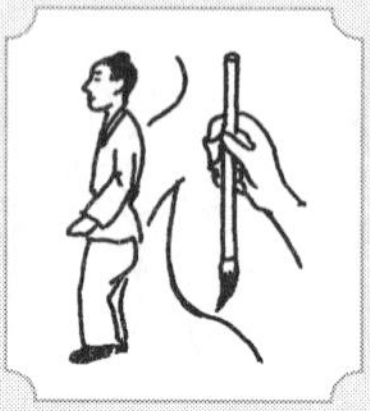

形声字。亻表意，像人，表示人强壮有力；建（jiàn）表声，建有创立义，能创立者必强壮有力。本义是强壮有力。

健 means healthy and strong. 亻 is semantic, depicting a person; 建（jiàn）is phonetic and means to establish and set up, i.e. health is a prerequisite for setting up sth.

① 强壮 healthy and strong：～壮 healthy and strong｜～康 healthy ② 使强健 strengthen oneself：～身 strengthen oneself through exercises｜～胃 strengthen the stomach ③ 善于 be good at sth; prone to：～谈 be a good talker｜～忘 forgetful

jiàn

舰

（艦）

形声字。舟表意，像船，表示战船；監（监 jiān）表声，监有监视义，表示战舰须监视敌方的动静。简体字舟表意，见（jiàn）表声，表示舰是大型战船，很远就能望见。本义是战船。

舰 signifies warship. It is composed of 舟, ship, and 監（监 jiān）, which is phonetic. The latter means keep watch on, i.e. a ship which keeps watch on the enemy's movements. The simplified form shows 舟, boat, and 见（jiàn）, which is phonetic and means see, i.e. a warship is easily visible.

大型的战船 big warship：军～ battleship｜战～ battleship｜驱逐～ destroyer

jiàn

涧

（澗）

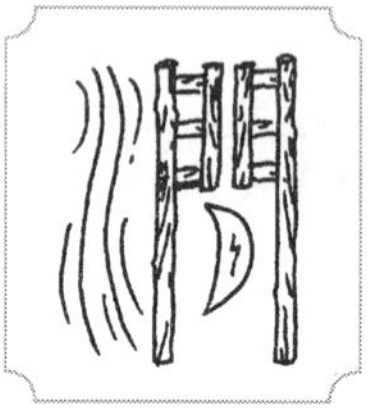

会意字。"氵"像溪流、水珠，"間"（间）指中间，表示夹在两山间的水流，間（间 jiān）兼表声。澗简化为涧。本义是两山间的水流。

涧 means ravine. 氵 depicts flowing water; 間（间 jiān）is phonetic and means middle, i.e. a ravine is water running between mountains. 澗 has been simplified to 涧.

两山间的水流 ravine：山～ mountain ravine｜溪～ stream ravine

jiàn/jiān

渐

（漸）

形声字。氵表意，像河流、水珠，表示河名；斬（斩 zhǎn）表声。漸简化为渐。本义是古河名。基本义是逐步、慢慢地。

The basic meaning of 渐 is eventually, gradually; originally it was the name of a river. It consists of 氵, water, and 斬（斩 zhǎn）, which is phonetic. 漸 has been simplified to 渐.

❶ jiàn 逐步；慢慢地 eventually; gradually：～～ eventually; gradually｜循序～进 proceed in an orderly manner; step by step
❷ jiān 流入 infuse：西学东～ Western ideas slowly penetrating China

jiàn

谏

(諫)

形声字。言（讠）表意，像张口说话；柬（jiǎn）表声，柬像解开捆着的木材，有选择义，表示谏是规劝对方选择正确的做法。諫简化为谏。本义是规劝。

谏 means advise. It is composed of 言（讠）, speech, and 柬（jiǎn）, which is phonetic and depicts a bundle of wood being untied, i.e. make a selection. Hence, 谏 is advice for selecting among options. 諫 has been simplified to 谏.

直言相劝，使改正错误 advise：进～ voice opinions in the court｜纳～ accept sb's (an official's) advice

jiàn

践

(踐)

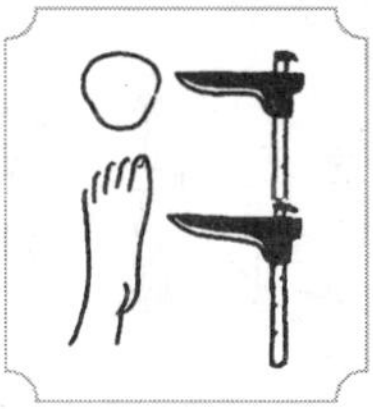

形声字。足表意，像膝和脚，表示用脚踩；戔（戋jiān）表声，戋像两柄戈，有相残义，表示物被踩易残。踐简化为践。本义是踩。

践 means to step on (sth). It consists of 足, a knee and foot, i.e. stepping on; and 戔（戋 jiān）, which is phonetic and shows two spears, i.e. mutual damage. Hence, sth trodden on is easily destroyed. 踐 has been simplified to 践.

① 踩；踏 step on：～踏 trample ② 履行；实行 put into action：～约 keep a promise｜实～ realize; put into action

jiàn

溅

(濺)

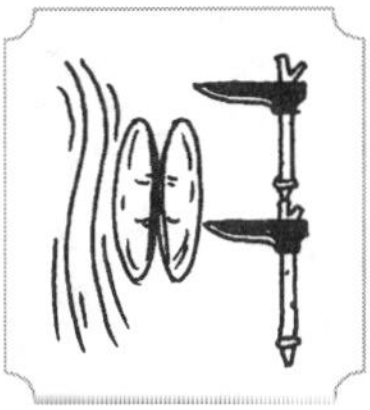

形声字。氵表意，像水流、水珠；賤（贱 jiàn）表声，贱有细小义，表示水受冲击而水珠细末乱飞。濺简化为溅。本义是液体迸射。

溅 means water splashing. The character is composed of 氵, water, and 賤（贱 jiàn）, which is phonetic and means trivial or tiny, signifying splashes of water.

液体受冲击而向四面飞射 water splashing：喷～ splash｜浪花飞～ spray and splash (of water)

jiàn

鉴

(鑒)

会意字。金文像人睁大眼睛向水盆注视。后加“金”，表示水盆用金属制成。鑒简化为鉴。本义是盛水的大盆。引申为镜子。

鉴 originally signified a large basin for holding water, and was then extended to mirror. In bronze inscriptions, the character depicts sb staring at a basin with wide-open eyes. 金, metal, is added later. 鑒 has been simplified to 鉴.

① 镜子 mirror：铜～ bronze mirror ② 照 look at a reflection：水清可～ water so clear that it reflects ③ 仔细观察 examine carefully：～定 examine｜～别 examine and differentiate ④ 经验、教训 experience; lesson learned：前车之～ lessons learned from mistakes ⑤ 书信中的套话，表示请人看信 polite expression, used to ask sb to read a letter：台～ 'for your exalted examination' (salutation of a formal letter)

J

jiàn

键

（鍵）

形声字。金（钅）表意，像箭头、斧头和矿石；建（jiàn）表声，建有设置义，表示键是安置在车轴两头的小铁棍。鍵简化为键。本义是车辖。引申为按键。

鍵 originally referred to metal bolts attached at the two ends of an axle, then by extension, keys (computer, organ etc), buttons. It is composed of **金**（**钅**）, metal, and **建**（**jiàn**）, which is phonetic and means arrange. The latter refers to the arrangement of bolts at each end of an axle. **鍵** has been simplified to **键**.

琴、手机、键盘上可按动的部件 keys; buttons：～盘 keyboard | 琴～ keys (piano, organ etc)

jiàn

箭

会意字。“竹”像竹叶，表示制作箭的竹；“前”像脚（止）、船（舟）、刀（刂），有向前义，表示箭会离弓向前。本义是制作箭的竹。引申为竹制的矢。

箭 originally signified bamboo used to make arrows, then by extension, to arrows. **竹** depicts bamboo; **前** depicts a leg（**止**）, a boat（**舟**）and a knife（**刂**）, and means to advance, i.e. like an arrow.

用弓发射到远处的兵器 arrows：弓～ bow and arrow | 射～ archery

jiāng

江

会意字。“氵”像河流、水珠，表示长江；“工”像斧头，表示长江穿越峡谷，如同天神巨斧劈出的河道。本义专指长江。后泛指大河。

江 originally referred to the Yangtze River, later to any large river. **氵** depicts water, and **工** resembles an axe, i.e. the image of the Yangtze River creating valleys like a god with an axe.

① 特指长江 Yangtze River：～南 Jiangnan region, south of the Yangtze | ～淮 Yangtze-Huaihe region ② 大河 big river：湘～ Xiangjiang River | 珠～ Pearl River ③ 姓 a family name

jiāng

姜

（②薑）

会意字。“女”像女子，姜姓起源于母系社会；“羊”像羊，有吉祥意，表示姜姓氏族从事畜羊业，也表示姜姓吉祥。本义是姓。薑今归并简化为姜。

姜 was originally used as a family name. **女** depicts a woman, i.e. suggesting a matriarchal origin for this name; **羊** depicts a sheep, symbolizing fortune, happiness, and associating the Jiang（**姜**）clan with the rearing of sheep and good fortune. **薑** has been simplified and grouped into **姜**.

① 姓 a family name ② 多年生草本植物，地下茎成块状，味辣，可做调味品，也可入药 ginger

将 297页

jiāng 浆 (漿)

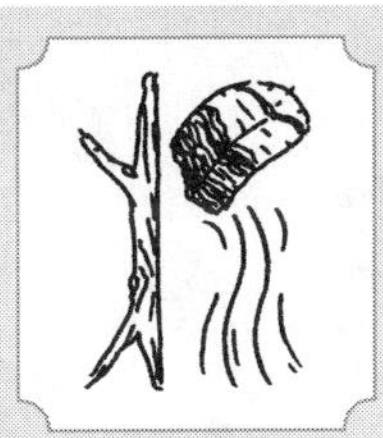

形声字。水表意，像水流，表示饮料；酱（酱jiàng）表声，表示浆如酱也是经发酵制成。漿简化为浆。本义是古代一种带酸味的饮料。引申指较浓的液体。

浆 originally referred to a sour beverage consumed in ancient times, then by extension, to any relatively thick or creamy liquid. 水 is semantic, depicting flowing water, i.e. suggesting sth to drink; 醬 (酱 jiàng) is phonetic, associating 浆 with 酱, a product of fermentation. 漿 has been simplified to 浆.

① 较浓的液体 relatively thick, creamy liquid：豆～ soy milk | 纸～ paper glue ② 用米汤或粉浆浸纱、布、衣物等，使干后变得硬挺 to starch clothes to remove wrinkles and stiffen：～衣服 to starch clothes

jiāng 僵

形声字。亻表意，像人；畺（jiāng）表声，畺有田界义，田界是不能移动的，表示僵是人倒地后不能动弹。本义是倒下。引申为僵硬。

僵 originally meant collapse, then by extension, stiff. 亻 is semantic; it depicts a person. 畺 (jiāng) is phonetic and means boundary, i.e. sth which cannot be moved or shifted. Thus, 僵 suggests sb collapsing and being unable to move.

① 肌体发硬，不能自由活动 become stiff and unable to move freely：～化 become stiff | 冻～ freeze ② 事情难处理，停滞不前 deadlock; stalemate：～局 deadlock; stalemate | 闹～ for a relationship to turn sour; be deadlocked

jiāng 缰 (繮)

形声字。糸（纟）表意，像线绳，表示拴马的绳子；畺（jiāng）表声，畺像田地有疆界，表示缰绳可操纵马按一定的界限走。繮简化为缰。本义是缰绳。

缰 originally signified a rein, a halter. 糸 (纟) is semantic; it depicts a string, i.e. horse's reins. 畺 (jiāng) is phonetic; it depicts a plot of land with boundaries delineated, symbolizing reins, that allow a horse to be controlled and to walk along delineated boundaries.

拴马和其他牲口的绳子 reins; halter：～绳 reins; halter | 脱～野马 uncontrollable

jiāng 疆

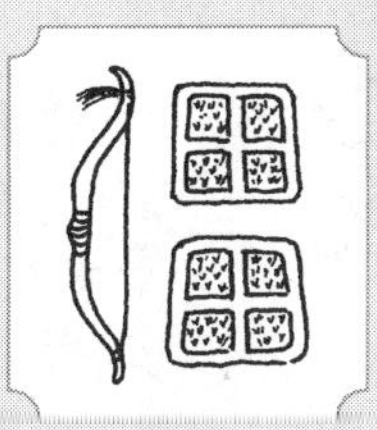

会意字。甲骨文像弓和两块田，表示用弓来丈量田地划定界限。金文在两块田之间加一横，表示田界。篆、楷书加“土”，表示用弓丈量田地及划定田界，代表田界的横画增加到三条。本义是边界。

疆 signifies a boundary. In bone inscriptions, the character resembles a bow and two plots of land, i.e. using a bow to measure off the land and determine the boundaries. In the bronze inscriptions, a horizontal stroke is added to indicate a boundary; in seal and regular scripts, 土 is added to signify using a bow to delineate land, with the three strokes marking boundaries.

边界 boundary：～界 boundary | 边～ boundary

jiǎng 讲（講）

会意字。“言”（讠）像张口说话，“冓”像两鱼接触，表示通过接触才能讲和。简体字讠、井，表示说话多如井水。本义是和解。引申为说、谈。

讲 originally meant to reconcile, overcome differences, then by extension, say, talk, chat. It is composed of 言（讠）, speech, and 冓, which depicts two fish touching one another, i.e. reconciliation through contact. The simplified form has 讠, speech and 井, a well, i.e. talk as endless as well water.

① 说；谈 say; talk; chat：～话 say; speak; talk｜演～ make a speech ② 解释；说明 explain：～解 explain; elucidate ③ 注重 pay attention to; concern about：～究 be particular about; pay attention to ④ 商议 discuss：～条件 discuss the terms

jiǎng 奖（獎）

形声字。篆书犬表意，像狗；將（将jiāng）表声，将有带义，表示带着狗并唆使它咬人。楷书大表意，表示大事夸奖；将表声。獎简化为奖。本义是唆使狗凶猛。引申为勉励、夸奖。

奖 originally meant to egg on, to coax, e.g. a dog to become ferocious; then by extension, it came to mean encourage, praise, compliment. In seal script, 犬 is semantic, signifying dog; 將（将 jiāng）is phonetic, and denotes take or escort, i.e. taking a dog to coax him to bite others. In regular script, 大 'large' is semantic, i.e. great praise; 将 is phonetic. 獎 has been simplified to 奖.

① 勉励；夸奖 encourage; praise; compliment：～励 reward (sb) ② 为鼓励或表扬而给予的荣誉或财物 reward：～金 monetary reward

jiǎng 桨（槳）

形声字。木表意，像树，表示桨用树木制成；將（将jiāng）表声，将有带、进义，表示桨是带动船前进的用具。槳简化为桨。本义是划船的工具。

桨 signifies oars. It consists of 木, wood, the material out of which oars are made; and 將（将 jiāng）, which is phonetic and denotes to bring, advance, i.e. oars are used to move boats forward. 槳 has been simplified to 桨.

划船的用具 oars：划～ oars

jiǎng 蒋（蔣）

形声字。艹（艸）表意，像草，表示茭白是草本植物；將（将jiāng）表声。蔣简化为蒋。本义是茭白。现用作姓。

蒋 originally referred to an aquatic grass; now it is used as a family name. It consists of 艹（艸）, grass and 將（将 jiāng）, which is phonetic. 蔣 has been simplified to 蒋.

姓 a family name

jiàng

匠

会意字。像箱子（匚）里放着斧子（斤），表示木工。本义是木工。泛指各种技术工人。

匠 originally referred to carpenters; it is now a generic term for craftsmen, artisans. The character resembles an axe（斤）in a box（匚）, symbolizing skill in a craft.

① 有专门手艺的工人 workers with specialized skills：工～ craftsmen; artisans｜木～ carpenters ② 在某些方面造诣很深、有突出成就的人 sb who excels in a specialized field：巨～ master｜别具～心 show ingenuity

jiàng/xiáng

降

会意字。像两脚从山坡高处走下来。本义是从高处往下走。引申为落下。

降 originally meant descend, then by extension, drop, fall. The character depicts two feet descending a slope.

㊀ jiàng 落下 fall; drop：～落 fall; drop｜～温 dropping temperature｜～价 decreasing prices ㊁ xiáng ① 投降 surrender：诱～ lure into surrendering｜诈～ feign surrender ② 制服 subdue：～伏 subdue

jiàng/jiāng

将

（將）

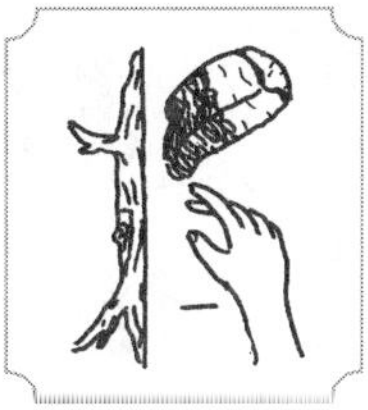

形声字。寸表意，表示将帅能掌握指挥军队的分寸；酱（jiàng）表声，酱是调味品，表示将领能调教、训练兵士。將简化为将。本义是将领。

将 signifies a high ranking military office, a general. It is composed of 寸, inch, little, restraint, here symbolizing the restraint needed to manage an army; and 酱（jiàng）, which is phonetic and refers to seasoning, i.e. a general is able to "season" (train) his soldiers. 將 has been simplified to 将.

㊀ jiàng ① 将领 general (in army)：～士 officers and soldiers ② 军衔名 rank：中～ lieutenant general; vice admiral ㊁ jiāng ① 快要；就要 soon：～近 (event) approaching; happening soon｜即～ soon ② 拿；把 use：～功补过 atone misdoings with good deeds ③ 且；又 and; as well as：～信～疑 does not believe entirely

jiàng

酱

（醬）

形声字。篆书月（肉）像肉，酉像酒坛子，表示用酒调和肉酱，爿（qiāng）表声。楷书酉表意，表示制酱与酿酒相似；將（将 jiāng）表声；简体字将表声。本义是肉酱。

酱 refers to a sauce made with meat. Seal script has 月（肉）, meat, and 酉, wine pot, i.e. wine seasoning; 爿（qiāng）is phonetic. Regular script has 酉, i.e. wine as a seasoning. 將（将 jiāng）is phonetic in both traditional and simplified forms.

① 用发酵后的豆、麦等做成的调味品 sauce; seasoning：～油 soy sauce ② 用酱或酱油腌制 season with sauce or soy sauce：～菜 pickles ③ 像酱的食品 sauce-like food：果～ fruit jam

jiāo 交

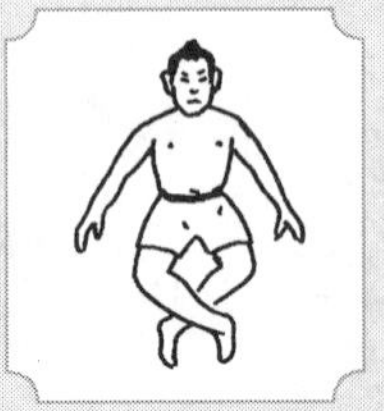

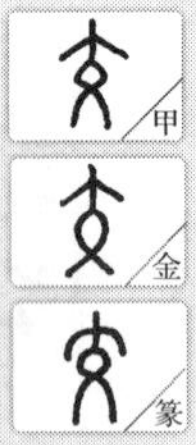

象形字。像人两腿交叉，表示交叉。本义是交叉。

交 means to cross. The character depicts two legs crossed.

① 交叉；连接 cross; link：~错 crisscross | 相~ crisscross ② 结交；交往 know (sb); make friends with; hang out with：~友 make friends with | 外~ diplomatic ties ③ 互相 each other：~谈 talk to each other | ~换 exchange ④ 交配 mating; copulation：性~ sexual intercourse | 杂~ hybridize ⑤ 付给 pay：~款 make payment to | 转~ transfer ⑥ 一齐 together：饥寒~迫 be both hungry and cold | 风雨~加 with strong wind and thunderstorm

jiāo 郊

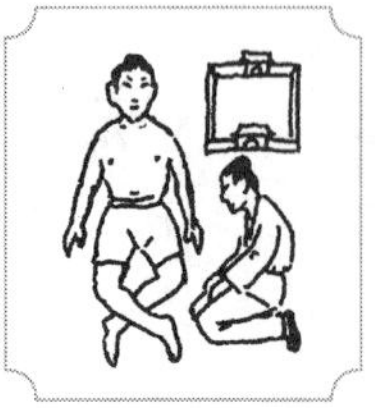

会意字。“阝”（邑）篆书像住地和人，楷书像山地；“交”像人两腿相交，表示都城与野外相交处；交（jiāo）兼表声。本义是国都城外百里以内的地区。后泛指城市周围的地区。

郊 originally referred to precincts outside the city wall; now it refers to the area surrounding a city. In seal script, 阝(邑) depicts a residential area and people; in regular script, it depicts a mountainous area. 交(jiāo) is phonetic, meaning communicate, barter, reference to the edge of the city, where the city communicates with the countryside.

城市周围的地区 area around the city：~区 suburbs | ~游 outing; excursion

jiāo 浇（澆）

会意字。“氵”像水流、水珠，“堯”（尧）有高义，表示从高处往低处浇水。澆简化为浇。本义是灌溉。

浇 means to irrigate. It consists of 氵, water, and 堯(尧), which denotes high, i.e. irrigate by allowing water to flow from a higher place to a lower one.

① 灌溉；用水淋 irrigate; water：~灌 irrigation | ~花 water the flowers ② 把金属溶液或混凝土倒入模型 pouring melted metal or concrete into a mold：~铸 casting

jiāo 娇（嬌）

会意字。“女”像女子，“喬”（乔）有高义，表示女子身材修长妩媚。嬌简化为娇。本义是妩媚可爱。

娇 means attractive and cute. 女 resembles a woman, 喬(乔) denotes tall, suggesting a woman with a slim and attractive figure. 嬌 has been simplified to 娇.

① 美好；可爱 nice; cute：~美 attractive and beautiful | ~艳 attractive ② 柔嫩；脆弱 soft; weak：~嫩 gentle; soft ③ 过度爱护 pamper：~宠 pamper; spoil | ~生惯养 be pampered and spoilt

J

jiāo

骄

（驕）

会意字。“馬”（马）像马，“喬”（乔）有高义，表示马高六尺。驕简化为骄。本义是马高六尺。引申为人傲慢。

骄 originally meant a six-foot tall horse, then by extension, proud and arrogant. 馬（马）resembles a horse, 喬（乔）denotes tall, suggesting a six-foot tall horse. 驕 has been simplified to 骄.

① 傲慢；自高自大 proud; arrogant：~傲 proud; arrogant | ~横 arrogant and imperious ② 猛烈的 strong; forceful：~阳似火 scorching sun

jiāo

胶

（膠）

形声字。月（肉）表意，像肉，表示胶用动物的皮角等熬制而成；翏（liào）表声；简体字交（jiāo）表声，交有连接义，表示胶能连接物体。本义是黏性物质。

胶 signifies glue. It consists of 月（肉）, flesh, i.e. glue made by cooking animal skin and horns; and 翏（liào）, which is phonetic. The simplified form has 交（jiāo）, join, connect, as phonetic, meaning connect, i.e. glue joins things together.

① 有黏性，能粘合器物的东西 glue：~水 glue ② 粘合 to glue：~合 to glue; stick ③ 橡胶 rubber：~鞋 rubber overshoes; sneakers

J

jiāo

椒

会意字。篆书“艹”（艸）像草，表示花椒是一种植物；“尗”像豆类植物，表示花椒的果实形状似豆。楷书“木”表示椒是木本植物，“叔”像手拾取地上的豆子，表示花椒的果实掉落地面俯身拾取。本义是花椒。

椒 refers to Sichuan pepper. It is composed of 艹（艸）, vegetation, and 尗, which depicts beans, i.e. the fruit of Sichuan pepper, which resemble pods. In regular script, 木, tree, indicates plant, and 叔 depicts sb picking beans from the ground, i.e. collecting Sichuan pepper.

某些果实或种子有刺激性味道的植物 pepper：花~ Sichuan pepper | 辣~ chili

jiāo

焦

会意字。像用火（灬）烤鸟（隹），表示把鸟烧焦了。篆书像火烤三只鸟。本义是烧焦。

焦 means burnt, charred. The character depicts a bird（隹）being roasted with fire（灬）, i.e. being charred. The seal script shows three birds roasting.

① 东西经火烧烤而变黄或变成炭状 burnt; charred：烧~ burnt; charred | ~黑 burnt; charred ② 焦炭 coke：煤~ coal | 炼~ manufacture coke ③ 着急 anxious：~急 anxious | ~虑 anxious and worried ④ 姓 a family name

jiāo
蕉

形声字。艹（艸）表意，像草，表示蕉属草本植物；焦（jiāo）表声，焦像火（灬）烤焦鸟，有热意，表示麻蕉生长在热带。本义是麻蕉。泛指芭蕉科植物。

蕉 originally referred to a species of banana known as the abaca; later it was applied to various related species. The character has 艹（艸）, grass or plant, and 焦（jiāo）, which is phonetic. The latter depicts a bird roasting over a fire（灬）, and means scorched or hot, i.e. the abaca grows in the tropics.

芭蕉科植物的泛称 tropical plants of the genus Musa：芭～plantain｜香～banana

jiāo
礁

形声字。石表意，像山崖下有块石头；焦（jiāo）表声，焦像火将鸟烤焦，表示水中的岩石大多为黑色。本义是礁石。

礁 signifies reef. It consists of 石, a rock at the foot of a cliff, and 焦（jiāo）, which is phonetic, and depicts a bird being roasted on a fire, i.e. charred, a reference to the dark color of rocks in water, and specifically, reefs.

江海中接近水面的岩石 reef：～石 reef｜暗～submerged reef

jiáo/jué/jiào
嚼

形声字。口表意，像张开的口；爵（jué）表声，爵是饮酒器，可盛酒慢饮，表示嚼是口含食物细咬。本义是用牙齿磨碎食物。

嚼 means to chew. It consists of 口, an open mouth, and 爵（jué）, which is phonetic, and refers to a wine utensil that allows one to slowly enjoy the wine, just as one chews food slowly in the mouth.

㊀ jiáo 用牙齿咬碎食物 chew：细～慢咽 chew carefully and swallow slowly ㊁ jué义同㊀ same meaning as 'jiáo' ㊂ jiào［倒嚼］反刍 regurgitate

jiǎo/jué
角

象形字。像牛角。本义是动物的角。

角 depicts anox horns, and means animal horns.

㊀ jiǎo ① 动物头上的角 horn：牛～ ox horn｜羊～ goat horn ② 形状像角的东西 horn-like object：菱～ water caltrop ③ 古代军中吹的乐器 horn; bugle：号～ bugle ④ 物体边沿相接处 corner：桌～ corner of the table｜墙～corner of the wall ⑤ 数学上称两条直线相交所构成的形状 angle：直～ right angle ⑥ 货币单位 unit for currency：五～钱 fifty cents ㊁ jué ① 竞争；争胜 compete：～逐 compete for ② 演员；角色 role (acting)：主～ main lead｜丑～ clown; comedian jiǎo

狡

形声字。犭表意，像狗，表示少壮的狗；交（jiāo）表声，交有交配义，表示少壮的狗开始有交配的能力。本义是少壮的狗。引申为奸猾、奸诈。

狡 originally referred to young, strong dogs, then by extension, sly, cunning. The character is composed of **犭**, dog, and **交**（jiāo）, which is phonetic and means exchange, or here, mating, i.e. young strong dogs with ability to mate.

奸猾；诡诈 sly; cunning：～辩 use sophistry｜～猾 cunning

jiǎo

饺

（餃）

形声字。食（饣）表意，像食器，表示饺是面食；交（jiāo）表声，交像人的两腿相交，有交合意，表示饺子的面皮两端要交合在一起以包住馅料。餃简化为饺。本义是饺子。

饺 refers to dumplings. **食**（**饣**）is semantic; it depicts a food utensil; **交**（jiāo）is phonetic and depicts sb with crossed or folded legs, i.e. the dumpling skin enfolds the filling like folding legs. **餃** has been simplified to **饺**.

饺子，半圆形带馅的面食 dumplings：水～ boiled dumplings｜蒸～ steamed dumplings

jiǎo

绞

（絞）

会意字。“糸”（纟）像丝，“交”像人两腿相交，表示两股丝或线绳相扭结，交（jiāo）兼表声。絞简化为绞。本义是扭结。

绞 signifies twisted, knotted. **糸**（**纟**）resembles silk, **交**（jiāo）is phonetic, resembles sb crossing his legs, i.e. like two skeins of silk thread twisted together. **絞** has been simplified to **绞**.

① 拧；扭 twist; wring：～毛巾 wring a towel｜～铁丝 twist iron wire ② 吊死；勒死 hang or strangle sb to death：～刑 gallows｜～死 strangle sb to death

jiǎo

矫

（矯）

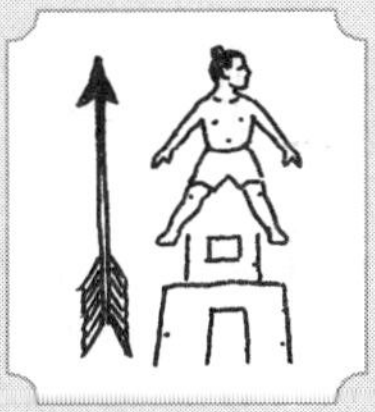

会意字。“矢”像箭，“乔”有曲意，表示矫正箭杆使之不弯曲的钳子。矯简化为矫。本义是将箭杆夹直的钳子。引申为纠正。

矫 originally referred to pliers used to straighten arrows, extended to mean rectify. **矢** resembles arrows; **乔** denotes crooked, i.e. crooked arrows to be straightened. **矯** has been simplified to **矫**.

① 纠正 rectify：～正 rectify｜～枉过正 overcorrect ② 强壮；勇武 strong; courageous：～健 strong and vigorous

侥 761页

jiǎo

脚

会意字。“月”（肉）像肉，表示小腿；“却”是脚的本字，脚表示脚可向后退却。本义是小腿。引申指腿的下端。

脚 originally signified the calf of the leg, then by extension, feet. It consists of 月（肉）, flesh, and 却, which is the original form of 脚 and means withdraw, i.e. the feet can be drawn backwards.

① 人或动物的腿的下端，着地行走的部分 feet：～掌 sole of the foot | ～印 footprint ② 最下部 bottom：山～ mountain foot | 墙～ foot of the wall

jiǎo

搅

（攪）

形声字。扌表意，像手，表示用手拌物使混合；覺（觉jiào）表声，觉有睡眠义，人睡着后什么也分不清了，表示把几种东西搅和在一起难以分清。攪简化为搅。本义是搅拌。

搅 means to stir, mix. It is composed of 扌, hand, i.e. mixing food with hands; and 覺（觉 jiào）, which is phonetic, and associated with sleep, i.e. in sleep, it is difficult not to mix things up. 攪 has been simplified to 搅.

① 搅和 stir; mix：～拌 stir; mix | ～匀 stir; mix well ② 扰乱 stir up trouble：～乱 stir up trouble | 胡～ stir up trouble

jiǎo

剿

会意字。篆书“力”像农具，楷书“刂”像刀，“巢”喻指坏人盘据的地方，表示清剿坏人盘据的地方。本义是用武力消灭。

剿 means to destroy by force. In seal script, 力 depicts a farming tool; in regular script, 刂 represents a knife, and 巢 refers to a lair, i.e. a bandit lair, which needs to be destroyed by force.

用武力消灭 destroy by force：～匪 exterminate the bandits | 围～ besiege

jiǎo

缴

（繳）

会意字。“糸”（纟）像丝，表示系在箭上的生丝绳；“敫”有光闪闪义，表示箭射出时丝绳光闪闪。繳简化为缴。本义是系在箭上的生丝绳。假借为交付。

缴 originally referred to strings attached to arrows. Later, the character was loaned to mean pay. It contains 糸（纟）, silk, i.e. the string attached to the arrow; and 敫, which means sparkling, as when the string of an arrow whizzes by. 繳 has been simplified to 缴.

① 交纳；交付 pay：～纳 pay (to an organization, authority etc) | ～付 pay (to an organization, authority etc) | 上～ hand in to higher authority ② 迫使交出 surrender：～械 surrender arms jiào

叫

会意字。“口”像张开的口，表示呼喊；“丩”像二绳相缠，表示叫声纠心。本义是呼喊。

叫 means to shout, scream. It contains 口, open mouth, and 丩, which resembles two entangled ropes, i.e. screams, like ropes, entangle the heart.

① 呼喊 shout：～喊 shout; scream ② 动物发出声音 sound made by animals：鸡～ rooster crowing ③ 称为 call; known as：这～拖拉机。This is called a tractor. ④ 招唤 call (sb)：把他～来。Ask him to come here. ⑤ 使；令；让 make; let：～他快走。Ask him to leave now.

jiào/jiāo

教

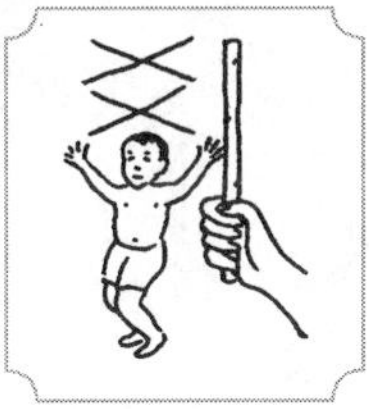

会意字。像手持教鞭抽打孩子，表示从严教育。本义是教导、教育。

教 means to educate. The character depicts sb whipping a child, i.e. strict education.

⊖ jiào ① 指导和培养 educate：～育 education｜施～ educate ② 宗教 religion：～堂 church; mosque｜佛～ Buddhism ⊜ jiāo 传授 pass on knowledge：～书 teach｜～学 teach

jiào/xiào

校

会意字。“木”像树，“交”像人两腿相交，表示两木相交的木枷；交（jiāo）兼表声。本义指古代拘囚犯人的木枷。

校 originally signified a kind of fetter used in ancient times to hold prisoners. 木 depicts a tree, and 交（jiāo）is phonetic. The latter depicts sb crossing his legs, i.e. as if wearing fetters.

⊖ jiào 订正 rectify; correct：～改 edit; correct｜～对 edit; proofread ⊜ xiào ① 学校 school：～舍 school compound｜～长 principal ② 军衔名 rank：少～ major; lieutenant commander｜大～ senior colonel

jiào

轿

（轎）

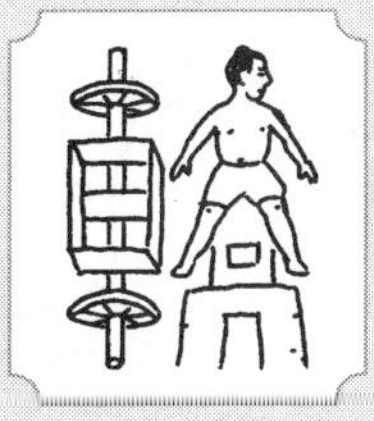

会意字。“車”（车）像车子；“喬”（乔）指高而弯曲，表示用于高山曲径的小车。轎简化为轿。本义是古代用于山道的小车。引申为轿子。

轿 originally referred to a kind of cart used on mountainous path, then later by extension, sedan chairs. 車（车）resembles a cart; 喬（乔）means tall and crooked, i.e. a cart used in rugged mountains. 轎 has been simplified to 轿.

轿子，由人抬着走的旧式交通工具 sedanchair：坐～ sedanchair｜抬～ carry a sedanchair jiào

较

（較）

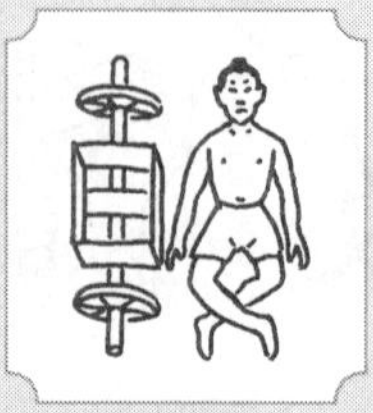

形声字。車（车）表意，像车子；交（jiāo）表声，交有连接义，表示车上作扶手用的曲钩。較简化为较。本义是车厢两旁板上作扶手用的曲钩，又称车耳。引申为比较。

较 originally referred to handles located on the sides of carriages, also known as 车耳; later, it came to mean compare. 車（车）is semantic, depicting a carriage; 交（jiāo）is phonetic and means connect, join, a reference to the handles on the sides of the carriage. 較 has been simplified to 较.

比；比较 compare：～量 measure one's ability against that of sb else｜计～ fuss about

jiào

窖

会意字。“穴”像洞穴，表示地窖如洞穴；“造”省辶，表示窖是挖地造成的地洞。本义是地窖。

窖 signifies cellar or vault. It consists of 穴, cave, which is like a vault, and 造 'create', minus the radical 辶, i.e. to create or excavate a cellar.

① 收藏东西的地洞 vault：菜～ cellar for preserving vegetables｜酒～wine cellar ② 把东西收藏在窖里 keep things in a dungeon：～冰 preserve ice in a cellar｜～萝卜 preserve carrots in a cellar

jiào

酵

会意字。“酉”像酒坛子，“孝”指子女顺从父母，表示使粮食顺从发酵作用酿成酒的酒酵。本义是酒酵。引申为发酵。

酵 originally referred to yeast used for wine fermentation; by extension, it came to mean the fermentation itself. 酉 resembles a wine pot, 孝 refers to filial piety, i.e. honoring one's parents is the yeast which leavens the family.

发酵，有机物由于受到某些真菌或酶的作用而分解 ferment：～母 yeast

jiē

阶

（階）

会意字。“阝”像道道山坡或层层阶梯，“皆”有多、同义，表示台阶有很多级，每一级的形状相同，皆（jiē）兼表声。简体字阝、介，介有界限、接近义，表示台阶每一级都界限明确又级级相连，介（jiè）兼表声。本义是台阶。

阶 signifies steps. 阝resembles levels of slopes or stairs, 皆（jiē）is phonetic, meaning many, same, characteristics of steps. The simplified form has 阝 and 介（jiè）, which is phonetic and means border on, lie between, i.e. like connected steps.

① 台阶 steps：～梯 stairs｜石～stone steps ② 等级 grade; level; rank：～层 level; class｜军～ military rank

节 306页　嚼 300页

jiē

皆

会意字。金文、篆书"比"像两个人，"曰"像开口说话，以两人一同说话表示都、全。楷书"比"像两个人，"白"像日放光，表示两人都清楚明白。本义是都、全。

皆 means all-inclusive, whole, total. In bronze inscriptions and seal script, 比 depicts two people, and 曰 signifies to speak. Hence, people all speaking together. In regular script, 比 resembles two people, 白 depicts light from the sun, i.e. in total clarity.

都；全 all-inclusive; whole：~大欢喜 everyone is happy｜人人~知 everyone knows

jiē

接

形声字。扌表意，像手，表示用手接触；妾（qiè）表声，妾本指女奴，表示女奴接触的琐事多。本义是接触。

接 signifies coming into contact. It is composed of 扌, hand, i.e. contact with the hand; and 妾（qiè）, which is phonetic, and originally referred to female slaves, i.e. those who come into contact with a great many ordinary things.

① 挨着；靠近 one after another; close to：~触 come into contact｜~近 close to; near ② 连在一起 connected; linked：连~ connect; link ③ 接替 take over from：~班 take one's turn of duty｜~任 take over a position ④ 收；受 accept：~收 reception｜~受 accept ⑤ 迎接 welcome：~客 welcome the guests｜~待 reception

jiē

秸

形声字。禾表意，像谷类植物；篆书皆（jiē）表声，兼表谷物颗粒皆脱去后剩下的茎秆；楷书吉（jí）表声，表示秸是吉祥之物，可用来编制祭天用的垫席。本义是农作物的茎秆。

秸 refers to stalks of crops. 禾 is semantic, depicting grain crops. In seal script, 皆（jiē）is phonetic and means entirely, referring to grain that has been completely harvested. In regular script, 吉（jí）is phonetic, and means fortune, a reference to the use of stalks to weave mats for use in sacrifices.

农作物脱粒后剩下的茎 stalks：麦~ stalks of cereal crops｜豆~ stalks of bean crops

jiē

揭

形声字。扌表意，像手；曷（jié）表声，曷有尽义，表示手尽全力高举。本义是高举。

揭 means to raise sth high up in the air. It consists of 扌, hand, and 曷（jié）, which is phonetic, and means to the utmost, i.e. raising sth as high as possible.

① 高举 raise sth high up in the air：~竿而起 start an uprising ② 掀开 remove the cover; lift; open：~盖 remove the cover｜~幕 opening ceremony ③ 使显露出来 expose; show：~露 expose｜~示 announce; reveal

J

结 307页

jiē

街

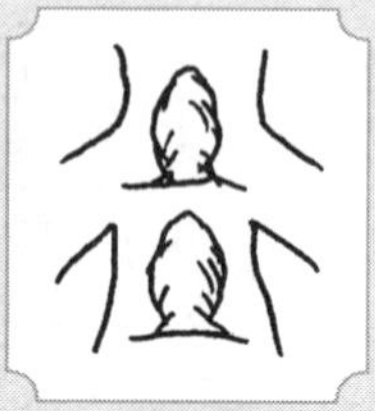

会意字。"行"像十字路口，"圭"指质地坚硬、平整的美玉，表示街的路面坚硬、平坦。本义是比较宽阔的道路。

街 refers to broad pathways, streets. 行 resembles a cross-road junction, 圭 depicts fine jade, which is hard and level, like the surface of a street.

比较宽阔的道路 broad pathways; streets：～道 streets | 逛～ shopping

jié/jiē

节

（節）

会意字。"竹"像竹叶，"即"指人、食相合，表示竹各段相合处。简体字"艹"像草，"卩"指关节，表示茎上长叶的部位。本义是竹节。

节 originally signified bamboo joints. It is composed of 竹, bamboo, and 即, which depicts a person by a container of food, i.e. close, like the joints of bamboo. The simplified form has 艹, grass, and 卩, joint, the part of the stem where leaves grow.

㊀ jié ① 植物茎上长叶的部位 parts of stems where leaves grow ② 骨骼连接处 joints：骨～ joints ③ 段落 paragraphs：章～ chapters ④ 时令；节日 seasons：春～ Spring Festival ⑤ 删略 abridge：～录 extracts; excerpts ⑥ 节制 control; moderation：～约 save; economize ⑦ 操守 moral conduct：气～ integrity ⑧ 事项 things; events; affairs：情～ events; happenings ⑨ 量词 measure word：一～课 a lesson ㊁ jiē ［节骨眼］关键的环节或时机 crucial stage or time

jié

劫

会意字。"力"像农具，表示用力，"去"像人离开居处，表示用武力去抢夺。本义是强夺。

劫 means to seize, snatch, obtain by force. It consists of 力, strength, depicted as a farm implement, and 去, go, which depicts sb leaving his abode, i.e. to plunder or rob.

① 抢掠；掠夺 snatch; seize：抢～ to plunder | 洗～ to loot ② 威逼；胁迫 threaten; force：～持 kidnap; hijack | ～迫 kidnap; force ③ 灾难 disaster; mishap：～难 calamity | 浩～ great disaster; mishap; calamity

jié

杰

（傑）

会意字。"亻"像人，"桀"像两脚踩在树上，有高于他人意，表示才能出众的人，桀（jié）兼表声。简体字以树（木）高大、火（灬）明亮，表示杰出。本义是才能出众的人。

杰 signifies outstanding people, talent. It consists of 亻, person, and 桀（jié）, which is phonetic, and depicts feet on a tree, i.e. a higher position, or outstanding people. The simplified form has 木 (tree), i.e. sth tall and prominent, and 灬 (fire), i.e. bright, or outstanding.

①才智出众的人 outstanding people; talent：豪～ hero; person of outstanding ability | 俊～ talent; person of outstanding talent ② 特异的；出色的 outstanding; exceptionally good：～出 outstanding | ～作 great piece of work jié

洁

（潔）

会意字。“氵”像流水、水珠，“絜”有干净义，表示水洁净能使物干净，絜（jié）兼表声。简体字氵、吉，表示用水使清洁美好。本义是干净。

洁 means clean. It is composed of 氵, water, and 絜（jié）, which is phonetic and also means clean, i.e. things can be made cleaned with clean water. The simplified form has 氵, water, and 吉, auspicious, i.e. cleansing for luck.

① 干净 clean：~净 clean | 整~ clean and tidy ② 品行纯正 good moral conduct：纯~ pure; innocent | 廉~ incorrupt

jié/jiē

结

（結）

会意字。“糸”（纟）像线绳，“吉”指好，表示线绳打结使牢固很好。結简化为结。本义是打结。

结 means to tie a knot. It consists of 糸（纟）, threads, and 吉, auspicious, good, i.e. knots are good at making things secure. 結 has been simplified to 结.

㊀ jié ① 打结或编织 tie knots or weave：~网 weave a net ② 打成的疙瘩 knots：死~ dead knot ③ 组织；缔结 organize; group：~合 combine ④ 凝聚 conglomeration：~冰 to freeze ⑤ 完了；收束 come to an end：~束 to end; finish ㊁ jiē 长出；产生 grow; produce：开花~果 fruitful ending

jié

捷

会意字。“扌”像手，“疌”表示手脚动作快，疌（jié）兼表声。本义是快、迅速。

捷 means fast, at high speed. 扌 depicts a hand; 疌（jié）represents pronunciation and denotes quick reflexes.

① 快；迅速 fast; at high speed：敏~ agile | ~足先登 the early bird catches the worm ② 胜利 victory：~报 news of victory | 大~ grand victory

jié

截

会意字。篆书“戈”像兵器，“雀”是小鸟，表示像用戈剁断雀那样把物体切断。楷书“𢦏”有伤害义，“隹”像鸟，表示像切断鸟身那样把物体切断。本义是切断。

截 originally signified to cut, sever. The seal script has 戈, a weapon, and 雀, a sparrow, i.e. to sever, like cutting a sparrow in half with an axe. The regular script has 𢦏, harm, and 隹, bird, i.e. like cutting a bird in half.

① 切断 cut; sever：~断 cut off | ~肢 amputation ② 阻拦 block：拦~ block | ~击 intercept ③ 到期停止 deadline; expire：~止 close; expire ④ 量词 measure word：断成两~ cut in half jié

竭

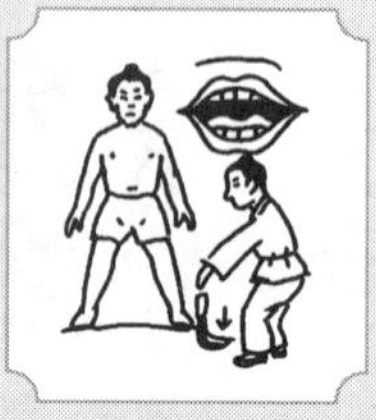

会意字。“立”像人站在地上，“曷”有尽义，表示人尽全力。本义是尽、用尽。

竭 means to exhaust. 立 depicts a man standing on the ground; 曷 means exhaust, i.e. to do one's utmost.

尽；用尽 to exhaust：～尽 do one's best | ～力 with all one's might; do one's best | 声嘶力～ shout oneself hoarse

jiě

姐

形声字。女表意，像女子，表示姐是女性；且（qiě）表声，且是祖的初文，在人们心目中祖先是伟大的，所以有大的意思，表示在女孩中姐最大。本义是姐姐。

姐 means elder sister. It is composed of 女, women, i.e. sister, and 且（qiě）which is phonetic. The latter was originally used for 祖, ancestors, whom are highly regarded, thus denotes big, i.e. 姐 refers to the older among sisters.

① 姐姐 elder sister：大～ big sister | ～夫 brother-in-law; husband of elder sister ② 与自己同辈而年龄比自己大的女子 refers to an older lady of the same generation as oneself：表～ elder female cousin of one's maternal family | 师～ female senior

jiě/jiè

解

会意字。甲、金文像动手剖分牛角。篆、楷书像用刀剖分牛角。本义是分开。

解 originally meant to separate. In bone and bronze inscriptions, the characters depict a man breaking an ox horn apart. In seal and regular scripts, the characters show a man severing an ox horn with a knife.

㊀ jiě ① 分开 separate：～剖 dissect | 分～ resolve; decompose; disintegrate ② 松开 loosen：～扣 unbutton ③ 除去 remove：～恨 vent one's hatred ④ 懂；明白 understand：了～ understand; comprehend | 理～ understand; comprehend ⑤ 说明 explain：～释 explain | ～答 answer; explain ⑥ 大小便 relieve oneself：～手 empty one's bladder ⑦ xiè a family name ㊁ jiè 押送 send under escort：～送 send under escort

jiè

介

象形字。像人身披铠甲。本义是铠甲。引申为处在中间。

介 originally signified a suit of armor, later by extension it came to mean in the middle. The character depicts a man in a suit of armor.

① 处在中间 in the middle：～绍 recommend | ～入 intervene | 媒～ media ② 放在心上 be affected by：～意 to mind ③ 正直 righteous; upright：耿～ upright; honest and straightforward ④ 甲壳 shell：～虫 a shelled aquatic animal; a crustacean | ～壳 shells jiè/gài

芥

形声字。艹（艸）表意，像草，表示芥菜属草本植物；介（jiè）表声，介像人身披铠甲，表示芥菜的茎皮很厚。本义是芥菜。

芥 signifies the mustard plant. It is composed of 艹（艸）, vegetation, and 介（jiè）, which is phonetic. The latter depicts a man in armor, indicating that the skin of the stem is thick.

㊀ jiè 芥菜，可以吃，种子有辣味，研成细末叫芥末，是调味品 the mustard plant, an edible vegetable with spicy seeds which can be ground into powder to be used as a condiment ㊁ gài［芥蓝］蔬菜，可以吃 Chinese kale, a vegetable

jiè

戒

会意字。像两手持戈，表示防备。本义是防备。

戒 originally meant defend, guard against. The character shows a man holding a spear with two hands, i.e. defending.

① 防备；警惕 defend; guard against：～备 defend; guard against｜警～ warn; guard against ② 戒除 give up; drop：～酒 quit drinking｜～赌 quit gambling ③ 禁止某些行为的条规 rules; commandments：～律 commandments｜犯～ go against the rules ④ 教训 lesson：引以为～ learn from (sth) so that one will not repeat the mistake ⑤ 戒指 ring：钻～ diamond ring

J

jiè

届

会意字。篆书"尸"像人蜷曲着身子，"凷"像筐中有土，指土块，表示路上有土块人行走不便。楷书"尸"像人，"由"像小道通入农田，表示到。本义是人行路不便。基本义是到。

届 originally meant be obstructed, hinder. Its basic meaning is to arrive. The seal script has 尸, which depicts a man with coiled body and 凷, earth in a basket, i.e. clods of earth on a road making it difficult for people to walk. Regular script has 尸, man, and 由, which depicts a pathway leading to a field, i.e. to arrive.

① 到 to arrive at; until：～时 at the appointed time; when the time arrives ② 次；期 time; issue：首～ first session (of a conference, etc)｜上～ previous session (of a conference, etc)

jiè

界

会意字。"田"像田地，"介"像人身披铠甲，有隔开、界限意，表示土地的界限，介（jiè）兼表声。本义是地域的界限。

界 originally signified a geographical boundary. It has 田, fields, and 介（jiè）, which is phonetic and depicts a man in armor, symbolizing to separate, or a limit, i.e. the boundary of land.

① 界线 boundary：地～ geographical boundary｜分～ boundary ② 一定的范围 specific area：眼～ one's horizon; view; field of vision｜外～ external world; field jiè

诫

（誡）

会意字。“言”（讠）像张口说话，表示用言语向人发出警告；“戒”像两手持戈，有警戒义，表示让人产生警戒之心而不犯错误；戒（jiè）兼表声。誡简化为诫。本义是告诫。

诫 means advise, warn, admonish. It is composed of **言（讠）**, speech, i.e. give a verbal warning, and **戒（jiè）**, which is phonetic. The latter depicts a man holding a spear with both hands, i.e. to warn or deter others. **誡** has been simplified to **诫**.

警告；规劝 warn; admonish：告～admonish; warn｜劝～advise; admonish

jiè

借

（②③藉）

会意字。“亻”像人，表示人的借贷行为；“昔”指从前，表示借是现在没有的向之前已有的借。本义是借贷。假托、依靠义以前又写作藉。

借 means loan, borrow. It also has the meaning of finding excuses and depend on, which was originally written as **藉**. It is composed of **亻**, man, i.e. sb who borrows, and **昔**, previously, i.e. borrowing sth from one who previously possessed it.

① 暂用别人的或给别人所用 borrow：～钱 borrow money｜租～ rent ② 假托 find an excuse：～口 excuses｜～故 find a reason to ③ 依靠 depend on; rely on：～助 rely on; receive help from｜凭～ rely on; depend

jīn

巾

象形字。像悬挂着的布巾。本义指用于擦洗的布。

巾 originally meant a piece of cleaning cloth. The character depicts cloth hanging from a pole.

用于擦拭、包裹的纺织品 cloth：手～ handkerchief｜毛～ towel｜头～ bandanna

jīn

斤

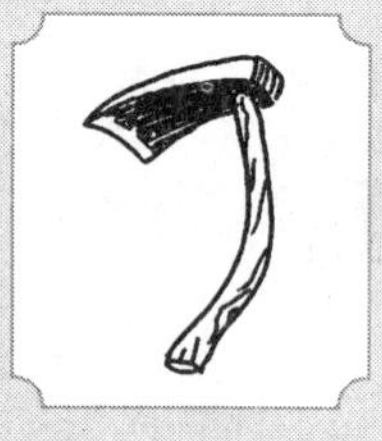

象形字。甲骨文像斧子。本义是横刃的斧子。现用作重量单位。

斤 originally meant an axe with a horizontal blade; it was later used as a unit of weight. In bone inscriptions, the character resembles an axe.

重量单位，市斤的通称 unit of weight, jin

解 308页

jīn

今

会意字。像口中含物。本义是含。基本义是现在。

今 originally meant keeping sth in the mouth; later, it came to mean now. The character depicts sth in the mouth.

现在；现代 now; contemporary; modern：～天 today | 古～ in the past and present; ancient and modern | 博古通～ very knowledgeable

jīn

金

会意字—形声字。金文像箭头、斧头和矿石，表示金属可以制造箭头和斧头。篆书土表意，土中有两块金属，今（jīn）表声。楷书仍像箭头、斧头和金属块。本义是金属。

金 means metals. The character depicts an arrow head, an axe and pieces of ore, i.e. metals that can be used to make arrow heads and axes. In seal script, 土 is semantic; it denotes two pieces of metal in the earth; 今（jīn）is phonetic. In regular script, the character shows arrow head, axe and ore.

① 金属 metals：五～ the five metals; metals; hardware ② 特指金子 gold：～矿 gold mine ③ 钱 money：现～ cash ④ 指金属打击乐器 percussion instruments：～鼓齐鸣 all the gongs and drums are beating ⑤ 姓 a family name

J

jīn

津

会意字—形声字。金文"淮"像鸟在河旁，"舟"像船，表示渡口。篆书氵表意，像河流，表示渡口，聿（jīn）表声，聿有赞叹义，渡口经济较繁荣，为人所赞叹。楷书氵表意，聿表声。本义是渡口。

津 originally signified a ferry terminal. In bronze inscriptions, 淮 depicts a bird beside a river and 舟 is boat, suggesting a ferry terminal. Seal script has 氵, water, i.e. a ferry terminal, and 聿（jīn）, which is phonetic and means exclaim, gasp, i.e. the popular reaction to a thriving ferry terminal. Regular script combines 氵 as semantic and 聿 as phonetic.

① 渡口 ferry terminal：要～ key location; post ② 唾液 saliva：生～止渴 promotes salivation to quench thirst ③ 天津市的简称 abbrev of Tianjin city

jīn

筋

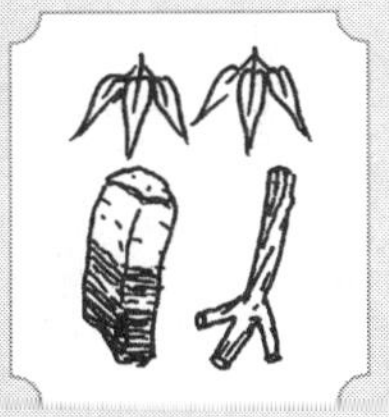

会意字。"竹"像竹叶，"月"像肉，"力"像农具，表示身体内像竹子那样有弹性的是韧带。本义是韧带。

筋 originally meant ligaments. The character has 竹, bamboo, 月, flesh, and 力, strength (depicted as a farming tool), i.e. ligaments in the body that are as strong and flexible as bamboo.

① 肌腱或骨头上的韧带 ligaments：～络 veins and subsidiary channels in the body | 蹄～ beef, pig or mutton tendons ② 皮下的静脉血管 veins：青～ veins ③ 像筋的东西 vein-like objects：橡皮～ rubber band

禁 314页

jīn 襟

形声字。衤表意，古文字像衣服，表示衣襟；禁（jīn）表声，兼表衣襟多扣住以禁寒风。本义是衣襟。

襟 originally signified the lapel of a Chinese jacket. 衤 is semantic; in early Chinese, it resembles a garment, i.e. the lapels. 禁（jīn）is phonetic and means prohibit, i.e. a jacket keeps out the cold.

① 衣服胸前的部分 lapel：衣～ lapel ② 姐妹的丈夫之间的称呼指连襟 the relationship between sisters' husbands：～兄 husband of wife's elder sister | 连～ husbands of sisters ③ 指胸襟 breadth of mind; bosom：～怀 bosom; mind

jǐn 仅（僅）

会意字。"亻"像人，"堇"指只有，表示人的力量有限，堇（jǐn）兼表声。简体字"亻"像人，"又"像右手，有帮助意，表示个人力量有限，需要帮助。本义是只、不过。

仅 means only, but. It is composed of 亻, man, and 堇（jǐn）, which is phonetic and means 'have only', i.e. man has only so much strength. The simplified form has 亻, man, and 又, the right hand, which implies help, i.e. with limited strength, one requires help.

只；只不过 only; but：～有 only | 不～如此 not only that

jǐn 紧（緊）

会意字。"糸"像丝，表示丝弦拉紧；"臤"有坚固义，丝弦拉紧亦有坚固意。緊简化为紧。本义是丝弦拉紧。

紧 originally signified tightening the silk strings of musical instruments. 糸 depicts silk, i.e. to pull the silk strings tautly. 臤 denotes sturdy and strong, i.e. the tautness of silk strings. 緊 has been simplified to 紧.

①严实；密合；收缩 tight; taut：～密 closely together | ～缩 tight; taut ② 空隙小；非常接近 small degree of separation; very close：～凑 rapid and intense | ～密 close together ③ 急迫 urgent：～急 urgent; pressing | ～迫 urgent; pressing ④ 经济不宽裕 strapped for cash：手头～ strapped for cash

jǐn 锦（錦）

会意字。"帛"是丝织品，"金"（钅）有华丽、贵重义，表示有彩色花纹的比较贵重的丝织品，金（钅jīn）兼表声。錦简化为锦。本义是有颜色花纹的丝织品。

锦 means silk brocade. 帛 refers to silk products; 金（钅jīn）is phonetic and means gold, i.e. elegant, expensive. Hence, expensive silk brocade. 錦 has been simplified to 锦.

① 有颜色花纹的丝织品 silk brocade：～缎 brocade | ～旗 brocade flag ② 色彩鲜明华丽 colorful and elegant：～霞 colorful and beautiful clouds jǐn

谨

（謹）

形声字。言（讠）表意，像张口说话；堇（jǐn）表声，堇是黄色黏土，土质细密，表示谨是说话谨慎、言语细密。謹简化为谨。本义是谨慎。

谨 means cautious, careful, prudent. It is composed of 言（讠）, speech, and 堇（jǐn）, which is phonetic, and signifies yellow clay, whose fine, dense quality symbolizes care and prudence. Hence, to be careful in speech. 謹 has been simplified to 谨.

① 慎重；小心 cautious; careful; prudent：～慎 cautious; careful; prudent | 拘～ overcautious; reserved ② 恭敬；郑重 formal; respectful：～启 (used in formal letters) yours sincerely; respectfully

jìn/jǐn

尽

（❶盡❷儘）

会意字。像手持毛刷洗器皿，表示器皿里已空无东西。简体字“尺”表示短小，“⺀”像两块冰，表示冰将融尽。本义是完。

尽 originally meant finish, complete, empty. The character depicts a hand scrubbing a container with a brush, hence, a container that is completely empty. The simplified form has 尺, small and short, and ⺀, which resembles two cubes of ice, i.e. small cubes of ice melting completely.

❶ jìn ① 完 finish; complete：耗～ exhaust ② 到达顶点 arrive at the end, limit, ultimate：～头 limit; end ③ 全部用出 exhaust：～心～力 use all effort and might ④ 全；都 all; entire; whole：～人～知 be known to all; common knowledge ❷ jǐn ① 极；最 limit; most：～前头 the foremost ② 力求达到最大限度 attempt to attain the limit：～量 try one's best | ～快 as soon as possible

jìn

进

（進）

会意字—形声字。甲骨文“隹”像鸟，“止”像脚，以能飞善走表示前进。金篆楷“辵”（辶）像路和脚，“隹”像鸟，表示像鸟飞一般迅速前进。简体字辶表意、井（jǐng）表声。本义是前进。

进 means advance. In bone inscriptions, it has 隹, bird, and 止, which depicts a foot, i.e. advancing by flying high or walking fast. Bronze inscriptions, seal and regular scripts have 辵（辶）, motion, and 隹, a bird, i.e. advancing at high speed like a bird soaring. The simplified form has 辶, motion, and 井（jǐng）as phonetic.

① 往前移动 advance forward：～步 improve ② 从外向里 enter：～屋 enter a house ③ 收入；买入 take in; buy in：～货 replenish the stocks ④ 献上 present：～贡 pay tribute (to a sovereign)

jìn

近

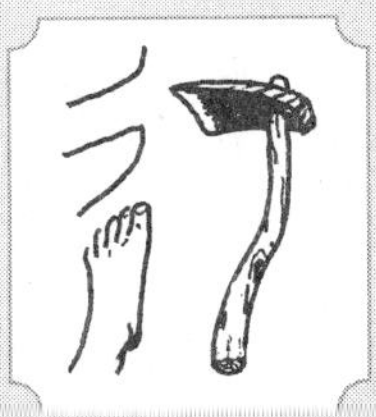

形声字。辶（辵）表意，像路和脚；斤（jīn）表声，斤是伐木的斧子，伐木时人要靠近树木，表示近是距离短。本义是距离短。

近 means close, near. 辶（辵）is semantic, and depicts a pathway and foot; 斤（jīn）is phonetic, and refers to an axe for felling trees. One stands close to a tree to fell it, hence, close, near.

① 距离或时间短 near in terms of time or space：～邻 neighbors | ～期 recently ② 关系密切 close relationship：亲～ close ③ 相差不多 minor difference：～似 approximate; similar | 接～ close to; approximate ④ 浅显 shallow：浅～ simple; not profound jìn/jìng

劲

(勁)

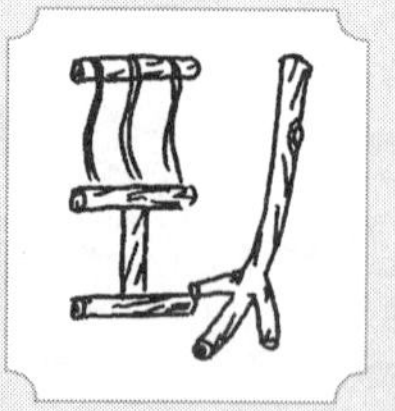

形声字。力表意，像农具，表示强健有力；巠(jīng)表声，巠像织机上的纵线，表示勁多指纵向的力量。勁简化为劲。本义是强劲。

劲 means strong and forceful. 力 is semantic; it resembles a farming tool, i.e. strong and forceful. 巠(jīng) is phonetic; it depicts the vertical threads on a loom, suggesting that force applied in a vertical direction. 勁 has been simplified to 劲.

㊀ jìn ① 力气 strength：使～ use one's might ② 精神；情绪 energy; emotion：～头 strength; energy; vigor｜闯～ pioneering spirit ㊁ jìng 刚强有力 strong and forceful：强～ strong and forceful｜～敌 strong opponent

jìn

晋

会意字。"日"像太阳，"臸"像两支箭，表示进、升，臸(jìn)兼表声。简体字"亚"有挨着意，"日"指太阳，表示动植物挨着阳光向上长。本义是进、升。

晋 means advance, rise. It consists of 日, sun, and 臸(jìn), which represents pronunciation. The latter depicts two arrows, suggesting advance, rise. The simplified form has 亚, which denotes one after another, and 日, sun, i.e. plants and animals are drawn towards the sun.

① 进；升 advance; rise：～见 grant an audience; call on (sb of higher rank)｜～级 promote; advance to a higher stage ② 朝代，公元265－420年，司马炎所建 Jin Dynasty (A.D. 265-A.D. 420) ③ 山西省的别称 another name for Shanxi Province

jìn

浸

会意字。篆书像水流及两手持帚在屋内清扫，有用水浸湿然后清扫意。楷书像两手(彐、又)将物按入水(氵)中被水覆盖(冖)。本义是泡在液体里。

浸 means soak, submerge sth in liquid. The character depicts water and a pair of hands with a broom in a house, i.e. cleaning with water and broom. Regular script shows two hands (彐 and 又) covering (冖) sth in water (氵).

把东西泡在液体里 soak; submerge：～泡 soak｜～湿 soaked

jìn/jīn

禁

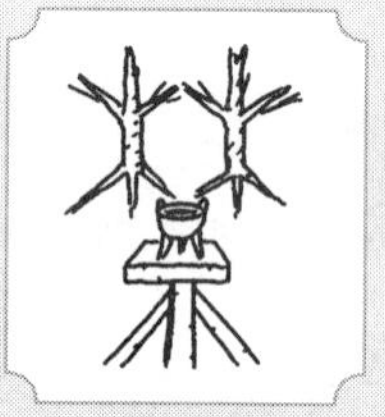

会意字。"示"像供桌，表示与鬼神有关；"林"像两棵树，表示森林是鬼神活动之地，不可随意进入。本义是不准、制止。

禁 means prohibit, curb, prevent. 示 depicts an altar table, i.e. 禁 is associated with spirits and gods. 林 resembles two trees, i.e. a forest, a place of spirits and ghosts which prohibit entry.

㊀ jìn ① 不准；制止 prohibit; curb; prevent：～止 prohibit｜～赌 prohibit gambling ② 拘押 detain; take into custody：监～ imprison ③ 皇帝居住的地方 place where the emperor resided：～苑 palace ㊁ jīn 承受；忍住 endure; bear：情不自～ unable to control oneself

jīng 茎（莖）

形声字。艹（艸）表意，像草，表示草本植物的主干，巠（jīng）表声，巠像织机上的纵线，表示植物的茎是纵向的。莖简化为茎。本义是植物的主干。

茎 means the stem of a plant. It consists of 艹（艸）, grass, i.e. the stem or trunk of a plant, and 巠（jīng）, which is phonetic and depicts the threads on a loom which, like plants are vertical.

植物的主干 stem：花～ flower stalk | 根～ roots and stem

jīng 京

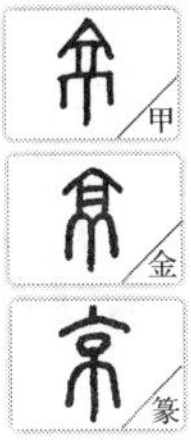

象形字。像建在高丘上的宫室，表示国家的首都。本义是国家的首都。

京 signifies capital of a country. The character depicts a palace built on a high hill, i.e. the capital.

① 国家的首都 capital：～城 capital ② 特指北京 Beijing：～剧 Beijing opera | ～腔 Beijing accent

jīng 经（經）

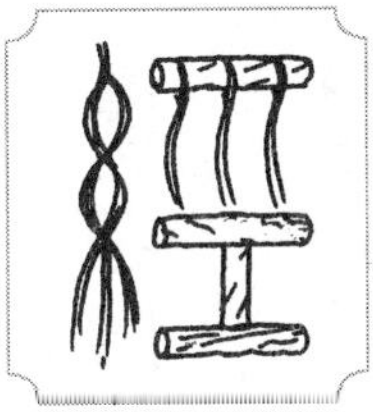

会意字。"糸"（纟）像丝，"巠"像织机上的经线；巠（jīng）兼表声。經简化为经。本义是经线。

经 originally meant the warp thread on a loom. 糸（纟）resembles silk; 巠（jīng）is phonetic and depicts the warp on a loom. 經 has been simplified to 经.

①织品的纵线 vertical threads in textiles：～线 the warp ② 地图、地球仪上贯穿南北两极的直线 longitudes：东～ east longitudes | 西～ west longitudes ③ 人体内的脉络 (Chinese medicine) main and collateral channels in the body：～脉 (Chinese medicine) main and collateral channels in the body ④ 经典 classics：佛～ Buddhist scriptures ⑤ 治理；管理 manage：～营 manage ⑥ 不变的；正常的 constant：～常 often; frequent ⑦ 经过；经历 pass through; go through; experience：～手 handle; deal with | 已～ already

jīng 荆

会意字。"艹"（艸）像草，表示灌木细长像草类植物；"刑"指刑罚，古时的刑杖多用带刺的荆制成。荆是落叶灌木。

荆 signifies a deciduous shrub. The character is composed of 艹（艸）, grass, i.e. the stems of shrubs are slim and long like grass; and 刑, punishment; in ancient times, spiky shrubs such as vitex were used for flogging.

落叶灌木，枝条可用来编筐篮等 shrubs：～棘 chaste tree; vitex | ～条 twigs of the chaste tree jīng

惊

（驚）

形声字。馬（马）表意，像马，表示马受惊；敬（jìng）表声。简体字忄表意，表示心受惊；京（jīng）表声。本义是马受惊。

惊 originally meant (of a horse) frightened. It consists of 馬（马）, horse, i.e. a frightened horse; and 敬（jìng）, which represents pronunciation. The simplified form has 忄, heart, suggesting fearful, and 京（jīng）as phonetic.

① 骡、马等受惊而狂奔失控 donkeys, horses etc running wild due to fright：马～了。The horse is running wild. ② 紧张；害怕 nervous; scared：～慌 frightened and worried｜～险 dangerous and thrilling ③ 惊动 alarm; alert：～忧 disturb; alarm｜打草～蛇 act rashly and alert the enemy

jīng

晶

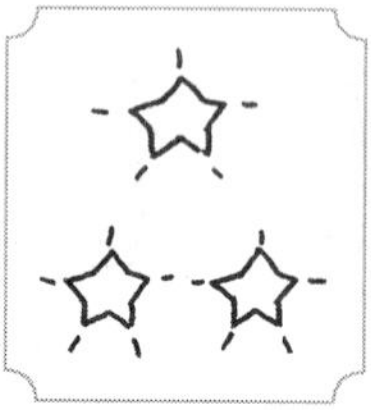

会意字。甲、金文像三颗星星，表示闪烁的群星。篆、楷书变为三“日”（太阳），表示光亮。本义是星星。引申为光亮。

晶 originally referred to stars, then by extension, to bright and shiny. In bone and bronze inscriptions, the characters depict three stars. In seal and regular scripts, the stars are replaced by three suns (日), signifying brilliance.

① 光亮；透明 bright; brilliant; transparent：～莹 brilliant and transparent｜亮～～ brilliant; shiny ② 水晶 crystal：茶～ yellow quartz

jīng

睛

会意字。“目”像眼睛，“青”有黑色义，表示黑色的眼珠。本义是眼珠。

睛 means the pupil of the eye. 目 resembles an eye; 青 denotes dark colors, or black, referring to the black pupil.

眼珠 pupil：目不转～ look with fixed gaze; look at attentively｜画龙点～ add a finishing touch; apt embellishment

jīng

兢

会意字。像两人头上顶着东西在前后追逐，表示小心谨慎。楷书以二个“克”，表示小心谨慎即有所克制。本义是小心谨慎。

兢 means very careful, conscientious. The character depicts two people racing with objects balanced on their heads, i.e. acting with care and caution. Regular script has two 克, meaning subdue or restrain, i.e. constraint based on prudence.

［兢兢］小心谨慎 very careful：～～业业 cautions and conscientious｜战战～～ cautious; apprehensive jīng

精

会意字。“米”像稻米，“青”胜于蓝，表示精是上等好米。本义是上等细米。

精 originally meant a superior grade of rice. 米 represents rice grains; 青 (blue) is said to be bluer than the indigo plant from which it is extracted; hence, by analogy, rice of superior grade.

① 提炼出来的精华 essence：酒～ alcohol｜香～ essence; flavor ② 完美的；最好的 perfect; best：～美 exquisite｜～华 essence; gist ③ 细密；细致 fine; delicate：～密 precise; accurate｜～巧 fine; exquisite ④ 机灵 quick-witted：～明 smart; quick-witted ⑤ 精神；精力 concentration; energy：聚～会神 very attentive; concentrate ⑥ 熟练；专一 expert on (a subject); professional：～通 well-versed ⑦ 精子 sperm：受～ fertilized ⑧ 很；非常 very：～瘦 very thin

jīng

鲸

（鯨）

形声字，魚（鱼）表意，像鱼；京（jīng）表声，京本指人筑的高丘，表示鯨形体巨大形同高丘。鯨简化为鲸。本义是鲸鱼。

鯨 signifies whales. It is composed of 魚（鱼）, fish, and 京（jīng）, which is phonetic and depicts a man-made hill, i.e a fish as large as a hill. 鯨 has been simplified to 鲸.

生活在海洋中的哺乳动物，形状像鱼，用肺呼吸，形体巨大，种类很多，俗称鲸鱼。

Whale, a huge marine mammal with the general shape of a fish, that breathes with lungs. It has many species.

jǐng

井

象形字。像有井栏的一口水井。本义是水井。

井 signifies a well. The character depicts a well with a covering over its opening.

① 人工挖成的取水的深洞 well：～水 well-water｜临渴掘～ doing things at the eleventh hour ② 形状像井的 sth that resembles a well：油～ oil well｜矿～ mine pit ③ 整齐；有条理 tidy; orderly：秩序～然 in order; orderly

jǐng

阱

会意字。“阝”像山坡，表示陷阱多设在野外；“井”表示陷阱形状像井，是用来捕捉野兽的陷坑；井（jǐng）兼表声。本义是陷坑。

阱 means a hole, or pit. 阝 represents a mountain slope, where traps tend to be placed. 井（jǐng）is phonetic and depicts a well, similar to a trap.

陷坑 hole; pit：陷～ trap

jǐng

颈

（頸）

形声字。頁（页）表意，像头很大的人，表示颈是连接头的部分；巠（jīng）表声，巠像织机上的纵线，表示颈细而直。頸简化为颈。本义是脖子。

颈 refers to the neck. 頁（页）is semantic; it depicts a man with an enlarged head, i.e. close to the neck; 巠（jīng）represents pronunciation, and depicts vertical threads on a loom, i.e. the neck is thin and straight. 頸 has been simplified to 颈.

脖子 neck：～项 neck｜～椎 cervical vertebra

jǐng

景

会意字。“日”像太阳，“京”像高丘上有建筑，表示日光高照，京（jīng）兼表声。本义是日光。引申为风景。

景 originally meant sunlight; later, it came to mean scenery. It consists of 日, sun, and 京（jīng）, which is phonetic and depicts a building on top of a hill, i.e. the sun high overhead.

① 风光 scene; view：～色 view; scenery｜风～ view; scenery ② 情形；情况 situation; condition：光～ scene｜前～ future ③ 布景 setting：场～ setting｜外～ outdoor setting ④ 尊敬；佩服 respect; admire：～仰 respect and admire

jǐng

警

会意字。“言”像张口说话，“敬”有严肃、慎重义，表示严肃地告诫，使之慎重，敬（jìng）兼表声。本义是告诫。

警 means warn. It consists of 言, sb speaking, and 敬（jìng）, which is phonetic and denotes stern, prudent, i.e. give sb a stern warning, caution sb about sth.

① 告诫 warn; admonish：～告 warn｜～钟 alarm ② 戒备 guard; take precautions：～戒 warn; alert｜～卫 protect and defend ③ 感觉敏锐 alert; vigilant：～觉 vigilance｜机～ alert ④ 危险紧急的情况 emergency：报～ report to the police ⑤ 警察的简称 abbrev for police：民～ people's police｜巡～ policeman on patrol

jìng

径

（徑）

形声字。彳表意，像路；巠（jīng）表声，巠像织机上的纵线，有细直意，表示径是小路。徑简化为径。本义是小路。

径 means path, track, footpath. It consists of 彳, a path, and 巠（jīng）, which is phonetic and depicts the vertical threads on a loom, that are fine and straight like a path. 徑 has been simplified to 径.

① 小路 path; track; footpath：山～ mountain path｜曲～ a winding path ② 方法；门路 method; way：捷～ shortcut｜门～ access ③ 直截了当 directly：～直 straight ④ 直径 diameter：半～ radius｜口～ caliber

劲 314页

jìng

净

会意字。“氵”像水流、水珠，“争”像两手争夺一物，表示水与尘垢争斗使物清洁。简体字冫（冰）、争，表示争取如冰一般洁净。本义是干净、清洁。

净 means clean. It consists of 氵, water, and 争, which depicts two hands fighting for sth, i.e. cleaning is a battle between water and dirt. The simplified form has 争, strive, and 冫（冰）, ice, i.e. strive to be as clear as ice.

① 清洁；使清洁 clean; cleaning：～水 clean water｜～化 purify ② 没有剩余 with nothing left：一干二～ wiped clean ③ 纯；全 net：～利 net profit｜～重 net weight

jìng

竞

（競）

会意字。像两人头顶东西在竞逐、比赛。简体字取繁体字的一半。本义是竞逐、比赛。

竞 means vie, compete. The character depicts two people racing while balancing an object on each of their heads. 競 has been simplified to 竞.

比赛；争胜 compete; vie：～争 compete｜～赛 competition

jìng

竟

会意字。“儿”像人，“音”像口中发出声音，表示完成。本义是完成。

竟 means complete, finish. 儿 depicts a man; 音 indicates sounds coming from the mouth, i.e. announcing the completion.

① 完成 complete; finish：未～之业 unfinished task ② 终于；到底 finally; eventually：究～ what actually happened｜有志者事～成 where there is a will there is a way ③ 出乎意料 unexpectedly：～然 unexpectedly

jìng

敬

会意字。金文像张开的口、牧羊人、手持鞭，表示牧羊人持鞭吆喝，警告羊群不要乱跑。楷书“苟”指随便、马虎，“攵”像手执鞭子，表示因随便、马虎而受到警告。本义是警告。引申为尊重。

敬 originally meant to warn, then later, respect. In bronze inscriptions, the character depicts an open mouth, a shepherd and a hand holding a whip, representing a shepherd with a whip warning his sheep to stay together. In regular script, 苟 means slipshod and careless; 攵 depicts a hand holding a whip, i.e. warning sb for being careless.

① 对人尊重，有礼貌 treat others with respect：～佩 have a high regard for｜尊～ respect ② 有礼貌地送上 offer politely：～酒 propose a toast｜～献 offer respectfully jìng

靖

会意字。“立”像人站立，表示站着不动；“青”是晴空之色，给人安定感。本义是安定。

靖 means peaceful. **立** resembles a man standing upright, i.e. standing still. **青** is the color of clear skies, i.e. tranquility.

① 安定；平安 free from disorder; peaceful：安～ peaceful ② 平定；使安定 pacify; make tranquil：～乱 suppress a rebellion

jìng

静

会意字。“青”像土上的苗、井中的水，表示青色明显易辨；“争”像两手争夺一物，有争取、抢先义，表示色彩鲜明则抢眼。本义是色彩鲜明。常用义是停止不动。

静 originally meant brightly colored; it is now commonly used to mean quiet, motionless. The character is composed of **青**, which depicts a seedling sprouting from the ground and water in a well, i.e. nature's colors, greens and browns, which are easily differentiated. **争** resembles two hands fighting for sth, i.e. to vie or fight for, as bright colors vie for attention.

① 停止不动 motionless：～止 motionless｜风平浪～ wind drops, waves subside, i.e. calm and tranquil ② 没有声响 quiet：安～ quiet｜夜深人～ in the still of night

jìng

境

会意字。“土”本像地上有堆土，表示国土，“竟”有完毕义，表示境是一国土地完毕之处，竟（jìng）兼表声。本义是疆界。

境 means border, boundary. It consists of **土**, a pile of soil on the ground, i.e. state territory; and **竟**（jìng）, which is phonetic and means complete, suggesting **境** refers to the edge of a state territory.

① 疆界；边界 border; boundary：国～ state boundary｜边～ frontier ② 地方；处所 place; area：梦～ dream｜环～ environment ③ 遇到的境况 situation; circumstances：处～ a situation; a predicament｜困～ difficult situation

jìng

镜

（鏡）

会意字。“金”（钅）像箭头、斧头和矿石，表示古代镜子用金属磨制而成；“竟”有完整义，表示物体能完整地显现在镜中；竟（jìng）兼表声。鏡简化为镜。本义是铜镜。

镜 originally meant a bronze mirror. It consists of **金**（钅）, metal, i.e. in ancient times, mirrors were made of polished copper; and **竟**（jìng）, which is phonetic and means completely, i.e. mirrors reflect completely. **鏡** has been simplified to **镜**.

① 镜子 mirror：铜～ bronze mirror｜穿衣～ dressing room mirror ② 利用光学原理制成的器具 lens：眼～ glasses; spectacles｜显微～ magnifying glass jiǒng

窘

会意字。“穴”像洞穴；“君”像手执权杖开口发令的君主，以君主身陷洞穴表示窘境。本义是处境困迫。

窘 means in straitened circumstances. It is composed of 穴, cave, and 君, which depicts a hand holding a scepter and a mouth giving orders, i.e. a monarch. Hence, a monarch in a cave – a predicament.

① 穷困 in straitened circumstances：~困 hard up｜~迫 poverty stricken ② 为难；难堪 awkward; embarrassed：~态 embarrassed look｜受~ be embarrassed

jiū

纠

（糾）

会意字。“糸”（纟）像线、绳，“丩”像互相缠绕，表示由三股细绳缠绕而成的绳子，丩（jiū）兼表声。糾简化为纠。本义是三股的绳子。引申为缠绕。

纠 originally signified a three-strand rope, then by extension, to entangle, twist, wind. It is composed of 糸（纟）, thread (or fiber), and 丩（jiū）, which is phonetic and depicts entanglement, i.e. a rope made by twisting three strands of fiber together.

① 缠绕 entangle; twist; wind：~缠 entangle; twist; wind｜~纷 dispute ② 聚拢；集合 gather：~集 gather together ③ 改正 rectify：~正 rectify; correct｜有错必~ to correct all mistakes

jiū

鸠

（鳩）

形声字。鳥（鸟）表意，像鸟；九（jiǔ）表声，九有多意，表示鸠的种类多，数量亦多。鳩简化为鸠。本义是鸟名。

鸠 means turtle-dove. It consists of 鳥（鸟）, bird, and 九（jiǔ）, which is phonetic and as the highest simple number, it implies “many”, i.e. the turtle-dove has many species. 鳩 has been simplified to 鸠.

样子像鸽子的鸟，常见的有斑鸠、山鸠 turtle-dove

jiū

究

会意字。“穴”像洞穴，“九”是最后的个位数，表示穷尽洞穴的奥妙，九（jiǔ）兼表声。本义是穷尽。

究 originally meant get to the end of sth. 穴 depicts a cave; 九, nine, is the final single digit, which symbolizes getting to the bottom of something, such as a cave, to uncover its mysteries. 九（jiǔ）represents pronunciation.

① 到底 eventually; after all：~竟 really｜终~ in the end ② 推求；追查 study; investigate：研~ research｜追~ prosecute jiū

揪

会意字。“扌”像手，“秋”指秋季，以要抓住农作物丰收的秋季表示抓住。秋（qiū）兼表声。揪是用手抓住、扭住。

揪 originally meant to hold on tightly. It consists of 扌, hand, and 秋, autumn, i.e. farmers seize the autumn season to harvest crops. 秋（qiū）represents the pronunciation.

抓住；扭住 hold tightly; twist and hold on：～耳朵 hold sb tightly by the ear | ～住不放 hold on tightly

jiǔ

九

象形字。像曲肘之形。本义是胳膊肘，此义现写作肘。用作数目字。

九 originally meant elbow, a meaning later written as 肘. 九 now represents the numeral nine. The character resembles a bent elbow.

① 数目字，五加四的得数 nine, the sum of four and five：～月 September | ～岁 nine years old ② 泛指多 many; numerous：～死一生 narrow escape from death | ～霄云外 far away

jiǔ

久

象形字。像用艾绒为人熏灼治病。本义是灸灼，此义后写作灸。引申为时间长。

久 originally meant burn, a meaning later written as 灸. 久 was extended to mean a long time. The character depicts moxibustion, a traditional Chinese therapy involving burning mugwort over specific acupuncture points on a body.

时间长 a long time：～留 stay long | 长～ long time

jiǔ

玖

形声字。王（玉）表意，像一串玉，表示像玉的黑色美石；久（jiǔ）表声，久有时间长义，表示黑色美石的光泽历久不变。本义是像玉的黑色美石。后用作“九”的大写。

玖 originally meant a black jade-like stone; it was later used as a formal way of writing the number nine. The character consists of 王（玉）, jade, and 久（jiǔ）, which is phonetic and means a long time, i.e. like the enduring luster of the black stone.

① 像玉的黑色美石 a black jade-like stone ② 数目字“九”的大写 the formal version of nine（九）

jiǔ

灸

会意字。“火”像火焰，表示用火燃烧艾绒熏灼人体穴位；“久”像用艾条为人熏灸，也表示薰灼时间宜久一些；久（jiǔ）兼表声。灸是中医的一种疗法。

灸 means moxibustion, a traditional Chinese therapy. It is composed of 火, flames, i.e. burning, and 久（jiǔ）, which is phonetic and depicts moxibustion, a medical treatment that involves burning mugwort over specific acupuncture points on a human body, i.e. treatment extended over a long period of time.

中医的一种治疗方法，用艾绒熏烤人体的穴位 moxibustion：针～acupuncture

jiǔ

韭

象形字。像韭菜，突显韭菜丛生、整齐的特点。本义是韭菜。

韭 means chives. The character depicts the plants, which is characterized by neat thick foliage.

韭菜，一种蔬菜，叶子扁而细长。Chives, a type of vegetable with long thin leaves.

jiǔ

酒

会意字。甲骨文像酒坛子中溢出酒。金文以酒坛子代表酒。篆、楷书增“氵”，表示酒是液体。酒是含乙醇的饮料。

酒 means alcoholic drink. In bone inscriptions, the character depicts an overflowing wine pot. In bronze inscriptions, it depicts just the wine pot. In seal and regular scripts, 氵, water, is added to symbolize wine.

用粮食或水果发酵制成的含乙醇的饮料 wine; drinks that contain alcohol made from fermented grains or fruits：～杯 wine glass｜啤～beer

jiù

旧

（舊）

形声字—会意字。雈像头顶有毛角的猫头鹰，臼（jiù）表声，兼表毛头鹰的头圆大似臼。简体字以十（丨）日以上的事物表示旧。本义是猫头鹰。基本义是过去的、过时的。

旧 originally depicting an owl, it came to represent past, bygone. The character 雈 originally depicted a bird with tufts of hair on its head, i.e. an owl. 臼（jiù）indicated pronunciation and depicted the owl's head as round and large, like a mortar. The components were simplified into 十（丨）, ten, and 日, sun, symbolizing old as more than ten days.

① 过去的；过时的 past; bygone：～货 old stocks｜喜新厌～fond of the new and tired of the old ② 老交情；老朋友 old friendship; old friend：～交 old friendship｜怀～ reminisce about the old times jiù

臼

象形字。像石臼，中间四画表示谷子或米粒。本义是舂米的器具。

臼 means mortar, a vessel in which rice is pounded with a pestle. The character depicts a stone mortar; the four middle strokes probably represent grain.

① 舂米的器具 mortar：石～ stone mortar ② 形状像臼的 mortar-shaped object：～齿 molar teeth

jiù

疚

会意字。“疒”像病床，“久”像用艾绒为人熏治，久有时间长义，表示久病不愈，久（jiǔ）兼表声。本义是久病。引申为内心痛苦。

疚 originally meant suffering from a prolonged illness, and later, by extension, remorse. The character consists of 疒, illness, and 久, which depicts moxibustion treatment, representing a long time, i.e. suffering from a long term illness.

内心痛苦 remorse：内～ have a guilty conscience | 愧～ conscience-stricken

J

jiù

救

会意字。“支”（攵）像手持棒，“求”指请求，表示应请求而援助。本义是援助。

救 means help, aid. 支（攵）resembles a hand holding a baton; 求 means request, i.e. extending help to sb in response to a request.

帮助脱离困难或危险 help sb to get out of difficulty or danger：～急 help out in an emergency | ～命 save sb's life | 抢～ salvage

jiù

就

会意字。“京”像高丘上有建筑，“尤”指特别，表示特别高。本义是特别高。

就 originally meant exceptionally high. 京 depicts a building on top of a hill; 尤 means exceptional, very, i.e. exceptionally high.

① 靠近；凑近 go near; be close to：～近 come near ② 从事；开始做 work as; take up a job：～业 obtain employment ③ 依据；按照 to base on; according to：～事论事 judge a thing in its own context ④ 完成 accomplish：造～ accomplish ⑤ 立刻 right away：我～去。I am coming right away. ⑥ 单；只 single; only：～爱玩 All he does is play. ⑦ 即使 even if：～算 even if jiù

舅

形声字。男表意，像农田和农具，表示舅是男性；臼（jiù）表声，臼是舂米器具，米都从臼出，表示舅与母同出一源。本义指母亲的兄或弟。

舅 means mother's brother. It consists of 男, male, which depicts agricultural fields and farming tools, and 臼（jiù）, which is phonetic and means a mortar. Just as husked rice comes from a mortar, so mother's brother and mother have a single source.

① 母亲的兄或弟 mother's brother：～父 maternal uncle; mother's elder brother ｜大～ maternal uncle; mother's eldest brother ② 妻子的兄或弟 wife's brother：妻～brother-in-law; wife's brother｜小～子 younger brother-in-law

jū

拘

会意字。“扌”像手，表示动手拘捕；“句”有拘捕义；句（jù）兼表声。本义是逮捕、扣押。

拘 means arrest, detain. It consists of 扌, hand, i.e. hands that detain or arrest; and 句（jù）, which is phonetic. 拘 was originally written 句（jù）, with the same meaning.

① 逮捕；扣押 arrest; detain：～捕 arrest｜～留 detain ② 限制 restrict; limit：～谨 reserved｜无～无束 unrestrained ③ 不变通 inflexible：～礼 stand on ceremony｜～泥 rigidly adhere to formalities

jū

居

会意字。金文像人靠在几上。篆、楷书尸、古，表示人自古已有的坐法。本义是坐。引申为居住。

居 originally meant to sit, then by extension to live, reside. In bronze inscriptions, the character depicts a man leaning his back on a table. In seal and regular scripts, the characters have 尸, people, and 古, ancient, i.e. modes of sitting dating from ancient times.

① 住；住处 live; place of residence：～住 reside｜故～ former residence ② 处在 be; at：～中 in the middle; between two parties ③ 当；任 claim：～功自傲 claim credit for oneself and put on airs ④ 积存 store up：～积 hoard ⑤ 占 occupy：～多数 majority ⑥ 姓 a family name

jū

驹

（駒）

形声字。馬（马）表意，像马；句（jù）表声，句有曲意，表示小马身体不够坚挺结实。駒简化为驹。本义指两岁的幼马。

驹 means a two-year old foal. It is composed of 馬（马）, horse, and 句（jù）, which represents pronunciation, and denotes crooked or bent, i.e. the bent body of a foal when it is weak and frail. 駒 has been simplified to 驹.

① 小马、小骡、小驴 the young of horses, mules or donkeys：马～ foal; colt ② 少壮的骏马 fine horse：千里～ fine colt

J

jū 鞠

形声字。革表意，像动物的皮；匊（jū）表声，匊是手捧着米，表示鞠是皮包着毛的球。本义是古代一种皮球。

鞠 originally meant a leather ball used in ancient times, for playing. It consists of 革, animal skin, and 匊（jū）, which represents pronunciation and depicts carrying rice with two hands, i.e. as if carrying a leather ball filled with hair.

［鞠躬］① 弯身行礼 to bow ② 姓

jú 局

会意字。“口”像张开的口，“尺”像标出腿肚到地面的长度，喻指尺度、规矩，表示约束口以免招惹灾祸。本义是限制、拘束。

局 originally meant to restrict, confine. It is composed of 口, an open mouth, and 尺, a measure of length equivalent to the distance from the calf of the leg to the ground, signifying measures or rules. Hence, talk restrained by rules to prevent disasters.

① 限制；拘束 restrict; confine：～限 limit | ～促 cramped ② 形势；事态；处境 situation; state of affairs：～面 situation | ～势 situation ③ 棋盘；比赛 chessboard; game：棋～ game of chess | 败～ lose a game ④ 部分 part; portion：～部 part ⑤ 单位的名称 bureau; office：邮～ post office

jú 菊

形声字。艹（艸）表意，像草，表示草本植物；匊（jú）表声，匊有满握、满捧义，表示菊花花朵形体较大。本义是菊花。

菊 means chrysanthemum. It is composed of 艹（艸）, grass, and 匊（jú）, which is phonetic and signifies full of, a handful of, i.e. the fullness of the chrysanthemum flower.

菊花，草本植物，秋天开花，品种很多，可供观赏 chrysanthemum, a herbaceous plant that blooms in autumn, with many varieties; often used for ornamental purposes.

jú 橘

会意字。“木”像树，表示橘树；“矞”有尖锐、戳穿义，表示橘树多尖刺。本义是橘树。

橘 signifies the tangerine tree. It is composed of 木, tree, and 矞, which means sharp, pointed, i.e. like the thorns on a young tangerine tree.

橘树，常绿乔木，品种很多。果实叫橘子，可以吃，果皮可入药。Tangerine, a type of evergreen tree with many varieties. The fruit of the tree is edible and its skin is used as an ingredient in Chinese medicine.

据 329页

jǔ

矩

会意字。金文像人手持画直角的尺。篆书“矢”像箭，“巨”像尺，“木”像树，表示加工木料制成箭杆的尺。楷书省去“木”。本义是直角尺。

矩 originally meant a right angle ruler, or carpenter's square. In bronze inscriptions, the character resembles a man holding a carpenter's square. In seal script, 矢 depicts an arrow; 巨, a ruler; and 木, a tree, i.e. a ruler of smoothed wood used to make arrow shafts. In the regular script, the character lacks 木.

① 画方形的用具；曲尺 carpenter's square：～尺 carpenter's square ② 法度；规则 rules; regulations：规～ rules｜循规蹈～ abide by the rules

jǔ

举

（舉）

会意字。像众多的手，表示举物。简体字手、兴，表示手往上托。本义是手向上托物。

举 means lift, raise. The character depicts many hands lifting an object. The simplified form looks like hands（手）holding sth up（兴）.

① 往上抬；往上托 lift; raise：～手 raise hand｜～重 weightlifting ② 动作；行为 movement; act：～动 movement ③ 发动；兴起 start：～办 organize｜～行 hold (an event) ④ 推选 elect：选～ election｜推～ elect ⑤ 提出 cite：～例 give example ⑥ 全 whole：～国上下 whole country

jǔ

沮

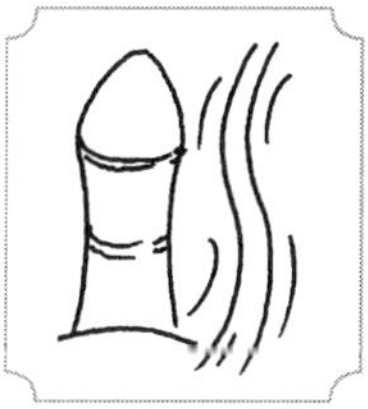

形声字。氵表意，像水流、水珠，表示沮是河名；且（jū）表声。本义是河名，指沮水。

沮 originally designated the Jushui River in Hubei Province of China. The character consists of 氵, water, and 且（jū）, serving as a phonetic element.

① 阻止 prevent：～遏 prevent ② 败坏 turn gloomy：～丧 depressed

jù

巨

会意字—象形字。金文像人手执画直角或方形的工具。篆、楷书像画方形的尺。本义是画方形的尺。用来表示巨大的巨。

巨 originally meant a carpenter's square; later, it came to mean large, huge. In bronze inscriptions, the character depicts a man holding a carpenter's square. Seal and regular scripts depict only the carpenter's square.

大；很大 huge; gigantic：～大 huge｜～人 giant

jù 句

会意字。“口”像张开的口，“丩”像纠结的绳子，表示如声音、绳子婉转曲折。本义是弯曲，此义后写作勾。基本义是句子。

句 originally meant bend, curved; this meaning was later written as **勾**. **句** now signifies a sentence. The character consists of **口**, open mouth, and **丩**, which resembles a tangled rope, i.e. with bends and curves.

① 句子，能够表达完整意思的语言单位 sentence：词～ words and phrases | 造～ form a sentence ② 量词 measure word：这～话 this sentence | 两～诗 two lines of poem

jù 拒

形声字。篆书止表意（像脚），楷书扌表意（像手），表示制止；巨（jù）表声，巨有最大义，表示尽最大的力量抵御。本义是抵御、抵抗。

拒 means resist. In seal script, **止** is semantic; it depicts a foot. In regular script, **扌** is semantic; it depicts a hand, implying to halt, stop. **巨**（jù）is phonetic and means huge, i.e. resisting with all one's strength.

① 抵抗；抵挡 resist; repel：抗～ resist | ～捕 resist arrest ② 不接受 refuse; reject：～绝 refuse; reject | 来者不～ refuse nobody

jù 具

会意字。甲骨文像双手捧鼎，表示准备饭食或酒席。金文像双手举貝（贝），贝曾用作货币，表示手上有钱，办事条件就具备了。篆书像双手和眼睛（目），表示用眼睛和手来使用器具。本义是准备饭食或酒席。

具 originally meant to prepare a meal or a banquet. In bone inscriptions, the character resembles a pair of hands lifting a tripod, i.e. preparing a meal or a banquet. In bronze inscriptions, it resembles a pair of hands holding seashells（**貝/贝**）which represent money, i.e. with money in one's hands, preparations are complete. In seal script, the character depicts two hands and eyes（**目**）, i.e. hands and eyes for handling utensils.

① 器物 tool; utensil：工～ tools | 文～ stationery ② 有 possess：～备 provided with | ～有 possess ③ 量词 measure word：两～尸体 two dead bodies

jù 炬

形声字。火表意，像火焰，表示火把；巨（jù）表声，巨有大义，表示用成捆的芦苇做火把，火就大，光就亮。本义是火把。

炬 means a torch. It is composed of **火**, flames, i.e. a torch; and **巨**（jù）, which represents pronunciation and means huge, i.e. huge, bright flames created by torches made of bundles of reeds.

火把 torch：火～ torch | 目光如～ eyes blazing with fire; far-sighted jù

俱

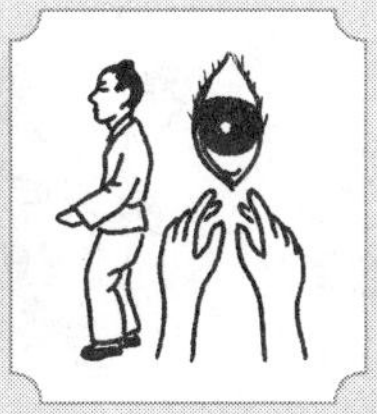

会意字。“亻”像人，“具”有都义，表示人都在一起，具（jù）兼表声。本义是人都在一起。泛指全、都。

俱 originally meant a group of people gathered together; later, it came to mean all, complete in general. **亻** depicts a person; **具**（jù）is phonetic and means all, i.e. people gathered together.

全；都 all; complete：面面～到 cover every aspect of the matter | 与日～增 increase day by day

jù

剧（劇）

会意字。篆书“力”像农具，表示用力、奋力；“豦”像老虎（虍）、野猪（豕），表示剧烈相斗；豦（jù）兼表声。简体字表示处于（居）兵器（刂）搏杀中那般剧烈，居（jū）兼表声。本义是剧烈。

剧 means violent, fierce. The seal script has **力**, which depicts a farming tool, i.e. power, strength, and **豦**（jù）, which is phonetic and consists of a tiger（虍）and a boar（豕）, i.e. a fierce battle. The simplified form has **刂**, knife, and **居**（jū）, which is phonetic and means reside, i.e. 'being in' fierce battle with weapons.

① 厉害；猛烈 acute; severe：～烈 violent | ～痛 acute pain ② 戏剧 drama：～本 script | 话～ stage play

jù/jū

据（據）

形声字。扌表意，像手；豦（jù）表声，豦指虎豕相斗，表示可凭借手的力量搏击；简体字居（jū）表声，居有占有义，表示凭借手的力量得到。本义是依靠、凭借。

据 means rely on, depend on. It consists of **扌**, hand, and **豦**（jù）, which is phonetic. The latter depicts a tiger and a boar, i.e. a fierce fight. Thus, relying on the strength of one's hands to fight back.

㊀ jù ① 依靠；凭借 rely on; depend on：～点 stronghold | ～理力争 argue strongly on just grounds ② 占有 possess：占～ possess ③ 凭证 evidence：收～ receipt ㊁ jū［拮据］经济窘困 poor; lack of money

jù

距

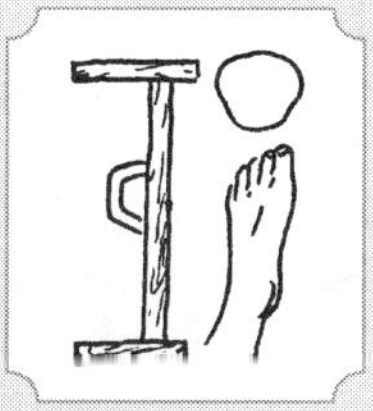

形声字。足表意，像膝和脚，表示鸡、雉等腿后面突出像脚趾的部分；巨（jù）表声。本义是鸡距。常用义是距离。

距 originally signified the length of a chicken's spur, or foot; later it came to mean distance. The character consists of **足**, foot, and **巨**（jù）, which represents pronunciation.

距离 distance：行～ row spacing | ～今十年 ten years ago | 相～八里 eight miles away jù

惧

（懼）

会意字—形声字。“忄”像心脏，表示心中恐惧；“瞿”像双眼和鸟，指鸟惊视，有吃惊、害怕意；瞿（jù）兼表声。简体字忄表意，具（jù）表声，具有都、皆义，表示整个心都为之害怕。本义是害怕。

惧 means frighten, scared. The character consists of 忄, heart, i.e. a heart filled with fear, and 瞿（jù）, which represents sound. The latter depicts two eyes and a bird, i.e. a bird frightened by sth it saw. The simplified form has 忄, heart, and 具（jù）, which is phonetic and means all, entirely, i.e. a heart entirely filled with fear.

害怕 frightened; scared：～怕 fear | 恐～ fear

jù

锯

（鋸）

形声字。金（钅）表意，像箭头、斧头和矿石，表示锯子用金属制成；居（jū）表声，居指人住在屋中，表示锯是锯子切入木中。鋸简化为锯。本义是锯子。

锯 means a saw. It is composed of 金（钅），metal, and 居（jū）, which represents pronunciation and depicts a person in a house, analogous to a saw in wood. 鋸 has been simplified to 锯.

① 有齿的切割工具 saw, a cutting tool with a toothed edge：～子 saw | 电～ electric saw ② 用锯割开 saw：～木 to saw wood

jù

聚

会意字。“众”像三个人，“取”有聚集意，表示人会集在一起。本义是人会集。

聚 signifies gather or come together. It consists of 众, three people, and 取, which denotes congregate, i.e. people gathering together.

会合；集中 gather; come together：～会 get together | ～集 gather | ～精会神 in rapt attention

juān

捐

形声字。扌表意，像手，表示用手抛弃；肙（juān）表声，肙指小虫，有微不足道意，表示被舍弃的往往是微不足道的东西。本义是抛弃。

捐 originally meant reject, abandon. It is composed of 扌, hand, i.e. throwing sth away, and 肙（juān）, which is phonetic. The latter depicts a small worm or insect, i.e. sth small and trivial. Hence, to reject is to throw out small things by hand.

① 舍弃；献出 abandon; sacrifice：～弃 abandon | 为国～躯 sacrifice one's life for one's country ② 用钱物帮助 donate：～款 donate money | 募～ collect donations juān

鹃

（鵑）

形声字。鳥（鸟）表意，像鸟，表示杜鹃鸟；肙（juān）表声。鵑简化为鹃。本义是杜鹃鸟。

鹃 means a cuckoo. It consists of 鳥（鸟）, bird, and 肙（juān）, which represents pronunciation. 鵑 has been simplified to 鹃.

［杜鹃］① 鸟名，身体灰褐色，初夏时常昼夜鸣叫，捕食小虫，是益鸟。俗称布谷鸟。Cuckoo, a bird with grayish plumage that sings at night in early summer. It feeds on small insects. ② 植物名，灌木，春天开花，也叫映山红。Azalea, a shrub which blooms in spring.

juǎn/juàn

卷

（❶捲）

会意字。像双手团米饭和屈膝跪着的人，表示蜷曲。本义蜷曲。

卷 originally meant to curl. The character resembles a man on his knees, holding a handful of rice with cupped hands, i.e. curled or coiled hands.

❶ juǎn ① 把东西裹成圆筒形 roll up; curl：～帘子 roll up a screen ② 掀起；裹入 raise; be drawn into：～入 be drawn into; be involved in｜席～ roll up like a mat ③ 量词 measure word：一～纸 a roll of paper ❷ juàn ① 书卷；书；字画 paper; book; calligraphy and painting：手不释～ always with a book in hand, i.e. an avid reader ② 全书的一部分 volume of a book：上～ volume one ③ 考试的纸 examination paper：～子 examination paper ④ 分类保存的文件 documents classified into categories：～宗 archive

juàn

倦

会意字。“亻”像人，“卷”指蜷曲，表示人疲劳得直不起身子，卷（juǎn）兼表声。本义是疲劳。

倦 means exhausted. It is composed of 亻, man, and 卷（juǎn）, which is phonetic and means to curl up, i.e. a weary person bent over from exhaustion.

① 疲劳 exhausted：疲～ tired; exhausted｜～容 a weary look ② 厌烦 tired of：厌～ tired of｜诲人不～ teach tirelessly

juàn

绢

（絹）

形声字。糸（纟）表意，像丝，表示丝织品；肙（juān）表声，肙是软体小虫，表示绢是柔软的丝织品。絹简化为绢。本义是软而薄的生丝织品。

绢 refers to soft fine fabric woven out of raw silk. It consists of 糸（纟）, silk, i.e. silk fabric, and 肙（juān）, which is phonetic and depicts a small worm, i.e. delicate, characteristic of fine silk. 絹 has been simplified to 绢.

薄的丝织品 fine silk：～花 silk flower｜～画 silk painting

圈 332页

juàn/juān/quān

圈

会意字。“囗”像围成圈，“卷”有弯曲义，表示环形的畜栏，卷（juǎn）兼表声。本义是畜栏。

圈 originally meant a pen, or shed for rearing livestock. It is composed of 囗, enclosure, and 卷（juǎn）, which represents pronunciation and means to bend, curl, reference to the shape of a pen or other enclosure.

㊀ juàn 关养牲畜的栅栏 pen, shed for raising livestock：猪～pig pen ㊁ juān 把牲畜、家禽关起来 enclose animals in a pen：～羊 herd sheep into a pen ㊂ quān ① 环形 circle：画～draw a circle ② 范围 circle; clique：生活～living circle ③ 划界；围住 mark boundary; encircle：～地 fence off an area ④ 画圈作记号 mark with a circle：～阅 circle and read

juàn

眷

形声字。目表意，像眼睛，表示回头看；龹（juàn）表声。本义是回头看。引申为关心、怀念。

眷 originally meant to look back then, by extension, be concerned about, think of. It consists of 目, eye, i.e. looking back; and 龹（juàn）, which represents pronunciation.

① 关怀；想念 be concerned about; think of：～念 think fondly of｜～恋 nostalgic; be attached to ② 亲属 relatives：亲～relatives｜家～family members

jué

决

会意字。篆书“氵”像水流，“夬”有残破义，表示堤坝被冲破。楷书冫、夬，冫像冰块，有寒冷意，表示决堤令人不寒而栗。本义是决堤。

决 originally meant to breach, to burst open (of a dam or waterway). The seal script shows 氵, water, and 夬, damaged, i.e. as a bursting dam. The regular script has 冫, ice, and 夬, which depicts blocks of ice, i.e. people tremble with fear as if shivering from cold when a dam bursts.

① 水冲破堤坝 burst a dam：～堤 burst a dam ② 决定 decide：～策 decision; strategy ③ 一定；绝对 certainly; absolutely：～不退缩 determined not to back down ④ 定胜负；分高低 determine the final outcome：～战 decisive battle ⑤ 执行死刑 carry out an execution：枪～execute by firing squad

jué

诀

（訣）

形声字。言（讠）表意，像张口说话，表示用言语辞别；夬（jué）表声。訣简化为诀。本义是辞别。

诀 means bid farewell, part. It consists of 言（讠）, a mouth talking, i.e. bid sb farewell, and 夬（jué）, which represents pronunciation. 訣 has been simplified to 诀.

① 辞别（多指不再相见的）bid farewell (usually with little chance of meeting again)：～别 bid farewell｜永～farewell ② 窍门 key to success：～窍 key to success｜秘～secret to success ③ 顺口易记的词句 rhyming and easy-to-remember words and sentences：口～a pithy formula, instruction in rhyme｜歌～formulas put into verse, directions jué/jiào

觉

（覺）

会意字。“見”（见）像人睁大眼睛，表示看见、发觉；“學”（省子）表示学习增长了见识，懂了原先不懂的道理。覺简化为觉。本义是明白、醒悟。

觉 means understand, come to realize the truth. 見（见）depicts a man with eyes wide-open, i.e. to see and discover. 學 (without 子) denotes acquiring knowledge through learning. 覺 has been simplified to 觉.

㊀ jué ① 明白；醒悟 understand; come to realize the truth：～悟 realize; consciousness | ～醒 awaken ② 发现 realize：～察 realize | 发～ uncover ③ 感觉 sense：视～ eyesight | 听～ sense of hearing ㊁ jiào 睡眠 sleep：睡～ go to sleep; be sleeping | 午～ afternoon nap

jué

绝

（絕）

会意字。金文像刀割断丝。篆、楷书“糸”像丝，“刀”像刀，“巴”指断口，表示是用刀割断丝。絕简化为绝。本义是截断。

绝 means cut off, break off. In bronze inscriptions, the character resembles a knife cutting strands of silk. In seal and regular scripts, 糸 is silk, 刀 is knife and 巴 signifies a cut, i.e. a knife cutting off silk thread. 絕 has been simplified to 绝.

① 断 break off：～交 end a friendship | ～种 extinct ② 完；尽 the end of; finished：～望 hopeless | 灭～ extinguish completely ③ 极；最 extremely; most：～妙 extremely clever | ～密 top secret; confidential ④ 独一无二的 one of a kind：～技 unique skill ⑤ 一定 certainly：～对 absolutely | ～不 absolutely not

jué/juè

倔

会意字。“亻”像人，“屈”指弯曲，表示人性格刚直不屈从。本义是刚直不屈。

倔 means stubborn, unbending. It consists of 亻, man, and 屈, which denotes bending down, i.e. a man of unbending, tenacious character.

㊀ jué 强硬，不顺从 stubborn; unyielding：～强 stubborn ㊁ juè 性子直；态度生硬 blunt; surly：～脾气 gruff temperament

jué

掘

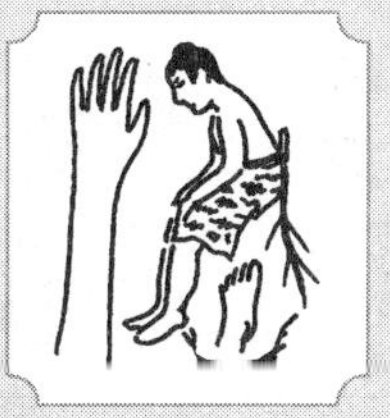

会意字。“扌”像手，“屈”指弯曲，表示人手持器具弯着身子掘地。本义是挖掘。

掘 means dig. 扌 depicts a hand; 屈 denotes bending, i.e. a person holding tools, bending down to dig the ground.

刨；挖 dig：挖～ dig | ～土 dig earth | ～井 dig well

J

jué 崛

会意字。“山”像山耸立，“屈”有高起、突起义，表示山突起状。本义指山突起的样子。泛指突起。

崛 originally meant (of a mountain) rise abruptly; now it generally means protrude. 山 resembles towering mountains; 屈 denotes bend or protrude, i.e. rise abruptly.

突起；兴起 protrude; rise to prominence：～起 protrude; rise to prominence

jué 爵

象形字。甲骨文像古代饮酒器。金文加二点表示溢出的酒香。篆书增鬯（香酒）、又（手），像手持爵倒酒。楷书又改为寸。本义是一种饮酒器具。

爵 originally meant a goblet. In bone inscriptions, the character depicts an ancient wine vessel. The bronze inscriptions two dots are added, representing the fragrance of the wine. In the seal script, 鬯 (wine fragrance) and 又 /手 (hand) are added to the character to suggest a hand pouring wine into a goblet. 又 is replaced with 寸 in the regular script.

① 古代饮酒器具 goblet ② 爵位 rank of nobility：封～ confer a title of nobility | 伯～ duke

jūn 军（軍）

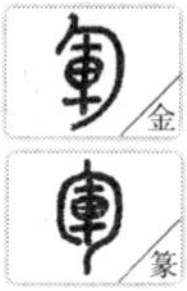

会意字。金文、篆书“車”（车）像战车，“勹”像包裹形，古时军队多用战车围成营垒。楷书“冖”像屏障，“車”（车）像战车，表示军营。軍简化为军。本义是军营。引申为军队。

军originally meant a military camp, and later, by extension, army. In bronze inscriptions and seal script, 車（车）depicts a chariot, and 勹 represents an enclosure, i.e. a fort in the form of an enclosure of chariots, as in ancient times. Regular script has 冖, that resembles a screen, and 車（车）, a chariot, i.e. a military camp. 軍 has been simplified to 军.

① 军队 army：～营 military camp | 陆～ infantry ② 军队的编制单位，在师以上 military unit, commands several divisions

jūn 均

会意字。“土”本像地上有堆土，“匀”金文像曲臂环抱二物，篆、楷书像人弯腰抱二物，有平均二分意，表示占有的土地一样多。本义是平均。

均 originally meant average, equal. 土 originally depicted a pile of earth on the ground. 匀 in bronze inscriptions depicts an arm enfolding two objects, but in seal and regular scripts, it depicts a man stooping to hold two objects, indicating equal parts, i.e. as if possessing equal amounts of land.

① 相等 equal：～等 equal | 平～ average ② 全；都 all：～已完成 all work has been completed

jūn
君

会意字。“尹”像手执权杖，“口”像张开的口，表示手舞权杖、口发命令的君主。本义是君主。

君 means monarch, ruler. It consists of 尹, which depicts a hand holding a scepter, and 口, an open mouth. Hence, a ruler is a person who waves a scepter and issues commands.

国王；皇帝 king; emperor：国～ monarch｜～主 ruler ② 对人的尊称 a polite term of address：张～ Mr Zhang｜诸～ gentlemen

jūn
钧
（鈞）

会意字。金文“金”像箭头和斧头，表示金属；“又”像手，手能较准确地掂量物体的轻重，表示古时大小均匀的两块铜为一钧。篆楷简“金”（钅）表示金属重量单位，“匀”是钧的本字。鈞简化为钧。本义是古代重量单位。

钧 represented an ancient unit of weight. Bronze inscriptions show 金, metal, and 又, hand, depicting weighing by hand to accurately gauge the weight of metal. In ancient times, two pieces of copper of equal weight made up one 钧. Seal and regular scripts have 金（钅）representing a unit of weight for metals, and 匀, which was the original form of 钧. 鈞 has been simplified to 钧.

古代重量单位，三十斤为一钧 ancient unit of weight, equivalent to 15 kg：千～一发 a heavy weight hanging by a hair, i.e. the sword of Damocles

jùn/jūn
菌

会意字。“艹”（艸）像草，表示菌类植物；“囷”指圆形谷仓，表示菌的形体像圆形谷仓。本义是伞菌类植物。引申为细菌。

菌 originally meant fungus, then later, by extension a bacterium. It consists of 艹（艸）, symbolizing vegetation, i.e. fungus, and 囷, which depicts a round granary. Hence, a type of plant whose form resembles that of a round granary.

❶ jùn 菌类植物，有的有毒，有的可吃 fungi, some varieties are poisionous; and some are edible ❷ jūn 细菌 bacterium; germ：病～ bacteria that cause illness｜真～ fungus

jùn
俊

形声字。亻表意，像人，表示才智出众的人；夋（jūn）表声，夋有傲慢义，表示才智出众者难免傲慢。本义是才智出众的人。

俊 means a talented person. It is composed of 亻, person, and 夋（jūn）, which is phonetic and means haughty or arrogant, i.e. a person of talent tends to be arrogant.

① 才智出众的人 a talented person：～杰 a person of exceptional abilities; hero ② 容貌清秀 handsome; pretty：～俏 pretty｜英～ handsome

龟 219页

jùn

峻

形声字。山表意，像陡峭的山；夋（jūn）表声，夋有缓慢意，表示险峻之山难以行走。本义是山高而陡。

峻 means precipitous. The character consists of 山, mountain, and 夋（jūn）, which is phonetic and denotes haughty or slow moving, i.e. a precipitous climb is slow going.

①山高而陡precipitous：~峭precipitous｜险~ precipitous ② 严厉 harsh：严~ strict｜严刑~法 strict laws and severe punishments

jùn

骏

（駿）

形声字。馬（马）表意，像马，表示善奔驰的马；夋（jūn）表声，夋有傲慢义，表示骏马孤傲，不将劣马放在眼里。駿简化为骏。本义是骏马。

骏 means a fine horse. It consists of 馬（马）, horse, and 夋（jūn）, which is phonetic and denotes haughty or arrogant, i.e. a fine steed is haughty and looks down on other horses. 駿 has been simplified to 骏.

好马；良马 fine horse; steed：~马 steed

jùn

竣

形声字。立表意，像人站立，表示事毕退立；夋（jūn）表声，夋有傲慢义，表示事毕退立者往往会显出得意的神情。本义是事毕退立。引申为完毕。

竣 originally meant to retire, then by extension, complete, finish. It consists of 立, which depicts a man standing, i.e. standing back, or retiring, after completing a task; and 夋（jūn）, which represents pronunciation. The latter signifies haughty or arrogant, i.e. on account of successfully completing the task.

完毕 complete; finish：~工 completion of work｜告~ be accomplished

jùn

郡

形声字。阝（邑）表意，篆书像居住区和人、楷书像山地，表示行政区域；君（jūn）表声，兼表奉国君之命所管辖的区域，又表示郡守是一郡之君。郡是古代行政区域。

郡 refers to a prefecture, an administrative division in ancient China. It is composed of 阝（邑）, which in seal script, depicts a settlement and a person ; but in regular script, depicts mountainous land, representing an administrative division; and 君（jūn）, which is phonetic and refers to the district administered by a prefect under the order of the emperor, or the prefect who governs the district.

古代的行政区划，秦以前比县小，从秦朝起比县大。an ancient administrative division; a prefecture. Before the Qin, a prefecture was smaller than a county; after the Qin, it was a division larger than a county：~县 prefectures and counties｜会稽~ Kuaiji Prefecture kā/gā

咖

会意字。“口”像张开的口，“加”有增加义，表示咖啡是口喝后能增加人精力的饮料。本义是咖啡。

咖 signifies coffee. It consists of 口, open mouth, and 加, increase, i.e. coffee increases energy.

㊀ kā［咖啡］一种热带植物，种子可制成饮料。Coffee, a tropical plant with seeds that can be roasted and ground to make a drink.

㊁ gā［咖喱］用胡椒、姜黄、茴香等粉末合成的调味品。Curry, a condiment made of ground spices such as cayenne pepper, tumeric and fennel.

kāi

开

（開）

会意字。像两手拉开门闩，表示开门。简体字省去门扇。本义是开门。泛指打开。

开 originally meant to open a door, then later, to open. The character represents two hands unbolting a door. In the simplified form, the representation of the door has been removed.

① 打开 open：～门 open the door ② 起始；开创 start; set up：～始 start; begin｜～设 open; set up ③ 解除 remove：～除 expel ④ 发动；发射 start; launch：～车 drive a car｜～枪 open fire ⑤ 写出；列出 write down; list：～票 open the ballot box and count the ballots｜～列 list ⑥ 沸 boil：水～了。The water is boiling. ⑦ 用在动词后，表示扩大 used after a verb to mean expand：传～ spread ⑧ 黄金的纯度单位 karat, a measure of purity of gold

kāi

揩

会意字。“扌”像手，表示用手擦拭；“皆”有都义，表示要擦净物体需各处都揩到。本义是擦、抹。

揩 means rub, wipe. It consists of 扌, hand, i.e. rubbing or wiping with the hands, and 皆, which means all, entire, i.e. to clean an object thoroughly, one has to wipe its entire surface.

擦；抹 rub; wipe：～汗 wipe perspiration｜～黑板 wipe a blackboard｜～眼泪 wipe tears

kǎi

凯

（凱）

会意字。篆书像鼓，表示击鼓奏得胜之乐。楷书增“几”，表示用几陈列战利品。凱简化为凯。本义是军队得胜奏的乐曲。

凯 originally meant music played to announce a victory. In seal script, the character resembles a drum, i.e. announcing victory with drums. In the regular script, 几 (table) is added, i.e. a table used to display trophies or spoils of war. 凱 has been simplified to 凯.

军队得胜奏的乐曲 music played to announce the victory of an army：～歌 song of victory｜～旋 triumphant return

卡 515页

kǎi 慨

会意字。“忄”像心脏，“既”有全、都义，表示整个心都为之激动。本义是激动。

慨 means worked up, excited, agitated. The character consists of 忄, which depicts a heart and 既, which means all, i.e. the whole heart filled with excitement.

① 激动 worked up; excited; agitated：愤～ resentment ② 感叹 emotional sigh：感～sigh with emotion ③ 大方；不吝惜 generous：慷～解囊 donate generously

kǎi 楷

会意字。“木”像树，表示楷树；“皆”有全、都义，表示楷树的枝干全部都是直的。本义是楷树。引申为楷模。

楷 originally meant the pistachio tree, then by extension, a fine example. The character consists of 木, tree, and 皆, all, i.e. a tree with all branches straight (like a pistachio tree).

① 典范；榜样 model; fine example：～模 fine example ② 楷书 regular script：～体 regular script｜大～ regular script in big character

kān 刊

会意字。“刂”像刀，“干”像叉形木棍，表示用刀砍削木制干。本义为砍削。

刊 originally meant chop and shave. 刂 depicts a knife and 干 resembles a forked baton, i.e. a forked baton carved from wood with a knife.

① 修改 amend：～误 correction ② 排印，出版 print and publish：～印 printed publication｜创～ launch a magazine or newspaper ③ 杂志；报纸 magazine; newspaper：月～ monthly issue｜副～ supplement

kān 勘

会意字。“力”像农具，有力气义，“甚”有很、极义，表示核对、校定要做到无差错需很尽力。本义是校定、核对。

勘 means proofread, collate. The character is composed of 力, a farming tool, i.e. use a lot of effort; and 甚, which denotes extremely, i.e. one has to be extremely focused and thorough in proofreading and collating to ensure that there are no mistakes.

① 核对；校定 proofread; collate：～误 correct errors in a printed work｜校～ collate ② 调查；探测 to survey; investigate：～查 to survey｜～探 explore

看 339页

kān

堪

会意字。“土”本像地上有堆土，“甚”有超出寻常义，表示地面突起处。本义是地面突起的地方。基本义是可以、能够。

堪 originally referred to a mound rising from the ground; its basic meaning is can, be able to. It is composed of 土, a pile of earth, and 甚, which means atypical, uncharacteristic, i.e. a mound is an irregularity.

① 可以；能够 can; able to：～当重任 able to take up important tasks ② 能忍受 bearable：不～一击 unable to withstand a single blow

kǎn

坎

会意字。“土”本像地上有堆土，“欠”像人张口打呵欠，有缺少义，表示地面凹陷有所缺少。本义是低陷不平的地方。

坎 means a low and uneven ground. It is composed of 土, a pile of earth, and 欠, which depicts a man yawning, i.e. lack of (sleep). Hence, a depression on the ground depicted as a lack or insufficiency.

① 低陷不平的地方；比喻遭遇不顺利 low and uneven ground, implying misfortune：～坷 bumpy

kǎn

砍

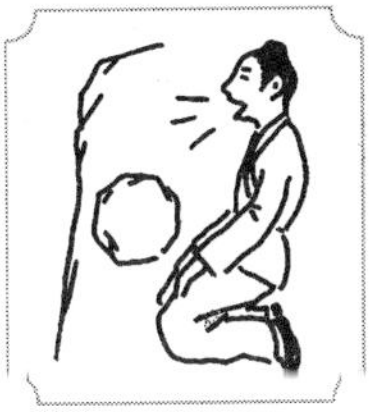

会意字。“石”像山崖下有块石头，表示古代曾用石刀、石斧砍物；“欠”像人张口打呵欠，有缺少义，表示物被砍处会裂开大口而缺少一块。本义是用刀斧劈。

砍 means hack, chop. The character is composed of 石, a rock under a mountain cliff, i.e. stone knife or axe used in ancient times, and 欠, which depicts a man yawning with mouth open, i.e. lacking or deficient in (sleep or oxygen). Thus, chopping off parts creates a deficiency.

用刀、斧等猛劈 chop with knife or axe：～柴 chop firewood｜～伐 fell trees

kàn/kān

看

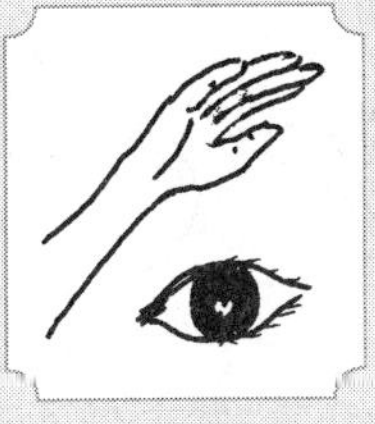

会意字。像手放在目上遮光远望。本义是远望。

看 originally meant look into the distance. The character depicts sb looking into the distance while shielding light from the eyes with a hand.

㊀ kàn ① 用眼睛注视 see; look：～书 read a book｜～戏 watch a show ② 观察并判断 observe and judge：～透 see through (an intention, trick) ③ 探望；照应 visit; take care of：～望 pay a visit to｜照～ take care of ④ 诊治 treat an illness：～病 see a patient; see a doctor ⑤ 对待 treat; regard：～待 regard｜～重 regard as important ㊁ kān ① 守护 watch and protect：～护 care for; tend｜～门 guard the door ② 监视 supervise：～管 supervise

K

kàn

瞰

会意字。“目”像眼睛；“敢”指有胆量，表示有胆量才敢从高处往下看。本义是俯视。

瞰 means to look down from a height. The character is composed of **目**, an eye, and **敢**, which denotes courage, i.e. only a brave person dares to look down from a height.

从高处往下看 look down from a height：鸟～ bird's eye view | 俯～ overlook

kāng

康

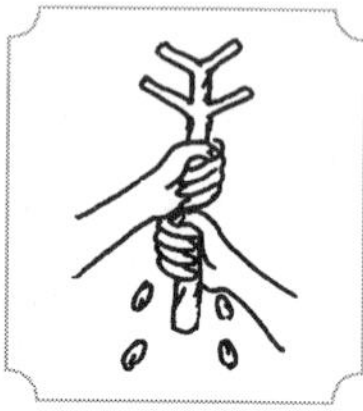

会意字。像双手持杆舂米谷糠脱落。本义是从谷麦等子实上脱落下来的皮或壳，此义现写作糠。基本义是平安。

康 originally meant bran, chaff, which is now written as **糠**. Its basic meaning is safe and sound. The character depicts a pair of hands pounding grain with a pestle to remove the husks.

平安；身体好 safe and sound; healthy：安～ healthy | 健～ healthy ② 姓 a family name

K

kāng

慷

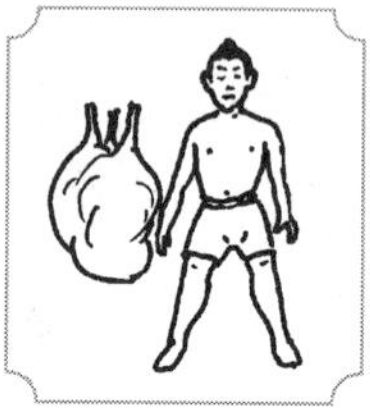

形声字。篆书忄表意，像心脏，表示与心理、情绪有关；亢（kàng）表声，亢有高义，表示情绪高昂。楷书忄表意，康（kāng）表声。本义是慷慨。

慷 means full of fervor. In seal script, **忄** is semantic, a heart, i.e. **慷** is related to feelings and emotions; **亢（kàng）** is phonetic and means high, i.e. feeling elated. In regular script, **忄** is semantic, while **康（kāng）** represents pronunciation.

［慷慨］情绪激昂 full of fervor：～激昂 impassioned | ～陈词 present one's view with deep feeling

kāng

糠

会意字。“米”像稻米，“康”像双手执杆舂米，表示从稻麦等籽实上脱下的皮，康（kāng）兼表声。本义是谷皮。

糠 means husk, bran, chaff. The character consists of **米**, grain, and **康（kāng）**, which is phonetic and resembles a pair of hands holding a pestle, i.e. removing husks from grain.

① 从稻、麦等子实上碾下来的皮或壳 husk; bran; chaff：～秕 chaff | 米～ rice husk | 麦～ wheat bran ② 发空，多指萝卜因失去水分而中空。Spongy, usually refers to the radish which becomes spongy in the middle when it loses moisture.

kánɡ

扛

会意字。“扌”像手，“工”像斧头，有劳动义，表示用两手举重物。本义是用两手举重物。引申为用肩担东西。

扛 originally meant to lift sth heavy, then by extension, to carry on the shoulder. The character is composed of 扌, hand, and 工, axe, i.e. manual work. Thus, lifting a heavy object with both hands.

用肩担 carry sth on the shoulders：～枪 shoulder a gun

kànɡ

抗

形声字。扌表意，像手；亢（kànɡ）表声，亢有强硬、抵挡义，表示抵御。本义是抵御。

抗 means resist. 扌 is semantic, depicting a hand; 亢（kànɡ）is phonetic and means putting up a strong front.

① 抵挡；抗御 resist; fight：抵～ resist｜～灾 take measures to minimize losses caused by a disaster ② 拒绝 refuse：～拒 defy｜～命 defy orders ③ 对等 contend with：～衡 contend with｜分庭～礼 treat sb defiantly

kànɡ

炕

形声字。火表意，像火焰；亢（kànɡ）表声，亢有干燥义，表示用火烘干。本义为烘干。引申为用砖或土坯砌成可烧火取暖的床。

炕 originally meant to dry with heat, by extension, it came to mean a heatable bed built with layers of bricks or earth. 火 is semantic, resembling flames; 亢（kànɡ）is phonetic and denotes dry, i.e. drying sth with fire.

北方农村用砖或土坯砌成可烧火取暖的床 heatable bed made of bricks or earth commonly used by villagers in northern China：～头 warmer end of heatable bed｜土～ earthen heatable bed

kǎo

考

象形字—会意字。甲骨文像长发拄杖的老人。金篆楷“耂”像老人，“丂”有支撑义，表示老人行走需用拐杖支撑，丂（kǎo）兼表声。本义是老。

考 originally meant old. In bone inscriptions, the character depicts an old man with long locks holding a cane. In bronze inscriptions, seal and regular scripts, the old man is depicted by 耂; 丂（kǎo）is phonetic and denotes support, i.e. an old man supported with a walking stick.

① 测试；测验 test; quiz：～试 examination ② 检查 check：～察 inspect｜～核 examine ③ 思索；研究 think; study：思～ think; ponder｜～古 archeology kǎo

拷

形声字。扌表意，像手，表示动手打；考（kǎo）表声，考有父亲义，父亲常责打子女。本义是打。

拷 means beat. 扌 is semantic, depicting a hand, i.e. to hit with the hands; 考（kǎo）is phonetic and denotes old man or father, i.e. father would discipline children by beating them.

打 hit; beat：~打 torture by hitting | ~问 interrogate

kǎo

烤

形声字。火表意，像火焰，表示用火烤；考（kǎo）表声，考的甲骨文形体像老人，老则面色枯黄，表示东西烤后色枯黄。本义是用火烘。

烤 means roast, bake, toast. 火 is semantic, depicting flames, i.e. roasting over a fire; 考（kǎo）is phonetic and in bone inscriptions, shows an old man. With aging, the skin gets a sallow appearance, i.e. a dry, dull and yellowish tinge, as if toasted, or scorched by fire.

用火烘或向火取暖 roast; bake; toast; warm by the fire：~肉 roast meat | ~箱 oven | ~火 warm oneself by the fire

kào

铐
（銬）

形声字。金（钅）表意，像箭头、斧头和矿石，表示手铐用金属制成；考（kǎo）表声，考有检查义，表示给犯人带上手铐后要检查是否已铐住。銬简化为铐。本义是手铐。

铐 means handcuffs. It consists of the semantic element 金（钅）, metal, i.e. metal handcuffs; and 考（kǎo）, which is phonetic and (now) means test or check, i.e. check that handcuffs on a criminal are securely fastened.

① 手铐，锁犯人用的刑具 handcuffs ② 给犯人戴上手铐 handcuff a criminal

kào

靠

篆

形声字。非表意，像两翼分张，表示相背；告（gào）表声，告有告诉、明示义，表示相背是显而易见的。本义是相违。

靠 originally meant two things going in opposite directions. 非 is semantic; it resembles a pair of wings outspread, i.e. back-to-back; 告（gào）is phonetic and means to inform, make known, i.e. it is obvious to the eye when two things are placed back-to-back.

① 倚着；挨近 lean against; lean on：~椅 arm-chair | ~近 get close to ② 依赖；凭借 rely on; depend on：依~ rely on | 投~ seek refuge with sb ③ 信任 trust：可~ trustworthy | 牢~ sturdy; stable kē

苛

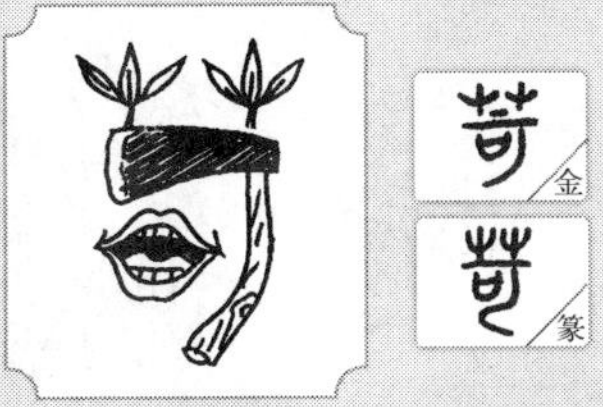

形声字。艹（艸）表意，像草，表示小草丛生；可（kě）表声。本义是小草丛生的样子。引申为繁琐、细碎。

苛 originally meant a thick growth of grass; later, it came to mean elaborate, excessive in details. It consists of 艹（艸）, grass, i.e. tufts of grass and 可（kě）, which is phonetic.

① 繁琐；繁重 elaborate; excessive; heavy：～捐杂税 exorbitant taxes and excessive levies ② 过分严厉、刻薄 harsh and demanding：～求 demanding｜～刻 harsh

kē

科

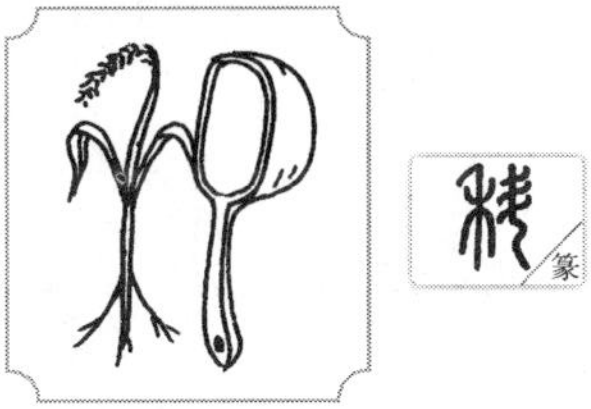

会意字。“禾”像谷类植物，“斗”是量器，表示用斗衡量谷物。本义是衡量谷物。引申为品类、等级。

科 originally meant to weigh grain; by extension, it came to mean variety, grade. It is composed of 禾, grain, and 斗, which resembles a ladle used for measurement, i.e. use a 斗 to measure the weight of grain.

① 学术或业务的类别 branches of study：～目 subject｜医～ medicine ② 动植物的分类 family; classification of plants and animals：猫～ Felidae｜松～ Pinaceae ③ 机关企业内的部门 department; division：会计～ accounting department｜总务～ general affairs division

kē

棵

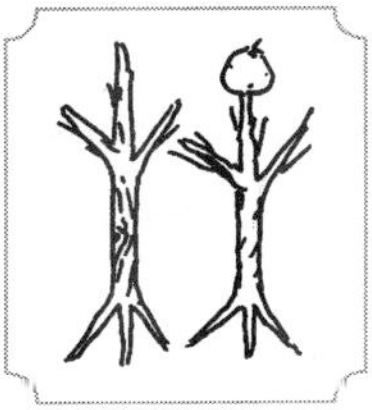

会意字。“木”像树，“果”像树上有果实，表示果树以棵来计算。棵是用于植物的量词。

棵 is a measure word for plants. The character is composed of 木, a tree, and 果, which depicts a tree with fruit, i.e. fruit trees can be counted with 棵.

量词，用于植物 measure word for plants：一～树 a tree｜两～草 two strands of grass

kē

颗

（顆）

会意字。“頁”（页）像突显头部的人，“果”像树上有果实，表示头小如果。顆简化为颗。本义是头小。现作量词，用于颗粒状的东西。

颗 originally meant a small head; later, it was used as a measure word for small grain-like objects. 頁（页）depicts a head; 果 resembles a tree with fruit, i.e. a head as small as a fruit. 顆 has been simplified to 颗.

量词，多用于圆粒状的东西 measure word, largely used for small round objects：～粒 pellet｜一～珍珠 a pearl

坷 345页

kē 磕

会意字。“石”像山崖下有块石头，“盍”有合、聚合义，表示与石头等硬物碰撞在一起。本义是碰撞在硬物上，泛指碰撞。

磕 originally meant knock against a hard surface; later, it came to mean knock against sth in general. The character is composed of 石, which depicts a rock under a cliff; and 盍, which denotes join, gather together, i.e. come into contact with a hard object like a rock.

碰撞；敲击 knock against (sth); hit：～碰 knock against; collide with | ～烟斗 empty a pipe by knocking it

kē 蝌

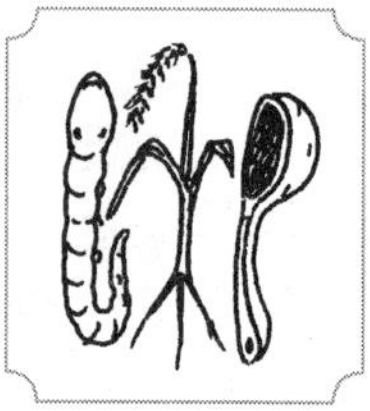

形声字。虫表意，像虫，表示蝌蚪小如虫；科（kē）表声。本义是蝌蚪。

蝌 means tadpole. The character is composed of 虫, worm, i.e. a tadpole is as small as a worm, and 科（kē）, which is phonetic.

［蝌蚪］蛙或蟾蜍的幼体，黑色，生活在水中。Tadpoles, the young of frogs or toads. They are black in color and live in the water.

K

ké/qiào 壳（殼）

会意字—象形字。像手持槌敲击乐器。简体字只剩下乐器。本义为敲击。引申为坚硬的外皮。

壳 originally meant hit against; by extension, it came to mean a hard outer layer or cover. The character depicts a hand hitting a musical instrument with a mallet. The simplified form derives from the component representing the musical instrument.

❶ ké 坚硬的外皮 hard outer layer of sth：贝～ shell | 外～ husk ❷ qiào 义同一 same meaning as 'ké'：地～ earth's crust | 金蝉脱～ the cicada sheds its skin, i.e. make a strategic escape

ké/hāi 咳

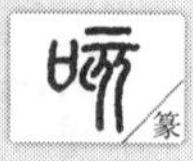

形声字。口表意，像张开的口；亥（hài）表声，表示笑声。本义是婴儿笑。

咳 originally referred to a baby's giggle. The character is composed of 口, an open mouth, and 亥（hài）, which is phonetic and denotes laughter.

❶ ké 咳嗽，喉部或气管受刺激而把吸入的气急呼出，声带振动发声 cough ❷ hāi 叹词，表示惋惜、后悔或呼唤等。Interjection expressing sadness and remorse or used for summoning for sb.

kě

可

会意字。像口和斧子，表示唱歌助劳。本义是唱歌助劳，此义现写作歌。

可 originally meant singing while laboring; this meaning was later replaced by **歌**. The character depicts a mouth and an axe, i.e. laborers singing while working.

① 允许 allow：许～ permit | 认～ approve ② 能够 able to：～以 may; can | 牢不～破 unbreakable ③ 值得 worthy：～爱 adorable | ～敬 respectable ④ 适合 fitting：～口 mouth-watering | ～人 satisfactory; chaming ⑤ 但；却 but; however：人老心～不老 old in age but young in mind

kě/kē

坷

形声字。土表意，本像地上有土，表示土地坑洼不平；可（kě）表声，兼表道路不平欠可。本义是坎坷，表示地坑洼不平。

坷 means rough and bumpy. **土** is semantic, depicting a mound of earth on the ground, i.e. bumpy ground; **可（kě）** is phonetic and means be fit for or able to, i.e. a bumpy road is not fit for travel.

㊀ kě ［坎坷］道路高低不平，比喻不顺利、不得志。A rough and bumpy road, implying meeting rough patches, being full of frustrations ㊁ kē ［坷垃］土块 a lump of earth：土～ a lump of earth

kě

渴

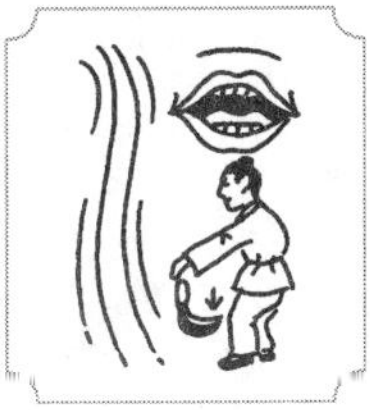

形声字。氵表意，像流水、水珠，表示水枯竭；曷（hé）表声，曷有一无所见义，表示看不见水。本义是水干涸。引申为口渴。

渴 originally meant dried up, then by extension, thirsty. The character is composed of 氵, water, as semantic, i.e. water drying up; and **曷（hé）** as phonetic. The latter means unable to see anything, i.e. unable to find water.

① 口干想喝水 thirsty：口～ thirsty | 解～ quench one's thirst ② 迫切 long for：～望 yearn for | ～求 hunger after

kè

克

（①②剋）

会意字。古文字像戴盔披甲的军人，表示攻打战胜之意。楷书十、口、儿（人），表示人多才能战胜、攻破。本义是战胜、攻下。剋今简化为克。

克 means to defeat an enemy, conquer. In early Chinese, the character depicts a soldier wearing a helmet symbolizing defeat of an enemy. In regular script, it consists of **十**, ten, symbolizing a large number, **口** for counting people and **儿（人）**, person, i.e. a big army, which wins battles. **剋** has been simplified to **克**.

① 战胜；攻下 defeat an enemy; conquer：攻～ capture ② 抑制；限止；限定 restrain; limit; restrict：～制 restrain | ～服 overcome ③ 能够 be able to：～勤～俭 be industrious and frugal ④ 重量单位，一千克等于一公斤 a unit of weight, a gram; a thousand grams equals to a kilogram

kè 刻

会意字。“刂”像刀，“亥”指猪，猪有用嘴拱地的习惯，表示刻是用刀不断触物。本义是雕刻。

刻 means carve. The character is composed of 刂, knife, and 亥, pig. Carving an object with a knife is represented by the action of pigs pushing or scraping their snouts across the ground.

① 用刀雕、挖 carve or dig with a knife：雕～ sculpture｜～字 carvings ② 计时单位，十五分钟为一刻 a unit of time, 15 minutes ③ 时候 time; moment：此～ at this moment ④ 形容程度深 profound; deep：～苦 hardworking; painstaking ⑤ 不厚道 dishonest：～薄 harsh

kè 客

会意字。“宀”像房屋，“各”像脚来到门口，表示有客人来。本义是来客。

客 means visitor. The character is composed of 宀, a house, and 各, which depicts a foot at a door, i.e. the arrival of a guest.

① 来宾；客人 visitor; guest：宾～ guest｜会～ meet guests ② 顾客；旅客 customer; traveler：～满 (of a hotel) fully booked｜～店 inn; hostel ③ 寄居或迁居外地 live away from one's homeland：～居 live away from one's homeland｜～籍 second home place ④ 从事某种活动的人 a person engaged in a certain activity：说～ lobbyist｜政～ politician

kè 课（課）

会意字。“言”（讠）像张口说话，“果”像树上有果实，表示用言语考核并得出结果。課简化为课。本义是考核。

课 originally meant to examine, assess. The character is composed of 言（讠）, which depicts a mouth talking, and 果, which shows a tree bearing fruit, i.e. to obtain results through verbal assessment. **課** has been simplified to 课.

① 教学活动 class; lesson：上～ attend a class｜～表 class schedule ② 教学的科目 subject：～本 textbook｜～题 topic ③ 征收捐税 levy tax：～税 collect tax ④ 量词 measure word：第一～ chapter one｜教了三～ taught three classes

kěn 肯

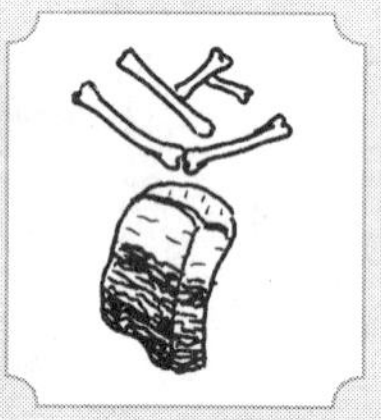

会意字。金文像骨头和肉，表示依附在骨头上的肉。篆书表示覆裹（冖）在骨头上的肉（月）。楷书表示止于骨的肉（月）。本义是紧附在骨上的肉。

肯 originally meant flesh adhering to the bone. In bronze inscriptions, the character depicts flesh and bones. The seal script also depicts flesh（月）covering（冖）bone. Regular script consists of 止 (only) and 肉/月 (flesh), i.e. flesh on bone.

① 骨节上的肉，比喻关键、要害 flesh attached to bones, implying a crucial point：中～ to the point ② 愿意；同意 assent; agree：首～ nod assent｜不～ disagree kěn

垦

（墾）

会意字。“土”本像地上有堆土，“豤”指猪（豕）用力咬物，表示人用力翻土开荒。简体字土、艮，艮在八卦中代表山，表示开辟荒山野岭之地。本义是翻土开荒。

垦 means to cultivate lands, open up virgin soils. The character is composed of 土, a mound of earth on the ground, and 豤, which depicts a pig（豕）chewing on sth, i.e. like a man toiling on the land. The simplified form consists of 土 and 艮; the latter is the name of one of the Eight Trigrams – the one representing mountains, hence, reclaiming virgin lands and mountains.

翻土；开荒 reclaim wasteland：~荒 open up virgin soils | ~殖 reclaim and cultivate wasteland

kěn

恳

（懇）

会意字。“心”古文字像心脏，表示心真诚；“豤”义同懇；豤（kěn）兼表声。简体字心、艮，艮有性直义，表示性直者真诚。本义是真诚。

恳 means sincere. Its early Chinese form consists of 心, a heart, i.e. a heart filled with sincerity, and 豤（kěn）, which is phonetic and formerly represented the same meaning as 懇（恳）. The simplified form consists of 心 and 艮; the latter denotes pliable and tough, i.e. forthright, a characteristic of a person who is honest and sincere.

① 真诚 sincere：诚~ sincerely | ~切 earnest ② 请求 request：敬~ respectfully request

kěn

啃

会意字。“口”像张开的口，“肯”指骨头上的肉，表示像吃骨头上的肉那样往下咬，肯（kěn）兼表声。本义是一点一点往下咬。

啃 means to nibble. The character is composed of 口, an open mouth, and 肯（kěn）, which is phonetic and refers to flesh on the bone, i.e. to chew the flesh on a bone.

一点一点地往下咬 nibble：硬~ gnaw | ~骨头 gnaw a bone

kēng

坑

会意字。“土”本像地上有堆土，表示掘土成坑；“亢”有高义，表示坑底到坑沿很高。本义是地面凹陷处。

坑 means a pit, depression on the ground. It is composed of 土, a mound of earth, i.e. from digging a hole; and 亢, which denotes high, i.e. a pit is high from bottom to top.

① 地面凹陷的地方 pit; depression：泥~ mud pit | 水~ puddle ② 地洞；地道 cavern; tunnel：~道 tunnel | 矿~ mine ③ 活埋 bury alive：焚书~儒 burn books and bury scholars alive ④ 陷害 frame：~害 scheme to harm | ~人 cheat sb kēng

铿

（鏗）

会意字。“金”（钅），像箭头、斧头和矿石，表示和金属有关；“堅”（坚）有坚硬义，表示铿是坚硬的金石相击的声音。鏗简化为铿。铿是象声词。

铿 is an onomatopoeia, the sound of clanging, clattering. It is composed of 金（钅）, metal, and 堅（坚）, which denotes hard and resistant, i.e. the clanging of metals. 鏗 has been simplified to 铿.

象声词，形容响亮的声音 onomatopoeia describing a sonorous sound：锣声~锵 beating of drums | 流水~然有声 sound of rushing water

kōng/kòng

空

会意字。“穴”像洞穴，“工”像斧头，表示人可用工具挖成洞穴。本义是洞穴。引申为一无所有。

空 originally meant a cave and by extension, empty, hollow. It consists of 穴, a cave, and 工, an axe, i.e. men use tools to dig caves.

㊀ kōng ① 里面没东西 empty; hollow; void：~碗 empty bowl | ~腹 empty stomach ② 徒然 come to nothing：~忙 work in vain | 落~ suffer a loss ③ 天空 sky：晴~ clear sky | ~军 air force ㊁ kòng ① 腾出来；使空 make space; empty out：留~ leave a space ② 闲着；没利用的 spare time; unused：~地 vacant land

kǒng

孔

会意字。像婴儿（子）吃奶（乚），表示乳穴。本义是乳穴。泛指小洞。

孔 originally referred to milk ducts in a nipple; later, it came to mean small holes. The character depicts a baby（子）feeding on its mother's milk（乚）.

① 小洞；窟窿 small hole; opening：针~ pin hole | 鼻~ nostril ② 姓 a family name

kǒng

恐

会意字。金文“心”像心脏，“工”像斧头，以斧头悬在心上表示害怕。篆、楷书心、巩，巩指巩固，表示恐惧在心中难以消除。本义是害怕。

恐 means to frighten, be scared. In bronze inscriptions, 心 depicts a heart and 工, an axe, i.e. frighten is like an axe to the heart. In seal and regular scripts, the characters consist of 心 and 巩; the latter means grow, take root, i.e. fear taking root in the heart.

① 害怕 frighten; scared：~惧 fear | 惊~ terrified ② 威吓人 intimidate; terrify：~吓 terrify

kòng 控

形声字。扌表意，像手；空（kōng）表声，空有穷尽义，表示穷尽力量拉开弓弦。本义是拉开弓弦。引申为掌握、操纵。

控 originally meant to draw a bow, then by extension, to take control, manipulate. 扌 is semantic; it resembles a hand. 空（kōng）is phonetic and denotes empty or exhausted, i.e. drawing a bow with all of one's strength.

① 掌握；操纵 take control; manipulate：～制 control | 遥～ remote control ② 告发 accuse：～告 charge | 指～ accuse

kōu 抠（摳）

会意字。"扌"像手，"區"（区）指古代一种容器，表示用手提器皿。摳简化为抠。本义是提起。

抠 originally meant lift up. It is composed of 扌, a hand, and 區（区）, which depicts an ancient vessel, i.e. carry a vessel in the hands. 摳 has been simplified to 抠.

① 用手指或细小的东西挖 dig out (with sth pointed)：～洞 dig a hole ② 不必要的深究 go into unnecessary details：～字眼 find fault with the choice of words ③ 小气 petty; stingy：这个人太～。This person is so stingy.

kǒu 口

象形字。像张开的嘴。本义是人的嘴。

口 means a mouth. The character depicts an open mouth.

① 嘴 mouth：～腔 gums | ～臭 bad breath ② 出入处 entrance; exit：门～ entrance | 港～ port; harbour ③ 说话 talk; speak：～才 eloquence | ～气 tone of voice ④ 裂口 split; opening：伤～ wound | 决～ (of a dam, dyke) burst ⑤ 锋刃 sharp edge：刀～ sharp edge of a knife ⑥ 量词 measure word：一～井 a well

kòu 扣

会意字。"扌"像手，"口"像嘴，表示用手牵住马嚼口，口（kǒu）兼表声。本义是牵住马嚼口。引申指套住、拢住。

扣 originally meant to hold the reins of a horse, then by extension, to cover in, encase in. It consists of 扌, hand, and 口（kǒu）, which is phonetic and depicts a mouth.

① 套住或搭上 button up：～住 button up | 环环相～ closely linked ② 扣子 button：衣～ clothes button ③ 盖上；罩上 cover up：把碗～在桌上 to turn a bowl upside down on a table ④ 强留下来 detain：～押 hold in custody | ～留 detain ⑤ 减去 subtract：～除 deduct | 折～ discount

K

空 348页

kòu

寇

会意字。像手持器械（支）到屋中（宀）对人（元）行凶抢劫。本义是抢劫。引申为盗匪、侵略者。

寇 originally meant rob and by extension, robber, invader. The character shows a man entering a house（宀）with a weapon（支）to rob sb（元）.

① 盗匪；侵略者 robber; invader：草～bandits | 敌～invader ② 敌人入侵 invasion：～边 invade the border ③ 姓 a family name

kū

枯

会意字。“木”像树，“古”有时间久远义，表示树老枯槁。本义是草木枯槁。

枯 means (of plants) withered and yellow. The character is composed of 木, tree, and 古, which means long ago, i.e. plants withering from age and turning yellow.

① 草木因失去水分而变得焦黄 plants withering and turning yellow due to a loss of moisture：～萎 wither | ～黄 wither and yellow ② 干竭 dried up：～井 dried-up well | 海～石烂 the seas run dry and the rocks crumble ③ 单调；乏味 bland; dull：～燥无味 uninteresting

kū

哭

会意字。像犬和二张口，表示犬哀号。本义是犬哀号。引申为人哭。

哭 originally meant the wailing of a dog, by extension, it came to mean the crying of a person. The character depicts a dog and two mouths, i.e. a dog wailing.

因悲痛或激动而流泪发声 cry; weep; sob：～泣 weep | 痛～wail

kū

窟

会意字。“穴”古文字像洞穴，“屈”指弯曲，表示洞穴多弯曲不直。本义是洞穴。

窟 means a cave. In early Chinese, 穴 depicts a cave; 屈 denotes bend, curve, i.e. a cave with twists and turns.

① 洞穴 cave：～窿 hole | 石～grotto ② 坏人聚集的地方 den：赌～gambling den | 匪～bandits' lair kǔ

苦

形声字。艹（艸）表意，像草，表示苦菜，古（gǔ）表声。本义是苦菜。泛指苦味。

苦 originally meant vegetables that are bitter then, by extension, bitter in general. It is composed of 艹（艸）, grass, i.e. bitter tasting vegetables and 古（gǔ）, which represents pronunciation.

① 味道苦 bitter：～瓜 bitter gourd｜～胆 gall bladder ② 难受；艰难 miserable; suffer：艰～ difficult｜～难 misery ③ 竭力 do one's utmost：刻～ hardworking｜～练 practice hard

kù

库

（庫）

会意字。"广"像房屋，"車"像战车，表示藏兵器战车的屋舍。庫简化为库。本义是收藏兵器或战车的大房子。泛指储藏大量东西的房屋或建筑。

库 originally meant a large building for storing weapons or chariots; later, it came to mean warehouse in general. It is composed of 广, a house, and 車, a chariot, i.e. a shed for storing weapons and chariots. 庫 has been simplified to 库.

贮存大量东西的房屋或建筑 warehouse：仓～ warehouse｜水～ reservoir

kù

裤

（褲）

形声字。衤表意，古文字像衣服，表示裤子；庫（库kù）表声，库像车停放在库房中，表示人的下身遮蔽在裤子中。褲简化为裤。本义是裤子。

裤 means trousers. 衤 is semantic; in early Chinese, it depicts a garment. 庫（库kù）is phonetic and shows a chariot inside a warehouse, i.e. analogous to a person's lower body covered by trousers. 褲 has been simplified to 裤.

裤子 pants：长～ long pants｜内～ briefs

kù

酷

会意字。"酉"像酒坛子，"告"指告知，表示酒味浓烈。本义为酒味浓烈。引申为残忍狠毒。

酷 originally meant a heavy scent of wine; by extension, it came to mean cruel, brutal. The character is composed of 酉, a wine pot, and 告, which means to inform, announce, i.e. wine announced by its heavy scent.

① 残忍狠毒 cruel; brutal：残～ cruel; brutal｜～刑 cruel punishment ② 极；非常 very; extremely：～暑 sweltering summer heat｜～爱 be very fond of

K

kuā 夸（誇）

会意字。“言”像张口说话，“夸”有大义，表示言辞夸大。简体字“大”指夸大，“亏”指欠缺，表示言辞上夸大是因为事实上欠缺。本义是说大话。

夸 means exaggerate, overstate. The character is composed of 言, speech, and 夸, big, i.e. exaggerate. In the simplified form, 大 implies to overstate and 亏 means lack of, i.e. lack of details or information leading one to exaggerate or overstate a matter.

① 说大话 exaggerate; overstate：～口 boast | ～张 exaggerate ② 赞扬 praise：～奖 commend; praise | ～赞 commend; praise

kuǎ 垮

形声字。土表意，本像地上有堆土，表示土缺少黏性容易倒塌；夸（kuā）表声，夸有说大话、不实在义，表示不实在就容易坍塌下来。本义是倒塌。

垮 means collapse. 土, soil, is semantic, i.e. dry soil tends to crumble and collapse easily. 夸（kuā）is phonetic and means to exaggerate, implying fallacious or unsound, i.e. collapses easily.

① 倒塌 collapse：水坝冲～了。The dam has been breached. ② 破坏；溃败 damage; defeat：整～ totally defeated | 累～ collapse from fatigue

kuà 挎

形声字。扌表意，像手，表示用手指钩着；夸（kuā）表声，夸有大的意味，表示手指要用较大的劲才能钩住东西。本义是用手指钩着。引申为东西挂在肩上或胳膊上。

挎 originally meant to carry with the fingers, then by extension, carry on the shoulder or arm. 扌, hand, is semantic, i.e. carry with the fingers. 夸（kuā）is phonetic and means big, i.e. it requires a bigger effort to carry things with the fingers.

东西挂在肩上或胳膊上 carry over the shoulders or on the arm：～着书包 carry a schoolbag on one's shoulder

kuà 胯

形声字。月（肉）表意，像肉；夸（kuā）表声，夸有夸大、张大意，表示两大腿张开之间为胯。本义指两大腿之间的部分。

胯 means hip or the part of the body between the thighs. It is composed of 月（肉）, flesh, and 夸（kuā）, which is phonetic and means exaggerate, overstate, i.e. parting of two legs or crotch.

腰的两侧和大腿之间的部分 hip：～骨 hipbone | ～下之辱 humiliation of being forced to crawl under someone's legs, i.e. a gross insult kuà

跨

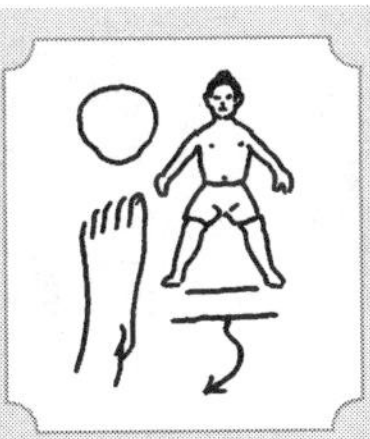

形声字。足表意，像膝和脚；夸（kuā）表声，夸有夸大义，表示张开两腿越过。本义是跨越。

跨 means leap over. **足** is semantic; it resembles a knee and a foot. **夸**（kuā）is phonetic and means exaggerate, i.e. legs outstretched to take a leap.

① 跨越；迈过 leap over; stride across：～栏 hurdle race｜～年度 cross into the new year ② 骑 ride：～在马上 ride on a horse｜大桥横～长江。The bridge stretches across the Yangtze River.

kuài

块

（塊）

会意字—形声字。“土”本像地上有堆土，表示土块；“鬼”像头大而怪异的人，表示土块之形像怪异的头颅。简体字土表意、夬（kuài）表声。本义是土块。引申指凝结成团的东西。

块 originally meant a lump of earth; by extension, it came to mean things that coagulate into lumps. It consists of **土**, a mound of earth, i.e. a lump, and **鬼**, which depicts a strange-looking man with a large head. Thus, an odd-shaped lump of earth. In simplified form, **土** is semantic and **夬**（kuài）is phonetic.

① 凝结成团的东西 things that coagulate into a lump：土～ a lump of earth｜冰～ ice cube; ice block ② 量词 measure word：两～布 two pieces of cloth｜一～手表 a watch

K

kuài

快

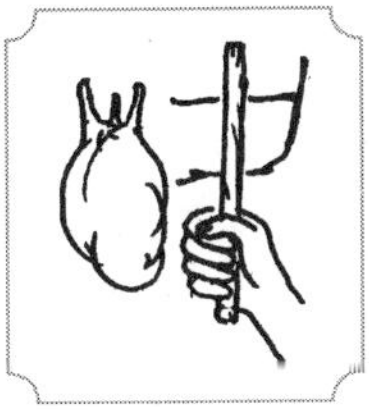

会意字。“忄”像心脏，表示心中快乐；“夬”指钩弦器，有迅速意，以发射表示心情畅快。本义为高兴、愉快。

快 originally meant happy. It consists of **忄**, heart, i.e. a heart filled with happiness, and **夬**, crossbow, symbolizing speed, associating carefree and happy with an arrow freed from a bow.

① 称心；高兴 pleased; happy：愉～ happy ② 迅速 quick; fast：～速 fast｜～车 express bus or train ③ 赶紧 quickly：尽～ as quickly as possible ④ 锋利 sharp：～刀 sharp knife ⑤ 直爽 straightforward：爽～ straightforward ⑥ 将要 soon; about to be：水～开了。The water is about to come to a boil.

kuài

筷

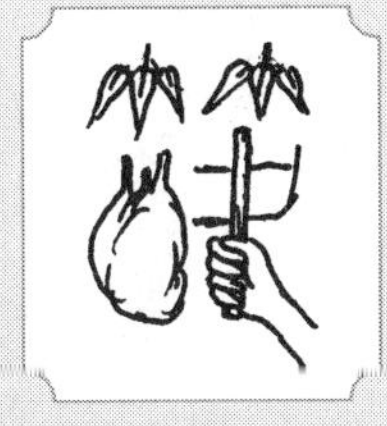

形声字。竹表意，像竹叶，表示筷子用竹制成；快（kuài）表声，兼表筷子使用方便，能快速取食。本义是筷子，夹菜的用具。

筷 means chopsticks, a Chinese eating utensil. It consists of **竹**, bamboo, i.e. chopsticks made of bamboo, and **快**（kuài）, which is phonetic and means quick and cheerful, i.e. chopsticks enable one to pick up food with ease.

夹饭菜的两根细棍 chopsticks：～子 chopsticks｜竹～ bamboo chopsticks

会 261页

kuān 宽（寬）

会意字。“宀”像房子，“萈”是生活在宽阔山野细角山羊，表示房屋宽大。寬简化为宽。本义是房屋宽敞。泛指宽阔。

宽 originally meant (of a house) spacious; it is now commonly used to mean wide, broad. It is composed of 宀, house, and 萈, which depicts a mountain goat that lives in the vast expanse of mountain regions, signifying big and spacious.

① 横向距离大 wide; broad：～敞 spacious | ～广 broad; vast ② 放松，舒缓 relax; ease：～心 relieved | ～限 extend ③ 不严厉 lenient：～容 tolerant

kuǎn 款

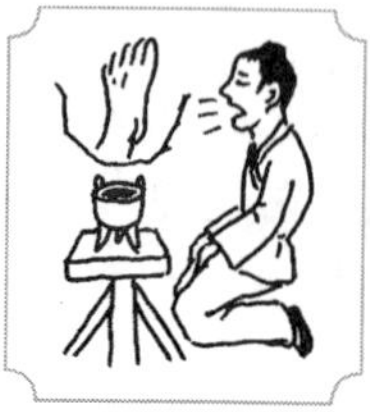

会意字。篆书“祟”像脚跨出门洞、祭鬼神的供桌，“欠”像人张口，表示鬼神会带来灾祸，人恳求避免灾祸。本义是恳求。

款 originally meant plead. In seal script, the character consists of 祟, a foot stepping out of a cave and an altar table, and 欠, a man with open mouth, i.e. pleading with the spirits to ward off calamities.

① 招待 entertain：～待 entertain ② 条；项目 clause; article：条～ rules ③ 钱；经费 money; fund：现～ cash | 贷～ loan money ④ 字画上的题名 signature on a painting or calligraphy：落～ inscribe a gift

K

kuāng 筐

会意字。“竹”像竹叶，表示筐用竹制成；“匡”的轮廓像方形的竹筐；匡（kuāng）兼表声。本义是方形的盛物竹器。

筐 originally meant an oblong bamboo basket. It consists of 竹, bamboo, and 匡 (kuāng), which has the shape of an oblong basket. The latter also represents pronunciation.

竹片、柳条编的盛东西的器具 basket made of bamboo strips or wicker：竹～ bamboo basket | 抬～ carry a basket

kuáng 狂

会意字。“犬”（犭）像狗，“㞷”指草木疯长，表示疯狗。楷书“犭”像狗，“王”像斧头，表示疯狗逞凶乱咬人。本义指疯狗。

狂 originally signified a crazy dog. The character is made of 犬 (犭), dog, and 㞷, which denotes wildly overgrown with grass. In regular script, 犭 represents dog and 王 resembles the shape of an axe, i.e. a mad dog on a rampage.

① 精神失常 mentally unsound; insane：～人 maniac | 发～ go crazy ② 猛烈 violent：～风 gale ③ 纵情地；任性 unrestrained：～欢 party; revelry ④ 骄傲自大 arrogant：～妄 insolent

kuàng 旷（曠）

会意字。“日”像太阳，“廣”（广）指宽广、开阔，表示光明开阔。曠简化为旷。本义是光明、开阔。

旷 means bright and open. The character is composed of 日, the sun, i.e. bright; and 廣（广）, which means vast, wide. 曠 has been simplified to 旷.

① 地 方 宽 阔 vast; wide： 空～ vast emptiness | ～野 vast wilderness ② 心胸开阔 open-minded：～达 open-minded | 心～神怡 be carefree and happy ③ 无故缺勤；荒废 absent without reason; neglect：～课 skip lesson | ～日持久 prolonged

kuàng 况

会意字。篆书“氵”像水流，楷书“冫”像两块冰，“兄”像人张大口惊叹，表示寒冷的水。本义是寒冷的水。基本义是情形。

况 originally meant freezing cold water; later, it came to mean situation, condition. In seal script, 氵 represents water; it is replaced by 冫 in regular script, two chunks of ice. 兄 depicts a man exclaiming with mouth agape, i.e. a man showing surprise at the situation.

① 情形 situation; condition：概～ situation | 病～ medical condition ② 比方 analogy：比～ give an analogy ③ 表示更进一层 in addition：～且 moreover | 何～ furthermore

kuàng 矿（礦）

会意字。“石”表示矿物像石头；“廣”（广）表示掘地深广才能得到矿物。礦简化为矿。本义是矿物。

矿 means ore, minerals. It is composed of 石, rocks, and 廣（广）, vast, which indicates that one digs deep into the ground to find minerals. 礦 has been simplified to 矿.

① 蕴藏在地层中有开采价值的自然物质 ore; minerals：～藏 mineral resources | ～石 ore; minerals ② 开采矿物的场所 a mine：～山 mine | ～井 mine pit

kuàng 框

形声字。木表意，像树，表示框用树木制成；匡（kuāng）表声，匡本指竹编的容器，表示框是容纳门扇、窗扇的框架。本义指门、窗框。

框 means frame of a door or window. 木 is semantic; it resembles a tree, i.e. a frame is made of wood. 匡（kuāng）is phonetic and represents a bamboo basket, i.e. 框 is sth that frames doors or windows.

① 门窗的架子 frame of a door or window：门～ door frame | 窗～ window frame ② 镶在器物周围的边框 frame or encasing around the edges of an object：镜～ mirror frame ③ 限制；约束 limit; restrict：～得太死 bounded by too many restrictions

kuàng 眶

会意字。“目”像眼睛，“匡”像盛物器具，表示眼球四周是眼眶，匡（kuāng）兼表声。本义是眼眶。

眶 means eye socket. The character is composed of 目, eye, and 匡（kuāng）, which is phonetic and resembles a vessel, i.e. the rim of the eye.

眼窝的周围 rim of the eye：眼～ eye socket｜热泪盈～ eyes brimming with tears

kuī 亏（虧）

会意字—象形字。“亏”像气受阻有所亏损，“雐”是善飞的鸟，表示气不足则难飞。简体字省去“雐”。本义是气损。

亏 means suffer a loss. 亏 depicts a flow of air losing force because of an obstacle; 雐 is a bird that flies well. Hence, a bird suffering loss of flying ability. The simplified character leaves out 雐.

① 损失 suffer a loss：～本 make a loss in business｜吃～ get the worst of it ② 欠缺；缺少 lack of; short of：理～ unreasonable｜功～一篑 to fail due to a lack of one last effort ③ 对不起 treat unfairly：～待 illtreat｜～心 feel guilty ④ 幸好 fortunately：幸～ fortunately ⑤ 表示讥讽 express sarcasm：～你说得出口。How could you say such a thing?

kuī 盔

形声字。皿表意，像器皿；灰（huī）表声，兼表盔的颜色如灰。本义是一种器皿。引申为头盔。

盔 originally meant a vessel and by extension, a helmet. 皿 is semantic; it resembles a vessel. 灰（huī）is phonetic and means grey, i.e. the color of helmets.

用金属等制成的保护头部的帽子 helmet：头～ helmet｜钢～ steel helmet

kuī 窥（窺）

形声字。穴表意，像洞穴，表示向洞内偷看；規（规 guī）表声，規有圆形义，表示偷窥的孔穴多为圆形。窺简化为窥。本义是向小孔或缝隙中看。

窥 means peer through a hole or crack. 穴 is semantic; it depicts a cave, i.e. peering into a cave. 規（规 guī）is phonetic and denotes round, the typical shape of holes that one peers through. 窺 has been simplified to 窥.

偷偷察看 spy; pry; peek; peer：～探 pry into｜～测 spy on｜～见 peek

kuí 葵

形声字。艹（艸）表意，像草，表示葵菜是草本植物；癸（kuǐ）表声。本义是葵菜。现指向日葵等。

葵 originally referred to the Chinese mallow (Malva verticillata); it now refers to the sunflower (Helianthus annuus). The character consists of 艹（艸）, grass, identifying 葵菜 as a type of herbaceous plant, and 癸（kuǐ）, which is phonetic.

某些开大花的草本植物，品种很多，常见的是向日葵。Herbaceous plants with big flowers that come in many varieties, the most common of which is the sunflower.

kuí 魁

会意字。“斗”即勺；“鬼”像人又异于人，表示魁柄长而勺特大，是勺又异于一般的勺。本义是长柄大勺。

魁 originally referred to a ladle with a long handle. It is composed of 斗, which depicts a ladle; and 鬼, which resembles a ghost-like being, i.e. an unusual ladle with an exceptionally long handle and a very large scoop.

① 第一名；为首的 champion; chief：夺～ come in first | 罪～祸首 main culprit ② 身体高大而强壮 tall and burly：～梧 big and tall | ～伟 burly

kuì 溃（潰）

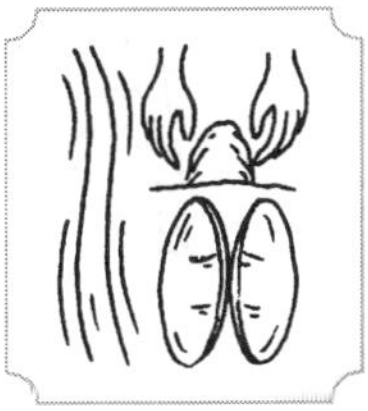

形声字。氵表意，像水流、水珠，表示水冲破堤岸；貴（贵 guì）表声，贵有高意，表示水过高就会破堤而出。潰简化为溃。本义是溃决。

溃 means burst. It consists of 氵, water, and 貴（贵 guì）, which is phonetic and means high. Hence, water reaching a high level and bursting a dam. 潰 has been simplified to 溃.

① 堤坝被大水冲破 flood water breaking through a dam or dyke：～堤 burst dyke | ～决 burst ② 散乱；垮台 in chaos; be defeated：～逃 flee in disorder | ～败 totally defeated ③ 腐烂 rot：～烂 fester

kuì 愧

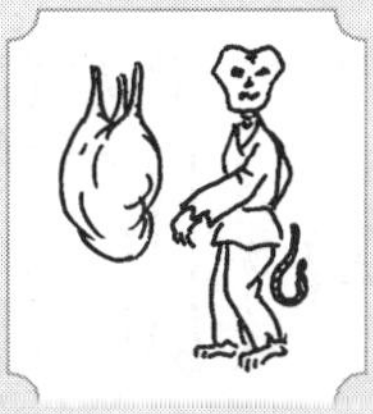

会意字。“忄”像心脏，“鬼”像鬼怪，以心中有鬼表示惭愧。本义是羞惭。

愧 means ashamed. The character is composed of 忄, heart, and 鬼, ghost or demon, i.e. shame is like a demon in the heart.

羞惭 with a stricken conscience：惭～ ashamed | 羞～ ashamed; abashed | 问心无～ with nothing to be ashamed of

kūn 坤

会意字。“土”本像地上有堆土，表示土地；“申”像闪电，有伸展义，表示万物从土中伸展而出。本义指地。

坤 means earth. It is composed of 土, earth, and 申, a flash of lightning, i.e. to spread. Living things arise from the earth and spread out.

① 八卦之一，代表地 the name of one of the Eight Trigrams — the one representing 'earth'：旋转乾～ able to turn the tide of world events ② 表示女性的 female：～表 women's watch

kūn 昆

会意字。像两人（比）在太阳（日）下劳动，表示兄弟辈。本义是兄。

昆 means brother. The character depicts two people（比）laboring under the sun（日）, i.e. brothers.

① 哥哥 elder brother：～仲 form of address for one's brother | ～弟 younger brother ② 众多 many; numerous：～虫 insects

kǔn 捆

会意字。“扌”像手，“困”像树被围住，表示把东西围困住，困（kùn）兼表声。本义是用绳子绑束。

捆 means to tie or bundle up with a rope. It is composed of 扌, hand, and 困（kùn）, which is phonetic and shows a tree enclosed, i.e. as if bound or tied.

① 用绳子把东西绑在一起 tie or bundle up with a rope：～绑 tie up with a rope | ～扎 bundle up ② 量词，用于捆起来的东西 measure word, a bundle：两～柴 two bundles of firewood

kùn 困（③睏）

会意字。“木”像树，“口”像围住，表示包围。本义是包围。睏今归并简化为困。

困 means surrounded, encircled. It is composed of 木, tree, and 口, which denotes an enclosure, i.e. sth encircled. 睏 is now simplified and grouped into 困.

① 包围 surround; enclose：围～ besiege | 被～ trapped ② 穷苦；艰难 poor; difficult：穷～ poor | ～难 difficult; difficulty ③ 疲乏 exhausted：～乏 fatigued | 人～马乏 horse and rider exhausted

K

kuò

扩

（擴）

会意字。“扌”像手，“廣”（广）有宽大、扩大义，表示放大、张大。擴简化为扩。本义是放大、张大。

扩 means enlarge, expand. The character is composed of 扌, hand, and 廣（广）, which denotes vast, broad, i.e. to enlarge or expand. 擴 has been simplified to 扩.

扩大；放大 expand; enlarge：～展 expand | ～军 expand an army | ～音 broadcast

kuò

括

会意字。篆书“扌”像手，“昏”有束缚之意，表示用手来扎束。楷书“扌”像手，“舌”指舌头，以舌被口腔所围，表示受到束缚。本义是结扎、捆束。引申为包含。

括 originally meant bind, bundle, then by extension, include. In seal script, 扌depicts a hand and 昏 denotes to tie, bundle, i.e. tie up with the hands. Regular script has 扌, hands, and 舌, tongue, i.e. the tongue enclosed, or bound, by the mouth.

包含 include：～号 brackets | 包～ include

kuò

阔

（闊）

会意字。“門”（门）像门，表示出门离去；“活”本指流水声，表示如流水般远去。闊简化为阔。本义是远离、疏远。引申指宽广、久远。

阔 originally meant keep at arm's length, drift away from; later, it came to mean wide, broad, far away. It is composed of 門（门）, door, symbolizing away from home; and 活, which originally represented the sound of waters, i.e. drifting afar like flowing water. 闊 has been simplified to 阔.

① 宽广 wide and broad：广～ broad | 开～ vast ② 时间久 a long time：～别 be separated for a long time ③ 富有；奢华 rich; extravagant：～气 extravagant | ～绰 liberal with money

kuò

廓

会意字。“广”像房屋，“郭”指外城，表示空阔、宽广。本义是空阔、宽广。

廓 means vast, extensive. The character is composed of 广, roof, and 郭, which denotes the outer city, suburbs, i.e. an open, spacious place.

① 空阔；宽广 wide and spacious; broad：寥～ vast ② 物体外形的边线 outline of an object; contour：轮～ contour; outline

K

L

lā 垃

会意字。“土”本像地上有堆土，“立”像人站立，表示堆立的垃圾如脏土。本义是垃圾。

垃 means rubbish, trash, garbage. The character is composed of 土, a mound of earth, and 立, which depicts a man standing upright, i.e. rubbish piling up like a heap of dirt.

［垃圾］尘土和扔掉的破烂东西 rubbish; trash; garbage：～桶 rubbish bin｜扫～ clean up

lā 拉

会意字。“扌”像手，“立”像站着的人，以将人扳倒表示摧折。本义是摧折。引申为牵、扯、拖。

拉 originally meant to break apart; by extension, it came to mean pull, tug, drag. 扌 depicts a hand and 立 resembles a man standing upright, suggesting pulling sb down with the hands, i.e. break sth apart.

① 牵、扯、拖 pull; tug; drag：～车 pull a cart｜～锯 pull a saw ② 笼络 win sb over：～拢 rope in｜～生意 solicit business ③ 用车载运 transport by vehicle：～煤 transport coal｜～货 transport goods ④ 排泄 drain; excrete：～屎 defecate

lā/la 啦

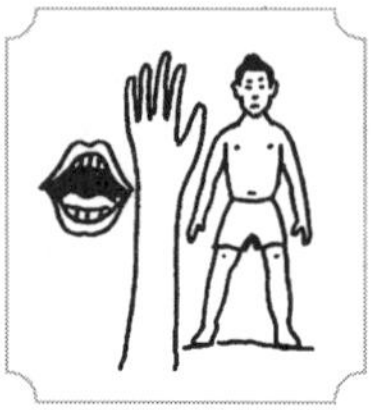

形声字。口表意，像张开的口，表示音从口出；拉（lā）表声。啦用作象声词和语气词。

啦 is onomatopoeic as well as being a mood particle. The character is composed of 口, an open mouth, i.e. the source of sound, and 拉（lā）, which represents pronunciation.

㊀ lā 象声词 onomatopoeia：呼～ flapping (in wind)｜哗～ sounds of rustling, splashing
㊁ la 语助词 mood particle (a blend of 了(le) + 啊 (a))：你病～？ Oh dear, are you ill?｜他来～？ He's here?

lǎ 喇

形声字。口表意，像张开的口；剌（là）表声，剌有违背常情、事理义，表示说话太急，会语无伦次、不合情理。本义是说话急。

The core meaning of 喇 was to speak rapidly. It is composed of 口, an open mouth, and 剌（là）, which is phonetic and means to defy reason and common sense, i.e. speaking rapidly with the result that speech becomes incoherent.

［喇叭］① 一种管乐器 trumpet ② 有扩音作用的喇叭状的东西 horn; loudspeaker：汽车～ car horn｜高声～ loudspeaker là

腊

（臘）

会意字。“月”（肉）像肉，“巤”像动物，表示用狩猎获得的兽禽作祭品。臘简化为腊。本义是一种祭名。

腊 originally referred to a type of sacrificial offering. 月（肉）represents flesh or meat; 巤 depicts an animal, i.e. animals hunted and used as sacrificial offerings. 臘 has been simplified to 腊.

① 农历十二月称腊月 layue, the 12th lunar month：寒冬～月：severe winter ② 冬天腌制后风干的肉类 meat preserved and air-dried during winter (i.e. in the 12th lunar month)：～肉 cured meat｜～鸡 preserve chicken

là

蜡

（蠟）

会意字。“虫”像虫，“巤”是獵（猎）的省文，有取得意，表示取得蜂蠟（蜡）。简体字表示蜡是虫昔日分泌出的物质。本义是蜂蜡。

蜡 means beeswax. It is composed of 虫, worm or insect, and 巤 which is derived from 獵（猎）and means to hunt, obtain, i.e. beeswax obtained from beehives. In the simplified form, the components suggest beeswax is a substance secreted previously（昔）by insects（虫）.

① 某些动物、植物、矿物所产生的油质 wax; oil substances produced by certain animals, plants and minerals：蜂～ beeswax｜石～ paraffin wax ② 蜡烛 candle：～台 candlestick

là

辣

会意字。“辛”像刑刀，“束”像一捆柴，表示使人难以摆脱的刺激味。本义是辛味。

辣 means hot, spicy. It consists of 辛, which originally depicted an execution knife, and 束, a bundle of firewood, implying tied or bound, i.e. a hot, sharp taste that lingers in the mouth.

① 姜、蒜、辣椒等的刺激性味道 hot, stinging taste of ginger, garlic, peppers etc：～酱 chilli sauce｜酸甜苦～ sour, sweet, bitter and hot, the main flavors, symbolizing the pleasures and pains of life ② 狠毒 ruthless：毒～ ruthless｜心狠手～ vicious and ruthless

lái

来

（來）

象形字。像麦子。來简化为来。本义是麦子。后用为来往的来。

来 resembles a stalk of wheat, which was its original meaning. Later, it was used for come, arrive.

① 从别处到这里 come; arrive：～往 come and go｜～信 incoming letter ② 从过去到现在 from the past to now：向～ all along｜历～ always ③ 以后 future：未～ future｜将～ future ④ 表示动作趋向 used after a verb to indicate direction：出～ come out｜醒～ wake up ⑤ 表示约数 approximately：十～岁 around ten-years-old

lái
莱
（萊）

形声字。艹（艸）表意，像草，表示野菜；來（来 lái）表声，来本指小麦，是一种粮食作物，表示莱是贫穷者用来充饥的野菜。萊简化为莱。本义是野菜。现为地名用字。

萊 originally meant wild vegetables; later, it was used to represent place names. It consists of 艹（艸）, grass, i.e. wild vegetables; and 來（来 lái）, which is phonetic and originally represented the word for wheat, i.e. wild grains or vegetables that can allay hunger. 萊 has been simplified to 莱.

地名用字 used in place names：～阳县 Laiyang County of Shandong Province, China | 蓬～县 Penglai County of Shandong Province, China

lài
赖
（賴）

会意字。"貝"（贝）像贝壳，古代曾用作货币；"剌"有违背义，表示图赢利不免违背良心。賴简化为赖。本义是赢利、收入。

赖 originally meant profits, revenue. It consists of 貝（贝）, seashells, formerly used as a currency, and 剌, which denotes a thorn, and by extension to violate, i.e. pursuit of profit makes it hard to avoid violating one's conscience.

① 依靠 depend on; rely on：依～ depend on | 信～ trust; depend on ② 推托；不承认 find excuses to delay or decline; deny：～账 repudiate a debt; go back on one's words ③ 归罪于他人 put the blame on others：诬～ frame sb ④ 该走不走 act shamelessly：～着不走 insist on hanging around and refuse to leave ⑤ 坏 bad：不～ not bad

lài
癞
（癩）

形声字。疒表意，像病床；賴（赖 lài）表声，赖有紧挨不离意，表示终身无法摆脱的麻风病。癩简化为癞。本义是麻风病。

癩 means leprosy. 疒, representing illness, is semantic; 賴（赖 lài）represents pronunciation and among other senses, means to stay or adhere tightly to, i.e. leprosy represented as a chronic disease. 癩 has been simplified to 癞.

麻风病，俗称"癞病"，一种慢性传染病。
Leprosy, a chronic and infectious disease.

lán
兰
（蘭）

形声字—会意字。艹（艸）表意，像草，表示兰花；闌（阑 lán）表声，阑指门前的栅栏，古人爱将兰花栽种在院内或栅栏边。简体字"丷"像散开，"三"有多义，表示兰花叶多而散开。本义是兰花。

兰 means orchid. It consists of 艹（艸）, representing vegetation, and 闌（阑 lán）, which is phonetic and denotes railings or palings in front of a door. In ancient times, orchids were often grown in courtyards or along fences. In simplified form, 丷 signifies dispersed; 三 connotes many; i.e. orchids have many leaves that spread out in different directions.

兰花，草本植物，叶细长，花清香。
Orchids, an herbaceous plant with long slender leaves and fragrant flowers.

lán

拦

（攔）

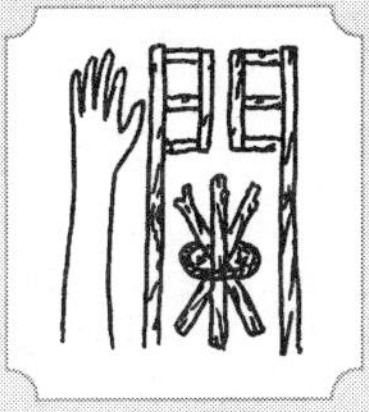

形声字。扌表意，像手，表示用手阻拦；闌（lán）表声，闌指门前栅栏，有阻拦意。简体字扌表意、兰（lán）表声。本义是阻拦、阻挡。

拦 means to bar, block. It is composed of 扌, hand, i.e. bar or block with the hands; and 闌（lán）, which is phonetic and refers to palings in front of a door, i.e. an obstruction. In simplified form, 扌 (hand) is semantic and 兰（lán）is phonetic.

阻止；挡 stop; bar; block：阻～ bar; block | ～截 intercept

lán

栏

（欄）

会意字。“木”像树，“闌”（阑）是门前的栅栏，表示栏杆用树木制成，闌（阑 lán）兼表声。简体字“木”像树，“兰”指兰花，兰花叶细长，表示栏杆用细长木料制成，兰（lán）兼表声。本义是栏杆。

栏 means railing or paling. It consists of 木, tree, and 闌（阑 lán）, which is phonetic and was also the original form of 栏, i.e. railing. The simplified form has 木, tree, and 兰（lán）, which is phonetic and means orchids. Orchids have long slender leaves; railings are made of long thin wooden strips.

① 栏杆 railing：栅～ fence ② 关养家畜的圈 pen：猪～ pig pen ③ 报刊上用线条分隔开的版面 column in a newspaper：专～ column ④ 表格的分项 column in a form：备注～ remarks column

L

lán

蓝

（藍）

会意字。“艹”（艸）像草，表示蓼蓝是草本植物；“監”（监）像人俯身看器皿中的液体，表示要将蓼蓝制成蓝色颜料，需有经验的人监制。藍简化为蓝。本义是蓼蓝。引申为蓝色。

蓝 originally meant an indigo plant; by extension, it came to mean blue. It is composed of 艹（艸）, grass, here representing the indigo plant; and 監（监）, which depicts a man bending over to peer at the liquid in a vessel, i.e. extracting blue dye from an indigo plant requires careful supervision. 藍 has been simplified to 蓝.

① 像晴空、大海一样的颜色 a color similar to clear sky or sea：～天 blue sky | ～宝石 sapphire ② 姓 a family name

lán

澜

（瀾）

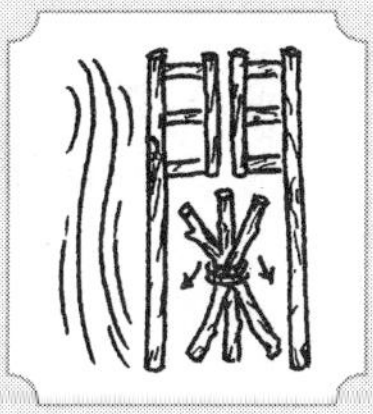

形声字。氵表意，像河流、水珠；闌（阑 lán）表声，阑有阻拦义，表示水面掀起波涛使船的航行受阻。瀾简化为澜。本义是大波浪。

澜 means huge waves, billows. The character is composed of 氵, water, and 闌（阑 lán）, which is phonetic and means railings, and by extension, to hinder, i.e. turbulent seas disrupt the navigation of ships. 瀾 has been simplified to 澜.

大波浪 huge waves：波～ waves | 狂～ chaotic situation

lán
篮
（籃）

会意字。“竹”像竹叶，“監”（监）是囚禁犯人的地方，表示盛东西不使丢失的竹制器具。籃简化为篮。本义是篮子。

篮 means basket. It consists of 竹, bamboo, and 監（监）, which refers to a place for keeping prisoners; hence, a bamboo container for keeping things. 籃 has been simplified to 篮.

① 篮子 basket：竹～ bamboo basket｜菜～ vegetable basket ② 篮球架上的铁圈 (basketball) basket：投～ shoot a basketball

lǎn
览
（覽）

会意字。“監”（监）像人俯身用盛水的器皿照脸，“見”（见）像人睁大眼睛，表示看。覽简化为览。本义是看。

览 means see, look at. 監（监）shows a man bending over a vessel filled with water, looking at his own reflection. 見（见）depicts a man with eyes wide open, i.e. to see, look at. 覽 has been simplified to 览.

看 see; look at：阅～ read｜游～ sightseeing｜博～群书 read widely

lǎn
揽
（攬）

会意字—形声字。篆书“手”像手，“監”（监）有从上向下看意，表示手自上向下把持。楷书扌表意，表示手持；覽（览lǎn）表声。攬简化为揽。本义是把持。

揽 means to seize, grasp. Seal script has 手, hand, and 監（监）, which depicts looking down from a height, i.e. to grasp sth entirely, from top to bottom. In regular script, 扌 (hand) is semantic, suggesting grasping power; while 覽（览 lǎn）is phonetic. 攬 has been simplified to 揽.

① 把持 seize; grasp：～权 grasp power｜总～ assume overall responsibility ② 搂抱 hug; embrace：～着孩子睡觉 put a child to sleep in one's arms ③ 拉过来；招来 canvass; solicit：招～ solicit

lǎn
缆
（纜）

形声字。糸（纟）表意，像线绳，表示系船的绳索；覽（览 lǎn）表声，览指看，表示要看清楚才能把缆绳系牢。纜简化为缆。本义是系船用的绳索。

缆 refers to a mooring rope, a hawser. It is composed of 糸（纟）, silk thread, i.e. rope; and 覽（览 lǎn）, which is phonetic and means "to look at", i.e. paying attention while securing a hawser. 纜 has been simplified to 缆.

① 系船的粗绳或铁索；泛指粗绳 mooring rope; a stout rope：～车 cable car｜～绳 cable ② 像缆的东西 sth similar to a cable：电～ electrical conduit｜钢～ steel cable

lǎn 榄（欖）

形声字。木表意，像树，表示橄榄树；覽（览 lǎn）表声，览有观看义，表示橄榄树的果子椭圆形很好看。欖简化为榄。本义是橄榄树。

榄 refers to an olive tree. The character is composed of 木, tree, and 覽（览 lǎn）, which is phonetic and means to see, behold, i.e. the oval olive is attractive to the sight. 欖 has been simplified to 榄.

［橄榄］常绿乔木，果实椭圆形，绿色，可以吃，也可入药 olive

lǎn 懒（懶）

篆

会意字。篆书“女”像女子，“赖”指依赖，古时女子没地位，多依赖男性生活，被视为懒惰的人。楷书忄、赖，表示心有依赖则懒。懶简化为懒。本义是懒惰。

懒 means lazy. The seal script has 女, woman, and 赖, which means depend on, i.e. women, in ancient times, were dependent and regarded as lazy. Regular script consists of 忄 (heart) and 赖 (depend on), i.e. laziness depicted as relying on others. The simplified graph is 懒.

① 不努力；不勤快 lazy; sluggish：～惰 lazy; indolent｜～汉 lazy man ② 疲倦；没力气 tired; exhausted：～洋洋 languid

làn 烂（爛）

篆

形声字。篆书火表意，像火焰，蘭（兰 lán）表声，兰是香草，表示食物煮烂了有香味。楷书火表意，闌（阑 lán）表声，阑有将尽义，表示食物已熟到不能再煮。爛简化为烂。本义是煮烂。

烂 means to cook food to a pulp. Seal script has 火, flames, and 蘭（兰 lán）, which is phonetic and denotes an orchid, a fragrant plant, i.e. food cooked thoroughly has a fine aroma. Regular script has 火 and 闌（阑 lán）, cut off, finished, i.e. placed on the heat until cooked thoroughly. 爛 has been simplified to 烂.

① 食物过熟而变得松软 cook food thoroughly till it is soft and mushy：煮～ cook to a pulp ② 腐坏 rot; decompose：腐～ rot; decompose ③ 残破 worn out：破～ in tatters; torn ④ 程度极深 utterly：～醉 dead drunk

làn 滥（濫）

篆

会意字。“氵”像水流、水珠，表示水流漫出；“監”（监）有注视义，表示水流漫出会造成灾害须加防范。濫简化为滥。本义是大水漫出。

滥's core meaning is overflow, flood. It consists of 氵, water, and 監（监）, supervise, i.e. flooding requires supervisory measures. 濫 has been simplified to 滥.

① 水漫出来 overflow; flood：泛～成灾 flooding leading to disaster ② 过度；没有节制 excessive; indiscriminate：～用职权 abuse of power｜宁缺毋～ put quality before quantity

láng 郎

会意字。“阝”（邑）像人与住地，“良”像廊道，表示廊屋。本义是廊屋，此义后写作廊。

郎 originally meant a house with a corridor or verandah, a meaning later written as 廊. 郎 consists of 阝（邑）, a man and his place of residence, and 良, originally depicting a corridor, i.e. a house with corridor.

① 古代官名 an official title in ancient times：侍～ assistant minister ② 称青年男子 young man：新～ groom｜～才女貌 talented men and beautiful women ③ 对某种人的称呼 a form of address for certain people：货～ migrant vendor｜牛～ cowherd ④ 女子称丈夫或情人 used by woman to address her husband or lover：～君 husband｜情～ lover ⑤ 姓 a family name

láng 狼

会意字。“犭”（犬）表意，像犬，表示狼是犬科类食肉动物；“良”有很义，表示狼的样子很像犬。狼是样子像狗的一种野兽。

狼 means wolf. It consists of 犭（犬）, dog, similar to a wolf, and 良, one of whose meanings is“very”, i.e. wolves look very like dogs.

一种野兽，形状像狗，性情凶残，会伤害人畜 wolf

láng 琅

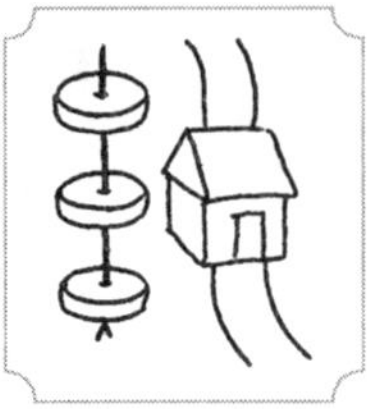

会意字。“王”（玉）像一串玉，“良”有美好义，表示像珠玉的美石。本义是像珠子的美石 。现用作象声词。

琅 originally meant a pearl-like gem; it is now used onomatopoeically. The character consists of 王（玉）, jade, and 良, one of whose meanings is beautiful, i.e. a beautiful precious stone.

象声词，形容金玉撞击声或读书声 used onomatopoeically to evoke the tinkling of metal and jade, as well as the hubbub of people reading aloud：书声～～ filled with the sound of people reading aloud

láng 廊

会意字。“广”像房屋，“郎”指廊屋，表示正房前面两旁的房屋，郎（láng）兼表声。本义指厢房。现指走廊。

廊 originally meant a wing-room, then later, a corridor. It is composed of 广, a house, and 郎, a house with corridor, i.e. wing-rooms — houses at the side of a main house.

屋檐下的过道或独立有顶的通道 corridor：长～ long corridor｜走～ corridor

láng

榔

形声字。木表意，像树，表示榔指一种树；郎（láng）表声。本义是树名。

榔's original meaning was the betel (or areca) nut tree. It consists of **木**, tree, and **郎** (láng), which indicates pronunciation.

［榔头］锤子 hammer

lǎng

朗

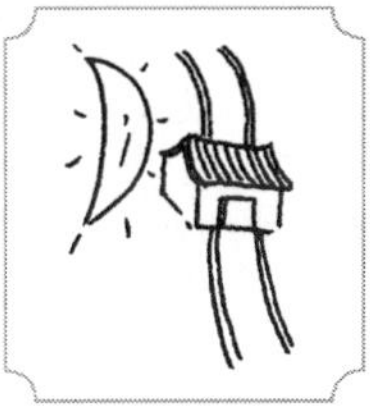

会意字。“月”像月亮放光，“良”指美好，表示月好则明亮。本义是明亮。

朗 means bright. It consists of **月**, moon, and **良**, beautiful, i.e. bright moon in the clear sky.

① 明亮；光线充足 bright and clear; with ample light：明～ bright and clear｜晴～ fine and sunny ② 声音响亮 loud and clear：～读 read aloud｜～诵 recite

làng

浪

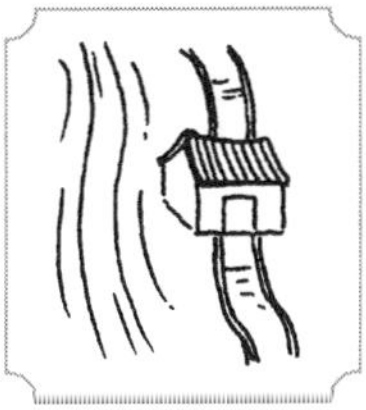

会意字。“氵”表意，像水流、水珠，“良”有很意，表示很大的水波。本义是大水波。

浪 means a wave. It consists of **氵**, water, and **良**, one of whose senses is "very", i.e. a large surge of water.

① 大的水波 wave：～花 spray of breaking waves｜巨～ huge waves ② 像波浪那样起伏 undulating like waves：声～ clamor｜热～ heat wave ③ 放纵 unrestrained：～费 waste｜放～ licentious

lāo

捞

（撈）

形声字。扌表意，像手；勞（劳 láo）表声，劳有辛劳、疲累义，表示从水中取物比从地面取物辛劳。撈简化为捞。本义是从水中取物。

撈 means to scoop things out of water. It contains **扌**, hand, and **勞（劳 láo）**, which is phonetic and denotes labor, i.e. scooping involves relatively greater effort than picking off the ground. **撈** has been simplified to **捞**.

① 从水里取出东西 scoop things out of water：打～ dredge up｜～鱼 fish ② 用不正当的手段取得 acquire through improper means：～一把 reap profit; profiteer｜～外快 earn additional income

láo
劳
（勞）

会意字。金文二“火”像火焰，“心”像心脏，表示心里像着火一样。篆书像着火的房子和农具，表示用力灭火很辛劳。勞简化为劳。本义是劳累。

劳 originally meant exhausted, fatigue. The character in bronze inscriptions has two 火, flames, and 心, heart, i.e. as if alight within; seal script depicts a house on fire and a farming tool that represents effort, i.e. putting out a fire is a labor. 勞 has been simplified to 劳.

① 工作；劳动 work; labor：～力 labor force｜～作 manual work ② 辛苦 hard; toilsome：辛～ toil｜疲～ fatigue ③ 功绩 meritorious deed：功～ credit ④ 慰问 give credit to：～军 reward soldiers for their service ⑤ 烦劳 to trouble sb：～神 bother; trouble ⑥ 姓

láo
牢

会意字。像牛被关在圈中。本义是关牲畜的圈。

牢 represented an enclosure for animals. The character originally showed a cow enclosed by a fence.

① 关养牲畜的栏圈 enclosure for animals; sty; pen; coop：～笼 cage｜亡羊补～ mend the fold after losing sheep ② 监狱 prison; jail：～房 prison cell｜坐～ jailed ③ 结实；坚固 sturdy; firm：～靠 sturdy｜～固 secure

L

láo
唠
（嘮）

形声字。口表意，像张开的口；勞（劳láo）表声，兼表说话没完没了，不知劳累。嘮简化为唠。本义是唠叨。

唠 means chatter. It contains 口, an open mouth, and 勞（劳 láo）, which is phonetic and suggests belaboring a point, chattering tirelessly. 嘮 has been simplified to 唠.

［唠叨］说起话来没完没了 babble; chatter on and on：～半天 chatter incessantly

lǎo
老

象形字。像长发老人，表示年岁大。本义是年岁大。

老 means old. The character depicts a man with long locks, i.e. of advanced age.

① 年岁大 old in age：～人 old man｜～汉 old man ② 陈旧的 old (as opposed to new)：～式 dated style; old fashioned｜～屋 old house ③ 历时长；有经验 long-standing; seasoned：～友 old friend｜～道 experienced; Taoist priest ④ 不嫩 tough：～黄瓜 tough cucumber ⑤ 总；常 all the time：～不见面 always didn't get the chance to meet ⑥ 很；极 very; extremely：～远 far away｜～早 ages ago ⑦ 词头 used as noun prefix：～大 Chief｜～鼠 mouse

姥 454页

lào
涝
（澇）

形声字。氵表意，像河流、水珠，表示河名；勞（劳 láo）表声。澇简化为涝。本义是河名，指涝水，在陕西。后多指雨水过多成灾。

涝 originally referred to the Laoshui River in Shanxi Province，China；later, it came to mean flood. It consists of 氵, water, and 勞（劳 láo）, which indicates pronunciation. 澇 has been simplified to 涝.

雨水过多，造成灾害 flood：～灾 crop failure caused by flooding | 排～ drain off floodwater

lào
酪

会意字。“酉”像酒坛子，“各”指各自，表示牛羊马的乳汁似浊酒且各不相同。本义指牛羊马等的乳汁。

酪 means cattle, goat or horse milk. It consists of 酉, a wine pot, and 各, each, respective, i.e. though each type of milk is like unstrained wine, each is also distinct.

① 半凝固的乳制食品 semi-solid food made from cattle, goat or horse milk：奶～ cheese ② 用果实或果仁做成的糊状食品 fruit jelly or cream made with nuts：杏仁～ almond jelly

L

lè/lēi
勒

会意字。“革”像皮革，表示马笼头用皮革制成；“力”像农具，有力量义，表示役马的马笼头结实有力。本义是马笼头。

勒 originally meant a bridle. It consists of 革, leather, i.e. bridles are made of leather; and 力, a farming tool, symbolizing strength, i.e. bridles for domestic horses are firm and sturdy.

㊀ lè ① 收紧缰绳 rein in：悬崖～马 rein in at the brink of a precipice ② 强制；逼迫 force; coerce：～令 order | ～索 blackmail ㊁ lēi 用绳子套住，使劲抽紧 bind and tighten with a rope：～紧 tighten

léi
雷

会意字。甲骨文曲线像闪电，小方块代表雷响。金文加雨，下面有四个鼓，每个鼓上有鼓槌，表示伴随下雨、闪电而来的雷声如鼓声。楷书雨下仅剩一鼓二槌。本义是打雷。

雷 means thunder. In bone inscriptions, the curved lines symbolized a flash of lightning and the squares represented thunderclaps. Bronze inscriptions show rain（雨）above four drums with mallets, the latter representing thunder and lightning. Regular script was simplified to rain above a drum with two mallets.

① 云层放电时发出的巨大响声 thunder：打～ to thunder | ～电 thunder and lightning ② 一种能爆炸的武器 mine：地～ land mine | 水～ torpedo ③ 姓 a family name léi/lèi

擂

形声字。扌表意，像手，表示用手研磨；雷（léi）表声，物被雷击中则碎，表示擂是研磨以使物碎。本义为研磨。引申为敲打。

The core meaning of 擂 was grind, whet; later it came to be used for to knock against. It comprises 扌, hand, and 雷（léi）, which is phonetic and denotes sth shattered by lightning. Thus ground into pieces by hand.

㊀ léi 敲打 hit; beat：～鼓 beat a drum | 自吹自～ blow one's own trumpet ㊁ lèi 擂台，比武的台子 platform for martial contests; arena：打～ engage in a martial contest

lěi

垒

（壘）

形声字。土表意，本像地上有堆土，表示用土石筑成的防御工事；畾（lěi）表声，畾像三个鼓，有众鼓齐鸣以示军垒之威意。壘简化为垒。本义是军事堡垒。

垒 means a fort. It consists of 土, earth, i.e. a defensive structure built with layers of stones and earth; and 畾（lěi）, which is phonetic and resembles three drums, which symbolize the magnificence of a fort. 壘 has been simplified to 垒.

① 防守用的墙、工事 a wall or structure built for defense purposes：堡～ fort | 壁～ barrier ② 用砖石等堆砌 built with layers of bricks and stones：～墙 build a wall

lěi/lèi/léi

累

（㊀㊂纍）

会意字。"畾"像三个鼓及三副鼓槌，"糸"像丝线，以隆隆鼓声、聚丝而成织品表示积累，畾（lěi）兼表声。纍简化为累。本义是积累。

The core meaning of 累 was to accumulate. It consists of 畾, three drums with mallets, and 糸, silk thread, i.e. accumulation represented by the beat of drums and the weaving of silk thread into fabric. 畾（lěi）indicates pronunciation.

㊀ lěi ① 堆积；积累 pile up; accumulate：～积 accumulate | ～计 total ② 连续；屡次 continuously; repeatedly：连篇～牍 publish articles one after another ③ 牵连 involve：连～ implicate; involve ㊁ lèi 疲劳；辛劳 tired; exhausted; toil：劳～ exhausted ㊂ léi［累累］连接成串的样子 a string of things［累赘］多余；多余的东西 redundant; excess

lěi

蕾

形声字。艹表意，像草，表示花蕾；雷（léi）表声。蕾指含苞待放的花朵。

蕾 means a flower bud. It consists of 艹, vegetation, and 雷（léi）, which represents pronunciation.

含苞待放的花朵 flower bud：蓓～ flower bud | 花～ flower bud

lěi

儡

形声字。亻表意，像人，表示人败坏；畾（lěi）表声。本义是败坏。又用于“傀儡”。

儡 originally meant rotten, extremely bad; later, it represented the word for puppet. It is composed of 亻, man, in this case, representing a grotesque man, and a phonetic element, 畾（lěi）.

［傀儡］① 木偶 a wooden puppet ② 喻指受人操纵的人或组织 person or organization under the control of others, like a puppet：～皇帝 puppet emperor ｜ ～政权 puppet regime

lèi

肋

会意字。“月”（肉）像肉，“力”像农具，有力气义，表示有力保护内脏之骨。本义是肋骨。

肋 means rib. It consists of 月（肉）, flesh, here referring to the body, and 力, a farming tool, signifying strength, i.e. ribs hold and protect the internal organs.

肋骨，也指胸腔两侧 rib, or bones on two sides of the chest wall：～骨 rib ｜ 两～ ribs

lèi

泪

会意字。“氵”像流水、水珠，“目”像眼睛，表示从眼睛中流出来的水。本义是眼泪。

泪 means tears. It comprises 氵, water, and 目, eye, i.e. tears.

① 眼泪 tears：～水 tears; teardrops ｜ 流～ shed tears ② 像眼泪一样的东西 things similar to tears：烛～ wax guttering; wax drips

lèi

类

（類）

会意字。“犬”像犬，“頪”有相似义，表示种类相似以犬为甚，頪（lèi）兼表声。简体字米、大，表示米是粮食的大类。本义是种类。

类 means type, kind, class, category. It contains 犬, a dog, and 頪（lèi）, which is phonetic, and means similar, i.e. there are many types of animal belonging to the family to which the dog belongs. The simplified form has 米 (rice) and 大 (big), i.e. rice is a broad category of food.

① 种类 type; kind; class：～型 type; kind ｜ 分～ categorize ② 相似 similar：～乎 seem like ｜ 画虎～犬 try to draw a tiger but end up with a dog, i.e. a poor likeness

L

léng 棱

会意字。“木”像树，“夌”有突起意，表示有棱角的四方形的木头。本义是四方形的木头。引申指器物的棱角。

棱's original meaning was a square wooden beam, then by extension, an angle or corner of an object. It consists of 木, tree, wood, and 夌, protrude, i.e. an angular wooden beam.

① 物体的边角或尖角 edge; corners：～角 edge; corner ② 物体表面条状突起的部分 ridges on an object：瓦～ rows of tiles

léng 楞

会意字。木、四、方，表示四方形的木头。本义是四方木。泛指边棱、棱角。

楞 originally meant a square block of wood, then later, edges and corners. The components suggest 楞 refers to a square (四，方) block of wood (木).

① 物体的边角或尖角 edge or corner of an object：～角 corner ② 物体表面突起的长条形部分 ridges on an object：瓦～ rows of tiles

lěng 冷

会意字。“冫”像冰，“令”难抗拒，表示寒冷难以抗拒。本义是寒冷。

冷 means cold. It contains 冫, ice, and 令, to command, i.e. unable to defy, like cold, which is difficult to resist.

① 温度低 cold：寒～ cold; chilly ｜ ～冻 freeze ② 不热情 cold in manner：～淡 treat coldly; indifferent ｜ ～笑 sneer at ③ 寂静；不热闹 desolate; deserted：～落 desolate ｜ ～清 deserted ④ 少见的 rare：～僻 secluded ⑤ 暗中的 carry out in secret：～枪 sniper's shot ｜ ～箭 arrow shot from hiding

lí 厘

会意字。甲、金文像一手持麦、一手持棍，击打脱粒的样子。篆书“斄”指治理，楷书“厂”像山崖，“里”指聚居地，表示有人居住处就需治理，里（lǐ）兼表声。本义是打麦脱粒。

厘 originally signified threshing, a process of removing chaff. Bone and bronze inscriptions depict sb holding a stalk of wheat in one hand and a stick in the other, i.e. threshing wheat. 斄 in seal script means govern, regulate; 厂 in regular script resembles a cliff; 里 (lǐ) is phonetic and denotes a settlement, i.e. settlements require governance.

① 治理；整理 regulate; collate：～定 collate and implement ｜ ～正 reform; correct ② 公制计量单位 a unit of measurement：～米 centimeter ③ 利率单位 a unit of interest rate lí

狸

形声字。犭表意，像犬，表示狸是一种哺乳类动物；里（lǐ）表声，里指居民住处，表示狸猫多出没在村子附近的山野，以掠食家禽。本义是狸猫。

狸 means a leopard cat. It consists of 犭, dog, representing wild animals, and 里（lǐ）, which is phonetic and denotes a settlement. Leopard cats were commonly found in mountains and wilderness near rural settlements, preying on domestic fowl.

狸猫，哺乳动物，形状像猫，性凶猛，也叫豹猫。Leopard cat, a ferocious cat-like mammal.

lí

离

（離）

会意字。甲骨文像用长柄网捕获鸟（隹）。篆、楷书繁化了长柄的网。離简化为离。本义是捕获。常用义是分离。

离 originally meant to catch; now, it is commonly used to mean to part, separate. The character in bone inscriptions shows a bird（隹）caught in a net with a long handle. In seal and regular scripts, the symbol for net is replaced with a more complex symbol. 離 has been simplified to 离.

① 分开；离别 part from; leave：～开 leave | ～别 bid farewell ② 相距；相隔 distance：距～ distance ③ 缺少 short of：鱼～不开水 fish cannot survive out of water

lí

梨

形声字。木表意，像树，表示梨树；利（lì）表声。梨是一种果树。

梨 means a pear tree. It consists of 木, a tree, and 利（lì）, which represents pronunciation.

梨树，落叶乔木，品种很多，果实也叫梨，味甜，可以吃 pear tree

lí

犁

形声字。篆书牛表意，像牛，表示牛耕的犁；黎（lí）表声。楷书牛表意、利（lì）表声，兼表犁是牛耕地的利器。本义是翻土的农具。

犁 means a plough (or plow). It consists of 牛, which in seal script resembles an ox, i.e. an ox ploughing fields, and 黎（lí）, which is phonetic. Regular script has 牛 as semantic and 利（lì）as phonetic; the latter denotes "sharp", i.e. the sharp blade of a plough.

① 翻土的农具 plough ② 用犁耕地 use a plough to plough fields：～地 plough the fields lí

漓

（灕）

形声字。氵表意，像水流、水珠，表示水渗入地下；離（离 lí）表声，离有分散、失去义，水渗入地下则分散、消失。灕简化为漓。本义是水渗入地下。

漓 means to permeate or seep through the ground. It contains 氵, water, and **離（离 lí）**, which is phonetic and denotes separate, lose, i.e. some water is lost when it is drained through the ground. **灕** has been simplified to **漓**.

① ［淋漓］形容湿淋淋往下滴；形容畅快 dripping; pouring; free from inhibition：大汗～ sweating all over | ～尽致 thoroughly ② 漓江，水名，在广西省 the Lijiang River in Guangxi Province, China

lí

黎

形声字。黍表意，像谷类植物和水，表示黍米糊；利（lì）表声，利有顺利义，表示用黍米糊能顺利地黏合。本义是黍胶。常用义是众多。

黎 originally referred to glue made from glutinous broomcorn millet; later, numerous. It is composed of a semantic element, **黍**, grain and water, i.e. glutinous rice paste; and **利（lì）**, which is phonetic and denotes sharp or smooth, without a hitch, i.e. rice glue sticks easily.

① 众多 many; numerous：～民百姓 common people ② 姓 a family name

lí

篱

（籬）

形声字。竹表意，像竹叶，表示用竹子编成的屏障；離（离 lí）表声，兼表篱笆起隔离的作用。籬简化为篱。本义是篱笆。

篱 means hedge, fence. It consists of **竹**, bamboo, i.e. fences woven from bamboo; and **離（离 lí）**, which is phonetic and denotes separate, divide, i.e. a bamboo hedge or fence that acts as a divider. **籬** has been simplified to **篱**.

用竹子、树枝等编成的遮拦物 hedge or fence made of bamboo or branches：～笆 hedge; fence

lǐ

礼

（禮）

会意字。甲、金文像高脚盘中放着两串玉，表示敬神、祭神。篆书增“礻”，像祭桌。简体字“礻”像祭桌、“乚”有弯曲意，表示屈膝敬神、祭神。本义是敬神。

礼's original meaning was to worship a god. Bone and bronze inscriptions depict two strings of jade on a long-stemmed dish used for the worship of gods. **礻**, an altar, is included in seal script. The simplified form consists of **礻** (altar) and **乚** (bending), i.e. kneeling in worship.

① 礼仪 propriety; rite：典～ ceremony | 婚～ wedding ② 表示尊敬的言语或动作 decorum：～貌 courtesy | 敬～ salute ③ 礼物 present：送～ give a present lǐ

李

会意字。"木"像树，"子"像婴儿，表示李树及其果实。本义是果树名。

李 means a plum tree. It consists of 木, a tree, and 子, a child, i.e. the tree and the child of the tree, the plum.

① 果树，果子叫李子，可以吃 plum tree ② 姓 a family name

lǐ

里

（③④⑤裏）

会意字。"田"像农田，"土"本像地上有堆土，表示人有田土才能生活，并形成聚居的地方。裏简化为里。本义是人们聚居之地。

里's original meaning was a settlement. It comprises 田, a field, and 土, a mound of earth, i.e. early settlements were developed near farms or fields. 裏 has been simplified to 里.

① 居住的地方；家乡 place of residence; homeland：乡～ native place ② 长度单位，一市里为500米 a unit of length, 1 li (also known as shili) equals 500 meters ③ 衣物的内层 garment's inner layer：衬～ lining of a shirt｜被～ reverse side of a quilt ④ 里面；内部 inside; inner：～头 inside｜房～ in the house ⑤ 一定范围内 within a place：这～ here｜夜～ in the night

lǐ

理

形声字。王（玉）表意，像一串玉，表示治玉；里（lǐ）表声，里是人们依地形而建的聚居地，表示理是依玉的纹理进行雕琢。本义是治玉。

The original meaning of 理 was to carve jade. It consists of 王（玉）, jade, and 里（lǐ）, which is phonetic, and denotes a settlement; just as the location of a settlement depends on the lay of the land, the carving of jade depends on the lines of cleavage.

① 物质的纹理 texture：纹～ texture｜肌～ skin texture ② 事理；道理 reason; logic：～由 reason｜合～ reasonable ③ 管理；办理 manage;organize：～财 manage wealth｜处～ manage; handle ④ 对别人的言行作出反应 give a response：～睬 pay attention to

lǐ

鲤

（鯉）

形声字。魚（鱼）表意，像鱼；里（lǐ）表声，里像田和土，指乡里，表示鲤是人们食用的一种鱼。鯉简化为鲤。本义是鲤鱼。

鲤 means the carp. It contains a semantic element, 魚（鱼）, and a phonetic element, 里（lǐ）, which also denotes a settlement, suggesting that carp is a major source of food for a community. 鯉 has been simplified to 鲤.

鲤鱼，淡水鱼，身体宽扁，嘴角有一对触须，肉可以吃 carp

L

lì

力

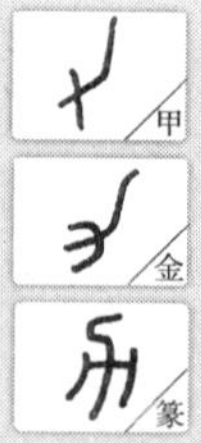

象形字。像古代耕地的农具，用这种农具耕作须用力，故指力量。本义是力量。

力 means physical strength. The character resembles a primitive plough which would require a lot of strength to use, hence 力 means strength.

① 力量 physical strength：～气 effort | 筋疲～尽 thoroughly exhausted ② 能力 ability：视～ sight; vision | 分析～ analytical ability ③ 努力 do one's best：～求 strive | ～争 strive for; vie for

lì

历

（①②③歷 ④曆）

会意字。甲骨文像脚在林中经过。金文像脚（止）经过山崖（厂）前的庄稼（秝）。简体字像山崖、农具，表示经历耕种才有收获，力（lì）兼表声。本义是经过。

历 means to go through, experience. In bone inscriptions, it depicts walking through the woods. Bronze inscriptions show a man walking（止）pass fields of cultivated crops（秝）at the foot of a cliff（厂）. The simplified form has 厂, resembling a cliff, and 力（lì）, a farming tool, which is phonetic, and also denotes effort, i.e. no harvest without going through the process of tilling the soil.

① 经过 go through：经～ experience ② 经过的 past：～史 history ③ 遍；逐一的 one by one：～次 previous ④ 历法；历书 calendar; almanac：农～ lunar calendar | 日～ calendar

lì

厉

（厲）

会意字。"厂"像山崖，表示粗硬的磨刀石取自山崖；"萬"像蝎子，表示刀斧磨利后更利害。厲简化为厉。本义是磨刀石。

厉 originally meant a grindstone. It consists of 厂, a cliff, i.e. a grindstone is made of hard rocks from quarries; and 萬, which originally resembled a scorpion, i.e. knives and axes ground as sharp as a scorpion's sting. 厲 has been simplified to 厉.

① 猛烈 fierce; vigorous：凌～ violent | 雷～风行 vigorously and speedily; resolutely ② 严格；严肃 strict; stern：～禁 strictly prohibit | 严～ strict ③ 姓 a family name

lì

立

象形字。像人站立。本义是站立。

The character resembles a man standing upright; hence 立's original meaning is stand.

① 直着身子站着 stand upright：～正 stand at attention | 坐～不安 uneasy ② 竖起 set upright; erect：耸～ stand tall; to tower over | ～竿见影 get quick results ③ 建立；制定 establish; draw up：～功 make a contribution | ～法 formulate laws ④ 存在；生存 exist; survive：孤～ stand alone; isolate | 自～ stand on one's own feet ⑤ 即刻；马上 immediately; at once：～即 immediately | ～刻 right away

lì

吏

会意字。甲骨文像手持狩猎器具，表示主持其事的人。金篆楷一、史，表示官吏办事要始终如一，而且要注意历史的经验、教训。吏是古代官员的通称。

吏 was a general term for government officials in ancient times. In bone inscriptions, the character resembles a hand holding a hunting tool, i.e. a person in charge. Bronze inscriptions, seal and regular scripts have 一 (consistent) and 史 (history), i.e. officials need to serve consistently and bear in mind the lessons of history.

旧时官员的通称 government officials in ancient times：小～ low-ranking official｜贪官污～ corrupt officials

lì/lí

丽

（麗）

象形字。像两张鹿皮和一头鹿，表示成双成对。麗简化为丽，保留了两张鹿皮，省略了鹿。本义是成双成对，此义后写作俪。引申为美。

丽 originally meant a pair, a couple, a meaning later represented by 俪. 丽 was extended to represent beautiful. The character resembles two deer skins and a deer head, i.e. things in pairs. 麗 has been simplified to 丽, with the component representing the deer's head removed.

㊀ lì 美；好看 beautiful; pretty：美～ beautiful｜华～ gorgeous ㊁ lí［丽水］县名，在浙江省 Lishui County in Zhejiang Province, China

lì

励

（勵）

形声字。力表意，像农具，有用力义；厲（厉lì）表声，厉有激励意，表示激励他人努力。勵简化为励。本义是勉励。

励 means encourage. It consists of 力, strength or strive, and 厲（厉lì）, which is phonetic and can also mean inspire and encourage (along with grind, be harsh), i.e. urge others to strive or work hard. 勵 has been simplified to 励.

劝勉 encourage：勉～ encourage｜奖～ award｜鼓～ encourage

lì

利

会意字。像用刀割禾，表示锋利。本义是锋利。

利 means sharp. The character resembles a sickle cutting rice.

① 锋利；锐利 sharp：～剑 sharp sword｜～刃 sharp blade ② 顺当 favorable：顺～ smooth ③ 好处；益处 interest; benefit：～益 benefit｜争名夺～ vie for fame and wealth ④ 使有好处：～民 bring benefits to the people｜互～ advantageous to both parties ⑤ 利润；利息 profit; interest：营～ seek profits｜年～ annual interest

L

lì 沥（瀝）

形声字。氵表意，像流水、水珠；歷（历 lì）表声，历有一步步经历意，表示沥是液体一滴滴落下。瀝简化为沥。本义是液体一滴一滴地落下。

沥 means drip, trickle. It consists of 氵, water, and 歷（历 lì）, which is phonetic and signifies successive, or a step at a time, i.e. liquid trickling drop by drop. 瀝 has been simplified to 沥.

液体一滴一滴地落下 drip; trickle：呕心～血 make painstaking effort

lì 例

会意字。“亻”像人，“列”像刀（刂）剖残骨（歹），表示人对事物分类排列，列（liè）兼表声。本义是类、列。

例 means to categorize, list. It is composed of 亻, man, and 列（liè）, which is phonetic and resembles a knife（刂）dissecting bone remnants（歹）, i.e. a man classifying objects into categories.

① 可作依据的事物 example：～句 example sentence｜举～ give an example ② 规定；规则；标准 rule; regulation; benchmark：条～ rules｜体～ style ③ 按常规进行的 regular; routine：～会 regular meeting｜～假 public holiday; period

lì 隶（隸）

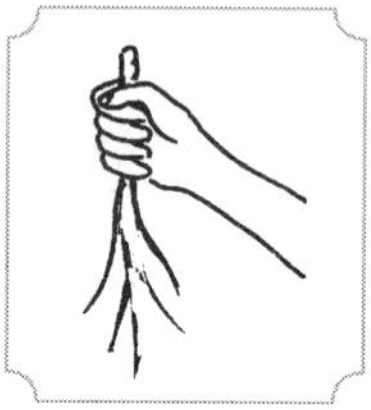

会意字。古文字、简体字像手抓住尾巴，表示抓住。楷书表示从事采摘果子（柰）和捕捉动物（隶）工作的人是奴隶。本义是逮住，此义今写作逮。

隶 originally meant captured, caught, a meaning later represented by 逮. The ancient Chinese forms, as well as the simplified form suggest a hand clutching a tail, i.e. caught. The regular script shows 柰, the crab apple, and 隶（逮）, hunt animals, i.e. gathering or hunting done by captives, or slaves.

① 被奴役的人 slave; servant：奴～ slave ② 附属 be under：～属 be subordinate to ③ 汉字的一种字体 a calligraphic style of Chinese character：～书 official script

lì 荔

会意字。“艹”（艸）像草，“劦”像三把农具，有合力义，表示荔挺是制刷子的草，刷子集众荔之力。本义是荔挺。现指荔枝。

荔 originally referred to a type of grass called 荔挺（lì tǐng）; now, it refers to the litchi (lichee). It consists of 艹（艸）, grass, and 劦, three 力s, signifying combined strength; 荔挺 grass makes strong brushes.

荔枝，常绿乔木，果肉白嫩多汁、味香甜 litchi (lichee; lychee)

lì

俐

会意字。“亻”像人，“利”像刀割禾，有犀利、敏捷意，表示人伶俐，利（lì）兼表声。本义人聪明、灵活。

俐 means clever, smart. It is composed of 亻, man, and 利（lì）, which is phonetic and signifies sharp and agile, i.e. quick-witted.

［伶俐］聪明；灵活 clever; smart：口齿～ have the gift of gab

lì

莉

形声字。艹（艸）表意，像草，表示茉莉是一种植物；利（lì）表声，利有锋利义，茉莉花香味浓郁远传也有锋利的意味。本义指茉莉。

莉 means jasmine. It comprises 艹（艸）, which symbolizes vegetation, and 利（lì）, which is phonetic and denotes sharp, i.e. the powerful scent of jasmine.

［茉莉］常绿灌木，开小白花，很香，可提取芳香油，也可薰制茶叶 jasmine

lì

栗

象形字—会意字。古文字像栗子树。楷书“西”像鸟窝，“木”像树，表示鸟喜欢在栗树上筑窝及琢食栗子。本义是栗子树。

栗 means chestnut. The character in early Chinese resembles a chestnut tree. In regular script, it resembles a bird's nest（西）in a tree（木）, suggesting birds nesting in chestnut trees and feeding on the fruit.

① 栗子树，木质坚硬，可作器具，也用作建筑材料，果实叫栗子，可以吃 chestnut

lì

砾

（礫）

会意字。“石”像山崖下有块石头，“樂”（乐）像木架上有琴弦和拨弦的白玉，指音乐，乐音是流动的，表示砾是易被风吹动的小石子。礫简化为砾。本义是小石子。

砾 means gravel, rubble. It is composed of 石, rocks at the foot of a cliff, and 樂（乐）, which originally depicted jade used for plucking the strings of a zither and signified music. Gravel and sand are blown by the wind just as music is carried through the air. **礫** has been simplified to **砾**.

小石块；碎石 gravel; shingle：砂～ gravel | 瓦～ debris

lì

粒

形声字。米表意，像稻米；立（lì）表声，立像站着的人，有单个意，表示一粒粒的米也是单个存在的。本义是米粒。泛指颗粒。

粒 originally meant rice, later extended to grain-like things in general. It consists of 米, rice panicle, and 立（lì）, which is phonetic and means upright, signifying one or single, i.e. a single grain.

① 颗粒 grains：米～ grains of rice | 豆～ beans ② 量词 measure word：几～米 several grains of rice | 三～子弹 three bullets

lì

雳

（靂）

形声字。雨表意，像天下雨，表示霹雳多发生在下雨天；歷（历lì）表声，历有经过义，表示霹雳经过建筑或人畜时会造成伤害。靂简化为雳。本义是霹雳。

雳 means thunderclap, thunderbolt. It consists of 雨, rain, symbolizing a meteorological event, and 歷（历lì）, which is phonetic and denotes go through, experience, i.e. thunderclaps accompany serious storms in which buildings, people and animals can suffer serious damage. 靂 has been simplified to 雳.

［霹雳］急速而来的、响声很大的雷；比喻突然发生的事件 a sudden blast of thunder, implying a sudden, unexpected event：晴天～ a bolt from the blue

lì

痢

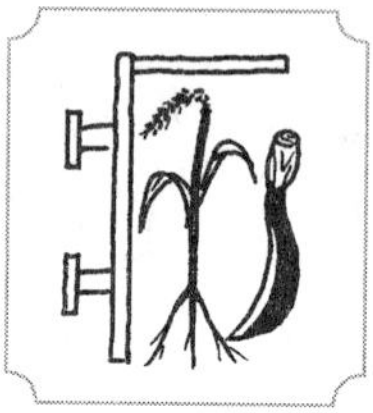

形声字。疒表意，像病床；利（lì）表声，利像刀（刂）割禾，有锋利、急速意，表示痢疾是下泄急速的肠道传染病。本义是痢疾。

痢 means dysentery. It comprises 疒, signifying illness, and 利（lì）, which is phonetic and means sharp, i.e. the sharp pains of dysentery.

痢疾，一种肠道传染病。Dysentery, an intestinal infectious disease.

li/lī

哩

形声字。口表意，像张开的口；里（lǐ）表声，里指乡里，表示乡里民间普遍使用的语气词。哩是语气助词。

哩 is a particle with several functions. It consists of 口, an open mouth, and 里（lǐ）, which is phonetic and denotes settlement, i.e. 哩 represents a particle that is frequent in rural speech.

㊀ li 表示肯定语气，相当于"呢" a particle similar in function to 呢, indicating continued state or action：早着～。It's still early. ㊁ lī［哩哩啦啦］形容零零散散或断断续续 scattered; sporadic：雨～下了一天。It was drizzling the whole day.

li

璃

形声字。王（玉）表意，像一串玉，表示玻璃硬如玉、美如玉；离（lí）表声，离是八卦之一，象征火，表示玻璃用火烧制而成。本义指玻璃。

璃 means glass. It is composed of **王（玉）**, jade, i.e. glass is hard and beautiful like jade; and **离（lí）**, which is phonetic and symbolizes fire in the Eight Diagrams, i.e. glass is fired.

［玻璃］① 质地脆硬透明的工业制品 glass：～窗 glass window ② 像玻璃那样透明的东西 sth as transparent as glass：～丝袜 see-through silk stockings

liǎ/liǎng

俩

（倆）

会意字。“亻”像人，“兩”（两）像两个器皿，表示两个人，兩（两 liǎng）兼表声。倆简化为俩。本义是两个人。

俩 means two (of us, them, etc.). It consists of **亻**, man, and **兩（两 liǎng）**, which is phonetic and means two, i.e. two people.

㊀ liǎ 两个 two：咱～ both of us｜兄弟～ two brothers ㊁ liǎng ［伎俩］不正当的手段；花招 improper means; tricks：耍～ play a trick

lián

连

（連）

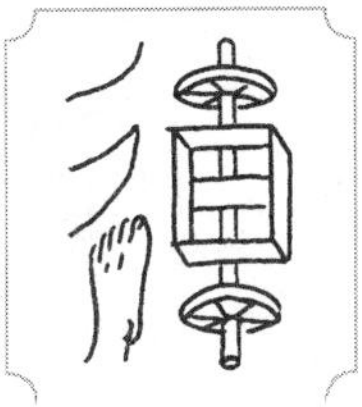

会意字。“辶”（辵）像路和脚，“車”（车）像车，表示人拉车而行。連简化为连。本义是人拉车而行。又指连接。

连 originally meant a man pulling a cart, then to join, connect. It is composed of **辶（辵）**, a path and foot, and **車（车）**, a cart, i.e. a man pulling a cart. **連** has been simplified to **连**.

① 连接 join; connect：～贯 coherent; link｜～任 be reappointed; reelected ② 包括；加上 include; add on：～带 interrelated｜～同 together with ③ 军队的编制单位，介于营和排之间 a military unit; company：～队 company｜～长 company commander ④ 甚至，表示强调 even to the extent：～他也来了。Even he's come. ⑤ 姓 a family name

lián

怜

（憐）

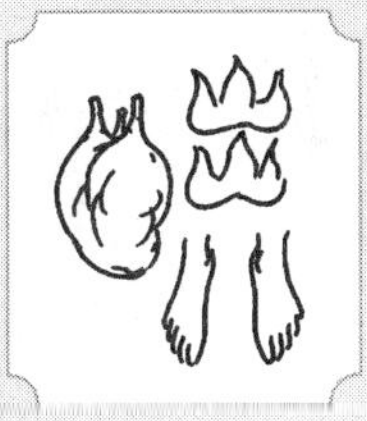

会意字。“忄”像心脏，表示心中产生同情；“粦”像火焰和两脚，指战场的燐火，表示人们见了燐火容易哀怜。简体字忄、令，表示令人产生怜悯之心。本义是怜惜。

怜 means to empathize with. It comprises **忄**, heart, and **粦**, flames and two feet, symbolizing the bluish white flames that emanate from bodies being burned on a battlefield, the sight of which aroused feelings of sympathy.

① 对别人的不幸表示同情 empathize with; take pity：～悯 take pity｜可～ pitiful ② 爱 love：～爱 affection｜～惜 take pity on lián

帘

(②簾)

会意字。“穴”像洞穴，“巾”像布巾，表示旧时挂在酒店门口招揽生意的旗帜。本义是酒店门前的望子。帘和簾原是不同的两个字，现归并简化为帘。

帘's original meaning was a shop-sign in front of a wine shop, a meaning later replaced by the word 簾. 帘 consists of 穴, a cave, and 巾, a cloth, i.e. a cloth sign hung at front door of a wine shop in ancient times. 帘 and 簾 were originally different characters. They are now simplified and grouped into 帘.

① 挂在商店门口招揽生意的旗帜 sign in front of a shop：酒～ wine shop sign ② 用竹、苇、布做的遮蔽门窗的东西 curtain made of bamboo, reeds or cloth：门～ door curtain | 窗～ window curtain | 竹～ bamboo curtain

lián

莲

(蓮)

形声字。艹（艸）表意，像草，表示荷的子实；連（连lián）表声，连有聚合义，表示莲子共聚于莲蓬中。蓮简化为莲。本义是莲子，也指荷花。

莲 originally meant lotus seed, later by extension, lotus flower. It consists of 艹 (艸), symbolizing vegetation, and 連 (连 lián), which is phonetic and denotes gather together, i.e. lotus seeds are gathered in a lotus seedpod. 蓮 has been simplified to 莲.

水生草本植物，又名荷，叶子圆形，花粉红色或白色，地下茎叫藕，种子叫莲子，均可食 lotus

L

lián

联

(聯)

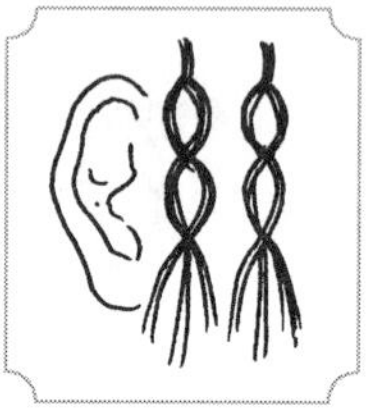

会意字。篆书“耳”像耳朵，“絲”（丝）像丝，表示以丝绳贯穿器耳以便提挂。楷书“耳”指器耳，“𢇍”指贯穿，表示丝绳贯穿器耳。简体字耳、关，表示与器耳关联。本义是连接。

联 means to connect, link. Seal script has 耳, an ear, here signifying the handle of a container, and 絲 (丝), silk thread, i.e. use thread to hang by the handle. Regular script comprises 耳, the handle, and 𢇍, join up, connect, i.e. loop a thread or rope through a handle. The simplified form consists of 耳 (ear/handle) and 关 (related to) i.e. connected through the handle.

① 连接；接合 to connect; join up：～络 contact | ～合 unite; combine ② 对联 couplet：春～ Spring Festival couplet | 挽～ elegiac couplet

lián

廉

会意字。“广”像房屋，“兼”像手持两棵禾，表示堂屋的两侧。本义是堂屋狭窄的侧边。引申为廉洁。

廉 originally meant a narrow aisle at the side of the main hall, later extended to mean honest. It consists of 广, a house, and 兼, a hand grasping two stalks of grain, i.e. like the aisles on either side of a main hall.

① 不贪财 honest：～洁 honest | 清～ honest; uncorrupted ② 价钱便宜 cheap：～价 cheap; low price | 价～物美 (of a commodity) cheap and good lián

镰

（鐮）

会意字。篆书"金"像箭头、斧头和矿石，"兼"像手持二禾，表示收割庄稼的金属镰刀。楷书金、廉，表示镰刀是廉价的金属农具，廉（lián）兼表声。鐮简化为镰。本义是镰刀。

镰 means a sickle. Seal script consists of 金, metal, and 兼, a hand grasping two stalks, suggesting a metal implement for harvesting grain. Regular script has 金 and a phonetic element, 廉（lián）, cheap, i.e. an inexpensive metal farming tool. 鐮 has been simplified to 镰.

镰刀，收割庄稼的农具 sickle

liǎn

敛

（斂）

会意字。"攴"像手持棒，表示征收有时需动用武力；"僉"（佥）有一致义，表示一致收取。斂简化为敛。本义为收集、征收。

敛 means collect, levy. It consists of 攴, a hand holding a stick, suggesting forced levies, and 僉（佥）, all, the whole, i.e. collecting tax or levies from every one. 斂 has been simplified to 敛.

① 收集；征收 collect; levy：～财 accumulate wealth by improper means | 暴～ levy exorbitant taxes ② 收起；约束 restrain; refrain：收～ restrain | ～迹 lie low; refrain from doing evil to avert attention

liǎn

脸

（臉）

会意字。"月"（肉）像肉，表示面孔两颊；"僉"（佥）有皆、都义，表示人皆有脸、脸皆近似。臉简化为脸。本义指人的颧骨部分。引申指整个面部。

脸 originally referred to the cheekbone, then later, the face. It consists of 月（肉）, flesh, i.e. the cheeks, and 僉（佥）, all, every one, i.e. all men have faces with common features. 臉 has been simplified to 脸.

① 面部 face：～色 color of the face | 洗～ wash the face ② 面子；体面 face; dignity：～面 face; dignity | 丢～ lose face; be shamed

liàn

练

（練）

会意字。"糸"（纟）像丝，"柬"有选择义，表示煮丝须分别挑选翻动，避免过熟或不熟。練简化为练。本义是把生丝煮熟。

练 originally meant to soften raw silk by boiling. It consists of 糸（纟）, silk thread, and 柬, choose, select, i.e. select threads for turning when cooking raw silk to prevent over or under cooking. 練 has been simplified to 练.

① 白绢 white silk：江水如～ river as clear as white silk ② 反复学习和实践 learn or do sth regularly to gain a skill：～习 practise | 排～ practise; rehearse ③ 经验多；纯熟 practised; skilful：熟～ skilful | 老～ skillful liàn

炼

（煉）

会意字。“火”像火焰，“柬”有选择义，表示用火冶炼以去除杂质。煉简化为炼。本义是冶炼金属。

炼 means to smelt. It contains 火, fire, and 柬, choose, select, i.e. melt ore in fire to separate metals from impurities. 煉 has been simplified to 炼.

① 用加热等方法使物质更加纯净或坚韧 to smelt; to refine with heat：～钢 steel-making｜～油 oil-refining ② 用心琢磨使文句精练 rack one's brains to refine a text：～字 try to find the exact word｜～句 polish a sentence

liàn

恋

（戀）

会意字。“心”古文字像心脏，“䜌”像两缕丝（絲）和开口说话（言），有相继不绝意，表示心中不断思念。简体字心、亦（又），表示心中一再思念。本义是思念。

恋 means to miss, yearn for. It consists of 心, a heart, 䜌, two strands of silk thread（絲）and sb talking（言）, i.e. continuity, never ending. Thus a person thinking of or pining for sth. The simplified form consists of 心 and 亦（又）, which means again, i.e. keep thinking.

① 想念不忘；不忍分离 think of; yearn for; cannot bear to be separated from：～家 attached to family｜依～ attached to ② 男女相爱 love：～人 lover｜初～ first love

liàn

链

（鏈）

会意字。“金”（钅）像箭头、斧头和矿石，表示链由金属制成；“連”（连）表示链环环相连；連（连 lián）兼表声。鏈简化为链。本义是金属链。

链 means a metal chain. It contains 金（钅）, metal, i.e. a chain made of metal; and 連（连 lián）, which is phonetic and means to join, i.e. a chain formed from links joined together. 鏈 has been simplified to 链.

① 用金属环连接而成的长条 a long chain made of metal links：～条 chain｜铁～ steel chain ② 像链子的东西 a chain-like object：拉～ zip

liáng

良

象形字。像屋室的两侧有走廊。本义是走廊，此义后写作廊。引申为好。

良 originally meant a corridor, a meaning later represented by 廊; the character was used to represent good, excellent. The character originally depicted two passageways — one leading out from the front door of a house, and the other from the back.

① 好 good; fine：～好 good｜优～ excellent ② 很 very：～久 very long｜用心～苦 to give much thought to a matter ③ 好人 a good man：除暴安～ drive out the bad, let the law-abiding citizens live in peace

liáng/
liàng

凉

会意字。篆书“氵”像水流，楷书“冫”像冰块，表示温度低；“京”像高丘上有亭子，表示高处较凉。本义是稍冷、微寒。

凉 means cool, chilly. Seal script shows the water radical; regular script has the ice radical. Both radicals combine with 京, which originally depicted a pavilion on a mountain top, where the temperature is cooler.

㊀ liáng ① 温度较低 cool; chilly：～快 cooling｜冰～ ice-cold ② 比喻灰心、失望 disappointed; let down：心全～了 disheartened
㊁ liàng 使降温 cool down：～一～再吃。Let the food cool for a while before eating.

liáng

梁

会意字。金文“水”像河流，表示跨越河流的桥；“刅”是创的古字，表示两岸需挖地以筑桥基。篆、楷书加“木”，像树，表示桥梁用树木建造。本义是桥。

梁 means bridge. In bronze inscriptions, the character consists of 水, water, i.e. a bridge crossing over a river, and 刅, the original form of 创 (build), i.e. building bridge supports on either side of the river. Seal and regular scripts add 木 (trees), i.e. a wooden bridge.

① 桥 bridge：桥～ bridge ② 支撑屋顶的横木 beam of a roof：房～ beam｜主～ main beam ③ 物体中间隆起的部分 ridge in the middle of an object：鼻～ bridge of the nose ④ 姓 a family name

liáng/
liàng

量

会意字。金文、篆书“日”像太阳，“重”像人背重物，表示在白天称物体重量。楷书“旦”像日升，“里”像田和土，表示白天丈量土地。本义是称重量。泛指测量。

量 originally signified to weigh, later it came to mean measure as well. Bronze inscriptions and seal script have 日, sun, and 重, which depicted a man with a heavy sack on his back, suggesting weighing an object in the daytime. The regular script has 旦, the rising sun, and 里, a settlement (field plus earth), i.e. to measure the land area in the daytime.

㊀ liáng ① 测量 measure：～具 tool for measurement ② 估计；考虑 estimate; consider：思～ consider; deliberate ㊁ liàng ① 量器 weighing apparatus ② 容纳的限度 limit：气～ tolerance ③ 数目 quantity：产～ output; quantity of production ④ 衡量 weigh：～力而行 act according to one's capability

liáng

粮

（糧）

形声字。米表意，像稻米，表示米粮；量（liáng）表声，量有份量义，表示携带干粮分量要恰当，少了不够，多了成负担。简体字米表意、良（liáng）表声，兼表出门带的干粮大多用品质好的米粮制成。本义是干粮。引申指粮食。

粮 originally meant field rations; later, it came to represent grain, cereals, food. It consists of 米, and 量（liáng）, which is phonetic and denotes quantity, i.e. measuring the right amount so as to be enough without being a burden. The simplified form has 米, rice, and 良（liáng）, which is phonetic, and means excellent, i.e. the rations taken on a journey need to be made from quality grain.

粮食 grain; cereal; foodstuff：～仓 granary｜食～ foodstuff

liáng 粱

形声字。米表意，像稻米，表示谷类植物；氵刅（liáng）表声。氵刅有高义，表示粱茎高穗大。本义是粟中的优良品种。现指高粱。

粱 originally meant the best quality sorghum; nowadays, it means sorghum in general. It comprises 米, rice grain, which symbolizes crops, and 氵刅（liáng）, which is phonetic and denotes tall. Hence, a tall crop with big ears.

高粱，粮食植物，子实可食用，也可酿酒。

Sorghum, an agricultural crop with edible seeds which can also be made into a liquor.

liǎng 两（兩）

会意字。金文形体像两个炊具，表示数字二。兩简化为两。本义是数目字。

两 means two. In bronze inscriptions, the character resembles two cooking utensils, i.e. the numeral two. 兩 has been simplified to 两.

① 数目字；二 numeral two：～斤 two catties｜～人 two people ② 双方 both parties：～边 both sides; both parties｜～败俱伤 to cause damage to both sides ③ 不定的数目 an uncertain amount：有～下子 know one's stuff ④ 重量单位 a unit of weight

L

liàng 亮

会意字。"高"省口，像高大的建筑，表示高处明亮；"儿"像桌儿，表示桌儿多放在明亮处。本义是明亮。

亮 means bright. It comprises 高 (without 口), a tall building, suggesting higher places are brighter (not in shadows), and 儿, a small table, i.e. tables are generally placed in brightly lit areas.

① 光线强 bright：明～ bright｜～光 light ② 声音响 loud and clear：响～ resounding｜洪～ resonant ③ 显露；清楚 to unveil; to make things clear：～相 to state one's view｜心明眼～ to think and see clearly

liàng 谅（諒）

会意字。"言"（讠）像张口说话，表示言语有诚信；"京"像高丘上有亭子，有高意，表示诚信是高尚的。諒简化为谅。本义是诚信。引申为原谅。

谅 originally meant show good faith, then, by extension, to forgive. It consists of 言（讠）, speech, and 京, a pavilion on a mountain top, signifying high, i.e. good faith is noble. 諒 has been simplified to 谅.

① 宽容；不计较 tolerant; forgiving：～解 understanding｜原～ forgive ② 料想 doubt：～他没这胆量。I doubt he has the guts.

liáng/
liàng

凉

会意字。篆书“氵”像水流，楷书“冫”像冰块，表示温度低；“京”像高丘上有亭子，表示高处较凉。本义是稍冷、微寒。

凉 means cool, chilly. Seal script shows the water radical; regular script has the ice radical. Both radicals combine with 京, which originally depicted a pavilion on a mountain top, where the temperature is cooler.

⊖ liáng ① 温度较低 cool; chilly：～快 cooling | 冰～ ice-cold ② 比喻灰心、失望 disappointed; let down：心全～了 disheartened ⊜ liàng 使降温 cool down：～一～再吃。Let the food cool for a while before eating.

liáng

梁

会意字。金文“水”像河流，表示跨越河流的桥；“刅”是创的古字，表示两岸需挖地以筑桥基。篆、楷书加“木”，像树，表示桥梁用树木建造。本义是桥。

梁 means bridge. In bronze inscriptions, the character consists of 水, water, i.e. a bridge crossing over a river, and 刅, the original form of 创 (build), i.e. building bridge supports on either side of the river. Seal and regular scripts add 木 (trees), i.e. a wooden bridge.

① 桥 bridge：桥～ bridge ② 支撑屋顶的横木 beam of a roof：房～ beam | 主～ main beam ③ 物体中间隆起的部分 ridge in the middle of an object：鼻～ bridge of the nose ④ 姓 a family name

liáng/
liàng

量

会意字。金文、篆书“日”像太阳，“重”像人背重物，表示在白天称物体重量。楷书“旦”像日升，“里”像田和土，表示白天丈量土地。本义是称重量。泛指测量。

量 originally signified to weigh, later it came to mean measure as well. Bronze inscriptions and seal script have 日, sun, and 重, which depicted a man with a heavy sack on his back, suggesting weighing an object in the daytime. The regular script has 旦, the rising sun, and 里, a settlement (field plus earth), i.e. to measure the land area in the daytime.

⊖ liáng ① 测量 measure：～具 tool for measurement ② 估计；考虑 estimate; consider：思～ consider; deliberate ⊜ liàng ① 量器 weighing apparatus ② 容纳的限度 limit：气～ tolerance ③ 数目 quantity：产～ output; quantity of production ④ 衡量 weigh：～力而行 act according to one's capability

liáng

粮

（糧）

形声字。米表意，像稻米，表示米粮；量（liáng）表声，量有份量义，表示携带干粮分量要恰当，少了不够，多了成负担。简体字米表意、良（liáng）表声，兼表出门带的干粮大多用品质好的米粮制成。本义是干粮。引申指粮食。

粮 originally meant field rations; later, it came to represent grain, cereals, food. It consists of 米, and 量（liáng）, which is phonetic and denotes quantity, i.e. measuring the right amount so as to be enough without being a burden. The simplified form has 米, rice, and 良（liáng）, which is phonetic, and means excellent, i.e. the rations taken on a journey need to be made from quality grain.

粮食 grain; cereal; foodstuff：～仓 granary | 食～ foodstuff

liáng

梁

形声字。米表意，像稻米，表示谷类植物；𠃬（liáng）表声。𠃬有高义，表示粱茎高穗大。本义是粟中的优良品种。现指高粱。

粱 originally meant the best quality sorghum; nowadays, it means sorghum in general. It comprises 米, rice grain, which symbolizes crops, and 𠃬 (liáng) , which is phonetic and denotes tall. Hence, a tall crop with big ears.

高粱，粮食植物，子实可食用，也可酿酒。

Sorghum, an agricultural crop with edible seeds which can also be made into a liquor.

liǎng

两

（兩）

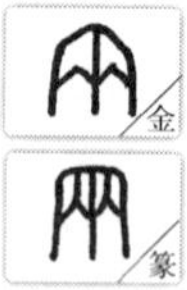

会意字。金文形体像两个炊具，表示数字二。兩简化为两。本义是数目字。

两 means two. In bronze inscriptions, the character resembles two cooking utensils, i.e. the numeral two. 兩 has been simplified to 两.

① 数目字；二 numeral two：～斤 two catties｜～人 two people ② 双方 both parties：～边 both sides; both parties｜～败俱伤 to cause damage to both sides ③ 不定的数目 an uncertain amount：有～下子 know one's stuff ④ 重量单位 a unit of weight

liàng

亮

会意字。"高"省口，像高大的建筑，表示高处明亮；"几"像桌几，表示桌几多放在明亮处。本义是明亮。

亮 means bright. It comprises 高 (without 口), a tall building, suggesting higher places are brighter (not in shadows), and 几, a small table, i.e. tables are generally placed in brightly lit areas.

① 光线强 bright：明～ bright｜～光 light ② 声音响 loud and clear：响～ resounding｜洪～ resonant ③ 显露；清楚 to unveil; to make things clear：～相 to state one's view｜心明眼～ to think and see clearly

liàng

谅

（諒）

会意字。"言"（讠）像张口说话，表示言语有诚信；"京"像高丘上有亭子，有高意，表示诚信是高尚的。諒简化为谅。本义是诚信。引申为原谅。

谅 originally meant show good faith, then, by extension, to forgive. It consists of 言 (讠) , speech, and 京, a pavilion on a mountain top, signifying high, i.e. good faith is noble. 諒 has been simplified to 谅.

① 宽容；不计较 tolerant; forgiving：～解 understanding｜原～ forgive ② 料想 doubt：～他没这胆量。I doubt he has the guts.

liàng

辆

（輛）

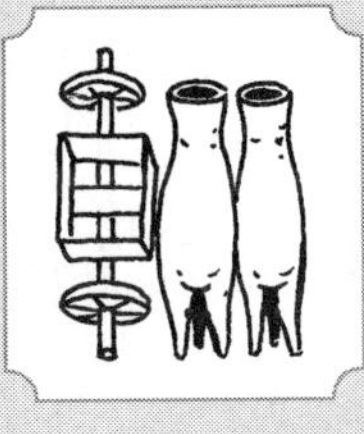

形声字。車（车）表意，像车子，表示用于计算车子的量词；兩（两 liǎng）表声，两像两个炊具，指数字二，表示古时的车子两个轮子。輛简化为辆。本义是计算车子的量词。

辆 is a classifier for vehicles. It consists of 車（车）, a cart, which stands for vehicles in general; and 兩（两 liǎng）, which is phonetic and denotes two, i.e. ancient carts had two wheels. 輛 has been simplified to 辆.

量词，用于车 measure word for vehicles：一～马车 a carriage｜两～汽车 two cars

liàng

晾

会意字。“日”像太阳，表示在阳光下或晴天晾衣物；“京”像高丘上有亭子，表示晾衣物宜置于高处。本义是晒。

晾 means to dry in the sun. It consists of 日, sun, and 京, a pavilion on a mountain top, i.e. to place clothes high to catch the sun.

把衣物放在太阳底下或通风处使干燥 to dry clothes under the sun or in well-ventilated areas：～衣服 dry clothes in the sun

liāo/liáo

撩

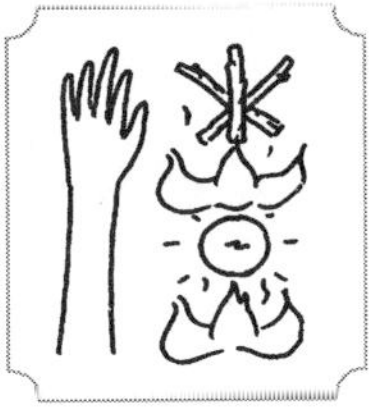

形声字。扌表意，像手；尞（liáo）表声，尞指烧柴祭天，有向上意，表示撩是用手提起、掀起。本义是提、掀起。

撩 means lift up, raise. It consists of 扌, hand, and 尞（liáo）, which is phonetic and denotes a bonfire lit during rites of sacrifice to the heavens, with smoke rising upwards. Hence, 撩 depicts lifting up, as if towards the heavens.

㊀ liāo ① 提；掀起 carry; lift up：～开 lift up; lift open｜～起 lift up ② 用手洒水 sprinkle water with the hands：～水扫地 wet the ground as you sweep ㊁ liáo 挑逗；招惹 tease; provoke：～拨 arouse; titillate｜春色～人 the beauty of spring provokes people's interest

liáo

辽

（遼）

形声字。辶（辵）表意，像路和脚；尞（liáo）表声，尞有燎原义，表示路远；简体字了（liǎo）表声，了有结束义，表示辽指目光所望不到的远处。本义是远。

辽 means distant, faraway. It consists of 辶（辵）, a path with a foot, and 尞（liáo）, which is phonetic. 尞 was the original form of 燎, to burn, illuminate, visible from afar, hence distant. The simplified character has 了（liǎo）, which is phonetic and means finish, complete, i.e. completely beyond sight.

① 远 far：～远 distant｜～阔 vast; extensive ② 辽宁省的简称 abbrev for Liaoning Province

量 385页

liáo

疗

（療）

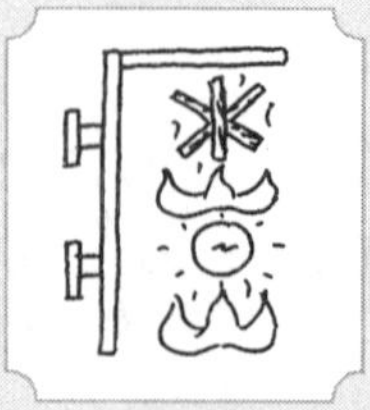

会意字。"疒"像病床，表示治病；"尞"是祀神所举之火，古人治病也常祀神；尞（liáo）兼表声。简体字疒、了，了指结束，表示治疗的目的是结束毛病，了（liǎo）兼表声。本义是医治。

疗 means cure, treat a sickness. It comprises 疒, symbolizing illness, and 尞（liáo）, which is phonetic and denotes a bonfire for a sacrificial rite. In ancient times, rites were performed to cure sickness. 疗 in simplified form has 疒 and a phonetic element, 了（liǎo）, which means stop, end, i.e. the purpose of medical treatment（治疗）is to bring illness to an end.

医治 treat an illness：治～ cure; treat | 医～ medical treatment | ～程 course of treatment

liáo

聊

会意字。"耳"像耳朵，"卯"像打开的门，表示耳鸣如耳门敞开，声音不断。本义是耳鸣。

聊's original meaning was ringing in the ears. It consists of 耳, an ear, and 卯, an opened door, i.e. as if the ears are open.

① 依赖；寄脱 depend on：民不～生 people living in dire poverty | 百无～赖 bored to death ② 姑且 temporarily：～以自慰 just to console oneself ③ 略微 small; slightly：～表寸心 a small token of gratitude | ～胜于无 having a little is better than nothing ④ 闲谈 idle talk：～天 chat | 闲～ chat; idle talk

liáo

僚

形声字。亻表意，像人；尞（liáo）表声，尞指古代烧柴祭天，表示负责大事的人是官。本义是官。

僚 means a government official. It comprises 亻, man, and 尞（liáo）, which is phonetic and denotes bonfires lighted in ceremonies to worship heaven, i.e. a government official in charge of state matters.

① 官吏 official：官～ bureaucrat | 幕～ aide; assistant to a high official ② 一起做官的人；同事 counterpart; colleague：同～ colleague

liáo

嘹

会意字。"口"像张开的口，"尞"指烧柴祭天，火光冲天很远就能看见，表示嘹亮的声音很远就能听见，尞（liáo）兼表声。本义是声音响亮。

嘹 means loud and clear. It consists of 口, an open mouth, and 尞（liáo）, which is phonetic and denotes a bonfire for sacrificial rites, i.e. fire sensed from afar, like a resonant voice.

[嘹亮] 声音响亮 resonant; loud and clear：歌声～ singing that is loud and clear

撩 387页

liáo

潦

形声字。氵表意，像水流、水珠；尞（liáo）表声，尞有火势大意，表示潦是雨水大，积水多。本义是雨水大。

The original meaning of 潦 was heavy rains. It consists of 氵, water, and 尞（liáo）, which is phonetic and denotes a big fire that leads to devastation, i.e. spreading like a downpour that leads to flooding.

① 潦草；不认真 slipshod; sloppy; careless：字迹～草 untidy handwriting ② 颓丧；失意 dejected; dispirited：～倒 dispirited

liáo

缭

（繚）

形声字。糸（纟）表意，像丝，表示缠绕；尞（liáo）表声，尞指烧柴祭天，人们围着火堆祭天亦有缠绕意。繚简化为缭。本义是缠绕。

缭 means wind around, entwine. It comprises 糸（纟）, silk thread, i.e. entwine; and 尞（liáo）, which is phonetic and denotes a bonfire for a sacrificial rite. Participants at such rites would dance around the bonfire, hence encircle, wind around. 繚 has been simplified to 缭.

缠绕 wind around; entwine：～绕 curl up; wind around | ～乱 be in a turmoil

liáo/liǎo

燎

会意字。“火”像火焰，“尞”指烧火祭天，表示放火焚烧草木，尞（liáo）兼表声。本义是放火焚烧草木。

燎 's original meaning was to torch or burn vegetation. It consists of 火, flames, and 尞（liáo）, which is phonetic and denotes a bonfire lit for a sacrificial rite, i.e. to burn vegetation.

㊀ liáo 延烧 for fire to spread：星火～原 set the prairie ablaze ㊁ liǎo 因挨近火而烧焦 singed：火～眉毛 be singing one's eyebrows, i.e. extremely urgent

liáo

寥

会意字。篆书“广”像高大的房子，“膠”指古代的大学，能容纳很多人，表示空。楷书“宀”指房子，“翏”指高飞，表示空。本义是空。引申为稀疏。

寥 originally meant vacant, empty, later extended to sparse. Seal script has 广, a grand building, and 膠, which referred to an ancient university, i.e. spacious places. Regular script consists of 宀, a house, and 翏, soaring into the sky, i.e. vast, boundless.

① 空阔；寂静 open and spacious; quiet：～廓 vast and boundless | 寂～ solitude ② 稀少 sparse：～～无几 few and far between | ～若晨星 as sparse as stars in the morning sky

L

liǎo/le
了

象形字。像“子”无臂，表示断、绝断。本义是结束。

了 originally meant to finish, end. The character resembles a child without arms, i.e. to break, sever, end.

㊀ liǎo ① 结束 finish; end：～结 finish | 终～ cease ② 明白；清楚 understand; clear：～解 understand | ～如指掌 know sth like the back of the hand ㊁ le ① 表示完成 indicates completion：吃～ have eaten | 算～ Forget about it. ② 表示肯定语气 used affirmatively：太好～！ That's great!

liào
料

会意字。“米”像稻米，“斗”像量器，表示以斗量米。本义是量米。引申为估计、猜想。

料 originally meant to measure the weight of rice, then later, estimate, guess. It comprises 米, rice grains, and 斗, a weighing apparatus, i.e. weighing rice.

① 估计；猜想 estimate; guess：～想 expect; presume | 意～ expectation ② 原料；材料 raw material; ingredient：木～ timber | 衣～ fabric ③ 供饮用或调味的物质 a drink or condiment：饮～ beverage | 调～ seasoning; condiment ④ 喂牲口的粮草 food for livestock：草～ fodder | 饲～ feed; fodder

liào
瞭

会意字。“目”像眼睛，“尞”有火光照耀而通明义，表示眼睛明亮，尞（liáo）兼表声。本义是眼睛明亮。引申指远望。

瞭's root meaning was bright eyes, later extended to look into the distance. It consists of 目, eyes, and 尞（liáo）, which is phonetic and means a brightly-lit bonfire, i.e. bright eyes.

远望；从高处往远处看 look out：～望 to keep a look out

liào
镣
（鐐）

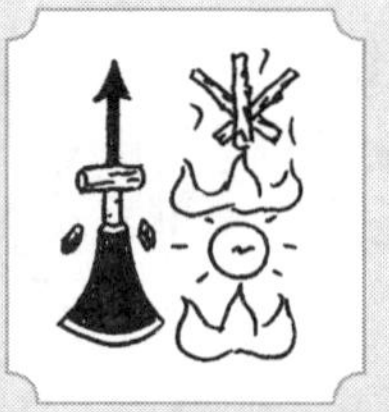

会意字。“金”（钅）像箭头、斧头和矿石，表示白银；“尞”指烧柴祭天，有火光耀目意，表示银光闪烁；尞（liáo）兼表声。鐐简化为镣。本义是质量好的银。后表示脚镣。

镣 originally meant good quality silver, later by extension, fetters. It consists of 金（钅）, metal, i.e. silver, and 尞, a bonfire which suggests sth blazing, i.e. the dazzle of silver. 鐐 has been simplified to 镣.

脚镣，套在脚上的刑具 fetters, shackles for the ankles or feet：～铐 fetters and handcuffs | 铁～ iron fetters

燎 389页

liě

咧

形声字。口表意，像张开的口，表示鸟张嘴鸣叫；列（liè）表声，列有类别意，表示不同类的鸟发出不同的叫声。本义是鸟鸣声。现表示嘴角向两旁张开。

咧 originally meant chirping of a bird, then later, grin. It comprises 口, mouth, and 列（liè）, which is phonetic and means classify, list, i.e. the chirping of birds distinguishes species.

嘴角向两旁张开 grin; smile with lips drawn back：～着嘴笑 grin; smile

liè

列

会意字。篆书像刀与流水、残骨，表示如水分流般分解骨骼。楷书“歹”像残骨，“刂”指刀，表示分解。本义是分解，此义后写作裂。

列 originally meant split; this meaning was later represented by 裂. Seal script shows a knife, a flow of water and bone remnants, i.e. bones splitting like rivers diverging. Regular script has 歹, scraps of bones, and 刂, knife, i.e. things split, cut up.

① 排列 arrange in order; list：～队 line up | ～举 list; cite ② 行列 procession：队～ queue; formation | 前～ front rank ③ 众；各 masses; individual：～强 the big powers | ～位 (in an address) Ladies and Gentlemen ④ 量词 measure word：一～火车 a train

liè

劣

会意字。“力”像农具，有力气义，“少”本像四粒砂，有数量小义，表示劣是力少、弱小。本义是弱小。引申为坏、不好。

劣 originally meant small and weak, later by extension, bad. It consists of 力, strength, and 少, four grains, suggesting a small number, i.e. of small or feeble strength.

弱小；低下 small and weak; lowly：～等 inferior quality | 低～ inferior quality | 恶～ bad; abominable

liè

烈

会意字。篆书像“火”像火焰，“刂”像刀、“巛”像水流，“歹”像骨骸，表示物被烈火烧毁。楷书“灬”像一排火苗，列有分解义，列（liè）兼表声。本义是火势猛烈。

烈 originally meant a raging fire. Seal script has 火, flames, 刂, knife, 巛, water, and 歹, which resembles bones, i.e. things forged or consumed by fire. Regular script has 灬, a row of sparks, and 列（liè）, which is phonetic and means split (as wood in a fire).

① 很猛；很强 violent; fierce：猛～ violent; fierce | ～火 raging fire ② 正直；刚强 upright; unyielding：忠～ loyal ③ 为正义而死的 a person who dies for a cause, belief etc：～士 martyr

L

liè

猎

（獵）

会意字。“犭”像犬，“巤”像动物，表示用猎犬打猎，巤（liè）兼表声。简体字表示从前（昔）盛行带猎犬（犭）打猎。本义是捕捉禽兽。

猎 means to hunt animals. It consists of 犭, a dog, and 巤（liè）, which is phonetic and resembles an animal, i.e. hunting with dogs. The simplified form indicates hunting dogs（犭）used in ancient times（昔）to hunt for wild animals.

捕捉禽兽 hunt for wild animals：狩～ hunting｜～犬 hunting dog｜～枪 shotgun

liè

裂

会意字。“衣”像上衣，“列”像刀、水流和骨骸，有分解义，表示裁剪衣服余下的布帛，列（liè）兼表声。本义是剪裁后多下来的布帛。引申为破裂。

裂 originally referred to fabric scraps, then later, cracks, fractures. It consists of 衣, an upper garment, and 列（liè）, which is phonetic and originally depicted a knife, a stream of water and bone remnants, suggesting breaking down, decomposing, comparable to the way the tailoring process gives rise to scraps of fabric.

破开；分开 crack; fracture：～缝 a crack｜破～ fracture; rupture｜分～ crack and split

lín

邻

（鄰）

形声字。阝（邑）表意，篆书像人和住地，楷书像山地；粦（lín）表声，粦指磷火，表示夜晚邻家灯火如磷火。简体字阝表意、令（lìng）表声，令有美好义，古时邻居之间互有依靠，关系融洽。本义是五家为邻。

邻 originally meant a neighborhood comprising five households. It consists of 阝（邑）, which in seal script resembles a district, and mountainous region in regular script; and 粦（lín）, which is phonetic and denotes flitting light, as if from neighbors' houses. The simplified form has 阝 and 令（lìng）; the latter is phonetic and, among its several senses, denotes good or honorable; hence good neighbors.

① 住处接近的人家 one who lives near or next to another：～居 neighbor｜～里 neighborhood ② 靠近的；接近的 near; close to：～国 neighboring country｜～近 neighboring; adjacent to

lín

林

会意字。像两棵树，表示树多成林。本义是树林。

林 means forest, woods. The character depicts two trees, i.e. symbolizing many.

① 成片的树木或竹子 a dense growth of trees or bamboo over a large area：树～ forest｜竹～ bamboo forest ② 比喻密集，众多 densely packed; a large number of：～立 stand in great numbers｜碑～ The Stele Forest (or Xi'an Beilin Museum) in Xi'an City, China ③ 姓 a family name

L

lín
临
（臨）

会意字。“人”像人、“臣”像目、“品”像器皿，表示人低头看物。臨简化为临。本义是从高处往下看。

临 originally meant to look down from a height. It consists of **人**, man, **臣**, which resembled an eye, and **品**, containers, i.e. a man looking down at sth on the ground. **臨** has been simplified to **临**.

① 从高处往下看 to look down from a height：居高～下 watch from a height ② 靠近；面对 near to; to face：～近 approaching｜～街 neighboring street ③ 来到；到达 to arrive; to reach：～门 arrive at the door｜降～ befall ④ 将要；快要 soon; going to：～走 leaving｜～别 parting; leaving ⑤ 照着字画模仿 copy (a model, e.g. in calligraphy, painting etc)：～帖 practice calligraphy (after a model)｜～摹 copy (a model of calligraphy, painting etc)

lín
淋

会意字。“氵”像水流、水珠，表示浇水；“林”像两棵树，有树林义，表示浇水时水线或水珠密如林；林（lín）兼表声。本义是浇。

淋 means to water. It consists of **氵**, water, and a phonetic element, **林**（lín）, forest, i.e. a cascade of water.

浇 to water; pour：～雨 caught in the rain｜～浴 shower; bathe

lín
琳

形声字。王（玉）表意，像一串玉；林（lín）表声，林像两棵树，有多意，表示琳是富有光泽的美玉。本义是美玉。

琳 means beautiful jade. It consists of **王**（**玉**）, jade, and **林**（lín）, which is phonetic, and means forest, i.e. luxuriant; hence, jade with a beautiful sheen.

美玉 beautiful jade; gem：～琅 beautiful jade

lín
磷

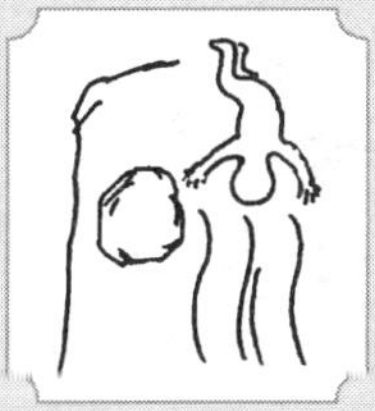

形声字。石表意，像山崖下有块石头；粦（lín）表声，粦有火光闪烁义，表示水在石间奔流激起光闪亮的浪花。本义是水在石间奔流。现指一种非金属元素。

磷 originally meant water running over rocks, then later, phosphorus, a type of non-metallic element. It consists of **石**, rock, stone, and **粦**（lín）, which is phonetic and denotes a flickering of flames, which is like the glitter of splashing water on rocks.

一种非金属元素，符号P。可用来制造火柴，也是植物营养的重要成分之一 phosphorus (P)

lín

鳞

（鱗）

会意字。“魚”（鱼）像鱼，“粦”有火光闪烁义，表示闪闪发亮的鱼鳞，粦（lín）兼表声。鱗简化为鳞。本义是鱼鳞。

鱗 means fish scales. It consists of 魚（鱼）, fish, and 粦（lín）, which is phonetic and denotes flickering flames, i.e. fish with scales that glitter like flames. 鱗 has been simplified to 鳞.

① 鱼类、爬行动物身体表面角质或骨质小薄片 scales, covering of fish, reptiles etc：鱼～ fish scales｜～片 scales ② 像鱼鳞的 scale-like：～茎 bulb (of a plant)｜遍体～伤 whole body covered with wounds

lǐn

凛

形声字。冫表意，本像两层冰，现像两块冰，表示寒冷；㐭（lǐn）表声，㐭为存放粮食的仓库，为防止高温发霉，大多建在阴凉的地方。本义是寒冷。

凛 means cold, chilly. It is composed of 冫, ice, i.e. cold; and 㐭（lǐn）, which is phonetic and denotes a granary. Granaries were generally built in cooler areas to prevent mold and rot.

① 寒冷 cold; chilly：～冽 sharp and biting cold ② 威严 awe; prestige：大义～然 inspire awe by righteous acts｜威风～～ awe-inspiring; majestic

L

lǐn

檩

会意字。“木”像树，“禀”有承受义，表示檩是承受椽子的横木。本义是屋架上的横木。

檩 means purlin (horizontal timbers that support the rafters of a roof). It consists of 木, tree, and 禀, bear, sustain, i.e. bearing the rafters.

屋架上的横木，用来支撑椽子或屋面板。Purlin, a horizontal timber supporting the rafters of a roof：～子 purlin｜～条 purlin

lìn

吝

会意字。“口”像张开的口，表示口出悔恨之言；“文”有掩饰义，表示因难坦率直述而有所掩饰。本义是悔恨。引申为小气、舍不得。

吝's original meaning was remorse, then later, petty, grudging. It consists of 口, an open mouth, and 文, which originally meant decoration, but here, gloss over, cover up, i.e. petty actions.

小气；舍不得 petty; grudge：～啬 stingy｜～惜 grudge

lìn

赁

（賃）

会意字。“貝”（贝）像贝壳，古时用作货币，“任”有担任义，表示受人工钱为人做工。賃简化为赁。本义是给人做佣工。引申为租借。

赁 originally meant to work as a servant, later by extension, hire, rent, lease. It consists of 貝（贝）, seashell, formerly used as a currency, and 任, take up, engage in, i.e. to work for sb in return for payment. 賃 has been simplified to 赁.

租借 to rent; to hire; to lease：租～ lease; rent out | 出～房屋 lease a house

lìn

躏

（躪）

形声字。足表意，像膝和脚，表示车行时马足践踏、车轮碾压；藺（蔺lìn）表声，藺是马兰草，其形杂乱，马踏、车压辙迹自然杂乱。躪简化为躏。本义是蹂躏。

躏 means ravaged, trampled on. It consists of 足, depicting a knee with foot, symbolizing a path worn down by feet, and 藺（蔺 lìn）, which is phonetic and denotes the Japanese iris, which has a wild and untidy look. Both components suggest messy, in disorder. 躪 has been simplified to 躏.

［蹂躏］践踏；欺凌 trample underfoot; ravage; bully and humiliate：惨遭～ be ravaged; be trampled on

líng

伶

形声字。亻表意，像人，表示担任乐官、乐师的人；令（lìng）表声，令有美好义，表示伶者善巧言悦色，令人开心。本义指古代的乐官、乐师。

伶 is an old name for a master of musicians. It consists of 亻, man, and 令（lìng）, which is phonetic and denotes fine, good, i.e. a person capable of pleasing others.

① 戏曲演员 actor; actress in a musical：名～ renowned actor or actress | 优～ actor; actress ② 伶俐；机灵 clever; witty：～牙利齿 with a gift of gab ③［伶仃］孤独无依靠 alone with no one to depend on：孤苦～ alone and uncared for

líng

灵

（靈）

形声字。靈的形旁有多种，“示”像祭桌，“巫”指巫师；霝（lìng）表声，霝指降雨，表示祭神求雨者是巫。简体字像手（彐）和火，表示巫师用火作法。本义是巫。

灵 originally meant witchcraft. 靈 is composed of 示, altar, 巫, shaman, and 霝（lìng）, which is phonetic and signifies heavy rain, i.e. a shaman performing rain rites. The simplified form has hand（彐） and fire（火）, i.e. to employ fire in witchcraft.

① 聪敏；反应快 smart; quick in responding：～敏 sensitive | 机～ clever; quick-witted ② 精神；灵魂 spirit; soul：心～ soul | 英～ spirit of a martyr ③ 关于神仙或死人 things associated with deities, spirits or the dead：神～ gods; deities | ～堂 mourning hall ④ 有效；灵验 effective; efficacious：显～ (of a spirit) make its presence or power felt líng

玲

会意字。“王”（玉）像一串玉，“令”像君王在发令，君王身上佩有玉饰，不时发出玉的碰撞声，令又有美好义，表示玉声悦耳动听，令（lìng）兼表声。本义是玉碰击声。

玲 originally referred to the clinking of jade. It consists of 王（玉）, jade, and a phonetic element, 令（lìng）, give orders, as a monarch, might do, adorned with jade accessories that clink against each other. In addition, 令 denotes fine, good, i.e. the pleasing sounds of jade clinking.

［玲珑］① 精致；细巧 exquisite; detailed：小巧～ small and exquisite ② 人娇小可爱 (of a woman) petite and lovable：娇小～ petite

líng

铃

（鈴）

形声字。金（钅）表意，像箭头、斧头和矿石，表示金属制成的响器；令（lìng）表声，令像君王在发令，表示铃有传令的作用。鈴简化为铃。本义是铃铛。

铃 means a bell. It is composed of 金（钅）, metal, i.e. a percussion instrument made of metal, and 令（lìng）, which is phonetic and means give orders, often accompanied by a bell. 鈴 has been simplified to 铃.

金属制成的响器 percussion instrument made of metal：～铛 bell｜电～ electric bell

líng

凌

会意字。“冫”像冰层、冰块，“夌”有超越义，表示水在低温下超越液体而凝结成固体，夌（líng）兼表声。本义是冰。

凌 originally meant ice. It consists of 冫, ice, and 夌（líng）, which is phonetic and means exceed, surpass, i.e. water overcoming its liquidness at low temperatures to become solid.

① 冰 ice：～汛 ice jam; ice dam｜冰～ sleet; ice slush ② 高出 high up：～空 be high up in the air｜～云 to reach the clouds ③ 欺压 bully; to push around：～辱 bully and humiliate｜欺～ insult; bully and humiliate ④ 接近 near to：～晨 early in the morning ⑤ 姓 a family name

líng

陵

会意字。“阝”像一道道山坡，“夌”有超越义，表示超越一般土山的大土山，夌（líng）兼表声。本义是大土山。引申为大的坟墓。

陵 originally meant a mound of earth, then later, a large tomb. It consists of 阝, mountain slopes, and 夌（líng）, which is phonetic and means surpass, exceed, i.e. a mound that exceeds all others.

① 大土山 a mound of earth：丘～ hill ② 高大的坟墓 a large tomb; mausoleum：～墓 mausoleum｜十三～ the Thirteen Ming Tombs

líng 菱

形声字。艹表意，像草，表示水生草本植物；夌（líng）表声，夌有超出义，菱角的尖角突出，也有超出意。菱是一种水生植物。

菱 refers to water chestnut or water caltrop. It consists of 艹, vegetation, and 夌（líng）, which is phonetic and means exceed; the spiny prongs of a water chestnut also suggest excess.

草本水生植物，果实外壳有角，俗称菱角，果肉可吃，也可做淀粉 water chestnut

líng 蛉

形声字。虫表意，像虫；令（lìng）表声，兼表蛉吸人畜的血，能传染黑热病，令人害怕。本义是白蛉。

蛉 refers to the sand fly. It consists of 虫, worm or insect, and a phonetic element, 令（lìng）, to cause, i.e. sand flies carry parasitic illnesses that cause people to avoid them.

白蛉，比蚊子小，吸人畜的血，能传染黑热病。Sand flies, bloodsucking flies smaller than mosquitoes; some of which can spread disease.

líng 翎

会意字。“羽”像羽毛，“令”有美好义，表示鸟身上又长又美的羽毛，令（lìng）兼表声。本义是鸟羽。

翎 means bird's feathers. It consists of 羽, feathers, and a phonetic element, 令（lìng）, fine, good, i.e. long and beautiful bird feathers.

鸟类翅膀或尾部的长羽毛 wing or tail feather：～毛 feather｜雁～ feather of wild goose

líng 零

会意字。“雨”像天下雨，令有美好义，表示有利农作物生长的小雨，令（lìng）兼表声。本义是零星的雨。引申为落下。

零 originally meant scattered showers, then later, fall, drop. It comprises 雨, rain, and 令（lìng）, which is phonetic and denotes fine, good, i.e. drizzle that is beneficial to agricultural activities.

① 落下 fall; drop：凋～ wilt; wither ② 零碎；小部分的 scattered; a small part of：～件 components｜～售 retail ③ 数的空位 zero：一百～八 108 ④没有 nothing; nil：药效等于～ the medicine is completely ineffective

L

líng
龄
（齡）

形声字。齒（齿）表意，表示牙齿与年龄有关；令（lìng）表声，令有使、让义，表示牙齿使人看出年龄的长幼。齡简化为龄。本义是年龄。

龄 means age. It consists of a semantic element, 齒（齿）, teeth, i.e. teeth reflect age; and a phonetic element, 令（lìng）, to allow, let, i.e. teeth allow age to be estimated. 齡 has been simplified to 龄.

① 岁数 age：年～ age｜同～ same age ② 年限 age limit：工～ working age｜学～ school age

lǐng
岭

会意字。“山”像山，“领”在衣的上端，表示山顶的路，领（lǐng）兼表声。简体字山、令，以命令来自上面，表示山的上端，令（lìng）兼表声。本义是山顶上的路。引申指山。

岭 originally meant mountain roads, later by extension, mountains. It consists of 山, mountain, and 领（lǐng）, which is phonetic and denotes the neck, or top of a garment, i.e. roads on top of a mountain. The simplified form has 山 and 令（lìng）, which is phonetic and denotes orders coming from the top, i.e. mountain peak.

山峰；山脉 mountain peak; mountain range：山～ mountain ridge｜大兴安～ Great Khingan Mountains of Heilongjiang Province, China

lǐng
领
（領）

形声字。頁（页）表意，像夸大了头部的人；令（lìng）表声，令有使义，表示使头转动自如的脖子。領简化为领。本义是脖子。

领 means neck. It comprises a semantic element, 頁（页）, a man with an enlarged head, and a phonetic element, 令（lìng）, to allow, let, i.e. the neck allows the head to turn.

① 脖子 neck：～带 necktie ② 衣领 collar：翻～ lapel; turn-down collar ③ 大纲；要点 summary; main point：纲～ outline｜要～ main aspects ④ 带引 to lead; to head：率～ lead ⑤ 接受；取得 accept; achieve：～奖 receive an award ⑥ 了解 understand：～会 grasp; comprehend ⑦ 占有；管辖 occupy; rule：占～occupy (a territory)｜～土 territory

lìng
另

会意字。“口”指口子，“力”指用力，表示用力割开口子。本义是割开。引申为另外、别的。

另 originally meant to cut open, then later, in addition, other. It comprises 口, an opening, and 力, exert strength, i.e. use a knife to cut an opening.

另外；别的 in addition; other：～一方面 on the other hand｜～有安排 make other arrangements

lìng 令

会意字。像君主跪坐着发命令。本义是命令。

令 means to order, command. The character depicts a seated monarch issuing orders.

① 上级对下级的指示 instructions from a superior to his subordinate：命～ order | 军～ military order ② 使 be; cause：～人神往 be charmed by (a place) | 利～智昏 be blinded by the lust for gain ③ 时节 season：时～season | 冬～ winter season

liú 刘 (劉)

会意字。“刂”像刀，“卯”像打开的门，“金”指金属，表示用刀砍杀。简体字“文”指纹饰，“刂”是刀，表示用刀纹身。本义是杀。现只用作姓。

刘 originally meant to kill; now, it is used solely as a surname. It consists of 刂, a knife, 卯, an opened door, and 金, metal, i.e. slay with a knife. The simplified form has 文, embellishment, and 刂, a knife, i.e. to tattoo with a knife.

姓 a family name

L

liú 留

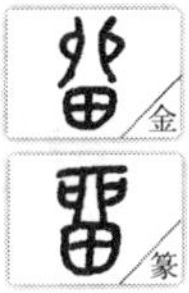

会意字。“田”像农田，“卯”像推开的门，亦指早晨五点到七点，表示自早晨出门起一直留在田中耕作。本义为不离开原地点。

留 means to remain in place. It contains 田, a cultivated field, and 卯, which resembles an opened door and also signifies the time from five to seven o'clock in the morning. The components suggest farmers leave their houses early in the morning to work in the fields.

① 停在一个地方不离开 stop at a place：停～ stop over ② 不使离开 stay; keep：～客 invite a guest to stay ③ 注意力放在某方面 to pay attention to certain aspects：～意 be careful ④ 保存 preserve：保～retain ⑤ 遗下 left behind：遗～left behind; hand down

liú 流

会意字。篆书像孩子和水流，表示水流急速。楷书“氵”像一串水珠，“㐬”有急速意，表示水流动。本义是水流动。

流 means to flow (of water). Seal script resembles an upside down child and river flow, i.e. a powerful current. Regular script has 氵, water, and 㐬, fast flowing.

①流淌 flow; trickle：～水 running water | ～泪 weep; shed tears ② 移动不定 mobile：～通 circulate ③ 传下去；传播开 hand down; spread：～传 hand down; spread | ～言 rumor ④ 江河水道 watercourse：河～ river ⑤ 像水流的东西 flow; current：电～ electric current | 气～ airflow ⑥ 一种刑罚 a form of punishment：～放 exile ⑦ 品类；等级 class; grade：第一～ first class; first grade

溜 401页　馏 401页

liú

琉

形声字。王（玉）表意，像一串玉，表示琉美如玉；㐬（liú）表声。本义指一种色泽如玉的矿石。琉如今不单用。

琉 originally referred to a gem with luster, like jade; the character now only appears in compounds. It consists of 王（玉）, jade, i.e. 琉 is like jade, and 㐬（liú）, which represents pronunciation.

［琉璃］涂在砖、瓦上面金黄色或绿色的釉料 colored glaze：~瓦 glazed tiles | ~砖 glazed bricks

liú

硫

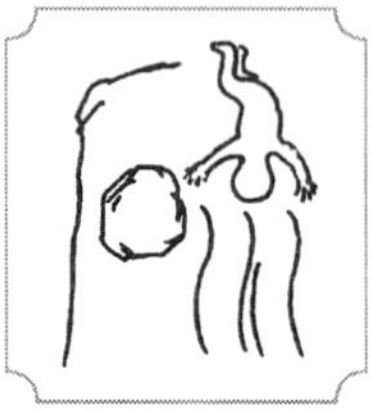

形声字。石表意，像山崖下有块石头；㐬（liú）表声，㐬有流意，表示硫磺多为火山爆发所流出的矿液。本义是硫磺。

硫 means sulfur. It is composed of 石, rock, and 㐬（liú）, which is phonetic and denotes flowing, as molten sulfur flows from volcanoes.

琉璜，一种非金属元素，符号S。浅黄色结晶体，用途广泛，可用来制造硫酸、火药、火柴、药品等 sulfur (S)

liú

榴

形声字。木表意，像树，表示石榴树；留（liú）表声，留是瘤的省文，表示石榴的果实像赘瘤。本义是石榴。

榴 means pomegranate. It consists of 木, tree, and a phonetic element, 留（liú）, here a simplified version of 瘤 (tumor); the pomegranate resembles a large tumor.

石榴树，果实球形，叫石榴，里面有很多种子，种子上的肉可食 pomegranate

liú

瘤

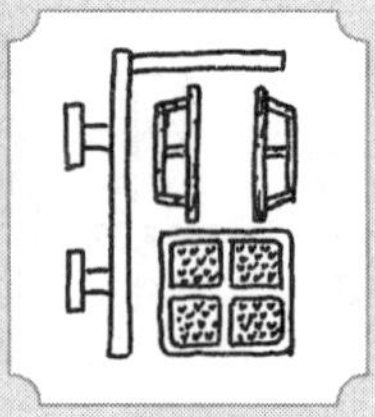

会意字。“疒”像病床，“留”指止此不去，表示肿瘤形成后不容易消除，留（liú）兼表声。本义是瘤子。

瘤 means tumor. It consists of 疒, representing illness, and 留（liú）, which is phonetic and denotes detain, stop, i.e. not easy to stop a tumor.

人或动物身体长出的肿块 tumor which develops on humans or animals：肿~ tumor | 肉~ sarcoma liǔ

柳

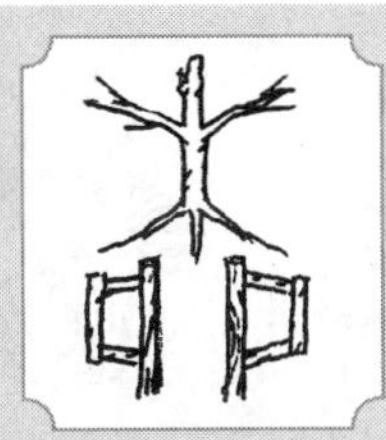

会意字。“木”像树，表示柳树；“卯”像打开的木门，表示柳木可用来做门。本义是柳树。

柳 means willow. It is composed of 木, tree, and 卯, resembling an open wooden door; willow wood can be used to make doors.

① 柳树，落叶乔木，叶狭长，种类较多，有垂柳、旱柳等 willow：～叶 leaves of a willow｜～条 wicker ② 姓 a family name

liù

六

象形字。甲、金文像棚舍。本义是棚舍。用为数目字。

六 originally meant a shed; later, it was used to represent the numeral six. The character in bone and bronze inscriptions resembles a shed.

数目字，五加一的得数 six, the sum of five and one：～畜 the six domestic animals, i.e. cow, horse, sheep, pig, chicken and dog｜～艺 the six arts, i.e. rites, music, archery, charioteering, calligraphy and mathematics｜～亲不认 disown all of one’s relatives and friends

liù/liú

馏

（餾）

形声字。食（饣）表意，像食器；留（liú）表声，留有留下来义，表示馏是把吃剩留下来的食物加热。餾简化为馏。本义是把冷的熟食蒸热。

馏 means to reheat cooked food by steaming. It consists of a semantic element, 食（饣）, a food container, and a phonetic element, 留（liú）, preserve, i.e. steaming preserved food. 餾 has been simplified to 馏.

㊀ liù 把熟食蒸热 reheat cooked food by steaming：～馒头 steam buns ㊁ liú 蒸馏，液体加热后变成蒸气，冷却后再凝成液体 distillation：蒸～水 distilled water

liù/liū

溜

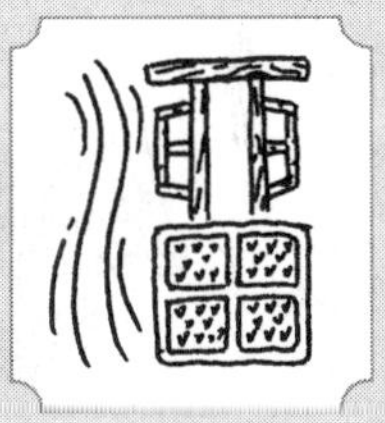

形声字。氵表意，像水流、水珠，表示水流直下；留（liú）表声，留有停止义，表示水流乍看有如静止不动的水。本义是急流。

溜 means torrent, rapids. It is composed of 氵, water, i.e. water gushing downwards; and 留（liú）, which is phonetic and denotes detain, stop, i.e. at first glance, rushing water appears motionless.

㊀ liù 流淌 flowing：川～不息 flowing constantly ㊁ liū ① 滑行 skate：～冰 ice skating ② 光滑 smooth：滑～ smooth ③ 偷偷离开 slip out secretly：～走 slip; escape lóng

龙

（龍）

象形字。像龙。龍简化为龙。本义指传说中的一种神异动物。

龙 originally resembled and meant dragon, a legendary creature. **龍** has been simplified to **龙**.

① 中国古代传说中的一种神异动物 a legendary creature of great powers in Chinese mythology and folklore：～凤 dragon and phoenix | 虬～ young dragon with horns ② 象征帝王 a symbol of the emperor：～袍 emperor's robe | ～床 emperor's bed ③ 古代某些巨大的爬行动物 colossal reptilian creatures that roamed the ancient world：恐～ dinosaur ④ 姓 a family name

lóng

咙

（嚨）

形声字。口表意，像张开的口，表示张口可见喉咙；龍（龙 lóng）表声，龍像一条龙，有长大意，表示喉咙连着长长的气管、食道，并能发出很大的声音。嚨简化为咙。咙指喉咙。

咙 represents throat. It consists of **口**, an open mouth, i.e. the throat is visible through the mouth; and **龍（龙 lóng）**, which is phonetic and denotes dragon, i.e. the throat is long and sinuous like a dragon, and can bellow like a dragon. **嚨** has been simplified to **咙**.

喉咙，咽部和喉部的统称 throat

lóng

胧

（朧）

形声字。月表意，像月亮；龍（龙 lóng）表声，龍像一条龙，龙是传说中时隐时现的神兽，表示月光不明、时隐时现。朧简化为胧。本义是月光不明。

胧 means dim or hazy moonlight. It consists of a semantic element, **月**, moon, and a phonetic element, **龍（龙 lóng）**, dragon, i.e. moonlight muted by the clouds, coming and going like the dragons of legend. **朧** has been simplified to **胧**.

［朦胧］月光不明；泛指模糊不清 dim; hazy; obscure：月色～ dim moonlight | 暮色～ hazy twilight

lóng

聋

（聾）

形声字。耳表意，像耳朵，表示耳朵听不到声音；龍（龙 lóng）表声。聾简化为聋。本义是耳朵听不见声音。

聋 means deaf. It consists of **耳**, ear, the organ affected, and **龍（龙 lóng）**, which is phonetic. **聾** has been simplified to **聋**.

耳朵听不见或听不清声音 deaf or unable to hear clearly：～子 deaf | 耳～ deaf

lóng/lǒng 笼（籠）

形声字。竹表意，像竹叶，表示笼用竹制成；龍（龙 lóng）表声。籠简化为笼。本义是盛土的竹器。引申为笼子。

笼's original meaning was a bamboo basket for containing earth, then later, a cage. It consists of 竹, bamboo, i.e. cages were made of bamboo; and 龍（龙 lóng）, which indicates pronunciation. 籠 has been simplified to 笼.

㊀ lóng ① 养鸟兽的器具 bird cage：～子 cage｜鸟～ bird cage ② 蒸笼 steamer ㊁ lǒng 遮盖；罩住 shroud; envelop：～罩 engulf; shroud

lóng 隆

会意字。“生”像地面长出植物，“降”像两脚从高山上往下走，表示高起。本义是高起。

隆 means stand out. It consists of 生, which depicts a seedling sprouting out of the earth, and 降, which depicts a pair of feet walking down mountains, i.e. things jutting or projecting.

① 高起；凸起 protrude; stick out：～起 protrude ② 盛大 grand：～重 grand; ceremonious ③ 兴旺 prosperous：生意兴～ thriving business ④ 程度深 deep：～冬 the thick of winter ⑤ 象声词 onomatopoeic：雷声～～ the boom of thunder

lóng 窿

会意字。“穴”像洞穴，“隆”指隆起，表示洞穴的顶部隆起，隆（lóng）兼表声。本义是洞穴。

窿 means a cave. It is composed of 穴, cave, and 隆（lóng）, which is phonetic and means protrude, i.e. the roof of a cave protrudes.

孔；洞 hole; cave：窟～ hole; cavity

lǒng 垄（壟）

形声字。土表意，本像地上有堆土，表示坟墓；龍（龙 lóng）表声，兼表坟地高低起伏宛如龙体。壟简化为垄。本义是坟墓。引申为田垄。

垄 originally meant a tomb, then later, a ridge between cultivated fields. It consists of 土, earth, and 龍（龙 lóng）, which is phonetic and means dragon, i.e. a tumulus (tomb mound) resembles a dragon's back or spine. 壟 has been simplified to 垄.

① 田间的小路 footpath in cultivated fields：田～ ridge between fields ② 农作物的行或行间的空地 ditch between crops：～沟 furrow; field ditch｜麦～ furrows in wheat field ③ 像垄的东西 ridge-like objects：瓦～ rows of roof titles lǒng

拢

（攏）

形声字。扌表意，像手；龍（龙 lóng）表声，龙是传说中的神兽，能聚集云雨，表示拢是聚拢物体。攏简化为拢。本义是聚拢。

拢 means gather together. It consists of 扌, hand, and 龍（龙 lóng）, which is phonetic and denotes dragon, a reference to the belief that dragons gather clouds together to summon rain. 攏 has been simplified to 拢.

① 聚合；总合 gather together; altogether：聚～ gather together｜～共 altogether ② 靠近 get close：靠～ draw together｜拉～ rope in; draw sb to one's side

lōu/lǒu

搂

（摟）

形声字。扌表意，像手，表示用手拉；婁（娄 lóu）表声，娄有空义，表示有空处才能把东西拉过来。摟简化为搂。本义是拉。

搂 originally meant drag, pull. It is composed of 扌, hand, and 婁（娄 lóu）, which is phonetic and means empty, i.e. empty space into which sth is pulled. 摟 has been simplified to 搂.

㊀ lōu ① 把东西聚拢 gather; rake together：～草 rake hay ② 搜刮 squeeze; extort：～钱 extort money ㊁ lǒu 抱 hug; embrace：～抱 hug; embrace｜～在怀里 hold in one's arms

lóu

娄

（婁）

会意字。“毋”表示否定，“中”指中年，“女”指妇女，以中年妇女难以怀孕生育表示空。简体字“女”指妇女，“米”表微小，表示女子空而无用。本义是空。现只用作姓。

The original meaning of 娄 was empty; now, it is only used as a family name. Its early form consisted of 毋, negative, 中, middle, and 女, woman, i.e. a middle-aged woman unable to bear children, regarded as hollow. The simplified form has 女, woman, and 米, rice, i.e. small or insignificant, as a woman without children.

姓 a family name

lóu

楼

（樓）

形声字。木表意，像树，表示架木为楼；婁（娄 lóu）表声，娄有空意，表示楼房空间大。樓简化为楼。本义是楼房。

楼 means a storied house. It consists of 木, tree, that provides wood for building, and 婁（娄 lóu）, which is phonetic and denotes empty, i.e. internal space of a building built of wood. 樓 has been simplified to 楼.

① 两层以上的房屋 building with two or more stories：～房 storied house｜高～ skyscraper ② 楼房的一层 level; story：五～ 5th level

笼 403页　弄 472页

lǒu

篓

（簍）

形声字。竹表意，像竹叶，表示盛物的竹器；婁（娄 lóu）表声，娄有中空义，表示篓空而能盛物。簍简化为篓。本义是竹笼。

篓 means a bamboo basket. It comprises 竹, bamboo, i.e. baskets constructed of bamboo; and 婁（娄 lóu）, which is phonetic and denotes empty or hollow, i.e. a receptacle made of bamboo. 簍 has been simplified to 篓.

用竹、藤条等编成的盛东西的器具 a basket made by weaving bamboo slats, wickers or twigs：竹～ bamboo basket｜字纸～ wastebasket

lòu

陋

形声字。阝（阜）表意，像山坡；㔷（lòu）表声，㔷有侧身义，表示边塞关隘狭窄，近乎侧身通过。本义是窄小、简陋。

陋 means small, narrow and shabby. It contains a semantic component, 阝（阜）, slopes, and a phonetic component, 㔷（lòu）, sideways, i.e. narrow mountain defiles that one has to squeeze through sideways.

① 粗劣；狭小 inferior; small and narrow：简～ simple and crude｜～室 hovel ② 丑；不好看 ugly; unsightly；丑～ ugly ③ 不文明；不合理 uncivilized; unreasonable：～习 bad habit ④ 见识少 possess little knowledge：浅～ shallow; scanty

L

lòu

漏

会意字。“氵”像流水、水珠，“屚”像人（尸）和雨，表示屋顶漏水，屚（lòu）兼表声。本义是屋漏。

漏 means to leak, drip (of a roof). It contains 氵, water, and 屚（lòu）, which is phonetic and also depicts a person（尸）and rain（雨）, i.e. roof leaking.

① 从孔缝中透过 leak through a hole or crack：～水 water leak｜～气 air leak ② 遗落 leave out：遗～ omit; leave out｜疏～ missed out ③ 泄露 let out; divulge：～底 reveal the inside story｜走～风声 the news leaked out ④ 逃脱 escape：～网之鱼 someone who escapes punishment or capture

lú

卢

（盧）

会意字。甲骨文像虎头和火炉，表示煮动物肉的炊具。金文增“肉”（月）、“皿”，表示煮肉食的器皿。篆、楷书省去“肉”（月）。盧简化为卢。本义是火炉，此义现写作炉。

卢 originally meant stove, a meaning later replaced by 炉. In bone inscriptions, the character resembles a tiger's head and a stove, i.e. a utensil for cooking animals. In bronze inscriptions, 肉（月）, meat, and 皿, container, are added, suggesting a utensil for cooking meat. 肉（月）, is removed from seal and regular scripts. 盧 has been simplified to 卢.

① 姓 a family name ② 用于译音 used in transliteration：～布 ruble; rouble｜～比 rupiah

搂 404页　　露 409页

lú 芦 (蘆)

会意字。“艹”（艸）像草，“盧”本指火炉，表示可作柴草的芦苇，盧（lú）兼表声。简体字“艹”像草，“户”像门，表示芦苇可用来铺盖简易的住房。本义是芦苇。

芦 means reeds. It consists of 艹（艸）, grass, and 盧（lú）, which is phonetic and denotes a stove, i.e. reeds were used as fuel. The simplified form has 艹, grass, and 户, door, i.e. reeds used as building materials.

芦苇，多年生草本植物，生在水边，茎中空，可以造纸、编席等，根可以入中药 reeds：～花 reed flower｜～根 reed root (lugen)

lú 庐 (廬)

会意字。“广”像棚舍，“盧”本指火炉，盧（卢 lú）兼表声，表示棚舍。简体字“广”像棚舍，“户”像单扇的门，表示棚舍。本义指农忙季节在田野里临时搭建的棚舍。

庐 originally referred to a temporary shed or hut built in the fields during peak farming seasons. It contains 广, a shed or hut, and a phonetic element, 盧（卢 lú）, stove. The simplified form has 广, a shed or hut, and 户, a door with a single flap, i.e. a simple house.

简陋的房舍 shabby hut：草～grass hut｜～舍 farmhouse

lú 炉 (爐)

会意字。甲骨文像虎头、炉子，表示炉可用来煮动物的肉。金文增肉、皿，表示炉是煮肉食的器皿。篆书增金，表示炉是金属炊具。楷书“火”表示炊具，“盧”是爐的本字。简体字火、户，表示炉是家庭炊具。本义是火炉。

炉 means a stove, furnace. In bone inscriptions, it shows a tiger's head and a stove, i.e. a stove is used for cooking meat. In bronze inscriptions, 肉 (meat) and 皿 (container) are added, i.e. a utensil for cooking meat. The seal script also has 金 (metal), i.e. stoves made of metal. In regular script, 火 symbolizes cooking tools and 盧 originally served for 爐. The simplified form has 火 and 户 (household), i.e. equipment for cooking at home.

做饭菜、取暖、冶炼用的器具或设备 an appliance used for cooking, heating and smelting：火～stove｜锅～boiler

lú 颅 (顱)

形声字。頁（页）表意，像夸大了头部的人，表示头骨；盧（卢 lú）表声。顱简化为颅。本义是头盖骨。

颅 means the skull. It consists of a semantic element, 頁（页）, depicting sb with an oversized head, and 盧（卢 lú）, which represents pronunciation. 顱 has been simplified to 颅.

头盖骨，也指头 skull; head：～骨 skull｜头～head

lǔ

卤

（鹵）

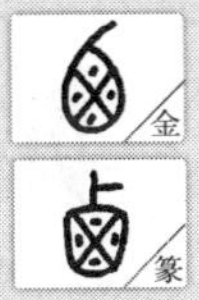

象形字。像装盐的袋子。简体字省去了盐粒。本义是盐卤。

卤 originally referred to a salty liquor. The character shows a bag with salt grains. The salt grains are no longer represented in the simplified character.

① 盐卤 salty liquor ② 浓汁 gravy：鱼～ fish gravy | 肉～ meat gravy ③ 用浓汁煮制食品 to boil or stew with soy sauce：～鸡 to stew chicken | ～鸭 to stew duck | ～味 meat stewed with soy sauce

lǔ

虏

（虜）

会意字。篆书“虍”像虎，“力”像器具，“毌”像绳串钱，表示奋力抓获用绳拘系。楷书虍、男，表示俘获的人大多是男姓。简体字虍、力，表示勇猛作战奋力俘获。本义是俘获。

虏 means to capture, imprison. It is composed of 虍, tiger, 力, strength, and 毌, that originally depicted a rope strung through a coin, i.e. capture an animal and bind it with rope. Regular script comprises 虍 and 男 (male), i.e. captives tend to be male. The simplified form has 虍, tiger, and 力, strength, symbolizing fight bravely and capture prisoners.

① 抓获 capture; imprison：～获 capture ② 被抓获的人 captive：俘～ captive; prisoner

lǔ

鲁

（魯）

会意字。甲、金文“魚”像鱼，“口”像嘴，表示鱼入口味鲜美。篆书“白”指表白，表示鱼味鲜美为人赞美。楷书鱼、日，表示像鱼那样没有心机，像太阳那样无所隐藏。魯简化为鲁。本义是嘉美。

鲁 originally meant to commend. Bone and bronze inscriptions consist of 魚, fish, and 口, mouth, i.e. commending the taste of fish. Seal script contains 白, which suggests clear, i.e. people commend the fresh taste of fish. Regular script has 鱼 and 日, i.e. commendable in the sense of being pure, and hiding nothing, like the sun. 魯 has been simplified to 鲁.

① 笨；迟钝 stupid; dull-witted; slow：～钝 dull-witted | 愚～ be simple and uninformed ② 粗野；莽撞 rude; crude and impetuous：粗～ rough | ～莽 rude and rash ③ 山东省的别称 another name for Shandong Province ④ 姓 a family name

lù/liù

陆

（陸）

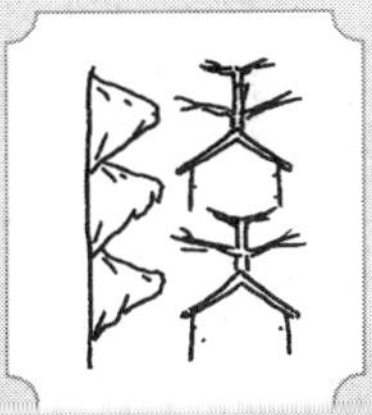

会意字。“阝”像土坡，“坴”有大土块义，表示陆地的表层大多为土，坴（lù）兼表声。简体字“阝”像土坡，“击”由土和山合成，表示陆地多是土地和山岭。本义是陆地。

陆 means land. It consists of 阝, slopes, and 坴（lù）, which is phonetic and denotes a large piece of land. The simplified form has 阝and 击, slopes and earth, i.e. land mass.

➊ lù ① 高出水面的土地 land above sea level：～地 land; continent | 登～ to land ② 姓 a family name ➋ liù 数目字“六”的大写 formal version of the character 六 (six) lù

录

（録）

象形字。像安装在井上的汲水的辘轳。本义是辘轳，此义现写作辘。录和録原是两个字，现归并简化为录。

录 originally meant windlass, a meaning later replaced by 辘. The character shows a winch for raising water installed at the top of a well. 录 and 録 were originally two different characters. 録 is now simplified and grouped into 录.

① 记载；抄写 record; copy：记～ make a record of | 抄～ make a copy of ② 选取；任用 select; appoint：～取 recruit; enroll | ～用 employ; hire ③ 记载言行、事物的作品 a written record：回忆～ memoir | 备忘～ memorandum

lù

赂

（賂）

会意字。“貝”（贝）像贝壳，古代曾用为货币，代表财物；“各”表示赠送财物各有各的理由。賂简化为赂。本义是赠送财物。引申为用财物买通别人。

賂 originally meant to offer money and property to others, then later, to bribe. It consists of 貝（贝）, seashell, formerly used as currency, and 各 (each, respective), i.e. goods given to various parties each for a different purpose. 賂 has been simplified to 赂.

用财物买通别人 bribe：贿～ bribe; bribery

lù

鹿

象形字。像鹿。鹿是鹿科类动物的统称。

鹿 depicts a deer and refers to the same.

哺乳动物，尾短，腿细长，毛黄褐色，性温驯，雄鹿有树枝状的角，角可入药 deer：～茸 fuzz on antlers of a young stag | 指～为马 to call a stag a horse, i.e. confuse the right and wrong

lù

碌

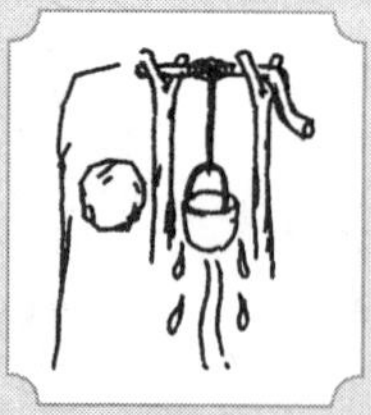

形声字。石表意，像山崖下有块石头，表示石头多的样子；录（lù）表声。本义是石多的样子。引申为平庸。

碌 originally meant rocky, rough, later extended to mediocre. It consists of 石, rock, and 录（lù）, which is phonetic.

① 平凡；没作为 average; mediocre：庸～ mediocre | ～～无为 incompetent ② 事务繁忙 busy with work：忙～ busy | 劳～ toil

绿 412页

lù 路

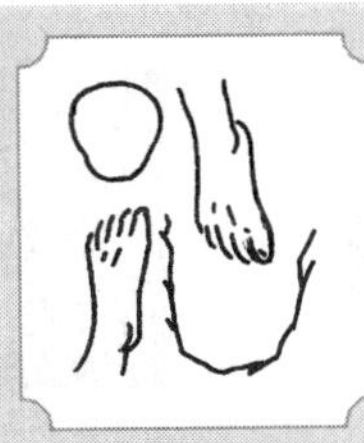

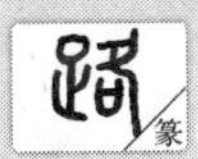

会意字。"足"像膝和脚，表示供脚行走的道；"各"像脚来到门洞口，有通过道路来到意。本义是道路。

路 means path, road. It consists of 足, originally a knee and foot, i.e. walking on a path; and **各**, resembling a foot at the entrance of a cave, i.e. a path leading up to a place.

① 道路 path：公～ highway | ～灯 road lamp; streetlight ② 途径；方法 method; way：生～ means of livelihood | 门～ a way to do sth; access ③ 条理 orderliness：思～ train of thought | 纹～ line; vein ④ 方面；种类 aspect; type：各～人马 different gangs of people | 一～货色 cut from the same cloth; made from the same mold ⑤ 姓 a family name

lù/lòu 露

形声字。雨表意，像天下雨，表示露珠像雨珠；路（lù）表声，兼表露是凝结在路面或草木上的小水滴。本义是露水。

露 means dew. It comprises a semantic element, **雨**, that depicts rain, like dew, and a phonetic element, **路**（lù）, a path or road, i.e. rain like droplets that form on the surface of the ground.

㊀ lù ① 露水 dew：～珠 dew drop | 晨～ morning dew ② 用果汁或加药料制成的饮料 syrup：果子～ fruit syrup ③ 显现出来 unveil; unmask：显～ unveil | 揭～ expose ④ 在屋外、没有遮蔽 outdoor; open：～天 open air | ～宿 camp out; sleep in the open
㊁ lòu 显现出 reveal; appear; show：～底 expose the bottom; reveal the inside story | ～面 make an appearance

lú 驴（驢）

形声字—会意字。馬（马）表意，像马；盧（lú）表声。简体字马、户，户是较窄小的门，表示驴样子像马而形体较小。本义是驴子。

驴 means donkey. It consists of **馬**（**马**）, horse, and **盧**（lú）, which represents pronunciation. The simplified form has **马** and **户**, a small and narrow door, i.e. like a horse but smaller.

家畜，形体像马，比马小，俗称毛驴 donkey：～子 donkey

lǚ 吕

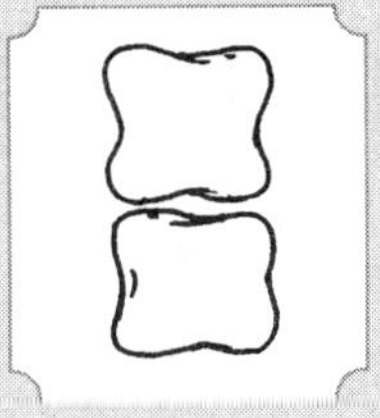

象形字。像脊椎骨。本义是脊椎骨，此义现写作膂。吕现多用作姓。

吕 resembles two vertebrae. It originally meant backbone, a word now represented by **膂**. **吕** is now used as a family name.

姓 a family name

lǚ

侣

形声字。亻表意，像人，表示同伴；吕（lǚ）表声，吕像两节相连的脊椎骨，表示同伴之间关系相连。本义是同伴。

侣 means companion. It is composed of 亻, man, i.e. companion, and 吕（lǚ）, which is phonetic and resembles two joints of the spine, i.e. close relationship.

同伴 companion：伴～ mate; partner | 情～ lovers; couple

lǚ

旅

会意字。甲、金文像军旗下有两个士兵，表示军旅。本义是军队。

旅 originally meant troops. The character in bone and bronze inscriptions depicts two soldiers standing under a military banner.

① 军队 army troop：军～ army troop ② 军队的编制单位，在师以下，团以上 brigade, a military unit smaller than a division, bigger than a regiment：～长 brigadier | 坦克～ tank brigade ③ 在外作客；旅行 visit; travel：～居 visit; sojourn | ～客 traveler; visitor

lǚ

铝

（鋁）

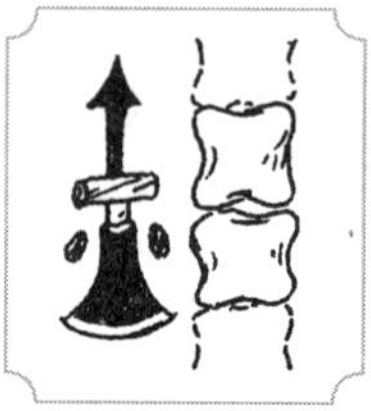

形声字。金（钅）表意，像箭头、斧头和矿石；吕（lǚ）表声，“吕”像两节椎骨，表示要蹉磨出和要求相同的形状。鋁简化为铝。本义是磋磨。现用作金属元素名。

铝 originally represented to rub against; later used for aluminum. It consists of 金（钅）, metal, and 吕（lǚ）, which is phonetic and resembles two vertebrae, i.e. the frame or skeleton over which sth is kneaded or rubbed. 鋁 has been simplified to 铝.

金属元素，符号Al。银色，质轻，容易导电、传热，可制电线和日用器具。铝合金是制造飞机、火箭的重要材料 aluminum (Al)

lǚ

屡

（屢）

会意字。“尸”像弯身的人，“婁”（娄）是屡的古字，有多次义。屢简化为屡。本义为多次。

屡 means multiple times, a meaning originally represented by 婁（娄）. 屢 adds 尸 to 婁（娄）, i.e. a man crouching. 屢 has been simplified to 屡.

多次；一次又一次 multiple times; time and again：～次 multiple times | ～见不鲜 common occurrence; nothing new lǚ

缕

（縷）

形声字。糸（纟）表意，像丝线，表示缕是线；屢（屡lǚ）表声，屡有多意，表示线的用处多。縷简化为缕。本义是线。

缕 originally meant thread. It consists of 糸（纟）, silk thread, and 屢（屡lǚ）, which is phonetic and denotes many, multiple, i.e. having many uses. 縷 has been simplified to 缕.

① 线 thread：千丝万～ countless ties; interrelated in innumerable ways ② 详尽；细致 detailed; meticulous：～述 state in detail｜条分～析 to make a careful and detailed analysis ③ 量词 measure word：一～头发 a strand of hair

lǚ

履

会意字。“尸”像人，“彳”像路，“夂”像脚，“舟”像船，表示人穿着样子像小船的鞋子在路上行走。楷书表示人（尸）在路上（彳）不断（复）跨步行走。本义是穿鞋行走。引申为鞋。

履 originally signified to walk in shoes, then later, shoes. It consists of 尸, a person, 彳, a path, 夂, a foot and 舟, a boat, i.e. a man walking along a path, his shoes like little boats. Regular script depicts a man（尸）walking on a path（彳）, repeating one step after another（复）.

① 踩；走过 step; walked：如～平地 like walking on a flat ground, i.e. easy, smooth ② 鞋 shoe：西装革～ western suit and leather boots ③ 实行；执行 execute; carry out：～行公务 carry out public service

lǜ

律

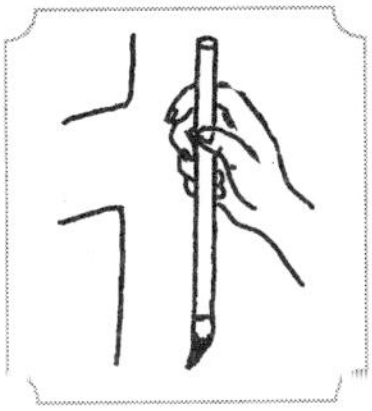

会意字。“彳”像路，“聿”像手执笔，表示明文规定的行为法则。本义是法则。

律 means law, rule. It comprises 彳, a path, course, and 聿, a hand holding a pen, i.e. laws are written rules that set out courses of action.

① 法则；规章 law; rule：法～ law｜纪～ discipline ② 约束 restrain：严以～己 be strict with oneself ③ 律诗的简称 short form for an ancient style of Chinese poetry：五～ eight-line poem with five characters to each line｜七～ eight-line poem with seven characters to each line

lǜ

虑

（慮）

形声字—会意字。金文心表意，像心脏；吕（lǚ）表声，吕像椎骨相连，表示思考是连贯的。篆书“思”指思考，“虍”虎指虎纹，表示思考应条理清晰。简体字心、虍，表示用心思考，条理分明。本义是思考。

虑 means think over, ponder. The character in bronze inscriptions has 心, heart, and 吕（lǚ）, which is phonetic and resembles two vertebrae, representing thinking as a step by step process. Seal script has 思, ponder, and 虍, tiger, i.e. thinking as a serial process like the stripes on a tiger. The simplified form suggests 心 and 虍, i.e. thought involves attention (from the heart) and logic (sequenced like stripes).

①思考 think over; ponder：考～ consider｜深思熟～ think deeply and carefully ② 担忧 worry：忧～ be anxious｜顾～ apprehension; misgivings lǜ/lù

绿

(綠)

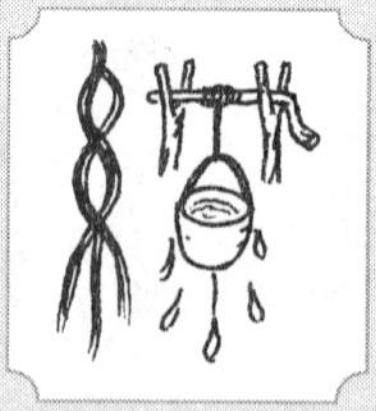

形声字。糸（纟）表意，像丝，表示绿色用来染丝帛；录（lù）表声，录本指取井水用的辘轳，表示绿色近似井中的水色。綠简化为绿。本义是绿色。

绿 means green. It consists of 糸（纟）, silk thread, which was often dyed green, and 录（lù）, which is phonetic and denotes a windlass on a well, i.e. green like well water. 綠 has been simplified to 绿.

❶ lǜ 像青草那样的颜色 green, the color of grass：深～ dark green | 桃红柳～ pink peach blossoms and green willow trees ❷ lù 义同一，用于"鸭绿江"、"绿林好汉"等词语。same meaning as 'lǜ', used in words and phrases like Yalu River, forest outlaws etc.

lǜ

氯

形声字。气表意，像云气，表示氯气；绿（lǜ）表声，表示氯气呈黄绿色。本义是氯气。

氯 means chlorine. The character consists of 气, gas, air, i.e. chlorine is a gas, and 绿（lǜ）, which is phonetic and signifies green; chlorine is a greenish-yellow gas.

气体元素，符号Cl。黄绿色，有刺激性臭味，可用来制漂白剂、消毒剂和农药等 chlorine (Cl)

L

lǜ

滤

(濾)

形声字。氵表意，古文字像水流，楷书像水珠；慮（虑lǜ）表声，虑指缜密思考，表示滤是缜密地滤去水中杂质。濾简化为滤。本义是过滤。

滤 means filter, strain. It consists of 氵, water, and 慮（虑lǜ）, which is phonetic and denotes careful consideration. Hence, careful filtering of water. 濾 has been simplified to 滤.

液体通过纱布、砂层等去液体中的杂质 purifying a liquid by passing it through gauze, sand etc to remove impurities：过～ filter; strain

luán

峦

(巒)

形声字—会意字。山表意，像山，表示小而尖的山；䜌（luán）表声，䜌有不绝义，峦也指连绵的山。简体字"亦"指也是，"山"像山，表示峦也是山。本义是小而尖的山。

峦 means a low, steep peak. It consists of a semantic element, 山, mountain, and 䜌（luán）, continuous, endless, as phonetic, i.e. a range of mountains. The simplified form has 亦, as well, and 山, mountain, i.e. 峦 means mountain as well as low peak.

① 小而尖的山；连绵的山 hill; mountain range：冈～ hill; ridge | 山～起伏 undulating mountains; rolling hills

率 604页

luǎn 卵

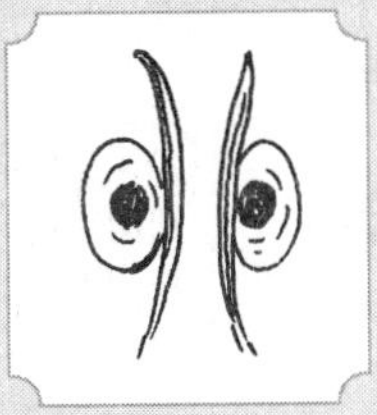

象形字。像鱼卵在水草上。本义是鱼卵。泛指动物的蛋。

卵 originally meant fish egg, later by extension eggs in general. The character resembles fish eggs on water weed.

雌性生殖细胞；动物的蛋 ovum; egg：～生 oviparity | 鸟～ bird's egg | 以～击石 throw an egg against a stone, i.e. fight a hopeless battle

luàn 乱（亂）

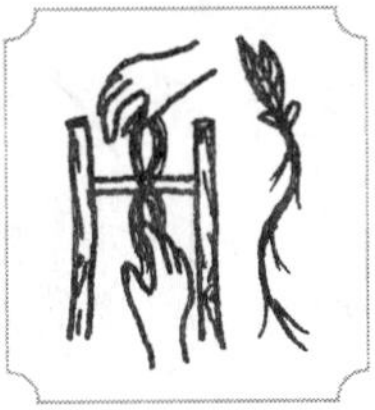

会意字。左像双手在整理架子上的丝，右像扭曲的植物，表示理丝。简体字"舌"指言语，"乚"像扭曲形，表示言语混乱。本义是理丝。引申为混乱。

乱 originally meant arranging silk thread; later, it also came to be used for messy. The left component of the character depicts a pair of hands tidying up silk thread on a loom; the right component shows a curved plant, i.e. arranging silk thread in lengths. The simplified form has 舌, speech, and 乚, a curved object, i.e. speech that is convoluted, or messy.

① 不整齐；没条理 messy; in disorder：杂～ in a mess ② 战争 war：战～ war ③ 混淆 chaos：以假～真 mix the fake with the real ④ 任意；随便 random; wilfully：～说 make irresponsible remarks

luè 掠

会意字。"扌"像手，"京"像高丘和亭子，表示抢掠。本义是夺取。

掠 means rob, plunder, pillage. It consists of 扌, hand, and 京, a pavilion on top of a hill, i.e. plunder property.

① 夺取 plunder; pillage：～夺 rob; plunder | 掳～ pillage ② 轻轻擦过 graze; skim over：凉风～面 a cool breeze brushes one's face | 浮光～影 skimming over the surface

luè 略

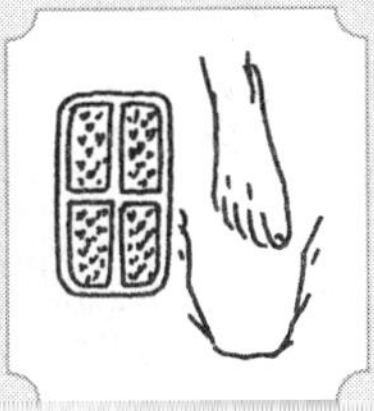

会意字。"田"像田地，"各"指互不相合，表示划分地界，各不相混。本义是地界。

略 originally meant border, boundary. It contains 田, a cultivated field, and 各, individuals, i.e. reducing friction between individuals by drawing boundaries.

① 简单；大致 brief; general：粗～ sketchy | 大～ general outline ② 省去；简化 omit; simplify：省～ omit | 从～ be omitted ③ 简要的叙述 brief account：事～ a short biographical account | 约～ rough; approximate ④ 计谋 plan; strategy：谋～ scheme | 策～ strategy ⑤ 夺取 capture：侵～ to invade; aggression lūn

抡

（掄）

形声字。“扌”表意，像手，表示挑选、选择；侖（仑 lún）表声，仑有依次意，表示选择必须依照好坏进行。掄简化为抡。本义是挑选、选择。

抡 means choose, select. It consists of 扌, hand, and 侖（仑 lún）, which is phonetic and signifies in order, i.e. an ordered selection. 掄 has been simplified to 抡.

手臂用力挥动 swing：～拳 shake a fist | ～刀 brandish a knife

lún

仑

（侖）

会意字。“亼”像聚集，“册”像简册，以简册的编集表示次序、条理。简体字人、匕，表示像人用勺子一勺一勺地舀取那样有序。本义是条理、次序。

仑's core meaning was order, sequence. The character consists of 亼, assemble, gather, and 册, bamboo slips bound into a book, in a clear sequence. The simplified form comprises 人 (man) and 匕 (ladle), i.e. a man scooping in an orderly manner, one ladle after another.

［昆仑］山名 Kunlun Mountain, Qinghai Province, China

lún

伦

（倫）

会意字。“亻”像人，“侖”（仑）像聚集竹简编成简册，有条理、次序义，表示人与人之间的条理和次序，侖（仑 lún）兼表声。倫简化为伦。本义是人伦。

伦 means human relations. It is composed of 亻, man, and 侖（仑 lún）, which is phonetic and depicts bamboo slips bound into a book, placed in order, just as human relations are ordered. 倫 has been simplified to 伦.

① 人与人之间的关系 human relations：～理 ethics; moral principles ② 条理；次序 system; order：语无～次 to speak incoherently ③ 类；同类 of the same kind：不～不类 neither fish nor fowl | 无与～比 incomparable; unrivalled

lún

沦

（淪）

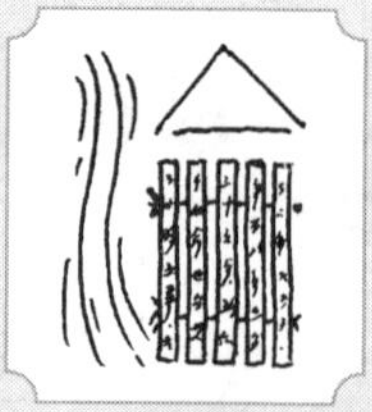

形声字。氵表意，像流水、水珠；侖（仑 lún）表声，侖（仑）像聚集竹简编成简册，有条理、次序义，表示波纹是整齐的。淪简化为沦。本义是水的微波。

沦 means eddying water, ripples. It consists of 氵, water, and 侖（仑 lún）, which is phonetic and suggests in order, systematic, i.e. ripples are neat undulations on the water surface. 淪 has been simplified to 沦.

沉没；陷落；没落 sink; fall; decline：沉～ sink into | ～陷 (of a territory) fall into enemy's hands | ～落 be reduced to; fall low

论 415页

L

lún 轮（輪）

形声字。車（车）表意，像车；侖（仑 lún）表声，仑有次序义，表示车轮内的车辐分布有序。輪简化为轮。本义是轮子。

轮 means a wheel. The character is composed of 車（车）, cart, and 侖（仑 lún）, which is phonetic and denotes order, system, i.e. spokes arranged in order. 輪 has been simplified to 轮.

① 车轮 wheel：车～ wheel｜～胎 tire ② 像轮子的 object similar to a wheel：年～ annual ring; growth ring ③ 轮船 ship：客～ passenger liner｜货～ cargo ship ④ 依次 by turns：～流 take turns｜～班 (work) in shifts

lùn/lún 论（論）

会意字。"言"（讠）像张口说话，"侖"（仑）有条理、次序义，表示分析、说明事理须有条理和次序；侖（仑 lún）兼表声。論简化为论。本义是议论。

论 means to comment, discuss. It consists of 言（讠）, speech, and 侖（仑）, order, system, i.e. narration as a sequence of episodes. 論 has been simplified to 论.

㊀ lùn ① 分析、说明事理 analyze and explain：议～ comment; discuss｜评～ comment on ② 议评事理的话或文章 commentary：舆～ public opinion｜社～ editorial ③ 衡量；评定 determine; evaluate：～功行赏 reward people according to their contributions ④ 按照 base on; according to：～斤计价 sell sth by the jin (a unit of weight) ㊁ lún《论语》古书名 the Analects of Confucius

luō 啰（囉）

形声字。口表意，像张开的口；羅（罗 luó）表声，罗是用许多丝绳编织成的捕鸟网，表示啰嗦即话多。囉简化为啰。本义是啰嗦。

啰 means long-winded. It is composed of 口, an open mouth, and 羅（罗 luó）, which is phonetic and denotes a net formed from a mesh of thread and cord, symbolizing long windedness. 囉 has been simplified to 啰.

［啰嗦］① 说话繁复 wordy; repetitive：别～了。Stop nagging. ② 琐碎；麻烦 trivial; troublesome：手续～ trivial and troublesome formalities

luó 罗（羅）

会意字。像捕鸟（隹）的网。篆、楷书增糸，表示用线绳编织成网。简体字"罒"像网，"夕"指傍晚，表示傍晚用网捕鸟。本义是捕鸟的网。

罗 means a net for catching birds. The character shows a bird（隹）caught in a net. 糸 is added in seal and regular scripts, indicating a net woven from silk thread. In simplified form, 罒 represents the net, and 夕 means evening, i.e. the best time for netting birds.

① 捕鸟的网 net for catching birds：天～地网 tight encirclement; dragnet ② 张网捕捉 catch with a net：网～ to catch; to net ③ 搜寻；招来 search; attract：搜～ collect; gather ④ 陈列 display：～列 exhibit ⑤ 质地稀疏的丝织品 silk gauze：绫～绸缎 silks and satins ⑥ 姓 a family name

luó

萝

（蘿）

会意字。“艹”（艸）像草，“罗”指捕鸟的网，表示蔓生植物的茎互相缠绕呈网罗状，羅（罗luó）兼表声。蘿简化为萝。本义是蔓生植物。

萝 is a climbing plant, vine. The character consists of 艹（艸）, grass, and a phonetic element, 羅（罗 luó）, a net for catching birds, i.e. vines like a net. 蘿 has been simplified to 萝.

［萝卜］普通蔬菜，有白萝卜、红萝卜等 radish

luó

逻

（邏）

形声字。辶（辵）表意，像路和脚，表示巡察；羅（罗luó）表声，罗是捕鸟的网，有网罗、搜寻义，表示四出巡行掌握有关情况。邏简化为逻。本义是巡察。

逻 means to patrol, make a circuit. It is composed of 辶（辵）, depicting a path and foot, and a phonetic element, 羅（罗 luó）, a net for catching birds, like patrolling as for suspects. 邏 has been simplified to 逻.

巡察 make one's rounds：巡～ patrol

luó

锣

（鑼）

形声字。金（钅）表意，像箭头、斧头和矿石，简体像箭头和钩子，表示锣用金属制成；羅（罗luó）表声。鑼简化为锣。锣是一种打击乐器。

锣 is a gong, a type of percussion instrument. It consists of a semantic element, 金（钅）, metal, and a phonetic element, 羅（罗 luó）. 鑼 has been simplified to 锣.

圆形的铜制打击乐器 gong, a round percussion instrument made of copper：铜～ copper gong | 敲～打鼓 beat drums and gong

luó

箩

（籮）

形声字。竹表意，像竹叶，羅（罗luó）表声，罗指线绳编成的网，表示箩是用竹编的筐。籮简化为箩。本义是用竹编的盛器。

箩 means a type of bamboo basket, a crate. It consists of 竹, bamboo, and 羅（罗 luó）, which is phonetic and means a net woven from rope, like a basket woven from bamboo strips.

用竹篾编制的器具 bamboo basket：～筐 bamboo basket

luó

骡

（騾）

会意字。“馬”（马）像马，表示骡外形很像马；“累”有堆集、重叠义，表示骡是身上可以驮物的家畜。騾简化为骡。本义是骡子。

骡 means a mule. It is composed of 馬（马）, a horse, and 累, accumulate, pile up, i.e. a mule is able to carry heavy loads on its back. 騾 has been simplified to 骡.

哺乳类动物，由母马和公驴杂交而生的家畜，能拉车、驮运 mule

luó

螺

会意字。“虫”像虫，表示螺的软体似虫；“累”有重叠、连续不绝义，表示螺的旋纹一圈圈重叠。本义指一种壳有旋纹的软体动物。

螺 means a mollusk with a shell marked with spiral lines; a conch. It consists of 虫, a worm, i.e. a soft body, and 累, piling up, i.e. the whorl of a mollusk shell.

① 一种壳有旋纹的软体动物 a mollusk with a shell marked with spiral lines：田～ field snail ｜ 海～ whelk ② 有螺旋纹的 objects with whorls：～钉 bolt ｜ ～纹 whorls in a fingerprint

luǒ

裸

会意字。“衤”像上衣，“果”像树上有果子，表示不穿衣服光身似果般光滑。裸是脱光衣服，袒露身躯。

裸 means bare, naked. It consists of 衤, an upper garment, and 果, fruit, i.e. a naked body is as smooth as a fruit.

脱光衣服，赤身露体 bare; naked：～体 naked ｜ ～露 exposed ｜ 赤～～ be stark naked

luò

洛

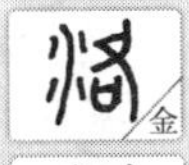

形声字。氵表意，像水流、水珠，表示洛河；各（gè）表声。本义是河名。

洛 was originally used for the name of a river (the Luo River in Shanxi). The character is composed of 氵, water, and a near phonetic, 各（gè）.

洛阳市，地名，在河南省 Luoyang City in Henan Province, China

luò

骆

（駱）

会意字。“馬”（马）像马，“各”有彼此不同义，表示骆与其他马不同，其身白而鬃、尾黑，对比鲜明。駱简化为骆。骆是尾和鬃毛黑色的白马。

骆 originally referred to a white horse with a black tail and mane. It consists of 馬（马）, a horse, and 各, individual, i.e. a horse that is distinct. 駱 has been simplified to 骆.

① 古书上指黑鬃、黑尾的白马 a white horse with black mane and tail recorded in ancient texts ② 姓 a family name

luò

络

（絡）

会意字。“糸”（纟）像丝，“各”像脚来到洞口，表示丝线等缠绕在物体上。絡简化为络。本义是缠绕。

络 means entwine, twine. It comprises 糸（纟）, silk thread, and 各, which depicts a foot arriving at the entrance of a cave (or trap), i.e. silk thread entrapping an object. 絡 has been simplified to 络.

① 网状的东西 net-like object：脉～ skeleton; sequence of ideas | 网～ network; Internet ② 笼罩；兜住 envelop; hold in place：联～ contact | 笼～ rope in; win sb over

luò/lào

烙

会意字。“火”像火焰，“各”像脚来到洞口，表示将火靠近物体烧灼。本义是烧灼，特指用金属器物烧灼。

烙 means to burn with a heated iron. The character consists of 火, flames, and 各, depicting a foot at the mouth of a cave, i.e bring an object near a flame to burn it.

㊀ luò［炮烙］古代一种酷刑 an ancient instrument of torture ㊁ lào ① 用烧热的金属器物烫、熨 brand; to burn or press with a heated iron：～印 to brand; a brand | ～衣服 press clothes ②食物放在热锅上烤熟 bake in a pan：～饼 baked pancake

luò/là/lào

落

形声字。艹（艸）表意，像草；洛（luò）表声，洛指洛河，表示落叶如流水一去不回。本义是叶落。引申为掉落。

落's core meaning was leaves falling, later by extension, to fall, drop. It consists of 艹（艸）, grass, and 洛（luò）, which is phonetic and refers to the Luo River, i.e. fallen leaves lost like water flowing down a river.

㊀ luò ① 掉下；下降 fall; drop：～泪 shed tears ② 衰败 decline：没～ decline ③ 停留 stay：～脚 put up ④ 聚居的地方 settlement：村～ village ⑤ 归属 belong to：大权旁～ power has fallen into the hands of others ㊁ là 遗漏 miss out：丢三～四 forgetful ㊂ lào 用于“落枕”等口语。Colloquial, e.g. 落枕, a stiff neck.

luó

骡

（騾）

会意字。“馬”（马）像马，表示骡外形很像马；“累”有堆集、重叠义，表示骡是身上可以驮物的家畜。騾简化为骡。本义是骡子。

骡 means a mule. It is composed of 馬（马）, a horse, and 累, accumulate, pile up, i.e. a mule is able to carry heavy loads on its back. 騾 has been simplified to 骡.

哺乳类动物，由母马和公驴杂交而生的家畜，能拉车、驮运 mule

luó

螺

会意字。“虫”像虫，表示螺的软体似虫；“累”有重叠、连续不绝义，表示螺的旋纹一圈圈重叠。本义指一种壳有旋纹的软体动物。

螺 means a mollusk with a shell marked with spiral lines; a conch. It consists of 虫, a worm, i.e. a soft body, and 累, piling up, i.e. the whorl of a mollusk shell.

① 一种壳有旋纹的软体动物 a mollusk with a shell marked with spiral lines：田～ field snail ｜ 海～ whelk ② 有螺旋纹的 objects with whorls：～钉 bolt ｜ ～纹 whorls in a fingerprint

luǒ

裸

会意字。“衤”像上衣，“果”像树上有果子，表示不穿衣服光身似果般光滑。裸是脱光衣服，袒露身躯。

裸 means bare, naked. It consists of 衤, an upper garment, and 果, fruit, i.e. a naked body is as smooth as a fruit.

脱光衣服，赤身露体 bare; naked：～体 naked ｜ ～露 exposed ｜ 赤～～ be stark naked

luò

洛

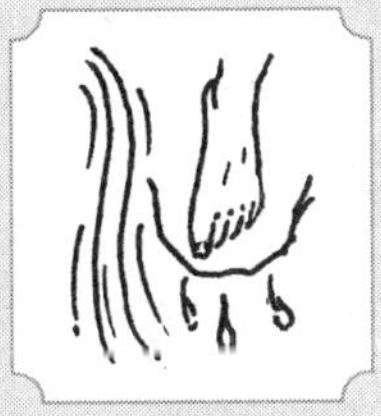

形声字。氵表意，像水流、水珠，表示洛河；各（gè）表声。本义是河名。

洛 was originally used for the name of a river (the Luo River in Shanxi). The character is composed of 氵, water, and a near phonetic, 各（gè）.

洛阳市，地名，在河南省 Luoyang City in Henan Province, China

luò

骆

（駱）

会意字。“馬”（马）像马，“各”有彼此不同义，表示骆与其他马不同，其身白而鬃、尾黑，对比鲜明。駱简化为骆。骆是尾和鬃毛黑色的白马。

骆 originally referred to a white horse with a black tail and mane. It consists of **馬（马）**, a horse, and **各**, individual, i.e. a horse that is distinct. **駱** has been simplified to **骆**.

① 古书上指黑鬃、黑尾的白马 a white horse with black mane and tail recorded in ancient texts ② 姓 a family name

luò

络

（絡）

会意字。“糸”（纟）像丝，“各”像脚来到洞口，表示丝线等缠绕在物体上。絡简化为络。本义是缠绕。

络 means entwine, twine. It comprises **糸（纟）**, silk thread, and **各**, which depicts a foot arriving at the entrance of a cave (or trap), i.e. silk thread entrapping an object. **絡** has been simplified to **络**.

① 网状的东西 net-like object：脉～ skeleton; sequence of ideas | 网～ network; Internet ② 笼罩；兜住 envelop; hold in place：联～ contact | 笼～ rope in; win sb over

luò/lào

烙

会意字。“火”像火焰，“各”像脚来到洞口，表示将火靠近物体烧灼。本义是烧灼，特指用金属器物烧灼。

烙 means to burn with a heated iron. The character consists of **火**, flames, and **各**, depicting a foot at the mouth of a cave, i.e bring an object near a flame to burn it.

㊀ luò［炮烙］古代一种酷刑 an ancient instrument of torture ㊁ lào ① 用烧热的金属器物烫、熨 brand; to burn or press with a heated iron：～印 to brand; a brand | ～衣服 press clothes ②食物放在热锅上烤熟 bake in a pan：～饼 baked pancake

luò/là/lào

落

形声字。艹（艸）表意，像草；洛（luò）表声，洛指洛河，表示落叶如流水一去不回。本义是叶落。引申为掉落。

落's core meaning was leaves falling, later by extension, to fall, drop. It consists of **艹（艸）**, grass, and **洛（luò）**, which is phonetic and refers to the Luo River, i.e. fallen leaves lost like water flowing down a river.

㊀ luò ① 掉下；下降 fall; drop：～泪 shed tears ② 衰败 decline：没～ decline ③ 停留 stay：～脚 put up ④ 聚居的地方 settlement：村～ village ⑤ 归属 belong to：大权旁～ power has fallen into the hands of others ㊁ là 遗漏 miss out：丢三～四 forgetful ㊂ lào 用于“落枕”等口语。Colloquial, e.g. 落枕, a stiff neck.

mā

妈

（媽）

形声字。女表意，像女子，表示妈是女性；馬（马 mǎ）表声。媽简化为妈。本义是母亲。

妈 means mother. It contains the semantic element 女, female or woman, and 馬（马 mǎ）, which is phonetic. 媽 has been simplified to 妈.

① 母亲 mother：～～ mother | 爹～ father and mother | 后～ stepmother ② 称女性长辈妇女 form of address to a woman of older generation：姑～ father's sister; paternal aunt | 姨～ mother's sister; maternal aunt | 大～ elder aunt

má/ma/mǎ

吗

（嗎）

形声字。口表意，像张开的口，表示开口问；馬（马 mǎ）表声。嗎简化为吗。本义是什么。

吗 is an interrogative particle. 口, mouth, is semantic, i.e. to ask sb; 馬（马 mǎ）represents the pronunciation. 嗎 has been simplified to 吗.

㊀ má 什么 an interrogative particle：干～? What for? | 有～? Do you have it? ㊁ ma 用在句末，表示疑问 used at the end of a question：懂了～? Do you understand? ㊂ mǎ［吗啡］一种麻醉药品，有毒，能止痛 morphine

M

má

麻

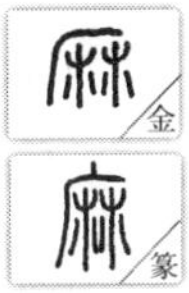

会意字。像纤麻晾晒在屋檐下。楷书广、林，林有聚集义，表示聚集在屋檐下晾晒的是麻。本义是大麻。

麻 's original meaning is hemp. The character depicts hemp fibers laid out to dry under a roof. In regular script, it contains 广 and 林; the latter can denote a collection, i.e. hemp fibers gathered together and placed under a roof to dry.

① 麻类植物，茎皮纤维可作纺织原料 hemp; its fibers are used to make textiles：亚～ flax | ～布 hemp fabric ② 表示不平或带细碎斑点的 rough or pockmarked：～疹 measles ③ 芝麻 sesame：～油 sesame oil ④ 麻木 numb：～痹 paralysis | ～药 anesthetic

mǎ

马

（馬）

象形字。像马。馬简化为马。马是畜名。

马 the character depicts and means a horse. 馬 has been simplified to 马.

① 哺乳动物，颈部有鬃，尾部有长毛，善跑，供人骑或拉车。Horse, a mammal with a mane on its nape and a tail with long hair; able to gallop fast; used for riding and pulling carts：骏～ a fine horse | ～车 horse-drawn carriage; chariot ② 姓 a family name

抹 449页

mǎ

玛

（瑪）

形声字。王（玉）表意，像一串玉，表示玛瑙美如玉；馬（马 mǎ）表声。瑪简化为玛。本义是玛瑙。

玛 means agate. It contains the semantic element, 王（玉）, a string of jade, i.e. agate is a gem as beautiful as jade, and 馬（马 mǎ）as phonetic. 瑪 has been simplified to 玛.

[玛瑙] 石英类矿物，质地坚硬，色泽美丽，可做器皿，也可做装饰品。Agate, a type of quartz with a hard texture and beautiful hues; used to make utensils or jewelry.

mǎ

码

（碼）

形声字。石表意，像山崖下有块石头，表示玛瑙是宝石；馬（马 mǎ）表声。碼简化为码。本义是玛瑙。

码's original meaning was agate. It consists of 石, rock, as a semantic element, i.e. 玛瑙 is a gemstone; and 馬（马 mǎ）, which represents the pronunciation. 碼 has been simplified to 码.

① 表示数目的符号或用具 a sign or instrument to indicate number：号～ number | 筹～ chip ② 量词 noun classifier：两～事。These are two different things. ③ 英美制长度单位，一码折合0.9144米：yard, 1 yard equals 0.9144 meter

mǎ/mà

蚂

（螞）

形声字。虫表意，像虫，表示与昆虫有关；馬（马 mǎ）表声。螞简化为蚂。蚂不单用，构成复音词，指某些昆虫。

蚂 refers to certain insects. 虫, worm, insect, is semantic, i.e. 蚂 is an insect, and 馬（马 mǎ）is phonetic. 螞 has been simplified to 蚂. 蚂 is only found in compound words.

㊀ mǎ 指某些昆虫 refers to certain insects：～蟥 leech | ～蚁 ant ㊁ mà［蚂蚱］蝗虫 locust

mà

骂

（罵）

形声字。篆书网像一张网，表示谩骂如网笼罩在人身上；馬（马 mǎ）表声。楷书吅表意，像两张口，表示大声辱骂；馬（马）表声。罵简化为骂。本义是谩骂。

骂 means to scold, curse, swear. In seal script, 网 shows a net, suggesting abuse being hurled at sb. 馬（马 mǎ）indicates pronunciation. In regular script, 吅 which resembles two open mouths, is semantic, i.e. to shout abuse at sb, and 馬（马）is phonetic. 罵 has been simplified to 骂.

用恶毒难听的话侮辱人或斥责人 curse; swear：辱～ verbally abuse | 责～ lecture; reprimand ma

蟆

会意字。“虫”像虫，表示蛤蟆是形体不大吃虫的两栖动物；“莫”有不能义，表示青蛙和蟾蜍形状相似，难以分辨。本义是蛤蟆。

蟆 means a toad. It consists of **虫**, an insect, i.e. a toad is a small amphibian that preys on insects; and **莫**, which means unable to, suggests that one is unable to distinguish from frogs.

［蛤蟆］青蛙和蟾蜍的统称 a general term for frogs and toads

mái/mán

埋

会意字。“土”本像地上有堆土，“里”指里面，表示把东西放在坑里用土盖上。本义是埋藏。

埋 means to bury. The character is made up of **土**, a mound of earth, and **里**, meaning inside, i.e. to put sth into a hole and cover it up with earth.

❶ mái ① 把死者或东西藏在地下，用沙、土等盖上 bury a body etc in the ground：～葬 bury a dead person ｜ ～藏 bury; conceal ② 隐藏起来，不让人知道 conceal; hide：～伏 ambush ｜ 隐姓～名 conceal one's identity ❷ mán ［埋怨］抱怨、责怪 grumble; complain

M

mǎi

买

（買）

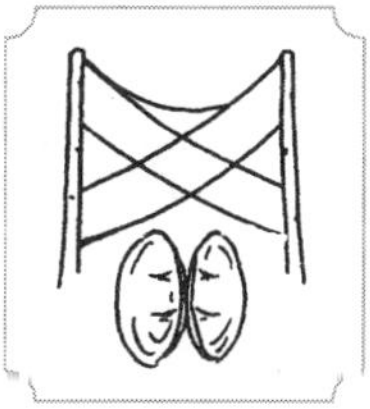

会意字。“网”（罒）像网，“貝”（贝）像古代作货币用的贝壳，表示用钱购得东西。简体字“乛”像钩子，与购谐音，“头”指头脑，表示购进头脑中想要的东西。本义是购买。

买 means to buy, purchase. **网（罒）** shows a net and **貝（贝）** resembles a seashell, formerly used as currency, i.e. money for buying things. In the simplified form, **乛** resembles a hook, written as **构**, which is pronounced in the same way as **购** (buy); **头** means head, or in this case, i.e. buying things that appeal to the mind.

① 用钱购进物品 buy; purchase：购～ buy ② 用钱财拉拢 bribe with money：收～ bribe

mài

迈

（邁）

会意字。“辶”（辵）像路和脚，“萬”（万）指无数，表示远行需跨出无数步。邁简化为迈。本义是远行。引申为抬脚向前走。

迈 originally meant to travel a long distance; by extension, it came to mean step, stride. The character is composed of **辶（辵）**, that depicts a path and a foot, and **萬（万）**, ten thousand, countless, innumerable, i.e. a long journey is made up of countless steps. **邁** has been simplified to **迈**.

① 抬脚向前走 step; stride：～步 take a step ｜ ～进 step forward ② 年老 old：年～ aged ｜ 老～ senile

吗 419页

mài

麦

（麥）

会意字。古文字像麦子（来）和脚（夂），表示麦子是上天所赐来到人间的粮食作物。麥简化为麦。本义是小麦。

麦's original meaning was wheat. In early Chinese, the character seemed to depict a stalk of grain (来) and a foot (夂), i.e. grains that has 'traveled' down from heaven for the benefit of mankind. 麥 has been simplified to 麦.

① 重要的粮食作物，有大麦、小麦等。小麦去壳磨成粉就是面粉。Cereal crops, including barley and wheat, which can be ground into flour. ② 姓 a family name

mài

卖

（賣）

会意字。出、買（买），表示出售物品让人购买。賣简化为卖。本义是用货品换钱。

卖 means to sell goods in exchange for money. The components, 出, out, and 買 (买), buy, depict putting things out for people to buy. 賣 has been simplified to 卖.

① 用货品换钱 sell：～主 seller | 贱～ sell at a low price ② 背叛 betray：～国贼 traitor ③ 尽量使出来 do the best one can：～力 do one's utmost | ～命 work oneself to the bone for sth ④ 故意显示、表现自己 flaunt; boast：～弄 show off | 倚老～老 to flaunt one's seniority

mài/mò

脉

会意字。"月"（肉）像肉，"永"像河道水流，表示血管如河网分布于体内，血在脉中如水在河中。本义是血管。

The core meaning of 脉 is arteries and veins. 月 (肉) depicts flesh, 永 looks like a river and its tributaries, i.e. arteries and veins spread throughout the body like a network of rivers and streams, carrying blood as rivers and streams carry water.

㊀ mài ① 血管 arteries and veins：动～ artery | 静～ vein ② 动脉跳动 pulse：～搏 pulse | 诊～ to take sb's pulse ③ 像血管那样分布的东西 vein：叶～ vein in a leaf | 山～ mountain range ㊁ mò [脉脉] 用眼神表达情意 affectionate：～含情 lovingly

mán

蛮

（蠻）

会意字。虫表意，像虫，表示南方多虫蛇，"䜌"有纷乱义，反映出古代中原人看不起南方的民族。简体字亦、虫，表示南方民族亦如动物。本义是古代对南方民族的贬称。

蛮 was originally a derogatory term for ethnic peoples in the south. 虫, worm, is semantic; worms and snakes were mostly found in the south. 䜌 means disordered; formerly, people of central China regarded the tribal societies of the south as disordered. The simplified graph is composed of 亦 (also) and 虫 (worm), i.e. the southern tribes viewed as also being like the most lowly of animals.

① 古代对南方民族的贬称 a derogatory term for southerner tribes in ancient China：南～ southern barbarians ② 粗野；不讲理 brusque; unreasonable：野～ barbarous | ～横 unreasonable ③ 很 very：～好 very good | ～大 very big mán

馒

（饅）

形声字。食（饣）表意，像食器，简体像张口伸舌，表示馒头；曼（màn）表声，曼有轻细义，表示经发酵蒸熟的馒头分量较轻口感细腻。饅简化为馒。本义是馒头。

馒 means a steamed bun. 食（饣）is semantic, resembling a food receptacle; in the simplified graph, the food component resembles a mouth with tongue protruding as if eating a bun. 曼（màn）is phonetic and denotes gentle, i.e. steamed buns have a soft, light and fluffy texture. 饅 has been simplified to 馒.

馒头，用面粉发酵后蒸成的没有馅的食品 steamed bun

mán/màn

谩

（謾）

形声字。言（讠）表意，像张口说话，表示用言语欺骗人；曼（màn）表声，曼有引、柔美意，表示谩是用美丽动听的谎言引人上当。謾简化为谩。本义是欺骗。

谩 means to deceive. 言（讠）symbolizes speech, i.e. to deceive sb with words. 曼（màn）is phonetic and denotes care for over a long time, i.e. to fool sb with sweet talk. 謾 has been simplified to 谩.

㊀ mán 欺骗；蒙蔽 deceive; hoodwink：欺～ deceive ㊁ màn 轻慢无礼 disrespectful：～骂 swear; curse ｜ ～待 disrespectful

mán

瞒

（瞞）

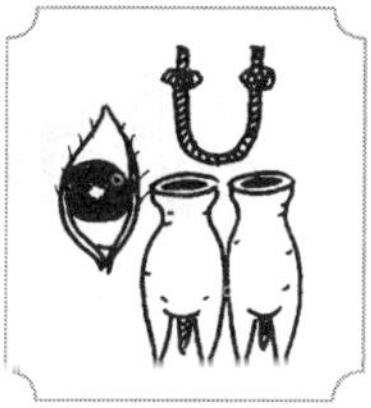

会意字。“目”像眼睛，“㒼”（𬜯）有遮盖义，表示眼皮遮盖住眼睛，㒼（𬜯mán）兼表声。瞞简化为瞒。本义是闭目。引申为使对方不明真相。

瞒 originally meant to close the eyes, and by extension, to deceive. The character consists of 目, an eye and 㒼（𬜯）, which means to cover, i.e. to cover the eyes is to close them. 㒼（𬜯mán）is also phonetic. 瞞 has been simplified to 瞒.

隐藏真实情况 conceal the truth from sb：隐～ hide the truth from sb ｜ ～上欺下 hide the truth and deceive everyone

mǎn

满

（滿）

会意字。“氵”像水流、水珠，“㒼”（𬜯）有完满义，表示充实，㒼（𬜯mán）兼表声。滿简化为满。本是充实。

满 means ample, substantial. It contains 氵, water, and 㒼（𬜯mán）, which is phonetic and denotes perfect, i.e. ample, substantial. 滿 has been simplified to 满.

① 充实，不留空隙 filled; fully packed：充～ full of ｜ ～载 fully loaded ② 达到限度或期限 meet a limit or deadline：～额 fulfill a quota ｜ ～期 expire ③ 全 completely：～面 all over the face ｜ 圆～ perfect ④ 满意 contented：～足 be contented; to satisfy ⑤ 骄傲 arrogant：自～ complacent ⑥ 指满族 Manchus, an ethnic minority group in China

màn 曼

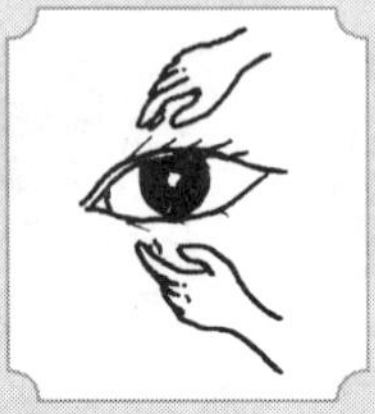

会意字。甲骨文像两手和目，表示用手张目。金文加“冃”，表示拉开蒙覆之意。篆书省去一只手。楷书以日、目、又（手），表示延长。本义是延长。

曼 means to extend. In bone inscriptions, the character shows two hands and an eye, i.e. to open the eyes with hands. In bronze inscriptions, 冃, to lift up a screen, is added. In seal script, the symbol for hand is removed. In regular script, the components comprise 日 (sun), 目 (eye) and 又 (hand).

① 长 long：~延 winding; meander | ~声 lengthened sound ② 柔美 graceful：~妙 melodious | 轻歌~舞 soft music and graceful dancing

màn/wàn 蔓

会意字。“艹”（艸）像草，“曼”有长义，表示蔓草，曼（màn）兼表声。本义是蔓草。

蔓 means vine. It consists of 艹（艸）, grass, as semantic element and 曼（màn）, long, as the phonetic, i.e. vines.

⊖ màn ① 蔓草，有细长的茎，可以缠绕其他植物。Vines, a plant with long slender stem that derives its support from twining or climbing on other plants. ② 像蔓草一样向周围扩展延伸 extend like vines：~延 extend ⊜ wàn 细长能缠绕的茎 tendril：瓜~ melon vine

M

màn 幔

会意字。“巾”像布巾，“曼”有延长、扩展义，表示帐幕，曼（màn）兼表声。本义是帐幕。

幔 means curtain, screen. 巾 depicts cloth; 曼（màn）is the phonetic element which denotes extend.

挂在屋里用作遮挡的布 screen; curtain：布~ cloth curtain | 窗~ window curtain | 帷~ window curtain

màn 漫

会意字。“氵”像水流、水珠，“曼”有延长、扩展义，表示水满向外流，曼（màn）兼表声。本义是水满外流。

漫 originally meant overflow. It consists of 氵, water, and 曼（màn）, which is phonetic and denotes extend, expand, i.e. an overflow of water.

① 水满外流 overflow：河水~出来了。The river has overflowed. ② 满；遍布 full of; everywhere：~山遍野 over hills and dales | 大雾弥~ shrouded in thick fog ③ 随意；不拘束 casual; unrestricted：~谈 informal discussion | 散~ undisciplined; unorganized ④ 长远 long term：~长 long | 路~~ a road that knows no end

谩 423页

màn

慢

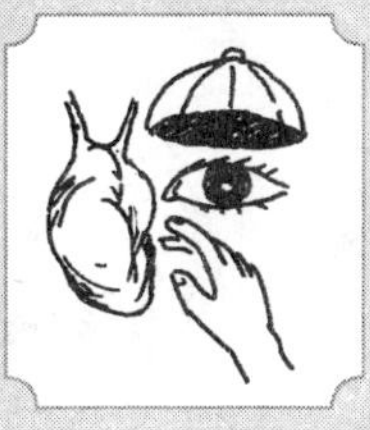

形声字。忄表意，像心脏；曼（màn）表声，曼有长义，表示懒惰的人办事拖拉。本义是懒惰、怠慢。引申为缓慢。

慢 originally meant lazy, idle, then by extension, slow. 忄, heart, is semantic; 曼（màn）represents pronunciation and means 'long', i.e. a lazy person works slowly,dragging out the work.

① 速度低 slow：缓～ slow | ～手～脚 slow in doing things ② 轻视；冷淡 to snub; to cold-shoulder：傲～ arrogant | 怠～ idle and dissolute

máng

芒

会意字。"艹"（艸）像草，"亡"有失义，表示谷类植物籽实外壳上针状的毛细微似有若无。本义是稻麦等外壳上的细刺。

芒 means awn, beard (on grass or grain). 艹（艸）depicts grass, 亡 means disappear, i.e. characterizing the barely visible bristles or tiny hairs on grasses.

① 稻麦等外壳上的细刺 awn; beard：麦～ the awn of wheat | ～刺在背 to have prickles down the back; to feel nervous and uneasy ② 像芒的东西 sharp, pointed things that resemble awn：锋～ cutting edge | 光～ rays of light

máng

忙

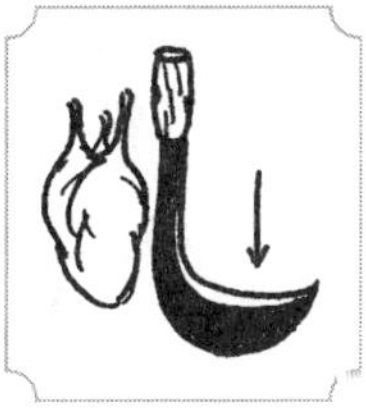

会意字。"忄"古文字像心脏，"亡"有失去义，表示心中急迫易失主张。本义是急迫。

忙 means pressing, urgent. 忄 symbolizes heart; 亡 means to lose, i.e. loss of calm poise as a result of anxiety.

① 急迫 pressing; urgent：急～ in a rush | 慌～ in a flurry | 手～脚乱 to be in a flurry; be flustered ② 事情多，没空闲 busy：繁～ busy | ～里偷闲 to steal a moment of leisure from a packed schedule

máng

盲

会意字。"目"像眼睛，"亡"指失去，表示眼睛失明。本义是眼瞎。

盲 means blind. It consists of 目, which symbolizes the eye, and 亡 which means lose, i.e. eyes that have lost sight.

① 眼瞎 blind：～人 the blind ② 对某种事物没有识别能力 incapable of differentiating certain things：色～ color blind | 文～ illiterate

M

氓 433页

máng 茫

形声字。氵表意，本像水流、现像水珠；芒（máng）表声，芒细微难见，表示水浩渺难见其边际。本义是水面辽阔，看不清边际。

茫 means a wide, boundless expanse of water. It consists of 氵, water, and 芒（máng）, which represents the pronunciation, and means indistinct, i.e. a vast expanse of water that knows no end.

① 宽广无边，模糊不清 vast and indistinct：~~大海 vast sea | 暮色苍~ gathering dusk ② 一无所知 ignorant：~然 oblivious | ~无头绪 clueless

mǎng 莽

会意字。像犬在草丛（艸、茻）中。本义是草丛。

莽 means a thick growth of grass. The character resembles a dog（犬）in a thick growth of grass（艸、茻）.

① 茂密的草 thick growth of grass：草~ thick growth of grass | ~原 wilderness overgrown with grass ② 鲁莽；冒失 rash; reckless：鲁~ rash; impetuous | ~撞 crude and impetuous

māo 猫

会意字。篆书“豸”表意，像食肉兽；楷书“犭”表意，像犬；“苗”像田里长出幼苗，有小意，表示猫是小型食肉动物。猫是会捉鼠的家畜。

猫 means cat. In seal script, 豸, carnivore, is semantic. In regular script, 犭, dog, is the semantic element and 苗 depicts a seedling sprouting in a field, i.e. small. Hence, a small carnivorous animal.

哺乳动物，家畜，能捕鼠 cat：~捉老鼠。Cats hunt rats.

máo 毛

象形字。像兽毛。本义是兽毛。

毛 means hair, fur, feathers. The character resembles a tuft of hair.

① 动植物表皮上所生的丝状物 hair; fur; feather：羊~ wool | 羽~ feather | 眉~ eyebrow ② 粗糙的；没加工的 raw; unprocessed：~样 galley proof ③ 不纯净的 gross (as opposed to "net")：~重 gross weight | ~利 gross profit ④ 粗率；冒失 rough; reckless：~手~脚 clumsy and careless ⑤ 小；细 small; thin：~孩子 little child | ~~雨 drizzle ⑥ 姓 a family name

M

máo
矛

象形字。金文像长矛。矛是古代一种兵器。
矛 means lance, pike. In bronze inscriptions, the character resembles a spear.

古代的兵器，有长柄，一端装有金属的枪头，用来刺敌 an ancient weapon with an iron head fixed on a long pole：长～ spear

máo
茅

形声字。艹（艸）表意，像草，表示茅草；矛（máo）表声，表示茅茎长、穗尖，其形如矛。本义是茅草。
茅 refers to cogon grass. The character is composed of 艹（艸）, grass, and 矛（máo）, which represents pronunciation, and denotes spear, i.e. cogon grass looks like a spear, with a long stem and pointed grain husk.

① 茅草，草本植物名，可用来造纸，根可以做药材 cogon, a type of grass for making paper and medicine：～屋 thatched hut｜初出～庐 without experience ② 姓 a family name

máo
锚
（錨）

会意字。"金"（钅）像箭头、斧头和矿石，表示锚用金属制成；"猫"省犭，表示锚形似猫爪。錨简化为锚。锚是铁制的停船器具。
锚 means anchor. It consists of 金（钅）, metal, and 猫 (cat) without 犭, i.e. an anchor is shaped like a cat's paw. 錨 has been simplified to 锚.

铁制的停船器具，抛入水底可以把船停稳 anchor, a heavy iron object attached to a vessel by rope and cast overboard to keep the vessel in place：铁～ iron anchor｜抛～ to break down｜起～ raise anchor

mǎo
铆
（鉚）

形声字。金（钅）表意，像箭头、斧头和矿石，表示精美的金属；卯（mǎo）表声，卯像打开的门，表示精美的金属会散发光泽。鉚简化为铆。本义是精美的金属。
The original meaning of 铆 was an exquisite metal. It consists of 金（钅）, metal, , and 卯（mǎo）, which is phonetic, and resembles the two sides of an open door. Hence, a fine metal with a sheen (that matches image to reflection like one door to the other). 鉚 has been simplified to 铆.

用钉子把金属件连在一起 fasten with a rivet：～钉 rivet｜～接 fasten with a rivet

M

mào
茂

会意字。“艹”（艸）像草，“戊”指长柄大斧，有高大之意，表示草木高大繁盛。本义是草木繁盛。

茂 means luxuriant. It consists of 艹（艸）, grass, and 戊, an axe with a long handle which connotes sth big and tall, i.e. thick growth of tall grass.

① 草木繁盛 luxuriant foliage：～盛 luxuriant｜根深叶～ deep roots and thick foliage ② 丰富精美 rich and fine：图文并～ text supported with illustrations

mào
冒

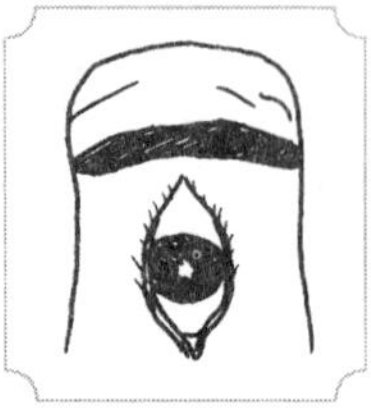

会意字。“冃”像帽子，“目”像眼睛，表示帽戴在目以上的头部，冃（mào）兼表声。本义是帽子，此义现写作帽。

The original meaning of 冒 was hat; this meaning is now represented by 帽. 冃（mào）, is phonetic and depicts a hat; 目 resembles an eye, i.e. hats are worn on the head, above the eyes.

① 顶着；不顾 to brave; to risk：～雨 brave the rain｜～险 take the risks ② 往上升；向外透 rise; emit：～气 steam｜～汗 to sweat ③ 鲁莽；冲动 reckless; impulsive：～失 indiscreet｜～犯 offend sb ④ 以假充真 falsify one's identity：假～ falsify｜～名 assume sb's name

mào
贸
（貿）

形声字。貝（贝）表意，像贝壳，古时曾用作货币，表示交换财物；卯（mǎo）表声，卯像打开的门，贸有出门交换财物意。貿简化为贸。本义是交换财物。

贸 means to trade. The semantic element, 貝（贝）, resembles a seashell, formerly used as currency, here referring to trade or transaction; 卯（mǎo）is phonetic and depicts an opened door, i.e. one ventures out to trade. 貿 has been simplified to 贸.

① 买卖；交易 trade; transaction：～易 trade｜外～ foreign trade ② 轻率；冒失 flippant; reckless：～然从事 to act rashly

mào
帽

会意字。“巾”像布巾，古人常以巾裹发，或将巾折叠为帽；“冒”像帽子（冃）戴在眼睛（目）之上的头部；冒（mào）兼表声。本义是帽子。

帽 means a hat. 巾 depicts a piece of cloth. In the past, hats were like turbans, made with folded cloth. 冒（mào）represents pronunciation and resembles a hat（冃）worn on the head, above the eyes（目）.

① 帽子 hat：草～ straw hat｜军～ soldier's cap ② 形状或作用像帽子的东西 object shaped like and functioning as a cap：笔～ pen cap｜螺丝～ screw nut

M

mào

貌

会意字。篆书“頁”（页）、楷书“皃”，皆像夸大了头部的人；“豸”像野兽，以野兽的特征明显表示人的面容显现在外。本义是容貌。

貌 means looks, appearance. **頁（页）** in seal script and **皃** in regular script both depict a man with an over-sized head. **豸** represents a wild beast with distinctive features. Hence, man and beast both with distinctive appearance.

① 相貌；面容 looks; appearance：容～ appearance｜以～取人 judge a person by his looks ② 外表；外观：外～｜～合神离 appear united but be divided at heart

me

么

（麽）

会意字—象形字。“么”像一束丝，“麻”像屋檐下有缕缕细麻，表示细小。麽简化为么。本义是细小。

么's original meaning was fine, tiny. It contains **么** which resembles silk thread and **麻** which depicts strands of hemp under a roof, i.e. sth that is fine and delicate. **麽** has been simplified to **么**.

① 词尾 suffix：这～ so (much)｜多～ how｜怎～ how; why ② 助词，用在前半句末了 particle added to a phrase for euphony：干呀～干起来！Let's make it work!

méi

玫

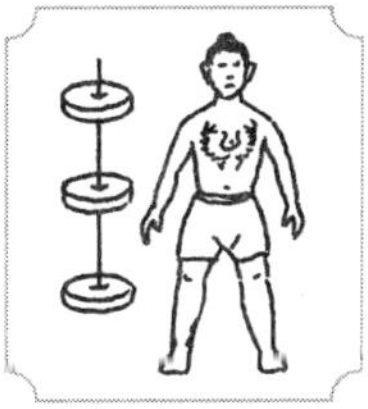

会意字。“王”（玉）像一串玉，“文”有华美义，表示玫瑰是美玉。玫瑰本是美玉名。后指一种落叶灌木。

The core meaning of **玫** was gemstone; by extension, it came to mean rose. **王（玉）** resembles a string of jade and **文**, design, denotes beautiful, i.e. **玫** (or **玫瑰**) is a gemstone.

［玫瑰］落叶灌木，枝有刺，花有红、黄、白等色，香味很浓，可以做香料。Rose, a deciduous shrub with prickly stem and flowers in red, yellow or white; its flowers have fragrance and are used for perfumes.

méi

枚

会意字。“木”像树，表示树干；“攴”像手举杖，表示树干可以用作杖。本义是树干。现用作量词。

The original meaning of **枚** was stem or cane; later, it came to be used as a noun classifier. It consists of **木**, tree, i.e. tree trunk; and **攴**, which shows a hand holding a cane, like a stem.

量词，多用于小物件，相当于“个” measure word for small items, similar to：一～奖章 a medal｜不胜～举 too many to count

M

méi 眉

象形字。像目上有眉毛。本义是眉毛。

眉 resembles and means an eyebrow.

① 眉毛 eyebrow：~梢 tip of the brow | 浓~ heavy brows | ~开眼笑 look happy ② 书页上端的空白处 blank spaces at the top of a page：~批 notes and commentaries at the top of a page

méi 梅

会意字—形声字。金文"木"像树，"某"像梅树上有梅子。篆、楷书木表意，每（měi）表声，兼表梅树每年初春开花。本义是梅树。

梅 means Chinese plum. In bronze inscriptions, 木 symbolizes a tree and 某 shows a plum tree with plums. In seal and regular scripts, 木 is semantic and 每（měi）,"every", is phonetic, i.e. Chinese plum blooms every spring.

① 落叶乔木，性耐寒，初春开花，有红、白等色，可供观赏，果实叫梅子，味酸甜，可以吃。Chinese plum, a deciduous tree, cold-resistant with beautiful red or white flowers that bloom in early spring; its fruit is edible and has a sweet and sour taste. ② 姓 a family name

M

méi 媒

会意字。"女"像女子，表示媒人多为女性；"某"是梅的本字，梅子古时用作调味品，表示媒是撮合男女成婚之人。本义是说合婚姻的人。

媒 means a matchmaker. 女 symbolizes woman, i.e. matchmakers were mostly women. 某 was the original form of 梅, a seasoning widely used in ancient times that adds flavors to complete a dish. Thus, by analogy, 媒 refers to a person who brings suitable men and women together to complete a marriage.

① 介绍婚姻的人 matchmaker：~婆 matchmaker | 做~ to be a matchmaker ② 起联系作用的 go-between：~介 medium | ~体 media

méi 楣

形声字。木表意，像树，表示门楣用树木制成；眉（méi）表声，眉在目上起保护目的作用，表示楣在门上起保护门的作用。本义是门框上边的横木。

楣 means the lintel of a door. 木, tree, is semantic, i.e. lintels are made of wood. 眉（méi）is phonetic and means eyebrows, which protect the eyes just as a lintel protects a door.

门框上边的横木 a horizontal beam over a door：门~ lintel of a door

méi

煤

形声字。火表意，像火苗迸出火星；某（mǒu）表声，某像梅树，表示燃烧树木而成烟灰。本义是烟灰。

煤 originally meant ash. 火, fire sparks, is semantic; 某 (mǒu) represents pronunciation and means plum tree, i.e. a tree burnt to ashes.

黑色矿物，由长期埋在地下的古代植物变成，是重要的燃料和化工原料 coal, a black carbonaceous rock formed from fossilized plants; a major fuel and raw material in manufacturing：～炭 coal | ～矿 coal mine

méi

霉

（黴）

会意字。“黑”像火（灬）将烟囱熏黑，表示物品因久雨受潮而发霉呈青黑色；“黴”省𠘧，表示霉点细小。简体字表示每逢下雨可能发霉，每（měi）兼表声。本义是发霉。

霉 means to turn moldy. 黑 shows a chimney blackened by soot from a fire (灬) , i.e. soot is like black or green mould that forms on the surfaces of objects in damp weather. 黴 (tiny) without 𠘧 suggests specks of mould. The simplified form has 每 (every) and 雨 (rain), i.e. mould forms under damp conditions.

东西因受潮生菌而变质 turn moldy：发～ turn moldy | ～烂 mildew and rot

M

měi

每

象形字。像插簪、戴头饰的女子，突显其双乳以表示成年女子。本义是母亲，此义现写作母。常用义是各个。

The original meaning of 每 was mother, a meaning later represented by 母. The character depicts a well-endowed woman adorned with many hair accessories, i.e. an adult female. 每 is now commonly used to mean every.

① 各个 every; each：～个 every; each | ～人 every one | ～月 every month ② 各次 each time：～次 every time | ～逢 whenever

měi

美

会意字。像戴着羊形头饰的人，表示美丽。本义是美丽。

美 means beautiful, pretty. It depicts a man wearing a hat that looks like a goat's head, i.e. sth beautiful.

① 漂亮；好看 beautiful; pretty：～丽 beautiful; pretty | ～貌 good looks ② 使好看 beautify：～容 beautify appearance | ～化 beautify ③ 好的；令人满意 happy; satisfactory：～味 tasty | ～德 virtue | ～满 happy ④ 美洲、美国的简称 abbrev for America and the United States of America：南～ South America | ～元 US dollar

mèi 妹

形声字。女表意，像女子，表示妹妹；未（wèi）表声，未有不足意，表示妹年龄不及兄、姐。本义是妹妹。

妹 means younger sister. It consists of 女, female, i.e. younger sister; and 未（wèi）, which indicates pronunciation and denotes not or not yet, i.e. a sister not yet the age of her other sisters or brothers.

同辈女性中年龄比自己小的 younger female of the same generation：～～ younger sister | 兄～ elder brother and younger sister | 表～ younger female cousin

mèi 昧

会意字。“日”像太阳，“未”有不义，表示日光不明亮。本义是昏暗。

昧 originally meant gloomy. 日 depicts the sun and 未 means not enough, i.e. not enough light.

① 糊涂；不明事理 ignorant; uncultured：愚～ ignorant | 蒙～ uncultured ② 隐藏 hide：拾金不～ return the money that one finds

M

mèi 寐

形声字。宀像房屋，爿像床板，表示在屋内床上睡觉，未（wèi）表声。本义是睡。

寐 means sleep. 宀 depicts a house and 爿 shows a wooden bed, i.e. to sleep on a bed in a house. 未（wèi）is the phonetic element.

睡 sleep：梦～以求 to crave for sth day and night | 夜不能～ unable to sleep at night

mèi 媚

会意字。“女”像女子，“眉”像眉毛，表示眉能展现女子的妩媚，眉（méi）兼表声。本义是美好、可爱。

媚 means beautiful, adorable. 女 depicts a woman and 眉 symbolizes an eyebrow, i.e. a woman exudes charm with her eyebrows. 眉（méi）represents pronunciation.

① 美好；可爱 beautiful; adorable：妩～ charming | 春光明～ bright spring ② 讨好巴结 curry favor with：献～ toady to | 谄～ flatter mén

门

（門）

象形字。像门。简体字像门框。本义是建筑物的出入口。

门 resembles and means a door. In simplified form, the character resembles a door frame.

① 建筑物的出入口 door; gate：校～ school gate | ～牌 house number plate ② 像门的东西 objects similar to a door：球～ goal | 闸～ sluice gate ③ 途径；诀窍 way; trick of the trade：～路 way to do sth | 窍～ the key to; knack ④ 家；家族 family; clan：一～老小 whole family ⑤ 类别 class; category：～类 class; category ⑥ 派别 sect; school of thought：佛～ Buddhism ⑦ 量词 measure word：一～大炮 a cannon

mèn/mēn

闷

（悶）

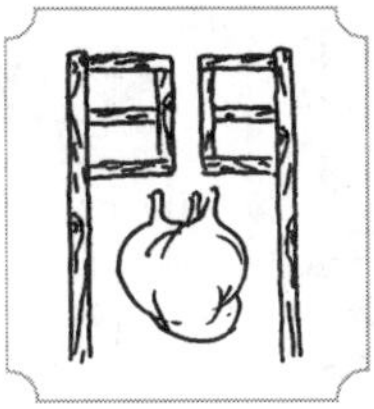

会意字。"心"像心脏，"門"（门）像门，以关门表示心中憋闷，門（门 mén）兼表声。悶简化为闷。本义是憋闷。

闷 means bored, depressed. 心 depicts a heart; 門（门 mén）is phonetic and represents a door, in this case, a closed door, i.e. to feel stifled or stuffy. 悶 has been simplified to 闷.

㊀ mèn ① 心情不舒畅 in low spirits：苦～ depressed; down-hearted ② 密闭 sealed：～罐车 boxcar ㊁ mēn ① 空气不流通 stuffy：～热 hot and stuffy ② 不显露；不出来 to shut oneself in the house：～在家里 to shut oneself at home ③ 声音不响亮 muffled：～声～气 in a muffled voice ④ 盖上不使透气 to cover or seal in a container：～饭 braised rice

men

们

（們）

形声字。亻表意，像人；門（门 mén）表声，像门，因门内往往不只一人，表示们是人的复数。們简化为们。本义是人的复数。

们 used after a pronoun or noun referring to a person to indicate plurality. 亻, a man, is semantic. 門（门 mén）, door, represents pronunciation. Hence, people within a house, representing plurality. 們 has been simplified to 们.

人的复数 an adjunct used after a pronoun or noun referring to a person to indicate plurality：你～ all of you | 他～ they | 咱～ we; us

méng/máng

氓

会意字。"民"本像目被锐物刺瞎，指奴隶，"亡"有逃跑义，表示逃离故乡而来的没社会地位的百姓。本义是外来的百姓。泛指百姓。

氓 originally meant common people from another place; now it refers to common people, populace, in general. 民 originally depicted an eye stabbed by a sharp object, i.e. slaves; 亡 denotes to escape, i.e. people who have fled from their homeland and have no social status.

㊀ méng 古代称老百姓 an ancient term for common people ㊁ máng 不务正业、为非作歹的人 a rough, lawless person without a proper occupation：流～ hooligan; ruffian

蒙 434页

méng/
mēng/
měng
蒙

形声字。艹（艸）表意，像草；冡（méng）表声，冡有覆、蒙住义，表示缠覆在别的植物上的蔓草。本义指一种寄生的蔓草。矇、濛、懞今归并简化为蒙。

蒙 originally meant dodder, a type of parasitic vine. 艹（艸）, grass, is semantic; 冡（méng）is phonetic and denotes to cover or envelop, i.e. vines twine around other plants for support. **矇、濛、懞** are now all simplified and grouped into 蒙.

㊀ méng ① 遮盖 cover; envelop：～住 cover ② 没有知识 ignorant：～昧 uncivilized ③ 受到 suffer：～难 fall into the clutches of the enemy ㊁ mēng ① 欺骗 cheat; deceive：～骗 deceive ② 胡乱猜测 make a wild guess：瞎～ make a wild guess ③ 昏迷 unconscious：～头转向 to lose one's bearings ㊂ měng ① 蒙古族的简称 Mongolian ② 蒙古人民共和国的简称 Mongolia：中～ Sino-Mongolia

méng
萌

会意字。“艹”（艸）像草，“明”有明亮、显露、不隐蔽义，表示草木之芽破土而出虽细小却明显可见。本义是草木发芽。

萌 means sprout. 艹（艸）, grass, is semantic; 明 suggests obvious, distinct, i.e. a seedling that grows out of the soil though small is noticeable.

① 植物发芽 sprout; bud：～芽 sprout ② 发生；开始 begin; start：～生 arise | 故态复～ to relapse into old habits

méng
盟

会意字。金文、篆书“皿”像器皿中有血，楷书“皿”像器皿，“明”金文、篆书像月亮和窗户，楷书像太阳和月亮，表示结盟缔约时杀牲歃血昭告神明。本义是盟誓缔约。

盟's original meaning was to take an oath and sign a treaty. 皿, in bronze inscriptions and seal script, shows a vessel containing blood. 皿 in regular script, symbolizes a vessel. 明 in bronze inscriptions and seal script resembles a moon and a window; while in regular script, it appears to be a sun and a moon, i.e. swearing an oath or making a treaty used to be accompanied by the ritual of slaughtering an animal and drinking its blood.

① 集团之间或国家之间的联合：～约 treaty of alliance ② 结拜的 sworn：～兄 sworn brothers

méng
檬

形声字。木表意，像树，表示柠檬树；蒙（méng）表声，蒙有包裹义，表示柠檬的果实有厚皮包裹。本义是柠檬。

檬 means lemon. 木, tree, is semantic, i.e. lemon tree; 蒙（**méng**）is phonetic and means to cover or wrap, i.e. the fruit of a lemon tree is covered by a thick rind.

柠檬树，常绿乔木，生长在热带或亚热带。果实叫柠檬，味酸，可做饮料。果皮可提取柠檬油。Lemon, an Asian evergreen tree with edible fruit that tastes sour and can be made into beverages. Lemon oil can also be extracted from the rind of the fruit.

méng

朦

会意字。"月"像月亮，"蒙"指遮盖，表示月亮被云蒙住其光就不明亮，蒙（méng）兼表声。本义是月光不明。

朦 means dim, obscure. 月 depicts the moon, 蒙（méng）is phonetic and means to cover, i.e. moon obscured by clouds, casting a dim moonlight.

［朦胧］月光不明；泛指模糊不清 dim moonlight; obscure：月色～dim moonlight | 暮色～evening haze

měng

猛

形声字。犭表意，像狗，表示凶猛的狗；孟（mèng）表声，孟有大的意思，表示大狗凶猛。本义是凶猛的狗。引申为勇猛、猛烈。

猛 originally meant a ferocious dog, then by extension, valiant, violent, fierce. It consists of 犭, a dog, and 孟（mèng）, which is phonetic and denotes big, i.e. a big, ferocious dog.

① 气势壮；力量大 vigorous; strong：勇～ valiant | 凶～ ferocious; violent ② 突然 suddenly：～然 abruptly | ～醒 wake up suddenly

M

měng

锰

（錳）

形声字。金（钅）表意，像箭头、斧头和矿石，简体像箭头和钩子，表示锰是一种金属；孟（mèng）表声，孟指头生子，同辈中排行最大，表示锰硬度大。錳简化为锰。锰是金属元素名。

锰 means manganese. 金（钅）, metal, is semantic; in simplified form, the component resembles an arrow head and a hook, i.e. manganese is a metal. 孟（mèng）indicates pronunciation and denotes the eldest male of the same generation, i.e. manganese is a hard and highly resistant metal. 錳 has been simplified to 锰.

金属元素，符号Mn，是制造合金、特种钢的重要原料 manganese (Mn), used for making manganese steel and other alloys：～钢 manganese steel

mèng

孟

会意字。"子"像婴儿，"皿"像器皿，表示婴儿一出生便用器皿盛水净洗。本义是头生子。

孟 originally meant the eldest among brothers. 子 depicts a baby, 皿 resembles a vessel, i.e. a new-born baby bathed in a tub of clean water.

① 兄弟姐妹中排行最大的 eldest：～仲叔季 the eldest, second, third and youngest brother ② 四季中的开头的月份 first month of a lunar season：～春 first month of spring | ～秋 first month of autumn ③ 姓 a family name

蒙 434页

mèng

梦

（夢）

会意字。甲骨文像人睡在床上，突出人的眼睛，表示梦中会看见东西。篆、楷书“夕”本像月亮，指夜晚，表示夜晚睡觉时做梦；“瞢”省目，瞢有目不明义，表示梦中事物模糊不清。简体字夕、林，表示月亮升起在树林之上，人们进入梦乡。本义是做梦。

梦 means to dream. In bone inscriptions, the character depicts a man sleeping on a bed and an eye above him, i.e. seeing images in dreams. In seal and regular scripts, 夕 shows a moon, i.e. the night, when people sleep and dream. 瞢 without 目 denotes unclear, i.e. images in dreams are hazy. The simplified form has 夕 (moon) and 林 (woods), i.e people dream when the moon rises over trees.

① 睡眠中的幻象 dream：美～ a beautiful dream ② 做梦 to dream：～见 dream of ③ 幻想fantasize：～想 dream of; vainly hope for | ～幻 dream

mī

咪

形声字。口表意，像张开的嘴，表示咪是从动物嘴中发出的叫声；米（mǐ）表声，米有小意，表示羊的叫声音量不大。本义是羊叫。现形容猫叫的声音。

咪 originally referred to bleat, the sound of a sheep; later, it came to mean meow or mew, the sound of a cat. It consists of 口, an open mouth, and 米（mǐ）, rice, which represents pronunciation and symbolizes small, i.e. the bleat of a sheep is soft.

象声词 onomatopoeia：小猫～～叫。Cats meow.

mí

弥

（彌）

会意字。“弓”本像一张弓，表示放松弓弦；“爾”（尔）像络丝架，表示放松的弓弦像络丝架上的丝。彌简化为弥。本义是把弓弦放松。

弥 originally meant to loosen or unstring a bow. 弓 resembles a bow, suggesting to loosen a bow. 爾（尔）represents a loom. A loosened bow string is like the silk thread on a loom. 彌 has been simplified to 弥.

① 满；遍 full of; covered with：烟雾～漫 shrouded in haze | ～天大谎 an outrageous lie ② 填补 fill：～补 make up for | ～缝 cover up ③ 更加 more; even more：欲盖～彰 attempt to cover up a mistake, only to make it more conspicuous

mí

迷

形声字。辶（辵）表意，像路和脚，表示迷失了方向、道路；米（mǐ）表声，米字的形体像四通八达的样子，表示人在四通八达处易迷路。本义是迷惑。

The core meaning of 迷 is confuse, puzzle. It consists of 辶（辵）, a path and a foot, and 米（mǐ）, which is phonetic and resembles a crossroad, i.e. a place at which it is easy to get confused and lose one's way.

① 分辨不清 unable to differentiate：～路 lose one's way | ～航 lose one's course ② 沉醉其中 indulge in：～恋 fascinated by | 着～ addicted to ③ 沉醉于某种事物的人 devotee of certain things; fan：棋～ chess fan | 球～ (ball game) fan ④ 诱惑 entice; lure：财～心窍 have one's head turned by greed; money-grubbing

眯 437页

mí/mī 眯

形声字。目表意，像眼睛；米（mǐ）表声，米是细小之物，表示眯是细小之物进入眼睛。本义是尘土等进入眼中。引申为眯眼。

眯 's original meaning was dust in the eyes, then to squint or narrow the eyes. The character consists of 目, eye, and 米（mǐ）, which is phonetic and shows grains of rice, i.e. small particles getting into the eyes.

㊀ mí 尘埃等进入眼中，眼无法睁开 dust etc gets into one's eyes, making it difficult for one to see：灰沙～眼 dust and sand gets into one's eye ㊁ mī ① 眼皮微合 narrow one's eyes：～着眼笑 narrow one's eye into a smile ② 小睡 nap：～一会儿。Take a nap.

mí 谜（謎）

会意字。“言”（讠）像张口说话，“迷”表示迷惑，表示谜是让人猜测的言语，迷（mí）兼表声。謎简化为谜。本义是谜语。

谜 means a riddle. 言（讠）symbolizes speech, 迷（mí）is phonetic and means perplex, puzzle, like a riddle. 謎 has been simplified to 谜.

① 谜语，暗示事物或文字供人猜测的语句 riddle; conundrum：灯～ riddle on a lantern｜猜～ answer a riddle ② 难以理解或还未弄明白的事情 mystery; puzzle：野人之～ the mystery of wild men

mí 縻

会意字。“米”像稻米，“麻”像屋檐下晾晒着纤麻，表示将米煮如烂麻即成粥。本义是粥。引申为烂。

縻 originally meant gruel, porridge, extended to mean rotten. It consists of 米, rice, and 麻 which resembles hemp fibers sun-dried under a roof, i.e. rice becomes gruel when it is cooked to a pulp.

① 粥 gruel; porridge：肉～ meat porridge ② 烂 rotten：～烂 rotten to the core ③ 浪费 waste：～费 waste

mǐ/mí 靡

会意字。“非”像翅膀左右分张，“麻”像屋檐下晒着缕缕纤麻，表示相背、散乱。本义是散乱。引申为倒下。

靡 originally meant disperse, then to fall over. 非 resembles a pair of wings outstretched; 麻 depicts strands of hemp fibers drying under a roof, i.e. spread out, dispersed.

㊀ mǐ 倒下 fall over：所向披～ to sweep away all obstacles｜风～一时 to become fashionable for a time ㊁ mí 浪费 waste：～费 waste｜奢～ extravagant; wasteful mǐ

米

象形字。像从稻秸上脱落下来的米粒。本义是去壳的谷。

米 means husked rice. The character resembles rice grains separated from the stalk.

① 谷物去壳后的子实 husked seed：小～ millet | 高粱～ sorghum rice ② 特指稻谷去壳后的子粒 husked rice：大～ husked rice | ～饭 cooked rice ③ 长度单位，一米为一百厘米，等于三市尺 meter; 1 meter equals 100 centimeters or 3 Chinese chi ④ 姓 a family name

mì

觅

（覓）

会意字。“爪”像手，“見”（见）像人张大眼睛，表示用眼和手寻找。覓简化为觅。本义是用手和眼去寻找。

觅 means to search. 爪 depicts a hand and 見（见）depicts a man with eyes wide open, i.e. to search with eyes and hands. 覓 has been simplified to 觅.

寻找 search：寻～ search; hunt for | ～食 look for food

mì/bì

泌

形声字。氵表意，像水流、水珠；必（bì）表声，必有一定义，表示泉眼位置固定，且一定会涌出泉水。本义是泉水涌流。引申指液体由细孔排出。

泌's core meaning was spring water flowing, and by extension, liquid oozing from a small opening. The character is composed of 氵, water, and 必（bì）, which is phonetic and denotes "certain to, sure", i.e. a spring is certain to flow if its source is secure.

❶ mì 液体由细孔排出 ooze：分～ secrete | ～尿 urology ❷ bì ［泌阳］地名，在河南省 Bi Yang in Henan Province, China

mì/bì

秘

会意字。篆书“礻”像祭桌，“必”指一定，表示神必是隐秘的。楷书“禾”像谷类植物，“必”指一定，表示自家的粮食收成必对他人保密。本义是神。引申为神秘。

The original meaning of 秘 was god, extended to mean secret or mysterious. In seal script, 礻 shows an altar table, 必 denotes necessary, i.e. gods are necessarily mysterious. Regular script has 禾, grain, and 必, necessary, i.e. necessary to keep one's own supply of grain secret.

❶ mì 隐蔽；不公开 hide; keep private：神～ mysterious | ～密 secret ❷ bì ［秘鲁］国名 Peru mì

密

形声字。山表意，像山，表示三面围住一面敞开状如堂屋的山；宓（mì）表声。本义是形状像堂屋的山。引申为密度大、稠密。

密 originally referred to a mountain shaped like the main hall of a building; by extension, it came to mean compact, dense. It consists of the semantic element 山, mountain, and 宓（mì）as phonetic.

① 距离短；空间小 close; small：～集 densely packed | ～布 densely covered ② 亲近 be close to：亲～ intimate | ～切 closely ③ 精致；细致 fine; meticulous：精～exquisite | 细～ meticulous ④ 不公开 private：保～ keep confidential | ～码 secret code; password

mì

蜜

形声字。虫表意，像虫，表示蜜是蜜蜂分泌出来的；宓（mì）表声，宓有安宁义，蜜蜂春夏酿蜜，就能安然度过秋冬。本义是蜂蜜。

蜜 means honey. It consists of 虫, worm, insect, i.e. honey is produced by bees, and 宓（mì）, which is phonetic and denotes silent, peaceful, i.e. honey, produced by bees in spring and summer allowing them to pass autumn and winter peacefully.

① 蜂蜜，蜜蜂采取花的甜汁酿成的东西 honey, a sweet substance produced by bees from the nectar of flowers：～汁 honey | 酿～ make honey | 割～ cut honeycombs to get honey ② 甜美 sweet：甜～sweet | 甜言～语 sweet talk

mián

眠

会意字。“目”像眼睛，“民”本像目被刺瞎，有目盲意，表示闭上眼睛如目盲。本义是闭目合眼。引申为睡眠。

The core meaning of 眠 was to shut the eyes, extended to mean sleep. It consists of 目, eye, and 民, which depicts an eye blinded by a sharp object, i.e. close eyes as if blind.

① 睡觉 sleep：睡～sleep | 失～insomnia ② 某些动物的一种生理现象，在一个特定的时间内不吃不动 hibernate; be dormant：冬～ hibernate | 蚕～inactive state

mián

绵

（緜）

会意字。篆书“系”像手提丝，楷书“糸”（纟）像丝，“帛”指丝织品，表示用蚕丝加工成的絮状物。緜简化为绵。本义是丝棉。

绵 originally meant silk floss. In seal script, 系 shows a hand holding silk thread. In regular script, 糸（纟）represents silk and 帛 means silk fabrics, i.e. silk processed and made into silk floss. 緜 has been simplified to 绵.

①用蚕丝加工成的像棉花那样松软的东西 silk floss：丝～ silk floss ② 柔软；薄弱 soft; fragile：～软 soft | ～薄 meager ③ 延续 continuous：～延 continuous | 连～不断 endless mián

棉

会意字。“木”像树，表示木棉；“帛”是丝织物，表示木棉可用来纺织。本义是木棉。

棉 means red silk cotton tree, also known as kapok tree. The character consists of 木, tree, and 帛, silk fabrics, i.e. fabrics made from cotton.

① 草棉、木棉的统称 general term for cotton and kapok：～田 cotton field｜～农 cotton grower ② 棉花，棉桃中的纤维 cotton wool：～纺 cotton spinning｜～布 cotton cloth

miǎn

免

会意字。金文像人头戴冠冕。本义是帽子，此义现写作冕。引申为去掉、除去。

免's original meaning was a hat, which was later represented by 冕. By extension, it came to mean exempt, remove. In bronze inscriptions, the character resembles a man wearing a crown.

① 去掉；除去 exempt; remove：～去 remove｜～职 dismiss; dispense with sb's service｜～费 free of charge ② 避开 avoid：避～ avoid; avert｜～疫 immunity ③ 不要 not allowed：～开尊口 keep quiet｜闲人～进 no admittance to unauthorized personnel

M

miǎn

勉

形声字。力表意，像农具，表示用力、努力；免（miǎn）表声，免有不要义，表示勉是不要惜力，要努力。本义是尽力。

勉 means strive, do one's utmost. 力 is semantic and resembles a farming tool, i.e. to exert strength; 免（miǎn）is phonetic and means avoid, i.e. spare no effort, avoid holding back.

① 尽力；努力 strive; do one's utmost：～力 strive｜勤～ diligent ② 鼓励 encourage：～励 encourage｜共～ mutual encouragement ③ 勉强 do sth with difficulty：～为其难 undertake to do a difficult job as best one can

miǎn

娩

会意字。“女”像女子，“免”有去掉义，表示女人生孩子，婴儿脱离母体，免（miǎn）兼表声。本义是分娩。

娩 means childbirth. It consists of 女, woman, and 免（miǎn）as the phonetic element, meaning leave, discharge, i.e. as when the baby leaves the mother's body in birth.

妇女生孩子 childbirth; delivery：分～ childbirth

miǎn 冕

会意字。“冃”像帽子，“免”本像人头戴冠冕，免（miǎn）兼表声。本义是帝王诸侯等戴的礼帽，后专指帝王戴的礼帽。

冕 originally meant crown, coronet; now it specifically means an emperor's crown. 冃 is a hat; 免 （miǎn）is phonetic and depicts a man wearing a crown.

帝王诸侯等戴的礼帽，后专指帝王的礼帽 crown or coronet worn by an emperor, prince or duke etc：冠～ crown | 加～ crown; coronation

miǎn 缅 （緬）

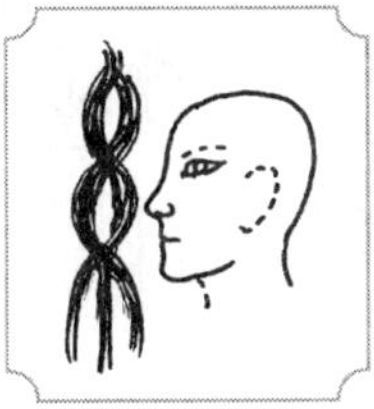

形声字。糸（纟）表意，像丝；面（miàn）表声，面突出脸宠上的眼睛，表示细丝需仔细看才能看清楚。緬简化为缅。本义是细丝。引申为遥远。

The core meaning of 缅 was fine silk; by extension, it came to mean far off. 糸（纟）, silk, is semantic; 面（miàn）represents pronunciation and means the face, or here, the eyes, i.e. fine silk thread requires scrutiny to be seen clearly. 緬 has been simplified to 缅.

① 遥远 far back：～怀 cherish the memory of ② 缅甸的简称 abbrev for 缅甸, Myanmar (Burma)

miàn 面 （⑥⑦麵）

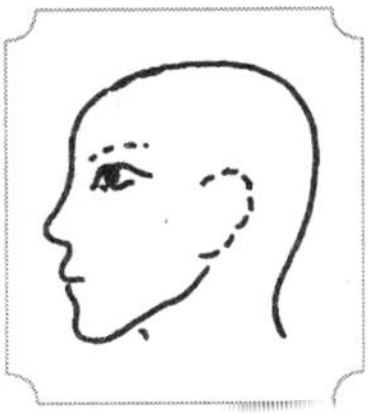

象形字。像人的脸，勾画出面庞和眼睛。本义是脸。面和麵原是不同的字，现归并简化为面。

面 means face. The character depicts a man's face and eyes. 面 and 麵 are originally different characters. 麵 is later simplified and grouped into 面.

①脸 face：～容 look; appearance ②当面；面对 face to face; facing：～谈 talk face to face | ～临 facing ③ 物体的表层 surface：地～ ground surface | 封～ cover (of a book etc) ④ 部位；方面 bearing; direction：反～ reverse side | 全～all sides; all aspects ⑤量词 measure word：二～旗 two flags ⑥ 麦子或其他粮食磨成的粉；泛指粉末 flour; powder：～粉 flour | 胡椒～ powdered pepper ⑦ 面条 noodles：汤～ soup noodles

miáo 苗

会意字。“艹”（艸）像草，“田”像农田，表示田里像草的植物是禾苗。本义是禾苗。泛指初生的植物。

苗 originally meant grain seedling; now it means any seedling, young plant. 艹（艸）, grass, is semantic; 田 is a cultivated field, i.e. seedlings like grasses in a field.

① 初生的植物 seedling; young plant：秧～ rice seedling | ～圃 nursery of young plants ② 某些初生的动物 the young of an animal：鱼～ young fish; fry | 猪～ piglet ③ 像苗的东西 sth resembling a young plant：火～ fire sparks | ～头 traces of a trend ④ 姓 a family name miáo

描

形声字。扌表意，像手，表示手执笔描画；苗（miáo）表声，苗像田里长出幼苗，有幼小意，表示一小笔、一小笔地摹画。本义是描画。

描 means trace, copy. 扌, hand, is semantic, suggesting tracing a design with a pen; 苗（miáo）is phonetic and means a small seedling, i.e. trace a design or painting a stroke at a time.

照样子写或画 trace; copy：～写 depict; portray | ～摹 depict by spoken or written language | ～绘 describe; portray

miáo

瞄

会意字。“目”像眼睛，“苗”指幼苗，有小意，表示眼睛眯得小小的聚焦在目标上，苗（miáo）兼表声。瞄是眼睛盯着目标看。

瞄 means to fix one's gaze on sth. The character consists of 目, eye, and 苗（miáo）, which is a phonetic and means seeding, i.e. sth small, thus, to fix one's gaze on sth through narrowed eyes.

眼睛盯着目标看 fix one's gaze on：～准 aim

miǎo

秒

会意字。“禾”像谷类植物，“少”有小义，表示穗的芒刺。本义是禾穗上的芒刺。以秒作计算单位，皆有细微意。

秒 originally meant a spike of a grain; it also means a second (1/60 of a minute) and is commonly used to denote very small, fine. 禾 resembles grain; 少 means small, i.e. an ear of grain, a spike.

① 计算时间的单位，六十秒为一分，六十分为一小时 1 second, 1/60 of a minute ② 计算圆周角度的单位，六十秒为一分，六十分为一度 arc or angle; 1 degree of latitude or longitude

miǎo

渺

形声字。氵表意，本像河流，现像水珠，表示水面辽阔；眇（miǎo）表声，眇有极目仍看不见边的意思。本义是不见边际的辽阔水面。

渺 means vast, boundless expanse of water. It consists of 氵, water, as semantic, representing a wide expanse of water, and 眇（miǎo）as phonetic, which denotes unable to see the end of sth.

① 水势辽阔 vast expanse of water：烟波浩～ misty expanse of water ② 微小 fine; tiny：～小 insignificant miǎo

藐

形声字。艹（艸）表意，像草，表示紫草；貌（mào）表声。本义是紫草。引申为小。

藐 originally signified a plant known as puccoon or Chinese gromwell, later extended to mean small, tiny. It is composed of 艹（艸）, grass, and 貌（mào）as a phonetic element.

小 small; tiny：～小 tiny; insignificant｜～视 despise

miào

妙

会意字。“女”像女子，“少”指年少，表示少女。本义是少女。引申为美好。

妙 originally meant a young lady; now it means fine, excellent. 女 is woman; 少 denotes young, i.e. a young lady.

① 美好 fine; excellent：美～ excellent｜～龄少女 young lady ② 奇巧；神秘 ingenious; subtle：奇～ wonderful｜～计 excellent plan

miào

庙

（廟）

会意字。“广”像房屋，“朝”有参拜义，表示供子孙祭祀的宗庙。简体字“广”像房屋，“由”指来历，表示宗庙。本义是宗庙。

The root meaning of **庙** is ancestral temple. **广** shows a house; **朝** denotes to worship, i.e. a building for worship. The simplified graph has **广**, building, and **由**, source or origin, a building for worshipping one's origins—one's ancestors.

① 供奉祖先及历史名人的处所 temple; shrine：家～ family shrine｜孔～ Confucian temple ② 庙会，设在寺庙里或附近的集市 temple fair：赶～ go to a temple fair

miè

灭

（滅）

会意字。“氵”像流水、水珠，表示水可灭火；“威”表示熄火；威（miè）兼表声。简体字一、火，像用东西把火盖灭。本义是熄灭。

灭 means extinguish. It consists of 氵, water, for dousing fires, and **威**（miè）, which indicates pronunciation and also means to douse a fire. The simplified form depicts fire（火）that can be snuffed out by covering it with an object（一）.

① 火熄了；使火熄掉 (of fire etc) to go out; put out a fire：熄～ extinguish; douse｜～火 extinguish a fire ② 除掉；使不存在 destroy; wipe out：消～ wipe out｜～蝇 exterminate flies ③ 淹没 drown：～顶之灾 fatal disaster

M

miè

蔑

（②衊）

会意字。“苜”有眼睛无神义，“戍”像军士持戈守卫，表示过度疲劳而眼力不济。本义是过度疲劳，眼睛无神。引申为小看、轻视。衊今简化为蔑。

蔑 originally meant over-exhausted, listless; later, it also came to mean despise, look down on. The character is composed of 苜, which denotes listless eyes, and 戍, which depicts an armed soldier standing guard, representing weakened attention, resulting from exhaustion. 衊 has been simplified to 蔑.

① 小；轻 small; light：～视 despise; show contempt for; look down on｜轻～ disdain; scorn ② 毁谤 slander：诬～ slander; defame｜污～smear

mín

民

会意字。金文像眼睛被利物刺瞎，古代俘获敌人曾刺瞎其左眼为奴。本义是奴隶。引申为百姓、人民。

The original meaning of 民 was slave; later, it came to mean common people, populace. In bronze inscriptions, the character shows an eye pierced by a sharp object. In ancient times, the left eyes of captured enemies were pierced to mark them as slaves.

① 人民 people; populace：～众 general public｜～心 common aspiration of the people ② 从事某种职业的人 person of a particular occupation：农～ farmer｜牧～ herdsman ③ 民间的 folk：～歌 folk song｜～谣 folk rhyme ④ 非军事的 civilian：～用 for civilian use｜～航 civilian aviation

mǐn

皿

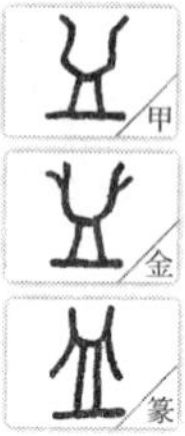

象形字。像器皿。本义是盛东西的器具。

皿 means a utensil. The character depicts a container for holding things.

碗、盘、碟、杯等盛东西的器具 household utensils like bowls, plates, dishes, cups etc：器～ utensil; container

mǐn

闽

（閩）

会意字。“虫”像虫或蛇（蛇又称长虫），“門”有家、家族义，指古代南方（今福建境内）一个以蛇为图腾的民族。閩简化为闽。本义是古族名。现用作福建省的别称。

闽 originally referred to an ancient ethnic minority group; it is now another name for Fujian Province. The character consists of 虫, a worm or snake (a long worm), and 門, door, which symbolizes family or clan. The character referred to an ethnic minority that lived in southern China in ancient times (in the region of modern Fujian) that worshipped snake totems. 閩 has been simplified to 闽.

福建省的别称 Fujian Province, China

mǐn 悯（憫）

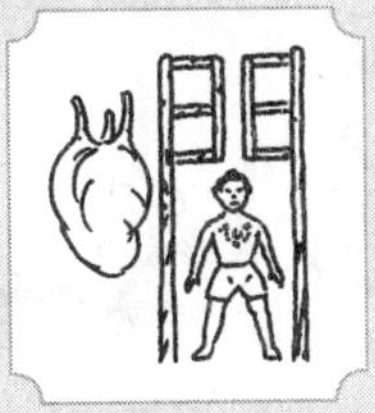

会意字。“忄”本像心脏，“閔”（闵）有忧伤义，表示心中忧伤，闵（mǐn）兼表声。憫简化为悯。本义是忧伤。引申为怜悯。

悯's original meaning was sad, depressed, extended to mean pity, sympathize with. It consists of 忄, heart, and 閔（闵 mǐn）as phonetic, which denotes sadness, i.e. sadness in the heart. 憫 has been simplified to 悯.

① 对遭遇不幸的人表示同情 commiserate; sympathize with：怜～ pity | 悲天～人 feel compassion for the state of the world and its people ② 忧愁 sorrow; sadness

mǐn 敏

会意字。甲、金文“又”像手，篆、楷书“攴”（攵）像手持棒，“每”像头戴发饰的女子，表示像女子整理头发般迅速、敏捷。本义是迅速、灵活。

敏 means quick, agile. In bone and bronze inscriptions, 又 represents a hand. In seal and regular scripts, 攴（攵）depicts a hand holding a stick; 每 depicts a woman with headdress, i.e. a woman fixing her hair quickly with a practiced hand, suggesting speed and nimbleness.

灵活；迅速 agile; quick：灵～ quick-witted | ～捷 agile | ～感 sensitive

míng 名

会意字。“口”像嘴，“夕”像月亮，表示晚上看不见对方，就用嘴来通报名字。本义是名字、名称。

名 means a name. It contains 口, mouth, and 夕, the moon, i.e. one calls out one's name when it is too dark to be seen.

① 人、地、事物的称呼 name of a person, place or thing：人～ name of a person | 地～ name of a place ② 声望；名声 reputation：～望 fame; good reputation | 出～ famous ③ 有声望的 highly regarded：～医 reputable doctor | ～著 classic; masterpiece ④ 说出 say; express：不可～状 indescribable ⑤ 量词 measure word：三～学生 three students

míng 明

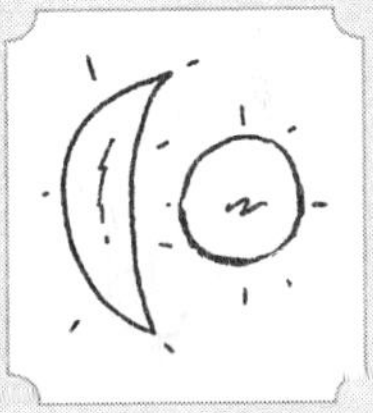

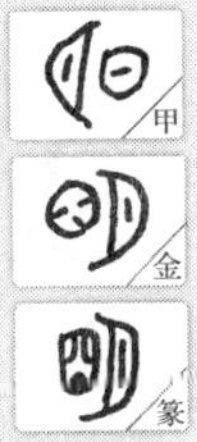

会意字。甲骨文、楷书“日”像太阳，“月”像月亮，表示如日月般明亮。金文、篆书像窗和月，表示黑夜照进窗的月光特别亮。本义是光亮。

明 means bright. In bone inscriptions and regular script, 日 depicts the sun and 月 the moon, i.e. as bright as the sun and moon. In bronze inscriptions and seal script, the characters resemble the moon by a window; moonlight cast through a window is exceptionally bright on a dark night.

① 光亮 bright：～亮 bright | 照～ brighten; illuminate ② 懂得；清楚 clear; obvious：～白 understand | 说～ clarify ③ 公开的 make public：～争暗斗 both open strife and veiled struggle ④ 视力 sight：失～ become blind ⑤ 通达事理 sensible：～智 wise ⑥ 次于今 after today：～天 tomorrow ⑦ 朝代名 Ming Dynasty

M

míng 鸣 (鳴)

会意字。"口"像张开的嘴，"鳥"（鸟）像鸟，表示鸟开口叫。鳴简化为鸣。本义是鸟叫。

鸣 means chirping of birds. The character consists of 口, an open mouth, and 鳥（鸟）, bird, i.e. a bird chirping.

① 鸟兽或昆虫叫 chirp of a bird, insect etc：鸟～ bird song｜鹿～ deer cries｜虫～ chirping of insects ② 发出声音 make a sound：～笛 blow a whistle｜～锣 beat a drum ③ 表达；表示 express; voice：～谢 express thanks｜～冤 voice grievances

míng 铭 (銘)

会意字。"金"（钅）像箭头、斧头和矿石，"名"有说出义，表示在金属器物上刻铸歌功颂德的文字，名（míng）兼表声。銘简化为铭。本义是铭文。

铭 means inscription. It consists of 金（钅）, metal, and 名（míng）as phonetic, i.e. a name or sth spoken out. Hence, an inscription is represented as a record of achievements on metal. 銘 has been simplified to 铭.

① 刻在器物上的记述事实、功德的文字 facts, achievements, contributions etc inscribed on an object：～文 inscription｜墓志～ epitaph ② 牢记不忘 keep sth in the heart：～记 bear in mind｜刻骨～心 to remember with gratitude forever

M

míng 螟

形声字。虫表意，像虫；冥（míng）表声，冥有昏暗义，昏暗就难以看清，表示螟虫与稻禾颜色相似很难发现。螟虫是螟蛾的幼虫。

螟 refers to the larva of the snout moth. It consists of the semantic element, 虫, worm, and 冥（míng）, which is phonetic and means obscure, dim, implying difficult to be seen. The snout moth's larva (which feeds on crops) is well-camouflaged as its color is similar to that of grain.

螟虫，螟蛾的幼虫，吃水稻、玉米的茎，是农作物的害虫。Snout moth's larva is a pest that feeds on crops such as rice and corn.

mìng 命

会意字。"口"像张开的口，"令"像人发令，表示用口发命令。本义是命令。

命 means order, command. The character contains 口, an open mouth, and 令, which means issue a command.

① 命令 order; command：奉～ receive an order; be instructed to｜惟～是从 at one's beck and call ② 生命 life：救～ save a life｜偿～ pay with one's life ③ 命运 destiny; fate：～中注定 destined｜听天由～ be resigned to one's fate; leave it to chance ④ 给予 give：～名 give a name｜～题作文 set a topic for composition miù

谬

(謬)

会意字。“言”（讠）像张口说话，“翏”有高飞义，表示荒唐、错误的话偏离事实甚远。謬简化为谬。本义是语言荒谬。

谬 means wrong, absurd. The character consists of 言（讠）which resembles a mouth talking and 翏, which denotes fly far away, i.e. words far from the truth. 謬 has been simplified to 谬.

错误；荒唐 wrong; absurd：～误 error; mistake | ～论 fallacy; absurd theory | 荒～ ridiculous

mō

摸

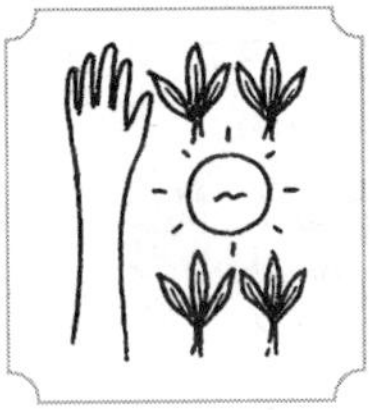

形声字。扌表意，像手，表示用手接触或抚摩；莫（mò）表声，莫像日落草丛，表示黄昏时候看不清东西，用手去抚摩。本义是抚摩。

摸 means to stroke, feel. It consists of 扌, hand, as semantic, i.e. stroke or touch with the hands, and 莫（mò）as phonetic, which depicts a sun setting in the bushes, i.e. feeling one's way as it gets dark.

① 用手接触或抚摩 touch; stroke：抚～ stroke | 盲人～象 to draw a conclusion from incomplete information ② 用手探取 grope; feel for：顺藤～瓜 follow the vine to get the melon; follow cues ③ 试着了解 to comprehend：～索 search for; find out

M

mó

馍

(饃)

形声字。食（饣）表意，像食器，表示馍是面食；莫（mò）表声，莫像日落草丛，表示人们在日落收工回家后吃馍。饃简化为馍。本义是馒头。

馍 means a steamed bun. It consists of 食（饣）, a food container, and 莫（mò）, which is phonetic and represents sunset, i.e. steamed buns eaten after a day's work. 饃 has been simplified to 馍.

馒头 steamed bun; steamed bread：～～ steamed bun | 白～ white steamed bun

mó

摹

形声字。手表意，像手；莫（mò）表声，莫是模的省文，模有模仿义，表示摹是手执笔照着样子描摹。本义是照着原样写或画。

摹 means copy, trace. The character is composed of 手, hand, as the semantic element and 莫（mò）as phonetic. 莫 was originally used for 模 (imitate); hence, copy by hand.

照着样子写或画 copy; trace：～仿 copy; imitate | 临～ copy (painting or calligraphy) mó

膜

形声字。月（肉）表意，像肉；莫（mò）表声，莫有不义，表示膜是间隔肌肉不使相连的薄膜。本义是生物体内的薄膜。

膜 means membrane. 月（肉）, flesh, is semantic; 莫（mò）is phonetic and means deny, i.e. membranes are thin layers of tissue that 'deny contact' by covering and separating.

① 人或动植物体内像薄皮一样的组织 membrane：耳～ eardrum｜肋～ pleura; lung membrane ② 像膜一样的东西 film; sheet：笛～ flute film｜塑料薄～ plastic sheet

mó

摩

形声字。手表意，像手；磨（mó）表声，磨有磨擦义，表示两手来回搓动。本义是磨擦。

The root meaning of 摩 is rub, scrape. 手, hand, is semantic; 磨（mó）which means grind is phonetic, i.e. to rub with both hands.

① 擦；接触 rub; touch：～擦 rub; scrape｜按～ massage ② 研究；切磋 study; learn：观～ observe and emulate｜揣～ to figure out

mó/mò

磨

会意字。"石"像山岩下有块石头，"麻"有表面不平义，表示石器表面不平需磨平。本义是磨制石器。

磨's original meaning was to grind, or polish stone. 石 resembles a rock under a cliff; 麻 denotes uneven, i.e. polish the rough surface of a stone implement.

㊀ mó ① 摩擦 grind; polish; sharpen：～刀 sharpen a knife｜～光 polish ② 拖延；阻碍 delay; hinder：好事多～ the road to happiness is strewn with setbacks ㊁ mò ① 把粮食磨成粉的工具 grinder：石～ stone grinder ② 用磨粉碎粮食 grind to powder：～面粉 grind to flour

mó

蘑

会意字。"艹"像草，表示菌类植物，"磨"是圆形的，表示蘑菇也是圆形的，磨（mó）兼表声。本义是蘑菇，是食用蕈类。

蘑 means edible mushroom. It consists of 艹, vegetation, and 磨（mó）, which is phonetic and signifies a stone for grinding, which is round like a mushroom.

［蘑菇］食用菌的通称 edible mushroom：鲜～ fresh mushroom｜白～ white mushroom

模 452页

mó

魔

会意字。"鬼"像鬼怪，"麻"指麻木，表示魔鬼能使人失去知觉。本义是魔鬼。

魔 means demon, devil, monster. It is composed of **鬼**, a demon, and **麻** which denotes numb, i.e. a demon has the ability to make one unconscious.

① 鬼怪 demon; devil; monster：～鬼 monster｜恶～devil ② 神密；奇异 mysterious; mystic：～力 magical power｜～术 magic

mǒ/mò/mā

抹

形声字。扌表意，像手，表示动手涂抹；末（mò）表声，末有粉末义，涂抹之物多用粉末调制成。本义是涂、搽。

抹 means smear, apply. It consists of **扌**, hand, as semantic, i.e. smear or apply sth with the hands, and **末**（mò）as phonetic, which denotes ends, i.e. powder, what is smeared on or applied.

㊀ mǒ ① 涂上；搽 apply; smear：～药膏 apply ointment ② 擦；揩 mop; wipe：～眼泪 wipe tears ③ 去掉；勾销 erase; blot out：～杀 obliterate ㊁ mò ① 涂上泥灰并弄平 cover and smooth over with cement：～墙 plaster a wall ② 紧挨着绕过 to turn：拐弯～角 beat around the bush ㊂ mā 擦 wipe：～布 dish cloth; rag for wiping tables

M

mò

末

指事字。"木"像树，"一"指出树梢的位置。本义是树梢。

末's original meaning is the tip of a tree. It is made of **木**, tree and **一**, which indicates tip.

① 梢 tip：～梢 tip; end ② 非根本的；不重要的 nonessential; insignificant：本～倒置 put the unimportant before the essential｜舍本逐～ to attend to the trifles and neglect the essential ③ 最后；终了 last; finally：～了 in the end｜～尾 ending ④ 碎屑 powder：粉～powder

mò/méi

没

会意字。篆书像水流（氵）、旋涡（回）、手（又），表示东西沉入水中。楷书像手持的兵器（殳）沉入水（氵）中。本义是沉入水中。

The root meaning of **没** is submerge, drown in water. The character in seal script consists of **氵**(water), **回** (whirlpool) and **又** (hand), i.e. sth submerged in water. In regular script, it depicts a weapon in the hand（**殳**）submerged into water（**氵**）.

㊀ mò ① 沉入水中 submerge; drown：沉～ submerge; drown ② 水盖过、漫过 overflow：淹～ flood ③ 隐藏；消失 hide; disappear：埋～ hide ④ 扣下财物 confiscate one's property：～收 confiscate ⑤ 终；尽 end; finish：～世 lifelong ㊁ méi ① 无 have not：～理 unreasonable ② 不曾 has not; never：～来 not here; has not come

mò 茉

形声字。艹表意，像草，表示茉莉是植物；末（mò）表声。本义是茉莉。

茉 means jasmine. The character is composed of 艹, plant, and 末（mò）as phonetic.

［茉莉］常绿灌木，开小白花，很香，可提取芳香油，也可薰制茶叶。Jasmine, an evergreen shrub with small, fragrant white flowers which are used to make perfume and to flavor tea.

mò 沫

会意字。“氵”像水流、水珠，“末”像树梢，有细小义，表示液体表面的小泡；末（mò）兼表声。本义是液体表面的小泡。

沫 means foam, froth. It consists of 氵, water, and 末（mò）, which is phonetic and depicts the tip of a tree, implying tiny, i.e. tiny bubbles on the surface of water.

① 液体表面的小泡 foam; froth：泡～ foam | 肥皂～ soapsuds ② 口水 saliva：唾～ saliva

M

mò 陌

会意字。“阝”像土坡，表示陌高出两旁的农田；“百”有多义，表示田间有很多小路。本义指东西向的田间小路。泛指道路。

陌's original meaning is a path between fields that runs east and west; it also commonly means path, road in general. 阝 depicts a slope, i.e. ridges in a field. 百 (hundred) suggests numerous, i.e. there are many paths in a field.

田间小路，泛指道路 paths in a field; also means path, road in general：阡～ paths in a field

mò 莫

会意字。古文字“日”像太阳，“茻”像草丛，以太阳落入草丛表示黄昏。楷书以太阳（日）落入大草（艹）地表示黄昏。本义是黄昏，此义后写作“暮”。

莫 originally meant dusk, evening, a meaning later represented by 暮. 日 represents the sun; 茻 depicts a thick growth of grass, i.e. the sun setting behind the bushes at dusk. Regular script also has sun（日）behind vegetation（艹）.

① 不要 don't：～哭 don't cry ② 没有 not：～不称奇 there's not one who is not in awe ③ 不；不能 not; unable：变化～测 unpredictable ④ 表示猜测或疑问 speculate; guess：～非 can it be that ⑤ 姓 a family name

脉 422页

mò

漠

形声字。氵表意，像水流、水珠，表示浩瀚沙漠如辽阔水面；莫（mò）表声。本义是沙漠。

漠 means desert. 氵 is semantic, representing water, i.e. a vast desert is akin to a wide expanse of water. **莫**（mò）indicates pronunciation.

① 沙漠 desert：荒～ desert; wilderness ② 冷淡；不关心 indifferent; unconcerned：冷～ be cold and detached; unconcerned｜～不关心 indifferent; unconcerned

mò

寞

形声字。宀表意，像房屋；莫（mò）表声，莫本像日落草丛，表示晚上屋里的人都休息了，所以寂静无声。本义是寂静、冷落。

寞 means quiet, still, deserted, desolate. 宀, house, is semantic; **莫**（mò）is phonetic and depicts the sun setting, i.e. home after sunset, a quiet time when people sleep.

寂静；冷落 quiet; still; deserted; desolate：寂～ lonely; solitary｜落～ lonely; desolate

mò

墨

会意字。"土"本像地上有堆土，表示墨像黑土；"黑"像火熏黑烟囱，古时黑色曾取自烟囱内的黑灰。本义指黑色颜料。

墨 means black ink. **土** represents earth, suggesting **墨** is as black as earth. **黑** (black) depicts a chimney blackened by soot, thus, black, the color of soot or ash.

① 写字绘画用的黑色颜料 black ink：～汁 ink｜磨～ grind ink ② 黑色 black：～镜 dark glasses; sunglasses ③ 字画 calligraphy; painting：～宝 treasured scrolls of calligraphy or painting

mò

默

会意字。"犬"像狗，"黑"像火熏黑烟囱，有昏暗义，表示狗在黑暗处不出声，乘人不备时扑过来。本义是狗不出声地猛扑过来。常用义是静默不语。

默 originally depicted a dog, attacking silently; it is commonly used to mean silent, quiet, still. **犬** represents dog; **黑** depicts a chimney blackened by soot, i.e. dark. Hence, a dog waiting silently in the dark to pounce.

① 不说话；不出声 silent; quiet; hushed：沉～ silent; reticent｜～读 read silently ② 凭记忆写 write from memory：～生字 write new words from memory

M

磨 448页

móu

谋

(謀)

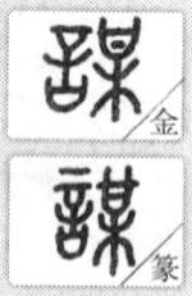

形声字。言(讠)表意，像张口说话，表示用语言来谋划；某(mǒu)表声，某指代人或事。謀简化为谋。本义是谋划、商量。

谋 means plan, plot, strategize. It is composed of the semantic element 言(讠), speech, here, implying to put a plan or plot into words, and 某(mǒu) as phonetic, which refers to a person or item of business.

① 商议 consult; discuss：不~而合 happen to hold the same view ② 计划；寻求 plan; seek：~生 make a living | ~求 seek; pursue ③ 计策 strategy：有勇无~ have valor but lack strategy; foolhardy

mǒu

某

会意字。“木”像树，“甘”像口中含着美味食物，表示梅子。本义是梅子，此义后写作梅。

某 originally represented the word for plum, a meaning later denoted by 梅. It consists of 木, tree, and 甘, which depicts a mouth with sweet or pleasent tasting food such as plums.

代替不明确指出的人、时、地或事物等 certain person, time, place, matter etc：~人 somebody | ~天 someday | ~校 a certain school

M

mú/mó

模

形声字。木表意，像树，表示模型是木质的；莫(mò)表声。本义指制造器物的模型。

模 means a mold, die, matrix, pattern. The character consists of 木, tree, suggesting a mold or die made of wood, and 莫(mò) as phonetic element.

㊀ mú 制造器物的模型 mold; die; matrix; pattern：~子 mold; die; matrix; pattern | 钢~ steel mold ㊁ mó ① 榜样；规范 an example; a model：~范 an exemplary person; a fine example | ~式 model ② 仿效 be modeled after：~仿 imitate; copy | ~拟 imitate; stimulate

mǔ

母

象形字。像露出乳房的妇女，表示要给孩子喂奶的是母亲。本义是母亲。

母 means mother. The character depicts a woman with breasts exposed, i.e. a woman who breastfeeds her children.

① 妈妈 mother：~爱 mother's love | 父~ father and mother; parents ② 对女性长辈的称呼 address for an elder female：祖~ grandmother | 伯~ aunt ③ 雌性的 female：~鸡 hen | ~牛 cow ④ 能产生其他事物的本体 origin; parent：~校 alma mater mǔ

牡

会意字—形声字。甲骨文像牛和雄性生殖器，表示公牛。篆、楷书牛表意，表示公牛；土（tǔ）表声。牡指雄性牲畜。

牡 means a male animal. In bone inscriptions, the character resembles a bull and a male reproductive organ. In seal and regular scripts, 牛 which represents bull, is semantic; 土（tǔ）is phonetic.

雄性的牲畜 male animal：～牛 bull | ～马 stallion

mǔ

亩

（畝）

会意字。古文字“田”像农田，“每”像戴头饰的女子，以头饰用在头顶，表示田埂高出农田。楷书“田”像农田，“亠”代表田埂，“久”表示不变。简体字省去“久”。本义是田埂。

亩 originally meant a footpath in a field. In early Chinese, 田 represents fields; 每 depicts a woman with headdress, elevated above her head like paths are elevated above fields. In regular script, 田 is field; 亠 represents ridges; 久 denotes persistent. 久 is later removed in the regular script.

土地面积单位，一亩等于六十平方丈 a Chinese unit of area, 1 mu equals 1/6 of an acre

mǔ

拇

形声字。扌表意，像手，表示拇指；母（mǔ）表声，母有大的意思，表示大指为拇指。本义是手脚的大指。

拇 means the thumb or big toe. It consists of the semantic element, 扌, hand, and 母（mǔ）, mother, as phonetic, which connotes main, i.e. the main finger or toe.

手和脚的大指 thumb：～指 thumb

mǔ

姆

会意字。“女”像女子，“母”像母亲，表示如母亲般教育未出嫁女子的妇女，母（mǔ）兼表声。本义是古时教育未出嫁女子的妇女。后又指乳母，今指保姆。

姆 originally meant a woman tutor for unmarried woman in ancient times; later, it came to mean a wet nurse and now, a governess, nanny, baby-sitter. 女 is woman; 母（mǔ）indicates pronunciation and represents mother, i.e. a woman who serves as a mother.

受雇为人照管孩子或料理家务的妇女 governess; nanny; baby-sitter; housekeeper：保姆 matron; nanny; baby-sitter mǔ/lǎo

姥

会意字。“女”像女子，“老”本像老人，表示年老的妇女。本义是年老妇女。

姥 means an old lady. The character is composed of 女, woman and 老, old, i.e. an old woman.

❶ mǔ 年老妇女 old lady ❷ lǎo 外祖母：～～ maternal grandmother

mù

木

象形字。像树，勾画出树干、树枝和树根。本义是树，木本植物的通称。

木's original meaning is tree; it is also a general term for woody plants. The character resembles a tree with a trunk, branches and roots.

① 树 tree：林～ forest｜伐～ fell trees ② 木头 wood; timber：～板 wooden plank｜～器 wooden tool ③ 棺材 coffin：棺～ coffin｜行将就～ be near death ④ 手脚等发麻；失去知觉 numb; without sensation：麻～ numb

mù

目

象形字。甲、金文像眼睛。篆隶楷将眼睛竖了起来。本义是眼睛。

目 means the eye. In bone and bronze inscriptions, the characters resemble an eye. In seal, clerical and regular scripts, the eye is depicted vertically.

① 眼睛 eye：～光 sight; vision; view｜～眩 dizzy; dazzle｜耳闻～睹 that which one sees and hears ② 看 see：一～了然 to understand fully at one glance ③ 大项中分出的小项 item：项～ item; article｜细～ detailed item; inventory ④ 名称 name：名～ name of a thing｜篇～ table of contents

mù

沐

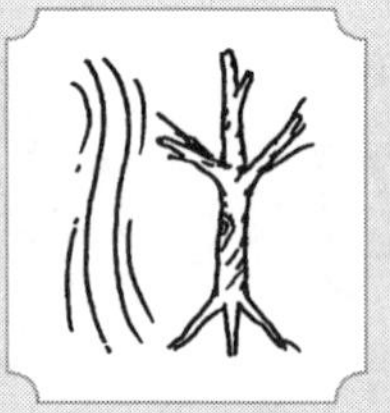

形声字。氵表意，像流水、水珠，表示用水洗头；木（mù）表声，木像树木，表示古时盛水洗发之具多用木制成。本义是洗头。

沐 means to wash hair. It consists of 氵, water, and 木（mù）, tree, as phonetic. In ancient times, water for hair washing was kept in wooden vessels.

洗头发 wash one's hair：～浴 bathe

mù

牧

会意字。“牛”像牛，“攴”（攵）像手持鞭，表示放养牛羊。本义是放牧。

牧 means to pasture, herd, graze. The character consists of **牛**, which represents cow, and **攴（攵）**, which depicts a hand holding a whip, i.e. to herd cows and sheep .

放养牲畜 to put out to pasture; to graze：～羊 pasture sheep | ～场 grazing land

mù

募

会意字。“力”像农具，“莫”像日落草丛，表示黄昏时分找回田间的农具。本义是征集。

募 means to collect, raise, recruit. It is made up of **力**, a farming tool, and **莫**, which originally depicted sunset, the time when farming tools are collected.

广泛征集 collect; raise; recruit：～集 collect; raise | ～捐 appeal for contributions | 招～ recruit

mù

墓

会意字。“土”本像地上有堆土，“莫”像日落草丛，表示墓是人死后的归宿。本义是坟墓。

墓 means a grave, tomb. **土** is earth; **莫** depicts the sun setting, i.e. a place in the earth where those at the end of their days are placed.

埋葬死人的地方 tomb; grave：～碑 tombstone | ～地 graveyard; burial ground | 扫～ to visit a tomb; to pay respects to a dead person at his grave

mù

幕

会意字。“巾”像布巾，表示帐幕；“莫”像日落草丛，表示放下帐幕光线会昏暗。本义是帐幕。

幕 originally meant a curtain, screen. **巾** represents cloth, i.e. a curtain, screen. **莫** depicts sunset, when the curtains comes down on the day.

① **张挂或覆盖着的大块的织物** curtain; screen：～布 theatre curtain | 开～ to open; to inaugurate | 银～ movie screen ② **戏剧的段落** act：独～剧 one-act play | 第三～ the third act mù

睦

篆

形声字。目表意，像眼睛；坴（lù）表声，坴有宽大、平顺意，表示睦是目光平和友善。本义是目光平和友善。

睦 originally meant a pleasant and friendly look. The character consists of 目, eye, as the semantic element and 坴 (lù) as phonetic, and which signifies spacious and smooth. Hence, eyes that are harmonious and pleasant.

友善；亲近 friendly; affable：和～相处 to get along; to live together in peace｜～邻友好 friendly relations with one's neighbor

mù

暮

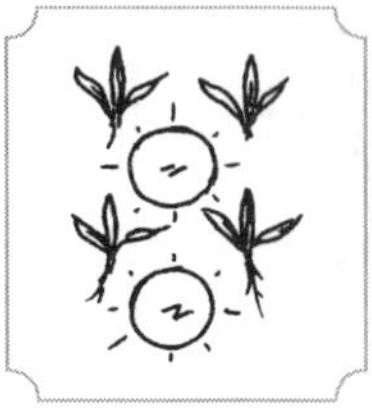

会意字。“日”像太阳，“莫”像日落草丛，表示黄昏。本义是日落时。

暮 means dusk, sunset. It is composed of 日, sun, and 莫, which depicts the sun setting behind thick grass, i.e. dusk.

① 日落的时候；傍晚 dusk; sunset; evening：～色 dusk; twilight｜朝思～想 to yearn day and night ② 晚；时间快完了 late; towards the end：～年 old age｜天寒岁～ the close of the year

mù

慕

金

篆

形声字。心（⺗）表意，像心脏，表示心中思念；莫（mò）表声，莫是暮的本字，表示人到了暮年特别思念往事。本义是思念。引申为羡慕、仰慕。

慕 originally meant to long or yearn for, later extended to mean envy, admire. The character consists of 心 (⺗), heart, as semantic i.e. the heart yearns; and 莫 (mò), the original form of 暮 (sunset), as phonetic, i.e. the evening of life, when one reminisces about earlier times.

敬仰；向往 admire; yearn for：羡～envy｜仰～admire｜～名而来 be attracted to a place by its reputation

mù

穆

甲

金

篆

象形字—会意字。甲骨文像穗儿下垂的谷类植物，喻指人俯身行礼。金文添三个点，像落下的谷粒。篆、楷书“禾”像穗儿下垂的谷类植物，“㣎”是穆的本字，㣎（mù）兼表声。本义是恭敬。

穆 means reverent, solemn. In bone inscriptions, the character depicts a stalk of grain hanging down like a man bowing. In bronze inscriptions, three dots are added, representing falling grain. In seal and regular scripts, 禾 depicts hanging grain; 㣎 (mù) was the original form of 穆; it acts as the phonetic element in the latter.

① 恭敬；庄严 reverent; solemn：静～ solemn and quiet｜肃～solemn ② 姓 a family name ná

拿

篆

会意字。篆书“手”像手，“奴”像手抓住女奴，表示手抓住物体。楷书“手”像手，“合”指相合，表示拿是手与物相合。本义是握持。

拿 means to hold (in one's hand). The seal script consists of 手, hand, and 奴, a hand grasping a female (servant), i.e. to grasp, clutch. Regular script has 手, hand, and 合, join or unite, i.e. to hold is to join the hand to sth.

① 用手握、取 hold; take：～住 hold | ～走 take away ② 捕捉 capture; catch：捉～归案 capture a criminal and bring (him) to justice ③ 掌握；把握 handle; manage：十～九稳 extremely confident ④ 把 used in conjunction with another verb; with; for; as：～我当朋友 regard me as a friend

nǎ/na/né

哪

形声字。口表意，像张开的口；那（nà）表声，那指较远的地点、时间、事物或人，表示哪是对这些方面表示疑问的词。本义疑问代词。

哪 is used as an interrogative pronoun: where; which. It consists of 口, an open mouth, and 那（nà）, which is phonetic and indicates relatively distant places, times or people, i.e. the domain covered by the interrogative (where, which, etc.)

㊀ nǎ 疑问代词 interrogative pronoun：～里 where | ～位 who ㊁ na 助词 represents 啊 after a word with final -n (-n + a > na) 留神～。Do pay attention. ㊂ né ［哪吒］神话人物 Nazha, a legendary figure

nà

那

篆

会意字。“阝”（邑）篆书像地域和人，楷书像山地，表示古代西部的朝那县；“冄”像脸颊垂须，表示西部的男子胡须浓密。本义是古代西部的朝那县。

那 originally referred to ancient Zhaona province in western China. In seal script, 阝 is written 邑, and depicts a bounded region and a person. In regular script, it suggests mountainous land. 冄 depicts a man's beard. Hence, a distant region inhabited by bearded men.

① 指示代词，表示远指 demonstrative pronoun：～人 that guy | ～里 there | ～样 that way ② 那么 then：～好吧。Okay then, if that's the case.

nà

呐

会意字。“口”像张开的口，“内”指在里面，表示声音在口中发不出来。本义是说话迟钝，不流畅。

呐's original meaning was slow in speech, inarticulate. It consists of 口, an open mouth, and 内, interior, inside, i.e. speech remaining inside, not being emitted.

［呐喊］大声呼喊 shout; cheer; cry out：摇旗～ wave a flag and cheer

N

娜 475页

nà

纳

（納）

会意字。“糸”（纟）像丝，“内”指内部，表示水渗入丝内。納简化为纳。本义是丝被水浸湿。引申指收进、归入。

纳 originally signified silk soaked by water, later extended to mean collect, take in. It consists of 糸（纟）, silk, and 内, inside, i.e. water seeps into silk. 納 has been simplified to 纳.

① 收进；归入 collect; take in; receipt (of sth)：出～ receipt and payment | 归～ classify ② 接受 accept：采～ accept and use (sb's suggestion) | 接～ accept and admit (sb into a organization, group, family etc) ③ 享受 enjoy：～福 enjoy a comfortable and prosperous life | ～凉 enjoy the shade; cool ④ 交付 to pay：～税 pay taxes | 缴～ contribute

nà

钠

（鈉）

会意字。“金”（钅）像箭头、斧头和矿石，表示锻造、冶炼铁；“内”像入门内，表示打铁、冶铁多在作坊内进行。鈉简化为钠。本义是打铁、冶铁。现用作金属元素名。

钠 originally meant to forge iron; nowadays, it is used to represent the element, sodium. The character contains 金（钅）, metal, and 内, inside, inner, i.e. forging and smelting takes place within mills. 鈉 has been simplified to 钠.

金属元素，符号Na。银白色，在工业上用途很广 sodium (Na)

nà

捺

会意字。“扌”像手，“奈”有处置义，表示用手按住。本义是用手按。

捺 originally meant to press down with the hands. The character is composed of 扌, hand, and 奈, originally to manage, dispose; hence deal with sth by pressing down with the hands.

① 压下；强忍 press; suppress：～着性子 control one's temper | 按～不住心头的怒火 unable to contain one's anger ② 汉字的一种笔画名称，如“人”字的第二笔。A calligraphy stroke that slants to the right, as in the second stroke of the character 人.

nǎi

乃

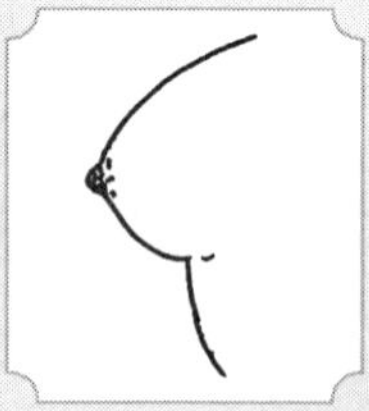

象形字。古文字像乳房。楷书像凸显乳房的女子。本义是乳房，此义现写作奶。

乃 originally depicted of a breast, which was its meaning; that meaning was later represented by 奶.

① 你；你的 you; yours：～父 your father | ～兄 your brother ② 是 to be：失败～成功之母。Failure is the mother of success.

哪 457页

nǎi

奶

会意字。“女”像女子，“乃”像凸显乳房的女子，表示女人的乳房，乃（nǎi）兼表声。本义是乳房。

奶 means breasts. It consists of 女, woman, and 乃（nǎi）, which is phonetic and originally denoted breasts.

① 乳房 breasts：～头 nipple ② 乳汁 milk：牛～ cow's milk｜～粉 milk powder ③ 喂奶 breastfeed：～妈 wet nurse｜～孩子 feed the baby (with milk) ④ 对祖母或老年妇女的称呼 address for grandmother or old lady：～～ granny

nài

奈

会意字。篆书“木”像树，“示”像祭台，表示柰的果可作祭品。楷书“大”像人张开四肢，“示”像祭台，表示人心中有大疑惑时会向神求助。本义指一种落叶小乔木，此义现写作柰。

奈 originally signified a small type of deciduous tree, now written 柰. In seal script, 木 signifies tree and 示 represents an altar, i.e. 柰 is a tree whose fruit is used to make offerings. Regular script has 大 (instead of 木), a man with limbs out-stretched, and 示, altar, i.e. 奈 is a tree associated with people seeking help through offerings.

怎么；如何 how：无～ helpless｜怎～ but; however

nài

耐

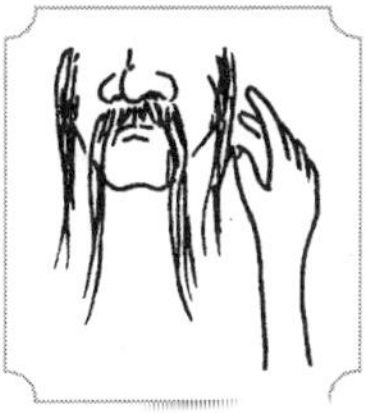

会意字。“而”像胡须，“寸”像手，有小意，表示剃去颊须的轻刑。本义是剃去颊须的一种刑罚。引申为受得住。

耐 originally signified a punishment in which one's beard is shaved off, later by extension, bearable. The character contains 而, which originally depicted a beard, and 寸, hand, i.e. things that are small, in this case, symbolizing a punishment that is easily borne.

受得住；禁得起 bearable; able to withstand or endure：～用 durable｜～久 durable｜吃苦～劳 able to withstand hardships

nán

男

会意字。“田”像农田，“力”耕地的农具，表示在田里干力气活的是男人。本义是男子。

男 means man, male. The character consists of 田, fields, and 力, which originally depicted a farming tool, symbolizing effort, i.e. men at work in the fields.

① 男性，跟“女”相对 man; male：～人 man; guy; male｜～女平等 sexual equality ② 儿子 son：长～ the eldest son｜生～育女 raise children

N

nán 南

象形字。像古代一种大形的敲击乐器，这种乐器一般都放在屋子的南边，所以用来表示南方。本义是乐器。引申为南方。

南 originally used for a kind of musical instrument; later, applied to the meaning south. The character resembles an ancient percussion instrument which was usually placed in the southern corner of the house.

方向，早晨面对太阳时右手的一边 South：～方 southern region｜～风 southern wind｜江～ the area directly south of the lower Yangtze River

nán/nàn 难（難）

形声字—会意字。隹表意，像鸟，表示鸟名；𦰩（hàn）表声。简体字像手（又）抓住鸟（隹）。本义是鸟名。基本义是不容易。

难 originally signified a kind of bird; its basic meaning is now be difficult. It consists of a semantic element, **隹**, bird, and a phonetic element, **𦰩（hàn）**. The simplified form has a hand（**手/又**）grasping a bird（**隹**）.

⊖ nán ① 不容易 difficult：～办 difficult to handle｜～学 hard to learn ② 不好 no good; poor：～看 ugly｜～听 unpleasant to the ears ③ 使人感到困难 difficult; troublesome：为～ make things difficult (for sb) ⊜ nàn ① 不幸的遭遇 mishap; misfortune：灾～ calamity｜遇～ encounter mishap ② 质问 interrogate; contend with：责～ blame

N

náng 囊

会意字。“槖”表形，指袋子，“襄”表形，指帮助，表示袋子方便人们携带东西。本义是口袋。

囊 means a pocket. It comprises **槖**, a bag, and **襄**, helpful, i.e. a pocket represented as a useful bag.

① 口袋 pocket：皮～ leather bag｜探～取物 as easy as falling off a log ② 像口袋的东西 object that resembles a pocket：胆～ gallbladder｜胶～ capsule; pill

náo 挠（撓）

形声字。扌表意，像手，表示搅动；堯（尧 yáo）表声。撓简化为挠。本义是搅动。

挠 means to stir. It is composed of **扌**, hand (that stirs), and **堯（尧 yáo）**, which represents pronunciation. **撓** has been simplified to **挠**.

① 打扰；阻止 bother; prevent：阻～ barrier; prevent ② 弯曲；屈服 bend; admit defeat; surrender：百折不～ be strong-willed; persevere ③ 用手指轻轻地抓 scratch：～痒 scratch the itch｜抓耳～腮 scratch one's ears and cheeks (due to excitement, anxiety or worry)

nǎo

恼

（惱）

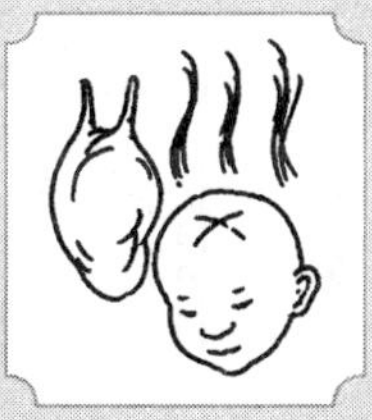

会意字。“忄”古文字像心脏，“囟”像头发和囟门，有头脑义，表示心中烦闷，令人头痛，囟（nǎo）兼表声。惱简化为恼。本义是烦闷。

恼 means vexed, depressed. It consists of 忄, heart, and 囟（nǎo）, which is phonetic and denotes the head or mind, i.e. a troubled mind. 惱 has been simplified to 恼.

① 烦闷；心里不痛快 unhappy; depressed：烦～ trouble｜懊～ vexed ② 生气；发怒 angry：～怒 angry｜～火 troubled and angry

nǎo

脑

（腦）

会意字。“月”（肉）像肉，“囟”像囟门与头发，表示头脑，囟（nǎo）兼表声。腦简化为脑。本义是头脑。

脑: brains. The character is composed of 月（肉）, flesh, and 囟（nǎo）, which is phonetic and depicts the crown of the head (here referring to the fontanel) and hair on the head, i.e. the head standing for brains. 腦 has been simplified to 脑.

① 人或高等动物神经系统的主要部分 brains：大～ brains ② 指头 head：～袋 head｜探头探～ pop one's head in to look around; spy ③ 像脑的东西 sth similar to brains：电～ computer

nào

闹

（鬧）

会意字。“市”指集市，“鬥”像两人搏斗，表示在集市上争吵、打闹。简体字表示门内如集市般喧闹。本义是争吵、喧扰。

闹 means to quarrel, bustling. It is composed of 市, market, and 鬥, fight, i.e. quarreling is typical of the marketplace. The simplified form depicts 市 (market) within a 门 (door), i.e. bustling within, as if at a market.

① 人多；声音杂 noisy：热～ bustling with life｜～市 crowded market ② 吵；扰乱 noisy; disturbing：吵～ noisy; disturbing ③ 发泄 vent one's feeling：～情绪 throw a tantrum ④ 发生 take place; happen：～事 create trouble ⑤ 弄、搞 handle; manage：～不清楚 unable to make sth clear

ne/ní

呢

会意字。“口”像张开的口；“尼”像两人相依，有亲近意，表示彼此亲近才会低声细语。本义是低声细语。

呢 originally meant to talk softly, whisper. It consists of 口, an open mouth, and 尼, which depicts two people leaning on each other, suggesting closeness. Hence, close enough to whisper.

㊀ ne ① 表示疑问 a question particle：人～ And the others? ② 表示确认 expresses certainty：这花可香～。This flower smells really nice. ③ 用在句中表示停顿 used to indicate pauses：喜欢～，就买下。If you like it, buy it. ㊁ ní 一种毛织品 woolen cloth：～大衣 woolen coat

N

nĕi
馁
（餒）

会意字。篆书“食”像食器，“委”像穗垂、女跪，有萎靡不振义，表示人饥饿精神不振。楷书“食”（饣）表示饥饿欲食；“妥”像用手安抚女子，表示饥饿的人需要安抚。餒简化为馁。本义是饥饿。

馁 means hungry. Seal script consists of 食, depicting a food container, and 委, an ear of wheat above a woman on her knees, implying listless, i.e. sb in hunger. Regular script has 食（饣）, food, or in this case, hunger, and 妥, console by stroking with the hands, i.e. consoling a starving person. 餒 has been simplified to 馁.

① 饥饿 hungry：冻～ cold and hungry ② 信心不足；失去勇气 unconfident; lack of courage：气～ discouraged; despondent

nèi
内

会意字。“冂”像门框，“入”像锥形，表示进入内部。本义是里面。

内 refers to the interior of sth. The character is composed of 冂, a door frame, and 入, shaped like a funnel, i.e. the place within.

① 里面 interior; inside：～部 internal｜～衣 undergarment｜室～ indoors; indoor ② 称妻子或妻方的亲属 wife or wife's kins：～人 wife｜～弟 wife's younger brother (brother-in-law)

N

nèn
嫩

会意字。篆书“女”像女子，“耎”有柔软意，表示女子柔美的样子。楷书“女”像女子，“束”指约束，“攵”指击，表示女子柔美的魅力难以约束冲人而来。本义是女子柔美的样子。

嫩 means (of a woman) delicate, gentle. Regular script has 女, woman, and 耎, soft, i.e. gentleness associated with women. Seal script consists of 女, woman, 束, control, limit, and 攵, attack, i.e. feminine qualities that are irresistible.

① 初生而柔弱 young and vulnerable：～芽 sprout｜娇～ pampered and dependent ② 食物烧制的时间短，松软可口 (food) tender due to short cooking time：～牛肉 tender cuts of beef ③ 颜色浅 pastel color：～绿 light green｜～黄 light yellow

néng
能

象形字。像熊。本义是熊。基本义是才干、本领。

能 originally referred to a bear; it now means capability, ability, talent. The character originally resembled a bear.

①才干；本领 capability; ability; talent：～力 ability｜技～ skill ② 有才干的 talented：～人 talented person｜～工巧匠 skilled craftsman ③ 能够；会 able to; will：全～ all-rounder｜～说会道 eloquent ④ 能量的简称 abbrev for energy：～源 energy source｜电～ electrical energy ní

尼

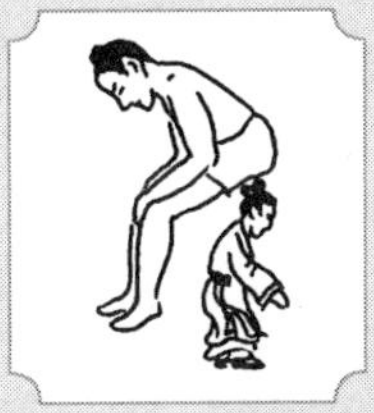

会意字。像两人相依，表示亲昵。本义是亲近，此义现写作昵。后指尼姑。

尼 originally meant to get close to sb, a meaning later represented by 昵. 尼 was later used to signify a nun. The character depicts two people close together, indicating closeness.

［尼姑］信奉佛教而出家的女子 nun：削发为～ to become a nun

ní/nì

泥

形声字。氵表意，像水流、水珠；尼（ní）表声，尼像两个人，有亲近义，表示水土混合成泥。本义是水分多的土。

泥 means mud. It consists of 氵, water, and 尼（ní）, which is phonetic; the latter depicts two people, and denotes close or near. Hence, mud is represented as water and soil brought together.

㊀ ní ① 和着水的土 mud：～巴 mud｜～泞 muddy ② 像泥的东西 things that resemble clay：印～ ink paste｜蒜～ garlic paste ㊁ nì ① 涂抹 smear：～墙 smear mud on the walls ② 固执；死板 stubborn; inflexible：拘～ be a stickler for; be punctilious

nǐ

拟

（擬）

会意字。"扌"像手，"疑"指疑惑，表示因疑惑而测度、思量。简体字扌、以，表示以手测度。本义是忖度、思量。

拟 means to deliberate, estimate. It consists of 扌, hand, here symbolizing calculate, and 疑, doubt, i.e. deliberate to remove doubts. The simplified graph suggests using（以）the hands（扌）to measure sth.

① 打算；想要 plan; schedule：～于下周开会 a meeting schedule for next week ② 起草；设计 draft; design：～稿 draft｜～订计划 plan ③ 模仿 imitate：～人 personify｜模～ virtual

nǐ

你

会意字。"亻"像人，"尔"是第二人称代词，表示第二人称代词。本义是第二人称代词。

你 represents the second person pronoun, "you". The character consists of 亻, man, and 尔, a character that represented another second person pronoun in early Chinese.

第二人称代词 you：～好。How are you?｜我来帮～。Let me help you.

昵 461页

nì

昵

形声字—会意字。篆书日表意，像太阳，有每日义，表示每日亲近；匿（nì）表声。楷书“日”指每天，“尼”有亲近义，表示每天亲近，尼（ní）兼表声。本义是亲近、亲热。

昵 means to get close to, have physical contact. Seal script has a semantic element, 日, depicting the sun, but here, suggesting the day, or daily, i.e. intimate or close; and a phonetic element, 匿（nì）. Regular script consists of 日, sun, daily, and 尼, which is phonetic and denotes closeness.

亲近；亲热 to get close to; have physical contact：亲～close｜～称 pet name

nì

逆

会意字。“屰”像自外而来的人，“辵”（辶）像路和脚，表示迎接来人，屰（nì）兼表声。本义是迎接。引申为方向相反。

逆 originally meant to meet, later extended to mean in a contrary direction. It consists of 辵（辶）, depicting a path and a foot, and 屰（nì）, which is phonetic and depicts sb coming from abroad, i.e. someone being met.

① 方向相反 opposite direction：～风 against the wind｜～行 against the norm ② 不顺 not smooth-sailing：～境 adversity ③ 背叛 betray：叛～rebellious ④ 预先 beforehand：很难～料 difficult to anticipate or predict

N

nì

匿

会意字。“匸”像容器，“若”本像女子梳理头发（通常在内室），表示藏匿。本义是隐藏。

匿 means to hide. It contains 匸, a container, and 若, which originally depicted a woman combing her hair (which is usually done indoors), i.e. to hide, conceal.

隐藏；不让人知道 hide; conceal：～名 anonymous｜逃～ run away and hide｜销声～迹 keep silent and lie low

nì

腻

（膩）

会意字。“月”（肉）像肉，表示肥肉；“貳”（贰）有附加意，表示肥肉附在精肉之上。膩简化为腻。本义是油脂过多。

膩 means oily, greasy, smooth. It consists of 月（肉）, flesh, in this case, fatty meat, and 貳（贰）, to double, add on, i.e. fatty meat is a layer added on to lean meat. 膩 has been simplified to 腻.

① 食物油脂过多 (of food) greasy; oily：油～ oily ② 厌烦 irritating：～烦 irritating; boring｜听～了 sick of listening (to sth) ③ 细致 fine：细～ fine; detailed ④ 污垢 dirt; stain：尘～ dust, dirt and stain

泥 463页

nì/niào

溺

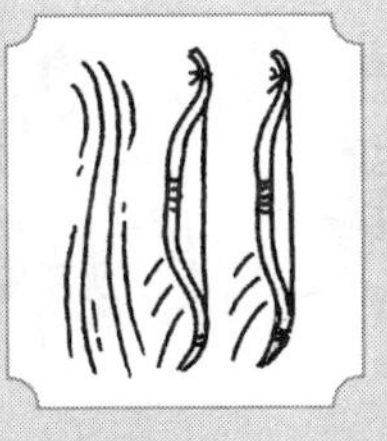

会意字。“氵”像河流、水珠，“弱”有丧失义，表示被水淹没。本义是淹没在水中。

溺 means drown, sink. It comprises 氵, water, and 弱, weak, or scattered and lost, i.e. to drown or be submerged in water.

㊀ nì ① 淹没在水里 drown; submerged in water：～水 drown｜～死 drown ② 过分；执迷不悟 persist in error：～爱 dote (on a child) to the point of spoiling him or her｜沉～酒色 indulge too much in wine and sex ㊁ niào 同“尿”字 same as 尿, urine：小便 urine; urinate

niān

拈

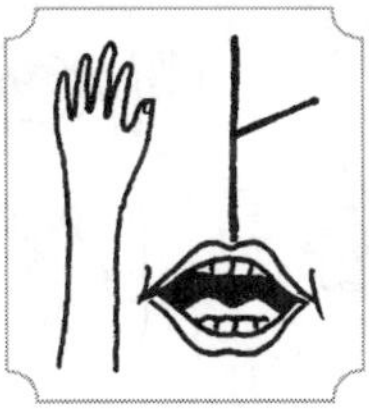

会意字。“扌”像手，“占”有据有义，表示用手拈来占为己有。本义是用手指取物。

拈 means to pick up sth with the fingers. The character contains 扌, hand, and 占, to appropriate, take possession of, i.e. to pick up with the fingers is to take into one's possession.

① 用手指头夹、捏取 pinch; nip：～须 stroke one's beard｜信手～来 (of writing) have words at one's fingertips and write freely ② 用手指搓 rub or roll betw fingers：～线 twist thread

niān

蔫

会意字。“艹”（艸）像草；“焉”本指黄色的鸟，表示花草枯黄。本义是花草枯萎。

蔫 means (of flowers, plants etc) wither. The character is composed of 艹 (艸), plants, and 焉, originally a yellow bird, i.e. wilting, represented as the yellowing of plants.

草木因失去水分而萎缩 wither; wilt：花～了。The flowers have withered.

nián

年

会意字。甲、金文像人负禾，表示庄稼成熟。篆书禾、千，表示谷物丰收。本义是谷物成熟。

年 originally signified a harvest. In bone and bronze inscriptions, it depicts a man carrying grain on his back, i.e. ripe grain ready to be harvested. Seal script has 禾 (grain) and 千 (thousand, a large quantity), i.e. a good harvest.

① 农作物的收成 harvest：丰～ bumper harvest year ② 地球绕太阳一周的时间 year：～历 calendar ③ 年节 Spring Festival holidays：新～ New Year｜过～ celebrate the New Year ④ 岁数 age：～轻 young ⑤ 时期；时代 period; time; era：早～ in the early years｜～代 era

niǎn

捻

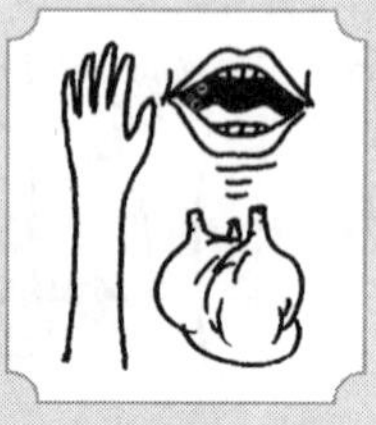

形声字。扌表意，像手；念（niàn）表声，念是心思缠绕所念事物，表示捻是用手指搓，使物纠绕相合。本义是用手指搓。

捻 means to twist or roll sth with the fingers. The character consists of 扌, hand, and 念（niàn）, which is phonetic and denotes to think, recall, i.e. a mind entangled with thoughts, as if with thoughts twisted or rolled together.

① 用手指搓 twist：～线 twist the thread ② 用纸、纱等搓成长条的东西 roll paper, cloth by rubbing it with fingers：～子 a wick or spill | 灯～ lamp wick

niǎn

碾

会意字。“石”像山崖下有块石头，“展”有转动义，表示石制的碾子在转动中碾碎谷物。本义是碾磨谷物的工具。

碾 means a millstone. The character is composed of 石, a rock, and 展, turn or rotate, i.e. a millstone for grounding grains.

① 把东西轧碎或压平的器具 stone roller; millstone：石～ stone roller | 药～ stone roller for medicine ② 滚压；转磨 ground; grind; flatten：～米 to husk rice | ～药 to grind medicine

N

niǎn

撵

（攆）

形声字。扌表意，像手，表示动手驱赶；辇（辇 niǎn）表声。攆简化为撵。本义是驱逐、赶走。

攆 means to chase sth or sb away. The character consists of 扌, hand, i.e. chase sth or sb away with the hand, and 輦（辇 niǎn）, which represents pronunciation. 攆 has been simplified to 撵.

① 赶走 chase away：～走 chase sb away | ～出去 chase sb out (of the house etc) ② 追赶 chase：～不上 unable to catch up with

niàn

念

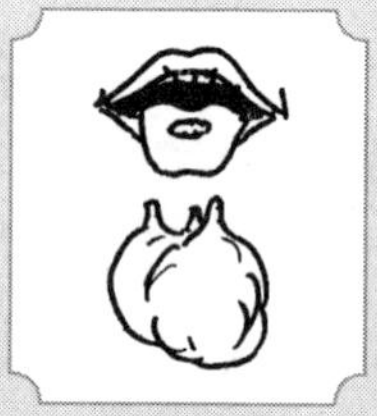

会意字。“心”像心脏，“今”指今天，表示至今心中想念。本义是想念。

念 signifies to long for, miss. The character comprises 心, heart, and 今, today, i.e. longing in the heart persisting to the present.

① 常常想起 recall often：想～ think of (sb, sth) | 怀～ think of (sb, sth) ② 想法；心思 idea; opinion; thought：意～ idea; thought | 信～ belief ③ 诵读 recite：～书 study | ～两遍 read aloud twice ④ 上学 attend school：～大学 go to college niáng

娘

会意字。“女”像女子，“良”指美好，表示年轻女子。本义是年轻女子。

娘 originally meant a young woman. It consists of 女, woman, and 良, good or wonderful, i.e. a woman of virtue, a young woman.

① 年轻女子 young woman：姑～ young girl | 新～ bride ② 母亲 mother：～家 term used to refer to the residence of a bride's parents | 爹～ parents ③ 称长一辈的或年长已婚的妇女 formal address for an older woman or an older married woman：大～ old lady

niàng

酿

（釀）

会意字。“酉”像酒坛子，“襄”有升、成义，表示发酵酿酒。简体字酉、良，表示酿造良酒。本义是酿酒。

酿 means to brew liquor, ferment. It comprises 酉, a wine jar, and 襄, to rise, complete, i.e. ferment wine. The simplified graph has 酉 and 良 (good), i.e. brewing good liquor.

①造酒 make wine：～造 ferment spirits | ～酒 make wine ② 酒 wine; liquor; alcohol：佳～ good wine; liquor | 陈～ aged wine; liquor ③ 蜜蜂做蜜 bees making honey：～蜜 make honey ④ 逐渐形成 to form gradually：～成大错 make a grave mistake

N

niǎo

鸟

（鳥）

象形字。像鸟，勾画出鸟的嘴、头、目、颈、身、翼和尾。鳥简化为鸟。本义是飞禽。

鸟 refers to birds in general. The character resembles a bird, depicting its beak, head, eyes, neck, body, wings and tail. 鳥 has been simplified to 鸟.

飞禽的统称，有羽毛，大多能飞 birds：小～ small bird | 益～ bird that is beneficial to humans | 候～ migratory bird

niǎo

袅

（裊）

形声字。衣表意，本像衣服，表示如衣服般长而柔：鳥（鸟 niǎo）表声，兼表如鸟的羽毛般柔软。裊简化为袅。本义是细长柔弱。

袅 originally meant slender and delicate. It consists of a semantic element, 衣, clothes or garments, and 鳥（鸟 niǎo）, which represents pronunciation, i.e. slender like clothes and delicate like bird feathers. 裊 has been simplified to 袅.

细长柔弱 slender and delicate：～～ curl upwards | ～娜 graceful; willowy niào

尿

会意字。甲骨文像人站着小便。篆书“尾”像人臀部有条尾巴，“水”像水流，表示下身流出来的水。楷书“尸”像人，“水”像水流，表示人排泄出来的水。本义是小便。

尿 means urine, urinate. In bone inscriptions, the character resembles a man urinating. Seal script has 尾, which depicts a man with a tail, and 水, water, i.e. water from the lower body. Regular script has 尸, person, and 水, water, i.e. urine.

① 小便 urine：~道 urethra | ~布 diaper ② 排泄小便 urinate：~床 wet the bed

niē

捏

形声字。扌表意，像手；圼（niè）表声，圼有向下义，表示捏是手向下按。本义是用手按。引申为用手指夹住。

捏 originally meant to push, later extended to represent pinch. It consists of 扌, hand, and 圼（niè）, which is phonetic and denotes downward direction, i.e. a hand pushing or pressing sth down.

① 用拇指和其他手指夹住 pinch：~住笔 grip the pen | ~住鼻子 pinch one's nose ② 用手指把软的东西做成一定形状 to mould：~泥人 mould a clay doll ③ 假造；虚构 fabricate：~造事实 to lie; fabricate a story

N

niè

聂

（聶）

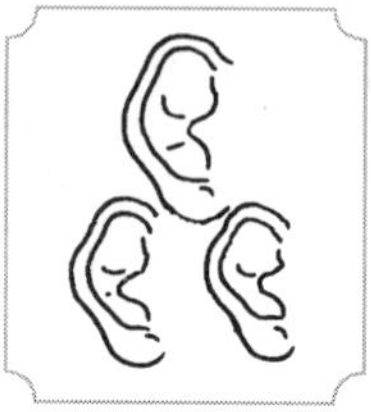

会意字。三个“耳”表示附耳私语声音轻，需尽耳力听。简体字耳、双，表示附耳私语需用双倍的耳力来听。本义是附耳私语。今作姓氏用字。

聂 originally meant whisper in someone's ear; later, also used to write a family name. The character contains three 'ears'（耳）, i.e. listening attentively to sb who is whispering. The simplified form has 耳 and 双 (pair, double), i.e. whispering requires double the attention.

姓 a family name

niè

镊

（鑷）

形声字。金（钅）表意，像箭头、斧头和矿石，简体像箭头和钩子，表示镊子用金属制成；聶（聂niè）表声。鑷简化为镊。本义是镊子。

镊（or 镊子）means tweezers forceps. The character is composed of 金（钅）, metal, i.e. made of metal, and 聶（聂 niè）, which indicates pronunciation. 鑷 has been simplified to 镊.

镊子，用来拔毛或夹小东西的器具 tweezers

溺 465页

niè

孽

会意字。“子”像婴孩，“薛”有罪义，表示有罪之妾所生的庶子。本义是庶子。引申为罪恶。

孽 signifies the son of a concubine, later by extension, wrongdoing, evildoing. It consists of 子, baby, and 薛, guilt, i.e. a child borne by concubine who has committed a wrongdoing.

① 罪恶 evil：造～ to do evil | 罪～深重 do a lot of evil ② 妖怪；祸害 demon; disaster; misfortune：妖～ demon; unlucky omens | 余～ negative effects caused by one's evildoing; retribution

nín

您

会意字。“你”指对方，“心”本像心脏，表示心怀着敬意称呼对方。您是你的敬称。

您 signifies the respectful version of 你 (you), the 2nd person pronoun. The character comprises 你, you, and 心, heart, i.e. to address the other party with respect.

“你”的敬称 respectful version of “you”：～好。How do you do? | 谢谢～。Thank you.

N

níng/nǐng

拧

（擰）

形声字。扌表意，像手，表示用手拧；寧（宁 níng）表声。擰简化为拧。本义是用手指夹住扭转。

拧 means to pinch and twist with the fingers. It consists of a semantic element, 扌, hand, and a phonetic element, 寧（宁 níng）. 擰 has been simplified to 拧.

㊀ níng 绞 wring; twist：～毛巾 wring a towel dry | ～成一股绳 twist (fiber etc) into a rope ㊁ nǐng ① 扭转 twist：～螺丝 to screw ② 相反；弄错 opposite; make a mistake：账算～了。The account has been wrongly calculated.

níng

狞

（獰）

形声字。犭表意，像犬，表示像犬或兽一样凶恶；寧（宁 níng）表声，兼表安宁受到凶恶的威胁。獰简化为狞。本义是凶恶。

狞 means ferocious, fearsome. It comprises 犭, dog, symbolizing wild, i.e. a ferocious animal, and a phonetic element, 寧（宁 níng）, peace, i.e. ferociousness threatening the peace. 獰 has been simplified to 狞.

凶恶可怕 fearsome; hideous：狰～ hideous; fearsome | ～笑 evil grin; smirk

níng
柠
（檸）

形声字。木表意，像树，表示柠檬树；寧（宁 níng）表声，宁有安适义，柠檬树终年开花，有无时不安适之意。檸简化为柠。本义是柠檬树。

柠 means the lemon tree. It consists of 木, tree, and 寧（宁 níng）, which is phonetic and denotes tranquility, repose. Lemon trees flower all year round, thus symbolizing tranquility, peace. 檸 has been simplified to 柠.

柠檬树，常绿乔木，生长在热带、亚热带。果实叫柠檬，味酸，可做饮料，果皮可以提取柠檬油 lemon tree

níng
凝

会意字。“冫”篆书像隆起的冰，楷书像两块冰，“疑”指怀疑，怀疑则不会行动，表示水结成冰则不会流动。本义是结冰。泛指凝结。

凝 originally meant freeze, later extended to represent to solidify, consolidate. It consists of 冫, two chips of ice, and 疑, to suspect, doubt, i.e. “frozen” with doubt and unable to act, like water frozen and unable to move.

① 由液体变成固体 freeze：～固 solidify; freeze | ～结 solidify; freeze ② 注意力集中 be focus：～思 meditate; ponder deeply | ～视 stare; fix one’s eyes on sth or sb

níng/nìng
宁
（寧）

会意字。甲骨文像屋中神台上放着祭器，表示祭神祈求安宁。金篆楷增“心”，更突祈求安宁的心愿。简体字像屋顶和神台。本义是安宁。

宁: calm, peace, tranquility. In bone inscriptions, the character depicts sacrificial objects on a house altar, i.e. peace seen as making offerings to the gods. Bronze, seal and regular scripts have 心, heart, signifying desire for peace. The simplified graph shows an altar under a roof.

㊀ níng ① 安定；平静 calm; tranquil; peace：～静 tranquil; serene | 安～ peace; tranquility ② 南京市的简称 abbrev for Nanjing ③ 姓 a family name ㊁ nìng 情愿 willing; would rather：～可 would rather | ～死不屈 would rather die than surrender

nìng
泞
（濘）

形声字。氵表意，像流水、水滴，表示含水多的泥；寧（宁 níng）表声，宁有安定义，表示烂泥会凝结在物体上。濘简化为泞。本义是烂泥。

泞 means mud, mire. It consists of 氵, water, i.e. a watery substance, and 寧（宁 níng）, which is phonetic and denotes peace, stability, i.e. mud is a watery substance that congeals on objects. 濘 has been simplified to 泞.

烂泥；泥浆 mud：道路泥～ muddy path

niú

牛

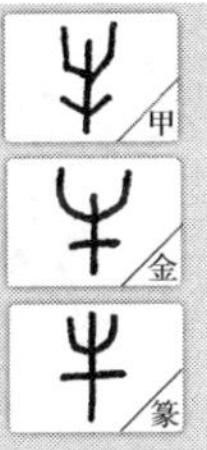

象形字。像正面的牛头，表示牛。本义是一种大型的家畜。

牛 means ox, cattle. The character depicts an ox's head.

① 反刍类家畜，能耕地、拉车，肉和奶营养价值高，常见的有水牛、黄牛等 cow：耕～ cow｜～奶 cow's milk ② 比喻有力或固执倔强 strong; obstinate：～劲 great strength｜～脾气 hot-tempered ③ 姓 a family name

niǔ

扭

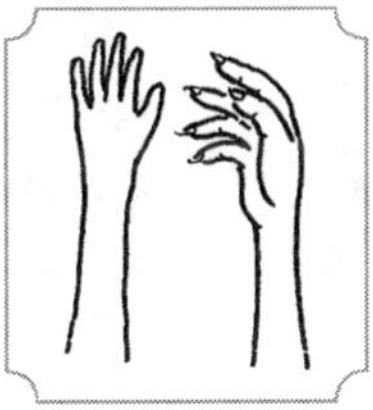

会意字。“扌”像手，“丑”像手指勾曲用力的样子，表示用手转动。本义是用手转动。

扭 means to twist, turn. It consists of 扌, hand, and 丑, which originally depicted fingers bent forcefully, i.e. twist or turn sth with the hand.

① 掉转 turn; twist：～头就走 turn one's head away and walk away ② 身体摇摆 sway; twist (one's body)：～秧歌 the Yangko dance ③ 拧；拧伤 pinch and twist：～铁丝 twist the metal wires｜～了腰 sprain one's back ④ 揪住 seize：～打 wrestle; grapple with

niǔ

纽

（紐）

会意字。“糸”像丝，“丑”像手，表示用手指给线绳打结。紐简化为纽。本义是系结。

纽 means to tie a knot. The character consists of 糸, silk or thread, and 丑, originally fingers on a hand, i.e. tie knots with the fingers on thread, string. 紐 has been simplified to 纽.

① 器物上手提的部分 handle：秤～ handle on a weight balance｜印～ the hole for a thread, found on the top part of an ink seal ② 纽扣 button：衣～shirt button ③ 有连接作用的 link：～带 link｜枢～hub; key position

niǔ

钮

（鈕）

会意字。“金”（钅）像箭头、斧头和矿石，“丑”像手爪，表示钮是金属印章上便于手指提或按的部位。鈕简化为钮。本义是印章上端的凸起部分。

钮 signified the handle or knob at the end of a seal. The character contains 金（钅）, metal, and 丑, claws or hands, i.e. the part on metal seal which allows one to lift and press the seal down. 鈕 has been simplified to 钮.

① 同“纽”字 same meaning as 纽 (button)：～扣 button ② 电器开关 switch：电～switch of an electrical appliance｜按～push button; switch (of an appliance, machine etc)

N

nóng
农
（農）

会意字。“辰”像农具，甲骨文“林”像两棵树、金文“田”像农田，表示耕田。篆书上面像囟门和双手，表示农耕既要动手又要用脑。楷书“曲”表示农耕会有曲折，收获难有把握。農简化为农。本义是农耕。

农 refers to farming. It consists of 辰, which originally depicted a farming tool, 林, forest, and 田, fields, i.e. to cultivate land. Seal script depicts the crown of the head and a pair of hands, i.e. farming represented as involving hand and head. Regular script shows 曲 (twists and turns) and 辰, i.e. the twists and turns, or uncertainties of farming. 農 has been simplified to 农.

① 农业 associated with farming：～民 farmer｜～产品 agricultural product ② 从事农业生产的人 farmer：～民 farmer｜菜～ vegetable farmer

nóng
浓
（濃）

形声字。氵表意，像水流、水珠，表示露水多；農（农 nóng）表声，兼表农作物上常有很多露水。濃简化为浓。本义是露水多。引申指液体或气体中所含的某种成分多。

浓 originally meant an abundance of dew, and later, by extension, (of soup or other liquids) thick. It consists of 氵, water, and 農（农 nóng）, which is phonetic and means agricultural, i.e. crops thick with dew. 濃 has been simplified to 浓.

① 液体或气体中所含的某种成分多 thick：～茶 strong cup of tea｜～烟 thick smoke ② 程度深 of high degree：兴趣很～ strong interest (in sth)

nóng
脓
（膿）

形声字。月（肉）表意，像肉，表示肉体溃烂处的黏液；農（农 nóng）表声。膿简化为脓。脓是炎症所形成的黄白色黏液。

脓 means pus. It contains a semantic element, 月（肉）, flesh, and a phonetic element, 農（农 nóng）. 膿 has been simplified to 脓.

皮肉溃烂处流出的黄白色黏液 pus：化～ to fester, suppurate

nòng/lòng
弄

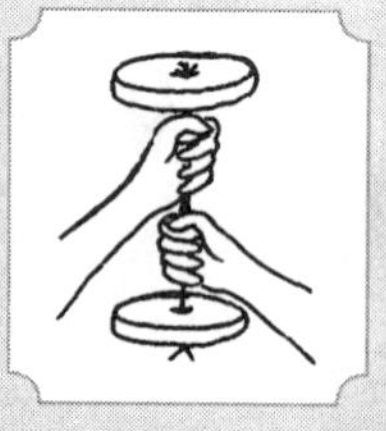

会意字。“王”（玉）像一串玉，“廾”像一双手，表示手持玉把玩。本义是把玩。

弄 means to fiddle with. It is composed of 王（玉）, a string of jade, and 廾, a pair of hands, i.e. hands fiddling with jade.

㊀ nòng ① 玩；耍 play; fiddle：玩～ toy with｜戏～ cheat; trick｜～假成真 what was unreal has turned into reality ② 搞；做 make; do：～点酒 prepare some wine｜～明白 to understand; get sth (concept, meaning etc) clear; clarify ㊁ lòng 小巷 alley：～堂 alley; lane｜里～ alley; lane nú

奴

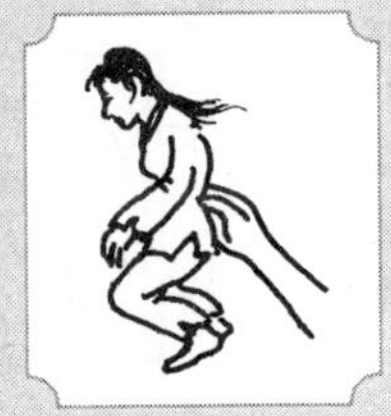

金

篆

会意字。"女"像女子，"又"像手，像用手抓住女人作奴隶。古代战争中抓来的战俘不论男女都沦为奴隶。本义是奴隶。

奴 means a slave. It consists of 女, woman, and 又, hand, i.e. woman, seized and enslaved. In ancient times, all prisoners of war, regardless of their sex, were taken as slaves.

受人役使而无人身自由的人 slave：～隶 slave｜农～ peasant｜家～ domestic slave

nǔ

努

形声字。力表意，像农具，表示出力；奴（nú）表声，奴像手抓住女人为奴，奴隶得尽力劳作，表示努是奋力。本义是奋力。

努 means strive, make an effort. It comprises a semantic element, 力, to exert strength, and 奴（nú）, which is phonetic and depicts a captured and enslaved woman; hence, to work hard, like a slave.

① 尽量使出（力气）do one's best：～力 work hard ② 凸起；鼓起 protrude; bulge：～嘴 pout

nù

怒

篆

形声字。心表意，像心脏，表示心中生气；奴（nú）表声，奴像被手抓住的女奴，表示奴隶常受鞭责而心怀愤恨。本义是愤怒。

怒 means furious, angry. It consists of 心, heart, i.e. to feel angry, and 奴（nú）, which is phonetic and means slave, i.e. anger or fury, as if subjected to slavery.

① 生气；气愤 angry：～斥 reprimand severely｜愤～ angry; indignant ② 气势强盛 overcome with superior force; overpower：～涛 raging waves｜～吼 roar; howl

nǚ

女

甲

金

篆

象形字。古文字像侧面跪着的女子。楷书像正面张开四肢的女子。本义是妇女。

女 means a woman, female. In ancient Chinese, it depicts the side view of a woman on her knees. Regular script shows a woman with her limbs outstretched.

① 女性，跟"男"相对 woman; female：～生 schoolgirl｜少～ young woman｜重男轻～ favor males over females ② 女儿 daughter：长～ eldest daughter｜幼～ youngest daughter｜生儿育～ bear and raise children

N

nuǎn

暖

会意字。“日”像太阳，“爰”有引义，表示从太阳那得到温暖。本义是暖和。

暖 means warm. It is composed of 日, sun, and 爰, originally, to draw, attract, i.e. warmth is obtained from the sun.

① 天气温和；不冷不热 fine weather; warm：～和 warm | 温～ warm; warmth | 春～花开 the warm spring causes the flowers to bloom ② 使温暖 to warm：～酒 warm the wine | ～手 warm the hands

nüè

疟

（瘧）

会意字。“疒”像病床，“虐”指虐待，表示使人发烧、头痛、口渴，饱受虐待的疟疾，虐（nüè）兼表声。虐简化为疟。本义是疟疾。

疟 means malaria. It contains 疒, illness, and 虐（nüè）, which is phonetic and denotes torture, i.e. a severe disease. 虐 has been simplified to 疟.

疟疾，急性传染病，由疟蚊传播，症状是发冷发热，头痛，口渴，全身无力 malaria

N

nüè

虐

会意字。篆书像虎（虍）爪伤人。楷书省略人。本义是虎爪伤人。引申指残暴狠毒。

虐 originally, (of a person) clawed by a tiger, later by extension, ruthless, merciless, cruel. The seal script character resembles a tiger（虍）clawing a man（人）. The regular script omits the symbol for man.

残暴狠毒 ruthless; merciless; cruel：～待 torture | 暴～ brutal; cruel

nuó

挪

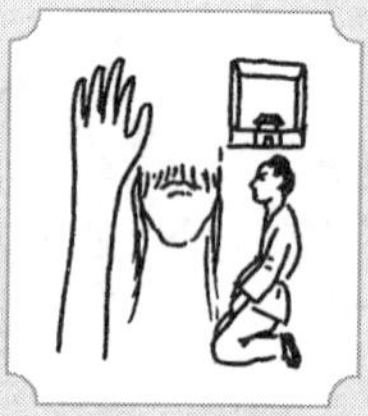

会意字。“扌”像手，“那”与这相对，表示这手与那手相搓揉。本义是搓揉。常用义是移动。

挪 originally meant to rub; now, more often, to shift to one side, move. The character consists of 扌, hand, and 那, “that” (as opposed to “this”), i.e. rubbing the hands by shifting from one side to another.

移动 move; shift：～动 move; shift | ～开 move (sth) away | ～用 misappropriate; embezzle

nuó/nà 娜

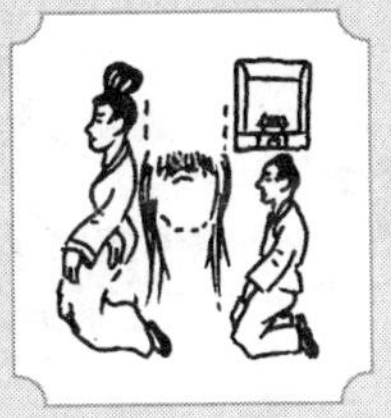

形声字。女表意，像女子，表示女子体态柔美；那（nà）表声。本义是婀娜。

娜 means graceful. The character is composed of a semantic element, 女, woman, i.e. female elegance; and 那（nà）, which represents pronunciation.

㊀ nuó［婀娜］柔美的样子 graceful; elegant：～多姿 graceful; elegant ㊁ nà 多作女性人名用字 commonly used in female names

nuò 诺（諾）

形声字。金文口表意，像张开的口；若（ruò）表声，若像女子举手梳理头发，有顺从意，诺是表示顺从的应答声。篆、楷书言表意，若表声，表示顺从他人的应答声。諾简化为诺。本义是应答的声音。

诺 originally signifies the sound of assent or confirmation; uh-huh. In bronze inscriptions, the character consists of 口, an open mouth, and 若（ruò）, which is phonetic and resembles a woman combing her hair, implying obedient, meek, i.e. going along with. Seal and regular scripts have 言, speech, and a phonetic element, 若, accord with. 諾 has been simplified to 诺.

答应；允许 agree; allow：允～ consent; agree｜～言 promise

nuò 懦

会意字。“忄”像心脏，“需”指需要，表示心中胆怯需要别人的帮助。本义是胆小软弱。

懦 means weak, cowardly, easily frightened. The character consists of 忄, heart, and 需, necessary, i.e. feeble hearted, needing help.

软弱；胆小 coward; weak; meek：～弱 cowardly; meek; fragile｜怯～ cowardice; meek｜～夫 a coward

nuò 糯

会意字。“米”像稻秸和米粒，“需”有需要义，表示口感柔软的稻米。糯是米粒有黏性的稻米。

糯 means glutinous rice. The character contains 米, rice, and 需, essential, i.e. rice that feels soft and natural in the mouth.

有黏性稻米或其他农作物 glutinous rice or other agricultural products that are sticky：～稻 glutinous rice｜～米 glutinous rice｜～玉米 glutinous corn

N

ōu

讴

（謳）

形声字。言（讠）表意，像张口发音的样子，表示歌唱；區（区ōu）表声，区像众物放在一处，表示讴是众口齐唱。謳简化为讴。本义是齐声歌唱，泛指歌唱。

讴 originally meant singing in unison; later, it was extended to mean sing in general. The character consists of **言（讠）**, a mouth opened to produce a sound, i.e. singing; and **區（区 ōu）**, which is phonetic and resembles putting many things together at one place, i.e. **讴** signifies a mass of people singing together. **謳** has been simplified to **讴**.

歌唱 sing：～歌 sing in praise

ōu

欧

（歐）

会意字。"欠"像人张口，"區"（区）本指容器，表示呕吐在容器中，區（区ōu）兼表声。歐简化为欧。本义是呕吐。

欧 originally meant to vomit. It consists of **欠**, sb with open mouth; and **區（区）**, which is phonetic and originally referred to container, i.e. vomit into a container. **歐** has been simplified to **欧**.

① 姓 a family name ② 欧洲的简称 abbrev for Europe：西～ Western Europe｜北～ Northern Europe

ōu

殴

（毆）

形声字。殳表意，像手持杖击打；區（区ōu）表声。毆简化为殴。本义是用杖击打。泛指击打。

殴 originally meant to hit with a baton; later, it came to mean attack in general. It consists of **殳**, a hand holding a stick; and **區（区 ōu）**, which represents pronunciation. **毆** has been simplified to **殴**.

打；击打 attack：～打 beat up｜～伤 injuries sustained in a fight｜～斗 a brutal fight

ōu

鸥

（鷗）

形声字。鳥（鸟）表意，像鸟，表示鸥是水鸟；區（区ōu）表声。鷗简化为鸥。鸥是一种水鸟。

鸥 means seagull. The character is composed of **鳥（鸟）**, bird, i.e. **鸥** is aquatic bird; and **區（区 ōu）**, which is phonetic. **鷗** has been simplified to **鸥**.

水鸟，翅宽尾端，趾间有蹼，羽毛多灰、白色，生活在湖海边，捕食鱼虾等，常见的有海鸥 common seagull

区 534页

ǒu

呕

（嘔）

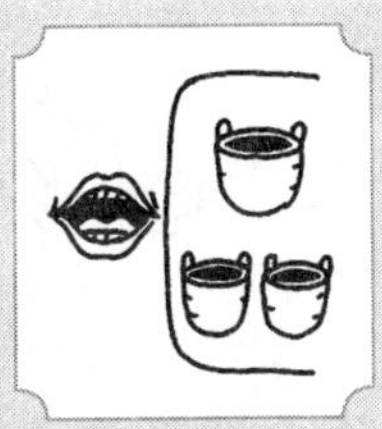

会意字。“口”像张开的口，“區”（区）本指容器，表示呕吐在容器中，區（区ōu）兼表声。嘔简化为呕。本义是呕吐。

呕 means to throw up. It consists of 口, an open mouth, and 區（区）, which is phonetic and refers to container, i.e. throwing up into a container. 嘔 has been simplified to 呕.

吐 throw up：～吐 throw up｜～心沥血 painstaking effort

ǒu

偶

会意字。“亻”像人，“禺”指一种猴子，其貌像人，表示木雕或泥塑的人像或动物。本义是木雕或泥塑的人像。

偶 originally referred to wooden or clay statue of a human being. It consists of 亻, man, and 禺, which depicted a type of monkey, i.e. an image of a human being.

① 用泥、木制成的人像或动物 wooden or clay statue of human being or animal：～像 idol｜木～ wooden statue, puppet ② 双数；成对 even number; couple：～数 even number｜配～ partner ③ 难得的；不常有的 unusual：～然 coincidental｜～合 coincidence

ǒu

藕

形声字。艹表意，像草，表示莲的地下茎；耦（ǒu）表声，耦有相对意，表示藕通常大多一节一叶一花，花叶成对。藕是莲的地下茎。

藕 means lotus stem. It consists of 艹, grass, symbolizing vegetation and 耦（ǒu）, which is phonetic and signifies a pairing. The lotus plant typically has a flower for each of its large leaves, hence a couple, a pairing.

莲的地下茎，可以吃，也可以制淀粉 lotus stem, which is edible and can be ground into flour：莲～ lotus stem｜～粉 lotus powder

òu

沤

（漚）

会意字。“氵”像水流、水珠，“區”（区）本指容器，表示将东西浸泡在水中，區（区ōu）兼表声。漚简化为沤。本义是长时间地浸泡。

沤 originally meant to soak for a long period of time. The character is made up of 氵, water; and 區（区）, which is phonetic and refers to a container, i.e. for soaking sth in. 漚 has been simplified to 沤.

把东西长时间地浸泡在水里 soaking for a long period of time：～肥 produce compost

pā
趴

会意字。“足”像膝和脚；“八”有分开义，表示手脚张开地趴着。本义是腹部朝下卧倒。

趴 means lying on one's stomach. 足 resembles knee and foot; 八 denotes separation (of sth), i.e. lying on the stomach with limbs wide-opened.

腹部朝下卧倒或身子向前靠在物体上 lie on one's stomach or lean forward：～倒在地 lie on one's stomach on the ground | ～在桌上睡觉 put one's head on the table and rest or sleep

pā
啪

会意字。“口”表意，像张开的口，表示与声音有关；“拍”指拍打，表示类似拍打发出的声音；拍（pāi）兼表声。啪是象声词。

啪（pā）is an onomatopoeia. 口 is semantic; it resembles an open mouth, suggesting 啪 is related to sound. 拍（pāi）is phonetic, denoting to pat or hit, i.e. 啪 describes the sound of patting or hitting.

象声词，形容放枪、拍掌、东西落地或碰撞等声音 onomatopoeia, similar to a pop, clap or thud：鞭抽得～～响 loud cracking of a whip

pá
爬

会意字。“爪”像手爪，“巴”有紧贴着义，表示紧贴着搔。本义是搔、抓挠。

爬 means to scratch. 爪 resembles claws; 巴 denotes attaching closely (to sth). Together, they refer to scratching.

① 手脚一起着地行走 crawl：～行 crawl | ～虫 crawlers (worms) ② 攀登；抓住东西从下往上走 climb：～树 climb a tree | ～山 climb mountains | ～楼梯 climb the stairs

pà
帕

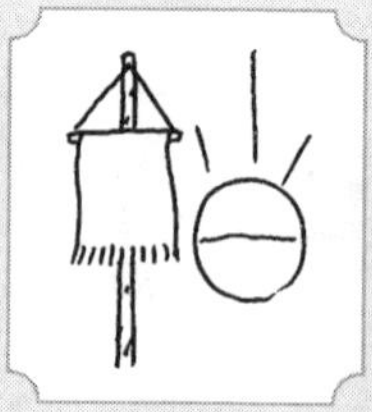

会意字。“巾”像手巾，“白”指洁白、干净，表示手巾能保持脸和手的清洁。帕是擦手擦脸用的小手巾。

帕 means handkerchief. It consists of 巾, handkerchief, and 白, clean and white, i.e. a handkerchief can be used to wipe the face and hands clean.

用来擦手擦脸的方形小巾 handkerchief：手～ handkerchief

P

pà

怕

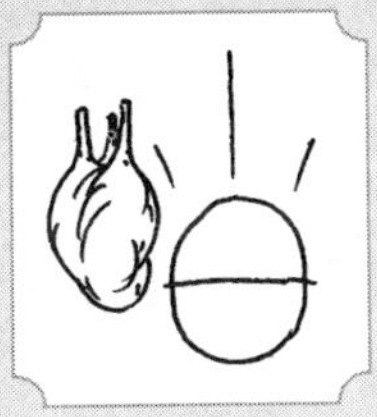

会意字。“忄”像心脏，“白”有空义，表示害怕时心中一片空白。本义是害怕。

怕 means afraid. It has 忄, heart, and 白, emptiness, i.e. fear causes one to blank out.

① 害怕 afraid：胆小～事 coward｜贪生～死 cling frantically to life and be afraid of sacrificing ② 也许；表示担心或估计 in doubt：恐～ afraid; doubtful｜这事～办不好 I'm afraid that this won't be successful.

pāi

拍

形声字。扌表意，像手，表示用手掌拍打；白（bái）表声。本义是用手掌拍打。

拍 means to hit sth with the palm. It consists of 扌, hand, and 白（bái）, which is phonetic.

① 用手掌或扁平的器具打 hit with sth with a flat surface or the palm：～皮球 bounce a ball｜～手叫好 clap one's hands and cry in amazement ② 拍打的用具 bat：球～ ball bat｜苍蝇～ fly swatter ③ 音乐的节奏 musical beat：节～ beat; rhythm｜打～子 move to the beat ④ 摄影 to photograph：～照 take a picture｜～电影 shoot a film ⑤ 发出 send out：～电报 send a telegram

pái

排

会意字。“扌”像手，“非”像翅膀分张，表示用手向外推开。本义是推开。

排 means to spread out. It has 扌, hand, and 非, a pair of wings out stretched, i.e. push open with both hands.

① 除去 eliminate：～除 eliminate; exclude｜～斥 discriminate; exclude ② 排成行列 line up：～队 queue｜～列 line things up to display ③ 行列 line; row：前～front row｜后～ last row ④ 演练 rehearse：～练 rehearse｜彩～ rehearsal ⑤ 一种水上交通工具 raft：竹～ bamboo raft ⑥ 军队的编制单位，班的上一级 platoon：～长 platoon leader ⑦ 量词，用于成行的东西 measure word：一～椅子 a row of chairs

pái

徘

会意字。“彳”像路口，“非”有不是义，表示来回踱步，不是真的向前行走。本义是来回地走。

徘 means to pace up and down, linger. The character has 彳, a road junction, and 非, "no, not", i.e. a man pacing up and down, not walking forward.

［徘徊］来回地走 pace up and down; linger：在江边～take a stroll along the river

P

pái

牌

会意字。“片”像木片，“卑”像手持扁形的酒器，表示用作标志的板。本义是用作标志的板。

牌 originally signified a signboard. The character comprises 片, a piece of wood, and 卑, a hand holding a flat wine vessel, i.e. a signboard.

① 用作标志的板，上面有文字或图记 card; board：招～ signboard | 路～ road sign ② 商标 trademark：名～ brand; branded | 杂～ inferior brand ③ 某些娱乐用品 card for entertainment purpose：纸～ card | 打～ play with cards (gamble)

pài

派

会意字。“氵”像河流、水珠，“𠂢”像河的支流，表示江河的支流，𠂢（pài）兼表声。本义是河的支流。

派's original meaning was a tributary. It consists of 氵, water, and 𠂢（pài）, which is phonetic and resembles tributaries of a river.

①河的支流；分支 tributary：～生 derive | 支～ branch ② 派别 sect; faction; school：流～ sect; school | 党～ sect; party (political etc) ③ 作风；风度 style; deportment：正～ of noble mien | 气～ air of extravagant ④ 分配；差遣；任用 deploy; send; assign：～遣 deploy | 委～ assign ⑤ 量词 collective noun：一～胡言 a load of rubbish

pài

湃

形声字。氵表意，本像水流、现像水珠，表示水波激荡；拜（bài）表声，拜兼表起伏意。本义是水波激荡。

湃 means the bobbing of ripples or waves. The character is composed of 氵, water, here referring to surging waves, and 拜（bài）, which is phonetic and denotes (sth) bobbing.

[澎湃] 波浪相激荡 waves：汹涌～ turbulent

pān

潘

会意字。“氵”像流水、水珠，表示用水淘米；“番”有更换义，表示淘米时要更换水，米才能淘洗干净。本义是淘米水。今用作姓。

潘 originally signified the water used for washing rice, later it came to represent a family name. It consists of 氵, water, i.e. washing rice with water, and 番, change, i.e. the water for washing rice needs to be changed regularly to ensure that rice is washed clean.

姓 a family name

迫 502页 番 161页

pān 攀

会意字。“手”像手，“樊”像两手抓住树木或荆棘，表示手抓住东西往上爬。本义是攀援。

攀 means to climb. It contains 手, a hand, and 樊, two hands clutching trees or thistles, i.e. climbing up by holding on to sth.

① 抓住东西往上爬 climb while holding on to sth：～登 climb; surmount｜～山越岭 surmount (mountains) ② 结交；拉拢 to establish (some sort of relationship)：～亲 claim kinship｜～谈 chitchat

pán 盘（盤）

会意字。“般”像手撑船，有盘旋义，“皿”像器皿，表示圆形盥洗用具。篆书般、木，表示木制的盘。简体字舟、皿，表示盥洗用具。本义是古代一种盥洗用具。

盘 originally meant a basin used in ancient times. It consists of 般, rowing a boat, implying to circle, and 皿, a vessel, i.e. a round shaped wash basin. Seal script has 般 and 木 (tree), i.e. a wooden dish. The simplified form has 舟 (boat) and 皿, i.e. a wash basin.

① 敞口浅底的盛器 basin：瓷～ porcelain basin．② 像盘的东西 dish-like object：磨～ grinding disc ③ 回旋地绕 whirl; twirl：～绕 coil; twine ④ 查究；清点 investigate; check：～查 examine; interrogate｜～货 take stock ⑤ 商品行情 market condition：开～ opening rate of the stock market ⑥ 量词 measure word：一～棋 a game of chess

pàn 判

会意字。“刂”像刀，“半”像剖分牛，表示用刀将物体分开。本义是分开。

判 originally meant separate. It consists of 刂, a knife, and 半, to dissect a cow, i.e. dissect (sth) with a knife.

①分辨differentiate：～别differentiate｜～断 judge ② 显然不同 apparent difference：前后～若两人 (sb) looking like two different persons ③ 评定 evaluate：～分 evaluate and assess｜裁～ judge; referee ④ 司法判决 pronounce sentence upon：审～ trial｜～罪 convict (sb)

pàn 盼

会意字。“目”像眼睛，“分”像刀剖开东西，有分明意，表示眼珠黑白分明。本义是眼珠子黑白分明。引申为看、盼望。

盼 originally meant the dark and white portions of the eye are clearly separated, later by extension, to look, to yearn for. It consists of 目, eye, and 分, separate, i.e. the dark pupil and the rest of the area which is white are clearly divided.

① 看 look：左顾右～ looking everywhere ② 向往；期待 hope for; wish：～望 hope; wish; yearn

P

pàn 叛

会意字。“反”像手扳岩石，有翻转、颠倒义，“半”像要把牛分为两半，有使物分离意，表示叛是从己方分离出去。本义是背叛。

叛 means to betray. It contains 反, a hand lifting a rock with lever, i.e. to turn sth upside down, and 半, to separate sth into half, i.e. deviate or separate oneself from one's organization, country etc.

出卖自己的一方，投靠敌对的一方 betray：～徒 betrayer｜～国 treason｜～军 treachery

pàn 畔

会意字。“田”像田地，“半”像把牛分为两半，表示田界。本义是田界。引申为旁边。

畔 originally meant the boundary of fields, later by extension, the side (of sth). It is composed of 田, fields, and 半, cutting a cow into half, i.e. the boundary of fields.

旁边 at the side of：湖～ lakeside｜河～ riverside｜桥～ beside the bridge

P

pāng 乒

会意字。像右手持斧（斤），表示持斧砍物发出的声音。乓是象声词。

乓 is an onomatopoeia. The character resembles a right hand holding an axe (斧/斤), suggesting the sound of chopping or hacking sth.

象声词，形容枪声、关门声、器物撞击声等 bang; pop; crash：～～敲门 banging on a door｜乒～作响 rattling sound｜～的一声枪响 bang; crack of a gun

páng 庞（龐）

会意字。“广”像房子，“龍”（龙）像传说中的巨型神异动物，表示高大的房子。龐简化为庞。本义是高大的房屋。引申为高大、庞大。

庞 originally signified a grand house, mansion, later by extension, huge and gigantic. It consists of 广, house, and 龍（龙）, Chinese dragon which is a gigantic mythological animal, i.e. a big house. 龐 has been simplified to 庞.

① 大 huge; big：～大 gigantic｜～然大物 gigantic object, system etc ② 又多又杂 numerous and cluttered：～杂 numerous and cluttered ③ 脸盘 basin for washing face：面～ face ④ 姓 a family name páng

旁

会意字。甲、金文“凡”像帆，“方”有一边、一面义，表示一旁。本义是旁边。

旁 means beside. Bone and bronze inscriptions have 凡, boat sail, and 方, side (of sth), i.e. one side.

① 左右两侧；旁边 side：路～roadside | 袖手～观 look on with folded arms, offering no help ② 其他的；另外的 other; extra：～人 onlooker; other people | ～证 circumstantial evidence ③ 汉字的偏旁 radical of Chinese characters：形～ radical that denotes pictographic meaning | 声～ radical that denotes pronunciation

páng/
bǎng

膀

形声字。月（肉）表意，表示储存尿的囊状器官；旁（páng）表声。本义是膀胱。

膀 means bladder. The character consists of 月（肉）, flesh, in this case, bladder, and 旁（páng）, which indicates pronunciation.

㊀ páng ［膀胱］人或高等动物储尿的器官 bladder ㊁ bǎng 胳膊上部近肩的部分 shoulder：～子 shoulder | 肩～ shoulder

páng/
bàng

磅

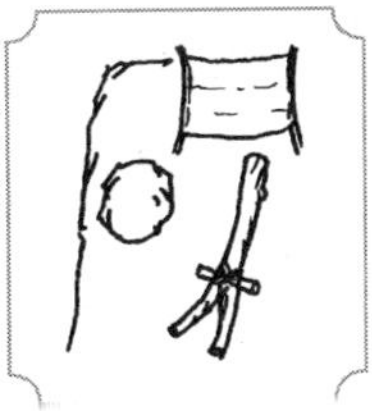

形声字。石表意，像山崖下有块大石头；旁（páng）表声，兼表磅是石头落在一旁所发出的声音。本义是石头落地声。

磅 originally signified the sound of falling rocks. It has 石, rock, and 旁（páng）, which is phonetic and denotes the sound produced when a rock smashes onto the ground.

㊀ páng ［磅礴］盛大 on a grand scale; grandiose：气势～ exudes a mien of grandiose ㊁ bàng ① 英美制重量单位，一磅合453.6克 unit of measurement, pound ② 磅秤或用磅秤称 weighing scale; weigh：过～ weigh (on scales) | ～体重 weigh oneself

páng

螃

会意字。“虫”像虫，“旁”指两边、旁边，表示螃蟹是横行的小动物，旁（páng）兼表声。本义是螃蟹。

螃 means a crab. The character consists of 虫, worm, and 旁（páng）, which is phonetic and denotes sides, i.e. a crab moves sideways.

［螃蟹］节肢动物，全身有甲壳，横着爬行，肉可以吃。有五对脚，前面一对叫螯。种类很多，有河蟹、海蟹 crab

P

pàng/pán

胖

会意字。“月”（肉）像肉，“半”像把牛分为两半，表示古代祭祀用的半体牲。本义是半体牲。引申为肥胖。

胖 originally signified half of an animal, used as a sacrificial offering, later extended to mean fat. The character consists of 月（肉）, flesh, and 半, to dissect a cow into half, i.e. half of an animal used for sacrificial purpose.

㊀ pàng 人体脂肪多，肉多 fat：肥～ fat; obese｜矮～ short and fat｜㊁ pán 舒坦 feel at ease; carefree：心广体～ carefree and contented

pāo

抛

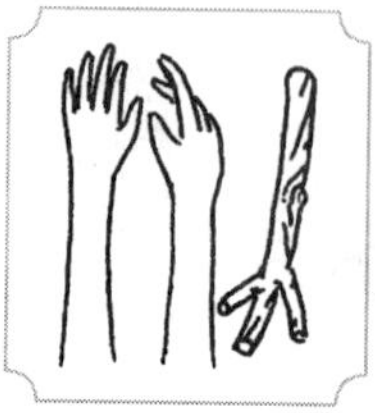

会意字。“扌”像手，“尤”指特别，“力”指力气，表示用力把东西扔出去。楷书扌、力、九（最大个位数），表示手用力把东西扔到远处。本义是扔。

抛 means to throw. It consists of 扌, hand, 尤, special and 力, strength, i.e. hurl sth with great force. Regular script has 扌, 力 and 九 (nine, the largest single digit numeral), i.e. to throw sth far with might.

① 扔；投掷 throw; hurl：～掷 throw｜～球 throw the ball ② 丢下；舍弃 abandon：～弃 abandon｜～妻别子 abandon one's family ③ 暴露 expose：～头露面 show oneself in public

P

páo/bào

刨

会意字。“刂”像刀，“包”指包裹，表示用刀刨去外层。本义是挖刨。

刨 means to dig and peel. It consists of 刂, a knife, and 包, a parcel, i.e. to peel the outer layer of sth with a knife.

㊀ páo 挖掘 excavate：～坑 dig a hole｜～根 get to the root of the problem ㊁ bào ① 刮平木料、金属的工具 shaving machine：～刀 shaving knife｜～床 shaving machine ② 用刨子或刨床刮平 to shave：～平 shave to make smooth｜～光 shave to make shiny

páo

咆

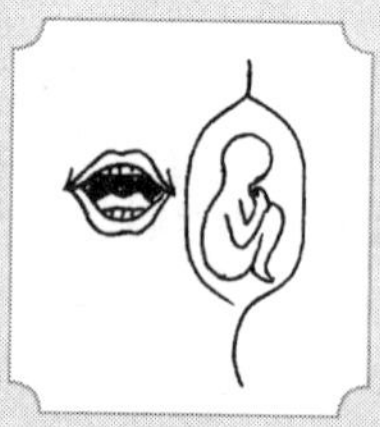

会意字。“口”像张开的嘴，“包”有裹覆义，表示猛兽的咆哮声笼罩四周。本义是野兽嗥叫。

咆 means howl, bellow (of wild animals). The character contains 口, an open mouth, and 包, to wrap, i.e. the resonant roar of wild animals.

［咆哮］猛兽嗥叫，也形容水流轰鸣或人发怒时大声喊叫 howl of wild animals, also refers to the loud gushing sound of water or (of a person) shouting in anger：～如雷 howling like thundering｜黄河在～。The Yellow River is howling.

páo/pào/bāo

炮

会意字。"火"像火焰，"包"指包裹，表示用泥包住肉放在火上烧烤。本义是涂上泥放在火中烧。

炮 originally meant to bake sth covered with clay. It is composed of **火**, fire, and **包**, to wrap, i.e. wrap meat in clay and roast it over the fire.

㊀ páo 用烘、炒等方法加工制造中药 produce Chinese medicine by methods of baking, frying etc：～制 cook up; come up with ㊁ pào ① 发射炮弹的重武器 bomb：～击 bombard｜～弹 bombshell ② 爆竹 firecracker：鞭～ firecracker ㊂ bāo 在旺火上急炒的烹饪方法 stir-fry over high flame

páo

袍

会意字。"衤"像上衣，"包"像胎衣裹着胎儿，有裹义，表示穿在外面裹住其他衣服的长衣。袍是长衣服。

袍 means a robe. It is composed of **衤**, an upper garment, and **包**, an embryonic membrane protecting a fetus, i.e. wrap. Hence, **袍** denotes an outer garment, wrapping one's inner wear.

长衣服 robe：棉～ woolen robe｜长～ long robe｜皮～ leather robe

pǎo

跑

会意字。"足"像膝和脚，"包"指包裹，表示兽用足刨地。本义是兽用足刨地。引申指奔跑。

跑 originally meant (of an animal) scrapping the ground with its paws, later extended to mean run. The character contains **足**, knee and foot, and **包**, to wrap, i.e. an animal scrapping the ground with its paws.

① 大步快速向前 run：～步 jog｜赛～ running competition ② 逃走 escape：逃～ escape (criminal etc) ③ 漏出 leak：～汽 gas leaking｜～电 electrical leakage ④ 为某事而奔忙 earn a living：～买卖 doing business as a living

pào/pāo

泡

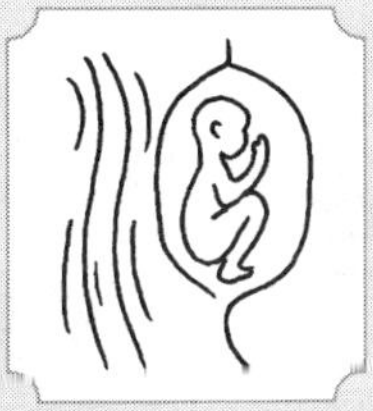

会意字。"氵"像水流、水珠，"包"指包裹，表示包裹空气的水泡。本义是水泡。

泡 means bubbles. The character consists of **氵**, water, and **包**, to wrap, i.e. bubbles which actually contains air.

㊀ pào ① 液体内包有空气的球状体 bubble：水～ water bubbles｜～沫 foam ② 像泡的东西 sth that resembles bubbles：电灯～ light bulb ③ 用液体浸 soak：浸～ soak｜～菜 kimchi (spicy pickled Chinese cabbage) ㊁ pāo ① 质地松软 soft：眼～ eyelid ② 量词 measure word：一～尿 a pool of urine pēi

胚

会意字。“月”（肉）像肉；篆书“不”像花蕾，有不是义，表示不是发育成熟的生物体；楷书“丕”有胚芽义。本义是母体内初期发育的幼体。

胚 means an embryo. The character consists of 月（肉）, flesh, and 不, "no, not yet", i.e. plants or animals that have not yet to reach maturity. In regular script, 丕 means plumule.

初期发育的生物体 living things in their initial stage of growth：～芽 plumule｜～胎 embryo

péi

陪

会意字。“阝”像土坡，“倍”（省形）指增加，表示重叠的土堆。本义是重叠的土堆。引申为陪伴。

陪 originally meant piles of soil, later by extension, to accompany. It is composed of 阝, slope, and 倍, add, increase, i.e. piles of soil.

① 伴同 accompany：～伴 accompany｜失～ Please excuse me. ② 从旁协助 help：～审 serve on a jury｜～练 practice partner

péi

培

会意字。“土”本像地上有堆土，“倍”（省形）指倍增，表示给植物根部或墙根处增加土。本义是培土。

培 means to bank up with earth. The character consists of 土, piles of soil on the ground, and 倍, a multiple of, i.e. add soil to the roots of plants or pile up soil at the foot of wall.

① 在植物根部或墙根处加土 cover the lower part of a plant with soil：～土 earth up ② 培养（人）groom; nurture：～育 groom (talents etc)｜～训 train (sb to have a skill)

péi

赔

（賠）

会意字。“貝”（贝）像贝壳，古代曾用作货币，“咅”有吐出义，表示拿出财物偿还别人。賠简化为赔。本义是偿还损失。

賠 means to compensate. It consists of 貝（贝）, a seashell, currency used in ancient times, and 咅, to vomit, throw out, i.e. return money to sb. 賠 has been simplified to 赔.

① 偿还损失 compensate losses：～偿 compensate｜～款 monetary compensation ② 亏损 losses：～本 sustain losses (business)｜只～不赚 only suffer losses and not gain profits ③ 道歉；认错 apologize; admit one's mistake：～不是 apologize｜～礼道歉 apologize pèi

沛

会意字。“氵”流水、水珠，“巿”有草木茂盛义，表示水流大。本义是水流大。引申为旺盛。

沛 originally meant an abundant flow of water, later extended to mean full of vigor, energetic. The character consists of 氵, water, and 巿, lush vegetation, i.e. gushing water.

旺盛 full of life and energy：精力充～ energetic

pèi

佩

会意字。“亻”像人，“凡”指所有，“巾”像布巾，表示古人佩挂在衣带上的装饰物。本义是古人系在衣带上的装饰品。

佩's original meaning was accessories worn in ancient times. It has 亻, man, 凡, everything, and 巾, handkerchief, i.e. accessories adorned on clothes.

① 挂或带在身上；佩挂的饰物 accessory：～剑 saber used as an accessory | 玉～ jade accessory ② 佩服 admire：敬～ admire and respect | 钦～ admire

pèi

配

会意字。甲、金文像人在调配酒料。篆、楷书“酉”像酒坛子，“己”指自己，表示自己调配酒料。本义是配酒、调配。

配 means to prepare cocktails. In bone and bronze inscriptions, the characters resemble a man preparing cocktails. In seal and regular scripts, 酉 resembles a wine vase and 己 denotes oneself, i.e. a man preparing cocktails.

① 以适当的比例调和 to match：～搭 mix and match | ～色 match colors ② 男女结婚 marry：～偶 spouse ③ 有计划地分派 distribute：分～ divide and distribute ④ 把缺少的补上 supply：～零件 supply the peripherals ⑤ 衬托；陪衬 complement; to contrast：～角 to function as contrasting role ⑥ 够得上；相称 match up with：般～ well-matched | 不～ does not match; does not go well together ⑦ 使动物交配 breed (husbandry)：～种 breeding (husbandry)

pēn/pèn

喷

（噴）

会意字。“口”像张开的口，“賁”（贲）通奔，有速度快义，表示从口中喷出。噴简化为喷。本义是从口喷出。

喷 means to spurt sth from the mouth. The character consists of 口, an open mouth, and 賁（贲）, same meaning as 奔 (run, sprint), suggesting speed, i.e. to spurt sth from the mouth. 噴 has been simplified to 喷.

㊀ pēn 受压力而散射出 spurt; spew：～洒 spray; sprinkle | ～泉 fountain ㊁ pèn 气味浓厚 aromatic：～香 aromatic

pén 盆

会意字。“皿”像器皿，“分”像东西被刀剖开，表示盆口宽大向外摊开。本义是一种口大底小多为圆形的器皿。

盆 means a basin. The character consists of 皿, a vessel, and 分, split, cut open, i.e. the top side of a basin which is wide open.

① 敞口的盛东西或洗东西的器具 basin：花～flower pot | 脸～basin for washing face ② 形状略像盆的 basin-like object：～地 basin (geography) | 骨～pelvis

pēng 砰

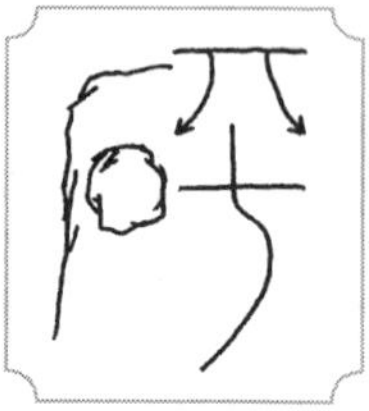

形声字。石表意，像山崖下有块大石头，表示像石头落地发出的声响；平（píng）表声。砰是象声词。

砰 is an onomatopoeia, indicating the sound of sth falling heavily. It is composed of a semantic element, 石, rock, i.e. sound of falling rocks, and a phonetic element, 平（píng）.

象声词 onomatopoeia：～～几声枪响 Bang! Bang! The gun fired. | 门～的一声关上了。The door slams with a bang.

pēng 烹

会意字。“灬”（火）像火焰、火苗，表示用火烹饪；“亨”通享，表示烹饪的食物是给人享用的。本义是煮。

烹 means to cook. It consists of 灬（火）, fire, i.e. cooking with fire, and 亨, same the meaning as 享 (enjoy), i.e. food is meant to be enjoyed.

烧煮食物 cook：～饪 cook | ～调 cook

péng 朋

象形字。甲、金文像两串贝，古代以贝为货币，表示朋是货币单位。本义是货币单位。基本义是朋友。

朋 originally signified a currency unit; its basic meaning is a friend. In bone and bronze inscriptions, it shows two strings of seashells, a form of currency in ancient times, i.e. 朋 is a currency unit.

① 朋友 friend：亲～好友 friends and relatives | 高～满座 (shop, restaurant etc) be filled with distinguished guests, customers ② 结党 gang up：～比为奸 conspire

P

péng

彭

会意字。像鼓发出声音。本义是鼓声。今用作姓。

彭 originally signified the booming of a drum, later, it came to represent a family name. The character shows a drum with sounds.

姓 a family name

péng

棚

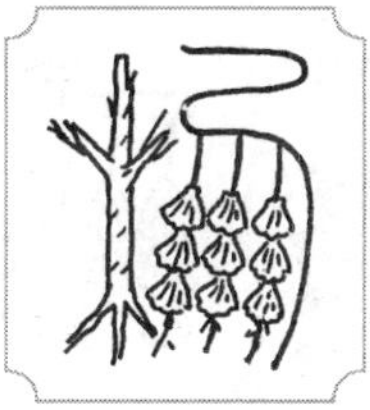

形声字。木表意，像树；朋（péng）表声，以朋友相近相合，表示棚是由许多竹或木交合而成。本义是用竹木搭成的篷架或小屋。

棚 signifies a shed built with bamboos or wooden planks. The character contains 木, tree, and 朋（péng）, which is phonetic and denotes a gathering of friends, i.e. 棚 (shed) is built with many bamboos or wooden planks.

用竹木等搭成的遮阳挡雨的篷架或简陋的建筑 shed：凉～pavilion｜草～straw shed｜瓜～shed used for growing melons

péng

蓬

会意字。“艹”（艸）像草，“逢”有遇到义，表示秋后枝叶枯黄，遇风飘飞的飞蓬。本义是飞蓬。

蓬 means a type of herb called bitter fleabane. It consists of 艹（艸）, grass, and 逢, to meet, encounter. i.e. the leaves of bitter fleabane wilt after autumn, "an encounter" with the wind blows them away.

① 飞蓬，一种多年生草本植物 bitter fleabane (Erigeron acer), a type of perennial herb ② 散乱 messy：～松 messy and fluffy｜～头垢面 muddy face and soiled hair; unkempt

péng

硼

形声字。石表意，像山崖下有块石头，表示硼的结晶体硬如石；朋（péng）表声，本指两串贝。硼是一种非金属元素。

硼 refers to a type of nonmetallic element. It is composed of 石, rock, here referring to the crystallized form of 硼 (boron) is as hard as rock, and 朋（péng）, which is phonetic and denotes two strings of seashells.

一种非金属元素，符号B。有结晶和非结晶两种。硼的化合物可用于医药、农业、玻璃工业等 boron (B)

péng

鹏

（鵬）

形声字。鳥（鸟）表意，像鸟，表示传说中的大鸟；朋（péng）表声，朋有比较义，表示鵬其大无比。鵬简化为鹏。鹏是传说中最大的鸟。

鹏 signifies a roc, the largest mythological bird. The character consists of a semantic element, 鳥（鸟）, bird, and a phonetic element, 朋（péng）which suggests "a comparison", i.e. roc is much bigger than other birds. 鵬 has been simplified to 鹏.

传说中的大鸟，能飞得很高很远 roc：～程万里 have a bright future

péng

澎

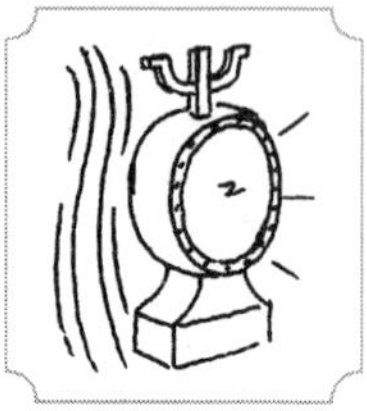

形声字。氵表意，像水流、水滴，表示波浪相击；彭（péng）表声，像鼓发出声音，表示波浪相撞击会发出很大的声响。本义是波浪相撞击。

澎 means the crashing of waves. It is composed of 氵, water, i.e. the crashing of waves, and 彭（péng）, which is phonetic and signifies the booming of drums, i.e. a loud sound is produced when waves hit against one another.

波浪相撞击 crashing of waves：汹涌～湃 tempestuous

péng

篷

会意字。"竹"表意，像竹叶，"逢"指相遇，表示篷用众多竹篾等制成。本义是用竹篾等制成的遮阳、挡风雨的设备。

篷 is a canopy made of bamboos or such. The character consists of 竹, bamboo leaves, and 逢, meet, encounter, i.e. 篷 is made of many thin bamboo strips.

① 遮阳、挡风雨的设备 canopy; awning; shelter：帐～tent | 车～car canopy ② 船帆 boat sail：扯起～来 hoist the sail

péng

膨

形声字。月（肉）表意，像肉，表示肚子胀大的样子；彭（péng）表声。本义是肚子胀大的样子。泛指物体隆出胀大。

膨 signifies (of a stomach) bloated, later, it came to mean swollen or bloated in general. The character is composed of 月（肉）, flesh, i.e. a bloated stomach, and 彭（péng）, which indicates pronunciation.

胀大 bloating：～胀 expand

pěng 捧

会意字。“手、扌”像手，“奉”像双手举植物，表示双手托。本义是两手承托。

捧 means to raise sth with both hands. 手 and 扌 resemble hand; 奉 depicts a pair of hand holding up a plant, i.e. raise with both hands.

① 用双手托 raise with two hands：~起奖杯 raise a trophy | ~着花瓶 holding a vase ② 奉承；代人吹嘘 curry favor：吹~ excessive flattery | ~场 flatter; sing praises ③ 量词 measure word：一~米 a handful of rice | 两~瓜子 two handfuls of melon seeds

pèng 碰

会意字。“石”像山崖下有块石头，“並”有合在一起义，表示两石相撞。本义是两物相触或相撞。

碰's original meaning was collide. It is composed of 石, stone, and 並, to come together, i.e. the collision of two stones.

① 物体相互撞击 collision of objects：~杯 cheers | 鸡蛋~石头 the egg collides with the stone, implies courting death ② 相遇 to encounter：~面 meet | ~见 bump into one another ③ 试探 try：~运气 try one's luck

pī 批

会意字。篆书“扌”像手，“毘”有损伤义，表示用手背打，毘（pí）兼表声。楷书“扌”像手，“比”有相似义，表示用手背打与用手心打相似。本义是反手打。

批 originally meant to hit sth with the back of the hand. Seal script has 扌, hand, and 毘（pí）, which is phonetic and denotes damage or injury, i.e. to hit sth with the back of one's hand. Regular script comprises 扌 and 比, compare (in this case, suggesting "similar to"), i.e. hitting with the palm is similar to hitting with the back of the hand.

① 写上意见 comment：审~ examine and comment | ~改 mark and correct ② 批判；批评 criticize：~驳 refute ③ 大量；成批 in huge quantities, in volumes：~发 distributor ④ 量词 measure word：一~货 a batch of goods

pī 坯

形声字。土表意，本像地上有堆土，表示没烧过的黏土制品；丕（pī）表声。本义是未经烧制的砖瓦陶器。

坯 means pottery that has not yet to be treated in the kiln. It consists of 土, earth, i.e. pottery that has not been baked, and 丕（pī）, which represents pronunciation.

① 没有烧过的砖瓦陶器等 pottery that has not yet to be treated in the kiln：土~ adobe | 砖~ sun-dried brick ② 半制成品 semi-finished product：毛~ semi-finished fur product | 钢~ semi-finished steel product

P

pī 披

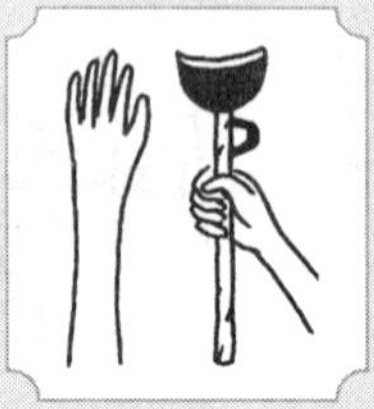

篆

会意字。“扌”像手，“皮”像手持皮铲，以剥取兽皮表示分开、劈开、裂开，皮（pí）兼表声。本义是分开、劈开、裂开。

披 means to separate or split open. It is composed of 扌, hand, and 皮（pí）, which is phonetic and resembles a hand holding a leather spade to rip off an animal's skin.

① 分开；打开；散开 separate; open; disperse：～沙拣金 sieve out the essence (of sth) | ～露内幕 divulge inside information ② 搭在肩背上 drape on the shoulders：～着大衣 drape a coat | ～红戴绿 to receive honor

pī/pǐ 劈

篆

会意字。“刀”像刀，“辟”指施刑，用刀割，表示用刀斧劈破开，辟（pì）兼表声。本义是用刀斧破开。

劈 means to cut open with knife or axe. It has 刀, knife, and 辟（pì）, which is phonetic and denotes the execution of a punishment that involves cutting with a knife, i.e. to split sth open with a knife or axe.

㊀ pī ① 用刀、斧等破开 cut open with knife or axe：～开 chop | ～木柴 chop the wood ② 正对着 facing：～头盖脸 right in the face ③ 特指雷击 struck by lightning：树给雷～了。The tree has been struck by lightning. ㊁ pǐ 分开 separate：～成两半 chop into halves

pī 霹

形声字。雨表意，像天下雨，表示霹雳多发生在雨天；辟（pì）表声，有摧折意，表示霹雳对人或物会造成危害。本义是响声很大的雷。

霹 signifies thunderbolts. The character consists of a semantic element, 雨, rain, i.e. 霹雳 (thunderbolts) usually occur during rainy days, and 辟（pì）, which is phonetic and denotes to destroy, cause damage, i.e. thunderbolts cause harm to man and things.

［霹雳］急速而来的，响声很大的雷；比喻突然发生的事件 sudden occurrence：晴天～ a bolt from the blue

pí 皮

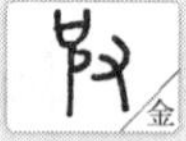

金

篆

会意字。像手持皮铲，表示剥兽皮。本义是剥兽皮。

皮 means to skin animals. The character resembles a hand holding a leather spade, i.e. skinning an animal.

① 人和动植物的表面层 skin：～肤 skin | 树～ bark ② 皮制的 of leather：～包 leather handbag | ～鞋 leather shoe ③ 某些薄片状的东西 thin sheet (of sth)：铁～ iron sheets ④ 包在物体外面的东西 cover：书～ book cover ⑤ 有韧性的东西 elastic object：～筋 rubber band ⑥ 淘气 playful; naughty：顽～ mischievous pí

疲

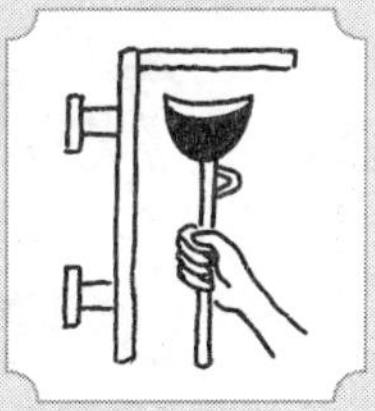

形声字。疒表意，像病床，表示疲乏无力如同得了病；皮（pí）表声，有皮肤、外表义，表示人劳累过度会在外表上显露出来。本义是劳累。

疲 means tired. It is composed of **疒**, a sickbed, i.e. a man so weak as though he is sick, and **皮**（pí）, which is phonetic and denotes skin, outer layer, i.e. an overworked person will be visibly exhausted.

劳累；困倦 tired; sleepy：～劳 tired and sleepy｜精～力竭 exhausted

pí

啤

会意字。“口”像张开的口，“卑”像手持扁形的饮酒器，有身份低义，表示啤酒是酒精含量低的酒。本义是啤酒。

啤 means beer. The character consists of **口**, an open mouth, and **卑**, which resembles a hand holding a flat wine cup, suggesting a person of a low status, i.e. beer（**啤酒**）has low alcohol content.

啤酒，英文beer的音译。用大麦芽加啤酒花制成的低度酒，有泡沫，味香微苦 beer

pí

脾

会意字。“月”（肉）像肉，“卑”有下义，表示脾脏在胃下。本义是脾脏。

脾 refers to spleen. **月**（**肉**）resembles flesh, **卑** denotes low, bottom, i.e. spleen（**脾脏**）is located below the stomach.

动物体内制造白血球的器官 spleen：健～补肾 nourish the spleen and kidneys

pǐ

匹

象形字。像布匹折叠形，表示计算布匹的量词。本义是布匹的量词。

匹 is the unit of measurement for cloth. The character resembles layers of folded cloth, implying it is a collective noun for cloth.

① 相当；相配 roughly; match：～配 match｜～敌 worthy enemy ② 单独 alone：单枪～马 carry out single-handedly ③ 量词 measure word：两～布 two bolts of cloth｜一～马 a horse

劈 492页

pì 屁

会意字。“尸”像人，表示人肛门排出的臭气；“比”有连续意，表示屁常相连。本义是放屁。

屁 means flatulence. The character consists of 尸, a man in crouched position, i.e. flatulence, and 比, continuous, i.e. flatulence usually comes in a series.

从肛门排出的臭气 flatulence：放～ break wind

pì 僻

会意字。“亻”像人，“辟”像刑刀（辛）、人（尸）、伤口（口），有刑罚义，表示受刑者多是品行不端之人，辟（pì）兼表声。本义是品行不端。引申为偏僻。

僻 originally signified improper behavior, character, later, it came to mean desolate, remote, deserted. It consists of 亻, a man, and 辟 (pì), which is phonetic. 辟 comprises a saber used by an executioner (辛), man (尸) and wound (口), i.e. punishment. Hence, people were punished for their improper behavior.

① 偏远的 desolate：偏～ desolate; remote | 穷乡～壤 remote and backward rural area ② 不常见的 uncommon：冷～ rare; uncommon | 生～ (words etc) rarely used ③ 性情古怪 strange or uncommon character; behavior：孤～ eccentric | 怪～ strange; uncommon habit or hobby

pì 譬

形声字。言表意，像张口说话，辟（pì）表声，有透彻义，表示用比喻让人透彻地了解。本义是打比方。

譬 means to draw an analogy. It is composed of 言, speech, and 辟 (pì), which is phonetic and denotes thoroughness, i.e. use examples or analogies to explain, clarify.

打比方 draw an analogy：～如 for instance

piān 偏

会意字。“亻”像人，“扁”有单边意，表示人头侧向一边。本义是歪、斜。

偏 means crooked, slanted. It consists of 亻, a man, and 扁, one side, i.e. a man tilting his head to one side.

① 歪；斜 slanted; tilted：～离 divert from | ～斜 slanted ② 不公正；不全面 unjust; subjective：～心 biased | ～食 picky over food ③ 跟愿望或常情相反 against one's wish; different from the norm：～～ contrary to what is expected

P

辟 36页　片 495页　扁 39页

piān

篇

会意字。"竹"像竹叶，表示写在竹简上的完整文章；"扁"有平薄义，表示竹简扁薄。本义是首尾完整的文章。

篇 signifies an unabridged poem. It consists of 竹, bamboo leaves, i.e. unabridged poems written on bamboo stripes, and 扁, flat and thin, i.e. bamboo stripes are flat and thin.

① 首尾完整的文章 unabridged poem：～章 essay | ～目 content list ② 量词 measure word：一～文章 a piece of essay | 三～论文 three pieces of theses

piān

翩

会意字。"羽"像鸟羽，"扁"指平薄，表示鸟展开扁薄的翅膀飞翔。本义是疾飞。

翩 means flying with speed. It consists of 羽, feathers of a bird, and 扁, flat and thin, i.e. a bird spreading its thin and flat wings to soar.

［翩翩］① 形容动作轻快 graceful：～～起舞 dance with grace ② 行容举止优雅 describes pleasant, graceful and elegant demeanor：风度～～ having a gentleman's deportment

piàn/piān

片

象形字。篆书像"木"的一半，表示剖开的木片。本义是剖开的木片。引申指平而薄的东西。

片 originally meant the cross-section of a wooden plank, then later, things that are flat and thin. Seal script resembles half of 木 (wood), suggesting a wooden plank that is split into half.

㊀ piàn ① 平而薄的东西 flat and thin：刀～ knife blade | 肉～ slice of meat ② 零星的；不全的 bits and pieces; incomplete：～段 sections (of memory, play, show etc) | ～刻 moment; short period of time ③ 量词 measure word：两～药 two pieces of medicine | 一～草地 a piece of grassland, field ㊁ piān 义同㊀① same meaning as 'piàn' ①：相～ photograph | 唱～ gramophone record

piàn

骗

（騙）

会意字。"馬"（马）像马，"偏"省亻，有侧意，表示从一侧跨上马背。騙简化为骗。本义是跨上马背。基本义是欺骗。

骗's original meaning was to mount a horse; its basic meaning is cheat, lie. The character consists of 馬（马）, horse, and 偏 (without 亻), one side, i.e. mount a horse from one side of it. 騙 has been simplified to 骗.

用谎言或假象使人上当 lie; cheat：欺～ cheat | 受～上当 be cheated

piāo/piǎo/piào

漂

形声字。“氵”表意，像水流、水珠；票（piào）表声，指火焰升腾有轻的意思，表示物轻则浮于水面。本义是浮。

漂 means float. It is composed of 氵, water, and 票（piào）, which is phonetic and denotes flames rising into the sky, suggesting lightness, i.e. light objects float on water.

㊀ piāo 浮在水面 float：～浮 floating | ～流 drifting ㊁ piǎo ① 用化学物浸洗使白 bleach：～白 bleach ② 冲洗 rinse：放在水里～一～ rinse ㊂ piào［漂亮］① 好看 nice looking：她长得～。She is pretty. ② 出色 outstanding：干得～。A job done well.

piāo

飘

（飄）

形声字。風（风）表意，票（piào）表声，本指火焰向上升腾，表示飘是旋风。飄简化为飘。本义是旋风。引申为随风飞动。

飄 means a whirlwind, later extended to mean flutter, wave in the wind. It consists of a semantic element, 風（风）, wind, and 票（piào）, which is phonetic and denotes rising flames, i.e. a whirlwind. 飄 has been simplified to 飘.

随风飞动 float：～扬 flying in the wind (flags, banners, clothes etc) | ～舞 dance in the wind (flag, leaves etc)

piáo

瓢

形声字。瓜表意，像藤蔓上结着瓜，表示瓢用形体似瓜的葫芦一剖为二制成；票（piào）表声，本指火焰向上升腾，有轻意，表示瓢很轻。本义是用葫芦制成的舀水用具。

瓢 is a ladle made of bottle gourd. It consists of a semantic element, 瓜, melons that grow on vines, i.e. 瓢 is made of half of a bottle gourd (a vegetable that resembles a melon), and 票（piào）, which is phonetic and denotes lightness, i.e. a ladle is light.

舀东西的用具，用匏瓜或木头制成 ladle made of wood or gourd：水～ water ladle

piào

票

会意字。篆书“火”像火焰，“䙴”省形，䙴有上升义，表示火焰向上升腾。楷书“西”像鸟窝，有依凭意，表示钱币可依凭；“示”有显示义，表示钱币上显示金额。本义是火升腾。

票 originally signified rising flames. Seal script has 火, fire, and 䙴, rising, i.e. rising flames. Regular script comprises 西, a bird's nest which implies "to depend, rely on", and 示, exhibit or display, i.e. people depend on money and the value of a dollar bill is shown on the bill itself.

① 纸币 dollar bills：钞～ bills | ～额 the monetary value of a bill ② 作凭证的纸 piece of paper that can be used to prove sth：车～ ticket | 邮～ postage stamp ③ 被绑架勒索的人 victim of a kidnap：绑～ kidnap ④ 非职业的演戏 amateur actor：～友 amateur performer piē/piě

撇

会意字。“扌”像手，“敝”指破旧，表示拂去破旧之物的尘垢。本义是拂拭。

撇 means to wipe off. The character consists of 扌, hand, and 敝, old and tattered, i.e. to dust old objects.

㊀ piē ① 抛开；丢弃 abandon; throw away：～开 leave aside; ignore | ～在一边 leave sth aside ② 舀去浮在液体表面的东西 skim：～油 skim off the grease ㊁ piě 汉字的笔画，形状是“丿” a stroke used in Chinese writing—“丿”

piē

瞥

会意字。“目”像眼睛，表示眼光匆匆看一下；“敝”像手持棍棒击破布巾，表示破旧之物只需大略、很快地看一眼。本义是目光掠过，看。

瞥 means glimpse, glance. It consists of 目, an eye, i.e. take a quick glance, and 敝, a hand hitting a piece of tattered cloth with a baton, i.e. things that are old and worn-out only worth a glance.

很快地看一下 glimpse; glance：～见 glance | ～了一眼 take a glimpse; cast a glance

pīn

拼

会意字。“扌”像手，“并”有合并义，表示两手相拍。本义是两手互相击拍。引申为合并。

拼 originally meant clapping hands, later by extension, to come together. The character consists of 扌, hand, and 并, to come together, i.e. clap both hands.

① 合在一起 come together：～版 layout (in printing) | ～音 spell sth by use of phonetics | 东～西凑 amass from all possible sources ② 不顾一切地去做 put in all of one's effort：～命 do one's very best | 硬～ to go all out

pín

贫

（貧）

会意字。“貝”（贝）像贝壳，古代曾作为货币；“分”像刀剖物，表示钱财分后变少。貧简化为贫。本义是贫穷。

贫 means poor. It consists of 貝(贝), a seashell, currency used in ancient times, and 分, dissect, divide, i.e. money gets less after division. 貧 has been simplified to 贫.

① 穷 poor：～民 the poor | ～苦 poor and suffering ② 不足；缺乏 inadequate：～血 anemia | ～矿 inferior ore ③ 话多，令人厌烦 talkative, inviting dislikes：～嘴 loquacious; chatterbox pín

频

（频）

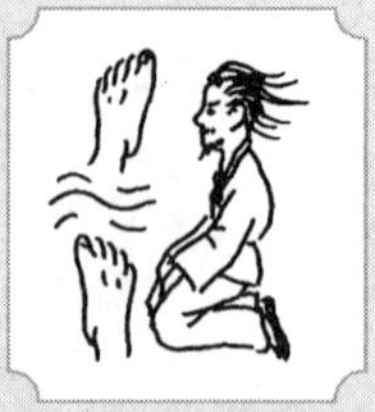

会意字。篆书“涉”像水和脚步，“頁”像夸大了头的人，表示人在水畔徘徊皱眉。楷书步、頁（页），以一步一回头表示屡次。頻简化为频。本义是水边。引申为连续多次。

频 originally signified banks of water bodies, later extended to mean frequency. Seal script has 涉, water and footstep, and 頁, a man with an enlarged head, i.e. a man pacing anxiously along a river. Regular script comprises 步, a step, and 頁（页）, i.e. a man turning his head back for every step he takes, implying constantly, frequently. 頻 has been simplified to 频.

连续多次 constantly; frequently：～繁 frequently｜捷报～传 news of triumph keep getting reported

pǐn

品

会意字。像三个器物，表示众多。本义是物品多。引申指物品。

品 originally signified many, a large number of things, later it came to mean things, objects in general. The character resembles three objects, implying numerous.

① 物品 thing; object：商～ commodities｜礼～ gift ② 等级 grade：上～ superior grade｜次～ inferior grade ③ 操行 deportment; demeanor：～德 moral conduct｜～行 conduct ④ 体察；辨别 inspect; observe; differentiate：～尝 savor｜～茶 tea tasting

pìn

聘

形声字。耳表意，像耳朵，表示探问消息要靠耳朵；甹（pīng）表声，有豪侠义，豪侠消息来源广。本义是探问。引申指请人担任职务。

聘 means to inquire, later by extension, to employ. It consists of 耳, ear, i.e. to listen carefully for news or information, and 甹（pīng）, which is phonetic and denotes gallant spirit, chivalrousness, i.e. a gallant knight is resourceful.

① 请人担任职务 employ：～请 employ; hire｜～书 letter of appointment ② 定亲；订婚 marriage; engagement：～礼 betrothal gifts from the bridegroom to the bride

pīng

乒

会意字。像左手持斧（斤），表示手持斧砍物发出的声音。乒是象声词。

乒 is an onomatopoeia. It resembles a left hand holding an axe（斤）, i.e. the sound of chopping or hacking.

① 象声词 onomatopoeia：～的一声枪响。Bang! The gun fired. ② 指乒乓球 table tennis：世～赛 International Table Tennis Competition｜～坛老将 veteran of table tennis competitions

píng
平

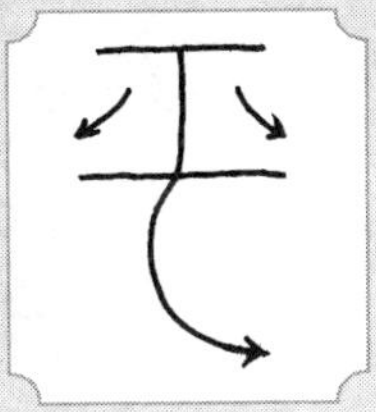

会意字。金文于、八，像声音平缓越过。篆书像语气舒展（兮）、平缓（一）。楷书形体对称平衡。本指气舒缓。又指不倾斜。

平 originally signified a calm tone, then later, straight, level, even. In bronze inscriptions, it has 于 (air flow bending over an obstacle) and 八 (moving in separate directions), i.e. sound traveling across a virtually frictionless space. Seal script suggests a comfortable（兮）and calm（一）tone. Regular script resembles an object comprising two equal halves.

①表面无凹凸，不倾斜 even; not tilted：～地 flat land ② 均等；公正 just; fair：～分 divide equally｜公～ fair ③ 安定 stable; peaceful：太～ peaceful ④ 征服；消除 conquer; eradicate：～息叛乱 suppress a rebellion ⑤ 经常的；普通的 common; ordinary：～时 usually｜～淡 nothing unusual; normal ⑥ 平声 level tone, refers to the first tone in Chinese pronunciation：～仄 phonetic patterns in Chinese pronunciation

píng
评
（評）

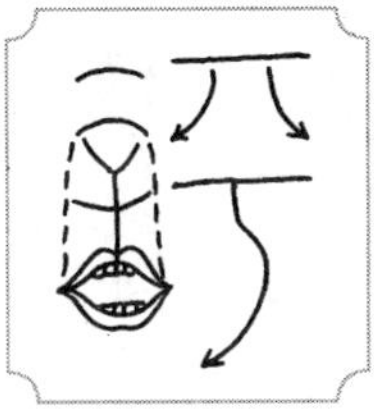

会意字。“言”（讠）像张口说话，“平”指公平，表示评论应公平，平（píng）兼表声。評简化为评。本义是评论、批评。

评 means comments, criticisms. The character consists of 言（讠）, talk, speak, and 平（píng）, which is phonetic and denotes fairness, i.e. comments should not be biased. 評 has been simplified to 评.

议论；判定 comment; judge：～论 comment｜批～ criticize｜～分 grade

píng
坪

会意字。“土”本像地上有堆土，“平”有平坦义，表示地平坦，平（píng）兼表声。本义是平地。

坪 means a level ground. The character consists of 土, earth, and a phonetic element, 平（píng）, even surface, i.e. an even and flat ground.

平坦的地 level ground：草～ lawn｜停机～ helipad

píng
苹
（蘋）

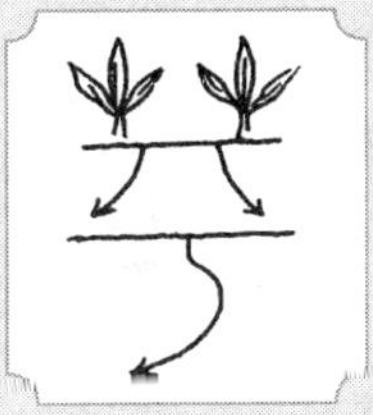

形声字。篆书、简体字艹（艸）表意，像草，表示浮萍；平（píng）表声，平有平坦义，表示浮萍平坦地漂浮在水面。楷书艹表意，頻（频pín）表声。本义是浮萍，此义后写作萍。

苹 originally signified duckweed; this meaning was later replaced by 萍. 苹 in seal script and simplified form consists of a semantic element, 艹（艸）, grass, and a phonetic element, 平（píng）, flat and even surface, i.e. duckweed floating on still waters. In regular script, 艹 is semantic and 頻（频pín）is phonetic.

苹果，落叶果木，果实香甜 apple

píng
凭

会意字。“几”像桌几，“任”指负担，表示桌几可让人倚靠。本义是靠着。

凭 means to lean against. It consists of 几, a small table, and 任, burden, i.e. one can lean against a table for support.

① 身子靠着；依靠；依仗 lean against; depend; rely：～栏远眺 leaning against the railing and look afar | ～借实力 depend on true ability ② 根据；证据 according to; evidence：～票入场 enter (cinema, theatre etc) with ticket | 口说无～ verbal statements cannot provide guarantee ③ 随便；听任 not particular; allow (sb to do what he pleases)：任～ allow sb to do what he pleases; allow sth to happen without interfering

píng/bǐng
屏

会意字。“尸”像人，“并”指并合，表示屋外对着门的小墙，屏与屋相对形成整体。本义是照壁。引申为屏风。

屏 originally signified the wall that faces the house, later by extension, a screen. It has 尸, a man, and 并, come together, i.e. an outdoor wall that faces the door, which together with the house, form a unified whole.

㊀ píng ① 屏风 paravent：画～ paravent with drawings ② 字画的条幅 wall scrolls：～条 wall scrolls ③ 遮挡 to block：～障 screen
㊁ bǐng ① 除去 eliminate; get rid of：～弃 abandon; discard ② 憋着不呼吸 hold one's breath：～气 hold one's breath

píng
瓶

会意字。“瓦”像两片瓦，表示汲水的瓦器，“并”有合义，表示水入瓶中二者合为一体。本义是汲水的瓦器。现指瓶子。

瓶 originally signified an earthenware for drawing water, later by extension, a bottle. The character consists of 瓦, two tiles, i.e. an earthenware, and 并, come together, unison, i.e. when water is drawn into a vessel, the two becomes one.

口小腹大，用来盛液体的容器 bottle：酒～ wine or beer bottle | 玻璃～ glass bottle

píng
萍

会意字。“艹”（艸）像草，“氵”像水流、水珠，“平”指平坦，表示浮萍是浮生在较平静水面的草本植物，平（píng）兼表声。本义是浮萍。

萍 means duckweed. It is composed of 艹（艸）, grass, 氵, water, and 平（píng）, which is phonetic and signifies level, even, i.e. duckweed is an aquatic plant that floats on calm water.

浮萍，草本植物，浮生在水面上，可以做猪饲料 duckweed：～水相逢 encounter (with sb) by chance

pō 坡

会意字。“土”本像地上有堆土，“皮”有表面、表层意，表示地面呈倾斜状。本义是山坡。

坡 means slope. The character consists of 土, earth, and 皮, surface, outer layer, i.e. a slope.

① 地势倾斜的地方 slope：山～ hill slope | 陡～ steep slope ② 倾斜 tilted：～度 gradient

pō 泼（潑）

会意字。“氵”像水流、水珠，“發”（发）有离去义，表示泼水。潑简化为泼。本义是用力把水向外倒或洒。

泼 means to splash. The character consists of 氵, water, and 發（发）, which denotes leaving, going away, i.e. splash water. 潑 has been simplified to 泼.

① 用力向外倒或洒水 splash：～水 splash water | ～洒 spray ② 蛮横不讲理 unreasonable：撒～ act unreasonably and make a scene | ～妇 shrew

pō 颇（頗）

会意字。“頁”（页）像夸大了人的头部，“皮”在肉体外侧，表示头不正，偏向身体一侧。頗简化为颇。本义是头偏。泛指不正。

颇 means a tilted head, then later, tilted, imbalance. The character consists of 頁（页）, an enlarged head, and 皮, skin, i.e. a head tilted to one side of the body. 頗 has been simplified to 颇.

① 偏；不正 crooked; not straight：偏～ biased; partial ② 很；相当地 rather; quite：～顺利 rather successful | ～有名气 rather well-known

pó 婆

会意字。“女”像女子，表示老年妇女；“波”表示老年妇女皮肤皱纹如波纹。本义是年老妇女。

婆 means an old woman. The character consists of 女, a woman, and 波, ripples, i.e. wrinkles of old woman which look like ripples.

① 老年妇女 old woman：外～ maternal grandmother | 老～～ old lady ② 丈夫的母亲 husband's mother (mother-in-law)：～媳 mother-in-law and daughter-in-law | 公～ husband and wife ③ 指从事某些职业妇女 refer to women who are engaged in certain jobs：媒～ matchmaker | 巫～ witch; sorceress

朴 504页　　泊 49页

pò/pǎi 迫

会意字。“辶”（辵）像路和脚，“白”有空、没有义，表示已逼近到无阻隔的程度。本义是接近。

迫 means to get close to. It contains 辶（辵）, a path and a foot, and 白, emptiness, nothingness, i.e. close up two things to eliminate the gap betw them.

㊀ pò ① 接近 to get close：～近 draw near; approach; get close to｜～在眉睫 urgent; urgency ② 威逼；强制 by force：～害 persecution; oppression｜压～ oppression ③ 急促 urgent：～切 urgently; requires immediate attention｜紧～ urgent; pressing ㊁ pǎi［迫击炮］一种火炮 a type of explosive

pò 破

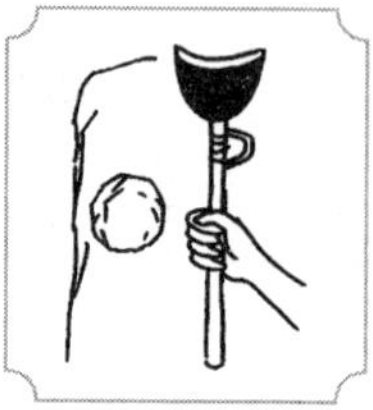

会意字。“石”像山崖下有块石头，“皮”像使皮肉分离的皮铲，表示石碎。本义是石碎。泛指破碎。

破 originally meant (of rocks) crushed, shattered, then later, shattered, in pieces. It consists of 石, rock, and 皮, which resembles a leather spade for skinning animals, i.e. shattered rocks.

① 破碎；分裂 broken into pieces; separation：残～ dilapidated｜～裂 rupture ② 使损坏 damage：～坏 damage; ruin ③ 攻下；打败 conquer; defeat：攻～ penetrate enemy's line of defense ④ 超出 surpass; exceed：～例 make an exception ⑤ 揭穿 expose：说～ reveal the truth; expose lies ⑥ 花费 expenses：～费 spend; go to the expense

pò 魄

会意字。“鬼”像鬼怪，“白”指空、无，表示依附人体的看不见、摸不着的阴神。本义指依附人体而存在的精神。

魄 means spirit, soul. It consists of 鬼, demon or ghost, and 白, emptiness, i.e. invisible spirit, ghost or demon that possesses man.

① 依附人体而存在的精神 spirit; soul：魂～ soul; spirit｜失魂落～ appear downcast, dejected ② 气质；精力 energy：～力 power and energy｜气～ aura of vigor; energy

pōu 剖

会意字。“刂”像刀，“咅”有不相合之意，表示用刀破开物使不相合。本义是用刀割开。

剖 means to cut or slit. The character contains 刂, knife, and 咅, break, split, i.e. cut and separate sth with a knife.

① 破开；切开 cut open：解～ dissect｜～腹 caesarean section; paunch ② 分析；分辨 analyze; differentiate：～析 analyze and examine｜～白 explain or vindicate oneself

朴 504页

pū

扑

（撲）

会意字。金文“戈”像兵器，篆、楷书“扌”像手，“菐”有烦琐义，表示连续拍打。简体字扌、卜，卜像占卜产生的龟甲裂纹，有快速意，表示拍打速度较快。本义是轻轻拍打。

扑 means to pat. In bronze inscriptions, it contains 戈, weapon. Seal and regular scripts have 扌, hand, and 菐, trivialities, i.e. pat on sth continuously. The simplified form consists of 扌 and 卜, cracks on a tortoise shell that form during divination, implying fast, speed. Hence, patting or tapping quickly.

① 轻打；拍 pat：~粉 apply foundation on the face gently ② 直冲 going towards：春风~面 spring breeze brushes across the face ③ 猛冲；进攻 advance with force; attack：猛~ violently pounce on | 反~ repulse; kickback

pū/pù

铺

（鋪）

会意字。“金”（钅）像箭头、斧头和矿石，“甫”有美好意，表示门环的金属底座。鋪简化为铺。本义是门环的底座。

铺 signifies the metallic foundation of door rings. It consists of 金（钅）, metal, and 甫, wonderful, goodness. 鋪 has been simplified to 铺.

㊀ pū 把东西展开、摊平 spread：~床褥 spread the bed sheet on the bed | ~铁轨 construct railway ㊁ pù ① 商店 shop：药~ medicine shop | ~面 shop front ② 床铺 bed

pú/pū

仆

（㊀僕）

会意字。甲骨文像头上有刑刀，手捧畚箕，身附尾饰的罪人、奴仆。简体字亻、卜，卜本有仆人义。本义是仆人。

仆 means a servant. In bone inscriptions, the character depicts a knife above a criminal or servant holing a dustpan with a tail attached to his rear. The simplified character comprises 亻（man）and 卜 (servant).

㊀ pú 被雇做杂事、供使唤的人 servant：奴~ slave | 女~ maid ㊁ pū 向前跌倒 fall forward：前~后继 fight courageously

pú

菩

形声字。艹（艸）表意，像草，表示草名；咅（pǒu）表声。本义指一种草。后用作音译字。

菩 originally signified a type of grass; it was later used in transliteration. It consists of 艹（艸）, grass, and 咅（pǒu）, which indicates pronunciation.

［菩萨］佛教指地位仅次于佛的；也泛指佛和某些神 Bodhisattva; Buddha; deity; god：~保佑 God bless.

pú 葡

会意字。“艹”像草，“匍”有爬义，表示葡萄是攀爬植物，匍（pú）兼表声。本义是葡萄。

葡 means a grape. The character contains 艹, grass, and 匍（pú）, which is phonetic and means climb, i.e. 葡萄 (grapes) is a vine.

［葡萄］藤本植物，果实成串，汁多、味酸甜，是常见的水果，也是酿酒的原料 grapes：紫～ purple grapes ｜～酒 wine

pú 蒲

会意字。“艹”（艸）像草，“浦”指水滨，表示香蒲生长在水滨，浦（pǔ）兼表声。本义是香蒲。

蒲 means a cattail. The character consists of 艹（艸）, grass, and a phonetic element, 浦（pǔ）, waterfront, i.e. cattail grows along waterside.

① 香蒲，水生草本植物，叶子可制蒲包、蒲席、蒲扇等 cattail ② 姓 a family name

pǔ/pò/pō/Piáo 朴（㊀樸）

会意字。“木”像树，“菐”指繁琐，表示原木须经多次加工才能致用，菐（pú）兼表声。简体字“木”像树，“卜”像裂纹，表示粗糙的木材。本义是未经加工的木材。

朴 originally signified unprocessed timber. It consists of 木, tree, and 菐（pú）, which is phonetic and denotes a multiple of trivial procedures, i.e. logs have to undergo several processes before they can be used. The simplified form has 木 and 卜, cracks, i.e. unprocessed wood.

㊀ pǔ 不加修饰的 original and pure; not altered by embellishment：～实 pure and original ㊁ pò 朴树，落叶乔木 Chinese hackberry ㊂ pō［朴刀］一种窄长有短柄的刀 a sword which is narrow and long with short hilt ㊃ Piáo 姓 a family name

pǔ 圃

会意字。“囗”像围起来的样子，“甫”像田中长出菜苗，表示菜园。本义是菜园。

圃 is a vegetable garden. It has 囗, an enclosure, and 甫, sprouts growing in the fields, i.e. a vegetable garden.

种植蔬菜、花草、瓜果的园地 vegetable garden：菜～ vegetable garden ｜苗～ sprout garden ｜花～ garden

脯 183页

pǔ

浦

会意字。"氵"像河、水珠，表示水滨；"甫"有美好意，表示水滨土质肥沃、生活方便。本义是水滨。

浦 means riverside, river mouth. It consists of 氵, water, and **甫**, goodness, i.e. fertile soil along the riverside or river mouth benefits people.

① 水边；河流入海的地方（多用于地名）riverside; river mouth (mostly used to name a place)：～东 Putong (in Shanghai) | ～口 Pukou (in Nanjing) ② 姓 a family name

pǔ

普

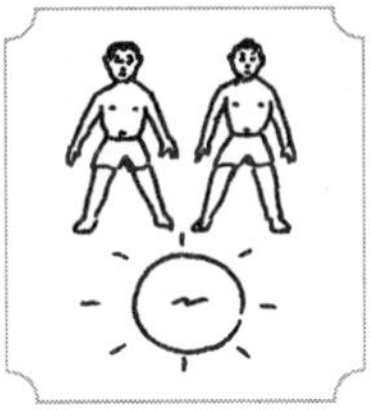

会意字。"日"像太阳，"竝"（並）有一起、共同意，表示阳光普照，到处相同。本义是阳光普照。泛指全面、广泛。

普 means an abundance of sunlight, later by extension, wide coverage, extensive. The character consists of 日, sun, and **竝（並）**, togetherness, in unison, i.e. sunlight shining on every corner.

全面；广泛 extensive; wide coverage：～遍 common | ～天同庆 the entire world partake in the joyous occasion

pǔ

谱

（譜）

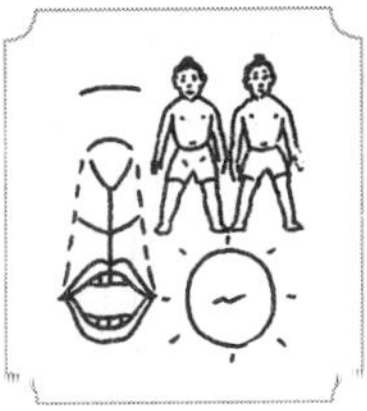

会意字。"言"（讠）像张口说话，"普"指全面，表示记载事物类别或系统的书，普（pǔ）兼表声。譜简化为谱。本义是记载事物类别或系统的书。

谱 means a written record. It consists of 言（讠）, speech, and **普**（pǔ）, which is phonetic and denotes comprehensive, i.e. a record classified according to category or system. **譜** has been simplified to **谱**.

① 依照事物的类别或系统编制的书或表册 record; genealogy; encyclopedia：家～ family genealogy | 年～ personal genealogy ② 作示范的图形、样本 sample：棋～ chess manual | 画～ painting manual ③ 乐谱 musical score：歌～songbook | 曲～musical score ④ 大致的准则；打算 plan：心里没～ unprepared

pù

瀑

会意字。"氵"像水流、水珠，"暴"指突然、猛烈，表示暴雨突然而猛烈。本义是暴风雨，又指水飞溅。引申指瀑布。

瀑 originally signified rainstorm and splashing water, then later, a waterfall. It consists of 氵, water, and **暴**, sudden, ferocious, i.e. sudden and ferocious storms.

瀑布，从山壁上泻落下来的水 waterfall：飞～ waterfall

铺 503页　堡 24页

qī

七

指事字。甲、金文像切断物。篆、楷书竖画改成弯画，以区别于“十”字。本义是切断，此义后写作“切”。

七 originally meant cut off; later, this meaning has been replaced by the character 切. In bone and bronze inscriptions, the characters depict cutting objects. In seal and regular scripts, part of the character which is represented by a vertical stroke is changed to a slanted one, in order to distinguish it from 十 (ten).

数目字 number, seven：～窍生烟 be outraged; fumed with anger | ～上八下 be perturbed; apprehensive

qī

妻

会意字。像手抓住女子的头发抢其为妻。这反映了古代的抢婚制。本义是男子的配偶。

妻 refers to wives. The character depicts sb wanting a woman as his wife, hence grasping her hair. This reflects the marriage practice in ancient times where wives were “snatched”.

男子的配偶 wife：～子 wife | 夫～ husband and wife | ～离子散 breaking up of one's family

qī

柒

会意字。“氵”像一串水珠，表示漆是液体；“木”像树，指漆树；“七”像用刀切物，表示切开漆树皮才能得到漆；七（qī）兼表声。本义为漆树，此义后写作漆。

柒 originally referred to lacquer trees; this meaning has been replaced by the character 漆. It consists of 氵, water, i.e. 漆 is liquid; 木, tree, i.e. a lacquer tree; and 七（qī）, which is phonetic and depicts cutting sth with a knife, i.e. one can obtain lacquer only after slitting open the tree bark.

数目字“七”的大写 formal version of 七 (seven)

qī

栖

（棲）

会意字。“木”像树，“妻”指成家的女子，表示鸟停宿在树上以树为家，妻（qī）兼表声。简体字“木”像树，“西”像鸟巢，表示太阳西下时鸟回巢栖息。本义是鸟停宿。

栖 originally meant birds perching. It consists of 木, tree, and 妻（qī）, which is phonetic and refers to a married woman, i.e. a bird perching on a tree, treating that tree as its home. In simplified form, there are 木, tree, and 西, which depicts a bird's nest, i.e. dusk time when the sun sets and birds returning to their nests.

① 鸟在树枝上或巢里歇息 birds perching：～息 perch; rest ② 泛指居住、停留 live, stop in general：～身之所 habitat; residence qī

凄

篆

形声字。篆书氵表意，像水流，表示云雨兴起；妻（qī）表声。楷书冫表意，像冰块，表示寒冷；妻表声。本义是云雨兴起的样子。引申为寒冷。

凄 originally meant the advent of a rain; by extension, it came to mean cold. In seal script, 氵depicts flowing water, i.e. the conglomeration of rain clouds; 妻（qī）is phonetic. In regular script, 冫represents blocks of ice, i.e. cold; 妻（qī）is phonetic.

① 寒冷；冷清 cold; desolated; deserted：～清 desolated; deserted ｜ ～凉 dreary; miserable ② 悲伤 sorrowful：～惨 pitiful; sad ｜ ～楚 pitiful; sad

qī

戚

金

篆

会意字。"戉"像长柄大斧，"尗"像豆子掉落地面，表示大斧可将物体砍落地面。本义是大斧。

戚 originally meant a big axe. It consists of 戉, a big axe with a long handle; and 尗, which depicts beans dropping onto the ground, i.e. a big axe is able to chop things and the detached parts will fall onto the ground.

① 亲属 relative：亲～relative ② 忧愁；悲哀 worried; sorrowful; sad：休～相关 share weal and woe ③ 姓 a family name

qī

期

金

篆

形声字。金文日表意，篆、楷书月表意，古人根据太阳、月亮的运行状况确定日期；其（qí）表声，其是代词，指代时日。本义是规定的时间。

期 refers to scheduled time. In bronze inscriptions, 日 is semantic; in seal and regular scripts, 月 is semantic. The ancient derived the dates by observing the movements of the sun and moon; 其（qí）is phonetic, a pronoun, referring to the time mentioned.

① 规定的时间 scheduled time：按～ on time ｜ 延～ postpone ② 约定时间 appointment：不～而遇 meet (sb) by chance ③ 希望 hope：～望 hope ｜ ～待 look forward ④ 量词 measure word：第三～the third phase

qī

欺

篆

形声字。欠表意，像人张口呼气，表示张口欺骗他人；其（qí）表声，其是代词，指代被欺骗的人。本义是欺骗。

欺 means to cheat. It is composed of 欠, sb breathing with his mouth wide open, i.e. cheating with words; and 其（qí）, which is phonetic. The latter is also a pronoun, referring to the person being cheated.

① 骗 cheat：～诈 cheat ｜ ～上瞒下 have all of one's colleagues deceived ② 压迫；凌辱 suppress; humiliate; bully：～侮 humiliate ｜ ～软怕硬 bully the weak and fear the strong

qī 喊

形声字。口表意，像张开的口，表示细碎的说话声音；戚（qī）表声，兼表人忧愁、悲哀时说话声大多细碎。本义是细碎的说话声。

喊 originally meant soft and gentle voices when one is talking. It consists of 口, an open mouth, i.e. soft and gentle voices; and 戚（qī）, which is phonetic and signifies sb being worried, sorrowful, i.e. when one is sad, one speaks in a low and soft tone.

形容细碎的说话声 soft and gentle voices：～～喳喳 chatters; jabbers

qī 漆

会意字。篆书像双手取漆树流淌的汁液。楷书“氵”像一串水珠，“桼”像漆树、人、汁液，桼（qī）兼表声。本义是漆树，也指油漆。

漆 refers to lacquer trees, also refers to paints. In seal script, it depicts sb collecting the flowing lacquer from a lacquer tree. In regular script, 氵 depicts a bunch of water droplets; 桼（qī）is phonetic and depicts a lacquer tree, man and lacquer.

①黏液状涂料的统称paints：油～paints｜喷～spraying paint ② 用漆涂 to paint：～家具 paint the furniture

qí 齐（齊）

象形字。甲、金文像一排麦穗，表示整齐。篆、楷书增两条横线，像把麦穗捆整齐。齊简化为齐。本义是整齐。

齐 means neat and tidy. In bone and bronze inscriptions, the characters resemble rows of wheat heads, i.e. neat and tidy. In seal and regular scripts, two horizontal strokes were added, i.e. bundling the wheat heads. 齊 has been simplified to 齐.

① 整齐；一致 neat; tidy; uniform：长短不～ of varying lengths｜～心协力 concerted efforts ② 完备；全 well-equipped; all-inclusive：～备 well-equipped｜～全 well-equipped ③ 同时；一起 at the same time：～唱 sing together｜百花～放 flowers blooming at the same time ④ 达到 reach：水深～腰 height of the water reached one's waist ⑤ 姓 a family name

qí 其

象形字。甲、金文像簸箕。篆书像架子上放着簸箕。本义是簸箕。用作代词。

其 originally meant dustpan; it is now used as a pronoun. In bone and bronze inscriptions, the characters depict a dustpan. In seal script, it depicts putting a dustpan on a shelf.

① 他；他们；他的；他们的 third person singular and plural pronoun：出～不意 take sb by surprise｜人尽～才 make the best use of one's talents｜各得～所 each has a role to play; each is properly placed and provided for ② 这；那 this; that：～中 among｜不厌～烦 not mind the trouble; with patience qí/jī

奇

会意字。“大”像人张开四肢表示大，“可”像斧和口，有歌唱、歌颂意，以值得歌颂表示奇特。本义是奇特。

奇 means extraordinary, special. It consists of 大, sb spreading his limbs, i.e. big; and 可, an axe and a mouth, denotes singing, praising, i.e. sth is special and is therefore worth the praises.

㊀ qí ① 少见的；特殊的 rare; extraordinary：～人 sb with special talents | ～观 wonder ② 出人意料的 beyond one's anticipation：～计 sleight ③ 惊异 weird：～怪 weird; strange; odd | 不足为～ nothing surprising ㊁ jī 单数 odd numbers：～数 odd numbers

qí

歧

会意字。“止”像脚，“支”指分支，表示岔路。本义是岔路。

歧 originally meant branch roads. The character is composed of 止, foot, and 支, which means diverge, i.e. branch roads.

① 岔路；岔道 branch roads：～路 branch road | 误入～途 go astray ② 不相同；不一致 different：分～divergence | ～义 different meanings

qí

祈

会意字。“礻”像祭神的供桌，“斤”有明察义，表示求神明察而赐福。本义是向神求福。

祈 means praying to gods for good fortune. It consists of 礻, an altar, and 斤, which means examine carefully, i.e. beseeching the gods to observe clearly and then bestow good fortune accordingly.

① 向神求福 praying to the gods for good fortune：～祷 pray | ～福 pray for good fortune ② 请求；希望 plead; hope：～求 plead | ～望 hope for

qí

脐

（臍）

形声字。月（肉）表意，像肉；齊（齐 qí）表声，兼表肚脐在齐腰处。臍简化为脐。本义是肚脐。

脐 means navel. The character consists of 月（肉）, flesh, and 齊（齐 qí）, which is phonetic, i.e. the navel is around the waist area. 臍 has been simplified to 脐.

① 肚脐 navel：～带 umbilical cord ② 螃蟹腹部下面的甲壳 abdomen of a crab

qí

畦

会意字。“田”像农田，“圭”是古代的量词，表示农田面积的量词。本义是古代一种地积单位。后指一块块的田地。

畦 in ancient times referred to units of measurement for farm area; later, it came to mean small sections of a plot of land. It consists of 田, fields, and 圭, which is an ancient unit of measurement, i.e. the unit of measurement for land.

田里分成的一块块小区 small sections of a plot of land：田～ small sections of a farmland | 菜～ vegetable bed

qí

崎

会意字。“山”像山峰耸立，“奇”指奇异、特殊，表示山势特别险峻，奇（qí）兼表声。本义是山势险峻。

崎 means precipitous mountains. It consists of 山, high mountain ridges, and 奇（qí）, which is phonetic and means extraordinary, i.e. mountains are exceptionally precipitous.

［崎岖］山路不平；比喻困难、曲折 precipitous mountains and uneven roads, refers to difficulties, barriers：道路～不平。The road is steep and uneven.

qí

骑

（騎）

形声字。馬（马）表意，像马；奇（qi）表声，奇有单数义，表示一腿抬起跨上马。騎简化为骑。本义是跨上马，泛指跨坐。

骑 originally meant mounting a horse; now it refers to sit on sth with legs open in general. It consists of 馬（马）, horse, and 奇（qí）, which is phonetic and denotes singularity, i.e. sb lifting one leg when mounting a horse. 騎 has been simplified to 骑.

① 两腿跨坐 sit with legs open：～马 ride a horse | ～脚踏车 ride a bicycle | ② 跨在两边 mount (sth)：～墙 sit on a wall

qí

棋

形声字。木表意，像树，表示棋子用木制成；其（qí）表声，其本指用竹篾编织的簸箕，表示棋盘如竹篾纵横交错。棋是一种文娱用具。

棋 refers to chess. It consists of 木, tree, i.e. chess are made of wood; and 其（qí）, which is phonetic and refers to a dustpan made by weaving bamboo strips, i.e. the design on a chessboard is similar to weaving bamboo strips.

文娱用具，种类很多 chess or any board game：象～ Chinese chess | 围～ weiqi | 下～ play chess qí

旗

形声字。㫃表意，本像旗帜；其（qí）表声，其本指箕，箕能盛物，表示旗能集合民众或士卒。本义是旗子。

旗 means flags. It consists of 㫃, flags, and 其（qí）, which is phonetic and refers to a basket which can hold things, i.e. a flag can assemble the people or soldiers.

①旗帜 flags：红～red flag｜国～national flag ②满族的 Manchurian：～人 Manchu｜～袍 cheongsam ③内蒙古自治区行政区划，相当于县 Inner Mongolia Autonomous Region, equivalent to a prefecture

qí

鳍

（鰭）

形声字，魚（鱼）表意，像鱼，表示鱼划水的器官；耆（qí）表声，耆作老解，有坚硬意，表示鳍是鱼身较坚硬的部分。鰭简化为鳍。鳍是鱼类的运动器官。

鰭 refers to fish fins. It consists of 魚（鱼）, fish, i.e. the fish fin; and 耆（qí）, which is phonetic and means hard and sturdy, i.e. fins are harder when compared to other parts of a fish. 鰭 has been simplified to 鳍.

鱼类身上用来划水的运动器官，有背鳍、腹鳍、尾鳍等 fins

qǐ

乞

象形字。像云气。本义是云气，此义后写作气。基本义是向人求、讨。

乞 originally meant clouds; this meaning has been represented by the character 气. The basic meaning of 乞 is to beg, plead. The character depicts the clouds.

向人求、讨 beg; plead：～求 beg; plead｜～讨 beg

qǐ

岂

（豈）

象形字—会意字。像鼓，表示军队得胜归来所奏的乐曲。楷书“山”表示崇高，“豆”是盛肉的食器，表示军队得胜归来到祖庙祭拜所奏的乐曲。简体字山、己，表示己方战功巍峨如山。本义是军队归来所奏的乐曲。此义现写作凯。

岂 originally referred to paeans; this meaning has been represented by the character 凯. It depicts a drum, i.e. a paean. In regular script, 山 means lofty, 豆 refers to a food container for holding meat, i.e. a paean that is played when an army has won a battle and is heading towards the ancestral shrine to perform sacrificial rites. In simplified version, radicals 山 and 己 suggest the victorious results of one's army.

怎么；难道 used to ask rhetorical questions：～敢 How would (sb) dare to...?｜～能 How could (sb) do...?

qǐ 企

会意字。甲骨文像突显脚的人，表示人踮起脚跟看。篆、楷书人、脚（止）脱离。本义是提起脚跟。引申为盼望。

企 originally meant tiptoe; by extension, it came to mean hope, long for. In bone inscriptions, it depicts one's feet being emphasized, i.e. sb tiptoeing. In seal and regular scripts, radical 人 (man) and 脚（止 feet）are separated.

盼望 wish; long for：~盼 long for｜~待 yearn for; looking forward｜~求 hope; wish

qǐ 启（啓）

会意字。甲骨文像手（又）开门（户）。金篆楷增“口”，表示把门打开。简体字户、口，表示门已打开。本义是打开。

启 means open. In bone inscriptions, it depicts a hand（又）opening a door（户）. Radical 口 is added in bronze inscriptions, seal and regular scripts, suggesting opening the door. In simplified form, radicals 户 and 口 signify the door has already been opened.

① 开；打开 open：~封 open (sth that has been sealed)｜难以~齿 difficult to broach a subject ② 开导 enlighten; guide：~发 enlighten｜~示 enlightenment; inspiration ③ 开始 start：~程 set out; start on a journey｜~用 first time being put into use ④ 陈述 state：~事 notice; announcement

qǐ 起

会意字。篆书“走”像人甩臂跨步，“巳”像胎儿，有开始意，表示起身是行走的开始。楷书走、己，表示自己要行走就要先起来。本义是站起、起来。

起 means stand up, get up. In seal script, 走 depicts sb marching forward while swaying his hips; 巳 shows a fetus, denotes beginning, i.e. getting or standing up is the beginning of walking. In regular script, radicals 走 and 己 suggest that if one wants to walk, one has to first stand up.

① 起身；站立 get up; stand up：~床 get up from bed; rise｜~立 stand up ② 开始；发生 begin; happen：~步 beginning｜~点 starting point ③ 草拟 draft：~稿 draft ④ 表示动作趋向 suggests the development of an action：抬~头 rise the head ⑤ 量词 measure word：两~车祸 two road accidents

qì 气（氣）

象形字。像云气。氣简化为气。本义是云气。

气 refers to clouds. The character depicts the clouds. 氣 has been simplified to 气.

①气体 gas：~流 air current｜空~ air ② 呼吸 breathe：喘~ pant｜断~ cease breathing ③ 天气 weather：~候 climate｜节~ solar terms ④ 气味 smell; fragrance：香~ fragrant｜臭~ odor ⑤ 精神状态 spirit; emotional condition：勇~ courage｜和~ gentle; kind ⑥ 发怒 flare up：~愤 extremely angry｜生~ angry

qì 迄

形声字。辶（辵）表意，像路和脚，表示到达；乞（qǐ）表声，乞有希望意，表示心中希望到达。本义是到。

迄 means arrive at. It consists of 辶（辵）, a pathway and foot, i.e. arrive at; and 乞（qǐ）, which is phonetic and means hope, i.e. one hopes to attain or arrive at sth.

① 到 until; arrive at：～今为止 until now ② 始终；一直 all along; always：～无音信 no news so far｜～未成功 not succeeded so far

qì 弃

会意字。古文字像双手（廾）将放在畚箕（其）里的婴儿（子）丢弃。楷书像双手抛弃婴儿。本义是扔掉。

弃 means throw away. Its ancient form depicts both hands（廾）abandoning a baby（子）placed in a bamboo basket（其）. The regular script resembles both hands abandoning a baby.

扔掉；舍去 throw away; discard：～婴 abandon a baby; foundling｜抛～ discard; throw away｜～权 give up (one's right)

qì 汽

会意字。"氵"像流水、水滴，"气"像云气，表示水受热蒸发而成气体，气（qì）兼表声。本义是水蒸气。

汽 originally meant steam. It consists of 氵, water, and 气（qì）, which is phonetic and resembles the clouds, i.e. water changing into steam due to evaporation.

液体或固体受热变成的气体；特指水蒸气 steam：～油 gasoline｜～水 soft drink｜蒸～机 steam engine

qì 泣

会意字。"氵"像流水、水滴，"立"像站着的人，表示人眼睛中流出泪水。本义是无声或低声哭。

泣 means weep, cry silently. The character is composed of 氵, water, and 立, sb standing up, i.e. sb with tears flowing from his eyes.

① 无声或小声地哭 weep; cry silently：哭～ weep｜抽～ sob ② 眼泪 tears：涕～如雨 cry hard｜～下沾襟 be drenched in tears

Q

qì

契

会意字。“㓞”像用刀刻木，“大”指超过一般，表示古时重大的契约用刀刻成。本义是合约。

契 originally meant contract. It consists of **㓞**, carving a block of wood with a knife, and **大**, which means bigger than normal, i.e. in ancient times, important contracts were carved on wood.

① 合约 contract：～约 contract | 地～ land deed ② 意气相合 think alike：～合 tally with; correspond to | 默～ tacit understanding

qì

砌

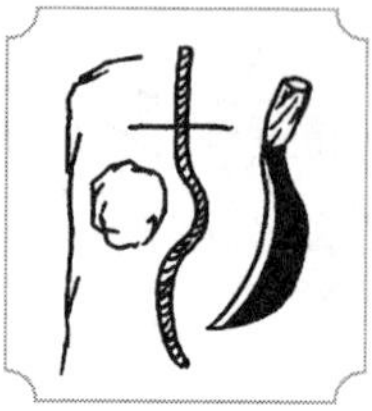

会意字。“石”像山崖下有块石头，表示台阶用石头砌成；“切”表示台阶整齐，状如刀切。本义是台阶。

砌 originally referred to steps. It consists of **石**, rocks at the foot of a cliff, i.e. steps are built with rocks; and **切**, which suggests that the steps are neatly aligned, as if they are crafted by a knife.

① 台阶 steps：雕栏玉～ richly ornamented structures ② 用泥灰粘合，垒起砖石 laying bricks：～墙 build a wall with bricks

qì

器

会意字。像犬守着一些器具。本义是器具。

器 means utensils, equipments, apparatus etc. The character depicts a dog guarding some apparatus.

① 用具 utensils; equipments;, apparatus etc：～具 utensils; equipments; apparatus etc | 乐～ musical instruments ② 器官 body organs：消化～digestive organs | 生殖～reproductive organs ③ 气度；才干 magnanimity; talents：～度不凡 magnanimous and talented | 大～晚成 great minds mature slowly ④ 看重；看得起 think highly of：～重 think highly of

qiā

掐

会意字。“扌”像手，“臽”指陷入，表示用指甲按或切断。本义是用指甲按或切断。

掐 means to pinch or cut. It consists of **扌**, hand, and **臽**, dent, i.e. pinching or cutting.

① 用指甲按或切断 pinch or cut：～断 break sth by pinching | ～头去尾 remove the beginning and the end ② 用手掌的虎口紧紧按住 strangle：～脖子 strangle sb's neck | 活活把人～死 strangle sb to death

Q

qiǎ/kǎ

卡

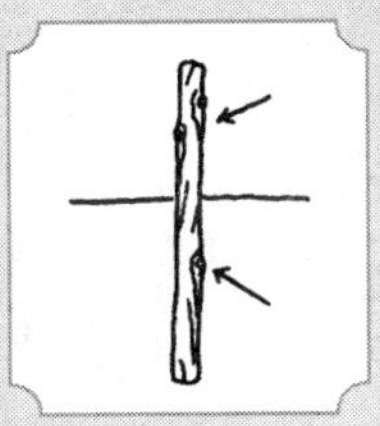

会意字。上、下合为一字，表示不上不下。本义指夹在中间。

卡 means stuck in the middle. The radicals 上 (up) and 下 (down) make up the character, i.e. the middle.

㊀ qiǎ ① 夹在中间 stuck in the middle：鱼刺~在喉咙里。A fishbone is stuck in the throat. ② 夹东西的器具 clips; fasteners：发~ hairpin ③ 在交通要道上设置的检查站 checkpoints：哨~ sentry point | 关~ checkpoint ㊁ kǎ ① 卡片 cards：贺年~ New Year card | 信用~ credit card ② 热量单位，卡路里的简称 unit of measurement for energy, cal

qià

洽

会意字。“氵”像流水、水珠，“合”像器皿与盖子，有相合义，表示物与水相合被沾湿。本义是沾湿。引申指融洽。

洽 originally meant to get wet; by extension, it came to mean harmonious. The character consists of 氵, water, and 合, a container and its lid, denotes coming together, i.e. when water and things come together, the latter will be wet.

① 和睦；协调 harmonious：融~ in harmony ② 商量；协商 discuss：~谈 discuss | 接~ discuss; arrange to meet with

qià

恰

会意字。“忄”像心脏，“合”像器盖与器身相合，表示符合心意。本义是合适、正好。

恰 means suitable, compatible. It consists of 忄, heart, and 合, a container and its lid, i.e. sth or sb is to one's liking.

① 合适 suitable：~当 appropriate; suitable ② 正；正好 just right：~巧 just right; just at the same moment etc | ~好 just right

qiān

千

（③ 韆）

会意字。由“人”、“十”构成，人以百岁为限，十个百就是千。本义是数目字，百的十倍。韆今归并简化为千。

千 refers to a thousand. This character is made up of the radicals 人 and 十. People are believed to live up to a maximum of 100 year-old, and ten of such centenarians make up 1000 year-old. 韆 has been simplified and grouped into 千.

① 数目字，十个一百 a thousand：~克 1000 grams | ~元 1000 dollars ② 形容数量多、时间长、距离远等 used to denote many, long etc：~方百计 using all means and ways | ~秋万代 generation after generation; forever ③ 秋千，一种运动和游戏器具 a swing qiān

迁

（遷）

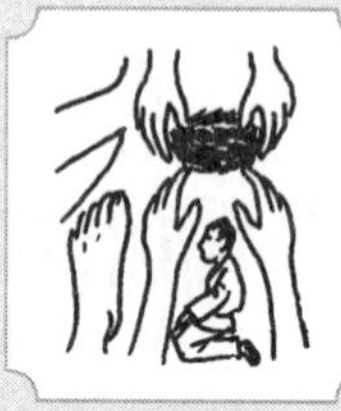

会意字。“辶”（辵）像路和脚，“䙴”有登高义，表示向高处转移。简体字辶、千，千有多意，表示长距离的转移，千（qiān）兼表声。本义是向高处转移。泛指转移。

迁 originally meant to move to a higher spot; later, it came to mean change, transfer in general. It consists of 辶（辵）, a pathway and foot, and 䙴, which means a high place, i.e. moving towards a high spot. The simplified form is made up of radical 辶 and 千（qiān）. The latter is phonetic and means many, long, i.e. transferring over a long distance.

① 转移；改换地点 transfer; a change in location：～移 move｜搬～ move (house) ② 改变 change：变～ change｜事过境～ the incident has come to an end and the situations are different

qiān

牵

（牽）

会意字。“牛”像牛，“玄”像绳，“冂”像门框，像牵着绳将牛拉出牛棚。简体字大、牛、冖，表示大力拉牛出棚。本义是拉。

牵 means to pull. It consists of 牛, cow, 玄, rope and 冂, a doorframe, i.e. sb leading a cow out of the cowshed. In simplified form, radicals 大, 牛 and 冖 suggest leading the cow out of the cowshed with might.

① 拉 pull：～牛 lead the cow｜～引 to lead ② 连带；连累 implicate; associate：～涉 implicate｜～制 pin down; tie up; contain

qiān/yán

铅

（鉛）

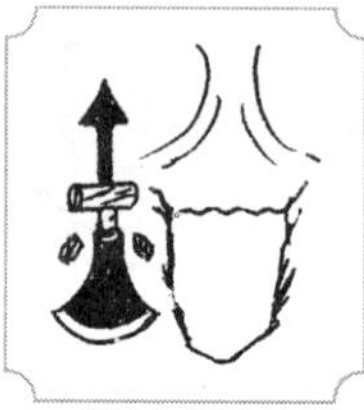

会意字。“金”（钅）像箭头、斧头和矿石，“㕣”指山中泥沼地，有柔软意，表示铅是软金属。鉛简化为铅。本义是金属元素名。

铅 refers to the element, lead. It consists of 金（钅）, metal, and 㕣, which refers to muddy areas in the mountains, denotes soft, i.e. lead is a kind of soft element. 鉛 has been simplified to 铅.

㊀ qiān ① 金属元素，符号Pb。质软，有毒，用途很广 lead (Pb)：～字 type; letter｜～球 shot-put ② 石墨 graphite：～笔 pencil ㊁ yán 铅山，县名，在江西省 Yanshan, the name of a mountain in Jiangxi Province

qiān

谦

（謙）

形声字。言（讠）表意，像张口说话，表示言语谦虚；兼（jiān）表声，兼像手握两禾，有并义，表示谦虚和恭敬是并存的。謙简化为谦。本义是谦虚。

谦 means humble. The character is composed of 言（讠）, sb talking, i.e. speaking in humble manner; and 兼（jiān）, which is phonetic and depicts holding two stalks of grain with both hands, denoting together, combine, i.e. the practice of being humble and respectful goes together.

虚心；不自满 willing to listen to opinions with an empty mind; humble：～虚 humble｜～恭有礼 humble and respectful qiān

签

（簽）

形声字。竹表意，像竹叶，表示古时署名、画押于竹简上；僉（佥qiān）表声，佥有皆、都义，表示重要凭证都需署名或画押。簽简化为签。本义是署名、画押。

签 means sign one's name. It consists of 竹, bamboo leaves, i.e. in ancient times, people signed on bamboo strips; and 僉（佥 qiān）, which is phonetic and means all-inclusive, i.e. all important documents need to be signed. 簽 has been simplified to 签.

①亲自写上姓名或画上符号 sign：～名 sign one's name | ～到 sign-in ② 简要地写出 write concisely：～注 comment; make a note ③ 小细棍 fine sticks：牙～ toothpicks ④ 作标志用的片条 a slip of paper used as an indicator：书～ bookmark

qián

前

会意字。甲、金文“止”像脚，“舟”像船，表示前进。篆书增刀（刂），表示舟破浪向前。本义是前进。

前 means to advance. In bone and bronze inscriptions, 止 depicts a foot and 舟 depicts a boat, i.e. to advance. In seal script, a knife（刂）is added, i.e. to cut through the waves in order to go forward.

① 前进 advance：勇往直～ advance without fear; advance courageously | 停滞不～ come to a standstill ② 位置、秩序、时间较先的 be ahead in terms of position, rank time etc：～方 in front | ～辈 elders | 战～ pre-war

qián

钱

（錢）

会意字。“金”（钅）像箭头、斧头和矿石，“戔”（戋）有小义，表示用来挖土使其变小的铁铲。錢简化为钱。本义是铁铲。后指货币。

钱 originally referred to metal spade; later, it came to refer to currency. The character is composed of 金（钅）, metal, and 戔（戋）, which denotes small, i.e. a spade that can be used to break down soil. 錢 has been simplified to 钱.

① 货币 currency：～币 currency | ～包 wallet; purse ② 费用 fees; expenditures：饭～ money for meals | 车～ parking fees ③ 重量单位，一两的十分之一 unit of measurement used in ancient times ④ 姓 a family name

qián

钳

（鉗）

会意字。“金”（钅）金文形体像箭头、斧头和矿石，“甘”像口含食物，表示用来夹物的金属工具。鉗简化为钳。本义是钳子。

钳 refers to pincers, pliers, tongs. In bronze inscriptions, 金（钅）depicts an arrow head, axe and ore, 甘 resembles sb with food in the mouth, i.e. pincers, pliers, tongs. 鉗 has been simplified to 钳.

① 用来夹住或夹断东西的金属工具 pincers; pliers; tongs：～子 pincers; pliers; tongs | 老虎～ vise; pincer pliers ② 夹住；限制；约束 clamp; restrain; restrict; suppress：～制 restrain; suppress

Q

qián

乾

会意字。像日出及植物向上生长。本义是冒出。

乾 originally meant sprout, emit. The character depicts sunrise and plants growing.

八卦名，象征天、日、君、夫等 a term used in the Eight Diagrams, representing the yang side of things：扭转～坤 bring about a radical change in a situation

qián

潜

会意字。“氵”像水流、水珠，“朁”有出乎所料义，表示钻到水里令人想不到。楷书氵、替，替有为义，表示在水面下活动。本义是隐在水下。

潜 means submerged in water. It consists of 氵, water, and 朁, which means sth unexpected, i.e. diving into the water is out of one's expectation. In regular script, there are radicals 氵 and 替. The latter denotes do, i.e. sb engaging in an activity while submerged in the water.

① 钻到水里 dive into the water：～泳 diving | ～艇 submarine ② 隐藏的 hidden; latent：～伏 lurk | ～力 potential ③ 秘密地 furtively：～逃 in fugitive

qián

黔

会意字。“黑”像烟囱被火熏黑，表示黑色；“今”像含物，物含在口中必一片漆黑。本义是黑色。

黔 originally meant black. It consists of 黑, a chimney that is covered by soot, i.e. black; and 今, sb putting sth in his mouth where there is complete darkness.

①黑色 black ②贵州省的别称 another name for Guizhou Province

qiǎn

浅

（淺）

会意字。“氵”像水流、水珠，“戔”（戋）有少、小义，表示水不深。淺简化为浅。本义是水不深。

浅 refers to shallow water. It consists of 氵, water, and 戔（戋）, which denotes little, small, i.e. water is shallow. 淺 has been simplified to 浅.

① 上下、里外的距离小 shallow：水～ shallow water | ～滩 shoal ② 程度不深 shallow; lack of profundity：～薄 shallow; lack of depth | 肤～ shallow; superficial ③ 历时短 lack of history：年代～ not historical ④ 颜色淡 light in color：～蓝 light blue | ～绿 light green

Q

qiǎn

遣

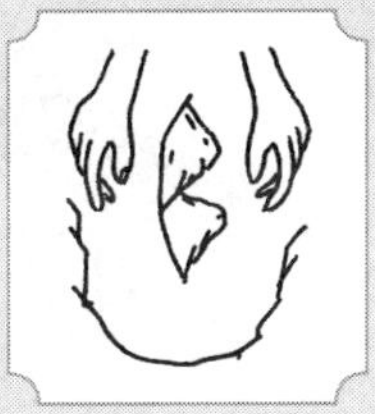

会意字。甲、金文像双手、土堆、墓穴，表示送葬之祭。篆、楷书“辶”（辵）像路和脚，“㥪”是遣的本字，表示送别死者，㥪（qiǎn）兼表声。本义是送葬之祭。引申指派、打发。

遣 originally meant death rituals to accompany deceased on their last journey; by extension, it came to mean dispatch, send away. In bone and bronze inscriptions, the characters depict two hands, lumps of soil, tombs, i.e. death rituals. Seal and regular scripts have 辶（辵）, a pathway and foot, and 㥪, which is phonetic and the original character for 遣 (send away), i.e. sending the deceased off.

① 派；打发 dispatch; send away：派～ dispatch; send off | ～返 repatriate ② 消磨；排解 dispel; kill time：消～ kill time | 排～ expel boredom

qiǎn

谴

（譴）

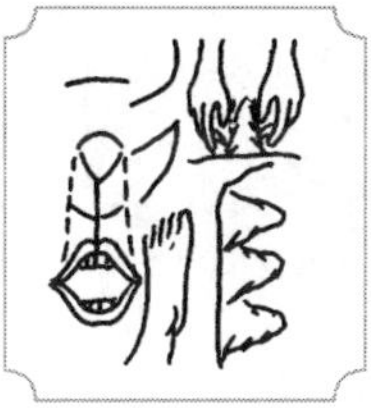

形声字。言（讠）表意，像张口说话，表示用语言责备；遣（qiǎn）表声，遣有发泄义，责备有发泄不满之意。譴简化为谴。本义是责备。

谴 means to reproach, denounce. It consists of 言（讠）, sb talking, i.e. reproaching sb; and 遣（qiǎn）, which is phonetic and means venting emotion, i.e. venting one's displeasure. 譴 has been simplified to 谴.

责备 reproach：～责 reproach; denounce

qiàn

欠

象形字。像人张嘴打哈欠。本义是打哈欠。

欠 means yawn. The character depicts sb yawning.

① 困倦时张口呵气 yawn：打哈～ yawn ② 不够；缺少 insufficient：～妥 inappropriate | ～缺 lack of; insufficient ③ 身体稍稍向上或向前移动 lean：～身 lean forward ④ 借人财物没还或买物暂不付钱 owe：～债 run in debt | ～账 run into debt; outstanding accounts

qiàn

嵌

会意字。“山”像山，表示山谷很深；“欠”像人张口打哈欠，表示山谷像山开口形；“甘”像口含食物，表示谷中景物深藏。本义是山谷深貌。引申为镶嵌。

嵌 originally meant deep mountains; by extension, it came to mean embed, inlay. The character consists of 山, mountain, i.e. deep mountain; 欠, sb yawning, i.e. a valley resembles mountain "opening their mouths"; and 甘, sb having food in the mouth, i.e. scenery hidden in deep mountains.

把较小的东西卡入较大东西的凹陷处 embed; inlay：镶～ embed; inlay

qiàn
歉

会意字。“兼”像手持两棵禾，“欠”像人打哈欠，有不足义，表示收成不足，欠（qiān）兼表声。本义是庄稼歉收。泛指缺乏、不足。

歉 originally referred to poor harvests; later, it came to mean shortage, deficiency in general. It consists of 兼, holding stalks of wheat with both hands, and 欠 (qiàn), sb yawning. The latter is phonetic and means insufficient, i.e. poor harvests.

① 谷物收成不好 poor harvest：～收 poor harvest | ～年 a year with poor harvest ② 感到对不起人；向人说对不起 regretful; apologetic：～意 apology | 道～ apologize

qiāng/qiàng
呛
（嗆）

会意字。“口”像张开的口，“仓”指粮仓，表示鸟喜在粮仓处啄取地上的粮食。嗆简化为呛。本义是鸟啄取食物。

呛 originally meant birds pecking at food. It consists of 口, an open mouth; and 仓, granaries, i.e. birds like to appear around granaries to peck at the grains on the ground. 嗆 has been simplified to 呛.

㊀ qiāng 水或食物进入气管引起咳嗽 choked：给水～了。Sb has been choked by water. ㊁ qiàng 有刺激性的气体使呼吸器官感到难受 choked; suffocating：油烟～人。Fumes is suffocating.

qiāng
枪
（槍）

会意字。“木”像树，表示古代枪用木制成；“倉”（仓）像尖顶粮仓，表示枪头呈尖锐形。槍简化为枪。本义指长柄有尖头的刺击武器。

枪 refers to spears. The character is composed of 木, tree, i.e. spears are made of wood; and 倉 (仓), a granary with pointed roofs, i.e. the pointed tips of spears. 槍 has been simplified to 枪.

① 长柄带尖头的武器 spears：红缨～ red-tasselled spear ② 发射子弹的武器 guns：手～ pistol | 步～ rifle ③ 像枪的工具 gun-like objects：水～ water-gun | 焊～ welding torch

qiāng
腔

会意字。“月”（肉）像肉，“空”指里面没东西，表示身体内空的部分。本义是人、动物体内的空处。

腔 refers to cavities in human or animals. It consists of 月 (肉), flesh, and 空, which means empty, i.e. cavities in the body.

① 人、动物体内的空处 cavities in human or animals：口～ oral cavity | 胸～ thoracic cavity ② 话 words：搭～ respond; hold conversation | 开～ begin to speak ③ 曲调 tune; tone：唱～ singing tone ④ 腔调；口音 accent：官～ bureaucratic tone | 京～ Beijing accent

Q

qiáng/
qiǎng/
jiàng

强

会意字。“虫”像虫，“弘”有大意，表示米虫为数众多。本义是米虫。

强 originally referred to rice weevils. It consists of 虫, worm, and 弘, which means big, great, i.e. a great number of weevils.

㊀ qiáng ① 健壮；力量大 healthy; strong：～壮 strong and healthy ② 程度高 of high standard：刚～ firm; unyielding ③ 好；胜过 better：你比他～。You are better than him. ④ 用强力 by coercion：～制 by coercion; by force ㊁ qiǎng 勉强；硬要 demand; insist：～求 insist ㊂ jiàng 固执；任性 stubborn; obstinate; willful：倔～ obstinate

qiáng

墙

（墻）

会意字。甲金篆“爿”表示用板筑粮仓的外墙，楷书“土”表示用土砌墙；“嗇”表示收藏谷物。墻简化为墙。本义是围墙。

墻 means walls. In bone, bronze inscriptions and seal scripts, 爿 depicts sb building barriers around a granary using wooden boards. In regular script, 土 suggests using mud to build a wall; 嗇 indicates storing grains. 墻 has been simplified to 墙.

用砖石等砌成的屏 build barriers, enclosures：砖～ brick wall｜围～ enclosure; wall｜城～ city wall

qiǎng/
qiāng

抢

（搶）

会意字。“扌”像手，“倉”（仓）像粮仓，表示粮仓或仓库往往是被抢的目标。搶简化为抢。本义是强取、争夺。

抢 means to rob, snatch, fight for. It consists of 扌, hand, and 倉(仓), a granary, i.e. granaries are usually the targets of robbers. 搶 has been simplified to 抢.

㊀ qiǎng ① 强取；争夺 rob; snatch; fight for：～夺 snatch; rob｜～占 conquer ② 争先；赶紧 compete：～先 compete to be the first｜～修 rush to repair ㊁ qiāng 碰；撞 collide; knock：呼天～地 utter cries of agony

qiāo

跷

（蹺）

会意字。“足”像膝和脚，“堯”（尧）有高义，表示抬足。蹺简化为跷。本义是抬足。

跷 means raise one's leg. It consists of 足, a knee and foot, and 堯(尧), which means high, i.e. to raise sth up. 蹺 has been simplified to 跷.

① 抬起腿脚 raise one's leg：～脚 raise one's leg ② 竖起指头 hold up one's finger：～起大拇指 thumbs up

Q

qiāo

锹

（鍬）

会意字。“金”（钅）像箭头、斧头和矿石，表示铁锹；“秋”表示秋季收禾种麦要用到铁锹。鍬简化为锹。本义是铁锹。

锹 refers to metal spades. The character consists of 金（钅）, metal, i.e. metal spade; and 秋, autumn, i.e. spades are needed in autumn which is the harvesting period. 鍬 has been simplified to 锹.

铁制的用来挖土或铲东西的工具 spade：铁～ metal spade

qiāo

敲

会意字。“支”像手持棒，表示敲击；“高”像很高的建筑，指上下距离大，表示先高举再敲下去。本义是敲击。

敲 means to beat, knock, hit. It consists of 支, a hand holding a stick, i.e. to hit; and 高, a very high building, denotes wide, i.e. raising one's hand high before lowering it to hit sth.

打；击 beat; knock; hit：～门 knock on the door | ～锣打鼓 beat the drums and gongs

qiáo

乔

（喬）

会意字。“夭”像人弯转头，表示曲，“高”像高大的建筑，表示上下距离大，合起来表示高大弯曲。喬简化为乔。本义是高而曲。

乔 means high and curved. It consists of 夭, sb turning his head, i.e. bending; and 高, a very high building, denotes wide, i.e. high and curved. 喬 has been simplified to 乔.

① 高 high; tall：～木 tall trees ② 装扮 disguise：～装 disguise

qiáo

侨

（僑）

会意字。“亻”像人，“喬”（乔）有高义，表示比较高的人，喬（乔 qiáo）兼表声。僑简化为侨。本义指较高的人。

侨 originally referred to tall people. It consists of 亻, man, and 喬（乔 qiáo）, which is phonetic and means tall, i.e. tall people. 僑 has been simplified to 侨.

寄居国外；寄居国外的人 one who lives abroad：～居 live abroad | 华～ overseas Chinese | 归～ one who used to live abroad and has now returned to one's country qiáo

荞

（蕎）

形声字。艹表意，像草，表示荞麦是草本植物；喬（乔 qiáo）表声，乔有高义，表示荞麦较高。蕎简化为荞。荞指荞麦。

荞 refers to buckwheat. It consists of 艹, grass, i.e. buckwheat is a plant; and 喬（乔 qiáo）, which is phonetic and means tall, high, i.e. buckwheat are long. 蕎 has been simplified to 荞.

［荞麦］草本植物，子实磨成粉可食用 buckwheat

qiáo

桥

（橋）

会意字。“木”像树，表示桥用树木建成；“喬”（乔）有高义，表示桥高于水面以便船通过；喬（乔 qiáo）兼表声。橋简化为桥。本义是桥梁。

桥 means bridge. It consists of 木, tree, i.e. bridges are built of wood; and 喬（乔 qiáo）, which is phonetic and means high, i.e. bridges are higher than water surfaces to allow boats to pass. 橋 has been simplified to 桥.

架在水上或空中以便通行的建筑物 bridge：～梁 bridge｜天～ overhead bridge

qiáo

憔

会意字。“忄”像心脏，“焦”像火（灬）烧焦鸟（隹），表示心神委顿、面容枯槁。本义是面色枯槁。

憔 means sb with a pale face. It consists of 忄, heart, and 焦, roasting a bird（隹）over fire（灬）, i.e. sb with a pale and sickly face.

［憔悴］身体瘦弱，脸色不好 look sick and pale

qiáo

瞧

会意字。“目”像眼睛，“焦”像火（灬）烤鸟（隹），表示要避免食物烧焦就要用眼睛看着。本义是看。

瞧 means look, see. It consists of 目, eye, and 焦, roasting a bird（隹）over fire（灬）, i.e. one has to keep watching over the fire if one does not want the food to be burned.

看 look; see：～见 see｜～热闹 watch the excitement as a bystander｜～不起人 look down on others

Q

qiǎo

巧

会意字。“工”像斧子，“丂”通巧，表示运用工具有技巧。本义是技巧、技能。

巧 originally referred to skills, talents. It consists of 工, axe, and 丂, which means skillful, i.e. one needs skills to maneuver tools.

① 灵敏；手艺好 skillful：灵～ skillful; nimble｜能工～匠 skillful artisans ② 恰好；正好 just right; appropriate：恰～ coincident; at the same instant｜～合 coincidence ③ 虚浮不实 impractical; embellishment：花言～语 empty talks｜投机取～ be opportunistic

qiǎo/qiāo

悄

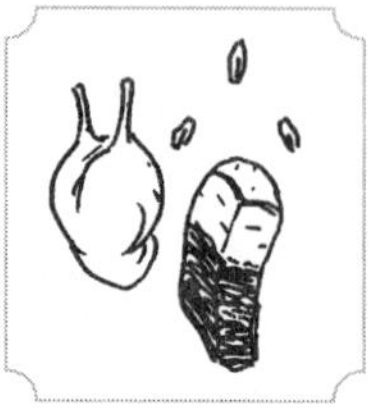

会意字。“忄”像心脏，“肖”本指细小，表示多愁善感者往往因小事忧愁。本义是忧愁。

悄 originally meant sorrow. It consists of 忄, heart, and 肖, which means fine and small, i.e. emotional people get sad and worried over small issues easily.

㊀ qiǎo ① 忧愁 sorrow：～然落泪 feeling sorrowful and cry ② 无声；寂静 dead silence; desolate：～然无声 all is silent ㊁ qiāo 没有声音；声音很低 soundless; low voice：静～～ silent and still｜～～话 whispers

qiào

俏

会意字。“亻”像人，表示人容貌秀美；“肖”有相似义，表示秀美的容貌有相似之处。本义是容貌秀美。

俏 means beautiful, handsome. It consists of 亻, a person, i.e. a nice-looking person; and 肖, which means looking alike, i.e. sometimes nice-looking people look alike.

① 相貌秀丽；体态轻盈 beautiful; handsome; elegant：～丽 nice-looking and elegant｜俊～ handsome ② 货物销路好 selling well：～货 produces in great demand｜产品走～ goods are selling like hotcakes

qiào

峭

会意字。“山”像山峰耸立；“削”（省刂）表示山陡峻如刀削。本义是山陡峭。

峭 refers to steep mountains. The character is made up of 山, tall mountains, and 削 (here representing 刂, blade), i.e. steep mountains look like knife blades which are very sharp.

① 山又高又陡 tall and steep：峻～ tall and steep｜悬崖～壁 vertical and steep cliffs ② 严厉 severe; stern：春寒料～ a chill in the air in early spring

壳 344页

qiào

窍

（竅）

会意字。“穴”像洞穴，“敫”指光闪耀，表示孔洞透光。简体字穴、巧，巧有小巧意，表示小孔、小洞，巧（qiǎo）兼表声。本义是孔、洞。

窍 originally referred to holes, cavities. 穴 depicts a mountain cave; 敫 describes shimmering lights, i.e. holes allow light to past through. In simplified form, there are radicals 穴 and 巧（qiǎo）. The latter is phonetic, meaning fine and small, i.e. small holes and cavities.

① 孔；洞 holes; cavities：七～流血 bleeding from the eyes, nostrils, mouth and ears ② 事情的关键 crux of a matter：～门 knack | 开～ be enlightened

qiào/qiáo

翘

（翹）

会意字。“羽”像羽毛，“堯”（尧）有高义，表示鸟尾向上高起的长羽。翹简化为翘。本义是鸟尾的长羽毛。引申为向上高起。

翘 originally referred to the long tails of birds; by extension, it came to mean point upward, raise. The character consists of 羽, feathers, and 堯（尧）, which denotes high, i.e. the tails of birds that point upwards. 翹 has been simplified to 翘.

㊀ qiào 物体的一端向上仰起 point upward; raise：～起大拇指 thumbs up ㊁ qiáo 抬起（头）raise one's (head)：～首远望 strain one's head to look afar

qiào

撬

会意字。“扌”像手，表示用手抬起；“毳”指绒毛，绒毛会飘起，表示被抬之物向上升起。本义是抬起。引申指用物体拨开或挑起。

撬 originally meant lift and by extension, pry. It consists of 扌, hand, i.e. lifting sth with the hand; and 毳, which refers to down or very soft fur that moves easily as if they are floating when there is wind, i.e. an object that is being lifted.

用棍棒或刀锥等工具抬起或拨开 pry open：～门 pry the door | ～石头 lift a rock by prying

qiē/qiè

切

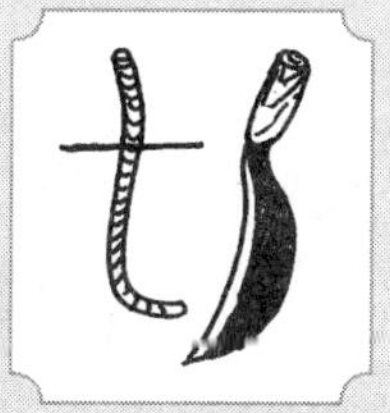

会意字。“刀”像刀，“七”像物被切断。本义是割断。

切 means cut. The character consists of 刀, knife, and 七, which resembles sth that has been cut.

㊀ qiē 用刀割断 cut with a knife：～除 remove by cutting | ～片 slice ㊁ qiè ① 亲近；贴近 get close; intimate：亲～ friendly and at ease | 密～ close; intimate; careful; pay attention to ② 符合 suitable; relevant：～题 keep to the point; relevant | ～实 practical; feasible ③ 急迫 haste; urgent：急～ urgent | 求胜心～ too eager to win ④ 务必 must; ought to：～记 must keep in mind; remember | ～忌 try all means to avoid; guard against ⑤ 所有的 all; everything：一～ all; everything

Q

qiě 且

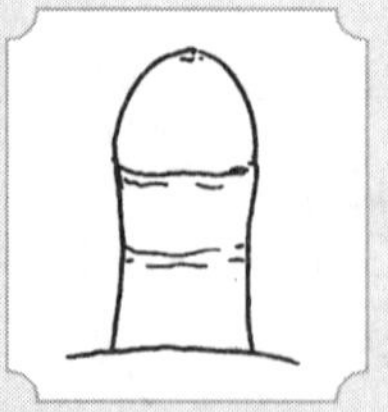

象形字。像男性生殖器，表示祖先。本义是祖先，此义后写作祖。用作虚词。

且 originally meant ancestors, which has been replaced by the character 祖. It is now used as a function word. The character depicts the male productive organ, suggesting one's ancestors.

① 并且；又 and：既高～大 tall and big ② 暂时 for the moment：～慢 wait a moment｜得过～过 muddle along ③ 表示两个动作同时进行 describes two concurrent actions：～战～退 advance and retreat in a battle｜～歌～舞 singing and dancing at the same time

qiè 怯

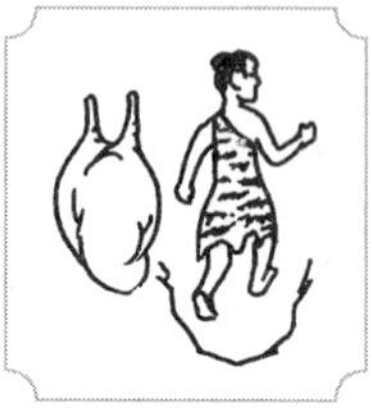

会意字。“忄”像心脏，“去”像人离开门洞，有逃避义，表示心里害怕。本义是胆小害怕。

怯 means timid. It consists of 忄, heart, and 去, sb leaving the door, denotes to escape, i.e. being fearful.

胆小害怕 timid：胆～ timid｜～懦 coward｜～场 stage fright

qiè 窃（竊）

会意字。“穴”像洞穴，“米”像稻米，“禼”像虫，“廿”口的变形，表示虫把米偷到洞穴中。简体字“穴”像洞穴，表示窃物藏于洞穴；“切”有断义，表示财物被窃与主人断了关系；切（qiē）兼表声。本义是偷。

窃 means steal. It is composed of 穴, cave, 米, rice grains, 禼, weevils, and 廿, which is a modified form of 口 (mouth), i.e. the weevils have moved the rice grains to their holes. In simplified form, 穴 shows a cave, i.e. hiding stolen goods in the cave; 切（qiē）is phonetic and means cut away from, i.e. the stolen goods do not belong to the rightful owner anymore.

① 偷 steal：～贼 thief; burglar ② 暗中；偷偷地 secretly：～听 eavesdrop; bug｜～笑 laugh up one's sleeve

qīn 钦（欽）

会意字。“金”（钅）像箭头、斧头和矿石，指金属、黄金，喻指品德高尚、知识渊博；“欠”像人张嘴打哈欠，有不足、缺乏义，表示自己不足才会钦敬他人。欽简化为钦。本义是钦敬。

钦 means admire and respect. It consists of 金（钅）, metal, gold, here suggesting of high moral virtue and knowledgeable; and 欠, sb yawning, denotes lack of, i.e. one admires and respects sb else who has the characteristics that one lacks of.

① 恭敬；敬重 respect：～佩 admire; esteem｜～羡 admire and respect ② 皇帝亲自 by the emperor himself：～定 (encyclopedias, gazettes etc) made by imperial decree｜～赐 bestowed by the emperor qīn

侵

会意字。甲骨文像手持帚扫去牛身上的尘土。金文、篆书像手持帚扫除人身上的尘土。楷书亻、彐、又、冖，表示用双手掸除蒙在人身上的尘土。本义是渐进。引申为侵犯。

侵 originally meant advance gradually; by extension, infringe, invade. In bone inscriptions, the character depicts a hand dusting away the dirt on a cow with a duster. In bronze inscriptions and seal script, the characters show a hand dusting away dirt on a person with a duster. In regular script, there are radicals 亻, 彐, 又, 冖, suggesting dusting away the dirt on a person with bare hands.

进犯；损害 infringe; invade; damage：～略 invade | ～犯 infringe | ～占 invade and conquer

qīn/qìng

亲

（親）

形声字—会意字。見（见）表意，像人张大眼睛，表示关系亲近的人经常相见；辛（xīn）表声。篆、楷书見（见）、亲，亲（qīn）兼表声。简体字“立”像人，“木”像树，以林木彼此靠得近表示人亲近。本义是感情深、关系近。

亲 originally meant close, intimate. It consists of 見（见）, see, i.e. those who are on close terms see each other very often; and 辛（xīn）, which is phonetic. Seal and regular scripts have 見（见）and 亲（qīn）; the latter is phonetic. In simplified form, 立 resembles a man, 木 is tree, referring to those who are close, akin to trees being planted close together.

㊀ qīn ① 关系近；感情好 close; intimate：～密 close; intimate ② 父母 parents：双～ parents ③ 有血统或婚姻关系的 those related by blood：～人 relatives ④ 婚姻 marriages：定～ engagement ⑤ 亲自 by oneself：～身经历 personal experience ⑥ 用嘴唇接触 to kiss：～吻 to kiss ㊁ qìng 亲家，夫妻双方父母间的称呼 parents-in-law, used only by the parents of the couple to address each other

qín

芹

会意字。“艹”（艸）像草，“斤”是砍伐工具，表示能割来吃的芹菜。本义是芹菜。

芹 refers to celery. It consists of 艹（艸）, grass, and 斤, a tool used for felling, i.e. celery that can be cut and consumed.

常见的蔬菜，分水芹和旱芹 celery：～菜 celery

qín

秦

会意字。甲、金文像双手举杵舂两棵禾。篆、楷书禾减为一棵。本义是收禾舂捣。

秦 originally meant harvesting rice and husking it with a mortar and pestle. In bone and bronze inscriptions, the characters depict pounding two stalks of rice grains with both hands; and in seal, regular scripts, pounding a single stalk of grain.

① 周朝国名，在今陕西中部、甘肃东部 Qin, one of the Warring States, located in modern central Shanxi and east of Gansu ② 朝代，公元前２２１年－公元前２０６年，秦始皇嬴政所建，建都咸阳 Qin Dynasty (221-206 B.C.), founding emperor is Qin Shihuang, with capital at Xianyang ③ 陕西省的别称 another name for Shanxi Province ④ 姓 a family name

qín 琴

象形字—形声字。篆书像古琴，上面像琴弦和琴柱，下面像琴身。楷书上面像琴弦、琴柱，下面是声符“今”（jīn）。本义是古琴。

琴 refers to Chinese zither. In seal script, it shows a zither. The top radical resembles the strings and bridge of the instrument; the bottom radical resembles the body. In regular script, the top represents the strings and bridge, and the bottom represents the phonetic element 今 (jīn).

① 古琴，一种弦乐器 Chinese zither ② 某些乐器 name for some musical instruments：提～ treble instrument of the family of bowed instrument, e.g. violin, viola | 钢～ piano | 口～ harmonica

qín 禽

象形字—形声字。甲骨文像捕捉鸟兽的长柄网。金文添声符“今”（jīn）。篆书上面是声符“今”，中间像网，下面像手臂和鸟爪，表示捕获飞禽。本义是捕获鸟兽，泛指捕获，此义现写作擒。引申指鸟类。

禽 originally meant bird hunting or hunting in general, which is later written as 擒. By extension, 禽 is used as a generic term for birds. In bone inscriptions, it depicts a net with a long handle used for hunting birds. The phonetic element 今 (jīn) is added in bronze inscriptions. In seal script, the top is represented by the phonetic element 今, the middle resembles a net, and the bottom resembles an arm and bird claws, i.e. having caught some birds.

鸟类的总称 a generic term for birds：飞～ birds | 家～ domestic bird; fowl

qín 勤

会意字。“力”像农具，“堇”指黏土，表示在黏土地耕种特别辛劳，堇（qín）兼表声。本义是辛劳。

勤 originally referred to toiling. The character is composed of 力, a farming tool; and 堇 (qín), which is phonetic and refers to clay, i.e. farming in a field full of clay is hardwork.

① 做事努力 industrious; diligent：～快 industrious; diligent | 辛～ industriously; diligently ② 经常 often; frequent：～打扫 clean up frequently ③ 勤务 duties：外～ duties fulfilled outside the office | 执～ be on duty ④ 在规定时间内工作 work：出～ turn up for work | 考～ check the work attendance

qín 擒

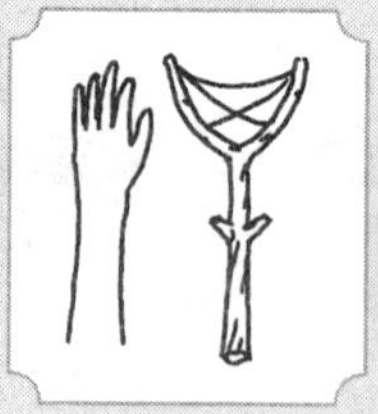

会意字。“扌”像手，“禽”本像长柄网，表示捕捉，禽（qín）兼表声。本义是捕捉。

擒 means capture. It consists of 扌, hand, and 禽 (qín), which is phonetic and resembles a net with a long handle, i.e. capture.

捉拿 capture：～拿 capture | ～获 capture | 生～ capture alive

Q

qǐn
寝
（寢）

会意字。甲、金文像房内有把扫帚，表示把房子打扫干净让人睡觉。篆书增又（手）和人，表示手持扫帚打扫房间好让人睡觉。楷书用床（爿）取代人，更突显睡觉义。寢简化为寝。本义是睡。

寝 originally meant sleep. In bone and bronze inscriptions, the characters resemble having a broom in a room, i.e. cleaning up the house to allow others to sleep. Radicals 又（手 hand）and 人 (man) are added in seal script, i.e. sb cleaning the house with a broom so that others can sleep. 床（爿 bed）replaces 人 in regular script, hence emphasizing to sleep. **寢** has been simplified to **寝**.

①睡觉 sleep：～食不安 unable to eat or sleep due to worries, anxieties etc ②睡觉的地方 bedroom：～室 bedroom

qīng
青

会意字。古文字像土上有苗和水井，表示像苗和井水的颜色。楷书下部改为月，表示如月夜的天空，指深蓝色、黑色。本义是绿色或蓝色。

青 refers to green or blue. In ancient form, it shows sprouts and a well on the ground, i.e. the color of the well and sprouts. In regular script, the bottom radical has been changed to 月 (moon), referring to the night sky, i.e. dark blue and black.

①绿色或蓝色 green; blue：～草 green grass｜～天 blue sky ②黑色 black：～布 black cloth ③指青草或未成熟的庄稼 grass or immature crops：踏～ go for an outing in the countryside ④年轻 young：～年 youngsters ⑤青海省的简称 abbrev of Qinghai Province：～藏高原 Tibetan Plateau

qīng
轻
（輕）

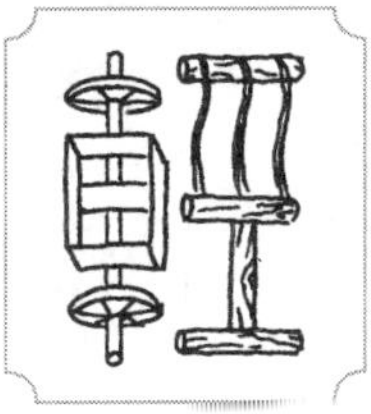

会意字。"車"（车）像车子，"巠"像织机上的纵线，有轻细意，表示能在小路上使用的轻便车子。輕简化为轻。本义是轻便的车。

轻 originally referred to a small cart. It is composed of 車（车）, cart, and 巠, vertical threads on a loom, meaning light and fine, i.e. a small cart that can be used on the road. **輕** has been simplified to **轻**.

①重量小 light：～便 light and easy ②程度浅 a small degree：～微 minor; superficial｜～伤 superficial wound ③用力小 gentle：～放 put sth down lightly ④不重视 take sth lightly：～视 look down on｜～敌 take the enemy lightly; understate the enemy ⑤随便；不庄重 haste; without care：～率 rash; haste; without case

qīng
氢
（氫）

会意字。"气"像云气或水气，"輕"（省車）表示最轻的气体。氫简化为氢。本义是氢气。

氢 refers to hydrogen. It consists of 气, clouds or water vapor, and 輕（without 車）, which implies the lightest gas. **氫** has been simplified to **氢**.

最轻的气体元素，符号H。无色无臭，在工业上用途广泛 hydrogen (H)：～弹 hydrogen bomb｜～气球 hydrogen balloon

qīng 倾 （傾）

会意字。“亻”像人，“頃”（顷）指头不正，表示歪斜，頃（顷 qǐng）兼表声。傾简化为倾。本义是歪斜。

倾 originally meant slanted, leaning. It consists of 亻, man, and 頃（顷 qǐng）, which is phonetic and means a crooked head, i.e. slanted, leaning. 傾 has been simplified to 倾.

① 歪斜不正；偏在一方 slanted; leaning：～斜 slanted; leaning | ～向 tendency ② 倒塌 collapse：～覆 topple; capsize ③ 倒出；用尽 pour everything out; use everything：～诉 pour out one's troubles | ～家荡产 bankrupt

qīng 卿

会意字。像两人相向就食。本义是两人对食。后用作官名。

卿 originally meant two people sitting facing each other, eating; later, it is used to refer to an official title. The character depicts two people sitting facing each other, eating.

① 古代高级官名；现用于某些外国官员名 high official rank in ancient times, now used to refer to titles of some foreign officials：上～ an high official in ancient times | 国务～ Secretary of State ② 古时君称臣 used in ancient times by the emperor to refer to court officials：爱～ favorite officials ③ 古代夫妻、朋友之间表示亲密的称呼 used in ancient times to refer to closed ones：～～我我 be very much in love

qīng 清

会意字。“氵”像水流、水珠，“青”像土上的幼苗、井中的水，表示水清呈绿色，青（qīng）兼表声。本义是水清。

清 originally referred to clarity of water. It consists of 氵, water, and 青（qīng）, which is phonetic and resembles the sprouts in the soil and water in the well, i.e. the water is clear-green.

① 纯净 pure; innocent：～澈 clear; limpid | ～洁 clean ② 单纯 pure; innocent; simple：～唱 singing without any background music | ～汤 clear soup ③ 寂静 dead quiet：～静 tranquil | 冷～ quiet; desolate ④ 明白 understand; clear：～楚 clear; vivid | 分～ differentiate ⑤ 廉洁 free from corruption：～廉 free from corruption | ～官 just and uncorrupt official ⑥ 尽；完 exhaust; finish; complete：～除 clear away; remove; eradicate | 付～ full payment ⑦ 清朝 the Qing Dynasty

qīng 蜻

形声字。虫表意，像虫；青（qīng）表声，青像土上有苗、井中有水，表示蜻蜓生活在水边、草丛。蜻蜓是益虫。

蜻 refers to dragonflies, which are beneficial insects. It consists of 虫, worm, and 青（qīng）, which is phonetic and resembles sprouts growing out of soil and water in a well, i.e. dragonflies live near water bodies and bushes.

［蜻蜓］昆虫，身体细长，背上有两对翅膀，捕食蚊子等小飞虫，是益虫 dragonfly

qíng 情

形声字。忄表意，像心脏，表示感情出自内心；青（qīng）表声，青指绿、蓝、黑多种颜色，表示感情多种多样。本义是感情。

情 refers to feelings, emotions. It consists of 忄, heart, i.e. feelings come from within the heart; and 青（qīng）, which is phonetic and refers to green, blue, black, i.e. just like colors, there are various kinds of feelings.

① 感情 feelings; emotions：友～friendship｜热～passion ② 爱情 love：～人 lover｜～书 love letter ③ 情面 feelings; sensibilities：求～plead｜领～appreciate ④ 状况 situations：实～actualities｜灾～condition of a disaster

qíng 晴

会意字。篆书“夕”像月，“生”像幼苗从土中长出，表示月亮从地面升起的夜晚。楷书“日”指太阳，“青”指蓝色，表示蓝天白日是晴天，青（qīng）兼表声。本义是天晴。

晴 refers to clear, sunny day. In seal script, 夕 resembles the moon, 生 resembles plants sprouting from the ground, i.e. nights where the moon seems to rise from the ground. In regular script, 日 depicts the sun, 青（qīng）is phonetic and means blue, i.e. a blue sky and bright sun can be observed on a clear, sunny day.

天空明朗无云或少云 cloudless, sunny day：～天 clear, sunny day｜～空万里 the vast, clear sky

qíng 擎

会意字。“手”像手，表示手向上托举；“敬”有严肃、警惕义，表示托举时宜小心，以免失手。擎是向上托举。

擎 means to raise sth towards the sky. It consists of 手, hand, i.e. raise; and 敬, which means solemn, cautious, i.e. one should be cautious when raising sth to prevent dropping it.

举起；向上托起 lift, raise sth towards the sky：～天柱 sb with an important position｜众～易举 cooperation makes work easier

qǐng 顷（頃）

会意字。“頭”（头）像夸大了人的头部，“匕”像反写的人，有相反意，表示头不正。頃简化为顷。本义是头不正。

顷 originally meant sb's head is crooked. It consists of 頭（头）, sb with an enlarged head; and 匕, which resembles the character 人 (man) written in a reverse way, denoting reverse, opposite, i.e. the head is crooked. 頃 has been simplified to 顷.

① 计算土地面积的单位。一顷等于一百亩 unit of measurement for land area：良田万～vast area of fertile land ② 短时间 short time：少～in a moment; in a while｜～刻之间 in a moment; in a while ③ 刚才 just：～接来信。I have just received your letter.

qǐng 请（請）

形声字。言（讠）表意，像张口说话，表示用语言请求；青（qīng）表声。請简化为请。本义是请求。

请 means request, plead. It is made up of 言（讠）, sb talking, i.e. sb doing a verbal request; and 青（qīng）, which is phonetic. 請 has been simplified to 请.

① 要求 request：~假 request for leave | 申~ apply ② 邀请 invite：~客 treat (sb to a meal etc) | ~帖 invitation card ③ 敬辞，表示请求对方做某事 please：~进 please come in | ~坐 please sit

qìng 庆（慶）

会意字。甲骨文像纹胸的人和鹿，表示人增鹿皮以示庆贺。金文鹿、心，以送鹿皮表示祝贺之心。篆书增夂（像脚），表示拿着鹿皮去祝贺。简体字“广”像屋子，“大”像人张开四肢表示大，表示在屋里大事庆贺。本义是庆贺。

庆 originally meant congratulate, felicitate. In bone inscriptions, it depicts one with tattoos on one's chest and a deer, i.e. one presenting a deer skin to congratulate sb. In bronze inscriptions, there are radicals 鹿 and 心, i.e. presenting the deer skin as a form of congratulation. In seal script, 夂（foot）is added, suggesting one carrying the deer skin to go congratulate sb. In simplified form, 广 resembles a house, 大 resembles sb spreading his limbs, denoting big, i.e. holding a grand celebration in the house.

① 祝贺 congratulate; felicitate：~祝 congratulate; felicitate | ~功 celebrate a success ② 值得庆贺的事 events that call for a celebration：国~ national day | 校~ school founding day

qióng 穷（窮）

会意字。“穴”像洞穴，“躬”指俯身，表示俯身在洞穴中寻找尽头。简体字穴、力，表示尽力寻找洞穴的尽头。本义是终极、尽头。

穷 means ultimate, limit. It consists of 穴, cave, and 躬, bending over, i.e. sb looking for the end of the cave with his body bent. In simplified form, radicals 穴 and 力 suggest trying hard to look for the end of the cave.

①完；尽 limit; end：无~无尽 endless | 力屈词~ lack of words and arguments ② 贫困，缺少钱财 poor：~人 the poor | 贫~ poor; destitute ③ 极；彻底 limit; utterly：~奢极侈 indulge in luxury and extravagance | ~根究底 get to the bottom of things

qióng 穹

会意字。“穴”像洞穴，“弓”有弯曲、拱起义，表示洞穴高。本义指洞穴高。引申指天空。

穹 originally refers to big caves, then by extension, the sky. It consists of 穴, cave, and 弓, which means arching, i.e. the cave is big.

天空 sky：苍~ firmament; sky

qióng

琼

（瓊）

会意字。“王”（玉）像一串玉，“夐”本指长远，长远则异于寻常，表示琼是有长久收藏价值的美玉。简体字王（玉）、京，京有高大义，表示琼是超常的美玉。本义是美玉。

琼 originally referred to fine, beautiful jade. **王（玉）** depicts a bunch of jade; **夐** means long term, which denotes unusual, i.e. a piece of fine jade that can be considered as a collectible. In simplified form, there are radicals **王（玉）** and **京**; the latter denotes extremely big, referring to a piece of extremely fine piece of jade.

① 美玉 fine jade ② 精美的 exquisite：～浆玉液 good wine, delicious beverages | ～楼玉宇 magnificent building

qiū

丘

象形字。甲骨文像两座小土山。金文、篆书“北”指相背，“一”像平地，表示与平地相反的地形是丘。楷书“斤”指斧子，“一”指地面，表示有许多树可砍伐的地形是丘。本义是小土山。

丘 means mound. In bone inscriptions, it depicts two mounds. In bronze inscriptions and seal script, **北** refers to a face-to-face position, **一** resembles a level ground, i.e. a mound is just the opposite of a level ground. In regular script, **斤** signifies an axe, **一** refers to the ground surface, i.e. a place where there are many trees for felling is like a mound.

① 小土山 mound：土～mound | 荒～barren mound ② 姓 a family name

qiū

秋

（⑤鞦）

象形字—会意字。甲骨文像蟋蟀，以虫鸣表示秋天。篆、楷书“禾”像谷类植物，“火”像火焰，表示禾谷成熟可煮来吃的季节是秋季。本义是庄稼成熟的季节。

秋 originally meant harvest season. In bone inscriptions, the character depicts crickets, using the cacophony of insects to suggest autumn. In seal and regular scripts, **禾** (grain) and **火** (flames) suggest autumn is the season when crops can be harvested and be cooked for consumption.

① 庄稼成熟的季节 harvest season：麦～wheat harvest season ② 一年四季中的第三季 autumn：～风 autumn breeze ③ 年 year：千～万代 generation after generation; forever ④ 时期 time; period：多事之～ a period full of changes and events ⑤ 秋千，一种运动和游戏的器具 a swing

qiū

蚯

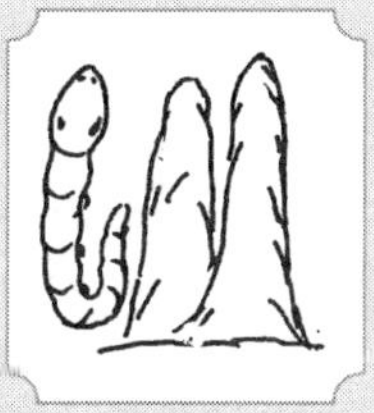

形声字。虫表意，像虫，表示蚯蚓；丘（qiū）表声，丘指小土山，表示蚯蚓爬行时身子拱起处如小丘。本义是蚯蚓。

蚯 refers to earthworms. It consists of **虫**, worm, i.e. earthworms; and **丘（qiū）**, which is phonetic and refers to a mound, i.e. the arching body of an earthworm when it crawls looks like a mound.

［蚯蚓］生活在土里的环节动物，身体柔软细长，能使土壤疏松，对农作物有益 earthworm

qiú 囚

会意字。“口”像四面围住，“人”像人，表示把人关起来。本义是拘禁。

囚 originally meant detain, take into custody. It consists of 口, an enclosure, and 人, man, i.e. keeping sb in captivity.

① 拘禁；关押 detain; take into custody：~禁 imprison; keep in captivity | ~车 prisoner's van | ~牢 jail; prison ② 被拘禁、被关押的人 those being detained or imprisoned：~犯 prisoner; convict | 死~ convict awaiting a death penalty

qiú 求

象形字。像毛朝外的皮衣。本义是毛皮衣，此义后写作裘。引申为寻求。

求 originally meant fur coat; a meaning later represented by 裘. By extension, 求 came to mean seek, look for. The character depicts a fur coat.

① 寻找；设法得到 seek; try to achieve：寻~ look for; search | 追~ go after | 梦寐以~ what one has been hoping for ② 请求 request：~助 ask for help | ~救 ask for help | 恳~ plead; asking for request ③ 需要 need; demand：供不应~ supply is lower than demand | 供过于~ supply is more than demand

qiú 球

会意字。“王”（玉）像一串玉，“求”指设法得到，表示人们想得到的美玉，求（qiú）兼表声。本义是美玉。引申为圆形的东西。

球 originally referred to fine, beautiful jade, then by extension, round objects. It consists of 王（玉）, a bunch of jade, and 求（qiú）, which is phonetic and means to seek, try to achieve, i.e. the fine jade that people lust for.

① 圆形的东西 round objects：眼~ eyeballs | 星~ planets ② 球形的体育用品 balls：足~ football | 网~ tennis ball | 篮~ basketball ③ 特指地球 the Earth：全~ global | 环~旅行 travel around the world

qū/ōu 区（區）

会意字。像很多物品收藏在箱内。简体字“匚”像箱子，“㐅”代表箱内的物品。本义是隐藏物品的地方。引申为区域。

区 originally meant a place for hiding things; by extension, it came to mean region. The character depicts many items being kept in a box. In simplified form, 匚 represents a box, 㐅 represents the items kept in the box.

㊀ qū ① 地域 region：~域 region | 山~ mountain region ② 行政区划单位 administrative unit：特~ special administrative unit | 自治~ autonomous region ③ 划分 delineate：~分 differentiate | ~别 differentiate; difference ㊁ ōu 姓 a family name

Q

qū/qǔ

曲

（㊀③麯）

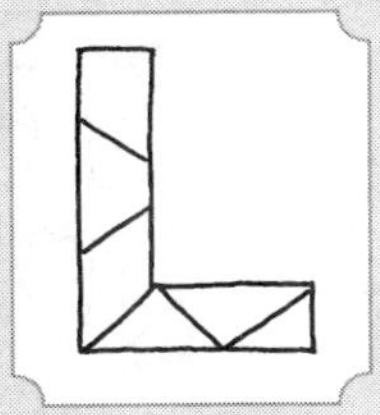

象形字。像弯曲的物体，表示弯曲。本义是弯曲。麯今归并简化为曲。

曲 means bent, crooked. The character resembles a bent, crooked object, suggesting bent, crooked. 麯 has been simplified to 曲.

㊀ qū ① 弯，不直 bent; not straight：～线 curve｜弯～ bent; crooked ② 不正确；不公正；不合理 incorrect; unjust; unreasonable：～解 misconstrue｜歪～ distort ③ 酿酒或制酱时引起发酵的块状物 yeast：酒～ distillers yeast ④ 姓 a family name ㊁ qǔ ① 古代一种韵文形式 a genre of literature used in ancient times：元～ tune from the Yuan Dynasty ② 歌；歌谱 songs; tunes：作～ compose music｜乐～ musical composition

qū

岖

（嶇）

形声字。山表意，像山，表示山势险峻；區（区qū）表声，兼表险峻之处在山区。嶇简化为岖。本义是山势险峻。

岖 originally meant treacherous mountains. It consists of 山, mountains, i.e. treacherous mountains; and 區（区qū）, which is phonetic and suggests that hazardous zones are located in mountains. 嶇 has been simplified to 岖.

［崎岖］山路高低不平；比喻困难、曲折 treacherous mountains, a metaphor for barriers, difficulties in life

qū

驱

（驅）

形声字。馬（马）表意，像马，表示赶马前进；區（区qū）表声，兼表马是往来于不同地区间的交通工具。驅简化为驱。本义是赶马前进。

驱 originally meant urging horses to move forward. It consists of 馬（马）, horse, i.e. urging the horse to advance; and 區（区qū）, which is phonetic and denotes horses were used for traveling between different regions. 驅 has been simplified to 驱.

① 赶牲口；驾驶车辆 herding cattle; driving carts, carriages：～马 riding a horse｜～车前往 driving a cart ② 赶走 drive away：～逐 drive away; banish｜～散 disperse ③ 快跑 run：并驾齐～ on a par with sb

qū

屈

会意字。古文字“尾”像人下身绑着短尾，“出”像脚跨出门洞，表示露出体外的短尾。楷书“尸”像人弯曲身子，“出”指出门，远古门洞低矮出门需弯曲身子。本义是尾巴短。引申为弯曲。

屈 originally referred to short tails; by extension, it came to mean bent, crooked. Ancient form of 尾 depicts sb with a short tail tied to his lower body; 出 resembles sb walking out of the cave, referring to the exposed tail. In regular script, 尸 resembles sb bending his body, 出 means to go out of the house, i.e. in an ancient times, one has to bend his body in order to go through low doors or exit from small caves.

① 弯曲 bent; crooked：～指可数 countable with fingers; few ② 低头服输 admit defeat：宁死不～ rather die than to admit defeat ③ 亏 lack of：理～词穷 lack of words and arguments ④ 委屈；冤枉 feel unjustified; maligned：冤～ wrong; unjust ⑤ 姓 a family name qū

蛆

会意字。“虫”像头大身曲的虫，“且”像男性生殖器，表示苍蝇的幼虫。蛆是苍蝇的幼虫。

蛆 refers to maggots. It consists of 虫, a worm with a big head and bent body, and 且, which resembles the male reproductive organ, i.e. maggots.

苍蝇的幼虫 maggots

qū

躯

（軀）

篆

形声字。身表意，像人挺着大肚子，表示身体；區（区qū）表声，区有居处义，表示身体是腑脏和灵魂的居处。軀简化为躯。躯指身体。

躯 refers to body. It consists of 身, sb with a big stomach, i.e. the body; and 區（区qū）, which is phonetic and denotes inhabit, i.e. the body is the place where organs and the spirit reside. 軀 has been simplified to 躯.

身体 body：～体 body｜身～ body｜为国捐～ sacrifice for the country

qū

趋

（趨）

篆

会意字。“走”像人甩臂迈步，再添一只脚表示快走；“芻”（刍）像两人俯身抱草，有多意，表示快步走步子必多。趨简化为趋。本义是快步走。

趋 means walk quickly, hasten. It consists of 走, sb taking long strides while swaying his arms, another 'leg' is added to emphasis walking faster; and 芻（刍）, two people hugging grass, denoting many, i.e. walking faster lead to one taking more steps.

① 快步走 walk quickly; hasten：～前 advance quickly｜亦步亦～ follow blindly; imitate every action of sb ② 倾向 tendency：～势 trend｜日～繁荣 prospering day by day

Q

qú

渠

篆

形声字。氵表意，像水流、水珠，表示人工开凿的水道；榘（jǔ）表声；榘指丈量的工具，开凿水道必先丈量。本义是人工开凿的水道。

渠 refers to water canals. It consists of 氵, water, i.e. water canals; and 榘（jǔ）, which is phonetic and refers to a kind of measuring tool, i.e. measurement is needed before excavation starts.

人工开凿的水道 water canals：沟～ drains; canals｜水到～成 when conditions are ripe, success is nigh qǔ

取

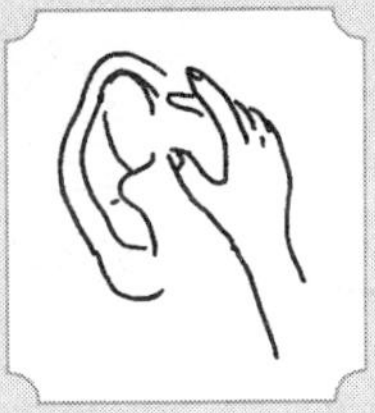

会意字。“耳”像耳朵，“又”像手，古代打仗以割取敌人的左耳计数报功。本义是割下左耳。引申为拿。

取 originally meant cutting down the left ear; by extension, it came to mean take. The character consists of **耳**, ear, and **又**, hand, i.e. in ancient times, left ears of enemies were cut and counted to determine one's victory in battles.

① 拿；拿回 take; take back：～得 achieve｜～款 withdraw money｜领～ collect; receive ② 得到；招致 achieve; recruit; incur：～乐 amuse oneself｜自～灭亡 court death; self-destruction ③ 选择；采用 choose; employ：～材 make use of materials｜可～ worth learning form

qǔ

娶

会意字。“女”像女子，“取”像手抓住耳朵，表示男子得到作妻子的女子，取（qǔ）兼表声。本义是娶妻。

娶 means taking sb as wife. It consists of **女**, woman, and **取（qǔ）**, which is phonetic and depicts a hand holding on to sb's ear, i.e. a man has taken sb as his wife.

把女子接过来成亲，跟“嫁”相对 take sb as wife：～妻 marry a woman｜～亲 marry a woman

qù

去

会意字。像人跨出洞口，表示离开。本义是离开。

去 means leave. The character depicts sb leaving a cave.

① 由此地到彼地 go：不知～向 has no idea where one is going ② 离开 leave：～职 resign｜～世 pass away ③ 除掉 remove：除～ remove｜～皮 remove the skin ④ 距离 distance：两地相～不远 the two places are near ⑤ 往；到 toward; go to：～向 where one or sth is going or developing｜～商店 go to the shop ⑥ 过去的 past：～年 last year ⑦ 表示动作的趋向或持续 trend; direction of development：上～ go up｜进～ go into; enter

qù

趣

形声字。走表意，像人甩臂迈步，再加一只脚（止），表示快步趋向；取（qǔ）表声，取有取得意，表示快步走必有所取。本义是趋向。引申为兴味、兴趣。

趣 originally referred to direction of development, trend; by extension, it came to mean interesting, interests. **走** depicts sb taking long strides while swaying his arms, **脚（止）** is added to mean walk quickly; **取（qǔ）** is phonetic and denotes achieve, i.e. sb walks quickly because he has a goal to achieve.

① 让人感到愉快、有意思 interesting; amusing：乐～ amusement; fun｜～闻 amusing news ② 志向 ambition：志～ ambition｜大异其～ have very different tastes and interests

Q

quán 权 （權）

会意字。“木”像树，表示树名；“雚”指一种鸟，鸟栖于树。简体字木、又，又像手，表示取木致用。本义指黄华木。

权 originally referred to a tree from the genus, Piptanthus. It consists of 木, tree, i.e. the name of a tree; and 雚, a kind of bird, signifying that birds perch on trees. Simplified form is made up of 木 and 又. The latter resembles a hand, i.e. collecting wood for some uses.

①衡量 weigh：～衡利弊 weigh the pros and cons ② 支配的力量；权力 authority; power：～势 authority; power; influence | 职～ authority; power related to one's position ③ 应有的利益；权利 right：人～ human rights ④ 暂时的；变通的 temporary; fluid; flexible：～谋 tactics; trickeries | ～变 tact; adaptability

quán 全

会意字。入、王（玉），表示交纳的玉必须是纯玉。本义是纯玉。引申为完备。

全 originally meant pure jade; by extension, it came to mean well-equipped, well-furnished, complete. Radicals 入 and 王（玉）suggest that jade handed to the authorities must be pure.

① 完备；齐备 well-equipped; well-furnished; complete：完～complete; entire | 十～十美 perfect ② 整个 entire; whole：～国 the entire nation | ～面 comprehensive ③ 保全 preserve; maintain：两～其美 satisfy both sides ④ 都 inclusive; all：～歼 annihilate; complete wipe out

quán 泉

象形字—会意字。古文字像泉眼里涌出泉水。楷书“白”像日放光，“水”像水流溅起水花，表示明澈的泉水。本义是源泉、泉水。

泉 refers to water source, spring. The ancient form depicts spring water gushing from a source. In regular script, 白 resembles daylight, 水 resembles ripples caused by flowing water, i.e. limpid spring water.

地下涌出来的水 spring water：～水 spring water | 清～ unpolluted spring | 泪如～涌 tearing like gushing spring water

quán 拳

会意字。“手”像手，“龹”有弯曲意，表示手指弯曲握成拳。本义是拳头。

拳 means fists. It consists of 手, hand, and 龹, which means crooked, bent, i.e. one bends one's fingers to form a fist.

① 拳头 fist：握～ clench the fist | ～打脚踢 beat up brutally ② 拳术 martial arts related to using the fists：～手 martial arts strokes; boxer | 太极～ taiji ③ 弯曲 bent; crooked：～曲 curl | ～着身子 curl up one's body

圈 332页

quán

痊

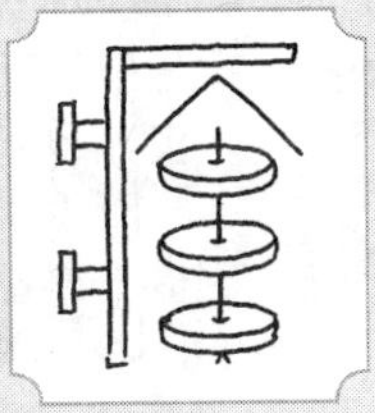

会意字。“疒”像病床，“全”指完全，表示病完全好了，全（quán）兼表声。本义是病愈。

痊 means recovery from illness. It consists of **疒**, a hospital bed, and **全（quán）**, which is phonetic and means entire, fully, i.e. one has fully recovered.

病好了 fully recovered：～愈 fully recovered from an illness

quǎn

犬

象形字。像翘着尾巴张嘴在吠的狗。犬即狗。

犬 means dog. The character shows a dog barking, with its tail wagging.

狗 dog：猎～ hunting dog | 军～ military dog | 鸡～不宁 chaotic situation

quàn

劝

（勸）

会意字。“力”像农具，“雚”是水鸟，常逆水觅食，表示鼓励人力争上游。简体字又、力，表示一次又一次地尽力鼓励或劝说。本义是鼓励。

劝 means encourage. It consists of **力**, a farming tool, and **雚**, an aquatic bird that goes against the current in search for food, i.e. to encourage people to overcome barriers. In simplified form, **又** (again) and **力** (make an effort) suggest repeatedly encouraging or advising sb.

① 勉励 encourage：～勉 advise and encourage ② 说服；使人听从 convince; make others listen to what one has to say：～告 advise; urge | 规～ advise; urge

quàn

券

形声字。刀表意，像刀，古代契据用刀刻木而成，一剖为二，双方各持其一，以便相合验证；龹（juàn）表声，龹有屈握意，表示紧握重要信物不放之意。本义是凭据、票证。

券 refers to receipts, proofs of purchase, vouchers. The character consists of **刀**, knife, i.e. in ancient times, contracts were carved on wood using knives, the wood was then divided and each party would retain one half of it, to be used in the future as proof; and **龹（juàn）**, which is phonetic and means holding on to sth, i.e. holding on to sth tightly and not letting go.

凭据；票证 receipts; proofs of purchase; vouchers：债～ bond; debenture; certificate of debt | 入场～ admission ticket quē

缺

会意字。“缶”像陶器，“夬”有破损意，表示陶器易残破。本义是残缺。

缺 means incomplete, short of, defects. It consists of 缶, a pottery, and 夬, which means damage, i.e. ceramic wares are easily breakable.

① 残破；不完整；不完美 damage; incomplete; imperfect：~口 defects; broken or missing parts | ~陷 defects ② 短少；不够 lack of; insufficient：~少 lack of; insufficient | 欠~ lack of; insufficient ③ 应到而未到 absent：~席 absent | ~课 absent for class ④ 职务的空额 job vacancy：空~ vacancy | 补~ fill up the vacancy

qué

瘸

会意字。“疒”像病床，“瘸”指疾病，表示腿脚有病。本义是腿脚有病。

瘸 means the physical disabilities in lower limbs. It consists of 疒, a hospital bed, and 瘸, which refers to an illness, i.e. one having physical disabilities in the lower limbs.

腿脚有毛病，走路时身体不平衡 limp：~腿 cripple; lame | 一~一拐 limping

Q

què

却

会意字。篆书“谷”像山谷，表示困境，“卩”像人屈膝，表示人遇困境而退却。楷书去、卩，以离去和屈膝表示退却。本义是退却。

却 means retreat, withdraw. In seal script, 谷 depicts a valley, i.e. difficult situation; 卩 depicts sb bending his knees, i.e. sb retreats when faced with a barrier. In regular script, 去 and 卩 suggest leaving and bent knees, i.e. to retreat.

① 后退 retreat; withdraw：~步 step back due to fear | 退~ retreat; withdraw ② 推辞；拒绝 decline; refuse：推~ decline; refuse | 盛情难~ difficult to decline sb's warm and sincere offer ③ 去；掉 gone：冷~ (sth has) gone cold | 忘~ forgotten ④ 表示转折 but：出工~不出力 present for work but do nothing

què

雀

会意字。“小”像三粒砂，“隹”像鸟，表示小鸟。本义是麻雀。

雀 refers to sparrows. The character consists of 小, three grains of sand, and 隹, bird, i.e. a birdie.

麻雀，泛指小鸟 sparrow or birdie：鸦~ crows and sparrows | 欢呼~跃 extremely delighted què

确

（確）

会意字。"石"像山崖下有块石头，"角"指兽角，表示如石块、兽角一般坚固。楷书石、隺，隺指鹤，是意志坚定的候鸟。確简化为确。本义是坚固、坚定。

确 originally meant sturdy, steadfast. It consists of **石**, a piece of rock at the cliff foot, and **角**, an animal horn, i.e. as solid as rocks or horns. Regular script consists of **石** and **隺**, here referring to crane, which is a type of migratory bird with strong will. **確** has been simplified to **确**.

① 坚定；坚固 sturdy; steadfast：～定 certain | ～信 firmly believe | ～保 make sure; be certain ② 真实；实在 real; true：～实 indeed; with certainty | 正～ correct | 千真万～ absolutely true

què

鹊

（鵲）

会意字。"鳥"（鸟）像鸟，"昔"指从前，表示从前就传说叫声会带来喜事的喜鹊。鵲简化为鹊。本义是喜鹊。

鹊 refers to magpie. It consists of **鳥（鸟）**, bird, and **昔**, which means in the past, i.e. magpies which according to legends, brings happiness with their singing. **鵲** has been simplified to **鹊**.

喜鹊，头部、背部黑褐色，颈、腹白色，尾巴较长，民间传说听见它叫将有喜事来临 magpies：喜～ singing of magpies | ～巢鸠占 one seizes, takes over another person's property

qún

裙

形声字。衣（衤）表意，像衣服，表示裙子；君（jūn）表声。本义是下裳，即裙子。

裙 means skirts. It consists of **衣（衤）**, clothes, i.e. skirts; and **君（jūn）**, which is phonetic.

① 裙子，围在腰下没有裆的服装 skirts：布～ skirts | 连衣～ dresses ② 形状像裙子的东西 skirt-like objects：围～ apron

qún

群

会意字。"羊"像羊，表示羊群；"君"像手持权杖张口发令，有君主义，表示羊群中有头羊。本义是羊群。

群 originally referred to herds of sheep. It consists of **羊**, sheep, i.e. herds of sheep; and **君**, sb holding a cane that symbolizes power and giving orders, referring to rulers, i.e. among the herd of sheep, there is one that is a leader.

① 聚在一起的人或物 herds; groups; assemblies; crowds：人～ crowds of people | 羊～ herds of sheep | ～山 clusters of mountains ② 群众；大家 the public; assembly：超～ preeminent | ～策～力 pool the wisdom and effort of everyone ③ 量词 measure word：一～人 a group of people | 一～羊 a herd of sheep

rán 然

会意字。“火”像火焰，表示燃烧；“肰”指犬肉，以用火烧犬肉表示燃烧。本义是燃烧，此义现写作燃。

然 originally meant burn, a meaning later written as 燃. It consists of 火, flames, and 肰, dog meat, i.e. roast dog meat over a fire, an act of burning.

① 是；对 yes; correct：不以为～ do not agree or approve ② 这样；如此 as such; this：不尽～ not entirely as such | 理所当～ no room for doubt ③ 连词 conjunction：～后 then | 虽～although ④ 词尾，表示状态 suffix, indicate the state：突～ suddenly | 显～apparently

rán 燃

会意字。“火”像火焰，“然”像用火烤犬肉，表示烧，然（rán）兼表声。本义是烧。

燃 means burn. The character comprises 火, flames, and 然（rán）, which is phonetic and denotes roasting dog meat, i.e. burn.

① 烧 burn：～烧 burn; on fire | ～料 burning materials | 死灰复～revival; resurgence ② 点火 to light：点～ light (a candle, matchstick etc) | ～放花炮 set off firecrackers

rǎn 染

会意字。“木”像树，“氵”像水流、水珠，“九”有多次义，表示染料多从草木中提取，配成染液后需进行多次漂染。本义指使布帛着色。

染 means to dye. It consists of 木, tree, and 氵, water, and 九, multiple times, i.e. most dyes are extracted from plants; cloth needs to be dyed several times to achieve the desired result.

① 用染料使东西着色 dye：印～printing and dyeing | ～布 dyed textiles | ② 沾上；感受到 to stain; feel：污～pollute; pollution | 感～influence; catch a disease

ráng 瓤

会意字。“瓜”像瓜，表示瓜肉；“襄”指解衣而耕，表示去掉瓜皮就是瓜瓤。本义是瓜类的肉。

瓤 signifies the flesh of melons. It consists of 瓜, melon, and 襄, which signifies a man takes off his clothes to work in a field, i.e. flesh of melon can be obtained when the skin of the melon is removed.

瓜果的肉 flesh of melons：橘～ flesh of orange | 西瓜～flesh of watermelon

rǎng 壤

会意字。“土”本像地上有堆土；“襄”本指解衣而耕，表示壤是可耕种之土。本义是松软的土。

壤 means soft and moist soil. The character consists of 土, earth, and 襄, which signifies a man takes off his clothes to work in a field, i.e. soft and moist soil used for cultivation.

① 松软的泥土 soft and moist soil：土～ soil ② 大地 earth：天～之别 a whole lot of difference ③ 地区 area：接～ area where the boundary is｜穷乡僻～ remote and poor place

rǎng 攘

会意字。“扌”像手；“襄”有排除义，表示用手推开。本义是推。引申为排斥。

攘 originally meant push, later by extension, to discriminate or reject. It consists of 扌, hand, and 襄, to remove, eliminate, i.e. push sth away.

① 排斥 discriminate; reject：～除 weed out; eradicate｜～外 resist foreign invasion ② 抢 rob; seize：～夺 seize ③ 捋起袖子 roll up one's sleeves：～臂高呼 roll up one's sleeves in excitement ④ 纷乱 hustle and bustle：扰～ hustle and bustle; noise｜熙熙～～ bustling with life; activities; crowded and noisy

rǎng/rāng 嚷

会意字。“口”像张开的口；“襄”有高义，表示开口嚷其声必高。本义是大声喊叫。

嚷 means to shout. The character is made up of 口, an open mouth, and 襄, which denotes high, i.e. shouting is making loud noises.

㊀ rǎng 喊叫；吵闹 yell; shout：叫～ bawl; shout｜喧～ tumult; cacophony ㊁ rāng ［嚷嚷］① 喧哗；吵闹 confused noise; clamor：别～了 Stop the yelling; Stop making a din!

ràng 让（讓）

会意字。“言”（讠）像张口说话，“襄”有高义，表示高声责备。简体字讠、上，上有尊长义，表示言行上礼让尊长。本义是责备。引申指礼让。

让 originally meant to reprimand, then later, to give precedence to others out of politeness or courtesy. It consists of 言（讠）, talking, and 襄, high, i.e. reprimand loudly. The simplified form has 讠 and 上 (respect the elders), i.e. show respect to elders in both words and deeds.

① 不跟人争 avoid conflict：～步 give in to others to avoid unnecessary conflicts｜谦～ offer or decline out of courtesy ② 把东西转给他人 give：出～ sell｜～位 give up the seat ③ 被 by：碗～他摔破了 He broke the bowl. ④ 使；允许 allow：～他闹去。Let him leave the room.

R

ráo

饶

（饒）

篆

会意字。“食”（饣）像食器，“堯”（尧）有高意，表示物丰足则累积而高。饒简化为饶。本义是富足。

饶 means bountiful. It consists of 食（饣）, food container, and 堯（尧）, high, i.e. an abundance of food. 饒 has been simplified to 饶.

① 丰富；多 rich; plentiful：富～ bountiful; abundant | ～有兴趣 highly interested (in sth) ② 宽恕 be magnanimous and forgive：～恕 forgive | 求～ beg for forgiveness ③ 姓 a family name

rǎo

扰

（擾）

篆

会意字。“扌”像手，表示动手搅扰；“夒”是好动的猴类动物，有劳烦不宁之意。楷书从扌、憂，憂有忧愁义，表示被打扰则心中忧烦。简体字扌、尤，尤有过失义，表示搅扰是过失。本义是搅扰。

扰 means to disturb. It consists of 扌, hand, i.e. mess up sth with hands, and 夒, an active monkey, i.e. restlessness. Regular script has 扌and 憂, sad, depressed, i.e. one troubled by a disturbance. The simplified form has 扌 and 尤, mistake, i.e. it is wrong to cause a disturbance.

搅乱；打搅 disturb; trouble：干～ interrupt | 搅～ to cause disturbance | 庸人自～ be overly worried; worry over nothing; paranoid

rào

绕

（繞）

篆

会意字。“糸”（纟）像丝，表示丝柔软细长能缠绕；“堯”（尧）有高意，高则长，长的东西才能环绕它物。繞简化为绕。本义是缠。

绕 means coil around, wrap. It consists of 糸（纟）, silk, i.e. long, fine silk to coil around sth, and 堯（尧）, tall and long, i.e. sth which is long and able to wrap or coil up. 繞 has been simplified to 绕.

①缠 coil around：缠～ entangle; twine | ～线 coil a string around sth ② 围着转；环围着 encircle; surround：围～ surround | 环～ encircle ③ 迂回；走弯道 roundabout; zigzag：～道 make a detour | 船～过礁石 The ship bypassed the reef.

rě

惹

会意字。“心”古文字像心脏；“若”古文字像女子在顺理头发，表示女子化妆打扮的目的是惹人注意。本义是招引。

惹 means to attract. In classical Chinese, the character consists of 心, heart, and 若, a woman tidying her hair, i.e. women dress up to attract attention.

招引；引起 attract; to cause：～祸 get into trouble | ～麻烦 invite trouble | ～事生非 stir up trouble

R

rè

热

（熱）

会意字。“火”（灬）像火焰，“埶”像人把植物栽种在土上，表示气温高有利植物生长。简体字灬、执，表示手执火把很热。本义是温度高。

热 means hot. It consists of 火（灬）, flames, and 埶, planting, i.e. high temperature is ideal for plant growth. The simplified form has 灬 and 执, a hand holding a torch, i.e. hot, heat.

① 温度高 hot：～带 tropical｜炎～ hot and humid ② 加热 heat up sth：把菜～一～ heat up the dishes (for consumption) ③ 情意深 deep feeling：～爱 love; penchant｜～情 warm and affectionate ④ 体温过高 fever：全身发～feeling hot all over ⑤ 羡慕；急切想得到 envy; desire to get sth：～衷 zeal｜～切 fervent

rén

人

象形字。像侧身站着的人。本义是人类。

人 means human. The character resembles the side view of a person standing.

① 人类 human being：～种 ethnic group｜～性 humanity ② 每人；一般人 everybody; most people：胆略过～braver than most｜出～意料 not within anyone's anticipation ③ 他人 others：助～为乐 take pleasure in helping others｜乘～之危 take advantage when sb is at his most vulnerable position ④ 成年人 adult：长大成～ be a grown-up ⑤ 人的品质 character：丢～ be a shame｜他～好。He is a nice person.

rén

仁

会意字。“亻”像人，“二”是复数，表示人与人相互亲爱，人（rén）兼表声。本义是仁爱。

仁 means benevolent or humane. It consists of the phonetic element, 亻（人rén）, which resembles a man, and 二, two or plural, i.e. kindness and affection expressed among people.

① 友爱；同情 affection; sympathy：～慈 kindheartedness｜～至义尽 do what is humanly possible to render help ② 果核最里头的部分 kernel：果～nuts｜杏～apricots

rěn

忍

会意字。“心”像心脏，“刃”像指出刀刃，表示刀刃搁在心上都要忍，刃（rèn）兼表声。本义是忍耐。

忍 means to endure. It is composed of 心, heart, and 刃（rèn）, which is phonetic and denotes the blade of a knife, i.e. one has to endure, even if a knife points at the heart.

①抑制感情和痛苦，不使表现出来endure：～受 endure; bear｜～不住 not able to withstand any longer｜～气吞声 stomach all injustice ② 狠心 heartless：残～ cruel｜惨不～睹 too cruel for one to witness｜于心不～ against one's conscience

任 546页

rèn

刃

指事字。像指出刀锋所在。本义是刀锋。

刃 means a blade. The character depicts a knife with an arrow pointing to its blade.

① 刀口；刀锋 blade：刀～ blade｜迎～而解 problems be readily solved ② 刀剑等利器 sharp objects：白～战 hand-to-hand combat｜手执利～be armed with a knife

rèn

认

（認）

形声字。言（讠）表意，像张口说话，表示用语言作出判断；忍（rěn）表声，兼表认识事物不易，要忍住急躁。简体字讠（言）表意，人（rén）表声，表示辨别人的言行。本义是认知、辨别。

认 means to know or differentiate. It consists of 言（讠）, speech, i.e. announce or explain; and 忍（rěn）, which is phonetic and denotes endure, bear, i.e. one has to be patient in learning. The simplified form has 讠（言）and 人（rén）, which is phonetic and denotes man, i.e. scrutinize others' words and deeds.

①辨识 differentiate：～识 know｜～清 know clearly ② 同意；承认 agree; admit：～可 approve｜～错 admit one's mistake

rèn/rén

任

形声字。亻表意，像人，表示人担负；壬（rén）表声，壬有盛大义，表示担负大任。本义是担负、担当。

任 means to shoulder the burden or be responsible for. It consists of 亻, man, and 壬（rén）, which is phonetic and denotes big, huge, i.e. a heavy burden.

㊀ rèn ① 担当；承担 shoulder the burden：～职 take on a post｜～期 tenure of office ② 委派；使用 appoint; delegate：委～ appoint｜～人唯贤 appoint people based on their ability ③ 责任；职务 responsibility; duty：重～ heavy responsibility｜卸～ step down (from office) ④ 听凭 allow sb to do as he pleases：～凭 regardless of｜～性 obstinate; unreasonable ㊁ rén 姓 a family name

rèn

纫

（紉）

形声字。糸（纟）表意，像丝线；刃（rèn）表声，刃通韧，有柔软结实义，表示搓捻成的线绳较柔软结实。紉简化为纫。本义是捻线、揉绳。引申为引线穿针。

纫 originally meant twisting, braiding thread into ropes, then later, threading a needle. It consists of 糸（纟）, silk thread, and a phonetic element, 刃（rèn）, same meaning as 韧 (resilient), i.e. braided ropes are more resilient. 紉 has been simplified to 纫.

① 引线穿针 thread a needle：～针 thread a needle ② 用针缝 sew：缝～sew

rèn 韧（韌）

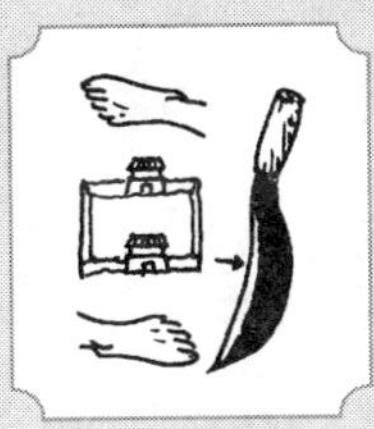

形声字。韋（韦）表意，篆、楷书像两脚围绕城池，简体像皮条围绕物体，表示柔软结实如绑物的皮条；刃（rèn）表声，刃是刀锋，表示坚韧难断。韌简化为韧。本义是柔软而结实。

韧 means soft and resilient. It contains a semantic element, 韋（韦）, which in seal and regular scripts resemble two legs surrounding a city; while the simplified form shows a leather strap encircling an object, i.e. sth soft and resilient like a leather strap or band. 刃（rèn）, the phonetic element, denotes blade, suggesting strong, resistant. 韌 has been simplified to 韧.

柔软结实 soft and resilient：～性 elasticity | 柔～ soft and resilient | 坚～ strong; durable

rèn 饪（飪）

形声字。食（饣）表意，像盛食器皿，表示煮熟食物；壬（rén）表声，壬指九，九有多义，表示食物多煮一会儿才能熟透。飪简化为饪。本义是煮熟。

饪 means to cook. It consists of 食（饣）, food container, i.e. cooking, and 壬（rén）, which is phonetic and denotes nine, signifying numerous, i.e. food will be cooked thoroughly if it is cooked longer. 飪 has been simplified to 饪.

煮熟 to cook：烹～ cooking; culinary art

rēng 扔

会意字。“扌”像手，表示用手牵引、拉；“乃”像突显乳房的妇女，是奶的本字，奶需吸和挤才会流出来，吸或挤有牵引的意味。本义是牵引、拉。引申为抛、投掷。

扔 originally meant to guide, pull, later by extension, throw or fling. It consists of 扌, hand, and 乃, which resembles a woman with breasts exposed, signifying 奶 (milk). Breasts have to be “guided” by sucking and squeezing to produce milk, hence suggesting “guide, pull”.

① 抛；投掷 throw; fling：～球 throw a ball | ～手榴弹 throw a grenade ② 丢弃；舍弃 discard; abandon：～掉 throw away

réng 仍

会意字。“亻”像人，“乃”有以往意，表示因袭前人。本义是依照、沿袭。

仍 originally meant to follow (old customs, habits). It consists of 亻, man, and 乃, the past, i.e. to succeed one’s predecessors.

依然；还是 still：～然 still | ～就不变 remain unchanged

rì
日

象形字。像太阳。本义是太阳。
日 resembles and means the sun.

① 太阳 the sun：～出 sunrise | ～光 daylight ② 白天 morning：～间 daytime | ～班 day shift ③ 一天；一昼夜 day：今～today | ～产 daily output ④ 一段时间 a period of time：～期 date | 往～bygone days ⑤ 日本的简称 abbrev for Japan：～语 Japanese | 中～邦交 Sino-Japanese relations

róng
茸

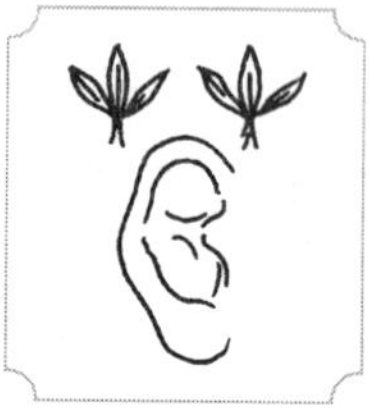

会意字。"艹"（艸）像草，"耳"像耳朵，耳小而柔软，表示草纤小柔软的样子。本义是初生小草纤细柔软的样子。
茸 signifies tenderness of young grass. It is composed of 艹（艸）, grass, and 耳, ear, which is small and soft, i.e. fine and soft grass.

① 初生的草；柔细浓密的毛 (newly-grown grass) soft and thick：绿～～ lush and soft | ～毛 fine and soft hair | 毛～～ soft and thick; downy ② 鹿的嫩角 antler of stag：鹿～ stag antler | 参～ Chinese tonics: ginseng and antler

róng
荣
（榮）

会意字。金文像两枝竞相开放的花。篆、楷书"木"像树木，"熒"（荧）省火，荧有明亮义，表示草木开花鲜艳明亮。榮简化为荣。本义是草木开花。
荣 means blossoming of flowers. In bronze inscriptions, it shows two blooming flowers. Seal and regular scripts have 木, tree, and 熒（荧）, fire, which suggests brightness, i.e. the flourishing of plants.

① 草木茂盛 lush vegetation：欣欣向～ flourishing; prosperous ② 兴盛 thriving; prosperous：繁～昌盛 thriving and prosperous ③ 光荣 honor：～誉 honor; glory | ～获 be awarded the honorable title (of) ④ 姓 a family name

róng
绒
（絨）

形声字。糸（纟）表意，像丝，表示绒毛细如丝；戎（róng）表声，戎古代指西方的民族，表示西方民族的皮肤上多细毛。絨简化为绒。本义是细毛。
绒 is fine hair. It consists of 糸（纟）, silk, i.e. hair as fine as silk, and 戎（róng）, which is phonetic and signifies a tribe in western China, i.e. tribal people from the west were hairy. 絨 has been simplified to 绒.

① 柔软细小的毛 delicate and fine hair：鸭～ fur of a duckling | 羽～ feathers ② 表面有绒毛的纺织品 textile products with fur or hair：丝～ velvet | 呢～ woolen things

R

róng

容

会意字。“宀”像房子，“谷”像水流入山谷，表示像房屋和山谷般能够容纳。本义是容纳。

容 means capacity. It consists of 宀, house, and 谷, river valley, i.e. capacity of a house and a valley.

① 包含；接纳 include; accept：～纳 hold; contain｜～器 container ② 宽恕 forgive：宽～ magnanimous｜～忍 endure ③ 允许 allow：义不～辞 one cannot decline (a duty, an offer etc) due to moral reasons ④ 相貌；神情 looks：～貌 appearance｜笑～ one's smile ⑤ 样子；外观 appearance：市～ appearance of a city｜军～ discipline and bearing of an army ⑥ 姓 a family name

róng

蓉

会意字。“艹”（艸）像草，“容”指面貌，表示荷花是非常美的水生草本植物，容（róng）兼表声。本义是荷花。

蓉 signifies water lily. It consists of 艹（艸）, grass, and 容（róng）, which is phonetic and denotes appearance, i.e. water lily is beautiful.

① 荷花 water-lily：芙～ lotus ② 用某些植物的果肉或种子制成的粉状物 paste：豆～ bean paste｜莲～ lotus paste ③ 四川成都市的别称 another name for Chengdu City in Sichuan Province

róng

溶

形声字。氵表意，像流水、水珠，表示水势大；容（róng）表声，容有容纳义，表示容纳百川水势必大。本义是水势大。

溶 means the gushing of water. It consists of 氵, water, and 容（róng）, which is phonetic and denotes capacity, i.e. gushing waters in a valley containing water from hundreds of tributaries.

物质在液体中化开 dissolve：～化 dissolve｜～解 dissolve｜～液 solution

róng

榕

形声字。木表意，像树，表示榕树；容（róng）表声，容有容纳义，表示榕树高大，树荫宽广，树下可容很多人纳凉。本义是榕树。

榕 means a banyan tree. It consists of 木, tree, and 容（róng）, which is phonetic and denotes the capacity to contain, i.e. a banyan tree is big and tall, and has a huge crown which is able to provide shade for many people.

① 榕树，常绿乔木，生长在热带和亚热带，树干分枝多，有气根，木材可以做器具 banyan tree ② 福建省福州市别称“榕城” another name for Fuzhou City in Fujian Province

róng 熔

形声字。火表意，像火焰，表示用火来熔化物体；容（róng）表声，容有包含义，表示物体被熔化为液体，液体内包含着被熔化物。本义是熔化。

熔 means melt or smelt. It consists of a semantic element, **火**, flames, i.e. melt or smelt sth in fire; and a phonetic element **容**（róng）, which denotes the capacity to contain, i.e. an object melted into liquid form.

物体受热到一定温度时化为液体 melt：～化 melt｜～炉 furnace

róng 融

会意字。“鬲”像炊具，“虫”像虫，指动物，表示鬲煮肉炊气上升。本义是炊气上升。

融 originally signified steam rising. It consists of **鬲**, cooking utensil, and **虫**, worm, in this case referring to animals, i.e. steam is produced when meat is being cooked.

① 溶化 melt：～解 melt｜冰雪消～ snow is melting ② 调和 mediate; reconcile：～洽 be in harmonious state｜水乳交～ in harmony ③ 货币流通 circulation of currency：金～ finance ④ 姓 a family name

rǒng 冗

会意字。篆书像人在屋中，表示闲散无事可做。楷书“冖”像覆盖，“几”像坐时倚靠的家具，表示无所事事沉溺在闲散之中。本义是闲散。引申为多余的。

冗 means idle, later extended to mean excess. Seal script resembles a man idling in the house. Regular script has **冖**, cover, and **几**, the back of a chair that one can lean on, i.e. having nothing to do, idling away time.

① 多余的 excess：～员 redundant personnel｜～长 longwinded ② 烦杂；事情多 full of trivialities：～杂 miscellaneous; longwinded and unorganized｜拨～出席 find time to attend despite a hectic schedule

róu 柔

会意字。“木”像树，“矛”指长矛，表示新生嫩木细长如矛。本义是新生的嫩木。引申为柔软。

柔 signified a newly-grown wood, later by extension, soft, tender. The character consists of **木**, tree, and **矛**, long spear, i.e. newly-grown wood as thin and long as a spear.

① 软；嫩 soft; tender：～软 soft; flexible｜～弱 weak｜～枝嫩叶 tender branch and leaf ② 温顺；温和 amiable temperament：～顺 agreeable｜～和 mild; gentle; soothing｜以～克刚 to subdue the strong with the soft róu

揉

会意字。篆书“火”像火焰，“柔”指柔软，表示用火烘烤木使其柔软弯曲，柔（róu）兼表声。楷书扌、柔，表示用手弯曲，柔兼表声。本义是使木条弯曲。

揉 originally meant to bend bars of wood. Seal script has 火, flames, and 柔 (róu) , which is phonetic and denotes softness, i.e. wood baked in fire turns soft and twisted. Regular script consists of 扌, hand, and a phonetic element, 柔 (róu) , i.e. to bend sth with the hands.

用手来回搓或抚摩 rub：～搓 rub | ～面 knead the dough | ～眼睛 rub the eyes

róu

蹂

形声字。足表意，像膝和脚，表示用足踩、踏；柔（róu）表声。本义是踩、践踏。

蹂 means to step or step on. It consists of a semantic element, 足, leg, i.e. to step on sth, and a phonetic element, 柔 (róu) .

［蹂躏］践踏；侵害 trample on; encroach on：～躏人权 trample on human rights

ròu

肉

象形字。像肉。本义是动物的肌肉。

肉 refers to flesh. The character resembles flesh.

① 人或动物体内皮和骨之间的柔软物质 flesh：肌～ muscles | ～体 body | 皮开～绽 torn skin and flesh exposing ② 瓜果中可以吃的部分 flesh of fruits：果～ flesh of fruits | 桂圆～ flesh of longan, a fruit native to China

rú

如

会意字。“女”像女子，“口”像张开的口，表示女子地位低处处顺从父亲、丈夫。本义是顺从、依照。

如 means to be submissive or act accordingly (to rules). It consists of 女, woman, and 口, an open mouth, i.e. women are subordinate and submissive to their fathers and husbands.

① 适合；依照 suitable; according to：～意 as one wishes | ～期完成 complete (a project etc) on time ② 像；似 resemble：～此 as such | ～饥似渴 (to want sth) earnestly, fervently ③ 及 be on par：莫～ might as well | 自叹不～ cannot hold a candle to ④ 假若 in case：～果 if | 假～ if rú

茹

形声字。艹表意，像草，表示草饲料；如（rú）表声，有及义，表示用饲料喂牲畜。本义指喂牲畜。引申为吃。

茹 originally meant feeding livestock, later by extension, eat. It consists of 艹, grass, i.e. hay as animal feed; and 如（rú）, which is phonetic and denotes to give, i.e. feeding livestock food.

吃 eat：～素 vegetarian | 含辛～苦 endure suffering and hardship

rú

儒

会意字。“亻”像人，“需”指需要，表示人们所需要的术士。本义是术士，后特指儒家。

儒 originally referred to alchemist, then later, Confucianism. The character comprises 亻, man, and 需, need, i.e. alchemists are needed.

① 孔子创立的学派 Confucianism, a school of thought established by Confucius：～家 Confucian | ～学 Confucian teachings ② 旧时指读书人 scholars：～生 scholars | 焚书坑～ burn the books and bury the scholars

rú

濡

会意字。“氵”像流水、水珠，“需”像人的脸颊及胡须被雨淋湿。本义是沾湿、沾上。

濡 means to moisten, dip. It consists of 氵, water, and 需, which depicts a man whose cheeks and beard are wet with rain water.

沾湿；沾上 moisten; dip：～笔 dip a writing brush in ink | 耳～目染 to be imperceptibly influenced by what one constantly sees or hears

rú

蠕

会意字。“虫”像虫，“需”指需要，表示虫爬行时需蠕动身躯。本义是虫爬行的样子。

蠕 means wriggle. It consists of 虫, worm, and 需, which means need, i.e. a worm has to wriggle to move.

像蚯蚓爬行那样 wriggle：～动 wriggle

rǔ

乳

会意字。甲骨文像母亲双手抱着婴儿喂奶。篆、楷书“爫”像手，“子”像婴儿，“乚”像乳房，像手抱婴儿喂奶。本义是喂奶。引申为乳房。

乳 means to breastfeed, then later, breasts. In bone inscriptions, it depicts a mother breastfeeding a baby in her arms. Seal and regular scripts have 爫, hand, 子, baby and 乚, breasts, i.e. holding a baby in the arms and feeding it with milk.

① 乳房 breast：～头 nipple｜～罩 bra ② 奶汁 breast milk：～汁 milk (in general)｜母～ breast milk ③ 初生的；幼小的 newly born; young：～燕 young swallow｜～猪 suckling pig

rǔ

辱

会意字。“辰”本像用蛤壳制成的除草农具，“寸”像手，表示手持农具除草。本义是除草。

辱 originally signified weeding. It consists of 辰, a tool made of clam shells used for weeding, and 寸, hands, i.e. hands holding the tool for weeding grass.

① 羞耻 shame; disgrace：耻～ shame; disgrace｜荣～与共 share weal and woe ② 受到羞辱 be humiliated：侮～ humiliate; humiliation｜丧权～国 a country is humiliated when it loses its sovereignty

rù

入

象形字。像尖形的物体，表示尖形易进入。本义是进入。

入 means to enter. The character resembles a pointed object, suggesting it is easier to insert a pointed object (into another thing).

① 进去 enter：～场 admission (to a concert, play, movie etc)｜加～ join ② 收进 receive and keep：收～ income; salary｜～不敷出 expenses exceed income｜量～为出 live within one's means ③ 符合 suitable：～时 fashionable｜～情～理 fair and reasonable

rù

褥

形声字。衤表意，古文字像衣服，表示与衣物有关；辱（rǔ）表声，辱有在下之意，表示铺垫在下供人坐卧其上的褥子。本义是褥子。

褥 means a cotton padded mattress. It consists of 衤, garment, i.e. sth associated with clothing, and 辱（rǔ）, which is phonetic and denotes low, under, i.e. a mattress for sitting or sleeping.

床上的铺垫物 mattress：～子 mattress｜被～ bedding

ruǎn

软

（軟）

会意字。“車”（车）像车，“欠”像人张口打呵欠，有不足义，表示车子不结实。軟简化为软。本义是柔弱。

软 means weak. It is composed of 車（车）, carriage, and 欠, lack of, insufficient, i.e. a carriage is not strong or stable. 軟 has been simplified to 软.

① 松软，不硬 weak; soft：柔～ soft | 松～ soft and loose ② 柔和 gentle：～风 gentle breeze ③ 懦弱；易动摇 weak (emotionally); not having a firm stance：～弱 weak | 心～ softhearted ④ 没力气 weak; having no energy：两腿发～ have wobbly legs

ruǐ

蕊

会意字。“艹”像草，“惢”表示花心很多，表示植物的花心，惢（ruǐ）兼表声。本义是花蕊。

蕊 signifies stamen or pistil. The character consists of 艹, grass, and 惢（ruǐ）, which is phonetic and denotes there are many stamens or pistils in a flower.

花蕊，俗称花心，植物生殖器官的一部分，分雄蕊、雌蕊两种 stamen or pistil

ruì

锐

（鋭）

会意字。“金”（钅）像箭头、斧头和矿石，表示金属的刀锋利；“兑”像人张口发出笑声，表示刀锋锐利是令人开心的事。鋭简化为锐。本义是锋利。

锐 means sharp. It consists of 金（钅）, metal, i.e. knives made of metals are sharp, and 兑, a man laughing with mouth wide open, i.e. a sharp knife (hence a useful tool) makes people happy and contented. 鋭 has been simplified to 锐.

① 锋利 sharp：～利 sharp | 尖～ shrill; acute; precise ② 强有力的气势 intimidating aura：～气 intimidating aura | ～不可挡 too strong to resist ③ 灵敏 sensitive：敏～ sensitive; observant ④ 急剧 sharp：～减 sharp decrease

ruì

瑞

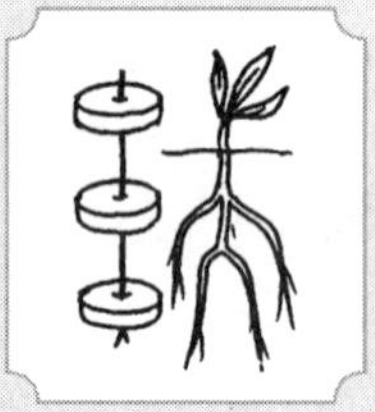

会意字。“王”（玉）像一串玉，“耑”义同专，表示专用的玉制信物。本义是玉制的信物。引申为吉祥。

瑞 originally signified a jade keepsake, later by extension, lucky or auspicious. It contains 王（玉）, a string of jade, and 耑, which has the same meaning as 专 (specific, particular), i.e. a particular kind of jade keepsake.

吉祥；好兆头 auspicious：祥～ auspicious sign | ～雪兆丰年 a timely snow indicates a bountiful year ahead rùn

闰

（閏）

会意字。“门”像大门，“王”像大斧，指国王，表示古代一种礼节，每逢闰月，国王要在祖庙门中央处理公事。閏简化为闰。本义是闰月。

闰 means the leap month. It consists of 门, main door, and 王, king or emperor, i.e. an ancient custom whereby an emperor ruled the court at the main door of an ancestral temple during leap month. 閏 has been simplified to 闰.

历法纪年和地球绕太阳一周运行的时间的差数，多余的叫“闰” leap month：～日 leap day | ～月 leap month | ～年 leap year

rùn

润

（潤）

会意字。“氵”像水流、水珠，“閏”（闰）有多余、增添义，表示水滋润物体，閏（闰 rùn）兼表声。潤简化为润。本义是滋润。

润 means to moisturize. It consists of 氵, water, and 閏（闰 rùn）, which is phonetic and denotes extra, additional, i.e. adding water to things to moisturize them. 潤 has been simplified to 润.

①细腻；光滑 fine; smooth：滑～ lubricating | 光～ shiny and smooth ② 使不干燥 moisturize：～肤 moisturize the skin ③ 修饰，使有文彩 literary embellishment：～色 polish; touch up; embellish | ～饰 polish; touch up; embellish ④ 利益 profits：利～ profits

ruò

若

会意字。甲骨文像女子用双手梳理柔软的长发，表示柔顺、顺从。金文增“口”，表示应诺。本义是柔顺、顺从。

若 means docile or affable. In bone inscriptions, it depicts a woman tidying her beautiful locks with both hands, i.e. smooth and obedient. In bronze inscriptions, 口 (mouth) is added to indicate an agreement, positive response.

① 好像 as though; seem like：～无其事 pretend as though nothing has happened | 欣喜～狂 jumping for joy ② 如果；假如 if; assuming：～是 if | 倘～ if

ruò

弱

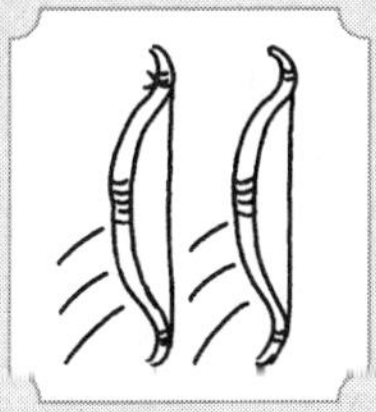

会意字。像两张弓及文饰，有文弱无力意，表示弓力小。本义是弓力小。引申为柔弱。

弱 originally signified (of a bow) weak, later by extension, weak. The character shows two bows with designs（文饰）, i.e. weak（文弱）or a lack in strength.

① 不健壮；力量小；能力差 weak; feeble; frail：～小 weak | 软～ weak (emotionally) | 不甘示～ reluctant to admit defeat ② 年幼 young：老～病残 the old, weak, sick and disabled sǎ/sā

撒

会意字。“扌”像手，“散”指分散、散落，表示用手散播、散布。本义是散播、散布。

撒 means spread, disseminate. The character consists of **扌**, hand, and **散**, which means scatter, disperse, i.e. to scatter or disperse sth by hand.

❶ sǎ 散播；散布 spread; disseminate：～种 sow seeds ❷ sā ① 放；放开 let go：～手不管 wash one's hands of｜～网捕鱼 cast a fishing net ② 放出；排泄 excrete：～尿 urinate｜～屎 defecate ③ 尽量施展或表现出来：～娇 act like a spoiled brat; whining to gain attention｜～野 behave atrociously

sǎ

洒

（灑）

会意字。“氵”像水流、水珠，表示洒水；“麗”（丽）指美丽，表示洒水时水花四散很美丽。简体字氵、西，以太阳西下表示洒水落地。本义是把水散布开。

洒 means sprinkle water. It is composed of 氵,water, and **麗（丽）**, beautiful, i.e. the beauty of spraying water. The simplified form has 氵, water, and **西**, west, the direction of the setting sun. Thus a spray of water, arching across the sky and falling to ground, like the sun.

① 把水淋在地上 sprinkle water onto the ground：～水 sprinkle water｜喷～ spray ② 散落 scatter：米～了一地 rice is spilled all over the ground ③ 举止自然大方 natural and unrestrained：～脱 free and easy｜潇～ free, unrestrained comportment

sà

飒

（颯）

会意字。“風”（风）的篆、楷书像风帆和虫、简体像风帆，“立”像站着的人，有立即意，表示风吹动立即发出的声响。颯简化为飒。本义是风声。

飒 originally signified the sound of wind. In seal and regular scripts, the character depicts a sail and a worm; only the sail appears in the simplified form. **立** depicts a person standing, meaning on the spot, immediate. Thus the wind blows and sounds simultaneously. **颯** has been simplified to **飒**.

形容风声 soughing; rustling：秋风～～ the autumn wind soughing

sà

萨

（薩）

会意字。“艹”像草，“阝”像山坡，“產”（产）有生长义，表示生长在山区的一种草。薩简化为萨。本义是植物名。

萨 originally signified a plant name. It is composed of 艹, grass, 阝, slope, and **產（产）**, which denotes growth, i.e. grass that grows on mountain slopes. **薩** has been simplified to **萨**.

① 姓 a family name ② 佛教指地位仅次于佛的人；也泛指佛和某些神 used to transliterate Sanskrit words like bodhisattva (菩萨)

S

sāi

腮

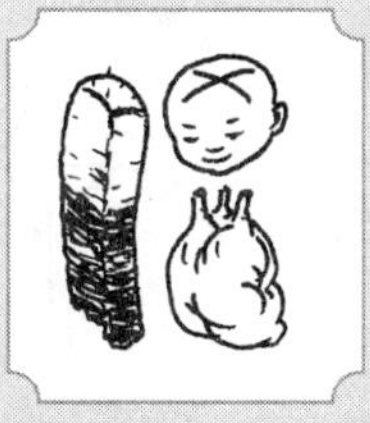

会意字。"月"（肉）像肉，"思"指思考，表示人思考时常用手托着腮部。腮指两颊的下半部。

腮 signifies the lower cheeks. The character consists of 月（肉）, flesh, and 思, which means think, deliberate, i.e. hands supporting the cheeks while in thought.

脸颊；脸两边的下半部分，俗称腮帮子 lower part of the cheeks：络～胡子 beard｜抓耳挠～ scratch head and face, i.e. be agitated; distraught

sāi/sài/sè

塞

会意字。像双手用泥土填塞房屋的墙缝。本义是堵塞。

塞 originally meant to block up, stop up, jam. The character depicts two hands filling in a hole in the wall with mud.

㊀ sāi ① 堵住 stuck; jammed; congested：堵～ stuck; jammed; congested ② 塞子 cork; stopper：瓶～ cork｜软木～ cork ㊁ sài 边界上险要的地方 strategic point along a boundary：边～ frontier fortress｜要～ strategic pass ㊂ sè 堵住 stuck; jammed; congested：阻～stuck; jammed; congested｜闭～blocked; inaccessible; unenlightened

sài

赛

（賽）

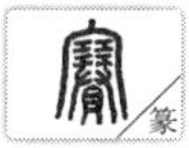

形声字。貝（贝）表意，像贝壳，古代曾用作货币，表示花钱财祭祀酬神；塞（sāi）表声，塞有填实义，表示实践对神的许愿。賽简化为赛。本义指行祭礼酬神。

賽 originally meant sacrificial rites. 貝（贝）is semantic; it resembles seashells, used as currency in ancient times, i.e. spending on the rites; 塞（sāi）is phonetic and denotes to fill in. Hence, to spend on the rites to fulfill one's promise to the gods is like filling a gap or a cavity. 賽 has been simplified to 赛.

① 比优劣；定胜负 compare; compete：比～ competition; race; challenge｜～跑 running competition ② 比得上；胜过 comparable; win：一个～一个 one beats the other

sān

三

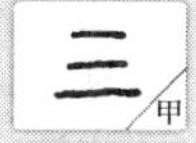

指事字。用三横表示数目三。本义是数目字。

三 means three. Three strokes are used to represent the quantity "three".

① 数目字，二加一的得数 three：～年 three years｜～更 the dead of night｜～个朋友 three friends ② 表示多或多次 many, several times：～番五次 time and again｜～思而行 think twice

sān 叁

形声字。“三”以三条横线表示数目三，“参(省三)”是由三颗星组成的星宿名。本义是数目字“三”的大写。

叁 is the formal version of 三 (three). 三 uses three strokes to represent the quantity “three”. 参 is the name of a constellation made up of three stars.

数字“三”的大写 formal version of 三 (three)

sǎn 伞（傘）

象形字。像挡雨遮阳的车篷。简体字像一把伞，勾画出伞面、伞骨、销子和伞把。本义是车篷。引申指挡雨、遮阳的器具。

伞 originally meant awnings for carriages, and then, by extension, umbrellas. The character resembles awnings for carriages. In the simplified form, it resembles an umbrella, showing the surface, stretcher, runner and tube.

① 挡雨、遮太阳的用具 umbrella：雨～ umbrella｜阳～ parasol ② 像伞的东西 umbrella-like object：降落～parachute

sàn/sǎn 散

金

篆

会意字。金文“攴”像手持棒，“竹”像竹叶，“肉”像肉，表示肉碎如击落的竹叶。篆书“肉”像肉，“㪔”义同散，表示碎肉。楷书表示碎肉（月）碎如被击（攵）落于地面（一）的草（艹）。本义是碎肉。

散 originally signified minced meat. In bronze inscriptions, 攴 resembles a hand holding a baton, 竹 shows bamboo leaves and 肉 represents meat, i.e. meat, finely chopped, like a scatter of bamboo leaves on the ground caused by a blow. In seal script, 肉 is meat and 㪔 means scattered, i.e. minced meat. Regular script shows meat（月）like grass（艹）on the ground（一）cut by a tool（攵）.

㊀ sàn ① 分开 separate：～会 adjourn a meeting ② 传开去 spread; disseminate：～布 disperse; scatter ③ 排除 remove; get rid of：～热 disperse the heat ㊁ sǎn ① 松开；没约束 loosen; unrestrained：～漫 sloppy; undisciplined ② 零散的 scattered：～装 unpackaged ③ 药末 powdered medicine：丸～膏丹 all sorts of medicine

sāng/sàng 丧（喪）

甲

篆

会意字。甲骨文像一棵桑树和两张口，表示众口哭于桑枝之下，古代丧事用桑枝作标志。篆书亡、哭，表示丧事。喪简化为丧。本义是丧事。

丧 originally meant a wake. In bone inscriptions, the character resembles a mulberry tree and two mouths, i.e. people crying beneath a mulberry tree. In ancient times, branches of mulberry trees were used to signify death rituals. In seal script, the 亡 be lost, and 哭 cry, suggest death rituals. 喪 has been simplified to 丧.

㊀ sāng 跟死人有关的事情 death rituals：～事 wakes｜～礼 a wake ㊁ sàng 失去 lose：～失 lose｜～命 lose one’s life

sāng
桑

象形字—会意字。甲骨文像桑树。篆、楷书像很多手（又）在桑树上采桑叶。本义是桑树。

桑 signifies mulberry trees. In bone inscriptions, the character depicts a mulberry tree. In seal and regular scripts, the character depicts hands（又）plucking mulberry leaves.

① 桑树，落叶乔木，叶子可喂蚕，果实可以吃 mulberry trees ② 姓 a family name

sǎng
嗓

形声字。口表意，像张开的口，表示喉咙与口腔相连，张开口可见喉咙；桑（sāng）表声。本义是喉咙。

嗓 means the throat. 口 is semantic; it shows an open mouth, i.e. the throat is connected to the mouth. 桑（sāng）is phonetic.

① 喉咙 throat：~子痛 sore throat ② 声带发出的声音 voice：~音 voice | 尖~子 high-pitched voice

sāo
搔

会意字。“扌”像手，“蚤”指跳蚤，表示被跳蚤咬后皮肤很痒需要抓挠。本义是抓挠。

搔 means scratch. It consists of 扌, hand, and 蚤, fleas, i.e. scratching flea bites.

用手指甲来回轻轻地抓挠 scratch：~痒 scratch an itch | 隔靴~痒 fail to get to the root of the problem

sāo
骚
（騷）

会意字。“馬”（马）像马，“蚤”指跳蚤，表示马受惊后像跳蚤一般跳动不安。騷简化为骚。本义是马受惊不安。

骚 originally signified agitated horses. It is composed of 馬（马）, horse, and 蚤, fleas, i.e. which jump about like agitated horses.

① 扰乱；不安定 chaos, disturbance; unstable：~扰 harass | ~乱 disturbance ② 举止轻佻 coquettish：~货 loose woman | 卖弄风~ play the coquette sāo/sào

臊

会意字。“月”（肉）像肉，表示猪油的腥臭味；“喿”像树（木）上众口张开，指虫、鸟喧叫，很远能听到，表示臊味很远能闻到。本义指猪油的腥臭气。

臊 originally meant the stench of lard. It consists of 月（肉）, meat, i.e. lard, and 喿, which depicts three open mouths above a tree, i.e. a cacophony of insects and birds can be heard from afar like the stench of lard smelled from afar.

❶ sāo 难闻的腥臭气味stench：腥～stench | 狐～ body odor ❷ sào 害羞；难为情 shy; embarrassed：害～shy; embarrassed

sǎo/sào

扫

（掃）

会意字。“扌”像手，“帚”像手持扫帚，表示手持帚打扫卫生。简体字扌、彐，像两手，表示动手打扫。本义是用扫帚除去尘土、垃圾。

扫 means to sweep away dust and rubbish. It is composed of 扌, hand, and 帚, which depicts a broom in a hand, i.e. cleaning. In the simplified form, radicals 扌 and 彐 resemble two hands, i.e. sb cleaning.

❶ sǎo ① 用扫帚除去尘土、垃圾等 sweep：～地 sweep the floor | 清～ clean up ② 消除；清除 remove; eliminate; clear up：～盲 eliminate illiteracy | ～雷 mine sweeping ③ 迅速掠过 glance at; pass by quickly：～射 strafe | ～视 sweep the eyes over; glance ❷ sào［扫帚］扫地的用具 brooms

sǎo

嫂

会意字。“女”像女子，“叟”有尊长意，表示受弟妹妯娌敬重的嫂子。本义是哥哥的妻子。

嫂 means sister-in-law (wife of elder brother). It consists of 女, woman, and 叟, which means respect for elders, i.e. a woman respected by those younger in the family.

① 哥哥的妻子 sister-in-law (wife of elder brother)：～子 sister-in-law (wife of elder brother) ② 泛称年纪不大的已婚妇女 a young married woman：大～ madam

sè

色

会意字。像跪着的人和站着的人，表示下面的人要看上面的人脸色行事。本义是脸色、表情。

色 originally signified complexion, expression. The character depicts two people, one kneeling and one standing, i.e. subordinates responding to the facial expressions of their superiors.

① 脸色；表情 complexion; expression：气～ complexion | 喜形于～ beaming with happiness ② 颜色 colors：～彩 colors | 红～ red ③ 女色；容貌 female charms：姿～ beauty | 美～beauty ④ 景象 scenery; view：景～ scenery view | 夜～ night scenery; view ⑤ 种类 types：货～ goods | 花～ designs; colors sè

涩

（澀）

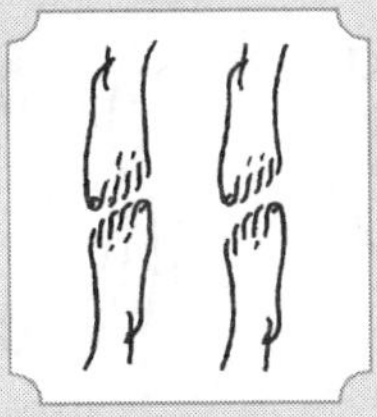

会意字。篆书像上下各两只脚互相顶着，表示不滑。楷书“氵”像一串水珠，“歰”二刃、二止，以流水、刀刃、脚受阻表示不滑，歰（sè）兼表声。简体字氵、刃、止，以流水、刀刃受阻而停止不前表示不滑。本义是不滑。

澀 originally meant rough or not slippery. In seal script, it depicts two pairs of feet pushing against one another so as not to slip. In regular script, 氵 represents water; 歰（sè）is phonetic and shows blades（刃）and feet（止）. Water and blades symbolize smooth flow; feet hold the ground and prevent slippage; hence, not slippery. The simplified form has single versions of the same elements, 氵 (water), 刃 (blade) and 止 (feet).

① 不润滑 rough：滞～ slow; dull; not fluent ② 使舌头感觉麻木的滋味 numbness on the tongue：苦～ bitter and numbing ③ 文句不流畅，意思难懂 (literary writings) not fluent; difficult to understand; obscure：晦～ obscure

sè

瑟

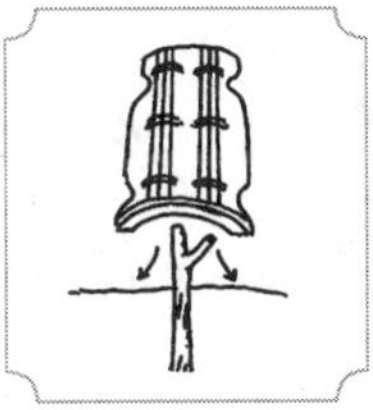

会意字。篆书“𤤴”像琴弦、琴柱和琴面，表示古代一种弦乐器；“必”像分界的木桩，表示手按瑟弦不同部位必发出不同的声音。本义指古代一种弦乐器。

瑟 originally signified a zither-like plucked instrument with either 25 or 16 strings, played in ancient times. In seal script, 𤤴 depicts the strings, body and surface of the instrument; 必 resembles a wooden stake for delineating a boundary, i.e. divisions between notes on the instrument.

① 古代一种弦乐器 a zither-like plucked instrument with 25 or 16 strings played in ancient times：琴～ a zither-like plucked instrument with 25 or 16 strings

sēn

森

会意字。像三棵树，表示树木多而密。本义是树木多而密。

森 originally meant a thick growth of trees. The character depicts three trees, i.e. many trees growing close together.

① 树木多而密 many trees which are close together：～林 jungle ② 形容阴暗可怕 dark; somber; scary：阴～ somber; gloomy; ghastly｜阴～～ somber; gloomy; ghastly

sēng

僧

会意字。“亻”像人，“曾”指曾经，表示曾经是普通人如今是出家人。本义是僧人，即和尚。

僧 originally meant monks. It is composed of 亻, a man, and 曾, which means in the past, i.e. formerly a layman, now a monk.

出家修行的男性佛教徒 monk：～人 monk｜高～ eminent monk｜～尼 monks and nuns

S

塞 557页

shā 杀 (殺)

会意字。甲、金文像人的腿被剁，表示杀。篆、楷书“杀”指杀害，“殳”是兵器，表示被兵器所杀。简体字木、乂，有棒杀之意。本义是杀死。

杀 means kill. In bone and bronze inscriptions, it depicts a man having his legs chopped off. In seal and regular scripts, 杀 means to murder; 殳 is a weapon, hence, to murder. The simplified form has 木 (wooden stick) and 乂 (kill), clubbed to death.

① 弄死 kill：～人 kill; murder | ～生 kill animals ② 战斗 fight：厮～ fight; battle ③ 削减；除去 decrease; remove; eliminate：～价 decrease price; beat (a seller) down | ～威风 weaken sb's prestige ④ 表形容程度深 very; great extent：恨～ deep hatred | 笑～ extremely funny

shā 沙

会意字。“氵”像水流、水珠，“少”像四粒沙，有少意，表示沙在水边，水少则见。本义是沙子。

沙 means sand. It is composed of 氵, water, and 少, which depicts four grains of sand, and means few, little, i.e sand is revealed when the water is low.

① 细小的石粒 sand：～子 sand | ～滩 beach ② 像沙的东西 sand-like objects：豆～ sweetened bean paste ③ 声音嘶哑 coarse voice：～哑 coarse voice | ～音 coarse sound ④ 姓 a family name

shā 纱 (紗)

会意字。“糸”（纟）像丝，“少”指不多，表示纱是用棉麻等纺成的细丝。紗简化为纱。本义指棉、麻等纺成的细丝。

纱 means yarn. It consists of 糸（纟）, silk, and 少, few, a little, referring to yarn that is thin and fine, woven from cotton, hemp, etc. 紗 has been simplified to 纱.

① 棉、麻等纺成的细丝，可捻线、织布 yarn：棉～ cotton yarn | ～厂 factory producing yarn ② 用纱织成的较稀疏的织品 gauze：～布 gauze | 窗～ gauze used for screening windows

shā 砂

会意字。“石”像山崖下有块石头，“少”有小意，表示细小的石粒。本义是细小的石粒。

砂 signifies fine sand. The character consists of 石, rocks at the foot of a cliff, and 少, few, a little, or here, small, i.e. fine grains of sand.

① 细小的石粒 fine sand：～子 sand | 矿～ ore in form of sand ② 像砂粒的东西 grain-like objects：～糖 granulated sugar | ～纸 sandpaper

S

杉 565页

shā/chà

刹

会意字。“刂”像刀，“杀”指杀伤，表示刹是用刀割伤，杀（shā）兼表声。本义是割伤。

刹 originally meant a cut (a wound). It is composed of 刂, knife, and the phonetic element, 杀（shā）, which originally depicted an amputated leg, i.e. a severe cut.

❶ shā 止住 stop：～车 brake a car ❷ chà 佛教的寺庙 Buddhist temple：古～钟声 sound of the bell in an old temple

shā/shà

煞

会意字。“及”像手抓住人，“攴”像手持器械，“灬”像火苗，有急切意，表示急切地追杀。本义是杀。引申为结束、止住。

煞 originally meant kill, and then, by extension, end, stop. It consists of 及, which depicts a hand grabbing sb, 攴, a hand holding a tool, and 灬, which represents flames and suggests haste, urgency. Hence, urgently hunting sb down.

❶ shā ① 结束；止住 end; stop：～尾 round up; wind up｜～车 brake a car ② 消减；消除 decrease; eliminate：～价 decrease price; beat down the price｜～威风 weakens sb's prestige ❷ shà ① 凶神 fierce god：凶神恶～ devilish ② 很；极 very; extreme：～费苦心 put in a lot of effort

shā

鲨

（鯊）

形声字。魚（鱼）表意，像鱼；沙（shā）表声，有小义，表示鲨是吹沙小鱼。鯊简化为鲨。本义是吹沙小鱼。现指海洋中的鲨鱼。

鲨's original meaning was a type of small fish that 'blows' on the sand, then later, by extension, a shark. The character consists of a semantic element, 魚（鱼）, fish, and 沙（shā）, sand, which is phonetic and implies small, i.e. a typ of small fish.

鲨鱼，体呈纺锤形，鳞呈盾状，胸腹鳍大，尾鳍发达，生活在海洋中，性凶猛，行动敏捷，捕食其他鱼类 shark

shá

啥

会意字。“口”像张开的口，“舍”有何义，表示张口问是什么。啥是疑问代词，表示什么。

啥 is an interrogative pronoun, "what". It consists of 口, an open mouth, and 舍, which is phonetic.

什么；什么东西 what：说～ What did you say?｜干～ What are you doing? What do you want?｜有～讲～ say what's on your mind shǎ

傻

会意字。“亻”像人；“囟”指人的囟门，即婴儿头盖骨未合缝的地方，表示人的头脑像婴儿那样没有思考能力。本义是愚蠢、不聪明。

傻 means dumb, stupid, simple. It is composed of 亻, man, and **囟**, baby's fontanel, i.e. a person with the mind of a baby.

① 头脑糊涂；愚笨 dumb; stupid; silly：~子 silly, stupid person | ~头~脑 foolish looking ② 老实；不知变通 simple; inflexible：~等 waiting fruitlessly | ~干 do sth doggedly

shà/xià

厦

会意字。篆书“广”、楷书“厂”像房屋，“夏”指夏季，夏季植物最茂盛，故有大义，表示厦是大屋。本义是高大的房子。

厦 means tall buildings. 广 in seal script and 厂 in regular script represent a building. **夏** means summer, when things are at their height, i.e. tall.

⊖ shà 高大的房子 tall buildings：高楼大~ skyscrapers ⊜ xià［厦门］地名，在福建省 Xiamen, in Fujian Province

shà

霎

会意字。“雨”像天下雨，“妾”本指女奴，后指小老婆，有小意，表示小雨。本义是小雨。

霎 means light rain. It consists of **雨**, rain, and **妾** which used to mean female slaves, and later, concubines, here, signifying minor, i.e. light rain, drizzle.

极短的时间 short period of time：~时 in a split second | 一~那 in a twinkling

shāi

筛

（篩）

会意字。“竹”像竹叶，表示用竹篾编成的筛子；“師”（师）指老师，以老师能选出人才，表示筛子能筛选出所要之物。篩简化为筛。本义是筛子。

篩 means a sieve. It is composed of **竹**, bamboo leaves, and **師**（**师**）, teacher. Sieves filter out the unwanted, like teachers who sift for talent. **篩** has been simplified to **筛**.

① 筛子，用来分离粗细颗粒的器具 sieve ② 用筛子筛 to sieve：~米 sieve the rice | ~选 sieve ③ 斟酒 pour wine：~酒 pour wine

S

煞 563页

shài

晒
（曬）

会意字。“日”像太阳，“麗”指亮丽，表示阳光明亮方可晒物。简体字日、西，表示晒物晒到太阳西下。本义是在阳光下曝干或取暖。

晒 means to dry in the sun. It consists of 日, sun, and 麗, which means bright and beautiful, i.e. drying in the sunlight. The simplified form has 日 (sun) and 西 (west), i.e sunning before sunset (in the west).

受阳光照射 exposed to sunlight：～太阳 tan; to sun｜～衣服 sun the clothes｜日～雨淋 encounter difficult physical conditions

shān

山

象形字。像山。本义是山峰。

山's original meaning was mountain peaks. The character depicts mountains.

① 地面上由土石构成高耸的部分 mountains：～峰 mountain peaks｜高～ tall mountains｜名～大川 famous mountains and rivers ② 像山的东西 mountain-like things：冰～ icebergs｜～墙 gable｜刀～火海 most severe trials ③ 姓 a family name

shān/shā

杉

会意字。“木”像树，表示杉树；“彡”像毛、纹，表示杉树叶细如针、细如毛。本义是杉树。

杉 signifies the China fir. The character consists of 木, which represents a tree, i.e. the fir, and 彡, fine lines, like the fir needles.

㊀ shān 杉树，常绿乔木，木材用途广泛 fir trees ㊁ shā 义同㊀，用于杉木、杉篙 fir poles; fir wood

shān

删

会意字。“册”像简册，“刂”像刀，表示用刀刮去简册上写错的字句。本义是削除、去掉。

删 signifies eliminate, remove. It is composed of 册, a booklet of bamboo slips, and 刂, a knife, i.e. to scrape off or remove mistakes in the text.

去掉书面语中某些字句或内容 abridge; edit：～改 edit｜～节 abridge; abbreviate｜～繁就简 simplify

S

shān/
shàn

苫

会意字。“艹”（艸）像草，表示草编的用来盖或垫的物体；“占”指占据，表示苫占有一定的面积。本义是草苫子。

苫 means a straw mat. The character consists of 艹（艸）, grass, and 占, occupy, i.e. made of grass and covering a fixed area.

㊀ shān 草帘子或草垫子 straw blankets, mats

㊁ shàn 用苫、席、布等遮盖 cover with mats, blankets etc：拿油布～上 cover with an oilcloth

shān

衫

会意字。“衤”像上衣，表示衫是单上衣；“彡”像毛饰、画纹，表示衣衫上大多织有花纹。衫古指短袖单衣，又指单衣。

衫's original meaning was a simple garment worn in ancient times, later, extended to mean shirts, blouses. The character consists of 衤, clothing, and 彡, fur ornaments, designs, i.e. article of clothing with designs.

① 单的上衣 shirts; blouses：衬～ shirts; blouses｜汗～ T-shirts｜罩～ overall; dust coat ② 指衣服 clothes：衣～褴褛 shabbily dressed

shān

珊

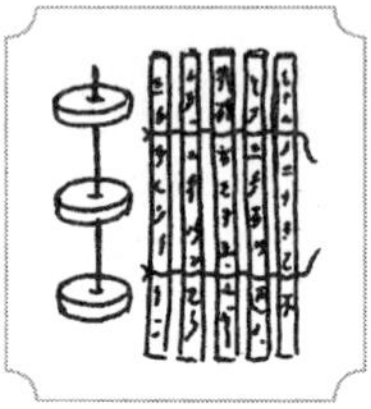

形声字。王（玉）表意，像一串玉，表示珊瑚美如玉；删（shān）省声，删有削去义，表示汰除腐干残枝以提高珊瑚的品质。本义是珊瑚。

珊 means coral. It is composed of the semantic element, 王（玉）, a string of jade, i.e. as beautiful as jade, and 删（shān）, remove, eliminate, as phonetic, i.e. scoured and cleaned coral is more valuable.

［珊瑚］珊瑚虫分泌的石灰质骨骼。形状像树枝，有红色、白色等，可作饰品 coral

shān

煽

会意字。“火”像火焰，表示火势猛；“扇”指扇子，表示扇风使火变大；扇（shàn）兼表声。本义是炽盛。引申指鼓动、鼓惑。

煽 originally meant raging fire, later by extension, instigate, incite. It consists of 火, flames, and a phonetic element, 扇（shàn）, fan, i.e. to fan the flames.

鼓动；鼓惑 instigate; incite：～动 instigate; incite; arouse｜～惑 incite; mislead sb to do wrong｜～风点火 to fan the flames; to stir up trouble

扇 567页

shǎn

闪

（閃）

会意字。“門”（门）像大门，“人”像人，表示人从门中向外张望。閃简化为闪。本义是从门中向外窥视。

闪's original meaning was peep from behind a door. The character consists of 門（门）, door, and 人, man, i.e. a man peeping from behind the door.

① 天空的电光 lightning：~电 lightning | 电~雷鸣 lightning and thunder ② 忽然出现或忽隐忽现 appear or disappear suddenly：~现 flash before one's eyes | ~烁 shimmer; glitter ③ 侧身躲避 dodge：~开 dodge | 躲~ dodge ④ 动作过猛而扭伤 sprain; twist：~了腰 sprains one's back

shǎn

陕

（陝）

会意字。“阝”像一道道山坡，“夾”（夹）像两人夹一人，表示被山阜所裹夹之地。陝简化为陕。本义是古地名，在河南陕县一带。现指陕西省。

陕 originally referred to Shanxian County of Henan Province, then by extension, Shanxi Province. The character is composed of 阝, mounds, and 夾（夹）, which depicts a man sandwiched between two people, like land surrounded by hills. 陝 has been simplified to 陕.

陕西省的简称 abbrev for Shanxi Province：~北 Northern Shanxi

shàn/chán

禅

（禪）

形声字。示（礻）表意，像祭神的供桌；單（单shàn）表声，单有盛大义，表示禅是盛大的祭地礼。禪简化为禅。本义指古代帝王一种祭地礼。引申为禅让。

禅 originally referred to a ceremony involving sacrifice to the land conducted by the Emperor; later, it came to mean to abdicate. The character consists of the semantic element, 示（礻）, an altar table, and a phonetic element, 單（单shàn）, which denotes grand, i.e. a grand ceremony. 禪 has been simplified to 禅.

㊀ shàn 禅让 abdicate and hand over the crown to another person：~位 abdicate the throne ㊁ chán ① 佛教用语，指静思 meditation：参~ meditation ② 泛指佛教的事物 things related to Buddhism：~林 Buddhist temple | ~杖 a Buddhist monk's staff

shàn/shān

扇

会意字。“户”像一扇门，“羽”像羽毛，有翅膀义，表示门扇像翅膀可以开合。本义是门扇。

扇's root meaning is door. It is composed of 户, door, and 羽, feathers, or here referring to wings, i.e. doors open and close like wings.

㊀ shàn ① 摇动生风的用具 fan：折~ folding fan | 电~ electric fan ② 量词，用来计算门窗 measure word used for doors and windows：一~门 a door | 两~窗 two windows ㊁ shān 摇动扇子生风，也写成“搧” to fan：~风 to fan

shàn 善

会意字。金文“羊”像羊，象征吉祥，“誩”像两张口，表示说出吉祥美好的话。篆书羊、言，表示吉祥美好之语。楷书羊、卝、口，表示羊食草，温顺善良。本义是吉祥美好。

善's original meaning was auspicious and happy. In bronze inscriptions, 羊, goat, symbolizes good fortune; 誩 depicts two mouths, implying auspicious sayings. In seal script, 羊 (goat) and 言 (speech) suggest auspicious words. In regular script, 羊 (goat), 卝 (grass) and 口 (mouth) represent the goat as a grass eating, and therefore docile and happy animal.

① 品行好；仁慈 kind; good-hearted：～良 kind｜慈～ charitable ② 良好 good; wonderful：完～ perfect ③ 友好 friendly：友～ friendly ④ 熟悉 familiar：面～ familiar ⑤ 擅长；善于 good at; experienced：循循～诱 educate with patience ⑥ 容易 easy：～变 temperamental ⑦ 妥善 suitable; apt：～始～终 start well and end well

shàn 擅

会意字。“扌”像手，“亶”本指仓廪谷物多，表示独揽、独占大权。本义是独揽、独占。

擅 originally meant to monopolize. It is composed of 扌, hand, and 亶, which denotes a well-stocked granary, i.e. to dominate, monopolize.

① 自作主张 act on one's own：～自决定 act on one's own｜～离职守 leave one's post without permission ② 善于；专于 skillful (at doing sth); experienced：～长 skill at (doing sth)｜不～言辞 not good with words

shàn 膳

会意字。“月”（肉）像肉，“善”有喜爱、美好义，表示人们喜爱的美食；善（shàn）兼表声。本义是精美的饭食。

膳 means delicacy. It consists of 月（肉）, meat, and 善（shàn）as the phonetic element, which denotes likeable, wonderful, i.e. likeable food.

饭食 food：～食 food｜用～have meals｜午～lunch

shàn 赡 (贍)

会意字。“貝”（贝）像贝壳，古代曾用作货币，“詹”有多意，表示供给人财物宜多。贍简化为赡。本义是供给。

贍 means to provide for, supply. It is composed of 貝（贝）, which depicts a seashell, used as currency in ancient times, and 詹, which suggests excess, i.e. what is provided should be plentiful. 贍 has been simplified to 赡.

① 供养；供给生活所需 provide for：～养父母 provide for one's parents

shāng

伤

（傷）

会意字。“亻”像人，“𥏻”省矢，表示被矢（箭）所伤。傷简化为伤。本义是创伤。

伤 means to wound. It consists of 亻, man and 𥏻 (without 矢), i.e. shot and wounded by an arrow (矢/箭). 傷 has been simplified to 伤.

① 人体或物体受到的损害 wound：～口 wound｜重～ serious injuries ② 损害 damages：挫～ contuse; sprain｜～感情 affect a relationship negatively ③ 悲哀 sadness; sorrow：～心 sad; hurt｜忧～ sorrow; pain ④ 妨碍 bother; hinder：无～大雅 not matter much

shāng

商

会意字。“冏”有明亮义，“章”省𠦃，章指规则、条理，表示按照一定的规则有条理地估量、计算，能使事物情况显明。本义是估量、计算。

商's core meaning was to estimate, calculate. It is composed of 冏, an archaic character that meant bright, to illuminate, and 章 (without 𠦃), which means rules and regulations, i.e. rules provide the 'illumination' that allows accurate estimates to be made.

① 交换意见 exchange ideas：～量 discuss｜协～ consult; discuss ② 买卖货物 business：～店 shop｜～人 businessmen ③ 买卖货物的人 businessman：富～ wealthy businessman｜奸～ unscrupulous businessman ④ 除法的得数 quotient：～数 quotient ⑤ 朝代名 Shang Dynasty ⑥ 姓 a family name

shǎng

晌

会意字。“日”像太阳，“向”像房子的墙上有窗户，表示阳光照进窗户就近中午了。本义是中午。

晌 means midday. It is composed of 日, sun, and 向 which depicts a window on the wall of a house, i.e. sunlight shining through a window, signalling noon.

① 中午 midday：～午 midday ② 一天里的一段时间 a time period in a day：前半～ early half of the day｜后半～ later half of the day

shǎng

赏

（賞）

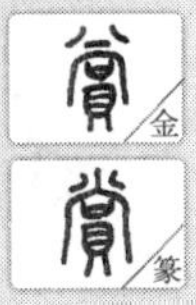

会意字。“貝”（贝）像贝壳，古代曾用作货币；“尚”有超过、高出义，表示能力超过、高出他人者会受到赏赐；尚（shàng）兼表声。賞简化为赏。本义是赏赐。

赏 means to bestow. It consists of 貝（贝）, seashells, used as currency in ancient times, and the phonetic element, 尚（shàng）, surpass, i.e. reward for those who surpass. 賞 has been simplified to 赏.

① 奖励；奖励的钱物 rewards：奖～ rewards｜领～ claim a reward ② 玩味、领略事物的美 appreciate：欣～ appreciate｜观～ admire ③ 赞扬 praise：～识 appreciate (sb's talent)｜赞～ praise; commend ④ 敬词 a term of respect：～光 requesting sb to accept one's invitation

shàng 上

指事字。甲、金文用短横指出在长横之上。篆、楷书在长横上添加竖画。本义是处在上面。

上 means on top (of). In bone and bronze inscriptions, the character is composed of two horizontal strokes with the shorter stroke above the longer one. In seal and regular scripts, a vertical stroke is added on the longer horizontal stroke.

① 位子在高处 top; above：山～ high up in the mountains | 树～ on the tree ② 等级、质量高的 top; superior：～级 superior | ～等 better grade; quality ③ 次序、时间在前的 before：～册 first volume | ～午 in the morning ④ 登 mount：～山 climb a mountain ⑤ 去；到 go to：～街 go shopping | ～前 go forward ⑥ 按规定时间进行活动 engage in an activity according to a scheduled time：～班 go to work | ～学 go to school ⑦ 安装 install; set up：～梁 put the beam (of a house) in place

shàng 尚

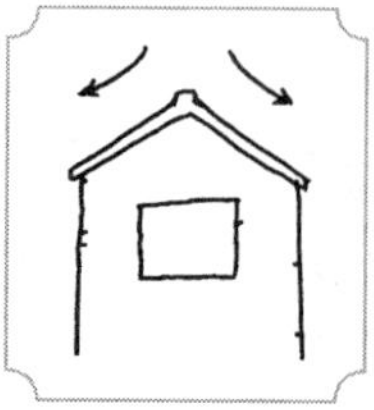
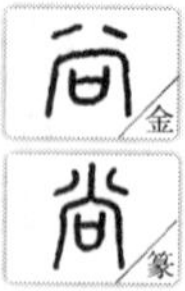

会意字。"向"像屋墙上有窗户，"八"像气向上散开，表示上、尊崇。本义是上、尊崇、注重。

尚's core meaning is upward, respect, pay attention to. It is composed of 向, a house with windows, and 八, pointing upwards, as if rising, implying to look up to, respect.

① 尊崇；注重 respect; attach importance to：崇～ uphold; advocate | 不～空谈 pragmatic; not engage in empty talk ② 还 still：为时～早 still early | 一息～存 until one's last breath ③ 风尚 fashion：时～ fashion | 习～ custom; common practice ④ 姓 a family name

shāo 捎

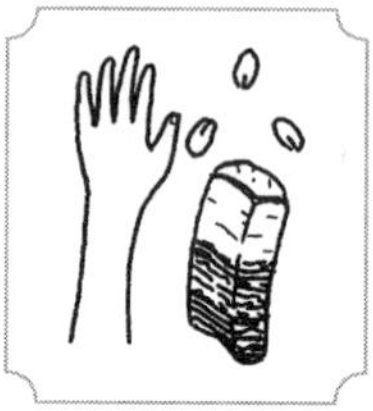

会意字。"扌"像手，"肖"指相似，表示手择取的东西与心中想要的相似。本义是择取。现指顺便带东西。

捎 originally signified to choose, later, by extension, to bring along sth for sb. The character consists of 扌, hand, and 肖, which means a likeness, i.e. choose sth like what one wants.

顺便带东西 bring along sth for sb：～带 in passing; on the way | ～信 bring along a letter to sb

shāo 烧（燒）

会意字。"火"像火焰，"堯"（尧）有高义，物体着火，火气冲天也有高意。燒简化为烧。本义是使物着火。

烧 means to burn, light up sth. It is composed of 火, flames, and 堯（尧）, which denotes high, i.e. flames rise high. 燒 has been simplified to 烧.

① 把东西点着；起火 light up sth; start a fire：～香 burn joss sticks | 燃～ light (with fire); in flames ② 使物体受热起变化 cook, burn：～饭 cook rice | ～砖 burn bricks ③ 体温过高 higher than normal temperature：高～ fever | 退～ bring down a fever shāo

梢

会意字。“木”像树，“肖”有细小义，表示树梢较细小。本义是树尖或树枝的末端。

梢 signifies the crown of a tree or the tip of a branch. The character is composed of 木, a tree, and 肖, which denotes fine, small, i.e. the fine end of a branch.

① 树尖或树枝的末端 crown of a tree or tip of a branch：树～ tree crown | 枝～ tip of a branch ② 事物的末尾 tip; pointed end：眉～ tip of an eyebrow | 鞭～ tip of a whip

shāo/shào

稍

会意字。“禾”像谷类植物，表示禾的末梢；“肖”有细小义，表示禾的末梢形体较细小。本义是禾的末梢，此义后写作梢。引申为略微。

稍 originally meant the tip of rice stalks, a meaning later written as 梢. 稍 later came to signify a little. It consists of 禾, grain crops, and 肖, which denotes small, fine, i.e. the tips of grain stalks are pointed and fine.

㊀ shāo 略微 a little：～微 a little | ～许 a little ㊁ shào ［稍息］操练时的口令，表示从立正转变为休息的姿势 military command meaning stand at ease

sháo

勺

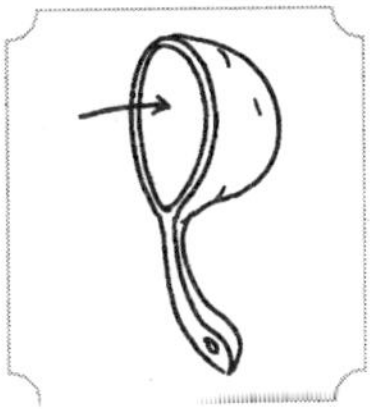

象形字。像舀酒的勺子。本义是舀酒的勺子，泛指勺子。

勺 originally meant wine ladle; it now refers to scoop, ladle, spoon in general. The character resembles a wine ladle.

① 舀东西的用具，有柄 scoop; ladle; spoon：～子 scoop; ladle; spoon | 汤～ soup scoop, ladle, spoon | 铁～ metal scoop, ladle, spoon ② 量词 measure word：舀一～油 a scoop, ladle, spoon of oil

sháo

芍

形声字。艹（艸）表意，像草，表示芍药是草本植物；勺（sháo）表声，勺指勺子，表示芍药的花朵大如勺。本义是芍药。

芍 refers to the Chinese herbaceous peony. 艹（艸）, grass, is semantic, i.e. a plant; 勺（sháo）, a scoop, is phonetic, i.e. flowers like scoops.

［芍药］草本植物，花可供观赏，根可做药材 Chinese herbaceous peony

shǎo/shào 少

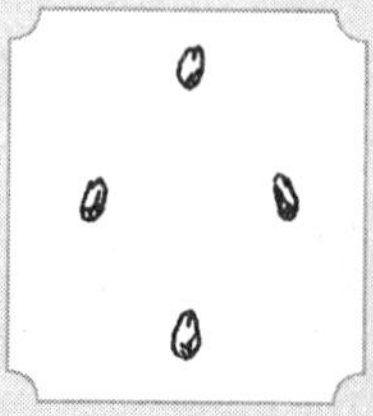

象形字。甲骨文像四粒沙，表示细小、不多。本义是数量不多。

少 means small amount, little. In bone inscriptions, the character resembles four grains of sand, i.e. small, fine, little.

㊀ shǎo ① 数量小 small amount; little：～数 minority | ～量 small amount ② 短缺；丢失 shortage; lost：缺～ short of | 必不可～ indispensable ㊁ shào ① 年纪轻 young：～男 young man | ～女 young lady ② 少爷的简称 young master：阔～ wealthy young master | 恶～ young ruffian

shào 绍（紹）

会意字。“糸”像丝；甲骨文“刀”像刀，表示断了的丝要接续；篆、楷书“召”指呼唤，有连接意。紹简化为绍。本义是接续。

绍 originally meant continuous. In bone inscriptions, the character consists of 糸, silk, and 刀, knife, i.e. to string cut threads together. In seal and regular scripts, 召 means to call, summon, i.e. bring together, continuity. 紹 has been simplified to 绍.

① 替人引进；牵合 recommend; introduce：介～ recommend; introduce ② 浙江绍兴的简称 abbrev of Shaoxing in Zhejiang Province：～酒 Shaoxing wine

shào 哨

会意字。“口”像张开的口，“肖”有细小义，表示口小。本义是口小。基本义是岗哨，哨子。

哨 originally signified make a small mouth. Its basic meaning is sentry post, whistle. It is composed of 口, an open mouth, and 肖, which denotes fine, small, i.e. a small mouth.

① 巡逻、警戒防守的岗位 sentry post：～兵 sentry | 岗～ sentry post ② 哨子 whistle：吹～ blow a whistle

shē 奢

会意字。“大”像人张开四肢表示大，“者”是煮的本字，有多意，表示奢是大肆铺张，过多花费。本义是奢侈。

奢 means wasteful, extravagant. It consists of 大, depicting a man with limbs spread, i.e. big, and 者, the original form of 煮 (cook), i.e. excessive feasting, extravagance.

① 大量花钱，过分追求享受 wasteful; extravagant：～侈 wasteful; extravagant | ～华 luxurious; extravagant ② 过分；过多 too much; beyond limits：～望 wild wishes | ～求 unreasonable demands

S

稍 571页

shē

赊

（賒）

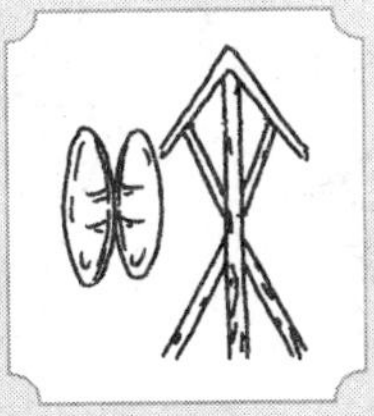

形声字。貝（贝）表意，像贝壳，古代曾用作货币；佘（shé）表声，佘古时也指我，表示物先为我所用后付钱。賒简化为赊。本义是赊欠。

赊 means to buy or sell on credit. 貝（贝）is semantic; it depicts shells, used as currency in ancient times. 佘（shé）is phonetic and in early Chinese, referred to oneself, hence, items first for oneself, then repaid later. 賒 has been simplified to 赊.

买卖货物时暂不付钱 to buy or sell on credit：～账 to credit｜～欠 transactions done on credit

shé

舌

象形字。像张开口伸出舌头（以舌脉表示舌头）。本义是舌头。

舌 means tongue. It depicts an open mouth with the tongue sticking out (with the lingual artery representing the whole tongue).

① 舌头 tongue：～尖 tip of a tongue｜～根 tongue root ② 像舌头的东西 tongue-like object：火～ flames｜帽～ protruding part of a cap ③ 指代说话、辩论等 speech; debate：～战 debate｜唇枪～战 heated debate

shé

蛇

象形字—会意字。甲、金文像一条蛇。篆、楷书加虫，蛇又称长虫。蛇是一种爬行动物。

蛇 means snake. The character resembles a snake in bone and bronze inscriptions. The component, 虫 (worm), is added in seal and regular scripts; snakes are also known as "long worms".

爬行动物，身体圆而细长，有鳞无足，种类很多，有的有毒 snakes：～蝎 vicious people｜眼镜～cobra｜毒～猛兽 venomous snake and ferocious beast

shè

设

（設）

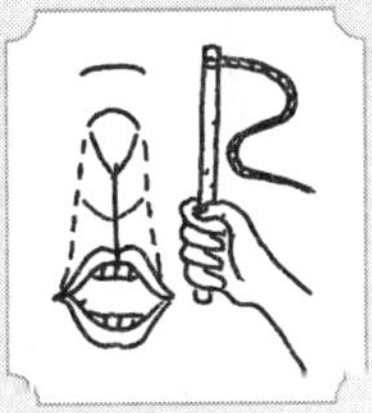

会意字。"言"像张口说话，"殳"像手持器械，表示持械发令指挥人布置、安排。設简化为设。本义是布置、安排。

设 means to decorate, arrange. It consists of 言, speech, and 殳, a hand holding a weapon, i.e. a commander arranging his positions. 設 has been simplified to 设.

① 布置；安排 decorate; arrange：陈～ decoration; exhibit｜～宴 hold a banquet ② 建立 establish：～立 establish｜开～ set up ③ 筹划 plan：～计 plan; design｜～法 try one's best to (do sth) ④ 假使；如果 if：假～ if; assume; suppose｜～若 (formal usage) if; assume; suppose

S

折 838页　　舍 574页

shè

社

象形字—会意字。甲骨文像地上有堆土，表示土地神。金文加供桌（示）、加树（木），表示孳生万物的土地神。篆、楷书礻、土，表示主宰土地的神。本义是土地神。

社 originally signified the god of the earth. It depicts a mound of earth, i.e. a shrine to the god. 示 (altar) and 木 (tree) are added in bronze inscriptions, i.e. the god that gives rise to all of creation. In seal and regular scripts, 礻 (altar) and 土 (earth) represent a village god that dominates the land.

指某些团体或机构 organization; company; agency; group：报～ newspaper agency｜出版～ publishing house

shè/shě

舍

（❸捨）

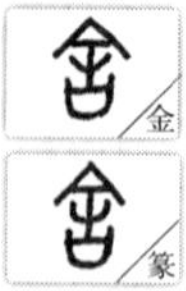

象形字。像原始的房屋，勾画出屋顶、梁柱、出入口。捨简化为舍。本义是房屋。

舍's root meaning was house. In early scripts, it resembles a house, with roof, beams and pillars, as well as the entrance and exit. 捨 has been simplified to 舍.

❶ shè 房屋；住所 house; residence：农～ farm house｜校～ school ❷ shě ① 放弃 give up; abandon：～弃 give up; abandon｜～本逐末 attend to the trivial and neglect the essential ② 把财物给人 donate; perform charitable acts：施～ give alms

shè

射

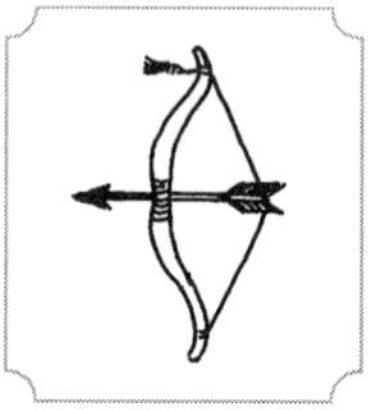

会意字。甲骨文像箭搭在弓弦上将要发射。金文增加射箭的手（又）。篆、楷书身、寸，表示手持弓箭射人体。本义是射箭。

射 means to shoot an arrow. In bone inscriptions, it resembles an arrow placed on the bow, about to be released. In bronze inscriptions, 又 (archer's hand) is added. In seal and regular scripts, 身 (body) and 寸 (originally hand with wrist marked) are added, suggesting one shooting at another.

① 用推力或弹力送出 shoot：～箭 shoot arrows｜注～ inject ② 液体受到压力迅速喷出 squirt; jet：喷～ squirt; jet｜注～ inject ③ 放射出光、热等 discharge light or heat：～线 rays｜照～ shine on ④ 有所指 implications：影～ imply; allude｜含沙～影 make allusions to

shè

涉

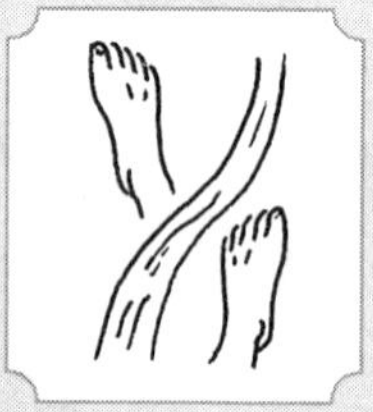

会意字。甲、金文像跨步过河。篆书像两道水流和脚步，楷书像一串水珠和脚步，表示徒步淌水过河。本义是徒步淌水过河。

涉 originally meant to wade across a river. In bone and bronze inscriptions, the characters depict feet wading across a river. In seal script, it resembles two streams of flowing water and footsteps. Regular script depicts a string of water droplets and footsteps, i.e. to wade across a river.

① 徒步渡水；渡水 wade, cross water bodies：跋山～水 arduous journey｜远～重洋 come from afar ② 经历 go through; experience：～险 go through dangers｜～世未深 inexperienced and innocent ③ 牵连；相关 involve; implicate：～及 involve｜牵～ involve; implicate

shè 赦

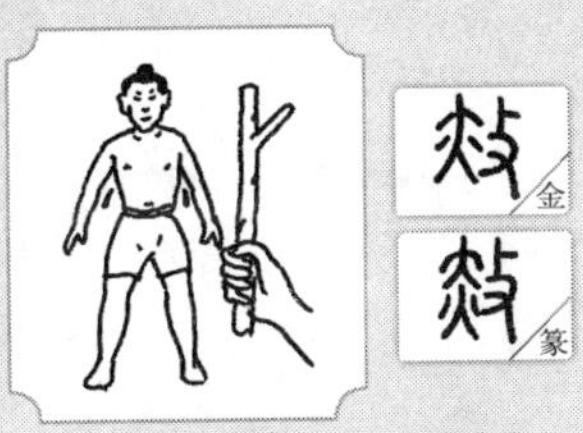

会意字。金文“攴”像手持棒，表示动作，“亦”本指腋部，腋部空无一物，合起来表示舍弃、放置。篆、楷书“攴”（攵）表示动作，“赤”指空无所有，表示舍弃、放置。本义是舍弃、放置。引申为免除刑罚。

赦 originally meant to discard or put away sth, then by extension, remit punishment, pardon. In bronze inscriptions, it consists of 攴, a hand holding a stick, implying movement, and 亦 which depicts armpits, suggesting empty, i.e. to discard, abandon. Seal and regular scripts have 攴（攵）and 赤, the latter meaning bare, i.e. discard, put away.

免除刑罚 remit punishment; pardon：～免 remit punishment; pardon | 特～ special amnesty | 大～ amnesty

shè 摄（攝）

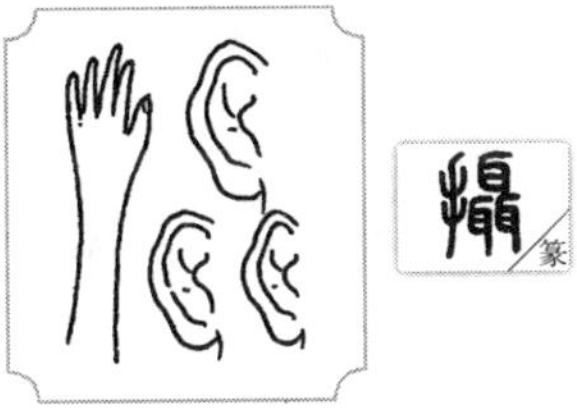

会意字。“扌”像手，“聶”（聂）指附耳低语，有凑近意，拉、提起亦有凑近意。攝简化为摄。本义是拉、提起。

摄 means to pull, lift. It consists of 扌, hand, and 聶（聂）, which means whisper, i.e. lean close to, or in this case, pull or lift closer. **攝** has been simplified to **摄**.

① 吸取 absorb：～取营养 absorb nutrients ② 拍摄 to film：～影 photography; filming | ～制 film and produce ③ 辅佐；代理 assist; act on behalf of：～政 act as regent

shēn 申

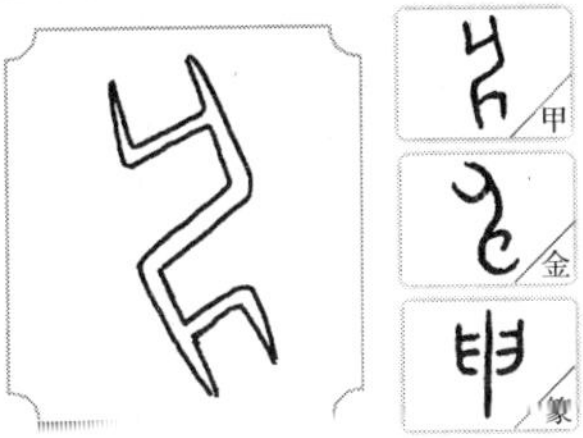

象形字。甲、金文像天上闪电。篆、楷书像阴、阳电相遇而闪电。本义是闪电。

申's original meaning was lightning. In bone and bronze inscriptions, the characters depict lightning; in seal and regular scripts, it depicts the meeting of yin and yang forces, causing lightning.

① 陈述；说明 describe; state：～明 declare; state | ～请 apply ② 地支的第九位 ninth of the twelve Earthly Branches ③ 申时，指下午三时到五时 the time period between three to five in the afternoon ④ 上海市的别称 another name for Shanghai city ⑤ 姓 a family name

shēn 伸

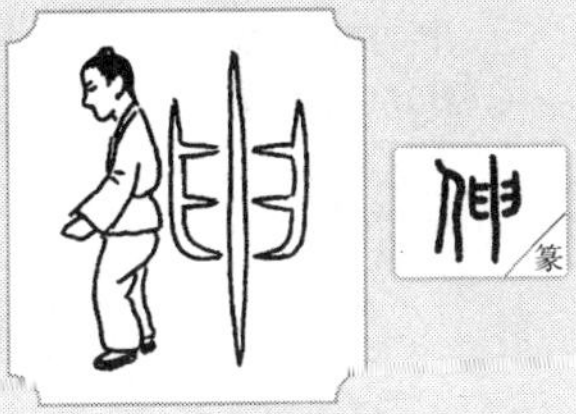

会意字。“亻”像人，“申”像闪电，有舒展意，表示人伸展肢体，申（shēn）兼表声。本义是展开、舒展。

伸 originally meant to spread out, stretch. It consists of 亻, man, and 申（shēn）as phonetic, depicting lightning, which spreads across the sky.

① 展开；舒展 spread out; stretch：～展 stretch | ～长 stretch out | ～缩 flexibility ② 表白；陈述 express; describe：～述 describe; explain | ～冤 redress an injustice

shēn 身

象形字。像孕妇挺着大肚子，表示身孕。本义指身孕。引申指人的躯干。

身 originally meant pregnant, later, by extension, one's body. The character resembles a pregnant woman.

① 身体 body：～高 height | 全～ entire body ② 生命 life：丧～ die | 献～ sacrifice oneself ③ 自己；亲自 self：～临其境 immerse oneself in the actual situation | 以～作则 be a role model ④ 地位 position：～分 position ⑤ 品德；行为 moral conduct：修～养性 cultivate oneself through meditation ⑥ 物体的主干 trunk：车～ car | 机～ machine

shēn 呻

会意字。“口”像张开的口，表示开口吟诵；“申”像闪电，有舒展意，表示吟诵声抒情动听；申（shēn）兼表声。本义是吟诵。引申指呻吟。

呻 originally meant to recite, later it is used to mean moan, whine. It is composed of 口, an open mouth, i.e. to recite, and 申, spread or drawn out, i.e. recitation that draws out the emotions.

［呻吟］病痛时发出的声音 moan; whine：无病～ make a fuss over nothing

shēn/cān/cēn 参（參）

会意字。金文像人头上有三颗星，表示星宿名。篆、楷书加“彡”，像三道星光。參简化为参。本义是参宿三星。

参 originally referred to a particular constellation of stars. In bronze inscriptions, it showed three stars above a man's head, i.e. a constellation. 彡, symbolizing three rays of sunlight, is added to seal and regular scripts. 參 has been simplified to 参.

㊀ shēn ① 人参 ginseng：～汤 ginseng soup | 红～ red ginseng ㊁ cān ① 加入 add：～加 join | ～军 join the army ② 查看；考查 check; investigate：～阅 investigate (by reading the thing in question) | ～观 visit; look around ③ 进见 call on one's superior：～见 pay respects to one's superior | ～拜 pay respects to one's superior ㊂ cēn［参差］长短不齐 not uniform：～错落 varying; not uniform

shēn 绅（紳）

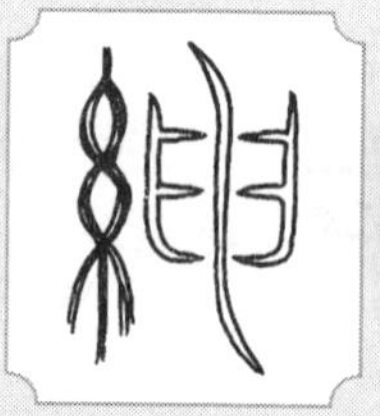

形声字。糸（纟）表意，像丝；申（shēn）表声，申有约束义，表示用丝编成的束身的大带子。紳简化为绅。本义是士大夫束在衣外的大带子。引申为绅士。

绅's root meaning was belts worn by officials in ancient times, later, by extension, gentlemen, gentry. It is composed of 糸（纟）, silk, as semantic and 申（shēn）, stretch out, encase, restrain, as phonetic, i.e. silk belts. 紳 has been simplified to 绅.

指地方有势力、有地位的人 influential people：～士 gentlemen; gentry

S

shēn

深

会意字。“氵”像水流、水珠，篆书“𥦗”像手持火把进入洞穴，楷书“罙”像用木棒探洞穴深度，表示水面到水底距离大，罙（shēn）兼表声。本义是水面到水底距离大。

深 means deep. In seal script, it consists of 氵, water, and 𥦗, which resembles a man entering a cave with a torch. In regular script, 罙 (shēn) is phonetic and depicts a man ascertaining the depth of a cave with a stick, i.e. deep, depth.

① 上下、内外的距离大 deep：～水 deep waters | ～巷 deep alley ② 历时久 long：～夜 late at night | ～秋 late autumn ③ 颜色浓 deep tone：～红 dark red | ～绿 dark green ④ 程度高 great degree：～信 firmly believe | ～知 know very well

shén

神

会意字。“礻”像祭神的供桌，“申”像闪电，表示天神；申（shēn）兼表声。本义是天神。

神 means god, deity. It is composed of 礻, an altar, and the phonetic element, 申 (shēn), which depicts lightning, i.e. god in heaven, deity.

① 天神 god; deity：～仙 deity | ～灵 god ② 高超的；出奇的 superior; extraordinary：～医 skillful doctor | ～速 lightning speed ③ 心思；精力 effort; energy：精～ energy | 分～ distracted ④ 气色；表情 color of one's complexion, expression：～色 one's appearance | ～情 one's expression

shěn

沈

会意字。“氵”像水流、水珠，“冘”有行进义，表示沉入水中。本义是沉没，此义后写作“沉”。

沈 originally meant sink, a meaning later written as 沉. The character is composed of 氵, water, and 冘, which denotes to advance into, i.e. sinking into water.

① 姓 a family name ② 沈阳市，地名，在辽宁省 Shenyang City in Liaoning Province

shěn

审

（審）

会意字。“宀”像房屋，“釆”像兽足，“田”像农田，表示细察屋内、田里的兽足印。简体字“宀”指房屋，有覆盖意，“申”像闪电，有明白义，表示细察以明白被表象覆盖的真相，申（shēn）兼表声。本义是细察。

审 means to examine carefully, investigate. It consists of 宀, a house or cover, 釆, which originally depicted an animal's foot, and 田, farm, i.e. to examine carefully the animal prints at a farm. Its simplified form has 宀 and 申 (shēn) as phonetic, which depicts lighting, i.e. a careful investigation sheds light, like lightning, on hidden truths.

①检查；核对；评定 examine; verify; value：～查 examine; investigate | ～核 verify; check | 评～ judge; evaluate ② 详细；周密 careful; conscientious：～慎 cautious; careful | ～视 examine carefully ③ 审讯 hearing; trial：～问 interrogate | ～判 trial

S

甚 578页 什 584页

shěn
婶
（嬸）

形声字。女表意，像女子，表示婶是女性；審（审shěn）表声。嬸简化为婶。本义是叔叔的妻子。

婶 means the wife of father's younger brother. It consists of 女, woman, as semantic, and 審（审 shěn）as phonetic. 嬸 has been simplified to 婶.

① 叔叔的妻子 wife of father's younger brother：~~ aunt | ~娘 wife of father's younger brother ② 尊称跟父母同辈而年龄较小的已婚妇女 used in addressing married women of the same generation as one's parents：大~ madam

shèn
肾
（腎）

会意字。“月”（肉）像肉，“臤”有坚固义，表示肾的组织比其他内脏组织结实。腎简化为肾。肾俗称腰子。

肾 means kidney (commonly known as 腰子). The character is composed of 月（肉）, flesh, and 臤, which denotes sturdy, i.e. kidneys are sturdier than other organs. 腎 has been simplified to 肾.

肾脏，分泌尿液的器官 kidney：~功能 kidney function | ~结石 kidney stone

shèn/
shén
甚

会意字。“甘”像口含美食，有甜美、快乐义，“匹”指匹配，表示配偶之间沉溺于欢情。本义是过于喜爱。引申为很、极。

甚 originally meant excess, to indulge in; later it came to mean very, extreme. It consists of 甘, a mouth with food in, i.e. pleasant, satisfactory, and 匹, a married couple, i.e. indulging in affection.

㊀ shèn ① 很；极 very; extreme：~好 very good | 幸~ be very lucky | 所言~是 what sb says is indeed true ② 过分；超过 over the limit：欺人过~ big bully | 日~一日 (situation) gets worse day by day ㊁ shén 义同“什么” what：姓~名谁 What is your name?

shèn
渗
（滲）

形声字。氵表意，像流水、水珠，表示水向下渗漏；参（參shēn）表声，参是星名，星光微弱而向外闪烁，表示水向下或向外渐渐透过或漏出。滲简化为渗。本义为渗漏。

渗 means seep, leak. It consists of 氵, water, as semantic, i.e. water seeping, and 参（參 shēn）, the name of a constellation of stars, as phonetic. Starlight shining down is like water trickling or seeping down.

液体从细孔里慢慢地透过或漏出 seep; leak：~透 seep through | ~水 water seeping | ~出 ooze out

shèn
慎

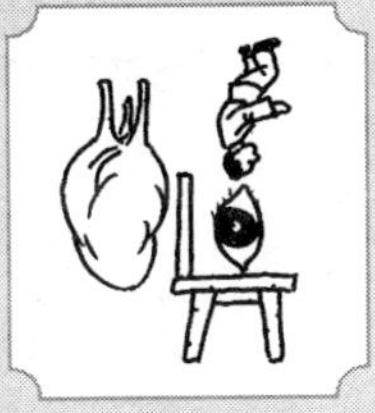

会意字。“忄”像心脏，“真”指认真，表示小心认真。本义是小心。

慎 means careful, cautious. The character is composed of 忄, heart, and 真 which means conscientious, i.e. careful and cautious.

小心 careful; cautious：谨～ careful; cautious｜～重 careful; prudent｜谨言～行 be prudent with one's words and actions

shēng
升

指事字。甲、金文像斗上加三点，表示容量比斗小的量粮食的器具。本义是量粮食的器具。

升's core meaning was an instrument for measuring out grain. In bone and bronze inscriptions, it depicts three dots and 斗 (a dipper), a larger measure of grain.

① 容量单位，十升为一斗 unit of measurement, ten litre is a 斗：公～ a liter｜市～ a liter｜毫～ milliliter ② 向上移动 raise; rise：～旗 raise the flag｜～空 rise into the sky ③ 提高 promote; advance higher：～级 be promoted; rise in grade｜～官 be promoted

shēng
生

象形字。甲骨文像地面长出幼苗。金篆楷像土上长出幼苗。本义是植物生长。

生 originally signified the growth of plants. In bone inscriptions, the character resembles a seedling emerging from the ground. In bronze inscriptions and seal, regular scripts, it depicts a young plant growing out of soil.

① 长出 grow：～根发芽 roots and leaves growing ② 出生 birth：～日 birthday｜～育 reproduce; give birth ③ 发生 happen; take place：～病 fall sick｜～效 be effective ④ 活着 live：～存 survive ⑤ 性命 life：～命 life｜丧～ die ⑥ 未熟的 raw：～肉 raw meat｜～吃 eat sth raw ⑦ 不熟悉的 unfamiliar：陌～ unfamiliar; strange｜～字 unfamiliar words ⑧ 勉强 manage with difficulty：～硬 unpolished; crude; unnatural ⑨ 指读书人或从事某种职业的人 students; professionals：学～ student｜医～ doctor

shēng
声
（聲）

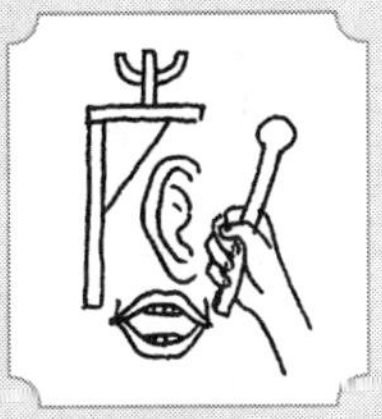

会意字—象形字。甲骨文“殸”像手持槌敲击磬，“口”像张开的口，“耳”像耳朵，表示从乐器或口发出的进入耳的是声。篆、楷书殸、耳，表示磬声入耳。简体字像磬，表示磬会发出声音。本义是声音。

声 means sound. In bone inscriptions, 殸 depicts sb striking a chime stone with a hammer; 口 represents mouth; 耳 signifies ear, i.e. hearing sounds. Seal and regular scripts have 殸 and 耳, i.e. hearing musical sounds. The simplified form depicts only the chime stone.

① 声音 sound：响～ sound; noise｜风～ soughing of wind ② 宣布；陈述 announce; describe：～明 explain; announce｜～辩 argue; justify ③ 名誉 reputation：～誉 reputation｜名～ reputation ④ 量词 measure word：叫两～ (bark, call, shout etc) twice

S

shēng

牲

形声字。牛表意，像牛，表示供祭祀用的牛羊；生（shēng）表声，生有生长义，表示牛羊要完全长成才能用于祭祀。本义是供祭祀用的全牛全羊。引申为家畜。

牲 originally signified cows and sheep used as sacrificial offerings, then later, domestic animals. The character consists of 牛, cow, as semantic, i.e. offerings, and 生（shēng）, grow, as phonetic, i.e. fully grown animals are used as offerings.

家畜 domestic animals; livestock：~口 domestic animals; livestock | ~畜 domestic animals; livestock

shēng

笙

形声字。竹表意，像竹叶，表示用长短不同的竹管制成的簧管乐器；生（shēng）表声，有产生义，表示笙能产生美妙的乐音。笙是一种传统的民族管乐器。

笙 is a traditional wind instrument, constructed of lengths of bamboo（竹）; 生（shēng）is phonetic and means grow, produce, i.e. a bamboo instrument that produces beautiful music.

管乐器，用长短不同的竹管制成，用嘴吹奏 a traditional Chinese wind instrument：芦~ a reed pipe wind instrument | ~歌达旦 sing and dance the entire night

shēng

甥

形声字。男表意，像田地和农具，以在田里干力气活表示男性；生（shēng）表声，生像土上长出幼苗，有生育义，表示姐或妹所生的男孩子。本义是外甥。

甥 means nephew (son of sister). 男 is semantic, depicting farmland and tools associated with male laborers; 生（shēng）is phonetic; it depicts a seedling, and represents birth and growth, i.e. the male child of a sister.

姐姐或妹妹的儿子 nephew (son of sister)：外~ nephew (son of sister)

shéng

绳

（繩）

会意字。“糸”（纟）像线绳，“黽”（黾）本像青蛙，以青蛙腹大表示绳粗。繩简化为绳。本义是绳子。

绳 means rope. It consists of 糸（纟）, silk, or here, rope, and 黽（黾）, frog, whose abdomen is the thickness of a rope. 繩 has been simplified to 绳.

① 绳子 rope：~索 cord; rope | 麻~ rope made of hemp ② 纠正；制裁 correct; sanction; punish：~之以法 mete out punishment according to laws ③ 标准；法度 standard; rules：准~ criterion; yardstick

S

省 726页

shèng 圣（聖）

会意字。甲、金文表示聖（圣）指耳聪、口敏的能人。篆、楷书耳、口、壬（挺立），表示耳聪、口敏的杰出者。简体字土、又（手）表示土地圣神。本义是最具智慧和道德的人。

圣 means a man of wisdom and high moral value. In bone and bronze inscriptions, 聖（圣）refers to those who are good at listening（耳）and speaking（口）. Seal and regular scripts have 耳 (ear), 口 (mouth) and 壬 (upright) suggesting the wise are good at listening and speaking. The simplified form has 土 (earth) and 又 (hand), i.e. shrine to the wise god of the land.

① 品格高尚的人 person of high moral values：～人 sage ② 崇高的；庄严的 lofty; dignified：神～ sacred; holy | ～地 sacred place ③ 学问、技能、成就极高的人 those who are knowledgeable, skillful and outstanding：诗～ poet-sage (epithet for Tang poet Du Fu) ④ 尊称帝王 emperor：～旨 imperial edict ⑤ 宗教徒尊称所崇拜的事物 sacred; holy; religious：～经 Bible | ～诞 Christmas

shèng 胜（勝）

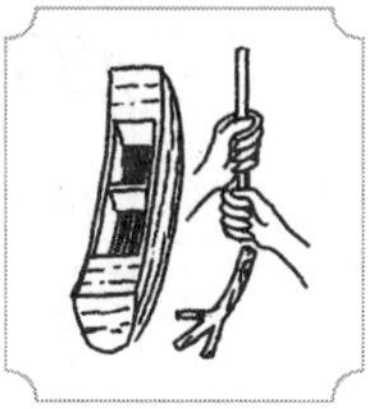

形声字。力表意，本像农具，有能力义；朕（zhèn）表声，朕本指填塞舟缝不使渗水，表示完成任务无漏洞。简体字月表意，像肉，表示肌体能承担；生（shēng）表声，兼表有生命力。本义是能承担。

胜 means able to bear, undertake, support. It consists of 力, farming tools, i.e. capability, and 朕（zhèn）, which is phonetic and originally meant to patch a hole in a boat, i.e. to undertake a task. The simplified form has 月, flesh or muscles, and 生（shēng）, give birth, grow, as phonetic, i.e. the strength to bear sth.

① 能承受；能承担 able to bear; endure; support：～任 able to take on the responsibilities entrusted ② 赢 win：～负 wins and losses ③ 超过 over; exceed：略～一筹 win by a little ④ 优美的；有名的 beautiful; famous：名～古迹 famous historical sites

shèng 剩

形声字。刂表意，古文字像刀，表示刀下所剩；乘（shèng）表声。本义是剩余。

剩 means leftovers. It consists of the semantic element, 刂, which originally depicted a knife, i.e. what's left after cutting; and 乘（shèng）, which is phonetic.

多余；余下 extra; leftover：～余 leftover | 过～ more than enough | 残羹～饭 leftover from a meal

shī 尸

象形字。像人蜷曲着身体侧卧着。本义指祭祀时代替死者受祭的活人。尸又表示尸体。

尸 originally referred to the person who received offerings on behalf of the dead during sacrificial rites in ancient times; it also signified a corpse.

死人的身体 corpse：～体 corpse | ～骨 bones of the dead | 借～还魂 (of sth evil) revive in a new guise

盛 80页

shī

失

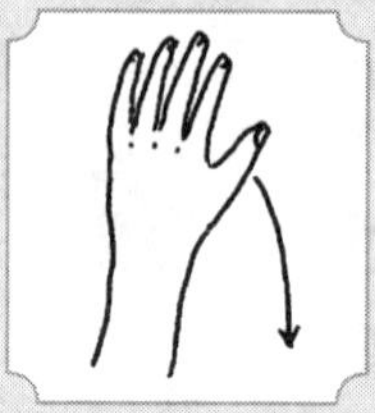

会意字。篆书像东西从手上掉落。楷书"矢"字出头，以箭射出去后收不回表示失去。本义是失掉、失去。

失 means lost. Seal script depicts sth falling off the hand. In regular script, 矢 (arrow) is rewritten as 失, i.e. arrows once shot are lost.

① 掉了；没有了 lost：丢～ drop; lose ② 未把握住 fail to grasp：～手 lose control of one's hand｜～误 mistake ③ 找不着 unable to locate：迷～方向 lose one's way ④ 未达到目的 not to achieve one's goal：～望 disappointed｜～意 unhappy; sad ⑤ 错误 mistake：过～ error ⑥ 违背 go against：～礼 impolite; inappropriate｜～信 break one's promise ⑦ 改变常态 abnormal：～神 inattentive; absent-minded

shī

师

（師）

会意字。"𠂤"像小土山，"帀"有环绕意，表示军队环𠂤驻扎。師简化为师。本义是军队。

师's original meaning was an army. It consists of 𠂤, a small hill, and 帀, to circle, surround, armies set up their camps in a circular formation. 師 has been simplified to 师.

① 军队 army：雄～powerful army ② 军队的编制单位，隶属于军 military division：～长 division commander ③ 传授知识或技艺的人 teacher; tutor; master：老～ teacher｜～傅 master ④ 效法 model after：～法 model after; imitate｜～承 hand down from a teacher to a student ⑤ 榜样 model; exemplar：前事不忘，后事之～ treat past experience as one's teacher ⑥ 擅长一种专门技艺的人 an expert in a certain area：厨～ cook; chef｜医～ doctor; physician

shī

诗

（詩）

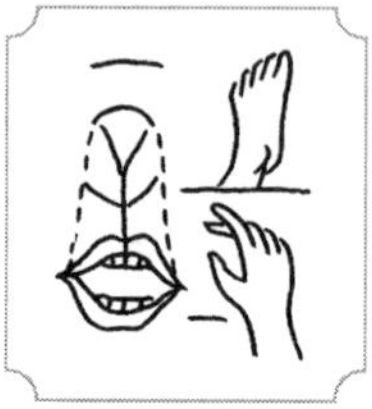

形声字。言（讠）表意，像张口说话，表示诗歌是可歌、可诵的韵文；寺（sì）表声，寺指古代官府，表示民间的诗可让官府了解到施政的得失。詩简化为诗。本义是诗歌。

诗 means poem. It is composed of the semantic element, 言（讠）, speech, i.e. poems can be sung and recited, and 寺（sì）as phonetic, originally an administrative center; in ancient times, vernacular poems were thought to reflect the effectiveness of policy. 詩 has been simplified to 诗.

一种押韵的文体 poem：～歌 poem｜新～ new poem｜～情画意 of poetic charm

shī

虱

会意字。篆书"蚰"像两条虫，表示一种小虫子；"卂"像鸟形，有迅速义，表示虱子繁殖迅速。楷书虫、卂省形，表示繁殖迅速的虱子。本义是虱子。

虱 means lice. Seal script has 蚰, which resembles two worms, like lice, and 卂, that originally depicted a bird and signified fast, i.e. lice reproduce rapidly. Regular script contains the same elements: 虫 (worm) and 卂 (bird).

虱子，寄生在人畜身上吸血，能传染疾病 lice

shī

狮

（獅）

形声字。犭表意，像犬，表示狮子是哺乳类野兽；師（师shī）表声，师者地位高，表示狮是百兽之王。獅简化为狮。本义是狮子。

獅 is lion. It is composed of the semantic element, 犭, dog, a wild animal like a lion; and the phonetic element, 師（师 shī）, teacher, someone who commands respect, like a lion. 獅 has been simplified to 狮.

狮子，哺乳类大型猛兽。全身毛棕黄色，雄狮颈部有长毛，以各种动物为食，产于非洲和亚洲西部 lion

shī

施

会意字。“㫃”甲、金文像旗帜，“也”像蛇，表示旌旗飘扬似蛇身扭动。本义是旌旗飘扬的样子。

施 originally referred to the fluttering of banners and flags in the wind. 㫃 in bone and bronze inscriptions resembles a flag, 也 represents a snake, i.e. the way banners and flags flutter resembles the movement of snakes.

① 实行 put into practice; implement：～行 put into practice; implement | 无计可～ at one's wits' end ② 发布；发出 announce：发号～令 give commands ③ 把财物等好处给人 do charity：～舍 do charity; give alms | 乐善好～ very charitable ④ 加上；用上 add; use：～肥 fertilize ⑤姓 a family name

shī

湿

（濕）

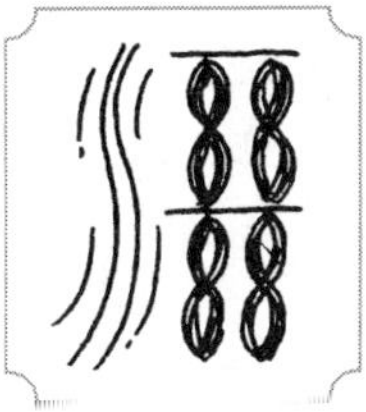

会意字。“氵”像流水、水珠；甲骨文“𢇍”像割断丝，表示水的去路断了，造成积水潮湿。金文、篆书加“土”，以突显地上潮湿。楷书“㬎”同顯（显），表示水多潮湿会显示出来。濕简化为湿。本义是潮湿。

濕 means wet, damp. It is composed of 氵, water, and 𢇍, which in bone inscriptions, depicts broken silk threads, symbolizing a disruption, i.e. obstruction in the channel of water results in floods. In bronze inscriptions and seal script, 土 (earth) is added to indicate wet land. Regular script has 㬎 which means 顯（显）, obvious or noticeable, i.e. an excess of water causes dampness. 濕 has been simplified to 湿.

东西沾上了水或含水分太多 wet; damp：潮～ wet; damp | ～润 moisturize | ～淋淋 drench

shí

十

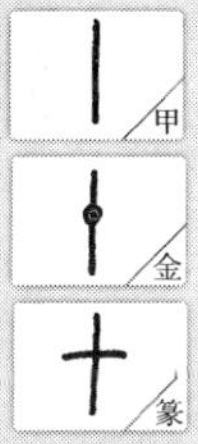

指事字。甲骨文像竖绳，金文像绳上系结，篆、楷书以横竖相交，表示数字十。本义是数目字。

十 means ten. It is represented by a horizontal string in bone inscriptions and a string with a knot in bronze inscriptions. Seal and regular scripts depict a cross with a horizontal and vertical line.

① 数目字，五加五的得数 ten：～指连心 fingers linked to the heart, i.e. close relationships, e.g. what happens to the children affects the parent ② 完全；达到顶点 perfect：信心～足 very confident | ～全～美 perfect; impeccable

shí/shén 什

会意字。“亻”像人，“十”是数字，表示古代军队编制十人为什，十（shí）兼表声。本义是古代军队编制单位，十人为什。

什 originally referred to an ancient military division of ten soldiers. The character consists of 亻, man, and 十（shí）, ten, which is phonetic, i.e. the ancient grouping of ten soldiers.

❶ shí ① 多种多样的 miscellaneous; assorted：～物 sundries｜～锦 assorted ❷ shén［什么］疑问代词 what：那是～？ What is that?

shí/dàn 石

象形字。像山崖下有石块。本义是石头。

石 means a stone. The character resembles a boulder at the foot of a cliff.

❶ shí ① 石头 stone：～阶 stone step｜岩～ rock; boulder｜以卵击～ court one's doom by fighting against a stronger opponent ② 姓 a family name ❷ dàn 容量单位，一石等于十斗 unit of measurement for grain; hectoliter：一～大米 a hectoliter of rice

shí 时（時）

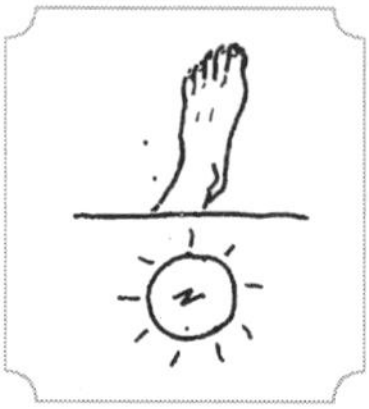

会意字。甲骨文“日”像太阳，“之”像脚前往，表示日月运行成四时。篆、楷书日、寺，寺是古代官署，有明显意，表示四季变化明显。简体字日、寸，表示日子宝贵，珍惜寸阴。本义是时令季节。

时's original meaning was season. Bone inscriptions show 日, sun, and 之, a foot marching forward, i.e. the four seasons are reflected in the movement of the sun (and moon). Seal and regular scripts have 日 (sun) and 寺 (governmental body, implying significant, obvious), i.e. seasonal changes are distinct. The simplified form has 日 (day) and 寸 (a short period of time), i.e. time is precious, one should cherish it.

① 季节 season：～令 season ② 时间 time：～空 time and space｜平～ usually ③ 当代的；当前的 modern; contemporary：～事 current affairs ④ 时辰；小时 hour：三～ 3 o'clock ⑤ 时机 opportunity：及～ in the nick of time ⑥ 经常 frequently：～常 frequently ⑦ 有时候 sometimes：～隐～现 sometimes obvious; sometimes not

shí/zhì 识（識）

会意字。金文“音”指声音，“戈”是兵器，表示语音和刻记能使人知道涵义。篆、楷书“言”像张口说话，“戠”有标志、记号义，表示语言使人得知事物。简体字讠、只，表示只需语言就让人知道。本义是知道。

识 means know. In bronze inscriptions, it consists of 音, sound, and 戈, a pointed weapon, i.e. sounds and markings are means of conveying messages. Seal and regular scripts have 言, speech, and 戠, marks, symbols, i.e. language as a medium of knowledge. The simplified form comprises 讠 (speech) and 只 (single, only), i.e. language alone is sufficient for passing on knowledge.

❶ shí ① 认得；知道 know：～字 literate ② 见解；知识 knowledge：常～ general knowledge ❷ zhì ① 记住 remember：博闻强～ have encyclopedic knowledge ② 记号；标志 mark; symbol：标～ mark; trademark shí

实（實）

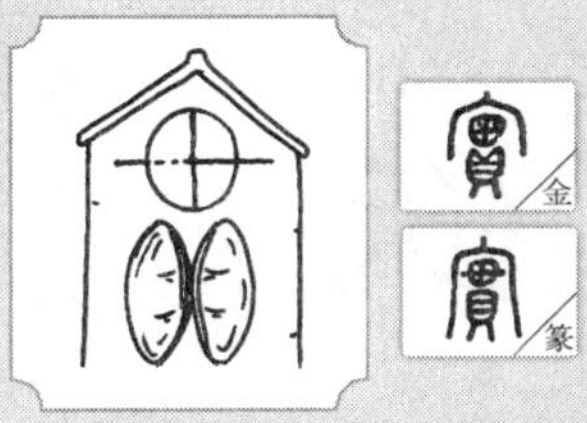

会意字。“宀”像房屋，“贯”指成串钱币，表示家中堆满钱财。简体字宀、头，表示像房屋和头脑那样充实。本义是充满。

实 means full of. It is composed of 宀, house, and 贯, a string of coins, i.e. a house full of money. The simplified form has 宀 (house) and 头 (head), i.e. a full house or a full head.

① 满；不空 full：～心 solid｜充～ fruitful; no time wasted ② 真；不假 true; genuine：～话 truth｜确～ with certainty; indeed ③ 客观存在的 objective：事～ fact｜～际 practical; pragmatic ④ 果实 fruits：春华秋～ literary talent and moral integrity

shí

拾

会意字。“扌”像手，“合”像器皿和盖子，有凑到一起义，表示拾取东西时手与物凑合在一起。本义是捡起来。

拾 means to pick up. It is composed of 扌, hand, and 合, which depicts a container and its cover, i.e. picking sth up brings hands and object into contact.

① 从地上捡起来 pick up：～金不昧 not pocket the thing that one finds ② 收拾 tidy up：～掇 tidy up; repair ③ 数目字“十”的大写 formal version of 十 (ten)

shí

食

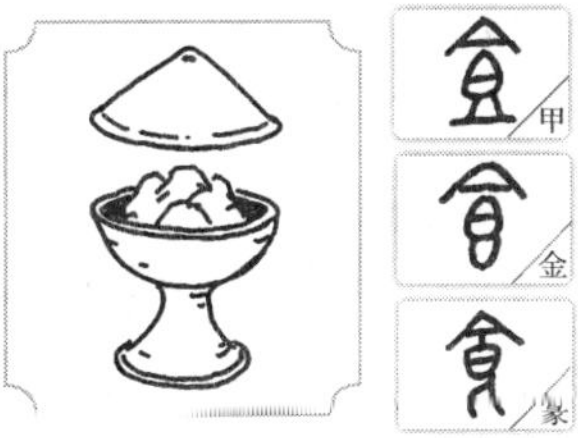

象形字—会意字。古文字像食器，表示吃或吃的东西。楷书人、良，良即好，对人来说，最重要、最好的东西是食物。本义是吃，也指吃的东西。

食 means eat, food. The character resembles an ancient food utensil, i.e. to eat, or food eaten. Regular script shows 人 and 良; the latter means good, which emphasizes the importance of food.

① 吃 eat：吞～ swallow｜废寝忘～ so engrossed in doing sth that one forgets to eat and sleep; hardworking ② 吃的东西 food：素～ vegetarian food｜面～ food made of wheat ③ 日月亏蚀 eclipse：日～ solar eclipse｜月～ lunar eclipse

shí

蚀（蝕）

会意字。篆书“虫”像虫，“食”像食皿，“人”像人，表示虫蛀蚀人的东西，食（shí）兼表声。楷书“𩙿”（饣）像食器，“虫”像虫，表示虫蛀物。蝕简化为蚀。本义是虫蛀物。

蚀's original meaning was damaged by insects. In seal script, it consists of 虫, worm, insect, 食（shí）, food utensil, and 人, man, i.e. man's resources attacked by insects. 食（shí）also represents pronunciation. Regular script has the components 𩙿（饣）, food, and 虫, insects, i.e. food eaten by insects. 蝕 has been simplified to 蚀.

① 虫蛀；损害 be damaged by insects; damage：侵～ corrode; erode｜腐～ corrode ② 日、月亏缺的现象 eclipse：日～ solar eclipse｜月～ lunar eclipse

shǐ 史

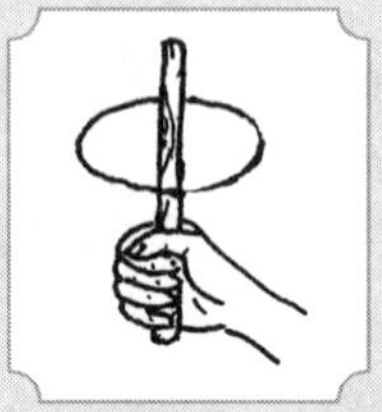

会意字。“中”指中正，“又”像手，表示史官执笔记史应不偏不倚。本义是掌管记载史事的官。

史's original meaning was an historiographer or official historian in ancient times. It is composed of **中**, the middle finger, and **又**, hand, i.e. someone who writes the middle course, not taking sides.

① 古代掌管记载历史的官 historiographer; official historian：太～ Grand Scribe; official historian｜内～ historiographer; official historian ② 历史 history：～学 historiography｜～料 historical material｜～无前例 first time in history ③ 姓 a family name

shǐ 矢

象形字。像箭，勾画出箭镞、箭杆、尾羽。本义是箭。

矢 means arrow. The character resembles an arrow, depicting the arrowhead, stem and tail.

① 箭 arrows：弓～ bow and arrow｜众～之的 target of public criticism｜有的放～ have an objective in mind ② 发誓 swear：～志 pledge one's devotion (to sth)｜～口否认 firmly deny

shǐ 使

会意字。甲、金文像手持可盛简策的容器，表示派遣、命令。篆、楷书“亻”像人，“吏”指官员，表示官员派遣人。本义是派遣。

使's root meaning is dispatch. In bone and bronze inscriptions, it resembles a hand holding a container for texts on bamboo slips, i.e. to dispatch, order. Seal and regular scripts have **亻**, man, and **吏**, official, i.e. to dispatch officials.

① 派遣 dispatch：～唤 order; command｜指～ instigate ② 令；让 make：～人兴奋 make people excited ③ 用 use：～劲 use strength｜好～ user-friendly; work well ④ 奉使命办事的人 people on a mission：大～ envoy｜特～ special envoy ⑤ 假如 if：假～ if｜即～ even if

S

shǐ 始

会意字。“女”像女子，表示女子刚怀孕；“台”像开口发出笑声，表示女子怀孕心中高兴。本义是女子刚刚怀孕。引申为开始、最初。

始 originally signified a woman in the initial stage of pregnancy, then later, it meant beginning, starting. It consists of **女**, woman, i.e. a woman in the initial stage of pregnancy; and **台**, which looks like a person laughing with mouth wide open, i.e. a happy expectant mother.

事情的开头；最初 beginning; start：开～ begin; start｜有～有终 carry sth through to the end｜自～至终 from start till finish; from beginning to end shǐ

驶

（駛）

会意字。“馬”（马）像马，表示马行疾速；篆书“吏”指官员，楷书“史”指史官，表示古时骑马者以官员居多。駛简化为驶。本义是马行疾速。

驶 originally meant (of a horse) gallop. 馬（马）is horse, i.e. a galloping horse. In seal script, the component 吏 means an official, while in regular script, 史 refers to official historian, i.e. in ancient times, horses were mostly ridden by officials. 駛 has been simplified to 驶.

① 车船马等快速行走 (carts, boats, horses etc) moving at speed：奔～ gallop; move quickly｜行～ (vehicles) travel ② 操纵车船等 drive：驾～ drive

shǐ

屎

会意字。甲骨文像人在大便。篆、楷书“尸”像人蹲着大便，“米”像稻米，表示米经消化后变成粪便。本义是粪便。

屎 means excrement. In bone inscriptions, it resembles a man defecating. Seal and regular scripts have 尸, which resembles a man squatting to defecate, and 米, rice grains, i.e. rice digested and expelled.

① 粪；大便 excrement：拉～ defecate; move one's bowels｜狗～ dog dung ② 耳朵、眼睛等器官的分泌物 secretion：耳～ ear secretion (earwax)｜眼～eye secretion

shì

士

象形字。像斧子，表示使用斧头的是男子。本义是男子。

士's root meaning is man, male. The character originally depicted an axe, males being wielders of axes.

① 对知识分子的统称 term for intellectuals：～林名～ literati; sb famous for his literary talent｜～农工商 literati, farmers, artisans and merchants ② 军人 soldier：～兵 private ③ 军衔的最低一级 officer：上～ sergeant｜下～corporal ④ 指某些专业人员 used for some professionals：护～nurse｜医～doctor ⑤ 对人的敬称 respectful terms of address：勇～ brave, courageous man｜女～lady

shì

氏

象形字。像种子萌芽生根。本义是根柢。引申为姓氏字。

氏 originally signified plant roots, later, by extension, a family name. The character resembles a seedling.

① 姓 a family name：姓～ family name｜李～兄弟 the Lee brothers ② 过去称已婚妇女，加在父姓之后或夫姓父姓双姓之后 formerly used after a married woman's maiden name：张～Mrs Zhang｜王张～Mrs Wang-Zhang

shì 示

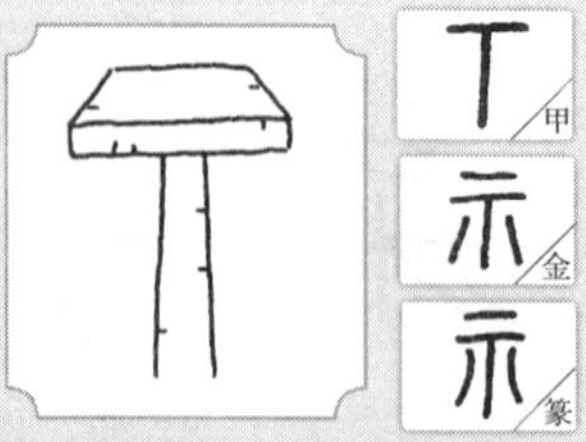

象形字。甲骨文像祭神或祭祖的供桌，表示显示。金篆楷增一横代表祭品，两斜画表示祭桌的支脚。本义是显示，让人知道。

示 originally meant to show, exhibit to let others know. In bone inscriptions, it depicts an altar, i.e a place where things are displayed. In bronze inscriptions, seal and regular scripts, a horizontal stroke and two slanted strokes are added to represent offerings and the legs of the altar.

把事情告诉人或给人看 make known (sth)：显～display; exhibit; show | 展～exhibit | ～范 demostrate

shì 世

会意字。古文字像三根系结的绳，表示三十年。楷书将三个结连为一横。本义是三十年。引申为一辈子。

世's original meaning was thirty years, later, by extension, a lifetime. In the ancient form, it depicts three knotted ropes, suggesting three years. In regular script, the three knots are represented by a horizontal stroke.

① 一辈子 entire life：永～不忘 never forget | 今生今～ this entire life ② 一代又一代 generation after generation：～袭 hereditary | ～交 old family friends ③ 时代 generation; times：近～ modern times | 盛～ heyday; flourishing age ④ 世界；社会 world; society：～事 affairs of human life | 举～闻名 world-famous

shì 市

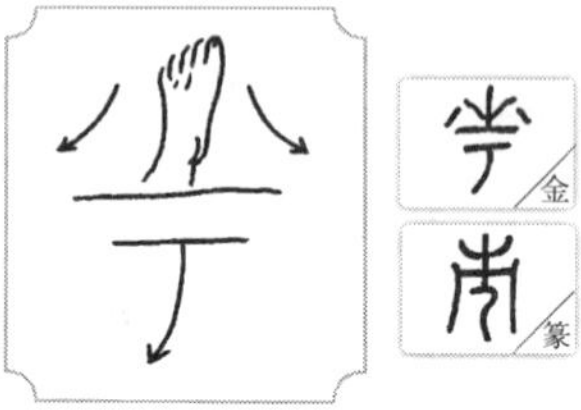

会意字。金文像脚（之），及呼气（兮），表示买卖双方前往的市场。篆书"之"像脚，"冂"像门框，"乙"指二，表示将有多余之物拿去市场卖掉。楷书亠、巾，像张开的双臂和悬挂的布巾，表示人们作买卖的集市。本义是做买卖的固定场所。

市 originally meant market. Bronze inscriptions depict a leg（之）and a man exhaling（兮）, i.e. hastening to market. Seal script has 之, a leg, 冂, a door frame, and 乙, two, symbolizing extra things that can be taken out and sold at market. In regular script, 亠 looks like open arms and 巾 depicts a hanging cloth, i.e. a market stand.

① 集中做买卖的场所 market：～场 market | 集～ market ② 买卖；交易 trade; business：开～conduct the first transaction of the day ③ 城市 city：～容 appearance of a city | ～民 citizen ④ 行政区划单位 administrative units; city：上海～ Shanghai city

shì 式

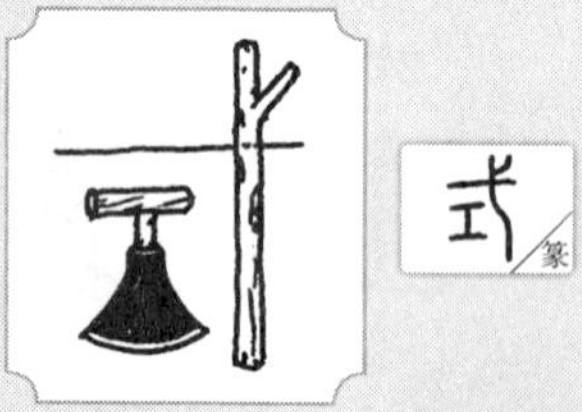

会意字。"工"像斧头，指工匠，"弋"像界桩，有明确意，表示工匠建造东西的明确样子。本义是样子。

式 originally meant appearance. It consists of 工, an axe, symbolizing a craftsman, and 弋, a boundary marker, implying precision and clarity, i.e. the appearance of the thing precisely replicated by a craftsman.

① 样子 appearance：～样 style; type; model | 新～ new style, type, model ② 规格；标准 format; standard：格～format | 程～ formula; pattern ③ 典礼 ceremony：开幕～ opening ceremony | 阅兵～ military parade

shì

事

会意字。甲、金文像手持捕猎器具，表示从事打猎。楷书"⺕"像手，"一"指始终，"中"指公正，表示有始有终、公正地办事。本义指从事打猎。泛指事情。

事 originally signified hunting; it is now used to mean affairs, matters in general. Bone and bronze inscriptions depict a hand holding an animal trap, i.e. hunting. In regular script, ⺕ depicts a hand, 一 denotes beginning and end, and 中 means the middle, symbolizes justice, i.e. matters handled thoroughly and justly.

① 事情 things; matters：公～ public affair; official duty | 好～ good news ② 事故 accident; mishap：出～ accident, mishap has happened ③ 职业；工作 occupation; work：～业 career | 谋～work ④ 从事 work：共～ work together; be colleagues

shì

势

（勢）

会意字。"力"像农具，有力量、权势义；"埶"有种植义，表示权势是人培植起来的。简体字执、力，表示握有权力。本义是权力、势力。

势's root meaning is authority, influence. It consists of 力, a farming tool which suggests force and power, and 埶, manage or cultivate, i.e. nurturing power and authority. The simplified form has 执 (hold on to) and 力 (power), i.e. to hold the power.

① 力量；威力；权力 force; power; authority：～力 influence | 权～ power and authority ② 状态或趋向 outlook; prospect：形～ situation; prospect | 局～ situation; prospect ③ 姿态 posture; attitude：手～ gesture | 姿～ posture

shì

侍

形声字。亻表意，像人，表示侍奉人；寺（sì）表声，寺指古代官府，又指宫廷内侍，在官府或宫廷任事者须侍奉上级官员或皇上。本义是陪伴、侍候。

侍 means to accompany, wait on. 亻 is semantic, it represents a man, i.e. wait on others. 寺（sì）is phonetic, and refers to official premises in ancient times as well as attendants of the inner palace, i.e. those who wait on superiors or the emperor.

陪伴；照料 accompany; wait on; serve：～奉 wait on; serve | ～卫 guard | 服～ wait on; serve

shì

饰

（飾）

会意字。"人"像人，"巾"像布巾，"食"像食器，表示人打扮貌美，如食物经烹调味美，食（shí）兼表声。飾简化为饰。本义是妆饰、打扮。

饰 means embellish, dress up. It consists of 人, man, 巾, cloth and 食（shí）, an eating utensil, which is phonetic, i.e. a well-dressed person like a delicacy. 飾 has been simplified to 饰.

① 装点；打扮 embellish; dress up：装～ embellish; decorate | 修～ renovate ② 装饰品 accessory：首～ jewelry | 衣～ clothing accessories ③ 遮掩 conceal：掩～ hide; conceal | 文过～非 conceal one's wrongdoings

S

shì 试 (試)

形声字。言（讠）表意，像张口说话，表示通过察言、观行来定其用；式（shì）表声，式有程式义，表示遵循相关的程式使用。試简化为试。本义是使用。引申为试用。

试 means to use, employ, then later extended to mean try using (sth). It contains the semantic element, 言（讠）, speech, and 式（shì）, formula, as phonetic, i.e. employ people according to their speech and behavior, as well as by formulaic rules . 試 has been simplified to 试.

① 试用；试做 try using; doing (sth)：～用 try using (sth) | 尝～ try ② 考试；测验 examination; test：～卷 test paper | 口～ oral examination

shì 视 (視)

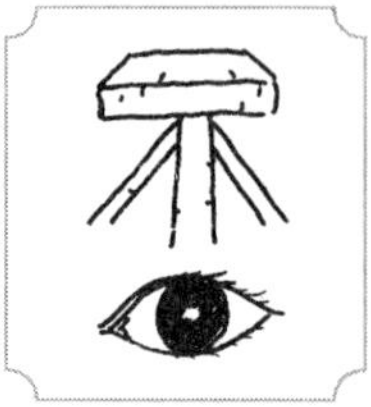

会意字。甲骨文“目”像眼睛，“示”像祭桌，表示看，示（shì）兼表声。金文“見”像人睁眼看，“氏”指根柢，有彻底意，表示看清事物，氏（shì）兼表声。篆、楷书見（见）、示，表示看见；示（shì）兼表声。視简化为视。本义是看。

视 means see, watch. Bone inscriptions show 目, eye, and 示（shì）, an altar, which is phonetic, i.e. to see, observe sacrificial procedures. Bronze inscriptions contain 見, looking with wide-open eyes, and 氏（shì）, clan or root, as phonetic, i.e. observation gets to the root of the matter. In seal and regular scripts, 見（见）means see and 示（shì）, exhibit, is phonetic. 視 has been simplified to 视.

① 看 see; watch：～力 vision ② 察看 observe：～察 observe ③ 看待 treat：轻～ look down on; take sth lightly | 重～ regard as important

shì 柿

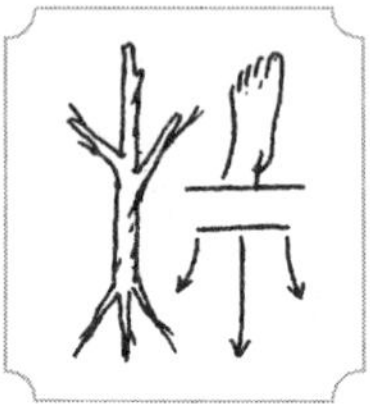

形声字。木表意，像树，表示柿子树；市（shì）表声，市有市场义，表示柿子能在市场上出售或买到。本义是柿子树。

柿 signifies the persimmon tree. It is composed of 木, a tree, and 市（shì）, market, as phonetic, i.e. a marketable fruit.

柿子树，果实叫柿子，可以吃 persimmon tree：～饼 dried persimmon

S

shì 拭

形声字。扌表意，像手，表示用手擦去；式（shì）表声，式有方式义，表示擦拭物品应依次有序。本义是擦。

拭 means wipe. It contains 扌, hand, as semantic, and 式（shì）, way, means, as phonetic, i.e. wipe is a method that uses the hands.

擦；揩 wipe：～泪 wipe the tears away | ～目以待 wait expectantly

shì

是

会意字。“日”像太阳，“正”像脚对着目的地，表示日光下所见及方向正确。本义是正确。

是 means correct. It is composed of 日, sun, and 正, which depicts feet directed towards a destination to represent straight, regular; hence, the sun illuminating the correct direction.

① 对；正确 correct：～非 rights and wrongs | 一无～处 (sb) devoid of any merit; worthless person ② 判断词 copula; linking verb：浑身～胆 be full of courage ③ 助词 auxiliary word：惟命～从 be at sth's bidding | 惟利～图 put profits before anything else

shì

适

（適）

会意字。“辶”（辵）像路和脚；篆书“啻”有是、正义，表示动身前往，方向和目的地要正确；楷书“啇”指生物的基趾部位，表示用脚前往。简体字辶、舌，表示前往的方向和说话的内容适当。本义是前往。

适 means to head for (a place). 辶（辵）depicts a path and foot. 啻 in seal script denotes correct, regular, i.e. getting direction and destination correct before proceeding on a journey. 啇 in regular script refers to the foot or bottom part of living things, i.e. set off on foot. The simplified form has 辶and 舌 (tongue), i.e. the destination matching the description.

① 去；往 head for; go to：无所～从 clueless about what to do ② 切合 suitable; apt：～用 suitable; apt for use ③ 正好 at the right time：～逢 timely encounter ④ 舒服 comfortable：舒～ comfortable ⑤ 刚才 just now：～才 a moment ago

shì

恃

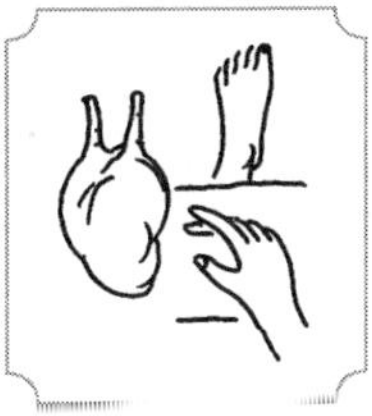

形声字。忄表意，像心脏，表示心中有依靠；寺（sì）表声，寺指官署，表示有官员可依靠、倚仗。本义是依靠、依仗。

恃 means to depend, count on. It is composed of a semantic element, 忄, heart, and 寺（sì）, official premise, as phonetic, i.e. the heart counting on official support.

依靠；依仗 depend; count on：有～无恐 one has nothing to fear because one has a strong backing

shì

室

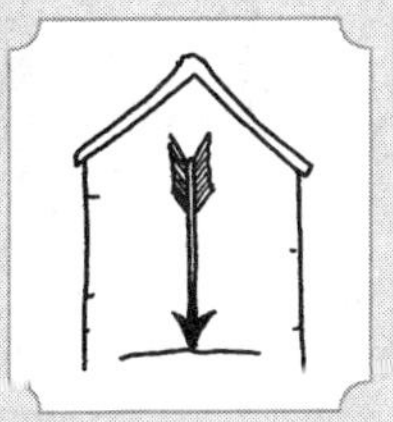

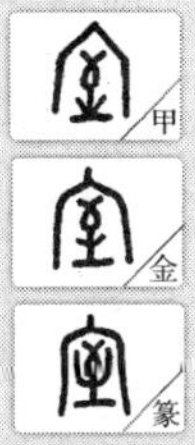

会意字。“宀”像房子，“至”像箭落到地面，表示人的止息处。本义是居室、卧室。泛指屋子、房间。

室's core meaning was a chamber; then later, by extension, houses, rooms in general. It contains 宀, house, and 至, an arrow falling to the ground, i.e. a resting place.

① 屋子；房间 house; room：～内 indoor | 教～ classroom ② 单位内的部门 department：科～ administrative office | 诊～ consultation room | 资料～ reference room

shì

逝

会意字。“辶”（辵）像路和脚，“折”有断义，表示去而不回。本义是往，离开。

逝 means go to (a place), leave. It is composed of 辶（辵）, a path and foot, and 折, which denotes break, i.e. make a clean break, not to return.

① 过去；消失 past; disappear; vanish：消～ fade away; vanish | 岁月流～ time passes, elapses | 稍纵即～ transient ② 人去世 (man) die; pass away：～世 die; pass away | 病～ pass away due to illness

shì

释

（釋）

会意字。“釆”像兽爪，“睪”指目视、侦察，表示通过辨识和侦察才能解开。釋简化为释。本义是解开。

释 means to loosen, undo. It consists of 釆, animals' claw, and 睪, which suggests observe, investigate, i.e. only with observation and investigation can it be clawed loose. 釋 has been simplified to 释.

① 说明；解说 clarify; explain：解～ explain | ～义 explain the meaning (of words, phrases etc) ② 消除 eliminate; remove：～疑 clear the doubts | 涣然冰～ disappear; vanish ③ 放开；放下 let go; put down：～放 release; set free | 爱不～手 like (sth) so much that one cannot let go of it

shì

嗜

会意字。“口”像张开的口，“耆”像老人及口含美食指嗜好，表示习惯于一种喜好。本义是喜好、爱好。

嗜 means to have a liking for, be addicted to. It consists of 口, an open mouth, and 耆, which represents an old man with delicious food in his mouth, i.e. an addiction, a penchant for sth.

特别爱好 be addicted to：～好 hobby; addiction; habit | ～书如命 passionate about reading

shì

誓

会意字。“言”像张口说话，表示誓言；“折”像用斤（斧）砍断草木，表示言出如折。本义是誓言。

誓 means oaths, pledges. The character contains 言, talk, and 折, which depicts an axe for felling plants（斧）, i.e. pledges, like felled plants, cannot be undone.

① 表示决心 determination：～言 determine; promise | ～不罢休 never give up until one's goal is achieved; persevere ② 表明决心的话 promises; oaths：发～ make a promise | 宣～ make an oath | 海～山盟 pledge of love

S

匙 84页

shōu 收

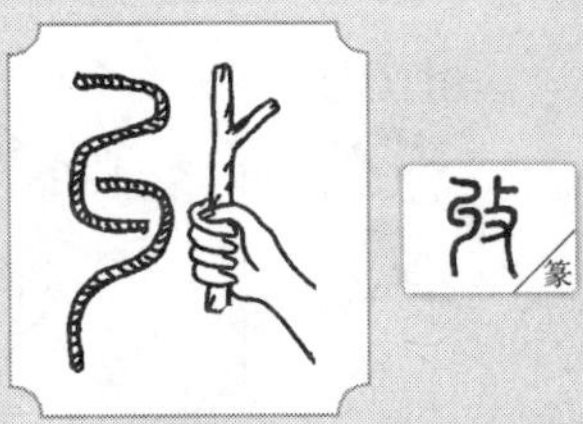

会意字。“攴”（攵）像手持棒，“丩”像绳子纠结，表示拘捕犯人。本义是拘捕。

收's root meaning is to arrest, take into custody. It consists of **攴（攵）**, a hand holding a stick, and **丩**, a tangled rope, i.e. the tools for making an arrest.

① 拘捕 arrest; take into custody：～押 take into custody; detain｜～监 take into custody; put behind bars ② 聚拢 gather; amass; collect：～集 collect｜～藏 collect ③ 取回；招回 recall; summon：～回 take back｜～兵 withdraw troops ④ 获得 achieve; get：～获 gain｜～效 yield results ⑤ 接到；接受 receive; accept：～信 receive a letter｜接～ accept; receive ⑥ 结束 end：～工 knock off; end a day's work｜～尾 wind up; end

shǒu 手

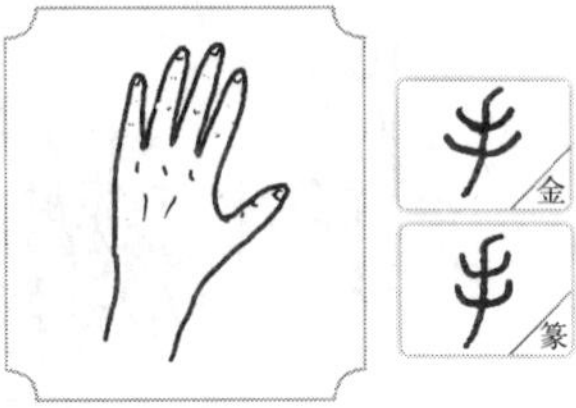

象形字。像手。本义是人的手。

手 depicts and means hand.

① 腕以下的部分 hand：～掌 palm｜～指 finger ② 亲手 personally：～书 personal letter｜～稿 manuscript ③ 有某种技能的人 sb with an expertise：水～ sailor｜鼓～ drummer ④ 便于手拿的 easy to be handled with bare hands：～帕 handkerchief｜把～ handle ⑤ 手段；手法 means and ways; methods：心狠～辣 brutal, inhumane means

shǒu 守

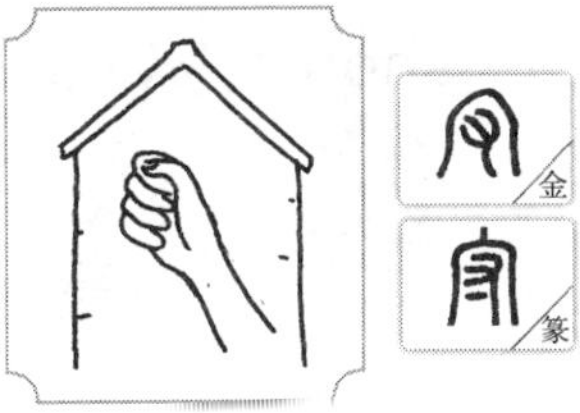

会意字。“宀”像房屋，表示官府，“寸”像手，表示分寸、法度，合指职责、职守。本义是职责、职守。

守's root meaning is duty, responsibility. It consists of **宀**, house, i.e. an official premise, and **寸**, a hand, symbolizing limits or laws; official duties.

① 防御；保卫 defend; protect：～卫 guard; protect｜防～ guard; defend ② 照管；看管 look after：～护 guard; take care of｜看～ look after; guard ③ 遵守；依照 abide by; adhere; follow：～旧～约 be conservative; abide by an agreement ④ 等候 wait：～候 wait｜～株待兔 wait by a tree stump in hopes of catching a hare; refuse to work hard but wait for luck to befall

shǒu 首

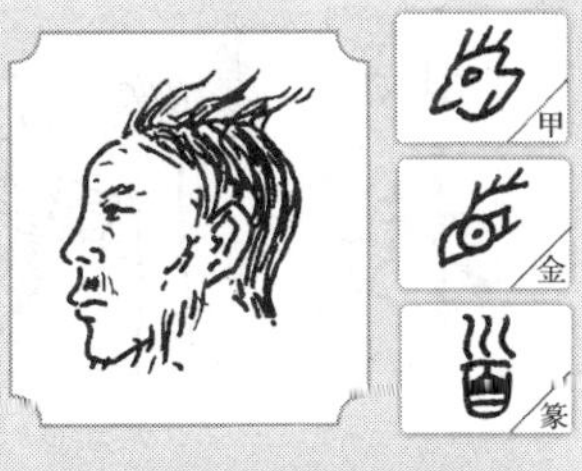

象形字。甲骨文像人的头。金文以头发、头皮和目表示头。篆、楷书将目竖起。本义是头。

首's original meaning is head. Bone inscriptions show a man's head. In bronze inscriptions, the hair, scalp and eyes are added. In seal and regular scripts, the "eyes" are depicted vertically.

① 头 head：斩～ behead; decapitate｜昂～阔步 stride with one's chin up exuding confidence ② 最高领导人；带头的 the one in the highest position; leader：元～ head of state｜～长 leader ③ 第一；最先 first：～先 first; firstly｜～创 unprecedented innovation ④ 出头认罪或告发 turn oneself in：自～ turn oneself in ⑤ 量词，用于诗词、歌曲 measure word used for poems and songs：一～诗 a poem｜三～歌 three songs

S

shòu 寿（壽）

会意字。金文像老人和田地，以老人脸上的皱纹像耕耙过的田地，表示长寿。篆书添“口”，楷书添“寸”，表示长寿者说话和做事有分寸。壽简化为寿。本义是长寿。

寿 means longevity. Bronze inscriptions show an old man and a field, representing the wrinkled brow of old age as a field that is ploughed and furrowed. In seal script, 口 (mouth) is added; while in regular script, 寸 (hand) is added, i.e. old age represented as constraint in speech and behavior.

① 活得岁数大 live to a ripe old age：～星 an elderly person whose birthday is being celebrated｜人～年丰 good harvest and good health ② 年岁；生命 life expectancy：～命 life expectancy｜长～ longevity ③ 生日 birthday：～辰 birthday｜祝～ birthday celebration ④ 装殓死人的 related to funerals：～衣 shroud; cerement

shòu 受

会意字。甲、金文“爪、又”像手，“舟”像船，表示给予或接受。篆、楷书爪、又、冖（覆盖），表示人在交付或接受时，心会被某种情感所覆盖。本义是交付、接受。现只指接受。

受 originally signified to pay, hand over or accept; it now means to accept. Bone and bronze inscriptions have 爪 and 又, both signifying hand, and 舟, boat, i.e. to transfer by hand. Seal and regular scripts have 爪, 又 and 冖 (cover, engulf), the last adding the notion of being engulfed by emotion in the course of a transaction.

① 接收 accept：～礼 receive gifts｜～罚 receive punishment ② 得到；遭到 encounter; meet with：～难 meet with mishaps｜～宠 be pampered ③ 忍耐 bear：忍～ bear｜～不了 unable to stand; bear (sth)

shòu 授

会意字。“扌”像手，“受”像交付或接受东西，表示用手交物使人接受，受（shòu）兼表声。本义是给予、交付。

授 means to give, pay. It contains 扌, a hand, and a phonetic element, 受（shòu）, transact, i.e. giving payment.

① 给；交给 give：～予 confer; award｜～奖 confer; award｜～权 authorize ② 把知识、技艺教给人 impart (knowledge, skills)：～课 teach｜传～ impart｜教～ teach

shòu 售

会意字。“口”像口，表示叫卖；“隹”像鸟，表示捕获的鸟可拿到市场上去；鸟（隹）会飞，表示售出的东西如飞走的鸟。本义是卖出去。

售 means to sell. It is composed of 口, mouth, in this case, implying to peddle, hawk, and 隹, bird, i.e. good sold are like a bird that flies off.

卖 sell：～货 sell goods｜出～ sell; for sale｜零～ retail

shòu

兽

（獸）

会意字。甲、金文“單”（单）像猎具，“犬”像猎犬，表示用猎具和猎犬打猎。篆、楷书加“口”，表示猎物的肉可吃。简体字单（省形）、口，表示打猎得到的兽肉可食。本义是打猎，此义现写作狩。引申指野兽。

兽 originally meant hunting, later represented by 狩. 兽 now means wild beasts. Bone and bronze inscriptions have 單（单）, hunting tool, and 犬, a hound, i.e. tools and hounds used to hunt. 口 (mouth) is added in seal and regular scripts to suggest animals are hunted for consumption. The simplified form has 单 (hunting tool), and 口 (mouth), i.e. hunted for food.

① 有四条腿，全身长毛的野生哺乳动物 four-legged beast：野～ wild beast｜～皮 pelt ② 比喻野蛮 brutal：人面～心 a beast with a human face

shòu

瘦

形声字。疒表意，像病床，表示生病会使人瘦；叟（sǒu）表声，叟指老人，老人大多消瘦。本义是肌肉不丰满。

瘦 means thin. It contains the semantic element 疒, disease, i.e. thinness seen as an illness, and 叟（sǒu）, elderly, as phonetic, i.e. the elderly are usually thin.

① 肌肉不丰满；脂肪少 thin：～弱 thin and weak｜面黄肌～ (sb) pale and thin ② 土地不肥沃 infertile soil：～田 infertile soil ③ 窄小 narrow; tight：裤子～了。The pants have become tight.

shū

书

（書）

会意字。金文、篆书“聿”像手执毛笔，“者”有明显意，表示写出来能让人看了明白。楷书聿、曰，曰像开口说话，表示把话写出来。简体字像手执笔书写。本义是写、记录。

书 means to note, record. Bronze inscriptions and seal script have 聿, which depicts a hand holding a writing brush, and 者, to make known, i.e. express one's thoughts through writing. Regular script contains 聿 (writing) and 曰 (talking), i.e. writing out what one wants to say.

① 写 write; pen：～写 write; pen｜～法 calligraphy ② 成本的著作 book：～籍 book｜～店 bookstore ③ 字体 style of calligraphy：楷～ regular script｜草～ (Chinese calligraphy) cursive writing ④ 信 letter：～信 letter｜家～ letter from home ⑤ 文件 document：证～ certificate｜聘～ employment letter

shū

抒

会意字。“扌”像手，“予”像两个梭子交错，有给义，表示舀出给人。本义是舀出。引申为表达、抒发。

抒 originally meant to spoon, ladle, later, by extension, express (feelings). It consists of 扌, hand, and 予, which depicts two overlapping shuttles, implying to give, i.e. to ladle sth out for sb.

表达；倾吐 express; confide：～发 express｜～情 sentimental; full of emotions｜各～己见 each expresses his own view

shū

枢
（樞）

会意字。“木”像树，表示门上木制的转轴；“區”（区）像物品藏在容器中，简体字以“乂”代表容器中的物品，表示门的转轴插在臼形的凹陷处。樞简化为枢。本义是门上的转轴。

枢's original meaning was a door pivot. It consists of 木, tree, symbolizing a wooden door pivot, and 區（区）, which depicts sth hidden in a container. The simplified form has 乂, representing sth in the container, i.e. like the hinge on a door embedded in the wood. 樞 has been simplified to 枢.

① 门上的转轴 door hinge ② 指事物的中心或重要部分 pivot; main part (of sth)：～纽 hub; pivot; axis | 中～ centre

shū

叔

会意字。像手（又）在拾取地面的豆子（尗），表示捡取。本义是捡取。

叔's original meaning was gather. The character depicts a hand 手（又）picking beans（尗）off the ground, i.e. gather.

①父亲的弟弟；跟父亲同辈而年青的男子 father's younger brother or a young man who is of the same generation as one's father：～父 uncle (father's younger brother), to address a young man who is roughly the age of one's father | 大～ form of address to a much older man ② 丈夫的弟弟 brother-in-law (younger brother of one's husband)：小～子 brother-in-law (younger brother of one's husband) ③ 排行中第三 ranked third：伯仲～季 order of seniority among brothers, i.e. eldest, second, third, fourth

shū

殊

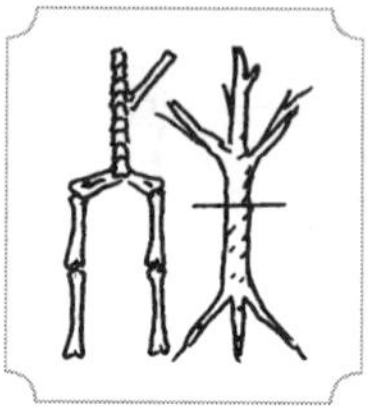

会意字。“歹”篆书像残骨，表示杀死人；“朱”像指出树干，有红色义，表示斩首必鲜血淋漓。本义是斩首。

殊 means to decapitate, behead. The character consists of 歹, which resembles bone remnants in seal script, i.e. to murder sb, and 朱, red, vermillion, i.e. the color of blood.

① 不同；差异 different; difference：悬～ big gap; great disparity | ～途同归 have different intentions but the same goal; all roads lead to Rome ② 特别的 special：特～ special | ～荣 special honor ③ 很；非常 very：～感欣慰 feel very gratified

shū

梳

形声字。木表意，像树，表示梳用木制成；疏（shū）表声，疏有稀疏义，表示梳子的齿比篦子稀疏，空隙较大。本义是梳子。

梳 means a hair comb. It consists of a semantic element, 木, a tree i.e. a wooden comb, and 疏（shū）as phonetic, meaning sparse, i.e. a wooden comb with teeth that are sparser than those of a 篦子 (bizi), a double-edged fine-toothed comb.

① 整理头发的用具 hair comb：～子 comb | 木～ wooden comb ② 用梳子整理头发 to comb：～头 comb the head | ～洗 wash and tidy oneself | ～妆 tidy and dress oneself

S

shū

淑

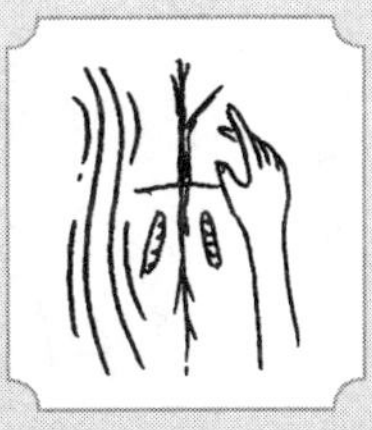

形声字。氵表意，像流水、水珠，表示水清澈；叔（shū）表声，叔像手拾取地上的豆子，表示水清澈能捞取水底的东西。本义是清澈。引申为美好、善良。

淑 originally meant limpid, clear, then later, wonderful, kind-hearted. It is composed of a semantic element, **氵**, water, i.e. crystal clear water and a phonetic element, **叔 (shū)**, to pick up sth, i.e. clear water enables one to easily retrieve an object from beneath.

美好；善良 wonderful; kind-hearted：～女 virtuous woman | 贤～ (woman) virtuous

shū

舒

会意字。"舍"像房舍，"予"指给予，表示给与伸展的空间。本义是伸展、展开。

舒 means stretch, extend. The character contains **舍**, a house, and **予**, to give, i.e. to give one space to stretch out and extend.

① 伸展；宽解 extend：～展 extend | ～畅 comfortable; carefree | ～服 comfortable ② 缓慢；从容 slow and steady：～缓 relax; unhurried ③ 姓 a family name

shū

疏

会意字。左像膝和脚，右像倒过来的孩子与水流，表示畅通。本义是畅通。引申为疏通。

疏 originally meant unimpeded, smooth flowing, then later, to open up, unclutter. Its left component depicts a knee and a foot; the right component shows a child in an inverted position and a flow of water, i.e. smooth joints, unimpeded flow.

① 疏通 to open up; unclutter：～导 dredge; make uncluttered | ～浚 dredge ② 分散 disperse：～散 disperse ③ 稀；空隙大 few and scattered：稀～ few and scattered ④ 关系远；不亲近；不熟悉 distant; unfamiliar：～远 alienated; drift apart | 生～ unfamiliar ⑤ 粗心；不仔细 careless; absentminded：～忽 negligence ⑥ 给皇帝的奏议 a memorial to the emperor：上～ present a memorial to the emperor ⑦ 对旧注的解释 subcommentary：注～ commentary and subcommentary

shū

输

（輸）

会意字。"車"（车）像车，"俞"像舟破浪前行，表示运送。輸简化为输。本义是运送。

输's core meaning is transport, deliver. It consists of **車 (车)**, a cart, and **俞**, a boat advancing in the waves, i.e. to transport (sth). **輸** has been simplified to **输**.

① 运送 transport; deliver：运～ transport; deliver | ～出 export | ～电 transmit electricity ② 注入 inject：～血 blood transfusion | ～液 infusion ③ 败；负 lose; defeat：～赢 wins and losses | ～球 lost a (ball) game | 认～ admit defeat

shū

蔬

形声字。艹（艸）表意，像草，表示蔬菜多是草本植物；疏（shū）表声，疏有轻、不看重义，古人较重视荤菜而轻视蔬菜。本义是蔬菜。

蔬 refers to vegetables. It is composed of a semantic element, 艹（艸）, signifying plants, and 疏（shū）as phonetic, meaning lax, or not to value; the ancients valued meat over vegetables.

可以做菜吃的植物 vegetable：～菜 vegetable｜～果 vegetables and fruits

shú

秫

象形字—会意字。甲骨文像手掐下高粱的穗。篆、楷书“禾”像谷类植物，“朮”是秫的本字，表示高粱，朮（shù）兼表声。秫是高粱。

秫 is Chinese sorghum. Bone inscriptions depict a hand plucking the spike from a Chinese sorghum plant. Seal and regular scripts have 禾, grain, and 朮（shù）, the original form of 秫, as phonetic, i.e. Chinese sorghum.

指有黏性的高粱 Chinese sorghum：～米 Chinese sorghum

shú

赎

（贖）

会意字。“貝”（贝）像贝壳，古代曾用作货币；“賣”（卖）表示用钱财换回抵押品也是一种买卖。贖简化为赎。本义是用财物把抵押品或人身自由换回。

赎 means to redeem, pay ransom. It consists of 貝（贝）, shells, used as currency in ancient times, and 賣（卖）, sell, i.e. payment for goods. 贖 has been simplified to 赎.

① 用财物换回抵押品 redeem; pay ransom：～回 redeem; pay ransom｜～身 redeem oneself (slaves, servants etc) ② 抵销；弥补 atone for：将功～罪 atone for one's misdeeds by good

shú

熟

会意字。“灬”古文字像火焰，“孰”是熟的本字，表示用火烧熟，孰（shú）兼表声。本义是食物煮熟。

熟 means cooked food. The character consists of 灬, which originally depicted flames, and a phonetic element, 孰（shú）, the original form of 熟 (cooked), i.e. to cook sth over flames.

① 食物煮好可吃 cooked：～食 cooked food｜～菜 cooked food; prepared food ② 庄稼、瓜果等长成了 (of crops, fruits) ripe：麦子～了。The grains have ripened.｜瓜～蒂落 a melon falls when it is ripe ③ 加工过的 processed：～铁 wrought iron ④ 经常接触而了解 well acquainted：～人 familiar person｜～悉 familiar ⑤ 程度深 deeply：～睡 deep sleep｜深思～虑 deep thought

S

shǔ

暑

会意字。“日”像太阳，“者”像火烧木、口有食，是煮的初文，暑以太阳和烧煮表示炎热。本义是炎热。

暑 means hot. It is composed of 日, sun, and 者, the original form of 煮 (cook), which depicts burning wood and a mouth with food, i.e. heat for cooking.

天气炎热；盛夏 hot weather; mid-summer：～天 hot summer days | ～假 summer holidays | 中～ heatstroke

shǔ

黍

会意字。甲骨文像黍、水，金文、篆书像禾、水，表示黍可酿酒。楷书禾、人、水，表示黍是粮食植物，可供人食用和酿酒。黍是一种粮食作物。

黍 is panicled (common) millet. In bone inscriptions, the character depicts millet and water, and in bronze inscriptions and seal script, grain and water, i.e. millet can be made into beer. Regular script has 禾 (grain), 人 (man) and 水 (water), i.e. grain that can be eaten directly, or made into beer.

谷物之一，子实叫黍子，去壳后叫黄米，有黏性，可酿酒 panicled millet, also called common millet or broomcorn

shǔ

署

会意字。“罒”（网），像网，表示布置网捕鸟；“者”像火烧木、口含食，者是煮的初文，表示捕到的鸟可煮来吃。本义是布置网捕鸟。泛指布置、安排。

署 means set up, arrange. It is composed of 罒（网）, a net, and 者, the original form of 煮 (cook), i.e. arrange a net to catch birds to cook.

① 布置；安排 set up; arrange：部～ deploy (military forces) ② 某些办公机关 office：海关总～ marine headquarters ③ 签名 to sign; signature：～名 to sign; signature | 签～ to sign

shǔ

蜀

象形字。甲骨文像一条虫。金篆楷像一大一小两条虫。本义为蛾蝶类的幼虫。

蜀 originally represented a larva. In bone inscriptions, the character depicts a worm. Bronze inscriptions, seal and regular scripts depict both big and small worms.

① 蜀汉，三国之一，刘备所建 Shuhan, one of the Three Kingdoms, founded by Liu Bei ② 四川的别称 another name for Sichuan Province：～锦 Sichuan brocade

S

属 866页

shǔ

鼠

象形字。像老鼠，突显鼠的利齿、前后爪和尾巴。本义是老鼠。

鼠 means a mouse. It depicts a mouse with sharp teeth, front claws and tail.

哺乳动物，通称老鼠，又称"耗子"。体小尾长，门齿发达，繁殖力强，多在夜间活动，会传染疾病 a mouse：～疫 mouse plague｜胆小如～ as timid as a mouse

shǔ/shù

数

（數）

会意字。"攴"（攵）像手持棒，表示敲拨手指计数；"婁"（娄）有空义，表示心中空无杂念才能计算准确。數简化为数。本义是计算。

数 means to calculate, count. It consists of 攴（攵）, a hand holding a stick, i.e. to count by tapping one's fingers; and 婁（娄）, empty, i.e. a clear mind for counting. 數 has been simplified to 数.

㊀ shǔ ① 点数计算 count; calculate：屈指可～ so few that one can count them on the fingers ② 列举过错；责备 recount mistakes; reprimand：～落 reprimand; reprove｜～说 enumerate ③ 比较起来最突出 outstanding：～一～二 the very best

㊁ shù ① 数目 quantity：人～ number of people｜次～ number of times ② 几；几个 number; quantity：～样 a few types｜～年 a few years

shǔ

薯

形声字。艹表意，像草，表示薯是草本类植物；署（shǔ）表声，署指官署，有大意，表示薯类植物的地下块根肥大。本义是块根或块茎可以吃的草本植物的统称。

薯 refers to tuberous crops. The character contains a semantic element, 艹, signifying plant, and a phonetic element, 署（shǔ）, a large official building, i.e. a plant with large fleshy roots and stems.

薯类作物的统称 tuberous crops：甘～ sweet potatoes｜马铃～ potatoes

shǔ

曙

形声字。日表意，像太阳，表示日将出，天刚亮；署（shǔ）表声，署本指布置、安排，表示天一亮就可布置、安排工作了。本义是天刚亮。

曙 means dawn. 日, sun, is semantic; 署（shǔ）, set up or arrange, represents pronunciation; dawn or sunrise is when the day's duties are arranged.

天刚亮 dawn：～光 the first rays of dawn

shù/zhú

术

（❶術）

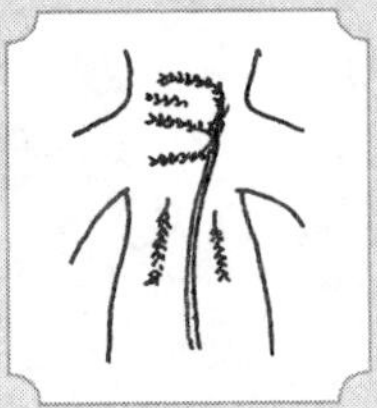

形声字。行表意，像十字路口，表示道路；术（shù）表声，术本指高粱，高粱长在地上，表示道路筑于地上。術简化为术。本义是道路。

术's original meaning was a pathway. It is composed of 行, path or crossroads, as the semantic element, and（shù）, Chinese sorghum, as phonetic. Chinese sorghum grows on the ground; paths are built along the ground.

❶ shù ① 技术；技艺 skills; techniques：算～ mathematics | 艺～ the arts | 不学无～ devoid of knowledge and skills; ignorant and incompetent ② 方法；策略 means; method; strategy：权～ political stratagems | 法～ magic arts | 战～ military stratagems ❷ zhú 植物名 botanical term：白～ a plant named atractylodes lancea | 苍～ a plant named atractylodes lancea

shù

束

会意字。像用绳子将木柴捆扎起来。本义是捆缚。

束 means to tie up, to bundle. The character shows a bundle of wooden sticks.

① 捆；绑 tie up; bundle up：～腰带 tighten the belt | ～之高阁 put sth aside and ignore it ② 受到限制 constrain：～缚 fetter; restrain; restrict | 约～ restrain; restrict ③ 聚成一条的东西 bundle (of sth)：光～ light beam | 波～ beam ④ 量词，用于扎成捆的东西 measure word, bundle：一～鲜花 a bouquet of flowers

shù

述

形声字。辶（辵）表意，像路和脚；术（shù）表声，术是術（道路）的省文，表示人走路要遵循道路，叙述事情要遵循事理。本义是遵循。基本义是陈说、叙述。

述 means narrate. It is composed of a semantic element, 辶（辵）, a path and a foot, and 术（shù）, a simplified form of 術 (pathway), as phonetic; to follow a narrative is like walking along a path.

陈说；讲 narrate; say：～说 narrate; describe | 口～ describe verbally | 描～ describe

shù

树

（樹）

会意字。“木”像树，“尌”像用手在盆中植树，尌（shù）兼表声。简体字表示双手（又、寸）植树（木）。本义是栽种。引申指树木。

树 originally meant to plant, grow, then later, a tree. It consists of 木, tree, and a phonetic element, 尌（shù）, which depicts sb planting a tree in a flower pot. The simplified form shows two hands (又 and 寸) planting a tree (木).

① 种植；培养 plant; cultivate：十年～木，百年～人。It takes ten years to cultivate a tree, but hundred years to cultivate a person. ② 木本植物的通称 generic term for plants：～林 forest | ～叶 leave ③ 建立；树立 establish; build：建～ contribution | 独～一帜 develop a school of one's own shù

竖

（豎）

会意字。“臤”指牢固，篆书“豆”像食器，楷书“立”像人站立，表示牢固地竖立。简体字像手（又）直立两根柱子。本义是直立。

竖 means erect, vertical. 臤 means secure; seal script has 豆, a food container; regular script has 立, a man standing, i.e. vertical items, securely upright. The simplified form resembles a pair of hands（又）setting two poles upright（立）.

① 直立的；垂直的 vertical：～立 erect｜～写 write vertically ② 汉字笔画名称，指从上到下的直画 a vertical Chinese brush stroke

shù

恕

会意字。“心”像心脏，“如”像女子和口，有依照、顺从义，表示体谅别人的心。本义是体谅。引申为原谅。

恕 originally signified empathize, understanding, then later, to forgive. It consists of 心, heart, and 如, which shows a woman and a mouth, implying conformity, i.e. show consideration for others' feelings.

① 原谅；宽容 forgive; be magnanimous：～罪 pardon sb's crime｜饶～ forgive; be magnanimous｜宽～ forgive; be magnanimous ② 请人原谅 ask for forgiveness：～难从命 I regret that I am unable to comply with your wishes.｜～无招待 We regret that we are unable to attend to you.

shù

庶

会意字。甲、金文“石”像山崖下有石块，“火”像火焰，表示用火烧石头，再把烧红的石头放在水中煮东西。篆、楷书“广”像屋子，“廿”指二十，有众多意，“火”（灬）表示在屋里用火烧红石子煮食物。本义是用火燃石而煮。引申为众多。

庶's original meaning was to cook with hot, burning stones; later it came to mean many, a lot. In bone and bronze inscriptions, 石 signifies rocks and 火 represents flames, i.e. cooking with hot stones. Seal and regular scripts have 广 (house), 廿 (twelve, suggesting many) and 火（灬）, i.e. providing heat in the house with many hot stones.

① 众多 many; a lot：～务 general affairs｜富～ rich and prosperous ② 老百姓 civilian：～民 civilian; the people

shù

墅

会意字。像农田、土块和梭子交错，表示郊外简陋的房子。本义指乡间简陋的房子。

墅's original meaning was a simple house in the countryside. The character depicts fields（田）, clay （土）, materials for house construction, and a weaver's shuttle（梭）, i.e. simple houses on clay with woven walls.

别墅，在郊外或风景好的地方修建的供休闲的住所 villas

S

数 600页

shù 漱

会意字。“氵”像流水、水珠，“欶”有吮吸义，表示吮吸水漱口。漱是含水清洗口腔。

漱 means rinse (with water), gargle. It is composed of 氵, water, and 欶, to suck, i.e. suck water into one's mouth in order to gargle.

含水清洗口腔 rinse; gargle：～口 rinse; gargle

shuā 刷

会意字。“尸”像坐着或卧着的人，指继位人代表祖先坐着或卧着接受祭拜，表示祭祀前大扫除；“巾”像布，表示用布揩拭；“刂”像刀，表示用刀刮去污垢。本义是清扫、清除。

刷 means to clean up, remove. 尸 depicts a man sitting or crouching on the occasion of a cleaning ceremony in which he accepts offerings from his predecessor as he assumes office. 巾 signifies cloth, i.e. to wipe with a cloth. 刂 is a knife, suggesting scraping off the dirt with a knife.

① 用刷子清除或涂抹 clean or scrub with a brush：～牙 brush the teeth｜～洗 wash and scrub｜粉～ whitewash ② 刷子 brush：牙～ toothbrush｜板～ brush used for scrubbing ③ 淘汰 eliminate：被～ be eliminated

shuǎ 耍

会意字。“而”像颊须，“女”像女子，表示用颊毛戏弄女子。本义是戏耍。

耍 signifies make fun of, tease. It is composed of 而, beard, and 女, woman, i.e. tease a woman with one's beard.

① 玩弄；戏弄 tease; trick：～弄 to fool; trick｜不要～人。Do not tease others. ② 游戏；玩 play：玩～ play ③ 施展 show; exhibit; perform：～笔杆 good at literary tricks; wield a pen｜～手段 resort to trickery｜～威风 throw one's weight about

shuāi 衰

象形字。篆书像用草编成的一件雨衣，勾画出衣领、衣袖、衣襟和表面的草。本义是草编的雨衣，此义后写作蓑。

衰 originally meant a raincoat made of plaited straw or grass, now represented by 蓑. The character in seal script resembles a raincoat made of straw, showing the collar, sleeves, front part of the coat and straw.

人或事由强变弱 falter; weaken：～弱 falter; weaken｜～老 get old｜兴～存亡 the rise and fall of a (state, company etc)

shuāi 摔

形声字。扌表意，像手；率（shuài）表声，率有疏忽、粗鲁义，表示因疏忽或粗鲁而摔物。本义是扔。

摔 means throw. It consists of a semantic element, 扌, hand, and a phonetic element, 率（shuài）, which denotes negligence, rough, i.e. drop and break sth due to negligence, carelessness.

① 用力往下扔 throw hard：~掉 drop sth | ~东西 throw things ② 从高处掉下来；东西落下而碰破、打碎 drop and break sth：从树上~下来 fall from a tree | 花瓶~了。The vase fell and broke. ③ 跌跤 fall down：~倒 fall down | ~跟头 tumble

shuǎi 甩

指事字。“用”的中画右弯，表示东西用后抛弃。本义是扔、抛开。

甩 means throw, fling. The middle stroke of the character, 用, has been extended to the right, suggesting to throw sth away after using it.

① 扔；抛开 throw; fling：~开 shake off; fling | ~掉 shake off; cast off ② 挥动；抡 swing：~辫子 swing one’s pigtail | ~袖子 fling one’s sleeves

shuài 帅（帥）

会意字。“巾”像布巾，表示佩巾；“𠂤”像土堆，表示胸前的佩巾高起。帥简化为帅。本义是佩巾。

帅’s original meaning was a scarf. The character contains 巾, cloth, i.e. a scarf, and 𠂤, a mound of earth, i.e. bulges like those produced when a scarf is worn over the chest. 帥 has been simplified to 帅.

① 军队中最高指挥官 commander in chief：元~ marshal; supreme commander | 统~ commander in chief ② 英俊；潇洒；漂亮 good-looking; handsome：长得~ good-looking; handsome | 动作真~nice execution (of actions)

shuài/lǜ 率

象形字。甲、金文像两根细绳绞合成粗绳，四个小点像绞绳时掉下的绳屑。篆、楷书在上下两端增加绞绳的器具。本义是粗绳。

率’s root meaning was thick rope. In bone and bronze inscriptions, it resembles two thin ropes entwined into a thick rope; the four dots represent fraying edges. In seal and regular scripts, implements for entwining ropes are added to the character.

❶ shuài ① 带领 lead：~领 lead | 统~ lead ② 不仔细；不慎重 rash; hasty; shoddy：草~ hasty | 轻~ hasty; negligent ③ 直爽 straightforward; frank：直~ straightforward; frank | 坦~ straightforward; frank ④ 榜样 role model：表~ role model ❷ lǜ 比值 rate; proportion：效~ efficiency | 利~ interest rate shuài

蟀

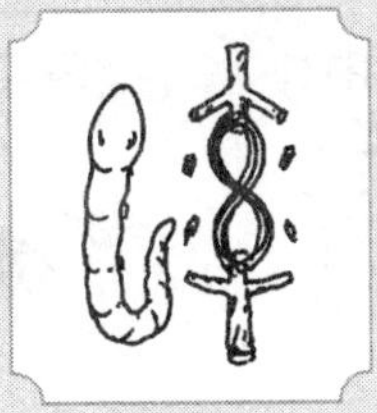

形声字。虫表意，像虫，表示蟋蟀；率（shuài）表声。本义是蟋蟀。

蟀 means a cricket. The character contains a semantic element, **虫**, a worm or insect, and **率**（shuài）, which represents pronunciation.

［蟋蟀］昆虫，又名促织，或蛐蛐，身体黑褐色，善于跳跃，雄的好斗，两翅能摩擦发声，吃植物的根，是害虫 cricket

shuān

拴

会意字。“扌”像手，表示用手来拴；“全”有保全义，表示要系住、绑牢。本义是系、绑。

拴 means to tie up, fasten. It consists of **扌**, a hand, i.e. tie with the hands, and **全**, keep whole, maintain, i.e. tie up tightly to prevent damage.

用绳子系柱 tether：～马 tether a horse｜～牲口 tether an animal

shuān

栓

会意字。“木”像树，表示用树木削成的钉子；“全”有完整义，表示木钉能使器具完整。本义指木钉，后指器物上用作开关的机件。

栓 originally signified a wooden nail, then later, a bolt. It is composed of **木**, a tree, i.e. wooden nail, and **全**, which denotes complete, finished, i.e. wooden nails are used to assemble a machine.

① 器物上用作开关的机件 bolt：门～ door bolt｜枪～ rifle bolt ② 瓶塞；像瓶栓的东西 cork：木～ wooden cork｜活～ movable bolt

shuàn

涮

会意字。“氵”像流水、水珠，“刷”有扫除义，表示摇动着冲洗以清除污垢。本义是涮洗。

涮 means to rinse. It consists of **氵**, water, and **刷**, to remove, i.e. rinse to remove dirt.

① 摇动着冲或洗 rinse：～衣服 rinse clothes｜～瓶子 rinse bottles ② 把肉片等放在水里烫一下就取出来吃 instant-boil：～羊肉 instant-boil thin slices of mutton

shuāng 双 （雙）

会意字。金篆楷像一手捉住两只鸟（隹），简体字像两只手，表示两个。本义是两个。
双 means two, double. The character in bronze inscriptions, seal and regular scripts show a hand grabbing two birds （隹）. The simplified form depicts two hands, implying two.

① 两个 two; double：～手 both hands｜举世无～ unrivaled ② 偶数的 even：～日 even days｜～数 even numbers ③ 加倍的 double：～料 reinforced material｜吃～份 have two portions of food ④ 量词，用于成对的东西 measure word, pair：一～鞋 a pair of shoes｜两～袜 two pairs of socks

shuāng 霜

会意字。“雨”像天下雨，表示与天象有关；“相”像目观树（木），表示霜色白明显可见。本义是冰霜。
霜 means frost. It consists of 雨, rain, i.e. weather, and 相, which depicts a man looking （目） at a tree （木）, i.e. frost is like rain and its color makes it easily noticed.

① 空气中水气遇冷凝成的白色结晶 frost：～冻 frost｜～降 frost falling｜冰～ frost ② 像霜的东西 frost-like objects：砒～ white arsenic

shuǎng 爽

会意字。像人张开四肢表示大的人和窗格，以窗棂格大而透光表示明朗。本义是明朗。
爽 means bright and clear. It shows a man with limbs extended, i.e. large and distinct, and a window lattice, i.e. allowing light in for brightness and clarity.

① 明朗；清亮 bright and clear：～朗 bright and clear｜～目 pleasing to the eyes ② 爽直；痛快 straightforward：～快 straightforward｜直～ straightforward; frank｜豪～ straightforward; easygoing ③ 违背；差错 go against; mistake：～约 fail to keep to an appointment｜毫厘不～ perfect; precise ④ 舒服 conformable：凉～ cool and comfortable｜身体不～ feel unwell

shuí/shéi 谁 （誰）

会意字。“言”（讠）像张口说话，“隹”是短尾鸟，表示谁是短促的问词。誰简化为谁。本义是什么人。
谁 means who. It consists of 言（讠）, speech, and 隹, a bird with a short tail, i.e. “who” is a question of very short duration. **誰** has been simplified to **谁**.

① 疑问人称代词 who：～来了？Who is here?｜他是～？Who is he? ② 泛指任何人 refers to anyone：～也不知道。Nobody knows.｜～都可以去。Anyone can go.

S

shuǐ

水

象形字。像水流。本义指河流，后泛指江河湖海。引申为无色无味的透明液体。

水 originally meant rivers and streams, then later, water bodies (rivers, seas) and water in general. The character resembles a stream of water.

① 河流 river flow：渭～ River Wei | 汉～ River Han ② 江河湖海的通称 generic name for water bodies like rivers, seas etc：～产 aquatic products | ～运 transportation by water ③ 无色无味的透明液体 water：流～ flowing water | 雨～ rain ④ 汁液 liquid：墨～ ink | 药～ medicinal syrup ⑤ 姓 a family name

shuì

税

会意字。“禾”像谷类植物，古时农民以谷物交租，表示田租；“兑”像人张口发出笑声，农民缴税对国家尽了义务，官府课税后府库充实，皆大欢喜。本义是田租。泛指赋税。

税 originally referred to land tax, then later, extended to mean tax in general. It is composed of 禾, grain crops — payment for tax in ancient times, and 兑, which shows (a man) laughing with mouth wide open, i.e. people and government are happy when taxes are paid.

国家向征税对象征收的货币或实物 tax：～收 tax collection | 缴～ pay tax

shuì

睡

会意字。“目”像眼睛，“垂”像花朵低垂，表示闭上眼睑、垂下头打瞌睡。本义是坐着打瞌睡。后指睡觉。

睡 originally meant to doze off while sitting; later, it came to mean sleep. The character contains 目, eyes, and 垂, which depicts flowers hanging and means hang down, i.e. close the eyes and lower the head to sleep.

睡觉 to sleep：～眠 sleep | 熟～ deep sleep | 早～早起 sleep and rise early

shǔn

吮

会意字。“口”像张开的口，“允”像人发出应允声，有恰当义，表示口形恰当才能吮吸到。本义是合拢嘴唇吸取。

吮 means to suck. It is composed of 口, an open mouth, and 允, which originally showed a man giving consent, signifying to assent, be fitting, i.e. to suck, the mouth has to fit properly.

撮拢嘴唇吸取 suck：～吸 suck | ～乳 drink breast milk

说 608页

shùn 顺 （順）

会意字。“頁”（页）像夸大了头的人，“川”像河流，表示头脑中的思路像河流那样顺畅。順简化为顺。本义是顺着。

順 means smooth, according to one's wishes. It consists of 頁(页), which depicts an enlarged head, and 川, river flow, i.e. thoughts flowing as smoothly as a river. 順 has been simplified to 顺.

① 向着同一方向 going in the same direction; on the way：～路 on the way｜～风 going in the direction of the wind ② 沿；循 along; according：～着 along with｜～理成章 logical ③ 趁便 convenient to do sth：～便 do sth in passing ④ 整理 organize：把文章～一～ make an essay flow ⑤ 适合；如意 suitable：～眼 pleasing to the eye｜～心 satisfactory ⑥ 服从；依从 abide by：～从 obedient｜归～ pledge allegiance to ⑦ 次序 sequence：笔～ the order of strokes in calligraphy｜～延 postpone

shùn 瞬

形声字。目表意，像眼睛，表示眼珠转动或眨眼睛；舜（shùn）表声。本义是眼珠转动，眨眼。引申指一眨眼的短暂时间。

瞬 originally meant to rotate one's eyeballs, to blink or wink, then later, a very short time ('in the blink of an eye'). The character consists of a semantic element 目, eyes, and a phonetic element, 舜 (shùn).

一眨眼，形容时间很短 a very short length of time, the blink of an eye; a wink：一～间 in the blink of an eye; in a wink｜转～之间 in a flash; in a wink｜～息万变 fast changing

shuō/shuì 说 （説）

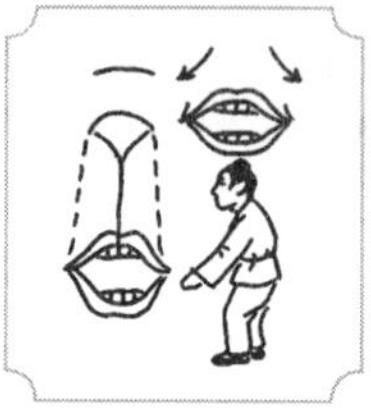

会意字。“言”（讠）像张口说话，“兑”像人开口发出欢笑声，表示说得尽兴。説简化为说。本义是用话来表达意思。

说 means to express oneself with words. It contains 言(讠), speech, and 兑, which resembles a man laughing out loud and means be gratified, i.e. speech is pleasurable expression. 説 has been simplified to 说.

㊀ shuō ① 陈述；谈论 describe; narrate; discuss：～话 talk; speak｜演～ give a talk; speech ② 言论；主张 discussion; opinions; views：学～ school of thought ③ 批评 criticize：挨～ face criticisms ④ 解释 explain：～明 explain; elucidate｜～理 reason things out ㊁ shuì 劝说使听从自己的意见 convince; persuade：～客 people who are good in persuading others｜游～ convince; persuade

shuò 烁 （爍）

会意字。“火”像火焰，“樂”（乐）像木架上绷着琴弦，还有拨琴弦的白玉，指乐器、音乐，表示闪烁的强光如乐器发出声音向四周扩散。爍简化为烁。本义是光亮的样子。

烁 means shiny, shimmering. It consists of 火, flames, and 樂(乐), depicting musical instruments, i.e. music which is like shimmering light. 爍 has been simplified to 烁.

光亮的样子 shiny; shimmering：闪～ shiny; shimmering

shuò 硕（碩）

会意字。“頁”（页）像夸大了头部的人，表示头大；“石”像山崖下有一块大石，表示头大如大石。碩简化为硕。本义是头大。引申为大。

硕 originally referred to a big head, and later by extension, big. It consists of **頁（页）**, an enlarged head, and **石**, boulders, i.e. a head as big as a boulder. **碩** has been simplified to **硕**.

大 big：～果 great achievement｜丰～ fruitful｜～大无朋 gigantic; enormously big

sī 司

会意字。像一个人张口指手发布命令，表示发号施令的人。本义是发号施令的人。基本义是掌管。

司 originally signified a commander; later, it came to mean to handle, manage. The character depicts a man giving commands, with mouth open and fingers pointing, i.e. a commander.

① 掌管 handle; manage：～法 judicature｜～仪 host; emcee ② 国家部级机关里所属的办事机构 ministry：新闻～ the Ministry of Media｜礼宾～ the Ministry of Protocol

sī 丝（絲）

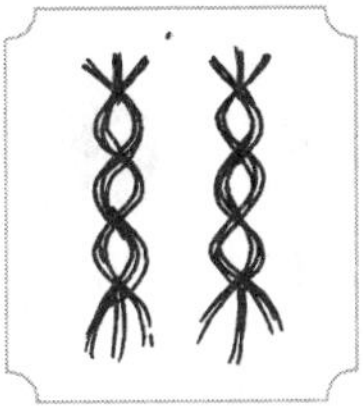

象形字。像两缕丝。本义是蚕丝。絲简化为丝。

丝 is silk. The character depicts two strands of twisted silk. **絲** has been simplified to **丝**.

① 蚕丝 silk：～线 silk thread｜～绸 silk ② 像丝的东西 silk-like objects：铁～ iron wire｜粉～ vermicelli｜雨～ drizzle ③ 细微；极少 detailed; very small in quantity：一～不苟 scrupulous｜纹～不动 motionless

sī 私

会意字。“禾”篆隶楷形体像一棵谷类植物，表示私是禾名；“厶”像手臂向内弯曲揽物的样子，表示禾为私人所拥有；厶（sī）兼表声。本义是禾名。借指个人的。

私 was originally a term for a grain crop, later, it came to mean personal, one's own. **禾** in seal, official and regular scripts resemble a grain crop. **厶（sī）** represents pronunciation and depicts an arm bent inward, as though keeping sth for oneself, i.e. keeping grain crops.

① 个人的 personal; one's own：～事 personal affairs; private affairs｜～营 privately owned (business etc)｜公～分明 keep public and private affairs separate ② 利己 benefit oneself：～心 selfish motive; desire｜自～ selfish｜大公无～ just; impartial ③ 暗地里 secretly：～藏 possess sth illegally｜～通 secret alliance｜走～ smuggle sī

思

会意字。篆书"囟"像脑门，"心"像心脏，表示用脑用心思考。楷书心、田，表示思考出于心田。本义是思考。

思 means to ponder deeply. Seal script has 囟, brains, and 心, heart, i.e. think carefully with the heart and mind. Regular script consists of 心 (heart) and 田 (field), suggesting 'a field of thought'.

① 想；考虑 think; ponder：～索 think carefully; ponder | ～考 think carefully; ponder | 熟～ think carefully; ponder ② 想念；怀念 think of; reminisce：～乡 think about one's hometown | ～念 think of one's loved ones, friends etc ③ 情怀；意思 emotions; meaning：～绪 sentiments | 情～ feelings; emotions | 文～ the flow of thought in literary works

sī

斯

会意字。"斤"指斧子，"其"本指箕，表示制簸箕需用斧劈开竹子剖成竹篾。本义是劈、劈砍。后用作指示代词。

斯 originally meant chop, then later, used for a demonstrative pronoun. The character is composed of 斤, axe, and 其, pan, basket, i.e. baskets made with bamboo strips, cut or chopped with an axe.

这；这个；这里 this; here：～人 this person | 生于～ born here

sī

撕

会意字。"扌"像手，"斯"指劈、砍，有分裂意，表示用手分裂物体，斯（sī）兼表声。本义是用手把东西撕裂。

撕 means tear. It consists of 扌, a hand, and the phonetic element, 斯（sī）, which denotes to sever sth by hacking or chopping, i.e. tear, separate sth with the hands.

扯破；扯裂 tear：～开 tear open | ～破 tear | ～裂 tear

sī

嘶

形声字。口表意，像张开的口；斯（sī）表声，斯有裂、分散义，表示犹如嗓子破了，声音沙哑。本义是声音沙哑。

嘶 means (of voice) hoarse, husky, raucous. The character contains a semantic element, 口, an open mouth, and a phonetic element, 斯（sī）, which denotes broken, torn, i.e. a hoarse voice.

① 声音沙哑 (of voice) hoarse, husky, raucous：～哑 hoarse | 声～力竭 shout oneself hoarse ② 马叫 whinny of a horse：～鸣 to whinny | 人喊马～ cries of soldiers and horses (during a battle)

sǐ 死

会意字。古文字像人在尸骸旁，表示死亡。本义是死亡。

死 means death. The ancient form of the character depicts a man standing beside a corpse.

① 丧失生命 lifeless：～人 dead person | ～亡 death ② 不顾生命；拼命 risk one's life：～守 defend with one's life | ～战 fight courageously ③ 不活动；不灵活 motionless; inflexible：～水 stagnant water | ～板 inflexible ④ 不能通过 impassable：～路 cul-desac; impasse | ～角 (military) dead angle ⑤ 不可调和的 inexorable; implacable：～敌 implacable enemy | ～对头 be at loggerheads ⑥ 达到极点 extreme：渴～了 extremely thirsty | 笑～人 too ridiculous; extremely laughable

sì 四

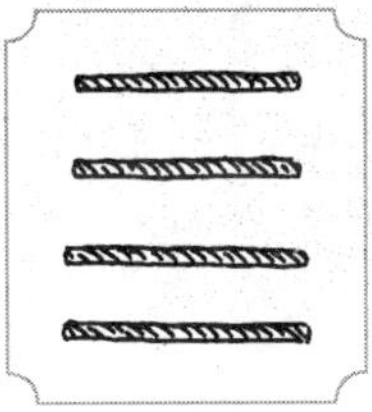

指事字。甲、金文用四横表示数目四。篆、楷书口、八，以张口向外出气，表示"四"字的读音。本义是数目字。

四 means four. In bone and bronze inscriptions, four strokes are used to represent "four". Seal and regular scripts depict an open mouth (口) exhaling (八), i.e. a representation of the reading pronunciation of **四**.

数目字 four：～肢 four limbs | 一年～季 the four seasons | 家徒～壁 extremely poor; destitute

sì 寺

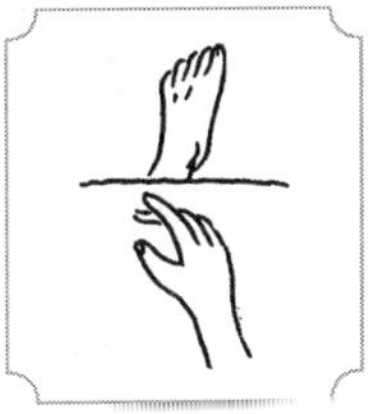

会意字。金文"又"像手，"之"像脚前往，表示手持物前往。楷书"寸"像手，"土"指泥土，以手握泥土。本义是手持，此义现写作持。

寺 originally signified to hold or grasp with the hands; this meaning was later written as **持**. Bronze inscriptions have **又**, a hand, and **之**, a foot marching forward, i.e. a man moving forward with sth in his hands. Regular script contains **寸**, a hand, and **土**, earth, clay, i.e. hands molding clay.

佛教的庙宇；伊斯兰教做礼拜的地方 Buddhist, Muslim temples：～庙 temple | ～院 temple | 清真～ Muslim temple; mosque

sì/shì 似

会意字。"亻"（人）像人；金文"台"像开口发出笑声，以人的笑声相似表示相像；篆书"𠃊"像耜，楷书"以"本像人用耜耕作，以人都用耜耕作表示相像。本义是相像。

似 means similar, look alike. It consists of **亻**(**人**), man, and **台**, which in bronze inscriptions, shows a man laughing out loud, i.e. people sound similar when they laugh. In seal script, **𠃊** shows a spade-shaped plough; in regular script, **以** originally depicted sb using a plow, a standard implement, hence common, similar.

㊀ sì ① 像 similar; look alike：类～ similar; look alike | 相～ look alike ② 好像 similar; as though：～是而非 appears to be right but is in fact wrong ③ 表示超过 exceed：一年好～一年 improving year by year ㊁ shì［似的］表示两种情况相似 similarity：针扎～疼 as painful as when one is pricked by needles sì/cì

伺

会意字。“亻”像人，“司”像人伸手指挥、张口发令，表示是奉命侦察、等候，司（sī）兼表声。本义是侦察、等候。

伺 means to spy, watch, wait for. It consists of 亻, a man, and 司（sī）, which represents pronunciation and shows a man commanding another with mouth open and fingers pointing, i.e. being ordered to spy on.

㊀ sì 侦察；等候 to spy; to watch and to wait for：～机行动 wait for the right time to strike
㊁ cì［伺候］服伺；照料 wait upon; serve：～病人 take care of the patient

sì

祀

会意字。“礻”像祭桌，“巳”像胎儿，表示求子之祭，泛指祭祀，巳（sì）兼表声。本义是祭礼。

祀 means sacrificial rite. The character is composed of 礻, an altar, and 巳（sì）, which is phonetic and resembles a fetus, i.e. fertility rites.

祭祀 ritual：～天 offer sacrifices to the Heaven | ～祖 offer sacrifices to the ancestors

sì

饲

（飼）

形声字。飠（饣）表意，像食器，表示用食物喂养；司（sī）表声，司有观察、守候义，表示喂养时在旁观察守候。飼简化为饲。本义是喂食。

饲 means to feed. It consists of a semantic element, 飠（饣）, a food utensil, and a phonetic element, 司（sī）, to observe and wait, i.e. to feed and keep watch on animals.

喂养（动物）raise, rear (animals)：～养 raise animals; rear animals | ～料 feed; forage; fodder; provender

sì

肆

会意字。篆书“镸”像拄杖的长发老人，人越老发越长，表示肆是长长地摆开；篆书“隶”像手抓住尾巴，楷书“聿”像手握笔，表示肆是竭力陈设。本义是竭力陈设。

肆 originally meant to use, to exhibit, display sth. 镸, in seal script, depicts a man with long hair and a walking stick; hair grows with time, things are revealed with time. 隶, in seal script, shows a hand clutching a tail; 聿, in regular script, depicts a hand holding a writing brush, i.e. to exhibit or display sth in full view.

① 小店铺 small shop：店～ shop; store | 酒～ wine shop ② 放纵；任意 without restraint; complete freedom：～意 do according to one's will | 放～ be wanton; lawless ③ “四”的大写 formal version of 四 (four)

sōng 松 （②③④⑤鬆）

会意字。“木”像树，“公”是最高爵位，表示松高大挺拔岁寒不凋，在树中地位最高。本义是松树。鬆本指头发散乱。今简化为松。

松 originally signified (of hair) untidy, messy. It has been simplified to 松, which means pine tree. It consists of 木, tree, and 公, the highest rank of nobility, i.e. the noble pine, big, tall and hardy. Among all trees, pine trees are the most highly regarded.

① 松树，常绿乔木，种类很多，叶子针形，木材用途很广 pine tree：～木 wood of pine tree ② 不紧密 loose; disperse：～散 loose ③ 放开 loosen; let go：～绑 untie ④ 不紧张；不严格 at ease; lenient：轻～ lighthearted; at ease｜～懈 relax; slacken; let one's guard down; loose ⑤ 用瘦肉、鱼等加工成的绒状或碎末状食品 meat floss：肉～ meat floss｜鱼～ fish floss

sǒng 耸 （聳）

会意字。“耳”像耳朵，表示耳聋；“從”（从）指跟随，表示耳聋的人只能从别人的表情、动作来理解事情。聳简化为耸。本义是耳聋。基本义是矗立、高起。

耸 originally meant deaf, then later, stand tall and erect, towering. The character consists of 耳, ear, i.e. deaf, and 從（从）, which means to follow, i.e. a deaf person relies on, or follows facial expressions and body language. 聳 has been simplified to 耸.

① 高高地直立 stand tall and erect; towering; lofty：～立 stand tall and erect; towering ② 使人吃惊 alarm; shock：～人听闻 to sensationalize｜危言～听 exaggerating

sòng 讼 （訟）

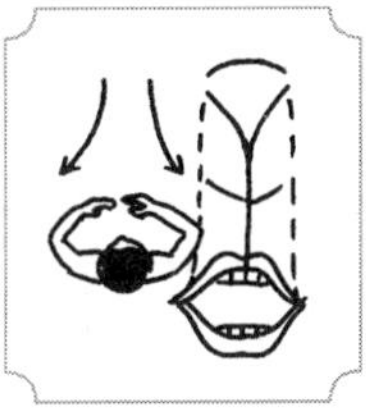

会意字。“言”（讠）像张口说话，表示用语言争辩；“公”像与私（厶）相背（八），有公平义，表示争辩以求公断。訟简化为讼。本义是争论。

讼 means argue, debate. It is composed of 言（讠）, speech, i.e. debate, and 公, which means public or impartial, as opposed（八）to personal（厶）, i.e. impartial debate. 訟 has been simplified to 讼.

① 争辩 argue; debate：争～ contest a lawsuit｜聚～纷纭 very differing views ② 打官司 engage in a lawsuit｜诉～ litigation｜～状 lawsuit

sòng 宋

会意字。“宀”像房屋，“木”像树，表示用木构造居住的屋子和屋中的家具。本义是居住。后用作诸侯国名、朝代名和姓。

宋 originally meant to reside, live in. Later, it was used as a name for feudal state, dynasty and surname. It consists of 宀, a house, and 木, a tree, i.e. a house and furniture made of wood.

① 朝代名。公元960年—公元1279年，赵匡胤所建。Song dynasty (A.D. 960-A.D. 1279), with founder Zhao Kuang yin ② 姓 a family name

S

sòng 送

会意字。篆书像路、脚、两手持火把，表示送行。楷书“辶”像路和脚，“关”指关隘，表示送往远方。本义是送行。

送 means to see sb off. Seal script depicts a path, a foot and two hands holding a torch, i.e. seeing sb off. Regular script has 辶, a path and foot, and 关, a mountain pass, i.e. see sb off to a far away place.

① 运送；传送 transport; send：输～transport; convey | ～信 convey message; deliver letter ② 赠给 give as a gift：～礼 give as a gift | 赠～ give as a gift ③ 送行 see sb off; farewell party：～客 see the guests out | 欢～ wish sb bon voyage ④ 丢掉；失去 lose：～命 lose one's life | 断～ lose; ruin

sòng 诵（誦）

会意字。“言”（讠）像张口说话，“甬”像钟，表示声音洪亮的朗读。誦简化为诵。本义是朗读。

诵 means recite. It consists of 言（讠）, speech, and 甬, a bell, i.e. recital is as clear as the sound of a bell. 誦 has been simplified to 诵.

① 朗读 recite：朗～ recite | 背～ memorize and recite ② 赞扬 praise：称～ praise | 传～ receive wide recognition

sòng 颂（頌）

会意字。“頁”（页）像突出头部的人，表示头部的容貌；“公”有公开义，表示容貌是公开可见的。頌简化为颂。本义是容貌，又指仪容。常用义是赞扬。

颂 originally referred to one's looks, appearance, later, extended to mean praise, compliment. It is composed of 頁（页）, an enlarged head, i.e. appearance, and 公, which denotes open, public, i.e. one's appearance is public. 頌 has been simplified to 颂.

① 赞扬 praise; compliment：～扬 praise; compliment | 赞～ praise; compliment | 歌～ extol; eulogize ② 以赞扬为主的诗文 eulogy

sōu 搜

会意字。“扌”像手，“叟”像手持火把在屋中搜寻，叟（sǒu）兼表声。本义是搜寻。

搜 means to search, look for. It consists of 扌, hand, and 叟（sǒu）, which is phonetic and depicts (a man) with a torch in hand, i.e. looking for sth.

寻找；寻求 search; look for：～寻 search; look for | ～集 look for and collect | ～查 search and investigate sōu

艘

形声字。舟表意，像船；叟（sǒu）表声，叟指年老的男子，表示船夫大多是比较有经验的老年男子。本义是船的总称。引申为船舶的量词。

艘 originally signified boats, later by extension, a measure word for water transport. It is composed of a semantic element, **舟**, boat, and a phonetic element, **叟**（sǒu）, old man, like a boatman.

量词，用于船 measure word for water transport：一～船 a boat｜三～货轮 three cargo ships

sòu

嗽

会意字。"口"像张开的口，"欶"有急促义，表示咳嗽时气流急速地从口中喷出。本义是咳嗽。

嗽 means cough. It consists of **口**, an open mouth, and **欶**, short and quick, i.e. coughing is a short burst of air from the mouth.

咳嗽 cough：干～ dry cough

sū

苏
（蘇）

形声字—会意字。艹（艸）表意，像草；稣（sū）表声。简体字"艹"表示紫苏；"办"有处理义，表示经过处理，紫苏的嫩叶可以吃，种子可榨油，茎可入药。本义是紫苏。

苏 originally referred to the purple perilla, a type of herb. It consists of 艹（艸）, grass (vegetation), and 稣（sū）, which is phonetic. The simplified form has 艹 (grass) and 办, which means handle, process, i.e. the leaves, seeds and stem of purple perilla can be processed into food, oil and medicine respectively.

① 醒过来 regain consciousness：～醒 regain consciousness ② 江苏省的简称 abbrev of Jiangsu Province：～、浙、皖 abbrev for Jiangsu, Zhejiang and Anhui provinces ③ 苏州市的简称 abbrev of Suzhou City：～绣 Suzhou embroidery ④ 姓 a family name

sū

酥

会意字。"酉"像酒坛子，表示酥油样子像浊酒；"禾"像谷类植物，表示酥油可掺入青稞中食用。本义是酥油。

酥's original meaning was butter. It consists of **酉**, a wine pot, i.e. butter in liquid form resembles cloudy wine, and **禾**, a grain crop, i.e. butter can be added to barley and eaten.

① 酥油，从牛羊奶中提炼出来的脂肪 butter ② 松脆多油的食品 buttery food：桃～ walnut cookies｜杏仁～ almond cookies ③ 食物松脆 crunchy; crispy：～脆 crunchy and crispy ④ 身体软弱无力 weak; devoid of energy：四肢～软 the limbs feel weak sú

俗

会意字。“亻”像人，“谷”像水流和山谷，表示先民多穴居山谷，并形成共同的习俗。本义是习俗。

俗 means custom. It is composed of 亻, man, and 谷, river valley, i.e. the site of original settlements where customs and habits developed.

① 风俗；习惯 custom; habit：民～ folk custom｜习～ custom ② 大众的；流行的 widely accepted by the public; à la mode：～语 proverb; adage; common saying｜通～ common; popular; easy to understand｜雅～共赏 accepted to and can be appreciated by all ③ 趣味低下的 crude; unrefined; inelegant：～气 crude; unrefined; inelegant｜～套 banal; convention

sù

诉

（訴）

会意字。“言”（讠）像张口说话，“斥”有拓展、扩大义，表示详细地说。訴简化为诉。本义是说、讲。

诉 means say, speak, tell. It consists of 言（讠）, speech, and 斥, expand, extend, i.e. describe in greater details. 訴 has been simplified to 诉.

① 说；讲 say; speak; tell：～说 say; tell; relate｜～苦 pour out one's woes｜倾～ confide in ② 控告 sue：起～ sue｜上～ appeal to a higher court｜控～ accuse

sù

肃

（肅）

会意字。像手持笔和深渊，表示办事如同在深渊边上走路那样要小心谨慎。肅简化为肃。本义是恭敬、严肃。

肃 means respectful, solemn. It resembles a hand holding a writing brush over an abyss, i.e. solemn and conscientious as if on the edge of an abyss. 肅 has been simplified to 肃.

① 恭敬 respectful：～立 rise to show one's respect｜～然起敬 be filled with reverence for sb ② 庄重；认真 solemn; serious：～静 solemn silence｜严～ strict; serious

sù

素

会意字。金文像垂花及两手持丝。篆书省去两手。楷书上面像土上有苗，下面像一缕丝，表示嫩滑、素色的丝织品。本义是本色的丝绸。

素's root meaning was undyed silk. Bronze inscriptions depict withering flowers and two hands holding silk thread. In seal script, the component symbolizing hands is removed. In regular script, the top component shows a seedling (i.e. young and smooth); while the bottom component represents strands of silk, i.e. smooth and undyed silk products.

① 本色；白色 of original color, white：～服 plain clothes ② 颜色单纯 plain color：～淡 plain and simple｜～描 sketch ③ 本质；本性 of original：～质 character; quality ④ 构成事物的基本成分 fundamental; basic：元～ basic element｜要～ main element ⑤ 平时；向来 usually; habitually：平～ usually ⑥ 植物类食品 vegetable：吃～ vegetarian

S

sù

速

形声字，辶（辵）表意，像路和脚，表示行走或行动快；束（shù）表声，束像用绳捆绑木材，捆绑宜快宜紧，表示速是加紧行动。本义是快。

速 means fast, quick, rapid. It contains a semantic element, 辶（辵）, a path and foot, i.e. walk quickly or briskly, and 束（shù）, which represents pronunciation and resembles a bundle of wood bound tightly with a rope. To bind sth tightly, it is best to do it fast, i.e. to act quickly, without delay.

① 快 fast; quick; rapid：～成 reach a goal in a much shorter period than usual｜火～ very fast; quickly; rapidly ② 速度 speed：风～ wind velocity｜车～ car speed ③ 邀请 invite：不～之客 uninvited guest; gate-crasher

sù/xiǔ/xiù

宿

会意字。甲、金文像屋子、人、席子，表示人躺在屋内的席上睡觉。楷书宀、亻、百，表示人每天都在屋内住、过夜。本义是住、过夜。

宿 means live in, stay overnight. Bone and bronze inscriptions have a house, a man and a straw mat, i.e. living in a house. Regular script depicts a man（亻）under a roof（宀）for a hundred days（百）, i.e. living in a house.

㊀ sù ① 住；过夜 live; stay overnight：～舍 hostel｜住～ accommodation ② 年长的；有经验的 elderly; the experienced one：～儒 old scholar｜～将 military veteran ③ 旧有的 longstanding：～愿 long standing wish｜～疾 recurring ailment ㊁ xiǔ 夜 night：住了一～ stayed for one night ㊂ xiù 星宿 constellation

sù

粟

象形字—会意字。甲骨文像谷类植物及谷粒。篆书上面像下垂的穗儿，下面像稻米，表示谷子。楷书“米”像稻米，“西”像鸟窝，以鸟儿归巢表示谷物终止生长已成熟可收割。粟是谷子。

粟 is unpolished rice. Bone inscriptions depict a grain crop and grain. In seal script, the top component shows spikelets of grain; the bottom resembles grains of rice. Regular script has 米 (rice grains) and 西 (which originally depicted a bird on a nest), i.e. birds mature and return to their nests, crops mature and are harvested.

① 谷子，子实去皮后就是小米 unpolished rice ② 姓 a family name

sù

塑

形声字。土表意，本像地上有堆土，表示用泥土做成人或物的形象；朔（shuò）表声，朔有月初义，月有从缺到圆的过程，表示塑有从毛坯到圆满完成的过程。本义是塑像。

塑's original meaning was a statue. It is composed of a semantic element, 土, earth, i.e. statue made of clay, and a phonetic element, 朔（shuò）, a crescent moon. A statue goes through phases of development, from blank to final product; the moon goes through phases from new to full.

① 用泥土等做成人、物的形象 statue：～像 statue｜雕～ sculpture ② 塑料 plastics：涂～ PVC｜全～ plastic sù

溯

形声字。氵表意，像水流、水珠，表示逆流而上；朔（shuò）表声。本义是逆着水流前进。

溯 means to move against the current. It consists of a semantic element, 氵, water, and a phonetic element, **朔**（shuò）.

① 逆流而上 move against the current：～流而上 move against the current ② 寻求根源；回想过去 seek one's roots; reminisce：追～ recall; seek the roots | 回～往事 reminisce; look back on the past

suān

酸

会意字。“酉”像酒坛子，“夋”指行走慢，表示酒或食物日子放长了会变酸，也表示酸的味觉会持续一阵子。本义是醋的味道。

酸 means sour. It consists of **酉**, a wine pot and **夋**, move slowly, i.e. wine or food slowly going sour.

① 像醋的气味或味道 sour：～梅 sour plum | ～奶 yoghurt ② 伤心；悲痛 sad; sorrow; bitter：辛～ bitterness and sadness | 心～ feel bitter and sad ③ 迂腐；贫寒 clinging to old ideas; poor：寒～ poor and miserable | 穷～ poor and miserable ④ 微痛无力 ache：腰～背痛 entire body aches

suàn

蒜

形声字。艹（艸）表意，像草，表示大蒜；祘（suàn）表声，祘本指算筹，表示蒜叶细长扁平与算筹相似。本义是大蒜。

蒜 is garlic. It contains a semantic element, **艹（艸）**, grass, i.e. garlic, and a phonetic element, **祘**（suàn）, counting chips (tallies), which are thin and long like garlic leaves.

大蒜，多年生草本植物，地下茎叫蒜头。蒜头、蒜苗、蒜叶都可当菜吃 garlic：～泥 mashed garlic

suàn

算

会意字。“竹”像竹叶，表示算筹用竹制成；“目”像眼睛，表示计算时需用眼睛看；“廾”像两手，表示手持筹计算数目。本义是计算。

算 means to count, calculate. It consists of **竹**, bamboo, i.e. counting chips (tallies) made of bamboo, **目**, eyes, i.e. visually counting, and **廾**, two hands, i.e. holding the tallies while counting them.

① 计数 count; calculate：～账 do the accounts | 心～ mental arithmetic ② 计划；谋划 plan; strategize：打～ plan | 失～ misjudge; miscalculate ③ 推测 deduce; predict：～命 fortunetelling | 神～ miraculous prediction | 推～ deduce; predict ④ 认作；当作 take as; treat as：就～ even if; granted that ⑤ 作数 take into account：他说的不～。What he has said does not count. ⑥ 作罢 let it be：办不成就～了。If it can't be done, forget it.

suī 虽 (雖)

形声字—象形字。虫表意，表示字义和虫或动物有关；唯（wéi）表声。简体字虫、口，表示口较大身子细长柔软似虫的动物。本义是形状像蜥蜴而形体比蜥蜴大的爬行动物。

虽 originally referred to a large ground lizard. It consists of a semantic element, 虫 (worm), i.e. crawling animals, and a phonetic element, 唯（wéi）. The simplified form makes reference to an animal that resembles a worm（虫）but has a bigger mouth（口）and slender body.

虽然 although; though：～则 although; though ② 纵然；即使 although; though; even if：～说 although; though｜～败犹荣 lose with dignity

suí 随 (隨)

形声字。辶（辵）表意，像路和脚，表示跟从；隋（suí）表声。随简化为随。本义是跟从。

随 means follow. It consists of a semantic element, 辶（辵）, a path and foot, i.e. follow suit, and a phonetic element, 隋（suí）. 隨 has been simplified to 随.

① 跟着 follow：跟～follow｜～员 entourage ② 顺着 go along with：～和 easygoing｜～遇而安 adapt to different circumstances ③ 任凭 go along with：～便 random; casual｜～意 as one pleases ④ 顺便 on the way; without particular effort：～手关门。Close the door (behind you). ⑤ 立刻 immediate; instant：～即 immediately; instantly｜～叫～到 at someone's beck and call

suǐ 髓

形声字。骨表意，像骨骸和肉，表示髓在支撑肉体的骨中；随（suí）表声，表示髓随骨而存在。本义是骨髓。

髓 is bone marrow. 骨 is semantic, bones and flesh, i.e. marrow lies within bones. 随（suí）represents pronunciation.

① 骨髓，骨头中像脂肪一样的东西 bone marrow：敲骨吸～ extortioner; bloodsucker ②像骨髓一样的东西 marrow-like substance：脑～brains ③ 比喻事物的精华部分 essence; gist：精～essence; gist

suì 岁 (歲)

象形字—会意字。甲骨文像长柄大斧，代表锋利的器具，表示收割庄稼。金篆楷像利器、脚步，表示在田里移动脚步收割。简体字山、夕，像月落山下，表示岁月循环。本义是收割。引申为年。

岁 originally meant harvest, then later, a year. Bone inscriptions depict a tool with a long handle, i.e. a tool for harvesting crops. Bronze inscriptions, seal and regular scripts depict a sharp tool and footsteps, i.e. moving around the fields to harvest crops. The simplified form depicts the sun setting（夕）behind a mountain（山）, i.e. the yearly cycle.

① 年 year：～月 time｜～末 end of the year ② 年龄 age：～数 age｜三～ three years old

S

suì

祟

会意字。“示”像祭桌，表示字义和鬼神有关；“出”像脚跨出洞穴，表示鬼怪出来害人。本义是鬼怪害人。

祟 originally meant malicious demons and ghosts. The character consists of 示, an altar, i.e. spirits and gods, and 出 to exit (depicted by a foot and a cave), i.e. demons and ghosts emerging to harm others.

鬼怪害人；行为不正当，不光明 sneaky; surreptitious; illegal：鬼怪作～ demons and ghosts making mischief | 鬼鬼～～ sneaky; surreptitious

suì/suí

遂

形声字。辶（辵）表意，像道路和脚，表示在道路上行走；豕（suì）表声，豕有顺从意，表示遂有顺从心意通往目的地的意思。本义是顺、符合。

遂 means to go along with, submit to, be compatible. 辶（辵）, path with foot, is semantic, i.e. follow a path. 豕（suì）represents pronunciation and denotes to go along with, submit to, i.e. follow one's desires and reach one's destination.

㊀ suì ① 顺；符合 go along with; compatible：～心 follow what the heart desires | ～意 to one's liking ② 成功 succeed：阴谋未～ unsuccessful plot ㊁ suí 义同㊀①，用于“半身不遂” same meaning as 'suì' ①, paralyzed

suì

碎

会意字。“石”像山崖下有块石头，“卒”有死亡义，表示东西被石头砸碎。本义指破碎。

碎 means to shatter, be smashed to pieces. It consists of 石, boulders, and 卒, death, i.e. smashed to pieces by rocks.

① 物体破裂成零散的 shatter; smashed into bits and pieces：粉～ shatter; smashed into bits and pieces | 破～ shatter; smashed into bits and pieces ② 零星的；不完整的 bits and pieces：～屑 bits and pieces | 琐～ trivialities; miscellaneous ③ 说话唠叨 nagging; garrulous：嘴～ nagging; garrulous | 闲言～语 gossip; rumor

suì

隧

会意字。“阝”像一座座小山，表示坟形如小山；“遂”有走动意，表示隧是墓道；遂（suì）兼表声。本义是墓道。引申指隧道、地道。

隧 originally meant a path that leads to a tomb, later by extension, a tunnel. It consists of 阝, small hills, i.e. graves resembles small hills; and 遂（suì）, which is phonetic and denotes walking, i.e. a path leading to a tomb.

[隧道] 在地下或山中凿成的通道 tunnel：越江～ tunnel that stretches under a river

S

suì

穗

会意字。“禾”像谷类植物，表示谷穗；“惠”有赐给、恩惠义，先民认为粮食的丰收来自上天的恩惠与赐给。本义是禾穗。

穗 means grain spike. It consists of 禾, grain, and 惠, bestow, bequeath, i.e. good harvests bestowed by heaven.

① 稻、麦等谷类植物聚生在茎端的花或果实 grain spike：谷～ grain spike | 麦～ wheat head ② 用丝线等结扎成的像穗的装饰品 tassel; fringe：旗～ flag tassel ③ 广州市的别称 another name for Guangzhou City

sūn

孙

（孫）

会意字。“子”像小孩，“系”像丝线，表示系于“子”下的是“孙”。简体字子、小，表示比儿子小的是孙子。本义是儿子的儿子。

孙 means grandson (son of one's son). It consists of 子, a child, and 系, silk threads (suggesting a connection, linkage), i.e. the child who comes after one's son is the grandson. The simplified form has 子 (son) and 小 (small, young), i.e. one's grandson is younger than one's son.

① 儿子的儿子 grandson (son of one's son)：～子 grandson | 长～ eldest grandson ② 孙子以后各代 the generations that come after the generation of one's grandson：曾～ great-grandson | 玄～ great-great-grandson ③ 姓 a family name

sǔn

损

（損）

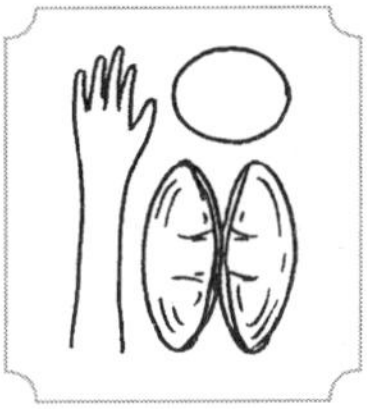

会意字。“扌”像手，“員”（员）曾用作计数物品的量词，表示手取物使数量减少。損简化为损。本义是减少。

损 means to reduce, decrease, lose. It is composed of 扌, a hand, and 員（员）, formerly used as a measure for counting things. Decrease results when a quantity of items is removed by hand. 損 has been simplified to 损.

① 减少；丧失 reduce; decrease; lose：～失 loss; damage | ～耗 exhaust; consumption; damage | 亏～ loss; damage ② 破坏；伤害 damage：～害 damage; destruction | 破～ damage ③ 尖刻伤人 sarcastic; hurtful：嘴太～ a sarcastic person

sǔn

笋

会意字。篆书“竹”像竹叶，表示笋是竹子刚出土的嫩芽；“旬”指十天，表示筍（笋）生长迅速，十天左右就长成了。楷书“竹”像竹叶，表示笋是竹子的嫩芽；“尹”像手持杖，表示笋长成竹后可用来做手杖。本义是竹笋。

笋 means bamboo shoot. Seal script has 竹, bamboo, and 旬, which means ten days, i.e. bamboo shoots (also written as 筍) mature in ten day's time. Regular script has 竹 and 尹; the latter depicts a hand with a walking cane, i.e. bamboo shoots can be made into canes.

竹子刚出土的嫩芽，可作蔬菜 bamboo shoots：～干 dried bamboo shoots | 冬～ winter bamboo shoots

S

suō

唆

会意字。“口”像张开的口，表示开口指使别人干坏事；“夋”有傲慢无礼义，表示唆使人傲慢无理。本义是指使别人做坏事。

唆 means to instigate, incite. It is composed of 口, an open mouth, and 夋, disrespectful, i.e. provoke, urge disrespect.

指使或挑动别人做坏事 instigate; incite：~使 instigate; incite | 挑~ instigate; incite; provoke

suō

梭

会意字。“木”像树，表示梭子用木头制成；“夋”有往来义，表示梭在织机上来回引纱。本义是织布时牵引纬线的工具。

梭 means a weaver’s shuttle. It is composed of 木, a tree, i.e. made of wood, and 夋, go back and forth, dawdle, like a shuttle.

① 织布机上来回牵引纬线的工具 weaver’s shuttle：~子 weaver’s shuttle | 穿~ move to and forth or back and forth ② 量词 measure word：一~子弹 a clip of bullets

suō

嗦

形声字。口表意，像张开的口，表示身体颤动时嘴会发出嗦嗦声；索（suǒ）表声，兼表哆嗦不止如索链环环相连。本义是哆嗦。

嗦 means tremble, shiver. It is composed of a semantic element, 口, an open mouth, symbolizing the chattering of teeth, and a phonetic element, 索（suǒ）, a rope, i.e. continuous trembling.

① ［哆嗦］发抖 tremble; shiver：冻得浑身直~ shiver because of the cold ② ［啰嗦］指说话唠叨或事情琐碎 long-winded; troublesome

suō

缩

（縮）

会意字。“糸”（纟）像线绳，表示用绳绑紧；“宿”像人住宿屋中，表示物被绑在绳中。縮简化为缩。本义是用绳捆绑。引申为收缩。

缩 originally meant to tie with a rope, later by extension, contract, shrink. It consists of 糸（纟）, rope, i.e. tie tightly with ropes, and 宿, a man living in (or cooped up) a house, i.e. bound by a rope. 縮 has been simplified to 缩.

① 由大变小；由长变短；由多变少 reduce in size, length and quantity：~小 shrink | ~短 shorten | 收~ contract ② 后退 flinch; go backward：退~ flinch | 畏~ flinch suǒ

所

会意字。“户”像单扇的门，“斤”像斧头，表示伐木人的住所。本义是伐木人的住所，泛指处所。

所 originally referred to woodcutters' house, later, by extension, place, location. It consists of **户**, a door, and **斤**, an axe, i.e. a place where woodcutters live.

① 地方 place; location：住～ residence | 场～ place ② 机关或其他办事的地方 center; institute; bureau：研究～ research center; institute | 诊疗～ clinic ③ 量词 measure word：一～学校 a school ④ 表示接受动作的对象 precedes simple verbs with the meaning 'that which'：～见～闻 those that have been seen and heard ⑤ 表示被动 marker of passive：为人～笑 be mocked by

suǒ

索

会意字。金文像屋内有一双手在搓制绳索。篆书中间是绳索，两侧的曲线表示绳子粗大。楷书上面像绞合绳索的器具，下面像绳索。本义是粗大的绳子。

索's core meaning is a thick rope. Bronze inscriptions show a pair of hands entwining ropes under a roof. In seal script, the middle component resembles a rope and the curved strokes at the sides of the character suggest thick ropes. In regular script, the top portion represents a loom and the bottom resembles ropes.

① 粗的绳子或链子 thick rope; chain：绳～ rope | 铁～ iron chain ② 寻找；探求 search; look for; seek：搜～ search | 思～ ponder; think deeply ③ 讨；要 ask for; demand; extort：～取 ask for; demand | 勒～ extort; blackmail ④ 尽；毫无 the limit; utterly：～然无味 bland; insipid ⑤ 单独 alone：离群～居 live alone; live in solitude

suǒ

琐

（瑣）

会意字。“王”（玉）像一串玉，“貨”（贠 suǒ）指贝壳碰撞发出的声响，表示琐是玉碰撞发出的声音，貨（贠 suǒ）兼表声。瑣简化为琐。本义是玉相碰发出的细碎声。引申为细碎。

琐 originally referred to the clinking of jade, then later, bits and pieces. It is composed of **王**（**玉**）, jade, and **貨**（**贠 suǒ**）, which is phonetic and refers to clinking of seashells. **瑣** has been simplified to **琐**.

细小；零碎 trivial; bits and pieces：～事 trivialities | 繁～ trivialities; miscellaneous | ～碎 trivialities; miscellaneous

suǒ

锁

（鎖）

形声字。金（钅）表意，像箭头、斧头和矿石，表示锁用金属制成；貨（贠 suǒ）表声，贠是小贝，表示锁和贝一般大小。鎖简化为锁。本义是锁头、门键。

锁 means a lock. It consists of a semantic element, **金**（**钅**）, metal, and a phonetic element, **貨**（**贠 suǒ**）, small seashell, i.e. a lock is about the size of a seashell. **鎖** has been simplified to **锁**.

① 封住开关部位的器具，要用钥匙才能打开 lock：门～ door lock | 开～ open the lock ② 用锁关住 to lock：～门 lock the door ③ 锁链 chain; shackles; fetters：枷～ shackles; fetters ④ 一种缝纫方法 lockstitch：～边 to lockstitch an edge (of a garment)

S

tā 他

会意字。“亻”像人，“也”是表判断的助词，表示他是别人。他是第三人称代词，特指男性第三人称。

他 signifies masculine third person pronoun — he. It is composed of 亻, man, and 也, which in classical Chinese serves as a marker of noun predication (e.g. 王人也。The King is a man), i.e. indicating sth belonging to a different category, like the 3rd person.

① 第三人称代词，一般用来指男性 he: 这事不能怪～。This isn't his fault. ② 别的；另外的 other：～人 other people | ～乡 some other place | ～日 some other day

tā 它

象形字。古文字像蛇，勾画出蛇扁大的头和弯曲的身子。本义是蛇。基本义是别的、另外的。

它's original meaning was snake, then later, it came to be used for other, another. In its ancient form, the character resembles a snake, with its broad head and winding body.

代词，称人以外的事物 3rd person singular inanimate pronoun ('it')：～们 they | ～是什么动物？What animal is that?

tā 她

会意字。“女”像女子，“也”是表判断的助词，表示她是别的女人。她是女性的第三人称。

她 signifies the feminine third person pronoun — she. It consists of 女, woman, and 也, which in classical Chinese serves as a marker of noun predication (e.g. 王人也。The King is a man), i.e. indicating sth belonging to a different category, like the 3rd person.

女性的第三人称代词 she：～是我姐姐。She is my sister. | ～们舞跳得很好。They dance well.

tā 塌

形声字。土表意，本像地上有堆土，表示土缺少黏性容易倒塌；㲺（tā）表声，㲺指高飞的样子，表示高土倒下必四下飞散。本义是倒塌。

塌 means collapse. It contains a semantic element, 土, earth, i.e. earth collapses easily, and a phonetic element, 㲺（tā）, soaring high in the sky, i.e. earth heaped high spreads over a wide area when it collapses.

① 倒下；下陷 collapse; cave in：倒～ collapse | ～陷 cave in; give way ② 安定；镇定 stable; steady：～实 steady; dependable; at ease

T

踏 625页

tǎ

塔

会意字。“土”本像地上有堆土，表示塔用土石建成；“荅”有厚重义，表示塔层层叠叠其形厚重。本义是佛塔。

塔 means a pagoda. It consists of **土**, earth, i.e. a construction material; and **荅**, which denotes massive, i.e. pagodas are large, multi-storied buildings built of pounded earth.

① 佛教的一种尖顶高耸的建筑物 pagoda：宝～ pagoda｜～顶 top of the pagoda ② 塔形的建筑 tower-like structure：水～ water tower｜灯～ lighthouse｜电视～ television tower

tà/tā

踏

形声字。足表意，像膝和脚；沓（tà）表声，沓有会合义，踏是用脚踩地，有脚、地会合意。本义是踩。

踏 means step on, trample on. It consists of **足**, which depicts a knee and foot, as semantic, and **沓（tà）**, join or converge, as phonetic, i.e. foot and ground converge with each step.

㊀ tà ① 用脚踩 step on; trample on：～步 march in place｜践～ trample on ② 亲自到现场去 be at the scene：～看 on-site investigation｜～勘 on-site survey ㊁ tā［踏实］① 工作切实；不浮躁 dependable; down-to earth：工作～ be dependable; be a steady worker; in a down-to-earth manner ② 情绪安稳；不慌乱 steady; calm：心里～ feel a sense of security; certainty

tà

蹋

形声字。足表意，像膝、脚，表示用足踩；𦐇（tà）表声，𦐇指高飞，表示脚要往下踩必先向上提。本义是踩，这个意义现多用踏。

蹋's root meaning is step on, trample on, meanings now represented by **踏**. It is composed of **足**, depicting a knee and foot, as semantic, i.e. step, and **𦐇（tà）**, flying high, as phonetic, i.e. lift one's leg high to step on sth.

① 用脚踩 step on; trample on：～地 stamp one's feet on the ground ② 踢 kick

tāi

胎

会意字。“月”（肉）像肉，表示胎儿是母体内所怀的幼小肉体；“台”像张口发出笑声，有愉快义，表示两情相悦交媾而成胎；台（tāi）兼表声。本义是未出生的幼体。

胎 means a fetus. It consists of **月（肉）**, flesh, i.e. a fetus in the womb, and a phonetic element, **台（tāi）**, which means laughing out loud, implying happy, i.e. fetus produced by two people happy and in love.

① 未出生的幼体 fetus：～儿 fetus｜怀～ pregnant ② 怀孕或生育的次数 number of pregnancies or births：头～ the first pregnancy or baby ③ 器物的坯子 base of an object：泥～ clay base ④ 衬在里面的东西 inner layer：棉花～ inner layer made of cotton wool ⑤ 轮胎 tire：车～ car tire｜内～ inner tire

T

拓 660页　台 626页　苔 626页

tái/tāi

台

（①②③⑤⑥
⑦臺④檯⑧颱）

会意字。篆书像脚、建筑、落地的箭，表示人要到达或停留的建筑物。本义是高平的建筑物。臺、檯、颱归并简化为台。

台 means a platform, stage. Seal script depicts a foot, a building and an arrow hitting the ground, i.e. a construction that one wishes to reach or stay over at. 臺, 檯 and 颱 has been simplified and grouped into 台.

❶ tái ① 高平的建筑物 platform stage：瞭望～ observation tower | 楼～亭阁 towers and pavilions | 舞～ stage ② 像台的东西 platform-like structure：井～ platform built around a well | 窗～ windowsill ③ 器物的底座 base of an object：烛～ candlestick ④ 桌子 table：写字～ desk; table | 梳妆～ dressing table ⑤ 尊称对方的词 formal usage, your：～端 you; your honor (used in formal letters) | ～鉴 for your inspection (used in formal letters) ⑥ 量词 measure word：一～戏 a stage performance ⑦ 台湾的简称 abbrev for Taiwan：港～ Hong Kong and Taiwan ⑧ 台风：十级以上的风暴 typhoon ❷ tāi 台州，地名 Taizhou, name of a place; 天台，山名 Tiantai, name of a mountain.

tái/tāi

苔

形声字。艹（艸）表意，像草，表示苔藓像幼小的草；台（tái）表声，兼表平台、台阶上往往长有苔藓。本义是苔藓。

苔 means moss or lichen. It is composed of a semantic element, 艹（艸）, grass, i.e. moss or lichen is like grass, and a phonetic element, 台（tái）, platform, i.e. moss or lichen grows on platforms.

❶ tái 青苔，一种低等植物，生长在阴湿的地方 moss：～藓 moss or lichen ❷ tāi 舌苔，舌头表面的苔状物 coated tongue

tái

抬

（擡）

形声字。扌表意，像手；臺（台 tái）表声，台有高意，表示抬是用手托高。擡简化为抬。本义是托举。

抬 means to raise, lift (sth up). It consists of a semantic element, 扌, hand, and a phonetic element, 臺（台 tái）, to raise, lift, i.e. raise, lift up with the hands. 擡 has been simplified to 抬.

① 向上举；提高 raise, lift (sth up)：～头 raise one's head | ～手 lift up one's hands | 哄～物价 drive up prices ② 共同用手或肩膀搬东西 carry sth with one's hands or shoulders：～轿子 carry a sedan chair | ～担架 carry a stretcher

tài

太

指事字。在大字下加点，表示已大到极点。本义是大。引申为极、过于。

太 originally signified big, then later, very, exceed the limit, more than. The dot below 大 (big) signifies excess.

① 极；过于 very; exceed the limit; more than：～妙 excellent; wonderful | ～好 excellent; wonderful | ～甜 very sweet; too sweet ② 称呼高一辈的人 to address one's elders：～师母 wife of one's teacher | ～祖母 grandmother of the main branch of a family tài

汰

形声字。氵表意，像流水、水珠，表示用水淘洗；太（tài）表声，太即大，表示淘洗要用大量的水。本义是淘洗。引申为淘汰。

汰 originally signified wash, then later, eliminate, weed out. It consists of a semantic element, 氵, water, and a phonetic element, **太**（tài）, large, i.e. washing requires a large quantity of water.

去掉差的 eliminate：淘～ eliminate | 优胜劣～ the fittest survive

tài

态

（態）

会意字。"心"像心脏，"能"指能力，表示心中的想法和能力会反映在态度上。简体字心、太，表示心中太在意必然反映在态度上，太（tài）兼表声。本义是态度。

态 means attitude. It is composed of **心**, heart, and **能** (which depicts a bear), ability, i.e. attitude determines capability. The simplified form has **心** (heart or mind) and **太** (excessive), attitude influenced by excessive emotion. **太**（tài）indicates pronunciation.

① 形状；模样 form; shape; appearance：形～ form; shape | 病～ abnormal condition ② 情形；情况 condition; situation; circumstances：动～ situation; trend; development | 事～ condition; situation; circumstances

tài

泰

会意字。"大"像张开四肢的人，"収"像双手，"氺"像水，表示人用双手撩水洗浴。本义是洗浴。引申指平安、安宁。

泰 originally meant bathe, later by extension, peace, tranquility. It consists of **大**, a man with limbs spread, **収**, hands, and **氺**, water, i.e. bathe by splashing water on the body with the hands.

① 安定；太平 peaceful：国～民安 peaceful nation ② 镇定 calm：～然自若 calm; self-composed | 处之～然 face an adverse situation calmly

tān

坍

形声字。土表意，本像地上有堆土，表示土缺少黏性容易坍塌；丹（dān）表声，丹像井中有朱砂，以朱砂采自井下，表示土石坍塌必坠落底下。本义是倒塌、崩坏。

坍 means crumble, collapse. It consists of a semantic element, **土**, earth, which crumbles easily, and a phonetic element, **丹**（dān）, which depicts a dot of cinnabar (a red mineral) at the bottom of a well, i.e. collapsed material falling downwards.

倒塌；崩坏 crumble; collapse：～塌 cave in; collapse | 崩～ avalanche

T

tān 贪（貪）

会意字。“貝”（贝）像贝壳，古代曾用作货币，“今”指现在，表示贪图眼前的钱财。貪简化为贪，本义是贪图钱财。

贪 originally meant to covet wealth. It is composed of 貝（贝）, a kind of shell, used as currency in ancient times, and 今, now, i.e. lust for wealth in the present. 貪 has been simplified to 贪.

① 爱财；贪污 greedy for money; corrupt：～财 greedy for money｜～官污吏 corrupt officials ② 贪图；片面追求 greedy for sth：～玩 playful｜～便宜 greedy for petty gains

tān 摊（攤）

会意字。“扌”像手，表示用手将物铺开；“難”（难）指困难，表示将物铺平是有些困难的。攤简化为摊。本义是平铺。

摊 means to spread out, lay out. It consists of 扌, hand, i.e. with the hands; and 難（难）, difficulties, i.e. not easy to spread sth out evenly. 攤 has been simplified to 摊.

① 摆开；铺开 spread out; lay out：～开 spread out; lay out｜～牌 showdown ② 分派；分担 distribute; apportion：～派 apportion｜均～ apportion equally ③ 路旁的简易售货处 stall：～贩 stallholder｜设～ set up a stall ④ 量词 measure word：一～血 a pool of blood

tān 滩（灘）

会意字。“氵”像水流、水珠，表示水流湍急的地方；“難”（难）指艰难，表示水浅流急之地泛舟涉水皆难。灘简化为滩。本义是水浅流急的地方。

滩 originally signified strong current or rapids. It is composed of 氵, water, i.e. rapids, and 難（难）, difficulties, i.e. rapids are difficult to navigate.

① 水浅石多水流很急的地方 torrential and rocky shoal：险～ perilous shoal ② 河海边淤积成的平地，水中的沙洲 beach：沙～ beach｜海～ beach

tān 瘫（癱）

会意字。“疒”像病床，“難”（难）指困难，表示瘫痪者肢体麻木行动困难。癱简化为瘫。本义是瘫痪。

瘫 means paralyze. It consists of 疒, illness, and 難（难）, difficultly, i.e. paralysis makes movement difficult. 癱 has been simplified to 瘫.

瘫痪，指神经机能发生障碍，肢体麻痹不能活动；比喻机构失去效能，不能正常进行工作 paralyze：下身～痪 paralysis of the lower body｜机构～痪 the working of the organization is paralyzed tán

坛

（①②③壇
④罎）

会意字。“土”本像地上有堆土，“亶”指粮多，表示坛堆积许多土建成。简体字土、云，表示土台高或建在高处。本义指古代祭祀或誓师用的土台。壇、罎今归并简化为坛。

坛 signifies a clay altar used in ancient times. It is composed of 土, earth, and 亶, an abundance of grain. Construction of an altar requires abundance of clay. The simplified form has 土 (earth) and 云 (cloud), i.e. altars built from earth on elevated ground. 壇 and 罎 has been simplified and grouped into 坛.

① 古代举行祭祀、誓师等用的土筑高台 altar：天～ sacrificial altar｜祭～ sacrificial altar ② 用土堆成的高地 platform; elevated ground：花～ flower bed ③ 指文艺界或体育界 arenas for the arts, sports：文～ literary arena｜体～sports arena ④ 坛子 earthen jar, jug：酒～wine jar, jug｜一～酒 a jug of wine

tán

昙

（曇）

会意字。日、雲（云），表示密云遮日。曇简化为昙。本义是密布的云。

昙 signifies thick clouds. It is composed of 日, sun, and 雲（云）, cloud, i.e. clouds covering the sun. 曇 has been simplified to 昙.

［昙花］常绿灌木，花淡黄色，常在夜间开放，开花的时间很短 night-blooming cereus (night-blooming cactus)：～一现 transitory

tán

谈

（談）

会意字。“言”（讠）像张口说话，表示说话；“炎”像两把火，有热义，表示有热情才谈得起来。談简化为谈。本义是说、谈论。

谈 means talk, discuss. It consists of 言（讠）, talk, and 炎, two torches, implying fervor, enthusiasm, i.e. a lively conversation or discussion. 談 has been simplified to 谈.

① 说；对话 talk; discuss：～话 discuss; discussion｜交～ discuss; discussion ② 言论 opinion; view; speech：奇～ strange tales｜老生常～ banal view, opinion ③ 姓 a family name

tán

痰

会意字。“疒”像病床，“炎”像两把火，有炎症义，表示呼吸道发炎时痰特别多。痰是支气管和气管分泌的黏液。

痰 means phlegm. It is composed of 疒, illness, and 炎, two torches, i.e. phlegm resulting from inflammation of the respiratory tract.

支气管和气管分泌的黏液 phlegm：吐～ spit out phlegm

T

tán

谭

（譚）

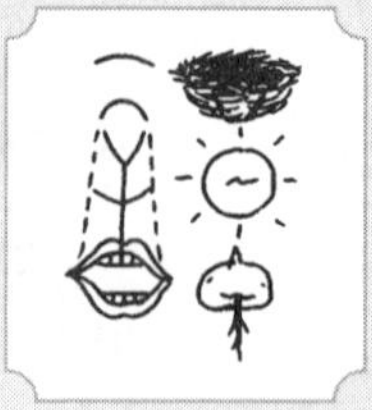

形声字。言（讠）表意，像张口说话，表示谈论；覃（tán）表声，覃有延长、深入义，表示话多而深入。譚简化为谭。本义是谈论。

谭 means to discuss. It contains a semantic element, **言（讠）**, speech, i.e. discussion, and a phonetic element, **覃（tán）**, extend or deepen, i.e. long insightful conversation. **譚** has been simplified to **谭**.

① 同谈 same as 谈 (talk, discuss)：天方夜～ cock and bull story ② 姓 a family name

tán

潭

会意字。“氵”像流水、水珠，“覃”有深义，表示深水池；覃（tán）兼表声。本义是深水池。

潭 means a deep pond. It consists of **氵**, water, and **覃（tán）**, deep, which represents pronunciation.

深水坑；水深的地方 deep pond：深～deep pond｜泥～mud pond｜水～pond

tán

檀

会意字。“木”像树，表示檀树；“亶”本指仓廪谷物多，表示檀木香气四溢。檀是一种有香气的落叶乔木。

檀 means sandalwood. It consists of **木**, tree, and **亶**, a granary stocked with grain, abundant, i.e. redolent with the fragrance of wood, that is sandalwood.

① 檀香木，常绿乔木，木材有香味，可提取香料 sandalwood ② 檀树，落叶乔木，木质坚硬，可制器物 sandalwood tree

tǎn

坦

形声字。土表意，像地上有堆土，表示地面平坦；旦（dàn）表声，旦像旭日初升，有光明义，表示平坦的地一片光明。本义是平坦。

坦 means flat and smooth. It contains a semantic element, **土**, earth, i.e. a flat ground; and a phonetic element, **旦（dàn）**, which depicts the rising sun, bright, i.e. a smooth and glossy surface.

① 道路或场地平而宽 flat and smooth road, pathway, field：～途 smooth journey｜平～ flat and smooth ② 心地开朗，平静 cheerful; happy; calm：～然 calm; unperturbed｜舒～ unperturbed and comfortable ③ 直率；不隐瞒 straightforward; having nothing to hide：～率 straightforward｜～白 frank tǎn

袒

会意字。“衤”像衣服，“旦”像太阳升起于地面，有露出意，表示脱去上衣露出身体的一部分。本义是脱去上衣露出身体的一部分。

袒 means to expose a part of the body. It consists of 衤, garment, and 旦, which shows the sun rising above the horizon, suggesting to show, expose, i.e. expose the body.

① 露出身体的一部分 expose part of the body：～露 expose; bare｜～胸露背 scantily dressed ② 偏心；庇护 biased; side with; privilege sb：～护 shield or privilege sb｜偏～ shield or privilege sb

tǎn

毯

会意字。“毛”像兽毛，表示毯用毛织成；“炎”像两把火溅出火星，有热义，表示毛毯使人暖和。本义是毛毯。

毯 means a woolen blanket. It consists of 毛, animal's fur, i.e. fur blankets, and 炎, two torches, suggesting heat and warmth, i.e. blankets for warmth.

铺、垫、盖用的较厚的毛、棉织品 woolen blanket; mat; carpet etc：毛～ woolen blanket｜地～ carpet; mat｜～子 blanket

tàn

叹

（嘆）

会意字。“口”像张开的口，“莫”有苦虐义，表示因苦虐而叹气。简体字口、又，又指重复、连续，表示连连叹气。本义是叹气。

叹 means sigh. It consists of 口, an open mouth, and 莫, which denotes maltreatment, i.e. sigh over maltreatment. The simplified form has 口 (mouth) and 又 (hand); the latter suggests repetition, i.e. constant sighing.

① 心里苦闷时发出的呼气声 sigh：～息 sigh｜哀～ sigh sorrowfully ② 赞美；赞美之声 praise; extol：赞～ extol; admire｜～服 sincere admiration｜～为观止 greatly admire

tàn

炭

会意字。篆书像山、山崖、火焰，表示木炭燃烧起来火焰高。楷书山、灰，表示炭燃烧后成灰。本义是木炭。

炭 means charcoal. Seal script depicts a mountain, a cliff and flames, i.e. flames from burning charcoal. Regular script has 山 (mountain) and 灰 (ash), ash from burning charcoal.

① 木炭，用木材烧制成的一种燃料 charcoal：～火 charcoal fire｜～盆 charcoal brazier ② 煤 coal：煤～ coal｜焦～ coke tàn

探

会意字。“扌”像手，“罙”（穼）像用火把探洞穴，楷书像用木棍探洞穴，都有深的意思，表示从深处掏取。本义是掏。引申指探测。

探 originally meant dig, fish out, then later, to investigate, explore. It consists of 扌, hand, and 罙（穼）, which depicts a man in a cave with a torch. Regular script depicts a man in a cave with a wooden stick. Both evoke the idea of depth, i.e. dig, fish out sth from a deep place.

① 寻找；勘测 search; survey：～矿 prospect (for gold etc) | 勘～ survey; explore ② 侦察；打听 investigate; inquire about：侦～ detective | ～听 inquire about; ask around ③ 做侦察工作的人 detective：密～ spy; secret agent | 敌～ enemy spy ④ 看望 pay a visit：～望 pay a visit | ～亲 visit one's relatives ⑤ 伸出 stretch out; extend：～头～脑 look about

tàn

碳

会意字。“石”像山崖下有块石头，表示碳像石头；“炭”由山、灰构成，表示碳取自于山，燃烧后会变成灰；炭（tàn）兼表声。碳指一种非金属元素。

碳 means carbon. It consists of 石, rock, i.e. carbon is like rock, and 炭, which is made up of mountains（山）and ash（灰）, i.e. carbon is obtained from mountains, and turns to ash after burning. 炭（tàn）indicates pronunciation.

一种非金属元素，符号C。是构成有机物的主要成分，在工农业上和医药上用途很广 carbon (C)

tāng

汤

（湯）

会意字。“氵”像流水、水珠，“昜”像日在地面之上，有热意，表示汤是热水。湯简化为汤。本义是热水、开水。

汤's original meaning is warm or boiling water. It is composed of 氵, water, and 昜, which depicts the sun above the horizon, implying heat, i.e. hot water. 湯 has been simplified to 汤.

① 热水；开水 hot or boiling water：赴～蹈火 go through fire and water; brave dangers | 扬～止沸 palliate ② 菜少水多的食物；食物的汁液 soup; stock：鸡～ chicken stock | 米～ rice gruel ③ 中药的汤剂；汤药 herbal medicine in the form of soup ④ 姓 a family name

táng

唐

会意字。“口”像张开的口，“庚”有变更意，表示说大话、空话，变更了真实情况。本义是说大话。

唐's original meaning was exaggerate, brag, boast. It consists of 口, an open mouth, and 庚, which denotes change, i.e. to exaggerate, or change the actual situation.

① 朝代名，公元 618 年 – 公元 907 年，李渊所建 Tang Dynasty (A.D. 618-A.D. 907), with Li Yuan as the founder：～诗 poetry of the Tang Dynasty ② 姓 a family name táng

堂

会意字。“土”本像地上有堆土，“尚”像烟由窗向上冒出，有高大意，表示堂是用土石建成的高大房子。本义是高大的房子。

堂's root meaning was a massive house. It consists of 土, earth, and 尚, which depicts smoke escaping from a window and rising high into the sky, i.e. a house made of earth and stone and rising high.

① 正房；厅 main chamber; salon：～屋 principal room｜厅～ hall ② 专供某种活动用的房屋 hall (meant for a specific purpose)：礼～ hall｜教～ church ③ 同祖父的亲属关系 related by paternal ties：～兄 paternal cousin ④ 特指审理案件的地方；法庭 court：公～ court｜过～ appear in court for trial ⑤ 量词 measure word：一～课 a lesson or class (in school)

táng

棠

会意字。“木”像树，“尚”有配义，人们常以棠木嫁接梨树。本义是棠梨。

棠 means birchleaf pear. The character contains 木, a tree, and 尚, match with, compatible. In the past, people used to graft birch trees and pear trees.

棠梨，落叶乔木，春季开白花，果实似梨，可以吃，也叫杜梨 birchleaf pear

táng

塘

会意字。“土”本像地面有堆土，表示用泥土石块筑成的堤岸；“唐”有广大义，表示堤岸广阔；唐（táng）兼表声。本义是堤岸。

塘 means embankment. It is composed of 土, clay, i.e. clay embankment; and 唐（táng）, which indicates pronunciation and denotes vast, i.e. embankments are big and wide.

① 堤岸 embankment：河～ river embankment｜海～ seawall ② 水池 pond：鱼～ fish pond｜荷～ lotus pond｜澡～ bathhouse

táng

搪

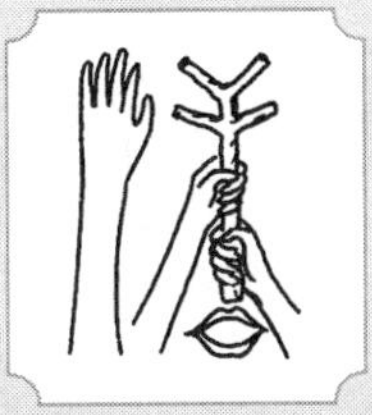

形声字。扌表意，像手；唐（táng）表声，唐有堤防义，堤防是抵挡水的，表示搪是用手抵挡。本义是抵挡。

搪 means to resist. It consists of 扌, hand, as semantic, and 唐（táng）, dike or embankment, as phonetic. Embankment and hand both symbolize resistance.

① 敷衍；应付 deal with sb or sth in a superficial, perfunctory manner：～塞 deal with sb or sth in a superficial, perfunctory manner｜～帐 defer a payment ② 用泥土或涂料抹上 smear with clay or paint：～灶 line a stove with clay｜～瓷 enamel

T

táng 膛

形声字。月（肉）表意，像肉，表示胸膛；堂（táng）表声，堂是前室，表示胸膛在身体的前部。本义是胸腔。

膛 means the chest. It consists of the semantic element, 月（肉）, flesh, i.e. chest; and a phonetic element, 堂（táng）, the front hall of a house, i.e. the chest is the front part of the body.

① 胸腔 chest：胸～ chest | 开～剖肚 to get to the crux of the matter ② 器物的中空部分 empty space：炉～ stove of furnace chamber | 枪～ bore of a gun | 炮～ bore of a canon

táng 糖

形声字。米表意，像稻米，表示饴糖用米麦制成；唐（táng）表声，唐有大义，用米麦制糖需先将其蒸熟再发酵，故体积会变大。本义是饴糖。

糖 means malt sugar or malt. It is composed of a semantic element, 米, grains, i.e. malt from grain; and a phonetic element, 唐（táng）, big; malt is made from steamed, fermented grain.

① 食糖 sugar：白～ white sugar | 冰～ rock sugar ② 糖果 candy：奶～ milk candy | 水果～ fruit candy

tǎng 倘

会意字。“亻”像人，“尚”有尊崇义，表示遇上尊崇之人而惊异欲止。本义是惊异欲止的样子。常用义是如果、假使。

倘 originally meant to hold back in surprise, be unforeseen, and was later used for “if”. It is composed of 亻, a man, and 尚, honor, esteem, i.e. to hold back when meeting a worthy.

如果；假使 if：～若 if | ～使 if

tǎng 淌

会意字。“氵”像流水、水珠，“尚”像烟由房屋的窗子向上冒出，有超过、高出义，表示淌是涌起高于水面的大浪。本义是大浪。常用义是往下流。

淌 originally signified huge waves, then later, flow downwards. It consists of 氵, water, and 尚, surpass which depicts smoke escaping from windows and rising high to the sky, i.e. waves rising high above the surface of the water.

往下流 flow downward：流～ trickle; flow | ～汗 perspire | ～血 bleed

tǎng

躺

形声字。身表意，像人挺着大肚子，表示身体；尙（tǎng）省声，尙有流下义，表示躺是身体卧下。本义是平卧。

躺 means to lie down. It consists of a semantic element, 身, which resembles a pregnant woman, and represents body, and a phonetic element, 尙（tǎng）, flow downward, i.e. lie down.

平卧 lie down：～卧 lie down｜～在床上 lie on the bed

tàng

烫

（燙）

会意字。“火”像火焰，“湯”指开水，表示被火或开水灼痛或烫伤；湯（汤 tāng）兼表声。燙简化为烫。本义是被火或开水灼痛或灼伤。

烫 means burnt, scalded. It consists of 火, flames, and 湯（汤 tāng）, hot boiling water, which indicates pronunciation, i.e. burnt, scalded. 燙 has been simplified to 烫.

① 接触高温物体感觉疼痛或受伤 burnt; scalded：～手 feel hot to the hands｜～伤 burnt; scalded ② 用温度高的物体使别的物体起变化 to heat：～发 perm hair｜～衣服 iron clothes ③ 温度高 hot：滚～ boiling hot

tàng

趟

会意字。“走”本像甩臂迈步行走的人和脚，表示来回行走的次数；“尚”有增加义，表示行走的次数依次增加。本义是来回行走的次数。

趟 is a measure word, (number of) times, trips. The character consists of 走, which depicts a man striding with arms swinging at the sides, i.e. trips taken, and 尚, increase, i.e. times adding up.

量词，表示来回的次数 measure word for trip：去一～ go (there) once｜来了三～ came (here) thrice

tāo/dāo

叨

会意字。“口”像张开的口，表示贪食；“刀”像刀，表示贪者如刀必会伤害他人的利益。本义是贪。基本义是话多。

叨 means covetous, greedy. Its basic meaning is talkative. The character consists of 口, an open mouth, i.e. glutton; and 刀, a knife, i.e. greedy people hurt others, just like knives.

㊀ tāo 谦词，受到 formal usage, received：～光 be obliged to｜～教 express appreciation for advice given ㊁ dāo 话多 nag; talk unceasingly：～～ talk unceasingly｜唠～ nag

T

tāo

涛

（濤）

会意字。“氵”像河流、水珠，“壽”（寿）有岁月多、年事高意，表示大浪多而高。濤简化为涛。本义是大浪。

涛 means big waves. It consists of 氵, water, and 壽（寿）, longevity, i.e. waves that persist and grow. 濤 has been simplified to 涛.

① 大浪 big waves：波～ big waves｜海～ waves｜狂～ raging waves ② 像波涛的声音 wave-like sound：松～ rustle of the pines

tāo

掏

形声字。扌表意，像手；匋（táo）表声，匋是空心的陶土器皿，表示要有一定的空隙手才能伸进去取。本义是挖取、摸取。

掏 means dig, grope. It is composed of a semantic element, 扌, a hand, and a phonetic element, 匋（táo）, a clay container, which represents space within which the hand gropes.

① 手伸进去取 grope for; fish out：～钱 fish out money (from one's pocket)｜～口袋 fish for sth in one's pocket｜～鸟窝 go nesting ② 挖 dig：～了一个洞 dig a hole

táo

滔

会意字。“氵”像水流、水珠，“舀”像手从臼中向上取出，表示水势大向上漫开。本义是大水漫流。

滔 means flood, inundate. It consists of 氵, water, and 舀, which depicts a hand raising sth up from a mortar, representing rushing waters rising upwards.

大水漫流 rushing waters flowing：浪～滚滚 raging waves｜白浪～天 raging waves

táo

逃

会意字。“辶”（辵）像路和脚，“兆”像占卜龟甲的裂缝，有预兆义，表示人见到危险的预兆会逃离。本义是逃跑。

逃 means to escape, flee. It is composed of 辶（辵）, a path with a foot, and 兆, depicting the cracks on a tortoise shell, used in divination to make predictions, i.e. to flee when there are indications of danger.

逃走；避开 escape; flee：～亡 escape; flee｜～避 shun; parry｜～难 escape from danger

T

táo

桃

会意字。“木”像树，表示桃树；“兆”像占卜龟甲产生的裂缝，有预兆义，表示桃花的多少预兆着果实的丰歉。本义是桃树。

桃 means peach tree. The character consists of 木, tree, and 兆, the cracks on tortoise shells used in divination, suggesting omen, prediction, i.e. the number of peach blossoms predicts the quantity of peaches that the tree will bear.

① 桃树，落叶乔木，春天开花，白色或红色，果实叫桃子，可以食 peach tree：～花 peach blossom｜水蜜～ honey peach ② 形状像桃子的 peach-like object：棉～ cotton ball

táo

陶

会意字。“阝”像土坡，“匋”像人和陶器，表示用土制作陶器，匋（táo）兼表声。本义是制作陶器。

陶 means make pottery. It consists of 阝, mountain slopes, and a phonetic element, 匋（táo）, which resembles a man with pottery.

① 用黏土烧制的器物 pottery：～器 pottery; earthenware｜彩～ colored pottery ② 比喻教育、培养 educate; cultivate：～冶 mould; inculcate｜熏～ mould; inculcate ③ 快乐 happy：～醉 revel in, be intoxicated with｜乐～～ happy; cheerful; joyful ④ 姓 a family name

táo

萄

形声字。艹（艸）表意，像草，表示葡萄像草本蔓生植物；匋（táo）表声，匋是陶的本字，以陶器可盛酒，表示葡萄可酿酒。本义是葡萄。

萄 is grapes. It consists of a semantic element, 艹（艸）, representing vegetation, i.e. vines, and a phonetic element, 匋（táo）, originally used for 陶 (pottery), i.e. pottery cups used for drinking grape wine.

［葡萄］藤本植物，果实成串，是常见的水果，也可用来酿酒 grapes

táo

淘

形声字。氵表意，古文字像流水，楷书像水珠，表示用水冲洗；匋（táo）表声，匋同陶，表示用陶器舀水洗去杂质。本义是洗去杂质。

淘 means to cleanse with water. It consists of a semantic element, 氵, whose ancient form resembles a flowing river and in regular script, resembles water droplets, i.e. to wash with water; and a phonetic element, 匋（táo）, pottery (later replaced by 陶), i.e. cleansing with an earthenware scoop.

① 用水洗掉杂质 cleanse with water：～米 wash rice｜～金 pan for gold ② 挖浚；疏浚 dredge：～井 dredge a well｜～河 dredge a river ③ 顽皮 mischievous：～气 mischievous

T

tǎo 讨 (討)

会意字。"言"（讠）像张口说话，"寸"像手，指长度单位，表示据理声讨。討简化为讨。本义是声讨。

讨 means to denounce, condemn. It consists of 言（讠）, speech, and 寸, hand, indicating a measure of length, i.e. condemn on the basis of measured argument. 討 has been simplified to 讨.

① 谴责；征伐 denounce; condemn：声～ denounce; condemn｜征～ embark on a punitive military expedition ② 商议；研究 discuss：商～ discuss｜研～ hold a seminar, conference ③ 向人索取或请求 ask for; beg：～饭 beg for food｜～教 ask for advice ④ 招惹 ask for; provoke; invite sth unpleasant：～厌 irritating｜自～没趣 bring contempt upon oneself ⑤ 娶 marry (obtain a wife)：～老婆 marry (obtain a wife)

tào 套

会意字。"大"像人展开四肢，"镸"像长发老人，表示起保护作用的外罩又大又长。本义是罩在外面的东西。

套 means coating, cover. It is composed of 大, a man with limbs spread, and 镸, an old man with long hair, i.e. spreading out, like a cover.

① 罩在外面的东西 coating; cover：手～ gloves｜被～ blanket cover ② 罩在外面 to cover; apply coating：～上外衣 wear a coat ③ 衔接或重叠 connect; overlap：～间 inner room｜～色 chromatography ④ 用绳子等结成的环 ring; hoop; loop：绳～ loop ⑤ 用套拴系 put a lasso, loop etc around sth：～车 harness an animal to a cart ⑥ 模仿 imitate; regurgitate：生搬硬～ reproduce mechanically ⑦ 量词 measure word, set：一～餐具 a set of dinnerware

tè 特

会意字。"牛"像牛头，表示公牛；"寺"指古代官署，官署的建筑比普通的房舍大，表示公牛形体比母牛大。本义是公牛。引申为独特。

特 originally referred to a bull, then later, special, unique, extraordinary. It is composed of 牛, head of a bull, and 寺, official premise. Official premises were larger than normal residences, suggesting that bulls are bigger than cows.

① 不同一般 special; unique; extraordinary：奇～ special; unique; extraordinary｜～色 specialty; characteristic ② 专 specialize：～设 ad hoc｜～意 specially

téng 疼

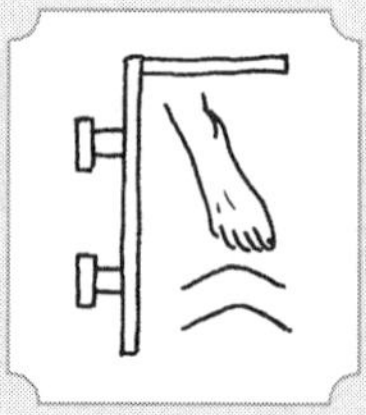

会意字。"疒"像病床，"冬"指冬天，冬天严寒难熬，表示疼痛也难以忍受。本义是痛。

疼 means painful. It consists of 疒, illness, and 冬, winter, which can be cold and harsh, i.e. pain, that is debilitating and hard to bear.

① 疾病或创伤引起的难受的感觉 painful：牙～ toothache｜肚子～ stomachache ② 喜爱；痛惜 adore; treasure：～爱 adore; love｜心～ empathize; for one's heart to go out to sb téng

腾

（騰）

会意字。“馬”（马）像马，“朕”通胜，有超过义，表示马奔腾速度特别快。騰简化为腾。本义是马奔腾。

腾 means (of a horse) gallop. It consists of 馬（马）, horse, and 朕, same as 胜, surpass, exceed, i.e. horses gallop exceedingly fast. 騰 has been simplified to 腾.

① 奔跑；跳跃 gallop; run; jump：奔～ gallop｜欢～ rejoice; jump for joy ② 升起 rise：飞～ soar; fly｜升～ rise; leap ③ 空出 leave vacant; unoccupied：～地方 leave a space (for)｜～时间 set aside time (for) ④ 用在某些动词后面，表示反复 used after some verbs to indicate repetition：翻～ turn over repetitively; churn｜折～ toss about (in the bed); torment

téng

誊

（謄）

会意字。篆、楷书“言”像张口说话，“朕”像双手用火加热材料修补舟缝，有吻合意，表示誊抄的语言文字必须和原稿吻合。简体字言、卷（省巳），表示誊写卷宗。本义是抄写。

誊 means to copy, transcribe. Seal and regular scripts have 言, speech, and 朕, which depicts sb heating materials to seal cracks in a boat, i.e. create a good fit, as when copying or transcribing texts. The simplified form has 言 and 卷 (without 巳), i.e. transcribe the original text.

抄写 copy; transcribe：～写 copy; transcribe｜～清 copy (a text) clearly and neatly

téng

藤

形声字。艹表意，像草，表示藤与草相似；滕（téng）表声，滕有水涌义，表示藤蔓弯曲有如水波的样子。本义是蔓生植物。

藤 means a vine. It is composed of a semantic element, 艹, representing plants, and a phonetic element, 滕（téng）, gush (of water), i.e. vines burst forth like waves.

① 蔓生植物名 vine：～萝 wisteria｜紫～ purple wisteria｜白～ white wisteria ② 泛指植物攀援茎 vines：葡萄～ grape vine｜顺～摸瓜 unravel an issue by following clues

tī

剔

会意字。“刂”像刀，“易”指改变，表示用刀把肉从骨头上刮下来。本义是分解骨肉。

剔 means to separate flesh from bones. The character is composed of 刂, knife, and 易, change, i.e. scrape off with a knife.

① 把肉从骨头上刮下来 scrape flesh off the bones：～骨头 scrape the bones ② 从缝隙中把东西挑出来 dig：～牙 pick the teeth ③ 把不适合的去掉 remove the unsuitable parts, scrap：～除 scrap

T

tī

梯

会意字。“木”像树，表示梯子用木制成；“弟”通第，有次第义，表示梯子逐级依次排列。本义是梯子。

梯 means ladder. It consists of 木, a tree, i.e. a wooden ladder; and 弟, sequence (used for 第), i.e. wooden steps in sequence.

① 登高的用具或设备 ladder：～子 ladder | 楼～ stairs | 电～ elevator ② 形状像阶梯的 tiered object：～田 terrace

tī

踢

会意字。“足”像膝盖和脚，表示用脚踢；“易”有改变义，表示物被踢则改变了位置。本义是抬脚击物。

踢 means kick. It consists of 足, depicting a knee and foot, i.e. kick, and 易, change or shift, i.e. kicking, so as to shift.

用脚撞击 kick：～足球 play soccer | ～毽子 shuttlecock-kicking (a game)

tí/dī

提

会意字。“扌”像手，“是”有直义，表示用手垂直向上提。本义是垂手拿着。

提 means to lift, carry. It consists of 扌, hand, and 是, which means true, straight, but here, straight up, i.e. to carry or lift up sth.

㊀ tí ① 垂手拿着 lift; carry：～水 fetch water (from the well, river etc) ② 由下往上、由后往前移 lift; carry; bring forward：～高 lift (sth) higher | ～前 bring (sth) forward ③ 取出 withdraw：～款 withdraw cash | ～货 collect goods ④ 指出；举出 point out; bring to attention：～出 voice | ～醒 remind ⑤ 带犯人 bring a prisoner to do sth：～讯 bring a prisoner before court | ～审 bring a prisoner before the court ㊁ dī ［提防］小心防备 beware

tí

啼

形声字。口表意，像张开的口，表示开口放声哭；篆书虒（tí）表声、楷书帝（dì）表声。本义是出声地哭。

啼 means wail. It consists of a semantic element, 口, an open mouth, i.e. wail; and a phonetic element, 虒（tí）, in seal script, which was later replaced by 帝（dì）in regular script.

① 哭出声；放声哭 wail; weep loudly：～哭 wail | ～饥号寒 wail with hunger and cold ② 某些鸟兽叫 cries of certain animals：鸡～ cock crow | 猿～ monkey screeches tí

题

（題）

会意字。“頁”（页）像夸大了头部的人，表示额头；“是”像脚向着正前方，有正义，表示额在头的正面。題简化为题。本义是额头。引申为题目。

题 originally signified the forehead, then later, a heading, title, subject. It consists of 頁（页）, a man with enlarged head, i.e. the forehead; and 是, to be so, be correctly oriented, i.e. with forehead at the front.

①题目 heading; title; subject：标～heading; title; subject | 考～examination question ②写上；签署 write down; sign：～字 autograph; inscribe words | ～名 autograph

tí

蹄

会意字。篆书“足”像膝和脚，“虒”指一种兽，表示某些动物的脚。楷书足、帝，帝是蒂的初文，蒂较厚实以护花果，表示蹄的角质坚硬厚实以护足。蹄指牲畜的脚。

蹄 means the feet of animals. Seal script has 足, a knee and foot, as the semantic element, and 虒, an animal, i.e. feet of certain animals. Regular script consists of 足, foot, and 帝, the original form of 蒂 (stem or calyx which supports fruits and flowers), i.e. foot and base (sole).

马、牛、羊等动物的脚 feet of animals：马～horse hoof | 猪～pig hoof

tǐ

体

（體）

形声字—会意字。篆、楷书骨表意，像骨骸和肉，表示身体靠骨骼支撑；豊（lǐ）表声。简体字亻、本，表示身体是人之本。本义是身躯。

体 means body. Seal and regular scripts have 骨, bones, and flesh, as semantic, i.e. the bones support the body, and 豊（lǐ）as phonetic. The simplified form has 亻 (man) and 本 (root, essential part), i.e. person rooted in the body.

① 身体或身体的一部分 body or any part of it：～重 weight | 肢～body ② 物态 state of things：固～solid | 液～liquid ③ 事物的本身或全部 part or entirety：个～ individual | 整～ entirety; whole ④ 形式；制度 form; system：文～ literary form | ～制 system ⑤ 亲身经历 one's experience：～验 one's experience | ～会 experienced; realized by oneself

tì

屉

会意字。“尸”像人，表示马鞍垫子上坐人；“世”本指三十年，有时间长意，表示马有鞍垫驮载时间才能久。本义指马鞍垫子。

屉 originally meant saddle. It consists of 尸, person, body, and 世, which denotes thirty years, symbolizing a long time, i.e. saddles enable riders to ride for prolonged periods.

①竹、木等制成用来蒸食品的器具 (bamboo, wooden etc) steamer：笼～ steamer ② 桌子、柜子等家具中可以抽出推进，用来装东西的器具 drawer：抽～drawer

T

tì 剃

会意字。“刂”古文字像刀，“弟”有次第义，表示用刀剃须发是按序进行的。本义是用刀子刮去毛发。

剃 means shave. The character contains 刂, a knife, and 弟, sequence, i.e. shaving in a sequence of cuts.

用刀子刮去毛发 shave：～刀 shaver; razor | ～头 shave the hair | ～须 shave the facial hair

tì 涕

会意字。“氵”像水流、水珠，“弟”有次第义，表示眼泪依次不断地从眼睛中流出。本义是眼泪。引申指鼻涕。

涕 originally meant tears, later by extension, mucus. It is composed of 氵, water, and 弟, sucession. i.e. tear drops emerging from the eyes continuously.

① 眼泪 tears：痛哭流～ cry one's heart out; weep very bitterly | 感激～零 shed tears of gratitude ② 哭泣 cry; weep：破～为笑 change tears into laughter ③ 鼻涕 mucus：～泪俱下 cry one's heart out; weep very bitterly

tì 惕

会意字。“忄”像心脏，表示心中谨慎小心；“易”有变化义，表示应小心谨慎以防情况发生变化。本义是谨慎、小心提防。

惕 means beware, be cautious. It consists of 忄, heart (in this case, the mind), i.e. be mindful, extremely cautious, and 易, change, i.e. be prepared for unexpected changes.

谨慎；小心提防 beware; be cautious：警～ beware; be cautious

tì 替

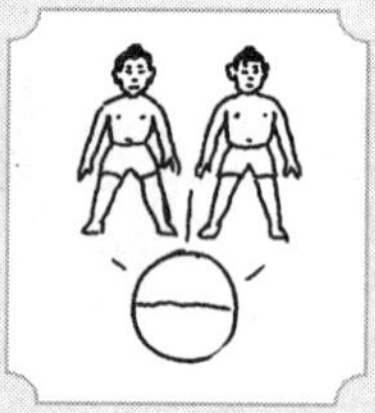

会意字。篆书“竝”像两人并立，“白”为凶丧之色，表示人事有衰替。楷书二“夫”、“日”，表示人事如日起日落般更替。本义是衰替。

替's core meaning was to wane. Seal script has 竝, which shows two people standing side-by-side, and 白, white, an inauspicious color, i.e. declining fortune. Regular script has two 夫 (man) and 日 (sun), suggesting what goes round, comes round, like the rising and setting of the sun.

① 衰败 wane：兴～ rise and fall | 衰～ wane ② 代；代理 replace：～代 replace; replacement | ～换 replace | 顶～ replace; stand in (for sb) ③ 为 for (one's sake)：～你高兴。I am happy for you.

T

tiān

天

象形字—指事字。甲、金文突显正面人形的头部，表示头顶。篆、楷书在“大”上加“一”，表示头顶上方是天空。本义是头顶，泛指顶部。

天 originally meant the crown of the head, later, by extension, the top, crown of sth. Bone and bronze inscriptions depict a man with prominent head. In seal and regular scripts, 一 is added on top of 大, indicating the sky above the head.

① 位置在顶部的 top, crown of sth：~窗 dormer window ② 高空 the sky：蓝~ blue sky ③ 日；一昼夜 a full day：今~ today ④ 季节；气候 season：春~ spring | 热~ hot, warm day ⑤ 自然的；非人工的 natural：~险 natural barrier ⑥ 神灵的住地 heaven; paradise：~堂 heaven; paradise

tiān

添

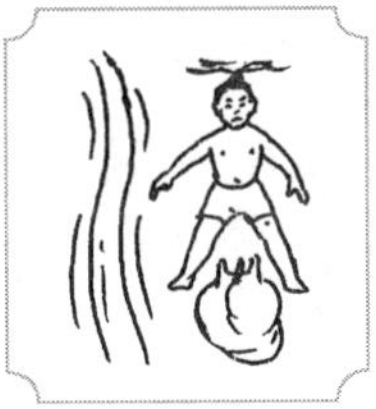

形声字。氵表意，古文字像水流、楷书像水珠，水流昼夜不停地流淌，有不断增加意，表示添是增加；忝（tiǎn）表声。本义是增加。

添 means add, increase. It consists of a semantic element, 氵, water, which flows continuously and symbolizes increase, and a phonetic element, 忝（tiǎn）.

增加 add; increase：增~ add; increase | ~置 acquire | ~枝加叶 embellish

tián

田

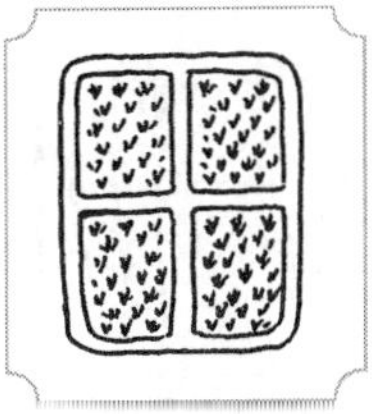

象形字。像阡陌纵横的农田。本义是农田。

田 means a field. The character resembles a field crisscrossed by walkways.

① 种植农作物的土地 field：麦~ wheat field | 稻~ paddy | 农~ field ② 跟农村、土地有关的 related to villages and farms：~园风光 rural scenery; pastoral view | 解甲归~ demobilize ③ 姓 a family name

tián

恬

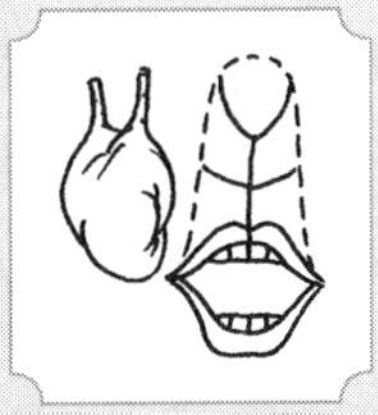

形声字。忄表意，表示心地安静；甜（tián）表声，甜有美好义，表示心地坦荡、安静是一种甜美的境界。本义是安静。

恬 means serene, tranquil. It is composed of a semantic element, 忄, heart, i.e. tranquil at heart, and a phonetic element, 甜（tián）, minus the left hand element, which means sweet or pleasant, i.e. pleasant feelings associated with tranquility.

① 安静 serene; tranquil：~静 serene; tranquil ② 满不在乎 unperturbed：~不知耻 be shameless

T

tián

甜

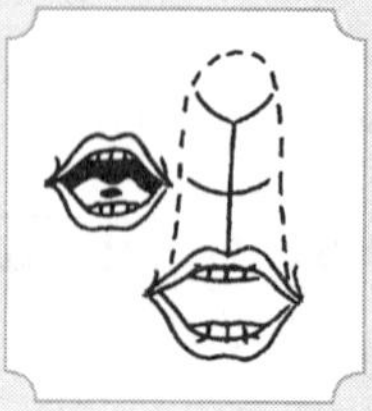

会意字。“甘”像口含美食，“舌”像张口伸出舌头，表示以舌头感知食物的甜美。本义是味甘甜。

甜 means sweet. It consists of **甘**, a mouth holding food, and **舌**, tongue, i.e. the tongue savouring the sweetness of food.

① 像糖和蜜的味道 sweet：～品 dessert｜酸～苦辣 the joys and sorrows of life ② 美好；舒适；幸福 wonderful; comfortable：～美 sweet; wonderful｜嘴～ honeyed tongue; sweet talker｜睡得真～ sleep peacefully

tián

填

会意字。“土”本像地上有堆土，表示用土填入凹陷处；“真”有充实不虚意，表示以土充实使不凹陷。本义是充塞。

填 means fill up (with), cram. It consists of **土**, earth, and **真**, substantial, i.e. make substantial by filling in cavities with earth.

① 把凹陷的地垫平；把空缺的地方补上 level the ground; fill up a cavity：～平 to level｜～坑 fill up a hole｜～补 fill a vacancy ② 按项目格式书写 fill in：～写 fill in｜～表 fill in (a form etc)

tiǎn

舔

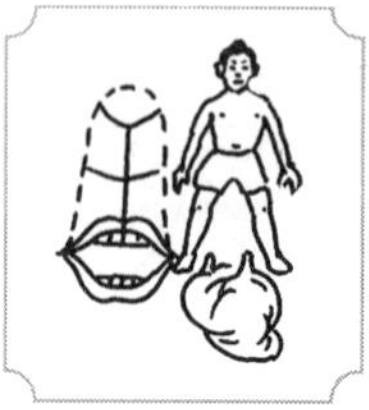

形声字。舌表意，像张口伸舌，表示用舌头舔；忝（tiǎn）表声。本义是用舌头触物或取食。

舔 means to lick. It consists of a semantic element, **舌**, which resembles a man sticking out his tongue, and a phonetic element, **忝** (tiǎn).

用舌头取食或接触东西 lick：～食 lick the food｜～嘴唇 move one's tongue over the lips

tiāo/tiǎo

挑

会意字。“扌”像手，“兆”像占卜龟甲的裂纹，有多意，表示从众多事物里选择。本义是挑选。

挑 means to pick, select, choose. It consists of **扌**, hand, and **兆**, the cracks formed on tortoise shells used in divination, here implying numerous, i.e. choose from a range of things.

❶ tiāo ① 选择；找 pick; select; choose; search：～选 pick; select; choose｜～毛病 find fault ② 用肩担东西 carry on one's shoulders：～担 carry a pole (with things hanging on both ends) across one's shoulders｜～水 carry a pole with two buckets of water on both ends across one's shoulders ❷ tiǎo ① 搬弄是非；鼓动 provoke; instigate：～衅 provoke｜～战 challenge ② 用竿子支起 raise sth up with a pole：～起窗帘 lift up the curtains ③ 用尖的东西拨 pick：～刺 pick the bones tiáo

条

（條）

会意字。“木”像树，“攸”有远意，表示离开树根、树身较远的枝条。简体字“木”像树，“夂”像朝下的脚，有末了义，表示树的末了是枝条。本义是枝条。

条's original meaning is a branch. It consists of 木, tree, and 攸, far, i.e. branches are the farthest away from the tree roots and trunk. The simplified form has 木, a tree, and 夂, a foot pointing downwards, implying to reach the end, i.e. branches are the ends of a tree.

① 细长的软树枝 branch：枝～ branch｜柳～willow branch ② 细长的东西 slim and long objects：面～ noodles｜纸～ paper ③ 分项目的 classification：～款 clause; article ④ 次序；层次 sequence; order：～理 orderliness; organization ⑤ 量词 measure word：三～鱼 three fish

tiáo/diào

调

（調）

会意字。“言”（讠）像张口说话，“周”像田中种满庄稼，表示言合意周。調简化为调。本义是均匀、和谐。

调 means balanced, harmonious. It is composed of 言（讠）, speech, and 周, which depicts a field full of crops to symbolize complete, i.e. speech in complete accord with thoughts. 調 has been simplified to 调.

㊀ tiáo ① 配合得均匀；和谐 balanced; compatible; harmonious：失～ imbalanced｜风～雨顺 favorable weather for cultivation ② 使和谐 harmonize：～解 settle a dispute; mediate｜协～ coordinate ③ 挑逗 arouse; excite：～情 to flirt｜～戏 take liberties (with women) ㊁ diào ① 调动 transfer：～职 be transferred to another post｜～派 assign; send ② 音的高低变化 musical tone：声～ tone

tiáo

笤

形声字。竹表意，像竹叶，表示用竹做笤帚的把；苕（tiáo）表声，苕是苇草，可扎成扫帚。本义是笤帚。

笤 means a whisk broom. It is composed of a semantic element, 竹, bamboo, i.e. a whisk broom made of bamboo, and a phonetic element, 苕（tiáo）, a reed which can be made into brooms.

［笤帚］扫地的用具 whisk broom

tiào

眺

会意字。“目”像眼睛，表示用眼睛远望；“兆”像用龟甲占卜的裂纹，以占卜预测遥远之事的吉凶，来表示眺是远望。本义是远望。

眺 means to look into the distance from a height. It consists of 目, eye, and 兆, cracks on a tortoise shell used for divination; i.e. looking into the future, like looking into the distance.

远望 to look into the distance from a height：～望 to look into the distance from a height｜远～ to look far into the distance｜登高～远 climb to a high place to enjoy the distant view

T

tiào

跳

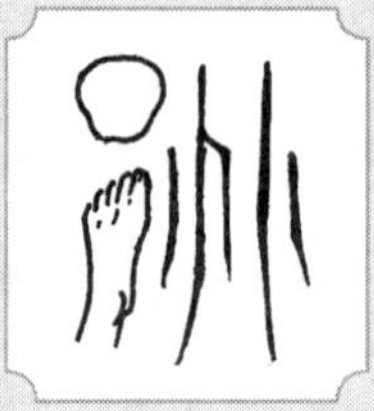

会意字。“足”像膝和脚，“兆”像龟甲占卜时突然产生的裂缝，表示跳是双脚突然离地跃起。本义是跃。

跳 means jump, leap. It consists of 足, a knee and foot, and 兆, which suggests the sudden cracking of a heated tortoise shell used for divination purposes, i.e. a quick movement, like jumping.

① 双脚腾空向上或向前跃起 jump; leap：～高 high-jump | ～远 long-jump | ～跃 jump; leap ② 一起一伏地动 move up and down：～动 jump; skip | 心～ heartbeat ③ 越过 surpass; skip：～级 skip grade

tiē

贴

（貼）

会意字。“貝”（贝）像贝壳，古代曾用作货币，表示以物品作抵押向别人借钱；“占”指占有，表示债权人对典当的物品有占有权。貼简化为贴。本义是典当。

贴 originally meant to pawn. It consists of 貝（贝）, seashell, used as currency in ancient times, i.e. security for a loan, and 占, possess, i.e. the lender retains ownership of the items being mortgaged.

① 粘附 paste; glue：张～ put up (poster, notice etc) | 剪～ cut and paste ② 靠近；紧挨着 close：～身 as if sth is adhering to the skin; close accompany | ～近 go closer to ③ 补助 subsidize：补～ subsidize | 津～ subsidy; allowance

tiě

铁

（鐵）

会意字。“金”（钅）像箭头、斧头和矿石，表示铁是金属；“戴”有大义，表示铁大量用在生产工具上。简体字从钅、失，表示铁是失去贵重价值的一种廉价金属。本义是金属名。

铁 means iron. It consists of 金（钅）, metal, and 戴, which denotes large, i.e. iron is largely used in making heavy tools. The simplified form has 钅 (metal) and 失 (to lose), i.e iron losing its precious value to become a low-priced metal.

① 金属元素，符号 Fe。质地坚硬，可以炼钢及制造各种器具 iron (Fe)：～矿 iron mine | ～板 iron plate ② 指武器 weapon; arms：手无寸～defenseless; unarmed ③ 坚固；坚硬；坚强 sturdy; solid：～拳 powerful strike | ～腕 despotic person | 铜墙～壁 impregnable fort

tiè/tiě/tiē

帖

会意字。“巾”像布帛，表示帛做的书签；“占”有占据意，表示书签占据书中某处。本义是用帛做的书签。

帖 means a silk title label (pasted on the cover of a traditional book). It consists of 巾, silk, and 占, occupy, i.e. a title label takes space on the cover.

㊀ tiè 练字用的样本 model of Chinese characters that learners of calligraphy can emulate：字～ model of Chinese characters that learners of calligraphy can emulate | 临～ to emulate Chinese calligraphy ㊁ tiě 邀请的通知 invitation notice：请～ invitation ㊂ tiē ① 顺从 obedient：服～ obedient; submissive | 俯首～耳 subservient ② 妥当；合适 appropriate：妥～ appropriate

T

tīng 厅 (廳)

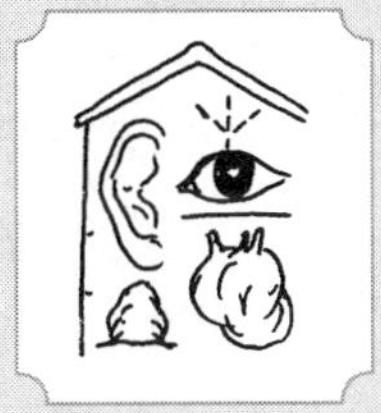

形声字。广表意，像房屋；聽（听tīng）表声，古代治理公事叫听事，表示听事处。简体字厂表意，像山崖或房屋；丁（dīng）表声，丁指人丁，表示管理民众的官府堂屋。本义是官府办公的堂屋。

厅 originally meant the main hall of a government office. It is composed of a semantic element, 广, building, and a phonetic element, 聽（听tīng）, listen, which implies management of affairs. Hence, a hall or office where government officials work. The simplified form has 厂, house, as semantic, and 丁（dīng）, individuals, as phonetic, i.e. a government office.

① 机关单位或办事部门 office; organization; department：办公～ office｜公安～ police station ② 聚会或会客的大房间 hall：客～ main hall｜餐～ restaurant; canteen ③ 营业处所 place where business activities are carried out：歌舞～ nightclub｜理发～ hair salon

tīng 听 (聽)

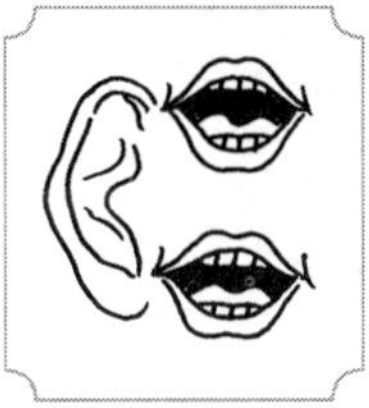

会意字。甲、金文像耳和口，表示耳听口声。篆书耳、悳（同德）、壬（挺立），表示恭听嘉言。简体字口、斤，表示耳朵能感受口发出的声音或斧子砍物的声音。本义是用耳朵感受声音。

听 means listen, hear. Bone and bronze inscriptions depict an ear（耳）and a mouth（口）, i.e. listen to the speech. Seal script has 耳 (ear), 悳 (virtue) and 壬 (straighten up), i.e. listen respectfully to fine words. The simplified form has mouth（口）and axe（斤）, i.e. hearing the sounds of speech or the sounds of an axe, diverse sounds.

① 用耳朵感受声音 listen; ear：～觉 sense of hearing｜～音乐 listen to music ② 服从；接受 submissive; accept：～话 obedient｜言～计从 always follow sb's advice ③ 顺着；由着 follow：～便 do as one pleases｜～任 allow (sb to do as he pleases or sth to take place)

tíng 廷

会意字。金文像人站在庭院台阶前面，表示庭院。篆、楷书"廴"像延伸的路，表示朝廷建筑大而深；"壬"有挺立义，表示群臣站立听命之地；壬（tǐng）兼表声。本义是廷院。引申为朝廷。

廷's original meaning was a courtyard; later, it came to mean court. In bronze inscriptions, it depicts a man standing in front of a flight of steps, i.e. in a courtyard. Seal and regular scripts have 廴, a winding road, implying imperial buildings are big and complicated, and 壬（tǐng）, standing upright, as phonetic, i.e. officials standing upright during a formal session in the court.

古代帝王接见官吏和办理政务的地方 court：宫～ palace｜朝～ court

tíng 亭

会意字。"高"（省口）像建筑，"丁"像钉子，表示亭子的形状有些像钉子。本义是亭子。

亭 means a pavilion. It consists of 高,（without 口）, a structure, and 丁, a nail, i.e. the shape of a pavilion resembles a nail.

① 有顶无墙，供休息、眺望和欣赏的小型建筑物 pavilion：凉～ pavilion｜楼台～阁 towers and pavilions ② 形状像亭子的小形建筑 small pavilion-like structure：岗～ sentry box｜售票～ ticket booth tíng

庭

形声字。广表意，像房屋，表示房屋的厅堂；廷（tíng）表声，廷本指庭院，表示厅堂正对庭院。本义是厅堂。

庭 means a main hall. It is composed of a semantic element, 广, a house, i.e. the main hall, and a phonetic element, **廷（tíng）**, courtyard, i.e. a main hall facing the courtyard.

① 厅堂 main hall：大~广众 in the eyes of the public ② 正房前的院子 courtyard：~院 courtyard｜前~后院 the front and back yards ③ 指法庭 court：开~审理 open a court session｜出~作证 appear in court as a witness

tíng

停

会意字。"亻"像人，"亭"是供人歇脚的建筑，表示人止息，停留，亭（tíng）兼表声。本义是停止。

停 means stop, cease, halt. It consists of 亻, a man, and **亭**, a pavilion or a place to stop and rest, which indicates pronunciation.

止住；中断 stop; cease; halt：~止 stop; cease; halt｜~办 stop doing sth (business, project etc)｜~泊 park

tíng

蜓

形声字。虫表意，像虫，表示蜻蜓；廷（tíng）表声，廷本指院子，表示在院子里也常能见到蜻蜓。蜻蜓是益虫。

蜓 means dragonfly. It consists of a semantic element, **虫**, insect, and a phonetic element, **廷（tíng）**, courtyard, i.e. dragonflies are often seen in courtyards.

［蜻蜓］昆虫，身体细长，背上有两对膜状的翅，生活在水边，捕食蚊子等小飞虫，是益虫 dragonfly

tǐng

挺

形声字。扌表意，像手，表示用手拔；廷（tíng）表声。本义是拔。引申为笔直。

挺 originally meant to pluck, uproot, then later, be straight, upright. It is composed of a semantic element, 扌, hand, i.e. to pluck or uproot with the hands, and a phonetic element, **廷（tíng）**.

① 笔直 straight; upright：~立 stand upright｜~拔 tall and upright ② 伸直；向前凸出 straighten; erect：~身而出 step forward courageously｜昂首~胸 be full of confidence ③ 竭力支撑 backup; support：硬~ endure; bear ④ 很 very：~好 very good｜~冷 very cold ⑤ 量词 measure word：一~机枪 a machine gun

T

tǐng

艇

形声字。舟表意，像船，表示轻便的小船；廷（tíng）表声，廷是梃的省文，梃有木片义，表示艇用木板做成。本义是轻便的小船。

艇 means a light boat. It is composed of a semantic element, **舟**, a boat, and a phonetic element, **廷**（**tíng**）, a simplified form of **梃**, wooden sticks or planks, i.e. a light boat made of wooden planks.

轻便的小船或战舰 light boat; warship：游～ yacht｜汽～ motorboat｜炮～ gunboat｜潜水～ submarine

tōng

通

会意字。“辶”（辵）像路和脚，“甬”有通道义，表示行走没阻挡。本义是通达无阻隔。

通 means unobstructed. It is composed of **辶**（**辵**）, a pathway and foot, and **甬**, a corridor, i.e. a smooth-flowing, unobstructed pathway.

① 没阻挡，可穿过 unobstructed; passable：～道 thoroughfare｜～风 good ventilation ② 除去阻碍 remove obstruction：疏～ dredge ③ 互相交往 communicate：沟～ communicate｜～商 have business connections ④ 传达 deliver; get (an idea, a message etc) across：～信 write to each other｜～告 notice ⑤ 了解；懂得 understand; comprehend：～晓 be proficient in｜精～ be proficient in ⑥ 通顺 smooth; fluent：文理不～ (of a piece of writing) incoherent and illogical ⑦ 普通 common; normal：～常 normally; usually｜～俗 common; popular ⑧ 整个；全部 entire; all：～～ entire; all

tóng/tòng

同

会意字。“凡”指所有的，“口”像张开的口，表示众口齐喊。本义是共同。

同 means together, common. It contains **凡**, all, entire, and **口**, an open mouth, i.e. unanimity.

㊀ tóng ① 一起 together：一～ together｜～甘共苦 share joy and sorrow ② 一样 same：～样 same｜～乡 fellow countryman ③ 和；跟 and; with：～大家商量 discuss with everyone ㊁ tòng［胡同］小巷 small alley：死～ dead-end alley

tóng

彤

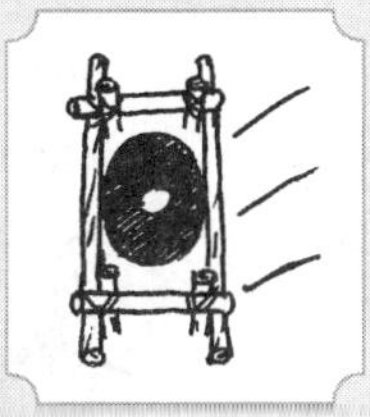

会意字。“丹”像采丹的井，中间有丹砂，“彡”像笔道、纹饰，表示用红色涂饰。本义是用红色涂饰。引申为红色。

彤 originally meant to paint in red, later by extension, red, vermillion. It consists of **丹**, a well with cinnabar (a bright red mineral) at its center, and **彡**, which represents brush strokes and patterns, i.e. painting sth in red.

红色 red：红～～ bright red

T

tóng

桐

形声字。木表意，像树，表示桐树；同（tóng）表声，同是洞的省文，有空义，表示桐木高数丈，其干内空。桐是落叶乔木。

桐 signifies the phoenix tree, a tall deciduous tree. It is composed of a semantic element, 木, tree, and a phonetic element, 同（tóng）, simplified from 洞, i.e. cavity, cave. The phoenix tree is tall with hollow trunk.

树名，落叶乔木，有泡桐、油桐、梧桐 phoenix tree

tóng

铜

（銅）

形声字。金（钅）表意，像箭头、斧头和矿石，表示铜是金属；同（tóng）表声，同有合在一起义，表示铜易和别的金属熔在一起成为合金。銅简化为铜。铜是一种金属元素。

铜 is copper. It consists of a semantic element, 金（钅）, metal, and a phonetic element, 同（tóng）, alike, combine, i.e. copper can combine easily with other metals to form an alloy. 銅 has been simplified to 铜.

金属元素，符号Cu。红棕色，导电性能好，是重要的工业原料 copper：～丝 copper wire | ～锣 copper gong

tóng

童

形声字—会意字。金文“辛”像刑刀，“目”像眼睛，表示一只眼被刺瞎的奴隶，東（dōng）表声。篆书辛、重，表示奴隶的心情是沉重的。楷书“立”像人，“里”指乡里，表示孩童多呆在村里。本义指有罪的男奴隶。基本义是儿童。

童 originally signified a male enslaved for committing a crime, then later, a child. In bronze inscriptions, it has 辛, which resembles an execution knife, 目, eyes, indicating a slave with his eye put out, and 東（dōng）, which indicates pronunciation. Seal script consists of 辛 (bitter) and 重 (heavy), i.e. a slave filled with sorrow and bitterness. Regular script has 立, which resembles a person, and 里, neighborhood or country, i.e. children usually remain in villages.

① 小孩；未成年的人 child; minor：儿～ child | ～话 fairy tales ② 姓 a family name

tóng

瞳

形声字。目表意，像眼睛，表示瞳在目中；童（tóng）表声，童指小孩子，有幼小义，表示瞳孔是眼球中央的圆孔。本义是瞳孔。

瞳 means the pupil of the eye. It is composed of a semantic element, 目, eyes, and a phonetic element, 童（tóng）, child, i.e. the pupil is the child of the eye.

瞳孔，眼球中心的圆孔，光线通过瞳孔进入眼内。也叫瞳仁。Pupil of the eye, also known as 瞳仁。

T

tǒng 统（統）

形声字。糸表意，像丝，表示丝的头绪；充（chōng）表声。統简化为统。本义是丝的头绪。引申指事物间的连续关系。

统 originally signified one end of a silk thread, then later, a connection, link. It consists of a semantic element, 糸, silk, and a phonetic element, 充（chōng）. 統 has been simplified to 统.

① 事物间的连续关系 connection; link：传～ tradition｜系～ system ② 总括；总起来 include; aggregate：～称 general term｜～计 aggregate; total; sum; statistics ③ 管辖；率领 rule; lead：～治 rule; complete control; dominate｜～领 lead; command

tǒng 捅

会意字。“扌”像手，“甬”指地下通道，有深入意，表示扎入、捅破。本义是戳、扎。

捅 means to poke, stab. It is composed of 扌, a hand, and 甬, corridor, which suggests “to penetrate deep into sth”, i.e. to poke, stab, drive into.

① 戳；扎 poke; stab; drive into：～破 poke a hole (in sth)｜～了一刀 stab with a knife ② 碰；触 touch gently：用胳膊～他一下 nudge him with the elbow ③ 戳穿；揭露 disclose; reveal：把事情～出去 disclose; reveal sth

tǒng 桶

会意字。“木”像树，表示桶用木制成；“甬”像钟也指斗、斛之类的量器，表示桶是一种量器。本义是木质的圆柱形量器，后用来指盛东西的器具。

桶 originally meant a wooden square measuring instrument, then later, a pail, bucket, barrel. It consists of 木, a tree, i.e. wooden; and 甬, whose form resembles a bell, as well as measuring instruments like dippers, hence measuring instrument.

① 圆柱形盛器 pail; bucket; barrel：木～ wooden pail, bucket, barrel｜水～ water barrel｜啤酒～ beer barrel ② 量词 measure word：一～米 a bucket of rice｜两～水 two pails, buckets of water

tǒng 筒

形声字。竹表意，像竹叶，表示竹筒；同（tóng）表声，同是洞的省文，表示竹筒中空如洞。本义是竹筒。

筒 means a bamboo tube. It consists of a semantic element, 竹, bamboo, and a phonetic element, 同（tóng）, a simplified form of 洞 (cave), signifying hollow, i.e. a hollow bamboo tube.

① 粗的竹管 bamboo tube：竹～ bamboo tube ② 较粗的管状器物 thick tube-like object：笔～ pencil holder｜电～ electrical torch｜邮～ mailbox

tòng

痛

会意字。"疒"像病榻，表示疾病伤痛；"甬"是通的省文，表示痛感人所相通。本义是疼。

痛 means painful. It is composed of 疒, a hospital bed, i.e. illnesses and pains, and 甬, simplified form of 通 (understand), i.e. share the pain of the sick.

① 疼 pain：病～ pain caused by an illness | 阵～ throes (of childbirth) | 切肤之～ intense, acute pain ② 悲伤 sorrow：悲～ sorrow; grief | 沉～ sorrow; grief; remorse | 亲～仇快 one's enemy gloating over one's misfortune ③ 尽情地；彻底地 to the fullest; thorough; completely：～骂 give sb a good scolding | ～饮 drink to one's heart's content | ～改前非 turn over a new leaf

tōu

偷

会意字。"亻"像人，"俞"像独木舟向前行驶，有相济意，表示小偷窃取他人的财物以济己。本义是偷窃。

偷 means to steal. It consists of 亻, man, and 俞, the form of which resembles a canoe moving forward through the water, i.e. extending, just as a thief steals to extend, or benefit himself.

① 窃取；窃贼 steal; theft：～窃 steal; theft | 小～ thief; burglar ② 瞒着人做 do things behind sb's back or sneakily：～听 eavesdrop | ～袭 foray ③ 挤时间 squeeze time out (to do sth)：～空 take time off from a busy schedule | 忙里～闲 take time off from a busy schedule ④ 只顾眼前；得过且过 short-sighted; perfunctory：苟且～生 concerned with only momentary comfort

tóu/tou

头

（頭）

会意字。"頁"像夸大了头的人，"豆"是祭器，表示祭祀要用头脑。简体字大、冫，像人的头旁有两块冰，表示能冷静思考问题的头脑。本义是脑袋。

头's root meaning is brain. It consists of 頁, a man with an enlarged head, and 豆, a sacrificial vessel, i.e. offering sacrifices requires the brain to make careful discrimination. The simplified form shows two blocks of ice (冫) beside a man's head (the top of 大), i.e. keep cool and think clearly.

❶ tóu ① 脑袋 brain：～晕 dizzy ② 顶端；最前的 top; foremost：山～ mountain peak | ～版 headline ③ 头发 hair：剃～ shave the head ④ 首领 leader; chief：～领 leader; chief ⑤ 残余部分 remnant：烟～ cigarette butt ⑥ 量词 measure word：一～牛 a cattle

❷ tou 词尾 used as suffix：舌～ tongue | 木～ wood

tóu

投

会意字。"扌"像手，"殳"像手持器械，表示投掷兵器击打。本义是抛、掷。

投 means throw, fling, hurl. It consists of 扌, a hand, and 殳, a hand holding a weapon, i.e. to throw, hurl weapons.

① 扔；掷 throw; fling; hurl：～球 shoot a basketball | 空～ airdrop ② 放进 put in：～票 vote; ballot | ～资 invest ③ 跳进去 jump into：～河自杀 commit suicide by drowning oneself in the river ④ 光线射到 cast; project：～影 projection ⑤ 寄；送 send; deliver：～稿 submit article for publication | ～递 deliver ⑥ 参加；找上去 participate; seek：～靠 seek refuge in | ～宿 seek lodging ⑦ 相合；迎合 suitable; get along：～缘 get along with; hit it off | ～机 opportunistic tòu

透

会意字。“辶”（辵）像路和脚，“秀”有出众义，表示向上跃起超越地面。本义是跳。引申为通过、穿过。

透's original meaning was jump, then later to get past, get through. It consists of 辶（辵）, which depicts a path with foot, and 秀, outstanding, i.e. rise above, as when jumping.

① 通过；穿过 get past; get through：～气 ventilate; take a breather｜～明 transparent｜～视 see through ② 显露；泄露 disclose; reveal：～露 reveal ③ 充分；程度深 to the fullest; to a high degree; deep：说～ to tell the truth; frankly｜看～see through｜熟～thoroughly cooked; very familiar

tū

凸

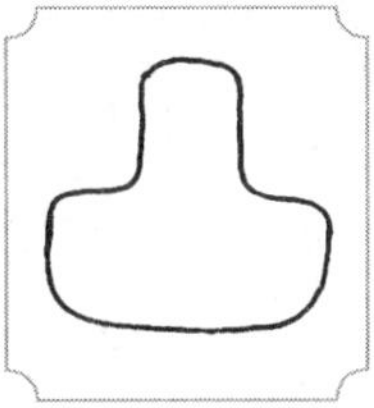

象形字。像物体中间凸起，表示中间高于周围。凸指周围低、中间高。

凸 means protrude, bulge. The character resembles a bulging object.

突起；比四周高，与“凹”相对 protrude; bulge：～起 protrude; bulge｜～出 protrude; bulge｜挺胸～肚 square one's shoulder and stick out ones's belly; be cocky

tū

秃

会意字。篆书“禾”像谷类植物，“人”像人，表示人的头发稀疏如禾。楷书禾、几，几是古时供老人席地而坐时倚靠的器具，表示人老则发秃如禾。本义是头顶无发。

秃 means bald. Seal script has 禾, grain, crops, and 人, man, i.e. a man with hair as thin as the rice plant. Regular script consists of 禾, grain or rice plants, and 几, a bench or small table for the elderly to lean on; thus elderly people, with hair thin like the rice plant.

① 没有毛发 bald：～头 bald ② 树木没枝叶；山岭没树木 bare; barren：～树 bare tree｜荒山～岭 barren mountains

tū

突

会意字。穴、犬，像犬从洞穴中窜出来。本义是犬从洞穴中猛然窜出。引申为猛冲、猛撞。

突 originally depicted a dog（犬）dashing out of a cave or lair（穴）, signifying to collide, crash into.

① 猛冲；猛撞 collide; crash into：～进 rush in recklessly｜～围 break out of an encirclement ② 忽然 sudden; abrupt：～变 sudden, abrupt change｜～发 for sth to happen suddenly, abruptly ③ 高于周围 protrude; bulge：～出 outstanding｜～起 protrude; bulge ④ 烟囱 chimney：曲～徙薪 take precautions; be vigilant

T

头 652页

tú 图（圖）

会意字。"口"指范围，"啚"指边远地区，表示地图。简体字口、冬，冬有终了、完全意，表示地理形态完全显示在地图中。本义是地图。

图's root meaning is map. It consists of 口, a boundary, and 啚, outlying regions, i.e. the coverage of a map. The simplified form has 口 (boundary) and 冬 (end, entirety), i.e. a map with complete coverage.

① 用线条、色彩等画出来的形象 drawing; painting：～画 painting; drawing｜地～ map ② 谋划；打算 conspire; plan：宏～大志 grand ambition ③ 谋取；贪图 seek; covet：力～ strive for｜唯利是～ profit-orientated

tú 徒

会意字。"彳"像路、"止"像脚、"土"本像地上有堆土，表示脚在地上行走，土（tǔ）兼表声。本义是步行。

徒 means to walk. It consists of 彳, a path, 止, a foot, and 土（tǔ）, earth, which also indicates pronunciation, i.e. walk on the ground.

① 步行 walk：～步 on foot ② 空；白白地 empty; waste of time and effort：～手 with bare hands｜～劳 futile effort ③ 跟师傅学习的人 disciple; student; apprentice：学～ apprentice ④ 同一类人 people sharing a commonality：教～ follower of a certain religion ⑤ 特指坏人 bad guy：匪～ robber

tú 途

会意字。"辶"（辵）像路和脚，"余"像房屋，表示道路在地上。本义是供人行走的路。

途 originally meant pathway. It consists of 辶（辵）, which depicts a pathway with a foot, and 余, the form of which resembles a house built on the ground, i.e. pathway on the ground.

道路 pathway：路～ journey｜～中 in the midst of the journey｜长～跋涉 arduous journey｜道听～说 listen to hearsay

tú 涂（①②③塗）

形声字。土表意，本像地上有堆土，表示泥；涂（tú）表声，涂是河名，表示塗是含水多的泥。塗简化为涂。本义是泥。

涂's original meaning is mud. It consists of a semantic element, 土, earth, and a phonetic element, 涂（tú）, the name of a river, i.e. mud is a mix of soil and water.

① 烂泥 mud：生灵～炭 the people are living in misery ② 抹上 apply; smear：～抹 apply; smear｜～脂抹粉 put on make-up; whitewash ③ 抹去 wipe away：～掉 remove｜～改 alter ④ 姓 a family name

T

tú 屠

会意字。“尸”像弯着身体的人，有尸体义，表示宰杀；“者”像火烧木、口中有食物，表示牲畜宰杀后煮熟食用。本义是宰杀牲畜。

屠 means butcher, slaughter. It consists of 尸, a corpse, i.e. slaughter, and 者, originally depicting burning wood and food in the mouth and used for 煮, cook, i.e. slaughtered animals cooked and eaten.

① 宰杀牲畜 butcher; slaughter：～宰 butcher; slaughter | ～夫 butcher ② 残杀 slaughter; kill brutally：～杀 slaughter; kill brutally ③ 姓 a family name

tǔ 土

象形字。像地面有堆泥土。本义是泥土。

土 is mud, soil. The character depicts a heap of earth on the ground.

① 土壤；泥土 soil; mud：～堆 heaps of soil, mud | 黄～ loess | ～崩瓦解 disintegrate; crumble; collapse ② 土地 land：领～ territory | 国～ country; state; nation ③ 家乡 hometown：故～ hometown; motherland | 乡～ hometown; motherland ④ 地方的；民间的 local; related to folks：～产 local product | ～话 dialect

tǔ/tù 吐

会意字。“口”像张开的口，“土”本像地上有堆土，表示从嘴里吐出的东西必落于地，土（tǔ）兼表声。本义是从嘴里吐出。

吐 means vomit. It consists of 口, an open mouth, and 土（tǔ）, earth or ground, which indicates pronunciation, i.e. a man vomiting onto the ground.

➊ tǔ ① 东西从嘴里出来 vomit：～痰 to spit (phlegm) ② 露出 reveal; expose：～穗 ear (of grains) ③ 说出 reveal; expose：～露实情 reveal the truth ➋ tù 胃里的东西涌出嘴外 vomit：～血 vomit blood | 呕～ vomit

tù 兔

象形字。像兔子。本义是兔子。

兔 is rabbit; the character originally depicted a rabbit.

小哺乳动物，耳长尾短，上唇分裂，有家兔和野兔两种 rabbit：白～ rabbit | ～毛 rabbit fur | 守株待～ standing by a stump waiting to catch a rabbit; trusting to luck

T

tuán

团

（①③④⑤團 ②糰）

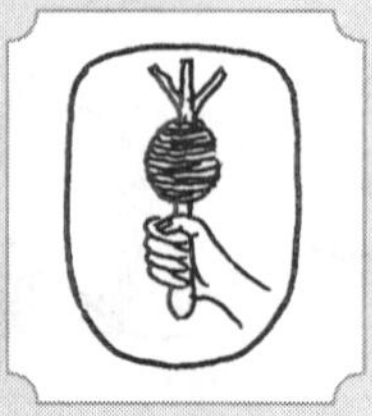

会意字。“囗”像环绕形，“專”像手持纺锤，表示團（团）是圆形。简体字囗、才，才像植物萌芽，叶片聚着的样子，有会聚意。本义是圆形。引申为会聚。團、糰今归并简化为团。

团 originally meant round, then later, assembly, conglomerate, gathering. It consists of 囗, a circle, and 專, which depicts a hand holding a spindle, i.e. a round object. The simplified form has 囗 and 才; the form of the latter resembles plants sprouting and the leaves growing close together, i.e. gathering together. 團 and 糰 has been simplified and grouped into 团.

① 圆形或球形的东西 round, circular object：～扇 circular fan ② 团子 dumpling：汤～ rice dumpling ③ 会聚在一起 assembly; conglomerate; gather：～圆 reunion; gather｜～聚 reunion ④ 军队的编制单位 military unit：炮兵～ artillery ⑤ 有组织的集体 organization; society; group：剧～ drama troupe｜青年～ youth organization, society

tuī

推

形声字。扌表意，像手，表示用手推；隹（zhuī）表声。本义是向外推。

推 means push, extend. It consists of 扌, hand, as semantic, i.e. push, and 隹（zhuī）as phonetic.

① 向外用力使物体移动 push：～车 push the car｜～倒 push sth over ② 使事情开展 extend; develop：～行 carry out; implement｜～广 popularize; spread ③ 根据已知的情况判断别的 deduce; infer：～算 calculate; anticipate｜～理 reason; deduce; infer ④ 辞让 shrink from a responsibility：～辞 decline; reject｜～托 decline with an excuse ⑤ 延迟 postpone; defer：～迟 postpone; defer｜～延 postpone; defer ⑥ 举荐 recommend：～举 elect; nominate

tuí

颓

（頹）

会意字。“頁”（页）像夸大了头部的人，“秃”指头顶无发。頹简化为颓。本义是头秃。引申为衰败。

颓 originally meant bald, then later, decline, wane. The character contains 頁（页）, a man with an enlarged head, and 秃, bald. 頹 has been simplified to 颓.

① 衰败 decline; wane：～败 decline; wane｜衰～ weak and waning ② 倒塌 collapse：～垣断壁 ruins ③ 精神不振；情绪低落 dispirited; depressed：～废 dispirited; decadent｜～丧 dispirited; depressed; dejected

tuǐ

腿

形声字。月（肉）表意，像肉，表示与肢体有关；退（tuì）表声，退与行走有关，表示腿是行走的肢体。本义是人的下肢、动物的四肢。

腿 means leg, limb. It consists of 月（肉）, flesh, which is semantic, i.e. limbs, and 退（tuì）, retreat or walk backwards, as phonetic, i.e. legs for walking.

① 人的下肢；动物的四肢 legs of man or limbs of animals：左～ left leg｜右～ right leg｜前～ foreleg｜后～ hind leg ② 器物下部像腿的部分 stand：桌子～ table leg｜椅子～ chair leg tuì

退

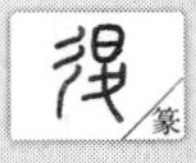

会意字。篆书“彳”像路，“夂”像脚朝下，“日”像太阳，表示每日后退不前。楷书“辶”像脚印和道路，“艮”像人扭头向后看，表示人向后走。本义是后退。

退 means to back up. Seal script has 彳, a path, 夂, a foot pointing downward, and 日, the sun, i.e. retreat represented as walking back up the path day by day. Regular script consists of 辶, a foot and a path, and 艮, depicting a man turning his head and looking back, suggesting walking back, backing up.

① 向后移动 back up：倒～ go backward; reverse｜～步 retreat ② 离开 leave：～场 leave (the hall, theatre, etc); withdraw｜～学 drop out of school ③ 送还；撤销 return; annul; abrogate：～钱 refund｜～婚 break off an engagement

tuì

蜕

会意字。“虫”像虫，“兑”有更易义，表示蛇、蝉等换皮新生。本义是蛇、蝉等脱皮。

蜕 means molt, exuviate. It is composed of 虫, worm, and 兑, change, i.e. snakes, insects etc molt, exuviate.

① 蛇、蝉等脱皮 molt; exuviate：～皮 molt; exuviate ② 蛇、蝉等脱下的皮 skin or molt cast off by snakes, cicadas etc：蝉～ exuviae of a cicada ③ 比喻事物的变化 change; transformation：～化 change; transform｜～变 change; transform

tūn

吞

会意字。“口”像张开的口，“天”有大的意思，表示大口地吞。本义是整个咽下去。

吞 means swallow. It consists of 口, an open mouth, and 天, which originally depicted a person with a prominent or big head, i.e. swallow big mouthfuls.

① 整个地咽下去 swallow：狼～虎咽 wolf down; gobble up｜囫囵～枣 read without understanding ② 兼并；侵占 take over; conquer：～并 annex｜独～ dominate; monopolize｜侵～ annex; embezzle

tún

屯

象形字。像种子生根发芽，表示艰难。本义是艰难。

屯's core meaning was difficult, hard. The character resembles a seedling, which is vulnerable, and hence suggests “difficult”, “tough”.

① 积聚；储存 accumulate; store up; save：～积 accumulate; store up｜～粮 accumulate, store up foodstuff ② 军队驻扎 station (troops)：～兵 station troops ③ 村庄（多用于村庄名）village (often used in names of villages)：小～ small village｜皇姑～ Huanggu Village

T

tún

臀

会意字。“月”（肉）像肉，“殿”有在后义，表示臀部在人体的后部。臀俗称屁股。

臀 signifies buttocks. It is composed of 月（肉）, flesh, and 殿, the rear building, i.e. the buttocks are at the back of our body.

屁股 buttocks：～部 buttocks｜～围 measurement of one's buttocks

tùn/tuì

褪

会意字。“衤”古文字像衣服，“退”有离开义，表示脱下衣服，退（tuì）兼表声。本义是脱衣。

褪's core meaning is remove one's clothes. It consists of 衤, clothes, and a phonetic element, 退（tuì）, withdraw or detach, i.e. to take off or remove one's clothes.

❶ tùn 卸下衣物 remove clothes, accessories：～下手镯 remove one's bangle｜～下一只袖子 slip one's arm out of one's sleeve ❷ tuì 脱去 remove; shed; molt：～毛 shed feathers or fur, molt｜～色 color fades

tuō

托

形声字。扌表意，像手，表示用手承托；乇（tuō）表声，乇像茎承托叶片和穗儿的样子。本义是用手掌承托东西。

托 means to support with the palm. It consists of a semantic element, 扌, a hand, and a phonetic element, 乇（tuō）, which depicts the stem of a plant supporting the leaves and spikes.

① 用手掌承受 support with the palm：～住 support with the palm｜～着茶盘 hold up a tea tray with the palms ② 承托东西的器具 a support：茶～ tea tray｜枪～ rifle butt ③ 陪衬 serve as a foil, a contrast：衬～ serve as a foil, a contrast｜烘～ serve as a contrast ④ 请人代办 entrust a duty to sb：委～ entrust｜～运 consigned (sth) for transportation ⑤ 借故推辞 decline; excuse：推～ decline doing sth with an excuse, shrink from responsibility｜～词 come up with an excuse

tuō

拖

会意字。篆书“扌”像手，表示拖是用手拉，“它”指代被拖的物体。楷书扌、乇，乇指南方的瑶族，带有贬义，指代被拖的人或物。本义是拉、牵引。

拖 means drag, guide. Seal script has 扌, hand, i.e. drag or pull with the hands; and 它 (third person pronoun), here referring to an object being dragged. Regular script consists of 扌 (hand) and 乇, the snake totem of the Yao（瑶）people of the south who, in ancient times, were disparaged as outcasts; they symbolize those who were constantly being dragged from their lands.

① 拉、牵引 drag; guide：～车 tow a car｜～网 trawl a net ② 下垂 sag：～着辫子 have a pigtail ③ 延迟 delay; postpone; defer：～延 delay; drag; defer｜～欠 defer payment tuō

脱

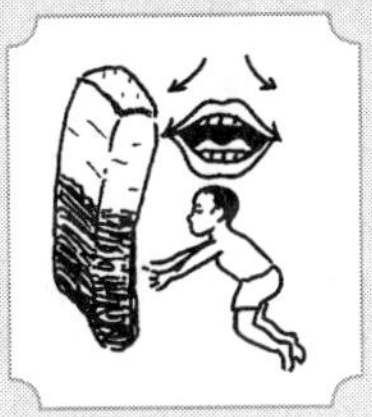

会意字。“月”（肉）像肉，表示肉去掉皮骨；“兑”像人开口发出笑声，表示取掉皮骨的肉更令人喜爱。本义为肉去皮骨。引申为脱落。

脱 originally meant to remove the skin and bones from meat, then later, strip off, peel off. It consists of 月（肉）, meat, and 兑, depicting a man laughing, i.e. people are fonder of properly prepared meat.

① 落下 fall off; peel off：～皮 skin peeling | ～毛 hair or fur falling off ② 取下；去掉 remove：～帽 remove the hat | ～脂 defat; skimoff fat ③ 离开；躲开 leave; hide from：～轨 derail | ～险 out of danger

tuó/duò

驮

（馱）

会意字。“馬”（马）像马，“大”像人张大四肢表示大，表示形大体壮的马善驮运。馱简化为驮。本义是牲畜负载东西。

驮 refers to animals carrying loads on the back. It is composed of 馬（马）, horse, and 大, a man with limbs wide open, signifying “big”, i.e. large horses, for carrying loads. 馱 has been simplified to 驮.

㊀ tuó 用背负载 carry loads on the back：～运 transport loads on the back | 肩挑背～ carry loads on one's shoulders and back ㊁ duò 牲口驮的东西 loads being carried：～子 loads

tuó

驼

（駝）

会意字。“馬”（马）像马，表示骆驼是有些像马的动物；“它”指其它，有不同的意思，表示驼像马又不同于马。駝简化为驼。本义是骆驼。

驼 means a camel. It is composed of 馬（马）, a horse, i.e. like a horse, and 它, which means another, suggesting “different”, i.e. distinct from horses. 駝 has been simplified to 驼.

① 骆驼 camel：～峰 hump of a camel | ～绒 camel's hair | ～铃 camel bell ② 脊背弯曲 hunchbacked：～背 hunchback

tuó

鸵

（鴕）

会意字。“鳥”（鸟）像鸟，“它”指其它，表示鸵鸟像鸟又不同于鸟，驼鸟比其它鸟大，又不会飞。鴕简化为鸵。本义是鸵鸟。

鸵 is an ostrich. The character contains 鳥（鸟）, bird, and 它, another, suggesting “different”, i.e. a distinctive kind of bird. 鴕 has been simplified to 鸵.

鸵鸟，现代鸟类中体形最大的鸟，高可达三米，头小颈长，腿长有力，善奔跑，翅小不能飞。生活在沙漠地带 ostrich

tuǒ

妥

会意字。“爪”像手，“女”像女子，像用手安抚女子。本义是安定、安稳。引申为合适、稳当。

妥 originally meant stable and calm, then later, suitable, steady. It consists of 爪, claws, like hands, and 女, a woman, i.e. to steady by stroking.

① 适合；稳当 suitable; steady：～当 suitable; apt | 稳～ steady and apt | 不～ unsuitable ② 齐备；停当 well-equipped; ready：谈～ settled after a discussion | 办～ settle an issue | 备～ well-prepared

tuǒ

椭

（橢）

会意字。“木”像树，“隋”有狭义，表示古代车中一种狭长形的木质容器。橢简化为椭。本义指古代车中一种狭长形的木质容器。基本义是长圆形。

椭 originally depicted an oblong wooden container in a cart, meaning oval. It is composed of 木, a tree, and 隋, narrow, i.e. a narrowed circle or oval. 橢 has been simplified to 椭.

长圆形 oval：～圆 oval

tuò/tà

拓

会意字。“扌”像手，表示用手推物；“石”像山崖下有块石头，表示石头有碍行走，推开石头以便行走。本义是以手推物。引申指开辟、扩展。

拓 originally to push with hands, then later, to develop, extend, open up. It consists of 扌, hand, and 石, boulder, an obstacle, removed by pushing.

㊀ tuò 开辟；扩展 develop; extend; open up：～荒 open up virgin land | ～展 develop; extend | 开～ develop ㊁ tà 把石碑或器物上的文字或图画印在纸上 make rubbings of inscriptions on tablets, vessels etc：～片 rubbing | ～本 book of rubbings

tuò

唾

会意字。“口”像张开的口，表示口水；“垂”有自上而下意，表示口水咽下去或吐出去皆自上而下。本义是口水。也表示吐口水。

唾 means saliva, spit. It is composed of 口, an open mouth, and 垂, hanging down, i.e. saliva drooling.

① 口水 saliva：～沫 saliva | ～液 saliva ② 用力吐口水，表示鄙视 spit to express one's contempt for sth, sb：～骂 spit and revile | ～弃 abandon; cast aside wā

挖

会意字。“扌”像手，“穵”同挖，表示用手挖洞穴，穵有空大义，表示洞越挖越大；穵（wā）兼表声。本义是掘、掏。

挖 means to dig, scoop out. It is formed from 扌, hand, and 穵（wā）, phonetic; 穵 originally also represented to dig.

掘；掏 dig：～土 dig the ground; excavate | ～洞 dig a cave | ～空心思 rack one's brains

wā/wa

哇

会意字。“口”像张开的口，表示与声音有关；“圭”是人人喜爱的美玉，表示哇是取悦人的靡靡之音。本义是靡曼的乐声。

哇 originally referred to decadent music. It consists of 口, an open mouth, i.e. sound, and 圭, a type of precious jade, much valued; thus music that is highly sought after.

❶ wā 象声词，形容哭、叫或呕吐等声音 used onomatopoeically to evoke wailing, shouting or the sound produced when one vomits：～～大哭 wailing ❷ wa 语气词 used instead of 啊 when it follows words ending in 'o' or 'u' (o, u + a > wa)：你好～ Hey, how are you? | 这座山真高～。This is such a tall mountain!

wā

洼

（窪）

会意字。“穴”表示洞穴中大多有水坑；“洼”指水坑；洼（wā）兼表声。简体字“氵”像一串水珠，表示水坑；“土”上叠“土”，有高意，表示水坑四周高起。本义是水坑。

洼 originally meant a puddle, pool of water. It consists of 穴, cave, suggesting puddles of water found in caves, and 洼（wā）, which is phonetic and denotes puddle of water. The simplified form has 氵, water, and one 土 (earth) on top of the other to signify "high", i.e. a depression with high muddy sides.

① 凹陷的地方 sunken ground：～地 low-lying land | 水～ puddle | 坑坑～～ full of holes and bumps; bumpy ② 低凹；深陷 sunken ground：这地太～。The ground is too low-lying.

wā

蛙

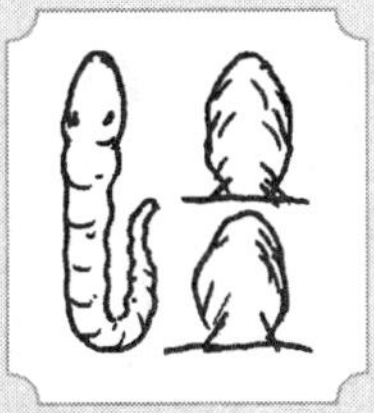

形声字。虫表意，像虫，表示蛙是小型两栖动物；洼（wā）表声，兼表蛙大多生活在水洼。本义是青蛙。

蛙 signifies frog. It consists of 虫, a worm, here representing a frog, and a phonetic element, 洼（wā）, puddle of water, i.e. frogs usually live in puddles.

两栖动物，前肢短、后肢长，趾有蹼，无尾，善跳跃和泅水，捕食昆虫，对农作物有益。种类很多，最常见的是青蛙。青蛙的幼体叫蝌蚪 frog wá

娃

会意字。“女”像女子，“圭”是瑞玉，有精美意，表示女子容貌美。本义是女子容貌美。

娃's original meaning was beautiful woman. It consists of 女, woman, and 圭, auspicious jade, highly valued like beautiful women.

小孩 child：～～baby｜女～baby girl｜放牛～child cowherd

wǎ/wà

瓦

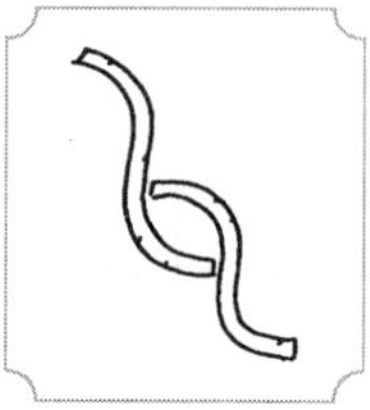

象形字。像两片屋瓦。本义是屋瓦。

瓦 is a tile. The character shows two roof tiles.

㊀ wǎ ① 盖屋顶用的建筑材料 roof tile：～片 tiles｜砖～bricks and tiles ② 陶土烧成的器物 objects made of baked clay：～罐 clay jar, pot｜～盆 clay basin, pot ③ 瓦特，电的功率单位 watt ㊁ wà 铺瓦 to tile：～～ cover with tiles

wà

袜

（襪）

会意字。“衤”古文字像衣服，表示袜子属衣物；“蔑”有轻视义，袜穿在脚上，穿后有臭味，且较衣服次要，故受轻视。简体字衤、末，表示袜是衣着的一部分，它穿在人体的末端的脚上。本义是袜子。

袜 means socks. It consists of 衤, clothing, and 蔑, which denotes to despise. Socks, worn on the feet, are inferior garments. The simplified form has 衤(garment) and 末 (end), i.e. clothing worn at the far end of the body.

袜子，穿在脚上起保暖或保护作用的针织品 sock：丝～silk stocking｜长～stocking

wāi

歪

会意字。“不”表示否定，“正”指端正，表示不端正。本义是不正、偏斜。

歪 means crooked, slanted. It is composed of 不 (not) and 正 (upright), i.e. not straight, crooked.

① 不正；偏斜 crooked; slanted：～斜 slanted; leaning｜东倒西～ to reel left and right; unstable; unsteady ② 不正当；不正派 malicious; heterodox：～风 unhealthy, malicious trend｜～理 deceptive, malicious reason｜～门斜道 heterodoxy; dishonest practice

哇 661页

wài

外

会意字。“夕”指夜晚，“卜”指占卜，古人占卜在早晨，晚上占卜则在事外（后）了。本义是事外。

外 means external, unrelated issues. It consists of 夕, evening, night, and 卜, divination. In ancient times, divination was carried out in the light; divination done at night would be 'out of the ordinary'.

① 外部；外面 external; outside：～表 appearance｜～伤 superficial wound ② 别处的 foreign; other：～地 foreign country; overseas ③ 外国的 foreign：～宾 guest from overseas｜～文 foreign language ④ 母亲、姐妹、女儿方面的亲戚 related to the maternal family：～公 maternal grandfather｜～甥 nephew (son of one's sister) ⑤ 疏远 distant：～人 outsider｜见～ regard sb as an outsider; be too formal ⑥ 另外；以外 in addition to; besides：～加 in addition to｜此～ besides; other than this/that ⑦ 非正式的 informal：～号 nickname

wān

弯

（彎）

会意字。“弓”表意，本像弓，表示开弓；“䜌”有连续不断义，表示弓弦可一再地拉引。简体字弓、亦，表示开弓后亦不失弓形，并可一再开弓。本义是开弓。引申为弯曲。

弯 originally meant to draw a bow, then later, bend, curve. It consists of a semantic element, 弓, a bow, and 䜌, continuous, unceasing, i.e. draw a bow smoothly and continuously. The simplified form has 弓 (bow) and 亦 (even, also), i.e. a bow retains its shape even after being drawn.

① 曲；不直 bent; curved：～道 winding path｜～度 curvature ② 使弯曲 bend：～腰 bend one's body; bow ③ 弯曲的部分 a turn; curve：转～抹角 beat about the bush

wān

湾

（灣）

会意字。“氵”古文字像水流，楷书像水珠；“彎”（弯）指弯曲，表示水流弯曲处；彎（弯 wān）兼表声。灣简化为湾。本义是水道弯曲处。

湾 originally meant bend in a river. It consists of 氵, water, and a phonetic element, 彎（弯 wān）, curve, i.e. the bend of a river. 灣 has been simplified to 湾.

① 江河等弯曲的地方 bend of a river：水～ bend in a stream｜河～ river bend ② 海岸向陆地凹进可停泊船只的地方 bay; gulf：海～ bay; gulf｜港～ port; harbor

wān

蜿

会意字。“虫”像虫或蛇，“宛”有曲折义，表示像蛇般曲折而行的样子，宛（wǎn）兼表声。本义是像蛇曲折而行的样子。引申为弯曲延伸。

蜿 originally meant undulate or wriggle like a snake; later, winding. The character is made up of 虫, insect, here suggesting snake, and 宛（wǎn）, which is phonetic and signifies winding or complicated, i.e. moving in a winding fashion like a snake.

［蜿蜒］① 像蛇爬行的样子 undulating; tortuous ② 弯弯曲曲 winding：一条～的小路 a winding road wān

豌

形声字。豆表意，像食器，表示可食用的豆类植物；宛（wǎn）表声，宛有弯曲义，表示豌豆的茎蔓卷曲，豆荚表面起伏弯曲。本义是豌豆。

豌 means garden peas. The character is formed from a semantic element, 豆, which depicts a food container, and a phonetic element, 宛（wǎn）, curved, i.e. a type of food that has curled stalks and bulging, curved pods.

［豌豆］豆类植物，种子、叶、嫩茎可以吃 pea

wán

丸

会意字。篆书之形与仄相反，表示丸是圆的，会滚动而不会倾侧。楷书“丶”指小、“九”指多，表示丸的形体小而圆，且数量较多。本义是指小而圆的东西。

丸 refers to a small, circular object. In seal script, the character resembles the inverted form of 仄 (narrow), i.e. not narrow, but round and circular objects that roll. Regular script has丶, small, and 九, which signifies many, i.e. circular objects that are small and numerous.

小而圆的东西 small and circular objects：弹～ pellets; small, like pellets, e.g. shot | 药～ medicine pill | 泥～ tiny clay balls

wán

完

会意字。“宀”像房屋，表示房屋能阻隔日晒、风吹、雨淋，使人或物完好；“元”本指人头，表示有头的人体完整无缺。本义是完好无损。

完 means complete, perfect. It is composed of 宀, a shelter, protection from the elements, and thus making whole or complete; and 元, head, i.e. head completing the man.

①齐全；没损坏；无欠缺 complete; flawless; perfect：～美 perfect | ～善 perfect; flawless ② 终了；做成了；尽 end; finish; over：～工 complete the work | ～婚 (a man) marry | ～了 over; end; terminate ③ 交纳 pay：～税 pay taxes

wán

玩

会意字。“王”（玉）像一串玉，“元”有为首义，中国人将玉看作珍宝之首，表示把玩玉石。本义是持玉观赏、摆弄。

玩 originally meant admire or find pleasure in jade. It consists of 王（玉）, a string of jade, and 元, meaning the first or most significant, i.e. finding pleasure in the finest of precious stones.

① 玩弄；戏弄 play; toy with：～物丧志 obsession with a hobby makes one lose sight of one's aspiration | ～世不恭 cynical ② 游戏 game; toy：～具 toy ③ 欣赏；体会 appreciate; thorough understanding：～味 muse; ruminate | 把～ fiddle ④ 耍 play a trick：～花招 up to some tricks

W

wán

顽

（頑）

会意字。“頁”（页）像夸大了头部的人，“元”指人头又有顽钝义，表示头脑迟钝、愚蠢。頑简化为顽。本义是头脑迟钝、愚蠢。

顽's original meaning was slow, stupid, dumb. It consists of 頁（页）, a man with an enlarged head, and 元, the first, the head, but also thickheaded, hence, slow, stupid. 頑 has been simplified to 顽.

① 愚蠢；无知 dumb; obtuse; naive：～钝 dumb; obtuse | 愚～ dumb; obtuse ② 固执；不易改变 obstinate; stubborn：～固 obstinate; stubborn | ～强 obstinate; tenacious ③ 淘气；调皮 mischievous; playful：～童 mischievous child | ～皮 mischievous; playful

wǎn

宛

会意字。“宀”像房屋，“夗”有弯曲义，表示如宫室、长廊般回环、曲折。本义指宫室回环、曲折。

宛 originally meant meandering, winding (as corridors in the imperial dwelling). It consists of 宀, a house, and 夗, winding.

① 曲折 meandering; winding：～延 meandering; winding | ～转动听 tactful; pleasing to the ears ② 仿佛 as if; just like：～如 as if; just like | 音容～在 (used to describe a dead person) as if the voice and face of the person still exist

wǎn

挽

会意字。“扌”像手，表示用手拉；“免”指除去，表示拉有助其除去的意思。本义是拉。

挽 means to pull, tug. It is composed of 扌, hand, i.e. to pull, and 免, to remove, i.e. to remove by pulling.

① 拉 pull; tug; draw：～弓 draw a bow | 手～手 hand in hand ② 设法使情况好转或恢复原状 salvage：～救 salvage | 力～狂澜 do one's best to salvage a desperate situation ③ 哀悼死者 mourn for the dead：～联 elegiac couplet | ～词 elegy ④ 向上卷起 roll up：～裤腿 roll up one's pants | ～袖子 roll up one's sleeves

wǎn

晚

会意字。“日”像太阳，“免”指去掉，表示去掉了太阳的时候是晚上。本义是日落以后。

晚 means evening, night. It consists of 日, sun, and 免, avoid, remove, i.e. sunset 'removed' by evening and nightfall.

① 日落以后的时间；夜间 evening; night：～霞 twilight | ～餐 dinner; supper ② 时间靠后的；迟 late：～年 the later years | ～期 post; in the later period | ～婚 late-marriage ③ 后来的；后辈 late; coming after：～生 (used when speaking to an elder or a senior) | ～辈 younger generation wǎn

惋

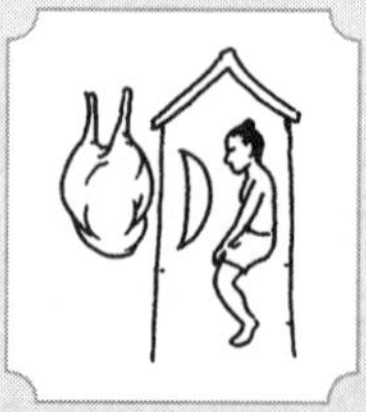

会意字。“忄”本像心脏，“宛”本作弯曲，表示心中不平静、不舒畅，宛（wǎn）兼表声。本义是叹息。

惋 means sigh, lament. It consists of 忄, heart, and 宛（wǎn）, twisting or winding, which is phonetic, i.e. to feel uneasy or uncomfortable.

叹息 sigh; lament：～惜 sigh; lament | 叹～ sigh; lament

wǎn

婉

会意字。“女”像女子，表示女子委婉、温顺；“宛”有弯曲义，表示性情温顺的人常曲己从人；宛（wǎn）兼表声。本义是婉转、温顺。

婉 means tactful, docile. It consists of 女, a woman, and 宛（wǎn）, bending, i.e. docile like a (traditional) woman and bending over to accommodate.

① 态度温和；和顺 mild; docile：～转 tactful | 委～ mild; tactful ② 美好 wonderful; nice：～丽 beautiful; lovely

wǎn

碗

形声字。石表意，像山崖下有块石头，表示制作碗的陶、瓷硬如石；宛（wǎn）表声，宛有小凹义，表示碗是形体较小呈凹形的器皿。本义指圆形敞口的饮食器具。

碗 means a bowl. It consists of 石, rock, representing clay and porcelain, and a phonetic element, 宛（wǎn）, whose original meaning was scoop out, i.e. forming a bowl.

敞口的饮食的器具 bowl：茶～ teacup | 饭～ rice bowl | 瓷～ porcelain bowl

wàn

万

（萬）

象形字。像蝎子，突显蝎子的大螯和翘尾。简体字仍像蝎子。本义是蝎子。用作数目字。

万 means ten thousand. The character originally depicted a scorpion with large pincers and a curved tail. The simplified form also resembles a scorpion.

① 数目字，十个一千 ten thousand ② 形容很多 many; numerous：～物 the myriad creatures | 千变～化 ever-changing | 包罗～象 all-inclusive ③ 极；很 very; to the limit：～不得已 out of necessity; as a last resort | 不幸中的～幸 sheer luck ④ 姓 a family name

wàn 腕

形声字。月（肉）表意，像肉；宛（wǎn）表声，宛有弯曲、曲折义，表示腕是人体上肢一个可弯曲、转动的关节。腕是臂与手掌相连接的部位。

腕 is wrist. The character contains 月（肉）, flesh, and a phonetic element, 宛（wǎn）, bend, twist, i.e. the wrist can be flexed.

胳膊下端跟手掌相连接的部分 wrist：～骨 wrist bone | ～力 wrist strength | 手～ wrist

wāng 汪

形声字。“氵”表意，像水流、水滴，表示水又深又广；金文、篆书㞷（wǎng）表声，楷书王（wáng）表声，王有大义，表示汪是水大。本义是水深广。

汪 originally meant deep and vast. 氵, water, is semantic, i.e. a deep , broad expanse of water. Bronze and seal scripts have 㞷（wáng）as phonetic; regular script has 王（wáng）, ruler, also great, hence great expanse of water.

① 水深而广 deep and vast：～洋 the vast ocean ② 液体聚集 accumulation of liquid：泪～～ tears welling up | 水～～ lovely, sparkling eyes ③ 形容狗的叫声 bow-wow ④ 姓 a family name

wáng 亡

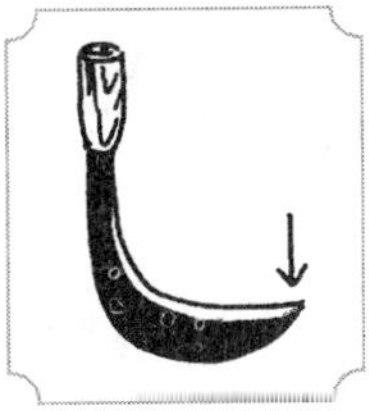

指事字。甲、金文是在刀的前端加一点表示锋芒。本义是锋芒，此义现写作芒。

亡 originally signified a sharp point, a meaning later represented by 芒. In bone and bronze inscriptions, the characters show a dot pointing to the tip of a knife（刀）, suggesting a sharp point.

① 逃跑 run away：逃～ abscond | 流～ go into exile ② 失去 lose：～羊补牢 mend a gate after the sheep is lost, i.e. better late than never | 唇～齿寒 when the lips are gone, the teeth get cold, i.e. when the peripheries are taken, the center is threatened ③ 死；死去的 die; dead：伤～ casualties | 家破人～ a broken family ④ 灭掉 fall; extinguish：灭～ extinguish | ～国 for the nation to be defeated

wáng/wàng 王

象形字。像大斧头，象征权威，指君王。本义是帝王、君主。

王 means an emperor, king, monarch. The character resembles an axe, a symbol of authority and power, i.e. a monarch.

㊀ wáng ① 帝王；君主 emperor; king; monarch：国～ king | 亲～ prince ② 一族或一类中最强的、为首的 leader, or the most prominent figure of a group：棋～ skillful chess player | 蜂～ queen bee | 花～ green thumb ③ 姓 a family name ㊁ wàng 称王，统治天下 to rule：～天下 rule the world

wǎng 网（網）

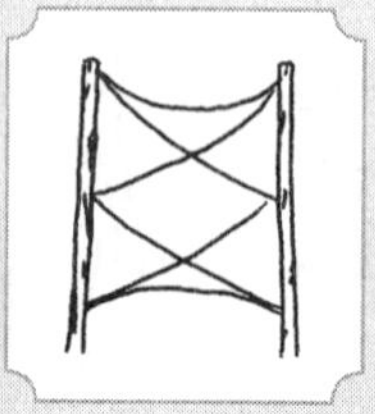

象形字—形声字—象形字。甲金篆简像网。楷书“糸”像丝线，“网”像网，表示用线绳编织成网；亡（wáng）表声，亡有逃走义，表示网住不让逃走。本义是渔猎的工具。

网 originally meant a fish net. The character resembles a net. Regular script has 糸, silk thread, and 网, a net, i.e. nets woven from cord, and a phonetic element, 亡（wáng）, escape, i.e. nets trap fish by preventing their escape.

① 用绳线等结成的捕鱼、捕鸟的器具 trap (to catch fish, birds etc)：鱼～ fish net | 漏～ slip through the net, escape unpunished ② 像网的东西 net-like object：电～ electric fence | 法～ the net of justice ③ 用网捕捉 to net：～鱼 to net fish | ～罗人才 scout out and enlist talented people

wǎng 枉

形声字。木表意，像树，表示木材弯曲不直；篆书𡈼（wáng）表声，𡈼指草木妄生，草木妄生必长得不正、不直；楷书王（wáng）表声，王通旺，表示树木疯长而不直。本义为木材弯曲不直。

枉 originally meant (of a plant) bent, crooked. 木, tree, is semantic, i.e. a plant. In seal script, the component, 𡈼（wǎng）, overgrowth of plants, is phonetic, i.e. bent as a result of growing haphazardly. In regular script, 王（wáng）is phonetic, and can be identified as 旺, luxuriant, i.e. plants in disarray.

① 弯曲；不正直 crooked; bent：矫～过正 overcorrect | 贪赃～法 take bribes and do criminal acts ② 冤屈 injustice：冤～ wrongly accuse ③ 徒然；白白地 fruitless：～费心机 go down the drain

wǎng 往

形声字—会意字。甲、金文止表意，像脚，表示前往；王（wáng）表声。篆书“彳”像路口，表示由道路前去；“𡈼”是往的初文；𡈼兼表声。楷书彳、主，表示主要由道路前往。本义是去。

往 means to go to a place, head toward. Bone and bronze inscriptions have 止, foot, as semantic, i.e. to go, and 王（wáng）as phonetic. Seal script has, 彳, a road junction, and a phonetic element, 𡈼, originally used for 往. Regular script consists of 彳 (road) and 主 (mainly), i.e. to travel by main road.

① 去；到 go to; head toward; arrive at：前～ go to; head toward | 来～ come and go ② 过去的 related to the past：～日 in the past | ～事 the past ③ 朝；向 head; direct toward：～前走 go straight ahead

wàng 妄

会意字。“女”像女子，“亡”有失去义，表示女子失去理性，亡（wáng）兼表声。本义是胡乱。

妄 means haphazard, random. It consists of 女, a woman, and a phonetic element, 亡（wáng）, to lose, i.e. a woman who has lost her reason.

胡乱；荒谬；不合理 random; haphazard; unreasonable：轻举～动 act rashly | 狂～自大 arrogant | 痴心～想 wishful thinking

W

wàng 忘

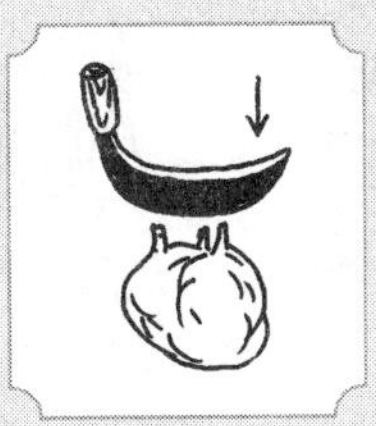

会意字。“心”像心脏，“亡”指失去、消亡，表示心中的记忆消失了，亡（wáng）兼表声。本义是忘记。

忘 means to forget. It consists of 心, heart, and a phonetic element, 亡（wáng）, to lose, fade away, i.e. memories fading.

记不得；想不起来 forget; unable to recollect：～记 forget; unable to recollect｜～恩负义 ungrateful｜终身难～unforgetable; remember forever

wàng 旺

形声字。日表意，像太阳；篆书往（wǎng）表声，往有去、到义，表示来自太阳的炽热；楷书王（wáng）表声，王有统治、君临义，表示日光炽烈，普照大地。本义是炽热。

旺 means scorching hot, passionate. Seal script has 日, sun, and a phonetic element, 往（wǎng）, which also means go to, reach, i.e. heat reaching earth from the sun. Regular script has 王（wáng）, monarch, as phonetic, suggesting an analogy between a ruler governing a country, and the sun spreading heat and light over the earth.

① 炽烈 scorching hot; passionate：～火 blazing fire｜肝火～ irascible; easily irritated ② 兴盛 prosperous：～盛 full or vigor and vibrancy｜兴～ prosperous｜～季 peak period (for business)

wàng 望

会意字—形声字。甲骨文像人站在土堆上张大眼睛远望。金文加月，突显远望。篆书像人立在土堆上远望月亮；亡（wáng）表声。本义是远看。

望 means to gaze into the distance. In bone inscriptions, it depicts a man standing on a mound of earth, gazing into the distance. In bronze inscriptions, 月 (moon) is added to indicate distance. Seal script adds 亡（wáng）as a phonetic element.

① 向远处、高处看 gaze into the distance, look from above：遥～ gaze into the distance｜仰～ look up ② 期待 hope：盼～ hope; wish｜失～ disappointed ③ 拜访 visit; call on：看～ visit｜探～ call on ④ 声誉 reputation：名～ reputation｜威～ prestige ⑤ 农历每月十五日 the fifteenth day of a lunar month ⑥ 向；朝 facing or in (a certain direction)：～前走 go straight

wēi 危

会意字。像两人在山崖边，表示危险。本义是危险。

危 means danger. The character depicts two men at the edge of a cliff, i.e. dangerous.

①不安全 dangerous：～险 dangerous｜～急 dangerous and urgent ② 伤害 hurt, harm：～害 hurt; harm｜～及生命 life threatening ③ 人将死 at one's deathbed：病～ at one's deathbed｜生命垂～ at one's deathbed; critically ill; in a perilous situation ④ 端正 upright：正襟～坐 straighten one's lapels and sit up stiffly. ⑤ 高 tall; high：～楼百丈 skyscraper wēi

威

会意字。“戌”像长柄斧钺，表示威力；“女”像女子，表示女子较胆小，易受威吓和屈服于威力。本义是使人畏惧的声势、力量。

威 means authority, commanding respect. It consists of 戌, a dagger-axe, signifying authority, and 女, a woman, suggesting submission to authority.

① 使人畏惧的声势、力量 authority; commanding respect：~严 dignified; awe-inspiring | 权~ authority; influence; power | ~武不屈 not to succumb to coercion ② 施加压力 stress; coerce：~逼 coerce; intimidate | ~吓 threaten | ~胁 threaten

wēi

偎

形声字。亻表意，像人；畏（wēi）表声，畏本像使人畏惧的鬼怪，人畏惧时往往互相紧挨着，表示人亲爱、亲近时也多紧靠着。本义是亲爱、亲近。引申为紧挨着。

偎 means to get close to, be affectionate, then later, nestle, snuggle up. It consists of 亻, person, and 畏（wēi）, a frightening demon, which is phonetic. Hence, people hugging one another out of fear.

紧挨着 nestle; snuggle up to：依~ nestle; snuggle up; stay very close to (sb else)

wēi

微

会意字。“彳”像路口，“散”指细小，表示隐蔽行踪；散（wēi）兼表声。本义是隐蔽行踪。引申为细小、轻微。

微 originally meant to conceal one's whereabouts, then later, fine, delicate, subtle. It consists of 彳, road junction, and a phonetic element, 散（wēi）, which denotes small and unnoticeable, i.e. position not prominent.

① 细小；轻微 fine; delicate：细~ fine, tiny | 轻~ delicate ② 精深；奥秘 profound; deep：精~ profound; subtle | ~妙 subtle ③ 地位低 inferior; lowly status：卑~ inferior; lowly status | 人~言轻 the words of the lowly carry little weight ④ 衰落 wane; fail：衰~ wane; fail | 式~ wane; decline ⑤ 少许；稍稍 of a small amount; secretly：稍~ slightly; a bit | ~笑 smile

wēi

薇

形声字。艹（艸）表意，像草；微（wēi）表声，微有小义，表示薇是小巢菜。本义是巢菜。

薇 signifies the common vetch. It consists of 艹（艸）, vegetation, and 微（wēi）, phonetic, and also fine, small, i.e. a small plant.

① 巢菜，蕨类，草本植物，嫩叶可食用 vetch ② 白薇，草本植物，根可以做药 swallowwort ③ 蔷薇，落叶灌木，茎枝多刺，花有香味，可供观赏 the rose

W

wēi

巍

会意字。“山”像山，“魏”有高大义，表示山高大险峻，魏（wèi）兼表声。本义是山势高险。

巍 means towering and precipitous (of mountains). It is composed of 山, mountain, and a phonetic element, 魏（wèi）, tall, lofty.

高大 tall; towering; lofty：~峨 tall; towering; lofty | ~然屹立 stand firm and lofty

wéi/wèi

为

（爲）

会意字。甲、金文像手牵大象来干活、做事。简体字表示做事要尽力并有着力点。本义是做、干。

为 means to do, put into action. Bone and bronze inscriptions suggest a man leading an elephant to perform a task. The simplified form suggests put effort into doing things.

㊀ wéi ① 做；作为 do; deed or action：事在人~ man's effort is the decisive factor ② 充当；当作 take as; regard：四海~家 regard everywhere as one's home ③ 是 be：失败~成功之母 failure is the mother of success ④ 成；变成 become：成~ become | 变~ become ⑤ 被 by：~人称颂 praised by others ㊁ wèi ① 替 for; on behalf of：~人干活 work for others ② 为了 for (the sake of)：~此 for this reason | ~何 for what reason

wéi

违

（違）

形声字。辶（辵）表意，像路和脚；韋（韦 wéi）表声，韦有相背义，表示离别。違简化为违。本义是离别。

违 means to leave, to part. It consists of 辶（辵）, a path with a foot, and a phonetic element, 韋（韦 wéi）, which, among other senses, originally signified to turn one's back on, i.e. depart. 違 has been simplified to 违.

① 离别 leave; part：久~。It has been ages since we last meet. ② 不遵照；不依从 defy：~法 defy the laws | ~反 defy | 事与愿~ things go contrary to one's wishes

wéi

围

（圍）

会意字。“囗”像围墙，“韋”（韦）像两脚环绕城墙，表示围绕；韋（韦 wéi）兼表声。圍简化为围。本义是环绕。

围 means to surround, encircle. It consists of 囗, a city wall, and a phonetic element, 韋（韦 wéi）, whose original meaning was also surround (it depicts two feet surrounding a city wall). 圍 has been simplified to 围.

① 环绕；四面拦起来 surround; encircle; encompass：~墙 fence | ~困 surround; encircle | 包~ surround; besiege ② 四周 surrounding：周~ surrounding | 外~ periphery | 范~ scope; limit; range

W

wéi 桅

会意字。“木”像树，表示桅杆用树木制成；“危”像两人在山崖旁，有高而危险义，表示张挂风帆的桅杆很高；危（wēi）兼表声。本义是桅杆。

桅 means a spar, mast. It consists of 木, tree or wood, and a phonetic component, 危（wēi）, danger, originally depicted as two men at the edge of a cliff, which, like a mast, is high and dangerous.

［桅杆］① 船上挂帆用的杆子 spar; mast ② 轮船上悬挂旗帜、航行灯的长杆 poles on ships for hanging flags, lamps, etc

wéi 维（維）

会意字。“糸”（纟）像线绳，“隹”指短尾鸟，表示长度较短的粗绳。維简化为维。本义是系物的大绳子。引申为连接。

维 originally meant thick ropes for binding things; later extended to connect, link. It consists of 糸（纟）, silk thread, or binding, and 隹, a short-tail bird, i.e. short, thick rope. 維 has been simplified to 维.

① 连接 connect; link：～系 maintain ② 保持；保护 maintain; protect：～持 maintain｜～修 maintain; service; repair｜～护 protect; guard; fend ③ 思想 mentality; mode of thinking：思～ mentality; thinking ④ 助词 used in combinations with no isolatable meaning：～妙～肖 lifelike

wěi 伟（偉）

形声字。亻表意，像人，表示人奇特；韋（韦wéi）表声；韦像两脚环绕城墙，简体像皮条环绕在木桩，表示奇特的人周围常围绕着凡人。偉简化为伟。本义是人奇特。引申为高大、壮美。

伟 originally meant extraordinary (of a person), later by extension, massive, muscular, well-built. It consists of 亻, man, and a phonetic element, 韋（韦 wéi）. The latter element, 韋, originally depicted two feet on either side of a city wall; 韦 in the simplified character resembles a rubber band coiled around a wooden stake. Both suggest the extraordinary person as the center of interest, surrounded by ordinary people. 偉 has been simplified to 伟.

大 big; majestic：～大 noble｜身材魁～strong; muscular; well-built｜丰功～迹 significant contributions; achievements

wěi 伪（僞）

会意字。“亻”像人，“爲”（为）指做，表示人为的，爲（为 wéi）兼表声。僞简化成伪。本义是人为的。引申为假的、不真实的。

伪 originally meant man-made, artificial, then later, false, counterfeit, untrue. The character consists of 亻, man, and a phonetic element, 爲（为 wéi）, do, act, i.e. man-made action. 僞 has been simplified to 伪.

① 假的 false; untrue：～造 counterfeit; imitation｜虚～ hypocritical; insincere｜去～存真 discard the false and retain the true ② 不合法的 illegal：～政府 puppet regime

W

唯 674页

wěi 苇（葦）

形声字。艹（艸）表意，像草；韋（韦 wéi）表声，韦是伟的省文，伟有高大义，表示苇是高大的芦苇。葦简化为苇。本义是芦苇。

苇 signifies reed. It is composed of 艹（艸）, grass, and 韋（韦 wéi）, used phonetically, and here, representing 伟 ,big and tall, i.e. tall grasses. 葦 has been simplified to 苇.

芦苇，草本植物，生长在浅水中，茎可造纸、编席，根可以做药 reed：~根 reed root | ~花 reed flower

wěi 尾

象形字—会意字。甲、金文像人系着尾巴。篆、楷书“尸”像人，“毛”像兽毛，表示尾巴。本义是尾巴。

尾 means tail. Bone and bronze inscriptions depict a man with a tail attached. Seal and regular scripts have 尸, person, and 毛, animal fur, i.e. a furry tail.

①尾巴，鸟兽虫鱼等身体尾端突出的部分 tail：牛~ tail of a cow, bull etc | 鱼~ fish tail ② 事物的最后部分 the end part：船~ stern | 年~ year-end ③ 紧跟在后 follow closely：~随 follow closely; tail ④ 量词，用于鱼 measure word, used for counting fish：一~鱼 a fish

wěi 纬（緯）

形声字。糸（纟）表意，像丝线，表示纬线；韋（韦 wéi）表声，韦通违，有相背义，表示纬横经纵两者相背。緯简化成纬。本义是纺织机上的横线。

纬 originally meant the horizontal threads on a loom — the weft. It consists of 糸（纟）, thread, and a phonetic element, 韋（韦 wéi）, here representing 违, oppose, defy, i.e. the weft runs horizontally, opposite to the warp, which runs lengthwise. 緯 has been simplified to 纬.

① 纺织机上的横线 weft：~线 weft | ~纱 weft; filling; pick; woof ② 地图或地球仪上与赤道平行的横线 parallels of latitude：南~ southern latitude | 北~ northern latitude

wěi 委

会意字。“女”像女子屈膝跪着，“禾”像谷类植物垂下穗儿，表示弯曲。本义是弯曲、曲折。

委 means curved, winding. It consists of 女, which resembles a woman kneeling, and 禾, grain with spikes hanging low, i.e. curved from the weight.

①弯曲；曲折 curve; winding：~婉 tactful; not straightforward | ~曲 injustice; grievance ② 没精神；不振作 dejected; listless：~靡不振 dispirited ③ 托付 entrust; appoint：~托 entrust; appoint | ~任 appoint ④ 抛弃 abandon; discard：~弃 discard ⑤ 推托；推卸 decline with an excuse; shrink from responsibility：推~ shrink from responsibility | ~过于人 shift the blame to sb else ⑥ 事情的末尾 ending of an episode, a story etc：原~ entire episode, story etc ⑦ 确实 in actual fact：~实 indeed; really

wěi 娓

形声字。女表意，像女子，表示女子顺从男子；尾（wěi）表声，尾有尾随意，表示女子多尾随男子。本义是顺从。

娓 originally, to comply with. It is composed of 女, woman, traditionally expected to comply with men, and 尾（wěi）as phonetic; the latter means tail, or by extension, to follow.

谈论不倦或说话十分动听 talk tirelessly, pleasingly：～～而谈 to talk tirelessly｜～～动听 persuasive (of narratives, etc.)

wěi 萎

会意字。“艹”（艸）像草，“委”像谷物低垂、女子屈膝，有不振作义，表示草木干枯，委（wěi）兼表声。本义是植物干枯。

萎 originally meant wither (of plants). It consists of 艹（艸）, grass, and a phonetic component, 委（wěi）, which contains 禾 (depicting low-hanging grain) and 女 female (depicting a woman on her knees), both symbolizing lack of exertion, like plants withering.

植物干枯；衰败 plants wither：枯～ wither｜～谢 wither｜～缩 wither; shrink; atrophy

wěi/wéi 唯

会意字。“口”像张开的口，“隹”指短尾鸟，表示较短促的答应声。本义是答应的声音。

唯 originally represented the sound of agreement, like English uh-huh. The character contains 口, an open mouth, and 隹, a short-tailed bird, i.e. a short acknowledgement.

❶ wěi 答应的声音 sound indicating agreement：～～诺诺 subservient ❷ wéi 只；只是；单 only：～有 only｜～一 only｜任人～贤 meritocratic

wèi 卫（衛）

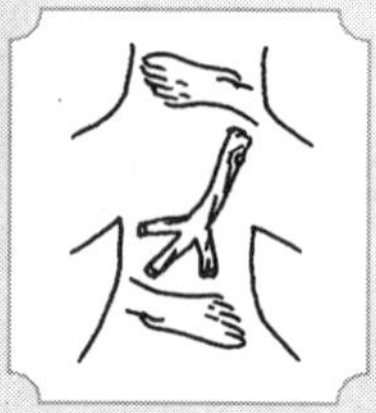

会意字。像十字路口、两脚、器械或城邑，表示巡行守卫。简体字“卩”指符节，“一”代表疆土，表示守卫。本义是守卫、保卫。

卫 meant to defend, protect. It depicts a road junction, two feet, a machine or a city, i.e. sth acting as a sentry. The simplified form has 卩, originally a tally that served as a credential, and 一, which represents the boundary of a country, i.e. that which one is entitled to defend.

① 保护；防护 protect; defend：保～ defend｜～兵 soldier｜保家～国 protect and defend the country ② 从事保卫工作的人 guard; sentry：门～ security guard｜警～ security guard wèi

未

象形字。像树枝叶繁茂。本义是繁茂。

未's original meaning was luxuriant. The character resembles a lush tree.

① 地支的第八位 the eighth of the twelve Earthly Branches ② 未时，指下午一时至三时 the time of the day between 1 pm to 3 pm ③ 没有；不曾 not; not yet：前所～有 unprecedented | ～老先衰 old before one's time ④ 不 not; not yet：～知数 uncertainty; unknown | ～知可否 uncertain of the feasibility

wèi

位

会意字。“亻”像人，“立”像人站立，表示人所处的位置。本义是位置。

位 means position, place. It consists of 亻, man, and 立, a man standing, i.e. the place, position of the person.

① 所在的地方 position; place：～置 position; place | 座～ seat | 部～ part ② 职务；地位 (job) position; rank; authority：职～ position; rank | 学～ academic degree ③ 量词，用于人 measure word used for people：各～ everybody | 诸～ everybody

wèi

味

会意字。“口”像张开的口，“未”像树梢，指细微，表示口能细微地辨别滋味，未（wèi）兼表声。本义是滋味。

味 means taste, flavor. It consists of 口, an open mouth, and 未 (wèi), tip of a tree, which is phonetic and denotes fine, i.e. the mouth can distinguish fine differences of taste.

① 口尝鼻闻所得的感觉 taste; flavor; smell：甜～ sweet | 香～ fragrance ② 菜肴 cuisine; food：美～佳肴 delicacy | 山珍海～ exotic delicacies (mushrooms from the hills, seafood from the oceans) ③ 情趣；意味 interest; flavor; implication：趣～ interesting | 乏～ boring; dull ④ 体会 learn from experience; realize; know：耐人寻～ provide food for thought ⑤ 量词，用于中药 measure word used in Chinese prescriptions：七～药 seven dosages of medicine

wèi

畏

会意字。像手持棒的鬼怪，表示令人害怕。本义是害怕、恐惧。

畏 means frightened, scared, fearful. It shows a demon holding a stick, i.e. frightening, scary.

① 害怕 frightened; scared; fearful：～惧 frightened; scared; fearful | 不～强暴 dare to stand up to tyrants | 望而生～ be intimidated by the sight of sb ② 佩服；敬佩 respect; admire：敬～ respect; admire | 后生可～ the younger generation should be treated with respect

wèi 胃

会意字。金文、篆书像胃囊和肉，表示消化器官。楷书“田”像农田，“月”像肉，表示消化粮食、蔬果的器官。本义是胃脏。

胃 means stomach. Bronze inscriptions and seal script depict a stomach and flesh or meat (月), i.e. representing an organ for digestion. Regular script has 田, field, and 月, flesh, i.e. an organ for digesting grain and other foodstuffs.

人体的消化器官，样子像口袋 stomach：~病 gastric pain | ~液 digestive juice

wèi 谓（謂）

形声字。言（讠）表意，像张口说话，表示用言语告诉；胃（wèi）表声，胃是消化食物的器官，喻指人说话时要先经过思考。謂简化为谓。本义是说。

谓 means say, speak. It consists of 言（讠）, speech, and a phonetic element, 胃（wèi）, stomach, suggesting that speech has to undergo a process of refinement just as food has to undergo a process of digestion.

①说 say：所~ what sb or sth means, wants to say ② 称为；叫做 known as：称~ title; name; designation | 何~ what is the meaning of

wèi/yù 尉

会意字。篆书“又”像手，“火”像火焰，“尸”像人，“二”代表熨斗与衣物，表示手持用火加热的熨斗熨烫人穿的衣服。楷书寸、尸、二、小，表示手持熨斗熨烫平人穿的衣物不留微小的皱褶。本义是熨烫，此义现写作熨。

尉's original meaning was to press clothes, a meaning later represented by 熨. Seal script has 又 (hand), 火 (fire), 尸 (person) and 二 (signifying iron and clothes), i.e. holding an iron to press clothes. Regular script has 寸 (hand), 尸, 二 and 小 (small), i.e. to iron out all the wrinkles.

㊀ wèi 军衔名，校以下的一级 junior officer：中~ first lieutenant; lieutenant junior grade | 上~ captain; lieutenant ㊁ yù［尉迟］复姓 a compound (two-character) family name

wèi 喂

形声字。口表意，像张开的口，表示给动物吃食物；畏（wèi）表声，畏有害怕、担心义，表示人生怕家畜饿坏了而给其食物吃。本义是喂养牛马。

喂 means to feed cattle, horses, sheep etc. It consists of 口, an open mouth, i.e. feed animals, and 畏（wèi）used phonetically, and meaning fearful, worried, i.e. feeding animals for fear they might starve.

① 饲养 feed：~鸡 feed chickens | ~猪 feed pigs ② 把食物送到别人嘴里 to feed：~奶 breastfeed a baby | ~饭 feed (sb) ③ 招呼人的声音 used to call someone; hey：~，快过来。Hey, come over here.

W

wèi

猬

形声字。犭表意，像犬，表示刺猬是一种动物；胃（wèi）表声。本义是刺猬。

猬 is a porcupine. It consists of 犭, dog, symbolizing wild animals, and 胃（wèi）, which indicates pronunciation.

［刺猬］哺乳动物，全身长有硬刺，遇危险时身体缩成球形，以此来保护自己 porcupine

wèi/yù

蔚

形声字。艹（艸）表意，像草，表示草本类植物牡蒿；尉（wèi）表声。本义是牡蒿。基本意是草木茂盛。

蔚's original meaning was artemisia japonica (a tall herb), later it came to mean luxuriant, lush vegetation. It is composed of 艹（艸）, grass, denoting vegetation, and 尉（wèi）, which represents pronunciation.

㊀ wèi 草木茂盛；盛大；聚集 luxuriant; lush; in abundance：～然成林 luxuriant trees in abundance | ～为大观 present a magnificent sight ㊁ yù［蔚县］地名，在河北省 a name of a county in Hebei Province

wèi

慰

会意字。"心"像心脏，"尉"本指熨烫，有抚平意，表示抚平人不安的心情，尉（wèi）兼表声。本义是安慰。

慰 means to comfort, console. It consists of 心, heart, and 尉, originally, a flat iron, implying to smooth things out, i.e. comfort, console.

① 安慰 comfort; console：～问 express sympathy | ～劳 reward one in recognition of one's contribution, hard work | 聊以自～ simply to console oneself ② 心安 feel at ease：宽～ feel at ease; comfort; console | 欣～ feel gratified; satisfied

wèi

魏

形声字。鬼表意，像鬼怪，表示山高大得令人害怕；委（wěi）表声，委有确实义，表示山确实高大。本义为山高大。

魏 means tall and majestic (of mountains). It consists of 鬼, a demon, i.e. tall mountains are intimidating, and a phonetic element, 委（wěi）, one of whose senses is certain, really, i.e. mountains are indeed tall.

① 战国国名 Wei, one of the Warring States ② 三国之一，曹丕所建（公元２２０年－公元２６５年）the Wei dynasty (A.D. 220 to A.D. 265), founded by Cao Pi; one of the Three Kingdoms ③ 北朝之一，拓跋珪所建立（公元３８６年－公元５３４年）The Northern Wei (A.D. 386-A.D. 534), founded by Tuoba Gui; one of the Northern Dynasties ④ 姓 a family name

W

wēn 温

会意字。“氵”像水流、水珠，表示水温宜人；“昷”指给囚徒饭吃，有仁慈温和意；昷（wēn）兼表声。本义是温和。

温 meant temperate, moderate, mild, gentle. It consists of 氵, water, and a phonetic element, **昷**（wēn）, which originally signified giving food to prisoners, i.e. kindhearted and benevolent.

① 不冷不热 temperate; moderate：～暖 warm｜～水 warm water ② 温度 temperature：保～ keep (sth) warm｜气～ temperature ③ 性情柔和 mild; gentle：～和 mild; gentle｜～柔 gentle ④ 把东西稍微加热 heat up; warm：～酒 warm the wine ⑤ 复习 revise：～习 revise; revision ⑥ 姓 a family name

wēn 瘟

形声字。疒表意，像病床，表示急性传染病；昷（wēn）表声，昷有仁慈、温暖意，表示得急性传染病者令人同情、怜悯。本义指急性传染病。

瘟 means epidemic. It consists of **疒**, signifying illness, and **昷**（wēn）, which is phonetic, and implies kindhearted and benevolent, i.e. sympathy for people suffering in an epidemic.

流行性急性传染病 epidemic：～疫 epidemic｜鸡～ avian flu｜猪～ swine flu

wén 文

象形字。甲、金文像人胸前有纹饰，表示纹身。篆、楷书省去纹饰。本义是纹身，此义现写作纹。

文's original meaning was tattoo, a meaning now represented by **纹**. Bone and bronze inscriptions depict a man with a tattooed chest. The 'tattoo' does not appear in seal or regular scripts.

① 文字 word：～盲 illiterate｜外～ foreign language ② 文章 essay; composition：～稿 manuscript; draft｜散～ prose; writing ③ 非军事的 of literary, non-military：～官 civil official ④ 温柔的 gentle：～静 gentle and quiet｜～雅 elegant ⑤ 社会科学；文化 social sciences; culture：～科 subjects concerning social sciences｜～教 culture and education ⑥ 自然界的某些现象 natural phenomenon：天～ astronomy｜水～ hydrology ⑦ 掩饰 cover up; conceal：～过饰非 cover up one's wrongdoings ⑧ 姓 a family name

wén 纹（紋）

会意字。“糸”（纟）像丝，“文”本像人胸前有纹饰，表示丝织品上的花纹；文（wén）兼表声。紋简化为纹。本义是丝织品上的花纹。

纹 originally meant pattern, design on silk products. It consists of **糸**（纟）, silk, and a phonetic component, **文**（wén）, that depicts a man with a tattooed chest. Hence, patterns, designs on silk. **紋** has been simplified to **纹**.

① 图案；花样 pattern; design：～身 tattoo｜花～ pattern; design ② 线条；皱痕 line; wrinkle：～理 pattern; line｜指～ fingerprint｜皱～ wrinkle wén

闻

（聞）

会意字。甲骨文像人和耳朵，表示人用耳听声音。金文加三点代表声音。篆、楷、简“耳”像耳朵，“門”像门或门框，表示声音进入耳门。本义是听见。

闻 means to hear. Bone inscriptions depict a man and an ear. In bronze inscriptions, the three dots represent sound; seal, regular and simplified scripts all have **耳**, ear, and **門**, door, i.e. sound entering the ears as if through a door.

① 听见 hear：耳～目睹 hear and see it for oneself ② 听到的事情；消息 things heard; information：丑～ scandal | 新～ news ③ 有名气 famous; renowned：默默无～ unknown to the public ④ 用鼻子嗅 to smell with the nose：～气味 smell a scent

wén

蚊

形声字。虫表意，像虫，表示蚊子；文（wén）表声，文本像纹身的人，表示蚊子吸人的血，也表示蚊子飞时发出的声音。本义是蚊子。

蚊 is mosquito. It consists of **虫**, a worm or insect, and **文（wén）**, which is phonetic and depicts a tattooed man. Thus, the mosquito is represented as an insect that pierces the skin like tattooing.

蚊子，小飞虫，雄蚊吸植物的液汁，雌蚊吸人畜的血液，能传染疾病。产卵于水中，幼虫叫孑孓 mosquito：灭～ wipe out the mosquitoes | ～叮虫咬 insects bites

wěn

吻

会意字。“口”像张开的口，表示口边缘的嘴唇；“勿”本有旗帜义，旗帜的边缘最易被风吹动，表示说话、吃饭时嘴唇都动。本义是嘴唇。

吻 originally meant lip. It consists of **口**, an open mouth, here representing lips, and **勿**, which originally signified a flag or pennants, whose edges ripple in the wind like lips 'ripple' when talking or eating.

① 嘴唇 lip：接～ kiss ② 用嘴唇接触，表示亲热、喜爱 to kiss：～一下 give (sb, sth) a kiss ③ 说话的语气态度 attitude; intonation：口～ tone of voice

wěn

紊

形声字。糸表意，像丝；文（wén）表声，文本像人胸前有纹饰，纹饰线条交错，表示紊是丝交错纷乱。本义是乱。

紊 originally meant disorderly. It is composed of **糸**, silk; and, **文（wén）**, which is phonetic and depicts tattoos, i.e. disorderly markings.

乱 messy; disorganized：～乱 messy; disorganized | 有条不～ organized wěn

稳

（穩）

会意字。“禾”像谷类植物，“㥯”指忧伤，表示粮食可解心中之忧，使心安稳。简体字禾、急，表示粮食可解心中之急而感到安稳。本义是安定、平稳。

稳 means stable, steady. The character is composed of 禾, grain and 㥯, which means sorrow, i.e. food can alleviate sorrow and make a person feel more composed, stable; the same notion applies to the combination of 禾 (grain) and 急 (anxious), in the simplified character.

① 安定；不动摇 stable; steady：～定 stable｜平～ stable; steady ② 妥当；有把握 appropriate; confident：～妥 appropriate and confident｜十拿九～ confident of success ③ 沉着；不浮躁 calm; stable：～重 calm; sedate; steady｜～健 steady; firm

wèn

问

（問）

会意字。“口”像张开的口，“門”（门）像门或门框，表示叩门询问。問简化为问。本义是发问、询问。

问 means to inquire, ask. It consists of 口, mouth, and 門（门）, door, i.e. knocking on the door to inquire. 問 has been simplified to 问.

① 提出问题，请人解答 inquire; ask：询～ inquire; ask｜答非所～ give an irrelevant answer ② 审讯；查究 question; interrogate：盘～ question; interrogate｜审～ question; interrogate ③ 问候 send one's regards to：～好 send one's regards to｜慰～ convey sympathy; convey regards to ④ 管；干预 bother about：过～ bother about; concern oneself with｜责～ reprimand; reproach

wēng

翁

会意字。“羽”像羽毛，“公”是最高爵位，有高意，表示鸟颈上的毛。本义是鸟颈脖上的毛。基本义是年老的男子。

翁 originally referred to feathers on a bird's neck, but its basic meaning is now an elderly man. The character consists of 羽, feathers, and 公, which means duke, a high official rank, symbolized by the feathers high up on the neck of a bird.

① 年老的男子 elderly man：老～ elderly man｜渔～ fisherman ② 父亲 father：家～ father-in-law (wife's father) ③ 丈夫或妻子的父亲 father of one's wife：～姑 wife's parents-in-law｜～婿 father-in-law and son-in-law ④ 姓 a family name

wēng

嗡

形声字。口表意，像张开的口，表示与声音有关；翁（wēng）表声。嗡是象声词。

嗡 is onomatopoeic. It consists of 口, an open mouth, and 翁（wēng）, which represents pronunciation.

象声词，形容蜜蜂、飞机等飞行时发出的声音 sound made by bees, airplanes etc：蜜蜂～～地飞 bees buzzing｜飞机～～响 airplanes zooming by wèng

瓮

会意字。“瓦”像两片瓦，“公”是最高爵位，有高大意，表示较大的陶制盛器。瓮是陶制盛器。

瓮 signifies an earthen jug. 瓦 depicts two tiles; 公 is duke (a high rank), which suggests large, i.e. large earthenware container.

一种口小腹大的陶制盛器 earthenware jug：酒～ wine jug｜水～ water jug｜～中捉鳖 catch a turtle with a jug, i.e. a sure catch; go after an easy prey

wō/guō

涡

（渦）

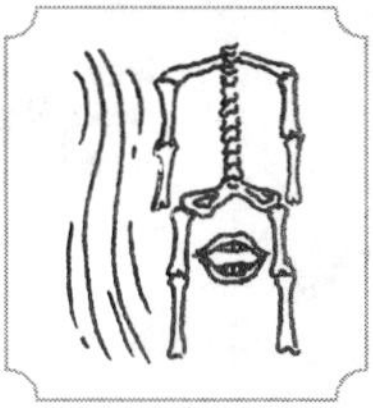

会意字。“氵”古文字像水流、楷书像水珠；“咼”（呙）有歪斜、弯曲义，表示回环弯曲的水流。渦简化为涡。本义是回旋的水流。

涡 means whirlpool. 氵 represents water; 咼（呙）originally signified slanted, bent; thus, whirlpool is represented as 'bent water'. 渦 has been simplified to 涡.

㊀ wō 旋转的水流 whirlpool：旋～ whirlpool
㊁ guō 涡河，水名，发源于河南，经安徽省流入淮河 the Guo River, a tributary of the Huai; it passes through Anhui Province from a source in Henan.

wō

窝

（窩）

会意字。“穴”本像洞穴，表示巢穴；“咼”（呙）指口不正，表示鸟兽巢穴入口多歪斜，以防风雨。窩简化为窝。本义是巢穴。

窝 means habitat for animals. It consists of 穴, a cave, where animals dwell, and 咼（呙）, which originally signified a crooked opening of the sort that protects the lairs of animals from the elements. 窩 has been simplified to 窝.

① 鸟兽、昆虫的巢穴 habitats for animals：鸟～ bird nest｜狗～ doghouse ② 人栖身的地方 habitats for man：贼～thieves' den｜安乐～ home ③ 藏匿 hide：～藏 hide, harbor (criminals, loots etc)｜～赃 hide loot ④ 凹陷处 dent; depression：酒～ dimple｜夹肢～ armpit

wō

蜗

（蝸）

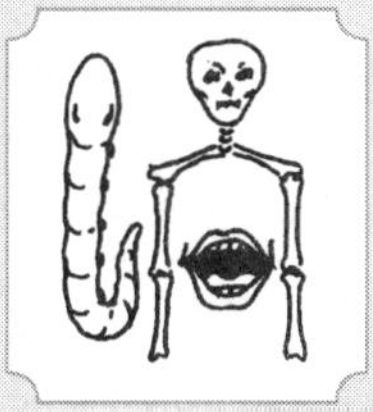

会意字。“虫”像虫，表示蜗牛像虫；“咼”（呙）指口不正，表示蜗牛硬壳的口偏斜不正。蝸简化为蜗。本义是蜗牛。

蜗 means snail. It consists of 虫, worm, and 咼（呙）, which depicts a skewed opening, i.e. the snail is a worm-like creature with a twisted shell. 蝸 has been simplified to 蜗.

蜗牛，软体动物，有硬壳，头部有两对触角，爬行很慢。吃植物的苗叶，对农作物有害 snail

W

wǒ 我

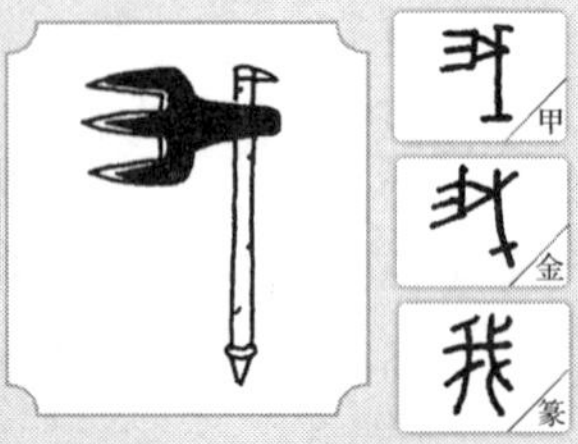

象形字。像古代三齿锋刃的长柄兵器。本义指古代一种兵器。用作第一人称代词。

我 originally referred to a type of weapon; now it represents the first person singular pronoun. The character depicts a fork-like weapon with a long handle.

自称；自己 first person singular pronoun：~国 my country | ~行~素 do as one likes | 你追~赶 try to overtake each other in friendly emulation

wò 沃

会意字。篆书“艸”像草本类植物，“水”像水流，“夭”像人头歪向一侧，表示水流向农田一侧灌溉。楷书省去“艸”，表示用水向一侧浇灌。本义是浇灌。

沃 means to water, irrigate. The seal script character consists of 艸, grass, 水, water, and 夭, depicting sb with head tilted, i.e. fields in which water is ‘tilted’, or channeled to one side of the field for irrigation. 艸 does not appear in the regular script version.

① 灌溉 irrigate：~田 irrigation ② 土地肥 fertile soil：肥~ fertile | ~土 fertile soil | ~野千里 vast area of fertile soil ③ 姓 a family name

wò 卧

会意字。篆书“臣”像目，“人”像人，表示人趴着闭目休息。楷书“臣”像目，“卜”像裂缝，表示人伏身休息闭目如缝。本义是伏身休息。

卧 originally meant to lie down and rest. In seal script, 臣 depicts a face with an eye and 人 represents a man, i.e. sb closing his eyes (to rest). In regular script, 臣 suggests eye and 卜 depicts cracks or seams, i.e. eyes closed resemble seams.

① 躺下；趴着 lie; crouch：~倒 drop to the ground | ~床不起 be confined to bed ② 睡觉用的 related to sleep：~室 bedroom | ~铺 sleeper

wò 握

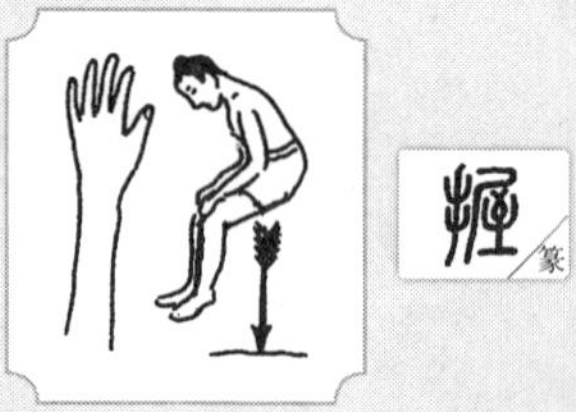

会意字。“扌”像手，“屋”是人生活休息于其内的建筑，表示将物握在手内。本义是拿住。

握 means to hold fast, grasp. It consists of 扌, hand, and 屋, a building within which people rest, like things held within the hand.

拿住；控制住 hold; control：~手 handshake | ~笔 hold the pen | 把~ grab (the opportunity) | 掌~ control; manage wū

乌

（烏）

象形字。像乌鸦，省略眼睛，以突出乌鸦全身乌黑的特点。烏简化为乌。本义是乌鸦。

乌 means crow. The character depicts a crow without eyes, so as to emphasize the blackness of the body. 烏 has been simplified to 乌.

① 乌鸦 crow：爱屋及～ love me, love my dog ② 黑色 black：～云 dark cloud｜头发～黑 black hair

wū

污

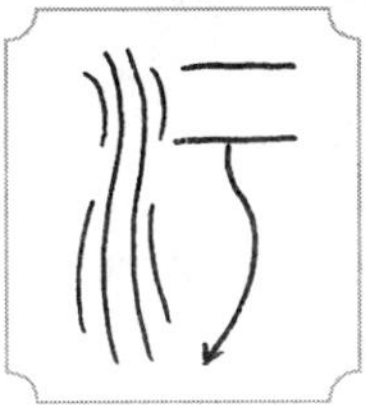

会意字。“氵”像水流、水珠，表示脏水；“于”像气流受阻后通过，表示水流受阻水易污化。楷书表示污是欠（亏）干净的水（氵）。本义是停积不流的污水。

污 originally meant stagnant, contaminated water. It is composed of 氵, water, and 于, which depicts air flowing through a barrier, i.e. like contamination flowing into water that is obstructed. Regular script has 氵, water, and 亏, which signifies deficiency, i.e. water that is deficient, or stagnant.

① 脏；不清洁 dirty; unclean：～浊 murky; dirty; filthy｜～秽 dirty; filthy ② 弄脏 make dirty：～染 pollute｜玷～ stain; tarnish ③ 贪赃；不廉洁 corrupt：贪官～吏 corrupt official

wū

巫

象形字—会意字。甲、金文像几根占卜的竹签或木条，表示巫师。篆、楷书，二横代表天、地，竖画表示通达，两个人代表知天地的巫师。本义是巫师。

巫 means shaman. In bone and bronze inscriptions, it resembles bamboo slips used for fortune telling, carried out by a shaman. In seal and regular scripts, the two horizontal strokes represent Heaven and Earth; the vertical stroke signifies communication (between man and Heaven); the two 人 represent shamans.

① 专门装神弄鬼，替人求神祈福的人 shaman：～师 shaman｜～婆 witch ② 姓 a family name

wū

呜

（嗚）

形声字。口表意，像张开的口，表示与声音有关；烏（乌 wū）表声。嗚简化为呜。本义是叹息声。

呜 originally meant the sound of sighing. It consists of 口, an open mouth, here referring to sound from the mouth, and 烏（乌 wū）, which represents pronunciation. 嗚 has been simplified to 呜.

象声词 onomatopoeia：～～哭个不停 wail unceasingly｜火车～～叫 the train toots its horn

wū 诬 (誣)

会意字。“言”（讠）像张口说话，“巫”像以通晓天地自居的两个巫师，表示诬是不真实的言语，巫（wū）兼表声。誣简化为诬。本义是语言不真实。引申为捏造事实坑害人。

诬 originally，false, then by extension, to (falsely) accuse, frame. It consists of 言（讠）, talk, and 巫（wū）, which is phonetic and depicts people posing as shamans, who communicate between Heaven and Earth, i.e. false. 誣 has been simplified to 诬.

捏造事实冤枉人 accuse; frame：～陷 accuse; frame｜～告 accuse; false charge｜～赖好人 incriminate the good; wrong the good

wū 屋

会意字。“尸”像曲身侧卧的人，“至”像箭着地面，表示人们所要到达、止息的住所。本义是房子。

屋 means house. The character is composed of 尸, a person, depicted lying on his side with knees raised, and 至, reach, represented as an arrow touching the ground, i.e. a place reached by people for resting.

房子；房间 house; room：～顶 rooftop｜房～ house｜书～ study room

wú 无 (無)

象形字—指事字。甲骨文像人执牛尾跳舞。金文、篆书繁化了两手提着的东西。無简化为无。本义是跳舞，此义后写作“舞”。

无 originally meant dance, now represented by 舞. In bone inscriptions, it depicts sb dancing, holding cows' tails. In bronze inscriptions and seal script, the items being held are more elaborate. 無 has been simplified to 无.

① 没有 nothing：从～到有 from nothing to something｜～穷～尽 endless; limitless; boundless ② 不 no：～妨 no harm (doing sth)｜～须 not necessary ③ 不论 regardless：事～大小都亲自处理 attend to all matters regardless of their importance

wú 芜 (蕪)

形声字。艹（艸）表意，像草，表示杂草丛生；無（wú）表声，無是舞的初文，表示杂草随风起舞。简体字艹表意，无（wú）表声，兼表田地长满草，粮食无收成。本义是荒芜。

芜 signifies to lie waste, lack cultivation. It consists of 艹（艸）, grass or vegetation, and 無（wú）, which is phonetic and was originally used for 舞, dance, i.e. grass dancing in the wind. The simplified form has 艹 as semantic and 无（wú）, nothing, as phonetic, i.e. fields of grass with nothing to be harvested.

① 田地荒废，长满杂草 lie waste; lack cultivation：荒～ lie waste; to lack cultivation ② 比喻杂乱或杂乱的东西 messy; disorganized：～杂 messy; disorganized｜去～存菁 get rid of the weeds and keep the leek flowers, i.e. discard the bad and keep the good (e.g. in editing, etc)

wú

吴

会意字。古文字像张开的口和打着手势的人，表示打着手势大声说话。楷书口、天，表示大声说话。本义是大声说话。

吴 originally meant to clamor, shout. The early forms of the character depicts an open mouth and sb making a hand signal, i.e. speaking loudly with gestures or hand signals. Regular script has 口, speech, and 天, heaven, or in this case, vast, i.e. talk loudly.

① 古代国名。后来也指江苏、浙江一带 name of an ancient Chinese kingdom, which later gave its name to the Jiangsu and Zhejiang regions：～语 the Wu dialect (spoken in the Shanghai area) ② 姓 a family name

wú

梧

形声字。木表意，像树，表示梧桐树；吾（wú）表声，吾即我，表示梧桐树有多种用途可为我所用。本义是梧桐。

梧 is the name of various trees including the wutong (梧桐), sometimes called the phoenix tree. The character consists of 木, tree, and 吾 (wú), which is phonetic, and also represents the classical Chinese first person singular pronoun (I, me); hence, a tree that can serve a variety of functions for oneself.

梧桐，落叶乔木，木质坚韧，可制乐器和器具 phoenix tree

wú

蜈

形声字。虫表意，像虫，表示蜈蚣像虫；吴（wú）表声，蜈蚣本写作吴公。本义是蜈蚣，一种节肢动物。

蜈 signifies centipede. It consists of 虫, worm, similar in shape to a centipede, and 吴 (wú), which represents pronunciation. 蜈蚣, centipede, was originally written as 吴公.

［蜈蚣］节肢动物，身体扁长，全身二十一节，每节有一对脚，头部的脚像钩子，能分泌毒液。吃小虫，能做药材 centipede

wǔ

五

指事字。上横代表最小个位数，下横代表最大个位数，中间的交叉点指出，处在中间的个位数是“五”。本义是数目字。

五 means five. The top horizontal represents the smallest digit, the bottom, the largest, with the cross in the middle representing a number halfway between (one and nine), i.e five.

数目字，四加一的得数 five：伸手不见～指 pitch-dark; pitch-black | 中国有五十六个民族。There are fifty-six ethnic groups in China.

wǔ

午

象形字。甲骨文像舂米的木杵。金文上端有把手，舂米时便于杵的抬起与落下。本义是舂米的杵，此义后写作杵。

午 originally referred to a pestle for grinding rice, now represented by 杵. In bone inscriptions, the character resembles a pestle; bronze inscriptions also show 'a handle'.

① 地支的第七位 the seventh of the twelve Earthly Branches ② 午时，白天十一时至十三时；泛指中午 noon (11 a.m.-1 p.m.), or around noon：～饭 lunch | ～睡 afternoon nap

wǔ

伍

会意字。“亻”像人，“五”是数字，表示古代军队编制五人为伍；五（wǔ）兼表声。本义是古代军队编制五人为伍。又用作“五”的大写。

In ancient times, five soldiers were grouped together as a unit, 伍. This character is also used as a formal way of writing 五. It is composed of 亻, man, and 五（wǔ）, which is phonetic and means five, i.e. five men forming a military unit.

① 军队；行列 army：应征入～ conscription | 游行队～ procession ②“五”的大写 the formal version of 五 (five) ③ 姓 a family name

wǔ

妩

（嫵）

形声字。女表意，像女子；無（wú）表声，無是舞的初文，表示女子起舞必妩媚动人。嫵简化为妩，有女子的妩媚令人无法不动心之意。本义是妩媚。

妩 means seductive, flattering. It consists of the semantic element, 女, female, and the phonetic element, 無（wú）, which originally also signified dance (now written 舞), i.e. seductive is characteristic of women who dance. 嫵 has been simplified to 妩.

姿态美好可爱 a pleasing and attractive demeanor：～媚 seductive; flattering

wǔ

武

会意字。“戈”像兵器，“止”像脚，表示拿起武器出发去打仗。本义是征伐。

武 originally meant a military expedition. It consists of 戈, a military weapon, and 止, a foot, i.e. pick up a weapon and set off to go to war.

① 关于军事或技击的 related to the military or the art of attack and defense：～器 weapon | ～术 wushu (Chinese martial arts) ② 勇猛 brave; courageous：英～ brave; courageous ③ 姓 a family name wǔ

侮

会意字。“亻”像人，“每”像戴头饰的妇女，古时重男轻女，表示女子易受欺负、轻慢。本义是欺负、轻慢。

侮 means browbeat, be disrespectful. It consists of 亻, man, and 每, which resembles a woman with hair accessories; traditionally, women were more prone to being treated disrespectfully.

欺负；对人不尊重 be disrespectful：～辱 insult; humiliation｜欺～bully; take advantage of

wǔ

捂

形声字。扌表意，像手，表示用手遮盖；吾（wú）表声，吾是第一人称，表示捂是人用手遮盖，也表示用手捂住自己的口或眼睛。本义是盖住、封闭。

捂 means cover with the hand. It consists of 扌, hand, i.e. cover with the hand; and 吾（wú）, which is phonetic and denotes the first person singular pronoun, i.e. cover, muffle with one's own hands, or cover, muffle one's own mouth or eyes.

用手或别的东西遮盖起来 cover; muffle：～住耳朵 cover the ears｜～着嘴笑 laugh with one hand over the mouth

wǔ

鹉

（鵡）

形声字。鳥（鸟）表意，像鸟，表示鹦鹉；武（wǔ）表声，武有威武义，表示鹦鹉形体比一般的鸟大，样子比较威武。鵡简化为鹉。本义是鹦鹉。

鹉 means parrot. The character consists of 鳥（鸟）, bird, and 武（wǔ）, which is phonetic and denotes mighty, powerful, i.e. a large, powerful bird. 鵡 has been simplified to 鹉.

鹦鹉，鸟名，羽毛美丽，上嘴大，呈钩状，经训练能模仿人说话 parrot

wǔ

舞

象形字。甲骨文像人两手执牛尾跳舞。金文繁化了舞者手持的舞具。篆书添两只脚（舛），表示用脚跳舞。本义是舞蹈。

舞 means dance. In bone inscriptions, it depicts sb dancing, apparently with cow tails in each hand; in bronze inscriptions, the items in the hand are more complicated; in seal script, two feet are added.

① 舞蹈 dance：～姿 dance movements; postures｜跳～to dance｜载歌载～sing and dance ② 挥动 swing; brandish; flourish：～动 swing; brandish; flourish｜挥～swing; brandish; flourish｜～剑 brandish; flourish a sword ③ 耍弄 employ; make use of; play with：～文弄墨 engage in word-mongering wù

勿

会意字。像刀和碎屑，以无用的碎屑表示不要。本义是不要。

勿 is a negative; do not. The character depicts a knife with chips flying, i.e. things of no use, not wanted.

别；不要 do not：请～吸烟 please do not smoke | 切～上当 make sure you're not deceived

wù

务

（務）

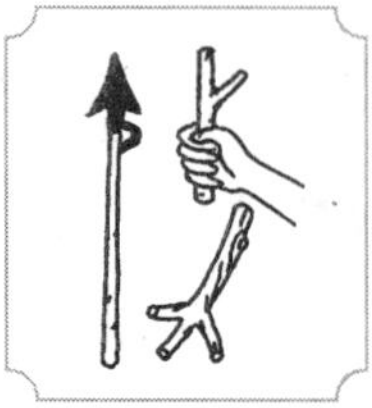

会意字。“力”像农具，“敄”指勉力，表示努力从事，敄（wù）兼表声。简体字“夂”像朝下的脚，“力”像农具，表示致力。本义是致力、从事。

务 originally meant devote oneself to, be engaged in. It consists of 力, strength, depicting a farming tool, and 敄（wù）, which is phonetic and means industrious, i.e. work diligently. In simplified form, 夂 depicts a foot pointing downward and 力 signifies strength, effort, i.e. do one's best.

① 做；从事 do; engage in：～农 engage in agriculture | 不～正业 live by dishonest means; not fulfilling one's duties ② 事情 affair; matter：事～ affair; matter | 任～ responsibility; duty ③ 必须；一定 must; have to：～必 must; have to; be obliged to | 除恶～尽 be thorough in rooting out evil

wù

坞

（塢）

形声字。土表意，本像地上有堆土，表示用土石在村外修筑起的土堡；烏（乌 wū）表声。塢简化为坞。本义是防守用的土堡。

坞 originally referred to a type of fortified building, a castle. It consists of 土, mounds of earth, i.e. forts constructed of earth and stones; and 烏（乌 wū）, which is phonetic. 塢 has been simplified to 坞.

周围高而中间低的地方 a depression：山～ mountain glen | 花～ flowerbed | 船～ dock

wù

物

形声字。牛表意，像牛；勿（wù）表声，勿像刀和碎屑，有琐碎驳杂意，表示毛色琐碎驳杂的牛。本义是杂色的牛。引申为物品。

物 originally referred to variegated bulls; it also came to represent matter or things in general. The character consists of 牛, bull, and 勿（wù）. The latter is phonetic and resembles a knife with chips flying, i.e. shattered and various, like the coloring of bulls.

① 物质；东西 object：动～ animals | 食～ food | 货～ goods ② 自己以外的人或环境 other people and things：待人接～ the way one treats people | 恃才傲～ arrogant; conceited ③ 内容；实质 contents; substance：言之无～ verbosity ④ 寻找 search：～色 search; look for

W

wù

误

（誤）

形声字。言（讠）表意，像张口说话，表示言语荒谬；吴（wú）表声，吴指大声说话，表示荒谬的言语以大声来掩饰心虚。誤简化为误。本义是谬误、错误。

误 means be wrong, be mistaken. It consists of 言（讠）, speech, and 吴（wú）, which is phonetic and means to shout, clamor, i.e. shouting to conceal absurdities, mistakes.

① 错；差错 be wrong; a mistake：失～ be wrong; a mistake | ～解 misunderstand; misconstrue ② 耽搁 delay：～事 hold things up; cause delay | 延～ cause delay ③ 使受损害 cause damage; bring harm to：～人子弟 mislead the younger generation ④ 不是故意的 not on purpose; accidentally：～伤 accidental injury

wù

悟

形声字。忄表意，像心脏，表示心中明白、觉醒；吾（wú）表声，吾指自己，表示觉悟者。本义是醒悟、觉悟。

悟 means be enlightened, see the light. It consists of 忄, heart, and 吾（wú）, which is phonetic and represents the first person, oneself, i.e. personal enlightenment.

明白；领会；觉醒 understand; be enlightened; see the light：领～ understand; see the light | 觉～ awaken; understand | 恍然大～ suddenly see the light

wù

晤

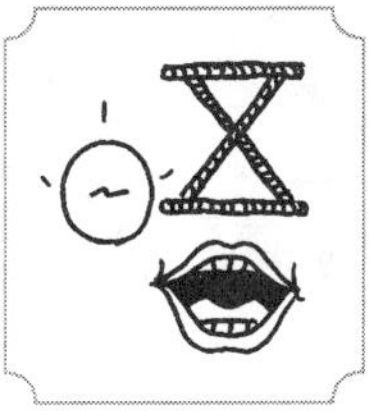

形声字。日表意，像太阳，以阳光下的物体清晰表示明白；吾（wú）表声，吾即我，表示对事物的透彻了解必出于自我的正确理解。本义是明白。基本义是相见面。

晤 originally meant understand; its basic meaning is now to meet. The character is composed of 日, the sun, i.e. clarity, seeing the light, and 吾（wú）, which is phonetic and represents the first person, oneself. Hence, to see clearly, to comprehend personally.

见面 meet：会～ meet | ～谈 meet and discuss | ～面 meet

wù

雾

（霧）

形声字。雨表意，像天下雨，表示雾如毛毛细雨，令景物迷蒙；務（务 wù）表声。简体字务（wù）表声。本义是雾气。

雾 means mist, haze, fog. It consists of 雨, rain, or here, mist, and 務（务 wù）, which is phonetic. In the simplified form, 务（wù）is the phonetic element.

接近地面的水蒸气，遇冷凝结后飘浮在空气中的小水点 mist; haze; fog：迷～ mist; haze; fog | 大～弥漫 very foggy; hazy

恶 155页

xī

夕

象形字。像月亮，表示傍晚。本义是傍晚。

夕 means evening. The character depicts the moon, i.e. evening.

① 日落的时候；傍晚 the period of the day when the sun sets; evening：～阳 the setting sun｜～照 the glow of the setting sun ② 晚上 night：除～ New Year's Eve｜朝～相处 be together from dawn to night｜朝令～改 unpredictable changes in policy

xī

西

象形字。甲金楷像鸟窝。篆书像一只鸟停在鸟巢上。本义是鸟巢。基本义是西面。

西 means west. It originally referred to a bird's nest. In bone, bronze inscriptions and regular script, it depicts a bird's nest. In seal script, it resembles a bird perching on a nest.

① 方向，日落的方向 west：～面 the west｜～部 the western side｜夕阳～下 the sun setting in the west ② 源于西方国家的 the West：～餐 Western cuisine｜～医 Western doctor｜～装 Western-style fashion

xī

吸

会意字。“口”像张开的口，“及”像手抓住人，有到达义，表示通过呼吸道把气吸到体内。本义是向体内纳气。

吸 means inhale. It consists of 口, open mouth and 及, catching hold of sb, denotes to reach (a goal), i.e. oxygen enters the respiratory system and reaches the body.

① 把气体引入鼻腔；把液体引入口腔 inhale; suck：呼～ breathe｜～烟 smoke｜～食 suck; take in (liquid foods, drugs etc) ② 吸收；吸引 absorb; attract：～尘器 vacuum cleaner｜～铁石 magnet; lodestone｜～取教训 learn a lesson

xī

希

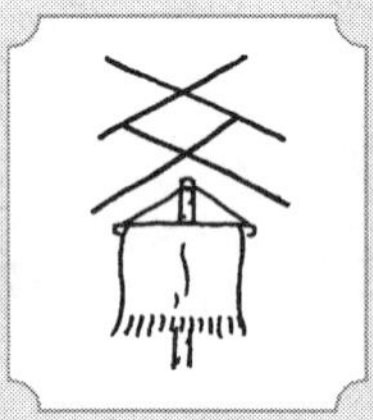

会意字。“爻”像网孔交错，“巾”像布巾，表示稀疏如网的麻布。本义指麻布织得不密，此义现写作稀。泛指稀疏。

希 means loose and disperse, few and scattered. It originally referred to loosely woven linen, which is later replaced by the character 稀. It consists of 爻, holes of the fabric crisscrossing and 巾, a piece of cloth, i.e. loosely woven linen.

① 少 rare; little：～有 rare; scarce｜～奇 rare; strange｜～罕 rare; scarce; value; cherish ② 盼望 hope; wish：～望 hope; wish｜～准时出席 please turn up punctually

X

xī

昔

会意字。古文字像洪水和日，以洪水泛滥的日子表示从前。楷书“艹”像草，“一”像地面，“日”像太阳，指日子，以地面长满野草的日子表示从前。本义是从前。

昔 means in the past, bygones. In classical form, it depicts floods and the sun, i.e. the days when floods were threats to people were all in the past. In regular script, it consists of 艹, grass, and 日, sun, denotes days, i.e. the days when the fields choked with weeds were all in the past.

从前 in the past; bygones：～日 bygones｜往～ in the past; bygones｜今不如～ nowadays are not comparable to former days

xī

析

会意字。“木”像树，“斤”像斧子，表示用斧子劈开木头。本义是用斧劈木。引申为分开、离散。

析 originally meant to chop wood with an axe; by extension, it came to mean separate, disperse, scatter (between loved ones). It consists of 木, tree, and 斤, axe, i.e. chopping wood with an axe.

① 分开；散开 separate; disperse; scatter：分崩离～ disintegrate; fall into pieces ② 解释；辨别 explain; analyze; differentiate：分～ analyze｜～疑 clear a doubt｜解～ analyze

xī

牺

（犧）

形声字。牛表意，像牛，古代祭祖用牛羊豕，而以牛为首；羲（xī）表声，羲本作气解，表示用牺牲祭神，让神享三牲之气。简体字牛表意，西（xī）表声，表示祭祀西天神灵的牲畜。本义是古代祭祀用的牲畜。

牺 means animals used for sacrificial purpose in ancient times. 牛, bull, is semantic. In ancient times, bulls, goats and pigs were used for sacrificial purposes and bulls were most highly regarded. 羲（xī）is phonetic and means qi, vital energy, i.e. using animals as offerings, allowing the gods to enjoy the energy coming from the three kinds of animals. In simplified form, 牛 is semantic and 西（xī）is phonetic, i.e. animals used as offerings to the gods in Western Heaven（西天）.

古指祭祀用的牲畜，现指为正义事业舍弃自己的生命或利益。Animals used for sacrificial purpose in ancient times. Now it means sacrifice：～牲 sacrifice

xī

息

会意字。“自”像鼻字，表示通过鼻子呼进呼出的气；“心”像心脏，表示呼吸和心跳有关。本义是呼吸之气。

息 means breath. It is composed of 自, nose, i.e. breathe with the nose; and 心, heart, i.e. breathing is associated to heartbeats.

① 呼吸时进出的气 breath：气～ breath; atmosphere; flavor｜喘～ pant ② 音信 news; information：消～ news; information｜信～ news; information; message ③ 休息；停止 rest; halt; cease：歇～ take a rest｜～怒 cease being angry ④ 利钱 interests：利～ interests｜年～ annual interests

xī

悉

会意字。“心”像心脏，“釆”像兽爪，有辨别义，表示用心辨别必能详尽地知道事情。本义是详尽。

悉 means detailed. It consists of 心, heart, and 釆, claws of an animal. The latter means differentiation, i.e. differentiate with care and one is definitely able to know the truth.

① 全部；尽 all; entire; whole：～心照料 take utmost care of | ～数捐献 enumerate the contributions ② 知道 know; be informed of：熟～ familiar; know very well | 知～ know; be informed of | 获～ know; learn of (sth)

xī

惜

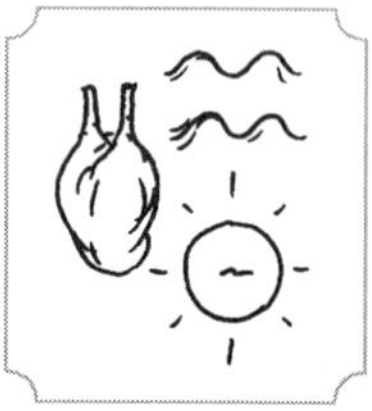

形声字。忄表意，像心脏，表示心中哀伤、痛惜；昔（xī）表声，昔指以往、从前，表示惜是人哀伤、怀旧。本义是哀伤、痛惜。

惜 means sorrowful, regretful, lament. The character is composed of the semantic element, 忄, heart, i.e. sorrow and regret that one feels; and 昔 (xī), which is phonetic and means in the past, i.e. sorrow and a feeling of reminiscence.

① 遗憾；哀伤 regret; lament; sorrowful：可～ regret; lament; find sth a pity | 惋～ lament; deplore; find sth a pity ② 觉得珍贵而重视 cherish; treasure：爱～ cherish; treasure | 珍～ cherish; treasure ③ 舍不得 reluctant; begrudge：～别 reluctant to part with (sb); cannot bear to bid goodbye | 不～工本 do not hesitate to spend on production cost

xī

晰

会意字。“日”古文字像太阳，表示阳光下景物清楚、明白；“析”像斧劈木，有分析、辨析义，表示经过分析、辨析之后，情况更清楚、明白；析（xī）兼表声。本义是清楚、明白。

晰 means clear, understand. In classical form, 日 depicts the sun, i.e. things appear clear under sunlight; 析 (xī), depicting an axe chopping wood, is phonetic and means analyze, differentiate, i.e. things become clearer and understandable after analysing and differentiating them.

清楚；明白 clear; understand：清～ clear; vivid; distinct | 明～ clear; vivid; distinct

xī

稀

会意字。“禾”像谷类植物，“希”本指稀疏的麻布，有少义，表示谷物稀疏，希（xī）兼表声。本义是稀疏。

稀 means scattered and few. It consists of 禾, grains, and 希 (xī), which is phonetic and refers to loosely woven linen, denoting few, i.e. grains are few.

① 疏；不密；空隙大 scattered and few; low concentration：～疏 scattered and few; low concentration | 地广人～ vast, un-populous land ② 少有；难得 rare; scarce; few：～奇 rare; scarce | ～客 rare visitor ③ 薄；不稠 thin; low concentration：～薄 thin; low concentration | ～粥 gruel

xī

犀

会意字。“牛”像牛，“尾”指末端，表示犀牛不是一般的牛故列在末端。楷书牛、氺（水）、尸（像人），表示犀牛皮粗糙像缺少水分，犀牛角是人所珍爱的宝物。本义是犀牛。

犀 means rhinoceros. It consists of 牛, bull, and 尾, which refers to the end, i.e. rhinoceroses are not typical bulls so they are listed as among the last. In regular script, there are radicals 牛, 氺 (water), and 尸 (resembles a man), i.e. the skin of rhinoceroses is rough due to lack of moisture, while their horns are highly valued by man.

犀牛，哺乳动物，形状略像牛，鼻子上有角，生长在热带森林里 rhinoceros

xī

锡

（錫）

会意字。“金”（钅）像箭头、斧头和矿石，表示锡是金属；“易”有容易、改变义，表示锡的熔点低，其形状易改变。錫简化为锡。锡是金属元素名。

锡 means tin. The character is composed of 金（钅）, metal, and 易, which means easily changeable, i.e. tin is malleable due to its low melting point. 錫 has been simplified to 锡.

金属元素，符号Sn。质地质软，可用来焊接金属，制成合金材料 tin (Sn)

xī

溪

形声字。篆书谷表意，像水流入山谷，楷书氵表意，像一串水珠；奚（xī）表声，奚有卑微、藐小意，表示溪是山中不起眼的小河。本义是山间的小河。

溪 means stream. In seal script, 谷 is semantic, depicts water flowing into the valley; in regular script, 氵 is semantic, resembles a string of droplets; 奚（xī）is phonetic and denotes small, inferior, i.e. streams are very small rivers.

小河沟 stream; brook; rivulet：～水 water from the stream, brook or rivulet | 小～ stream; brook; rivulet | ～流 water from the stream, brook or rivulet

xī

熙

会意字。“火”（灬）像火焰，表示用火烤使干；“𦣞”指人的面颊，人在烤火取暖时脸部皮肤特别干燥。本义是火烤使干。

熙 originally meant to dry (sth) by the fire. It consists of 火（灬）, flames, i.e. dry sth by the fire; and 𦣞, which refers to the cheeks, i.e. one's cheeks get dry when one is trying to warm oneself by the fire.

① 光明 brightness ② 和乐 happy and harmonious ③［熙熙攘攘］形容人来人往拥挤热闹的样子 hustle and bustle：大街上～ hustle and bustle of busy streets

X

xī

熄

会意字。“火”像火焰，“息”有停止义，表示使火停止燃烧；息（xī）兼表声。本义是火灭。

熄 means extinguish the fire. It is composed of 火, flames, and 息（xī）, which is phonetic and denotes cease, stop, i.e. stop the fire from burning.

火灭了；灭掉灯火 extinguish：～灭 extinguish | ～火 extinguish the fire | ～灯 turn off the light

xī

膝

形声字。篆书卩表意，像人跪着，表示膝盖，桼（qī）表声。楷书月（肉）表意，像肉，表示膝是肢体的一部分；桼表声。本义是膝盖。

膝 means knee. In seal script, 卩 is semantic, depicts sb kneeling, i.e. the knees; 桼（qī）is phonetic. In regular script, it consists of 月（肉）, flesh, as semantic, i.e. the knees are part of the limbs and 桼 as phonetic.

膝盖，大腿与小腿相连处关节的前部 knee：护～ knee guard | 屈～ bend one's knees; go down on one's knees

xī

嬉

会意字。“女”像女子，表示女孩喜爱游戏；“喜”像鼓和张开的口，有闻鼓声而开口欢笑意，表示嬉是游戏取乐；喜（xǐ）兼表声。本义是游戏、玩耍。

嬉 means play, gambol, frolic. The character is composed of 女, woman, i.e. girls like to play; and 喜（xǐ）, which is phonetic and depicts a drum and an open mouth. One laughs when one hears the drum, i.e. playing induces joy.

游戏；玩耍 play; gambol; frolic：～戏 play; gambol; frolic | ～笑 laughing and playing

xī

蟋

形声字。虫表意，像虫，表示蟋蟀；悉（xī）表声。本义是蟋蟀。

蟋 means cricket. It consists of the semantic element, 虫, worm, i.e. cricket, and phonetic element, 悉（xī）.

［蟋蟀］昆虫，身体黑褐色，触须很长，后腿粗大，善于跳跃。雄的好斗，两翅摩擦能发声。吃植物的根，是害虫。也叫促织或蛐蛐。Cricket, also known as 促织 or 蛐蛐.

xí

习

（習）

会意字—象形字。甲、金文“羽”像鸟羽，“日”像太阳，表示鸟在空中练习飞翔。篆、楷书羽、白，白像日放光，表示鸟白天练习飞翔。简体字像一片鸟羽，表示鸟用羽翼练飞。本义是鸟反复练飞。引申指学习。

习 originally meant birds learning to fly; by extension, it came to mean learn, revise, practice. In bone and bronze inscriptions, the characters have 羽, feathers, and 日, sun, i.e. birds learning to fly in the sky. In seal and regular scripts, there are radicals 羽 and 白 (daylight), i.e. birds learn to fly during the day. In simplified form, it depicts a wing, i.e. birds learn to fly with their wings.

① 学习；反复学；反复练 learn; revise; practice：～艺 learn a skill, talent etc｜练～ practice; revise ② 常常 often; frequent：～见 commonly seen ③ 长期逐渐养成的行为 habit：～惯 habit｜恶～ bad habit ④ 姓 a family name

xí

席

会意字。金文“厂”像山崖，“巾”像布巾，表示样子像大布巾的席子。篆、楷书巾、庶（省灬），庶有众义，表示席子用于接待众客。本义是席子。

席 means mat. In bronze inscriptions, it consists of 厂, cliff, and 巾, a piece of cloth, i.e. a mat that is about the size of a big cloth. In seal and regular scripts, there are radicals 巾 and 庶 (with radical 灬 being omitted). 庶 denotes many people, i.e. the mat is used to receive guests.

① 用苇、竹篾等编成的铺垫用具 mat：竹～ bamboo mat｜草～ straw mat ② 坐位；席位 seat; place：出～ present; turn up for (an event)｜首～ seat of honor; chief ③ 酒筵 banquet; feast：宴～ banquet; feast｜酒～ banquet; feast ④ 量词 measure word：一～话 a talk; conversation ⑤ 姓 a family name

xí

袭

（襲）

会意字。“衣”像衣服，“龍”（龙）是天上的神兽，表示升天者（死人）穿的衣服。襲简化为袭。本义是死者穿的衣服。

袭 originally referred to clothes worn by the dead. It consists of 衣, clothes, and 龍（龙）, dragon, a heavenly animal, i.e. clothes worn by the dead (who have risen to Heaven). 襲 has been simplified to 袭.

① 乘人不备突然攻击 sudden attack：～击 sudden attack; sabotage｜偷～ sudden attack ② 照别人的样子或过去的方法做 copy; follow; plagiarize：抄～ copy; plagiarize｜沿～ follow from before

xí

媳

形声字。女表意，像女子，表示儿媳；息（xī）表声，息有孳生义，表示儿媳生孙，繁衍不断生生不已。本义是儿子的妻子。

媳 means daughter-in-law. The character is composed of 女, a woman, i.e. daughter-in-law; and 息（xī）, which is phonetic and denotes breed, propagate, i.e. daughters-in-law carrying on the family line.

① 儿子的妻子 daughter-in-law：儿～ daughter-in-law｜婆～ mother-in-law (husband's mother) and daughter-in-law ② 弟弟或晚辈的妻子 sister-in-law (the wife of one's younger brother or of one's junior)：弟～ sister-in-law (wife of one's younger brother)｜孙～ wife of one's grandson; granddaughter-in-law xǐ/xiǎn

洗

会意字。“氵”像水流、水珠，“先”像脚和人，表示伸出脚清洗。本义是洗脚。引申指用水除污。

洗 originally referred to washing one's feet; by extension, it came to mean wash, clean with water. It consists of 氵, water, and 先, a foot and man, i.e. the man stretching out his foot to be washed.

㊀ xǐ ① 用水除污 wash; clean with water: ～手 wash the hands | ～衣 wash the clothes ② 清除掉 remove; get rid of: ～雪 wipe out a disgrace; redress a wrong | ～冤 redress a wrong ③ 抢光；杀光 snatch everything in sight; kill everyone in sight; massacre: 血～ massacre | ～劫一空 take, snatch, steal everything ④ 洗礼 baptize; go through a perilous situation: 受～ be baptized ⑤ 冲洗相片 develop film: ～相片 develop film ㊁ xiǎn 姓 a family name

xǐ

徙

会意字。像两脚走在路上，表示迁移。本义是迁移。

徙 means move from a place to another. The character depicts two feet walking on the road, i.e. move.

迁移 move from a place to another; migrant: 迁～ move from a place to another; migrant

xǐ

喜

会意字。“壴”像鼓，“口”像张开的口，表示闻鼓声而开口欢笑。本义是欢悦。

喜 means happy, delighted, joyful. It consists of 壴, drum and 口, an open mouth, i.e. one laughs when one hears the drums.

① 快乐；高兴 happy; delighted; joyful: ～悦 happiness; delight; joy | ～出望外 be overjoyed due to a pleasant surprise ② 可庆贺的 a joyous occasion worth celebrating: ～事 good news | ～讯 good news ③ 爱好 like; adore: ～爱 like; adore | ～新厌旧 adore the new and abhor the old

xì

戏

（戲）

会意字。“戈”像兵器，表示玩枪弄棒；“䖒”指主管帝王打猎园林的官；䖒（xì）兼表声。简体字像手（又）摆弄兵器（戈）。本义是娱乐、玩耍。

戏 originally meant entertain, play, gambol, frolic. It consists of 戈, a military weapon, i.e. handling of weapons; and 䖒（xì）, which is phonetic and refers to the official in charge of emperor's hunting activities. In simplified form, the character shows a hand（又）handling a weapon（戈）.

① 玩耍 play; gambol; frolic: 游～ play; gambol; frolic | 嬉～ play; gambol; frolic ② 开玩笑；嘲弄 make a fool of; poke fun at: ～弄 make a fool of; poke fun at | ～言 pleasantry; jesting remark ③ 戏剧；杂技 drama; acrobatics: ～迷 fan of dramas | 马～ circus performance

铣 704页

xì/jì 系

（㊀①③㊁繫 ⑤係）

会意字。甲骨文像手（爪）提两缕丝。金文像手提三缕丝。篆、楷书“糸”像一缕丝，表示用丝系结；“丿”有拉、牵引意，表示系结。本义是系结。系、繫、係原是不同的字，今归并简化为系。

系 means tie, knot. In bone inscriptions, it depicts two strands of silk that the hand（爪）is holding. In bronze inscriptions, it shows the hand holding three strands of silk. In seal and regular scripts, there are radicals 糸, a strand of silk, i.e. tie a knot with silk; and 丿, which denotes pull, guide, i.e. tie, knot. 系, 繫 and 係 were originally different characters, now they are simplified and grouped into 系.

㊀xì ① 拴；绑 tether; tie：～马 tether a horse ② 系统 system：～列 series｜派～ school; sect; faction ③ 牵挂 think of; unable to forget：～念 concern about; worry about ④ 关联 connection; link; association; relation：关～ connection; link; association; relation｜联～ connection; link; association; relation ⑤ 是 is：确～事实 this is the truth ㊁ jì 打结；扣上 tangle; buckle up; fasten：～领带 put on a tie

xì 细

（細）

会意字。篆书“糸”像丝，“囟”像囟门，表示细小如丝、如囟门。楷书糹、田，表示细如丝，如田埂。細简化为细。本义是细小。

细 means thin and fine. In seal script, 糸 depicts silk and 囟 shows the fontanel, i.e. as thin and fine as silk and the fontanel. In regular script, radicals 糹 and 田 (field ridge) denote (sth) as thin and fine as silk. 細 has been simplified to 细.

① 小；不粗 thin and fine：～小 thin and fine; tiny｜～线 thin thread ② 声音小 soft, gentle voice：～声～气 soft-spoken ③ 精致 exquisite; delicate：～巧 exquisite; delicate｜～瓷 fine porcelain ④ 仔细；周密 careful; conscientious：～看 scrutinize｜～心 careful; conscientious ⑤ 琐碎的；不重要的 triviality; the unimportant：～节 detail; triviality｜事无巨～ bother oneself with all sorts of major and trivial issues

xì 隙

会意字。“阝”像一座座土山，表示墙高如小土山；“⿱小日小”指日光从小小的缝隙中透入，表示隙是墙壁的裂缝；⿱小日小（xì）兼表声。本义是墙壁裂缝。

隙 means cracks on walls. It consists of 阝, hills, i.e. walls are as tall as the hills; and ⿱小日小（xì）, which is phonetic and depicts the sunlight penetrating through some cracks, i.e. cracks on walls.

① 裂缝 crack; gap：缝～ crack; gap｜空～ empty space; gap ② 空闲的时间 free time：间～ space; gap; interval｜农～ slack farming season ③ 机会 chance; opportunity：有～可乘 a loophole for one to exploit

xiā 虾

（蝦）

形声字。虫表意，像虫，表示蛤蟆是小动物；叚（jiǎ）表声。简体字虫表意、下（xià）表声，表示形状似虫，生活在水下的节肢动物。本义是蛤蟆。现指生活在水中的节肢动物。

虾 originally referred to a toad. Now it refers to crustacean in general. The character is composed of 虫, worm, as semantic, i.e. toads are small animals; and 叚（jiǎ）as phonetic. In simplified form, 虫 is semantic and 下（xià）(below) is phonetic, i.e. crustaceans which resemble worms and live in the water.

节肢动物，生活在水中，种类较多，肉味鲜美 crustacean：～仁 shrimp meat｜龙～ lobster

X

xiā

瞎

会意字。"目"像眼睛，"害"像屋（宀）、嘴（口）、刻痕（丰），指在家乱开口说话造成伤害，有伤害义，表示一目受伤害而失明。本义是一目失明，后指目盲。

瞎 originally meant losing the sight of one eye and later, blind in general. 目 depicts the eye, 害 resembles a house (宀), mouth (口) and scars (丰), i.e. spreading rumors in the house hurts other family members, denoting harm, wound. So, one of the eyes is hurt and loses its sight.

① 眼睛失明 blind：～子 the blind | 耳聋眼～ deaf and blind ② 胡乱 casually; without care：～说 talk nonsense | ～闹 create trouble; act senselessly

xiá

匣

会意字。"匚"像用于装东西的盒子，"甲"像种子皮开裂生根发芽，种子有硬壳，表示匣是硬壳的盒子。本义是盒子。

匣 means box, container, case. It consists of 匚, box, and 甲, a seed cracking as it begins to sprout. The shell of a seed is hard, i.e. covers of boxes, containers and cases are hard.

有盖的装东西的小盒子 box; container：木～ wooden box, container | 镜～ mirror case | 首饰～ jewel box

xiá

侠

（俠）

会意字。"亻"像人，"夾"（夹）像两人夹着一人，有相助意，表示帮助弱者的侠客。俠简化为侠。本义是侠客。

侠 means swordsman. 亻 depicts a man and 夾 (夹) resembles a man sandwiched between two other, i.e. helping one another. 俠 has been simplified to 侠.

助弱抑强、见义勇为的人或行为 righteous and chivalrous people or behavior：大～ swordsman | 侠义 righteousness and chivalrousness | 行～仗义 righteous and chivalrous

xiá

峡

（峽）

会意字。"山"像山，"夾"（夹）像两人夹着一人，表示两山相夹的窄地。峽简化为峡。峡指两山相夹的窄地。

峡 means canyon. The character is composed of 山, mountains, and 夾 (夹), which depicts a man sandwiched between two other, i.e. canyon, gorge. 峽 has been simplified to 峡.

两山夹水的地方 canyon; straits：山～ canyon | 海～ straits

xiá

狭

（狭）

会意字。金文、楷书“犭”像犬，表示犬性狭隘，常为争食而斗；“夾”像两人夹着一人，相挤必狭窄。篆书“阝”像一道道山坡，“夾”指宽度小，表示狭窄如山坡之间的窄地。狭简化为狭。本义是狭隘。

狭 means narrow. In bronze inscriptions and regular scripts, the characters consist of 犭, dog, i.e. dogs are narrow-minded as they are always fighting for food; and 夾, which shows a man sandwiched between two other, i.e. a crammed (narrow) feeling. In seal script, 阝 depicts small hills and 夾 means narrow, i.e. as narrow as the gap between close hills.

窄，宽度小 narrow：～长 long and narrow | ～隘 narrow | ～义 narrow sense

xiá

暇

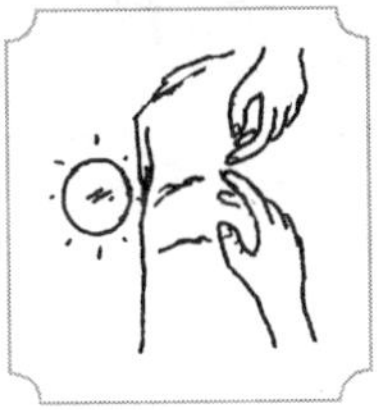

会意字。“日”像太阳，表示日子、时间；“叚”有借义，人有余财方能借，表示空余的时间。本义是空闲。

暇 means free, spare, leisure time. It consists of 日, sun, i.e. days and time; and 叚, which denotes lend. One can lend money to others only if one has spare cash, i.e. spare time.

空闲 free, spare, leisure time：闲～ free, spare, leisure time | 空～ free, spare, leisure time | 无～顾及 have no time to attend to (sth, sb) | 目不～接 too many things for one to see

xiá

辖

（轄）

会意字。“車”（车）像一辆车，表示插在车轴两端防止车轮脱落的小铁棍；“害”指伤害，辖穿过车轴也有伤害车轴的意味。轄简化为辖。本义是车辖。引申为管理。

辖 originally referred to linchpin; by extension, it came to mean manage, control, govern. 車（车）depicts a cart, refers to the iron rod; 害 means damage, i.e. the rod going through the cart axle and also the action of inserting sth through the axle and damaging it. 轄 has been simplified to 辖.

管理 manage; control; govern：管～ manage; control; govern | 统～ manage; control; govern | 直～市 directly governed city region

xiá

霞

形声字。雨表意，像天下雨，表示与天象有关；瑕（xiá）表声，瑕是带赤色的玉，表示霞彩如瑕。本义是早晚的彩云。

霞 means morning or evening clouds. It consists of the semantic element 雨, raining, i.e. the character's association to astronomical phenomena; and 瑕（xiá）, which is phonetic and refers to jade that is slightly tinted red, i.e. the clouds are as beautiful as the jade.

在日出或日落前后天空中出现的彩色的云 colored clouds that appear around sunrise and sunset：朝～ morning cloud | 晚～ evening cloud | 彩～ colored cloud

X

xià 下

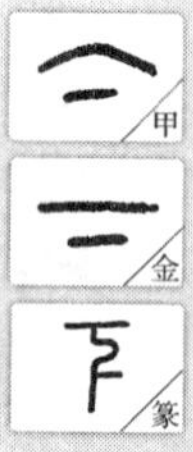

指事字。甲、金文短横在长横之下，表示下面。篆、楷书长横下加竖画。本义是处在下面。

下 means bottom, below. In bone and bronze inscriptions, a shorter horizontal stroke is drawn below a longer one, i.e. bottom, below. In seal and regular scripts, a vertical stroke is written below the longer horizontal stroke.

① 位置在低处 bottom; below：树～ under the tree ② 等级、质量低的；次序在后的 inferior; after：～等 inferior | ～午 afternoon ③ 某种动作 describes certain actions：～楼 go downstairs | ～棋 play a game of chess ④ 表示动作的继续、完成、趋向 a series of actions：坐～ sit down | 说～去 continue what has been said ⑤ 某些动物生产 reproduce：鸡～蛋 a hen lying eggs ⑥ 量词 measure word：拍两～ two beats, claps

xià 夏

会意字。金文像人、两手、两足，以人赤足露臂表示夏天。篆书省去一只脚。楷书上面像人，代表人体，下面像脚（夂），表示人光脚的季节是夏季。本义是夏季。

夏 means summer. In bronze inscriptions, it shows a man, two hands and two feet, i.e. a barefooted man exposing his arms, denoting summer. In seal script, a foot is omitted. In regular script, the top radical resembles a man, i.e. body; the bottom radical resembles feet（夂）, i.e. people go barefooted in summertime.

① 夏季 summer：初～ beginning of summer | 酷～ hot summer days ② 朝代名，相传由禹建立 the Xia Dynasty, founded by Yu ③ 指中国 China：华～ China ④ 姓 a family name

xiān 仙（僊）

会意字。“亻”像人，“䙴”义同遷（迁），表示人离开尘世成仙。简体字从亻、山，表示人入山修行成仙。本义是仙人。

仙 means deity, immortal. It consists of 亻, man, and 䙴, which means 遷（迁）(move from a place to another), i.e. sb left the mundane world to become an immortal. In simplified form, radicals 亻and 山 (mountain) depict sb going into the mountains to attain immortalhood through cultivation.

神话中长生不老、神通广大的人 deity; immortal：神～ deity | ～女 fairy | ～境 immortal world

xiān 先

会意字。像脚在人上，表示走在人前面。本义是走在前面。引申为时间、秩序在前的。

先 originally meant sb walking in front and by extension, early, before, prior. It depicts a foot on a man, i.e. walking in front.

① 时间或次序在前的 early; before; prior; in front：预～ beforehand; in advance | 首～ firstly | ～睹为快 consider it a pleasure to have a preview of sth ② 祖先；对死者的尊称 ancestors, a respectful address for the dead：～父 my late father | ～烈 martyr | ～贤 sages of the past

X

xiān/qiān

纤

（纖）

形声字。糸（纟）表意，像丝，表示像丝般细小；韱（xiān）表声，韱指野韭菜，其叶多而细。简体字纟、千，千有多义，细小之物往往量多。本义是细小。

纤 means thin and fine. It consists of 糸（纟）, silk, i.e. as thin and fine as silk; and 韱（xiān）, which is phonetic and refers to wild chives with many fine leaves. In simplified form, there are radicals 纟 and 千. The latter denotes many, i.e. fine objects usually come in large quantity.

❶ xiān 细小；细微 thin and fine：～细 thin and fine | ～维 fiber ❷ qiān 拉船前进的粗绳 thick rope for towing a boat：～夫 boat tracker | 拉～ tow a boat

xiān

掀

会意字。“扌”像手，表示用手揭开、举起；“欣”有高兴义，高兴之情会显露出来，掀亦有显露意。本义是向上揭开。

掀 means lift (sth) to unravel, reveal. The character consists of 扌, hand, i.e. using the hand to lift sth up; and 欣, which denotes happy, joyful. When one is happy, one shows it, i.e. reveal, expose.

① 揭开；打开 lift up; open：～锅盖 open the lid of the (pot, saucepan etc) | ～门帘 lift the door curtains ② 翻腾；激起 agitate; stir up：～起高潮 bring about a climax

xiān

锨

（鍁）

形声字。金（钅）表意，像箭头、斧头和矿石，表示金属制成的工具；掀（xiān）表声，表示锨是掀起泥土或其他东西的工具。鍁简化为锨。锨是像锹一样的工具。

锨 means shovel. It is composed of 金（钅）, metal, i.e. a tool made of metals; and 掀（xiān）(dig up), which is phonetic, i.e. a shovel is used for shoving. 鍁 has been simplified to 锨.

挖土、铲东西的工具 shovel：铁～ iron shovel

xiān/xiǎn

鲜

（鮮）

会意字。“魚”（鱼）像鱼，表示新鲜的鱼；“羊”像羊，羊肉味美，表示新鲜的鱼味美。鮮简化为鲜。本义是新鲜的鱼。引申为新鲜。

鲜 originally referred to fresh fish and by extension, fresh in general. It consists of 魚（鱼）, fish, i.e. fresh fish; and 羊, goat, referring to delicious meat, i.e. fresh fish are just as delicious. 鮮 has been simplified to 鲜.

❶ xiān ① 新鲜 fresh：～鱼 fresh fish | ～花 fresh flower ② 色彩明亮 bright color：～艳 loud, bright color | ～红 bright red ③ 滋味好 delicious：～美 fresh and delicious | 汤很～。The soup is delicious. ④ 鲜美的食物 fresh, seasonal food：时～ seasonal food (fruits, vegetables, seafood etc) | 海～ seafood ❷ xiǎn 少 rare; scarce; seldom：～见 rarity; scarcity; seldom seem | ～有 rarity; scarcity

X

xián

闲

（閑）

会意字。“門”（门）像门，“木”像树木，表示用树木制成的门栅栏。閑简化为闲。本义是门栅栏。引申为没有事做。

闲 originally referred to wooden fence; by extension, it came to mean idle, free. It is composed of 門（门）, door, and 木, tree, i.e. wooden fence. 閑 has been simplified to 闲.

① 没有事做；有空 have time on hands; idle; free：空～ have time on hands; free｜农～ slack farming season ② 放着不用 leave sth unused：～置 leave unused; lie idle｜～钱 spare cash ③ 与正事无关的 peripheral; not related to serious business：～谈 chitchat｜～事 issue not related to serious business; business that does not concern oneself

xián

贤

（賢）

会意字。“貝”（贝）像贝壳，古代曾用作货币，“臤”像眼睛（臣）和手（又），有能干意，表示能干者财多。賢简化为贤。本义指多财。引申为有德有才。

贤 originally meant wealthy; by extension, it came to mean morally upright and talented. It consists of 貝（贝）, seashell, formally used as currency; and 臤, which depicts an eye（臣）and a hand（又）, denoting talented and skillful, i.e. talented and morally upright people become rich. 賢 has been simplified to 贤.

① 有德有才 morally upright and talented：～能 morally upright and talented｜～明 morally upright, talented and wise ② 德才兼备的人 sage：先～ past sages｜任人唯～ meritocratic ③ 敬辞 formal and polite usage：～弟 one's younger brother or sb younger than oneself｜～侄 one's nephew or the son of one's friend

xián

弦

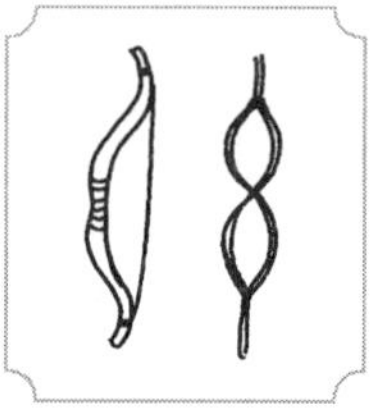

会意字。“弓”本像弓，“玄”像丝绳，表示弓上发箭的线绳。本义是弓弦。

弦 means bowstring. The character is composed of 弓, bow, and 玄, silk thread, i.e. bowstring.

① 弓上发箭的线绳 bowstring：弓～ string of a bow｜箭在～上 the point of no return ② 半圆的月亮 crescent moon ③ 乐器上发声的细丝 chords of musical instruments：琴～ musical chords of qin｜～乐 string ensemble ④ 发条 spring：表～断了。The spring of the watch is broken. ⑤ 连接圆周上任意两点的线段 chord

xián

咸

（②鹹）

会意字。“戌”像长柄大斧，“口”像张开的口，代表人口，表示灭绝人口。本义是灭绝。常用义是全、都。鹹今简化为咸。

咸 originally meant exterminate; later, it came to mean entire, all, whole. It consists of 戌, a long handle axe, and 口, mouth, representing human population, i.e. exterminate the human population. 鹹 has been simplified to 咸.

① 全；都 entire; all; whole：老少～宜 popular with both the old and young ② 盐的味道，含盐过多 salty：～菜 pickles｜～鱼 salted fish｜菜太～。This dish is too salty.

X

xián

涎

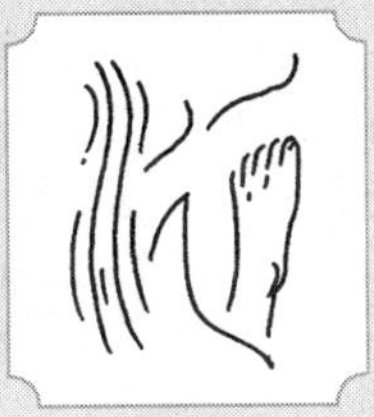

会意字。“氵”古文字像水流、楷书像一串水珠，表示口水；“延”有延伸义，表示因嘴馋等原因，口水会从口中延伸出来。本义是口水。

涎 means saliva. In classical form, 氵 depicts flowing water and in regular script, a string of water droplets, i.e. saliva; 延 denotes extend, i.e. a person drools when he is hungry or yearning for food.

口水 saliva：垂～三尺 salivate, drool due to the presence of nice food｜口角流～ salivate; drool

xián

衔

（銜）

会意字。“金”（钅）像箭头、斧头和矿石，“行”像十字路口，表示横在马的口中用来控制马行止的金属棒。銜简化为衔。本义是马嚼子。引申为用嘴叼。

銜 originally referred to the bit of a bridle; by extension, it came to mean hold in the mouth. It is composed of 金（钅）, metal, and 行, a crossroad junction, i.e. the bit that controls where the horse goes. 銜 has been simplified to 衔.

① 用嘴叼 hold in the mouth：～烟斗 hold the pipe in the mouth｜燕子～泥。A swallow carrying bites of earth in its mouth. ② 心里怀有 bear; harbor：～恨 bear a grudge; harbor hatred｜～冤 feel unjustified; wronged ③ 职位或级别的称号 rank; title：军～ military rank｜职～ rank; title

xián

舷

形声字。舟表意，像船，表示船身两侧；玄（xuán）表声，玄有不可靠义，表示船舷外侧是危险的水面。本义是船身两侧。

舷 means sides of a boat. It consists of 舟, boat, as semantic, i.e. sides of the boat; and 玄（xuán）as phonetic, which means unreliable, i.e. a boat surrounded by dangerous waters.

船和飞机的两侧 sides of a boat, ship, an aircraft etc：左～ left side｜右～ right side｜～梯 gangway ladder; ramp

xián

嫌

会意字。“女”像女子，表示女人疑心重；“兼”像手握二禾，有加倍义，表示起了疑心后怀疑会不断增加。本义是嫌疑。

嫌 means suspicion, doubt. It consists of 女, woman, i.e. women get suspicious easily; and 兼, which depicts a hand holding two grain stalks and denotes multiples, i.e. increasing suspicion, doubt and mistrust.

① 可疑；猜疑 suspicious; suspect：涉～ be suspected of being involved｜避～ avoid arousing suspicion; avoid causing rumor etc ② 怨恨 hatred：捐弃前～ bury old grudges ③ 厌恶 distaste; hate：～弃 distaste; snub; cold-shoulder｜讨～ be irritating; cause irritation ④ 不满意 does not meet expectation; unsatisfied：～少 find sth too little｜～他懒 find him too lazy xiǎn

显

(顯)

会意字。“頁”（页）像夸大了头部的人，表示头部的装饰品；“㬎”像丝在日下，有明显义，表示头饰显眼。简体字日、业，以事业如日表示明显。本义是头饰。引申为明显。

显 originally referred to hair accessories and by extension, obvious, apparent. 頁（页）depicts sb with an enlarged head, i.e. hair accessories; 㬎 depicts silk placed under the sun, denotes obvious, apparent, i.e. hair accessories are attention seeking. In simplified form, there are radicals 日 (sun) and 业 (career) i.e. one advancing in his career like the sun rising in the sky to denote obvious, apparent.

① 明显 obvious; apparent：～著 obvious; apparent ② 露出；表现 reveal; show; demonstrate：～露 reveal; show｜～示 display; show ③ 有权势、有声望的 distinguished; illustrious：～贵 the illustrious; distinguished｜～赫 illustrious; distinguished

xiǎn

险

(險)

会意字。“阝”像山坡，表示山区地势险恶；“僉”（佥）有众口同声义，表示险处众口称险。險简化为险。本义是地势险恶。

险 means perilous location. It consists of 阝, mountain slopes, i.e. perilous mountainous areas; and 僉（佥）, which means unanimous opinion, i.e. an unanimously perilous location. 險 has been simplified to 险.

① 地势险恶的地方 perilous location：～阻 perilous road｜天～ natural barrier ② 不安全 dangerous：危～ dangerous｜冒～ take the risk ③ 狠毒 evil; sinister; vicious：阴～ evil; sinister; vicious｜人心～恶 men are evil, sinister, vicious ④ 几乎；差一点 nearly：～遭不幸 a narrow escape

xiǎn/xǐ

铣

(銑)

形声字。金(钅)表意，像箭头、斧头和矿石；先（xiān）表声，先有居前义，表示铣是有光泽的金属。銑简化为铣。本义是有光泽的金属。

铣 means cast iron. The character is composed of 金（钅）, metal, and 先（xiān）, which is phonetic and denotes ranked among the first, i.e. cast iron. 銑 has been simplified to 铣.

㊀ xiǎn 铸铁；生铁 cast iron：～铁 cast iron

㊁ xǐ 用铣床切削金属 mill metals：～刀 miller

xiàn

县

(縣)

会意字。金文像木杆上悬挂着人头，表示悬首示众。篆、楷书像线绳和颠倒的头颅，表示用绳子倒挂人头。縣简化为县。本义是悬挂，此义现写作悬。

县 originally meant hang, suspend, which is written as 悬 now. In bronze inscriptions, it depicts a head suspended on a wooden pole, i.e. hang the head up for all to see. In seal and regular scripts, the characters resemble strings and ropes, as well as an inverted head, i.e. suspending a head in an inverted way. 縣 has been simplified to 县.

行政区划单位，由省、地区、自治州、直辖市领导 county：～城 county town｜～长 county magistrate xiàn

现

（現）

会意字。“王”（玉）像一串玉，“見”（见）指看见，表示玉光泽明显可见。現简化为现。本义是玉的光泽。引申为显露。

现 originally meant the luster of jade; by extension, it came to mean show, exhibit. 王（玉）depicts a string of jade and 見（见）means visible, i.e. the brilliance of the jade is obvious. 現 has been simplified to 现.

① 显露 show; exhibit：显～ show; exhibit｜展～ exhibit; display ② 目前；眼前的 current; now：～在 currently; now｜～状 current situation ③ 当场；临时 on-the-spot：～做～卖 freshly baked, made, cooked etc ④ 当时能拿出的 on hand：～金 cash｜～货 merchandise on hand

xiàn

限

会意字。“阝”像一座座土山，“艮”像人回头看，表示因阻隔而掉转头。本义是阻隔。引申为限度。

限 originally referred to barrier, impediment, obstacle; by extension, it came to mean limit. It consists of 阝, hills and 艮, which depicts a man looking backward, i.e. a man meets with obstacles caused by the hills and changes his route.

指定的范围，不能超越 limit：界～ boundary｜期～ deadline｜～度 limit

xiàn

线

（綫）

会意字。“糸”（纟）像丝线，“戔”（戋）有小意，表示线细小。綫简化为线。本义是线缕。

线 means thread, string. The character is composed of 糸（纟）, silk thread, and 戔（戋）, which denotes small, i.e. fine threads. 綫 has been simplified to 线.

① 用丝、棉、麻等纺成的细长物 thread; string：丝～ silk thread｜棉～ cotton thread ② 像线的东西 thread-like object：电～ electrical wire, cable｜光～ light; ray ③ 交通路线 transportation route：航～ sea or air route ④ 边际 boundary; limit：界～ boundary; limit｜前～ frontline ⑤ 比喻细微 small; tiny：一～希望 a ray of hope

xiàn

宪

（憲）

会意字。金文“目”像眼睛，“害”（省口）像房子和刻痕，表示敏锐觉察并避开危害。篆、楷书加“心”，表示心能直接感受到危害而敏捷地离开。简体字“宀”代表家，“先”指在前，表示敏捷者先人一步；先（xiān）兼表声。本义为敏捷。

宪 originally meant agile. In bronze inscriptions, 目 depicts eye and 害（of which the radical 口 has been omitted）depicts a house and scars, i.e. careful observation allows one to avoid danger. In seal and regular scripts, radical 心 is added, i.e. the heart can sense danger allowing one to avoid it quickly. In simplified form, 宀 depicts a house; 先（xiān）is phonetic and means in front, i.e. that people who are agile walk in front.

① 法令 law and order ② 宪法 constitution; charter：立～ legislate｜～章 decrees; institutions; charter

X

xiàn 陷

会意字。甲骨文像人掉入陷阱。金文添加尖桩和绳索。篆、楷书“阝”像道道山坡，表示陷阱大多设于山地野外；“臽”像人掉入陷阱。本义是掉入。

陷 means fall, drop into. In bone inscriptions, it depicts a man falling into a trap. In bronze inscriptions, radicals representing a pointed stake and lasso are added. In seal and regular scripts, 阝 shows mountain slopes, i.e. traps are usually set up in mountains and the wild; and 臽 depicts a man falling into a trap.

① 掉进去 fall; drop into：身～囹圄 be thrown into prison ② 凹进 dent; sink：两眼深～deep sunken eyes ③ 谋害 set sb up; frame sb：～害 set sb up; frame sb | 诬～ set sb up; frame sb; incriminate ④ 被占领；攻破 be conquered：沦～ fall into the hands (of the enemy); be conquered | 冲锋～阵 charge the enemy lines ⑤ 缺点 defect; negative point; deficiency：缺～ defect; negative point; deficiency

xiàn 馅（餡）

会意字。“食”（饣）像食器、简体像张口伸舌，“臽”像人掉入陷阱，表示放入点心、面食内的馅料，臽（xiàn）兼表声。餡简化为馅。本义是馅料。

馅 means filling (for pies, buns etc). 食（饣）depicts a food container, and in simplified form, sb sticking out his tongue; 臽（xiàn）is phonetic and depicts sb falling into a trap, i.e. stuffing filling into pies, buns etc. 餡 has been simplified to 馅.

包在食品里的肉、菜、糖等东西 filling (for pies, buns etc)：肉～ meat filling | 饺子～ dumpling filling

xiàn 羡

会意字。篆书“羊”像羊，“次”像人张大口，流出一长串口水，表示羊肉味美令人贪羡，次（xián）兼表声。楷书羊、次，表示次等的美食都尝不到故羡慕。本义是希望得到。

羡 means desire. In seal script, it consists of 羊, goat, and 次（xián）, which is phonetic and resembles sb opening his mouth and drooling, i.e. salivating at the sight of delicious meat. In regular script, radicals 羊 and 次 (inferior) suggest one does not have the chance to taste good food, even those of inferior grade, and thus becomes covetous.

因喜爱而希望得到 desire：～慕 envy | 艳～ admire immensely

xiàn 献（獻）

会意字。甲骨文“鬲”、金篆楷“鬳”皆指炊具，“犬”像狗，表示祭神的食物。简体字犬、南，南像钟，表示向神献祭品时必奏乐。本义是祭品。引申指恭敬地送上。

献 originally meant offerings; by extension, it came to mean present, offer with respect. 鬲 in bone inscriptions, 鬳 in bronze inscriptions, seal and regular scripts, all refer to a type of cooking utensil; 犬 depicts a dog, i.e. offering to the gods. In simplified form, there are radicals 犬 and 南. The latter resembles a bell, i.e. musical performance was a necessity during sacrificial rites.

① 恭敬地送上 present; offer with respect：～花 present flowers | ～礼 present a gift ② 表现给人看 perform; show：～艺 give a performance | ～媚 ingratiate oneself with sb

X

xiàn

腺

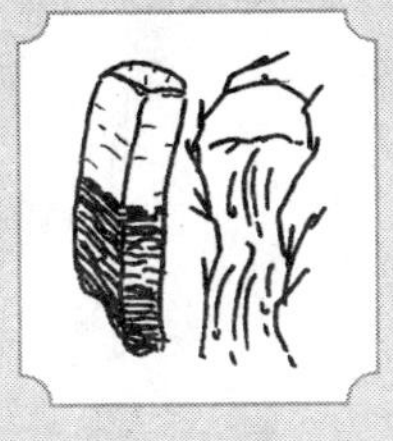

会意字。“月”（肉）像肉，“泉”像泉眼中流出泉水，表示腺能分泌出液体。本义是动物体内有分泌功能的器官。

腺 refers to gland. It consists of **月（肉）**, flesh, and **泉**, spring water gushing out from the eye of a spring, i.e. glands are capable of secretion.

生物体内有分泌功能的组织 gland：汗～ sweat gland | 泪～ lachrymal gland | 乳～ mammary gland

xiāng

乡

（鄉）

会意字—象形字。甲、金文像两人面向食器进食。篆书中间像食器，两侧像人和住地，表示乡人共食。楷书像曲径、食器、山地，表示大家同食的氏族多在偏远山区。简体字像曲径，表示偏远的乡村。本义是相对饮食。引申为农村。

乡 originally meant two men eating while facing each other; by extension, it came to mean village. In bone and bronze inscriptions, the characters show two men eating while facing a food container. In seal script, the middle part depicts a food container while the sides resemble a man and place of residence, i.e. fellow villagers eating together. In regular script, the character depicts a meandering road, food container and mountainous areas, i.e. most tribes, clans live in remote mountainous areas. The simplified form shows a meandering road, i.e. remote villages.

① 农村 village：～村 village ② 家乡 hometown：～亲 fellow villager; townsman ③区或县以下的行政单位 administrative unit-village：～长 village chief

xiāng

香

会意字。篆书像谷类植物掉下颗粒，口中有美味食物，表示谷物的香气。楷书“禾”像谷类植物，“日”像太阳，表示成熟的禾谷发出香味。本义指谷类熟后的香味，泛指芳香。

香 originally referred to the fragrance exuded by matured grains; later, it came to mean fragrance in general. In seal script, it depicts grains falling off from plants as well as sb with nice food in his mouth, i.e. the fragrance from grains. In regular script, **禾** depicts grain plants and **日** shows the sun, i.e. matured grains exude fragrance.

① 芬芳 fragrance; fragrant：花～ fragrance from flowers ② 吃睡得好 eat well and sleep well：饭吃得～ nice meal | 觉睡得～ nice sleep ③ 有香味的东西 fragrant object：～肠 sausage ④ 受欢迎 popular; well-liked：吃～ well-liked; well-received

xiāng

厢

会意字。“广、厂”像房屋，“相”有相对义，表示正房前面左右相对的厢房，相（xiāng）兼表声。本义是厢房。

厢 originally refers to wing-room. **广** and **厂** depicts a house; **相（xiāng）** is phonetic and means opposite, i.e. the wings facing each other located on either sides of a main chamber.

① 正房前面两侧的房屋 wing：东～房 east wing | 西～房 west wing ② 类似房子隔间的地方 wing-room; box; compartment：包～ box (in a theatre, concert hall) | 车～ carriage ③ 靠近城市的地段 the areas just outside the city：城～ the areas just outside the city ④ 方面 side; party (related to man)：两～情愿 both are willingly parties

X

相 711页

xiāng

湘

形声字。氵表意，像水流、水珠，表示湘江；相（xiāng）表声。本义是湘江。

湘 refers to Xiangjiang, a river in Hunan Province. The character is composed of 氵, water flow, as semantic, i.e. Xiangjiang; and **相**（xiāng）as phonetic.

① 湘江，水名，发源于广西，流入湖南的洞庭湖 Xiangjiang, a river in Hunan Province. ② 湖南省的别称 another name for Hunan Province：～剧 Hunan opera｜～绣 Hunan embroidery

xiāng

箱

形声字。竹表意，像竹叶，表示车厢内铺竹席；相（xiāng）表声，相是厢的省文，表示车厢似厢房。本义是车厢。引申为箱子。

箱 originally referred to a carriage and by extension, box, carton, cart. **竹**, bamboo leaves, is semantic, i.e. bamboo mats are spread in carriages; **相**（xiāng）is phonetic and is the simplified form of **厢**, i.e. a carriage resembles a wing.

① 箱子，收藏衣物的长方形器具 box; carton; cart：皮～ leather box｜木～ wooden box, cart｜翻～倒柜 ransack; rummage ② 像箱子的东西 box-like object：冰～ refrigerator｜信～ mailbox｜保险～ safe

xiāng

镶

（鑲）

形声字。金（钅）表意，像箭头、斧头和矿石，表示金属铸器的内模；襄（xiāng）表声。鑲简化为镶。本义是铸器的内模。引申为镶嵌。

镶 originally referred to a casting mould; by extension, it came to mean frame, inlay. It consists of **金**（钅）, metal, as semantic, i.e. a metal casting mould; and **襄**（xiāng）as phonetic. **鑲** has been simplified to **镶**.

把物体嵌入别的物体或加在边缘上 mount; frame; inlay：～嵌 mount; frame; inlay｜～牙 put in a false tooth｜～边 edge; rim; border

xiáng

详

（詳）

形声字。言（讠）表意，像张口说话；羊（yáng）表声，羊通祥、详，表示详是说话周密、完备。詳简化为详。本义是周详。

详 means comprehensive, thorough, detailed. **言**（讠）is semantic, depicts sb talking; **羊**（yáng）is phonetic and interchangeable with **祥** and **详** (detailed), i.e. thorough, detailed conversation. **詳** has been simplified to **详**.

① 周密；完备 comprehensive; thorough; detailed：～细 comprehensive; thorough; detailed｜～尽 comprehensive; thorough; detailed ② 细细说明 thorough, detailed explanation：内～ name and address of sender enclosed ③ 清楚 clear：生卒年不～ unspecified years of birth and death xiáng

祥

会意字。“礻”像供桌上放着祭品，“羊”像羊，羊通祥，表示神所示的吉祥征兆；本义是吉祥的预兆。引申为吉利。

祥 originally referred to good omen; by extension, it came to mean lucky, auspicious. It consists of 礻, an altar with offerings, and 羊, goat. The latter is interchangeable with 祥 (lucky), i.e. the good omens that the gods show to the people.

吉利 lucky; auspicious; good omen：～瑞 auspicious; good omen | 吉～ lucky; auspicious | 龙凤呈～ auspiciousness; good omen

xiáng

翔

形声字。羽表意，像鸟羽，表示鸟展翅飞翔；羊（yáng）表声，羊的角弯转，表示翔是鸟盘旋地飞。本义是转着圈儿飞。

翔 means circle (in the air). It consists of 羽, bird feathers, i.e. birds are flying, and 羊（yáng）, which is phonetic. Goat horns are curved, i.e. birds circling in the air.

转着圈儿飞 circle：飞～ fly | 滑～ glide (in the air) | 翱～ soar

xiǎng

享

象形字。古文字像祖庙，表示用食物供奉祖神。楷书“高”省冋，表示祖先高高在上；“子”指子女，表示子女用食物供奉祖神。本义是用食物供奉祖神。引申为受用。

享 originally meant people giving offerings to their ancestors; by extension, it came to mean receive and enjoy. In classical form, it depicts an ancestral shrine, i.e. giving offering to ancestors. In regular script, 高 withuot 冋 signifies ancestors are of higher status; 子 refers to descendents, i.e. the descendents give offering to their ancestors.

受用 receive and enjoy：～受 enjoy | ～福 enjoy good, happy life | ～乐 lead a life of pleasure

xiǎng

响

（響）

形声字。音表意，像张口发出声音；鄉（乡 xiāng）表声，乡是游子欲回返之地，表示响是回声。简体字口表意，向（xiàng）表声，兼表响是向着口的方向传回的声音。本义是回声。

响 originally meant echo. 音 is semantic, depicts sb making sound from the mouth; 鄉（乡 xiāng）is phonetic and refers to one's hometown where one will always want to return, i.e. echo (reflection of sound). In simplified form, 口 (mouth) is semantic and 向（xiàng）is phonetic, referring to an echo.

① 回声 echo：回～ reply; response | ～应 answer; reply; response ② 声音；发出声音 sound; produce sound：声～ sound; noise ③ 声音大 loud：～亮 loud and clear

X

xiǎng 想

形声字。心表意，像心脏，表示心有所思；相（xiāng）表声，相本指眼睛注视物体，表示想是心思考问题。本义是思索。

想 means think, ponder. It consists of 心, heart, i.e. think, reflect, ponder; and 相（xiāng）, which is phonetic and describes fixing one's gaze on an object, i.e. think deeply from the heart.

① 思索 think; reflect; ponder：～办法 think of a solution | ～方设法 try all ways and means ② 推测；认为 deduce; think; feel：猜～ guess ③ 希望；打算 hope; plan：理～ ambition; dream | ～出国 plan to go overseas ④ 怀念；思念 think of (sb, sth); miss：～念 think of; miss | 怀～ think about sb; sth with affection

xiàng 向（①②④嚮）

象形字—形声字。甲金篆简像房子的窗户。楷书向表意，鄉（xiāng）表声。本义是朝北的窗户。引申为朝着。

向 originally referred to the window that faces the north; by extension, it came to mean face towards (a certain direction). Bone, bronze inscriptions, seal script and the simplified form all depict the window of a house. In regular script, 向 is semantic and 鄉（xiāng）is phonetic.

① 朝着 face toward：～阳 face the sun | ～前 face the front | 面～ face toward ② 方向；目标 direction; goal：风～ direction of the wind | 志～ ambition; dream; goal | 转～ change direction ③ 偏袒 take side; biased：偏～ deviation; biased | ～着外人 help outsiders rather than one's family ④ 从来 all the while; all along; always：～来 all the while; all along; always | 一～如此 have always been as such; never changes ⑤ 姓 a family name

xiàng 项（項）

会意字。“頁”（页）像夸大了头部的人，表示与头相连的颈；“工”像上下相连，表示颈项连接头部和躯体。項简化为项。本义是颈的后部。

项 meant the back of the neck. It consists of 頁（页）, sb with an enlarged head, i.e. neck; and 工, which signifies the top and bottom parts of sth being connected, i.e. the neck connects the head and the torso. 項 has been simplified to 项.

① 颈的后部；泛指头颈 the back of the neck or the neck：颈～ neck | ～链 necklace ② 事物的种类或条目 item, issue, type etc：事～ issue | ～目 item; issue ③ 款项；经费 fund; money ④ 量词 measure word：一～任务 a duty ⑤ 姓 a family name

xiàng 巷

会意字。篆书“邑”像居住地和人，“共”像两手举物，有共同义，表示城里人共同使用的小街。楷书“共”指共同，“巳”像胎儿，表示人们共同使用的小街。本义是小街、胡同。

巷 means alley. In seal script, 邑 depicts a place of residence and a man; 共 shows lifting sth up with both hands, denotes common, i.e. a common alley used by all. In regular script, 共 means common and 巳 resembles a fetus, i.e. a common alley used by all.

狭窄的街道 alley; narrow lane：～战 street fighting | 大街小～ all roads and lanes, everywhere

xiàng/xiāng 相

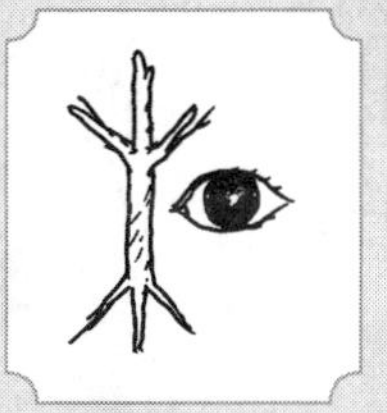

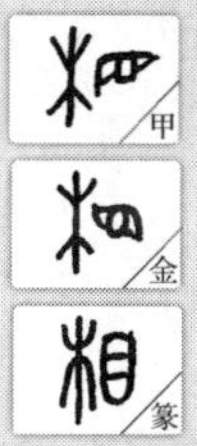

会意字。“木”像树，“目”像眼睛，表示眼睛察看物体。本指察看。

相 means observe. It consists of **木**, tree, and **目**, eye, i.e. using the eye to observe.

⊖ **xiàng** ① 察看 observe：～机行事 act as the situation demands ② 容貌；模样 look; appearance：～貌 look; appearance｜坐～ the way one sits ③ 官名 official title：首～ Prime Minister ⊜ **xiāng** ① 亲自看 see with one's own eyes：～亲 arranged dating (with the aim of seeking a marriage partner) ② 双方交互 mutual; each other：～互 mutual; each other｜～关 related; associated ③ 一方对另一方的动作 action done by one towards another：好言～劝 advice sb in a tactful manner ④ 表示比较 compare：～比 compare; comparison｜～等 same; equal

xiàng 象

象形字。像大象。本义是大象。

象 means elephant. The character depicts an elephant.

① 陆上最大的哺乳动物，耳大，鼻长能伸卷，一对长大的门牙伸出口外，产在热带 elephant：大～ elephant｜～牙 tusk; ivory ② 事物的形状、状态 state; condition; situation：形～ image｜印～ impression｜现～ phenomenon ③ 摹拟 resemblance：～形 pictograph｜～声 onomatopoeia

xiàng 像

会意字。“亻”像人，“象”有相似义，表示照人物做成的图形与真人相似，象（xiàng）兼表声。本义是照人物原样制成的形象。

像 means object that is made according to one's look. It consists of **亻**, man, and **象** (xiàng), which is phonetic and denotes resemblance, i.e. a portrait of a man.

① 照人物原样制成的形象 object that is made according to one's look：肖～ portrait｜雕～ sculpture ② 相似 resemble：～他一样 (look, act, behave etc) like him｜画得真～。The drawing looks real. ③ 似乎 maybe; might; almost：好～ maybe; might｜～要下雨。It looks like it's going to rain.

xiàng 橡

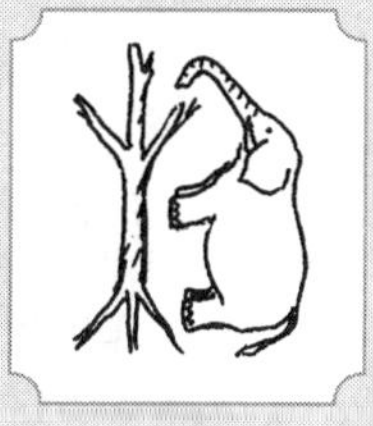

形声字。木表意，像树，表示橡树；象（xiàng）表声，象指大象，表示橡树较高大。本义是橡树。

橡 means oak. It consists of **木**, tree, i.e. oak; and **象** (xiàng), which is phonetic and refers to an elephant, i.e. oaks are big and tall.

① 橡树，落叶乔木，果实叫橡子 oak ② 橡胶树，常绿乔木，树干有乳状胶汁，可制橡胶 rubber tree

X

xiāo

逍

形声字。辶（辵）表意，像路和脚，表示与行走或行动有关；肖（xiāo）表声，肖是霄的省文，表示如云霄般自由自在。本义是自由自在，无拘无束。

逍 means free, unconstrained. It consists of a semantic component, 辶（辵）, a path and a foot, which denotes walking or a movement, and a phonetic component, 肖（xiāo）, the simplified form of 霄 (the skies), i.e. as carefree as clouds in the sky.

［逍遥］没有什么约束，自由自在 free; unconstrained：～自在 leisurely and carefree; at liberty to enjoy oneself

xiāo

消

形声字。氵表意，像水流、水珠，表示冰雪融化为水；肖（xiāo）表声，肖通消，有消融义。本义是冰雪融化。泛指消散。

消 originally meant melt, and later scatter, dissipate in general. It consists of 氵, water, i.e. ice melts to become water; and 肖（xiāo）, which is phonetic and interchangeable with 消 (disappear), i.e. melt.

① 溶化；散失 melt; scatter; dissipate：～融 melt｜～失 disappear ② 去掉；灭掉 exterminate; get rid of：取～ cancel｜～灭 destroy; exterminate ③ 度过；消遣 while away the time：～闲 while away the time｜～夏 spend the summer holidays｜～夜 midnight snack ④ 耗费；花费 expense; expenditure：～耗 use; exhaust｜～费 expense; expenditure ⑤ 需要 need：不～ not necessary｜只～ the only need

xiāo/xuē

削

形声字。刂表意，像刀，表示用刀斜着切除；肖（xiāo）表声，肖是相似，表示用刀削出的形状与心中所需要的形状相似。本义是用刀斜着切除。

削 means pare, sharpen, scrape, whittle. It consists of 刂, knife, i.e. pare, sharpen, scrape; and 肖（xiāo）, which is phonetic and means resemble, i.e. the shape produced by paring, sharpening etc resembles that of what one thinks.

㊀ xiāo 用刀斜着切去物体的表层 pare; sharpen; scrape; whittle：～皮 scrape off the skin｜～铅笔 sharpen a pencil ㊁ xuē 义同一，专用于合成词 same meaning as 'xiāo', used as part of a compound word：～减 reduce; slash｜～弱 weaken; cripple｜剥～ exploit

xiāo

宵

形声字。宀表意，像房屋，入夜后人多在屋内，表示夜晚；肖（xiāo）表声，肖有相似义，表示到了夜晚，大家都在屋内，以及深夜屋内屋外同样幽暗。本义是夜晚。

宵 means night. 宀, house, is semantic, i.e. people usually stay at home in the night; 肖（xiāo）is phonetic and means resemblance, i.e. when the night arrives, people usually remain at home and that it is quiet in the house and on the streets.

夜 night：～禁 curfew｜通～ throughout the night｜良～ beautiful night

X

xiāo

萧
（蕭）

会意字。“艹”（艸），像草，表示艾蒿，一种可用于灸疗的草类植物；“肅”（肃）有认真义，表示用艾蒿熏灼患处要认真，以免灼伤。蕭简化为萧。萧本指草本植物艾蒿。基本义是冷落、萧条。

萧 originally referred to Artemisia argyi. Its basic meaning is desolate, bleak, lifeless. It consists of 艹（艸）, grass, i.e. Artemisia argyi, a plant that has medicinal properties and is used in acupuncture; and 肅（肃）, which denotes serious, i.e. one has to use the plant with care to prevent being burnt. 蕭 has been simplified to 萧.

① 冷落衰败，缺少生机 desolate; bleak; lifeless：～条 bleak (economic) depression｜～瑟 bleak; desolate; soughing ② 姓 a family name

xiāo

硝

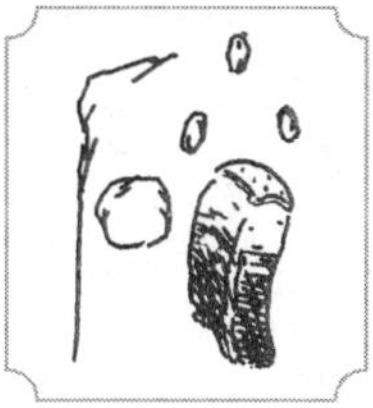

形声字。石表意，像山崖下有块石头；肖（xiāo）表声，肖有相似义，表示硝是结晶体，样子像石头。本义是硝石。

硝 means niter. The character is composed of 石, rock, and 肖（xiāo）, which is phonetic and means resemblance, i.e. niter is a crystalline substance and resembles stones.

① 某些矿物盐的泛称 niter：～石 niter｜芒～ mirabilite ② 用芒硝处理毛革，使变得柔软 taw：～皮 taw animal skin

xiāo

销
（銷）

形声字。金（钅）表意，像箭头、斧头和矿石，表示熔化金属；肖（xiāo）表声，肖通消，表示金属经熔化原形消失。銷简化为销。本义是熔化金属。

销 originally meant melt metals. The character consists of 金（钅）, metal, i.e. melting metals, and 肖（xiāo）, which is phonetic and interchangeable with 消 (disappear), i.e. metals that have been melted lose their original shapes.

① 熔化金属；烧毁 melt metal; destroy by burning：～毁 destroy by burning ② 除去；解除 remove; get rid of：～账 write off｜撤～ cancel; revoke; rescind ③ 卖出 sell：～售 sell; sales｜畅～ selling like hotcakes ④ 消费 expenditure; expenses：开～ expenditure; expenses ⑤ 销子 dowel; bolt：插～ bolt

xiāo

箫
（簫）

会意字。“竹”像竹叶，表示用竹管制成的排箫；“肅”（肃）有恭敬、谨慎义，表示箫经常用于宫廷雅乐。簫简化为箫。本义是排箫。现多指洞箫。

箫 originally referred to panpipes; now it refers to vertical bamboo flute. 竹, bamboo leaves, is semantic, i.e. bamboo panpipes; 肅（肃）means respectful, careful, i.e. panpipes are usually used in performances in the court. 簫 has been simplified to 箫.

管乐器，古指排箫，用数根竹管排在一起的，叫“排箫”；用一根竹管制成，竖着吹的，叫作“洞箫” panpipes; pan's pipes; or a vertical flute.

xiāo

嚣
（囂）

会意字。像夸大头部的人周围有四张口，表示使人头昏脑胀的喧哗、吵闹声。囂简化为嚣。本义是喧哗、吵闹。

嚣 means uproar, din, noise. The character depicts four mouths surrounding a man with an enlarged head, i.e. uproar, din, noise.

喧哗；吵闹 uproar; din; noise：喧～ noise; hustle and bustle｜叫～ clamor; outcry｜～张 arrogant; rampant

xiáo

淆

形声字。氵表意，像流水、水珠，表示水混浊；肴（yáo）表声，肴本指煮熟的鱼肉，易于嚼烂，有混杂意，水混浊也有混杂意。本义指水混浊。引申为搅乱、混杂。

淆 originally referred to murky water; by extension, it came to mean confuse, mix. The character is composed of 氵, water, i.e. murky water; and 肴（yáo）, which is phonetic and refers to cooked fish that are easy to chew (mixes easily with saliva), i.e. just as murky water which also denotes mix.

混杂；搅乱 confuse; mix：混～ confuse; mix｜～乱 confuse; befuddle

xiǎo

小

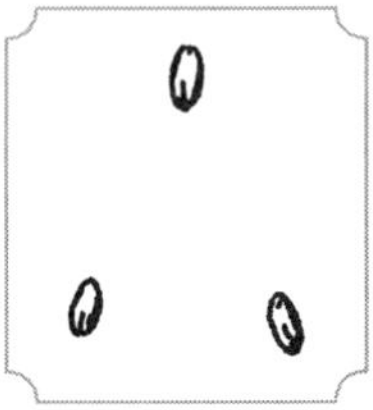

象形字。甲、金文像沙粒，表示微小。篆、楷书像把东西剖开变小。本义是微小。

小 means small, fine, tiny. In bone and bronze inscriptions, the characters depict grains of sand, i.e. tiny. In seal and regular scripts, they depict sb cutting an object into pieces.

① 跟“大”相反 small; fine; tiny：～河 small river｜～狗 puppy｜～事 unimportant matter ② 短时间 short period of time：～坐 sit, stay, visit for a while｜～住 sojourn ③ 年纪小的；排行最末的 young; youngest：～辈 junior members in a family｜～弟 little boy (used to address a young boy or one who is younger) ④ 谦词 used to refer to oneself in a humble manner：～弟 I (for male)｜～女 I (for female)

xiǎo

晓
（曉）

会意字。“日”像太阳，“堯”（尧）有高义，表示日出天亮。曉简化为晓。本义是天亮。

晓 means daybreak, dawn. 日 depicts the sun and 堯（尧）denotes high, i.e. sun rises when the day breaks. 曉 has been simplified to 晓.

① 天刚亮 daybreak; dawn：拂～ daybreak; dawn｜破～ daybreak; dawn ② 知道 know; learn of：知～ know; learn of｜家喻户～ well-known; known to everybody ③ 使人知道 make known：揭～ reveal; make known｜～以大义 teach sb the values of righteousness

xiào/
Xiāo

肖

形声字。月（肉）表意，像肉；小（xiǎo）表声，小有细微义，表示相貌相似，只有细微的差别。本义为相貌相似。引申为相像。

肖 originally meant the resemblance of people and by extension, resemble. It consists of 月（肉）, meat, and 小（xiǎo）, which is phonetic and denotes fine, small, i.e. two people look so alike that only a slight difference can be detected.

❶xiào 像；相似resemble：～像portrait｜惟妙惟～lifelike｜神情毕～look alike in terms of reaction and expression ❷ Xiāo 姓 a family name

xiào

孝

会意字。像孩子扶持老人行走，表示孝顺。本义是孝顺。

孝 means filial. The character depicts a child helping an elderly to walk, i.e. filial.

① 尊重并尽心供养父母 respectful and filial：～顺 filial｜～心 filial piety｜～敬父母 filial and respectful to one's parents ② 居丧；丧服 be in mourning; mourning apparel：守～ observe a period of mourning for one's deceased parent｜带～ be in mourning

xiào

哮

形声字。口表意，像张大的口，表示野兽怒吼；孝（xiào）表声。本义是野兽怒吼。

哮 originally signified roar (of animals). It is composed of 口, wide-opened mouth, i.e. roar; and 孝（xiào）, which is phonetic.

①吼叫 roar：咆～ roar ② 气喘 pant; asthma：～喘 asthma

xiào

笑

会意字。“竹”像竹叶，“夭”像人头弯斜，表示人笑弯了腰，发出风吹竹叶般的笑声。本义是欢笑。

笑 means laugh. The character is composed of 竹, bamboo leaves, and 夭, which depicts sb with a tilted head, i.e. sb laughing hard till his stomach aches and his body is tilted to the side, producing a series of laughter that resembles the rustling of bamboo leaves.

①面部露出喜悦的表情，发出欢乐的声音 laugh：～容 smile (expression)｜欢～ laughter｜谈～风生 talk and laugh merrily ② 讥笑 ridicule; mock; laugh at：嘲～ ridicule; mock; laugh at｜耻～ ridicule; mock; laugh at xiào

效

会意字。"攴"（攵）像手执棒或鞭，表示逼人仿效；"交"像人两腿交叉，有相互、相关义，表示仿效和被仿效两者相关。本义是摹仿。

效 originally meant imitate. **攴（攵）** depicts a hand holding a stick or whip, i.e. coerce others to imitate; **交** shows sb crossing his legs, denotes each other, relation, i.e. the relationship between the imitator and the one being imitated.

① 摹仿 imitate：～法 learn from; model oneself on | 仿～ imitate; model on | 上行下～ bad examples of superiors will be modeled on by subordinates ② 献出 submit; contribute：～劳 work for; render one's service | ～力 work for; render one's service | ～忠 submit one's loyalty ③ 功用；成果 effect; result：～果 effect; result | 功～ effect; result; use | 有～ effective; efficacious

xiào

啸

（嘯）

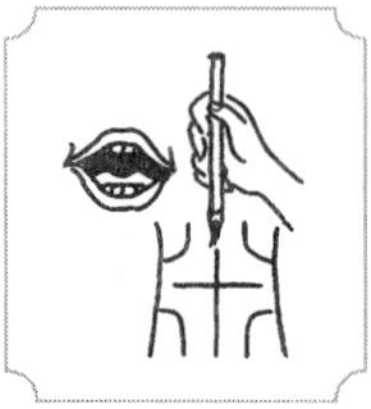

会意字。"口"像张开的口，表示口中发出啸声；"肅"（肃）表示啸声使人肃然。嘯简化为啸。本义是撮口作声。

嘯 originally signified whistle. It consists of **口**, an open mouth, i.e. whistle; and **肅（肃）**, cry of the wind, sea or certain animals, i.e. the sound that fills people with veneration. **嘯** has been simplified to **啸**.

人、动物或自然物发出长而高的声音 long shrill sound made by people, certain animals or natural phenomena：仰天长～ face the sky and roar with gustiness | 虎～猿啼 roars of tigers and screeching of apes | 北风呼～ whistling of the northern wind

xiē

些

会意字。"二"只比一大，"此"指这、这般，表示像二这般不多、一点儿。本义是少许、一点。

些 means a small amount, a little. 二 (two) is greater than 一 (one) only; **此** means this, this kind, i.e. sth is as small in quantity as "two".

① 表示不大的不定数 small estimation：一～ some | 有～ some | ～微 a little; a bit slightly ② 表示不深的程度 of smaller degree：轻～ more gentle | 快～ faster | 高～ higher

xiē

楔

会意字。"木"像树，表示插在木器榫子里的木片；"契"指契约，有相合义，表示楔插入榫中使部件相合而牢固。本义是木楔。

楔 originally referred to wooden peg. It consists of **木**, tree, i.e. wooden peg; and **契**, which signifies an agreement and denotes compatibility, i.e. a peg fastens different parts together.

① 插入木器榫子里的木片 peg：～子 peg | 木～ wooden peg ② 把楔子捶打到物体里面 to peg：～入 to peg

X

xiē 歇

会意字。“欠”古文字像人张嘴打呵欠，“曷”有止义，表示人休息。本义是休息。

歇 means rest. In classical form, 欠 depicts sb yawning and 曷 denotes cease, stop, i.e. sb resting.

① 休息 rest：～息 rest｜～一会儿再干 take a rest before continuing ② 停止 cease; stop：～工 stop work; knock off work｜～业 close down business

xiē 蝎

会意字。“虫”像虫，表示蝎子像虫；“曷”表疑问，表示人们对蝎子的样子及蜇人的后果存有疑问。蝎子是一种节肢动物。

蝎 refers to scorpion. It consists of 虫, worm, i.e. scorpions resemble worms; and 曷, which suggests suspicious, doubtful, i.e. people are suspicious of scorpions and are doubtful of the effects of being stung by them.

蝎子，节肢动物，口部两侧有一对螯，末部有毒钩，能蜇人 scorpions：蛇～心肠 vicious; villainous; wicked

xié 协（協）

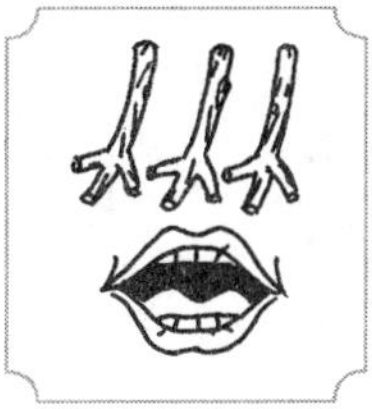

会意字。甲、金文“劦”像三把农具，“口”像张开的口，表示合力同声。篆、楷书“十”表示众多，“劦”指合力。简体字十、办，表示合作办理。本义是共同、合作。

协 originally signified common, cooperate. In bone and bronze inscriptions, 劦 depicts three farming tools and 口 looks like an open mouth, i.e. work in unison. In seal and regular scripts, 十 suggests many and 劦 denotes cooperate. In simplified form, radicals 十 and 办 (do, work) suggest working together.

① 共同；合作 common; cooperate：～力 cooperate; work together｜～商 discuss to strive for unanimity ② 帮助 help; assist：～助 help; assist｜～办 cooperate; work together

xié 邪

会意字。“阝”（邑）篆书像住地和人、楷书像山地，“牙”同衙，指古代官府，表示邪是地名。邪本义指琅邪郡。基本义是不正当、不正派。

邪 originally referred to the Langxie Prefecture. Its basic meaning is evil, heterodox. In seal script, 阝(邑) depicts a living palace and a man. In regular script, it shows a mountainous area; 牙 is interchangeable with 衙 (feudal government buildings), i.e. name of a place.

不正当；不正派 evil; heterodox：～念 evil thought, intention｜改～归正 give up vice and become virtuous｜歪门～道 heterodoxies; dishonest practices xié

胁

（脅）

形声字—会意字。月（肉）表意，像肉，表示腋下到腰上部分；劦（xié）表声，劦指同心合力，表示协同身、手共同用力的部位。简体字“月”像肉，“办”有致力义，表示协助身和臂用力的部位。本义指两臂相夹的部分。

胁 originally referred to the upper part of the side of the body. It is composed of 月（肉）, flesh, i.e. the side of the body from the armpit to the waist; and 劦（xié）, which is phonetic and means coordinate, i.e. the body part that coordinates the arms and torso to exert strength. In simplified form, 月 depicts flesh and 办 means to do one's best, i.e. the body part that coordinates the arms and torso when one exerts strength.

① 从腋下到腰上的部位 the side of the body from the armpit to the waist：两～ the two sides of the body from the armpit to the waist ② 逼迫 coerce; force：威～利诱 resort to using threats and enticements

xié

挟

（挾）

会意字。“扌”像手，“夾”（夹）像大人用手臂夹住两孩子，表示用手臂夹住。挾简化为挟。本义是用胳膊夹住。

挟 means clasp sth under one's arm. It consists of 扌, hand, and 夾（夹）, which depicts an adult keeping two children close to him, under the arms. 挾 has been simplified to 挟.

① 用胳膊等夹住 clasp sth under one's arm：夹着讲义走进课室 clasp the notes under the arm and walk into the classroom ② 威胁；逼迫 coerce; force：～制 force sb to do one's bidding｜～持 hold sb under duress｜要～ threaten; put pressure on (sb) ③ 怀着 harbor：～怨 harbor a grudge｜～嫌 harbor a grudge

xié

斜

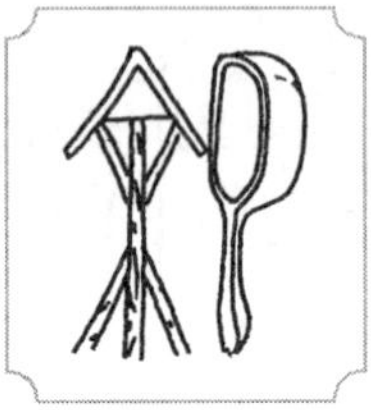

会意字。“斗”像舀酒的勺子，表示舀出；“余”指多余，表示有多余就舀出。本义是舀出。常用义是不正、倾斜。

斜 originally signified scooping or ladling sth. Its common meaning is slanted, tilted, inclined. 斗 depicts a wine ladler, i.e. to ladle and 余 means excess, i.e. ladle the excess.

不正；歪 slanted; tilted; inclined：～线 oblique line｜～坡 slope｜歪～ slanted; tilted; inclined

xié

谐

（諧）

会意字。“言”（讠）像张口说话，“皆”指全、都，表示彼此言语和谐。諧简化为谐。本义是和谐。

谐 means harmony. The character is composed of 言（讠）, speech, and 皆, which means entire, all, i.e. there is harmonious communication between everybody. 諧 has been simplified to 谐.

① 配合得好；协调 compatible; well-coordinated：和～ harmony; harmonious｜～调 compatible; good coordination; harmonious ② 说话风趣，引人发笑 humorous：诙～ humorous

X

xié

携

会意字。“扌”像手，“巂”指杜鹃鸟，以鸟会飞表示用手向上提。楷书“扌”像手，“隽”本指用弓射鸟，有向上意，表示携是向上提。本义是提。引申指携带。

携 originally meant carry, lift; by extension, it came to mean bring along with. 扌 depicts a hand, 巂 refers to a cuckoo. The idea that a bird flies is used to denote the action of lifting sth. In regular script, 扌 depicts a hand and 隽 originally meant shooting a bird with a bow and arrow, denotes an upward direction, i.e. carry, lift.

① 拉；搀 hold sb by the hand; support with hand：~手 hand in hand; join hands | ~老扶幼 help the aged and (lead) the young ② 带着 bring along with; carry with：~带 bring along with; carry with | ~款潜逃 run away with the stolen money

xié

鞋

会意字。“革”像兽皮，表示鞋子用皮革制成；“圭”像两堆土，表示鞋子与土地接触，圭指一种玉器，表示鞋底的形状似圭。本义指鞋子。

鞋 means shoe. It consists of 革, hide, i.e. shoes are made of hide; and 圭, two heaps of soil, i.e. the shoes come into contact with the ground. 圭 refers to a kind of vessel made with jade, i.e. the soles of shoes resemble the vessel.

鞋子 shoes：皮~leather shoes | 布~canvas shoes | 拖~slippers

xiě

写

（寫）

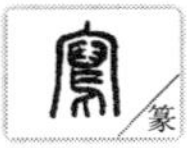

会意字。“宀”像房子，“舄”像鸟巢和鸟，以鸟飞到屋檐下的鸟巢，表示将物品移入房中。简体字“冖”像覆盖，“与”有连接意，表示在屋内一个接一个写字。本义是放置东西。基本义是写字。

写 originally meant put sth down. Its basic meaning is write. The character consists of 宀, house, and 舄, a bird's nest and bird, i.e. a bird flying to its nest built under the roof, suggesting putting sth in the house. In simplified form, 冖 depicts a cover and 与 denotes one after another, i.e. write one word after another in the house.

① 写字；作画 write; draw：抄~copy | ~生 sketch; still life painting ② 写文章 write; compose：~作 writing | 编~compose

xiè

泄

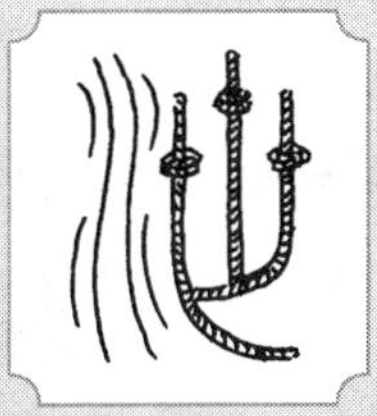

意字。“氵”像水流、水珠，“世”像三根绳各打一个结，指三十年，有延伸意，表示水往外延伸流出。本义是流出。

泄 signifies flow out. It consists of 氵, water, and 世, three ropes, each with one knot, suggesting thirty years, denotes extend, i.e. water flowing (extending).

① 排出 discharge; drain; excrete：排~discharge; drain; excrete | 水~不通 heavy congestion ② 发散 expel; vent：~愤 vent one's anger | ~恨 vent one's hatred ③ 走露；透漏秘密 reveal; expose; divulge：~密 divulge a secret | ~露机密 divulge a secrete; let the cat out of the bag

X

xiè

泻

（瀉）

形声字。氵表意，古文字像水流，楷书像水珠；寫（写 xiě）表声，写有书写义，书写的顺序是自上向下，表示泻是水自上向下急流。瀉简化为泻。本义是水向下急流。

泻 originally meant water gushing down. 氵 is semantic, depicts water flow in classical form and droplets in regular script; 寫（写 xiě）is phonetic and means writing (Chinese calligraphy). Characters are written and read from top to bottom in calligraphy, i.e. water gushes down from a high place. 瀉 has been simplified to 泻.

① 水向下急流 water gushing down：倾～ water gushing down | 一～千里 river flows forcefully ② 腹泻 diarrhea：～药 laxative | 上吐下～ vomit and diarrhea

xiè

卸

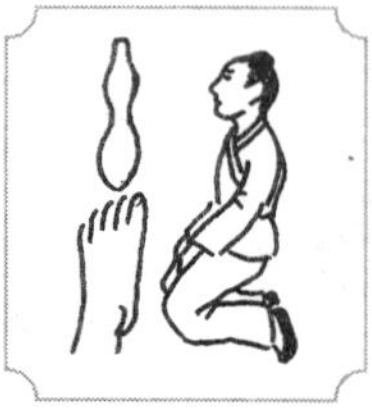

会意字。“卩”像人，“午”在十二生肖中指马，“止”像脚，表示马车到达目的地后人解马卸车。本义是停车后解去套在马身上的东西。泛指去掉、拿下来。

卸 originally signified unloading a carriage or horse cart; later, it came to mean remove, discharge, detach in general. 卩 depicts a man; 午 refers to the animal horse in Chinese zodiac; 止 depicts foot, i.e. a driver unloading a cart upon arrival at his destination.

① 去掉；拿下来 remove; discharge; detach：～货 unload (goods) | 拆～ dismantle; disassemble; dismount ② 解除；推开 remove; discharge; push away：～任 step down (from a post) | 推～责任 push the responsibility to sb else

xiè

屑

会意字。篆书“尸”像人，“㣎”指血脉搏动，表示人躁动不安。楷书“尸”像人，“肖”指相似，表示人躁动不安时的动作相似。本义是不安。基本义是碎末。

屑 originally meant uneasy. Its basic meaning is bits, crumbs, scraps. In seal script, 尸 depicts a man and 㣎 refers to pulsation, i.e. feeling of uneasiness. In regular script, 尸 resembles a man and 肖 means resemble, i.e. men have similar reactions when they feel uneasy.

① 碎末；细碎 bits; crumbs; scraps：木～ wood shavings | 纸～ scraps of paper | 琐～ trivialities ② 值得 worth：不～一顾 could not care less; be completely unconcerned

xiè

械

会意字。“木”像树，“戒”像双手持戈，有防备义，表示加在犯人手足上的木制刑具。本义是镣铐等刑具。

械 originally meant instrument of torture. The character is composed of 木, tree, and 戒, which depicts both hands holding a weapon and means defend, i.e. shackles, fetters etc.

① 武器 weapon：军～ military weapons | 枪～ firearms | 缴～ disarm; surrender one's weapons ② 器物；用具 weapons; tools：器～ equipment, tools, apparatus etc | 机～ machines | ～斗 fight between groups of people with weapons xiè

谢

（謝）

会意字。“言”（讠）像张口说话，表示辞官须讲清理由；“射”以射出的箭离弓，表示人辞离官职。謝简化为谢。本义是辞官、告退。

谢 originally signified step down from an official post, take one's leave from a formal occasion. **言**（**讠**）depicts sb talking, i.e. one has to explain clearly the reasons for quitting office; **射** depicts an arrow leaving the bow, i.e. one leaving one's post. **謝** has been simplified to **谢**.

① 推辞；拒绝 decline; reject：～绝 decline politely｜婉～ decline politely ② 表示感激 grateful; appreciate：感～ grateful (to sb); thank sb｜～意 gratitude; appreciation ③ 道歉；认错 apologize; admit one's mistake：～罪 apologize for a mistake made ④ 凋落；衰退 wither; falter; decline：凋～ wither｜新陈代～ metabolism ⑤ 姓 a family name

xiè

懈

会意字。“忄”像心脏，“解”像用刀割下牛角，有分散意，表示心志分散。本义是放松、不紧张。

懈 means relaxed, quiescence. It consists of **忄**, heart, and **解**, which depicts cutting down a bull's horns with a knife, denotes disperse, scatter, i.e. loses one's concentration, halfhearted.

放松；不紧张 relaxed; quiescence：松～ relaxed; lower one's guard｜～怠 slack; sluggish｜坚持不～ preserve

xiè

蟹

会意字。“虫”像虫，表示蟹是两栖小动物；“解”有剖开、分开义，表示打开蟹壳才能吃到蟹肉。本义是螃蟹。

蟹 refers to crab. It consists of **虫**, worm, i.e. crabs are amphibious; and **解**, which means dissect, separate, i.e. crab shells have to be separated from the flesh before one can enjoy the latter.

螃蟹，节肢动物，水陆两栖，全身有甲壳，前面有一对螯，横着爬行，肉可以吃。种类很多，有河蟹、海蟹 crab

xīn

心

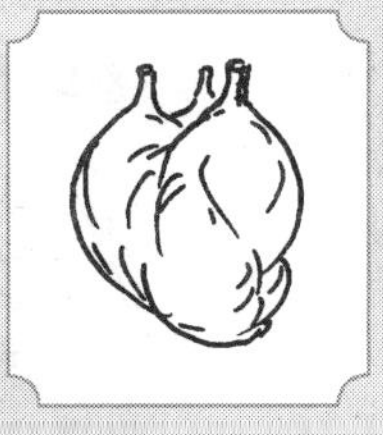

象形字。甲骨文像心脏。金文、篆书形体勾画出左右心房和心血管。本义是心脏。

心 means the heart. In bone inscriptions, it depicts a heart. In bronze inscriptions and seal script, the characters depict the heart, including vessels.

① 心脏 heart：～肌 cardiac muscle｜～跳 heartbeat｜～电图 electrocardiogram ② 思想；感情 thought; feeling; emotion：～思 thought; idea｜～情 mood｜～不在焉 inattentive; preoccupied (with sth) ③ 中央或主要部分 central; main：中～ central; main｜圆～ center of a circle｜核～ nucleus; core

X

xīn/xìn 芯

形声字。艹表意，像草，表示灯芯草；心（xīn）表声，心本像心脏，有中心义，表示灯芯处在油灯的中心。本义是灯芯草。

芯 originally referred to rush (a kind of plant). It is composed of 艹, grass, i.e. rush; and 心（xīn）, which is phonetic and depicts a heart, denotes center, i.e. a wick is at the center of a lamp.

㊀ xīn 去了皮的灯芯草，用来点油灯 rush ㊁ xìn 物体的中心部分 central part; core：岩～ (drill) core | 蜡烛～ (candle) wax

xīn 辛

象形字。像刑刀，古代用它在奴隶或罪犯脸上刺字。本义是刑刀。常用义是辣。

辛 originally referred to and resembled a knife used to perform punishment; later, it came to mean hot, spicy, piquant in general. In ancient times, the knife was used to tattoo criminals' faces.

① 辣味 hot; spicy; piquant：～辣 hot and spicy ② 劳苦 hardship：～劳 hardship; toil | 艰～ hardship | 千～万苦 innumerable trials and tribulations; hardships ③ 悲伤 sorrow; agony：～酸 sorrow; agony ④ 天干的第八位 the eighth of the ten Heavenly Stems ⑤ 姓 a family name

xīn 欣

形声字。欠表意，像人张口舒气，表示人欢笑；斤（jīn）表声，斤是砍木的斧子，砍木必接连发出砍木的声音，表示人高兴时也会不断发出笑声。本义是喜悦。

欣 means happiness, joy. 欠 is semantic, depicts sb relieving one's breath, i.e. happy, joyous; 斤（jīn）is phonetic. A continuous sound is produced when trees are being felled, i.e. one laugh continuously when one is happy.

高兴；喜悦 happiness; joyous：～喜 happy; glad | ～慰 be gratified | 欢～鼓舞 be elated

xīn 锌（鋅）

形声字。金（钅）表意，像箭头、斧头和矿石，表示锌是金属；辛（xīn）表声，辛的古文字形体像一把金属制成的刑刀。鋅简化为锌。锌是金属元素名。

锌 refers to zinc. It consists of 金（钅）, metal, i.e. zinc is a metal; and 辛（xīn）, which is phonetic and depicts a metal knife used to perform punishment in classical form. 鋅 has been simplified to 锌.

金属元素，符号Zn。颜色青白，可制锌板和合金材料。镀在铁器上可避免生锈 zinc (Zn)

xīn 新

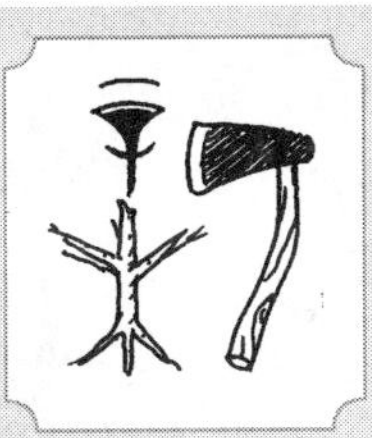
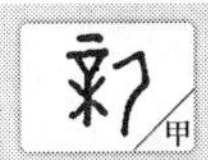

形声字。古文字“斤”像斧子，“木”像树，表示用斧砍柴；辛（xīn）表声，兼表砍柴辛苦。楷书斤表意，亲（qīn）表声。本义是砍柴，此义现写作薪。

新 originally meant chop firewood, which has been replaced by the character 薪. In classical form, there are 斤, axe, and 木, tree, i.e. chopping wood with an axe; 辛（xīn）is phonetic, i.e. chopping wood requires a lot of effort. In regular script, 斤 is semantic and 亲（qīn）is phonetic.

① 刚出现的 new; modern; current：～式 new model, type etc ② 没有用过的 brand new：～书 new book｜～衣 new clothes ③ 变为新的 renovate; refurnish：翻～renovate; refurbish ④ 最近；刚才 recently; just：～闻 news

xīn 薪

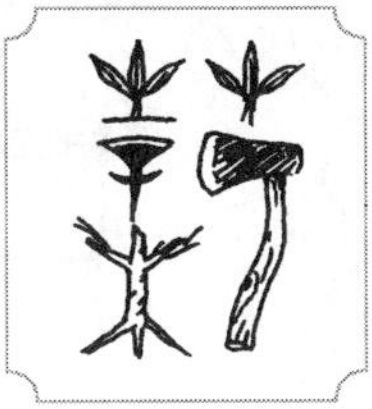

会意字。“艹”（艸）像草，表示柴草；“新”是薪的本字，表示用斧砍柴；新（xīn）兼表声。本义是柴薪。

薪 originally referred to firewood. It consists of 艹（艸）, grass, i.e. firewood; and 新（xīn）, which is phonetic and also the proto-form of the character 薪, i.e. chop wood with an axe.

① 柴草 firewood：釜底抽～ tackle the root cause of a problem｜杯水车～ inadequate help to a problem ② 工资 salary; pay：～水 salary; pay｜～金 salary; pay｜月～ monthly salary; pay

xìn 信

会意字。金文“亻”像人、“口”像张开的口，篆、楷书“亻”像人、“言”像张口说话，表示人口中说出的言语要真实可信。本义是真实。

信 means true, genuine. In bronze inscriptions, 亻 depicts a man and 口 an open mouth; in seal and regular scripts, 亻 shows a man and 言 depicts sb talking, i.e. people should not lie.

① 诚实；不欺骗 true; genuine; honest：～用 trustworthiness｜守～trustworthy ② 不怀疑；可靠的 genuine; reliable：相～believe｜～任 trust ③ 凭据 evidence; proof：～物 keepsake｜～号 signal ④ 信件 letter：写～ pen a letter ⑤ 消息 news; information：～息 news; information ⑥ 随意 as one pleases; impromptu：～手拈来 have the materials at one's fingertips

xìn 衅（釁）

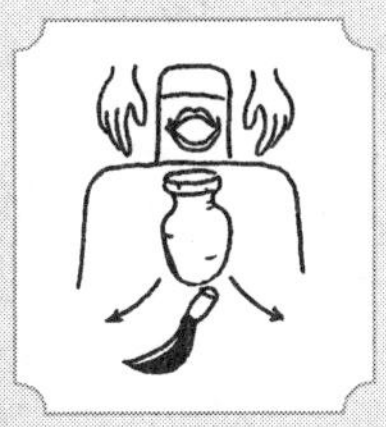

会意字。“釁”省林、大、火，指炉灶，“酉”像酒器，“分”指分布，表示用牲口的血和酒来祭祀灶神。简体字“血”像血滴入器皿，“半”指半体牲，表示用牲畜的血涂器物的缝隙来祭祀。本义是用牲口的血涂在祭器的缝隙上。

衅 originally signified rub an animal's blood on the chinks of a sacrificial vessel. 釁, omitting 林, 大 and 火, refers to a stove; 酉 resembles a wine utensil; 分 means distribute, i.e. use animal's blood and wine as offerings to the Kitchen God. In simplified form, 血 depicts blood dripping into a container and 半 refers to the animal used as an offering, i.e. rub an animal's blood on the chinks of a sacrificial vessel.

找借口生事；争端 provoke; pick a fight：挑～ provoke; pick a fight｜寻～ pick a fight; provoke

xīng/xìng 兴（興）

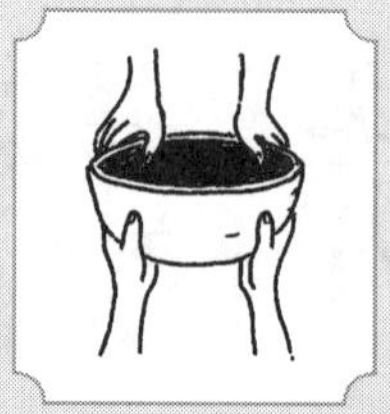

会意字。甲骨文“凡”指凡是、只要，“舁”像四手，表示一齐用力就可抬起东西。金篆楷舁、同，表示共同举起。简体字下面代表双手，上面代表向上，表示向上举起。本义是举起。

兴 originally meant raise, lift. In bone inscriptions, 凡 means as long as and 舁 depicts four hands, i.e. as long as everyone cooperates, they can lift up objects. In bronze inscriptions, seal and regular scripts, radicals 舁 and 同 mean to lift sth up together. In simplified form, the lower radical represents both hands; the upper radical denotes an upward direction.

❶ xīng ① 开始；发动 start; commence; initiate：～建 build; construct｜～办 initiate; set up ② 兴盛；流行 flourish; prosper; in vogue：～衰 rise and fall｜时～ in vogue; fashionable ❷ xìng 对事物爱好的情绪 interest：～趣 hobby; interest｜～致勃勃 enthusiastic; interested

xīng 星

象形字—会意字。甲骨文像一棵植物、两颗星星，表示星星生存在天上。金篆楷日（金文三个日）、生，表示星如日，是天上的发光体。本义是星星。

星 refers to star. In bone inscriptions, it depicts a tree and two stars, i.e. stars are in the sky. In bronze inscriptions and seal, regular scripts, there are radicals 日, sun (three of it in bronze inscriptions) and 生, i.e. stars are like the sun, being celestial bodies, they are luminous.

① 星星 star：～空 starry sky｜～罗棋布 widely spread ② 形容细小 tiny; fine：零～ piecemeal; fragmentary ③ 比喻知名的艺术表演家 celebrity：歌～ singer｜影～ actor; actress

xīng 猩

形声字。犭表意，像犬，表示猩猩是一种哺乳动物；星（xīng）表声，兼表猩猩全身赤黑色，惟双眼明亮如星。本义是猩猩。

猩 means chimpanzee. The character is composed of 犭, dog, as semantic, i.e. chimpanzees are mammals, and 星（xīng）as phonetic, i.e. chimpanzees are black except for their eyes which are as bright as stars.

[猩猩] 猿类哺乳动物，比猴子大，两臂长，能在地上直立行走 chimpanzee：黑～～ chimpanzee

xīng 腥

形声字。月（肉）表意，像肉，表示病猪肉体中的息肉；星（xīng）表声，星有细小义，表示息肉细小如星。本义是猪肉中的小息肉。

腥 originally referred to polyp present in pig's flesh. It consists of 月（肉）, flesh, i.e. polyp in the pig's flesh; and 星（xīng）, which is phonetic and means tiny, fine, i.e. a polyp is as small as a star.

① 鱼、肉等食物 fish and meat：荤～ fish and meat ② 鱼、虾等难闻的气味 stench usually found on sea creatures：～气 fishy smell; stench

X

xíng

刑

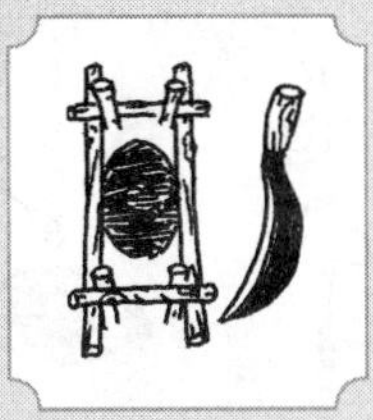

会意字。金文、篆书“井”像井栏，表示关押；“刀”像刀，表示刑罚。楷书开、刂，表示开刀动刑。本义是刑罚。

刑 means punishment, penalty (for criminals). In bronze inscriptions and seal script, 井 depicts the fence surrounding a well, i.e. putting sb in detention; 刀 depicts a knife, i.e. punishment. In regular script, there are radicals 开 (commence, begin) and 刂 (knife), i.e. mete out punishment using a knife.

对犯人施行的各种处罚 punishment; penalty (for criminals)：～法 punishment｜判～ sentence sb｜死～capital punishment; death penalty

xíng

邢

会意字。“阝”（邑）篆书像地域、人口，楷书像山地，篆书“幵”有平义、楷书“开”有设置、建立义，表示邢国国都建在地势平坦之地，其他地区多山。本义指古诸侯国名，地点在今河北省邢台。今主要用作姓。

邢 was originally used as a name for a state in the past, located in Xingtai, Hebei Province. Now it is commonly used as a family name. 阝(邑) depicts a place, population in seal script and mountainous area in regular script. 幵 denotes flat in seal script and establish, build in regular script, i.e. the state of Xing contained many mountainous areas except for the capital, which was built on flat land.

姓 a family name

xíng/háng

行

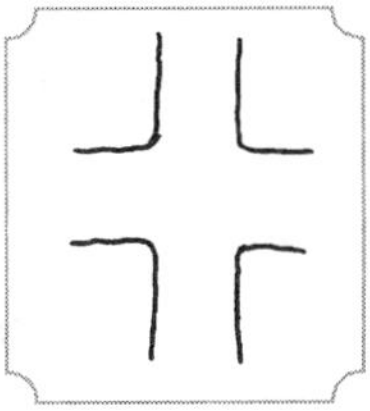
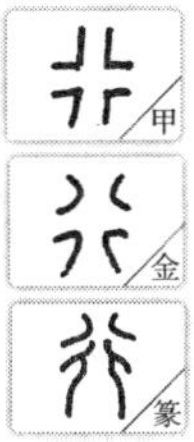

象形字。像十字路口，表示道路。本义是道路。引申指走。

行 originally referred to pathway, road; by extension, it came to mean walk. The character depicts a crossroad junction, i.e. pathways, roads.

㊀ xíng ① 走 walk：～人 pedestrian｜步～ walk; by foot ② 跟出行有关的 related to journey：～程 itinerary｜～李 luggage ③ 流通；传布 circulate; disseminate; spread：发～ distribute; issue; put on sale｜流～ in vogue; fashionable; popular ④ 做 do; act：实～ put into practice｜试～ try out ⑤ 行为 behavior; comportment; demeanor：品～ character; conduct ㊁ háng ① 行列 line; row：～距 line width; row spacing ② 职业 profession; line：～业 profession; line｜改～ change one's profession; line ③ 某些营业机构 certain commercial organiations：银～ bank｜车～ car dealer ④ 量词 measure word：两～字 two lines of words

xíng

形

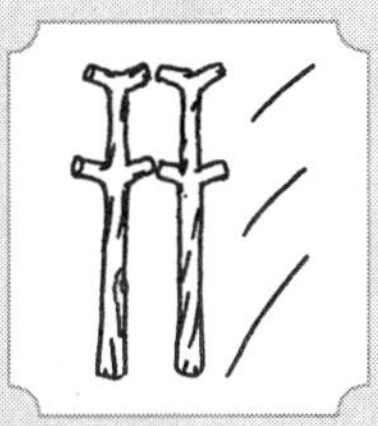

会意字。“彡”像线条，“幵”有合二为一义，表示画出的形应与实物相似。楷书“开”有显露形状意，“彡”代表物体的轮廓线条。本义为形状。

形 means shape. It consists of 彡, lines, and 幵, which suggests two objects corresponding, i.e. the shape drawn has to correspond with that of the real object. In simplified form, 开 means to show the shape and 彡 signifies lines.

① 形状；样子 shape; form; appearance：～体 shape; form｜～式 style; form ② 显露；表现 show; exhibit：喜～于色 beaming with happiness ③ 对比 contrast：相～见绌 pale by comparison xíng

型

形声字。土表意，本像地上有堆土，表示用土制成的模子；刑（xíng）表声，刑有割开皮肉、分解肢体义，表示须拆开模子才能取出铸造好的器物。本义是模子。

型 means mold. It consists of **土**, heaps of soil on the ground, i.e. a mold made of clay; and **刑（xíng）**, which is phonetic and denotes dissect, skin, i.e. it is necessary to disassemble the mold in order to obtain the apparatus made.

① 铸造器物用的模子 mold：模～ model; prototype ② 样式；类别 type; kind：典～ typical | 脸～ face contour | 新～ new model; type; kind

xǐng/shěng

省

会意字。甲、金文“目”像眼睛，“屮”像小草，表示察看。篆书在目上添加眉毛。楷书少（通小）、目，表示眯眼细察。本义是察看。

省 signifies scrutinize, see and check. In bone and bronze inscriptions, there are radicals **目**, eye, and **屮**, small grass, i.e. scrutinizing the small grass closely. In seal script, the radical denoting eyebrow is added. In regular script, there are radicals **少**（interchangeable with **小**, small） and **目**, i.e. one narrows the eyes to take a close look at sth.

㊀ xǐng ① 检查 check：反～ reflect (upon one's behavior) ② 觉悟；明白 come to one's senses; understand：～悟 come to one's senses ㊁ shěng ① 节约 economize; save：～钱 thrifty; save money | 节～ thrifty; economize ② 简化；减少 simplify; reduce：～略 leave out; omit | ～心 save one's worry ③ 地方行政区域 province：～会 provincial capital

xǐng

醒

形声字。酉表意，像酒坛子；星（xīng）表声，星星明亮，表示人醉后神志清明过来。本义是酒醒。

醒 originally meant recover from a drunken stupor. It consists of the semantic **酉**, wine vase, and **星（xīng）**, star, which is phonetic. Stars are bright (clear), i.e. recover from a drunken stupor and regain clarity of the mind.

① 酒醉或昏迷后恢复常态 regain consciousness：酒～ recover from a drunken stupor | 苏～ regain consciousness ② 睡醒 awake; wake up：梦中～来 wake up from one's dream ③ 觉悟过来 come to one's senses：～悟 come to one's senses | 觉～ come to one's senses ④ 明显；清楚 obvious; clear：～目 prominent; eye-catching

xìng

杏

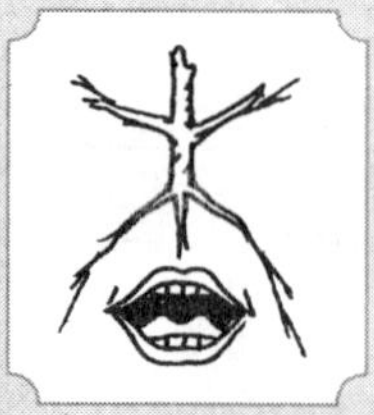

会意字。“木”像树，表示杏树；“口”像张开的口，表示杏树的果实可以吃。本义是杏树。

杏 originally referred to almond tree. It consists of **木**, tree, i.e. almond tree; and **口**, an open mouth, i.e. the fruits of almond trees can be eaten.

杏树，果子也叫杏，可以吃 almond tree：～仁 almond | ～黄色 almond yellow

兴 724页

xìng

幸

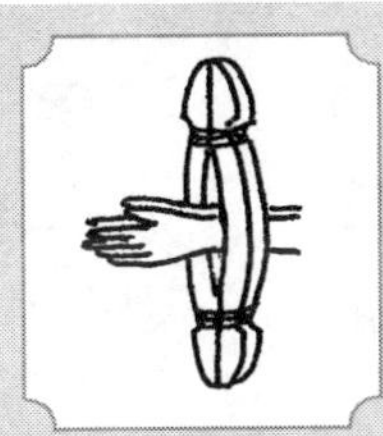

象形字—会意字—象形字。甲骨文像木制的手铐。篆书“夭”指夭折，“屰”指相反，表示免去夭折。楷书像木制手铐，有抓住罪犯令人庆幸意。本义指手铐。

幸 originally referred to handcuffs. In bone inscriptions, it depicts wooden handcuffs. In seal script, 夭 means a premature death and 屰 denotes opposite, i.e. avoid a premature death. In regular script, it resembles wooden handcuffs, i.e. people rejoice because criminals are caught.

① 侥幸 by luck; fortunately：～亏 fortunately; luckily｜～存 survive ② 愉快；满意 happy; satisfied：～福 lucky; fortunate｜庆～ feel fortunate, lucky or rejoice that sth bad has not happened ③ 希望 hope：～勿推辞 hope that one will not decline, reject ④ 宠爱 dote on：宠～ patronize; bestow favor on

xìng

性

会意字。“忄”像心脏，“生”像土上长出植物，有产生义，表示人的本性与生俱来。本义是人的本性。

性 originally meant nature, character, personality. It consists of 忄, heart, and 生, which depicts a seeding, i.e. grow, produce. Together, they suggest one’s nature is innate.

① 性格 nature; character; personality：人～ human nature｜个～ nature; character; personality ② 本质；特征 nature; characteristic; trait：～质 character; quality｜酸～ acidity ③ 性别 sex：男～ male; man｜女～ female; woman ④ 有关生殖或性欲的 related to reproduction or sexual desire：～病 venereal disease｜～欲 sexual desire ⑤ 生命 life：～命 life

xìng

姓

会意字。“女”像女子，“生”像植物初生，有生育义，表示女人所生育的孩子都有姓。本义是家族系统的称号。

姓 originally referred to clan identity. It consists of 女, woman, and 生, which resembles a young plant, denotes reproduction, i.e. every child that is born by a woman has a family name.

表明家族系统的字 family name：～名 family and last names｜～氏 family name｜尊～大名 May I know your name?

xiōng

凶

会意字。像陷阱，表示凶险、不吉利。本义是不吉利。

凶 means inauspicious. The character depicts a trap, i.e. dangerous, inaucpicious.

① 不幸的；不祥的 inauspicious; bad omen：吉～ good and bad luck｜～兆 bad omen ② 年成很坏 poor harvest：～年 a year with poor harvest; a year of famine ③ 狠毒；残暴 evil; brutal; inhumane：～残 brutal; inhumane; savage｜～恶 fiendish; fierce ④ 伤人、杀人的行为 murderous：～手 murderer｜行～ commit murder ⑤ 行凶作恶的人 culprit：元～ prime culprit｜帮～ accomplice ⑥ 厉害 intense：闹得太～ create serious trouble

X

xiōng

兄

会意字。像人张口发号施令，表示地位较高可支使弟妹的兄长。本义是兄长。

兄 refers to elder brother. The character depicts sb giving commands, i.e. an elder brother who can command his younger siblings to do things.

① 哥哥 elder brother：长～ eldest brother | ～弟 brothers | ～嫂 sister-in-law (elder's brother wife) ② 男性朋友间的尊称 used to address male friends：仁～ my dear friend (used in a letter to a male friend) | 师～ male senior | 称～道弟 treat each other as brothers; be on close terms

xiōng

匈

形声字。勹表意，像人弯腰垂臂包裹，有包着、裹住意；凶（xiōng）表声，凶像陷阱，陷阱中间是空的，表示包裹心肺器官的胸腔是空的。本义是胸膛，此义后写作胸。

匈 originally meant chest. This meaning has been replaced by the character 胸. 勹 is semantic, depicts sb bending his back and his arms hanging low, wrapping sth, i.e. wrap; 凶（xiōng）is phonetic and depicts a trap. The center of a trap is a hole, i.e. the chest which protects the internal organs is empty.

［匈奴］中国古代北方民族之一 Xiongnu, a tribe that existed in the past and which came from Northern China.

xiōng

汹

会意字。“氵”像水流、水珠，“匈”是胸的本字，人呼吸时胸部不断起伏，表示水波起伏翻腾，匈（xiōng）兼表声。简体字氵、凶，表示水势凶猛，凶（xiōng）兼表声。本义是水势上涌。

汹 originally signified water gushing upwards. It consists of 氵, water, and 匈（xiōng）, which is phonetic and represents the proto-form of 胸 (chest). One's chest moves up and down during breathing, i.e. undulations of roaring waves. The simplified form consists of 氵 and 凶（xiōng）. The latter is phonetic and denotes turbulent water.

① 水势奔腾上涌 water gushing in an upward direction：波涛～涌 roaring waves ② 形容声势很大 violent; tumultuous：来势～～ approaching with tumultuousness and intimidation

xiōng

胸

会意字。“月”（肉）像肉，表示胸部；“匈”是胸的本字；匈（xiōng）兼表声。本义是胸部。

胸 means chest, bosom. It consists of 月（肉）, flesh, i.e. one's chest; and 匈（xiōng）, the proto-form of 胸, as phonetic.

① 身体的前面，在颈和腹之间 chest; bosom：～膛 chest | 袒～露臂 bare one's chest and expose one's arms ② 指内心、抱负、气量等 at heart; mind; ambition：～中有数 have a good grasp of the situation | ～襟宽广 broadminded; magnanimous xióng

雄

形声字。隹表意，像鸟，表示公鸟，厷（gōng）表声。本义是公鸡，泛指公性的动物。

雄 originally referred to a rooster and now male in general. It consists of 隹, bird, i.e. rooster as semantic and 厷（gōng）as phonetic.

① 公的、阳性的，跟“雌”相对 male：～鸡 rooster; cock | ～蕊 stamen ② 强有力的；威武的；有气魄的 mighty; imposing; with vigor：～兵 powerful army | ～伟 grand; imposing ③ 强有力的人或国家 strong, powerful man or state：英～ hero | 战国七～ the seven mighty states during the Warring Period

xióng

熊

会意字。“能”像熊，“火”像火焰，表示熊是猛兽，遇上它很危险。熊是一种猛兽。

熊 means bear. It is composed of 能, which depicts a bear, and 火, flames, i.e. bears are ferocious animals.

① 哺乳动物，体大尾短，能爬树。种类很多，有黑熊、白熊、棕熊等 bear：～掌 bear's paw | 北极～ polar bear ② 火势旺盛 strong fire; blaze：～～烈火 strong fire; blaze ③ 姓 a family name

xiū

休

会意字。“亻”像人，“木”像树，像人背靠树歇息。本义是歇息。

休 means rest. It consists of 亻, man, and 木, tree, i.e. a man leaning against a tree to rest.

① 歇息 rest：～息 rest | ～假 on leave or vacation (working class and students) ② 停止 cease; stop：罢～ give up; let the matter rest | ～会 walkout (of meetings) | ～战 stop going to war ③ 不要；别 do not：～要 do not want | ～想 do not expect that sth is possible ④ 丈夫离弃妻子 divorce; cast off one's wife：～妻 divorce; cast off one's wife | ～书 bill of divorcement

xiū

修

形声字。彡表意，像纹饰；攸（yōu）表声，攸有整治意，表示修是修饰整治。本义是修饰。

修 means adorn, embellish. It consists of 彡, patterns or decorations, and 攸（yōu）, which is phonetic and means renovate, rectify, i.e. embellish and rectify.

① 整治，使完好 rectify; embellish：～理 repair; rectify | ～饰 adorn; embellish | 装～ renovate, furnish (a place) ② 写 write：～函 pen a letter | ～订 revise (treaty, book etc) ③ 学习 learn; study：自～ self-study | 进～ upgrade; enrich oneself ④ 兴建；建造 build; construct：～建 build; construct | ～筑 build; construct ⑤ 长 long; tall：～长 long | ～竹 tall bamboo

xiū 羞

会意字。像手持羊，表示进献美味食品。本义是进献食品。引申为美味的食品。

羞 originally referred to food that was meant to be offered to one's superior; by extension, it came to mean delicacy. It depicts a hand holding a goat, i.e. offering delicacy to one's superior.

① 美味的食品 delicacy：珍～ (interchangeable with 馐) delicacy ② 感到耻辱 embarrassed; feel humiliated：～耻 feel humiliated; humiliation; shame | ～辱 humiliate; humiliation; shame ③ 难为情；害臊 embarrassed; shy：害～ embarrassed; shy | 恼～成怒 fly into a rage from shame

xiǔ 朽

会意字。“木”像树，表示树木腐烂；“丂”指气受阻难出，表示树木腐烂就无法使用。本义是木头腐烂。泛指腐烂。

朽 originally referred to the rotting of wood; and later, rot, decay in general. It consists of 木, tree, i.e. rotting of wood, and 丂, which signifies an obstructed air flow, i.e. rotten wood cannot be used.

① 腐烂 rot; decay：～木 rotten wood; hopeless person; good-for-nothing | 腐～ rotten; decayed; decadent; degenerate ② 衰老 old and weak; decrepit：～迈 decrepit; feeble | 老～ decrepit; feeble; used to refer to oneself (an old and weak person) ③ 磨灭 efface; wear away：永垂不～ one's contributions; good doings etc will always be remembered

xiù 秀

会意字。“禾”像谷类植物，“乃”像乳房很大的女子，女子怀孕时乳房会变大，表示谷物结子实时会抽穗开花。本义是谷物抽穗开花。

秀 originally referred to the blossoming of grain crops. It consists of 禾, grain, and 乃, a woman with big bosoms. A woman's bosoms grow bigger during pregnancy, i.e. blossoming of grain crops.

① 谷物抽穗开花 blossoming of grain crops：～穗 put forth ears (of grain crops) | 谷～ blossoming of grain crops ② 优异 excellent; outstanding：优～ excellent; outstanding | 后起之～ promising young person ③ 美丽 beautiful：～丽 beautiful | 山明水～ breathtaking scenery (of mountains and rivers) | 眉清目～ delicate features

xiù/chòu 臭

会意字。“自”像鼻子，“犬”像狗，狗的鼻子特别灵，表示闻气味。本义是闻气味，此义现写作嗅。

臭 originally meant smell. This meaning has been replaced by the character 嗅. It consists of 自, nose, and 犬, dog. Dogs have an extraordinary good sense of smell, i.e. smell.

⊖ xiù ① 用鼻子闻 to smell：～来～去 smell here and there; smell carefully ② 气味 smell; odour：无声无～ noiseless and odorless ⊜ chòu ① 难闻的气味 disagreeable smell：～气 disagreeable smell; odor; stench | 恶～ disagreeable smell; odor; stench ② 使人厌恶的 irritating：摆～架子 put on airs; snobbish | ～名远扬 infamous; notorious ③ 狠狠地 harsh：～骂 severe reprimand

X

宿 617页

xiù

袖

会意字。“衤”像衣服，表示衣袖；“由”像田埂通入农田，有经过义，表示穿衣时手必须经过的筒状的衣袖。本义是衣袖。

袖 refers to sleeve. It is composed of 衤, a piece of garment, i.e. sleeves; and 由, which depicts ridges extending into the fields, denotes go through, i.e. one's hands have to go through the sleeves when dressing oneself.

① 衣服从肩到腕的部分 sleeve：～口 sleeve cuff｜～筒 sleeve｜短～ short sleeve ② 藏在袖子里 hide one's hands in the sleeves：～手旁观 look on with folded arms

xiù

绣（綉）

会意字。篆书“糸”像丝，“肅”（肃）有慎重意，表示丝绣需细心。楷书“糸”（纟）像丝，“秀”有美、优义，表示刺绣后绸布变得秀美、优异，秀（xiù）兼表声。綉简化为绣。本义是刺绣。

绣 means embroidery. In seal script, 糸 depicts silk and 肅（肃）signifies regard with importance, i.e. doing embroidery requires utmost attention. In regular script, it consists of 糸（纟）, silk, and 秀（xiù）, which is phonetic and means beautiful, outstanding, i.e. embroidery beautifies silk fabrics. 綉 has been simplified to 绣.

① 用彩色丝线在绸布上面做成花纹、图象等；也指绣成的物品 embroidery：～花 embroidery｜刺～ embroidery｜苏～ embroidery from Suzhou

xiù

锈（銹）

形声字。金（钅）表意，像箭头、斧头和矿石，表示金属表面生锈；秀（xiù）表声，秀有植物吐穗开花义，表示金属表面生锈似植物吐穗开花。銹简化为锈。本义是金属生锈。

锈 means rust. The character is composed of 金（钅）, metal, i.e. rusting; and 秀（xiù）, which is phonetic and means flowers blooming, i.e. rusting resembles blooming of flowers. 銹 has been simplified to 锈.

① 金属表面所生的氧化物 rust：铁～ rust｜生～ rust ② 长锈 rust：不～钢 stainless steel

xiù

嗅

会意字。篆书“鼻”是嗅觉器官，“臭”指气味，表示用鼻子闻气味。楷书“口”指通道，“臭”指气味，表示通过嗅觉通道闻到气味。本义是用鼻子辨别气味。

嗅 means smell. In seal script, 鼻 is nose and 臭 refers to smell, i.e. nose is used for smelling. In regular script, 口 refers to a passage and 臭 means smell, i.e. smell through the nasal passage.

闻；用鼻子辨别气味 smell：～觉灵敏 sharp sense of smell

xū/yù

吁

会意字。"口"像张开的口，表示张口惊叹；"于"像气越过阻碍，表示惊叹时必吐气。本义是惊叹，又指叹气。

吁 originally meant exclaim in awe. It also means sigh. The character consists of 口, an open mouth, i.e. exclaiming in awe; and 于, which resembles air current passing through an obstruction, i.e. one exhales when exclaiming.

㊀ xū ① 叹词，表示惊异 exclaim in awe ② 叹气 sigh：长～短叹 sigh deeply; worried
㊁ yù 为某种要求而呼喊 appeal; plead; petition：～请 appeal; plead; petition｜呼～ appeal; call upon

xū

须

（①②鬚 ③須）

象形字—会意字。金文像人脸上长着许多胡须。篆书"彡"像胡须，"頁"（页）像夸大了脸部的人，表示胡须长在人脸上。楷书增髟、須（xū）兼表声。鬚简化为须。本义是胡子。

须 means beard, mustache. In bronze inscriptions, it depicts a bearded man. In seal script, 彡 shows beard, and 頁（页）, which depicts a man with an enlarged head, i.e. beard, mustache grow on the face. 髟 is added in regular script, and 須（xū）is phonetic. 鬚 has been simplified to 须.

① 胡子 beard; mustache：胡～ beard; mustache｜蓄～ keep a beard or mustache ② 像胡须的东西 whisker-like object：触～ cirrus; palp; tentacle｜花～ stamen; pistil ③ 一定要；应当 ought; should：必～ ought; should; must｜～知 one must know that

xū

虚

会意字。"丘"像土山，"虍"像虎头，表示大土山明显可见。楷书"虍"像虎头，表示空有其表；"业"本指悬挂乐器的架子，有空意。本义是大土山。基本义是空。

虚 originally referred to a big mountain. Its basic meaning is empty. The character is composed of 丘, a mound, and 虍, a tiger's head, i.e. a mound as prominent as a tiger's head. In regular script, 虍 depicts a tiger's head, i.e. superficial and lacking with depth; and 业 refers to a shelf for hanging musical instruments, i.e. empty.

① 空 empty; void：～幻 illusory; unreal｜空～ feel empty; sense of void ② 胆怯 timid; coward：做贼心～ have a guilty conscience; feel guilty ③ 假；不真实 unreal; fake：～构 fabricate; make up ④ 谦逊 humble：～心 humble; willing to learn｜谦～ humble ⑤ 白白的 waste time; spend time in vain：～度年华 idle away one's life ⑥ 衰弱 weak; feeble：～弱 weak; feeble

xū

需

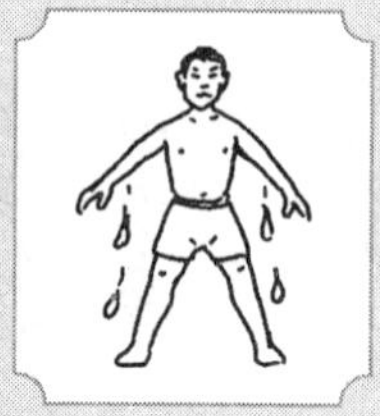

会意字。甲骨文像人和雨滴，表示人遇到下雨需等待雨停。金文、楷书"雨"像天下雨，"而"指于是、所以，表示因天下雨所以需等待雨停。本义是等待。引申指需要。

需 originally meant wait; by extension, it came to mean necessary, have to. In bone inscriptions, it depicts a man and rain drops, i.e. a man is waiting for the rain to stop. In bronze inscriptions and regular script, 雨 signifies a rainy day and 而 means so, therefore, i.e. it is raining, so one has to wait for the rain to cease.

① 必要 necessary; have to：～求 need; demand｜急～ need sth urgently ② 必要的东西 necessities：军～ military supplies｜不时之～ for contingent use

X

xú

徐

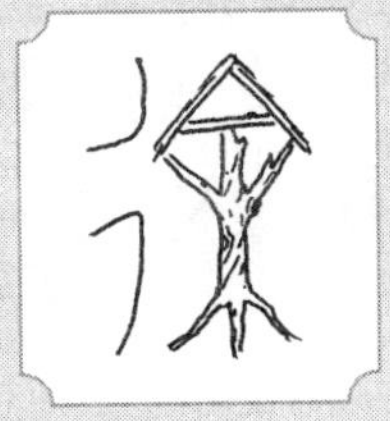

会意字。“彳”像路口，“余”像房屋，表示缓步行走如同在屋中踱步。本义是缓步而行。引申泛指缓慢。

徐 originally meant walk slowly and by extension, slow. It consists of 彳, a road junction, and 余, which depicts a house, i.e. walking slowly is akin to sb pacing in the house.

① 缓慢 slow：～步 stroll; pace | 清风～来 the fresh breeze blows gently | 国旗～～升起 the national flag rising slowly ② 姓 a family name

xǔ

许

（許）

会意字。“言”（讠）像张口说话，“午”像舂米的杵，表示舂米或干其他农活时口中发出声音。許简化为许。本义是劳动时发声以助劳。

许 originally signified producing some sound when working to boast the morale. It is composed of 言（讠）, sb talking, and 午, a rice pestle, i.e. people producing sound (singing, counting etc) when pounding rice or engaging in farm activities. 許 has been simplified to 许.

① 同意；答应 consent; approve; agree：允～ consent; approve; agree | 不～ disallow ② 称赞 praise; compliment; commend：赞～ praise; compliment; commend ③ 预先答应 promise, vow：～愿 make a wish | ～诺 promise; vow ④ 可能；或者 maybe; perhaps; probably：也～ maybe; perhaps; probably | 或～ maybe; perhaps; probably ⑤ 约略 rough estimate：～久 quite a long time | 少～ some; a little ⑥ 姓 a family name

xù

旭

会意字。“日”像太阳，表示太阳初升；“九”是最大个位数，表示日初升大放光芒。本义是初升的太阳。

旭 originally referred to rising sun. It consists of 日, the sun, i.e. rising sun; and 九, which is the largest digit (big, grand), i.e. the rising sun emitting very bright light.

初升的太阳 rising sun：～日东升 the sun rising in the eastern sky; vigor and vitality

xù

序

形声字。广表意，像房屋，表示堂屋的东西墙；予（yǔ）表声，予像两个织布的梭子，梭子织布按秩序进行，表示序是古代依次叙礼之地。本义是堂屋的东西墙。引申为次序。

序 originally referred to the walls on the east and west sides of principal rooms; by extension, it came to mean sequence, order. It consists of 广, house, i.e. walls on the east and west sides of principal rooms; and 予（yǔ）, which is phonetic and resembles a weaver's shuttle. Weaving requires following certain procedures, i.e. place where rites were carried out in ancient times.

① 排列的先后 sequence; order：次～ sequence; order | 循～渐进 follow a sequence; an order ② 开头的 beginning; start：～幕 prologue (stage performance) | ～言 prologue; preface; foreword xù

叙

会意字。金文、楷书“又”像手，篆书“攴”像手持器械，“余”像茅屋，表示做事如盖屋那样要有次序。本义是次序。

叙 means sequence, order. In bronze inscriptions and regular script, **又** depicts a hand; in seal script, **攴** depicts a hand holding a weapon; **余** resembles a straw hut, i.e. similar to building a house, one has to do things step by step.

① 说；谈 say; talk; chat：面～ talk face to face | 畅～ chat freely, joyfully ② 记述 narrate; describe：～事 narrate; describe | ～述 narrate; describe

xù

恤

会意字。“忄”像心脏，表示心中忧虑；“血”像血滴入器皿中，表示人见到血心里会忧虑。本义是忧虑。引申为同情、怜悯。

恤 originally meant worry about and by extension, sympathize, take pity on. It consists of **忄**, heart, i.e. worry; and **血**, which depicts blood dripping into a container, i.e. the presence of blood makes people uneasy.

① 同情；怜悯 sympathize; take pity on：体～ understand and sympathize with; empathize ② 救济 help; give a hand：抚～ comfort and compensate a bereaved family

xù

酗

会意字。“酉”像酒坛子，表示饮酒无节制，撒酒疯；“凶”像陷阱，有厉害、凶恶、恐惧义，表示酒喝得厉害，并借酒行凶，使周围的人害怕。本义是饮酒无节制，撒酒疯。

酗 originally signified excessive drinking and behaving unruly in a drunken stupor. The character consists of **酉**, wine vase, i.e. excessive drinking and behaving unruly in a drunken stupor; and **凶**, trap, i.e. excessive, brutality, fear. So, excessive drinking and committing crimes in a drunken stupor, frightening those around.

沉迷于酒；没有节制地喝酒 excessive drinking：～酒 excessive drinking

xù

绪

（緒）

会意字。“糸”（纟）像一缕丝，表示丝头；“者”有多意，表示在一束丝中丝头多。緒简化为绪。本义是丝头。引申为开端。

绪 originally referred to one end of a silk thread; by extension, it came to mean start, beginning. The character consists of **糸**（纟）, silk, i.e. the ends of silk thread; and **者**, which means many, i.e. there are many ends in a bunch of silk thread. **緒** has been simplified to **绪**.

① 丝的头，比喻开端 one end of the silk thread; start; beginning：头～ main threads of an affair | ～言 introduction | 千头万～ a multitude of things, feelings ② 心情；思想 feelings; emotions; sentiments：心～ feelings; emotions; sentiments | 情～ feelings; emotions; sentiments | 思～ feelings; emotions; sentiments

X

xù

续
（續）

会意字。“糸”（纟）像丝，表示丝相连；“賣”（卖）指出售货品换回钱，商家用物品换钱是持续进行、不间断的。續简化为续。本义是连接。

续 means connect, link. The character is composed of **糸**, silk, i.e. fibers of silk are joined; and **賣（卖）**, which means selling sth for profits, i.e. business activities take place continuously. **續** has been simplified to **续**.

①连接不断continuous：连～continuous｜继～ continue; carry on ② 添；加 add：～编 sequel｜～集 sequel

xù

絮

会意字。“糸”像丝，“如”指相似，表示与细丝绵相似的粗丝绵。本义是粗丝绵。

絮 originally referred to coarse silk floss. It consists of **糸**, silk, and **如**, which signifies resemble, i.e. coarse silk floss which resembles silk floss.

① 弹松的棉花 cotton wadding：棉～ cotton wadding ② 像棉絮的东西 cotton-like object：柳～ willow catkin ③ 把棉花均匀地铺在衣、被里 wad with cotton：～棉袄 wad one's jacket with cotton ④ 话多；言语罗嗦 long-winded; garrulous：～～叨叨 long-winded; garrulous

xù

婿

形声字。女表意，像女子，表示女子的丈夫；胥（xù）表声，胥指有才智者，表示有才智者才是女子心目中的好丈夫。本义是丈夫，常指女儿的丈夫。

婿 originally referred to one's husband. Its core meaning is son-in-law. The character is composed of **女**, woman, i.e. daughter's husband (son-in-law); and **胥（xù）**, which is phonetic and refers to a talented person, i.e. only a talented person will qualify to be a good husband.

① 丈夫 husband：夫～ husband｜妹～ brother-in-law (husband of one's younger sister) ② 女儿的丈夫 son-in-law：女～ son-in-law

xù

蓄

会意字。“艹”（艸）像草，“畜”像拴家畜的绳子和农田，表示储存粮草，畜（xù）兼表声。本义是储存。

蓄 means save. It consists of **艹（艸）**, grass, and **畜（xù）**, which is phonetic and looks like a lasso and fields, i.e. store grains as food.

① 储存 save：储～ save; savings｜～积 save; store｜～水池 reservoir ② 保留 keep; retain：～发 keep long hair｜～须 grow beard, mustache｜兼收并～ take everything in; incorporate things of diverse nature ③ 隐藏不露 hide; conceal：～意 premeditate; deliberate; with the intention｜含～ reserved; shun the limelight｜～谋已久 have been premeditating an action for a long time

畜 92页

xuān 轩（軒）

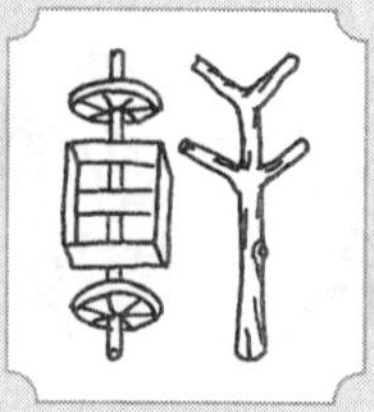

会意字。“車”（车）像车，“干”有边沿义，表示边沿有帷幕的车。軒简化为轩。本义是有帷幕而前顶较高的车。
轩 originally referred to carriage with curtains and a high shelter. The character is made of 車（车）, cart or carriage, and 干, which refers to border, edge, i.e. a carriage with curtains at its sides. 軒 has been simplified to 轩.

① 高；大 impressive; grand：气宇～昂 impressive appreance ② 有窗的长廊或小屋 corridor or hut with windows：古月～ a kind of precious and fine porcelain from the Qing Dynasty | 听雨～ corridor that provides one shelter from the rain

xuān 宣

会意字。“宀”像房屋，“亘”古文字像漩涡，楷书像日在天地间，表示天子接见臣子、宣布政令的大室回廊环绕。本义是天子接见臣子的大室。引申为宣布。
宣 originally signified a reception room for the emperor to meet his officials; later, it came to mean announce. 宀 depicts a house; in classical form, 亘 depicts a whirlpool and in regular script, a sun, i.e. reception room where the emperor meets his officials and makes announcements.

① 公开说出；发表 make public; announce：～告 declare; proclaim | ～誓 take an oath; vow; pledge | ～传 publicize; disseminate; propagate ② 疏导 dredge; remove obstruction：～泄 let off steam; get it off one's chest

xuān 喧

会意字。“口”像张开的口，“宣”指宣布，表示大声说话、声音嘈杂；宣（xuān）兼表声。本义是声音大而杂乱。
喧 means cacophony, din, hubbub. It is composed of 口, open mouth, and 宣（xuān）, which is phonetic and means to announce, i.e. talk loudly, create a hubbub.

声音大而杂乱 cacophony; din; hubbub：～哗 cacophony; din; hubbub | ～闹 cacophony; din; hubbub | 锣鼓～天 deafening sound of gongs and drums

xuán 玄

象形字—会意字。金文像一缕丝，以细小、不明显表示黑。篆、楷书“幺”指小，“亠”像覆盖物，以小又被覆盖表示黑。本义是黑色。引申为深奥。
玄 originally meant black; later, it came to mean profound, esoteric. In bronze inscriptions, it depicts fine and unnoticeable silk threads, i.e. black. In seal and regular scripts, 幺 means small and 亠 depicts a cover, i.e. small and hidden, denotes black.

① 黑色 black：～色 dark black | ～狐 silver fox ② 深奥；微妙 profound; mysterious：～妙 mysterious and esoteric ③ 靠不住 unreliable：～想 fantasy; imagination

xuán 悬（懸）

会意字。金文像树上挂着人头。篆书像倒反的头颅和系挂的绳子。楷书、简体字心、縣（县），表示心中有牵挂。本义是挂。

悬 means hang, suspend. In bronze inscriptions, it depicts a head hung in a tree; and in seal script, an upside down head and a rope. In regular and simplified forms, **心** and **縣（县）** mean sth weighing on one's mind.

① 挂 hang; suspend：～挂 hang; suspend｜倒～ hang upside down ② 没着落；无结果 to no avail; fruitless：～案 unsolved case｜～而未决 outstanding; unresolved ③ 挂念 think of：～念 think fondly of sb; suspense ④ 相距远；差别大 great difference：～殊 great difference; disparity

xuán/xuàn 旋

会意字。像旗和足，表示人足随旗帜转动。本义是转动。

旋 means spin, revolve, spiral. The character depicts a flag and foot, i.e. the flag spins and the foot moves in the same direction.

㊀ **xuán** ① 转动 spin; revolve, spiral：～转 spin; spiral｜回～ circle; spiral｜盘～ circle; spiral ② 返回 return：凯～ triumphant return ③ 不久 short while; soon：～即离去 left soon; in a short while ㊁ **xuàn** 转圈的 spin; revolve; circle：～风 whirlwind

xuán 漩

会意字。"氵"古文字像水流、楷书像水珠，"旋"指旋转，表示水流旋转；旋（xuán）兼表声。本义是回旋的水流。

漩 means whirlpool. In classical form, 氵 depicts water flow, and in regular script, droplets; **旋（xuán）** is phonetic and means swirl, i.e. whirlpool.

① 回旋的水流 whirlpool：～涡 whirlpool｜水流直打～ the water swirling

xuǎn 选（選）

会意字。"辶"（辵）像路和脚，"巽"有具备义，表示选是派遣条件具备的人。简体字辶、先，表示派遣先行前往的人。本义是派遣。引申为选择。

选 originally meant to send, dispatch; by extension, it came to mean choose, select. The character consists of **辶（辵）**, pathway and foot, and **巽**, which means well-equipped, i.e. dispatch sb well-equipped with the necessary skills. The simplified form consists of **辶** and **先**, i.e. dispatch sb who has had previous experience.

① 挑拣 choose; select：～派 select and send｜～择 choose; select ② 选举 elect：～票 vote; ballot｜大～ election｜竞～ enter an election; run for ③ 被选中的 the one being selected：～手 candidate; contestant｜入～ be selected xuǎn

癣

（癬）

形声字。疒表意，像病床，表示皮肤病；鲜（xiǎn）表声，鲜是藓的省文，表示癣的症状像苔藓。癬简化为癣。癣是皮肤病。

癬 means ringworm. The character consists of 疒, a hospital bed, i.e. skin diseases; and 鲜（xiǎn）, which is phonetic and the proto-form of 藓, i.e. ringworms resemble liverworts. 癬 has been simplified to 癣.

由真菌引起的皮肤病，患处发痒 ringworm：脚～ athlete's foot｜头～ scald head｜牛皮～ psoriasis

xuàn

炫

形声字。火表意，像火焰，表示火光耀眼；玄（xuán）表声，玄有幽远义，表示火光能照及幽远处。本义是火光照耀。

炫 originally meant be lit up by fire. It consists of 火, flames, i.e. glaring flames; and 玄（xuán）, which is phonetic and means faraway, i.e. fire can light up distant places.

① 强光耀眼 glaring; dazzling：光彩～目 glaring; dazzling; brilliant ② 夸耀 brag; flaunt：～耀 show off; flaunt｜自～其能 flaunt; show off; praise one's own abilities

xuàn

绚

（絢）

形声字。糸（纟）表意，像丝，表示文彩如丝织物一般璀灿美丽；旬（xún）表声，旬是十天，有满、足义，表示绚是充满文彩。絢简化为绚。本义是有文采、灿烂。

绚 means gorgeous, splendid, colorful. It is composed of 糸（纟）, silk thread, i.e. as colorful and gorgeous as silk; and 旬（xún）, ten days, which is phonetic and implies complete, ample, i.e. a myriad of colors. 絢 has been simplified to 绚.

有文采；灿烂 gorgeous; splendid; colorful：～烂 gorgeous; splendid｜～丽 resplendent

xuàn

眩

形声字。目表意，像眼睛；玄（xuán）表声，玄是黑色，表示眼睛昏花，眼前昏暗不明。本义是眼睛昏花。

眩 means dizzy, giddy. It consists of 目, eye, and a phonetic element, 玄（xuán）, black, i.e. dizziness, a whirling sensation affecting one's vision.

眼睛昏花 dizzy; giddy：头晕目～ feel dizzy

X

xuē

靴

会意字。“革”像兽皮，表示靴用皮革制成；“化”像一正一反两个人，有变化义，表示靴由鞋变化而来。靴是高筒的鞋。

靴 means boot. It consists of 革, hide, i.e. boots are made of hide; and 化, two men — one upright and the other upside down, denotes change, i.e. boots originate from shoes.

高筒的鞋 boot：～子 boot｜皮～ leather boot｜雨～ rain boot｜隔～搔痒 fail to address the root of the problem

xuē

薛

形声字。篆书艸（艹）表意，像草；辥（xuē）表声，辥像山坡（𠂤）上有刺鼻气味（辛）的草（屮），表示有特殊气味的赖蒿。楷书艹、𠂤、辛，表示有特殊气味的赖蒿。本义是赖蒿。现只用作姓。

薛 originally referred to dalai-lama wormwood; it is now used as family name. In seal script, there are radicals 艸（艹）, grass, and 辥（xuē）, which is phonetic and depicts the presence of strong smelling（辛）grass（屮）on a mountain slope（𠂤）, i.e. dalai-lama wormwood. In regular script, 艹、𠂤、辛 together suggest dalai-lama wormwood has a unique smell.

姓 a family name

xué

穴

象形字。像洞穴。本义是洞穴。

穴 means cave. The character depicts a cave.

① 洞 cave; hole：洞～ cave｜～居 dwell in cave｜蚁～ ant's hole ② 人体经络的要害，可以针灸的部位 acupuncture point：～位 acupuncture point｜～道 acupuncture point

xué

学（學）

会意字。甲骨文像双手摆布算筹，表示学习计算。金篆楷加“冂、子”，表示让处在蒙昧中的孩童学习算术。學简化为学。本义是学习。

学 means learn. In bone inscriptions, it depicts two hands arranging chips, i.e. learn how to count. 冂 and 子 are added in bronze, seal and regular scripts, i.e. let children learn counting skills. 學 has been simplified to 学.

① 学习 learn：～业 studies｜～费 school fees｜自～self-learning ② 学问 knowledge：～识 knowledge｜博～ learnt; erudite ③ 学科 subject; discipline：哲～ philosophy｜数～ mathematics ④ 学校 school：小～ elementary school｜上～go to school; attend school

X

xuě 雪

会意字。“雨”像天下雨，“彗”指彗星，表示从天飘落如彗星般明亮的雪花。楷书雨、彐（像手），表示天上飘落的可用手捧取的水的结晶体。本义是雪花。

雪 refers to snowflake. It consists of 雨, rain, and 彗, comet, i.e. snowflakes that fall from the sky and are as brilliant as comets. In regular script, there are radicals 雨 and 彐 (hand), i.e. snowflakes falling from the sky that can be caught by hands.

① 冷天天空飘落的白色结晶体 snowflake：下～ to snow ② 颜色或光彩像雪的 snowy white：～白 snowy white | ～亮 bright, brilliant as snow ③ 除去；洗刷掉 remove：报仇～耻 revenge so as to wipe out a humiliation

xuè/xiě 血

指事字。像血滴入器皿中，表示血液。本义是血液。

血 means blood. The character depicts blood dripping into a vessel, i.e. blood.

㊀ xuè ① 人或高等动物心脏和血管里流动的红色液体 blood：～迹 bloodstain | 输～ blood transfusion ② 同一祖先的 of the same ancestors：～统 lineage; blood ties; consanguinity | ～缘 blood ties; consanguinity ③ 刚强；热烈 strong; energetic：～性 bravery and righteousness | ～气 vigor; vitality ④ 思虑；精神 thoughts; effort; energy：心～ effort; hard work | 呕心沥～ work with all one's heart; put in one's utmost effort ㊁ xiě 同㊀，用于口语 same meaning as 'xuè', mainly used verbally

xūn 勋（勛）

会意字。篆书“力”像农具，表示致力建功；“熏”像炊烟从烟囱冒出，表示功勋如升空的炊烟明显可见；熏（xūn）兼表声。楷书力、員（员），员是圆的初文，有功德圆满义。勛简化为勋。本义是大功劳。

勋 originally meant great contribution, credit. In seal script, 力 depicts a farming tool, i.e. put in one's utmost effort; 熏 (xūn) is phonetic and depicts smoke emitting from a chimney, i.e. one's contributions are as apparent as the rising smoke. The regular script consists of 力 and 員 (员) , the latter is the proto-form of 圆, i.e. come to a successful conclusion. 勛 has been simplified to 勋.

① 功劳 contribution; credit：功～ contribution; credit; meritorious service | ～章 medal; badge (conferred as a mark of honor) ② 有大功的人 sb who has great contributions：元～ founding father; man of great contributions

xūn 熏

会意字。像火焰将烟囱熏黑，表示烟熏。本义是火烟上升。基本义是烟火熏烤。

熏 originally meant smoke rising. Its basic meaning is smoke (cure). The character depicts soot covering the chimney, i.e. smoke,

① 烟、气等接触物体 smoke; fumigate：～蚊子 fumigate mosquitoes | 墙～黑了。The walls are covered with soot. ② 用火焰烤制食物 cure meat by smoking：～肉 smoke the meat; smoked meat | ～鱼 smoke the fish; smoked fish | ～鸡 smoke the chicken; smoked chicken

xún 旬

会意字。甲骨文像“十”字或“甲”字环绕一圈的样子，表示完整的一个时间单位。金文加“日”，表示十日为一旬。篆、楷书“勹”像人环抱，“日”指日子，表示十日构成的时间单位。本义是十日。

旬 means ten days. In bone inscriptions, it depicts the character 十 (ten) or 甲 extending into a full circle, i.e. time unit. In bronze inscriptions, 日 (day) is added, i.e. ten days is considered as one time unit（旬）. In seal and regular scripts, 勹 depicts a person curled up and 日 refers to day, i.e. ten days is considered as one time unit（旬）.

① 十日为一旬，一个月分上中下三旬 ten days, i.e. a month has three 旬 ② 十岁为一旬 ten years：八～老母。An eighty-year-old mother.

xún 寻（尋）

会意字。“彐”、“寸”像两手，“彡”表长度，“工”指工具，“口”代表人，表示人张开两臂的长度。简体字彐、寸，像两手找物。本义是古代的长度单位，八尺为一寻。常用义是寻找。

寻 originally was a unit for length used in ancient times, which is equivalent to eight chi（尺）; later, it came to mean search. 彐 and 寸 depict two hands; 彡 denotes length; 工, a tool, and 口, a man, i.e. arm span of a man. The simplified character consists of 彐 and 寸, i.e. two hands groping for sth.

① 找 search：～找 search; look for | ～人 searching; looking for sb ② 普通；平常 normal; common; banal：～常 normal; common; banal

xún 巡

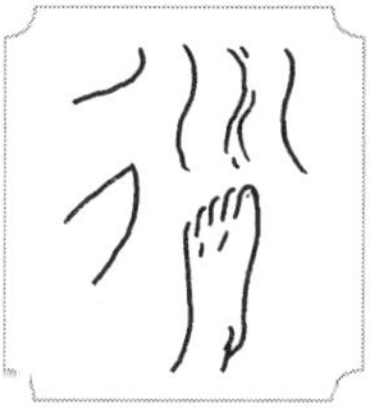

会意字。“辶”（辵）像路和脚，“巛”像河流，表示来往查看。本义是巡视。

巡 means patrol, inspect. It consists of 辶（辵）, a pathway and foot, and 巛, river, i.e. patrol.

① 往来查看 patrol; inspect：～查 patrol; make one's rounds | ～逻 patrol | ～视 inspect; tour ② 量词 measure word：酒过三～。After three drinks.

xún 询（詢）

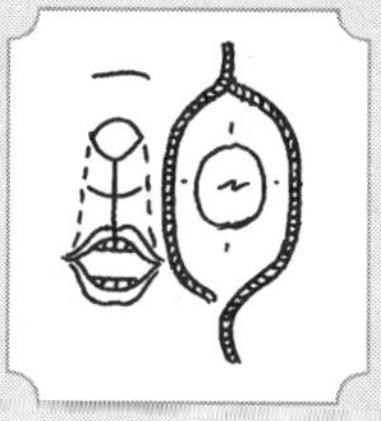

形声字。言（讠）表意，像张口说话，表示用语言问；旬（xún）表声，十日为一旬，旬有周到意，表示问宜言词周到。詢简化为询。本义是问。

询 means enquire, ask. It consists of 言（讠）, sb speaking, i.e. ask; and 旬（xún）, which is phonetic and means ten days, denotes appropriateness, i.e. enquire using the appropriate language. 詢 has been simplified to 询.

问；征求意见 enquire; ask：～问 enquire; ask | ～查 enquire; ask | 咨～ enquire; ask

X

xún
循

会意字。“彳”像路口，“盾”是将士护身之具，作战时身体需挨着盾前进，表示顺着道路走。本义是顺着走。引申为遵守、依照、沿袭。

循 originally meant follow along a path; by extension, it came to mean abide by, in accordance, follow. It consists of 彳, a road junction, and 盾, shield, i.e. the body should move in the same direction as the shield in order to be protected, similar to sb walking along the road.

遵守；依照；沿袭 abide by; in accordance; follow：遵～ abide by; in accordance; follow | ～序渐进 proceed in an orderly manner | 因～守旧 stick to old ways

xùn
训
（訓）

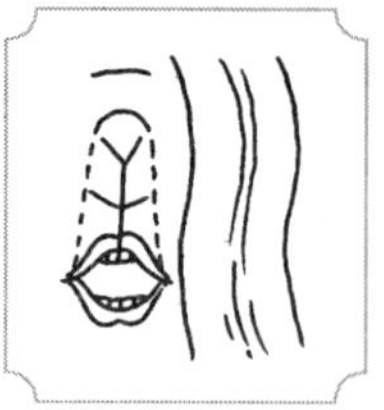

会意字。“言”（讠）像张口说话，“川”像河流，表示滔滔不绝地用言语教导。訓简化为训。本义是教诲。

训 means teaching, advice. It consists of 言（讠）, speech, and 川, river, i.e. teach or advice unceasingly like the flowing river. 訓 has been simplified to 训.

① 教导；告诫 teach; advice：～导 advice; guide | ～话 give an admonitory talk ② 教导或告诫的话 teaching; advice; guidance：家～ family maxim | 遗～ advice; guidance of a deceased ③ 训练 training：军～ military training | 受～ receive training ④ 法则；准则 law; precept; maxim：不足为～ not fit to serve as a maxim; model

xùn
讯
（訊）

会意字。甲、金文像开口审问手被反绑的人。篆、楷书“言”（讠）像张口说话，“卂”有疾飞义，表示急于问出案情，卂（xùn）兼表声。訊简化为讯。本义是问、审问。

讯 originally meant question, interrogate. In bone and bronze inscriptions, the characters depict sb questioning a handcuffed suspect. Seal and regular scripts consist of 言（讠）, talk, and 卂（xùn）, which is phonetic and means flying fast, i.e. eager to get to the bottom of a case. 訊 has been simplified to 讯.

① 问；审问 question; interrogate：传～ summon for interrogation | 审～ try; interrogate; hearing ② 消息；信息 news; information：通～ news; report; communication | 喜～ good news; happy tidings

xùn
汛

会意字。“氵”像水流、水珠，“卂”有疾飞意，表示洒水时水散开如飞，卂（xùn）兼表声。本义是洒水。现指江河季节性的涨水。

汛 originally meant sprinkle water; later, it came to mean seasonal flood. It consists of 氵, water, and 卂（xùn）, which is phonetic and means flying fast, i.e. the sprinkling of water droplets.

江河季节性的涨水 seasonal flood：～期 flood season | ～情 flood situation | 防～ prevent flood xùn

迅

会意字。“辶”（辵）像路和脚，“卂”像鸟，指疾飞，表示动作快速如飞，卂（xùn）兼表声。本义是速度快。

迅 means fast, swift. It consists of 辶（辵）, a pathway and foot, and 卂（xùn）, which is phonetic and depicts a bird, i.e. flying swiftly.

速度快 fast; swift：～速 fast; swift | ～猛 swift and violent | ～雷不及掩耳 bolt from the blue

xùn

驯

（馴）

会意字。“馬”（马）像马，“川”像河流，河水顺河道而流，表示驯是马顺从人意。馴简化为驯。本义是顺服、顺从。

驯 means tame, docile. It consists of 馬（马）, horse, and 川, river, i.e. the horses follow the instructions of men, just like river flows smoothly in its course. 馴 has been simplified to 驯.

① 顺从；顺服 be tame; docile：～服 be tame; docile | 温～ docile; obedient | 桀骜不～ obstinate and unruly ② 使驯服 tame：～养 tame; domesticate | ～虎 tame the tiger | ～马 tame the horse

xùn

逊

（遜）

会意字。“辶”（辵）像路和脚，“孫”（孙）是排在后面的小辈，表示退避在后。遜简化为逊。本义是退避。

逊 originally meant withdraw oneself. It consists of 辶（辵）, a pathway and foot, and 孫（孙）, kid, i.e. the younger generation following behind the elders. 遜 has been simplified to 逊.

① 谦虚 humble; modest：谦～ humble; modest | 出言不～ speak insolently ② 差；不如 worse than; not comparable：略～一筹 slightly worse; a notch bellow | 毫不～色 by no means inferior

xùn

殉

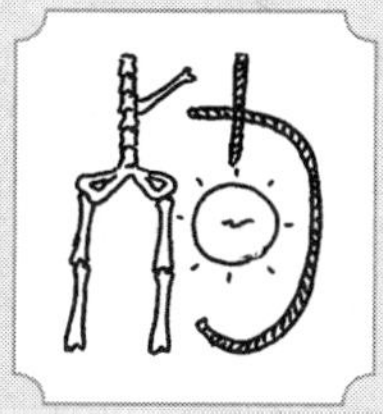

形声字。歹表意，像残骨；旬（xún）表声，旬通徇，有曲从义，表示殉是活人曲从死人，即陪葬。本义是陪葬。

殉 means be buried alive with the dead. It consists of 歹, depicting remains of the dead, and 旬（xún）, which is phonetic and interchangeable with 徇 (comply reluctantly, with reservation), i.e. living persons are forced to be buried with the dead.

① 陪葬 be buried alive with the dead：～葬 be buried alive with the dead ② 为了一定目的而牺牲生命 sacrifice one's life for a cause：～情 die for love | ～国 die for the country | 以身～职 die at one's post

X

yā

压

（壓）

会意字。“土”本像地上有堆土，“厭”是壓的本字，表示土受压易崩塌，厭（yā）兼表声。简体字“厂”像山崖，“土”指泥土，“丶”代表土石块，表示山崖崩塌。本义是崩坏。

压 originally meant collapse. It is composed of 土, soil on the ground and 厭（yā）, which is phonetic and the proto-form of 壓, i.e. heaps of soil collapse easily under pressure. The simplified form consists of 厂, a cliff, 土, soil, and 丶, rocks, i.e. a cliff has collapsed.

① 向下加力 press：～平 flatten｜～碎 crush ② 用强力制服或制止 oppress; suppress：～迫 oppress; constrict｜镇～ oppress; suppress ③ 迫近 approach; draw near：大军～境 enemies approaching the borders ④ 搁置起来 shelve; stock：积～ keep long in stock; overstock

yā/ya

呀

形声字。口表意，像张开的口，表示口中发出惊异声；牙（yá）表声。呀是叹词，又作象声词。

呀 is both an interjection and onomatopoeia. It consists of 口, an open mouth, i.e. exclamation made by the mouth; and 牙（yá）, which represents the pronunciation.

㊀ yā ① 叹词，表示惊异 interjection to denote surprise：～，好大的雪！Wow, what a big snowfall! ② 象声词 onomatopoeia：门～的一声开了。The door opened with a squeak. ㊁ ya 句末语气词 used at the end of a sentence as a particle：快来～！Come quickly!

yā

押

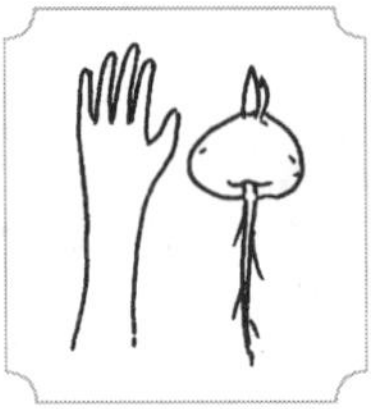

会意字。“扌”像手，表示用手签名或画符；“甲”是护身的皮革，表示押是取得保证的凭信。本义是签字或画符号。

押 originally meant sign. It consists of 扌, hand, and 甲, an armor, i.e. one's signature acts like a protection to one's interests.

① 在文契上签名或画符号 sign：画～ sign｜签～ sign ② 用财物作担保 mortgage：～金 deposit｜抵～ mortgage ③ 拘留 detain; take into custody：扣～ detain; take into custody｜关～ detain; take into custody; lock up｜拘～ detain; take into custody ④ 跟随；看管 escort：～解 escort (a criminal, captive etc)｜～运 escort (goods)

yā

鸦

（鴉）

形声字。鳥（鸟）表意，像鸟，表示乌鸦；牙（yá）表声，亦表示乌鸦的叫声。鴉简化为鸦。本义是乌鸦。

鸦 means crow. The character is composed of 鳥（鸟）, a crow, and 牙（yá）, which is phonetic and refers to the cawing of crows. 鴉 has been simplified to 鸦.

乌鸦，鸟名，全身羽毛黑色 crow：寒～ jackdaw｜～雀无声 pin-drop silence

Y

哑 746页

yā

鸭

（鴨）

形声字。鳥（鸟）表意，像鸟，表示鸭是水禽；甲（jiǎ）表声，亦表示鸭子的叫声。鴨简化为鸭。本义是鸭子。

鸭 means duck. It is composed of 鳥（鸟）, bird, and 甲（jiǎ）, which is phonetic and means to quack, i.e. ducks are aquatic birds that quack.

鸭子，嘴扁，颈长，趾间有蹼，善游水，肉和蛋都可以吃 duck：～蛋 duck's egg｜～绒 duck's down｜烤～ roast duck

yá

牙

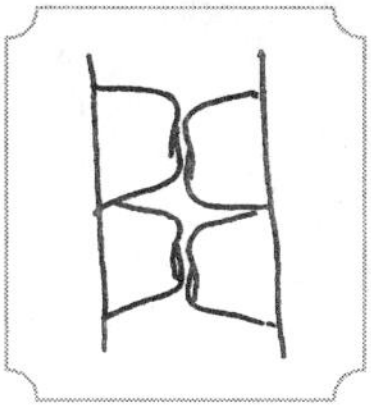

象形字。古文字像上下牙咬合。本义是槽牙，泛指牙齿。

牙 originally referred to molars. It later came to mean teeth in general. In classical form, it depicts the upper and lower sets of teeth.

① 牙齿 teeth：门～ incisor｜镶～ insert a false tooth｜刷～ brush one's teeth ② 特指象牙 ivory; elephant's tusk：～雕 ivory sculpture｜～筷 ivory chopstick ③ 像牙齿的东西 teeth-like object：～子 serrated edge｜月～ crescent moon

yá

芽

会意字。“艹”（艸）像草，“牙”像牙齿，表示植物之芽小如牙；牙（yá）兼表声。本义是植物的幼体。

芽 means sprouts. It consists of 艹（艸）, grass, and a phonetic element 牙（yá）, teeth, i.e. sprouts are as small as teeth.

植物的幼体，可以长成茎、叶或花 sprouts：嫩～ tender sprouts｜发～ sprouting｜豆～ bean sprouts

yá

蚜

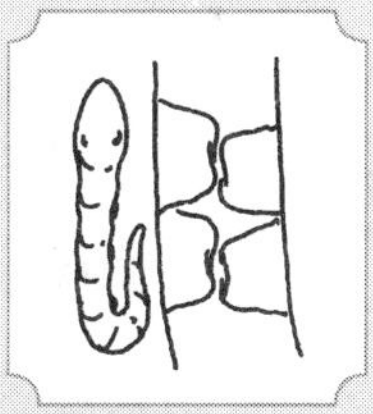

形声字。虫表意，像虫；牙（yá）表声，牙有幼小义，表示吸食植物幼芽汁液的虫。蚜虫是害虫。

蚜 means aphid. It is composed of 虫, worm, and 牙（yá）, which is phonetic and means small, i.e. aphids which feed on sap of sprouts.

蚜虫，害虫，吸食植物幼苗、嫩叶的汁液，对粮、棉、豆、菜的生长有很大的危害 aphid

yá

崖

会意字。“山”像山，“厓”像山崖和重叠的土，表示山的边，厓（yá）兼表声。本义是山或高地陡峭的侧面。

崖 means the side of a high mountain or precipice. It is composed of **山**, mountain, and **厓**, a precipice and layers of soil, i.e. the side of a mountain. **厓**（yá）also represents the pronunciation.

高山、高地的边 side of a mountain or precipice：**山～** precipice; cliff | **悬～峭壁** perilous cliffs and precipices | **悬～勒马** wake up to danger at the last moment

yá

涯

会意字。“氵”像河水、水珠，表示水边；“厓”像山崖和重叠的土，表示水边多山崖或高地；厓（yá）兼表声。本义是水边。

涯 means water margin. It is composed of **氵**, river water, and **厓**, a cliff and layers of soil, i.e. there are many mountains and highlands near water bodies. **厓**（yá） represents the pronunciation.

① **水边** water margin：**～岸** water margin ② **边际；边缘** margin; limit：**天～海角** the ends of the world | **一望无～** (sea, plain etc) too far and vast to see the ends

yá

衙

会意字。“行”像十字路口，“吾”是人称代词，表示在路上行进的队列。本义是行进中的行列。基本义是官署。

衙 originally meant an ongoing parade. Its basic meaning is a government office. The character consists of **行**, a crossroad junction, and **吾**, which is a personal pronoun, i.e. an ongoing parade on the road.

旧时的官署 government office in the past：**～门** government office | **～役** yamen runner | **县～** county's office building

yǎ/yā

哑

（啞）

形声字。口表意，像张开的口，表示开口笑；亞（亚 yà）表声。啞简化为哑。本义是笑声。引申为不能说话。

哑 originally meant laughter; by extension, it came to mean dumb, unable to speak. It is composed of **口**, open mouth, i.e. laughing with mouth open; and **亞**（**亚** yà）, which is phonetic. **啞** has been simplified to **哑**.

㊀ **yǎ** ① **不能说话** dumb; unable to speak：**～巴** dumb person | **聋～** deaf and dumb ② **发音困难或不清楚** experience difficulty in pronouncing words：**嘶～** hoarse (voice) | **沙～** hoarse (voice) ③ **无声的** dumb; silent：**～剧** pantomime | **～炮** dud ㊁ **yā** **象声词** onomatopoeia：**～～学语** a baby learning how to speak

Y

yǎ

雅

篆

形声字。隹表意，像鸟，表示乌鸦；牙（yá）表声，兼表乌鸦的叫声。本义为乌鸦，此义后写作鸦。

雅 originally meant a crow. This meaning has been replaced by the character 鸦. It is composed of 隹, semantic, depicting a crow; and 牙（yá）, which is phonetic and signifies the cries of crows.

① 合乎规范的 standard; acceptable; proper：~言 earnest advice | ~正 standard; acceptable; proper | ~道 standard; heterodox ② 高尚；不粗俗 elegant, refined：~兴 aesthetic mood | 优~ elegant; refined; graceful | 文~ elegant; refined; graceful ③ 敬辞：~教 your esteemed opinion | ~意 your kind offer | ~正 used when presenting sb with a copy of one's art piece, writing etc and asking for advice

yà/zhá

轧

（軋）

篆

形声字。車（车）表意，像车，表示车轮碾过；乚（yà）表声，像植物被压成弯曲的样子。軋简化为轧。本义是车轮碾过。

轧 originally meant flatten, leveled by wheels. It consists of 車（车）, cart, i.e. leveled by wheels; and 乚（yà）, which is phonetic and resembles a plant bent by pressure. 軋 has been simplified to 轧.

㊀ yà ① 碾压 flatten; level：~路机 road roller ② 排挤 ostracize; oust：倾~ engage in internal struggle ㊁ zhá 把钢坯压成一定形状的钢材 steel rolling：~钢 steel rolling | 冷~ cold rolling

yà

亚

（亞）

甲

金

篆

象形字。甲、金文像俯视的宗庙建筑，亚最初指宗庙。亞简化为亚。本义是宗庙。引申为官名。基本义是次一等的。

亚 originally meant an ancestral shrine; by extension, it came to refer to an official post. Its basic meaning is of second grade, class, level. In bone and bronze inscriptions, it depicts a bird's eye view of an ancestral shrine. 亞 has been simplified to 亚.

① 次一等的 of second grade, class, level：~军 runner-up | ~热带 subtropics | 新手不~于老将。Greenhorns may not be inferior to those who have experience. ② 亚洲 Asia：东~ East Asia | 南~ South Asia

yà

讶

（訝）

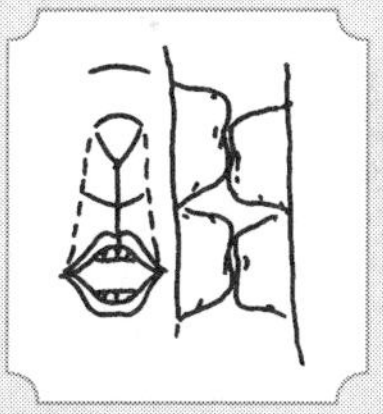

篆

形声字。言（讠）表意，像张口说话，表示用言辞相迎接；牙（yá）表声，牙上下对生而相合，表示迎接是主与客相合。訝简化为讶。本义是迎接。引申为感到奇怪。

讶 originally meant receive (guest); by extension, it came to mean feel strange, weird. It is composed of 言（讠）, sb talking, i.e. receive sb with greetings; and 牙（yá）, which is phonetic and depicts the upper and lower rows of teeth aligning, i.e. reception is the meeting of hosts and guests. 訝 has been simplified to 讶.

感到很奇怪 feel strange; weird：惊~ surprised; bewildered

呀 744页

yān/yàn/yè

咽

会意字。"口"像张开的口，表示咽与口相连；"因"作由解，表示饮食、言语须通过咽喉。本义是咽喉。

咽 originally referred to the throat. It consists of **口**, an open mouth, i.e. the throat is connected with the mouth; and **因**, which denotes through, i.e. food and words (vocal vibrations) have to pass through the throat.

㊀ yān 咽头，口腔深处通食道的部分 throat：～喉炎 sore throat **㊁ yàn** 吞下 swallow：细嚼慢～ chew one's food well before swallowing it｜狼吞虎～ wolf down **㊂ yè** 因悲伤而声音阻塞 choke with sobs：哽～ choke with sobs｜呜～ sob; whimper

yān

烟

（煙）

会意字。金文"宀"像房屋，"煙"指炊烟。篆书"火"像火焰，"垔"指堵塞，表示浓烟弥漫。楷书火、因，表示烟因火而生。本义是物质燃烧时产生的气体。

烟 means smoke. In bronze inscriptions, **宀** depicts a house and **煙** refers to smoke produced from cooking. In seal script, **火** depicts fire and **垔** means choked, i.e. air filled with smoke. In regular script, **火** and **因** (the cause of sth) suggest the cause of smoke is fire.

① 物质燃烧时产生的气体 smoke：～囱 chimney｜冒～ produce smoke ② 像烟的东西 sth that resembles smoke：云～ mist ③ 烟草及烟草制品 tobacco：香～ cigarette｜抽～ to smoke ④ 鸦片 opium：～膏 opium paste｜～枪 opium pipe

yān

淹

会意字。"氵"像流水、水珠，"奄"像张开四肢的人和闪电，有覆盖义，表示被水覆盖，奄（yǎn）兼表声。本义是浸没。

淹 originally meant submerged, immersed in water. It is composed of **氵**, water, and **奄**（yǎn）. The latter is phonetic, resembles sb with limbs widespread on top of a flash of lightning, suggesting cover, i.e. be covered with water.

① 浸没 submerged; immersed in water：～没 flooded｜～死 drown ② 久留；滞留 stay for a long period：～留 stay for a long period

yān

腌

形声字。月（肉）表意，像肉，表示腌制肉类；奄（yǎn）表声，奄有覆盖义，表示腌食物必须将盐、糖等覆盖在食物上。本义是用盐、糖等浸渍食物。

腌 originally meant marinate. It is composed of **月（肉）**, meat, i.e. marinated meat; and **奄（yǎn）**, which is phonetic and means to cover, i.e. marinating meat requires covering it with marinade.

用盐、糖等浸渍食物 marinate：～肉 preserved meat｜～鱼 preserved fish｜～罗卜 preserved radish

Y

燕 755页 殷 780页

yán

延

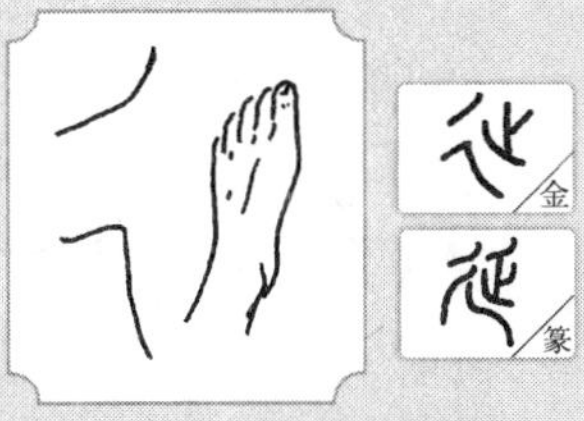

会意字。金文“彳”像路，“止”像脚，表示走长路。篆、楷书“廴”像长路，“止”像脚，“丿”指延伸，表示走长路。本义是走长路。引申为伸长。

延 originally meant walk long distances; by extension, it came to mean extend. In bronze inscriptions, 彳 depicts a pathway and 止 looks like a foot, i.e. walk a long distance. In seal and regular scripts, there are radicals 廴, long path; 止, foot; and 丿, which means extend.

① 伸长 extend：～伸 extend; stretch｜蔓～ extend; spread｜～年益寿 promote longevity ② 推迟 postpone：～迟 postpone｜～期 postpone the date｜拖～ drag; delay; procrastinate ③ 聘请 hire; employ; engage：～聘 hire; employ; engage

yán

严

（嚴）

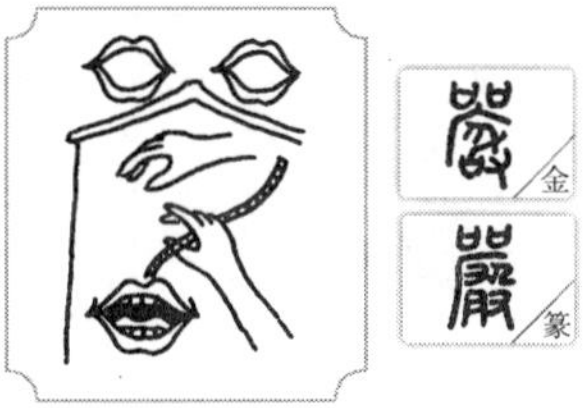

会意字。“吅”像两张口，“厰”指山崖险峻，表示政令紧急。嚴简化为严。本义是紧急。

严 originally meant urgent, emergency. It consists of 吅, two mouths, and 厰, perilous mountains, i.e. pressing instructions from the court. 嚴 has been simplified to 严.

① 紧密；无空隙 tight; close：～密 tight; close｜～紧 tight; close ② 认真；要求高 serious; strict; rigorous：～格 strict; severe; rigorous｜～厉 stern; strict; severe ③ 厉害；程度深 of a high standard：～寒 bitter cold｜～重 serious; grave ④ 对别人称自己的父亲 formal usage, refers to one's own father：家～ my father ⑤ 姓 a family name

yán

言

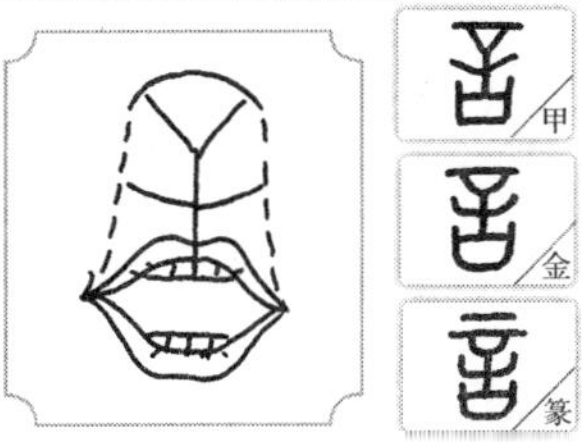

指事字。古文字像张口伸舌说话。楷书像开口发出说话声。本义是说。

言 means say, speak, talk. In classical form, it depicts sb talking and showing his tongue. In regular script, it resembles sb talking.

① 说 say：～之有理 what is said is reasonable, sensible｜苦不堪～ the sufferings are beyond what words can say ② 说的话 speech：名～ celebrated dictum; famous phrase｜有～在先 an agreement reached beforehand ③ 一个字；一句话 a word; a sentence：五～诗 a poem that has five words in every line｜一～难尽 it's a long story

yán

岩

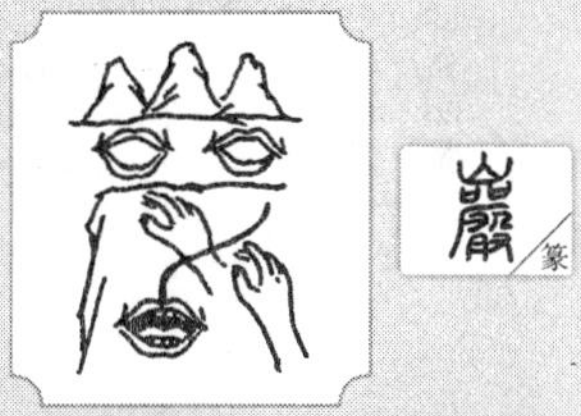

会意字。篆、隶书“山”像山峰耸立，表示高峻的山崖；“嚴”（严）有险峻、难近意，表示高峻的山崖难以靠近；嚴（yán）兼表声。楷书山、石，表示山石。本义是高峻的山崖。

岩 signifies a majestic, perilous cliff. In seal and regular scripts, it is composed of 山, a high peak, i.e. perilous cliff; and 嚴（严 yán）, which is phonetic and means perilous, i.e. hard to get close to perilous cliff. The regular script has 山 and 石, rocks, i.e. mountain rocks.

① 高峻的山崖 majestic, perilous cliff ② 岩石 rock：～洞 grotto｜花岗～ granite

yán

炎

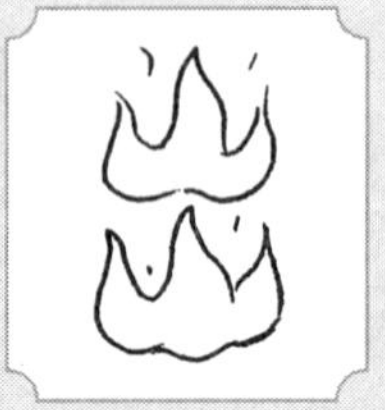

会意字。像两把火焰，表示火苗升腾。本义是火苗升腾。引申指炎热。

炎 originally meant rising flames, later by extension, scorching. The character depicts two flames, i.e. flames rising.

① 天气极热 scorching weather：～热 scorching weather | ～夏 scorching summer | 烈日～～scorching sun ② 炎症 inflammation：发～ inflammation | 肺～ pneumonia | 肠～ enteritis

yán

沿

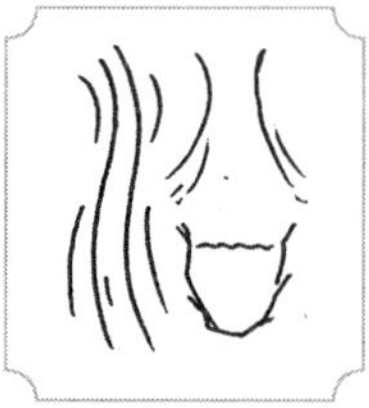

会意字。“氵”像河流、水珠，“㕣”像水顺山沟流出，㕣（yǎn）兼表声。本义指顺河而下。泛指顺着。

沿 originally meant going with the river flow; later, it came to mean along in general. It consists of 氵, water, and 㕣（yǎn）, which is phonetic and depicts water flowing along a gully.

① 顺着 along：～途 along the journey | ～街叫卖 peddle, hawk along the street ② 靠近 close to; near：～岸 along the coast | ～海城市 coastal city ③ 照旧；因袭 copy; follow (customs, old rules etc)：～袭 copy; follow | ～用 continue to use (old methods etc) ④ 边 side; edge：前～ forward position (military term) | 边～ side; edge

yán

研

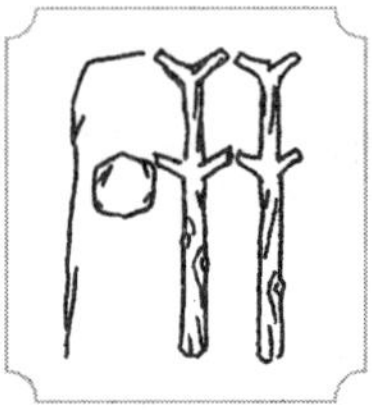

会意字。篆书“石”像山崖下有块石头，“幵”有齐平义，表示用平底之石磨物。楷书“石”指石砚，“开”有显露义，表示磨墨是为了书写。本义是细磨。

研 originally meant rub against, grind finely. In seal script, it consists of 石, rock, and 幵, which denotes a flat surface, i.e. rub sth against a stone with a flat bottom. In regular script, 石 refers to an inkstone and 开 means open, make known; i.e. rubbing an ink stick against an inkstone for the purpose of writing.

① 细磨 rub; grind finely：～墨 grind; pestle | ～药 grind; pestle the medicine ② 深入探讨 research; in-depth study：～究 research | ～讨 research and discuss | 钻～ research; in-depth study

yán

盐

（鹽）

会意字。“鹵”像盐袋子，表示食盐；“監”（监）有督察义，表示盐是必须品需看管好。简体字“皿”像器皿，“土”指土粒，“卜”指挑选，表示剔除土粒后将盐装入器皿。本义是食盐。

盐 means salt. It is composed of 鹵, a salt bag, and 監（监）, supervise, i.e. salt is a necessity and has to be kept safely. The simplified form is composed of 皿, a container; 土, grains of soil; and 卜, meaning to pick, i.e. pick the salt among the soil and put the former into the container.

食盐，有咸味，主要调味品之一 salt：海～ sea salt

Y

yán

阎

（閻）

会意字。“門”（门）像门，表示里巷的门；“臽”像人掉入陷阱，有进入意，表示由阎进入里巷。閻简化为阎。本义是里巷的门。现用作姓。

阎 originally referred to a door in the alley; later, it is used as a family name. The character consists of **門（门）**, door, i.e. door in the alley; and **臽**, sb entering a trap, i.e. an entrance to the alley. **閻** has been simplified to **阎**.

姓 a family name

yán

蜒

会意字。“虫”像虫，表示蜒蚰；“延”指延伸，表示蜒蚰以延伸身体前行；延（yán）兼表声。本义是蜒蚰。

蜒 originally meant slug. It is composed of **虫**, worm, i.e. slug; and **延（yán）**, which is phonetic and means extend, i.e. slugs move by extending and contracting their bodies.

① [蜒蚰] 软体动物，形状像无壳的蜗牛，表面多黏液，头上有触角 slug ② [蚰蜒] 节肢动物，像蜈蚣而略小，触角和脚都很细 scutiger

yán

颜

（顏）

形声字。頁（页）表意，金文像人的头，篆书像夸大头部的人，表示额在头部；彦（yàn）表声。顏简化为颜。本义是额。

颜 originally meant forehead. **頁（页）** is semantic; in bronze inscriptions, it depicts a head and in seal script, an enlarged head, i.e. forehead is part of the head; **彦（yàn）** is phonetic. **顏** has been simplified to **颜**.

① 面容；脸色 one's look; color of one's cheeks：容～ look; appearance｜和～悦色 have a kind, genial expression ② 脸皮；面子 face; countenance：～面 prestige｜厚～无耻 shameless; impudent ③ 色彩 color：～料 pigment; coloring｜五～六色 colorful ④ 姓 a family name

yán

檐

形声字。木表意，像树，表示屋檐用木材构成；詹（zhān）表声。本义是屋檐。

檐 originally referred to eaves. It consists of **木** (wood), tree, i.e. eaves are made of wood; and **詹（zhān）**, which represents the pronunciation.

① 屋顶边延伸出的部分 eaves：～下 under the eaves｜屋～ eaves｜飞～走壁 leap onto roofs and jump over the walls ② 某些东西上像屋檐的部分 ledge; brim：帽～ hat brim

yǎn 奄

会意字。金文像人（大）头上有闪电（电），篆、楷书将闪电移到下面，以闪电过后有响雷人需盖住耳朵，表示覆盖。本义是覆盖。

奄 originally meant cover. In bronze inscriptions, it depicts lightning（电）above a man's（大）head; in seal and regular scripts, the radical 电 is shifted to the bottom, i.e. people cover their ears when lightning strikes.

① 覆盖；拥有 cover; possess：～有四方 cover everywhere ② 忽然；突然 suddenly; abruptly：～忽 suddenly; abruptly｜～然 suddenly; abruptly ③［奄奄］气息微弱的样子 barely breathing：～一息 at one's last gasp

yǎn 衍

会意字。“氵”像河流、水珠，“行”像十字路口，有走、流通义，表示江河之水流向大海。本义是江海流向大海。引申为延展。

衍 originally meant river flowing toward the sea; later, it came to mean extension. It consists of 氵, river flow, and 行, a crossroad junction, suggesting movement, i.e. rivers and streams flowing into the sea.

① 延展 extend; stretch：推～ postpone｜繁～ multiply; increase by leaps and bounds ② 多余的 extra; superfluous：～文 redundant word

yǎn 掩

会意字。“扌”像手，表示用手遮盖；“奄”像张大四肢的人和闪电，有覆盖义；奄（yǎn）兼表声。本义是遮掩。

掩 means cover up, veil, conceal. It consists of 扌, hand, i.e. cover with hand; and 奄（yǎn）, which is phonetic and denotes cover.

① 遮盖；遮蔽 cover up; veil; conceal：遮～ cover up; conceal｜～护 shield; cover｜～人耳目 hoodwink others ② 关上；合上 close：～门 close the door｜～卷 close the book

yǎn 眼

会意字。“目”像眼睛，“艮”像人瞪大眼睛。本义是眼睛。

眼 means eye. The character is composed of 目, eye, and 艮, which depicts sb with eyes wide opened.

① 眼睛 eye：～明手快 sharp-eyed and nimble｜眉开～笑 beam with joy; be all smiles ② 小孔；窟窿 small hole; cavity：针～ needle eye｜泉～ fountain source ③ 关键 crux; vital：节骨～ critical juncture; vital link ④ 音乐的节拍 rhythm：有板有～ rhythmical yǎn

演

篆

形声字。氵表意，像河水、水珠，表示水长流；寅（yín）表声。本义是水长流。引申为不断发展变化。

演 originally referred to flowing water; by extension, it came to mean develop, evolve. It consists of 氵, flowing water, and **寅（yín）**, which represents pronunciation.

① 不断发展变化 develop; evolve：～变 develop; evolve into | ～化 evolution ② 当众发表；推断；发挥 give a public presentation; deduce; display (talent)：～说 public speech | ～绎 deduce | ～义 historical novel ③ 依照一定的程序练习 practice in a step-by-step way：～算 perform calculations | ～习 drill ④ 表演 perform; act：～戏 act | ～技 acting skill

yàn

厌

（厭）

金

篆

会意字。金文“口”像张开的口，“月”像肉，“犬”像狗，以犬吃肉表示满足。篆、楷书添“厂”，像山崖，远古的人居住在山崖下。简体字厂、犬，表示山崖下人养的犬满足于食物。本义是满足。

厌 originally meant satisfied. In bronze inscriptions, there are radicals **口**, open mouth; **月**, meat; and **犬**, dog, i.e. meat satiates dogs. In seal and regular scripts, radical **厂**, cliff, is added, i.e. people used to live at the foot of cliffs. In simplified form, **厂** and **犬** suggest the dogs kept by those living at the foot of cliffs are satiated by food.

① 满足 satisfied：贪得无～ avaricious | 学而不～ hungry for knowledge ② 不喜欢；憎恶 dislike; distaste; hate：～烦 bothersome | 讨～ dislikable; hateful

yàn

砚

（硯）

篆

会意字。“石”像山崖下有块石头，表示砚用石头制成；“見”（见）像人张大眼睛，有看见义，表示用砚磨墨写出的字能让人看见。硯简化为砚。本义是砚台。

砚 refers to inkstone. It is composed of **石**, rock, i.e. inkstone is made of stone; and **見（见）**, sb with wide-open eyes, denoting to see, i.e. writing calligraphy which inevitably makes use of the inkstone lets one see all that is written. **硯** has been simplified to **砚**.

磨墨的用具 inkstone：～台 inkstone | 笔墨纸～ the four necessities when writing calligraphy: paper, Chinese brush, ink and inkstone.

yàn

艳

（豔）

会意字。“豐”像器皿中有两串玉，“色”指色彩，表示丰满美丽。简体字丰、色，表示丰满美丽。本义是丰满美丽。

艳 means well-developed and beautiful. It is composed of **豐**, two brunches of jade in vessel, and **色**, which refers to colors. The simplified form is composed of radicals **丰** and **色**.

① 色彩鲜明美丽 bright-colored; beautiful：～丽 bright-colored; beautiful | 鲜～ bright-colored; beautiful | 浓～ rich; bright-colored ② 关于爱情的 amorous：～史 love story | ～诗 love poem | ～事 love affairs

Y

yàn

唁

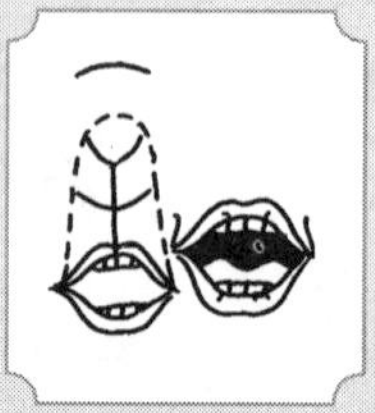

会意字。“口”像张开的口，“言”像张口说话，表示用言辞慰问，言（yán）兼表声。本义是慰问，特指慰问死者家属。

唁 means to express sympathy for; and also refers to extend condolences in particular. It is composed of 口, an open mouth, and 言（yán）, which is phonetic and depicts sb talking, i.e. express sympathy.

对遭遇丧事的人表示慰问 extend condolences：吊～ extend condolences | ～函 letter of condolences | ～电 call of condolences

yàn

宴

会意字。“宀”像屋子，“晏”有安意，表示在屋里很安闲、安乐；晏（yàn）兼表声。本义是安闲、安乐。引申为酒席；用酒席招待。

宴 originally meant ease, comfort; by extension, it came to mean banquet, feast, throw a banquet. It consists of 宀, a house, and 晏（yàn）, which is phonetic and means safe, ease, i.e. one feels safe and at ease when in the house.

酒席；用酒席招待 banquet; feast; throw a banquet：～席 banquet; feast | 设～ throw a banquet | 赴～ attend a banquet

yàn

验

（驗）

会意字。“馬”（马）像马，“僉”（佥）有皆、都义，表示马都有其名。驗简化为验。本义是马名。基本义是检查。

验 originally was name for horses. Its basic meaning is to check. The character is composed of 馬（马）, horse, and 僉（佥）, which denotes all, i.e. all horses have names. 驗 has been simplified to 验.

① 检查 check：～血 blood test | ～收 check and accept | 试～ experiment; test ② 有功效 efficacious; effective：应～ efficacious | 灵～ efficacious

yàn

谚

（諺）

形声字。言（讠）表意，像张口说话，表示谚语；彦（yán）表声，彦有美士义，表示谚是传世的美言。諺简化为谚。本义是谚语。

谚 means proverb. It consists of 言（讠）, sb talking, i.e. proverb; and 彦（yán）, which is phonetic and refers to a virtuous and talented man, i.e. proverbs are words of wisdom that are passed down from one generation to the next. 諺 has been simplified to 谚.

［谚语］民间流传的、寓意深刻的固定语句 proverb

Y

yàn

堰

形声字。土表意，本像地上有堆泥土，表示堤坝用土石筑成；匽（yàn）表声，匽有掩藏义，表示堤坝有蓄藏水的作用。本义是挡水堤坝。

堰 originally meant dam, breakwater. It is composed of **土**, soil on the ground, i.e. dams are built with soil and stones; and **匽（yàn）**, which is phonetic and means conceal, hide, i.e. dams are used as reservoirs.

较低的挡水堤坝 smaller dam; breakwater：塘～ small reservoir | 都江～ The Dam of Dujiang

yàn

雁

会意字。“隹”像鸟，“亻”像人，“厂”像山崖，表示雁是候鸟，群雁以“人”字形队列飞越高山。雁是一种候鸟。

雁 refers to wild goose, a kind of migratory bird. The character consists of **隹**, bird, **亻**, man; and **厂**, cliff, i.e. wild geese organize themselves into a **人** formation as they fly over high mountains.

大雁，也叫鸿雁，鸟名，形状像鹅，候鸟，每年秋天往南飞，次年春天飞回北方，群居水边 wild goose

yàn

焰

会意字。“火”像火焰，“臽”像人掉入陷阱，表示火焰是危险能伤人的。本义是火苗。

焰 means flame. It is composed of **火**, flames, and **臽**, sb falling into a trap, i.e. flames are dangerous and able to cause injury.

火苗 flame：火～ flame | 烈～ blazing fire | 众人拾柴火～高。Greater number of people result to greater strength.

yàn/yān

燕

象形字。像展翅飞翔的燕子，突显燕子剪刀状的尾巴。本义是燕子。

燕 refers to swallow. The character depicts a swallow with its wings widespread, featuring especially the scissor-like tail.

㊀ yàn 燕子，候鸟，春天飞到北方，秋天飞到南方。翅膀尖长，尾巴分开像剪刀，捕食害虫，是益鸟 swallow ㊁ yān ① 古国名，后用来指河北省北部 one of the states in ancient China, now is used to refer to northern Hebei Province

yāng
央

会意字。像张开四肢的人（大）站在门框（冂）中间，表示中心、当中。本义是中心、当中。

央 means central, middle, among. The character depicts sb（**大**）with widespread limbs standing in the middle of the door（**冂**），i.e. central, middle.

① 中心；当中 central; middle; among：中～ central; middle ② 恳求；请求 plead; beg; beseech：～求 plead; beg; beseech | ～告 plead; beg; beseech

yāng
殃

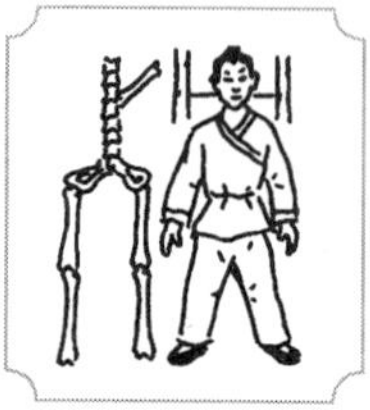

形声字。歹表意，像残骨，表示人死亡或接近死亡的灾祸；央（yāng）表声，央像正面的人站在门框中间，有中间义，表示灾祸常使人处于生死之间。本义是灾祸。

殃 originally meant disaster. It consists of **歹**, semantic, depicting bones of the dead, i.e. sb approaching death; and **央**（yāng），phonetic, depicting sb standing in the middle of the door, i.e. life and death is often separated by merely a line when disaster strikes.

① 灾祸 disaster：遭～ encounter disaster ② 使遭受灾祸 bring about disaster：祸国～民 bring disaster to both the country and people

yāng
鸯
（鴦）

形声字。鳥（鸟）表意，像鸟，表示鸳鸯；央（yāng）表声，央作中解，有中则有两半，表示鸳鸯成对生活，雌雄各为其半。鴦简化为鸯。本义是鸳鸯。

鸯 refers to mandarin duck. It is composed of **鳥**（**鸟**），bird, and **央**（yāng），which is phonetic and means center, denoting two halves, i.e. mandarin ducks live in pairs, comprising a male duck and female one. **鴦** has been simplified to **鸯**.

［鸳鸯］鸟名，样子像野鸭，雄的羽毛美丽，雌雄常成对生活在水里。常用来比喻夫妻。Mandarin duck, often used to refer to husband and wife.

yāng
秧

形声字。禾表意，像谷类植物，表示禾的幼苗；央（yāng）表声，央像正面的人站在门框中间，有居中义，表示秧要插得正直。本义是禾苗。

秧 originally referred to seedlings of cereal crops. It consists of **禾**, grain crops, and **央**（yāng），which is phonetic and depicts sb standing in the middle of the door, denoting middle, i.e. seedlings have to be planted in upright positions.

① 植物的幼苗 seedling：树～ sapling | 育～ grow seedlings ② 水稻的幼苗 rice seedling：插～ transplant rice seedling ③ 某些植物的茎 vines of some plants：豆～ pod vines | 瓜～ melon vines ④ 某些初生的小动物 young of some animals：鱼～ fingerlings

Y

yáng

扬

（揚）

形声字。金文“丮”像人伸出双手，篆、楷书“扌”像手；昜（yáng）表声，昜指太阳，表示扬是手高高举起。揚简化为扬。本义是举起、升起。

扬 means lift, raise. In bronze inscriptions, 丮 resembles sb stretching out both hands; in seal and regular scripts, 扌depicts a hand and 昜（yáng）is phonetic, refers to the sun, i.e. lift, raise sth high up. 揚 has been simplified to 扬.

① 举起；升起 lift; raise：~手 raise one's hand and beckon; wave｜~帆远航 set sail ② 传播；显示 spread; publicize：~名 make a name for oneself｜张~ spread; publicize ③ 飘动 flutter：飘~ flutter ④ 称赞 praise; compliment：赞~ praise; compliment｜表~ praise; compliment

yáng

羊

象形字。像羊，勾画出羊角、羊耳和羊的脸颊。羊是一种反刍类哺乳动物。

羊 means goat. The character shows a goat, depicting its horns, ears and face.

① 反刍类哺乳动物，有山羊、绵羊、羚羊等，肉可以吃，皮毛是工业原料 goat：~肠小道 meandering pathway｜亡~补牢 salvageable situation ② 姓 a family name

yáng

阳

（陽）

会意字。“阝”山坡，“昜”指太阳，表示向阳的山坡。简体字阝、日，表示太阳晒得到的山坡。本义是山的南面，水的北面。

阳 originally referred to the south of a mountain, north of a water body. It consists of 阝, mountain slope, and 昜, the sun. The simplified form is composed of 阝and 日. Both cases refer to the side of the slope exposed to the sun.

① 向阳的 the side exposed to the sun：~台 balcony ② 太阳 the sun：~光 sunshine｜夕~ the setting sun ③ 外露的；突出的；表面的；跟“阴”相对 exposed; outstanding; superficial part; as opposed to yin：~文 relief｜~奉阴违 feign compliance｜阴差~错 an error that arises due to strange circumstances ④ 男性生殖器 male genitals：~痿 impotence

yáng

杨

（楊）

形声字。木表意，像树，表示杨树；昜（yáng）表声，昜是陽（阳）的初文，有昌盛意，表示杨树易植易长，繁茂昌盛。楊简化为杨。本义是杨树。

杨 originally referred to poplar. It is composed of 木, tree, i.e. poplar; and 昜（yáng）, which is phonetic and the proto-form of 陽（阳）, luxuriant, i.e. poplars grow easily. 楊 has been simplified to 杨.

① 杨树，落叶乔木，种类很多，木材可做器具 poplar：~柳 willow｜百步穿~ skillful shooting ② 姓 a family name

yáng 洋

形声字。氵表意，像水流、水珠；羊（yáng）表声，羊儿成群有多意，表示洋指水多而广。本义是水多而广。引申为海洋。
洋 originally referred to a vast water body; by extension, it came to mean ocean. It consists of 氵, water, and 羊 (yáng) , which is phonetic and means goats travel in herds, i.e. great quantity.

① 比海大的水域 ocean：大西～ the Atlantic Ocean | 太平～ the Pacific Ocean ② 外国；国外的 foreign：～人 foreigner, mainly refers to westerner | ～货 imported goods ③ 盛大；众多 grand; vast：～溢 brimmed with | ～～大观 grand; spectacular ④ 现代化的 modern：土～结合 combine indigenous and foreign methods; combine traditional and modern methods ⑤ 银元 silver dollar; coin：大～ silver dollar

yǎng 仰

会意字。“亻”像人，表示人脸朝上；“卬”像跪着的人仰望站着的人；卬（yǎng）兼表声。本义是脸朝上。
仰 means facing upward. It is composed of 亻, man, i.e. looking up; and 卬 (yǎng) , which is phonetic and depicts a kneeling person looking up at sb standing.

① 抬起头；脸向上；跟“俯”相对 lift up one's head; face upward：～望 looking up | ～泳 backstroke ② 敬慕 admire; look up to：～慕 admire | 敬～ respect; look up to ③ 依靠；依赖 depend; rely：～赖 depend; rely | ～仗 depend; rely on sb for backing, support

yǎng 养（養）

会意字。甲、金文像手持鞭牧羊。篆、楷书羊、食，表示养羊。養简化为养。本义是养羊，泛指饲养。
养 originally meant herd goats; later, it came to mean raise animals in general. In bone and bronze inscriptions, it depicts sb herding goats with a cane. Seal and regular scripts are composed of 羊 (goat) and 食 (food), i.e. rearing goats. 養 has been simplified to 养.

① 饲养；培植 herd; raise; grow：～猪 raise pigs | ～花 grow flowers ② 生育 give birth to and educate：她～了一个男孩。She raises a boy. ③ 供养 support one's parents：奉～ support one's parents ④ 修养 self-cultivation：素～cultivation; accomplishment; attainment ⑤ 滋补；休息 nourish, rest：营～ nutrients | 休～ recuperate ⑥ 保护；维修 protect; maintain：～路 road, railway maintenance | 保～ take care of; maintain ⑦ 非亲生而抚养的 foster; adoptive：～母 foster mother

yǎng 氧

形声字。气表意，像飘浮空中的云气或袅袅上升的水气，表示氧是气体元素；羊（yáng）表声，亦表示羊以及其他动物都有赖氧气生存。本义是氧气。
氧 means oxygen. It consists of 气, clouds, steam, i.e. oxygen is a type of gas; and 羊 (yáng) , which is phonetic and means that goats and other animals need oxygen to survive.

气体元素，符号O。无色无臭，能助燃烧。是动植物呼吸所必需的气体 oxygen (O)

Y

yǎng 痒（癢）

形声字。疒表意，像病床，表示皮肤发痒的病症；養（养 yǎng）表声，养有调治义，表示皮肤发痒需调治。简体字疒表意、羊（yáng）表声。本义是皮肤需要抓挠的感觉。

痒 means itchy. It is composed of 疒, an hospital bed, i.e. itchy skin is a kind of disease; and 養（养 yǎng）, which is phonetic and means treatment, i.e. itch is a skin disease that needs to be treated. Simplified form consists of the semantic element 疒 and phonetic element 羊（yáng）.

皮肤受刺激需要抓搔的一种感觉 itchy：搔～ scratch the itch | 不痛不～ superficial; perfunctory

yàng 样（様）

形声字。木表意，像树，表示橡树的果实；羕（yàng）表声。简体字木表意、羊（yáng）表声。本义是橡树的果实。基本义是形状。

样 originally referred to fruits of trees. Its basic meaning is shape. The character consists of 木, tree, and 羕（yàng）, which is phonetic. The simplified form has a semantic element, 木, and phonetic element, 羊（yáng）.

① 形状 shape：～子 look; appearance | 式～ type; model; style ② 作为标准的 model; standard：～品 sample | 榜～ model ③ 种类 type; kind：各～every type, kind | 各式各～all types, kinds

yàng 漾

会意字。“氵”像水流、水珠，表示水流长；“羕”有水流长义；羕（yàng）兼表声。本义是水流长。后转指水面微微动荡。

漾 originally meant flowing water; later, it came to mean ripples. It is composed of 氵, water, and 羕（yàng）, which is phonetic and denotes long flowing water.

水面微微动荡 ripples：碧波荡～ ripples on the blue waters | 湖上～起微波 small ripples surfacing on the lake

yāo 夭

象形字。甲、金文像人两臂弯曲，篆书像人头部歪斜，表示屈、弯曲。楷书“大”像正面的人形，“丿”表示头歪斜不正。本义是屈、弯曲。引申为人短命、早逝。

夭 originally meant bent; by extension, it came to mean short-lived, die at a young age. In bone and bronze inscriptions, it depicts a man with his arms bent; and in seal script, a man with a crooked neck, i.e. bent. Regular script is composed of 大, front view of a man, and 丿, a crooked neck.

未成年而死 die at a young age：～亡 die at a young age | ～折 come to a premature death

Y

yāo 吆

形声字。口表意，像张开的口，表示吆喝；幺（yāo）表声。本义是高声呼喝。

吆 means cry aloud, shout. The character consists of **口**, an open mouth, i.e. cry aloud; and **幺（yāo）**, which represents the pronunciation.

［吆喝］大声喊叫，多用于叫卖东西，赶牲口，斥责人等 cry aloud; shout (used when peddling, herding animals, reprimanding others etc).

yāo 妖

形声字。女表意，像女子，表示女子艳丽；篆书芺（ǎo）表声，芺是一种异草，表示妖是异乎寻常的艳丽；楷书夭（yāo）表声，夭有弯曲、娇嫩义。本义为艳丽。

妖 originally meant beautiful, attractive, dazzling. **女**, woman, is semantic, i.e. beautiful woman. In seal script, **芺（ǎo）**, an exotic plant, is phonetic and implies exceptional beauty; in regular script, **夭（yāo）**, is phonetic and means bent, tender, fragile.

① 艳丽 beautiful; attractive; dazzling：～冶 seductive; bewitching | ～艳 seductive; bewitching ② 神话中害人的怪物 demon; evil spirit：～魔 demon; evil spirit | ～怪 demon; evil spirit ③ 怪异；邪恶 weird; unusual; evil：～术 witchcraft; sorcery | ～言惑众 deceive others with tales, fallacies

yāo/yào 要

会意字。古文字像女子两手叉腰，表示腰部。本义是腰，此义现写作腰。

要 originally meant waist. This meaning is now written as **腰**. The classical form depicts a woman with arms akimbo, emphasizing the waist.

㊀ yāo ① 求 plead; beg; implore：～求 request ② 强求；威迫 coerce; threaten：～胁 threaten ㊁ yào ① 重大；重要 important; serious; grave：～事 important, urgent issue | 首～ firstly; of the most importance ② 希望得到；讨取 yearn; beg; plead for：～饭 beg for food | ～债 press for repayment of a loan ③ 叫；让 ask; let：他～我去。He wants me to go. ④ 应该；必需 should; must：～当心！You must be careful! ⑤ 将要 going to; will：天～黑了。The sky is getting dark.

yāo 腰

会意字。"月"（肉）像肉，"要"本像女子两手叉腰，表示腰部，要（yāo）兼表声。本义是人体胸腹之间的部分。

腰 means waist. It is composed of **月（肉）**, flesh, and **要（yāo）**, which is phonetic and depicts a woman with arms akimbo, emphasizing the waist.

① 胯上胁下部分 waist：弯～ bend the waist | ～围 waistline ② 肾脏 kidney：～子 kidney ③ 裤、裙的腰围部分 waist of a garment：裤～ waist of the pants ④ 事物的中间部分 middle; centre：山～ halfway up the mountain

yāo
邀

会意字。“辶”本像道路和脚，“敫”指光亮闪耀，表示走去显眼处迎候。本义是迎候。引申为约请。

邀 originally meant receive, welcome (guest); by extension, it came to mean invite. It consists of 辶, a pathway and foot; and **敫**, which means bright, dazzling, i.e. walking to a place where one can be easily seen to receive a guest.

①约请 invite：~请 invite | 应~ on invitation | 特~ specially invite ② 求取 seek; solicit：~功请赏 take credits and seek rewards for sb else's achievements

yáo/jiǎo
侥
（僥）

形声字。亻表意，像人，表示传说中的矮人；堯（尧yáo）表声，本指土高，表示矮人仅如土高。僥简化为侥。本义是僬侥，指古代传说中的矮人。

侥 originally signified **僬侥**, a mythological pygmy. The character consists of 亻, man, i.e. a mythological pygmy, and **堯（尧 yáo）**, which is phonetic and denotes a heap of earth, i.e. a pygmy the height of a heap of earth. **僥** has been simplified to **侥**.

⊖ yáo ［僬侥］古代传说中的矮人 a mythological pygmy ⊜ jiǎo ［侥幸］因偶然的原因而免去灾害或得到成功 succeed or avoid disaster by luck; by chance：~成功 to succeed by chance | 心存~ want to try one's luck

yáo
肴

形声字。月（肉）表意，像肉，表示肉类荤食；爻（yáo）表声，爻有交错义，肉类食物骨肉相连、肥瘦相间也有交错意。本义是鱼、肉等荤菜。

肴 originally meant fish, meat etc, non-vegetarian food. It consists of **月（肉）**, meat, and **爻（yáo）**, which is phonetic and means crisscross, i.e. the bones and meat, as well as the fatty and lean parts are conjoined.

煮熟的鱼、肉等 cooked fish, meat etc：菜~ cuisine | 美味佳~ delicacy; sumptuous dishes

yáo
姚

会意字。“女”像女子，远古的人群婚，子女只知其母不知其父，故从母姓，最初的姓大多从女；“兆”像用龟甲占卜所产生的裂纹，生育是大事，常卜兆以问吉凶。本义是姓。

姚 was originally used as a family name. **女** depicts a woman. Due to communal marriages, people of ancient times knew who their mothers were but often not who their fathers were. Hence, most children use family names of the maternal families. **兆** resembles the patterns on tortoise shells used in fortunetelling, i.e. giving birth was of great importance and people often went for prediction regarding their deliveries.

姓 a family name

yáo

窑

会意字。篆书“穴”像洞穴，表示窑像洞穴；“羔”像火烤羊，表示窑用于烧制砖瓦、陶器。楷书穴、缶（陶器），表示烧制砖瓦、陶器的建筑。本义是烧制砖瓦陶器的建筑物。

窑 means kiln. In seal script, 穴 depicts a cave, i.e. a kiln resembles a cave; 羔 depicts roasting a goat, i.e. a kiln is used for burning, baking. The regular script is composed of radicals 穴 and 缶 (pottery) , i.e. kiln.

① 烧制砖瓦陶瓷等的建筑物 kiln：砖～ brickkiln ② 土法采煤开凿的洞 coal pit：煤～ coal pit ③ 窑洞 cave dwelling ④ 妓院 brothel：～子 brothel｜～姐 prostitute

yáo

谣

（謠）

会意字。“言”（讠）像张口说话，表示没有音乐伴奏的歌曲；“䍃”是盛肉的陶器，精心烧制而成，表示谣是精心加工而成的韵语。謠简化为谣。本义指没有音乐伴奏的歌曲。

谣 originally meant rhymes that are recited without music. It is composed of 言 (讠) , sb talking, i.e. the absence of music; and 䍃, an exquisite pottery for holding meat, i.e. rhymes are produced with much effort. 謠 has been simplified to 谣.

① 简练、押韵的民歌 rhyme：民～ folk rhyme｜童～ rhyme for children ② 没事实根据的传言 rumor：造～ start a rumor｜辟～ deny a rumor

yáo

摇

形声字。扌表意，像手，表示用手摆动；䍃（yáo）表声，䍃是盛肉的瓦器，将肉放在䍃中调味时，常摇动使均匀。本义是摆动、摇动。

摇 means wave, shake. It consists of 扌, hand, i.e. shake with the hand; and 䍃, a vessel for marinating meat which is shaken to ensure even distribution of the marinade on the meat. 䍃 (yáo) also represents pronunciation.

摆动；转动 wave; shake; turn：～摆 shake｜～旗呐喊 wave the flags and shout aloud (especiallyduringbattles,competitions)｜～头晃脑 exhibit an air of self-satisfaction

yáo

遥

形声字。辶（辵）表意，像路和脚，表示路远；䍃（yáo）表声，䍃是瓦器的通称，表示古时去远处汲水需要瓦器。本义是远。

遥 means far, distant. It is composed of 辶 (辵) , a pathway and foot, i.e. distant; and 䍃 (yáo) , which is phonetic and denotes earthenware, i.e. earthenware was used to fetch water from afar.

远 far; distant：～远 faraway; distant｜～望 gaze into the distance｜～～领先 hold a safe lead yǎo

咬

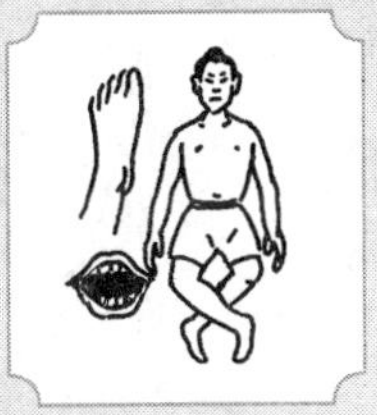

会意字。篆书“齒”指牙齿，“交”指相合，表示上下牙相合把东西夹住或切断。楷书口、交，表示口中牙齿夹住或切断东西。本义指用牙齿把东西夹住或切断。

咬 means bite, chew. In seal scripts, **齒** is teeth; **交** means align, i.e. when one bites, the upper and lower sets of teeth align. The regular script has **口** (mouth) and **交**, suggesting to bite.

① 上下牙齿用力夹住或夹断 bite; chew：～碎 chew｜～断 bite to snap off sth ② 把话说死，不改口 assert firmly：一口～定 assert firmly; insist emphatically ③ 读字音 pronounce; articulate：～字清楚 clear pronunciation; clear articulation

yǎo

舀

会意字。“爪”像手，“臼”像器皿，表示从器皿中将液体或固体的东西舀出。本义是舀取。

舀 means to ladle, scoop. The character is composed of **爪**, hand, and **臼**, a container, i.e. to scoop out fluid or things from a container.

用瓢、勺等取东西 to ladle, scoop：～水 ladle, scoop some water｜～汤 ladle, scoop some soup

yào

药

（藥）

会意字。“艹”（艸）像草，“樂”（乐）像乐器，有快乐义，表示除病使人恢复快乐的草药。简体字艹、约，表示约束并治愈病的草药。本义是治病的物品。

药 means medicine. It consists of **艹（艸）**, grass, and **樂（乐）**, which resembles musical instruments, denotes happy, i.e. medicinal herbs that cure and make people better. The simplified form is composed of **艹** and **约** (restrain), i.e. herbs that restrain bacteria and cure people.

① 治病的物品 medicine：～片 medicine tablet｜中～ Chinese medicine ② 治疗 cure：不可救～ incorrigible; hopeless ③ 有特殊作用的化学物品 chemical：农～ agricultural chemical; pesticide｜炸～ explosive; dynamite ④ 毒杀 poison：～老鼠 poison the rats

yào

钥

（鑰）

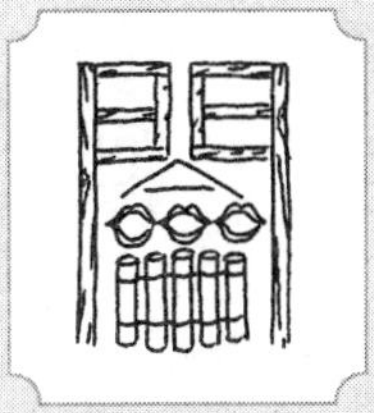

形声字。篆书門（门）表意，像门，表示锁闭门户的直木；龠（yuè）表声。楷书金（钅）表意，龠表声，简体字月（yuè）表声，表示金属制成的锁门工具。本义是锁闭门户的直木。

钥 originally referred to a wooden door bolt. In seal script, **門（门）**, door, is semantic, i.e. a wooden bolt; **龠（yuè）** represents pronuciation. In regular script, **金（钅）** is semantic and **龠** is phonetic. In simplified form, **月（yuè）** is phonetic and refers to a metal lock.

［钥匙］开锁的东西 key

Y

要 760页

yào
耀

会意字。“光”像火在人头上，“翟”指羽毛绚丽的长尾山雉，表示光照非常明亮。本义是照耀。

耀 means shine upon, illuminate. It consists of 光, a ball of fire above one's head, and 翟, a pheasant with beautiful tail, i.e. brilliant light.

① 光线强烈地照射 shine brightly upon; illuminate：照～ shine upon; illuminate | 闪～ glitter; shine | ～眼 dazzling ② 显示 display; exhibit：夸～ show off; flaunt; brag | ～武扬威 show of one's strength; throw one's weight around ③ 光荣 glory; honor：荣～ glory; honor | 光宗～祖 bring glory and honor to one's ancestors

yē
椰

形声字。木表意，像树，表示椰树；耶（yē）表声。本义是椰树。

椰 refers to coconut tree. The character is composed of 木, tree, i.e. coconut tree; and 耶（yē）, which represents pronunciation.

椰树，常绿乔木，生长在热带，果实叫椰子，果汁可做饮料 coconut tree

yé
爷
（爺）

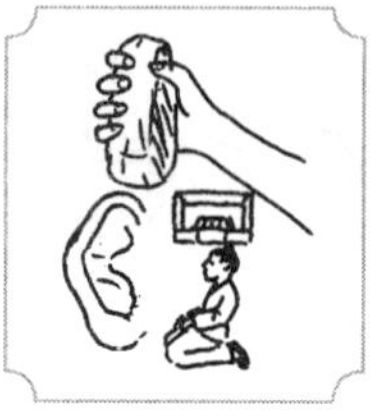

会意字。“父”像手持石斧，表示家中从事体力工作的父亲；“耶”古通爺；耶（yé）兼表声。简体字父、卩，卩本像跪坐的人，表示父亲是令子女尊敬的长辈。本义是父亲。

爷 originally meant father. It is composed of 父, a hand holding an axe, i.e. father is the main figure in the family who engages in manual work; and 耶（yé）, which is phonetic and means 爺 (grandfather). The simplified form consists of 父 and 卩, the latter depicts sb kneeling, i.e. a father demands respect from his children.

① 父亲 father：～娘 father and mother ② 祖父 paternal grandfather：～～ paternal grandfather ③ 对年长男子的尊称 respectful address for an elderly man：老大～ uncle ④ 过去对官僚或主人的称呼 used in ancient times for officials or masters：王～ lord; prince | 老～ old master; sir

yě
也

象形字。像蛇。本义是蛇，此义后写作“蛇”。用作虚词。

也 is used as function word. The character originally depicted and meant a snake. This meaning has been replaced by the character 蛇.

① 表示同样 also; too：～是 also true; it is a yes too | 我～去。I am going too. ② 表示加重语气 used for emphasizing：连他～来了吗？He too has come? ③ 表示让步 make a concession; give way：他来～行。Well, it's ok if he comes.

掖 766 页

yě
冶

会意字。“仌”（冫）篆书像隆起的冰，楷书像冰块，“台”有和悦、融和义，表示金属如冰融解化和。本义是销熔。

冶 means to smelt. In seal script, 仌（冫）depicts blocks of bulging ice; and in regular script, ice blocks. 台 denotes cordial, harmonious, i.e. both metal and ice have melting and blending properties.

① 熔炼金属 to smelt：～金 metallurgy｜～炼 smelt ② 过分的打扮 overdressed; seductively dolled up：妖～ seductive; bewitching

yě
野

会意字。甲、金文林、土，表示野外土地多树林。篆、楷书“里”指野外多田土，“予”有给义，表示野外给予人们农林产品。本义是野外。

野 originally meant countryside, field. In bone and bronze inscriptions, radicals 林 and 土 suggest that there are abundant of trees in the countryside. In seal and regular scripts, 里 signifies fields in the countryside; 予 denotes to give, i.e. agriculture is practiced in the countryside.

① 郊外；原野 countryside; the wilds：～外 countryside; field｜～营 camping｜② 界限；范围 limit; boundary：视～ view; perspective ③ 不当政 not in office：朝～ the court and the commonalty｜在～党 a political party not in office ④ 非人工培育的动植物 wild; undomesticated; uncultivated：～兽 wild beast｜～花 wild flower ⑤ 粗鲁；没约束 rude; rough; unruly：～蛮 unreasonable｜撒～ behave unruly; atrociously

yè
业
（業）

象形字。篆书像悬挂钟磬的木架，表示乐器架子横木上的大版。简体字仅保留其上端。本义指古代乐器架子横木上的大版。

业 originally referred to the horizontal board fixed on musical stand used in ancient times. In seal script, it depicts a wooden stand used to hang chime stone. In simplified form, only the top radical was preserved.

① 事业 career：创～ establish a business｜伟～ great, prominent contribution ② 行业 profession; line; business：农～ agriculture; farming｜工～ industry ③ 职业 profession; line：就～ obtain employment; work as｜转～ (of a military man) be transferred to civilian work ④ 学业 studies; school work：毕～ graduate ⑤ 财产 property; asset：产～ property; estate｜～主 proprietor ⑥ 已经 already：～已 already

yè
叶
（①②③葉）

象形字—会意字。金文像树上长着树叶。篆、楷书“艹”（艸）像草，“枼”是葉的本字，表示叶嫩软如草，枼（yè）兼表声。葉简化为叶。本义是植物的叶子。

叶 means leaves. In bronze inscriptions, it depicts leaves on a tree. In seal and regular scripts, 艹（艸）is grass and 枼（yè）is the proto-form of 葉, i.e. leaves are as tender as grass. The latter also represents pronunciation. 葉 has been simplified to 叶.

① 植物的叶子 leaves：树～ tree leaves｜菜～ vegetable leaves ② 像叶子的 leaf-like object：百～窗 window-shades; blind ③ 时期 period：清朝末～ end of the Qing Dynasty ④ 姓 a family name yè

页
（頁）

象形字。像夸大了头部的人，表示人头。頁简化为页。本义是人头。基本义是篇、张。

页 originally meant head. It is commonly used as measure word — sheet, piece. The character depicts sb with an enlarged head. **頁** has been simplified to **页**.

① 书、册的一张 page; sheet (paper)：活～ loose leaf | 册～ album of paintings, calligraphy ② 书册中一张纸的一面 page：～码 page number ③ 量词 measure word：共三百～ a total of three hundred pages

yè

夜

会意字。像月亮升到人腋部的高度，表示夜晚。本义是夜晚。

夜 means night. The character depicts the moon rising to the armpit level of a man, i.e. night.

从天黑到天亮的一段时间 night; dusk：～晚 night | ～景 night view | ～以继日 round-the-clock; day and night

yè/yē

掖

形声字。扌表意，像手，表示用手搀扶；夜（yè）表声，夜像月亮升到人腋部的高度，指晚上，表示在黑暗中行走需要人用手扶持。本义是用手扶着别人的胳膊。

掖 originally meant supporting sb by the arm. It consists of **扌**, hand, i.e. support with hands; and **夜**（yè）, which is phonetic and shows the moon rising to one's armpit level, denotes night, i.e. one needs to be supported and led by the arm when walking in the dark.

➊ yè 扶持；提拔 support; promote：扶～ support; help | 提～ guide and support ➋ yē 塞；夹藏 tuck in; hide：藏～ hide; cover up | 腰里～着枪 have a pistol in the belt

yè

液

形声字。氵表意，像水流、水珠，表示汁水；夜（yè）表声，夜指夜晚，表示水气在夜间凝聚成水滴。本义是液体。

液 means liquid. It is composed of **氵**, water, i.e. liquid; and **夜**（yè）, which is phonetic and refers to night, i.e. moisture condenses to liquid during the night.

液体 liquid：～态 liquid state | 唾～ saliva | 血～ blood

yè

谒

（謁）

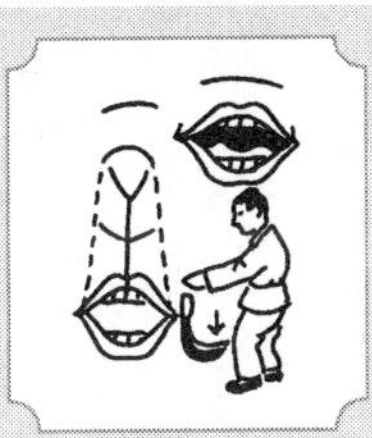

会意字。“言”（讠）像张口说话，表示禀告、陈说；“曷”指大声求人，表示谒有求告之意。謁简化为谒。本义是禀告、陈说。

谒 originally meant report, state, explain. It consists of **言（讠）**, sb talking, i.e. report; and **曷**, which means plead, implore loudly, i.e. plead, beg, implore. **謁** has been simplified to **谒**.

进见；拜见。用于下对上、幼对长 have an audience with; call on (one's superior, senior etc)：～见 have an audience with; call on (one's superior, senior etc) | 进～ call on (one's superior, senior etc) | 拜～ pay a formal visit

yè

腋

形声字。月（肉）表意，像肉，表示腋部；夜（yè）表声，夜有昏暗意，表示腋部向里凹又有腋毛是昏暗处。本义是夹肢窝。

腋 refers to armpit. It consists of **月（肉）**, flesh, i.e. armpit; and **夜（yè）**, which is phonetic and means dark, i.e. the armpit area is not exposed to light and is hence dark.

夹肢窝；上肢与肩膀相接处下面向里凹的部分 armpit：～毛 armpit hair | ～窝 armpit | ～下 armpit

yī

一

指事字。以一横表示数目一，远古的人曾以一条绳子、或一根树枝、或一道刻痕，表示最小的整数。本义是最小的整数。

一 means one. A horizontal line is used to represent one: a rope, a tree branch and a carving were used to denote the smallest integral number in ancient times.

① 最小的整数 one：～个 one; a | ～支笔 a pen ② 相同 same：～样 the same | ～起 together ③ 专一 wholehearted; concentrate：～心～意 wholehearted ④ 全部；整个儿 entire; whole：～共 total; aggregate | ～切 everything; all ⑤ 表示紧接着 follow immediately; happening at once：～说就成 request receiving immediate acceptance | ～拍即合 fit in readily; chime in easily

yī

伊

会意字。“亻”像人，“尹”像手执权杖，表示治理天下的人，尹（yǐn）兼表声。本义是治理天下的人。

伊 originally meant one who governed the world. It is composed of **亻**, a man, and **尹（yǐn）**, which is phonetic and depicts sb holding a cane that signifies power.

① 第三人称代词，他或她 pronoun for third person singular ② 助词，无实在意思 auxiliary word, particle that denotes no meaning：新年～始 the new year has arrived ③ 音译字 phonetic translation：～朗 Iran | ～斯兰教 Islam ④ 姓 a family name

Y

咽 748页

yī

衣

象形字。像衣服，勾画出衣领、衣袖和衣襟。本义是衣服。

衣 means garment. The character depicts the collar, sleeves and the front part of a garment.

① 衣服 clothe：～料 materials for making clothes｜～橱 cupboard; wardrobe｜上～ top garment ② 包在物体外面的一层东西 outer layer; coating; covering：肠～ sausage casing｜胎～ (human) afterbirth｜糖～ sugarcoating

yī

医（醫）

会意字。“殹”指扣击声，“酉”像酒器，古时医生治病有时用叩击的方法，有时要用酒。简体字像把取出的箭（矢）放入盛器（匚），表示医治箭伤。本义是医生。

医 originally meant doctor. It is composed of 殹, a knocking sound, and 酉, wine jar. In ancient times, knocking, tapping lightly on patients was a way to detect illnesses. Wine was used in certain treatments too. The simplified form depicts placing an arrow（矢）that had been removed from a patient's body into a vessel（匚）, i.e. to cure injury caused by arrow.

① 医生 doctor：名～ well-known doctor｜牙～ dentist ② 治病 cure; treat：～疗 cure; treatment｜～院 hospital ③ 医学 medical science：～书 medical book｜中～ traditional Chinese medical science｜西～ Western medical science

yī

依

会意字。甲骨文像人在衣内，表示人靠衣服取暖和蔽体，衣（yī）兼表声。篆、楷书“亻”像人，“衣”像衣服，表示人对衣服有所依靠。本义是依靠。

依 means depend, rely. In bone inscriptions, it depicts sb in a garment, i.e. men depend on clothes to get warmth and cover themselves; 衣（yī）is phonetic. Seal and regular scripts are composed of 亻, man and 衣, garment, i.e. men are dependent on clothes.

① 靠 depend; rely：～靠 depend; rely｜～山傍水 against a mountain and beside a stream ② 按照 according：～次 in sequence; in an orderly manner｜～旧 still; as before ③ 顺从 obedient; submissive：～从 submissive; comply with｜百～百顺 obey in every way

yī

壹

会意字。篆书“壼”（壶）像水壶，以水壶专放液体表示专一；“吉”指吉祥，表示吉祥、幸福需心志专一才能得到。本义是专一。后用作数字“一”的大写。

壹 originally meant wholehearted; later, it represents the formal version of 一 (one). In seal script, 壼（壶）depicts a flask, which is used to hold nothing else but liquid, i.e. wholehearted; 吉 means auspicious, i.e. one has to be wholehearted (in doing things) to achieve happiness and good luck.

数字“一”的大写 formal version of 一 (one)

Y

yī

揖

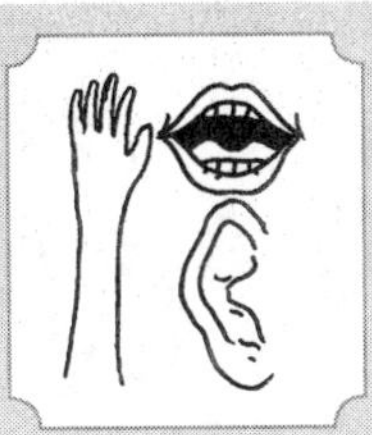

会意字。“扌”像手，“咠”是口凑近耳说话，表示揖是两手凑拢行礼。本义是拱手行礼。

揖 originally meant bow with hands clasped in front of oneself. It is composed of 扌, hand, and 咠, whisper close to one's ear, i.e. hands clasping and bow.

拱手行礼 bow with hands clasped in front of oneself：作～ bow with hands clasped in front of oneself

yí

仪

（儀）

会意字。“亻”像人，表示人的容貌、举止；“義”像羊和兵器，表示人的容貌、举止要兼具亲和与严肃两个方面；義（义 yì）兼表声。儀简化为仪。本义是人的容貌、举止。

仪 originally meant one's appearance, demeanor. It consists of 亻, man, i.e. appearance and manner of oneself; and 義（义 yì）, which is phonetic and depicts a goat, weapon, i.e. one has to appear and behave cordial or strict, according to circumstances. 儀 has been simplified to 仪.

① **容貌、举止** appearance; demeanor：～表 appearance; bearing｜威～ dignified and impressive demeanor ② **按程序进行的礼节** ceremony; rite：～式 ceremony; rite ③ **仪器** apparatus; instrument：地球～ (terrestrial) globe

yí

夷

象形字。像身带弓箭的人，表示以游牧打猎为生的少数民族。本义指东方的少数民族。

夷 originally meant nomadic tribes from eastern China. The character depicts sb with a bow and arrows, i.e. the main livelihood of nomad depends on hunting.

① **古代称东部的少数民族；也泛指各少数民族** tribes; tribal people：东～ tribes from eastern China｜四～ tribes from all corners of China ② **平安；平坦** safe, smooth sailing：化险为～ turn danger into safety ③ **杀灭；削平** exterminate; level to the ground：～灭 exterminate; wipe out｜～为平地 level to the ground

yí

怡

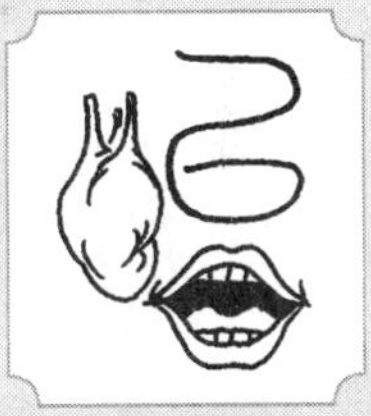

会意字。“忄”像心脏，“台”有和悦意，表示心中和悦，台（yí）兼表声。本义是和悦、愉快。

怡 means happy, cheerful. It consists of 忄, heart, and 台（yí）, which is phonetic and denotes affable, pleasant, i.e. to feel happy, joyful.

和悦；快乐 affable; pleasant; happy：～然自得 be happy and pleased with oneself｜心旷神～ carefree and joyous yí

宜

会意字。甲骨文像屋内砧板上有块肉，金文像屋内有两块砧板、两块肉，表示将肉放在砧板上是合适的。篆书“宀”像家，“夕”指晚上，“一”像地面，表示晚上在家休息最适宜。楷书“宀”指屋子，“且”像男性生殖器，代表祖先，表示在屋内供奉祖先是合适的。本义是合适。

宜 originally meant suitable, appropriate. In bone inscriptions, it depicts a piece of meat on a chopping board in a house; in bronze inscriptions, two pieces of meat on two chopping boards, i.e. it is appropriate to place the meat on the boards. In seal script, there are radicals 宀, house; 夕, night, and 一, ground, i.e. at night, the most appropriate thing is to rest at home. In regular script, 宀 shows a house; and 且 depicts the male reproductive organ, denotes one's ancestors, i.e. setting up an altar for ancestral sacrifices in the house is appropriate.

① 合适 suitable; appropriate：适～ suitable; appropriate ② 应当 should; ought to：事不～迟 (an affair etc) ought to be attended to immediately

yí

姨

形声字。女表意，像女子，表示母亲的姐妹；夷（yí）表声。本义是母亲的姐妹。

姨 means one's maternal aunties. It is composed of 女, woman, i.e. maternal aunties; and 夷（yí）, which represents pronunciation.

① 母亲的姐妹 maternal aunties：～妈 auntie｜～夫 the husband of one's auntie ② 妻子的姐妹 sisters of one's wife：大～子 elder sister of one's wife｜小～子 younger sister of one's wife

yí

胰

形声字。月（肉）表意，像肉，表示人或高等动物体内的一种内分泌腺；夷（yí）表声，夷有平坦义，表示胰的样子扁平。本义是胰腺。

胰 refers to pancreas. It consists of 月（肉）, flesh, i.e. pancreas; and 夷（yí）, which is phonetic and means flat, i.e.pancreas is flat.

人或高等动物体内的一种内分泌腺，能分泌消化液和胰岛素 pancreas：～脏 pancreas｜～腺炎 pancreatitis

yí

移

会意字。“禾”像谷类植物，表示移植禾苗；“多”本像两块肉，后像两弯月（夕），有增加义，表示移植禾苗能增加产量。本义是移植禾苗。引申为搬动、挪动。

移 originally meant seedlings transplant; by extension, it came to mean move, shift. It is composed of 禾, grains, i.e. seedlings transplant; and 多, which originally depicts two pieces of meat and later two crescent moons（夕）, denotes increase, i.e. seedling transplant leads to an increase in agricultural production.

① 挪动；搬动 move; shift：～动 shift｜转～ shift; divert ② 改变 change：～风易俗 transform social traditions｜坚定不～ firm; unswerving

Y

yí

遗

（遺）

会意字。金文像手中的贝掉落在路边。篆、楷书“辶”（辵）像路和脚，“貴”（贵）指贵重物品，表示走在路上遗失贵重物品。遺简化为遗。本义是丢失。

遺 originally meant lose, misplace. In bronze inscriptions, it depicts losing one's seashells along the road. In seal and regular scripts, 辶（辵）depicts pathway and foot, 貴（贵）refers to valuables, i.e. losing one's precious items while walking on the road . 遺 has been simplified to 遗.

① 丢失；漏掉 lose; leave out：～失 lose; misplace｜～漏 leave out by mistake ② 遗失的东西 lost item：路不拾～ honesty prevails the society ③ 留下 leave behind：～憾 regret; pity｜不～余力 do one's utmost ④ 专指死人留下的 thing bequeathed：～嘱 will｜～产 inheritance; heritage; legacy

yí

疑

会意字。甲骨文像人拄着拐杖在叉路口张望、疑惑。金文加“牛”，表示人丢失了牛而疑惑徘徊。篆、楷书以匕（匕）斜放、箭(矢)易射偏、小孩（子）脚（止）步不稳，表示疑惑不定。本义是疑惑。

疑 means puzzled, baffled. In bone inscriptions, it depicts sb supporting himself on a cane at a junction, looking around, appearing lost. Radical 牛 was added in bronze inscriptions, i.e. sb lost his cow and felt lost. In seal, regular scripts, the slanted radical 匕（匕）, a wayward arrow 箭（矢）, a toddler's（子）unsteady gait（止）, together suggest instability, uncertainty.

① 不明白；不能断定的 doubt; uncertainty：～问 doubt; uncertainty｜～案 disputed case; mystery ② 不相信 suspicion; doubt：怀～ suspicious; doubt｜半信半～ doubtful; not quite convinced

yǐ

乙

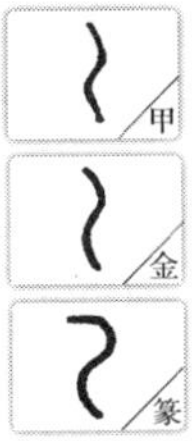

象形字。像屈曲萌芽的植物。本义是萌芽、抽芽。用作天干的第二位，也指第二。

乙 originally meant to sprout, bud. It is the second of the ten Heavenly Stems and also means second (after first). The character depicts a sprout growing wayward.

天干的第二位；也指第二 second of the ten Heavenly Stems, second：甲～丙丁 A, B, C, D or first, second, third, fourth｜～等 second class, grade｜～班同学 student from Class B

yǐ

已

象形字。像胎儿，表示胎儿已经成熟将要降生。本义怀孕截止。引申为停止。

已 originally meant the very end stage of a pregnancy; by extension, it came to mean stop, end. The character depicts a fetus that is due for delivery.

① 停止 cease; stop; end：争论不～ unceasing dispute｜死而后～ until one's dying day ② 已经 already：～婚 married｜～故 dead; passed away｜木～成舟 what is done cannot be undone

Y

yǐ

以

会意字。古文字像人使用农具，表示用。楷书人、厶（私的本字），表示利用人的私心为我所用。本义是用。

以 originally meant use. The classical form depicts sb using a farming tool, i.e. use; regular script is composed of 人 and 厶 (the proto-form of 私, selfish), i.e. one's tendency to make use of others.

① 用；拿 use; take：~身作则 be a role model | ~理服人 convince others with reasons ② 按照 classify; according：物~类聚 birds of a feather flock together ③ 因为 because; due to：~人废言 dismiss sb's words because of who he is ④ 表示目的；为了 for the purpose of; one's aim：学~致用 study sth in order to apply it ⑤ 表示时间、方位、数量的界限 express temporal, spatial, quantity limitations：~前 in the past | ~外 outside of; not including; besides

yǐ

蚁

（蟻）

形声字。虫表意，像虫，表示蚂蚁；義（义 yì）表声，义指情义，表示蚂蚁群居，注重合作，很有情义。蟻简化为蚁。本义是蚂蚁。

蚁 means ant. It consists of 虫, worm, i.e. ant, and 義（义 yì）, which is phonetic and means feeling, ties, i.e. ants are gregarious, highly cooperative and deeply bonded. 蟻 has been simplified to 蚁.

蚂蚁，昆虫，体形小，群居生活，种类很多 ant：~丘 ant hill | 雄~ aner | 雌~ gyne

yǐ

倚

会意字。"亻"像人，"奇"有不同义，表示人靠在其他物体上。本义是靠着。

倚 means lean against. It consists of 亻, man, and 奇, which means different, another, i.e. a man leaning against another object.

① 靠着 lean against：~靠 lean against | ~门而望 watch while leaning against the door ② 凭仗 depend; rely：~仗 rely on one's power, authority, connections etc | ~势欺人 abuse one's authority to bully others | ~老卖老 flaunt one's seniority ③ 偏在一边 partial; biased：不偏不~ impartial; unbiased

yǐ

椅

会意字。"木"像树，"奇"指奇特、不同，表示椅树木纹美丽，不同于其他树木。本义是树名，又叫"山桐子"。基本义是有靠背的坐具。

椅 originally referred to a kind of tree, known also as 山桐子 (idesia). Its basic meaning is chair. The character is composed of 木, tree, and 奇, which means extraordinary, different, i.e. idesia trees are exceptionally beautiful.

有靠背的坐具 chair：~子 chair | 藤~ rattan chair | 轮~ wheelchair

yì

亿

（億）

形声字。亻表意，像人，表示人心里安适；意（yì）表声，意有心愿、愿望义，表示安宁是人们的心愿。简体字亻表意，乙（yǐ）表声，乙有第二义，表示凡事求其次则心安。本义是安。用作数目字。

亿 originally meant at ease, peaceful; later, it came to mean one hundred million. It consists of 亻, man, i.e. one feels at ease; and 意（yì）, which is phonetic and means wish, hope, i.e. attaining peace is everyone's wish. The simplified form consists of 亻 as semantic and 乙（yǐ）as phonetic. The latter denotes second, i.e. be contented with the second best.

数目，一万万 one hundred million

yì

义

（義）

会意字。"羊"像羊，"我"像兵器，以用兵器宰羊作祭品表示礼仪。義简化为义。本义是礼仪，此义后写作仪。

义 originally meant propriety. This meaning has been replaced by the character 仪. 义 is composed of 羊, goat; and 我, which depicts a military weapon, i.e. using the weapon to slaughter the goat for sacrificial purpose is a form of propriety. 義 has been simplified to 义.

① 正义 justice; righteousness：～举 act of justice; righteous | 道～ justice; righteousness ② 情谊 ties：～气 brotherhood; loyalty | 情～ feelings; ties, comradeship ③ 认作亲属的 foster; adoptive：～父 foster father; godfather | ～子 foster son; godson ④ 意思；内容 meaning; content：含～ meaning | 词～ meaning of a word, phrase

yì

艺

（藝）

会意字。甲骨文像人伸手植苗，表示种植。金文、篆书像人手持的苗木植于土上。楷书增芸，表示耕作。简体字"艹"像草，"乙"像植物屈曲萌芽，表示种植草本类农作物，乙（yǐ）兼表声。本义是种植。

艺 originally meant plant. In bone inscriptions, it depicts sb stretching his arms, i.e. planting; and in bronze inscriptions, seal script, sb planting. In regular script, 芸 is added, denoting farming. The simplified form is composed of 艹, grass, and 乙（yǐ）, which is phonetic and depicts plant growing wayward, i.e. grow herbaceous crops.

① 才能；技术 talent; skill：技～ talent; skill | 手～ talent; skill ② 艺术 the arts：文～ arts related to literature | 曲～ folk art related to music

yì

忆

（憶）

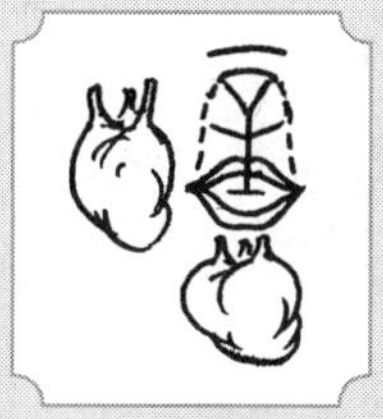

形声字。忄表意，本像心脏，古人认为心能记忆；意（yì）表声，意有放在心上义。简体字忄表意，乙（yǐ）表声，乙指第二，表示先有事情发生才有心中记忆。本义是回想、记得。

忆 means recollect, recall, remember. It consists of 忄, heart, i.e. remember things by heart; and 意（yì）, which is phonetic and means take sth to heart. Simplified form is composed of 忄 as semantic and 乙（yǐ）as phonetic. The latter denotes second (in sequence), i.e. memory comes after the occurrence of an incident.

回想；记得 recollect; recall; remember：回～ recollection; memory | 记～ recollection; memory | 追～ recollect; recall; reminiscent of

Y

yì

议

（議）

会意字。“言”（讠）像张口说话，“義”（义）有意思义，表示商谈时要将各自意思说出来；義（义 yì）兼表声。議简化为议。本义是商议。

议 originally meant discuss, confer. It is composed of 言（讠）, sb talking, and 義（义 yì）, which is phonetic, i.e. voice out one's opinions during a discussion. **議** has been simplified to **议**.

① 商量；谈论 discuss; confer：商～ discuss; confer | 争～ argument; dispute; controversy ② 意见；言论 suggestion; opinion; view：建～ suggestion | 异～ dissent; disagreement

yì

屹

会意字。“山”像山，表示山峰高耸；“乞”像云气，表示高耸之山常有云气缭绕。本义是山峰高耸的样子。

屹 originally meant a tall mountain. It is composed of 山, mountain, and 乞, thin clouds, i.e. thin clouds encircle the tall mountain.

山峰高耸的样子 tall mountain：～立 tower; stand tall

yì

亦

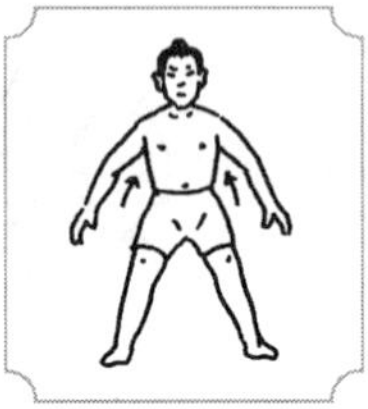

指事字。像指出人的夹肢窝。本义是夹肢窝，此义现写作腋。基本义是也、也是。

亦 originally meant armpit. This meaning has been replaced by the character **腋**. **亦** now means also, too. The character depicts a man, emphasizing the man's armpits.

也；也是；表示同样 also; too; same：人云～云 follow what others have said; no mind of one's own; mere follower | ～步～趋 follow suit; ape someone's every move | 反之～然 vice versa

yì

异

（異）

会意字。像两手把假面具戴在脸上，表示不同。简体字像双手（廾）捧起胎儿（巳）。異简化为异。本义是不同。

异 originally meant different. It depicts sb putting on a mask with both hands, i.e. different. The simplified form shows sb lifting a baby（巳）with both hands（廾）. **異** has been simplified to **异**.

① 不同 different：～常 abnormal | 大同小～ of not much difference ② 特别的 special; extraordinary：～味 peculiar smell | 大放～彩 outstanding achievements ③ 奇怪；奇特 strange; extraordinary：奇～ strange; weird | 怪～ strange; weird ④ 别的；另外的 other：～地 foreign land | ～族 of a different race ⑤ 分开 separate：父母离～ parents divorce

yì
抑

会意字。甲、金文像用手（爫）按人（卩）下跪。篆书像两手按人下跪。楷书“扌”像手、“卬”指向上抬起，表示用手向下压不使其向上抬起。本义是按、向下压。

抑 originally meant press. In bone and bronze inscriptions, it depicts sb using his hands (爫) to force another person to fall on his knees (卩); the seal script depicts the same scenario. In regular script, it shows sb pressing another person's head down with a hand (扌) so that the latter is unable to lift (卬) his head.

压下去；遏制 press; restrain; contain：~制 restrain; control; inhibit; contain | 压~ suppress; inhibit

yì
邑

会意字。“囗”像城墙，“卩”像跪坐着的人，表示人所居住的城镇。本义是城镇。

邑 originally meant cities and towns. The character consists of 囗, city wall, and 卩, a person kneeling, i.e. town where people reside.

城市；县 city; prefecture：都~ city; metropolis | 城~ city; metropolis | 通都大~ city; metropolis

yì
役

会意字。甲骨文像手持殳击打或驱赶人，表示戍守。篆、楷书“彳”像路，“殳”是兵器，表示手执兵器巡逻。本义是戍守。引申为兵役。

役 originally meant garrison; by extension, military service. In bone inscriptions, it depicts sb hitting or driving away others with a bamboo weapon used in the past, i.e garrison. In seal and regular scripts, 彳 shows a pathway and 殳 signifies is a military weapon, i.e. patrol with a weapon.

① 兵役 military service：服~ serving the army | 退~ retire from the army ② 战事 war; battle：战~ war; battle ③ 需出劳力的事 laborious：劳~ penal labor; corvee | 苦~ penal labor; laborious work ④ 使唤；差遣 use (sb) as servant：奴~ enslave, serfdom ⑤ 供使唤的人 servant; maid：仆~ servant; maid

yì
译
（譯）

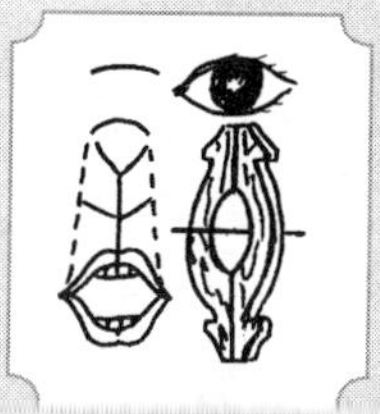

形声字。言（讠）表意，像张口说话，表示翻译语言；睪（yì）表声，睪有侦察义，表示译是弄清楚一种语言文字的含义后用另一种语言文字表达出来。譯简化为译。本义是翻译。

译 means translate. It is composed of 言（讠）, sb talking, i.e. translate; and 睪（yì）, which is phonetic and means observe, scrutinize, i.e. understand a language and translate it into another. 譯 has been simplified to 译.

翻译，把一种语言文字翻成另一种语言文字 translate：~文 translated text; target text | 口~ oral interpretation

yì 易

会意字。甲骨文像器皿中倒出水，金文像水倒入器皿中，表示给予。篆、楷书以太阳（日）不能（勿）停止运行表示改变、变动。本义是给予、赏赐，此义现写作赐。

易 originally meant give, bestow, grant, meaning later replaced by the character 赐. In bone inscriptions, 易 depicts pouring water from a vessel; and in bronze inscriptions, pouring water into a vessel, i.e. give. In seal and regular scripts, 日 (sun) and 勿 (non stop) suggest the continual movement of the sun, implying change, alteration.

① 改变 change; alter：变～ change｜移风～俗 transform social practices ② 不难；容易 not difficult; easy：简～ easy; not difficult｜轻而～举 easily; no sweat ③ 交换 exchange; trade：交～ business deal; trade; transaction｜贸～ trade ④ 姓 a family name

yì 绎（繹）

形声字。糸（纟）表意，像丝，表示抽丝；睪（yì）表声，睪有侦察义，表示须细心观察才能找出丝头。繹简化为绎。本义是抽丝。引申为理出事物的头绪。

绎 originally meant reeled silk filaments from a cocoon; by extension, it came to mean sort out. It is composed of 糸（纟）, silk, and 睪（yì）, which is phonetic and means observe, scrutinize, i.e. careful observation is required to locate the ends of silk filaments to start reeling. 繹 has been simplified to 绎.

理出事物的头绪来 sort out：演～ deduce

yì 疫

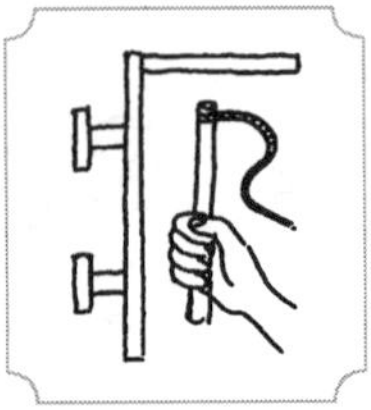

会意字。"疒"像病床，"殳"像手持兵器，表示能致人于死地的流行性传染病。本义是流行性的传染病。

疫 originally meant epidemic, pestilence. It is composed of 疒, an hospital bed; and 殳, a hand holding a military weapon; i.e. an epidemic is capable of taking away lives.

流行性急性传染病 epidemic; pestilence：瘟～ epidemic; pestilence｜～情 epidemic situation｜鼠～ bubonic plague

yì 弈

形声字。廾表意，像两手，表示用手下围棋；亦（yì）表声，亦作又解，表示一着接着一着下棋。本义是围棋。作动词用指下棋。

弈 originally referred to weiqi. As a verb, it means play chess. It consists of 廾, both hands, i.e. playing chess with the hands; and 亦（yì）, which is phonetic and means again（又）, i.e. moves the pieces one after another during a game.

围棋；下棋 weiqi; play chess：对～ play chess

yì

奕

形声字。大表意，像人张开四肢表示大；亦（yì）表声。本义是大。

奕 originally meant big. The character consists of 大, sb with limbs widespread, and 亦（yì）, which represents pronunciation.

精神焕发的样子 energetic; radiant：神采～～ energetic; radiant

yì

益

会意字。像水溢出器皿。本义是水满后溢出，此义现写作溢。引申为更加。

益 originally meant overflow. This meaning has been replaced by the character 溢. By extension, it came to mean all the more. The character depicts water overflowing.

① 增加 increase：增～ increase; add; (mechanical jargon) gain｜延年～寿 promote longevity ② 好处；有好处的 benefit; profit; advantage：利～ benefit; profit; advantage｜～鸟 bird that is beneficial to the environment｜良师～友 both a good teacher and friend ③ 更加 all the more：日～ increase daily｜精～求精 keep on improving

yì

谊

（誼）

会意字。"言"（讠）像张口说话，"宜"指合适，表示言行适宜，宜（yí）兼表声。誼简化为谊。本义是合适的道德、行为。引申为交情。

谊 originally meant appropriate morals, behavior; by extension, it came to mean friendship, friendly ties. It is composed of 言（讠）, speech, and 宜（yí）, which is phonetic and means appropriate, suitable. 誼 has been simplified to 谊.

交情 friendship; friendly ties：情～ ties; relationship｜友～ friendship｜深情厚～ profound relationship, friendship

yì

逸

会意字。"辵"（辶）像路和脚，"兔"像兔子，表示像兔子一样善逃跑。本义是逃跑。

逸 originally meant take flight, escape. It consists of 辵（辶）, a pathway and foot, and 兔, hare, i.e. escape as skillful as a hare.

① 跑；逃跑 run; take flight; escape；逃～ take flight; escape｜奔～ take flight; escape ② 散失；失传 be lost; failed to be handed down as legacy：～书 ancient works that failed to be handed down as legacies｜遗闻～事 lore; anecdote ③ 安闲；休息 leisure; ease; rest：安～ easy and comfortable｜好～恶劳 favor easy work and avoid the hard one; always taking the easy way out ④ 超过一般 outstanding; excel：～群 excel others; a cut above｜超～ graceful, natural and unrestrained

yì 肄

会意字。甲骨文像用手刷洗动物。金篆楷“聿”像手执笔，“疑”省形，表示通过学习解除疑惑。本义是刷洗动物的皮毛。基本义是学习。

肄 originally meant cleaning, bathing animals. Its basic meaning is to learn. In bone inscriptions, it depicts bathing an animal. In bronze inscriptions, seal and regular scripts, 聿 depicts a hand holding a brush, and 疑 suggests sb clearing his doubts through learning.

学习 learn：～业 study at academic institution

yì 意

会意字。“心”像心脏，“音”像张口伸舌发声，表示言语声音能表明心意。本义是心意。

意 originally meant kind intention, regards. It is composed of 心, heart, and 音, sb speaking by moving his lips and tongue, i.e. language enables one to express oneself.

① 意思 meaning; intention：原～ original intention, meaning｜表情达～ express one's sentiment ② 愿望；心愿 wish：～向 intention; purpose｜称心如～ as what one wishes; gratifying and satisfying ③ 料想 anticipate：～外 accident｜出其不～ take sb by surprise; catch sb unaware ④ 人或事物显露的情态 appearance; hint; trace：春～ feels that spring has come｜醉～ appear drunk; tipsy

yì 溢

会意字。“氵”像水流、水珠，“益”像水从器皿中满出来，益（yì）兼表声。本义是水满流出来。

溢 originally meant overflow. It is composed of 氵, water, and 益 (yì), which is phonetic and depicts water overflowing the vessel.

① 液体满而流出 overflow：～出 overflow; spill over｜河水四～ the river overflows ② 过分 excessive：～美之辞 excessive, fulsome praise

yì 毅

形声字。殳表意，像手执器械，表示坚强、果断；豙（yì）表声，豙指猪发怒毛竖起，表示人怒发冲冠时特别坚强、果断。本义是坚强、果断。

毅 means strong, resolute, decisive. It consists of 殳, a hand holding an instrument, i.e. strong, decisive; and 豙 (yì), which is phonetic and depicts the hair of a pig standing up, i.e. an aggressive person displays assertiveness and determination.

坚决；刚强；坚韧 decisive; resolute; strong：～力 determination｜坚～ strong; resolute｜刚～ resolute; steadfast

Y

yì

翼

会意字。金文“飛”（飞）像鸟展翅，“巽”像戴面具的人，有奇特意，表示有奇特作用的翅膀；巽（yì）兼表声。篆、楷书“羽”像羽毛，“異”指奇特，表示鸟翼有奇特的作用，巽兼表声。本义是翅膀。

翼 means wings. In bronze inscriptions, **飛**（飞）depicts a bird spreading its wings; **巽**（yì）is phonetic and resembles a person wearing a mask, denotes special, i.e. wings have a special ability which is to fly. Seal and regular scripts are composed of **羽**, feather, and **異**（yì）, which is phonetic and means special, i.e. wings have a special ability.

① 翅膀 wings：鸟～ wings of a bird ② 两侧；派别 sides; flanks; political party：左～ left wing｜右～ right wing

yīn

因

会意字。像人躺在席子上，表示席子。本义是席子。引申为根据、凭借。

因 originally meant straw mat; by extension, it came to mean according to, rely on, depend on. The character depicts a man lying in a mat, i.e. mat.

① 根据；依凭 according to; rely on; depend on：～势利导 give guidance according to the circumstances｜～地制宜 adopt measures according to local situations ② 沿袭 follow; continue; copy：～袭 follow, copy (customs, traditions, practices etc)｜～循守旧 adhere to old methods ③ 缘故；原因 reason; because：～果 cause and effect｜起～ cause; origin｜事出有～ there is a cause for everything ④ 由于 because of; as a result of：～为 because｜～小失大 to suffer a big loss for a small gain

yīn

阴

（陰）

会意字。“阝”像山坡，“侌”指云遮月，表示背阳的山坡。简体字阝、月，表示背阳的坡、月亮是阴。本义是山的北面，水的南面。

阴 originally meant the north of a mountain, south of a water body. It consists of **阝**, slope, and **侌**, which depicts the moon being hidden by the clouds, i.e. the side of the slope not illuminated by the sun. The simplified form is composed of **阝** and **月** (moon), i.e. the side of the slope not illuminated by the sun, and the moon.

① 不见阳光的；背阳的 not illuminated by the sun：～天 overcast day; cloudy day｜江～ Jiangyin (a county located at the south of Changjiang River) ② 隐藏的；诡诈的 hidden; sinister：～沟 sewer; drain｜～谋 plot; conspiracy ③ 月亮 the moon：～历 lunar calendar ④ 指人死后的 associated with death：～间 the nether world; the Hades ⑤ 生殖器 reproductive organ：～茎 penis｜～道 vagina

yīn

茵

会意字。“艹”（艸）像草，表示用草编制的席子；“因”像人躺在席子上；因（yīn）兼表声。本义是古代车子上的席、垫。引申为垫子、褥子的通称。

茵 originally meant the mat, cushion for one to sit on used in carts, carriages; by extension, it came to include all kinds of cushions, mattresses. It consists of **艹**（**艸**）, grass, i.e. grass mat, and **因**（yīn）, which is phonetic and depicts sb lying on a mat.

垫子或褥子 cushion; mattress：绿草如～ luxuriant lawn

yīn

音

指事字。甲骨文、篆书形体像张口伸舌发声。楷书“曰”指说话，“立”指立即，表示说话能立即听到声音。本义是声音。

音 originally meant sound. In bone inscriptions and seal script, it depicts the lips and tongue moving, i.e. talking. Regular script is composed of 曰, speak, and 立, immediately, i.e. the voice is heard immediately when one speaks.

① 声音 sound：~量 volume｜录~ sound-recording｜噪~ noise ② 消息 news; information：~信 news; information｜~讯 news; information｜佳~ good tidings; good news

yīn

姻

形声字。女表意，像女子；因（yīn）表声，因像人展开四肢躺在席子上，有依靠义，古时女子嫁给夫家必以夫家为依靠。本义是婿家。引申指婚姻。

姻 originally meant the family of one's husband and by extension, marriage. It is composed of 女, woman, and 因（yīn）, which is phonetic and depicts sb lying on a mat with limbs widespread, i.e. rely on, depend on. In the past, married women had to rely on their husbands and the latter's families for their life.

婚姻 marriage：~缘 fate related to marriage｜联~ form an alliance by marriage

yīn/yān

殷

会意字。“㐆”是反向的身，“殳”像手持器械，表示手持器械旋转身子跳舞。本义是乐舞。

殷 originally meant dance. It consists of 㐆, the rear view of sb, and 殳, holding an instrument in hand, i.e. sb dancing while holding an instrument.

㊀ yīn ① 富足 abundant; rich：~富 wealthy; well-off｜~实 wealthy; well-off; substantial ② 恳切；深厚 eager; profound：~切 eager; ardent｜~勤 attentive; hospitable; solicitous ③ 姓 a family name ㊁ yān 黑红色 deep red：~红 deep red

yín

吟

形声字。口表意，像张开的口，表示呻吟；今（jīn）表声。本义是呻吟。转指吟诵。

吟 originally meant groan, moan; later, it came to mean recite. The character is composed of 口, an open mouth, i.e. moan; and 今（jīn）, which is phonetic.

用高低快慢的声调，有节奏有感情地诵读 recite：~诵 recite｜~诗作画 recite poems and do Chinese painting｜反~复咏 recite repeatedly yín

银

（銀）

会意字。“金”（钅）像箭头、斧头和矿石，表示银；“艮”有怒目相视、不相上下意，表示金和银皆贵金属。銀简化为银。本义是银子。

银 means silver (money used in ancient times). It consists of 金（钅）, metal, i.e. silver; and 艮, which means to stare angrily, comparable, i.e. both gold and silver are precious metals. 銀 has been simplified to 银.

① 金属元素，符号Ag。白色，可制造器皿和装饰品 silver (Ag)：～币 silver coin｜～器 silverware ② 像银子的颜色 silver in color：～灰 silver grey ③ 跟钱币有关的 associated with silver coins：～行 bank

yín

淫

形声字。氵表意，像流水、水珠，表示用水浸泡；䍃（yín）表声，䍃有贪求义，表示浸泡必求完全浸湿。本义是浸泡。基本义是过度。

淫 originally meant soak, submerge. Its basic meaning is excessive, over, undue. The character consists of 氵, water, i.e. soak in water, and 䍃 (yín), which is phonetic and means greedy for, i.e. soaking sth is to place it entirely in water.

① 过多；过度 excessive; over; undue：～雨 excessive rains｜～威 abuse of power ② 放纵 unrestraint; wanton：荒～无耻 shamelessly dissipated｜骄奢～逸 extravagant and dissipated ③ 不正当的性行为 licentious; lascivious：～乱 licentious; promiscuous｜卖～ prostitution ④ 迷惑 baffle; confuse; perplex：富贵不能～ do not be swayed by riches and power

yǐn

引

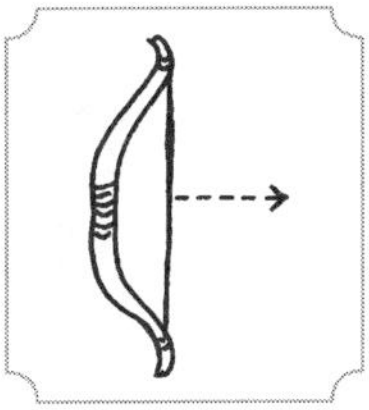

指事字。甲、金文像弓及表示拉弓弦的斜线。篆、楷书弓、丨，丨表示弓弦需拉到的位置。本义是开弓。泛指拉。

引 originally meant draw the bow; later, it came to mean pull, draw, stretch in general. In bone and bronze inscriptions, it depicts a bow and the direction in which to draw it. Seal and regular scripts are composed of 弓 and 丨, the latter refers to the position to which the bow should be drawn.

① 拉 pull; draw; stretch：～弓 draw the bow｜牵～ draw; tow ② 带领 lead; guide：～导 lead; guide｜～路 lead the way ③ 离开 leave：～退 resign; retire from office ④ 招来；惹 attract; induce：吸～attract｜～人注目 arouse attention; conspicuous ⑤ 用作根据 quote; cite：～文 quotation; citation｜～证 quote; cite as evidence

yǐn/yìn

饮

（飲）

会意字。古文字像人手扶酒坛，俯首张口伸舌喝酒。楷书“飠”像食器，“欠”像人张大嘴，表示喝。飲简化为饮。本义是喝。

饮 means drink. In classical form, it depicts sb supporting a wine vessel and drinking from it. The regular script is composed of 飠, eating utensil, and 欠, a wide-open mouth, i.e. drink. 飲 has been simplified to 饮.

㊀ yǐn ① 喝 drink：～酒 drink wine, beer｜畅～ drink to one's heart content ② 喝的东西 beverage; drink：～料 beverage; drink｜冷～ cold beverage; cold drink ③ 含着；怀着 harbor; nurse：～泣 cry; weep silently｜～恨终身 regret for the rest of one's life ㊁ yìn 给水喝 water (animals)：～马 water the horse

Y

yǐn 蚓

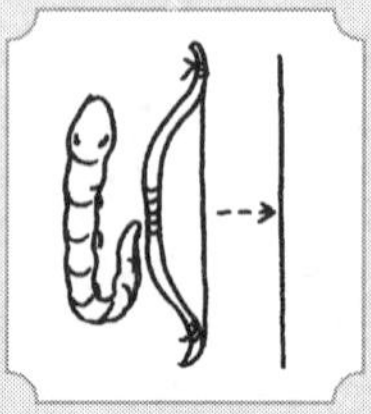

形声字。虫表意，像虫，表示蚯蚓；引（yǐn）表声，引有延伸义，表示蚯蚓是以延伸躯体来行进的。本义是蚯蚓。

蚓 means earthworm. It consists of 虫, worm, i.e. earthworm; and 引（yǐn）, which is phonetic and means extend, i.e. earthworms move by wriggling.

[蚯蚓] 环节动物，体柔软圆长，生活在土壤中，能使土壤疏松，对农作物有益 earthworm

yǐn 隐（隱）

会意字。“阝”像一道道山坡，表示被山阻挡而看不见；“㥯”有谨慎义，表示人们出于谨慎才隐蔽；㥯（yǐn）兼表声。简体字阝、急，表示急入山中藏起来。本义是隐蔽。

隐 means conceal, hide. It is composed of 阝, mountain slope, i.e. the mountains block one's view; and 㥯（yǐn）, which is phonetic and means conscientious, i.e. conscientious people are more discreet. The simplified form composed of 阝 and 急 (haste), i.e. hasty to hide oneself in the mountains.

① 藏起来；不显露 conceal; hide：~藏 conceal; hide | ~约 indistinct; faint ② 潜在的；隐秘的 latent; furtively：~患 hidden danger | ~私 privacy

yǐn 瘾（癮）

形声字。疒表意，像病床，表示病态的癖好；隱（隐 yǐn）表声，隐有隐藏义，表示很深的癖好。癮简化为瘾。本义是癖好。

瘾 means addiction, habit. It consists of 疒, hospital bed, i.e. an addiction is likened to a sickness; and 隱（隐 yǐn）, which is phonetic and means conceal, hide, i.e. deep, profound interest. 癮 has been simplified to 瘾.

不易改掉的嗜好；泛指浓厚的兴趣 addiction; profound interest：烟~ addiction to smoking | 酒~ addiction to drinking | 看小说上了~ develop a profound interest for novels

yìn 印

会意字。像手（爫）按住人（卩），表示按抑。本义是按抑。引申为图章。

印 originally meant press to prevent any movement; by extension, it came to mean stamp, seal. The character depicts a hand（爫）pressing down on sb（卩）.

① 图章 stamp; seal：~章 stamp; seal | ~泥 seal paste | 盖~ to stamp ② 痕迹 print; mark; trace; scar：~痕 mark; trace | 脚~ footprint | 烙~ impress ③ 印上文字或图画 print; engrave：~书 print books | 复~ photocopy ④ 彼此符合 complement; match; compatible：~证 verify; confirm | 心心相~ have mutual affinity

饮 781页

yīng/
yìng

应

（應）

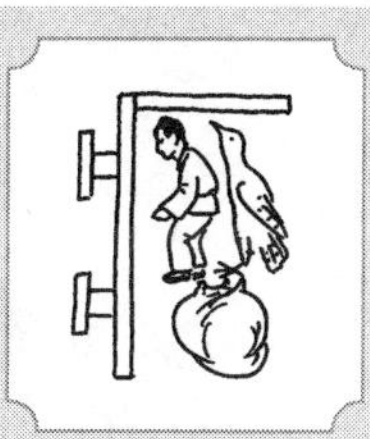

形声字。心表意，像心脏，表示心里认为该如此；䧹（yīng）表声。應简化为应。本义是应该。

应 originally meant should, ought to. It consists of 心, heart, i.e. one feels that one ought to (do sth etc); and 䧹（yīng）, which is phonetic. 應 has been simplified to 应.

❶ yīng ① 该；应当 should; ought to：～有尽有 have everything that one could wish for ② 答应；允许 consent; assent：～允 consent; assent ❷ yìng ① 回答；随声附和 respond; answer：～答 respond; answer｜响～ respond with enthusiasm; respond supportively ② 对付；对待 deal; cope with：～战 respond to an attack, a challenge｜～急 meet an urgent need ③ 适合 suitable：得心～手 proficient in or feel at ease with (doing sth) ④ 配合 cooperate; collaborate：里～外合 collaboration of internal and external forces ⑤ 接受 accept, respond positively：～邀 on invitation

yīng

英

会意字。“艹”（艸）像草，表示草本植物的花；“央”像人在门中央，表示花在绿叶中央。本义是花。

英 originally meant flower. It consists of 艹（艸）, grass, i.e. flowers of herbaceous plants; and 央, which depicts sb standing at the centre of a door, i.e. flower growing among the leave of a plant.

① 花 flower：落～缤纷 flowers falling in profusion ② 才能或智慧过人的人 sb whose abilities surpass others：～雄 hero｜精～ elite ③ 指英国 England：～文 English｜～镑 British pound

yīng

莺

（鶯）

形声字。鳥（鸟）表意，像鸟；熒（荧 yíng）表声，荧有明亮义，表示莺色彩艳丽夺目。鶯简化为莺。莺是鸟名。

莺 means oriole. It is composed of 鳥（鸟）, bird, and 熒（荧 yíng）, which is phonetic and means bright, i.e. orioles are brightly colored birds. 鶯 has been simplified to 莺.

是益鸟，吃昆虫，叫声清脆好听，常见的有黄莺、柳莺 oriole：～歌燕舞 the joy of spring; a scene of prosperity

yīng

婴

（嬰）

会意字。甲骨文像贝串、手（又）、女子，表示女子取成串的贝壳绕在颈上作装饰。金文左是“贝”，右是“女”上加小圈，表示颈饰。篆、楷书賏、女，表示女子所用的贝壳颈饰。嬰简化为婴。本义是妇女颈饰。基本义是婴儿。

婴 originally meant an accessory worn on the neck. Its basic meaning is baby. In bone inscriptions, it has 串 (bunch of seashells), 手（又）(hand) and a woman（女）, i.e. a woman wearing a bunch of seashells as accessories on her neck. In bronze inscriptions, the left radical is 贝, seashell, and the right, 女 with a small circle, i.e. necklace. The seal and regular scripts have 賏 and 女, i.e. seashell necklace. 嬰 has been simplified to 婴.

出生不久的孩子 newborn：～儿 newborn; baby｜男～ boy baby｜弃～ abandoned baby

yīng 缨（纓）

形声字。糸（纟）表意，像丝，表示系帽子的丝带；嬰（婴yīng）表声，嬰本指女子挂在颈部的贝壳项链，表示缨系于颈部。纓简化为缨。本义是系在脖子上的帽带。

缨 originally meant hat tassel. It consists of 糸（纟）, silk, i.e. hat tassel; and 嬰（婴yīng）, which is phonetic and refers to a seashell necklace, i.e. the silk tassel is tied around one's neck. 纓 has been simplified to 缨.

① 带子；绳子 tassel; string：长～ long tassel, string ② 用丝线等做成的像穗子的装饰物 ornamented tassel：红～枪 red-tasseled spear

yīng 樱（櫻）

形声字。木表意，像树，表示樱桃树；嬰（婴yīng）表声，嬰本指用贝壳串成的妇女的项链，表示樱桃之状匀称如项链上的贝壳或珠子。櫻简化为樱。本义是樱桃树。

樱 originally referred to cherry tree. It is composed of 木, tree, and 嬰（婴yīng）, which is phonetic, i.e. cherries resemble well-proportioned seashells or pearls on a necklace. 櫻 has been simplified to 樱.

① 樱桃树，落叶乔木，果实叫樱桃，可以吃 cherry tree ② 樱花，落叶乔木，春天开白花或淡红花，供观赏 peach blossom; sakura

yīng 鹦（鸚）

形声字。鳥（鸟）表意，像鸟，表示鹦鹉；嬰（婴yīng）表声，嬰本指用贝壳串成的妇女的颈饰，有美艳夺目意，表示鹦鹉羽毛美艳夺目。鸚简化为鹦。本义是鹦鹉。

鹦 originally meant parrot. It consists of 鳥（鸟）, bird, i.e. parrot; and 嬰（婴yīng）, which is phonetic, i.e. parrots are as brightly colored and captivating as seashell necklaces. 鸚 has been simplified to 鹦.

［鹦鹉］鸟名，羽毛美丽，嘴短而大，能模仿人说话 parrot：～学舌 to parrot

yīng 鹰（鷹）

会意字。"鳥"（鸟）像鸟，"䧹"同鹰，表示鹰可驯养成猎鹰，䧹（yīng）兼表声。鷹简化为鹰。鹰是猛禽。

鹰 means eagle. It consists of 鳥（鸟）, bird; and 䧹（yīng）, which is phonetic and means eagles, i.e. eagles can be trained to become hunting birds. 鷹 has been simplified to 鹰.

凶猛的鸟，嘴像弯钩，足趾有利爪，翅膀大，捕食小禽兽。俗称老鹰 eagle

Y

yíng

迎

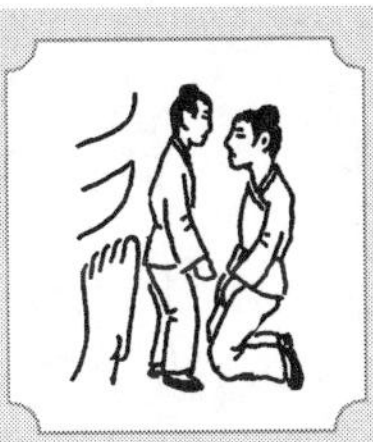

会意字。“辶”（辵）像路和脚，“卬”像两人面对面，表示面对着走来。本义是向着、对着。

迎 originally meant face, head-on. It is composed of 辶（辵）, a pathway and foot, and 卬, two persons facing each other, i.e. walking toward (another person).

① 向着；对着 face; head-on：～面 face (the direction of sb, sth); head-on | ～战 embrace a challenge; attack | ～刃而解 problems be readily solved ② 迎接 receive; welcome：～宾 receive, welcome guests | 欢～ welcome | 送旧～新 bid the old (objects, time etc) farewell and welcome the new

yíng

荧
（熒）

会意字。“焱”像三朵火苗，“冂”像覆盖形，表示光线微弱。熒简化为荧。本义是微弱的光亮。

荧 originally meant faint light. It consists of 焱, three flames, and 冂, cover, i.e. the fire has been shield from view. 熒 has been simplified to 荧.

① 微弱的光亮 faint light：～烛 flickering candlelight | 油灯～然 oil lamp flickers ② 眼光迷乱；疑惑 dazzling; perplexed; confused：～惑 dazzled; perplexed; confused

yíng

盈

会意字。“皿”像器皿，“夃”有买物多得义，表示物多充满器皿。本义是充满。

盈 originally meant be filled, permeated with. It is composed of 皿, vessel, and 夃, which means purchase many items, i.e. the vessel is filled with many items.

① 充满 filled; permeated with：热泪～眶 tears well up in the eyes | 宾客～门 full of clients ② 有余；多出 excess; surplus：～利 profit; gain | ～余 profit; surplus | 自负～亏 take up full responsibility for profits and losses

yíng

莹
（瑩）

会意字。“玉”像一串玉，“熒”（荧）省形，荧指微弱的光，表示光洁像玉的石头。瑩简化为莹。本义是光洁像玉的石头。引申为光洁、透明。

莹 originally meant a jade-like stone; by extension, it came to mean bright and clean, transparent. It is composed of 玉, a string of jade, and 熒（荧）, faint light, i.e. jade-like stone. 瑩 has been simplified to 莹.

① 光洁像玉的石头 jade-like stone ② 光洁透明 bright and clean：晶～ crystal-clear

Y

yíng 萤 (螢)

会意字。“虫”像虫，“𤇾”（荧）省形，荧指光亮微弱，表示能发出微弱光亮的萤火虫。螢简化为萤。本义是萤火虫。

萤 originally meant firefly. It consists of 虫, worm, and 𤇾（荧）, which means faint light, i.e. fireflies give out faint light. 螢 has been simplified to 萤.

荧火虫，身体黄褐色，腹部尾端有发光器官，发带绿色的光，夜间活动 firefly

yíng 营 (營)

会意字。“吕”像相连的两节椎骨，表示四面垒土而居；“𤇾”（荧）省形，荧有灯光义，表示夜里营中有灯光。營简化为营。本义是四面垒土而居。

营 originally meant building a place for one to live by constructing walls on all four sides. It consists of 吕, two parts of joint spine, i.e. build walls on all four sides; and 𤇾（荧）, which resembles and denotes light, i.e. lights are on the four walls at night. 營 has been simplified to 营.

① 军队驻扎的地方 camp; barracks：～房 camp; barracks ｜ 军～ military camp; barracks ② 军队的编制单位，连的上一级 battalion：～长 battalion commander ③ 谋求；设法 seek; try to achieve：～救 rescue; succor ｜ ～利 seek profit ④ 经营；管理 run (a business etc); manage：～业 (business) in operation ｜ 私～ privately owned, run

yíng 蝇 (蠅)

会意字。“虫”像虫，表示苍蝇；“黽”（黾）像腹部鼓起的蛤蟆，表示苍蝇腹较粗。蠅简化为蝇。本义是苍蝇。

蝇 means fly. It is composed of 虫, worm or insert, and 黽（黾）, which depicts a toad with bloated abdomen, i.e. the abdomens of flies are thick. 蠅 has been simplified to 蝇.

飞虫，能带菌传染，是害虫，也叫苍蝇 fly：～拍 flyswatter ｜ 灭～ exterminate flies ｜ ～头小利 small, petty profits

yíng 赢 (贏)

会意字。“貝”（贝）像贝壳，古代曾用作货币，“𣎆”指多肉的兽，表示赢利使钱财增多。贏简化为赢。本义是赢利。

赢 originally meant profit, gain. It consists of 貝（贝）, seashell, which was formerly used as currency; and 𣎆, animals that are plump, fleshy, i.e. profits increase one's wealth. 贏 has been simplified to 赢.

① 获利；赚钱 profit; gain：～利 profit; gain ｜ ～余 profit; surplus ② 获胜 win; triumph：～家 winner; victor ｜ 输～ wins and losses ③ 获得 gain; earn：～得掌声 win applause; recognition yǐng

颖

（穎）

会意字。“禾”像谷类植物，表示穗的末端；“頃”（顷）本指头不正，表示穗子成熟则倾斜下垂。穎简化为颖。本义是禾穗的末端。

颖 originally meant one end of a grain stalk. It consists of 禾, a grain stalk, i.e. the end of grain stalk; and 頃（顷）, a crooked head, i.e. when grain stalks mature, they droop. 穎 has been simplified to 颖.

① 细长物体的尖端 tip of a long, narrow object：长～羊毫 Chinese brush with a long tip made of goat's hair | 脱～而出 outstanding; one's talent being revealed ② 聪明 clever：聪～ clever

yǐng

影

会意字。“彡”代表阴影，“景”有日光义，表示日光被挡而形成阴影。本义是阴影。

影 originally meant shadow. It is composed of 彡, shadow, and 景, which means sunlight, i.e. a shadow is formed due to sunlight being blocked.

① 人、物的阴影 shadow：～子 shadow | 人～ shadow of a man | 倒～ inverted reflection ② 形象；照片 image; photograph; picture：摄～ photography | 留～ take a picture as a memento | 合～ take a group picture ③ 电影的简称 film; movie：～片 film; movie | ～院 cinema | ～星 movie star

yìng

映

会意字。“日”像太阳，表示日光照射；“央”像人站在门中央，有中义，表示物体形象在日光中显现。本义是照耀。

映 means illuminate, shine upon. It consists of 日, sun, and 央, sb standing in the middle of the door, denotes center, i.e. silhouette

① 照 illuminate; shine upon：～照 illuminate; shine upon | ～射 illuminate; shine upon ② 因光线照射而显出物体的形象 silhouette：反～ reflect; mirror | 放～ project (film)

yìng

硬

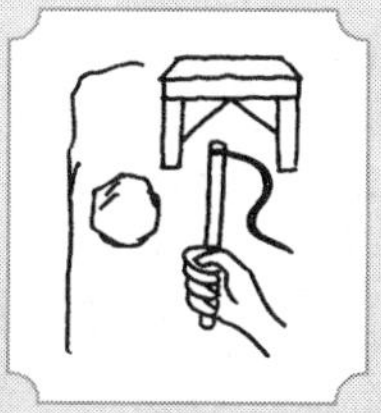

会意字。“石”像山崖下有块石头，“更”强调程度，表示比石头更坚硬。本义是坚硬。

硬 means firm, hard, sturdy. It is composed of 石, rock, and 更, emphasis on degree, i.e. harder than a stone.

① 质地非常坚固、结实 firm; hard; sturdy：～木 hardwood | 币 coin ② 刚强；坚定 tough; steadfast：～汉 tough, unyielding man | 欺软怕～ bully the weak and fear the strong ③ 勉强；不自然 be forced; unnatural：～撑 force oneself (to do sth) | 生搬～套 copy by rote; indiscriminately ④ 质量好；能力强 of high quality：～货 goods of high quality | 过～ have a firm mastery of sth

Y

应 783页

yō/yo

哟

（喲）

会意字。“口”像张开的口，表示惊讶时口中发出的声音；“約”（约）有约束义，表是人惊讶时心好像被约束住了。喲简化为哟。哟是叹词，表示惊讶。

喲 is an interjection, express one's surprise, disbelief. It consists of 口, an open mouth, i.e. the sound made when one is surprise; and 約（约）, which means constrain, i.e. one's heart feels constraint when in disbelief. 喲 has been simplified to 哟.

❶ yō 叹词，表示惊讶 interjection, express one's surprise, disbelief：~，长得真漂亮。Wow, she is beautiful. ❷ yo 用在句末，表示希望的语气 used at the end of a sentence to express encouragement：加油干~！ Work hard!

yōng/yòng

佣

（傭）

会意字。“亻”像人，表示受人雇用；“庸”指用，表示有用的人才会受人雇佣；庸（yōng）兼表声。简体字亻、用，表示受雇为人所用，用（yòng）兼表声。本义是受人雇用。

佣 originally meant be employed. It consists of 亻, a man, i.e. be employed; and 庸（yōng）, which is phonetic and means to use, i.e. only capable man will be employed. The simplified form consists of 亻, man, and 用, use, i.e. employed by someone. 用（yòng）also represents pronunciation.

❶ yōng 雇用；受雇佣的人 hire; employ; employee：~工 hire labor; labor | 雇~ hire; employ ❷ yòng 佣金，买卖成交后付给中间人的报酬 commission

yōng

拥

（擁）

形声字。扌表意，像手；篆书雝（yōng）表声，雝有环绕意，表示两手合抱。楷书雍（yōng）表声，雍有和谐义，表示对人两手合抱，是双方关系和谐的体现。简体字用（yòng）表声，表示用手抱。本义是抱。

拥 means hug, embrace. 扌, hand, is semantic; In seal script, 雝（yōng）, surround, is phonetic, i.e. hug. In regular script, 雍（yōng）is phonetic and means harmony, i.e. embracing sb is a sign of a harmonious relationship. In simplified form, 用（yòng）is phonetic and means embracing with the hands.

① 抱 hug：~抱 hug; embrace ② 围着；挤在一起 surround, crowd：~挤 crowded | 前呼后~ surrounded with one's own attendants ③ 具有 contain; possess：~有 possess ④ 赞成并支持 permit; approve of; consent to and support：~护 support

yōng

庸

会意字。“庚”古文字像双手使用舂米的杆；“用”像钟，有使用义；用（yòng）兼表声。本义是用。

庸 originally meant use. It is composed of 庚, which in classical form depicts both hands using a pestle; and 用（yòng）, depicting a clock, which is phonetic and means to use.

① 用；须 use; necessary; need：毋~讳言 need not worry to speak out | 无~细述 no need to go into the details ② 平常；不高明 banal; commonplace; mediocre：~俗 vulgar; crude; lacking in aesthetic value | ~才 of mediocre ability | 平~ mediocre; ordinary

yǒng 永

象形字。古文字像曲折的水流，表示水流长。楷书像水流溅起水花。本义是水流长。引申为时间久远。

永 originally meant long, flowing waters; by extension, it came to mean a long time ago, ages ago. In classical form, it depicts meandering water flow, i.e. long flowing water. In regular script, it depicts splashes due to gushing water.

长久；久远 a long time ago; ages ago：～久 forever; everlasting; permanent | ～远 forever; everlasting | ～垂不朽 undying memory of sth; sb's memory will live forever

yǒng 咏

会意字。“口”像张开的口，“永”本指水流长，表示声音悠长的吟唱，永（yǒng）兼表声。本义是慢声长吟。

咏 means recite, read melodiously. It consists of **口**, an open mouth; and **永** (yǒng) , which is phonetic and originally meant water flow, i.e. recite, sing with a voice akin to long, flowing waters.

① 歌唱；声调抑扬地读 sing; recite melodiously：吟～recite | 歌～sing; recite ② 用诗词等来叙述或抒发 express a sentiment through poems, lyrics etc：～史 poems on history | ～梅 singing praises of plum blossoms | ～怀 singing of one's sentiments

yǒng 泳

形声字。氵表意，像河水、水珠，表示在水中潜行；永（yǒng）表声，永像曲折的水流，有时间长义，表示在水下潜游比在水上浮游速度慢，所需时间长。本义是潜泳，泛指游泳。

泳 originally meant swimming underwater; later, it came to mean swimming in general. It consists of 氵, water, and **永** (yǒng) , which is phonetic and resembles meandering water flow, denotes a long time, i.e. swimming is harder underwater and therefore takes a long time.

在水里游动 swim：～装 swimming costume | 蛙～ breaststroke | 冬～ winter swimming

yǒng 勇

形声字。力表意，像耕地的农具，有力量义，表示有力量就有勇气；甬（yǒng）表声，甬像钟，钟声洪亮，表示胆量大。本义是有胆量。

勇 originally meant bold, daring. It is composed of **力**, a farming tool, denotes strength, i.e. strength and loudness makes one bold, daring; and **甬** (yǒng) , which is phonetic and depicts a bell that produces a loud chime, i.e. bold.

① 有胆量 bold; daring：～敢 courageous; brave | ～气 courage | 智～双全 have both courage and wit ② 兵士 soldier：散兵游～ stragglers and disbanded soldiers yǒng

涌

形声字。氵表意，像流水、水珠，表示水冒起；甬（yǒng）表声，甬本指乐钟，钟声洪亮，表示涌是水大向上冒起。本义是水向上冒。

涌 originally meant water gush, surge, spout upward. It consists of 氵, water, i.e. gush, surge; and 甬（yǒng）, which is phonetic and refers to a bell that produces loud chime, i.e. a big volume of water gushes upward.

① 水向上冒 gush; surge upward：喷～ gush; surge; spout | 汹～澎湃 turbulent; tempestuous ② 像水涌出一样 (sth) gushes, surges, spouts like water：～上心头 (sentiment, feeling) gush to the heart | 风起云～ winds rising and clouds scudding

yǒng

蛹

形声字。虫表意，像虫，表示从幼虫变为成虫的一种过渡形态；甬（yǒng）表声，甬像乐钟，钟声外扬，表示幼虫一旦变为成虫会破壳而出。本义是蚕蛹。

蛹 means pupa. It consists of 虫, worm, i.e. pupation; and 甬（yǒng）, a bell and of which the chimes spread outward, i.e. emergence stage of pupae. The latter also represents pronunciation.

昆虫从幼虫变为成虫的过渡形态。幼虫长到一定时期，不吃不动，外皮变厚、变硬 pupation：蚕～ pupa of a cocoon

yǒng

踊

（踴）

形声字。篆书、简体字足表意，像膝和脚；甬（yǒng）表声，甬像乐钟，钟声飞扬，表示踊是两足跃起。楷书足表意、勇（yǒng）表声，勇指有胆量，表示往上跳要有胆量。本义是往上跳。

踊 originally meant jump, leap upward. In seal script and simplified form, it consists of 足, knee and foot, and 甬（yǒng）, a loud bell. 甬（yǒng）also represents pronunciation. In regular script, 足 is semantic and 勇（yǒng）, brave, is phonetic, i.e. one needs some courage to jump upward.

跳跃 jump; leap upward：～跃 leap; enthusiastically

yòng

用

象形字。像古代的大钟，是一种乐器。本义是钟。引申为使用。

用 originally meant bell; by extension, it came to mean use, employ. The character depicts a big bell used in the past which functioned as a musical instrument.

① 使用；应用 use; employ：古为今～ learn from the past | 大材小～ one's talents are wasted on a petty job ② 用处；效果 use; function; effect：～途 use; function | 功～ use, function ③ 花费 expense; expenditure：家～ family expenses; expenditure | 零～ expense for minor purpose; pocket money ④ 需要 need; necessary：不～ no need; not necessary ⑤ 吃；喝 eat; drink：～餐 have meal | ～茶 have tea

佣 788页

yōu

优

（優）

形声字。亻表意，像人，表示人富裕；𢝊（yōu）表声。简体字亻表意，尤（yóu）表声，尤有特异、突出义，表示优是优良、美好。本义是富裕、充足。引申指优良、美好。

优 originally meant prosperous, abundant; by extension, it came to mean good, nice. 亻, man, is semantic, i.e. rich people; 𢝊（yōu）is phonetic. In simplified form, 亻 is semantic; 尤（yóu）is phonetic and denotes exceptionally good, outstanding.

① 富裕；充足 prosperous; abundant：～裕 prosperous; abundant | ～厚 munificent; generous; favorable ② 好的 of goodness：～点 good point; merit | ～美 elegant; graceful ③ 旧称演戏的人 actor; actress：名～ famous actor, actress

yōu

忧

（𢝊）

会意字。金文"心"像心脏，"頁"像突显头部的人，以心烦、头痛表示忧愁。篆、楷书增"夂"，像脚，表示人忧愁时常烦躁踱步。简体字忄、尤，表示特别令人发愁、担心，尤（yóu）兼表声。本义是发愁、担心。

忧 means worry, anxious about. In bronze inscriptions, **心** is the heart; and **頁**, a man with an enlarged head, i.e. worry, headache. In seal and regular scripts, radical 夂 (leg) is added, i.e. pacing up and down in anxiety. The simplified form is composed of 忄 and 尤（yóu）, which is phonetic, i.e. sth that makes people extremely worried.

① 发愁；担心 worry; anxious：～愁 worry; sorrow | 担～ worry; sorrow ② 使人忧愁的事 trouble; problem：高枕无～ sit back and relax; carefree

yōu

幽

会意字。甲、金文"火"像火苗和两缕丝，表示光微弱昏暗。篆、楷书山、火，表示山谷昏暗难辨细微。本义是昏暗。

幽 means dark, dim. In bone and bronze inscriptions, the characters consist of 火, flames, and two strands of silk thread (signifying small), i.e. a dim light. Seal and regular scripts have 山 (mountain) and 火, suggesting the indiscernible darkness of a deep mountain valley.

① 暗；深 dark; dim; deep：～暗 dark; dim | ～谷 deep valley ② 隐蔽的 hidden; secluded：～会 tryst | ～居 live in seclusion ③ 沉静；恬适 tranquil; serene：～思 deep thought; meditation | ～雅 tranquil; serene and tasteful ④ 囚禁 imprison：～禁 imprison; put under house arrest ⑤ 阴间 of the nether world：～灵 spirit; ghost

yōu

悠

会意字。"心"像心脏，"攸"有长意，表示心中久久思念，攸（yōu）兼表声。本义是思念。引申为长久、长远。

悠 originally meant think fondly of, reminiscent; by extension, it came to mean perpetual, long lasting. It is composed of **心**, heart, and **攸**（yōu）, which is phonetic and means lasting, i.e.to think deeply of, yearn for, a long-lasting reminiscence.

① 长久；长远 long-standing; age-old：～久 long-standing; age-old | ～远 long-standing; age-old | ～长 long-drawn-out ② 闲适 leisurely：～闲 leisurely; carefree | ～然自得 carefree and contented ③ 悬空摆动 swing：忽～ flicker | 晃～ wobble; stagger

yóu 尤

指事字。像指出手上有赘疣。本义是赘疣，此义后写作肬。

尤 originally meant wart. This meaning has been replaced by the character **肬**. The character depicts a wart on a hand.

① 特别的；突出的 special; outstanding：无耻之～ downright humiliating ② 更加；格外 more so; especially：～甚 more so; especially｜～妙 especially nice ③ 过失 fault; mistake：以儆效～ as a warning to others ④ 怨恨；责怪 hate; blame：怨天～人 blame everyone and everything for one's misfortune ⑤ 姓 a family name

yóu 由

会意字。像小路从外面通到农田里，表示自、从。本义是自、从。

由 originally meant from. The character depicts small pathways leading to the fields.

① 自；从 from：～表及里 from the exterior to the interior｜～浅入深 from the simple to the difficult ② 经过；经历 via; experience：必～之路 the only way; sole solution ③ 原因 cause：原～ cause; reason｜理～ reason ④ 根据 according to; based on：～此可知 from this or therefore, one can know that ⑤ 随；听从 follow; obey; comply with：～他去 let one do whatever one wants｜身不～己 under compulsion; involuntarily

yóu 邮（郵）

会意字。“垂”指边陲，“邑”（阝）指城市，表示设在城市与边陲之间传递文书的驿站。简体字阝、由，由有经过义，表示长途传递公文的必经之地，由（yóu）兼表声。本义是驿站。

邮 originally meant courier station that existed in ancient times. It is composed of **垂**, frontier, and **邑**（**阝**）, city, i.e. courier stations located between cities and frontiers. The simplified form has **阝** and **由**（yóu）, which is phonetic and means pass by, via, i.e. messengers travelling long distances had to stop at courier stations.

① 通过邮局寄送 delivery service：～寄 send by post｜～购 purchase by post ② 有关邮务的 postal：～票 stamp｜～局 post office

yóu 犹（猶）

形声字。甲骨文犬表意，像犬，表示犹猢是哺乳类动物；酉（yǒu）表声。金篆楷犭（犬）表意，酋（qiú）表声。简体字犭表意，尤（yóu）表声。本义指犹猢，一种猴类动物。

犹 originally meant a mammal of the order Primates. In bone inscriptions, it consists of **犬**, dog, i.e. the animal is a kind of mammal; and **酉**（yǒu）, as phonetic. Bronze inscriptions, seal and regular scripts are composed of **犭**（**犬**）as semantic and **酋**（qiú）as phonetic. In the simplified form, **犭** is semantic and **尤**（yóu）is phonetic.

① 如同 similar; just as：～如 similar; just as｜过～不及 overdoing is as undesirable as not doing enough ② 还；仍然 still：言～在耳 the words are still ringing in one's ears ③ 犹豫，拿不定主意 hesitate; remained undecided：～豫不决 hesitate; undecided

Y

yóu 油

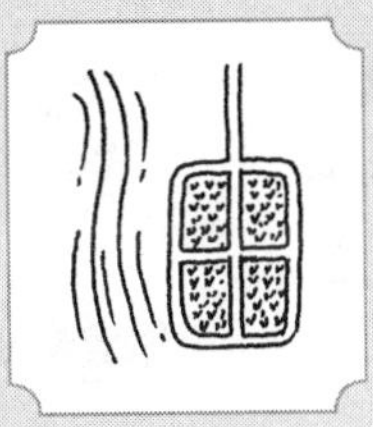

形声字。氵表意，像河流、水珠，表示河名；由（yóu）表声。本义是油水，古代一条河名。现多指油脂。

油 originally referred to the name of a river, the You River; later, it came to mean oil, fats in general. It consists of 氵, water, i.e. name of a river; and **由**（yóu）, which represents pronunciation.

①动物的脂肪或从动物、植物、矿物中提炼出来的脂质品 oil fats：猪～ lard｜豆～ soybean oil｜石～ petroleum ② 用油涂抹 varnish; grease：～家具 varnish the furniture ③ 圆滑；不诚恳 glib; insincere：～腔滑调 glib

yóu 游

会意字。甲、金文像人执旗巡游。篆、楷书增“氵”，像水流、水珠，表示游水；“斿”是游的本字；斿（yóu）兼表声。本义是巡游。引申为游水。

游 originally meant patrol; by extension, it came to mean swim. Bone and bronze inscriptions depict sb patrolling with a flag in the hand. In seal and regular scripts, radical 氵, water, is added, radical **斿**（yóu）is phonetic and the proto-form of **游**.

① 在水里行动 swim：～泳 swim｜鱼在水里～。Fish swimming in water. ② 闲逛 stroll; saunter：～逛 stroll; saunter｜旅～ travel; voyage; journey ③ 不固定的 moving about; roving：～击 guerrilla｜～资 idle fund; floating capital ④ 河流的一段 reach of a river：上～ upper reach｜下～ lower reach ⑤ 交往 interact：～说 persuade; go about selling idea

yǒu 友

会意字。像两只右手，用握手或以手相助来表示友谊、朋友。本义是朋友。

友 means friend. The character depicts two right hands, denotes handshake, lend a hand, i.e. friendship, friends.

① 朋友 friend：好～ good friend｜～情 friendship｜良师益～ both a good teacher and friend ② 相好；亲近 friendship; close：～爱 friendly ties, affection｜～谊 friendship｜～善 friendship; amicable ③ 有友好关系的 on friendly; good terms：～人 friend｜～邦 ally nation｜～军 ally military force｜交～ make friend; befriend

yǒu 有

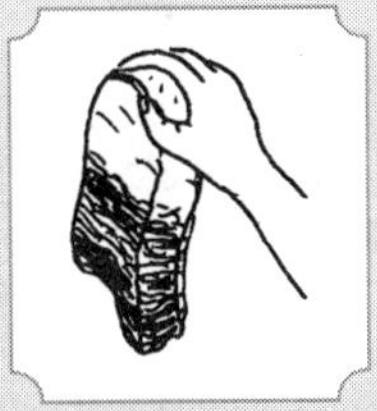

会意字。像手持肉，表示持有。本义是持有。

有 originally meant possess. The character depicts a hand holding a piece of meat, i.e. possess.

① 拥有；具有 possess：～钱 rich; wealthy｜～害 harmful; detrimental｜～利 beneficial; advantageous ② 某；一部分 some：～时 sometimes｜～人 somebody ③ 放在某些动词前，表示客气 used before some verbs as polite terms：～请 please come in｜～劳 sorry to trouble you

yòu 又

象形字。像右手。本义是右手，此义现写作右。

又 originally meant a right hand. This meaning has been replaced by the character 右. The character depicts a right hand.

① 表示重复或继续 repeat; again; continue：想了～想 ponder over and over again ② 表示几种情况或性质同时存在 and：～快～好 fast and good ③ 表示加重语气 used to emphasize an emotion：天很冷，～下着雪。It is cold and still, it is snowing. ④ 表示转折 denotes a change：他想去，～嫌路远。He wants to go but finds the journey too long. ⑤ 整数外再加零数 used between a whole number and a fraction：五～二分之一 five and a half

yòu 右

会意字。像右手和张开的口，表示右手及手口相助。本义是右边，也指帮助。帮助义现写作“佑”。

右 means right (as opposed to left). It also means to aid, help; this meaning was later represented by 佑. 右 depicts a right hand and an open mouth, i.e. hands and mouth aid one another.

① 表示方位，与“左”相对 right：～方 right side | ～手 right hand | 左～逢源 be able to gain advantages from both sides ② 思想保守 conservative：～派 right-wing; rightist | ～翼 right-wing; rightist | ～倾 right deviation

yòu 幼

会意字。“幺”像丝，表示小，“力”像农具，表示力气，合起来表示力气小。本义是力小。引申为年幼。

幼 originally meant weak, later by extension, young. It consists of 幺, silk thread, i.e. small and fine; and 力, farming tool which signifies strength, i.e. of little strength.

① 年纪小；初出生的 young; newborn：～儿 the young; child; infant | ～苗 seedling | ～虫 larva ② 小孩 child：妇～保健 maternal and child healthcare | 扶老携～ bringing along the old and the young

yòu 佑

会意字。“亻”像人，表示帮助、保护人；“右”像手和口，表示相助；右（yòu）兼表声。本义是帮助、保护。

佑 means help, protect. It is composed of 亻, man, i.e. to help, protect sb; and 右（yòu）, a phonetic element, which resembles a hand and mouth, suggesting helping each other.

辅助；保护 assist; protect; defend：庇～ bless | 保～ to bless and protect; blessing

Y

yòu

诱

（誘）

会意字。“言”（讠）像张口说话，表示用言语引导；“秀”像成熟的谷类植物和体态柔软的女子，有美好意，表示用好话来引导。誘简化为诱。本义是引导。

诱 means to guide, direct. It consists of 言（讠）, speech, i.e. to guide or direct sb with words; and 秀, which depicts a matured crop and a graceful lady, suggesting pleasant and delightful, i.e. to guide or lead sb with pleasant words. 誘 has been simplified to 诱.

① 教导；引导 guide; direct：～导 guide; lead | 循循善～ to teach with patience and skill ② 引人上当 lure; seduce：～骗 cajole | 威迫利～ intimidate by force and beguile with money ③ 吸引 attract：景色～人 The scenery is captivating.

yū

迂

会意字。金文“走”像人甩臂迈步，再加一只脚，“于”像气越过阻碍，有迂回曲折义，表示曲折、绕道行走；于（yú）兼表声。篆、楷书辶（辵）、于，辶（辵）像路和脚，表示曲折、绕道行走，于兼表声。本义是曲折、绕道。

迂 means winding, roundabout. In bronze inscriptions, it has 走, a man striding with arms swinging by his sides and a foot, and 于, a flow of air going round an obstacle, i.e. winding one's way, taking a detour. 于（yú）indicates pronunciation. Seal and regular scripts have 辶（辵）, a path and a foot, and 于, which is phonetic and denotes winding, circuitous.

① 曲折；绕道 winding; roundabout：～回 circuitous; tortuous ② 拘泥保守，不合时宜 pedantic; impractical：～腐 adherence to worn out rules and ideas | ～论 pedantic view

yū

淤

会意字。“氵”像河流、水珠，“於”本像乌鸦，表示河中淤泥颜色像乌鸦一般黑，於（yú）兼表声。本义是沉积的泥沙。

淤's root meaning is silt, sediment, sludge. It is composed of 氵, water, and 於, crow, i.e. sediment in a river is as black as a crow. 於（yú）indicates pronunciation.

① 沉积的泥沙 silt; sediment; sludge：～泥 silt; sediment; sludge ② 水道被泥沙阻塞 silt up：～塞 choke with silt | ～滞 be retarded with silt

yú

于

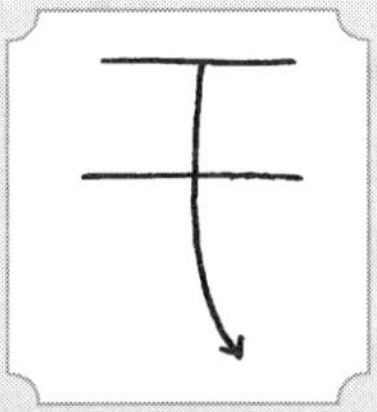

会意字。“二”像两道障碍，“亅”代表气流，像气受阻仍超过。本义是超过。

于 originally meant to surpass, overtake. It consists of 二, two obstacles, and 亅, a flow of air, i.e. a flow of air bypassing obstacles.

① 在 at：处～ located at | 位～ located at ② 向 to ask for：求教～人 ask sb for help ③ 给 to give：嫁祸～人 put the blame on sb ④ 对；对于 of; towards：忠～祖国 loyal to one's motherland ⑤ 自；从 from：青出～蓝 surpass one's master in learning ⑥ 表示比较 compared with：大～ bigger than | 等～ equals to | 高～ higher than ⑦ 表示被动 agent of action：见笑～人 be laughed at by others ⑧ 姓 a family name

予 798页

yú

余

（①②③餘）

会意字—象形字。“食”像食器，“余”像棚屋，以有饭吃、有房住表示宽裕，余（yú）兼表声。简体字像简易的房屋。本义是宽裕。

余's core meaning was rich, well-off. It consists of 食, a food receptacle, and a phonetic element, 余（yú）, a shed. A person with food and shelter suggest he is well-off. The simplified form depicts a simple house.

① 剩下的；多出来的 remaining; surplus：剩～ surplus; remainder | 多～ surplus; excessive ② 整数后的零头 more than; over; odd：四丈～ more than 4 zhang （丈）| 一百～斤 more than 100 jin (斤) ③ 以外；以后 beyond; after：业～ after-hours | 课～ after lessons ④ 我 I; me; my ⑤ 姓 a family name

yú

鱼

（魚）

象形字。甲骨文像鱼，金文在鱼尾加水滴，表示鱼是水中的动物。篆、楷书像用火（灬）煮鱼，表示鱼可食用。简体字像鱼在砧板上。魚简化为鱼。本义指水生脊椎动物。

鱼 means fish. In bone inscriptions, it depicts a fish; and in bronze inscriptions, a fish tail and water droplets, i.e. a fish is an aquatic animal. Seal and regular scripts show a fish cooked on top of fire（灬）, suggesting that fish is edible. The simplified form depicts a fish on a chopping board. 魚 has been simplified to 鱼.

生活在水中的脊椎动物，种类很多，大多可食用，有的可供观赏 fish：鲤～ carp | 金～ goldfish

yú

娱

会意字。“女”像女子，“吴”像张开的口、伸展四肢歪着头的人，有大声喧哗意，表示人欢乐时常开口大笑。本义是欢乐。

娱 means to give pleasure to, entertain, amuse. It consists of 女, a woman, and 吴, an open mouth on top of a man with limbs outstretched and head tilted to a side, suggesting sb creating a din, i.e. people laughing out loud while making merry.

欢乐；快乐；使快乐 entertain; happy; give pleasure to：～乐 entertain; entertainment | 欢～ joy; pleasure | 自～自乐 amuse oneself; enjoy oneself

yú

渔

（漁）

会意字。甲骨文“水”像河流，“鱼”像一条鱼，表示渔是在水里捕鱼；魚（鱼 yú）兼表声。金文增加了捕鱼的一双手。篆隶楷恢复水（氵）、鱼表意，鱼兼表声的会意结构。漁简化为渔。本义是捕鱼。

渔 means fishing. In bone inscriptions, the character depicts 水 (river flow) and 鱼 (fish), i.e. fishing in water. 魚（鱼 yú）represents pronunciation. A symbol for hands（手）is added in bronze inscriptions to indicate catching fish with hands. Seal, clerical and regular scripts have 氵 (water) and a phonetic element, 鱼 (fish). 漁 has been simplified to 渔.

① 捕鱼 fishing：～船 fishing boat, vessel | ～业 fishing | ～夫 fisherman ② 谋取 reap; seek：～利 profit at other's expense | ～色 seek carnal pleasure

yú

隅

形声字。阝表意，像一道道土坡，表示屋像土山；禺（yú）表声，禺本指长尾猴，以其长尾远离身躯表示屋子的角落远离屋子的中央。本义是角落。

隅 means a corner. It consists of 阝, a row of mountain slopes, i.e. houses that resemble hills, and a phonetic element, 禺（yú）, a long-tailed monkey, suggesting long, far, i.e. a corner or nook a distance away from the centre of the house.

① 角落 a corner; a nook：向～而泣 weep alone in a corner | 负～顽抗 fight (an enemy) with one's back to the wall; make a desperate struggle ② 最边沿的地方 an outlying place; border：海～ coastal area

yú

逾

形声字。辶（辵）表意，像路和脚，表示超过、越过；俞（yú）表声，俞本指挖空树木造成的船，以其能渡河而有越过意。本义是超过、越过。

逾 means to surpass, exceed. It is composed of 辶（辵）, a path and a foot, i.e. to surpass, overtake, and a phonetic element, 俞（yú）, a wooden boat, suggesting to navigate a boat across a river.

超过；越过 surpass; exceed：～越 go beyond; exceed | ～期 be overdue; to go past a time limit | 年～古稀 over seventy years old

yú

愉

形声字。心（忄）表意，像心脏，表示心情快乐；俞（yú）表声，俞本指挖空树木做成的小船，表示如泛舟水上或渡过河面般心情快乐。本义是快乐。

愉 means happy. It consists of 心（忄）, heart, here referring to a heart filled with joy, and a phonetic component, 俞（yú）, a small wooden boat, i.e. sb as happy and carefree as a boat on water; or the elation at crossing a river.

高兴；快乐 happy; joyful：～快 happy | ～悦 joyful; cheerful | 欢～ delighted

yú

榆

形声字。木表意，像树，表示榆树；俞（yú）表声，俞本指挖空树身制成的小船，表示榆树高大，可制器具。本义是榆树。

榆 means elm. It consists of 木, tree, here referring to an elm, and a phonetic element, 俞（yú）, a small wooden boat, i.e. elm is a lofty tree, its timber can be made into tools.

榆树，落叶乔木，叶卵形，果实叫榆荚或榆钱，可以吃。木质坚固，可制造器具 elm

yú

愚

会意字。“心”像心脏，“禺”本指赤目长尾的猿猴，以猴外形似人而智力远逊于人，表示愚者心智低下，禺（yú）兼表声。本义是笨、傻。

愚 means silly, foolish. The character contains 心, heart, and a phonetic element, 禺（yú）, a long-tailed ape with red eyes, suggesting apes may resemble man but they have a lower level of intelligence, i.e. a foolish, silly person.

① 笨；傻 silly; foolish：～笨 foolish; stupid; clumsy | ～昧 foolish; ignorant | 大智若～ a man who knows most speaks least; an empty vessel makes the most sound ② 欺骗；耍弄 cheat; fool：～弄 deceive; hoodwink

yú

舆

（輿）

会意字。甲骨文像两双手抬车厢，表示车厢。篆、楷书“車”像车，“舁”像两双手，表示抬着走的轿子。輿简化为舆。本义是车厢。

舆 means a carriage, chariot. In bone inscriptions, it resembles two pairs of hands lifting a carriage. Seal and regular scripts have 車(车), chariot, and舁, two pairs of hands, i.e. to lift and carry a sedan. 輿 has been simplified to 舆.

① 车 carriage; chariot：舟～ a boat and a carriage ② 轿子 sedan chair：肩～ sedan chair ③ 众人的；公众的 public：～论 public opinion ④ 地域 area; territory：～地 territory

yǔ/yù

与

（與）

会意字。“舁”像两双手，“与”像两手相握，表示给予。简体字像两手相握，表示给予。本义是给予。

与 means to give. It is composed of 舁, two pairs of hands, and 与, a pair of holding hands, i.e. to give. The simplified form also shows a pair of holding hands.

㊀ yǔ ① 给予 to give：赠～ give | ～人方便 make things easy for others ② 帮助 help：～人为善 well-intentioned ③ 同；跟 with：～虎谋皮 ask a tiger for its skin ④ 连词，和 and：我～你。You and I. ㊁ yù 参加 participate：～会 participate in a conference | 参～ participate; join

yǔ/yú

予

会意字。篆书像两个织布的梭子交错，其中一个梭子上还有线，表示梭子往来织布。本义指梭子往来织布。引申为给予。

予's original meaning was weaving of cloth with shuttles, later by extension, to mean "give". In seal script, the character resembles two weaving shuttles, of which one hung with a thread, overlapping each other, i.e. weaving a cloth.

㊀ yǔ 给 give：给～ give | 授～ award | 免～处分 exempt from punishment ㊁ yú 我 I; me：～取～求 take whatever one wants yǔ

屿

（嶼）

形声字。山表意，像耸立的山，表示岛屿高出水面样子像山；與（yǔ）表声，與像很多只手，有给予义，表示屿是大自然给与海中的山。嶼简化为屿。本义是小岛。

屿 means a small island. It consists of a semantic element, 山, a lofty mountain, i.e. an island rises above the sea level like a mountain; and a phonetic element, 與（yǔ）, "to give", i.e. an island is created or "given" by nature. 嶼 has been simplified to 屿.

小岛 small island：岛～ islands; islets

yǔ

宇

形声字。宀表意，像房屋，表示屋檐；于（yú）表声，于像气流越过阻碍，本指超过，表示屋顶向外突出超过墙面的部分是宇。本义是屋檐。

宇 means eaves. It consists of 宀, house, i.e. eaves, and a phonetic component, 于（yú）, which denotes go beyond or exceed, i.e. the projecting overhang at lower edge of the roof are called eaves.

① 屋檐，泛指房屋 eaves; house：屋～ house｜庙～ temple ② 整个空间 space; universe：～宙 space｜～航员 astronaut ③ 仪容；风度 poise; manner：气～轩昂 man of an impressive and dignified carriage

yǔ

羽

象形字。像两片羽毛，表示鸟翅膀上的长毛。本义是鸟翅膀上的长毛，泛指鸟身体表面的毛。

羽 means feather. The character resembles two bird feathers.

鸟类的毛 bird feathers：～翼 feather｜～扇 feather fan｜～绒 fine soft feathers; down

yǔ

雨

象形字。像天下雨，横画代表天，点画像雨滴，竖画像雨丝。本义是下雨。

雨 means rain. The character shows a sky raining. A horizontal line symbolizes the sky, the dot strokes indicate raindrops and the vertical lines signify drizzles of rain.

① 从云层中落下的水滴 rain：～水 rain water｜下～ raining｜暴风骤～ thunderstorm ② 形容像雨一样多而密 falling like rain：枪林弹～ a rain of bullets

yǔ 语（語）

会意字。“言”（讠）像张口说话，“吾”即我，表示叙说。語简化为语。本义是与人谈话。

语 means talk, speak. It consists of 言（讠）, an open mouth, and 吾, "I", i.e. narrate, recount. 語 has been simplified to 语.

① 说话 speak：自言自～ mumble to oneself｜窃窃私～ speak in whispers ② 说的话 speech; talk：～重心长 sincere words and earnest wishes｜～无伦次 speak incoherently ③ 语言 language：汉～ Chinese language｜外～ foreign language ④ 代表语言的动作或信号 nonlinguistic means of communication：手～ sign language｜旗～ flag signal｜灯～ lamp signal

yù 玉

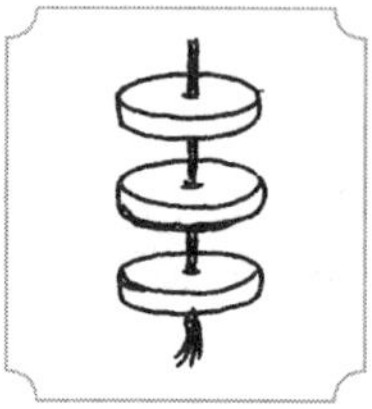

象形字。像一串玉。楷书加“丶”，表示玉有瑕疵，并区别于“王”字。本义是玉石。

玉 means jade. The character resembles a string of jade. In regular script, 丶 was added to 王 to symbolize flaws in a piece of jade.

① 质地细腻有光泽的美石 jade：～石 jade｜～器 jade ware; jade objects｜碧～ green jade ② 比喻洁白或美丽 pure; fair; handsome：～容 beautiful features｜亭亭～立 slim and pretty ③ 敬词；客气话 a polite expression for "your"：～体 your health｜～音 your reply; your answer

yù 芋

形声字。艹（艸）表意，像草，表示芋头是草本植物；于（yú）表声。本义是芋头。

芋 is taro. It is consists of 艹（艸）, grass, i.e. taro is a type of plant, and 于（yú）, which is phonetic.

① 草本植物，地下茎块椭圆形，含有丰富的淀粉，供以吃。俗称芋头，也叫芋奶 taro ② 泛指薯类 general term for potatoes and sweet potatoes：山～ sweet potato

yù 郁（②③鬱）

形声字。林表意，像两棵树；鬯（yù）表声，鬯有丛聚义，表示鬱指树木茂盛。鬱简化为郁。本义是树木茂盛。

郁 means luxuriant, lush. It consists of a semantic element, 林, two trees, and a phonetic element, 鬯（yù）, which denotes gathering together, i.e. a thick growth of trees, suggesting lush and luxuriant.

① 树木茂盛 luxuriant; lush vegetation：苍～ verdant and luxuriant｜～～葱葱 lush and green ② 香气浓烈 of strong fragrance：馥～ rich fragrance ③ 心情烦闷、不舒畅 depressed：忧～ depressed; gloomy｜～～寡欢 depressed ④ 姓 a family name

yù

育

会意字。甲骨文像女子生下孩子。金文在女子身上加上代表乳房的两点，表示母生子。篆、楷书像倒子和肉（月），表示婴儿脱离母体。本义是生育。

育 means to give birth. In bone inscriptions, the character resembles a woman giving birth to a child. In bronze inscriptions, two dot strokes to signify the mother's breasts were added. Seal and regular scripts are represented by an inverted **子**, child, and **肉（月）**, flesh or body, i.e. a baby leaving the mother's body.

① 生孩子 give birth to：生～ give birth to | 生儿～女 to bear sons and daughters ② 抚养 raise; bring up：～婴 raise a baby | 哺～ to feed; to suckle ③ 培植 nurture：～秧 grow a seedling | ～林 afforestation ④ 教育 educate：德～ moral education | 体～ physical education

yù

狱

（獄）

会意字。中间的"言"（讠）像张口伸舌说话，两边的"犬"（犭）像犬，表示双方争讼像两犬吠咬。獄简化为狱。本义是官司、诉讼。

狱 means lawsuit, case. Its middle component, **言（讠）**, represents talking, and two **犬（犭）** at the sides signify dogs, i.e. two parties in a lawsuit went at one another tooth and nail, like dogs in a fight. **獄** has been simplified to **狱**.

① 官司；诉讼案件 lawsuit; case：判～ make a verdict | 冤～ unjust verdict ② 监禁犯人的地方 prison; jail：牢～ prison | 监～ prison; jail | 入～ sentenced to prison

yù

浴

会意字。甲骨文像人站在大盆里洗澡。篆、楷书"氵"像水流、水珠，"谷"像水流入山谷，表示古人常在山谷溪流中洗澡。本义是洗澡。

浴 means bathe. In bone inscriptions, it resembles a man bathing in a bathtub. Seal and regular scripts have **氵**, water, and **谷**, valley, i.e. people in ancient times used to bathe in the rivers and streams in mountain valleys.

洗澡 bathe：～池 bathing pool | 沐～ take a bath | 淋～ take a shower

yù

预

（預）

形声字。頁（页）表意，像夸大了头部的人，表示做事之前要用头脑计划好；予（yǔ）表声，予像两个织布的梭子，先织布而后有衣穿，预取其事先之意。預简化为预。本义是事先。

预 means in advance, beforehand. It consists of **頁（页）**, a man with an enlarged head, i.e. to think and plan carefully before making a move, and a phonetic element, **予（yǔ）**, two weaving shuttles. Fabrics are first woven from thread before they can be made into clothes, suggesting a pre-activity. **預** has been simplified to **预**.

① 事先 in advance; beforehand：～先 in advance; beforehand | ～防 prevent ② 参加；过问 participate; intervene：参～ | 干～ intervene; meddle

Y

yù 域

会意字。甲骨文“囗”像城池，“戈”像长柄兵器，表示以戈守域。金文增添代表土地或疆界的“一”，表示用戈守护国土。篆、楷书“土”表示国土、地域，“或”是域的本字。本义是邦国、封邑。

域 means a territory. In bone inscriptions, it has 囗, a city fortified by walls and moat, and 戈, a dagger-axe, i.e. deploying weapons to defend a city. In bronze inscriptions, 一, signifying land or border, is added to indicate defending a state territory. Seal and regular scripts have 土 (earth), symbolizing state territory, and 或, the basic form of 域 (territory).

一定的范围、地区 land within certain boundaries：区～ area; district | 领～ territory | 地～ district; region

yù 欲

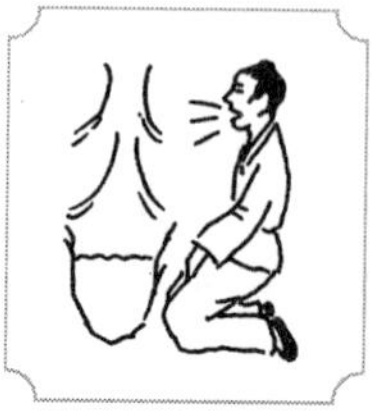

会意字。“欠”像人张口打呵欠，有欠缺义，表示因欠缺而产生欲望；“谷”像水流入山谷，表示人的欲望如山谷难以填满。本义是欲望。

欲 means desire, wish, longing. It is composed of 欠, a man yawning (due to a lack of sleep), i.e. to yearn for sth which one lacks; and 谷, a river flowing into a valley, i.e. man's desires are endless, fulfilling all of them is as difficult as filling up a mountain valley.

① 想要得到某种东西的愿望 desire; wish; longing：～望 desire; wish | 食～ appetite ② 想要；希望 yearn; hope：～罢不能 try to stop but cannot | ～速不达 the desire to speed things up prevents things from being done thoroughly

yù 遇

形声字。辶（辵）表意，像路和脚，表示走在路上相遇；禺（yú）表声，禺是偶的省文，表示彼此偶然在路上相逢。本义是相逢。

遇 means to meet, encounter. It consists of 辶(辵), path and foot, i.e. to meet sb on the way, and a phonetic component, 禺 (yú), the simplified form of 偶 (by chance), i.e. to run into sb on the road by chance.

① 相逢；碰上 meet; encounter：～见 run into; come across | ～难 die in an accident ② 对待；接待 treat; receive：礼～ treat with courtesy | 待～ treatment ③ 机会 chance; opportunity：机～ opportunity | 际～ good opportunity

yù 喻

形声字。口表意，像张开的口，表示说明或告知；俞（yú）表声，俞本指独木舟，表示如木舟往来两岸，说明、告知使对方明白、了解。本义是说明、告知。

喻 means to explain, inform. It consists of 口, an open mouth, i.e. to explain or inform; and a phonetic element, 俞 (yú), a small wooden boat for ferrying people between places, i.e. to convey an idea, get a message across to another party.

① 说明；告知 explain; inform：～之以理 to reason with sb ② 明白；了解 understand; know：家～户晓 known to every household | 不言而～ goes without saying ③ 比方 analogy：比～ analogy ④ 姓 a family name

Y

yù

御

（②禦）

会意字。甲、金文像马鞭和人，表示人持鞭赶车。篆、楷书“彳”像路，“卸”指解马卸车，表示驾驭车马到达目的地。本义是驾驭车马。禦今简化为御。

御 means to drive, ride a carriage, horse etc. In bone and bronze inscriptions, the characters resemble a man holding a horse whip, i.e. a man driving a horse carriage. Seal and regular scripts consist of 彳, road, and 卸, which denotes to remove the harness from a horse and alight from a carriage, i.e. to ride a horse or carriage to a destination. 禦 has been simplified to 御.

①驾驭车马 drive; ride：驾～control; manage ②抵抗；抵挡 resist; ward off：～敌 resist the enemy｜～寒 keep out the cold ③与皇帝有关的 things related to an emperor：～用 for the use of an emperor｜～赐 bestowed by an emperor｜～笔 imperial brush; handwriting or painting of an emperor

yù

寓

形声字。宀表意，像房屋，表示人居住在房屋里；禺（yú）表声，禺是古代区域名，一里为一禺。本义是居住。

寓 means residence, dwelling. It consists of 宀, a house, i.e. a place of residence; and a phonetic element, 禺（yú）, an ancient term for district, region. 1 禺 measures 1 li（里）, which is around 500m.

① 居住 reside; live：～居 settle in a place other than one's native place｜～所 residence; dwelling ② 住的地方 residence; dwelling：公～apartment｜客～guest house ③ 寄托 imply：～意 implied meaning｜～言 parable; allegory

yù

裕

会意字。“衤”（衣）像衣服，“谷”像汇聚水流的山谷，表示衣物等如山谷流水源源不断生活富足。本义是富足。

裕 means rich, abundant. It is composed of 衤（衣）, garment, and 谷, mountain valley where streams converge, i.e. endless streams of water converging in a river valley suggest an abundant supply of clothes, i.e. abundant, plentiful.

富足；充足 abundant; ample：富～affluent｜宽～well-to-do｜充～ample

yù

愈

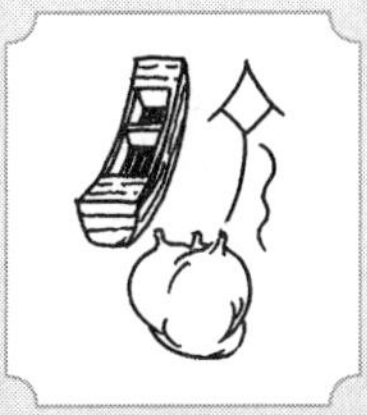

形声字。金文、楷书心表意，像心脏，篆书疒表意，像病床，表示病好了令人放心；俞（yú）表声，俞本指渡河的木舟，以木舟抵达对岸，表示如人所愿病情好转。本义是病情好转。

愈 means to heal, recover from an illness. In bronze inscriptions and regular script, 心, heart, is semantic. In seal script, 疒, a sickbed, is the semantic element, suggesting relieved at one's recovery. 俞（yú）, a small wooden boat for ferrying people to their destinations, indicates pronunciation. Thus, to recover from an illness as one has hoped.

① 病好了 recover：痊～recover ② 更加；越 more; intensify：～走～快 walking faster and faster｜～战～勇 one's courage mounts as the battle intensifies

Y

yù

誉

（譽）

会意字。“言”像张口说话，“與”有给予义，表示称誉是给予他人的称赞，與（yǔ）兼表声。简体字言、兴，表示称赞的言语使人高兴。本义是称赞。

誉 means to praise, compliment. It consists of **言**, speech, and **與**（yǔ）, to give, which is phonetic, i.e. to give praise to others. The simplified form has **言** (speech) and **兴** (happy), i.e. one feels elated at being praised.

① 称赞 praise; compliment：赞～ praise; compliment｜过～ over praise｜毁～参半 to be as much praised as blamed ② 好名声 reputation; fame：名～ reputation｜荣～ glory; honor｜信～ reputation

yù

豫

形声字。象表意，像大象；予（yǔ）表声，予有给义，表示在远古社会，大象在生产劳动方面给人很多帮助。本义是大象。

豫's original meaning was elephant. It consists of a semantic element, **象**, elephant, and a phonetic element, **予**（yǔ）, which means to give. Elephants were a source of labor for men in ancient times.

①［犹豫］迟疑不决；拿不定主意 hesitant; doubtful; uncertain：～不决 to hesitate｜毫不～ without the least hesitation ② 河南省的别称 Henan Province：～剧 Henan opera

yuān

鸳

（鴛）

形声字。鳥（鸟）表意，像鸟，表示鸳鸯；**夗**（yuàn）表声，**夗**有晚上睡觉关节弯曲义，表示鸳鸯常雌雄交颈而眠。鴛简化为鸳。本义是鸳鸯。

鸳 means mandarin duck. It consists of **鳥**（**鸟**）, bird, here referring to a mandarin duck, and a phonetic element, **夗**（yuàn）, which depicts a man sleeping in a crouched position, i.e. male and female mandarin ducks often sleep with their necks crossed. **鴛** has been simplified to **鸳**.

［鸳鸯］鸟名，样子像野鸭，雄的羽毛美丽，雌雄多成对生活在水里。常用来比喻夫妻。Mandarin ducks, which are commonly used to symbolize a loving couple.

yuān

冤

会意字。“冖”像覆盖形，“兔”像兔子，以活奔善跳的兔子被罩住表示屈而难伸。本义是屈缩。引申为冤屈。

冤 originally signified defeat, later by extension, injustice, grievance. It is composed of **冖**, a cover, and **兔**, a rabbit, i.e. a rabbit trapped in an enclosure, unable to move.

① 受委屈；被诬陷 wronged; framed：～枉 treat sb unjustly｜～案 injustice｜申～ address grievance ② 仇恨 hatred：～家 enemy｜～仇 hatred; enmity｜～家路窄 enemies often cross each other's path ③ 上当；吃亏 to be duped; to suffer losses：花～钱 spend money in vain

Y

yuān

渊

（淵）

形象字—会意字。甲骨文像深水潭。金篆楷“氵”像水流、水珠；“㴇”像深渊。简体字氵、㶊，㶊两侧像岸，中间是米，米有渺小义，表示水深而看不清淵底。本义是深水潭。

渊 means deep water. In bone inscriptions, the character depicts a pool of deep water. Bronze inscriptions, seal and regular scripts have 氵, water, and **㴇**, a deep pool. The simplified form has 氵, water, and **㶊— 米**, rice (signifying “insignificantly small”), sandwiched between two symbols for river banks, i.e. waters so deep that one is unable to see its bottom.

① 深水；潭 deep water; deep pool：深～ deep pool｜积水成～ water accumulating to form a pool ② 深；远 deep; far：～博 broad and profound｜～源 origin; source

yuán

元

指事字。在人上加二横指出头部。本义是人头。引申指为首的。

元's original meaning was a man's head, later by extension, leading, chief. The character resembles a man with two horizontal strokes on top indicating his head.

① 为首的 leading; chief; head：～首 head of state｜状～ first place in the imperial examination ② 开始的 first：～旦 New Year's Day｜～月 first lunar month ③ 构成一个整体的 element; factor：～件 component｜单～ unit｜～素 element ④ 货币单位，同“圆” unit of currency, same as 圆 ⑤ 朝代名 name of a dynasty：～朝 Yuan Dynasty｜～曲 Yuan drama ⑥ 姓 a family name

yuán

园

（園）

形声字。囗表意，表示围起来的园圃；袁（yuán）表声。简体字囗表意，元（yuán）表声，元有大义，表示园较大。本义是种植蔬菜、瓜果、树木的地方。

园 is a plot of land for growing fruits, vegetables and trees. It consists of **囗**, an enclosed plot of land, and **袁**（yuán）, which is phonetic. The simplified form has **囗** as semantic and **元**（yuán）, big, as phonetic, i.e. a big garden.

① 种植蔬菜、瓜果、树木的地方 garden; plot of land for growing fruits, vegetables and trees：花～ flower garden｜果～ orchard ② 供人游览休闲的地方 park：公～ park｜游乐～ amusement park

yuán

员

（員）

会意字。甲、金文口、鼎，表示鼎口是圆的。篆、楷书口、貝（贝），贝体近似圆形。員简化为员。本义是圆形，此义后写作圆。

员 originally meant round, a meaning later written as **圆**. Bone and bronze inscriptions have **口** (mouth) and **鼎** (three-legged cauldron), i.e. a cauldron has a round mouth. Seal and regular scripts have **口** and **貝**（贝）, seashell which is round in shape. **員** has been simplified as **员**.

① 工作或学习的人 person engaged in work or study：职～ staff member｜学～ student; member ② 团体里的人 member of an organization：成～ member｜会～ member｜党～ Party member ③ 量词 measure word：一～大将 a brave general yuán

袁

形声字。衣表意，像上衣；叀（zhuān）表声，叀像纺锤，纺锤上的纱线很长，表示袁指衣服长大。本义是衣服长大。现只用作姓。

袁 originally meant big and long (garment), later it came to represent a family name. It consists of **衣**, clothes, i.e. an upper garment; and **叀（zhuān）**, which is phonetic and resembles a spindle for weaving. The thread woven on a spindle is long, and hence suggests **袁** describes a big and long garment.

姓 a family name

yuán

原

会意字。金文、篆书像泉水从崖洞里流出来。楷书厂、白、小，表示崖洞中流出的洁净细流。本义是水源、源泉，此义现写作“源”。引申为最初的、开始的。

原's original meaning was the source of a river, spring; this meaning was later replaced by **源**. **原** was extended to mean primary, original, beginning. Bronze inscriptions and seal script depict spring water flowing down a cliff from a hole. Regular script has **厂** (a cliff), **白** (white, pure) and **小** (small), i.e. clear and pristine water trickling from a hole in a cliff.

① 最初的；本来的 primary; original; beginning：～始 original; initial｜～意 original meaning ② 没经加工的 raw; unprocessed：～料 raw material｜～油 crude oil ③ 宽广平坦的地方 vast and level land：平～plain｜草～grassland ④ 宽容；谅解 excuse; forgive：～谅 forgive

yuán

圆

（圓）

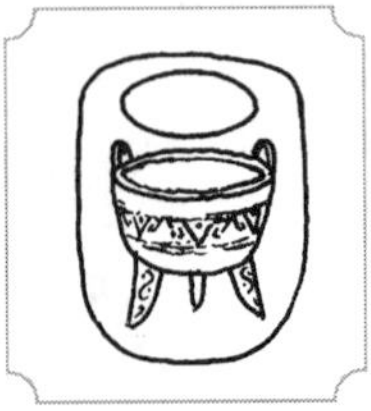

会意字。“囗”表示圆形成围拢状，“員”（员）像口和贝，表示圆如张开的口和贝；員（员 yuán）兼表声。圓简化为圆。本义是圆形。

圆 means round, circular. The character consists of **囗**, a circle forming an enclosure, and **員（员）**, which resembles a mouth and a seashell, i.e. as round as an open mouth and a seashell. **員（员 yuán）** indicates the pronunciation. **圓** has been simplified to **圆**.

① 圆形 round; circular：～周 circumference｜～规 compass ② 完满；周到 perfect; complete：～满 perfect｜自～其说 justify oneself ③ 货币单位，也写作“元” a Chinese currency, also written as 元

yuán

援

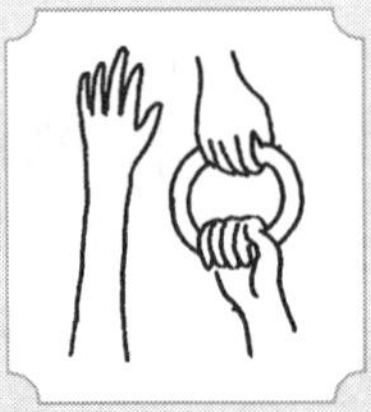

会意字。“扌”像手，“爰”像拉引，爰（yuán）兼表声。本义是用手牵引。

援 means to pull by hand. It is composed of **扌**, hand, and **爰（yuán）**, which is phonetic and resembles two hands pulling sth.

① 用手牵引 to pull by hand：攀～ climb ② 引用 quote; cite：～引 quote; cite｜～用 quote; cite｜～例 quote; cite ③ 帮助；救助 help; assist; aid：～助 help; aid｜～军 relief troops｜求～ seek help

Y

yuán

缘

（緣）

形声字。糸（纟）表意，像丝，表示衣服的边饰；彖（tuàn）表声。緣简化为缘。本义指衣服的边饰。引申指边缘。

缘's original meaning was the edge of a garment, later by extension, edge, rim, brink. It is composed of 糸（纟）, silk thread, i.e. the edge of a garment; and 彖（tuàn）, as phonetic. 緣 has been simplified to 缘.

① 边沿 edge; rim; brink：边～ edge; rim; brink ② 原因 reason; cause：～由 reason; cause｜～故 reason; cause ③ 因为；为了 because; for：～何 why ④ 缘分 fate：人～ one's relations with others｜机～ chance ⑤ 沿着；顺着 along：～木求鱼 to obtain a goal by a wrong approach

yuán

猿

形声字。犭表意，像张口在吠的犬，表示猿是哺乳动物；袁（yuán）表声，袁本指衣长大，表示猿在猴类中形体较大。猿是灵长类的动物。

猿 means an ape. It consists of 犭, dog, i.e. an ape is a mammal; and 袁（yuán）, which is phonetic and denotes a big and long garment, i.e. an ape is bigger than most monkeys.

灵长类哺乳动物，样子像猴，没有尾巴，种类很多 ape：类人～ primitive human being｜长臂～ long-armed gibbon

yuán

源

会意字。“氵”像水流、水珠，“原”本像水从岩石洞穴中流出，表示水流的起点，原（yuán）兼表声。本义是水源。

源 means the source of a river, spring. It is composed of 氵, water, and 原, which depicts water trickling from a hole in a cliff, i.e. the source of a river, spring.

① 水流起点 source of a river, spring：～头 source of a river, spring｜～流 source and course of a river｜～远流长 long standing and well established as a river runs a long course from a remote source ② 事物的来源或根由 cause; source：来～ source｜货～ source of goods｜资～ resource

yuán

辕

（轅）

形声字。車（车）表意，像车；袁（yuán）表声，袁本指礼服长大，表示辕是引车的长木。轅简化为辕。本义是车前驾牲畜的直木。

辕 is the shaft of a cart, carriage. It consists of 車（车）, cart or carriage, and 袁（yuán）, which is phonetic and denotes (of a gown) long and big, i.e. the long shaft of a cart, carriage. 轅 has been simplified to 辕.

① 车前驾牲畜的两根直木 shaft of a cart, carriage：～马 horse between the shafts｜车～ shaft of a cart, carriage ② 官署 government office：～门 outer gate of a government office｜行～ field headquarters

yuǎn
远
（遠）

形声字。辶（辵）表意，像路和脚；袁（yuán）表声，袁指衣长，表示远是距离长。简体字辶表意，元（yuán）表声，元指开始，表示从起点到终点相距长。本义是距离长。

远 means far, distant. It is composed of **辶（辵）**, path and foot, and **袁（yuán）**, which is phonetic and denotes long clothes, i.e. **远** means a long distance. The simplified form has **辶**, path and foot, and **元（yuán）**, which is phonetic and denotes beginning, i.e. the (walking) distance between the beginning and finishing point is long.

① 距离长；时间久 long; remote：～方 distant place｜久～ far back; remote ② 关系疏；不亲密 (of relationship) distant：～亲 distant relative｜疏～ become estranged ③ 差别大 have a big difference：差得～ far inferior to

yuàn
怨

形声字。心表意，像心脏；夗（yuàn）表声，夗指侧卧曲膝，表示怨者心中受屈而不得伸。本义是怨恨。

怨 means resentment, enmity. It consists of **心**, heart, and **夗（yuàn）**, which is phonetic and resembles a man lying down in a crouched position, i.e. unable to straighten out a knot in the heart.

① 仇恨 hatred; enmity：结～ incur hatred｜恩～ feeling of gratitude or resentment｜以～报德 to return evil for good ② 责怪；不满 blame; unsatisfied：埋～ complain｜毫无～言 without any complaint｜任劳任～ work hard without any complaint

yuàn
院

会意字。“阝”像山坡，表示耸立的围墙；“完”表示围墙将院子完整地围起来。本义是院墙、围墙。引申为院子。

院's original meaning was a fence, wall surrounding a courtyard, later by extension, courtyard, yard. The character contains **阝**, mountain slope, i.e. a high wall, enclosure, and **完**, complete, i.e. a wall or enclosure that completely surrounds a courtyard.

① 院子 courtyard; yard：前～ front yard｜庭～ courtyard｜深宅大～ a grand house with a big courtyard ② 某些机关、学校、公共场所的名称 college; university; institute：法～ law academy｜学～ university｜医～ hospital

yuàn
愿
（願）

形声字。頁（页）表意，像夸大了头部的人，表示大头；原（yuán）表声，原像山崖的泉眼冒出泉水，表示人的头脑能产生思想和情感。願简化为愿。本义是大头。

愿's original meaning was a big head. It consists of **頁（页）**, a man with an enlarged head, i.e. a big head; and **原（yuán）**, which is phonetic and denotes the source of a spring, i.e. the brain develops thoughts and feeling. **願** has been simplified to **愿**.

① 乐意；肯 be willing：情～ be willing｜自～ volunteer ② 希望 wish; hope：心～ wish｜如～ as one wishes ③ 许下的酬谢 vow：许～ make a wish｜还～ fulfill one's promise

Y

yuē

约

（約）

会意字。“糸”（纟）像线绳，“勺”指舀物的勺子，表示捆缚。約简化为约。本义是捆缚。

约 means restrain, bind. It consists of 糸（纟）, thread and rope, and 勺, a ladle for scooping things, i.e. to confine, restrain. 約 has been simplified as 约.

① 管束；限制 restrain; restrict：～束 restrain; restrict｜制～ restrict ② 事先说定 arrange：～会 appointment｜预～ make an appointment ③ 共同议定的条文 agreement：签～ sign a treaty｜违～ break a contract ④ 邀请 invite：～请 invite｜～见 make an appointment to meet ⑤ 节省 thrifty：节～ economical; thrifty ⑥ 大概 about：大～ about; approximately

yuè

月

象形字。甲骨文像月亮。金篆楷两端延长的线代表月光。本义是月亮。

月 is moon. In bone inscriptions, it shows a moon. Bronze inscriptions, seal and regular scripts depict a crescent moon with the two ends extended.

① 月亮 moon：～球 moon｜～光 moonlight ② 计时单位，一年分十二个月 month：～份 month｜逐～monthly ③ 像月亮的 sth shaped like a moon：～饼 moon cake｜～琴 a four-stringed moon-shaped Chinese mandolin

yuè/lè

乐

（樂）

会意字。甲骨文像木架上有琴弦的乐器，表示音乐。金篆楷增“白”，表示拨琴弦的白玉。樂简化为乐。本义是音乐。

乐's original meaning is music. In bone inscriptions, it resembles a Chinese zither, i.e. music. 白 is added in bronze inscriptions, seal and regular scripts to signify a piece of white jade used for plucking the strings of a zither. 樂 has been simplified to 乐.

㊀ yuè ① 音乐 music：～器 musical instrument｜奏～ play an instrument ② 姓 a family name ㊁ lè ① 高兴；喜悦 delight; happy：欢～ happiness｜～趣 interesting ② 喜爱；愿意 be happy to; willing to：～此不疲 delight in sth and never get tired of it ③ 笑 laugh：把他逗～了。He is amused.

yuè

岳

形声字—会意字。篆书山表意，像山；獄（狱 yù）表声，监狱的围墙高，表示嶽（岳）是高大的山。楷书丘、山，表示高大的山丘。本义是高大的山。

岳 means tall and majestic mountain. Seal script has 山, mountain, and 獄（狱 yù）, which is phonetic and denotes a prison enclosed by high walls, i.e. 嶽（岳）means tall, lofty mountains. Regular script has 丘 (hill) and 山 (mountain), i.e. a majestic mountain.

① 高大的山 a tall and majestic mountain ② 称妻子的父母 an address for the parents of one's wife：～父 father-in-law｜～母 mother-in-law

yuè 阅 (閱)

会意字。"門"（门）像门，表示进门查看；"兑"指兑换，表示兑换时须查看。閱简化为阅。本义是查看。

阅 means review, inspect. It is composed of 門（门）, door, i.e. to open a door and check; and 兑, exchange, i.e. one should check carefully before exchanging one's item. 閱 has been simplified to 阅.

① 看；查看 inspect; review：～读 read｜查～ inspect｜～兵 inspect troop ② 经历 experience：～历 experience

yuè 悦

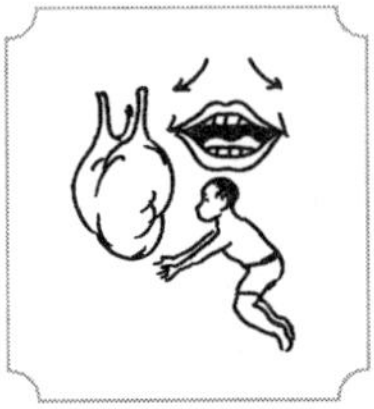

会意字。"忄"本像心脏，"兑"像人（儿）开口发出笑声表示心情愉快。本义是高兴，愉快。

悦 means happy, merry. It consists of 忄, heart, and 兑, which resembles a man laughing with mouth wide open, i.e. in good spirits, happy.

① 高兴；愉快 happy; merry：喜～ happy; joyous｜愉～ happy; joyous｜心～诚服 have a heartfelt admiration for ② 使人愉快 make others happy：～耳动听 moving; pleasant to the ears｜赏心～目 pleasant to hear or see

yuè 跃 (躍)

会意字。"足"像膝和脚，"翟"像羽毛和鸟，表示双足用力向上跳。简体字足、夭，夭有弯曲义，表示人跳跃时身体呈弯曲状。本义是跳起。

跃 means jump, leap. It consists of 足, a knee and a foot, and 翟, feathers and a bird, i.e. jumping or leaping into the air. The simplified form has 足 and 夭, which implies curve, bend, i.e. one's body will curl up when one jumps or leaps.

跳起 jump; leap：跳～ jump; leap｜一～而起 jump over at one go｜欢呼雀～ jumping in joy

yuè 越

形声字。走表意，像人和脚，表示越过；戉（yuè）表声，戉是军斧，有军威至远意，越也有致远意。本义是越过。

越 means get over, jump over. It consists of 走, a man and a foot, i.e. jump over, and 戉（yuè）, which is phonetic and denotes a military axe, i.e. high military prestige, suggesting 越 also denotes far-reaching, extensive.

① 跨过；经过 jump over; get over：跨～ stride across; go beyond｜翻山～岭 climb over mountains ② 超出 exceed; go beyond：～轨 transgress｜～权 overstep one's power ③ 更加 more：～走～近 walk closer and closer to｜～来～多 more and more ④ 古国名，后用以指浙江一带 state of Yue in Zhou Dynasty; it now signifies an area in present day Zhejiang Province

Y

yuè

粤

会意字。金文“雨”像天下雨，“于”本指气受阻仍出，表示求雨。楷书写作粤。本义是雩祭，即为求雨而祭祀天或山川。现用作广东省的别称。

粤 originally signified a ritual to seek rain from the gods in heaven or rivers and mountains; later, it came to represent Guangdong Province. In bronze inscriptions, it has 雨, rain, and 于, an air current that passes through an obstacle, i.e. to pray for rain. In regular script, it is written as 粤.

广东的别称 Guangdong Province：～语 Cantonese | ～剧 Cantonese opera

yún

云

（①雲）

象形字。甲金简像天上的云朵。篆、楷书加“雨”表示云能致雨。本义是天上的云。

云 means clouds. In bone inscriptions, it resembles clouds in the sky. 雨, rain, is added in seal and regular scripts to signify clouds bring rain.

① 天上漂浮的云彩 clouds：白～ clouds | 乌～ dark clouds | ～开日出 sun appearing from parting clouds ② 说 say; speak：人～亦云 repeat what people say | 不知所～ do not understand what people say

yún

匀

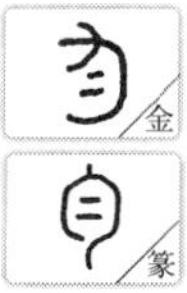

会意字。金文像手臂内有二物，篆、楷书像人俯身伸臂抱二物，以二物表示平均。本义是平均。

匀 means even, average. In bronze inscriptions, it depicts an arm enclosing two objects. Seal and regular scripts resemble a man bending down and embracing two objects in his arms. The two objects held in each arm suggest "equal", "even".

① 平均 equal; even; average：～称 well-proportioned | 均～ even; well-distributed | 分配不～ unequal distribution ② 分出；让给；使均匀 distribute; give out; divide equally：～给他一些 spare some for him | 再～一～ even them up further

yún

耘

形声字。耒表意，像木上刻有齿痕的农具；芸（yún）表声，芸是草名，表示用农具除草。本义是除草。

耘 means weed, remove grass. It consists of 耒, a farming tool with spikes, and 芸（yún）, which is phonetic and denotes a grass, i.e. a farming tool to remove grass.

除草 weed; remove grass：～田 weed the fields | 耕～ harvest | 春耕夏～ plough in spring and weed in summer

Y

晕 813页

yǔn 允

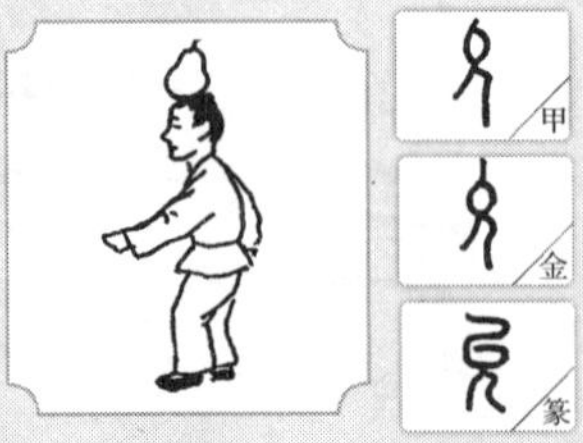

会意字。像人头上顶着东西，表示头顶物须位置适当。本义是适当。

允 means apt, appropriate. The character resembles a man with sth propped on his head, i.e. to carry sth on the head, one must place it in the appropriate position.

① 公平得当 fair; appropriate：公～ fair ② 答应；许可 permit; allow：～许 permit; allow | ～诺 promise | 应～ agree; promise

yǔn 陨（隕）

会意字。“阝”像一座座土山，表示从高处坠落；“員”（员）是圆的本字，表示圆形的物体易滚动而坠落。隕简化为陨。本义是从高处落下。

陨 means to fall from a height. It consists of 阝, rows of mountains, i.e. to fall from a great height, like a mountain top, and 員（员）, the original form of 圆 (round), i.e. round objects roll and fall off easily. 隕 has been simplified as 陨.

从高处落下 fall from a great height：～落 fall from the sky or outer space | ～石 meteorite

yùn 孕

会意字。甲骨文像孕妇，肚子很大，里面有子。篆、楷书“乃”像乳房很大即将为出世婴儿哺育的女人，“子”像婴儿，勾画出婴儿头大、身短的特征，表示胎儿分娩后即成子女。本义是怀胎。

孕 means pregnant. In bone inscriptions, it depicts a pregnant woman with a heavily swollen belly. Seal and regular scripts show 乃, a woman with large breasts which provide ample milk for the baby soon to be born, and 子, a baby, i.e. give birth to a baby.

怀胎 pregnant：～妇 pregnant woman | 怀～ pregnant | 避～ contraception

yùn 运（運）

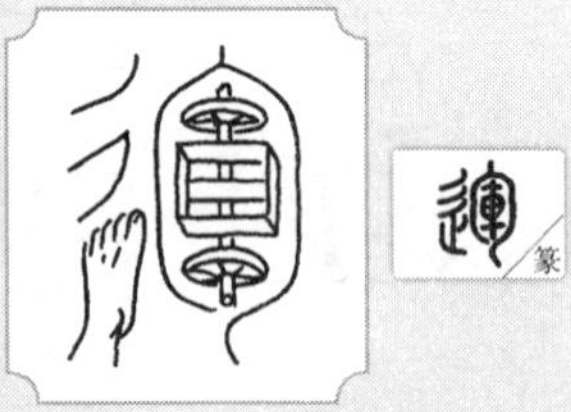

会意字。“辶”（辵）像路和脚，“軍”（军）指军队，表示移动。简体字辶、云，以云飘浮不定表示移动，云（yún）兼表声。本义是移动。

运 means move, shift. It consists of 辶（辵）, a path and a foot, and 軍（军）, an army, i.e. move, shift. The simplified form has 辶 and 云, clouds drift when the wind blows, i.e. moving, shifting.

① 移动；转动 move; shift; turn：～行 revolve in cycle | ～转 revolve ② 搬运；输送 transport; ship：～送 transport; ship | ～费 transport fees ③ 利用；使用 apply; use：～用 apply; use | ～笔 wield the pen ④ 运气 luck：幸～ lucky | 命～ destiny

Y

yùn/yūn

晕

（暈）

会意字。“日”像太阳，“軍”（军）像战车围成的军营，表示环绕日、月的光圈。暈简化为晕。本义是日月周围的光圈。

晕 originally signified a halo surrounding the sun and moon. It consists of 日, sun, and 軍（军）, a fortified army camp surrounded by chariots, i.e. a halo surrounding the sun and moon. 暈 has been simplified to 晕.

㊀ yùn ① 太阳、月亮周围的光圈 halo surrounding the sun and moon：日～ solar halo｜月～ lunar halo ② 头昏 dizzy; giddy：～车 carsick｜～船 seasick ㊁ yūn ① 昏迷 unconscious：～倒 unconscious ② 头昏，感觉旋转 dizzy; giddy：～头～脑 dizzy; giddy｜～头转向 dizzy; giddy

yùn

酝

（醞）

会意字。“酉”像酒坛子，表示酿酒；“昷”义同温，表示酿酒原料发酵升温。简体字酉、云，云飘浮不定，表示酿酒成功与否带有某种偶然性，云（yún）兼表声。本义是酿酒。

酝 means to ferment, brew wine. It consists of 酉, a wine pot, i.e. to ferment, brew wine, and 昷 (same meaning as 温, warm), i.e. in wine-making, the temperature of the ingredients increases during fermentation. The simplified form has 酉 and 云（yún）, which is phonetic and denotes clouds which drift freely, i.e. the success in fermentation of wine can be unpredictable.

［酝酿］酿酒；比喻逐渐达到成熟的准备过程 brew or ferment; make preparations：充分～ fully prepared

yùn

韵

会意字。篆书“音”像张口发出声音，“員”（员）通圆，表示圆润和谐的声音。楷书音、匀，表示匀适和谐的声音，匀（yún）兼表声。本义是和谐的声音。

韵 signifies a pleasing sound. Seal script has 音, a mouth opening to produce a sound, and 員（员）, same meaning as 圆 (round), i.e. a soothing and pleasing sound. Regular script has 音 (music) and 匀 (uniform), a harmonious sound. 匀（yún）indicates pronunciation.

① 和谐的声音 pleasing, harmonious sound：琴～悠扬 sweet music ② 韵母 simple or compound vowel：押～ rhyme with ③ 情趣；风度 charm; grace：～致 grace; charm｜风～ be charming

yùn

蕴

（藴）

形声字。艹表意，像草，表示储藏、积聚粮草；緼（缊 yùn）表声，有包藏、积聚义。藴简化为蕴。本义是积聚，蓄藏。

蕴 means accumulate, contain. It consists of 艹, grass, i.e. storing up rations and fodder, and 緼（缊 yùn）, which is phonetic and denotes to store, accumulate. 藴 has been simplified to 蕴.

藏；包含 store; contain：～藏 store; contain｜～涵 contain; embrace

Y

zá 杂（雜）

会意字。篆书“衣”像衣服，“集”像树和鸟，指聚集，表示衣服上有各种颜色。简体字“木”像树，“九”指多，表示如树木般多而杂。本义是各种颜色混合。引申为多样、混杂。

杂 originally meant a mix of colors, later by extension, varied, diverse, miscellaneous. Seal script consists of 衣, a garment, 集, a tree and a bird, implying gather, assemble of things, i.e. a garment with varied colors. The simplified form has 木, tree, and 九, nine, suggesting a large number, i.e. as many and varied as a forest.

① 多种多样的；混杂的 varied; mixed：～色 varicolored | 复～ complicated ② 混合在一起 mix：混～ mix | 夹～ mingle

zá 砸

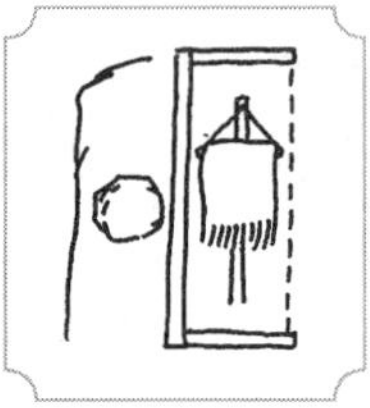

形声字。石表意，像山崖下有块石头，表示用石头之类的重物撞击；匝（zā）表声，匝有满义，表示被砸之物满身破裂。本义是用重物撞击。

砸 means pound against sth with a heavy object. It consists of 石, rock at the foot of a cliff, i.e. to hit sth with a heavy object, like a rock, and 匝（zā）, which is phonetic and suggests “many”, i.e. sth smashed to many pieces by a heavy object.

① 敲击；捣 pound; thump：～核桃 crack walnuts | 把蒜～烂 pound garlic to pulp ② 打碎；打破 smash; break：茶杯～了。The tea cup is broken. ③ 比喻事情做坏或失败了 fail; fall through：事办～了。The job was messed up. | 戏演～了。The performance flopped.

zāi 灾

会意字。“火”像火焰，“宀”像房屋，表示房子着火。本义是火灾。泛指天灾人祸。

灾 originally meant disasters caused by fire, then later, catastrophe, calamity. It is composed of 火, fire, and 宀, house, i.e. a house on fire.

自然的、人为的祸害 natural and man-made calamities：火～ fire | 水～ floods | 天～人祸 natural and man-made calamities

zāi 栽

形声字。木表意，像树，表示筑墙立板；𢦏（zāi）表声。本义是筑墙立板。引申为种植。

栽 originally meant to construct walls with vertical planks, later it came to mean plant, grow. The character contains 木, tree, i.e. to build a wall with wooden planks; and a phonetic element, 𢦏（zāi）.

① 种植 plant; grow：～树 plant trees | ～种 grow (tree, flowers etc) ② 硬给安上 impose sth on sb：～赃 plant stolen goods on sb ③ 跌倒 tumble：～倒 fall down | ～跟头 tumble; topple

扎 823页

zǎi

宰

会意字。"宀"像屋子，"辛"像刑刀，表示充当家奴的罪人。本义是家奴。

宰 means house servant or slave. It consists of 宀, a house, and 辛, an execution knife, i.e. criminals serving as servants or slaves in a house.

① 主管；主持；支配 control; rule; manipulate：主～dominate ② 杀 slaugther：～羊 slaughter lambs｜～割 invade and exploit｜屠～butcher (animals)

zài

再

会意字。像"鱼"和"二"，表示两条鱼。本义是两条鱼。引申为两次或第二次。

再 originally signified two fish, later by extension, two or more times. The character resembles a fish（鱼）and two horizontal strokes which signify two（二）.

① 又一次；第二次 again; one more time：～现 reappear｜～版 (of books) second edition ② 更加 to a greater extent or degree：～用功些 work harder｜动作～快些 move or work faster ③ 然后 then; after：下了班～去 to go after work｜洗了手～吃饭 wash your hands before eating

zài

在

会意字。甲骨文像初生的植物，表示存在。金篆楷加"土"，表示存在于地上。本义是存在。

在 means exist. In bone inscriptions, it resembles a seedling, i.e. a presence, existence. The component, 土 (earth), is added in bronze inscriptions, seal and regular scripts, suggesting sth that lives above the ground.

① 存在 exist：健～alive｜潜～have potential ② 在于；决定于 lie in; depend on：事～人为 success depends on human effort ③ 正在 sth in progress：他们～踢球。They are playing soccer. ④ 表示动作的时间、地点或范围等 indicating the time, place and scope of an activity：～早晨跑步。Jogging in the morning.

zài/zǎi

载

（載）

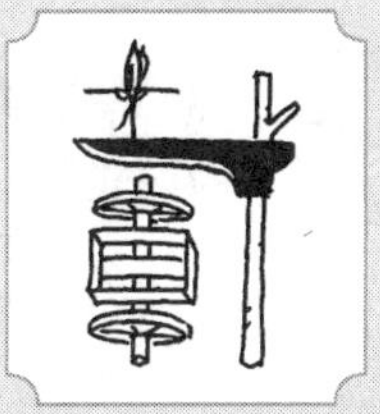

形声字。車（车）表意，像车，表示用车装运；𢦏（zāi）表声。載简化为载。本义是装运。

载 means load and transport. It is composed of 車（车）, a vehicle, i.e. transport goods with a vehicle; and 𢦏（zāi）, which indicates pronunciation. 載 has been simplified to 载.

㊀ zài ① 用车、船等交通工具装运 move goods by car, boat or other modes of transport：～客 carry passengers｜～货 carry cargo ② 充满 everywhere; be full of：怨声～道 discontent is rife. ③ 又；且 and; as well as：～歌～舞 sing and dance ㊁ zǎi ① 一年的时间 a year：千～难逢 once in a blue moon｜一年半～six months to one year ② 记录；刊登 record; publish：记～record｜刊～publish

仔 878页

zán 咱

会意字。“口”像张开的口，“自”本像鼻子，指自己，表示开口称呼自己。本义是我。

咱 means "I". It consists of **口**, mouth, and **自**, nose, indicating "I", i.e. open one's mouth to address oneself.

我；我们 I; we：～家 my family｜～是同乡。We are fellow villagers.｜～村里有一所小学。Our village has a primary school.

zǎn/cuán 攒（攢）

形声字。扌表意，像手，表示积聚；贊（赞 zàn）表声。攢简化为攒。本义是积聚。

攒 means accumulate. It consists of **扌**, hand, i.e. to store or accumulate sth; and **贊**（**赞** zàn）, which represents pronunciation. **攢** has been simplified to **攒**.

㊀ **zǎn** 积聚；积蓄 accumulate：～钱 save up money｜积～ collect bit by bit｜～了一大笔钱 save up a huge sum of money ㊁ **cuán** 聚集；凑集 collect together; assemble：～在一处 congregate at a place｜人头～动 a mass of bobbing heads

zàn 暂（暫）

会意字。“日”像太阳，表示时间，“斬”（斩）指砍，有速度快义，表示时间的短促，斬（斩 zhǎn）兼表声。暫简化为暂。本义是时间短。

暂 means a short duration. It is composed of **日**, sun, here referring to time, and **斬**（**斩** zhǎn）, which is phonetic and denotes hack or slash — actions completed with speed, i.e. a short duration of time.

短时间的 of short duration：～时 temporary｜～停 suspend｜短～ short; fleeting

zàn 赞（贊）

会意字。“貝”（贝）像贝壳，古代用作钱币，两个“先”表示向前、进见；合起来表示拿着礼物去拜见长辈。贊简化为赞。本义是谒见、进见。

赞's root meaning is to call on sb. It consists of **貝**（**贝**）, seashell, a currency used in ancient times, and two **先**, which mean go forward, to call on sb, i.e. to pay a visit to one's senior with gifts. **贊** has been simplified to **赞**.

① 帮助；支持 help; support：～助 assistance; sponser｜～成 agree with ② 夸奖；颂扬 compliment; praise：～美 praise｜～扬 eulogize; speak highly of

Z

zāng

赃
（贜）

会意字。“貝”（贝）像贝壳，古代曾用作钱币，“藏”指藏起来，表示用非法手段得到的钱财。简体字贝、庄，庄有村庄、商店义，表示从农庄或商店窃得赃物。本义是用非法手段得到的钱财。

赃 means money obtained through illegal means. It consists of 貝（贝）, seashell, currency used in ancient times, and 藏, hide, conceal, i.e. use illegal means to obtain money. The simplified form comprises 贝 (valuables) and 庄 (villages and shops), i.e. steal from villages or shops.

用非法手段得到的财物 money and property obtained through illegal means：～款 embezzled money｜～物 loot; stolen goods｜分～ share the booty

zàng/zāng

脏
（❶臟❷髒）

会意字。“月”像肉，“藏”指不外露，表示内脏。简体字月、庄，庄指农民聚居地，表示五脏聚于体内。本义是五脏，即心、肝、脾、肺、肾。臟、髒今归并简化为脏。

脏 refers to the five internal organs of the body, namely the heart, liver, spleen, lungs and kidneys. It consists of 月, flesh, and 藏, hidden, concealed, i.e. the internal organs of a body. The simplified form has 月 and 庄 (a farm settlement), i.e. a cluster of five internal organs in the body. 臟 and 髒 are now simplified and grouped into 脏.

❶ zàng 人或动物体内器官的统称 general term for internal organs：内～ internal organs｜五～六腑 internal organs of the body
❷ zāng 不干净 dirty：肮～ dirty｜～话 swear words

zàng

葬

会意字。“死”像尸骨和人，“一”像席子，“茻”像草丛，表示人死后用草席垫着埋在草丛中。楷书艹、死、廾，表示双手将死者埋在草丛中。本义是掩埋死者。

葬 means bury the dead. It comprises 死, a corpse and a man, 一, a straw mat, and 茻, bushes, i.e. lay a dead body on a straw mat and bury it in the bushes. Regular script consists of 艹 (grass), 死 (dead body) and 廾 (hands), suggesting using both hands to bury a body in bushes.

掩埋或处理尸体 bury a body：埋～ bury｜火～ cremation｜～礼 funeral; burial rites

zāo

遭

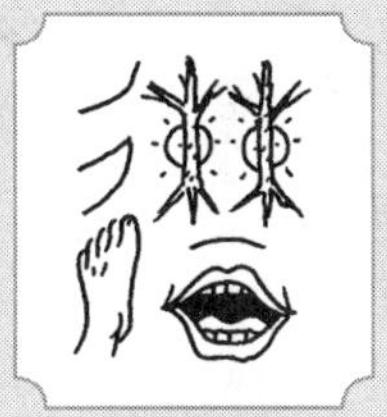

会意字。“辶”（辵）像路和脚，“曹”本指原告和被告，有相对义，表示双方相遇。本义是遇到、碰到。

遭 means meet, encounter. It consists of 辶（辵）, a road and a foot, and 曹, the defendant and the accused, hence two opposing parties, i.e. the meeting of two parties.

① 遇到不幸的事 meet with misfortune：～殃 run into disaster｜～难 suffer disaster｜～遇不幸 to suffer misfortune ② 量词，次、周 measure word, indicating time, turn：头一～ the first time｜用绳子绕两～ circle the rope round sth twice

Z

zāo

糟

会意字。“米”指酿酒的米粮，“曹”指被告、原告都在，表示带渣的酒，酒和滓俱在。本义是带滓的酒。

糟 means wine that contains dregs or grains. It comprises 米, rice used for brewing wine, and 曹, which refers to the presence of both the defendant and the accused, i.e. wine and dregs can be found in unfiltered wine.

① 酿酒剩下的渣子；没价值的东西 brewers' grains; worthless things：酒～ dregs｜～粕 waste matter ② 用酒或酒糟腌制食物 pickled food in wine or with grain：～鱼 pickled fish｜～肉 pickled meat ③ 朽烂 decayed：木头～了。The wood is rotten. ④ 情况不好；事情办坏 in a wretched state; in a mess：～糕 terrible; too bad｜事情弄～了。The thing is messed up.

záo

凿

（鑿）

会意字。“凿”像凿子和坑洞，“攴”像手持器械表示敲打，“金”指金属凿子，表示穿孔。简体字像头已残破的凿子和凿出的坑洞。本义是穿孔。

凿 means bore a hole. It consists of 凿, a chisel and a hole, 攴, a hand holding a weapon, i.e. to hit or strike sth; and 金, which signifies a metal chisel, i.e. to bore a hole (with a chisel). The simplified form depicts a broken chisel and a hole.

① 穿孔；挖掘 bore a hole; dig：～孔 bore a hole｜～井 dig a well ② 打孔、挖槽的工具 chisel：扁～ flat chisel｜圆～ round chisel ③ 明确；确实 certain; sure：～实 authentic｜确～ irrefutable

zǎo

早

会意字。篆书“日”像太阳，“甲”像种子开裂生根发芽，表示太阳从云中露出来的时候是清晨。楷书日、十，十像开裂之形，表示日破云而出之时是清晨。本义是清晨。

早 means early morning. Seal script has 日, sun, and 甲, a seedling with roots growing out of its hull, i.e. the morning begins when the sun appears from the clouds. Regular script comprises 日 and 十; 十 resembles sth cracked open, indicating the crack of dawn when the sun emerges from the clouds.

① 清晨 early morning：～操 morning exercises｜起～贪黑 get up early and sleep late ② 时间在前 early; previous：～期 early stage｜及～ at the earliest possible time

zǎo

枣

（棗）

会意字。“朿”像带刺的树，二朿重叠有高意，表示有刺而又较高的树是枣树。简体字像带刺的枣树上掉落枣子。本义是枣树。

枣 means jujube (or Chinese date). It is composed of 朿, a thorny tree, and another 朿 on top to signify tall, i.e. jujube trees are towering trees with thorns. Regular script resembles jujube fruits falling off a thorny tree.

枣树，落叶乔木，果实味甜，可以吃 jujube (or Chinese date) tree, a deciduous tree with fruits that are sweet and edible：～红 purplish red｜红～色 purplish red color zǎo

蚤

会意字。“虫”像虫，表示跳蚤；“叉”像手爪，表示跳蚤咬处很痒，要用手爪搔痒。本义是跳蚤。

蚤 means fleas. It consists of 虫, worm, i.e. fleas, and 叉, a hand (or a paw), i.e. use hands (or paws) to scratch the spot bitten by fleas.

跳蚤，害虫，头小体肥，赤褐色，善跳跃，吸人畜的血液，能传染疾病 fleas

zǎo

澡

形声字。氵表意，像流水、水珠，表示用水洗手；喿（zǎo）表声，喿指声音嘈杂，表示洗手时不断地发出水声。本义是洗手。后指洗全身。

澡 originally meant wash hands, later by extension, wash one’s body. It consists of 氵, water, i.e. use water to wash hands; and 喿（zǎo）, which is phonetic and denotes a hubbub of voices, i.e. sound of water coming from the washing of hands.

洗身体 wash one’s body：洗～ take a bath｜～盆 bathtub｜～堂 bathhouse

zǎo

藻

形声字。“艹”（艸）像草，“氵”像水流、水珠，表示水藻；喿（zǎo）表声，喿指声音多而杂，表示水藻多而杂。本义是水藻。

藻 means algae. It consists of 艹（艸）, grass, 氵, water, i.e. algae is an aquatic plant; and 喿（zǎo）, which is phonetic and denotes a hubbub of noise, i.e. there are many different types of algae.

① 藻类植物，大都生长在水里，没有根、茎、叶的区分，种类很多；也泛指生长在水里的绿色植物 algae; green aquatic plants：水～ algae｜海～ algae ② 华丽的文辞 flowery langauge：辞～ ornate diction

zào

皂

会意字。“白”像日放光，表示白色，“七”像绳被切断，有断然意，表示与白色断然不同的黑色。本义是黑色。

皂 originally meant black. It is composed of 白, white, and 七, which depicts a rope severed into two, suggesting completely separated, i.e. black — a color opposite of white.

① 黑色 black：不分青红～白 make no distinction between right and wrong ② 肥皂的简称 short form of 肥皂 (soap)：香～ scented soap｜药～ medicated soap

Z

zào

灶

（竈）

会意字。像洞穴与蛤蟆，表示灶堂灰黑似蛤蟆的颜色。简体字火、土，表示土坯砌成的烧饭设备。本义是炉灶。

灶 means cooking stove. It resembles a cave and a toad, i.e. a stove is as black as a toad. The simplified form consists of 火 (fire) and 土 (earth), i.e. a cooking stove is made from blocks of soil.

用来烧水、做饭菜的设备 cooking stove：～火 kitchen | ～台 hearth | 煤气～ gas stove

zào

造

会意字。金文“辵”像路和脚，“宀”像房屋，“告”指告诉，表示前往。篆、楷书辶（辵）、告，表示前往告之。本义是前往。

造 means go to (a place). In bronze inscriptions, there are 辵, a path and a foot, 宀, a house, and 告, inform, i.e. (sb) going to (somewhere). Seal and regular scripts comprise 辶（辵）and 告, i.e. go and tell sb about sth.

① 前往；到 go to; arrive at：～访 pay a visit | 登峰～极 reach the peak of perfection ② 制作；建筑 make; build：～型 modelling; mouldmaking | 建～ construct ③ 培养；成就 train; achievement：～就 bring up; train | ～诣 accomplishments ④ 凭空瞎编 fabricate：～谣 create rumor | 捏～ fabricate

zào

噪

会意字。“口”像张开的口，“喿”像树上有众口，表示虫、鸟乱叫，喿（zǎo）兼表声。本义是虫、鸟乱叫。引申指声音嘈杂。

噪 originally referred to the chirping of insects and birds, then later, noise, din. It consists of 口, an open mouth, and 喿（zǎo）, which is phonetic and depicts three mouths above a tree, i.e. insects and birds chirping.

① 虫鸟乱叫 chirping of insects and birds：蝉～ chirping of cicadas | 鹊～ chirping of magpies | 群鸦乱～ flocks of crows cawing ② 乱喊乱叫；声音嘈杂 clamor; din：鼓～ make an uproar | ～声 noise

zào

燥

形声字。火表意，像火焰，表示用火烘烤可使东西干燥；喿（zǎo）表声，喿像木上有众口，指鸟、虫在树上发出噪音，表示物因过于干燥而发出爆裂的噪音。本义是干燥。

燥 means dry. It consists of 火, flames, which suggests things can be dried by roasting it over a fire; and 喿（zǎo）, which is phonetic and signifies birds and insects chirping on a tree, i.e. the cracking sound produced when things split or crack under extreme dry conditions.

干；缺少水分 dry; lack of water：～热 hot and dry | 干～ (of weather) dry and hot

Z

zào 躁

会意字。“足”像膝和脚，表示人着急时常来回踱步；“喿”像木上有众口，指鸟、虫在树上发出噪音，表示人着急、不冷静时，会喧哗、吵闹；喿（zào）兼表声。本义是急躁。

躁 means rash, impatient. It is composed of 足, a knee and a foot, i.e. a person paces up and down when he is agitated; and 喿（zào）, which is phonetic and denotes chirping produced by birds and insects, i.e. an impatient person may create a racket.

性急；不冷静 rash; impetuous：急～ rash | 烦～ irritable | 暴～ hot-tempered

zé 则（則）

会意字。金文像鼎和刀，表示铸刻在鼎上的规章、法则。篆、楷书以用作钱币的“貝”替代“鼎”，表示规章、法则有实施价值。則简化为则。本义是规章、法则。

则 means rules and regulations. In bronze inscriptions, it depicts a tripod cauldron for cooking and a knife, i.e. rules and regulations carved on a tripod. In seal and regular scripts, 鼎 is replaced by 貝, money, i.e. rules and regulations have practical value. 則 has been simplified to 则.

① 规章；条文 rules; regulations：原～ principles | 细～ procedural provisions ② 榜样；标准 model; benchmark：准～ criterion | 以身作～ serve as an example ③ 就；便 indicating one action follows another：不平～鸣 injustice provokes an outcry ④ 量词，相当于“篇”、“条” measure word for item, piece：日记一～ a diary entry

zé 责（責）

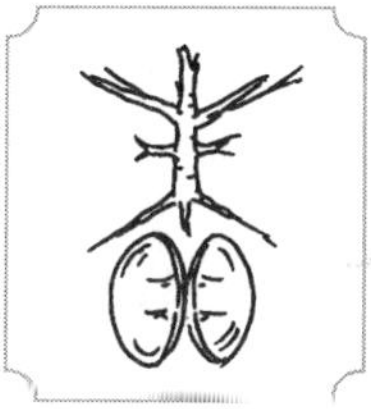

会意字。金文、篆书“貝”（贝）像贝壳，古代曾用作货币，“朿”像树上有刺，表示用尖利的言辞讨债。楷书简化了上部的形体。責简化为责。本义是讨债。

责's original meaning was demand repayment of a debt. Seal script has 貝（贝）, seashell, a currency used in ancient times, and 朿, a thorny tree, i.e. confront sb with cutting words for repayment of a debt. 責 has been simplified to 责.

① 分内应做的事 duty; responsibility：～任 duty | 负～ take responsibility ② 要求 demand：求全～备 demand perfection ③ 质问；责备 interrogate; blame：～问 ask reprovingly | 指～ accuse

zé 择（擇）

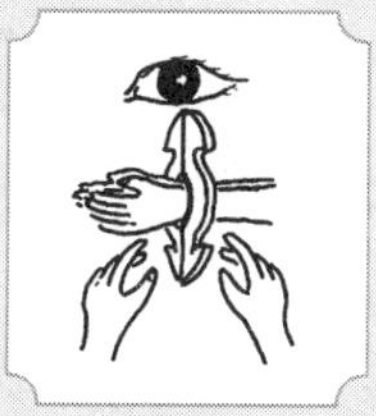

会意字。金文“廾”像双手，“睪”像眼睛和手铐，有侦察义，表示看清楚后挑选。篆、楷书扌、睪，表示看清楚后用手挑选。擇简化为择。本义是挑选。

择 means choose, select. Bronze inscriptions comprise 廾, a pair of hands, and 睪, an eye and a pair of handcuffs, which suggests investigate, i.e. look carefully before choosing. Seal and regular scripts depict to look carefully（睪）before picking out one's choice with hands（扌）.

挑选 choose; select; pick：选～ choose | 抉～ choice | 饥不～食 a hungry person is not picky with his food; beggars can't be choosers zé

泽

（澤）

形声字。氵表意，像水流、水珠，表示聚水洼地；睪（zé）表声，睪有侦察义，表示聚水洼地较危险，要注意安全。澤简化为泽。本义是聚水的洼地。

泽 means low-lying land with water. It consists of 氵, water, here suggesting a low-lying land with water, and 睪（zé）, which is phonetic and denotes to investigate, i.e. low-lying areas of water are dangerous, one should be cautious of one's safety. 澤 has been simplified to 泽.

① 水积聚的地方 pool; pond; swamp：沼～ marsh | 湖～ lake ② 湿润 moist：润～ moist; smooth ③ 金属、珠玉等的光亮 gloss; sheen：光～ lustre | 色～ color and lustre ④ 恩惠 favor：恩～ kindness

zéi

贼

（賊）

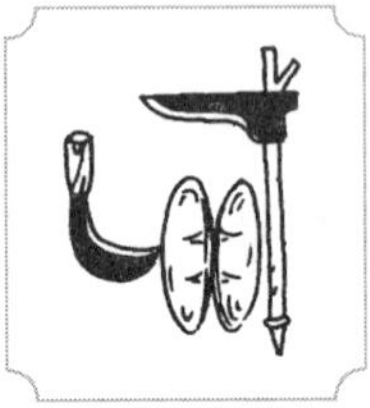

会意字。金文、篆书像用刀、戈毁坏贝（钱财）。楷书貝（贝）、戎，戎是兵器的总称，表示用兵器毁坏贝。賊简化为贼。本义是毁坏。引申指有危害的人。

贼 originally meant destroy, later by extension, a dangerous person. Bronze inscriptions and seal script depict a man destroying money, represented by a seashell（贝）, with a knife（刀）and a dagger-axe（戈）. Regular script has 貝（贝）and 戎 (a general term for military weapons), i.e. use weapons to destroy money. 賊 has been simplified to 贼.

① 危害国家、民族的人 a person who hurts the interests of his country and people：卖国～ traitor ② 偷东西的人 thief：盗～ burglar | 抓～ catch a thief ③ 邪恶的；不正派的 wily; crooked：～头～脑 furtive

zěn

怎

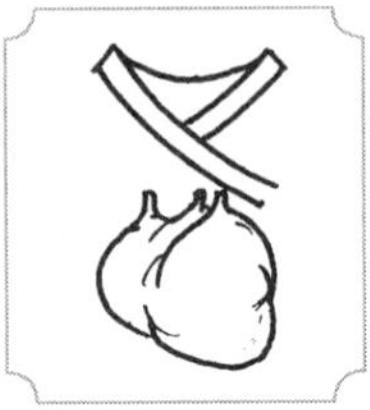

会意字。"心"本像心脏，"乍"有突然义，表示对于突然来临的事，心中不知如何是好。怎是疑问词。

怎 is an interrogative pronoun which means "why, how". It consists of 心, heart, and 乍, sudden, unexpected, i.e. when faced with a sudden, unexpected event, one may feel lost and does not know what to do.

如何；表示疑问 why; how：～么 interrogative pronoun, used to enquire about the condition of sth | ～样 how about; what about | ～么办 what to do about it

zēng/céng

曾

会意字。甲骨文像冒热气的蒸具。金文下部增锅，篆、楷书改为"曰"，表示蒸气从蒸具中冒出如同话从口中说出。本义是蒸具。引申指中间隔两代的亲属。

曾 originally meant a food steamer, then later, family members separated by two generations. In bone inscriptions, it shows a steaming food steamer. 锅 (pot) is added at the bottom of the character in bronze inscriptions; it is replaced by 曰 (talk) in seal and regular scripts, suggesting steam rising out of a food steamer is akin to words uttered from a mouth.

㊀ zēng ① 中间隔两代的亲属 family members separated by two generations：～祖 great-grandfather | ～孙 great-grandson ② 姓 a family name ㊁ céng 从前经历过 experience before：～经 used to; once | 未～ not happened before

Z

zēng 增

形声字。土表意，本像地上有堆土，古时盖屋筑墙常添土夯实加高，表示添加；曾（zēng）表声，曾通增，表示添加。本义是添加。

增 means increase. It is composed of 土, earth, used in construction to heighten houses and walls, and 曾（zēng）, which represents pronunciation. 曾 shares the same meaning as 增, increase.

添加 increase; add：~加 increase; raise | ~添 add | 有~无减 keep increasing

zēng 憎

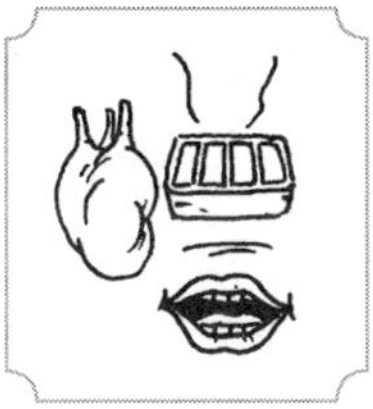

形声字。忄表意，像心脏，表示心中厌恶、恨；曾（zēng）表声，曾像热气从蒸具冒出、话从口中说出，表示厌恶、憎恨从心中产生。本义是厌恶、恨。

憎 means detest, hate. It comprises 忄, heart, i.e. the feeling of detest and hate; and 曾（zēng）, which is phonetic and depicts steam rising from a food steamer, implying speech coming from the mouth, i.e. the feeling of disgust and hate grows from the heart.

厌恶；恨 detest; hate：~恶 loathe | ~恨 hate | 爱~分明 clear about what to love or hate

zèng 赠（贈）

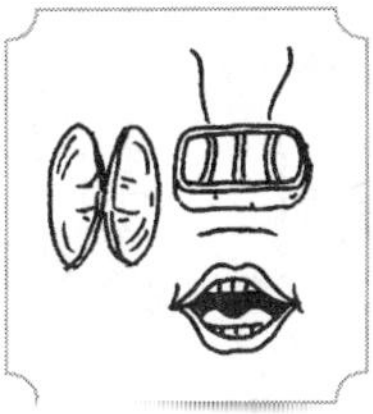

形声字。貝（贝）表意，像贝壳，古代曾用作货币，表示送人财物；曾（zēng）表声，曾像蒸具冒出热气、口中说出话，表示赠是送出财物。贈简化为赠。本义是把东西送给别人。

赠 means present a gift to sb. It is composed of 貝（贝）, seashell, money used in ancient times, i.e. give money and gifts to others; and 曾（zēng）, which is phonetic and represents steam rising from a food steamer or speech coming from the mouth, i.e. give out money and gifts. 贈 has been simplified to 赠.

送给 give：~送 give | 捐~ donate | 临别~言 words of encouragement given at parting

zhā/zhá/zā 扎

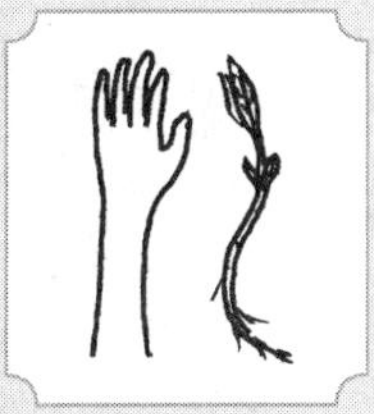

会意字。“扌”像手，“乚”像弯曲的植物，表示用手将弯曲的草木拔出。本义是拔。基本义是刺。

扎's original meaning is pluck; its basic meaning is prick. It consists of 扌, hand, and 乚, a bended plant, i.e. pull out plants which are bended with hands.

㊀ zhā ① 刺 prick：~针 give acupuncture treatment ② 钻 dive：~根 (of a plant) grow roots | ~入水中 dive into water ③ 驻扎 be stationed：安营~寨 pitch a camp ㊁ zhá ［挣扎］用力支撑或摆脱 struggle to support or escape：垂死~ struggle to live ㊂ zā 捆；束 tie; bind：捆~ bundle up | 包~ bandage zhā/chā

喳

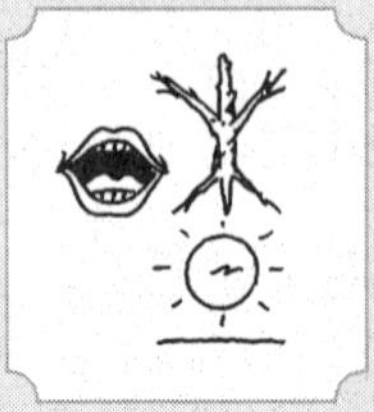

形声字。口表意，像张开的口，表示口发出之声；查（zhā）表声。喳是象声词。

喳 is an onomatopoeia. It consists of 口, an open mouth, i.e. sound coming from the mouth; and 查（zhā）, which represents pronunciation.

㊀ zhā 象声词 onomatopoeia：喜鹊叫～～ magpies are tweeting ㊁ chā［喳喳］小声说话的声音 whispering sound：嘁嘁～ jabbering

zhā

渣

形声字。氵表意，本像水流、现像水珠，表示去除水后剩下的残余物；查（zhā）表声。本义是渣子。

渣 means dregs, residue. It is composed of 氵, water, here referring to the residue left behind after water is removed; and 查（zhā）, which represents pronunciation.

① 渣子，物品提出精华或汁液后剩下的部分 dregs, leftover after essence or liquid is taken out：煤～ coal residue｜废～ waste residue｜豆腐～ soyabean residue ② 碎屑 crumbs：面包～ bread crumbs｜点心～ cake crumbs

zhá

闸

（閘）

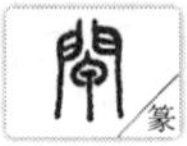

会意字。“門”（门）像门，表示制水的门；“甲”像裂开的种子，有硬壳、铠甲义，表示水闸厚实坚固。閘简化为闸。本义是水闸。

闸 means floodgate. It consists of 門（门）, a door, i.e. a flood gate; and 甲, hard shells and armours, i.e. a flood gate is hard and sturdy. 閘 has been simplified to 闸.

① 可以开关的拦水建筑 a construction with gate to trap water：～门 floodgate｜开～放水 open the sluice ② 机械上的制动器 machine brakes：车～ car brakes｜电～ electrical switch

zhá

铡

（鍘）

会意字。“金”（钅）像箭头、斧头、矿石，简体像箭头和钩子，表示金属，“則”（则）本指用刀刻物，表示切草的金属铡刀。鍘简化为铡。本义是铡刀。

铡 means hay cutter. It consists of 金, metal, and 則（则）, to carve sth with a knife, i.e. a metal chopper or cutter for cutting hay. 鍘 has been simplified to 铡.

① 铡刀，切草或其他东西的工具 cutter for cutting hay or other objects ② 用铡刀切 cut up with a hay cutter：～草 cut hay

Z

查 65页　轧 747页　扎 823页　炸 826页

zhǎ

眨

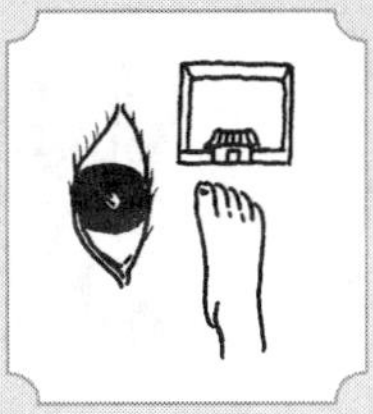

会意字。“目”像眼睛，“乏”篆书是反向的“正”字，有相反意，表示与平时眼皮久开暂闭的情况相反，眼皮很快地一闭一开。本义是眨眼。

眨 means blink, wink. The character contains 目, an eye, and 乏, which in seal script is the inverted form of 正, signifying "the opposite of", i.e. eyelids shutting and opening quickly, which is unlike the usual way eyelids move — stay open and shutting only briefly.

眼皮很快地一闭一开 blink an eye：～眼 blink one's eyes | ～了～眼 eyes blinking

zhà

乍

会意字。像做衣初成衣领之形，表示刚刚开始。本义是起初、刚刚。

乍 means for the first time. The character resembles an outline of a garment's collar which represents the initial stage in making clothes; it suggests "the beginning".

① 起初；刚刚 for the first time：初来～到 at a place for the first time ② 忽然；突然 suddenly; abruptly：～冷～热 temperature changes abruptly | ～明～暗 brightness changes abruptly

zhà

诈

（詐）

形声字。言（讠）表意，像张口说话，表示用话骗人；乍（zhà）表声，乍有暂时义，表示欺骗的作用是暂时的。詐简化为诈。本义是欺骗。

诈 means cheat, swindle. It consists of 言（讠）, talking, i.e. tell lies to cheat sb; and 乍（zhà）, which is phonetic and denotes briefly, i.e. lies will not hold for long.

① 欺骗 cheat; swindle：～骗 cheat | 欺～ swindle | ～取 cheat sb out of his money ② 假装 pretend：～降 pretend to surrender | ～死 play dead | ～败 pretend to be defeated

zhà

栅

会意字。“木”像树，“册”像竹片编成的简册，表示用木板或树枝编成的围栏。本义是栅栏，类似篱笆。

栅 means fence, railing. It is composed of 木, a tree, and 册, a booklet of bamboo slips, i.e. a fence made of wooden planks or branches.

用竹、木、铁条等编成的围拦 fence made of bamboo, wood or metal bars：～栏 fence | 木～ wooden fence; palisade | 铁～ iron railings zhà/zhá

炸

会意字。"火"像火焰，"乍"有忽然义，表示火力突然爆发，乍（zhà）兼表声。本义是火力爆发。

炸 means explode. It consists of 火, flames, and 乍（zhà）, which is phonetic and denotes sudden, i.e. an explosion.

㊀ zhà ① 物体突然破裂 blowing up of an object：爆～ explode; blast | 瓶子～了。The bottle bursts. ② 用炸药、炸弹等爆破 blow up using explosives or bombs：轰～ blast | ～毁 bomb and destroy ㊁ zhá 油煎食物 fry in deep fat or oil：～鱼 fried fish | ～鸡 fried chicken

zhà

榨

会意字。"木"像树，表示木制的压取物体汁液的器具；"窄"有窄小义，表示挤压某些物体就会流出汁液。本义是压出物体汁液的器具。

榨 refers to an apparatus used to extract liquid from sth. It consists of 木, a tree, i.e. the apparatus is made of wood; and 窄, small and narrow, i.e. squeeze liquid out of sth.

① 压出物体里汁液的器具 an apparatus used to extract liquid from sth：油～ oil press | 酒～ wine press ②用力压出物体里的汁液 squeeze liquid out of sth：～油 extract oil from oil-bearing crops | ～甘蔗 extract juice from sugarcanes

zhāi

斋

（齋）

会意字。"示"像祭桌，齊（齐）指划一、共同，表示祭祀前都要清心洁身。简体字"文"指礼仪，"而"指之后，表示先清心洁身而后祭祀。本义是祭祀前清心洁身。

斋 means to cleanse one's mind and body before performing sacrificial rites. It consists of 示, an altar, and 齊（齐）, same for all, i.e. it is the norm for all to cleanse one's mind and body before a sacrificial rite. The simplified form has 文, ceremony and propriety, and 而, after, i.e. one can perform sacrificial rites after one has cleansed one's mind and body.

① 祭祀前清心洁身 cleanse mind and body before performing sacrificial rites：～戒 fast ② 某些信仰宗教的人吃的素食 vegetarian diet of certain religious believers：吃～ on a vegetarian diet ③ 书房、学舍或某些商店 study room, dormitory or shop：书～ study (room)

zhāi

摘

会意字。"扌"像手；篆书"啻"有止义，表示果实成熟即停止生长时可用手摘食；楷书"啇"指果蒂，表示手从果蒂上摘下水果。本义是摘取。

摘 means pick, pluck. It is composed of 扌, hand, and 啻, which in seal script means halt or stop, i.e. when fruits ripen and stopped their growth, they are ready to be plucked and eaten. Regular script consists of 扌, hand, and 啇, the stem of a fruit, i.e. pluck fruits from their stems.

① 用手采或取下 pluck or pick with hands：采～ pluck | ～瓜 pick fruits | ～花 pluck flowers ② 选；择取 choose; select：～要 summary | ～抄 make extracts | 文～ abstract zhái

宅

会意字。“宀”像房屋，表示住所、房子；“乇”像植物从地上长出，表示宅建在地上。本义是住所、房子。

宅 means residence, house. It consists of 宀, a house, i.e. a place of residence; and 乇, a plant sprouting out from the ground, i.e. a house is built on the ground.

住所；房子 residence; house：~院 house with a courtyard | 住~ residence | 深~大院 big house with spacious courtyard

zhǎi

窄

形声字。穴表意，本像洞穴，表示狭窄；乍（zhà）表声，乍指时间短促，表示窄是空间局促。本义是宽度小。

窄 means short, narrow. It consists of 穴, a cave or hole, i.e. narrow; and 乍（zhà）, which is phonetic and denotes a short duration, i.e. a small space.

① 宽度小；狭小 short; narrow：狭~ narrow | 马路~ narrow road | 心胸~ petty | 冤家路~ enemies often cross each other's path

zhài

债

（債）

会意字。“亻”像人，表示欠别人的钱财；“責”（责）指责任，表示欠别人的钱财有责任偿还。債简化为债。本义是欠别人的钱财。

债 means debt. It comprises 亻, man, here referring to the money owe by one person to another, and 責（责）, responsibility, i.e. it is one's responsibility to repay the money borrowed from another.

欠别人的钱财 debt：欠~ be in debt | 还~ pay one's debt | 背了一身~ in heavy debt

zhài

寨

会意字。“木”像树，表示木栅栏；“塞”像双手填塞房子的缝隙，表示栅栏起防堵作用。本义是防卫用的木栅栏。特指军营。

寨 originally meant stockade, wooden fence, then later, military camp. It comprises 木, tree, i.e. wooden fences; and 塞, which resembles using both hands to fill up crevices in a house, i.e. fences act as a barricade.

① 防卫用的栅栏 stockade：木~ wooden fence ② 军营 military camp：营~ military camp | 安营扎~ pitch a camp ③ 村子 stockaded village：山~ stockaded village in the mountains

Z

zhān/
zhàn

占

会意字。“卜”像龟甲占卜的裂纹，“口”像张开的口，表示用龟甲的裂纹卜问吉凶。本义指用龟甲卜问吉凶。泛指占卜活动。

占 originally meant to find out one's destiny through turtle shells, then later, practice divination. It consists of 卜, cracks on turtle shells used for divination, and 口, an open mouth, i.e. tell one's fate or fortune through the cracks on a turtle shell.

㊀ zhān 占卜；预测吉凶祸福的活动 divine; divination：～卦 divine by means of the Eight Diagrams ㊁ zhàn ① 据有；夺取 occupy; seize：～有 possess｜～领 occupy ② 处于 be in a certain situation：～优势 have the advantage｜～多数 majority

zhān

沾

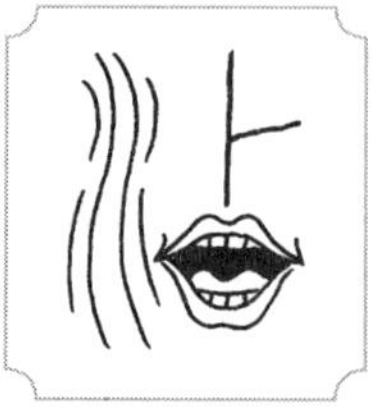

会意字。“氵”像水流、水珠，“占”指占据，表示物被水占而湿，占（zhān）兼表声。本义是浸湿。

沾 means soak, wet. It consists of 氵, water, and 占（zhān）, which is phonetic and denotes invade, occupy, i.e. sth thoroughly soaked by water.

① 浸湿 soak; wet：～湿 soak｜泪～襟 tears soaked a garment ② 因接触而附着 be stained with; be soiled by：～染上 infected with ③ 有关系 related to sth or sb：不～边 not related at all｜～亲带故 have ties of kinship ④ 因有关系而得到好处 benefit from association with sth or sb：～光 benefit from association with sth or sb｜～便宜 gain advantage from one's connection with sb

zhān

毡

（氈）

形声字。毛表意，像一撮兽毛，表示用兽毛压成的片状物；亶（dǎn）表声，亶指仓禀谷物多，表示毡所用兽毛多。简体字毛表意，占（zhān）表声，占指占据，表示毡子占据一定的面积。本义是毡子。

毡 means felt. It comprises 毛, animal fibers, here referring to matted, compressed animal fibers, and 亶（dǎn）, which is phonetic and resembles a granary full of grains, i.e. a lot of animal fibers is needed to make felt. The simplified form has the semantic element, 毛, and 占（zhān）, which is phonetic and denotes "occupy", i.e. felt takes up a large surface area.

用兽毛等压成的片状物 felt：～子 felt｜～帽 felt hat

zhān/
nián

粘

会意字。“米”像稻米，表示米煮熟了有黏性；“占”指据有，表示黏住；占（zhān）兼表声。本义是粘贴。

粘 means glue, stick. It consists of 米, grains, i.e. rice becomes sticky when it is cooked; and 占（zhān）, which is phonetic and denotes invade, occupy, i.e. to stick on to sth.

㊀ zhān 粘性的东西附着在物体上或互相连在一起 of a sticky substance clinging onto an object; be joined together：～贴 glue; stick｜～连 adhesion ㊁ nián 义同“黏” same meaning as 黏 (sticky; adhesive) zhān

瞻

形声字。目表意，像眼睛，表示眼睛向前或向上看；詹（zhān）表声，詹本指言多话长，表示瞻是向远处看。本义是往前或往上看。

瞻 means look forward, look up. It is composed of 目, an eye, i.e. eyes looking forward or upwards; and 詹（zhān）, which is phonetic and denotes long-winded, i.e. to look far ahead.

向前或向上看 look forward; look up：～仰 look with reverance | ～前顾后 look ahead into the future and back into the past; think twice before taking action | 高～远瞩 look far ahead and aim high

zhǎn

斩

（斬）

会意字。“車”（车）像车，表示用车子分裂人的肢体；“斤”本像斧子，表示用斧钺断腰或斩首。斬简化为斩。本义是杀。

斩 means slay, kill. It consists of 車（车）, a cart, i.e. dismember a body using carts; and 斤, an axe, i.e. to chop up or decapitate sb. 斬 has been simplified to 斩.

砍断；杀 chop off; slay：～断 chop off | ～首 decapitate | 披荆～棘 break through brambles and thorns

zhǎn

盏

（盞）

会意字。“皿”像器皿，“戔”（戋）有小意，表示盛液体的小杯子。盞简化为盏。本义是小而浅的杯子。

盏 means a small shallow cup. It comprises 皿, a vessel, and 戔（戋）, small, i.e. a small cup to hold liquid. 盞 has been simplified to 盏.

① 小杯子 small cup：酒～ wine cup | 茶～ tea cup | 把～相庆 celebrate with a toast ② 量词，用于灯 measure word for lamp：一～灯 a lamp

zhǎn

展

形声字。尸表意，像卷曲身体的人，表示人伸展卷曲的身体；㠭（zhàn）表声，㠭指衣服，以穿衣需伸展上肢表示伸展。本义是伸展。

展 means stretch, extend. It comprises 尸, a man curled up, i.e. one stretching out from a curled up position; and 㠭（zhàn）, which is phonetic and denotes clothes, i.e. stretch one's limbs to put on clothes.

① 张开；舒缓 unfold; extend (gradually)：舒～ spread | 伸～ extend ② 发挥 give full play to：施～ put to good use | 大～宏图 realize one's ambition ③ 推迟；放宽 postpone; prolong：～期 postpone | ～缓 defer; delay ④ 陈列出来 display; exhibit：～品 exhibit | 画～ art exhibition

Z

zhǎn

崭

（嶄）

会意字。“山”像山耸立，“斬”（斩）指砍，表示高峻如刀劈斧削，斬（斩 zhǎn）兼表声。嶄简化为崭。本义是山高峻。

崭 means towering. It consists of 山, towering mountains, and 斬（斩 zhǎn）, which is phonetic and denotes chop or hack, i.e. lofty mountains with steep cliff walls which look as if they were chopped by an axe. 嶄 has been simplified to 崭.

① 高出；突出 stand out; protrude：～露头角 begin to show one's talent ② 很；特别 very; exceptionally：～新的轿车 a brand new car

zhàn

栈

（棧）

会意字。“木”像树，“戔”（戋）本像两把戈，有伤义，表示搭建棚子必对木料锯削加工。棧简化为栈。本义指用竹、木搭建的棚。

栈 means a shed made of bamboo and wood. It contains 木, a tree, and 戔（戋）, two spears which imply to mar or hurt, i.e. wood or bamboo has to be sawed and shaved to be used in building sheds. 棧 has been simplified to 栈.

① 养牲畜的竹、木棚或栅栏 shed; pen：马～ stable｜羊～ sheep pen ② 存放货物或旅客住宿的地方 storehouse; warehouse：货～ warehouse｜客～ inn

zhàn

战

（戰）

会意字。“單”像狩猎用具，“戈”是长柄兵器，表示捕猎野兽。简体字戈、占，表示武力攻占，占（zhàn）兼表声。本义是捕猎野兽。引申为打仗。

战 originally meant hunting, then later, war, battle. It consists of 單, a hunting tool, and 戈, a spear, i.e. hunting. The simplified form consists of 戈 and 占 (invade), suggesting to invade by military force. 占（zhàn）represents pronunciation.

① 打仗 war; battle：～场 battlefield｜～局 war situation ② 争胜负、比高低的竞赛 competition：舌～ verbal dispute｜挑～ challenge ③ 发抖；哆嗦 tremble; shudder：～栗 shudder

zhàn

站

形声字。立表意，像人站立；占（zhàn）表声，兼表站立必占据一定的地方。本义是站立。

站 means stand. It consists of 立, a man standing, and 占（zhàn）, which is phonetic and denotes invade, i.e. a space is taken up when a man stands on it.

① 直立 stand：～立 stand｜～岗 stand guard ② 为乘客上下或货物装卸而设的停车处 place for passengers to get on and get off, or for goods to be loaded and unloaded：～台 platform (in a railway station)｜火车～ railway station ③ 为某种业务而设立的机构 station for rendering certain services：粮～ grain supply centre｜气象～ meteorological station

占 828页

zhàn

绽

（綻）

会意字。“糸”（纟）像丝，表示字义与线或布帛有关；“定”有已成形、不变动意，表示衣缝已开裂不会自行复原。綻简化为绽。本义指衣缝开裂。泛指裂开。

绽 originally meant tearing a garment, then later, tear, burst, split. It contains 糸（纟）, silk thread, and 定, fixed, permanent, i.e. a tear in the garment will not join up on its own. 綻 has been simplified to 绽.

裂开 tear; split; burst：～开 burst open｜露出破～ give away the show｜皮开肉～ the skin is torn and the flesh gapes open

zhàn/chàn

颤

（顫）

形声字。頁（页）表意，像夸大头部的人，表示头摇动；亶（dǎn）表声，亶指粮多，头不停地摇动也有多的意味。顫简化为颤。本义是头摇动。泛指颤抖。

颤 originally meant shaking one's head, later by extension, tremble, shiver. It contains 頁（页）, a man with an enlarged head, i.e. shaking one's head; and 亶（dǎn）, which is phonetic and denotes an abundance of grains, i.e. shaking one's head repeatedly. 顫 has been simplified to 颤.

㊀ zhàn 身体发抖 tremble; shiver; shudder：～栗 shudder｜打～shiver ㊁ chàn 物体振动 vibrate：～动 vibrate

zhàn

蘸

会意字。“酉”像酒坛子，代表液体；“艹”（艸）像草，草能遮没地面，表示液体能浸没物体；“焦”像火（灬）烤鸟（隹），有干枯义，表示干枯的东西才需浸润。本义是将物浸入液体中。

蘸 means dip in liquid. 酉 depicts a wine pot, i.e. liquid. 艹（艸）is grass. Grass covers the ground it grows on, hence suggesting liquid engulfs an object dipped into it. 焦 depicts roasting a bird (隹) over fire (灬), implying dried, wilted. Thus, sth that has dried up or wilted needs to be moistened by dipping or soaking in water.

在液体、粉末或糊状的东西里沾一下 dip in liquid, powder or paste：～墨水 dip in ink｜～糖水 dip in syrup

zhāng

张

（張）

会意字。“弓”像弓，“長”（长）像拄杖的长发老人，有长意，表示将弦拉长扣在弓上。張简化为张。本义是上弓弦。引申为开、展开。

张 originally meant stringing a bow, then later, open, extend. It consists of 弓, a bow, and 長（长）, a long-haired eldery supported with a walking stick, signifying "long", i.e. stretch a bowstring across a bow. 張 has been simplified to 张.

① 开；展开；扩大 open; spread; expand：～嘴 open the mouth｜～开 open｜～扬 publicize ② 陈设；铺排 display; lay out：～挂 hang up｜铺～ extravagant display ③ 新开业 open a new business：开～ open a busniess ④ 看；望 look; glance：东～西望 look in all directions ⑤ 量词 measure word：三～纸 three pieces of paper ⑥ 姓 a family name

Z

zhāng

章

会意字。金文像刀（辛）和玉璧，表示玉璧刻纹。篆、楷书“音”指音乐，“十”表结束，表示一曲音乐。本义指玉璧花纹。

章 originally signified designs on a jade. In bronze inscriptions, it depicts a knife（辛）and a jade（玉）, i.e. lines or carvings on a jade. Seal and regular scripts have 音, music, and 十, end or finish, i.e. a piece of music.

① 成篇的文字或诗文、歌曲的段落 chapter or section of a book, poem or music：文～ article | 乐～ movement (of a symphony) ② 法规；条文 rules; regulations：～程 charter | 规～ constitution ③ 条理 order：杂乱无～ disorderly ④ 印记；标志 stamp; signet：图～ seal | 徽～ badge ⑤ 姓 a family name

zhāng

彰

会意字。“彡”像纹饰、光彩，表示明显、显著；“章”是彰的本字，有文彩、花纹义；章（zhāng）兼表声。本义是明显、显著。

彰 means evident, conspicuous. It comprises 彡, which resembles colorful decorative accessories, implying obvious, prominent, and 章, the original form of 彰, which signifies decorative patterns. 章（zhāng）represents pronunciation.

① 明显；显著 obvious; conspicuous：相得益～ complement each other | 欲盖弥～ try to hide a mistake but only to make it more conspicuous ② 表扬 praise：表～ compliment

zhāng

樟

形声字。木表意，像树，表示樟树；章（zhāng）表声，章有华美意，表示樟树枝叶繁茂，木纹细腻，非常美丽。本义是樟树。

樟 means camphor tree. It contains 木, tree, and 章（zhāng）, which is phonetic and denotes richly-colored and attractive, i.e. camphor are beautiful trees with luxuriant foliage and fine wood texture.

樟树，常绿乔木，木材有香气，可提制樟脑和樟油，可防虫蛀，用来做家具可以防蛀 camphor tree

zhǎng/zhàng

涨

（漲）

会意字。“氵”像水流、水珠，“张”有扩大义，表示水势扩大使水位升高，张（zhāng）兼表声。漲简化为涨。本义是水位升高。

涨 means rise in water level. It is composed of 氵, water, and 张（zhāng）, which is phonetic and denotes expand, i.e. an increase in volume of water causes the water level to rise. 漲 has been simplified to 涨.

㊀ zhǎng ① 水位升高 rise in water level：～潮 rising tide | 水～船高 boat rises with the water level ② 价格提高 rise in prices：～价 rise in price | ～跌 rise and fall ㊁ zhàng ① 体积增大 grow in size：热～冷缩 expand when heated and contract when cooled ② 充血 (head) be swelled by a rush of blood：头昏脑～ feel one's head spinning

Z

zhǎng

掌

形声字。手表意，像手，表示手掌；尚（shàng）表声。本义是手掌。

掌 means palm. The character consists of **手**, hand, here referring to the palm, and **尚**（shàng）, which represents pronunciation.

① 手心 palm：手～ palm｜鼓～ clap hands ② 某些动物的脚掌 sole of certain animal's feet：熊～bear's paw｜鸭～duck's webbed feet ③ 用手掌打 to hit with the palm：～嘴 slap sb on the face ④ 把握；主管 in charge of; control：～舵 be the helmsman｜～管 take control ⑤ 钉在鞋底的皮或马蹄底下的铁 shoe sole or heel; horseshoe：鞋～ shoe sole｜马～horseshoe

zhàng

丈

会意字。"十"表示十尺为一丈，"又"像右手，表示古尺取手的长度。本义是长度单位。

丈 is a unit of length. It comprises **十**, 10 chi（**尺**）, and **又**, the right hand, i.e. the traditional way of measurement was taken based on the length of a hand.

① 长度单位，十尺为一丈 a unit of length, 10 chi (尺) equals to 1 zhang (丈)：一～布 a piece of cloth (about 3.3m in length)｜一落千～ suffer a drastic decline ② 测量 measure：～量土地 measure a piece of land ③ 对男性长辈的尊称 respectful form of address for an old man：～人 father-in-law｜岳～ father-in-law｜姑～husband of one's father's sister

zhàng

仗

会意字。"亻"像人，表示人拿着；"丈"像手（又）执十，有拿持义，丈（zhàng）兼表声。本义是拿着。

仗 means hold sth. It consists of **亻**, a man, in this case, a man holding sth; and **丈**（zhàng）, which is phonetic and resembles a hand（**又**）holding a cross（**十**）, i.e. hold sth in the hand.

① 拿着 hold sth：～剑 hold a sword ② 兵器 weapon：明火执～ carry torches and weapons in a robbery ③ 凭借；依靠 rely on; depend on：凭～ rely on｜依～ depend on｜～势欺人 abuse one's power and bully others ④ 战斗；战争 fight; battle：打～ go to battle｜败～lost battle｜胜～victory

zhàng

杖

形声字。木表意，像树，表示杖用树木制成；丈（zhàng）表声，一丈为十尺，含长意，丈又有扶、倚之义，表示杖是扶着走路的长棍。本义是拐杖、手杖。

杖 means cane, stick. It consists of **木**, a tree, i.e. a cane or stick is made of wood; and **丈**（zhàng）, which is phonetic and signifies "long" and "to rely or depend on", i.e. **杖** is a long staff used for walking.

① 扶着走的棍子 walking stick; cane：拐～ cane; stick｜手～ cane; stick ② 棍棒 rod：擀面～rolling pin｜拿刀动～carry swords and rods zhàng

帐

（帳）

会意字。“巾”像悬挂着的布巾，表示床帐；“長”（长）像头发很长的老人，有长义，表示床帐长以起到遮蔽作用。帳简化为帐。本义是床帐。泛指用来遮蔽的帷幕。

帐 originally meant bed-curtain, later by extension, curtain, canopy. It contains 巾, a piece of cloth hung on a stick, i.e. bed curtain; and 長（长）, an old man with long hair, signifying "long", i.e. bed curtains have to be long to cover the bed. 帳 has been simplified to 帐.

① 用来遮蔽的帷幕 curtain; canopy：蚊～ mosquito net｜～篷 tent ② 同“账” same meaning as 账 which means "account"：～本 account book｜记～ keep accounts

zhàng

账

（賬）

会意字。“貝”（贝）像贝壳，古代曾用作货币，表示账目；“長”（长）有增加意，表示账目是不断增加的；長（长 zhǎng）兼表声。賬简化为账。本义是账目。

账 means account. It consists of 貝（贝）, seashell, an ancient currency, here referring to accounts, and 長（长 zhǎng）, which is phonetic and denotes long, i.e. an increase in accounts. 賬 has been simplified to 账.

① 钱物进出的记录 account：～本 account book｜记～ keep accounts ② 债务 debt：欠～ owe a debt｜讨～ pursue a debt

zhàng

胀

（脹）

会意字。“月”（肉）像肉，“長”（长）有大义，表示胀是皮肉鼓胀。脹简化为胀。本义是皮肉鼓胀。

胀 means swell or bloated. It consists of 月（肉）, flesh, and 長（长）, large, i.e. the swelling of (a part of) the body. 脹 has been simplified to 胀.

① 身体内壁受到压迫而产生不舒服的感觉 feel bloated：肿～ swell｜腹～ feel bloated in the stomach ② 体积变大 grow in size：膨～ expand｜热～冷缩 expand when heated and contract when cooled

zhàng

障

形声字。阝表意，像一道道山坡，表示山阻隔交通；章（zhāng）表声，章有明显义，表示阻隔交通的障碍是明显易见的。本义是阻隔。

障 means hinder, obstruct. It consists of 阝, a row of mountains, i.e. mountains as barriers along a route; and 章（zhāng）, which is phonetic and signifies noticeable, obvious, i.e. obstacles along routes are laid in plain sight.

① 阻隔；遮挡 hinder; obstruct：～碍 obstacle; barrier｜一叶～目 have one's view of the important hindered by sth trivial ② 用作遮挡、防护的东西 screen; block：屏～ screen｜路～ road-block

Z

涨 832页

zhāo

招

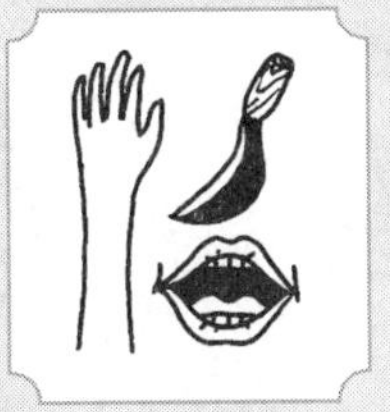

会意字。"扌"像手，"召"像口和刀，表示迅速打手势叫人，召（zhào）兼表声。本义是打手势叫人。

招 means beckon sb with hand gesture. It is composed of 扌, a hand, and 召（zhào）, which is phonetic and shows a mouth and a knife, i.e. beckon sb with a quick hand movement.

① 打手势叫人或示意 beckon sb with hand gesture：~手 wave hand｜~呼 greet ② 公开使来 recruit; enlist：~领 announce the finding of lost property｜~生 recruit students ③ 惹处；引起 attract sth bad; incur：~引 draw; attract｜~祸 court disaster ④ 承认 confess：~供 confess｜~认 plead guilty ⑤ 办法；手段 method; means：绝~ unique skill｜耍花~ display petty tricks

zhāo

昭

形声字。日表意，像太阳，表示日光明亮；召（zhào）表声，召是以声音呼唤人，表示昭是日光明亮照人。本义是光明、明亮。泛指明显。

昭 originally meant bright, later by extension, obvious, evident. It is composed of 日, sun, i.e. brightness of the sun; and 召（zhào）, which is phonetic and signifies to call or summon sb, i.e. 昭 describes sunlight shining on sb.

明显 obvious; evident：~示 make clear to all｜~然若揭 all too clear｜臭名~著 of ill repute

zhāo/cháo

朝

会意字。甲骨文像日出林中月尚未落下。金文像日从河畔草丛中升起。篆书"倝"指日出光闪耀，"舟"像船，表示早晨可行船。楷书像日出草丛月尚未落下。本义是早晨。

朝 means dawn, morning. In bone inscriptions, it depicts the sun rising above the woods while the moon has not set yet. In bronze inscriptions, it shows the sun rising over a water meadow. Seal script has **倝**, brightness of the sun, and **舟**, boat, i.e. one can navigate a boat in the morning. Regular script shows the sun rising above a meadow while the moon is still in the sky.

㊀ zhāo ① 早晨 dawn：~阳 rising sun ② 日；天 day：今~ today ㊁ cháo ① 朝廷 court：上~ go to court ② 朝代 dynasty：秦~ the Qin Dynasty ③ 朝拜 worship：~圣 have an audience with the Emperor; pilgrimage ④ 向；对着 in direction of：~前走 walk forward

zhǎo/zhuǎ

爪

象形字。甲骨文像手爪。金文添加指甲。篆、楷书仍像手爪。本义是指甲。

爪 means a claw. The character resembles a paw in bone inscriptions. Later in bronze inscriptions, nails are added. Seal and regular scripts both depict a paw.

㊀ zhǎo 鸟兽的脚或动物的趾甲 claw; talon：~牙 talons and fangs｜鹰~ eagle's talons｜虎~ tiger's paws ㊁ zhuǎ 义同㊀，多用于"爪子"、"爪儿"等词 same meaning as 爪 'zhǎo', used to form entries like 爪子, 爪儿 etc.

Z

着 876页

zhǎo

找

会意字。扌、戈，像用手拾戈，也像持戈寻找。本义是寻找。

找 means look for. It comprises 扌, hand, and 戈, weapon, i.e. pick up a weapon with a hand, or search for sth with the help of a weapon.

① 寻求 look for; seek：寻～ seek ｜ ～人 look for sb ｜ ～工作 look for a job ② 把多余的部分退还 give change：～钱 give change ｜ ～补 make up a deficiency

zhǎo

沼

形声字。氵表意，像流水、水珠，表示水池；召（zhào）表声，召指开口召唤，有引来义，表示沼会引来周围的流水。本义是天然的水池。

沼 means a natural pond. It consists of 氵,water, i.e. a pond; and 召 (zhào) , which is phonetic and signifies to call sb, i.e. to draw attention to. The components indicate 沼 (a pond) draws water from its surrounding areas.

天然的水池子 natural pond：～泽 marsh ｜ 池～ pond ｜ 泥～ muddy swamp; bog

zhào

召

会意字。“口”像张开的口，表示开口呼唤；“刀”本像刀，有快利意，表示呼唤和应答宜快速。本义是呼唤。

召 means call, summon. It is composed of 口, an open mouth, i.e opening a mouth to call sb; and 刀, a knife, which implies quick and fast (like cutting sth with a knife), i.e. one replying quickly to a summon.

呼唤；叫人来 call; summon sb：～唤 call; summon ｜ ～集 convene ｜ 号～ call; appeal

zhào

兆

象形字。像占卜时龟甲上产生的裂纹，表示卜兆，即用龟甲占卜。本义是卜兆。引申指预兆、征兆。

兆 originally meant divination, then later, omen, sign. The character resembles cracks formed on a tortoise shell during divination, implying making predictions or fortune-telling using tortoise shells.

① 事前显露出的迹象 omen; sign：预～ omen; sign ｜ 征～ omen; sign ｜ 不祥之～ ill omen ② 预示 foretell：瑞雪～丰年。A timely snow foretells good harvest. ③ 数目。古指一万亿，今指一百万。Number: meant a million million (or a trillion) in the ancient times; now it means a million.

zhào

赵

（趙）

会意字。“走”像甩臂迈步的人和脚，表示快步走；“肖”指相似，表示人们快步走时动作相似。简体字走、乂，乂像剪草的剪子，以剪草动作快表示脚步快。本义是快步走。现用作姓。

赵 originally meant walk briskly; it is now used as a surname. It comprises **走**, a man striding with arms swinging by the side and a foot, i.e. walking quickly; and **肖**, similar, resemble, i.e. people move alike when they walk quickly. Regular script has **走** and **乂** (which resembles a pair of gardening shears), suggesting walking as quickly as cutting grass with shears.

姓 a family name

zhào

照

会意字。金文左像手举火把，右是召，表示夜晚召集人用火把照明。篆、楷书“火”（灬）像火焰，“昭”指光明，表示用火照亮。本义是照射。

照 means shine, illuminate. In bronze inscriptions, it comprises a symbol for a hand lifting a torch and **召** (call together), i.e. gather people in the night with the use of torches to light up the place. Seal and regular scripts have **火**（灬）, flames, and **昭**, brightness, i.e. light up a fire to illuminate a place.

① 照射 shine; illuminate：～明 lighting ② 反射影像 reflect：～镜子 look in the mirror ③ 拍摄；拍摄的相片 take a picture; photograph：～相 take a picture｜～片 photograph ④ 关心；看护 take care; look after：～顾 take care of ⑤ 依据；按着 according to：依～ according to ⑥ 凭证 proof; certificate：牌～ license ⑦ 明白 understand：心～不宣 have a tacit understanding ⑧ 对比；察对 compare; contrast：对～ check against ⑨ 通知 address：～会 present a note

zhào

罩

会意字。“网”（網）像网，表示捕鱼的竹笼；“卓”有神奇义，表示竹笼有捕鱼的神奇作用。本义是捕鱼的竹笼。

罩's original meaning is a bamboo fish trap. It consists of **网**（**網**）, a net, i.e. a fish cage made of bamboo; and **卓**, remarkable, i.e. a bamboo cage is an amazing device for catching fish.

① 捕鱼或养鸡用的竹笼 bamboo cage for catching fish or rearing chickens ② 覆盖的东西 cover：灯～ lampshade｜口～ face mask｜床～bed cover ③ 覆盖；扣盖 cover; cover with an inverted cup, bowl etc：笼～ shroud｜把菜～好。Cover the dish well.

zhē

遮

会意字。“辶”（辵）像路和脚，“庶”指平民百姓，有众多意，表示人多则互为挡住，不易行走。本义是遮挡住。

遮 means hide from view, cover. It consists of **辶**（**辵**）, a path and a foot, and **庶**, common people, i.e. a large number of people. The components suggest it is difficult to walk in a crowd with many people in the way.

挡住；掩盖 hide from view; cover：～挡 keep out｜～雨 keep out the rain｜～丑 hide one's shame zhé/shé/zhē

折

（⊖⑦⑧摺）

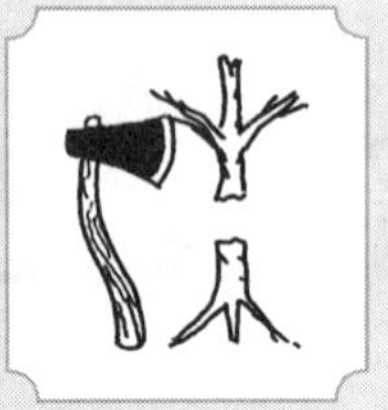

会意字。古文字像斧砍断草木。楷书表示手（扌）持斧（斤）砍断物体。本义是断。摺今简化为折。

折 means break, snap, fracture. In classical Chinese, the character shows an axe chopping a tree. Regular script depicts a hand (扌) holding an axe (斤) to chop an object. 摺 has been simplified to 折.

⊖ zhé ① 断；弄断 break; fracture：～断 break; snap | 骨～ fracture ② 弯；弯曲 bend; twist：～腰 bow | 曲～ twist and turn ③ 死亡 die：夭～ dead ④ 损失 suffer the loss of：损兵～将 suffer heavy casualties ⑤ 信服 convince：～服 subdue ⑥ 折扣 discount：打～ give a discount ⑦ 叠 fold：～纸 fold paper ⑧ 折子 booklet used for keeping accounts：存～ bank book ⊜ shé ① 断 break：棍子～了。The stick is broken. ② 亏损 loss money：～本 lose money in one's business ⊜ zhē 翻转；倒腾 roll over; turn over：～腾 toss about

zhé

哲

形声字。金文心表意，像心脏，古人认为智慧产生于心；折（zhé）表声，折有断义，表示心明有决断。篆、楷书口表意、折表声，表示开口发言有明断。本义是智慧。

哲 means wisdom. In bronze inscriptions, there are 心, a heart, i.e. wisdom stems from the heart; and 折 (zhé), which is phonetic and denotes snap, break, i.e. a person of wisdom makes the decision. Seal and regular scripts have 口 (mouth) as semantic and 折 as phonetic, i.e. voice out one's judgement.

① 有智慧 wise; intelligient：～人 sage; philosopher | ～学 philosophy ② 有智慧的人 wise man; sage：先～ great thinker of the past

zhé

辙

（轍）

会意字。“車”（车）像车子，表示车轮压出的痕迹；“㪉”有通义，表示路面的车辙通向四面八方。轍简化为辙。本义是车轮辗过留下的痕迹。

辙 means the track of a wheel. It consists of 車 (车), a cart, i.e. tracks left on the ground by cart wheels; and 㪉, accessible, i.e. a road covered with tracks left behind by carts that went in different directions. 轍 has been simplified to 辙.

① 车轮碾过在地上留下的痕迹 track of a wheel：车～ track of a wheel | 重蹈覆～ follow the tracks where carts have overturned, implying to repeat the same mistakes ② 歌、曲所压的韵 rhyme in a song：合～押韵 in rhyme ③ 办法；主意 way; idea：没～ at one's wits' end

zhě

者

会意字。金文像火烧木，口含食物，表示煮美味食物。篆书下面是“白”，表示者用于指代事物、表白事理。楷书老（省匕）、日，以老人经验多、日明亮，表示者用在句中能使语意明显。本义是烹煮，此义后写作“煮”。

者 originally meant cook, a meaning later replaced by 煮. In bronze inscriptions, it depicts fire burning wood and a mouth holding food, i.e. cook a delicious meal. In seal script, the bottom component is written as 白 (clarify), hence suggesting 者 is used as a pronoun to represent a matter. Regular script has 老 (without 匕), eldery, and 日, sun, i.e. an eldery has many experiences, comparable to the brightness of the sun. Thus, 者 (as a pronoun) helps to make the meaning of a sentence clearer.

表示人或事物 indicate a person or a thing：读～ reader | 二～缺一不可 two essential things that cannot be left out zhè

这

（這）

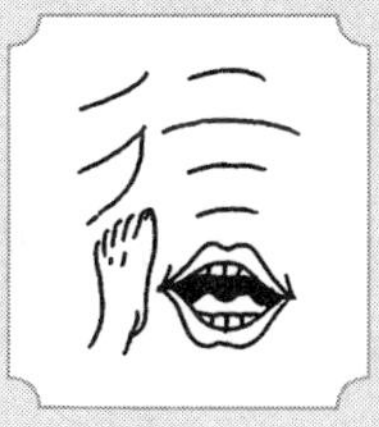

会意字。“辶”像路和脚，“言”像开口发出说话声，表示上前用言语表示欢迎。简体字辶、文，文有礼仪义，表示迎接要符合礼仪。本义是迎接。基本义是此。

这 originally meant welcome, then later, “this”. It consists of **辶**, a path and a foot, and **言**, sounds coming from a mouth, i.e. walk up to sb to express welcome. Regular script has **辶** and **文** (ceremony and propriety), i.e. there are protocols in welcoming or meeting guests that one has to observe.

此，指较近的时间、地方与事物 this, indicating time, place or thing that is near: ～里 here; over here | ～个 this; this one | ～些 these

zhè

浙

形声字。氵表意，像河流、水珠，表示浙江；折（zhé）表声，折有弯曲义，表示浙江从发源地黄山弯弯曲曲地向东流入海。本义是浙江，又称钱塘江。

浙 originally referred to Zhejiang River in China, which was later named as Qiantang River. The character consists of **氵**, water, in this case referring to the Zhejiang River, and **折**（**zhé**）, which is phonetic and denotes bend or twist, i.e. the Zhejiang River which originates from Huangshan Mountain, meanders its way to the east.

浙江省的简称 abbrev for Zhejiang Province: 江～（江苏省和浙江省）Jiangsu and Zhejiang Provinces

zhè

蔗

会意字。“艹”（艸）像草，表示甘蔗属草本植物；“庶”有众多义，表示甘蔗的茎有很多节，茎内含汁亦多。本义是甘蔗。

蔗 means sugarcane. It consists of **艹**（**艸**）, grass, i.e. sugarcane is a type of herbaceous plant; and **庶**, a large number (of people), i.e. a stem of a sugarcane has many joints, and its stem is filled with juice.

甘蔗，草本植物，茎含有大量糖分，可用来制糖 sugarcane: ～糖 cane sugar | ～农 sugarcane farmer

zhēn

贞

（貞）

会意字。甲、金文“卜”像烘烤龟甲产生的裂纹，“鼎”是礼器，表示占卜。篆、楷书卜、貝（贝），贝曾用作货币，表示占卜的结果是有价值的。貞简化为贞。本义是占卜。

贞 originally meant divination. Bone and bronze inscriptions are composed of **卜**, cracks on a baked tortoise shell, and **鼎**, a ceremonial tripod, i.e. practice divination. Seal and regular scripts have **卜** and **貝**（**贝**）, currency, i.e. predictions gathered from divination were highly regarded and valued. **貞** has been simplified to **贞**.

① 坚定不移；保持气节 loyal; faithful: 忠～ loyal ② 指女子不失身；不改嫁 chaste; remain faithful to one's husband even after his death: ～节 chastity

Z

zhēn

针

（針）

会意字。“金”（钅）像箭头、斧头、矿石，表示针用金属制成；“十”有多意，表示用针缝衣是一针接一针地缝。針简化为针。本义是缝衣服引线的工具。

针 means a sewing needle. It contains 金（钅）, metal, i.e. a needle is made of metal; and 十, ten, which implies “many”, i.e. a garment is made of numerous stitches. 針 has been simplified to 针.

① 缝衣物引线的工具 sewing needle：~尖 the pointed end of a needle | ~线 needlework ② 像针的东西 needle-like object：松~ pine needle | 表~ hands of a watch ③ 用针治病 treat illness with needles：~灸 acupuncture

zhēn

侦

（偵）

会意字。“亻”像人，表示人进行侦察；“貞”（贞）指占卜，表示侦察是要探明真相；貞（贞 zhēn）兼表声。偵简化为侦。本义是暗中察看。

侦 means detect, scout, investigate. It consists of 亻, man, i.e. a man conducting an investigation; and 貞（贞 zhēn）, which is phonetic and denotes divination, i.e. scout or spy on sb to find out the truth. 偵 has been simplified to 侦.

暗中探听、察看 detect; scout; investigate：~探 spy; detective work | ~察 scout | ~缉 track down and arrest

zhēn

珍

形声字。王（玉）表意，像一串玉，表示像玉一样宝贵的东西；㐱（zhěn）表声。本义是珠玉等宝物。

珍 means valuables like pearls and jade. It comprises 王（玉）, jade, i.e. sth as valuable as jade; and 㐱（zhěn）, which represents pronunciation.

① 宝贵；宝贵的东西 precious; treasure：~贵 precious | 山~海味 delicacies from the land and sea | 奇~异宝 rare jewels and precious stones ② 看重；重视 value; value highly：~视 treasure | ~藏 collect (rare items) | ~惜 cherish

zhēn

真

会意字。金文、篆书“匕”像人，“目”像眼睛，“丌”像登天的座具，表示亲眼见到人升天才真实。楷书十、具，以都具备表示真实。本义是真实。

真 means true, real, genuine. Bronze inscriptions and seal script have 匕, a man, 目, an eye, and 丌, a form of (fictitious) transport that takes one up to the heaven, i.e. the truth (of the transport) can only be unfolded if one bears witness to someone rising to the heaven (via the transport). Regular script consists of 十 (complete) and 具 (equipped), i.e. well-prepared, for real.

① 真实，与假、伪相对 real, as opposed to false：~心 genuine; sincere | ~相 truth ② 确实；的确 really; indeed：~好 very good | 千~万确 absolutely true ③ 清楚；明显 clear; distinct：~切 vivid; distinct | ~知灼见 real knowledge and deep insight

Z

zhēn

斟

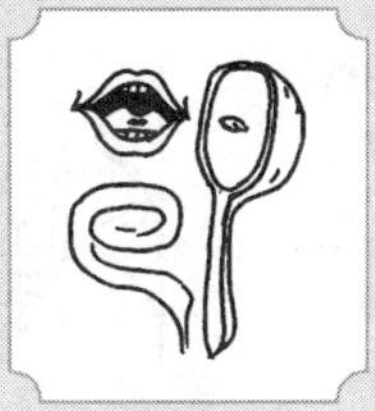

会意字。“斗”像勺子，表示用勺舀取；“甚”指很，表示用勺子舀要很小心，以免液体洒在外面。本义是舀取。引申指往杯里或碗里倒酒或茶。

斟 originally meant scoop up, later by extension, pour wine or tea into a cup or bowl. It is composed of 斗, a ladle, i.e. scoop with a ladle; and 甚, "very", i.e. one has to be very careful not to spill any liquid when one is scooping it with a ladle.

往杯子或碗里倒 pour into a cup or bowl: ～酒 pour wine | ～茶 pour tea | 自～自饮 help oneself to wine

zhēn

榛

会意字。“木”像树，表示榛树；“秦”像双手持杵舂禾，有收获意，表示收获的榛果果仁可食、也可榨油。本义是榛树。

榛 means hazel. It consists of 木, a tree, i.e. hazel, and 秦, which depicts two hands holding a pestle pounding grains, suggesting harvest, i.e. hazelnuts are harvested for food and their oil can be extracted for use.

榛树，落叶乔木，果实叫榛子，果仁可以吃，也可榨油 hazel

zhěn

诊

（診）

形声字。言（讠）表意，像张口说话，表示医生用语言询问病情和诊断病症；㐱（zhěn）表声，㐱指头发细密，表示诊断疾病细心周密。診简化为诊。本义是诊断病症。

诊 means diagnose illness. It consists of 言（讠）, speak, i.e. a doctor asking a patient about his medical condition and making a diagnosis; and 㐱（zhěn）, which is phonetic and denotes thick and dense hair, i.e. (a doctor) making a detailed and careful diagnosis of a patient's illness. 診 has been simplified to 诊.

看病；检查病情 examine a patient; diagnose: ～断 diagnose | ～治 give treatment (to a patient) | 门～ outpatient service

zhěn

枕

会意字。“木”像树，表示古时枕头多用木制成；“沈”（省氵）有程度深义，表示人的头靠在枕头上就会沉沉入睡。本义是枕头。

枕 means pillow. It consists of 木, a tree, i.e. pillows were mostly made of wood in the past; and 沈 (without 氵), deep, i.e. a man resting his head on a pillow, falling into deep sleep.

① 睡觉时垫在头下的东西 pillow: ～头 pillow | ～套 pillowcase ② 把头放在枕头或其他东西上 rest one's head on a pillow or other things: ～戈待旦 lie with one's head on a spear, waiting for the daybreak, i.e. get ready for battle.

Z

zhěn

疹

形声字。疒表意，像病床，表示皮肤病；㐱（zhěn）表声，㐱指头发细密，表示疹的症状是皮肤上有密集的小颗粒。疹是皮肤上起小红颗粒的病。

疹 means skin rash. It consists of 疒, a sick bed, i.e. skin disease; and 㐱（zhěn）, which is phonetic and denotes thick dense hair, i.e. an outbreak of small red spots or markings on the body is symptom of 疹.

皮肤上起的很多红色小颗粒的病，有传染性 an infectious skin disease which causes rashes on the skin：湿～ eczema | 风～ nettle rash | 疱～ bleb; herpes

zhèn

阵

（陣）

会意字。“阝”像一道道山坡，“車”（车）像战车，表示作战队伍的行列。陣简化为阵。本义是作战队伍的行列。

阵 means battle formation. It consists of 阝, a row of mountains, and 車（车）, a chariot, i.e. a formation or array of chariots in a battle. 陣 has been simplified to 阵.

① 作战队伍的行列或组合 battle array or formation：～势 battle array | 严～以待 be ready in full battle array ② 战场 battlefield：～地 position | ～亡 be killed in action | 冲锋陷～ charge and break through enemy lines ③ 量词 measure word：～雨 a shower of rain | 一～风 a gust of wind

zhèn

振

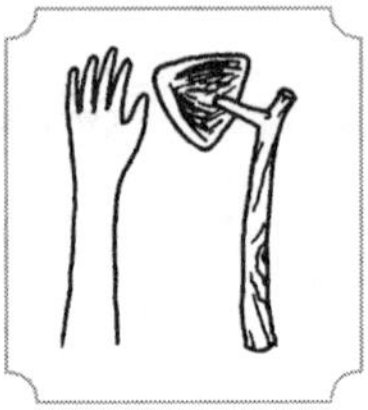

篆

会意字。“扌”像手，“辰”本像蚌镰，表示挥动手臂。本义是挥动。

振 means flap. It is composed of 扌, a hand, and 辰, a sickle made of shells, i.e. the movement of one's arm (when one is using the sickle).

① 摇动；挥动 shake; flap：～臂 raise one's arm | ～动 vibrate | ～翅高飞 flap the wings and soar into the sky ② 奋起；兴起 brace up; boost：～奋 be high-spirited | 士气大～ the martial spirit has been roused greatly | 萎靡不～ dispirited; in low spirits

zhèn

震

篆

会意字。“雨”像天下雨，表示下雨天打雷；“辰”是日、月、星的通称，表示打雷是一种天象。本义是疾雷，即霹雳。引申为震动。

震 originally meant thunderclap, then later, shake, shock, vibrate. It consists of 雨, rain, i.e. thunders in a rainstorm; and 辰, a general term for sun, moon and stars, i.e. thunder is a weather phenomenon.

① 剧烈颤动 violent shaking：～荡 shake; vibrate | 地～ earthquake | ～耳欲聋 a deafening nose ② 情绪非常激动 excited; shocked：～惊 shocked | ～怒 enraged

Z

zhèn

镇

（鎮）

形声字。金（钅）表意，像箭头、斧头和矿石；真（zhēn）表声，真有实实在在意，表示镇是用金属重物来压。鎮简化为镇。本义是压。

镇 means press down. It contains 金（钅）, metal, and 真（zhēn）, which is phonetic and denotes tangible, i.e. press down sth with a heavy object made of metal. 鎮 has been simplified to 镇.

① 压住；抑制 press down; keep down：～纸 paperweight｜～痛 ease pain ② 安定 calm; stable：～静 composed｜～定 calm ③ 用武力压制 suppress by force：～压 suppress ④ 防守 safeguard：～守 guard (an important place) ⑤ 市镇 town：乡～ villages and towns ⑥ 使冷 cool down sth：冰～汽水 iced soda

zhēng

争

会意字。像两手争夺一物。本义是争夺、夺取。

争 means contend, vie. The character resembles two hands fighting for an object.

① 努力取得或达到 fight for; vie; strive：～夺 contend for｜～取 strive for｜～先恐后 strive to be the first and fear to lag behind ② 论辩 debate：～端 dispute｜～吵 quarrel｜～执不下 each party unwilling to give in

zhēng

征

（③④⑤⑥徵）

会意字。"彳"像道路，"正"像脚朝着目的地，表示向某地进发，正（zhèng）兼表声。本义是远行。徵今简化为征。

征 means go on a journey. It comprises 彳, a road, and 正（zhèng）, which is phonetic and resembles a foot moving towards its destination, i.e. a person setting off on a journey. 徵 has been simplified to 征.

① 远行 go on a journey：～途 journey｜远～ expedition ② 征伐 go on an expedition：～讨 solicit subscriptions｜～服 conquer ③ 征收 levy：～税 impose tax｜～用 requisition ④ 征召 enlist：～兵 conscription｜应～ be recruited into army ⑤ 寻求 solicit：～求 seek｜～文 solicit essays ⑥ 迹象；现象 sign; portent：～兆 sign｜特～ characteristic

zhēng

怔

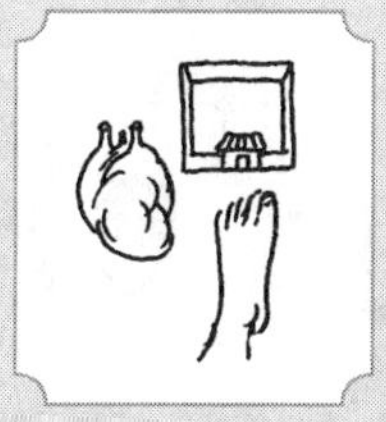

形声字。忄表意，像心脏，表示心里害怕；正（zhèng）表声，正有平正、纠正义，表示人害怕时心不平正，需恢复平正。本义是害怕的样子。

怔 means in a daze or trance. It comprises 忄, a heart, i.e. a frightened heart; and 正（zhèng）, which is phonetic and denotes balanced or the need to correct sth to make it balanced, i.e. when a person is frightened, his state of mind becomes unhinged, and there is a need for him to calm down.

发呆；发愣 in a daze; stare blankly：发～ be in a daze｜～～地站着 stand there staring blankly

zhēng/
zhèng

挣

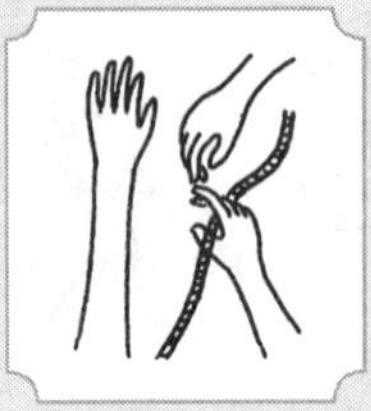

会意字。“扌”像手，“争”像两手夺一物，有争夺、争取义，表示用力支撑或用力摆脱，争（zhēng）兼表声。本义是用力支撑。

挣 means struggle. It comprises 扌, hand, and 争（zhēng）, which is phonetic and depicts two hands fighting for sth, signifying “fight for” or “contend for”, i.e. struggle to hold on or get free.

❶ zhēng ［挣扎］竭力支撑；力图摆脱 struggle to hold on or get free：垂死～ last ditch struggle ❷ zhèng ① 用力摆脱束缚 struggle to throw off：～脱枷锁 free oneself of shackles ② 用劳动换取报酬 earn money by working：～钱 earn money

zhēng

狰

会意字。“犭”像犬，表示凶恶如犬；“争”像两手争夺一物，表示在激烈的争夺中会露出狰狞的面目；争（zhēng）兼表声。本义是面目凶恶。

狰 means looking ferocious, hideous. It contains 犭, dog, i.e. as ferocious as a dog; and 争（zhēng）, which is phonetic and denotes fighting, i.e. the ferocious side of people is unveiled when they engage in a fierce competition.

［狰狞］面目凶恶 looking ferocious; hideous：～可怕 hideous and terrifying｜面目～ hideous looking

zhēng

睁

形声字。目表意，像眼睛；争（zhēng）表声，争像两手争夺一物，有尽力义，表示极力张大眼睛。本义是张开眼睛。

睁 means to open the eyes. It contains 目, an eye, and 争（zhēng）, which is phonetic and denotes strive, put in one’s best, i.e. try one’s best to keep one’s eye open.

张开眼睛 open one’s eye：～眼 open one’s eye｜～大眼睛 open one’s eye wide｜怒目圆～ glare; stare fiercely

zhēng

筝

形声字。竹表意，像竹叶，表示用竹子制成的一种弹拨乐器；争（zhēng）表声，争像两手争夺一物，表示手在筝上拨弦发声。本义是一种弹拨弦乐器。

筝 means zither, a stringed musical instrument. It is composed of 竹, bamboo leaves, i.e. 筝 is a musical instrument made of bamboo; and 争（zhēng）, which is phonetic and depicts two hands fighting for a thing, i.e. fingers plucking the strings of a zither to produce music.

① 一种弹拨弦乐器 zither, a stringed musical instrument：古～ Guzheng or Chinese zither ② ［风筝］用竹篾做架，糊上纸，可牵线放上天空 kite zhēng

蒸

形声字。艹（艸）表意，像草，表示引火用的麻梗；烝（zhēng）表声，烝有火气或热气上升义，表示用麻梗点燃火气必上升。本义是引火用的麻梗。

蒸 originally meant hemp stem used for lighting fires. It consists of 艹（艸）, grass, i.e. hemp stem, and 烝（zhēng）, which is phonetic and denotes smoke or rising steam, i.e. an alighted hemp stem produces smoke.

① 热气上升 steaming：～发 evaporate｜水～气 water vapor ② 利用水蒸气的热力使食物变热、变熟 steam food：～饭 steam rice｜～馒头 steam bun

zhěng

拯

会意字。“扌”像手，“丞”本像伸出双手拯救落入陷阱中的人，表示伸手援救。本义是援救。

拯 means save, rescue. It consists of 扌, hand, and 丞, two hands stretching out to save someone who had fallen into an abyss, i.e. extend a helping hand to others.

援救；救助 save; rescue：～救 save; rescue

zhěng

整

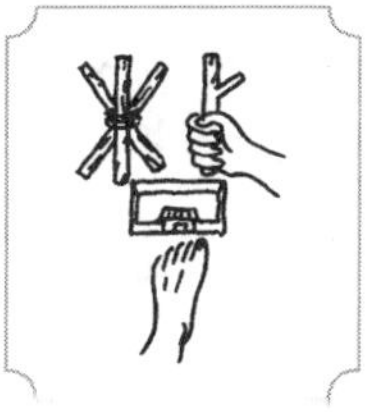

会意字。“攴”像手持器械，“束”像木材被捆绑，“正”像脚朝着目的地，表示击打、约束使端正，正（zhèng）兼表声。本义是整理、整顿。

整 means to put in order, rectify. It consists of 攴, a hand with a weapon, 束, wooden sticks tied in a bundle, and 正（zhèng）, which is phonetic and resembles a foot walking towards its destination. i.e. strike (the root of a problem) and impose control to rectify a matter.

① 治理；使有秩序 govern; keep in order：～理 put in order｜～顿 rectify ② 有秩序；不乱 orderly：～齐 in good order｜～洁 clean and tidy ③ 完全的；不残缺 complete; whole：～体 (on the) whole｜～天 whole day ④ 修理；修饰 repair; decorate：～修 renovate｜～容 face-lift

zhèng/
zhēng

正

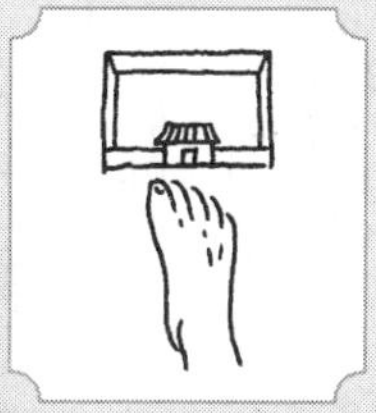

会意字。像脚朝着目的地，表示远行。本义是远行。

正 originally meant go on a journey. The character depicts a foot walking towards a destination, signifying one going on a journey.

㊀ zhèng ① 不偏斜；正中 straight; in the centre：～南 to the south｜端～ upright ② 正面 front：～反 front and back ③ 主要的；基本的 main; basic：～职 position of the chief of an office｜～文 main body of a book ④ 合法的；正规的 legal; regular：～道 right path｜公～ fair ⑤ 纯净不杂 pure：纯～ pure ⑥ 纠正；使正 rectify; correct：改～ amend｜纠～ rectify ⑦ 恰好 just; precisely：～好 just right｜～巧 happen to ⑧ 正在 in the course of：～下着雨。It is raining. ㊁ zhēng 农历一月 first month of the lunar year：～月 first month of the lunar year

zhèng 证 (證)

篆

会意字。“言”（讠）像张口说话，“登”指由低处到高处，表示规劝君主、尊长改正错误。简体字讠、正，表示以谏使正，正（zhèng）兼表声。本义是谏。后表示证实。

证 originally meant advise, then later, confirm. It is composed of 言（讠）, speaking, and 登, ascend, i.e. advise one's monarch or superior. Regular script has 讠 (speech) and 正（zhèng）, which is phonetic and denotes correct, amend, i.e. advise sb to correct their mistakes.

① 表明；断定 state; conclude：～实 confirm | 验～ verify ② 凭据 proof：～据 evidence | 凭～ proof

zhèng 郑 (鄭)

金

篆

会意字。金文像城郭和架子上的酒坛，表示祭祖祭神是国家大事。篆、楷书“邑”（阝）像人、住地或像山地，“奠”表示祭奠祖先、神灵是国家大事。简体字“关”指边关，“阝”表示地形。本义是国名。现用作姓。

郑 was the name of a warring state, Zheng, in China during the Zhou Dynasty; it is now used as a surname. In bronze inscriptions, it depicts a fortified city and a wine pot on a table, signifying ancestral rites were affairs of the state. Seal and regular scripts have 邑（阝）, a man and a place of residence or a mountainous land, and 奠, worship, i.e. ancestral and deity worship are important matters of the state. Regular script comprises 关 and 阝 which signify border and land respectively.

姓 a family name

zhèng 政

甲

金

篆

会意字。“正”像脚朝着目的地，“攵”像手持器械，表示匡正，使正确。本义是匡正，使正确。

政 means rectify; correct. It consists of 正, a foot walking towards its destination, and 攵, a hand holding a weapon, i.e. to rectify or correct sth.

① 政治 politics：～党 political party | ～权 political power ② 国家某一部门主管的业务 government administration：财～ finance administration | 邮～ postal administration ③ 家庭或团体的事物 affairs of family or organization：家～ household affairs | 校～ school administration

zhèng/zhēng 症 (㊀癥)

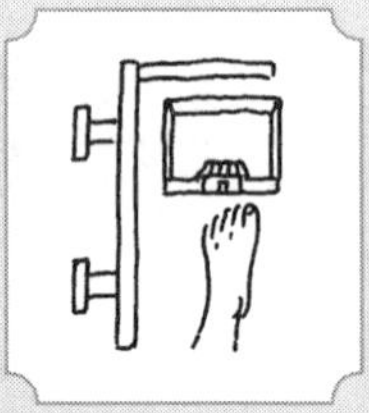

形声字。疒表意，像病床，表示病象；正（zhèng）表声，正有纠正义，表示病症须医治加以纠正。本义是病症。癥今简化为症。

症 means illness, disease. It is composed of 疒, a sickbed, i.e. signs of an illness, and 正（zhèng）, which is phonetic and signifies rectify, i.e. an illness needs to be treated. 癥 has been simplified to 症.

㊀ zhèng 病 illness; disease：病～ illness; disease | 急～ acute disease | 对～下药 use the right medicine to treat the disease ㊁ zhēng 腹中结硬块的病 an illness caused by lump(s) in the abdomen：～结 lump in the abdomen

Z

zhī 之

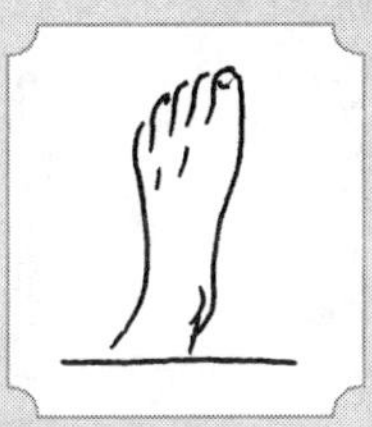

会意字。古文字“止”像脚，“一”代表起点，表示离此前往。楷书像曲折的道路和目的地。本义是往、到。用作虚词。

之 originally meant go, leave for, later, it was used as a functional word. In early Chinese, it has 止, a foot, and 一, which represents a starting line, i.e. start off or leave from a particular point. Regular script resembles a winding road and a destination.

① 代替人或事物 use in place of a person or an objective noun：置～不理 ignore sb | 取而代～ replace sb or sth ② 相当于“的” functional word used between an attribute and the word it modifies：无价～宝 a priceless gem | 千里～外 beyond thousand miles ③ 语助词 auxiliary word：总～ in short | 反～ otherwise

zhī 支

会意字。像手（又）持一支竹，表示枝条。本义是枝条，此义后写作枝。

支 originally signified a branch, a meaning later replaced by 枝. 支 resembles a hand（又）holding a stick of bamboo, i.e. a stick or branch.

① 撑起；维持 support; sustain：～撑 support | 体力不～ weak physically ② 援助 help：～援 aid | ～助 support ③ 调度；指使 organize and allocate; order about：～使 order about | ～派 dispatch ④ 付出或领取 pay or withdraw：～付 pay | ～取 withdraw ⑤ 分支 branch：～线 branch line | ～流 tributary ⑥ 量词 measure word：两～笔 two pens | 一～军队 an army

zhī/zhǐ 只

（❶隻❷祇）

会意字。“隹”像鸟，“又”像手，像手抓获住一只鸟。本义是鸟一只。隻、衹今归并简化为只。

只 originally meant one bird. It comprises 隹, a bird, and 又, a hand, i.e. a hand catching hold of a bird. 隻 and 衹 are now simplified and grouped into 只.

❶ zhī ① 单独的 single：～身 by oneself | 形单影～ alone | 独具～眼 sharp-eyed ② 量词 measure word：两～手 two hands | 三～鸡 three chickens ❷ zhǐ 仅 only：～要 as long as | ～有 only if | ～此一家 the only shop

zhī 汁

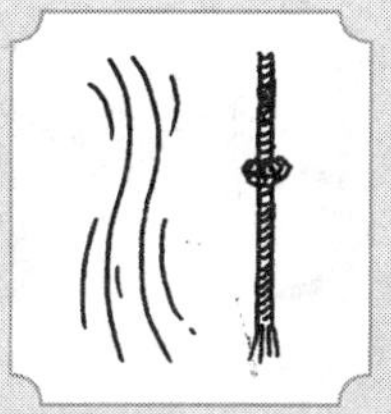

会意字。“氵”像水流、水珠，“十”有多、杂之意，表示杂有其他成分的液体。本义是含有某些物质的液体。

汁 means juice. It consists of 氵, water, and 十, ten, which implies numerous and varied, i.e. a liquid mixture of various constituents.

含有某种物质的液体 juice：果～ fruit juice | 墨～ ink | 乳～ breast milk

zhī

芝

形声字。艹（艸）表意，像草，表示灵芝是植物；之（zhī）表声，之有往义，灵芝生长在深山密林中，要前往寻找才能获得。本义是灵芝。

芝 means glossy ganoderma. It consists of 艹（艸）, grass, i.e. 芝 is a type of plant; and 之（zhī）, which is phonetic and signifies "go". One has to venture to remote mountains and deep forests to gather glossy ganoderma.

① 灵芝，菌类植物，可作药用 glossy ganoderma, a fungus with medical properties ② 芝麻，草本植物，种子可以榨油或做食品 sesame

zhī/zī

吱

形声字。口表意，像张开的口，表示声音；支（zhī）表声，支像手持一支竹枝，有分散义，表示吱是细碎的声音。吱是象声词，本指细碎的声音。

吱 is an onomatopoeia, which describes creaking sounds. It consists of 口, an open mouth, indicating sounds; and 支（zhī）, which is phonetic and resembles a hand holding a stick of bamboo, implying separating sth, i.e. a creaking sound (produced by sth splitting or separating).

㊀ zhī 象声词 onomatopoeia：嘎～ creak｜咯～ creak ㊁ zī 象声词，多形容小动物的叫声 onomatopoeia, describes the cry of a small animal：老鼠～～地叫。The mice squeaked.

zhī

枝

会意字。"木"像树，"支"像手持竹枝，表示树的支条，支（zhī）兼表声。本义是树的枝条。

枝 means tree branch or twig. It is composed of 木, a tree, and 支（zhī）, which is phonetic and resembles a hand holding a stick of bamboo, i.e. the branches of a tree.

① 植物主干上分出来的茎条 tree branch; twig：树～ tree branch｜～繁叶茂 luxuriant foliage ② 量词 measure word：一～花 a flower｜两～笔 two pens

zhī

知

会意字。"矢"像箭，"口"像张开的口，以迅速开口说出表示懂得、了解。本义是知道。

知 means know. It is composed of 矢, an arrow, and 口, an open mouth, i.e. a person talking rapidly, an indication that the person has knowledge, he knows what he is talking about.

① 懂得；了解；认识 know; realize：～道 know｜～情 be in the know｜获～ learn about ② 使知道 tell：～会 notify｜通～ inform ③ 知识 knowledge：求～ seek knowledge｜无～ ignorant zhī

肢

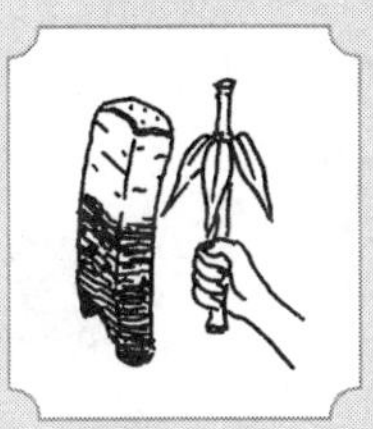

会意字。“月”（肉）像肉，“支”有分支义，表示四肢是人体主躯干的分支，支（zhī）兼表声。本义是人的四肢。

肢 means limbs of a body, i.e. arms and legs. It consists of **月（肉）**, flesh, and **支（zhī）**, which is phonetic and signifies separate, i.e. limbs branch from the main body.

胳膊、腿的统称，也指动物的腿 general term for arms and legs, also refers to animals' legs：四～ the four limbs｜上～ upper limbs｜下～ lower limbs

zhī

织

（織）

形声字。糸（纟）表意，像丝；戠（zhī）表声，戠有聚合义，表示纺织、编织。简体字纟表意，只（zhī）表声，表示只用丝或纱就能纺织。本义是纺织。

织 means spinning and weaving. It consists of **糸（纟）**, silk thread, and **戠（zhī）**, which is phonetic and denotes congregate. Threads coming together suggests the processes of spinning and weaving. The simplified form has 纟, silk thread, and **只（zhī）**, just, only, i.e. fabrics can be made with just silk or yarn.

用棉、麻、丝、毛等制成布匹和衣物等用品 fabrics or clothing made of cotton, flax, silk, fur etc：～布 weave cloth｜编～ weave

zhī

脂

形声字。月（肉）表意，像肉，表示动物肉体内的油脂；旨（zhǐ）表声，旨本作美解，表示脂柔细白嫩。本义是油膏。

脂 originally meant an ointment. The character contains **月（肉）**, flesh, i.e. animal fat; and **旨（zhǐ）**, which is phonetic and signifies beautiful, i.e. **脂** is fair and tender.

① 动植物所含的油质 animal fat：～肪 fat｜松～ pine resin ② 胭脂 rouge：～粉 rouge and powder｜涂～抹粉 put on make-up

zhī

蜘

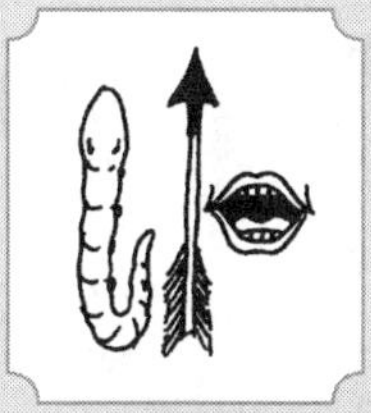

形声字。虫表意，像虫，表示蜘蛛像小虫；知（zhī）表声，知有智慧意，表示蜘蛛具有布网捕虫的智慧。本义是蜘蛛。

蜘 means spider. It consists of **虫**, worm, i.e. spiders are similar to worms; and **知（zhī）**, which is phonetic and denotes wisdom, i.e. spiders are intelligent creatures capable of spinning webs to catch insects.

［蜘蛛］节肢动物，能分泌黏液，织网捕食昆虫 spider：～网 spider web

Z

zhí

执

（執）

会意字。古文字像手铐铐住人的手，表示捉拿。楷书“幸”像手铐，“丸”指弹丸，表示用手铐和弹丸去捉拿。简体字“扌”像手、“丸”指弹丸，表示捉拿。本义是捉拿。

执 originally meant arrest, catch. In early Chinese, it resembles a man in cuffs, signifying arrested, caught. Regular script has 幸, handcuffs, and 丸, pellets, i.e. use handcuffs and pellets to arrest sb. The simplified form comprises 扌, hand, and 丸, pellets, i.e. make an arrest.

① 拿着 hold：～笔 hold a pen ② 掌管 manage：～政 be in office ③ 坚持 persist：～著 persistent｜固～ stubborn ④ 实行 implement：～行 carry out ⑤ 凭单 written acknowledgement：～照 licence

zhí

直

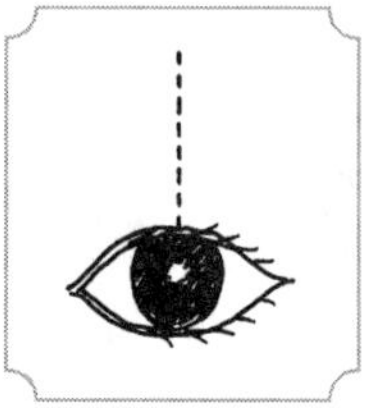

会意字。甲骨文“目”像眼睛，“丨”代表目光，表示直如目光。金文、篆书增加一条表示脸部的曲线。本义是不弯曲。

直 means straight. In bone inscriptions, it has 目, an eye, and 丨, which symbolizes the line of sight, i.e. to look straight ahead. Another line was added in bronze inscriptions and seal script to signify a face outline.

① 不弯曲的 straight：～线 straight line｜笔～ bolt straight ② 使直 straighten：～起腰 straighten one's back ③ 公正；正义 fair; just：正～ upright｜理～气壮 speak boldly ④ 爽快；坦率 straightforward; frank：～爽 straightforward｜～言 be frank ⑤ 一直；不停地 non-stop; continuously：～达 leading straight to｜～哭 keep crying

zhí

侄

形声字。亻表意，像人，表示兄弟的儿子；至（zhì）表声，至有到义，表示侄是到了下一代。本义是兄弟的儿子。

侄 means nephew. It consists of 亻, a man, i.e. brother's son; and 至（zhì）, which is phonetic and signifies "to reach", i.e. the family line has reached another level as nephews belong to the next generation.

兄弟或同辈男性亲戚的儿子 nephew：～儿 nephew｜～子 nephew｜内～ wife's nephew

zhí

值

形声字。亻表意，像人；直（zhí）表声，直有直接、面对意，表示值是人遇到。本义是遇到、碰上。

值 means encounter. It consists of 亻, a man, and 直（zhí）, which is phonetic and denotes direct or face-to-face, i.e. to meet or encounter.

① 遇到；碰上 meet; encounter：正～国庆 on National Day ② 承担轮到的工作或职务 take one's turn to do sth：～班 on shift｜～日 on duty ③ 价值；数值 value：币～ currency value｜升～ rise in value; appreciate ④ 物和价相当 be worth：物有所～ good value for money zhí

职

（職）

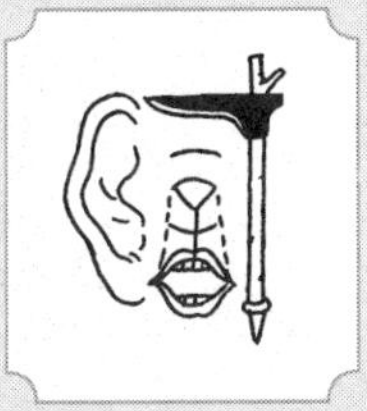

会意字。“耳”像耳朵，“戠”指标记，表示记住耳闻之事，戠（zhì）兼表声。简体字耳、只，表示只记耳所闻，只（zhǐ）兼表声。本义是记，此义现写作记。

职 originally meant to remember, keep in mind, this meaning was later replaced by 记. It consists of 耳, ear, and 戠（zhì）, which is phonetic and denotes to label, mark sth, i.e. keep in mind the things one has heard. The simplified form consists of 耳 and 只 (just, only), i.e. bear in mind the things one has heard and nothing more. 只（zhǐ）is a phonetic element.

① 所从事的工作 job：～业 occupation ② 工作岗位 post：任～ take up a post｜辞～ resign ③ 掌管 manage：～掌 take charge

zhí

植

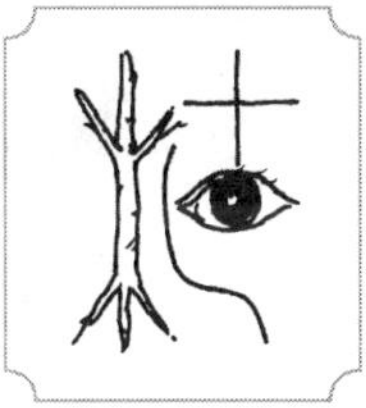

会意字。“木”像树，“直”是不弯曲，表示关闭门户用的直木，直（zhí）兼表声。本义是关闭门户用的直木。引申为栽种。

植 originally signified a horizontal wooden plank that act as door bolt, later by extension, plant, grow. It comprises 木, a tree, and 直（zhí）, which is phonetic and signifies straight, i.e. a wooden door bolt.

① 栽种 plant：～树 plant trees｜种～ plant｜移～transplant ② 培养；树立 nurture; establish：扶～foster｜培～cultivate ③ 指植物 plants：～被 vegetation

zhí

殖

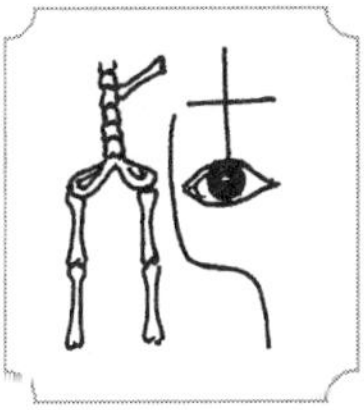

形声字。歹表意，像残骨，表示脂膏放久变质；直（zhí）表声，直有一直义，表示脂膏一直存放会变质腐败。本义是脂膏久放而变质。基本义是生育、生长。

The original meaning of 殖 was fat that has turned bad; its basic meaning is reproduce, grow. It consists of 歹, which is semantic and resembles bits and pieces of bones, and a phonetic element, 直（zhí）, which indicates “for a long time”, i.e. fat will rot if it is placed in the open for too long.

生育；生长 reproduce; grow：繁～ breed; propogate｜生～ breed｜养～ breed (aquatics)

zhǐ

止

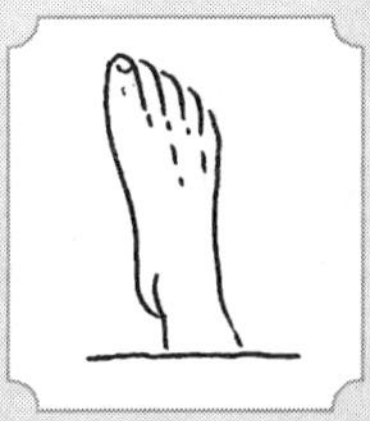

形声字。像人的脚。本义是足、脚，此意后写作趾。引申为停止。

止 originally meant the feet and legs, a meaning later replaced by 趾. 止 was extended to mean stop, halt. The character resembles a man's foot.

① 停住；停下来 halt; stop：～步 halt｜静～ still｜浅尝辄～ stop striving after gaining a smattering of knowledge ② 阻；使停止 prohibit; hold back：阻～ prevent｜禁～ prohibit｜～血 stop bleeding ③ 只；仅 just; only：不～ more than once｜～此一家 the only shop

Z

zhǐ

旨

会意字。甲、金文匕、口，像汤匙往口里送食物表示味美。篆书匕、甘，表示用汤匙尝甘美之味。楷书匕、曰，表示美味食物为人称赞。本义是美味。

旨 originally signified tasty, delicious. Bone and bronze inscriptions depict putting a spoon（匕）with food into a mouth（口）, i.e. savor good food. Seal script also suggests to savor food（甘）with a spoon（匕）. Regular script has 匕 and 曰 (speech) to signify delectable food win praises from people.

① 意思；目的 purpose; aim：主～ aim｜宗～ aim; objective ② 皇帝的命令 decree：圣～ imperial decree｜下～ issue decree

zhǐ

址

会意字。“土”本像地上有堆土，“止”像脚，有人体根基意，表示建筑物的地基，止（zhǐ）兼表声。本义是地基、位置。

址 means site, location. It consists of 土, earth, and 止（zhǐ）, which is phonetic and signifies legs, the base of human body, i.e. site or location of a building.

建筑物的位置；地基 location, site of a building：地～ address｜住～ home address｜遗～ ruins

zhǐ

纸

（紙）

会意字。“糸”（纟）像丝，“氏”像树根，表示旧丝棉、破布、鱼网、树皮、树根等是造纸的原料。紙简化为纸。本义是纸张。

纸 means paper. It consists of 糸（纟）, silk thread, and 氏, tree roots, i.e. raw materials for making paper, which are namely worn out silk, cotton, tattered cloth, fish nets, tree bark and roots. 紙 has been simplified to 纸.

① 纸张，大多用植物纤维制成 paper：～币 dollar bills｜白～ plain paper ② 量词 measure word：一～公文 an official document

zhǐ

指

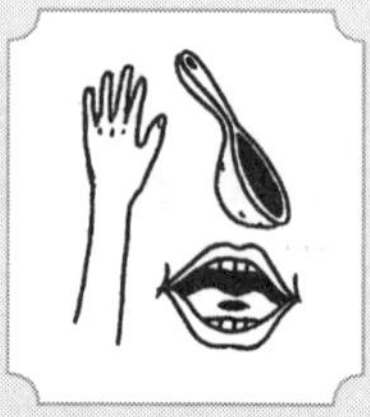

形声字。扌表意，像手，表示手指；旨（zhǐ）表声，旨本指美味，表示取美味食物要用手指。本义是手指。

指 means finger. It is composed of 扌, hand, in this case referring to fingers, and 旨（zhǐ）, which is phonetic and signifies tasty or scrumptious, i.e. pick up and eat delectable food using fingers.

① 手指 finger：～甲 fingernail｜～纹 fingerprint ② 对着；向着 face; in the direction of：～向 point to (a direction)｜～南针 compass ③ 竖起来 straighten up：令人发～ make one bristle with anger ④ 指点；引导 advise; guide：～教 instruct｜～导 guide ⑤ 依靠 depend on：～望 expect｜～靠 rely on zhǐ

趾

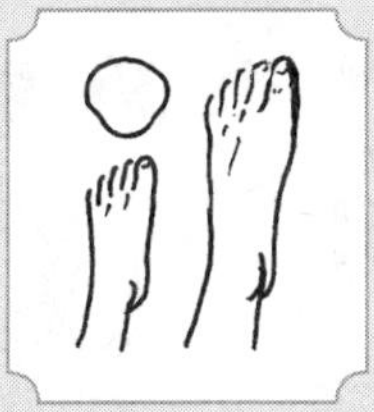

会意字。“足”像膝和脚，表示由膝至脚为足；“止”像脚，是止的本字；止（zhǐ）兼表声。本义是脚。

趾 means foot. It is composed of 足, leg, here referring to the portion from the knee to the foot, and 止 (zhǐ), which is phonetic and resembles a foot, signifying to halt.

① 脚 foot：～高气扬 strut proudly ② 脚趾头 toe：足～ toe｜～骨 phalanx｜～甲 toenail

zhì

至

会意字。像箭落到地面，表示到达。本义是到达。

至 means reach, arrive at. The character resembles an arrow hitting the ground, indicating reach or arrive at.

① 到；到达 to; reach; arrive at：自始～终 from beginning to end; all the way｜宾～如归 make a guest feel at home ② 极；最 very; most：～亲 close kin｜～诚 sincere｜～少 at least ③ 至于；表示可能到达某种程度 go so far as to; go to such an extent：甚～ go so far as to｜竟～ go so far as to｜乃～ go so far as to

zhì

志

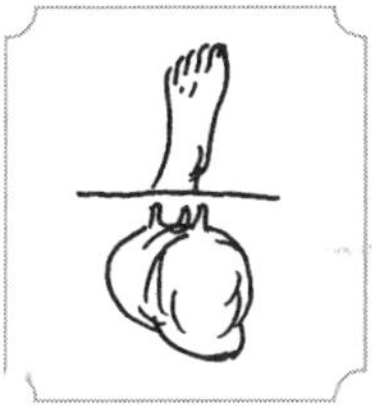

会意字。“心”像心脏，“之”像脚，有前往义，表示心中的志向，之（zhī）兼表声。楷书士、心，表示男士、知识分子心中有志向。本义是志向。

志 means aspiration. It consists of 心, heart, and 之 (zhī), which is phonetic and resembles a foot, implying to pursue, attain, i.e. one's ambitions or aspirations. Regular script has 士 (gentlemen) and 心 (heart), i.e. all men and intellectuals have ambitions.

① 理想；想有所作为的决心 ambition; aspiration：～气 spirit｜立～ aspire ② 记；记号 keep in mind; make a mark：标～ symbol｜永～不忘 bear in mind forever ③ 文字记录 written record：杂～ magazine｜县～annals of a county

zhì

帜

（幟）

会意字。“巾”像悬挂的布，“戠”有标志义，表示用布制成的起标志作用的旗帜，戠（zhì）兼表声。简体字巾、只，表示每根旗杆上只有一面旗，只（zhǐ）兼表声。本义是旗帜。

帜 means a flag. It consists of 巾, a piece of cloth hung on a pole, and 戠 (zhì), which is phonetic and denotes mark, sign, i.e. a piece of cloth that acts as a mark or sign.

旗子 flag：旗～ flag｜独树一～ create a unique style

Z

zhì

制

(①製)

会意字。像树和刀，表示用刀修枝。本义是裁断。基本义是制造。製今简化为制。

制 originally meant cut and break. Its basic meaning is produce, make. The character shows a tree and a knife; they depict trimming the branches of a tree with a knife. **製** has been simplified to **制**.

① 造；做 produce; make：～造 manufacture｜～图 charting; mapping｜监～supervise the production of ② 订立；规定 draw up; stipulate：～订 draw up｜因地～宜 adjust measures to suit local conditions ③ 约束；限定 restrict; limit：～约 restrain｜限～ limit｜管～ control ④ 制度 system：体～ structure｜法～legal system｜学～education system

zhì

质

(質)

形声字。貝（贝）表意，像贝壳，曾用作货币；所（zhì）表声，所指切菜板，表示为取得生存所需的食物而抵押物品以换取钱财。質简化为质。本义是抵押、抵押品。

质's original meaning is pawn, guarantee. It consists of **貝（贝）**, seashell which was a form of currency in ancient times, and **所（zhì）**, which is phonetic and signifies a chopping block, i.e. pawn one's things in return for money to purchase food. **質** has been simplified to **质**.

①抵押；抵押品 pawn; guarantee; hostage：典～ property; possession｜人～ hostage ② 事物的根本特性 nature; character：本～ nature｜特～special feature ③质量 quality：优～ good quality｜劣～ poor quality ④ 朴实 simple and honest：～朴 simple ⑤ 责问 reprimand：～问 interrogate｜对～confront

zhì

治

会意字。“氵”像水流、水珠，“台”像开口发出笑声，表示因水得到治理，解除了水患而愉快。本义是治理水。泛指治理、管理。

治 originally meant water control or water management, then later, to rule, manage. It consists of **氵**, water, and **台**, laughter, i.e. people will be pleased if flood control measures are in place.

① 治理；管理 rule; manage：～水 water control｜～国 govern a country ② 太平；安定 peaceful; stable：长～久安 long term peace and stablility ③ 医疗 treat; cure：～病 treat an illness｜～疗 treat; cure ④ 惩处 punish：～罪 bring sb to justice｜惩～ punish ⑤ 研究 research：～学 study and research

zhì

挚

(摯)

会意字。甲骨文像手（又）抓住带手铐的犯人（執），表示抓住，執（执 zhí）兼表声。篆、楷书執、手，表示用手抓住。摯简化为挚。本义是抓。基本义是诚恳、亲密。

挚 originally meant catch, then later, sincere, intimate. In bone inscriptions, it depicts a hand（**又**）holding on to a criminal in handcuffs（**執**）, i.e. arrest or catch. **執**（**执** zhí）represents pronunciation. Seal and regular scripts consist of **執** and **手**, i.e. catch sth or sb with hands. **摯** has been simplified to **挚**.

诚恳；亲密 sincere; intimate：真～sincerity｜诚～ sincere; earnest｜～友 intimate friend; close friend

Z

zhì 致

会意字。“夊”像脚，“至”像箭到达地面，表示致是送达。楷书“至”表示到，“攵”指动作、行动，表示送达。本义是送达。

致 means send, deliver. It comprises 夊, a foot, and 至, an arrow hitting the ground, i.e. send to, deliver to. Regular script has 至 (reach or arrive at) and 攵 (action), i.e. action of sending sth out and it reaching sb.

① 送达；给予 send; extend：～电 send a telegram | ～敬 pay tribute to ② 引起；招引 cause; incur：～病 cause a disease | 招～ incur ③ 集中精力 concentrate on：专心～志 devote heart and soul to sth ④ 情趣 sentiment：兴～ interest | 闲情逸～ be in a leisurely and carefree mood ⑤ 精细 meticulous; fine：精～ fine; exquisite | 细～ fine; detailed

zhì 秩

会意字。“禾”像谷类植物，“失”像东西从手中掉落，表示聚集禾谷不要有过失义。本义是积聚禾谷。引申为次序。

秩 originally meant an accumulation of grains, later by extension, order, sequence. It comprises 禾, grains, and 失, which depicts sth falling out of a hand, i.e. one should be careful not to drop any grains while gathering them.

次序 order; sequence：～序 order

zhì 掷（擲）

会意字。“扌”像手；篆书“適”（适）有去、往义，表示把物扔出去；楷书“鄭”（郑）指慎重，表示扔东西应慎重，不要乱扔。擲简化为掷。本义是扔。

掷 means throw. Seal script consists of 扌, a hand, and 適（适）, which represents “go” or “leave for”, i.e. throw sth out. Regular script has 扌 and 鄭（郑）, prudent or cautious, i.e. one should not litter; he should be careful of where he throws his rubbish. 擲 has been simplified to 掷.

扔；抛；投 throw; fling; pitch：投～ throw | ～铁饼 discus throw | 孤注一～ risk everything on a single throw

zhì 窒

形声字。穴表意，像洞穴，表示洞穴狭小容易阻塞；至（zhì）表声，至像箭落在地面，有到义，表示到了洞中大多会受阻。本义是阻塞不通。

窒 means congest, obstruct. It consists of 穴, a cave, i.e. a narrow cave gets congested easily, and 至（zhì）, which is phonetic and depicts an arrow hitting the surface of the ground, implying to reach or arrive at, i.e. one is likely to encounter many obstacles in a cave.

阻塞不通 congest; obstruct：～碍 obstacle | ～息 suffocate

zhì

智

会意字。甲骨文“于”像气受阻仍越过，“口”像张开的口，“矢”像箭，表示言辞从口中迅速说出并超越他人。金文、篆书增“曰”，像张口说话，表示智者善言。楷书知、日，表示富有知识，明了事理，知（zhī）兼表声。本义是聪明、有见识。

智 means intelligent, insight. In bone inscriptions, it has 于, air flowing through a passage of obstacles, 口, an open mouth, and 矢, an arrow, i.e. speak quickly to overtake others. In bronze inscriptions and seal script, 曰, a talking mouth, is added to signify a wise man is also a great speaker. Regular script has 知 and 日, suggesting a knowledgeable and sensible person. 知（zhī）indicates pronunciation.

聪明；有见识 intelligent; insightful：～慧 intelligence｜～勇双全 be both insightful and brave

zhì

滞

（滯）

会意字。“氵”像水流、水珠，“带”（帶）是束腰之物，有捆束义，表示水受阻不流动。滯简化为滞。本义是水凝滞。泛指不流通。

滞 originally meant stagnant, then later, unmoving, immobile. It consists of 氵, water, and 带（帶）, a piece of cloth that binds the waist, implying bind, restrict, i.e. water accumulates and becomes stagnant when its flow is obstructed. 滯 has been simplified to 滞.

积留；不流通 store up; immobile; unmoving：～留 stopped; held up｜～销 unsaleable｜停～不前 be stopped; unable to move forward

zhì

置

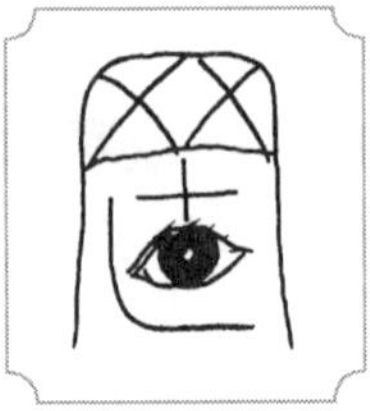

会意字。“网”（網）像网，“直”指正直，表示正直的人误入法网应予赦免，直（zhí）兼表声。本义是赦罪、释放。引申为安放、搁。

置 originally meant pardon a crime, release (a criminal), later by extension, to place, set aside. It consists of 网（網）, a net, i.e. the net of justice, and 直, upright, honest, i.e. a person of integrity should be pardoned by the law for committing a crime by mistake. 直（zhí）represents pronunciation.

① 安放；搁 place; set aside：安～ settle down｜放～ place; set｜本末倒～ put the incidental before the fundamental ② 设立；配备 set up; allocate：设～ setup｜装～ install｜配～ allocate ③ 购买 buy：购～ buy; purchase｜添～ buy; purchase

zhì

稚

会意字。篆书“禾”像谷类植物，“屖”有滞留不进义，表示尚未成熟的幼禾。楷书禾、隹，隹是短尾鸟，表示稚是短小的幼禾。本义是幼禾。泛指幼小。

稚 originally signified seedling, later by extension, young. Seal script has 禾, grains, and 屖, unmoving, i.e. seedlings which have not matured. Regular script contains 禾 and 隹 (a short-tailed bird), i.e. a small short seedling.

幼小 young：～子 child｜～嫩 young and tender｜幼～园 kindergarten

Z

zhōng/
zhòng

中

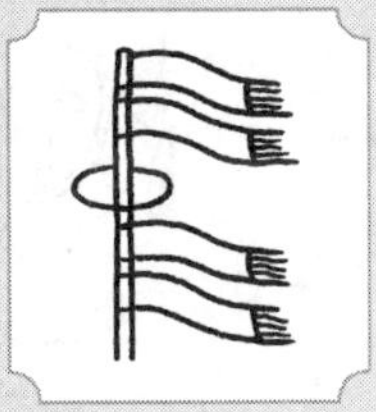

指事字。甲、金文像旗帜上下飘带的中间。楷书像竖线从框中穿过。本义是中间。

中 means center. Bone and bronze inscriptions resemble the centre of a pole with flags hanging on the top and bottom. Regular script depicts a line cutting vertically across a rectangular frame.

㊀ zhōng ① 跟四周距离相等；位置、等级处在中间 midst; centre; middle：～央 centre｜～级 middle position ② 内；里 interior; inside：心～ at heart; in mind ③ 合适 suitable：～用 useful ④ 正在进行 in process of：在研究～ being researched ⑤ 中国的简称 abbrev of China：～文 Chinese langauge
㊁ zhòng ① 正好对上 hit：～奖 win a prize ② 受到 be affected by：～毒 poisoning

zhōng

忠

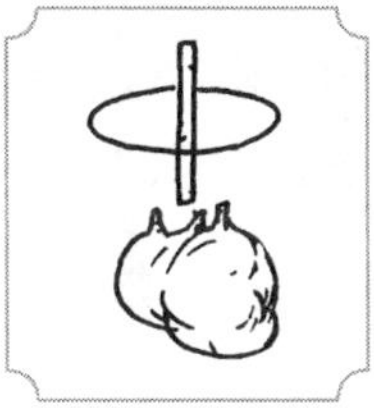

会意字。“心”像心脏，“中”指内心、表示尽心尽力，中（zhōng）兼表声。本义是尽心竭力。

忠 means devote. It is composed of 心, heart, and 中（zhōng）, which is phonetic and denotes the centre of the heart, i.e. to devote all of one's effort.

尽心竭力；真诚无私 devote all of one's effort; wholehearted; sincere：～心 loyalty｜～诚 loyal; faithful｜～言逆耳 good advice is harsh to the ears

zhōng

终

（終）

象形字一会意字。甲、金文像绳的两端打结，表示末了。篆、楷书“糸”像丝线，“冬”是终的本字，指每年最后一季，表示终了。終简化为终。本义是终了。

终 means the end. Bone and bronze inscriptions resemble a rope tied into knots at both ends, i.e. the end (of sth). Seal and regular scripts have 糸, silk thread, and 冬, the original form of 终, which denotes the last season of a year, i.e. last or end. 終 has been simplified to 终.

① 末了；结束 end; ending; finish：年～ year end｜～点 end point ② 人死 death：临～ on one's deathbed｜送～ arrange the funeral of a parent ③ 到底 after all：～究 eventually｜～于 finally ④ 从开始到末了的整段时间 throughout; entire; whole：～日 all day｜～生 all of one's life

zhōng

盅

形声字。皿表意，像器皿；中（zhōng）表声，中作内解，表示器皿中空无一物。本义是器空虚。基本义是小杯子。

盅 originally meant an empty vessel, then later, a small cup. It comprises 皿, a vessel, and 中（zhōng）, which is phonetic and denotes interior, i.e. the interior of the vessel is empty.

小杯子 small cup：酒～ wine cup｜茶～ teacup｜一～酒 a cup of wine

zhōng 钟

（①②③鐘 ④⑤鍾）

会意字。“金”（钅）像箭头、斧头和矿石，“童”本指经常遭打的奴隶，表示金属打击乐器。简体字钅、中，表示击中会响的金属乐器，中（zhōng）兼表声。本义是金属响器。鐘、鍾归并简化为钟。

钟 originally meant a bell. It consists of 金（钅）, metal, and 童, which originally referred to slaves who were assaulted repeatedly, i.e. a metallic object hitting a musical instrument. The simplified form has 钅 and 中（zhōng）, which is phonetic and denotes the centre, i.e. hitting musical instruments made of metal together to produce sound. 鐘 and 鍾 are now simplified and grouped into 钟.

① 金属响器 bell：～声 sound of a bell ② 计时器 clock：闹～ clock ③ 钟点；时间 o'clock; time：五点～ 5 o'clock ④ 集中；专一 focus; concentrate：～爱 love ⑤ 姓 a family name

zhōng 衷

会意字。“衣”像衣服，“中”指里面，表示内衣，中（zhōng）兼表声。本义是内衣。引申指内心。

衷 originally meant inner garment, later by extension, inner feelings. It contains 衣, a garment, and 中（zhōng）, which represents pronunciation and signifies inner, i.e. inner garment.

内心 inner feelings：～情 inner feelings｜言不由～ words that don't speak of the heart｜无动于～ unmoved

zhǒng 肿

（腫）

形声字。月（肉）表意，像肉；重（zhòng）表声，重有厚义，表示毒疮突起皮肉变厚；简体字中（zhōng）表声，表示肌肉中有毒素或受感染而生毒疮。本义是痈。引申指皮肉肿胀。

肿 originally meant pain, then later, swollen or puffy. It comprises 月（肉）, flesh, and 重（zhòng）, which is phonetic and denotes thick, i.e. a malignant fester which causes the skin to swell and thicken.

肌肤浮胀 swollen：红～ red and swollen｜～胀 swelling｜鼻青脸～ a bloody nose and swollen face, i.e. badly wounded

zhòng 仲

会意字。“亻”像人，“中”指中间，表示排行第二的人，中（zhōng）兼表声。本义是排行第二。

仲 means second in order. It consists of 亻, man, and 中（zhōng）, which is phonetic and denotes middle, i.e. a man in second place.

① 在兄弟排行中居第二的 second in order of birth among brothers：伯～叔季 eldest, second elder, younger and youngest brother ② 居中的 middle; intermediate：～春 mid-spring｜～秋 mid-autumn｜～裁 arbitrate

Z

种 859页

zhǒng/
zhòng

种

（種）

会意字。“禾”像谷类植物，“重”指重新、再，表示能重新长成谷类植物的谷种。简体字禾、中，表示禾在种子中，中（zhōng）兼表声。本义是谷种。

种 originally meant a type of grain. It consists of 禾, grains, and 重, renew or once more, i.e. a type of grain that will regrow. The simplified form suggests grains（禾）are grown from（中）seeds; 中（zhōng）indicates pronunciation.

❶ zhǒng ① 种子 seeds：麦～ seeds of wheat｜选～ selecting seeds ② 物种的简称 abbrev for 物种 (plant variety)：配～ hybridization ③ 类别 type; kind：各～ different kinds; varied types ④ 量词 measure word：两～人 two kinds of people ⑤ 人种 race：～族 race ❷ zhòng 种植 grow; plant：播～ plant

zhòng

众

（衆）

会意字。甲骨文像众人在日下。金文、篆书像眼睛（目）监视众人。楷书加上像眉毛的一撇。简体字像三个人，表示人多。本义是人多。

众 means many people. In bone inscriptions, it resembles a group of people standing under the sun. Bronze inscriptions and seal script show an eye（目）watching over a group of people. A left-falling stroke that resembled an eyebrow was later added in regular script. The character was further simplified to three men（人）, which denotes many people.

① 许多人 many people：民～ people｜观～ audience｜～所周知 known to all ② 许多 many：～多 many; numerous｜寡不敌～ be outnumbered

zhòng/
chóng

重

会意字。金文像人背负大袋子，表示重量大。篆书加“土”，像人背负重物站在地上。楷书千、里，表示千里送物心意重。本义是重量大。

重 means heavy. In bronze inscriptions, it shows a man carrying a sack on his back, i.e. heavy. 土 (earth) is added in seal scripts to depict a man standing on the ground with a heavy load on his back. Its regular script suggests to deliver a gift from a thousand（千）miles（里）to express one's deep sincerity.

❶ zhòng ① 重量大 heavy：～物 heavy object ② 程度深 deep：～伤 deep wound ③ 重要 important：～点 important point ④ 重视 attach importance to：注～ pay attention to ⑤ 不轻率 prudent：稳～ steady ❷ chóng ① 层 layer：～～包围 heavily surrounded ② 再；重复 once again; repeat：～演 recur

zhōu

舟

象形字。甲骨文像船，勾画出船头、船尾、船舷和船舱。金文、篆书在船尾添加橹。楷书在船舷两侧伸出划船的桨。本义是船。

舟 means boat. In bone inscriptions, it shows a boat, with its bow, stern, sides and cabin. A symbol for scull is added to the stern of the boat in bronze inscriptions and seal script. In regular script, two oars were extended out from both sides of the boat.

船 boat：小～ small boat｜同～共济 pull together in times of trouble｜木已成～ wood has been made into a boat, i.e. what is done cannot be undone

中 857页

zhōu 州

象形字。甲、金文像河中有块陆地。篆书像河流中有三块陆地。楷书川像河流，三点代表河中的小块陆地。本义是水中的小块陆地，此义现写作洲。

州 originally meant land surrounded by water, a meaning later replaced by 洲. Bone and bronze inscriptions depict a piece of land in the middle of a river. Seal script resembles three pieces of land in a river. Regular script has 川, river flow and three dot strokes to represent pieces of land.

一种行政区划。也用作地名 an administrative division, also used as a place name：～府 prefecture | 自治～ autonomous prefecture | 杭～ Hangzhou

zhōu 周

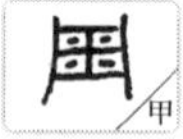

会意字。甲骨文像田中长满庄稼，表示周密。金文“田”像农田，“口”像张开的口，表示种庄稼或说话要周密。本义是周密。

周 means thorough and careful. In bone inscriptions, it resembles a field of crops, i.e. dense, packed. In bronze inscriptions, it has 田, cultivated fields, and 口, an open mouth, i.e. one has to be thorough and careful in cultivating crops or speaking.

① 完备；细致 thorough; careful：～密 thorough and careful | ～详 detailed ② 全；普遍 all; common：众所～知 it is known to all ③ 物体的外围 surroundings：四～ surroundings ④ 循环；绕一圈 cycle; make a circle：～而复始 move in cycles ⑤ 星期 week：～末 weekend ⑥ 接济 aid：～济 help out ⑦ 朝代名 name of a dynasty：夏商～ Xia, Shang and Zhou Dynasties ⑧ 姓 a family name

zhōu 洲

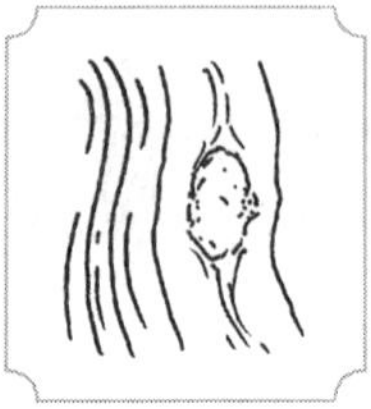

会意字。“氵”本像水流、现像水珠，“州”是洲的本字，像水中有陆地，州（zhōu）兼表声。本义是水中的陆地。

洲 means land surrounded by water. It consists of 氵, water, and 州, the original form of 洲, which resembles land mass in a river. 州（zhōu）indicates pronunciation.

① 江河中的小块陆地 small pieces of land in a river：沙～ sandbar | 三角～ delta ② 大陆 continent：亚～ Asia | 欧～ Europe | 非～ Africa

zhōu 粥

会意字。篆书像锅（鬲）中煮米冒出热腾腾的水气，表示粥。楷书像米、水气，表示稀饭。本义是稀饭。

粥 means porridge. Seal script depicts a pot（鬲）of steaming rice, i.e. porridge. Regular script shows rice and steam, i.e. porridge.

稀饭，用粮食煮成的半流质食品 porridge; congee; gruel：米～ rice porridge | 熬～ cook porridge | 喝～ eat porridge

Z

zhóu

轴

（軸）

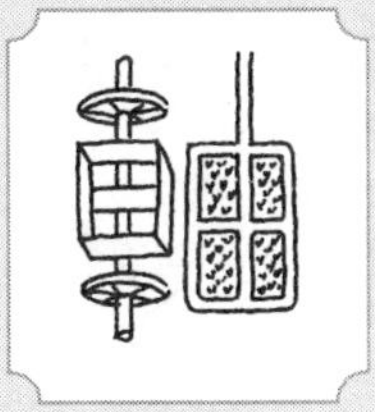

会意字。“車”（车）像车子，表示车轴；“由”像田埂通入农田，表示车轴插入车轮中间。軸简化为轴。本义是车轴。

轴 means axle. It is composed of 車（车）, a cart, i.e. an axle, and 由, a footpath cutting through a field, implying a spindle fitted in the middle of a cart wheel. 軸 has been simplified into 轴.

①穿在轮子或其他转动的机件中间的圆杆 spindle; shaft：车～ axle｜轮～ axle ②像车轴的 sth that resembles a spindle：画～ scroll painting｜线～ spool

zhǒu

肘

会意字。“月”（肉）像肉，“寸”像指出手腕，表示肘像腕可转动。本义是胳膊肘。

肘 means elbow. It consists of 月（肉）, flesh, and 寸, wrist, i.e. the elbow, like the wrist, bends.

上臂与前臂相接处向外突起的部分、能弯曲的部分 elbow, the protruding joint between the forearm and the upper arm：胳膊～ elbow｜捉襟见～ pull one's lapels together to hide raggedness only to expose the arm, i.e. one has too many difficulties to cope with

zhǒu

帚

象形字。甲骨文像扫帚。金文增添一道捆扎扫帚的绳子。篆、楷书像手握扫帚的样子。本义是扫帚。

帚 means a broom. In bone inscriptions, it resembles a broom. In bronze inscriptions, the broom was bundled up with a rope. Regular script shows a hand holding a broom.

扫除垃圾的用具 broom：扫～ broom｜敝～自珍 cherish one's old broom, i.e. to treasure sth of little value because it is one's own

zhòu

咒

会意字。“吅”像两张口，“几”像桌几，表示祷告。本义是祷告。

咒 originally meant pray. It is composed of 吅, two mouths, and 几, a small table, i.e. pray.

① 宗教或巫术用来除灾降妖的语句 incantation; spell：～语 spell｜符～ spell; charm｜念～ chant incantations ② 用恶毒的话骂人 swear; curse：～骂 swear｜诅～ curse ③ 发誓的话 swear：赌～ take an oath; swear

Z

zhòu

宙

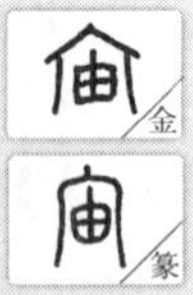

会意字。“宀”像房屋，“由”像田埂通入农田，表示通贯房顶的大梁。本义是房屋的栋梁。基本义是古往今来所有的时间。

宙 originally meant a ridgepole, then later, time conceived as past, present and future. It consists of 宀, a house, and 由, a footpath cutting through a cultivated field, i.e.the main pillar that supports the roof of a house, or a ridgepole.

古往今来所有的时间 time perceived as past, present, future：宇～ universe

zhòu

昼

（晝）

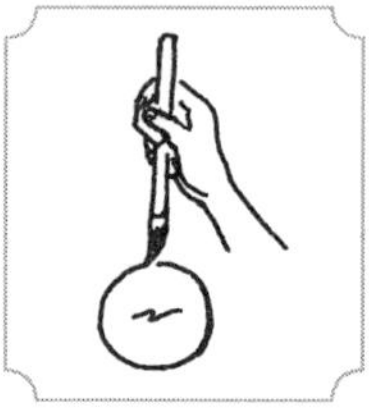

会意字。金文像手执毛笔（聿）画出太阳（日），表示白天。篆书在日的四周添加线条，表示有日光照射的是白天。楷书像笔（聿）画日升（旦），表示白天。简体字尺、旦，表示日升起一尺高即为昼。本义是白天。

昼 means daytime. In bronze inscriptions, it depicts a hand holding an ink brush（聿）drawing a sun （日）, i.e. daytime. In seal script, lines radiating out of the sun were added to represent sun rays. Later, 日 was changed to a rising sun（旦）in regular script. The simplified form suggests a day begins（从）when the sun rises one 尺 (about one third of a metre) above the horizon（旦）.

白天，与“夜”相对 day, as opposed to night：白～ day｜～夜 day and night｜～伏夜出 sleep in the day, active in the night

zhòu

皱

（皺）

会意字。“皮”本像手持皮铲，表示脸部皮肤上的褶纹；“芻”（刍）指割草，草是一根根的，表示皱纹是一条条的。皺简化为皱。本义是脸上的皱纹。

皱 means wrinkle. It consists of 皮, a hand with a skin peeler, i.e. wrinkles on the face, and 芻（刍）, mowing grass, i.e. strands of grass, suggesting lines and wrinkles on the face. 皺 has been simplified to 皱.

① 皮肤或物体上的褶纹 wrinkle：～纹 wrinkles｜褶～ fold ② 收拢而起皱纹 furrow; pucker：～眉头 frown

zhòu

骤

（驟）

会意字。“馬”（马）像马，表示马快跑；“聚”指聚拢，表示马疾奔时四蹄不断张开聚拢。驟简化为骤。本义是马快跑。

骤 means gallop. It comprises 馬（马）, horse, i.e. a galloping horse; and 聚, congregate, i.e. when a horse gallops, its four limbs come together and open out repeatedly in swift action. 驟 has been simplified to 骤.

突然；急速 suddenly; abruptly：～然 suddenly｜狂风～起 a gale suddenly came up｜暴风～雨 violent storm zhū

朱

（②硃）

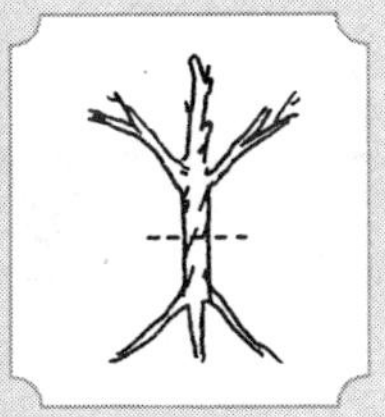

指事字。像在树（木）干上加一横表示树干。本义是树干，此义现写作株。引申为红色。硃今简化为朱。

朱 originally meant a tree trunk, a meaning later replaced by 株. 朱 was extended to mean red. The character depicts a horizontal line across a tree（木）trunk, indicating the trunk of a tree. 硃 has been simplified to 朱.

① 大红色 vermilion：～红 vermilion ② 朱砂 cinnabar ③ 姓 a family name

zhū

珠

形声字。王（玉）表意，像一串玉，表示珠色泽如玉；朱（zhū）表声。本义是珍珠。

珠 means pearl. It is composed of 王（玉）, jade, i.e. the colour and lustre of pearls are similar to jade, and 朱（zhū）, which represents pronunciation.

① 珍珠，蚌壳内由分泌物形成的圆粒，有光泽，是贵重的装饰品，也可入药 pearl：～宝 jewelry｜珍～粉 pearl powder ② 像珠子一样的东西 sth that resembles a pearl：水～ dewdrop｜泪～ teardrop

zhū

株

会意字。“木”像树，表示树干；“朱”是株的本字，像用一横指出树干；朱（zhū）兼表声。本义是树干。

株 means tree trunk. It consists of 木, tree, in this case the trunk of a tree, and 朱, the original form of 株, which depicts a horizontal line cutting across a tree trunk. 朱（zhū）indicates pronunciation.

① 植物露在地面上的茎和根 stem and roots of a tree exposed on ground surface：守～待兔 sit under a tree, waiting for hares to run into it｜枯木朽～ wilted trees and rotten stump, i.e. be on the wane or an old useless person ② 量词，棵 measure word for trees：两～松树 two pine trees

zhū

诸

（諸）

会意字。“言”（讠）像张口说话，表示用语言辩说；“者”像火烧木和口中有食物，是煮的本字，表示煮使食物变熟，辩说使事情明白。諸简化为诸。本义是辩说。

诸 means explain. It consists of 言（讠）, talking, i.e. give a verbal explanation; and 者, the original form of 煮 (cooking), i.e. cooking food to make it edible, implying giving an explanation to clarify matters. 諸 has been simplified to 诸.

① 许多；各 a lot of; everyone：～多 a lot of｜～位 Ladies and Gentlemen ② 相当于“之于” to the：付～东流 wasted all of one's efforts｜公～社会 announce to the public zhū

猪

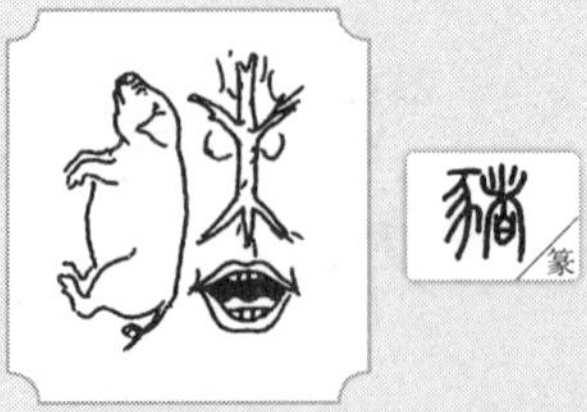

会意字。“豕”像猪，“者”像火烧木和口中有食物，是煮的本字，表示猪可煮来吃。楷书犭、者，表示猪是可煮来吃的哺乳动物。猪是一种哺乳动物。

猪 means pig. It consists of 豕, pig, and 者, the original form of 煮 (cooking), i.e. a pig can be cooked for eating. Regular script has 犭 (dog) and 者 (cooking), i.e. a pig is a mammal that can be cooked to be consumed.

哺乳动物，分家猪和野猪，肉可食用，皮可制革，鬃可制刷子 pig：～肉 pork | 养～ rear pigs | 母～ sow

zhū

蛛

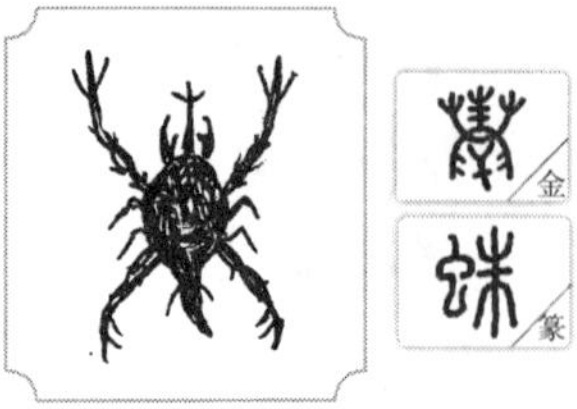

会意字—形声字。金文像蜘蛛。篆、楷书虫表意，表示蜘蛛像虫；朱（zhū）表声。本义是蜘蛛。

蛛 means spider. In bronze inscriptions, it depicts a spider. Seal and regular scripts have 虫, worm, i.e. spiders are similar to worms, and 朱（zhū）, which represents pronunciation.

［蜘蛛］节肢动物，身体圆形或长圆形，能分泌黏液，织网捕食昆虫 spider：蜘～ spider

zhú

竹

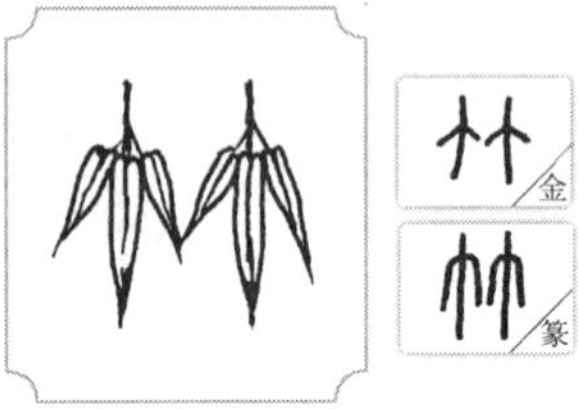

象形字。像竹叶，表示竹子。本义是竹子。

竹 means bamboo. The character resembles bamboo leaves.

竹子，多年生常绿植物，茎直中空，有节。用途广泛，可制作器具，也是早期的建筑材料 bamboo：～林 bamboo forest | ～笋 bamboo shoots | 势如破～ splitting a bamboo with one cut, i.e. winning one victory after another

zhú

逐

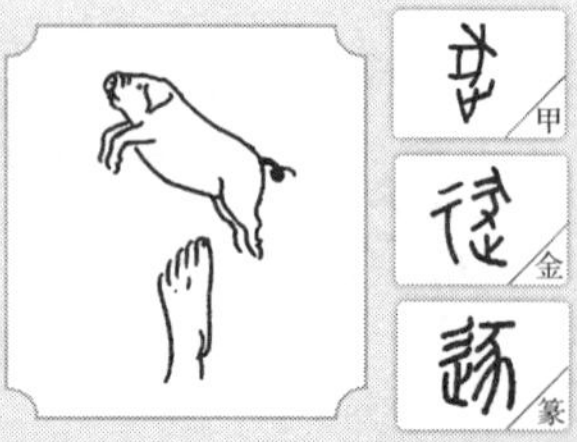

会意字。甲骨文“豕”像猪，“止”像脚，表示人追赶猪。金篆楷“辵”（辶）像道路和脚，“豕”像猪，表示追赶猪。本义是追赶。

逐 means chase. In bone inscriptions, it has 豕, a pig, and 止, a foot, i.e. a man running after a pig. Bronze inscriptions, seal and regular scripts have 辵（辶）, path and foot, and 豕, pig, i.e. a person in pursuit of a pig.

① 追赶 chase; pursue：追～ chase; pursue ② 赶走 drive out：～客 chase a guest away | 驱～ expel ③ 按顺序；一个一个地 according to sequence; one by one：～日 day by day | ～步 step by step | ～个 one by one

Z

zhú

烛

（燭）

会意字。“火”像火焰，表示火炬；“蜀”指葵虫，古时火炬用布包裹苇麻，样子似葵虫。简体字火、虫，表示用虫蜡制成蜡烛。本义是火炬。引申为蜡烛。

烛 originally meant a torch, then later, candles. It is composed of 火, flames, i.e. a torch, and 蜀, a type of worm, i.e. torches in the ancient times were made with reed and hemp wrapped in cloth, which made it looked like a type of worm. The components of the character were further simplified into 火 and 虫, which denote making candles with worm wax.

用蜡和油脂制成的照明用具 candle：蜡～ candle｜～台 candlestick｜～光 candlelight

zhǔ

主

象形字。像灯盏和火炷，表示灯头火焰。本义是灯头火焰。

主 originally meant the flame of a lamp. The character resembles a lighted lamp, i.e. flames of the lamp.

① 主人 host：宾～ guest and host｜喧宾夺～ garrulous guests putting the host in the shade ② 财物的所有者 owner：地～ land owner｜业～ property owner ③ 当事人 person or party concerned：买～ buyer｜事～ victim of a crime ④ 主张；决定 advocate; decide：～意 idea｜作～ decide ⑤ 重要的；基本的 main; primary：～要 main｜～力 main force ⑥ 负主要责任的 be in charge of; be responsible for：～办 host; sponsor｜～管 be in charge of

zhǔ

拄

形声字。扌表意，像手，表示用手支撑；主（zhǔ）表声，主有重心所在意，表示支撑须把握重心。本义是支撑。

拄 means support. It consists of 扌, hand, i.e. support sth with a hand; and 主（zhǔ）, which is phonetic and denotes the centre of gravity, i.e. to support sth, one needs to grasp its centre of gravity.

用手杖、拐棍等保持身体平衡 support with a cane or stick：～着拐棍 walk with the help of a cane

zhǔ

煮

会意字。“火”（灬）篆书像火焰、楷书像一排火苗，表示用火烧；“者”是煮的初文，像火烧木、口中有食物。本义是烹煮。

煮 means cook. It comprises 火（灬）, which resembles flames in seal script and a row of sparks in regular script, i.e. burning with fire, and 者, the original form of 煮 (which resembles fire burning wood and a mouth with food).

把食物放在有水的锅里烧 boil; stew：～粥 cook porridge｜～饭 cook rice｜～饺子 cook dumplings

Z

zhǔ/shǔ

属

（屬）

会意字。篆、楷书“尾”像人（尸）臀部系着尾巴，“蜀”像两条虫，表示连接。屬简化为属。本义是连接。

属 means join. Seal and regular scripts have **尾**, a man with a tail attached at his rear（**尸**）, and **蜀**, two worms, i.e. join, connect. **屬** has been simplified to **属**.

㊀ zhǔ ① 连接 join：前后相～ join together ② 注意力集中在一点上 focus on：～望 look forward to ㊁ shǔ ① 类别 category：金～ metals ② 同一家族的 belong to the same family：家～ family members｜亲～ relatives ③ 归类；归入 categorize; classify：～于 belong to｜隶～ be affiliated with ④ 是；符合 be; match：情况～实 (matter) consistent with facts

zhǔ

嘱

（囑）

形声字。口表意，像张开的口，表示开口托付；屬（属 zhǔ）表声，属有托付、连缀义，表示托付必相及于人、相关于事。囑简化为嘱。本义是口头托付。

嘱 means advise. It contains **口**, an open mouth, i.e. giving an advice; and **屬（属 zhǔ）**, which is phonetic and signifies entrust, i.e. entrust sth to sb or commit a matter to sb's care.

吩咐；托咐 instruct; entrust sb：叮～ urge｜遗～ will

zhǔ

瞩

（矚）

形声字。目表意，像眼睛，表示眼睛注视；屬（属 zhǔ）表声，有连接、连续义，表示目光与所注视的事物相连，而且是持续地注视。矚简化为瞩。本义是注视。

瞩 means to gaze, look steadily on. It contains **目**, eye, i.e. fix a gaze on sth; and **屬（属 zhǔ）**, which is phonetic and denotes "connected with" and "continuously", i.e. fix one's gaze on sth and look on steadily. **矚** has been simplified to **瞩**.

注视 gaze; look steadily on：～目 fix one's eyes upon｜高瞻远～ to see far and wide; to have great foresight

zhù

助

会意字。“力”像农具，表示出力帮助；“且”像男性生殖器，是祖的初文，以古人遇大事先祭祖求保佑、求帮助。本义是帮助。

助 means to help, assist, aid. It consists of **力**, a farming tool, i.e. make an effort to help; and **且**, a male genital organ, also the original form of **祖** (ancestor). The Chinese have the practice of praying to the spirits of ancestors for help and guidance.

相帮；支持 help; assist; aid：帮～ help; assist; aid｜～人为乐 take delight in helping others｜爱莫能～ would be glad to help but does not have the means to do so

zhù

住

会意字。“亻”像人，表示人居住；“主”像有火苗的一盏灯，有主人、主要义，表示有灯火照明处是人的居住地；主（zhǔ）兼表声。本义是居住。

住 means to live, stay, reside. It consists of 亻, man, i.e. a resident of a place; and 主, which suggests 主人 (occupants) and 主要 (main), i.e. lighted houses indicate they are occupied by households. 主（zhǔ）indicates pronunciation.

① 居住 live; stay; reside：～房 housing | ～宿 accommodation ② 停止；停下 halt; stop：～手 stop | 雨～了。The rain stopped. ③ 用在动词后，表示牢固或稳当 used after a verb as a complement indicating a halt etc：捉～ catch | 记～ remember

zhù

贮

（貯）

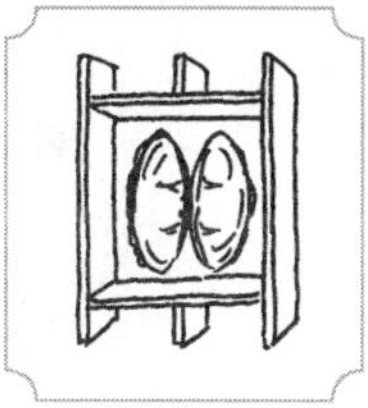

会意字。甲骨文像木箱里放着贝，贝在古代曾用作货币，表示积存财物。金文、篆书将贝移到了箱外。楷书貝（贝）、宁，表示将财物储藏起来确保安全。简体字表示积存（宀）财物（贝）。本义是积存。

贮 means store, save. Bone inscriptions resemble a seashell (a form of currency in ancient times) in a box, i.e. storing or saving one's money. Bronze inscriptions and seal script show a seashell outside a box. Regular script depicts storing up one's valuables（貝/贝）to keep them safe（宁）. The simplified form suggests storing up（宀）one's valuables（贝）.

积存；储藏 store; save：～存 store | ～藏室 storeroom

zhù

注

形声字。“氵”表意，像水流、水珠；主（zhǔ）表声，主像一盏灯，灯需要添加灯油，表示注是灌注液体。本义是灌注。

注 means pour, fill. It consists of 氵, water, and 主（zhǔ）, which is phonetic and denotes an oil lamp. To light an oil lamp, one needs to pour in kerosene or paraffin oil which are liquids; hence, 注 means to pour or fill with liquid.

① 灌入 pour; fill：灌～ pour; fill | ～射 inject ② 集中在一点 fix; concentrate：～视 look attentively | 关～ to pay close attention to ③ 赌博时下的本钱 bets; stakes (in gambling)：赌～ stakes | 下～ lay down a bet ④ 解释 explain：～释 annotate | ～解 annotate ⑤ 登记；记载 register; record：～册 register | ～销 cancel; write off

zhù

驻

（駐）

形声字。馬（马）表意，像马，表示马车暂时停立；主（zhǔ）表声。駐简化为驻。本义是车马暂时停立。泛指暂时停留在一个地方。

驻's original meaning was (of horse, carriage etc) to stay temporarily, later by extension, to make a temporary stay. It consists of 馬（马）, horse, i.e. a horse or carriage making a temporary stop, and 主（zhǔ）which indicates pronunciation. 駐 has been simplified to 驻.

停留在一个地方 to make a temporary stay：～扎 encamp | ～军 (of troops) be stationed | ～守 defend; garrison

Z

zhù

柱

会意字。“木”像树，表示用树木制成的柱子；“主”像一盏灯，有主要义，表示柱子是建筑物起支撑作用的主要构件；主（zhǔ）兼表声。本义是柱子。

柱 means a pillar, post, column. It consists of 木, tree, i.e. pillars or posts made of wood; and 主, which resembles an oil lamp and denotes "main" or "key", i.e. pillars are the main structures that support a building. 主（zhǔ）indicates pronunciation.

① 建筑物中直立的起支撑作用的构件 pillar; post; column：～石 pillar｜支～ pillar; support ② 像柱子的东西 sth shaped like a pillar：水～ water column｜冰～ icicle

zhù

祝

会意字。像供桌（礻）和开口祷告的人（兄）。本义是祈祷。引申为良好的愿望。

祝 originally signified pray, later by extension, express good wishes. The character depicts an altar table（礻）and a man（兄）saying prayers.

① 表示良好的愿望 express good wishes：～福 express good wishes; blessing｜～词 congratulations｜庆～ celebrate ② 姓 a family name

zhù

著

会意字。篆书“竹”像竹叶、楷书“艹”像草，“者”是煮的本字，有明亮意，表示明显。本义是明显。

著 means outstanding. In seal script, it contains 竹, bamboo leaves. Later, in regular script, 竹 is replaced by 艹, grass. 者 was the original form of 煮 (cooking) which suggests bright and prominent, i.e. outstanding.

① 明显 outstanding：～名 famous｜显～ marked; outstanding｜功勋卓～ outstanding meritorious deeds ② 写作 write：～录 record｜～书 pen a book｜编～ compile ③ 著作 work：巨～ famous work｜名～ famous work｜原～ original work

zhù

蛀

形声字。虫表意，像虫，表示蛀虫；主（zhǔ）表声，主像灯，灯心虽小而光照四周，表示蛀虫虽小而四处乱咬破坏性大。本义是蛀虫。

蛀 means moths or other insects that eat books, wood, cloth etc. The character consists of 虫, worm or insect, and a phonetic component, 主（zhǔ）, which depicts an oil lamp, suggesting the flame of an oil lamp may be small but its brightness fills the entire room, i.e. moths are small but destructive.

① 蛀虫，蛀蚀木器、衣服、书籍等的小虫 moths or other insects that eat books, wood, cloth etc ② 被蛀虫咬坏 eaten by moths, worms etc：虫～ worm-eaten

Z

zhù

铸

（鑄）

会意字。甲骨文像两手持一锅熔化了的金属倒入器皿模子里，表示铸造器物。金文加“畴”，表示铸造农具。篆、楷书金（钅）、壽（寿），表示金属铸造的器具经久耐用。鑄简化为铸。本义是铸造。

铸 means casting, founding. Bone inscriptions show a pair of hands pouring a pot of melted metal into a mold, i.e. casting, founding. In bronze inscriptions, 畴 (fields) is added to signify casting metals to make farming tools. Seal and regular scripts have 金（钅）, metal, and 壽（寿）, long life, i.e. tools made of cast metal are more durable and long-lasting.

把金属熔化后倒在模子里制成器物 casting; founding：～造 casting; founding｜～件 foundry goods

zhù

筑

（築）

会意字。“竹”像竹叶，“木”像树，“丮”指抱持，“工”像斧头，古代筑墙，先立两行夹板，再中间填土砸实，竹（zhú）兼表声。築简化为筑。本义是筑墙。泛指建造、修建。

筑's original meaning was to build a wall, later by extension, to build, construct. It consists of 竹 (bamboo leaves), 木 (tree), 丮 (maintain, support) and 工 (axe). In ancient times, a wall was built by erecting two planks and cementing the space between them with earth. 竹（zhú）also indicates pronunciation. 築 has been simplified to 筑.

建造；修建 build; construct：～路 construct a road｜建～ build; construct｜修～ build

zhuā

抓

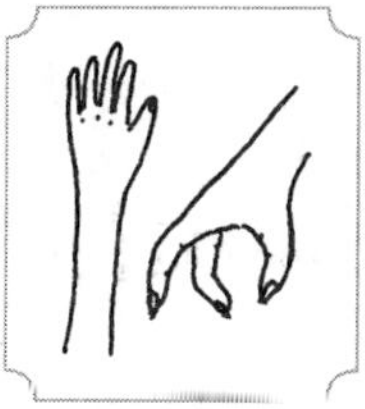

会意字。“扌”像手、“爪”像手爪，表示用手或爪挠、搔。本义是用手或爪挠、搔。

抓 originally signified scratch with hands or claws. It consists of 扌, hand, and 爪, claw, i.e. to scratch with hands or claws.

① 用手或爪挠、搔 scratch with hands or claws：～痒 scratch an itch｜～耳挠腮 tweak one's ears and scratch one's cheeks ② 用手或爪拿取 grab; clutch：～住 grab; clutch ③ 捉拿 catch; arrest：～贼 catch a thief｜～特务 arrest a secret agent ④ 把握住 seize; catch hold of：～重点 catch the main point｜～教育 develop education

zhuān

专

（專）

象形字。甲、金文像手持纺专。篆、楷书手（寸）移到纺专的下面。简体字像纺专上缠着两道线纱。本义是纺专。引申为专一、单纯。

专 originally meant a spindle (for weaving), later by extension, single-minded, simply, merely. Bone and bronze inscriptions depict a hand holding a spindle. In seal and regular scripts, 手（寸）, the symbol for hand, is shifted below the spindle. The simplified form resembles two threads spun on a spindle.

① 集中在一件事情上 concentrate; focus：～题 special topic｜～款 special fund｜～心致志 completely absorbed in ② 独自掌握或占有 monopolize：～利 patent｜～卖 monopoly

爪 835页

zhuān 砖 （磚）

形声字。石表意，像山崖下有块石头，表示砖坚硬如石；專（专 zhuān）表声，专像手持纺专，有狭小义，表示砖体积不大。磚简化为砖。本义是砖头。

砖 is a brick. It consists of 石, rock, i.e. a brick is as hard as a rock, and a phonetic element, 專（专 zhuān）, which resembles a hand clutching a spindle, implying sth small, i.e. a brick is a small object. 磚 has been simplified to 砖.

① 用土坯烧制成的建筑材料 brick：～头 brick｜～瓦 tile ② 形状像砖的东西 sth shaped like a brick：茶～ tea brick｜金～ gold brick

zhuǎn/zhuàn 转 （轉）

会意字。“車”（车）像车，“專”（专）像手持纺专，表示像纺专那样会转动的车轮，專（专 zhuān）兼表声。轉简化为转。本义是转动。

转 means turn, shift. It is composed of 車（车）, cart, and 專（专 zhuān）, which is phonetic and resembles a hand holding a spindle, i.e. a cart wheel spins like a thread on a spindle. 轉 has been simplified to 转.

㊀ zhuǎn ① 转动；变换 turn; shift; change：～身 turn around｜～危为安 to pull through a crisis ② 间接传送 pass on; transfer：～告 pass on｜～交 pass on ㊁ zhuàn ① 旋转 turn; revolve：～椅 revolving chair｜～动 turn; rotate ② 量词，圈 measure word, a round：绕一～ make a round

zhuàn 赚 （賺）

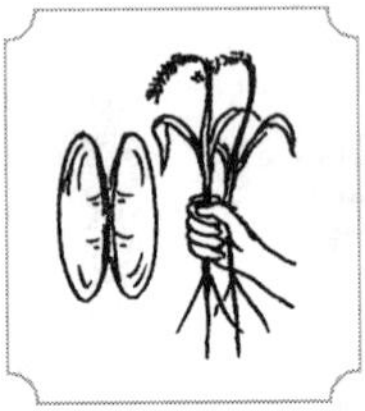

会意字。“貝”（贝）像贝壳，古代曾用作货币，“兼”像手执两棵禾，有加倍义，表示从买卖中获利使本钱倍增。賺简化为赚。本义是获利、盈利。

赚 means gain, make a profit. It consists of 貝（贝）, a seashell used as currency in ancient times, and 兼, which resembles a hand holding two stalks of grain, denoting "a multiple of", i.e. make money from trading, an amount which is a multiple of the cost price.

获利；盈利 make a profit; profit：～钱 earn money｜有～有赔 either win or lose

zhuàn 撰

会意字。“扌”像手，表示手执笔写文章、著述；“巽”有具备义，表示写文章、著述要具备充实的材料。本义是写作。

撰 means write, compose. It is composed of 扌, hand, i.e. to write with a pen in the hand, and 巽, which denotes "to possess", "provided with", i.e. one needs to have substantial information or content before one begins to write.

写作 write; compose：～写 write; compose｜～稿 write an article｜编～ compile and compose

传 93页

zhuāng

妆

（妝）

会意字。“爿”像床，“女”像女子，表示女子起床后梳妆打扮。妝简化为妆。本义是化妆、打扮。

妆 means to apply make up. It consists of 爿, bed, and 女, woman, i.e. a woman puts on make up when she gets up from the bed. 妝 has been simplified to 妆.

① 化妆；打扮 apply make up：～扮 make up｜梳～台 dressing table ② 嫁妆，女子出嫁时随带的物品 trousseau; dowry

zhuāng

庄

（莊）

会意字。“艹”（艸）像草，“壮”指茁壮，表示草茂盛。简体字广、土，表示村庄有大片土地。本义是草茂盛。引申为村庄。

庄's original meaning was (of grass) luxuriant, later, it came to mean a village. It consists of 艹（艸）, grass, and 壮, strong, i.e. a thick growth of grass. The simplified form has 广 (vast) and 土 (earth), suggesting a village occupies a wide land area.

① 村子 village：村～ village｜农～ a farming village ② 严肃 solemn：～严 solemn｜～重 serious; grave｜端～ diginified; elegant ③ 商店 shop：钱～ old-style Chinese private bank｜米～ rice shop｜饭～ restaurant ④ 姓 a family name

zhuāng

桩

（樁）

会意字。“木”像树，表示木桩；“舂”像手持杵在臼中舂米，表示自上而下撞击桩才能深入地里。简体字木、庄，表示木桩端庄则建筑安稳，庄（zhuāng）兼表声。本义是桩子。

桩 means a stake, pile. It is composed of 木, tree, i.e. a wooden stake, and 舂, a pestle and a mortar, i.e. pounding a stake to drive it deep into the ground. The simplified form suggests firmly secured wooden stakes（木）ensure the buildings constructed are stable（庄）. 庄（zhuāng）indicates pronunciation.

① 一头插入地下的柱子 stake; pile：木～ wooden stake｜打～ pile driving ② 量词，用于事情 measure word: a matter, a piece：一～要事 an important matter

zhuāng

装

（裝）

形声字。衣表意，像衣服，表示放衣物的行李；壯（壮zhuàng）表声，壮有大义，表示行李体积较大。裝简化为装。本义是行李。

装 originally signified luggage. It consists of 衣, garment, i.e. a luggage for packing garment; and 壯（壮 zhuàng）, which is phonetic and denotes big, i.e. a big luggage. 裝 has been simplified to 装.

① 行李 luggage：行～ luggage ② 衣服 clothes：时～ fashion｜西～ western suit ③安置；安放 install; fit：安～ install; fit｜～配 assemble ④ 修饰；打扮 accessorize; dress up：～饰 decorate｜化～ make up ⑤ 假装 pretend：～傻 feign ignorance ⑥ 装订 binding：平～ paperback｜精～ hardcover

Z

zhuàng 壮 (壯)

会意字。“士”像斧子，指男子汉；“爿”像床，表示人体像木床般长大。壯简化为壮。本义是人体高大。引申为强壮。

壮 originally signified (of a body) big and strong, later by extension, strong, robust. It consists of 士, an axe, which signifies a man, and 爿, a bed, i.e. a man as big as a wooden bed. 壯 has been simplified as 壮.

① 强健有力 strong and healthy：健～ strong and healthy | 年轻力～ young and robust ② 雄伟；有气魄 magnificient; grand：雄～ magnificient | ～志凌云 with soaring aspirations ③ 增强；加强 boost; strength：～胆 build up one's courage | 以～声势 to boost momentum

zhuàng 状 (狀)

形声字。犬表意，像犬，表示犬的形状；爿（壮zhuàng）表声。狀简化为状。本义是犬的形状。泛指形状。

状 originally signified the shape of a dog, then later, shape, form. It is composed of 犬, dog, i.e. the shape of a dog, and 爿（壮 zhuàng）, which represents pronunciation. 狀 has been simplified to 状.

① 样子；情形 form; state; condition：形～ shape | ～态 state; condition | 症～ symptom ② 陈述事实的文字 account; record：诉～ petition; indictment | 供～ written confession ③ 褒奖、委任等文件 certificate：奖～ certificate of merit | 委任～ certificate of appointment

zhuàng 撞

会意字。“扌”像手，表示用手执物去撞击；“童”本指奴仆，撞击这类杂事多为奴仆所做。本义是碰击。

撞 means knock, run into. It consists of 扌, hand, i.e. to knock sth with an object in the hand, and 童, slave or servant, i.e. a slave or servant does miscellaneous duties.

① 猛然相碰 knock; run into; collide; strike：～击 collide | ～钟 toll a bell | ～车 collision of vehicles ② 碰面；相遇 meet by chance; run into：～见 bump into | ～运气 try one's luck ③ 闯；行动鲁莽 dash; barge; rush：莽～ barge; dash | 横冲直～ barge around

zhuī 追

形声字。甲骨文像山坡和脚，表示在野外追赶。金篆楷像土坡、道路和脚，表示在路上或野外追赶。本义是追赶。

追 means chase after. In bone inscriptions, it resembles a mountain slope and a foot, i.e. chasing after sth in the wilderness. Bronze inscriptions, seal and regular scripts show a mountain slope, a path and a foot, i.e. chasing after sth along the road or in the wilderness.

① 赶上；紧跟上 chase after; pursue：～击 pursue and attack | ～逐 pursue; chase ② 查究；寻求 look into; seek：～问 question closely | ～ pursue; woo ③ 回忆过去 reminisce：～述 tell about the past | ～忆 recall; recollect ④ 事后补做 add on; supplement：～加 add to; supplement | ～认 confirm; ractify

Z

幢 95页

zhuī

锥

（錐）

形声字。金（钅）表意，像箭头、斧头和矿石，简体像箭头和钩子，表示锥子用金属制成；隹（zhuī）表声。錐简化为锥。本义是锥子。

锥 means an awl. It consists of 金（钅）, metal, i.e. an awl is made of metal, and 隹（zhuī）, which represents pronunciation.

① 一头尖的用来钻孔的工具 awl：~子 awl | 铁~ iron awl ② 像锥子的东西 sth shaped like an awl：~形 awl-shaped | 圆~体 circular cone

zhuì

坠

（墜）

会意字。“土”本像地上有堆土，表示从高处落到地面；“隊”像猪从山上坠下。简体字像人从山上坠落地面。本义为坠落。

坠 means fall, drop. It consists of 土, a mound of earth on the ground, i.e. to fall to the ground from a height; and 隊, which depicts a pig falling from a mountain. The simplified form resembles a man falling off a mountain and landing on the ground.

① 从高处落下；掉下来 fall, drop from a height：~落 fall; drop | ~毁 crash ② 往下沉；往下垂 sinking down; hanging：稻穗下~ down-hanging stalks of grains ③ 吊在下面的装饰品 hanging accessories：耳~ eardrop | 扇~ fan pendant

zhuì

缀

（綴）

会意字。“糸”篆、楷书像丝，表示用线缝合；“叕”篆书像连缀的针脚，楷书像四只手（又），表示用手一针又一针地缝合。綴简化为缀。本义是缝合。

缀 means sew, stitch. It consists of 糸, which in seal and regular scripts represent silk thread, and 叕, which resembles stitches in seal script; later changed to four hands（又）in regular script, i.e. to sew stitch by stitch with the hands. 綴 has been simplified to 缀.

① 缝合 sew; stitch：补~ mend (clothes) | ~扣子 mend a button ② 连接 link：连~ link; put together ③ 装饰 embellish; adorn：点~ decorate; adorn

zhuì

赘

（贅）

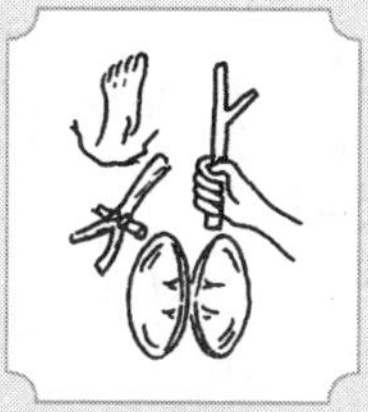

会意字。“貝”（贝）像贝壳，古时曾用作货币，“敖”有仓房义，表示赘是将家中贮藏的东西拿出去抵押。贅简化为赘。本义是抵押。引申指多余的、无用的。

赘 originally signified mortgage, pawn, then later, excessive, redundant. It is composed of 貝（贝）, seashell used as a currency in ancient times, and 敖, warehouse, i.e. to pawn or mortgage one's valuables or properties kept in the house. 贅 has been simplified to 赘.

① 多余的；无用的 excessive; redundant：累~ burdensome | ~言 superfluous words ② 招女婿 gain a son-in-law：入~ (of a man) marry into and live with the bride's family | ~婿 son-in-law who lives with his wife's family

Z

zhūn

谆

（諄）

会意字。篆书“言”像张口说话，“䢗”有熟义，表示谆是反复教导使之熟晓。楷书言（讠）、享，表示使人受用的教诲。諄简化为谆。本义是反复恳切教导。

谆 means to teach earnestly, tirelessly. Seal script has 言, talking, and 䢗, familiarize, i.e. to teach sb over and over again to ensure he/she is familiarize with the teaching. Regular script has 言（讠）and 享, suggesting valuable teachings. 諄 has been simplified to 谆.

诚恳而有耐心 earnest and patient：～～教导 teach earnestly and tirelessly｜～～教诲 teach earnestly and tirelessly

zhǔn

准

（①②③準）

形声字。氵表意，像流水、水珠，表示水面平；隼（sǔn）表声。简体字冫表意，像两块冰，表示水面结冰则平；隹（zhuī）表声。本义是水面平。引申指标准。

准 originally signified (of water surface) flat, smooth, then later by extension, standard, norm. It consists of 氵, water, i.e. a flat water surface, and 隼（sǔn）, which indicates pronunciation. The simplified form has 冫, ice, as semantic, i.e. frozen water surface is smooth and level, and 隹（zhuī）as phonetic.

① 标准 standard; norm：～则 standard; norm｜水～ level ② 正确；精确 accurate; exact：～确 exact｜～时 punctual ③ 依据；按照 follow; according to：～此 following this ④ 允许；同意 allow; agree to：～许 allow; grant｜批～ approve

zhuō

拙

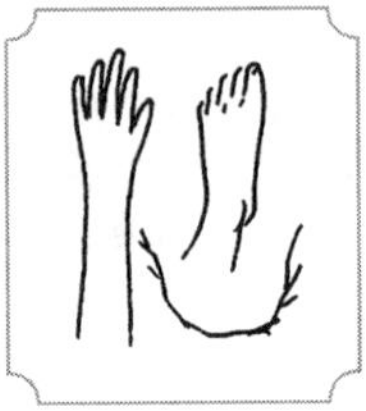

会意字。“扌”像手，“出”有离开、偏离义，表示手笨拙。本义是笨拙。

拙 means clumsy. It consists of 扌, hand, and 出, which denotes “to leave”, “move far away from”, i.e. clumsy hands.

① 笨；不灵巧 stupid; clumsy：笨～ clumsy｜弄巧成～ try to be clever but end up with a blunder｜勤能补～ make up for the lack of skill with diligence ② 谦词，称自己的作品、见解 a humble expression for “my”：～作 my work｜～文 my article｜～见 my opinion

zhuō

捉

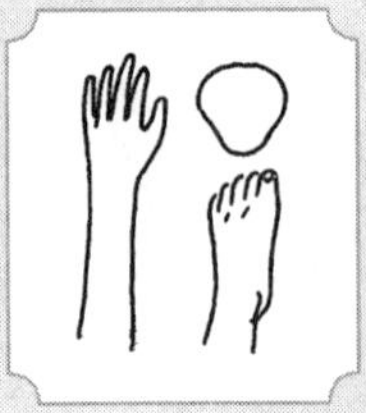

会意字。“扌”像手，表示手握着；“足”指足部，表示器物的足部较细易握住。本义是握。

捉 means clutch, hold. It consists of 扌, hand, i.e. hold sth in the hands, and 足, foot, i.e. the end of an object is usually thinner and easier to grasp.

① 握 clutch; hold; grasp：～刀 clutch a knife｜～笔 hold a pen ② 捕；抓；逮 catch; arrest; nab：捕～ capture; seize｜捕鱼～蟹 catch fish and crabs｜贼喊～贼 pot calling the kettle black

Z

zhuō

桌

形声字。木表意，像树，表示桌子用树木制成；卓（zhuō）表声，卓有高义，表示桌子有一定的高度。本义是桌子。

桌 means a table. It consists of 木, tree, i.e. a wooden table, and 卓（zhuō）, which is phonetic and denotes high, i.e. a table has a certain height.

① 桌子，日用家具，上面可以放东西 table：书～ study table | 方～ square table ② 量词 measure word：一～菜 a table of dishes | 几～酒席 tables in a banquet

zhuó

灼

会意字。“火”像火焰，表示用火烤；“勺”是舀酒器具，舀酒有一定的限度，表示用火烧烤也有一定的限度。本义是烧烤。

灼 means burn, scorch. It consists of 火, flames, i.e. roasting with flames; and 勺, a wine ladle. There is a limit to the amount of wine a ladle can scoop, thus suggesting fire can only burn to a certain extent.

① 烧；烫 burn; scorch：～热 scorching hot | ～伤 burn ② 明白透彻 penetrating：真知～见 profound knowledge and pentrating insight

zhuó

茁

会意字。“艹”（艸）像草，表示草初生的样子；“出”像脚跨出门洞，表示草破土而出。本义是草初生的样子。引申为旺盛地生长。

茁 originally meant (of a seedling) sprout, later it came to mean to grow luxuriantly, lushly. It is composed of 艹（艸）, grass, i.e. a seedling sprouting; and 出, which depicts a foot stepping out of a cave, i.e. a seedling growing out of the earth.

旺盛地生长 grow luxuriantly, lushly：～壮 healthy and strong

zhuó

卓

会意字。甲、金文像用网罩鸟。篆书“匕”有比较义，“早”指及时，表示卓越出于及时发现情况尽早采取行动。楷书“卜”指占卜，“早”指尽早，表示卓越源于预知事情发展尽早采取行动。本义是用网罩鸟，此义后写作罩。基本义是卓越。

卓 originally signified to net a bird, a meaning later written as 罩. 卓's basic meaning is outstanding, remarkable. Bone and bronze inscriptions show a bird caught in a net. Seal script has 匕, which denotes a comparison, and 早, timely, i.e. the ability to detect problems and take action quickly indicate foresight and brilliance. Regular script has 卜, divination, and 早, timely, i.e. the ability to predict and respond quickly to the turn of events makes one exceptional.

① 高超；不平凡 outstanding; remarkable：～越 outstanding; remarkable | 远见～识 foresight and sagacity ② 姓 a family name zhuó

浊

（濁）

会意字。“氵”像流水、水珠，“蜀”像两条虫，表示滋生虫的浑浊之水。简体字氵、虫，表示水浑浊。本义是水浑浊。

浊 means murky, muddy. It consists of 氵, water, and 蜀, two worms, i.e. murky waters, the breeding ground of worms and insects. The simplified form has 氵 and 虫 (worm), i.e. muddy, murky waters.

① 水不干净，跟“清”相对 filthy; dirty (as opposed to “clean”)：浑～ murky; muddy｜～流 muddy stream ② 混乱 chaotic：～世 turbulent times ③ 声音低沉粗重 deep and thick voice：～音 deep voice｜～声～气 deep and hoarse voice

zhuó

酌

会意字。“酉”像酒坛子，“勺”像勺子，表示用勺子舀酒。本义是斟酒。

酌 originally meant to pour wine. It is composed of 酉, a wine pot, and 勺, a ladle, i.e. use a ladle to scoop wine.

① 斟酒；饮酒 pour wine; drink wine：对～ two people have a drink together｜自斟自～ drink alone ② 简单的酒饭 a simple meal with wine：便～ informal meal｜菲～ simple meal｜小～ informal meal ③ 考虑；商量 consider; deliberate：斟～ deliberate; mull over｜～情处理 act according to circumstances

zhuó

啄

形声字。口表意，像张开的嘴，表示鸟张嘴取食；豖（zhuó）表声，豖是雕刻玉石，表示鸟嘴尖锐，吃食物的动作如琢刻。本义是鸟用嘴取食。

啄 means (of birds) peck. It consists of 口, an open mouth, i.e. birds taking food with their beaks, and **豖（zhuó）**, which is phonetic and denotes a carved jade, i.e. the way birds pecked at their food with their sharp beaks is similar to the carving of jade with knife.

鸟类用嘴取食 (of birds) peck at their food：～食 peck at food｜～虫 peck at worms｜～米 peck at rice

zhuó/
zhāo/
zháo/zhe

着

会意字。“羊”本像羊，“目”像眼睛，表示羊皮可制成穿的衣服，目光能穿透空间。本义是穿。

着's original meaning is wear. It consists of 羊, sheep, and 目, eye, i.e. sheep's wool can be made into clothes; our eyes can look through space.

㊀ zhuó ① 穿衣 wear clothes：穿～ dress; apparel ② 接触；附上 touch; attach：～色 color ③ 下落 whereabouts：～落 whereabouts ④ 派遣 dispatch：～人前往 send sb over ㊁ zhāo ① 下棋落子 a move in chess：～数 move in chess ② 计谋；手段 trick：高～ clever move ㊂ zháo ① 挨上；接触 touch; contact：够不～ out of reach ② 感受到 feel：～凉 catch a cold ③ 表示动作的结果 result of an action：睡～了 fallen asleep ④ 燃烧 burning：～火 catch fire ㊃ zhe 助词 auxiliary word：听～ just listen

Z

zhuó

琢

形声字。王（玉）表意，像一串玉，表示加工玉石；豖（zhuó）表声，豖有猪绊脚难行义，表示玉石坚硬，加工艰难。本义是加工玉石。

琢 means to process jade. It consists of 王（玉）, jade, here referring to a processed jade, and 豖（zhuó）, which is phonetic and denotes a pig with legs bounded, moves with difficulty, i.e. jade are hard, thus difficult to carve or polish.

加工玉石 process jade：雕～carve jade｜玉不～，不成器 if a jade is not carved and polished, it cannot be made into anything

zī

咨

会意字。“口”像张开的口，表示开口商量、询问；“次”有顺序、先后义，表示有顺序、先后地商量、询问。本义是商议、询问。

咨 means discuss, consult. It consists of 口, an open mouth, i.e. to discuss, enquire verbally; and 次, which means sequence, order, i.e. to discuss or enquire in an orderly manner.

商量；询问 discuss; consult：～询 consult

zī

姿

会意字。“女”像女子，表示女子的容貌、姿态；“次”有顺序、先后义，表示女子的容貌、姿态有优差美丑之分。本义是容貌，姿态。

姿 means looks, appearance. It consists of 女, woman, i.e. the looks of a woman; and 次, which denotes sequence, order, i.e. the appearance and pose of a woman can be categorized as beautiful or ugly.

① 容貌 looks; appearance：～容 looks; appearance｜～色 charm; good looks ② 体态；样子 posture：～态 posture｜舞～ dancer's posture

zī

资

（資）

会意字。“貝”（贝）像贝壳，古代曾用作货币，表示钱财；“次”有先后义，表示钱财的使用分轻重缓急。資简化为资。本义是钱财。

资 means money. It consists of 貝（贝）, seashell used as currency in ancient times, and 次, sequence, i.e. the use of money can be classified. 資 has been simplified to 资.

① 钱财；费用 wealth; expenses：～本 capital｜～产 assets; property｜耗～ capital outlay; to spend ② 资助 aid financially; subsidize：～敌 aid an enemy ③ 提供 provide; supply：以～参考 for reference ④ 智能素质；天赋 intelligence; talent：天～ natural gift; talent ⑤ 经历；地位；身份 experience; status; identity：～历 qualification｜～格 competency; qualification zī

滋

形声字。氵表意，像流水、水珠，表示水使植物生长；兹（zī）表声，兹有增长意。本义是生长。

滋 means grow, propagate. It is composed of 氵, water, i.e. water is needed for the growth of plants; and 兹（zī）, which is phonetic and denotes increase, multiply.

① 出生；生长 grow; propagate：～生 breed; grow｜～长 grow; develop ② 增加营养；补养身体 increase nutrients; nourish：～养 nourish｜～补 nourishing; nutritious ③ 润泽 moisten：～润 moist; humid ④ 味道 taste; flavor：～味 taste; relish ⑤ 喷出 spurt; burst：水管往外～水。Water spurts from the water pipe.

zǐ/zi

子

象形字。像襁褓中的婴儿。本义是孩子。

子 means a child. The character resembles a baby wrapped in swaddling clothes.

❶ zǐ ① 儿子 son：～女 son and daughter｜父～ father and son ② 人的通称 general term for a person：男～ man｜女～ woman ③ 对男子的尊称 form of address for man：君～ gentleman ④ 植物种子 seed：瓜～ melon seed｜菜～ seed of vegetable ⑤ 幼小的动物；动物的卵 young; egg：～鸡 chick｜鱼～酱 caviar ⑥ 小硬块或颗粒 small hard thing; grain：棋～ chess piece｜枪～ bullet ⑦ 地支的第一位 first of the 12th Earthly Branches ⑧ 封建五等爵位的第四等 4th ranking of the five feudal titles of nobilities：～爵 viscount ❷ zi 词缀 suffix：椅～ chair｜蚊～ mosquito

zǐ/zǎi

仔

会意字。"亻"像人，"子"像幼儿，表示大人背着孩子，子（zǐ）兼表声。本义是人背子。引申为幼小的。

仔 originally signified a man carrying his son, later by extension, the young. It consists of 亻, a man, and 子（zǐ）, which is phonetic and signifies a child, i.e. an adult carrying his child on his back.

❶ zǐ ① 幼小的 the young：～鸡 chick｜～猪 piglet ② 细心 careful; attentive：～细 meticulous ❷ zǎi ① 幼小的动物，也写作"崽" the young of animals, also written as 崽 ② 小孩子 child

zǐ

姊

形声字。女表意，像女子，表示姐姐；𠂔（zǐ）表声，𠂔有制止义，表示古人重男轻女，生下女孩后希望不再生女孩。本义是姐姐。

姊 means sister. It is comprises 女, woman, i.e. sister, and 𠂔（zǐ）, which is phonetic and denotes stop, halt. Chinese in ancient times traditionally favored boys over girls, thus 姊 suggests "stop giving birth to girls".

姐姐 sister：～妹 sisters

吱 848页

zǐ

籽

会意字。“米”像稻米，表示植物种子小如米粒；“子”像婴儿，有子女、后代义，表示种子即植物的子女和后代；子（zǐ）兼表声。本义是植物的种子。

籽 means seeds of plants. It consists of 米, grains, i.e. plant seeds as small as rice grains; and 子（zǐ）, which is phonetic and denotes a baby, an indication of an extension of the family line, i.e. seeds produce the young, next generation of plants.

植物的种子 seeds of plants：棉～ cotton seed | 菜～ vegetable seed | 花～ flower seed

zǐ

紫

会意字。“糸”像丝，“此”指停止处，表示染在丝织物上的蓝红相混的颜色。本义是紫色。

紫 means purple, violet. It consists of 糸, silk thread, and 此, a stop point, i.e. violet, purple — a color obtained from mixing of red and indigo dye on fabrics.

红和蓝合成的颜色 purple; violet：～色 purple; violet | ～铜 red copper | ～菜 seaweed

zǐ

滓

会意字。“氵”像水流、水珠，“宰”像房屋和刑刀，本指罪人，罪人为污浊之人，表示水底污浊之泥。本义是沉淀水底的黑泥。

滓 means dregs or dirt at the bottom of a river. It consists of 氵, water, and 宰, which resembles a house and an execution knife, implying criminals, dregs of the society, i.e. dregs or dirt at the bottom of a river.

液体里沉淀下来的杂质 dregs; dirt; sediment：渣～ dregs

zì

自

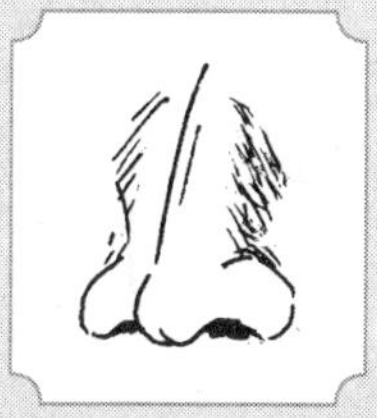

象形字。像鼻子。本义是鼻子，此义后写作鼻。基本义是自己。

自 originally signified nose, a meaning later written as 鼻. 自 basically means self, oneself. The character resembles a nose.

① 自己 self; oneself：～愿 voluntary | ～学 study on one's own | ～力更生 rely on one's own effort ② 自然；当然 naturally; of course：～当努力 will certainly do one's best | ～有公论 the public will judge fairly ③ 从 from; since：～小 from young | ～古以来 since ancient times | ～始至终 from beginning to end zì

字

会意字。“宀”像房子，“子”像婴儿，表示在屋内生孩子，子（zǐ）兼表声。本义是生子。基本义是文字。

字 originally signified to give birth to sons. Its basic meaning is word. The character consists of 宀, a house, and **子**（zǐ）, which is phonetic and denotes a baby, i.e. to deliver a baby in a house.

① 文字 word; character：汉～ Chinese character | 识～ learn to read and write ② 字音 pronunciation：～正腔圆 pronounce every word correctly and in a mellow voice ③ 字据 receipt：立～为据 give a written receipt ④ 名字；人的别名 name; style name：签～ sign | 岳飞～鹏举 Yue Fei styled himself Peng Ju

zōng

宗

会意字。“宀”像房屋，“示”像祭桌，表示祖庙。本义是祖庙。引申为祖先。

宗 originally meant an ancestral temple, shrine, later by extension, ancestor. The character is composed of 宀, a house, and 示, an altar table, i.e. an ancestral temple, shrine.

① 祖先 ancestor：祖～ ancestor ② 家族 family clan：～族 clan ③ 派别 sect; faction; school：～派 religious sect | 正～ orthodox school ④ 主旨 main aim; purpose：～旨 main aim; purpose | 开～明义 make the purpose and theme clear from the very beginning ⑤ 量词 measure word：大～货物 a big item | 一～心事 sth that causes one to be worried ⑥ 姓 a family name

zōng

综

（綜）

形声字。糸（纟）表意，像丝，表示织布时使经纬线结合的装置；宗（zōng）表声。綜简化为综。本义是织布时使经纬线结合的装置。引申为总合在一起。

综 originally signified heddle, a set of vertical threads in a loom, each thread has a shuttle through which a warp thread could pass through, then later, it came to mean put together, sum up. It consists of **糸（纟）**, silk thread, i.e. a heddle, and **宗（zōng）**, which indicates pronunciation. **綜** has been simplified as **综**.

总合在一起 put together; sum up：～合 integrate; comprehensive; combine | ～述 summarize | 错～复杂 intricate; complex

zōng

棕

形声字。篆书木表意，像树，表示棕榈树；𢎘（zōng）表声，𢎘有裹足不前义，表示棕毛包裹树干像裹足；楷书宗（zōng）表声，有棕毛以树干为宗意。本义是棕榈树。

棕 means palm. In seal script, it consists of **木**, tree, i.e. palm, and **𢎘（zōng）**, which is phonetic and denotes hesitant to move forward（**裹足不前**）, i.e. the trunk of a palm is covered with hairs, like a foot wrapped in cloth（**裹足**）. Regular script contains **宗**（zōng）which signifies hairs covering the trunk of a palm and represents pronunciation.

棕榈树，常绿乔木，树干外有棕毛，可以做绳子、扫帚、刷子等，叶子可做扇子 palm

Z

子 878页

zōng 踪

形声字。足表意，像膝和脚，表示足迹；宗（zōng）表声，宗指祖宗，有往义，表示脚有所往必留其踪。本义为足迹。

踪 means footprint, trace. It is composed of 足, knee and foot, and 宗（zōng）, which is phonetic and signifies ancestor, implying the past. Hence, 踪 refers to the footprint left on the path where one has walked.

脚印；痕迹 footprint; trace; track：～迹 trace; track｜行～ trace; track｜无影无～ disappear without a trace

zǒng 总（總）

会意字。“糸”像丝，“悤”指急速，表示快速地聚合扎束丝。简体字心、口、八，表示心口总是不停地向外跳动。本义是聚合扎束丝。

总's original meaning was bundling up silk thread. It consists of 糸, silk thread, and 悤, rapid, hurried, i.e. bundle up silk thread rapidly. The simplified form has 心 (heart), 口 (mouth) and 八 (outward movement), i.e. the continuous thumping of the heart and movement of the mouth.

① 合起来 put together; assemble：～共 altogether｜汇～ assemble ② 全部的；全面的 general; overall：～账 general ledger｜～评 general opinion ③ 经常；一直 frequently; always：～是 always ④ 毕竟；到底 anyway; eventually：～得 have to; must｜～算 finally

zòng 纵（縱）

会意字。“糸”（纟）像丝，“從”像路、脚、两个人，有听从、依顺义，表示松开织机的杼顺其退去。縱简化为纵。本义指织布时放松推开机杼。

纵 originally signified loosening of the loom while weaving. It is composed of 糸（纟）, silk thread, and 從, which resembles a path, foot and two men, implying obey, follow accordingly, i.e. loosen the loom to release the thread. 縱 has been simplified to 纵.

① 放；释放 let go; release：～火犯 arsonist｜～虎归山 release the tiger into the mountains ② 放任 indulge; let loose：～容 indulge｜放～ let loose ③ 身子猛然跳起 leap：～身一跳 leap ④ 直的、竖的 vertical：～横 vertical and horizontal｜～深 depth ⑤ 即使 even if; even though：～然 even if; even though

zòng 粽

形声字。米表意，像稻秸和米粒，表示粽子是糯米食品；宗（zōng）表声，宗像屋顶和祭桌，表示粽子也是古时用来祭祖宗的食品。粽子用苇叶或竹叶包糯米煮成。

粽 means a dumpling made of glutinous rice wrapped in bamboo or reed leaves. The character consists of 米, rice, i.e. a glutinous rice dumpling, and 宗（zōng）, which is phonetic and resembles a roof of a house and an altar table, i.e. in ancient times, people used glutinous rice dumplings as offerings to their ancestors.

粽子，用苇叶或竹叶包糯米做成的食品，蒸或煮熟后，剥叶食用。中国端午节有吃粽子的习俗。Dumpling made of glutinous rice wrapped in bamboo or reed leaves, eaten during Dragon Boat Festival.

Z

zǒu

走

会意字。金文、篆书像甩臂迈步的人和脚（止），表示跑。楷书“⻊”像脚，“土”指地，表示脚在地上行走。本义是跑。

走 originally signified run. Bronze inscriptions and seal script show a man striding with arms swinging by his sides and a foot (止), i.e. running. Regular script has ⻊, a foot, and 土, earth, i.e. walking on the ground.

① 跑 run：奔～相告 run about spreading news ② 步行 walk：～路 walk | 行～ walk ③ 离开 leave：刚～just left ④ 移动 move：～棋 move a chesspiece ⑤ 往来 visit; call on：～亲戚 visit a relative ⑥ 改变；失去 change; lose (its original form)：～样 out of shape | ～味 lose the original taste ⑦ 泄漏 leak：～漏消息 leak the news

zòu

奏

会意字。篆书“屮”像植物，“収”像双手，“夲”指疾进，表示进献。楷书耒、天，表示双手捧着进献给上天。本义是进献。

奏 means to submit, present. Seal script consists of 屮, a plant, 収, a pair of hands, and 夲 to move forward quickly, i.e. to submit or present sth. Regular script has 耒 and 天, suggesting to lift up sth with both hands to submit it to the heaven.

① 演奏 play：～乐 play music | 独～ solo ② 发生；取得 produce; achieve：～效 effective ③古代臣子向君王陈述意见 present a memorial to the emperor：上～ to submit a memorial to the emperor | ～章 memorial to an emperor

zòu

揍

形声字。扌表意，像手，表示用手打人；奏（zòu）表声，奏有奏效义，打人必求奏效。本义是打人。

揍 means beat, hit sb. It comprises 扌, hand, i.e. to hit sb with the hands, and 奏 (zòu), which is phonetic and denotes to achieve an effect, i.e. hit, beat sb for a purpose.

打 hit; beat; assault：挨～ be given a thrashing | 狠～thrash sb up | ～他一顿 beat him up

zū

租

会意字。“禾”像谷类植物，“且”像男性生殖器，是祖的本字，表示交给祖庙的田赋。本义是田赋。

租 originally meant land tax. It consists of 禾, grains, and 且, the original form of 祖 (ancestor), i.e. land tax handed to ancestral shrine.

① 出钱借用他人的东西 rent; lease：～房 lease a house | ～车 rent a car ② 收取费用，把东西借给他人使用；把东西借给别人使用所收取的钱或实物 money or things received from sth rented：～金 rent | 房～ house rent

zú
足

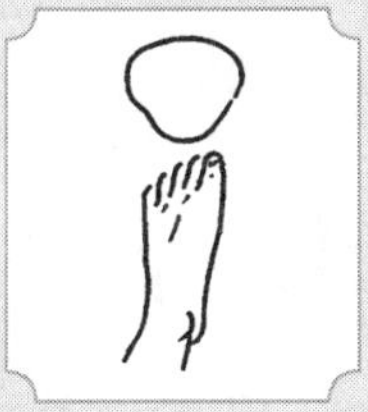
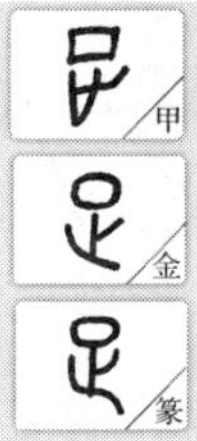

会意字。像膝和脚，表示由膝至脚是足。本义是小腿。后专指脚。

足 originally meant the lower leg, shank; and now, leg. The character resembles a knee and a foot, in this case referring to the part from the knee to the foot, i.e. the lower leg.

① 脚 leg：~迹 footprint | 手舞~蹈 dance for joy | 画蛇添~ draw legs on a snake, i.e. superfluous ② 充分；够；满 ample; sufficient; full：充~ sufficient | ~够 enough; ample | 丰衣~食 ample clothing and food ③ 值得 worth：不~为凭 cannot be taken as evidence | 微不~道 insignificant

zú
卒

指事字。甲骨文像奴隶穿的带有记号的衣服。金文、篆书用一条斜线代表衣服上的标志。本义是奴隶。引申为士兵。

卒 originally meant a slave, later by extension, a soldier. In bone inscriptions, it resembles a slave wearing a garment with markings. In bronze inscriptions and seal script, a slanted line symbolizes markings on the garment.

① 差役 servant：走~ lackey | 马前~ pawn ② 士兵 soldier：身先士~ lead and charge at the head of soldiers | 无名小~ nobody; a person of no significance ③ 死亡 die：病~ die of illness ④ 终结；结束 finish; end：~业 finish schooling

zú
族

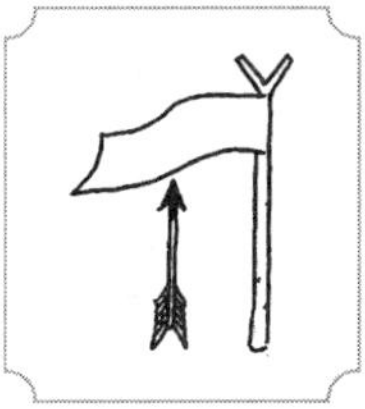

会意字。古文字像旗帜下有支箭，旗用以聚众，箭（矢）用以杀敌，表示古代以家族为战斗单位。本义是同姓的亲属。

族 means a clan. The character in early Chinese resembles a flag and an arrow（箭/矢）at its bottom. A flag can be used to assemble people, while an arrow is used as a weapon to kill enemies, i.e. in ancient times, the basic military unit was represented by a clan.

① 同姓的亲属 clan：家~ clan | 宗~ patriarchal clan ② 民族 race：汉~ Chinese | 回~ Muslim ③ 有共同属性的一类 class or group with common characteristics：贵~ royalty | 水~ aquatic animals

zǔ
诅
（詛）

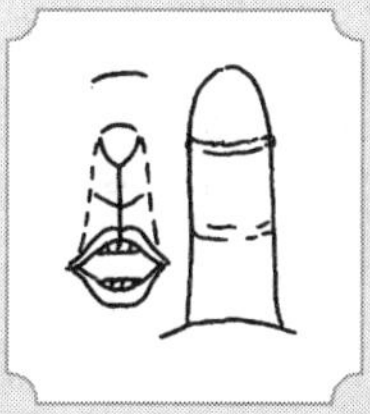

会意字。“言”（讠）像张口说话，表示用言语咒骂；“且”像男性生殖器，是祖的本字，表示咒骂敌对方祖宗。詛简化为诅。本义是咒骂。

诅 means curse, swear. It consists of 言（讠）, talking, i.e. to curse, swear, and 且, the original form of 祖 (ancestor), i.e. to curse or swear at the ancestors of one's enemy. 詛 has been simplified to 诅.

咒骂 curse, swear：~咒 curse; swear

zǔ

阻

会意字。“阝”像一道道山坡，“且”像男性生殖器，是祖的本字，有高意，表示地势高峻险要。本义是险要的地方。

阻 originally meant a dangerous place. It consists of 阝, a row of mountains, and 且, the original form of 祖 (ancestor), implying high up, i.e. a steep and precipitous terrain.

① 险要的地方 dangerous place：艰难险～ dangers; obstructions; diffculties ② 挡住；拦住 obstruct; hinder：～挡 stop; obstruct | ～拦 bar the way | 劝～ advise; counsel

zǔ

组

（組）

会意字。“糸”（纟）像丝，“粗”（省米）有宽阔意，表示宽丝带。組简化为组。本义是宽丝带。引申指结合、构成。

组 originally meant a wide silk sash, later extended to mean organize, form. It consists of 糸（纟）, silk thread, and 粗（without 米）, which denotes broad, i.e. a wide silk sash. 組 has been simplified to 组.

① 结合；构成 organize; form：～合 constitute; compose of | ～成 form; make up ② 由少量的人结合成的单位 small unit comprising a few people：小～ small group | ～员 group member ③ 有系统的或成套的东西 suite; series：～诗 a suite of poems | ～曲 a suite of music compositions

zǔ

祖

象形字—会意字。甲、金文像男性生殖器，表示祖先、祖庙。篆、楷书加“示”，像祭祖的供桌。本义是祖庙，也指祖先。

祖 means an ancestral temple, shrine, later by extension, ancestors. Bone and bronze inscriptions resemble a penis, a male reproductive organ, i.e. ancestors, ancestral shrine. Seal and regular scripts include 示, an altar table.

① 先人的统称 ancestors：～先 ancestors | ～宗 ancestors ② 父母的上一辈 grandparents：～父 grandfather | ～母 grandmother ③ 事业、学派等的创始人 founder; originator：鼻～ founder | ～师爷 founder of a school of learning, religious sect etc ④ 姓 a family name

zuàn/
zuān

钻

（鑽）

形声字。金（钅）表意，像箭头、斧头和矿石，表示金属制成的穿孔工具；贊（赞 zàn）表声。简体字钅表意，占（zhān）表声，占指占卜，占卜前要在龟甲上钻洞，表示钻是穿孔的工具。本义是穿孔的工具。

钻 means a drill, bore. It consists of 金（钅）, metal, i.e. a metallic drill or bore, and 贊（赞 zàn）, which indicates pronunciation. The simplified form has a semantic element, 钅 (metal) and a phonetic element, 占（zhān）, divination, i.e. to bore holes into tortoise shells before carrying out divination.

㊀ zuàn ① 穿孔的工具 drill; bore：电～ electric drill ② 钻石 diamond：～戒 diamond ring ㊁ zuān ① 穿孔；打眼 drill a hole; bore a hole：～孔 drill a hole ② 进入；穿过 enter; go through：～山洞 go through a mountain cave ③ 深入研究 dig into：～研 study intensively

Z

zuǐ

嘴

会意字。“口”像嘴，表示鸟的嘴，“觜”是嘴的本字，觜（zuǐ）兼表声。本义是鸟的嘴。引申指人的嘴。

嘴 originally signified the mouth of a bird, later by extension, mouth. It consists of 口, mouth, here referring to the beak of a bird, and 觜, which is phonetic and signifies the original form of 嘴.

① 口；吃东西、说话的器官 mouth：～巴 mouth｜～唇 lips ② 说话 say; speak; talk：～甜 honey-mouthed｜插～ interrupt a conversation ③ 形状或作用像嘴的东西 sth that resembles a mouth：烟～ mouth of a pipe｜壶～ mouth of a bottle

zuì

最

会意字。“冃”是冒的初文，有不顾一切义，“取”像手抓住耳朵，有取得义，合起来表示强取。本义是强取。基本义是达到顶点。

最's original meaning was rob, take away sth by force. Its basic meaning is most, least, best. It is composed of 冃, the original form of 冒 (act rashly, irregardless of others) and 取, obtain, i.e. to take sth by force.

达到极点；第一位的 the highest degree; first：～多 most｜～大 biggest｜～长 longest

zuì

罪

会意字。“网”（網）像网，表示触犯法网，“非”有错误、不对义，表示触犯法网的犯法行为。本义为犯法的行为。

罪 means crime. It consists of 网（網）, net, i.e. caught in the net of justice, and 非, wrong, mistake, i.e. a criminal offence.

① 犯法的行为 crime; guilt：犯～ commit a crime｜～大恶极 guilty of a heinous crime ② 刑罚；惩处 punishment：定～ convict sb｜免～ exempt from punishment｜死～ death sentence ③ 过失 fault：归～ blame others ④ 苦难；痛苦 hardship; pain：受～ suffer

zuì

醉

会意字。“酉”像酒坛子，“卒”有竭尽义，表示喝酒者因竭尽酒量而醉。本义是酒醉。

醉 means drunk. It consists of 酉, a wine pot, and 卒, which denotes trying one's best, i.e. drinking to the maximum of one's limit.

① 饮酒过量而神志不清 drunk：～汉 drunkard｜～态 drunken state ② 用酒泡制 steeped in liquor：～蟹 liquor-saturated crab｜～鸡 wine-soaked chicken ③ 过分爱好；沉迷 indulge in; immerse in：～心 immerse in｜陶～ drink with joy｜沉～ indulge in

Z

zūn 尊

会意字。甲骨文像双手捧酒器。金文、篆书像双手捧着溢出酒香的酒器。楷书像手（寸）捧溢出酒香的酒器（酋）。本义是酒器，此义后写作罇或樽。

尊 originally meant a wine vessel, a meaning later written as 罇 or 樽. In bone inscriptions, it depicts a pair of hands lifting a wine vessel. Bronze inscriptions and seal script have a pair of hands lifting up a wine vessel exuding the fragrance of wine. Regular script depicts hands（寸）lifting up a wine vessel（酋）exuding the fragrance of wine.

① 地位或辈分高 senior：～长 one's senior｜～贵 honorable ② 敬重 respect：～敬 respect｜～师 Teacher ③ 敬辞 a respectful form of address：～姓 your surname ④ 量词 measure word：一～佛像 a statue of Buddha｜三～大炮 three cannons

zūn 遵

形声字。辶（辵）表意，像路和脚；尊（zūn）表声，尊有敬重义，表示遵是顺着路行走。本义是顺着走。泛指依循、按照。

遵 originally meant to follow a path, then later, to obey, abide by. It consists of 辶（辵）, path and foot, and 尊（zūn）, which is phonetic and denotes respect, i.e. to follow a path.

依照；按照 obey; abide by：～守 obey｜～循 observe; abide by｜～纪守法 obey the rules and abide by the law

zuó 昨

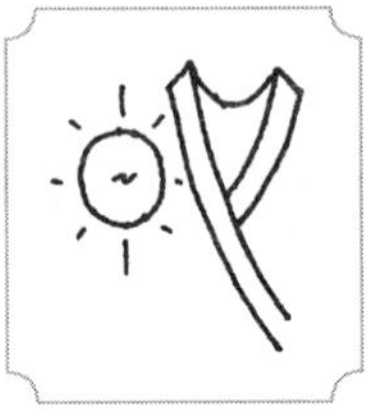

会意字。"日"像太阳，"乍"指刚才，表示刚过去的一天。本义是昨天。

昨 means yesterday. It comprises 日, sun, and 乍, just, i.e. a day that just went past.

① 今天的前一天 yesterday：～天 yesterday｜～夜 last night ② 泛指过去 the past：～是而今非 (sb) the present is wrong, the past is right

zuǒ 左

会意字。像左手和斧头，表示左手可助劳。本义是左手，也指帮助，帮助义后写成"佐"。

左 originally meant the left hand; it also means help, a meaning later replaced by 佐. The character shows a left hand and an axe, suggesting working with the left hand.

① 跟"右"相对 left, as opposed to "right"：～手 left hand｜～边 left side ② 邪的；不正派的 evil; unorthodox：～道旁门 heresy ③ 思想激进 revolutionary：～派 the Left｜～倾 Leftist ④ 相反；抵触 different; contrary：意见相～ conflicting views ⑤ 姓 a family name zuò/zuō

作

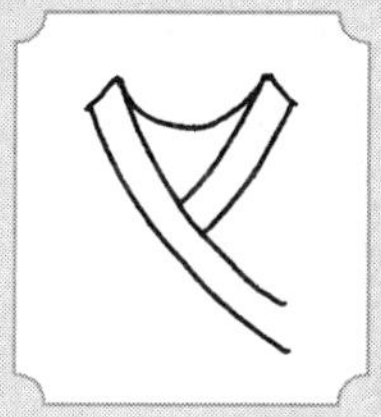

会意字。甲、金文像衣领初成，表示起始。篆、楷书“亻”像人，“乍”指突然，表示人突然站起或行动。本义是起始。

作's original meaning was start, beginning. Bone and bronze inscriptions resemble the collar of a garment, i.e. the top, beginning. Seal and regular scripts consist of 亻, man, and 乍, suddenly, i.e. a man stands up or moves suddenly.

㊀ zuò ① 做；干 do; work：操～ operate ② 发作 feel; have：雷声大～ thunder booms ③ 写作 write; compose：～家 writer | ～曲 composer ④ 作品 works：佳～ excellent works ⑤ 装 pretend：装模～样 be pretentious ⑥ 当成 become：～废 become useless ㊁ zuō 小规模的手工业工场 workshop：～坊 workshop

zuò

坐

会意字。像两人面对面跪坐在土上。本义是跪坐。

坐 means to sit in a kneeling position. The character resembles two men facing each other, sitting in a kneeling position.

① 坐立的“坐” sit：～下 sit down | ～等 sit while waiting | ～立不安 unable to sit still ② 乘 travel by：～车 travel by car | ～船 travel by boat | ～飞机 take a plane ③ 位置所在 position：～落 located | ～标 coordinate of numbers ④ 子弹、炮弹射出时产生的向后或向下的压力 (of guns etc) recoil：后～力 power of recoil

zuò

座

会意字。“广”像房屋，“坐”像两人席地而坐，表示房屋内的座位，坐（zuò）兼表声。本义是座位。

座 means a seat. It consists of 广, a house, and 坐, two men seated on the floor, i.e. seats in a house. 坐 (zuò) represents pronunciation.

① 座位 seat：让～ give out one's seat | ～无虚席 full house | 高朋满～ full house ② 器物的底托 base; pedestal：底～ base; pedestal | 钟～ clock stand ③ 量词 measure word：一～山 a mountain | 三～高楼 three buildings

zuò

做

会意字。“亻”像人，表示人做事；“故”指原因，表示人做某件事总有一定的原因。本义是从事某种工作或活动。

做 means work or engaged in certain activities. It is composed of 亻, man, i.e. a man working, and 故, reason, cause, i.e. a man works or carries out certain actions for a purpose.

① 干；从事 do; work：～工 work | ～生意 do business ② 制作；制造 manufacture; produce：～衣服 make clothes | ～家具 manufacture furniture ③ 充当；担任 be; become：～伴 keep one company | ～媒 matchmake ④ 写作 write; compose：～诗 compose a poem | ～文章 write an article

字形构造

汉字是象形性表意文字，字形或多或少直接反映字义，了解字形乃是掌握字义的捷径。象形、指事、会意、形声，是主要的造字法。

一、象形

将物体画出来的是象形字。如“人”像侧面的人；“目”像竖起的眼睛；“口”像张开的口；“木”像树；“山”像耸立的山；“雨”像天下雨；“毛”像兽毛；“革”像摊开的皮革。

二、指事

用符号来标示事物的是指事字。如“一、二、三”用线条表示数字；“末”在木上加短横指出树梢；“刃”在刀上加点指出刀刃。

三、会意

结合两个或两个以上独体字表义的是会意字。如“从”以一前一后两个人表示跟从；“众”像三个人表示人多；“林”像两棵树表示树多成林；“采”像手在树上采摘；“休”像人靠树休息；“安”像女子在屋中表示平安。

四、形声

形符和声符相结合的是形声字。如“铜”左形右声；“鸠”右形左声；“爸”上形下声；“鹭”下形上声；“园”外形内声；“闷”内形外声；“裹”以形夹声。

大多数形声字的声符兼有表意功能。如“清”字的“青”表示清澈的河水呈青色；“袋”字的“代”表示衣袋装物代替人手提物。

汉字分为独体字与合体字两类。象形字、指事字多为独体字，会意字、形声字都是合体字。

Different Forms of Chinese Character Structures

Chinese characters are pictographs and hence, semantic. By knowing the different structures of Chinese characters, one will be better able to grasp their meanings. The main forms are pictographs, self-explanatory characters, associative compounds and pictophonetic characters.

1) Pictographs

They are basically pictorial expressions of meanings. For instance, 人 resembles a side view of a man; 目, an eye in a vertical position; 口, an open mouth; 木, a tree; 山, tall mountains; 雨, raining; 毛, fur and 革, a piece of hide that is laid open.

2) Self-explanatory characters

The use of symbols to denote meanings. For instance, 一、二、三 use linear symbols to represent one, two and three respectively; 末 has longer horizontal line added to the radical 木 (tree) to depict the tree crown; 刃 means 'blade', is emphasized by a dot added to the radical 刀 (knife).

3) Associative compounds

They consist of two or more single characters to exemplify meanings. For instance, 从 consists of two single 人， with each 人 representing a man, one in front and the other behind, implying "to follow"; 众 consists of three 人, implying a crowd. 林 consists of two 木, trees, implying forest; 采 depicts a hand plucking fruits from a tree; 休 depicts a man leaning against a tree, implying rest and 安 shows a woman in a house, implying peace and safety.

4) Pictophonetic characters

They consist of semantic and phonetic radicals. For instance, the left radical of 铜 is semantic while the right is phonetic; the right radical of 鸠 is semantic while the left is phonetic; the top radical of 爸 is semantic while the bottom is phonetic; the bottom radical of 鹭 is semantic while the top is phonetic; the outer radical of 园 is semantic while the inner is phonetic; the inner radical of 闷 is semantic while the outer is phonetic; 裹 contains a phonetic radical within a semantic one.

The phonetic radicals of most pictophonetic characters also serve semantic function. For instance, the phonetic radical 青 (green) of the character 清 (limpid) refers to the greenish of a limpid river; the radical 代 (replace) of the character 袋 (pocket) means that the pocket of a garment holds objects, thereby replacing one's hands in carrying things.

Chinese characters can be further classified into single characters and compound characters. Most pictographs and self-explanatory characters are single characters while associative compounds and pictophonetic characters are mainly compound characters.

字体演变

汉字是世界上最古老的文字之一，它是由图画发展而成的表意文字。几千年来，汉字的字体发生了很大的变化，先后形成甲骨文、金文、篆书、隶书和楷书等。

一、甲骨文

甲骨文是刻在龟甲和兽骨上的文字，是最古老而又成系统的汉字。它通行于商代，距今已有三千多年。甲骨文有单字四千多个，但真正能够认识的只有一千多个。

甲骨文的特点：图画性强，字形结构尚未完全定型，一些字笔画可多可少，偏旁位置不很固定，异体字较多。甲骨文是用刀直接刻在龟甲上，因而线条瘦细，劲挺方折。

二、金文

金文是铸刻在青铜器上的文字。古人称铜为金，所以叫金文。金文通行于周朝，现存单字近四千个，已经认识的有二千个左右。

金文的特点：象形性仍较强，但方块形轮廓基本定型。金文先是在泥范上刻字，再用青铜溶液浇铸而成，因而线条粗壮圆转，布局趋于工整匀称。

三、篆书

篆书是秦代通行的字体。战国时期，各诸侯国文字异形。秦始皇统一中国后，采取丞相李斯统一文字的建议，将秦国文字稍加简化通行全国。

篆书的特点：异体字大量减少，字形呈竖长方形，结构端整匀称，线条婉转流畅。

四、隶书

隶书是通行于汉代的字体，大多写在竹木简上。它的产生使汉字告别了古文字阶段，迈入今文字的时代。

隶书的特点：点画取代线条，方折取代圆转，主笔有波磔，形体扁方工整。

五、楷书

楷书是通行于现今的最主要的文字，大多书写或印在纸上。它始于汉末，一直通行到现在，已有一千八百多年的历史。楷书产生标志着汉字的定型。

楷书的特点：弱化象形性，强化规范性，字形方正，笔画、偏旁定型，笔法精致，结构谨严。

六、简体字

简体字是减少了笔画、简化了形体的楷书。简体字进一步削弱了汉字的象形性，却以其书写便捷得到广泛应用。

中国自五十年代起对汉字进行改革，公布了汉字简化方案。把笔画多的字简化为笔画少的，如“禮”简化为“礼”；把有几种写法的字精简为一种写法，如“窗”原本有六种写法，现规范为一种写法。一九八六年重新发表的《简化汉字总表》共计有2235个简体字。

汉字在漫长的岁月中，经历了甲骨文、金文、篆书的古文字阶段，进入了隶书、楷书的今文字阶段。古今文字虽面貌不同，却一脉相承，都是具有象形意味的表意文字。

The Evolution of Chinese Characters

Chinese characters constitute one of the oldest forms of writings in the world. They evolved from drawings and are hence known as pictographs. As time passes, these characters undergo substantial changes. The different forms of writing that evolved include that of bone and bronze inscriptions, as well as seal, official and regular scripts.

1) Bone Inscription

Bone inscriptions refer to inscriptions on tortoise shells and animal bones. They are the oldest form of Chinese characters. These inscriptions form a system and were used during the Shang Dynasty. As can be seen, they have a history of more than 3000 years. More than 4000 bone inscriptions have been discovered but unfortunately, those identifiable amount to only a little more than 1000.

The features: Bone inscriptions can be considered as "expressions by drawings". These structures are the formative stage in the evolution of Chinese characters. The characters representing the same meaning have slightly different number of strokes or are made up of different radicals. There are therefore mutations of characters. As characters are inscribed on tortoise shells with knives, strokes of bone inscriptions are thin and fine, but look sturdy and squarish.

2) Bronze Inscription

Bronze inscriptions refer to inscriptions on bronze vessels. In ancient times, bronze was known as "gold". Hence, these inscriptions were known as 金文 which means "golden words", literally. They were used during the Zhou

Dynasty. With approximately 4000 characters discovered so far, those that are identifiable amount to about 2000.

The features: The characters are still fundamentally pictographs. Being squarish is a distinct feature of these characters. This feature later became the foundation of the squarish Chinese characters. The thicker, rounder strokes and neater alignments are the result of how the characters are produced. The characters are first carved on clay plates; molten bronze are then poured into the moulds to produce "bronze inscriptions".

3) Seal Script

This form of script was widely used during the Qin Dynasty. During the Warring States Period, different states used different scripts. When Qin Shihuang unified China, he accepted his Prime Minister Li Si's suggestion to unify writing. As a result, seal script, the writing form used in the Qin State, began to be employed throughout the entire empire.

The features: Different forms of writing of the same character were standardized. The characters were elongated, and the overall structures of the characters evolved to be more erect and balanced, with the strokes oxuding finesse and smoothness.

4) Official Script

This form of writing was widely used during the Han Dynasty and was mostly written on bamboo slips. Its emergence marked the transition of Chinese characters from the classical stage to the modern one.

The features: Dots replace lines; sharper bends replace curvy ones. In addition, right-falling strokes appear on main radicals. In general, this form of writing exudes an artistic feel of sturdiness and neatness.

5) Regular Script

It is the most widely used writing form in contemporary times. Regular script is mostly hand-written or printed on paper. It has a history of more than 1800 years, first appearing during the late Han Dynasty and is still widely used now. The regular script is now the standard adopted by all.

The features: The pictographical characteristic weakens and the characters are standardized. Characters are squarish and sturdy, and the way of writing strokes and radicals are established. They exude exquisiteness and structural precision.

6) Simplified Form

Simplified characters are actually simplified regular scripts. This form further downplays the pictographical characteristic of Chinese characters. Its simplicity is the main reason for its extensive use now.

China revised the way of writing Chinese characters in the 1950s. A plan for simplified characters was subsequently introduced, whereby, strokes of characters were simplified. For instance 禮 has been simplified to 礼. The various ways of writing characters of the same meaning were also standardized. For instance, 窗 has six forms and is now standardized to one. The table of simplified characters (《简化汉字总表》) was reprinted in 1986. It contains 2235 simplified characters.

In the long course of history, Chinese characters evolved from the classical forms of bone inscriptions to bronze inscriptions, then to seal script. They then evolved into the modern forms, comprising official and regular scripts. Different as they may appear, classical and modern forms of Chinese characters share a common precious significance — the history that they can recount as pictographs.

图书在版编目(CIP)数据

汉字通/顾建平编著. —上海：东方出版中心，2014. 1

ISBN 978-7-5473-0629-1

Ⅰ. ①汉… Ⅱ. ①顾… Ⅲ. ①汉字—图解 Ⅳ. ①H12-64

中国版本图书馆 CIP 数据核字(2013)第 263542 号

作　　者：顾建平
策划/责编：张　晶
封面设计：吴文越
责任印制：周　勇

汉字通
TIMES ENCYCLOPEDIA OF WRITTEN CHINESE
(中英双语版)

出版发行：东方出版中心
地　　址：上海市仙霞路 345 号
电　　话：62417400
邮政编码：200336
经　　销：全国新华书店
印　　刷：上海文艺大一印刷有限公司
开　　本：890×1240 毫米　1/32
字　　数：802 千
印　　张：30
版　　次：2014 年 1 月第 1 版第 1 次印刷
ISBN 978-7-5473-0629-1
定　　价：150. 00 元
